Uni-Taschenbücher 115

UTB

Eine Arbeitsgemeinschaft der Verlage

Birkhäuser Verlag Basel und Stuttgart
Wilhelm Fink Verlag München
Gustav Fischer Verlag Stuttgart
Francke Verlag München
Paul Haupt Verlag Bern und Stuttgart
Dr. Alfred Hüthig Verlag Heidelberg
Leske Verlag + Budrich GmbH Opladen
J. C. B. Mohr (Paul Siebeck) Tübingen
C. F. Müller Juristischer Verlag – R. v. Decker's Verlag Heidelberg
Quelle & Meyer Heidelberg
Ernst Reinhardt Verlag München und Basel
K. G. Saur München · New York · London · Paris
F. K. Schattauer Verlag Stuttgart · New York
Ferdinand Schöningh Verlag Paderborn
Dr. Dietrich Steinkopff Verlag Darmstadt
Eugen Ulmer Verlag Stuttgart
Vandenhoeck & Ruprecht in Göttingen und Zürich

Jean-Jacques Rousseau

Emil

oder

Über die Erziehung

Vollständige Ausgabe
In neuer deutscher Fassung
besorgt von Ludwig Schmidts

Die Übel, an denen wir leiden, sind heilbar; wenn wir uns davon befreien
wollen, hilft uns die Natur selbst, denn wir sind zum Gesundsein geboren.

Seneca, Über den Zorn, 11, 13.

Ferdinand Schöningh

Paderborn   München   Wien   Zürich

Die vorliegende Ausgabe ist seitenidentisch mit der in größerem Format 1971 erschienenen gebundenen Ausgabe in „Schöninghs Sammlung pädagogischer Schriften, Quellen zur Historischen, Empirischen und Vergleichenden Erziehungswissenschaft", Herausgeber: Prof. Dr. Theodor Rutt, Köln. In dieser Sammlung war die Emil-Übersetzung von Prof. Dr. Josef Esterhues, Bonn, in drei Auflagen 1958, 1961, 1963 erschienen. Die vollständig neue Übersetzung von Prof. Dr. Ludwig Schmidts, Gießen, wurde 1971 herausgebracht.

CIP-Kurztitelaufnahme der Deutschen Bibliothek

Rousseau, Jean-Jacques:
Emil oder über die Erziehung / Jean-Jacques
Rousseau. In neuer dt. Fassung besorgt von
Ludwig Schmidts. — Vollst. Ausg., 5., unveränd.
Aufl. — Paderborn, München, Wien, Zürich:
Schöningh, 1981.
   (Uni-Taschenbücher; 115)
   Einheitssacht.: Emile ou de l'éducation ⟨dt.⟩
   ISBN 3-506-99157-4

Alle Rechte, auch die des auszugsweisen Nachdrucks, der fotomechanischen Wiedergabe und der Übersetzung, vorbehalten. Dies betrifft auch die Vervielfältigung und Übertragung einzelner Textabschnitte, Zeichnungen oder Bilder durch alle Verfahren wie Speicherung und Übertragung auf Papier, Transparente, Filme, Bänder, Platten und andere Medien, soweit es nicht §§ 53 und 54 URG ausdrücklich gestatten.
© by Ferdinand Schöningh at Paderborn. Printed in Germany.
Herstellung: Ferdinand Schöningh, Paderborn. 5. unveränderte Auflage 1981.
Einbandgestaltung: Alfred Krugmann, Stuttgart.
ISBN 3-506-99157-4

VORWORT

Diese formlose und fast zusammenhanglose Sammlung von Betrachtungen und Beobachtungen habe ich einer guten und bedachten Mutter zuliebe begonnen[1]. Ursprünglich hatte ich nur einen Aufsatz von einigen wenigen Seiten geplant; dann aber riß mich der Gegenstand hin, und so wurde unmerklich ein Buch daraus, das zweifellos zu groß ist für das, was es enthält, aber zu klein für den Gegenstand, den es behandelt. Ich habe lange überlegt, ob ich es veröffentlichen soll. Oft schien es mir, als ob es nicht genüge, einige Broschüren veröffentlicht zu haben, um auch ein Buch schreiben zu können. Nachdem es mir aber nicht gelungen ist, es weiter zu verbessern, soll es so veröffentlicht werden, wie es ist. Denn ich glaube, daß man die Aufmerksamkeit der Öffentlichkeit auf diesen Gegenstand lenken muß. Sollten meine Gedanken falsch sein, so hätte ich meine Zeit nicht ganz verloren, wenn ich andere zu richtigen Gedanken angeregt hätte. Wer heute sein Werk, aus der Zurückgezogenheit, ohne Reklamechef, ohne tragende Partei, ohne zu wissen, wie man es beurteilt, der Öffentlichkeit übergibt, der braucht nicht zu fürchten, daß man seine Irrtümer ohne Prüfung hinnimmt.

Über die Wichtigkeit einer guten Erziehung brauche ich nur wenig zu sagen; ich brauche auch nicht lange zu beweisen, daß unsere Erziehung schlecht ist. Tausend andere haben es vor mir gesagt, und daher möchte ich keine Tatsachen erwähnen, die jeder kennt. Ich will nur feststellen, daß alle seit langem einer Meinung über die herrschende Praxis sind, ohne daß jemand eine bessere vorgeschlagen hätte. Literatur und Wissenschaft unseres Jahrhunderts neigen mehr zur Zerstörung als zum Aufbau. Im Brustton der Überzeugung wird verurteilt; um Vorschläge zu machen, muß man in einem anderen Tone reden, der dem Philosophendünkel weniger gefällt. Trotz den vielen Schriften, die, wie man sagt, nur das öffentliche Wohl im Auge haben, wurde das Notwendigste vergessen: die Kunst der Menschenbildung. Auch nach dem Buch von Locke war mein Thema ganz neu und wird höchstwahrscheinlich auch nach meinem neu bleiben.

Man kennt die Kindheit nicht: mit den falschen Vorstellungen, die man von ihr hat, verirrt man sich um so mehr, je weiter man geht. Die Klügsten bedenken nur, was Erwachsene wissen müssen, aber nicht, was Kinder aufzunehmen imstande sind. Sie suchen immer nur den Mann im Kind, ohne daran zu denken, was er vor seinem Mannsein war. Gerade das habe ich am eingehendsten studiert, damit man aus meinen Beobachtungen auch dann noch lernen kann, wenn meine Methode phantastisch und falsch wäre. Vielleicht habe ich schlecht erfaßt, was nötig ist; aber das Wesen, auf das wir einwirken müssen, glaube ich genau gesehen zu haben. Fangt also damit an, eure Schüler besser zu studieren, denn ihr kennt sie bestimmt nicht. Lest ihr also dieses Buch unter diesem Winkel, so ist es bestimmt nicht ohne Nutzen.

Im systematischen Teil, der den Gang der Natur darzustellen versucht, wird der Leser am meisten stutzen. Hier wird man mich wahrscheinlich angreifen, und vielleicht nicht zu unrecht. Man wird weniger eine Abhandlung über die Erziehung als Träumereien über sie zu lesen glauben. Was kann ich tun? Ich schreibe eben nicht, was ein anderer denkt, sondern was ich denke. Ich sehe mit anderen Augen, und das hat man mir schon lange vorgeworfen. Aber kann ich anders sehen und anders denken? Nein! Ich darf mich nur nicht überschätzen und mich nicht für klüger halten als alle Welt. Ich werde meiner Meinung mißtrauen, sie aber nicht ändern. Das ist alles, was ich tun kann und was ich auch tue. Wenn ich manchmal deutlich werde, so geschieht das nicht, um dem Leser zu imponieren, sondern um ihm zu zeigen, wie ich denke. Warum soll ich etwas zweifelsam ausdrücken, wovon ich fest überzeugt bin? Ich sage nur, was ich denke.

Wenn ich auch meine Meinung frei heraussage, so behaupte ich doch nicht, recht zu haben; daher führe ich immer meine Gründe an, damit sie jeder wägen und beurteilen kann. Obwohl ich meine Gedanken nicht stur verteidige, fühle ich mich dennoch verpflichtet, sie vorzutragen. Denn die Richtlinien, in denen ich eine gegenteilige Meinung habe, sind keineswegs gleichgültig. Man muß wissen, ob sie richtig oder falsch sind, denn von ihnen hängt das Glück oder das Unglück der Menschheit ab.

Schlag vor, was zu machen ist, sagt man mir immer. Das ist, als ob man mir sagte: Schlag das vor, was man schon macht! Oder wenigstens: Schlag was Gutes vor, das man mit dem vorhandenen Übel verbinden kann. Ein solcher Vorschlag ist, was gewisse Dinge betrifft, noch viel phantastischer als alles, was ich sagen könnte. Denn in einer solchen Verbindung geht das Gute zugrunde, und das Schlechte wird nicht besser. Da ist es besser. bei der herrschenden Praxis zu bleiben, als eine bessere nur halb anzuwenden; das riefe weniger Widersprüche hervor, denn der Mensch kann nicht zwei entgegengesetzte Ziele zugleich anstreben. Das was ihr, Väter und Mütter, machen wollt, ist auch durchführbar. Muß ich euren Willen erst verteidigen?

Bei jedem Plan muß man zweierlei erwägen: erstens, ob er wirklich gut ist, und zweitens, wie leicht man ihn ausführen kann.

In erster Hinsicht genügt es, um einen Plan an sich zulässig und durchführbar zu machen, daß das Gute in ihm in der Natur der Sache selbst begründet ist. Hier zum Beispiel, daß die vor-

Vorwort

geschlagene Erziehung für den Menschen geeignet und dem menschlichen Wesen angemessen sei.

Die zweite Überlegung hängt von den Verhältnissen ab. Verhältnisse, die für die Sache zufällig, d. h. nicht notwendig sind, und die daher unendlich verschieden sein können. So ist vielleicht eine Erziehung in der Schweiz möglich und nicht in Frankreich. Eine andere bei Bürgern und eine dritte beim Adel. Die verschieden schwierige Anwendung hängt von tausend Umständen ab, denen man nur durch besondere Anpassung der Methode an dieses oder jenes Land, an diesen oder jenen Stand gerecht werden kann. Alle diese Sonderfälle sind für mich unwesentlich und berühren meinen Plan nicht. Damit können sich andere beschäftigen, jeder für sein Land und den Staat, den er im Auge hat. Mir genügt, wenn man meine Vorschläge überall da anwendet, wo Menschen geboren werden; daß man das Beste für sie selber und für die anderen getan hat, wenn man das aus ihnen gemacht hat, was ich vorgeschlagen habe. Erfülle ich meine Verpflichtung nicht, so habe ich ohne Zweifel unrecht; erfülle ich sie jedoch, so hätte man unrecht, mehr von mir zu verlangen, denn ich verspreche nur das.

ERSTES BUCH

Grundgedanken, Arten der Erziehung

Alles ist gut, wie es aus den Händen des Schöpfers kommt; Natur alles entartet unter den Händen des Menschen². Der Mensch zwingt ein Land, die Erzeugnisse eines anderen hervorzubringen, einen Baum, die Früchte eines anderen zu tragen. Er vermengt und vertauscht das Wetter, die Elemente und die Jahreszeiten. Er verstümmelt seinen Hund, sein Pferd, seine Sklaven. Alles dreht er um, alles entstellt er. Er liebt die Mißgeburt, die Ungeheuer. Nichts will er haben, wie es die Natur gemacht hat, selbst den Menschen nicht. Man muß ihn, wie ein Schulpferd, für ihn dressieren; man muß ihn nach seiner Absicht stutzen wie einen Baum seines Gartens.

Ohne das wäre alles noch schlimmer, denn der Mensch gibt sich nicht mit halben Maßnahmen ab. Unter den heutigen Verhältnissen wäre ein Mensch, den man von der Geburt an sich selbst überließe, völlig verbildet. Vorurteile, Macht, Notwendigkeit, Beispiel und alle gesellschaftlichen Einrichtungen, unter denen wir leben müssen, würden die Natur in ihm ersticken, ohne etwas anderes an ihre Stelle zu setzen. Sie gliche einem Baum, der mitten im Wege steht und verkommt, weil ihn die Vorübergehenden von allen Seiten stoßen und nach allen Richtungen biegen.

Ich wende mich an dich, liebe und weise Mutter*. Du hast es verstanden, dich von der Heerstraße fernzuhalten und das Bäumchen vor dem Zusammenprall mit der öffentlichen Meinung zu behüten! Pfleg und gieß die Pflanze, ehe sie verdorrt; eines Tages wirst du dich an ihren Früchten laben. Umwall beizeiten die

---

* Am meisten kommt es auf die erste Erziehung an, die unbestreitbar Sache der Frauen ist. Wenn der Schöpfer der Natur gewollt hätte, daß sie Sache der Männer wäre, er hätte ihnen Milch gegeben, um die Kinder zu stillen. Wendet euch also vorzugsweise in euren Schriften über Erziehung immer an die Frauen, denn sie sorgen sich mehr darum als die Männer und haben auch einen größeren Einfluß, da sie am Ergebnis mehr interessiert sind; denn die meisten Witwen sind auf den Dank ihrer Kinder angewiesen und erfahren so den Erfolg ihrer Erziehung im Guten wie im Bösen. Die Gesetze befassen sich immer mit dem Besitz und wenig mit der Person, denn sie zielen auf den bürgerlichen Frieden und nicht auf die Tugend ab; darum geben sie den Müttern nicht die genügende Autorität. Ihre Stellung ist aber viel gesicherter als die der Väter; ihre Pflichten sind mühevoller und ihre Sorgen bedeutsamer für die Ordnung in der Familie. Im allgemeinen lieben sie die Kinder mehr. Es gibt Fälle, wo ein Sohn entschuldigt werden kann, wenn er es an Achtung vor seinem Vater fehlen läßt. Aber wenn ein Kind sie, bei welcher Gelegenheit es auch sei, seiner Mutter gegenüber fehlen läßt, die es unter ihrem Herzen getragen und gestillt, die sich jahrelang nur mit ihm beschäftigt hat, dann sollte man

Seele deines Kindes; ein anderer mag den Umfang abstecken, du aber mußt die Schranken setzen*.

Pflanzen werden gezogen: Menschen werden erzogen. Käme der Mensch groß und stark zur Welt: seine Stärke und Größe nützen ihm so lange nichts, bis er gelernt hätte, sich ihrer zu bedienen. Sie wären sogar sein Schaden, weil sie andere daran hinderten, für ihn zu sorgen und ihm beizustehen**. So ginge er, sich selbst überlassen, zugrunde, ehe er sein Bedürfnis erkannt hätte. Man beklagt den Kindstand, aber man sieht nicht, daß die Menschheit zugrunde gegangen wäre, wenn der Mensch nicht als Kind begonnen hätte.

Wir werden schwach geboren und brauchen die Stärke. Wir haben nichts und brauchen Hilfe; wir wissen nichts und brauchen Vernunft. Was uns bei der Geburt fehlt und was wir als Erwachsene brauchen, das gibt uns die Erziehung.

Die Natur oder die Menschen oder die Dinge erziehen uns. Die Natur entwickelt unsere Fähigkeiten und unsere Kräfte; die Menschen lehren uns den Gebrauch dieser Fähigkeiten und Kräfte. Die Dinge aber erziehen uns durch die Erfahrung, die wir mit ihnen machen, und durch die Anschauung.

Lehrer

Wir haben also dreierlei Lehrer. Widersprechen sie sich, so ist der Schüler schlecht erzogen und wird immer uneins mit sich sein. Stimmen sie aber überein und streben sie auf ein gemeinsames Ziel hin, so erreicht er sein Ziel und lebt dementsprechend. Er allein ist gut erzogen.

Die Natur als Lehrer

Von den drei Arten der Erziehung hängt die Natur gar nicht, die der Dinge nur in gewisser Hinsicht von uns ab. Die der Menschen ist die einzige, die wir in unserer Gewalt haben; und auch da nur unter gewissen Voraussetzungen, denn wer kann hoffen, die Reden und die Handlungen derer überwachen zu können, die das Kind umgeben?

Sieht man die Erziehung als Kunst an, so scheint ein voller Erfolg unmöglich zu sein, weil das nötige Zusammenwirken von

---

dies Ungeheuer, das des Lichtes nicht würdig ist, vernichten. Man sagt, Mütter verzögen ihre Kinder. Darin tun sie zweifellos unrecht; aber weniger als ihr, die ihr sie verderbt. Eine Mutter will das Glück ihres Kindes, und zwar sofort. Darin hat sie recht: irrt sie sich in ihren Mitteln, so muß man sie belehren. Ehrsucht, Geiz, Tyrannei und falsche Vorsorge der Väter, ihre Nachlässigkeit und ihre harte Unempfindlichkeit sind hundertmal verhängnisvoller als die blinde Zärtlichkeit der Mütter. Übrigens muß ich noch erklären, welchen Sinn ich mit dem Namen Mutter verbinde, und das soll im folgenden geschehen.

* Man hat mir versichert, daß Herr Formey meinte, ich wolle hier von meiner Mutter sprechen, und daß er das auch in irgendeinem Buch ausgesprochen hat. Entweder macht man sich damit auf grausame Weise über Herrn Formey lustig oder über mich.

** Da er ihnen äußerlich gleicht, aber nicht sprechen und seine Gedanken sprachlich ausdrücken kann, wäre er außerstande, sich verständlich zu machen, und nichts würde ihnen seine Bedürfnisse kundtun.

Natur, Dingen und Menschen nicht von uns abhängt. Was man bei größter Sorgfalt erreichen kann, ist, dem Ziel mehr oder weniger nahe zu kommen. Es völlig zu erreichen, ist ein Glücksfall.

Das Ziel der Erziehung? Es ist das Ziel der Natur selber; das habe ich eben bewiesen. Da die drei Faktoren aber zusammenwirken müssen, wenn die Erziehung gelingen soll, so müssen wir die beiden anderen nach dem Faktor ausrichten, über den wir nichts vermögen. Dazu müssen wir das unklare Wort Natur erst deutlich zu definieren versuchen.

Natur ist, so sagt man, nichts als Gewohnheit*. Was heißt das? Gibt es nicht Gewohnheiten, die man nur unter Druck annimmt und die niemals die Natur ersticken? Man verhindert z. B. daß eine Pflanze nach oben wächst. Gibt man ihr die Freiheit wieder, so behält sie zwar die Beugung bei, aber der Wachstumstrieb bleibt derselbe. Sie richtet sich wieder auf, wenn man sie weiter wachsen läßt. Genau so steht es mit den Neigungen der Menschen. Unter gleichbleibenden Verhältnissen behält man Gewohnheiten bei, die vielleicht unserer Natur am wenigsten entsprechen. Sobald die Verhältnisse sich ändern, hört der Zwang auf, und die Natur kehrt zurück. Die Erziehung ist bestimmt nichts anderes als eine Gewohnheit. Aber gibt es nicht Leute, die ihre Erziehung vergessen und verlieren? Und andere, die sie bewahren? Woher dieser Unterschied? Um Verwirrungen zu vermeiden, muß man also den Begriff der Natur auf die Gewohnheiten einschränken, die der Natur gemäß sind.

Wir werden empfindsam geboren und von Geburt an auf verschiedene Weise durch unsere Umwelt beeinflußt. Sobald wir unserer Eindrücke bewußt werden, suchen wir die betreffenden Gegensätze zu erstreben oder zu fliehen; anfangs je nachdem sie uns angenehm oder unangenehm sind, später je nach der Zuneigung oder der Abneigung, die wir zwischen uns und jenen Dingen finden; schließlich urteilen wir vernünftig über ihren Wert für unser Glück und unsere Vollkommenheit. Diese Anlagen wachsen und festigen sich in dem Maße, in dem wir empfindsamer und vernünftiger werden. Werden sie jedoch von Gewohnheiten gezwungen, so ändern sie sich mehr oder weniger nach unseren Meinungen. Vor dieser Veränderung sind sie das, was ich die Natur in uns nenne.

---

* Herr Formey versichert uns, daß man das so nicht sage. Mir scheint es jedoch sehr genau in diesem Vers gesagt, dem ich erwidern möchte:
La nature, crois-moi, n'est rien que l'habitude.
Die Natur, glaub mir, ist nichts als die Gewohnheit
(Der Vers heißt genau in Voltaires «Mohamet»:
La nature, à mes yeux, n'est rien que l'habitude.)
Herr Formey, der seine Mitmenschen nicht übermütig machen will, bietet uns in seiner Bescheidenheit das Maß seines Hirns als Maß des menschlichen Verständnisses.

Auf diese ursprüngliche Veranlagung müßte man alles zurückführen. Und das könnte geschehen, wenn die drei Erziehungsmächte nur verschiedenartig wären. Was aber, wenn sie einander widersprechen? Wenn man einen Menschen für andere erzieht, statt für sich selbst? Dann ist Übereinstimmung unmöglich. Man bekämpft dann entweder die Natur oder die sozialen Einrichtungen und muß wählen, ob man einen Menschen oder einen Bürger erziehen will: beides zugleich ist unmöglich.

Patriotismus Jede enge und festgeschlossene Sondergruppe scheidet sich von der Gesamtgruppe ab. Jeder Patriot wird Chauvinist: Ausländer sind nur Menschen; in seinen Augen sind sie nichts*. Ein unvermeidliches, aber kein großes Übel. Man liebt nur die, mit denen man zusammenlebt. Nach außen war der Spartaner ehrsüchtig, geizig, ungerecht; innerhalb der Mauern aber herrschten Uneigennutz, Billigkeit und Eintracht. Mißtraut den Kosmopoliten, die in ihren Büchern Pflichten in der Ferne suchen, die sie in ihrer Nähe nicht zu erfüllen geruhen. Mancher Philosoph liebt die Tataren, damit er seinen Nächsten nicht zu lieben braucht.

Mensch oder Bürger Der natürliche Mensch ruht in sich. Er ist eine Einheit und ein Ganzes; er bezieht sich nur auf sich oder seinesgleichen. Als Bürger ist er nur ein Bruchteil, der vom Nenner abhängt, und dessen Wert in der Beziehung zum Ganzen liegt, d. h. zum Sozialkörper. Gute soziale Einrichtungen entkleiden den Menschen seiner eigentlichen Natur und geben ihm für seine absolute eine relative Existenz. Sie übertragen sein *Ich* in die Allgemeinheit, so daß sich der einzelne nicht mehr als Einheit, sondern als Glied des Ganzen fühlt und angesehen wird. Weder Cajus noch Lucius waren Bürger von Rom; jeder war Römer. Jeder liebte sein Vaterland mehr als sich selbst. Regulus fühlte sich als Karthager, weil er das Eigentum seiner Herren geworden war. Als Fremder weigerte er sich, seinen Senatssitz einzunehmen, bis es ihm ein Karthager endlich befahl. Er war entrüstet, als man ihm das Leben retten wollte. Er siegte, kehrte triumphierend zurück, um unter der Folter zu sterben. Er hat, wie mir scheint, wenig Ähnlichkeit mit unseren Zeitgenossen.

Der Lakedämonier Pädaretes bewarb sich um die Aufnahme in den Rat der Dreihundert. Er wurde abgewiesen und kehrte fröhlich heim, weil man in Sparta dreihundert Männer gefunden hatte, die würdiger waren als er. Ich glaube an seine Aufrichtigkeit: das war ein echter Bürger.

Eine Spartanerin hatte fünf Söhne im Heer und erwartete Nachrichten über die Schlacht. Zitternd fragte sie einen ankommenden Heloten: „Deine fünf Söhne sind gefallen. — Elender Sklave, habe ich dich das gefragt? — Wir haben den Sieg er-

---

* Daher sind Kriege, die Republiken führen, grausamer als die einer Monarchie. Aber wenn Königskriege gemäßigter sind, so ist ihr Friede schrecklich. Es ist besser, ihr Feind zu sein als ihr Untertan.

rungen!" Die Mutter eilte zum Tempel, um den Göttern zu danken. Das war eine echte Bürgerin.

Wer innerhalb der bürgerlichen Ordnung seine natürliche Ursprünglichkeit bewahren will, der weiß nicht, was er will. Im Widerspruch mit sich selbst, zwischen seinen Neigungen und Pflichten schwankend, wird er weder Mensch noch Bürger sein. Er ist weder sich noch anderen nützlich. Er wird ein Mensch von heute sein, ein Franzose, ein Engländer, ein Spießbürger: ein Nichts.

Um etwas zu sein, sein Selbst und immer ein Einzig, muß man so handeln, wie man spricht. Man muß den einmal richtig erkannten Standpunkt festhalten, ihn offen bekennen und ihm stets folgen. Ich warte darauf, daß man mir dies Wunder zeigt, um festzustellen, ob es ein Mensch oder ein Bürger ist, oder wie er es anfängt, beides zugleich zu sein.

Von diesen notwendig einander entgegengesetzten Dingen kommen zwei entgegengesetzte Erziehungsformen: eine öffentliche und allgemeine und eine private und häusliche.

Um eine Vorstellung von der öffentlichen Erziehung zu bekommen, muß man Platons *Staat* lesen. Das ist kein politisches Werk, wie die Leute behaupten, die die Bücher nur nach dem Titel beurteilen: es ist die schönste Abhandlung über die Erziehung, die jemals geschrieben wurde. *(Öffentliche Erziehung)*

Will man auf Hirngespinste hinweisen, erwähnt man Platons Verfassung. Hätte Lykurg seine nur aufgeschrieben, so fände ich sie noch viel phantastischer. Platon hat nichts anderes getan als das Herz des Menschen zu läutern; Lykurg hat es entartet.

Eine öffentliche Erziehung gibt es nicht mehr und kann es nicht mehr geben, denn wo kein Vaterland ist, gibt es auch keine Bürger mehr. Diese beiden Wörter *Vaterland* und *Bürger* müssen aus den modernen Sprachen ausgemerzt werden. Ich weiß warum, aber ich sage es nicht, denn es gehört nicht zu meinem Thema.

Unsere lächerlichen Kollegien kann man nicht als öffentliche Erziehungseinrichtungen ansehen*. Die Erziehung durch die Gesellschaft zähle ich auch nicht dazu, weil sie zwei entgegengesetzte Ziele im Auge hat und beide verfehlt: sie erzieht Menschen mit zwei Seelen, die an andere zu denken scheinen, in Wirklichkeit aber nur an sich denken. Die Beweise, die man beibringt, täuschen niemanden und sind daher zwecklos. *(Jesuitenkollegien)*

---

* An mehreren Schulen, besonders an der Universität von Paris, gibt es Professoren, die ich liebe und sehr schätze, und die ich für sehr befähigt halte, die Jugend gut zu unterrichten, wenn sie nicht gezwungen wären, dem herrschenden Brauch zu folgen. Ich rufe einen von ihnen auf, seinen Reformplan zu veröffentlichen. Man wird sich dann vielleicht doch veranlaßt fühlen, das Übel zu heilen, wenn man sieht, daß es Mittel dagegen gibt.

Aus diesen Widersprüchen ergibt sich ein weiterer, den wir unaufhörlich in uns selbst erfahren. Durch Natur und Menschen hin- und hergezogen und gezwungen, diesen verschiedenen Anstößen zu folgen, gelangen wir weder zu dem einen noch zum anderen Ziel. Bestürmt und schwankend verbringen und beschließen wir unser Leben, ohne mit uns selbst eins geworden zu sein und uns und anderen geholfen zu haben.

Private Erziehung Bleibt noch die häusliche Erziehung oder die der Natur, aber was bedeutet ein Mensch dem anderen, der einzig für sich allein erzogen wurde? Könnte man das vorgenommene, doppelte Ziel in eines vereinen, indem man die Widersprüche im Menschen aufhebt, dann hätte man ein großes Hindernis zu seinem Glück hinweggeräumt. Um das zu beurteilen, müßte man ihn fertig ausgebildet sehen. Man müßte seine Neigungen beobachtet, seine Fortschritte gesehen, seinen Weg verfolgt haben; kurz, man müßte den natürlichen Menschen kennen. Ich glaube, daß man nach der Lektüre dieses Buches, in diesen Untersuchungen einige Schritte weitergekommen sein wird.

Was muß man tun, um diesen seltenen Menschen heranzubilden? Zweifellos viel: nämlich verhindern, daß etwas getan wird. Bei Gegenwind muß man lavieren; bei stürmischer See muß man den Anker werfen, wenn man auf der Stelle bleiben will. Paß auf, junger Steuermann, daß dir dein Tau nicht entgleitet, dein Anker nicht schleppt und dein Schiff nicht abtreibt, ehe du dich's versiehst!

Sozialordnung In der Sozialordnung sind alle Plätze gekennzeichnet; jeder muß für seinen Platz erzogen werden. Verläßt einer seinen Platz, so ist er zu nichts mehr zu gebrauchen. Die Erziehung ist nur insofern von Nutzen, als die Berufung mit der Berufswahl der Eltern übereinstimmt. In jedem anderen Fall schadet sie dem Schüler, und sei es durch die Vorurteile, die sie ihm beigebracht hat. In Ägypten mußte der Sohn den Beruf des Vaters übernehmen, und die Erziehung hatte wenigstens ein gesichertes Ziel. Bei uns bleiben nur die Ränge bestehen, und die Menschen wechseln ständig. Niemand weiß, ob er seinem Sohn nicht schadet, wenn er ihn für seinen Stand erzieht.

Die natürliche Ordnung In der natürlichen Ordnung sind alle Menschen gleich; ihre gemeinsame Berufung ist: Mensch zu sein. Wer dafür gut erzogen ist, kann jeden Beruf, der damit in Beziehung steht, nicht schlecht versehen. Ob mein Schüler Soldat, Priester oder Anwalt wird, ist mir einerlei. Vor der Berufswahl der Eltern bestimmt ihn die Natur zum Menschen. Leben ist ein Beruf, den ich ihn lehren will. Ich gebe zu, daß er, wenn er aus meinen Händen kommt, weder Anwalt noch Soldat noch Priester sein wird, sondern in erster Linie Mensch. Alles, was ein Mensch zu sein hat, wird er genau so sein wie jeder andere auch; und wenn das Schicksal ihn zwingt, seinen Platz zu wechseln, er wird immer an seinem Platz sein. *Occupavi te, fortuna, atque cepi; omnesque*

Grundgedanken, Arten der Erziehung 15

aditus tuos interclusi, ut ad me adspirare non posses. (Ich habe dich gemeistert, Schicksal, und halte dich gefangen. Alle deine Zugänge habe ich dir verschlossen, so daß du mir nichts anhaben kannst. CICERO, *Tuscul.* V. 9).

Unser wahres Studium gilt den Lebensbedingungen. Nach meiner Meinung ist der am besten erzogen, der die Freuden und Leiden dieses Lebens am besten zu ertragen vermag. Daraus folgt, daß die wahre Erziehung weniger vorschreibt als praktisch übt. Wir lernen vom ersten Augenblick unseres Lebens. Unsere Erziehung beginnt mit der Geburt. Unsere erste Lehrerin ist die Amme. Erziehung *(éducation)* bedeutete bei den Alten Ernährung. *Educit obstetrix,* sagte Varro *educat nutrix, instituit paedagogus, docet magister.* (Die Hebamme bringt das Kind [zur Welt], die Amme nährt es, der „Paedagogus" [Knabenaufseher] leitet es, der Lehrer unterrichtet es. VARRO nach Nonius Marcellus) Also sind Aufzucht, Erziehung und Unterricht drei ebenso verschiedene Dinge wie die Kinderfrau, der Erzieher und der Lehrer. Aber diese Unterscheidungen werden mißverstanden; um gut geführt zu werden, darf das Kind nur einem Führer folgen.

Die praktische Erziehung

Wir müssen also unsere Ansichten allgemeiner fassen und in unserem Schüler den Menschen an sich sehen, der allen Zufällen des Daseins ausgesetzt ist. Wenn der Mensch immer in seinem Lande verhaftet bliebe, wenn immer das gleiche Wetter herrschte, wenn niemand seinen Stand wechselte, so wäre die bestehende Praxis in gewisser Hinsicht gut. Das Kind, einmal für seinen Beruf erzogen, brauchte ihn niemals mehr zu verlassen und wäre niemals den Unbequemlichkeiten eines anderen ausgesetzt. Aber die Verhältnisse ändern sich ständig, der Geist des Jahrhunderts ist unruhig und stürzt von Generation zu Generation alles um. Ist es daher nicht unsinnig, ein Kind so zu erziehen, als brauchte es sein Zimmer nie zu verlassen, als bliebe es immer inmitten seiner Leute? Wenn das unglückliche Geschöpf auch nur einen Schritt ins Freie tut, wenn es eine Stufe hinabsteigt, ist es verloren. So lehrt man es nur, Leiden zu empfinden, aber nicht, sie zu ertragen.

Berufserziehung

Man möchte nur sein Kind behalten; aber das ist nicht genug. Man muß es lehren, sich selbst als Mann zu erhalten, Schicksalsschläge zu ertragen, Reichtum und Armut hinzunehmen, und, wenn es sein muß, im Eis Islands und auf den glühenden Felsen Maltas zu leben. Trotz aller Vorsicht, seinen Tod zu verhüten, muß es dennoch einmal sterben. Und wenn sein Tod auch nicht das Werk eurer Fürsorge ist, so ist sie dennoch fehl am Platz. Es handelt sich weniger darum, den Tod zu verhindern, als es leben zu lehren. Leben ist nicht atmen; leben ist handeln, d. h. von unseren Organen, Sinnen, Fähigkeiten, von allen unseren Bestandteilen Gebrauch zu machen. Sie geben uns das Gefühl, daß wir existieren. Nicht wer am ältesten wird, hat am

Behütete Erziehung

längsten gelebt, sondern wer am stärksten erlebt hat. Mancher wird mit hundert Jahren begraben, der bei seiner Geburt gestorben war. Es wäre ein Gewinn gewesen, wenn er als Kind gestorben wäre, wenn er wenigstens bis dahin gelebt hätte.

Unsere ganze Weisheit besteht aus Lakaienvorurteilen. All unsere Gewohnheiten sind nur Unterwerfung, Bedrängnis und Zwang. Der Gesellschaftsmensch wird als Sklave geboren und lebt und stirbt als Sklave. Bei seiner Geburt näht man ihn in einen Wickel ein, bei seinem Tode nagelt man ihn in einen Sarg. Solange er Mensch ist, ist er durch unsere Einrichtungen gebunden.

Manche Hebammen behaupten, sie könnten den Kopf eines Neugeborenen in hübschere Formen kneten; und das duldet man! Unsere Köpfe sind also vom Schöpfer schlecht geformt worden; und sie müssen erst durch Hebammen von außen und durch Philosophen von innen die rechte Form bekommen! Die Kariben sind glücklicher dran als wir.

Wickeln, Nähren, Abhärten

Wickel „Kaum ist das Kind geboren, kaum kann es seine Glieder frei recken und bewegen, so fesselt man es von neuem. Man wickelt es und legt es mit unbewegbarem Kopf und ausgestreckten Beinen, die Arme an den Körper angelegt, hin. Es wird in Bänder und Windeln verschnürt, daß es sich nicht mehr rühren kann. Man kann von Glück reden, wenn es nicht so geschnürt wird, daß es noch atmen kann, und wenn man es vorsichtshalber auf die Seite gelegt hat, daß der Speichel abfließt. Denn es könnte selber den Kopf nicht drehen, um den Abfluß zu erleichtern"[3].

Das Neugeborene hat das Bedürfnis, seine Glieder zu recken und zu bewegen, um sie aus der Starre zu lösen, in der sie, zu einem Knäuel eingerollt, so lange verharrt haben. Gewiß, man streckt sie, aber man hindert sie, sich zu bewegen. Selbst den Kopf zwängt man in Kopfhäubchen, als befürchte man, es könnte lebendig aussehen.

So werden die für den Wachstumstrieb notwendigen Bewegungen verhindert. Das Kind erschöpft seine Kräfte, das Hindernis zu beseitigen, und verzögert seine Entwicklung. Als Embryo war es weniger eingezwängt und gefesselt als im Wickel. Ich sehe nicht ein, was es durch seine Geburt gewonnen hat.

Die Untätigkeit und die Beengtheit der Glieder hindern den Blut- und Saftumlauf, verhindern Wachstum und Kräftigung und schädigen so seine Gesundheit. Wo man diese übertriebenen Maßnahmen nicht kennt, sind die Menschen groß, stark und wohlgebaut. Wo man Kinder wickelt, wimmelt es von Buckligen, Hinkenden, Krummbeinigen, Krüppeln, Rachitikern und Verwachsenen aller Art. Aus Angst, der Körper könne sich durch freie Bewegungen verbilden, beeilt man sich, ihn mißzugestal-

Wickeln, Nähren, Abhärten

ten, indem man ihn in die Zwinge legt. Mit Vergnügen würde man ihn lähmen, um eine Verkrüppelung zu verhindern.

Muß ein so grausamer Zwang nicht das Gemüt und den Charakter der Kinder beeinflussen? Ihr erster Eindruck ist Schmerz und Leid: nichts als Widerstände bei allen notwendigen Bewegungen; unglücklicher als ein Verbrecher in Ketten, strengen sie sich vergebens an, werden zornig und schreien. Ihr erster Laut ist weinen, sagt ihr? Das glaube ich wohl: ihr ärgert sie von Geburt an. Die ersten Geschenke, die ihr ihnen macht, sind Fesseln. Die erste Behandlung, die sie erfahren, ist Quälerei. Nur die Stimme können sie frei gebrauchen; warum sollen sie sich ihrer nicht bedienen, um sich zu beklagen? Sie schreien über das Leid, das ihr ihnen antut. So gefesselt würdet ihr noch lauter schreien.

Woher kommt dieser widersinnige Brauch? Von einem naturwidrigen Brauch. Seitdem die Mütter, pflichtvergessen, ihre eigenen Kinder nicht mehr stillen wollen, müssen sie sie gewinnsüchtigen Frauen anvertrauen. Diese geben sich natürlich keine Mühe, da sie als Mütter fremder Kinder keinen Naturtrieb in sich fühlen. Ein ungewickeltes Kind müßte man unaufhörlich behüten; ein gewickeltes wirft man in die Ecke und kümmert sich nicht um sein Geschrei. Soweit man der Amme keine Nachlässigkeit nachweisen kann und keine Arme und Beine gebrochen sind, was liegt daran, ob der Säugling umkommt oder zeitlebens zum Krüppel wird? Man behütet die Glieder auf Kosten des Leibes, und was auch geschieht: die Amme trifft keine Schuld.

Wissen diese süßen Mütter, die, ihres Kindes ledig, sich sorglos in der Stadt vergnügen, wie ihr gewickeltes Kind im Dorf behandelt wird? Bei der geringsten Störung hängt die Amme das Kind wie ein Wäschebündel an einen Haken und geht gemächlich ihren Geschäften nach, während das Unglückswurm wie am Kreuz hängt. Alle Kinder, die man in dieser Lage fand, waren im Gesicht schon blau, weil das Blut nicht mehr kreisen konnte und zu Kopf stieg. Weil sie nicht mehr die Kräfte hatten zu schreien, glaubte man, sie hätten sich beruhigt. Ich weiß nicht, wie lange ein Kind so hängen kann, ohne zu sterben, aber ich befürchte, daß es nicht lange dauern kann. Wahrlich, so ein Wickel ist eine bequeme Einrichtung!

Man behauptet, ungewickelte Kinder könnten sich so legen und so bewegen, daß sie dem guten Wuchs ihrer Glieder schaden könnten. Das ist eine unserer törichten Weisheiten, die durch keine Erfahrung bestätigt wird. Von all den vielen Kindern, die unter vernünftigeren Völkern gliedfrei aufgewachsen sind, sieht man keines verletzt oder verkrüppelt. Sie haben noch gar nicht die Kraft, daß ihnen eine Bewegung gefährlich werden könnte, und legen sie sich einmal falsch, so zwingt sie der Schmerz dazu, die Lage zu ändern.

Es ist noch niemandem eingefallen, junge Hunde oder Katzen zu wickeln. Hat ihnen diese Vernachlässigung geschadet? Natürlich sind Kinder viel schwerer! Dafür sind sie im Verhältnis viel schwächer. Sie können sich kaum bewegen; wie sollen sie sich also verletzen? Legte man sie auf den Rücken, so könnten sie sich, wie eine Schildkröte, niemals mehr umdrehen und müßten sterben.

Kinderlosigkeit Aber es genügt den Frauen nicht, ihre Kinder nicht mehr zu stillen, sie wollen überhaupt keine mehr, was eine natürliche Konsequenz ist. Sobald das Muttersein als Last empfunden wird, findet man die Mittel, sich seiner zu entledigen. Man will eine fruchtlose Ehe, in der man ungestört genießen kann. Der Reiz wendet sich gegen die Gattung, statt zu ihrer Vermehrung zu dienen. Diese und andere Gründe der Entvölkerung zeigen uns das zukünftige Schicksal Europas an. Die Wissenschaften, die Künste, die Philosophie und die Sitten, die es hervorbringt, werden in Kürze eine Wüste daraus machen. Es wird von wilden Tieren bewohnt werden: der Unterschied wird nicht sehr groß sein.

Stillen Ich habe manchmal beobachtet, wie sich junge Frauen vom Stillen drücken. Man läßt sich überreden, auf solche ausgefallenen Ideen zu verzichten; man bewegt auf geschickte Weise den Mann, den Arzt*, besonders die Mütter, einzugreifen. Ein Mann, der von seiner Frau verlangt, sie möge ihr Kind selber stillen, wäre verloren. Man hielte ihn für einen Mörder, der sich seiner Frau entledigen wolle. Ihr Männer opfert darum, wenn ihr vorsichtig seid, die Vaterliebe dem häuslichen Frieden. Glücklicherweise gibt es auf dem Lande verständigere Frauen als eure! Noch glücklicher seid ihr, wenn sie die gewonnene Zeit euch, nicht anderen widmen.

Pflichten der Frau Über die Pflicht der Frauen gibt es keinen Zweifel. Fraglich ist, wenn sie diese Pflicht vernachlässigen, ob es für die Kinder gleichgültig ist, von ihrer oder von anderer Milch ernährt zu werden. Für mich ist der Wunsch — über die Frage mögen die Ärzte entscheiden — der Frauen entscheidend. Ich glaube daß es besser ist, das Kind bekommt die Milch einer gesunden Amme als die einer verdorbenen Mutter, wenn aus dem Blut, dem es entsprossen ist, neues Übel zu befürchten ist.

Darf man aber diese Frage vom Physischen her betrachten? Bedarf das Kind weniger der Fürsorge der Mutter als ihrer Brust? Andere Frauen, Tiere sogar können ihm die Milch geben, die sie ihm verweigert: die mütterliche Fürsorge aber ist unersetzlich. Wer anstelle seines Kindes ein anderes ernährt, ist eine

---

* Das Bündnis zwischen Frauen und Ärzten erschien mir schon immer eine der ergötzlichsten Eigenarten von Paris. Durch die Frauen erlangen die Ärzte ihren Ruf, und durch die Ärzte die Frauen ihren Willen. Man kann sich daher leicht vorstellen, welche Art von Geschicklichkeit ein Pariser Arzt haben muß, um berühmt zu werden.

schlechte Mutter. Wie kann diese Frau also eine gute Amme sein? Sie kann es werden, aber langsam. Die Gewohnheit müßte die Natur verändern, und das schlechtversorgte Kind hat hundertmal Zeit zu sterben, ehe es die Amme wie eine Mutter liebt.

Aber dieser Vorteil selbst hat einen Nachteil, der jeder Mutter den Mut nehmen sollte, ihr Kind von einer Fremden nähren zu lassen: das Mutterrecht teilen zu müssen, oder vielmehr es zu veräußern. Sehen zu müssen, wie eine andere Frau ihr Kind ebenso oder sogar mehr liebt; zu fühlen, daß die Zärtlichkeit für die Mutter eine Gnade, für die Pflegemutter aber eine Pflicht ist. Denn schulde ich nicht Kindeszuneigung, wo ich Mutterfürsorge gefunden habe?

Um diesem Übel zu begegnen, flößt man den Kindern Verachtung für die Ammen ein, indem man sie wie Mägde behandelt. Ist ihr Dienst beendet, nimmt man ihnen das Kind weg und entläßt sie. Man verleidet ihnen das Wiederkommen. Nach einigen Jahren kennt sie das Kind nicht mehr. Die Mutter irrt sich, die die Amme zu ersetzen und ihre Nachlässigkeit durch Grausamkeit wettzumachen glaubt. Statt aus einem entfremdeten Säugling einen zärtlichen Sohn zu machen, erzieht sie ihn zur Undankbarkeit. Sie lehrt ihn, eines Tages die zu verachten, die ihm das Leben gab, wie er die verachtet, die ihn gestillt hat.

Es ist nutzlos und entmutigend, Binsenwahrheiten zu wiederholen! Trotzdem hängt mehr davon ab, als man glaubt. Wenn ein jeder bei seinen Urpflichten anfangen wollte, so fängt bei den Müttern an, und ihr werdet über die Veränderungen staunen. Alles entspringt aus dieser ersten Entartung: die ganze sittliche Ordnung gerät durcheinander. Die natürlichen Regungen erlöschen. Die Häuslichkeit erstarrt. Das rührende Schauspiel einer heranwachsenden Familie fesselt den Ehemann nicht mehr und flößt dem Fremden keine Ehrfurcht mehr ein. Man achtet die Mutter weniger, deren Kinder man nicht sieht. Die Familie zerfällt. Gewohnheit stärkt keine Blutbande mehr: es gibt keinen Vater, keine Mutter, keine Kinder, keine Brüder, keine Schwestern mehr. Man kennt sich kaum, wie sollte man sich lieben? Jeder denkt nur an sich. Ist das Heim aber traurig und verödet, so sucht man seine Vergnügungen anderswo.

Wenn sich jedoch die Mütter dazu verstünden, ihre Kinder selber zu nähren, so werden sich die Sitten von selbst erneuern und die natürlichen Regungen erwachen. Der Staat wird sich wieder bevölkern. Dieser erste Punkt allein genügt, um alles wieder in Ordnung zu bringen. Der Zauber des häuslichen Lebens ist das beste Gegengewicht gegen schlechte Sitten. Die lästigen Mühen, die man mit Kindern hat, werden angenehme Pflicht, die Vater und Mutter unentbehrlicher und einander lieber macht: sie knüpft die Ehebande fester. In einer lebensfrohen Familie sind die häuslichen Pflichten die liebste Beschäftigung einer Frau und das angenehmste Vergnügen des Mannes.

Die Abschaffung dieses einzigen Mißbrauchs würde eine allgemeine Reform zur Folge haben, und die Natur würde ihre Rechte zurückerhalten. Würden die Frauen wieder zu Müttern, werden die Männer wieder zu Vätern und Ehegatten.

Verschwendete Worte! Selbst der Überdruß an den Lustbarkeiten der Welt führt nicht mehr zurück. Die Frauen haben aufgehört, Mütter zu sein, und sie werden es nicht wieder: sie wollen es nicht mehr sein. Selbst wenn sie es wollten, sie könnten es kaum. Da sich heute der gegenteilige Brauch eingebürgert hat, müßte jede Frau ihre gesamte Umgebung bekämpfen. Die Umwelt aber hat sich gegen ein Beispiel verbündet, das die einen nicht erfunden haben und die anderen nicht befolgen wollen.

Dennoch gibt es manchmal noch junge Frauen, die der Mode und dem Geschrei trotzen und unerschrocken ihre natürlichen Pflichten erfüllen. Möge ihre Zahl sich vermehren durch das Glück, das denen bestimmt ist, die sich diesen Pflichten unterziehen! Aus Überlegung und Beobachtung wage ich diesen Müttern echte und beständige Liebe ihrer Männer, Anhänglichkeit ihrer Kinder, Achtung und Respekt der Öffentlichkeit, Niederkünfte ohne Unfall und Folgen, feste und dauernde Gesundheit und endlich die Freude zu versprechen, daß eines Tages ihre Töchter ihrem Beispiel folgen und andern als Vorbild empfohlen werden.

Ohne Mutter gibt es kein Kind. Ihre Pflichten sind gegenseitig. Werden sie auf einer Seite schlecht erfüllt, so werden sie auf der anderen vernachlässigt. Das Kind muß seine Mutter lieben, ehe es weiß, daß es dies muß. Wird die Stimme des Blutes nicht durch Gewohnheit und Fürsorge gestärkt, erlischt sie in den ersten Jahren, und das Herz stirbt gewissermaßen vor seiner Geburt. Und so sind wir mit den ersten Schritten schon aus der Natur herausgetreten.

Abhärtung

Man kann auch auf dem entgegengesetzten Weg aus der Natur heraustreten, wenn eine Frau ihre Muttersorgen übertreibt: Wenn sie aus ihrem Kind ein Idol macht; wenn sie seine Schwäche vermehrt, um es zu verhindern, daß es sie fühlt; wenn sie glaubt, es den Gesetzen der Natur entziehen zu können, und wenn sie jeden Schmerz von ihm fernzuhalten sucht, ohne zu bedenken, wie vielen Unfällen und Gefahren sie es damit für die Zukunft preisgibt. Es ist barbarisch, die Schwäche des Kindes unter den Mühen des Erwachsenen zu verlängern. Thetis tauchte, wie die Sage erzählt, ihren Sohn in die Fluten des Styx, um ihn unverwundbar zu machen. Dieses Gleichnis ist schön und treffend. Die grausamen Mütter, von denen ich hier spreche, tun das Gegenteil: sie tauchen ihre Kinder in die Verweichlichung und bereiten ihnen künftiges Leid; sie öffnen ihre Poren für Übel aller Art, deren Beute sie als Erwachsene werden.

Kinderkrankheiten und früher Tod

Beobachtet die Natur und folgt dem Weg, den sie euch zeigt! Sie übt ihre Kinder beständig; sie härtet sie durch Prüfungen aller Art ab; sie lehrt sie von früh an, was Schmerz und Leid ist. Das Zahnen läßt sie fiebern; Leibschmerzen führen zu Krämpfen; Husten läßt sie fast ersticken; Würmer quälen sie; die Plethora verdirbt das Blut; es entwickeln sich Gärstoffe und verursachen gefährliche Ausschläge. Fast die ganzen ersten Lebensjahre sind Krankheit und Gefahr. Die Hälfte der Kinder stirbt vor dem achten Lebensjahr. Hat das Kind aber diese Prüfungen überstanden, so ist seine Kraft gewachsen, und sobald es sein Leben nutzen kann, ist das Leben selber besser gesichert.

So will es die Natur. Warum sich ihr widersetzen? Seht ihr nicht, daß ihr, die ihr sie zu verbessern glaubt, ihr Werk zerstört und die Wirkung ihrer Fürsorge verhindert? Ihr glaubt, die Gefahr zu verdoppeln, wenn ihr von außen tut, was sie von innen tut. Tatsächlich aber lenkt ihr sie ab und erschöpft sie. Die Erfahrung lehrt, daß mehr verzärtelte Kinder sterben als andere. Übersteigt man nicht das Maß der kindlichen Kräfte, so wagt man weniger, sie zu nutzen als sie zu schonen. Übt sie für die Gefahren, die sie eines Tages zu bestehen haben; härtet ihre Körper ab gegen die Unbilden der Jahreszeiten, des Klimas, der Elemente, gegen den Hunger und den Durst, gegen die Strapazen: taucht sie in die Fluten des Styx. Eh der Körper eigene Gewohnheiten hat, kann man ihm ohne Gefahr die geben, die man wünscht. Hat sich aber der Körper verfestigt, so wird jeder Wechsel gefährlich. Ein Kind erträgt Umstellungen, die kein Erwachsener ertrüge. Sein weiches, biegsames Gewebe nimmt mühelos die Form an, die man ihm gibt. Der Erwachsene läßt sich nur mit Gewalt umgewöhnen. So kann man ein Kind widerstandsfähig machen, ohne sein Leben und seine Gesundheit zu gefährden. Aber selbst wenn es etwas zu wagen gälte, sollte man nicht zaudern. Denn es handelt sich um das Risiko, das untrennbar mit dem Leben verbunden ist, und was könnte man Besseres tun, als es in die Jahre zu verlegen, in denen es am wenigsten schädlich ist?

Mit zunehmendem Alter wird das Kind immer kostbarer. Zu seinem persönlichen Wert kommt der Preis der Sorgen, die es gekostet hat. Zum Verlust seines Lebens kommt das Gefühl seines Todes. Wacht man über seine Erhaltung, so denkt man an seine Zukunft. Man muß es, ehe es dahin gekommen ist, gegen die Gefahren der Jugend wappnen. Wenn der Wert des Lebens steigt, bis es selber nützt, wie töricht ist es dann, der Kindheit einige Leiden zu ersparen und sie im Vernunftalter zu vervielfältigen! Sind das die Lehren eines Meisters?

Es ist das Schicksal des Menschen, zu allen Zeiten zu leiden. Selbst die Sorge um seine Erhaltung ist mit Leid verknüpft. Glücklich ist, wer in seiner Jugend nur leibliche Schmerzen kennenlernt; sie sind weniger hart und weniger schmerzhaft als die anderen. Ihretwegen verzichtet man viel seltener auf das Leben! Man bringt sich nicht wegen der Gicht um. Nur die Lei-

22   Erstes Buch

den der Seele bringen uns zur Verzweiflung. Wir beklagen das
Los der Kindheit: wir sollten unser Los beklagen. Unsere größten
Leiden fügen wir uns selber zu.

Der Vater als Erzieher

Falsche Pflege   Ein Kind schreit schon, wenn es geboren wird; seine erste Kindheit vergeht mit Weinen. Bald wiegt man es, um es zu beruhi-
gen; bald droht man und schlägt es, um es zum Schweigen zu
bringen. Entweder tun wir, was ihm gefällt, oder wir verlangen,
was uns gefällt. Entweder wir unterwerfen uns seinen Launen,
oder wir unterwerfen es unseren. Es gibt keine Mitte: entweder
gibt das Kind Befehle, oder es empfängt sie. So sind seine ersten
Eindrücke die der Macht oder der Unterwerfung. Ehe es noch
reden kann, befiehlt es. Ehe es handeln kann, gehorcht es. Und
manchmal wird es gestraft, ehe es seine Fehler erkennen, ja sie
begehen kann. So weckt man schon früh die Leidenschaften, die
man dann der Natur zuschreibt. Nachdem man es verdorben hat,
beklagt man sich darüber.

Sechs oder sieben Jahre verbringt das Kind auf solche Weise
unter den Händen der Frauen, ein Opfer ihrer und seiner Launen. Nachdem man ihm dies und jenes beigebracht hat, d. h.
sein Gedächtnis entweder mit Worten belastet hat, die es nicht
versteht, oder mit Dingen, die ihm nichts nützen; nachdem
man seine natürlichen Anlagen durch Leidenschaften, die man
entfesselt hat, erstickt hat, übergibt man dieses künstliche Geschöpf einem Erzieher, der die überzüchteten Keime vollends
aufzieht und das Kind alles lehrt, nur nicht sich selbst zu erkennen, sich selbst zu entfalten, wirklich zu leben und glücklich
zu werden. So wird dieses Kind Sklave und Tyrann zugleich,
voller Wissen und ledig an Verstand, gleich schwach an Leib
und Seele in die Welt geworfen, wo es seine Dummheit, seinen
Hochmut und alle seine Laster zeigt. Dann beklagt man sein
Unglück und die Verderbtheit der Menschen — jedoch zu Unrecht, denn so sieht der Mensch aus, den wir geschaffen haben.
Der natürliche Mensch sieht anders aus.

Vater als   Wollt ihr aber, daß er seine ursprüngliche Form behält, so
Erzieher   behütet ihn von seiner Geburt an. Bemächtigt euch seiner,
sobald er geboren wird, und verlaßt ihn nicht mehr, bis er erwachsen ist, sonst gelingt es euch nicht. Wie die Mutter die
wahre Amme ist, so ist der Vater der wahre Lehrer. Sie müssen
sich also über ihre Funktionen wie über ihre Methoden verständigen. Aus der Hand der einen muß das Kind in die Hand des
anderen übergehen. Es wird besser von einem vernünftigen,
wenn auch ungelehrten Vater erzogen, als vom geschicktesten
Lehrer der Welt: denn der Eifer kann eher das Talent ersetzen
als das Talent den Eifer.

Aber die Geschäfte, der Beruf, die Pflichten ... Ja, die Pflichten! Natürlich ist die Vaterpflicht die letzte*! Wir dürfen uns nicht wundern, wenn ein Mann, dessen Frau es ablehnt, die Frucht ihrer Vereinigung zu ernähren, seinerseits ablehnt, sie zu erziehen. Es gibt kein lieblicheres Bild als das der Familie. Ein falscher Strich aber verdirbt alle anderen. Ist die Mutter zu schwach, das Kind zu ernähren, so ist der Vater zu beschäftigt, es zu erziehen. Die Kinder, aus dem Hause gegeben, in Pensionaten, Klöstern und Internatsschulen verstreut, wenden ihre Liebe vom Elternhaus ab, oder besser gesagt, sie gewöhnen sich daran, an nichts gebunden zu sein. Die Geschwister kennen einander kaum. Führt sie ein Familienfest zusammen, so werden sie sehr höflich zueinander sein; aber sie behandeln sich wie Fremde. Gibt es keine Vertrautheit mehr zwischen den Eltern und keine Gemeinsamkeit in der Familie, so hält man sich an schlechten Sitten schadlos. So dumm ist keiner, diese Zusammenhänge nicht zu erkennen.

Wenn ein Vater nur Kinder zeugt und ernährt, so erfüllt er nur ein Drittel seiner Pflicht. Dem Geschlecht schuldet er Kinder, der Gesellschaft gemeinschaftsfähige Menschen und dem Staat Bürger. Jeder, der diese dreifache Schuld zahlen kann, und nicht zahlt, ist schuldig, und noch schuldiger vielleicht, wenn er nur zur Hälfte zahlt. Wer nicht seine Vaterpflichten erfüllen kann, hat nicht das Recht, Vater zu werden. Weder Armut, noch Arbeit, noch Rücksichten entbinden ihn der Pflicht, seine Kinder zu ernähren und zu erziehen. Ich sage jedem, der ein Herz hat und trotzdem diese heilige Pflicht verletzt, voraus, daß er seine Fehler bitter bereuen und sich niemals darüber trösten wird.

Aber was tut denn dieser reiche Mann, dieser angeblich so überlastete Familienvater, der seine Kinder im Stich lassen muß? Er bezahlt einen anderen, die Mühen auf sich zu nehmen, die er tragen müßte. Glaubst du, feile Seele, für dein Geld deinem Sohn einen Vater kaufen zu können? Täusche dich nicht! Nicht einmal einen Herrn kannst du ihm dafür kaufen, nur einen Knecht. Und der wird aus ihm den zweiten machen.

Erzieher, Zögling

Man redet viel über die Eigenschaften, die ein guter Erzieher haben muß. Die erste, die ich verlange, — und diese setzt viele andere voraus — ist die, kein käuflicher Mensch zu sein. Es gibt so edle Berufe, daß man sie nicht für Geld ausüben kann, ohne

Der Erzieher

---

* Wenn man bei Plutarch liest, daß Cato der Zensor, der Rom so ruhmreich regierte, seinen Sohn von der Wiege an selbst und so sorgfältig erzog, daß er alles stehen und liegen ließ, um zugegen zu sein, wenn die Amme, d. h. hier die Mutter, ihn aufnahm und wusch; wenn man bei Sueton liest, daß Augustus, der Herr der Welt, die er erobert

ihrer unwürdig zu werden, z. B. der des Lehrers. Wer soll also mein Kind erziehen? Ich habe es schon gesagt: Du selbst. Ich kann es aber nicht. Du kannst es nicht? ... Such dir einen Freund! Ich sehe keine andere Möglichkeit.

Ein Erzieher! Welche erhabene Seele muß er haben! ... Um einen Menschen heranzubilden, muß man in der Tat Vater oder Übermensch sein. Und dieses Geschäft legt ihr seelenruhig in die Hände eines Mietlings.

Je mehr man darüber nachdenkt, um so zahlreichere Schwierigkeiten tauchen auf. Der Erzieher müßte eigens für den Schüler erzogen werden, wie die Dienerschaft für ihren Herren. Seine ganze Umgebung muß die Eindrücke empfangen haben, die sie ihm vermitteln soll. So müßte man, ich weiß nicht wie weit, von Erziehung auf Erziehung zurückgehen. Denn wie kann ein Kind von jemandem gut erzogen werden, der selbst nicht gut erzogen ist?

Kann man einen so seltenen Menschen überhaupt finden? Ich weiß es nicht. Wer kann in dieser verkommenen Zeit noch sagen, wie weit ein Mensch noch rechtschaffen ist? Aber wir nehmen an, wir hätten diesen Wundermenschen gefunden. An dem, was er zu tun hat, sehen wir, wie er sein muß. Aber ich sehe, was kommt: ein Vater, der den ganzen Wert eines guten Erziehers erkennt, entschlösse sich eher, überhaupt keinen zu nehmen. Denn es kostet mehr Mühe, einen zu finden, als selbst einer zu werden. Will er einen Freund haben, so erziehe er seinen Sohn dazu. Dann braucht er ihn nicht anderweitig zu suchen, und die Natur hat das halbe Werk schon getan.

Jemand, den ich nur seinem Rang nach kannte, schlug mir vor, seinen Sohn zu erziehen[4]. Zweifelsohne erwies er mir damit eine große Ehre. Aber statt sich über meine Absage zu beklagen, hätte er meine Zurückhaltung loben sollen. Hätte ich angenommen und mich in der Methode geirrt, so wäre die Erziehung verdorben; hätte ich Erfolg gehabt, wäre es noch schlimmer gewesen, denn dann hätte der Sohn auf seinen Titel verzichten und nicht mehr Fürst werden wollen[5].

Ich kenne die Größe der Aufgaben eines Erziehers zu genau, so wie ich meine Unfähigkeit zu genau kenne, um jemals einen solchen Auftrag zu übernehmen, wer auch immer ihn mir gäbe. Freundschaftliche Bindungen wären für mich ein weiterer Grund abzulehnen. Ich glaube, daß es nach der Lektüre dieses Buches wenige geben wird, um mir ein solches Angebot zu machen, und ich bitte die Unentwegten, sich eine vergebliche Mühe zu er-

---

hatte und regierte, selbst seinen Enkeln schreiben, schwimmen und die Grundbegriffe der Wissenschaft beibrachte, daß er sie beständig um sich hatte, so muß man über diese Leutchen von damals lachen, die sich mit solchen Albernheiten unterhielten; sie waren zweifelsohne für die großen Geschäfte unserer großen Männer von heute zu beschränkt.

sparen. Früher einmal habe ich mich hinreichend in diesem Beruf versucht, um zu wissen, daß ich dafür nicht tauge. Aber selbst, wenn ich es könnte, verbietet es jetzt meine Gesundheit. Diese Erklärung glaube ich denen schuldig zu sein, die mich nicht hoch genug zu achten scheinen, um an die Ehrlichkeit und die Berechtigung meines Entschlusses zu glauben.

Da ich nicht die nützlichste Aufgabe übernehmen kann, versuche ich mich an der leichtesten: nach dem Beispiel vieler anderer lege ich die Hand nicht ans Werk selber, sondern greife zur Feder. Statt das Notwendige zu tun, will ich es sagen.

Ich weiß, daß sich der Autor bei solchen Versuchen in Systemen wohl fühlt, die er nicht in die Praxis umzusetzen braucht, daß er mühelos schöne Theorien aufstellt, die man nicht befolgen kann, und daß, da es ihm an Einzelheiten und Beispielen gebricht, selbst das Mögliche unanwendbar bleibt, wenn er nicht die Anwendbarkeit beweist.

Ich habe mich also entschlossen, mir einen Zögling vorzustel- Seine Methoden len, mir selber aber Alter, Gesundheit, Kenntnisse und alle Gaben, die man zu seiner Erziehung braucht, anzudichten, um ihn von der Geburt bis zu der Stunde zu führen, wo er Mann und sein eigener Führer ist. Diese Methode scheint mir zweckmäßig zu sein, einen unsicheren Autor davor zu bewahren, sich in Träumen zu verlieren. Denn sobald er sich von der gewöhnlichen Praxis entfernt, braucht er nur seine Methode an seinem Schüler zu erproben und er wird alsbald fühlen — oder der Lehrer tut es für ihn — ob er der Entwicklung der Kindheit und dem Fortschritt folgt, der dem Menschen natürlich ist.

Das habe ich bei allen auftauchenden Schwierigkeiten zu tun versucht. Um das Buch nicht unnötig dick werden zu lassen, habe ich mich damit begnügt, nur die Grundsätze aufzustellen, die jeden überzeugen müßten. Die Regeln aber, die des Beweises bedürfen, habe ich auf meinen Emil oder auf andere Beispiele bezogen, und ich habe im einzelnen dargelegt, wie man meine Thesen anwenden könnte. Das ist mein Plan; der Leser mag entscheiden, ob er mir gelungen ist.

Daher habe ich bisher wenig von Emil gesprochen, weil meine ersten Erziehungsleitsätze, obwohl sie den herkömmlichen widersprechen, so einleuchtend sind, daß man ihnen vernünftigerweise nicht widersprechen kann. Je weiter ich aber komme, um so weniger gleicht mein Zögling, der so anders erzogen ist als eure Zöglinge, einem gewöhnlichen Kind. Er braucht seine eigene Lebweisung. Er erscheint nun öfters, und zuletzt lasse ich ihn nicht mehr aus den Augen, bis er — einerlei, was er selbst dazu sagt — mich überhaupt nicht mehr braucht.

Ich spreche hier nicht von den Eigenschaften eines guten Erziehers; ich setze sie voraus, und setze voraus, daß ich sie alle habe. Der Leser wird sehen, wie großzügig ich mich bedacht habe.

Die Tugend des Erziehers

Entgegen der allgemeinen Meinung will ich nur bemerken, daß der Erzieher jung sein muß, so jung, wie ein weiser Mann eben jung sein kann. Am liebsten wäre mir, er wäre selbst noch ein Kind — wenn das möglich wäre — so daß er der Gefährte seines Zöglings und der Vertraute seiner Spiele werden kann. Zwischen der Kindheit und dem Alter gibt es zu wenig Gemeinsamkeit, als daß sich über diesen Abstand hinweg jemals eine dauerhafte Zuneigung bilden könnte. Kinder schmeicheln manchmal alten Leuten, aber sie lieben sie nie.

Im allgemeinen wünscht man, daß der Erzieher bereits ein Kind erzogen habe; das ist zuviel. Ein Mensch kann nur ein Kind erziehen. Wenn für den Erfolg zwei nötig wären, mit welchem Recht hätte der dann die erste Erziehung übernommen?

Mit größeren Erfahrungen könnte man es besser machen; aber dann wäre man dazu nicht mehr imstande. Wer die Aufgabe mit allen ihren Mühen einmal erfüllt hat, übernimmt sie kein zweites Mal. Und hat er sie beim ersten Mal schlecht erfüllt, so ist das ein schlechtes Vorzeichen für das zweite Mal.

Seine Eigenschaften

Natürlich ist ein Unterschied, ob man einen Jungen vier Jahre begleitet oder ob man ihn fünfundzwanzig leitet. Ihr gebt euren Sohn einem Erzieher, wenn er erwachsen ist; ich verlange ihn, ehe er geboren ist. Euer Erzieher kann alle Jahrfünft einen neuen Schüler übernehmen; meiner kann nur einen haben. Ihr unterscheidet zwischen Lehrer und Erzieher: Welche Torheit! Unterscheidet ihr auch zwischen Schüler und Zögling? Man kann Kinder nur eine Wissenschaft lehren: die der Pflichten des Menschen. Diese Wissenschaft ist aus einem Guß und — was auch Xenophon über die Erziehung der Perser gesagt hat — sie ist unteilbar. Ich nenne übrigens den Meister in dieser Wissenschaft lieber Erzieher *(gouverneur)* als Lehrer *(précepteur)*, weil er weniger zu lehren als zu leiten hat. Er darf keine Vorschriften geben, er muß sie finden lassen.

Der Zögling

Wenn man den Erzieher so sorgfältig auswählen muß, so muß ihm erlaubt sein, seinen Zögling zu wählen, besonders wenn es um ein Vorbild geht. Diese Wahl kann sich weder auf die geistigen Anlagen noch auf den Charakter des Kindes stützen, das man doch erst am Ende der Erziehung kennt, und das ich ja vor seiner Geburt erwähle. Wenn ich zu wählen hätte, nähme ich einen Durchschnittsgeist: so stelle ich mir meinen Schüler vor. Nur der Durchschnitt braucht Erziehung, und seine Erziehung dient als Beispiel für seinesgleichen. Die anderen erziehen sich allein[6].

Das Land spielt auch eine Rolle in der Erziehung des Menschen; nur in gemäßigten Zonen werden sie, was sie sein können. In extremen Zonen ist dieser Nachteil deutlich sichtbar. Der Mensch ist kein Baum, der in einer unverrückbaren Erde ruht. Wer von einem Extrem zum anderen geht, muß notwendigerweise den doppelten Weg zurücklegen, um zum selben Ziel zu gelangen, den der zurücklegt, der von der Mitte ausgeht.

Aber selbst wenn ein Bewohner der gemäßigten Zone hintereinander die beiden Extreme durchläuft, so ist er noch immer im Vorteil: den gleichen Veränderungen ausgesetzt wie der, der von einem Extrem zum andern geht, entfernt er sich doch nur um die Hälfte von seinen natürlichen Lebensbedingungen. Ein Franzose kann in Guinea und in Lappland leben, aber ein Neger kann nicht ebensogut in Tornea oder ein Samojede im Benin* leben. Die Durchbildung des Gehirns scheint auch in den beiden Extremen weniger vollkommen zu sein. Weder die Neger noch die Lappen haben den Geist des Europäers. Soll mein Zögling also Weltbürger sein, so wähle ich ihn aus der gemäßigten Zone; aus Frankreich zum Beispiel eher als anderswoher.

Im Norden verzehren die Menschen viel auf wenig fruchtbarem Boden. Im Süden verzehren sie wenig auf fruchtbarem Boden. Hieraus folgt ein weiterer Unterschied, der die einen fleißig und die anderen beschaulich macht. Die Gesellschaft bietet uns am selben Platz den Unterschied zwischen arm und reich: die Armen bewohnen den undankbaren Boden, die Reichen das fruchtbare Land.

Der Arme braucht keine Erziehung; zwangsläufig hat er die seines Standes, und eine andere könnte er nicht haben. Der Reiche hingegen erhält schon durch seinen Stand eine Erziehung, die ihm für sich selbst und für die Gesellschaft am wenigsten nützt. Die natürliche Erziehung soll aber für alle Lebensumstände tauglich machen. So ist es weniger vernünftig, einen Armen für den Reichtum als einen Reichen für die Armut zu erziehen, denn im Verhältnis zur Anzahl der beiden Stände gibt es mehr Ab- als Aufstiege. Wählen wir also einen reichen Zögling, dann können wir sicher sein, einen Menschen mehr erzogen zu haben, während der Arme aus sich selbst Mensch werden kann.

Aus dem gleichen Grunde hätte ich nichts dagegen, wenn Emil adlig wäre. Dem Dünkel wäre ein Opfer entrissen.

Emil ist Waise. Er braucht weder Vater noch Mutter. Ich übernehme alle ihre Pflichten und alle ihre Rechte. Er muß seine Eltern ehren, aber nur mir gehorchen. Das ist meine erste und einzige Bedingung.

Ich muß eine zweite Bedingung stellen, die aber die Folge der ersten ist: man darf uns, außer mit unserer Einwilligung, niemals trennen. Dieser Vorbehalt ist wesentlich, und ich würde sogar verlangen, daß Zögling und Erzieher so unzertrennlich seien, daß sie ihr beiderseitiges Los als gemeinsames Schicksal empfänden. Wenn sie allein sind und an Trennung denken, *Gemeinsames Leben*

[* Tornea, ein Fluß in Schweden; Le Benin, ein ehemaliges Königsreich in Guinea. Anm. d. Ü.]

wenn sie den Augenblick ihrer Entfremdung voraussehen, sind sie einander schon fremd; jeder baut bereits an seinen Plänen; und beide, mit der Zeit beschäftigt, wo sie nicht mehr zusammen sein werden, ertragen einander nur widerwillig. Der Zögling sieht im Erzieher nur den Aufpasser und den Zuchtmeister seiner Kindheit; der Erzieher sieht im Zögling nur die Bürde und brennt darauf, sie loszuwerden. Sie wünschen die Trennung herbei, und da zwischen ihnen niemals wahre Zuneigung geherrscht hatte, ist der eine zu wenig wachsam und der andere zu wenig folgsam.

Betrachten sie sich aber fürs Leben verbunden, so ist jedem an der Liebe des anderen gelegen; und schon dadurch werden sie einander wert. Der Zögling schämt sich nicht, dem zu folgen, den er als Erwachsener zum Freund haben wird; der Erzieher widmet sich der Fürsorge, deren Früchte er später ernten wird, und alle Verdienste um seinen Zögling bilden ein Kapital für seine alten Tage.

Wahl des Zöglings
Dieser vorher abgeschlossene Vertrag setzt eine glückliche Entbindung, ein wohlgebildetes, starkes und gesundes Kind voraus. Ein Vater hat keine Wahl und darf kein Kind bevorzugen; sie sind alle auf gleiche Weise seine Kinder, er schuldet ihnen allen die gleiche Fürsorge und die gleiche Zuneigung. Ob Krüppel oder nicht, kränklich oder stark, jedes ist sein Gut, über das er dem Rechenschaft ablegen muß, der es ihm schenkte. Die Ehe ist ein Vertrag, der mit der Natur ebenso wie zwischen den Eheleuten abgeschlossen wird.

Wer eine Pflicht übernimmt, die ihm die Natur nicht aufzwingt, muß sich zuvor der Mittel versichern, sie zu erfüllen. Andernfalls ist er sogar dafür verantwortlich, was er nicht leisten konnte. Wer sich mit einem kränklichen und schwächlichen Zögling belastet, macht sich zum Krankenpfleger statt zum Erzieher. Mit der Sorge für ein unnützes Leben verliert er die Zeit, die der Wertsteigerung dieses Lebens gewidmet war. Er setzt sich der Gefahr aus, daß ihm eine weinende Mutter den Tod eines Sohnes vorwirft, den er ihr so lange vorenthalten hat.

Ich würde mich nicht mit einem kränklichen und siechen Kind belasten, und wenn es achtzig Jahre alt würde. Ich mag keinen Zögling, der sich selbst und anderen unnütz ist, der allein damit beschäftigt ist, sich am Leben zu erhalten, und dessen Leib der Erziehung der Seele schadet. Verschwende ich meine Fürsorge an ihn, so verdopple ich den Verlust, indem ich der Gesellschaft zwei statt nur einen Menschen entziehe. Mag ein anderer sich dieses Krüppels annehmen. Ich bin einverstanden und lobe seine Nächstenliebe; hier aber liegt nicht meine Stärke. Ich kann nicht jemanden leben lehren, der nur daran denkt, wie er dem Tode entgeht.

Der Körper muß stark sein, um der Seele zu gehorchen. Ein guter Diener muß kräftig sein. Ich weiß, daß Unmäßigkeit die

Leidenschaften erregt; sie entkräften auf die Dauer den Körper: Kasteiungen und Fasten haben oft die gleiche Wirkung, aber aus dem entgegengesetzten Grund. Je schwächer der Körper ist, desto mehr befiehlt er; je stärker er ist, desto leichter gehorcht er. Alle sinnlichen Leidenschaften wohnen in einem verweichlichten Körper; sie erregen ihn um so heftiger, je weniger er sie befriedigen kann.

Die Heilkunst

Ein kraftloser Körper schwächt die Seele. Daher die Macht der Heilkunst, einer dem Menschen gefährlicheren Kunst als die Übel, die sie zu heilen vorgibt. Ich weiß nicht, von welcher Krankheit uns die Ärzte heilen, aber ich weiß, daß sie uns verderbliche vermitteln: Feigheit, Kleinmut, Leichtgläubigkeit und die Furcht vor dem Tod. Heilen sie den Körper, töten sie den Lebensmut. Was nützt es uns, wenn sie Leichen zum Gehen bringen. Wir brauchen Menschen; aus ihren Händen sieht man keine kommen.

Heilkunst — eine Geheimkunst

Die Medizin ist heute Mode. Das muß so sein, denn sie ist der Zeitvertreib müßiger und untätiger Leute, die nicht wissen, wie sie ihre Zeit verwenden sollen, und sie damit zubringen, ihr Leben zu verlängern. Wären sie — zu ihrem Unglück — unsterblich, sie wären die armseligsten aller Geschöpfe. Das Leben hätte keinen Wert für sie, wenn sie nicht um seinen Verlust bangen müßten. Solche Leute brauchen Ärzte, die sie verängstigen, um ihnen zu schmeicheln, und die ihnen die einzige Freude bereiten, für die sie empfänglich sind: noch nicht tot zu sein.

Ich beabsichtige nicht, mich über die Nichtigkeit der Medizin zu verbreiten. Ich will sie nur von der moralischen Seite her betrachten. Trotzdem muß ich bemerken, daß die Leute über ihre Anwendung denselben Trugschlüssen verfallen wie bei der Suche nach der Wahrheit. Sie setzen immer voraus, daß man einen Kranken heilt, wenn man ihn behandelt, und daß man die Wahrheit findet, wenn man sie sucht. Sie übersehen, daß man die Heilung, die der Arzt zuwege bringt, mit dem Tod von hundert Kranken, und den Nutzen einer gefundenen Wahrheit mit dem Schaden, den die gleichzeitig unterlaufenen Irrtümer anrichten, aufwiegen muß. Die Wissenschaft, die uns belehrt, und die Medizin, die uns heilt, haben zweifellos ihr Gutes; aber die Wissenschaft, die täuscht, und die Medizin, die tötet, sind schädlich. Lehrt uns, wie man sie unterscheidet! Hier ist der Kern der Frage. Wüßten wir nichts von der Wahrheit, fielen wir auch der Lüge nicht zum Opfer; wollten wir nicht der Natur zum Trotz geheilt werden, stürben wir nicht von der Hand des Arztes: sich beider zu enthalten, wäre weise; sich ihnen zu fügen, wäre Gewinn. Ich bestreite also nicht, daß die Medizin nicht einzelnen Menschen nützlich sei, aber ich sage, daß sie dem Menschengeschlecht verderblich ist.

Man wird wie immer einwenden, die Fehler lägen beim Arzt, die Heilkunst selbst wäre unfehlbar. So ist's recht! Dann soll sie ohne den Arzt kommen. Denn solange sie zusammen kommen, muß man hundertmal mehr die Fehler des Künstlers fürchten als auf die Hilfe der Kunst hoffen.

Diese Scheinkunst, eher für die Leiden des Geistes als für die des Körpers geschaffen, dient weder den einen noch den anderen: sie heilt uns weniger von unseren Krankheiten, als daß sie uns Angst vor ihnen macht. Sie schiebt weniger den Tod hinaus, als daß sie ihn uns früher fühlen läßt. Sie braucht das Leben auf, statt es zu verlängern, und wenn sie es verlängerte, ginge es wieder auf Kosten der Gattung, weil sie uns durch die erzwungene Pflege der Gemeinschaft, und durch den Schrecken, den sie uns einjagt, unseren Pflichten entzieht. Wir fürchten die Gefahren, wenn wir sie kennen. Wer sich unverwundbar glaubt, fürchtet sich vor nichts. Je mehr der Dichter Achilles gegen die Gefahr wappnete, desto mehr nahm er ihm das Verdienst seiner Tapferkeit. Jeder andere wäre um denselben Preis ein Achilles gewesen.

Sterben Wollt ihr wirklich mutige Männer finden, sucht sie da, wo es keinen Arzt gibt, wo man die Folgen der Krankheiten nicht kennt, wo man überhaupt nicht an den Tod denkt. Der Mensch kann von Natur aus standhaft leiden und friedlich sterben. Die Ärzte mit ihren Rezepten, die Philosophen mit ihren Vorschriften und die Priester mit ihren Ermahnungen entmutigen ihn nur und haben ihm beigebracht, das Sterben zu verlernen.

Man gebe mir also einen Zögling, der dieser Leute nicht bedarf, oder ich will ihn nicht haben. Ich will nicht, daß andere mein Werk verpfuschen. Ich will ihn allein erziehen oder gar nichts damit zu tun haben. Der weise Locke, der einen Teil seines Lebens dem Medizinstudium gewidmet hatte, empfiehlt ausdrücklich, Kindern weder zur Vorbeugung noch wegen leichter Beschwerden Arzneien zu geben. Ich gehe noch weiter und erkläre, daß ich niemals, weder für mich noch für Emil, einen Arzt rufen werde, es sei denn, sein Leben wäre in Gefahr. Dann kann der Arzt auch nichts Schlimmeres tun als ihn töten.

Ich weiß wohl, daß der Arzt noch aus dieser Verzögerung seinen Vorteil zöge. Stirbt das Kind, dann hat man ihn zu spät gerufen; kommt es durch, so hat er es gerettet. Mag er triumphieren! Ruft ihn also nur im äußersten Notfall.

Kranksein Da das Kind sich nicht selbst zu heilen vermag, muß es lernen, krank zu sein. Diese Kunst tritt an die Stelle der anderen und hat oft größeren Erfolg: es ist die Kunst der Natur. Wenn ein Tier krank ist, leidet es schweigend und verhält sich still: man sieht genauso wenig entkräftete Tiere wie Menschen. Wie viele Leute haben Ungeduld, Furcht, Unruhe und vor allem Arzneien getötet, die die Krankheit verschont und die Zeit allein geheilt hätte. Man wird mir entgegnen, daß die Tiere naturgemäßer leben und daher weniger Leiden unterworfen sind als wir. Das ist es ja! Genau diese Lebensweise will ich meinem Zögling zuteil werden lassen. Er wird daher den gleichen Vorteil daraus ziehen.

Der einzige nützliche Zweig der Medizin ist die Hygiene, und die ist weniger eine Wissenschaft als eine Tugend. Mäßigkeit und Arbeit sind die beiden wahren Ärzte des Menschen: die Arbeit fördert den Appetit und die Mäßigkeit verhindert die Völlerei.

Um die dem Leben und der Gesundheit zuträglichste Lebensweise kennenzulernen, braucht man nur diejenige der kräftigsten und langlebigsten Völker zu kennen. Wenn die Beoachtung lehrt, daß Arzneien weder festere Gesundheit noch längeres Leben verleihen, dann ist diese Kunst schon schädlich, weil sie nicht nützlich ist, und Zeit, Menschen und Dinge umsonst beansprucht. Es ist nicht nur die Zeit verloren, die man darauf verwendet, dieses Leben zu erhalten; sie ist nicht nur Null, sondern negativ, wenn sie dazu verwendet wurde, uns zu quälen. Man muß sie vom Leben, das uns bleibt, abziehen, wenn die Rechnung stimmen soll. Wer zehn Jahre ohne Arzt lebt, hat für sich und andere mehr vom Leben als einer, der dreißig Jahre lang ihr Opfer ist. Da ich beide Erfahrungen gemacht habe, glaube ich mehr als jeder andere, diesen Schluß ziehen zu dürfen.

Das sind meine Gründe, weshalb ich nur einen starken und gesunden Zögling haben will, und meine Vorsätze, ihn gesund zu erhalten. Ich will mich nicht dabei aufhalten, den Nutzen der Handarbeit und der Leibesübungen für das Temperament und die Gesundheit zu beweisen. Niemand bestreitet ihn, und Beispiele langen Lebens findet man nur bei Menschen, die viel Bewegung gehabt und Mühe und Arbeit haben ertragen müssen*. Ebensowenig will ich die Maßnahmen einzeln beschreiben, die ich hierfür ergreife. Man wird einsehen, daß sie Teil meiner Praxis sind, und daß es genügt, ihren Sinn zu erfassen, um weitere Erklärungen überflüssig zu machen.

Die Amme, die erste Pflege

Mit dem Leben beginnen die Bedürfnisse. Das Neugeborene braucht eine Amme. Um so besser, wenn die Mutter bereit ist, ihre Pflichten zu erfüllen! Man gibt ihr schriftlich ihre Anwei-

---

* Hier ein Beispiel aus englischen Zeitungen, das ich gerne bringen will, weil es so viele Beziehungen zu meinem Thema hat.

„Ein gewisser Patrik O'Neil, geboren 1647, hat sich kürzlich, 1760, zum siebenten Mal verheiratet. Er diente im 17. Jahr der Regierung Karls II. bei den Dragonern und dann in verschiedenen Korps bis 1740. Dann erhielt er seinen Abschied. Er machte alle Feldzüge unter König Wilhelm und dem Herzog von Marlborough mit. Dieser Mann trank nie etwas anderes als gewöhnliches Bier, ernährte sich immer von

sungen, denn der Vorteil hat auch seine Kehrseite und hält auch den Erzieher von seinem Zögling fern. Es ist aber anzunehmen, daß die Mutter, aus Sorge für das Kind und aus Hochachtung für den, dem sie ein so kostbares Gut anvertraut, den Ratschlägen des Erziehers folgt. Sicher macht sie alles, was sie selbst tun will, besser als jeder andere. Brauchen wir aber eine fremde Amme, so suchen wir sie zunächst sorgfältig aus.

Reiche Leute haben das Unglück, in allem betrogen zu werden. Soll man sich daher wundern, wenn sie die Menschen so schlecht beurteilen? Der Reichtum verdirbt sie, und sie spüren als erste die Mängel dieses einzigen ihnen bekannten Werkzeuges. Alles wird bei ihnen schlecht gemacht, außer was sie selber tun; sie machen aber fast nie etwas. Soll eine Amme gesucht werden, läßt man den Geburtshelfer wählen. Die Folge? Die Beste ist immer die Höchstbezahlte. Ich werde also den Geburtshelfer für Emils Amme nicht fragen, sondern mich bemühen, sie selber auszusuchen. Ich urteile darüber vielleicht nicht so beredt wie ein Wundarzt, dafür aber gewissenhafter, und mein Eifer wird mich weniger täuschen als seine Habsucht.

Nahrung Diese Wahl ist kein großes Geheimnis; die Regeln sind bekannt, aber ich weiß nicht, ob man nicht etwas mehr auf das Alter der Milch und auf ihre Beschaffenheit achten sollte. Die erste ganz wäßrige Milch muß beinahe abführend wirken, um beim Neugeborenen den Darm von den Resten verdickten Kindspechs zu reinigen. Nach und nach wird sie dicker und liefert dem kräftiger gewordenen Kind eine festere Nahrung, die es verdauen kann. Die Natur verändert nicht umsonst bei allen Weibchen die Dicke der Milch nach dem Alter der Säuglinge.

Man braucht also eine neue Kindsmutter für das neugeborene Kind. Das hat natürlich seine Schwierigkeiten, ich weiß. Wie man aber die natürliche Ordnung verläßt, stößt man auf Schwierigkeiten, wenn man es richtig machen will. Der einzige bequeme Ausweg ist, es falsch zu machen: den wählt man dann.

Die Amme muß an Leib und Seele gesund sein: Charakterfehler und unreine Säfte können die Milch verderben; wenn man übrigens nur die physische Seite betrachtet, sieht man nur das halbe Problem. Die Milch kann gut sein, auch wenn die Amme schlecht ist. Ein guter Charakter ist ebenso wesentlich wie ein gutes Temperament. Ich will nicht sagen, daß ein Kind die Laster eines lasterhaften Weibes annimmt, aber ich sage, daß es darunter leidet. Ist sie ihm mit ihrer Milch nicht auch die

---

Gemüse und aß Fleisch nur bei Mahlzeiten, die er seiner Familie gab. Er stand mit der Sonne auf und ging mit ihr zu Bett, wenn er nicht durch seinen Dienst daran gehindert war. Jetzt steht er im 113. Lebensjahr, hört gut, befindet sich wohl und geht ohne Stock. Ungeachtet seines hohen Alters ist er nicht einen Augenblick müßig und geht alle Sonntage zur Kirche, begleitet von seinen Kindern, Enkeln und Urenkeln."

Fürsorge schuldig, die Eifer, Geduld, Sanftmut und Sauberkeit verlangt? Ist sie gierig und im Essen unmäßig, verdirbt sie ihre Milch; ist sie nachlässig oder jähzornig, was wird aus dem armen Wesen, das ihr ausgeliefert ist und sich weder verteidigen noch beklagen kann? Böse Menschen taugen eben nie zu irgend etwas Gutem.

Die Wahl der Amme ist um so wichtiger, als ihr Säugling außer ihr keine andere Wärterin, so wie er außer seinem Erzieher keinen anderen Lehrer haben soll. So war es der Brauch bei den Alten, die weniger spitzfindig, aber weiser waren als wir. Nachdem die Ammen die Kinder des Hauses genährt hatten, verließen sie sie nicht mehr. Darum sind in ihren Theaterstücken meistens Ammen die Vertrauten. Ein Kind kann nie gut erzogen sein, wenn es nacheinander durch viele Hände geht. Bei jedem Wechsel stellt es geheime Vergleiche an, die dahin zielen, die Achtung vor seinen Erziehern zu vermindern und folglich deren Autorität. Kommt ihm einmal der Gedanke, daß es Erwachsene gibt, die nicht mehr Vernunft haben als ein Kind, so ist jede Autorität vor dem Alter dahin und die Erziehung verfehlt. Ein Kind darf keinen anderen Vorgesetzten kennen als seinen Vater und seine Mutter, oder, wenn es die nicht hat, seine Amme und seinen Erzieher. Und da ist schon einer zuviel: aber diese Teilung ist unvermeidlich. Alles, was man zur Abhilfe machen kann, ist, daß die beiden sich so einig sind, daß sie für das Kind nur ein Wesen sind.

Die Amme soll etwas bequemer leben und gehaltvoller essen, aber nicht ihre ganze Lebensweise ändern. Ein plötzlicher und vollständiger Wechsel, selbst vom Schlechten zum Guten, ist gesundheitsschädlich. Wenn sie bei ihrer bisherigen Lebensweise gesund und wohlauf war oder geworden ist, warum soll sie sie dann wechseln?

Nahrung der Amme

Bäuerinnen essen weniger Fleisch und mehr Gemüse als Städterinnen. Diese Pflanzenkost scheint ihnen und den Kindern eher zuträglich als schädlich zu sein. Stillen sie Bürgerkinder, so gibt man ihnen Fleischbrühen und meint, daß sie dann besser verdauen und mehr Milch haben. Ich teile diese Ansicht nicht. Die Erfahrung gibt mir recht, daß solcherart ernährte Kinder mehr an Leibschmerzen und Würmern leiden als andere.

Das ist weiter nicht verwunderlich, weil verwesendes Fleisch von Würmern wimmelt, was bei Pflanzen nicht der Fall ist. Die Milch ist eine Pflanzensubstanz*, obwohl sie sich im tierischen Körper entwickelt: die Analyse beweist es. Sie wird leicht sauer

---

* Frauen essen Brot, Gemüse, Milchspeisen; Hunde- und Katzenweibchen auch. Selbst Wölfinnen fressen Gras. Das gibt die Pflanzensäfte für ihre Milch. Man müßte noch die Milch der Tierarten untersuchen, die einzig von Fleisch leben, wenn es solche gibt — woran ich zweifle.

3 Rousseau

und hinterläßt keine Spur flüchtigen Alkalis wie animalische Substanzen, sondern ein neutrales Salz wie die Pflanzen.

Die Milch von Pflanzenfressern ist süßer und gesünder als die von Fleischfressern. Von wesensgleicher Substanz, bewahrt sie besser ihre Natur und verfault weniger leicht. Was die Menge angeht, weiß jeder, daß Mehlspeisen mehr Blut geben als Fleisch: sie müssen folglich mehr Milch geben. Ich kann nicht glauben, daß ein Kind, wenn man es nicht zu früh oder nur durch Pflanzenspeisen entwöhnt, und wenn seine Amme ebenfalls nur von Pflanzenkost lebt, je an Würmern leidet.

Vielleicht wird Milch aus Pflanzenkost leichter sauer. Aber ich halte saure Milch keineswegs für ungesunde Nahrung. Ganze Völker, die keine andere Milch haben, befinden sich wohl dabei, und der ganze Betrieb mit säuredämpfenden Mitteln scheint mir reine Kurpfuscherei zu sein. Es gibt Naturen, die keine Milch vertragen und denen sie durch solche Mittel auch nicht verträglicher wird. Andere vertragen sie ohne Säuredämpfung. Man fürchtet sich vor geronnener oder dicker Milch. Welche Torheit, wenn man weiß, daß Milch im Magen immer gerinnt. Dadurch wird sie ein genügend festes Nahrungsmittel für Kinder und junge Tiere. Wenn sie nicht gerinnt, durchfließt sie den Körper, ohne ihn zu ernähren*. Vergeblich verdünnt man die Milch oder gibt ihr Säurebindung bei: wer Milch trinkt, verdaut ohne Ausnahme Käse. Der Magen ist darauf eingerichtet, Milch zu verdicken, so daß man gerade mit Kälbermägen Molke macht.

Ich meine, daß des genügt, den Ammen reichlichere und gehaltvollere Kost zu geben, statt die Kost völlig zu ändern. Fastenspeisen erhitzen nicht durch ihre Natur, sondern die Gewürze allein machen sie ungesund. Ändert also eure Rezepte! Verzichtet auf Gebratenes und Geröstetes! Weder Butter, noch Salz, noch Milchspeisen auf den Herd! Würzt eure in Wasser gekochten Gemüse erst, wenn sie heiß auf den Tisch kommen! Dann erhitzen Fastenspeisen die Amme nicht mehr, sondern geben ihr reichlich Milch von bester Qualität**. Kann also, wenn Pflanzenkost das Beste für ein Kind ist, Fleischkost das Beste für die Amme sein? Das wäre ein Widerspruch.

Luft   In den ersten Lebensjahren wirkt auch die Luft auf die Kinder besonders ein. Durch alle Poren dringt sie in die zarte und weiche Haut ein. Sie wirkt kräftig auf den wachsenden Körper und hinterläßt unauslöschliche Spuren. Ich glaube daher nicht,

---

* Obwohl die Säfte, die uns ernähren, flüssig sind, müssen sie doch aus festen Nahrungsmitteln stammen. Ein Arbeiter, der nur von Fleischbrühe lebt, würde alsbald dahinsiechen. Von Milch könnte er sich weit besser ernähren, weil sie gerinnt.

** Wer die Vor- und Nachteile der pythagoräischen Lebensweise besser kennenlernen will, braucht nur die Abhandlung der Ärzte Cocchi und seines Gegners Bianchi über diese wichtige Materie zu Rate ziehen.

daß man die Bäuerin aus ihrem Dorf fortholen und sie in ein Stadtzimmer einsperren soll, nur um das Kind im Elternhaus zu nähren. Mir wäre lieber, daß es die gute Landluft genießt statt der schlechten Stadtluft. Es soll sich der Umgebung der neuen Mutter anschließen, im Landhaus wohnen, wohin es der Erzieher begleitet. Der Leser wird sich ja erinnern, daß der Erzieher nicht für Geld, sondern als Freund des Vaters gekommen ist. Aber wenn ein solcher Freund nicht zu finden ist, die Übersiedlung nicht leicht und alle unsere Ratschläge nicht durchführbar, was tun? Ich habe es schon gesagt: Tut, was ihr sowieso tut! Dazu braucht ihr keinen Rat.

Menschen sind keine Ameisen. Sie leben verstreut auf der Erde, die sie bebauen müssen. Je dichter sie zusammenleben, desto mehr verderben sie einander. Krankheiten und Laster sind die Folge dieser Zusammenrottung. Der Mensch kann von allen Lebewesen am wenigsten in Herden leben. Wie Schafe zusammengepfercht würden die Menschen in kurzer Zeit zugrunde gehen. Der Atem des Menschen ist für seinesgleichen tödlich; das ist wahr im eigentlichen wie im übertragenen Sinn.

Städte sind das Grab des Menschen. In wenigen Generationen **Städte** sterben die Familien aus oder entarten. Man muß sie erneuern, und diese Erneuerung kommt immer vom Land. Schickt also eure Kinder auf das Land, damit sie sich dort gewissermaßen selber erneuern und inmitten der Felder die Kräfte holen, die man in der ungesunden Stadtluft verliert. Schwangere Frauen, die auf dem Land sind, beeilen sich, um in der Stadt niederzukommen. Das Gegenteil müßten sie tun; die vor allem, die ihre Kinder selber ernähren wollen. Sie hätten weniger zu bereuen, als sie denken. In dieser natürlichen Umgebung würden sie über den Freuden, die mit den natürlichen Pflichten verbunden sind, bald die anderen vergessen, die damit nicht zu vereinen sind.

Nach der Geburt wäscht man das Kind mit lauwarmem **Waschen** Wasser, in das man gewöhnlich ein bißchen Wein mischt. Diese Weinbeigabe scheint mir wenig notwendig zu sein. Da die Natur nichts Gegorenes hervorbringt, so ist nicht einzusehen, was die Verwendung eines künstlichen Saftes für das Leben ihrer Geschöpfe bedeuten soll.

Aus dem gleichen Grund ist auch die Vorsicht entbehrlich, **Kalt baden** Wasser zu wärmen. Tatsächlich waschen viele Völker ohne weiteres die Neugeborenen in Flüssen oder im Meer. Unsere Kinder, vor der Geburt schon durch die Verweichlichung der Eltern verweichlicht, kommen schon so schwächlich auf die Welt, daß man sie nicht gleich allen Belastungen aussetzen darf, die sie wieder kräftigen sollen. Nur stufenweise kann man sie zu ihrer ursprünglichen Widerstandskraft zurückführen. Folgt also anfangs dem Brauch und ändert nur nach und nach! Wascht die Kinder oft; ihre Unsauberkeit macht dies notwendig. Wischt man sie nur ab, so werden sie wund. In dem Maß, wie sie kräftiger werden, vermindert man die Wärme des Wassers, bis ihr sie, sommers wie winters mit kaltem, ja eisigem Wasser wascht. Um ihnen keinen Schaden zuzufügen, muß dieser Übergang langsam, stufenweise und unmerklich vor sich gehen. Man kann sich, um genau zu messen, eines Thermometers bedienen.

Hat man diesen Badebrauch einmal angefangen, soll man ihn ohne Unterbrechung sein ganzes Leben lang beibehalten. Ich betrachte ihn nicht nur vom Standpunkt der Sauberkeit und der Gesundheit, sondern als heilsame Vorsorge, um das Gewebe geschmeidiger zu machen, damit es sich mühelos und ohne Gefahr der Hitze und der Kälte anpaßt. Darum empfehle ich, man möge sich, größer geworden, zuweilen warm, in allen erträglichen Graden, und oft kalt, in allen möglichen Graden baden. Hat man sich an die verschiedenen Temperaturen gewöhnt, wird man fast unempfindlich gegen den Temperaturwechsel der Luft; denn das Wasser ist viel dichter, umgibt uns vollkommener und greift uns auch stärker an.

Kleidung Duldet nicht, daß das Kind, wenn es aus seinen Hüllen befreit zu atmen beginnt, in andere, noch engere eingeschlossen wird. Kein Häubchen, keine Binden, kein Steckkissen! Nehmt weiche und weite Windeln, die allen Gliedern Freiheit geben. Sie dürfen weder so schwer sein, daß sie die Bewegungen hemmen, noch so warm, daß es die Luft nicht spürt*. Legt es in eine große, gepolsterte Wiege**, in der es sich nach Lust und ohne Gefahr bewegen kann. Laßt es, stärker geworden, im Zimmer herumkriechen; laßt es seine Glieder entwickeln und strecken. Und ihr werdet sehen, wie sie von Tag zu Tag stärker werden. Vergleicht es dann mit einem Wickelkind gleichen Alters und ihr werdet über den Unterschied in ihrer Entwicklung staunen***.

---

* Man erstickt die Kinder in den Städten förmlich dadurch, daß man sie übermäßig wickelt und kleidet. Ihre Erzieher wissen noch nicht, daß frische Luft, weit entfernt, ihnen zu schaden, sie stärkt und warme Luft sie schwächt, Fieber hervorruft und sie tötet.

** Ich sage *Wiege* in Ermangelung eines besseren Wortes, denn ich bin ebenso überzeugt, daß es niemals nötig ist, Kinder zu wiegen, und daß dieser Brauch ihnen oft verderblich ist.

*** „Die alten Peruaner ließen ihren Kindern die Arme frei in weiten Windeln. Wenn sie aus den Windeln kamen, stellten sie sie bis zur Leibesmitte in eine Erdgrube, die mit Tüchern ausgelegt war. So blieben die Arme frei und sie konnten nach Belieben den Kopf und den Körper bewegen, ohne zu fallen und sich zu verletzen. Sobald sie einen Schritt machen konnten, reichte man ihnen die Brust aus einiger Entfernung, um sie zum Gehen zu bringen. Die kleinen Neger befinden sich beim Stillen bisweilen in einer noch viel ermüdenderen Stellung. Sie umfassen mit den Füßen und den Knien eine Hüfte der Mutter und klammern sich so fest an, daß sie hängenbleiben, ohne daß die Mutter sie mit den Armen hält. Alsdann fassen sie die Brust mit den Händen und saugen, ohne sich beirren zu lassen und zu fallen. Die Mutter fährt in ihrer Arbeit fort und kann sich nach Belieben bewegen. Schon im Alter von zwei Monaten beginnen die Kinder, sich auf allen vieren zu bewegen, und diese Übung gibt ihnen Festigkeit und die

Man muß sich auf große Widerstände der Ammen gefaßt machen, denen ein fest verschnürtes Kind weniger Mühe macht als eines, das man ständig bewachen muß. Übrigens riecht man seine Unsauberkeit bei offenen Windeln: Man muß es öfters reinigen. Schließlich ist die Gewohnheit ein Grund, den man in gewissen Gegenden nie zur Zufriedenheit der Leute aller Stände widerlegen kann.

Umgang mit Ammen

Zankt nicht mit den Ammen! Befehlt, beobachtet die Ausführung und spart an nichts, was ihnen die Mühen, die ihr vorgeschrieben habt, erleichtert. Warum sollt ihr nicht helfen? Gewöhnlich achtet man nur auf das Physische, wenn nur das Kind lebt und nicht verkümmert; das übrige läßt man schleifen. Aber hier, wo die Erziehung mit der Geburt beginnt, ist das Kind vom ersten Tag an Schüler, nicht des Erziehers, sondern der Natur. Der Erzieher lernt selbst bei dem großen Meister und verhindert, daß seinen Bemühungen zuwider gehandelt wird. Er bewacht den Säugling, er beobachtet, er folgt ihm, er lauert aufmerksam auf das erste Aufleuchten seines schwachen Verstandes, so wie die Mohammedaner auf das Auftauchen des neuen Mondes lauern.

Beginn der geistigen Entwicklung

Mit der Geburt sind wir zum Lernen fähig, aber wir wissen nichts und kennen nichts. Die Seele ist in unvollkommene und halbgebildete Organe eingebettet. Sie empfindet nicht einmal ihr eigenes Dasein. Die Bewegungen und Schreie des Neugeborenen sind rein mechanisch, ohne Bewußtsein und ohne Willen.

Angenommen, ein Kind hätte bei seiner Geburt Größe und Stärke eines Erwachsenen: es entspränge sozusagen voll gewappnet dem Schoß seiner Mutter, so wie Pallas dem Haupte Jupiters: Dieses Mann-Kind wäre völlig schwachsinnig, ein Automat, eine unbewegliche und fast unempfindliche Statue. Es sähe nichts, es hörte nichts, würde niemanden kennen und könnte die Augen nicht dahin wenden, was es sehen muß. Es würde, außer sich, keinen Gegenstand wahrnehmen, keinen dem Sinnesorgan zuordnen, mit dem es ihn bemerken müßte: die Farben nicht dem Auge, die Töne nicht dem Ohr. Es würde die betasteten Körper nicht fühlen. Es wüßte nicht einmal, daß es selbst einen Körper hat. Das Berühren seiner Hände vollzöge sich in seinem Gehirn.

Warum ein Kind klein sein muß

Fertigkeit, später ebenso schnell zu kriechen, wie aufrecht zu gehen." (BUFFON, *Naturgeschichte*, IV, 192.)

Diesen Beispielen hätte Buffon noch das der Engländer hinzufügen können, wo die törichte und barbarische Sitte, die Kinder zu wickeln, von Tag zu Tag mehr abkommt. Siehe auch LA LOUBÈRE, *Reise nach Siam*, und LE BEAU, *Reise nach Kanada*, usw. Ich könnte zwanzig Seiten mit Ausführungen füllen, wenn ich weitere Tatsachen anführen müßte.

Alle Empfindungen vereinigten sich in einem einzigen Punkt: es existierte nur im allgemeinen *Sensorium*. Es würde nur eine Idee kennen, die des *Ich*, auf das es alle Empfindungen bezieht. Diese Idee, oder vielmehr diese Empfindung wäre das einzige, das es vor einem gewöhnlichen Kind voraus hätte.

Dieser plötzlich entstandene Mensch könnte sich nicht aufrichten; er brauchte lange, um das Gleichgewicht zu erlernen. Vielleicht unternähme er nicht einmal den Versuch, und wir sähen diesen Riesen unbeweglich wie einen Stein oder kriechend sich fortschleppen wie ein junger Hund.

Er litte unter den Bedürfnissen, ohne sie zu kennen und ohne die Mittel zu ihrer Befriedigung zu finden. Da es keine direkte Verbindung zwischen den Muskeln des Magens, der Arme und der Beine gibt, so könnte er, selbst von Nahrungsmitteln umgeben, keinen Schritt dahin tun, noch die Hand nach ihnen ausstrecken. Da er ausgewachsen und voll entwickelt wäre, hätte er nicht die Unruhe und das ewige Bewegungsbedürfnis der Kinder und müßte vor Hunger sterben, bevor er sich um seinen Unterhalt bemüht hätte. Wenn man nur ein wenig über den Gang und den Fortschritt unserer Erkenntnis nachdenkt, so kann man nicht leugnen, daß dies ungefähr der natürliche Urzustand an Unwissenheit und Dummheit ist, ehe der Mensch etwas aus Erfahrung oder von seinesgleichen lernt.

Entwicklungsmöglichkeiten

Man kennt nun den Ausgangspunkt — oder man kann ihn erkennen — von dem jeder von uns ausgeht, um auf eine gemeinsame Stufe der Erkenntnis zu gelangen. Wer aber kennt das andere Extrem? Jeder schreitet nach seinen Fähigkeiten, seinem Geschmack, seinen Bedürfnissen, seinen Talenten, seinem Eifer und den Gelegenheiten, die sich ihm bieten, mehr oder weniger fort. Ich kenne keinen Philosophen, der so kühn wäre und gesagt hätte: Hier ist die Grenze, bis wohin der Mensch gelangen, und die er nicht überschreiten kann. Wir wissen nicht, was uns die Natur zu sein erlaubt. Niemand kann den Abstand zwischen zwei Menschen messen. Wer ist so klein, daß ihn nicht der Gedanke erregt, und er in seinem Stolze gesagt hätte: Wie viele habe ich schon überflügelt! Wie viele kann ich noch einholen! Warum soll ein anderer weiter kommen als ich?

Beginn der Erziehung

Ich wiederhole: Die Erziehung des Menschen beginnt mit der Geburt. Ehe er spricht, ehe er hört, lernt er schon. Die Erfahrung eilt der Belehrung voraus. In dem Augenblick, wo er die Amme erkennt, hat er schon viel gelernt. Man würde selbst über die Fortschritte des plumpsten Menschen staunen, wenn man sie von seiner Geburt bis zu seinem gegenwärtigen Stand verfolgte. Teilte man das gesamte Wissen der Menschen in zwei Teile: in einen, der allen gemeinsam, und in einen anderen, der nur den Gelehrten eigen ist, so wäre der zweite sehr klein im Vergleich mit dem ersten. Wir denken aber kaum an die allgemeinen Erkenntnisse, weil man sie unbewußt und vor dem Erwachen der Vernunft erwirbt. Außerdem machte sich dies Wissen nur durch die Unterschiede bemerkbar wie bei algebraischen Gleichungen, wo gleiche Größen nicht gezählt werden.

Selbst die Tiere lernen viel. Sie haben Sinne, sie müssen sie gebrauchen lernen; sie haben Bedürfnisse, sie müssen sie befriedigen; sie müssen fressen, gehen und fliegen lernen. Vierfüßler, die von Geburt an auf den Beinen stehen, können darum noch nicht gehen. Man sieht ihren ersten Schritten den unsicheren Versuch an. Entwischte Kanarienvögel können nicht fliegen, weil sie niemals geflogen sind. Alles ist Lehre für lebende und sinnbegabte Wesen. Könnten sich die Pflanzen fortbewegen, so müßten sie Sinne haben und müßten Kenntnisse erwerben, andernfalls stürben die Arten aus.

Die ersten Eindrücke der Kinder sind reine Empfindungen: **Erste Eindrücke** sie nehmen nur Lust und Schmerz wahr. Da sie weder gehen noch greifen können, brauchen sie lange Zeit, um allmählich zur Empfindung der sie umgebenden Gegenstände zu kommen. Aber da diese immer weiter rücken, sich gewissermaßen von ihren Augen entfernen, nehmen sie auch Dimension und Gestalt an. So wird ihnen die Wiederholung der Eindrücke allmählich zur Gewohnheit. Man sieht, wie sie ihre Augen immer dem Lichte zuwenden, und wenn es von der Seite kommt, wenden sie sich unmerklich in diese Richtung um: man muß also sorgen, daß ihr Gesicht ganz dem Lichte zugewandt ist, weil sie sonst leicht schielen oder sich daran gewöhnen, übers Kreuz zu schauen. Auch an die Finsternis müssen sie sich früh gewöhnen, sonst weinen und schreien sie, sobald sie im Dunkeln sind. Mißt man ihnen Nahrung und Schlaf auf die Minute zu, so werden sie ihnen um die gleiche Zeit unentbehrlich: und bald kommt das Verlangen nicht aus dem Bedürfnis, sondern aus der Gewohnheit; oder vielmehr, die Gewohnheit fügt den Naturbedürfnissen ein weiteres hinzu. Das muß man vermeiden.

Die einzige Gewohnheit, die ein Kind annehmen darf, ist die, **Gewohnheiten** keine anzunehmen. Man trage es auf dem einen Arm so oft als auf dem anderen. Man gewöhne es nicht daran, eine Hand öfter als die andere zu reichen; sich einer öfter zu bedienen; zur selben Zeit essen, schlafen, sich beschäftigen wollen; Tag oder Nacht nicht allein bleiben zu wollen. Bereitet es von Anfang an auf den Zustand seiner Freiheit und auf den Gebrauch seiner Kräfte vor, indem ihr seinem Körper die naturgemäßen Gewohnheiten laßt und es instand setzt, stets Herr seiner selbst zu sein und in allem nach seinem Willen, sobald es einen hat, zu handeln.

Sobald ein Kind anfängt, die Gegenstände zu unterscheiden, muß es unter denen, die man ihm zeigt, wählen lernen. Alle neuen Gegenstände erregen seine Aufmerksamkeit. Es fühlt sich so schwach, daß es alles Unbekannte fürchtet: die Gewohnheit, neue Gegenstände ohne Erregung zu sehen, bannt die Furcht. Kinder aus sauberen Häusern, in denen man keine Spinnen duldet, haben vor ihnen Angst; eine Angst, die sie noch als Erwachsene spüren. Ich habe niemals Bauern — Mann, Frau oder Kind — gesehen, die sich vor Spinnen fürchteten.

Warum soll also die Erziehung eines Kindes nicht beginnen, ehe es spricht, ehe es hört, da schon die Auswahl der Gegenstände, die man ihm gibt, genügt, um es furchtsam oder mutig zu machen. Ich wünsche, daß man es daran gewöhne, neue Gegenstände zu sehen, häßliche, abstoßende und seltsame Tiere, aber nach und nach, von weitem, bis es sich daran gewöhnt hat und sie selber in die Hand nimmt, nachdem es sie bei anderen in der Hand gesehen hat. Hat es in seiner Kindheit ohne Abscheu Kröten, Schlangen, Krebse gesehen, so wird es als Erwachsener jedes andere Tier ohne Schaudern sehen können. Es gibt keine häßlichen Dinge für den, der sie täglich sieht.

Masken Alle Kinder haben vor Masken Angst. Ich zeige also Emil zuerst eine freundliche Maske. Dann setzt sie einer auf. Ich fange zu lachen an, alle lachen mit, und das Kind lacht wie die anderen auch. Allmählich gewöhne ich ihn an weniger angenehme und schließlich an häßliche Masken. Gehe ich so, stufenweise, mit Bedacht vor, so wird er auch bei der letzten wie bei der ersten lachen statt zu erschrecken. Nun fürchte ich nicht mehr, daß man ihn mit Masken erschrecken kann.

Bei Hektors Abschied von Andromache erschrickt der kleine Astyanax vor dem flatternden Helmbusch seines Vaters. Er erkennt ihn nicht und wirft sich weinend an die Brust seiner Amme. Die Mutter lächelt unter Tränen. Wie kann man diese Angst heilen? Genau so, wie es Hektor macht: den Helm auf den Boden legen und das Kind liebkosen. In einem ruhigeren Augenblick hätte man sich damit nicht begnügt: man hätte sich dem Helm genähert, mit den Federn gespielt, dann das Kind damit spielen lassen, und schließlich hätte sich die Amme selbst den Helm lachend aufgesetzt — wenn eine Frau es wagen darf, Hektors Waffen zu berühren.

Gehörs- Soll Emil an den Knall einer Feuerwaffe gewöhnt werden, so
eindrücke brenne ich zuerst ein Zündhütchen in einer Pistole ab. Diese kurze Flamme, eine Art Blitz, macht ihm Spaß. Ich wiederhole es mit mehr Pulver; dann nehme ich eine kleine Ladung ohne Pfropfen; dann eine stärkere; schließlich gewöhne ich ihn an Flinten-, Büchsen- und Kanonenschüsse, an die heftigsten Entladungen.

Es ist mir aufgefallen, daß sich Kinder selten vor dem Donner fürchten, wenn die Schläge nicht zu heftig sind und im Ohr schmerzen. Sie fürchten sich nur, wenn man ihnen sagt, daß der Donner verletzt und manchmal tötet. Wenn die Vernunft sie erschrecken will, beruhigt man sie über die Gewöhnung. Stufenweise kann man Mann und Kind furchtlos machen.

Sinneseindrücke Weil Gedächtnis und Einbildungskraft anfangs noch untätig sind, achtet das Kind nur auf seine unmittelbaren Sinnesein-

Beginn der geistigen Entwicklung

drücke. Seine Empfindungen sind die ersten Bausteine seiner Erkenntnisse. Sie ihm in einer zweckmäßigen Ordnung zu bieten, heißt sein Gedächtnis vorbereiten, daß es sie eines Tages in derselben Folge seinem Verstand vermittelt. Da es nur auf seine Empfindungen achtet, genügt es zuerst, diese sehr deutlich mit den Gegenständen, die sie hervorrufen, zu verbinden. Das Kind will alles berühren, alles anfassen. Verhindert diese Unruhe nicht. Sie vermittelt ihm eine sehr notwendige Lehre. Es lernt Wärme, Kälte, Härte, Weichheit, Schwere, Leichtigkeit der Körper kennen und Größe, Gestalt und alle anderen Eigenschaften beurteilen, indem es sie betrachtet, befühlt*, belauscht; indem es Gesichts- und Tasteindrücke vergleicht; indem es das Auge lehrt abzuschätzen, welchen Eindruck die Körper unter den Fingern erzeugen.

Erst durch die Bewegung lernen wir, daß es Dinge gibt, die **Bewegung** nicht wir sind. Durch unsere eigene Bewegung gelangen wir zum Begriff der Ausdehnung. Weil das Kind diesen Begriff noch nicht hat, streckt er unterschiedslos die Hand nach nahen und fernen Gegenständen aus. Dies Bemühen sieht so aus, als wolle es den Gegenständen befehlen, näher zu kommen, oder uns, sie ihm zu bringen. Aber nichts dergleichen! Es sieht die Gegenstände, die sich zuerst im Gehirn, dann in seinen Augen spiegelten, nun in Reichweite, da es sich keine andere Entfernung vorstellen kann, als was es erreichen kann. Tragt es also viel herum, von einem Ort zum andern, um ihm die Ortsveränderung fühlbar zu machen und es die Beurteilung der Entfernungen zu lehren. Wenn es sie allmählich kennenlernt, muß man die Methode ändern und es nur dorthin tragen, wohin es uns gefällt, und nicht dorthin, wohin es ihm gefällt. Denn sobald es seine Sinne nicht mehr täuschen, haben seine Bemühungen einen anderen Grund: dieser Wechsel ist bemerkenswert und erfordert eine Erklärung.

Der Drang der Bedürfnisse äußert sich durch Zeichen, wenn **Schreien** es zu deren Abhilfe des Beistandes anderer bedarf: daher das Schreien. Sie weinen viel, und das muß so sein. Da alle ihre Empfindungen gefühlsmäßig sind, so genießen sie sie schweigend, wenn es angenehme sind; bei lästigen sagen sie es in ihrer Sprache und verlangen Erleichterung. Solange sie also wach sind, können sie kaum teilnahmslos bleiben: entweder schlafen sie oder sie sind gemütsbewegt.

Alle unsere Sprachen sind Kunstwerke. Man hat lange ge- **Sprache** forscht, ob es eine natürliche und allen Menschen gemeinsame Sprache gäbe. Ohne Zweifel gibt es eine: die Kindersprache, ehe

---

* Der Geruch entwickelt sich von allen Sinnen am spätesten bei den Kindern. Bis zum 2. oder 3. Jahr scheinen sie gegen angenehme und unangenehme Gerüche unempfindlich zu sein. In dieser Hinsicht sind sie gleichgültig oder vielmehr unempfindlich wie manche Tiere.

sie sprechen können. Diese Sprache ist nicht artikuliert, aber sie ist betont, klingend und verständlich. Durch den Gebrauch unserer Erwachsenensprache haben wir sie vernachlässigt und ganz vergessen. Studieren wir die Kinder und wir werden sie bald wieder von ihnen lernen. Die Ammen sind unsere Lehrer in dieser Sprache: sie verstehen alles, was ihre Säuglinge sagen; sie antworten ihnen; sie führen mit ihnen zusammenhängende Gespräche. Obwohl sie Worte aussprechen, sind diese doch völlig überflüssig; die Kinder hören nicht den Sinn des Wortes, sondern den Ton, der es begleitet.

Gebärde Zur Sprache der Stimme gesellt sich nicht weniger kraftvoll die Sprache der Gebärde. Diese Gebärde liegt nicht in den schwachen Kinderhänden, sondern in ihren Gesichtern. Es ist erstaunlich, wieviel Ausdruck diese wenig ausgebildeten Züge schon haben; sie wechseln unbegreiflich schnell von einem Augenblick zum andern: Lächeln, Verlangen und Schrecken huschen blitzartig darüber hin; man meint, jedesmal ein anderes Gesicht zu sehen. Ihre Gesichtsmuskeln sind bestimmt viel beweglicher als unsere. Dagegen sind ihre matten Augen fast ausdruckslos. Derart muß die Zeichensprache in einem Alter sein, in dem man nur körperliche Bedürfnisse hat; der Ausdruck der Empfindungen liegt im Mienenspiel, der Ausdruck der Gefühle in den Blicken.

Weinen Ein Neugeborenes ist elend und schwach und seine ersten Laute sind Klagen und Weinen. Es fühlt seine Bedürfnisse und kann sie nicht befriedigen; es ruft mit seinen Schreien die Hilfe anderer herbei. Hat es Hunger und Durst, so weint es; ist ihm zu warm oder zu kalt, so weint es; möchte es sich bewegen und man hält es still, so weint es; will es schlafen und man schüttelt es, so weint es. Je weniger seine Lage den Bedürfnissen entspricht, desto öfter verlangt es einen Wechsel. Es hat nur eine Sprache, weil es sozusagen nur eine Art Unbehagen hat. Da seine Sinnesorgane noch unvollkommen sind, unterscheidet es noch nicht deren verschiedene Eindrücke; alle Übel geben ihm daher nur eine Empfindung des Schmerzes.

Mit diesen Tränen, die man so wenig beachtenswert hält, beginnt die erste Beziehung des Menschen zu allem, was ihn umgibt. Hier wird das erste Glied dieser langen Kette geschmiedet, aus der die Gesellschaftsordnung gebildet ist.

Wenn das Kind weint, ist ihm nicht wohl; es hat irgendein Bedürfnis, das es nicht befriedigen kann. Man sieht nach, sucht, findet und stellt es ab. Wenn man es nicht findet oder wenn man es nicht abstellen kann, weint es weiter und wird uns lästig. Man tut ihm schön, um es zum Schweigen zu bringen, man wiegt es, man singt ihm vor, um es einzuschläfern. Bleibt es hartnäckig, wird man ungeduldig und bedroht es: rohe Ammen schlagen es manchmal. Sind das nicht seltsame Lehren bei seinem Eintritt ins Leben?

Tätigkeitsdrang, Launen

Ich werde nie vergessen, wie eine Amme unter meinen Augen *Weinkrämpfe* einen dieser unbequemen Schreihälse geschlagen hat. Er schwieg sofort: ich glaubte ihn eingeschüchtert. Ich sagte mir: Das wird eine Sklavenseele, bei der man nur mit Strenge etwas erreichen wird. Ich täuschte mich: das Unglückswesen erstickte vor Zorn. Der Atem war ihm stehengeblieben. Ich sah es blau werden. Im Augenblick danach kamen die schrillen Schreie. Zeichen der Entrüstung, Wut und Verzweiflung dieses Alters waren in diesen Tönen. Ich fürchtete, es könnte der Aufregung erliegen. Hätte ich jemals daran gezweifelt, daß das Gefühl für Recht und Unrecht dem Menschenherzen eingeboren ist, so hätte mich dieses Beispiel überzeugt. Ich bin sicher, daß das Kind einen Feuerbrand auf seiner Hand weniger bemerkt hätte als diesen leichten Schlag, der allerdings in der Absicht gegeben war, es zu beleidigen.

Diese Neigung der Kinder zu Zornausbrüchen, Ärger und Wut *Kein Wider-* verlangt äußerste Vorsicht. Boerhaave meint, daß es sich bei den *stand durch* meisten Kinderkrankheiten um Krämpfe handelt, da ihr Kopf *Menschen* im Verhältnis zu Ewachsenen viel größer und ihr Nervensystem viel empfindlicher ist. Man halte also auf das sorgsamste alle Dienstboten fern, die sie reizen, ärgern und ungeduldig machen. Sie sind ihnen hundertmal gefährlicher und unheilvoller als die Unbilden der Witterung und der Jahreszeiten. Solange Kinder nur an Dingen und niemals am Willen anderer Widerstand finden, werden sie weder widerspenstig noch jähzornig, und sie bleiben auch gesünder. Das ist einer der Gründe, warum die Kinder aus dem Volk, die freier und unabhängiger sind, im allgemeinen weniger kränklich und zart sind, dafür widerstandsfähiger als die, die man besser zu erziehen meint, indem man ihnen ständig zuwiderhandelt. Man muß immer bedenken, daß zwischen „ihnen gehorchen" und „ihnen nicht zuwiderhandeln" ein großer Unterschied besteht.

Tätigkeitsdrang, Launen

Die ersten Kindertränen sind Bitten. Sieht man sich nicht *Bitten* vor, so werden Befehle daraus. Zuerst lassen sie sich nur helfen, zuletzt lassen sie sich bedienen. So entsteht aus ihrer Schwäche, von der das Gefühl ihrer Abhängigkeit kommt, der Begriff der Herrschaft und der Überlegenheit. Aber dieser Begriff wird weniger durch ihre Bedürfnisse als durch unsere Dienstbeflissenheit hervorgerufen, und so machen sich schon sittliche Wirkungen bemerkbar, deren Ursache nicht unmittelbar in der Natur liegt. Man sieht schon, warum es schon so früh wichtig ist, die geheime Absicht zu erkennen, die durch die Gebärde oder den Schrei ausgedrückt wird.

Wenn das Kind in stummer Anstrengung die Hand ausstreckt, *Ein Kind schreit* so glaubt es, den Gegenstand ergreifen zu können, weil es die

Entfernung nicht abschätzen kann: es täuscht sich also. Wenn es weinend und schreiend die Hand ausstreckt, täuscht es sich nicht mehr über die Entfernung: es befiehlt dem Gegenstand näher zu kommen, oder euch, ihn ihm zu bringen. Im ersten Fall trägt es langsam und mit kleinen Schritten zum Gegenstand hin; im zweiten tut so, als ob ihr es gar nicht hört. Je mehr es schreit, um so weniger darf man hinhören. Wichtig ist, daß es sich von früh an gewöhnt, weder den Menschen zu befehlen, denn es ist nicht ihr Herr, noch den Dingen, denn sie hören nicht. Wenn ein Kind etwas wünscht, das es sieht und das man ihm geben will, so ist es besser, man trägt es zum Gegenstand hin, als man bringt ihn dem Kind: aus dieser Praxis zieht es einen kindgemäßen Schluß, der ihm auf andere Art nicht zu vermitteln ist.

Kleine Erwachsene? Der Abbé de Saint-Pierre nennt die Erwachsenen große Kinder. Man könnte also umgekehrt die Kinder kleine Erwachsene nennen. Solche Sätze sind als Redensarten sicher wahr, als Grundsätze bedürfen sie der Erklärung. Wenn Hobbes das böse Kind stark nennt, so ist das ein Widerspruch in sich. Alle Bosheit entspringt der Schwäche. Das Kind ist nur böse, weil es schwach ist. Macht es stark und es wird gut sein. Wer alles kann, tut niemals Böses. Unter allen Eigenschaften ist die Güte die Eigenschaft, ohne die man sich die allmächtige Gottheit am wenigsten vorstellen kann. Alle Völker, die die zwei Prinzipien anerkannten, haben das Böse dem Guten untergeordnet; das Gegenteil wäre vernunftwidrig. Später mehr darüber im „Glaubensbekenntnis des savoyischen Vikars".

Gut und Böse Die Vernunft allein lehrt uns den Unterschied zwischen Gut und Böse. Das Gewissen läßt uns das eine lieben und das andere hassen. Es kann sich also nicht ohne die Vernunft entwickeln, obwohl es von ihr unabhängig ist. Ehe wir vernünftig geworden sind, tun wir das Gute und Böse, ohne es zu erkennen. Unsere Handlungen sind noch ohne moralischen Wert, obwohl ein solcher Wert im Gefühl durch Handlungen anderer, die sich auf uns beziehen, ausgelöst wird. Ein Kind will alles, was es sieht, in Unordnung bringen. Es zerbricht und zerschlägt alles, was es erreichen kann. Es packt einen Vogel wie einen Stein und erwürgt ihn, ohne zu wissen, was es tut.

Tätigkeitstrieb Warum das? Die Philosophie begründet es zunächst durch natürliche Laster: Stolz, Herrschsucht, Eigenliebe, Bosheit und das Gefühl seiner Schwäche, so könnte sie hinzufügen, erwecken im Kind die Sucht, Gewaltakte zu vollbringen und sich selbst seine eigene Kraft zu beweisen. Seht dagegen den kranken und gebrochenen Greis, der wieder in kindliche Schwäche zurückgefallen ist: nicht nur, daß er selber ruhig und friedlich bleibt, er will auch, daß seine Umgebung so bleibt. Die geringste Veränderung stört und beunruhigt ihn. Er wünscht sich universale Stille. Wie kann die gleiche Machtlosigkeit im Verein mit denselben Leidenschaften so verschiedene Wirkungen in den beiden Altern hervorrufen, wenn sich die erste Ursache nicht geändert hätte? Kann man die Verschiedenheit der Ursachen anderswo suchen als im körperlichen Zustand der beiden Individuen? Der beiden gemeinsame Tätigkeitstrieb entfaltet sich im einen und erlischt im anderen. Der eine wird, der andere vergeht. Der eine will leben, der andere geht dem Tod entgegen. Der verlöschende Tatendrang des Greises zieht sich in sein Herz zurück; im Kinde strömt er über und drängt nach außen. Es hat soviel Lebenskraft, daß es alles, was es umgibt, beleben will. Was es schafft oder zerstört, ist nebensächlich. Es genügt, wenn es den Zustand der Dinge verändert: jede Veränderung ist eine Tätigkeit. Es ist nicht Bosheit, wenn es eine größere Neigung zum Zerstören zu haben scheint; die Tätigkeit, die aufbaut, ist immer langsam. Die Tätigkeit, die zerstört, ist viel rascher: sie sagt seiner Lebhaftigkeit besser zu.

Der Schöpfer der Natur, der den Kindern diesen Tätigkeitsdrang gab, hat gleichzeitig dafür gesorgt, daß er ihnen nicht schaden kann: er gab ihnen hierzu wenig Kraft. Sobald sie aber entdecken, daß sie die Erwachsenen ihrer Umgebung als Werkzeug betrachten können, und daß es von ihnen abhängt, sie zum Tun zu veranlassen, geben sie ihrer Neigung nach und gleichen so ihre Schwäche aus. Dann werden sie unbequem, tyrannisch, herrschsüchtig, boshaft und unbezähmbar, nicht aus angeborener, sondern aus anerzogener Herrschsucht. Denn man braucht keine lange Erfahrung um zu merken, wie angenehm es ist, durch andere Hände zu wirken und mit einem Zungenschlag die Welt in Bewegung zu setzen.

Mit dem Größerwerden kommen die Kräfte. Unruhe und Rastlosigkeit nehmen ab, und das Kind verschließt sich mehr in sich selbst. Seele und Körper kommen sozusagen ins Gleichgewicht und die Natur verlangt nur mehr die zu unserer Erhaltung notwendige Bewegung. Der Wunsch zu befehlen erlischt aber nicht mit dem Bedürfnis, dem er entsprang. Die Macht weckt und fördert den Egoismus, die Gewohnheit festigt ihn: so folgt die Laune dem Bedürfnis, so schlagen Vorurteile und Meinungen ihre ersten Wurzeln.

Haben wir die Ursache erkannt, sehen wir deutlich den Punkt, wo man den Weg der Natur verläßt. Überlegen wir, was man tun muß, um ihn einzuhalten.

Kinder haben keine überschüssigen Kräfte. Sie haben nicht einmal genug Kräfte für all das, was die Natur von ihnen verlangt. Man muß ihnen also den Gebrauch aller Kräfte lassen, die die Natur ihnen gibt und die sie sowieso nicht mißbrauchen können. Erster Leitsatz.

Man muß ihnen helfen und in allem beistehen, was ihnen an Einsicht oder Kraft an dem ermangelt, was zu ihren körperlichen Bedürfnissen gehört. Zweiter Leitsatz.

In der Hilfe, die man ihnen gewährt, muß man sich einzig auf das wirklich Nützliche beschränken, ohne der Laune oder unvernünftigen Wünschen etwas zuzugestehen. Launen werden sie nicht quälen, wenn man sie nicht aufkommen hat lassen, da sie nicht in der Natur begründet sind. Dritter Leitsatz.

Man muß ihre Sprache und ihre Zeichen sorgfältig studieren, damit man in einem Alter, in dem sie sich noch nicht verstellen können, unterscheiden kann, ob ihre Wünsche unmittelbar der Natur entspringen oder ihrem Gutdünken. Vierter Leitsatz.

Der Sinn dieser Regeln ist, den Kindern mehr wirkliche Freiheit und weniger Macht zu geben, sie mehr selbst tun und weniger von anderen verlangen zu lassen. So gewöhnen sie sich früh daran, ihre Wünsche ihren Kräften anzupassen, und fühlen weniger den Mangel dessen, was nicht in ihrer Macht liegt.

Dies ist ein neuer, sehr wichtiger Grund, den Kindern Leib und Glieder völlig frei zu lassen, und nur dafür zu sorgen, daß sie nicht fallen und nichts anfassen, womit sie sich verletzen können.

Bewegungsfreiheit

Ein Kind, dessen Leib und Glieder frei sind, weint unfehlbar weniger als ein Wickelkind. Ein Kind, das nur die physischen Bedürfnisse kennt, weint nur, wenn ihm etwas weh tut. Und das ist ein sehr großer Vorteil, denn dann weiß man genau, wann es Hilfe braucht. Dann darf man keinen Augenblick zögern, sie ihm zu bringen, wenn es möglich ist. Kann man ihm keine Erleichterung verschaffen, so bleibe man ruhig: keine Liebkosung, um es zu beruhigen. Eure Liebkosungen vertreiben ihm nicht die Leibschmerzen. Es erinnert sich aber daran, was es tun muß, um liebkost zu werden. Hat es einmal gelernt, wie es uns dazu zwingt, sich mit ihm zu beschäftigen, dann ist es der Herr, und alles ist verloren.

Je weniger die Kinder in ihren Bewegungen behindert sind, desto weniger werden sie weinen. Je weniger man von ihren Tränen belästigt ist, desto weniger plagt man sich, sie zum Schweigen zu bringen. Weniger oft bedroht oder liebkost, sind sie weniger furchtsam oder widerspenstig und bewahren leichter ihre natürliche Ruhe. Man setzt sie einem Leistenbruch eher dadurch aus, daß man sich zu sehr bemüht, sie zum Schweigen zu bringen, als dadurch, daß man sie schreien läßt. Mein Beweis ist, daß die am meisten vernachlässigten Kinder weniger darunter leiden als die anderen. Ich bin weit davon entfernt zu verlangen, daß man sie vernachlässige. Im Gegenteil, man muß ihnen zuvorkommen und darf nicht erst durch ihr Geschrei auf ihre Bedürfnisse aufmerksam werden. Aber ich will auch nicht, daß die Sorge, die man ihnen angedeihen läßt, mißverstanden werde. Warum sollen sie nicht ins Weinen flüchten, wenn sie sehen, daß es zu so vielen Dingen nützlich ist? Wenn sie entdecken, wieviel Wert man auf ihr Schweigen legt, werden sie sich hüten, es zu verschwenden. Schließlich ist es ihnen so teuer, daß man es nicht mehr bezahlen kann. Dann überanstrengen sie sich durch erfolgloses Weinen, erschöpfen sich und ziehen sich den Tod zu.

Ein Kind, das nicht geschnürt und nicht krank ist, dem nichts fehlt und das dennoch lange weint, weint aus Gewohnheit und Eigensinn. Diese Tränen sind nicht das Werk der Natur, sondern der Amme. Sie kann die Belästigung nicht mehr ertragen und verdoppelt sie, ohne zu bedenken, daß man das Kind nur verleitet, morgen noch mehr zu weinen, wenn man es heute zum Schweigen bringt.

Das einzige Mittel, diese Gewohnheit zu heilen oder ihr vorzubeugen, ist, nicht darauf zu achten. Niemand gibt sich umsonst Mühe, selbst nicht die Kinder. Sie sind in ihren Versuchen hartnäckig. Aber wenn man selber größere Ausdauer hat als sie Eigensinn, lassen sie ab und versuchen es auch nicht mehr. So erspart man ihnen Tränen und gewöhnt sie daran, nur zu weinen, wenn sie der Schmerz dazu zwingt.

Wenn sie übrigens aus Laune oder Hartnäckigkeit weinen, so gibt es ein sicheres Mittel, sie abzulenken und zu zerstreuen: ein angenehmer und überraschender Gegenstand läßt sie vergessen, daß sie weinen wollten. Die meisten Ammen beherrschen diese Kunst meisterhaft, die, maßvoll angewendet, sehr nützlich ist. Von größter Wichtigkeit aber ist, daß das Kind nicht merkt, daß man es zerstreuen will, und daß es sich unterhält, ohne zu wissen, daß man sich mit ihm beschäftigt. Darin aber sind alle Ammen ungeschickt.

Entwöhnen, Zahnen, feste Nahrung, Sprechen

Alle Kinder werden zu früh entwöhnt. Man darf sie erst entwöhnen, wenn die Zähne anfangen durchzubrechen. Das Zahnen ist beschwerlich und schmerzhaft. Instinktmäßig kaut das Kind alles, was ihm in die Hände fällt. Man gibt ihnen dann einen harten Gegenstand, etwa Elfenbein oder einen Wolfszahn zum Spielen, und glaubt, ihnen damit den Vorgang zu erleichtern. Ich glaube, daß man sich da irrt. Diese harten Gegenstände machen das Zahnfleisch eher schwielig und hart, und der Durchbruch wird quälender und schmerzhafter. Folgen wir immer dem Instinkt. Ich habe noch nie junge Hunde gesehen, die ihre durchbrechenden Zähne an Steinen, Eisen oder Knochen übten, sondern nur an Holz, Leder, Lumpen; also an weichen Dingen, die nachgeben, und in die die Zähne eindringen.

Entwöhnen und Zahnen

Nichts kann mehr schlicht und einfach sein, nicht einmal mehr bei Kindern. Schellen aus Silber, Gold oder Korallen, geschliffenes Kristall, Klappern jeden Preises und jeder Art: Was für unnützer und schädlicher Tand! Nichts davon! Keine Schellen, keine Klappern! Kleine Zweige mit ihren Blätter und Früchten;

Spielzeug

ein Mohnkopf, in dem man den Samen rasseln hört, eine Stange Süßholz zum Lutschen und Kauen unterhalten es genauso wie der prächtigste Firlefanz und haben nicht den Nachteil, es von Geburt an den Luxus zu gewöhnen.

Nahrung Man hat eingesehen, daß Brei keine sehr gesunde Speise ist. Gekochte Milch und rohes Mehl machen viel Beschwerden und bekommen unserem Magen schlecht. Im Brei ist das Mehl weniger gekocht als im Brot und außerdem ungegoren. Brotsuppe und Reisbrei scheinen mir empfehlenswerter. Will man aber Brei geben, so muß man vorher das Mehl ein wenig rösten. In meiner Heimat macht man aus so geröstetem Mehl eine sehr schmackhafte und gesunde Suppe. Fleisch- und Gemüsesuppe sind dürftige Speisen, die so wenig wie möglich gereicht werden sollten. Wichtig ist, daß sich die Kinder zuerst ans Kauen gewöhnen. Das ist auch das wahre Mittel, das Zahnen zu erleichtern. Wenn sie zu schlucken beginnen, erleichtert ihnen auch der den Speisen beigemengte Speichel die Verdauung.

Ich ließe sie also zuerst trockene Früchte und Krusten kauen. Zum Spielen gäbe ich ihnen kleine, harte Brotstücke oder Zwieback, ähnlich dem Piemonteser Brot, das man dortzulande *grissini* nennt. Das Brot weicht langsam im Munde auf und sie schlucken nur wenig davon. Dabei kommen ihre Zähne heraus, und sie sind entwöhnt, ehe man es merkt. Bauern haben im allgemeinen einen guten Magen, und man entwöhnt sie auf diese Art ohne alle Umstände.

Sprechen lernen Kinder hören von Geburt an sprechen. Nicht nur, daß man mit ihnen spricht, ehe sie verstehen, sondern auch ehe sie einen Laut wiedergeben können, den sie hören. Ihr noch ungelenkes Organ kann nur nach und nach die Laute nachahmen, die man sagt, und es ist nicht sicher, ob sie diese Laute so deutlich hören wie wir. Ich habe nichts dagegen, wenn die Amme das Kind mit Liedern und lustigen Weisen unterhält. Ich verwerfe aber, daß sie es ununterbrochen mit einem Wortschwall betäubt, von dem es, außer dem Ton, den sie hineinlegt, nichts versteht. Die ersten Laute, die es von uns hört, sollten selten, leicht, deutlich und oft wiederholt sein. Die Wörter sollen nur Gegenstände bezeichnen, die man dem Kinde auch zeigen kann. Die unglückselige Leichtigkeit, die wir haben, uns mit Worten abzuspeisen, die wir nicht verstehen, beginnt früher als wir glauben. Der Schüler hört in der Schule den Wortschwall seines Lehrers, wie er im Wickel das Geplapper seiner Amme hörte. Es darin zu erziehen, nichts davon zu verstehen, scheint mir eine nützliche Lehre zu sein.

Kindersprache Zahlreiche Erwägungen drängen sich dem auf, der sich mit der Bildung der Sprache und den ersten Äußerungen des Kindes beschäftigt. Was man auch macht, sie lernen immer auf die gleiche Weise sprechen, und alle philosophischen Grübeleien sind hier höchst unnütz.

Entwöhnen, Zahnen, feste Nahrung, Sprechen

Anfangs haben sie, sozusagen, eine eigene Grammatik, in der die Satzlehre viel allgemeinere Regeln hat als unsere. Gäbe man genau acht, wäre man erstaunt über die Genauigkeit, mit der sie gewisse Analogien befolgen, sehr fehlerhafte zwar, wenn man will, aber sehr regelmäßige. Sie stören uns nur, weil sie hart sind oder weil sie der Sprachgebrauch nicht zuläßt. So hörte ich kürzlich, wie so ein armes Kind von seinem Vater gescholten wurde, weil es ihm gesagt hatte: *Mon père, irai-je- t-y?* Man sieht daraus, daß das Kind die Regeln besser befolgte als unsere Grammatiker. Wenn man ihm sagt: *Vas-y,* warum soll es nicht *irai-je-t-y* sagen? Man beachte übrigens, wie geschickt es den Hiatus von *irai-je-y* oder *y irai-je* vermieden hat. Ist es die Schuld des Kindes, wenn wir ohne Berechtigung das Adverb *y* aus dieser Wendung fortlassen, weil wir nichts damit anzufangen wissen? Es ist höchst pedantisch und überflüssige Mühe, all diese kleinen Fehler bei Kindern berichtigen zu wollen, die sie mit der Zeit selbst ablegen. Sprecht immer richtig in ihrer Gegenwart; sorgt, daß sie sich bei niemandem so wohl fühlen als bei euch, und ihr könnt sicher sein, daß sich ihre Sprache an eurer läutert, ohne daß ihr sie jemals zu tadeln braucht.

Ein wesentlich größerer Mißbrauch, dem man aber ebenso-leicht vorbeugen kann, ist, wenn man sich zu sehr beeilt, Kinder zum Sprechen zu bringen, als fürchte man, sie könnten es nicht von selbst lernen. Diese unangebrachte Eile bewirkt genau das Gegenteil von dem, was man erreichen will. Sie sprechen später und undeutlicher. Da man alles, was sie sagen, aufs aufmerk-samste beachtet, erspart man ihnen, deutlich zu sprechen; und da sie kaum den Mund zu öffnen geruhen, behalten manche von ihnen ihr Leben lang kleine Aussprachefehler und eine un-deutliche Sprechweise, daß man sie fast nicht versteht.

Verspätetes Sprechen und Sprachfehler

Ich habe lange unter Bauern gelebt und keinen mit Zäpf-chen-r gehört, weder Mann noch Frau, noch Mädchen noch Knaben. Woher kommt das? Sind die Sprechorgane der Bauern anders gebaut als unsere? Nein, sie sind anders geübt. Meinem Fenster gegenüber ist ein Hügel, auf dem sich die Dorfkinder zum Spielen treffen. Obwohl sie ziemlich weit von mir entfernt sind, verstehe ich alles, was sie sagen, und ich habe viel Bemer-kenswertes davon für mein Buch festgehalten. Jeden Tag täuscht mich mein Ohr über ihr Alter. Ich höre die Stimmen von Zehn-jährigen und schaue hin und sehe Gestalten und Züge von Drei- und Vierjährigen. Diese Beobachtung mache ich nicht allein. Städter, die mich besuchen und die ich darüber befrage, verfallen alle demselben Irrtum.

Der Irrtum entsteht, weil Stadtkinder bis zum fünften und sechsten Jahr im Zimmer und unter den Fittichen einer Erziehe-rin heranwachsen und nur murmeln brauchen, um verstanden zu werden. Sobald sie die Lippen bewegen, bemüht man sich, ihnen zuzuhören. Man spricht ihnen die Wörter vor, die sie

4 Rousseau

schlecht aussprechen. Infolge der ständigen Aufmerksamkeit erraten die Leute, die dauernd um sie herum sind, eher was sie sagen wollten, als was sie gesagt haben.

Auf dem Land ist das anders. Eine Bäuerin ist nicht fortwährend um ihr Kind. Es muß daher das sehr deutlich und sehr laut aussprechen lernen, was es verstanden haben will. Auf den Feldern sind die Kinder verstreut, vom Vater, von der Mutter und den anderen Kindern entfernt. Sie üben, sich auf Entfernung verständlich zu machen, und die Kraft ihrer Stimme der Entfernung derer anzupassen, die sie verstehen sollen. So lernt man deutlich sprechen, und nicht, wenn man einige Vokale ins Ohr einer aufmerksamen Erzieherin stammelt. Frägt man ein Bauernkind, so kann ihm die Scham den Mund verschließen; aber was es sagt, sagt es deutlich; während die Bonne dem Stadtkind als Dolmetscherin dient, weil man sonst nichts versteht, was es zwischen den Zähnen murmelt*.

Werden sie größer, so könnten sich die Knaben diesen Fehler in den Kollegien und die Mädchen in den Klöstern abgewöhnen. Tatsächlich sprechen diese Knaben und Mädchen im allgemeinen deutlicher, als wer immer nur im Elternhaus erzogen wurde. Was sie aber hindert, jemals so deutlich wie Bauern zu sprechen, ist der Zwang, vieles auswendig zu lernen und sich laut das Gelernte aufzusagen. Denn beim Lernen murmeln sie und sprechen nachlässig und schlecht aus. Beim Aufsagen ist es noch schlimmer. Sie suchen mühsam ihre Worte zusammen; sie ziehen und dehnen die Silben: denn wo das Gedächtnis versagt, stammelt notwendigerweise die Zunge. So entsteht und erhält sich die fehlerhafte Aussprache. Man wird später sehen, daß mein Emil sie nicht hat, oder daß er sie nicht aus denselben Gründen angenommen hat.

Gutes Sprechen

Ich gebe zu, daß das Volk und die Dorfbewohner in einen entgegengesetzten Fehler verfallen; daß sie fast immer lauter als nötig sprechen; daß sie eine harte und rohe Aussprache haben, weil sie zu sehr betonen; daß sie schlechtgewählte Ausdrücke gebrauchen, usw.

Im Grunde aber scheint mir diese Übertreibung weniger schädlich zu sein als die andere, zumal die Hauptsache ist, sich verständlich zu machen. Der Hauptfehler ist aber, unverständlich zu reden. Seinen Stolz darein zu setzen, keinen Akzent (accent) zu haben, heißt, der Rede Anmut und Kraft zu nehmen. Der

---

* Das ist nicht ohne Ausnahme: oft plappern Kinder, die man anfangs am wenigsten gehört hatte, später am betäubendsten. Wollte man auf alle diese Kleinigkeiten eingehen, käme man zu keinem Ende. Jeder vernünftige Leser wird einsehen, daß Übermaß und Mangel, dem gleichen Mißbrauch entsprungen, auf gleiche Weise durch meine Methode verbessert werden. Ich betrachte die beiden Grundsätze *immer genug* und *nie zuviel* als unteilbar. Steht der erste fest, folgt notwendigerweise der zweite.

Entwöhnen, Zahnen, feste Nahrung, Sprechen

Akzent ist die Seele der Rede. Er verleiht ihr Empfindung und Wahrheit. Der Akzent lügt weniger als die Worte. Vielleicht fürchten ihn darum wohlerzogene Leute so sehr. Aus der Sitte, alles im gleichen Tonfall zu sagen, stammt die Sitte, andere zu verhöhnen, ohne daß sie es merken. Auf den geächteten Akzent folgt die Sitte der lächerlichen, gezierten und modehaften Aussprache, so wie man sie bei jungen Hofleuten beobachten kann. Diese Affektiertheit des Wortes und der Haltung ist es, die den Umgang mit anderen Nationen so abstoßend und unangenehm macht. Statt eindrucksvoll zu sprechen, spricht er maniriert. Das ist nicht die rechte Art, um andere für sich zu gewinnen.

All diese kleinen Sprachfehler, vor denen man sich bei Kindern so sehr fürchtet, sind bedeutungslos: man beugt ihnen vor oder man verbessert sie mit größter Leichtigkeit. Von dem undeutlichen, verworrenen, schüchternen Sprechen aber, Fehlern, an denen wir selber schuldig sind, lassen sie niemals mehr ab. Wer nur in Damensalons sprechen gelernt hat, wird sich an der Spitze eines Bataillons schwer verständlich und bei einem Aufstand keinen Eindruck auf das Volk machen. Lehrt Kinder zuerst mit Männern reden, dann werden sie, wenn es Zeit ist, auch mit Frauen sprechen können.

Wachsen eure Kinder in ländlicher Einfachheit auf, so bekommt ihre Stimme einen vollen Klang, und sie eignen sich nicht das undeutliche Stammeln der Stadtkinder an. Sie werden aber auch nicht die Ausdrücke und den Ton des Dorfes annehmen, oder ihn leicht wieder verlieren, wenn der Erzieher, der von Geburt an und immer ausschließlicher mit ihnen lebt, den Einfluß der bäuerlichen Sprache verhindert oder ihn, durch die Reinheit seiner Sprache, tilgt. Emil wird ein ebenso reines Französisch sprechen, wie ich es vermag, aber er wird es deutlicher sprechen und viel besser artikulieren als ich.

Ein Kind darf, ehe es sprechen will, nur solche Wörter hören, **Sprachumfang** die es verstehen, und nur solche nachsagen, die es auch aussprechen kann. Die Anstrengungen, die es hierzu macht, verleiten es, die gleiche Silbe zu verdoppeln, als wollte es sich üben, sie deutlicher auszusprechen. Fängt es zu stottern an, so quält euch nicht ab zu erraten, was es sagt. Stets gehört werden wollen ist auch eine Art Herschsucht; ein Kind soll aber keine einzige ausüben. Begnügt euch, aufs aufmerksamste für das Notwendige vorzusorgen. Seine Sache ist es, euch verständlich zu machen, was nicht notwendig ist. Noch weniger eilig darf man fordern, daß es spricht: es wird schon von allein sprechen, wenn es den Nutzen einsieht.

Zwar kann man beobachten, daß Kinder, die sehr spät zu spre- **Spätes** chen beginnen, niemals so deutlich sprechen wie die anderen. **Sprechenlernen** Aber nicht deshalb, weil sie so spät zu sprechen anfingen, ist ihr Organ gehemmt, sondern im Gegenteil: weil sie mit noch gehemmtem Organ geboren wurden, fangen sie spät zu sprechen an. Wenn das nicht so wäre, warum sollten sie sonst später sprechen als die anderen? Haben sie weniger Gelegenheit dazu? Regt man sie weniger an? Die Unruhe, die diese Verzögerung verursacht, bewirkt im Gegenteil, daß man sich viel mehr bemüht, sie zum Stammeln zu bringen als die, die früher zu sprechen begonnen haben. Dieser falschverstandene Eifer kann viel dazu beitragen, ihre Sprache zu verwirren, während wir mit weniger Überhastung Zeit gehabt hätten, sie zu verbessern.

Kinder, die man zu sehr zum Sprechen anhält, haben weder Zeit, richtig aussprechen zu lernen noch richtig zu begreifen, was man sie sagen läßt. Läßt man sie gewähren, üben sie sich zuerst in der Aussprache der leichten Silben; dann legen sie nach und nach einen Sinn hinein, den man aus ihren Gesten ablesen kann, und so geben sie uns ihre Wörter, ehe sie unsere erhalten. Daraus folgt, daß sie diese erst annehmen, wenn sie sie verstanden haben. Da man sie aber nicht bedrängt, sich ihrer zu bedienen, beobachten sie zuerst, welchen Sinn ihr euren Worten beilegt, und übernehmen sie erst, wenn sie des Sinnes sicher sind.

Das größte Übel des überhasteten Sprechenlernens ist, daß die ersten Sätze, die man ihm sagt, und die ersten Wörter, die sie sagen, keinen Sinn für sie hätten, sondern daß sie einen anderen Sinn damit verbinden als wir, ohne daß wir es bemerken. Sie scheinen uns richtig zu antworten, aber wir verstehen uns gegenseitig nicht. Auf solchen Mißverständnissen beruht das Erstaunen, in das uns manchmal ihre Äußerungen versetzen, denen wir einen Sinn beimessen, den sie damit gar nicht verbunden haben. Diese Unachtsamkeit auf den wahren Sinn, den die Wörter für die Kinder haben, scheint mir die Ursache ihrer ersten Irrtümer zu sein. Diese Irrtümer wirken, selbst wenn sie richtiggestellt worden sind, für den Rest ihres Lebens auf ihre Geisteshaltung ein. Ich werde noch öfter Gelegenheit haben, das an Beispielen zu erhellen.

Wortschatz Schränken wir also den Wortschatz der Kinder soweit wie möglich ein. Es ist sehr nachteilig, wenn es über mehr Wörter als Begriffe verfügt; wenn es mehr sagen als denken kann. Einer der Gründe, warum die Bauern im allgemeineren ein gesünderes Urteil haben als die Städter, scheint mir der zu sein, daß ihr Wortschatz kleiner ist. Sie haben weniger Begriffe, aber sie verbinden sie besser miteinander.

Die ersten Entwicklungen fallen fast alle zusammen. Das Kind lernt fast gleichzeitig sprechen, essen und gehen. Dies ist der erste Abschnitt seines Lebens. Vorher ist es nicht mehr, als es im Mutterleib war: es hat kein Gefühl, keinen Begriff, kaum eine Sinnesempfindung. Es fühlt nicht einmal sein eigenes Dasein.

Vivit, et est vitae nescius ipse suae.

(Es lebt, doch ist es sich dessen nicht bewußt. OVID, Trist. I, 3)

ZWEITES BUCH

Wir stehen am zweiten Meilenstein des Lebens, am Ende der eigentlichen Kindheit. Die Wörter *infans* (Kind) und *puer* (Knabe) sind keine Synonyme. Das erste ist im zweiten enthalten und bedeutet: *wer nicht sprechen kann.* Daher spricht Valerius Maximus von einem Knaben, den er *puerum infantem* nennt (den nicht sprechenden Knaben). Ich werde mich aber weiter des Wortes Kind bedienen bis zum Alter, für das es andere Namen hat.

Nicht zu viel Vorsicht

Wenn die Kinder zu sprechen beginnen, weinen sie weniger. Das ist natürlich; eine Sprache wird durch die andere ersetzt. Wenn sie mit Worten sagen können, daß sie Schmerzen haben, warum sollen sie es durch Schreien ausdrücken; es sei denn, der Schmerz sei zu heftig, um durch Worte ausgedrückt zu werden. Setzen sie aber jetzt ihr Weinen fort, so ist ihre Umgebung schuld. Wenn Emil so weit ist zu sagen: *Mir tut etwas weh!* dann könnten ihn nur heftige Schmerzen zum Weinen bringen.

Sprechen und Weinen

Bei einem zarten und empfindlichen Kind, das von Natur aus wegen jeder Kleinigkeit weint, verstopfe ich die Tränenquelle, indem ich es nutz- und erfolglos weinen lasse. Solange es weint, gehe ich nicht hin; sobald es aufhört, eile ich hin. Bald wird es mich dadurch rufen, daß es schweigt oder höchstens einmal aufschreit. Kinder beurteilen die Bedeutung der Zeichen nach ihrer sinnfälligen Wirkung; einen anderen Brauch kennen sie nicht. Wie weh sich ein Kind auch tut, es weint sehr selten, wenn es allein ist, es sei in der Hoffnung, gehört zu werden.

Wenn es hinfällt, sich eine Beule am Kopf schlägt oder aus der Nase blutet, wenn es sich in den Finger schneidet, stürze ich nicht erschreckt zu ihm hin, sondern bleibe wenigstens für eine Weile ruhig. Das Unglück ist geschehen und muß auf jeden Fall ertragen werden. Mein Eifer würde es nur noch mehr erschrecken und empfindlicher machen. Im Grunde ist es weniger die Verletzung als der Schreck, der uns erschüttert. Diese Aufregung will ich ihm ersparen; denn es beurteilt sein Unglück nach meiner Reaktion: Sieht es mich aufgeregt herbeieilen, es trösten und beklagen, so glaubt es sich verloren; sieht es aber meine Kaltblütigkeit, kehrt auch seine zurück; und es glaubt das Übel geheilt, wenn es nichts mehr spürt. In diesem Alter lernt man mutig sein und große Schmerzen ertragen, wenn man furchtlos die kleineren ertragen hat.

54 Zweites Buch

Leiden und Schmerz Weit davon entfernt, Emil vor jeder Verletzung zu behüten, würde ich es sehr bedauern, wenn er sich niemals verletzte und aufwüchse, ohne den Schmerz zu kennen. Leiden ist das erste, was er lernen und unbedingt kennen muß. Es scheint, daß Kinder nur darum klein und schwach sind, um diese Lehren ohne Gefahr erhalten zu können. Fällt ein Kind hin, bricht es sich nicht gleich das Bein; schlägt es sich mit einem Stock, zerschlägt es sich nicht gleich den Arm; ergreift es eine Schneide, greift es nicht fest zu und schneidet sich nicht zu tief. Mir ist nicht bekannt, daß sich ein alleines Kind selbst zu Tode gebracht, verstümmelt oder gefährlich verletzt hätte, außer man hätte es gedankenlos hoch oder nahe ans Feuer gesetzt oder mit gefährlichen Instrumenten in seiner Nähe gelassen. Was soll man von dem Arsenal sagen, das man um ein Kind aufbaut, um es gegen den Schmerz zu schützen? Mutlos und ohne Erfahrung steht es dann erwachsen dem Schmerz gegenüber, glaubt sich beim ersten Stich tödlich verletzt und wird ohnmächtig, wenn es den ersten Blutstropfen sieht.

Gehen lernen Pedantisch und lehrsüchtig, wie wir sind, wollen wir den Kindern beibringen, was sie allein viel besser lernen, und vergessen das, was wir allein ihnen hätten beibringen können. Gibt es etwas Dümmeres, als sie mühevoll gehen zu lehren! Als ob man jemals jemanden gesehen hätte, der als Erwachsener, wegen der Nachlässigkeit seiner Amme, nicht gehen könnte! Aber wieviele sieht man, die ihr ganzes Leben lang schlecht gehen, weil man ihnen das Gehen schlecht beigebracht hatte.

Emil wird also weder Fallhaube, noch Laufkorb, weder Laufstuhl noch Gängelband haben. Man wird ihn, wenn er schon die Füße setzen kann, höchstens an gepflasterten Stellen stützen, über die man ihm rasch hinweghilft*. Statt ihn in einem dumpfen Zimmer verkümmern zu lassen, führe man ihn täglich mitten auf eine Wiese. Da kann er laufen, sich austoben und hundertmal am Tage fallen; um so besser lernt er wieder aufstehen. Die Wohltat, frei zu sein, wiegt viele Wunden auf. Mein Schüler wird oft blaue Flecken haben; dafür ist er aber immer guter Laune. Eure werden vielleicht weniger haben; dafür sind sie immer quengelig, immer angebunden, immer traurig. Ich zweifle, ob der Vorteil auf ihrer Seite ist.

Die Kinder weinen jetzt auch wegen einer anderen Entwicklung weniger: sie werden stärker. Da sie selber mehr können, brauchen sie weniger oft andere Hilfe. Mit ihrer Kraft wächst die Einsicht, wie man sie anwendet. Erst auf dieser zweiten Stufe beginnt das eigentlich individuelle Leben; jetzt kommt das Kind zum Bewußtsein seiner selbst. Das Gedächtnis erstreckt das

---

* Es gibt nichts Lächerlicheres und Unbeholfeneres als den Gang von Leuten, die man als Kind zu lange am Gängelband geführt hat. Auch das ist eine von den alltäglichen Beobachtungen, die in mehr als einem Sinne richtig sind.

Gefühl der Identität auf alle Augenblicke seines Daseins; es wird nun ichbewußt und folglich fähig, glücklich und unglücklich zu sein. Darum ist es wichtig, es von nun an als ein moralisches Wesen zu betrachten.

Wahres Glück und Unglück

Obwohl man die längste Dauer des Menschenlebens und die Wahrscheinlichkeit, es auch zu erreichen, angeben kann, so ist doch nichts ungewisser als die Lebensdauer des einzelnen. Sehr wenige erreichen das höchste Alter. Die größten Gefahren lauern an seinem Anfang. Je jünger man ist, desto weniger darf man hoffen, alt zu werden. Die Hälfte aller Neugeborenen erreicht höchstens das Jünglingsalter. Es ist also zweifelhaft, ob euer Schüler das Mannesalter erreicht[8]. *Lebensdauer*

Was soll man also von jener barbarischen Erziehung denken, die die Gegenwart einer ungewissen Zukunft opfert, die ein Kind mit allen möglichen Fesseln bindet und damit beginnt, es unglücklich zu machen, um ihm für die Zukunft ein angebliches Glück zu bereiten, das es vielleicht nie genießen wird? Selbst wenn ich diese Erziehung in ihrem Ziel für vernünftig hielte, wie kann ich ohne Entrüstung mitansehen, wie diese Unglücklichen einem unerträglichen Joch unterworfen werden und wie Galeerensträflinge zu dauernder Fron verurteilt sind, ohne jemals die Gewißheit zu haben, daß ihnen soviel Leiden auch einmal nützt! So vergeht das Alter der Fröhlichkeit unter Tränen, Strafen, Drohungen und Sklaverei. Man quält das unglückliche Kind um seines Wohles willen und sieht den Tod nicht, den man ruft, und der es aus diesem traurigen Getriebe herausholt. Wer weiß, wie viele Kinder als Opfer der überspannten Weisheit eines Vaters oder eines Erziehers zugrunde gehen? Glücklich, ihren Grausamkeiten zu entkommen, haben sie einen einzigen Vorteil von den Leiden, die man ihnen aufbürdete: sie sterben, ohne dem Leben nachzutrauern, in dem sie nur Qualen gekannt haben. *Barbarische Erziehung*

Menschen, seid menschlich, das ist eure vornehmste Aufgabe! Seid menschlich gegen jeden Stand, gegen jedes Alter, gegen jeden, der Menschenantlitz trägt. Welche Weisheit gibt es noch außer dieser Menschlichkeit? Liebt die Kindheit, fördert ihre Spiele, ihre Freuden, ihr liebenswürdiges Wesen! Wer von euch hat sich nicht manchmal nach dem Alter zurückgesehnt, in dem das Lachen immer um die Lippen spielt und der Friede immer in der Seele wohnt? Warum wollt ihr den unschuldigen Kleinen den Genuß dieser kurzen und flüchtigen Spanne und ein so kostbares Gut, das sie nicht mißbrauchen können, rauben? Warum wollt ihr diese ersten dahineilenden Jahre, die für sie so wenig wiederkehren wie für euch, mit Bitterkeit und Schmerzen fül- *Verbreitet Fröhlichkeit!*

len? Väter, kennt ihr den Augenblick, wo der Tod eure Kinder erwartet? Wollt ihr bereuen müssen, ihnen die wenigen Augenblicke, die ihnen die Natur gewährt hat, geraubt zu haben? Laßt sie sich des Lebens freuen, sobald sie es können. Sorgt dafür, daß sie das Leben gekostet haben, ganz gleich, zu welcher Stunde Gott sie ruft.

Wieviel Stimmen werden sich gegen mich erheben? Ich höre schon von weitem das Geschrei dieser falschen Weisheit, die uns andauernd uns selber entfremdet, die die Gegenwart immer für nichts erachtet, und die ständig eine Zukunft verfolgt, die vor uns herflieht und uns dahin bringt, wo wir niemals sein werden, weil sie uns immer dahin bringen will, wo wir nicht sein werden.

Strafen Ihr werdet mir antworten, die Kindheit sei die Zeit, die schlechten Neigungen des Menschen zu verbessern; in diesem Kindesalter, wo die Strafen weniger empfunden werden, müsse man sie vervielfachen, um sie dem vernünftigen Alter zu ersparen. Aber wer sagt euch denn, daß diese ganze Ausrichtung in eurem Belieben steht, und daß diese ganzen, schönen Lehren, mit denen ihr den schwachen Geist eures Kindes erdrückt, nicht eines Tages schädlicher sein werden als nützlich? Wer versichert euch, daß ihr ihm irgend etwas erspart durch den Kummer, den ihr ihm jetzt so reichlich bereitet? Warum tut ihr dem Kinde mehr Leid an, als sein Zustand selbst schon hat, ohne sicher zu sein, daß seine gegenwärtigen Leiden ihm zukünftige ersparen werden? Und wie wollt ihr mir beweisen, daß diese schlechten Neigungen, von denen ihr ihn heilen wollt, nicht eher aus eurer mißverstandenen Fürsorge kommen als von der Natur? Unselige Vorsorge, die ein Wesen jetzt unglücklich macht auf die mehr oder weniger begründete Hoffnung hin, es eines Tages glücklich zu machen! Wenn diese Gassenschwätzer Zügellosigkeit mit Freiheit verwechseln und ein glückliches Kind mit einem verzogenen, so müssen wir ihnen den Unterschied beibringen.

Kind bleibt Kind Um keinen Hirngespinsten nachzujagen, vergessen wir nicht, was unseren menschlichen Verhältnissen angemessen ist. Die Menschheit hat ihren Platz in der Ordnung der Dinge: die Kindheit den ihren in der Ordnung des menschlichen Lebens. Man muß den Erwachsenen als Erwachsenen und das Kind als Kind betrachten. Jedem seinen Platz zuweisen, ihn darin festigen und die Leidenschaften nach der Natur des Menschen ausrichten, das ist alles, was wir für sein Wohl tun können. Alles übrige hängt von fremden Ursachen ab, die nicht in unserer Macht stehen.

Glück und Unglück Wir wissen nicht, was absolutes Glück oder Unglück ist. Alles ist in diesem Leben vermischt. Man kann keine reine Empfindung genießen, man kann nicht zwei Augenblicke im gleichen

Wahres Glück und Unglück

Zustand verharren. Die Stimmungen der Seele und die Veränderungen unserer Körper sind in einem ständigen Fluß. Gut und Böse ist uns allen gemeinsam, aber in verschiedenem Maß. Der Glücklichste ist, wer am wenigsten leidet; der Unglücklichste, wer sich am wenigsten freut. Aber immer mehr Leiden als Freuden, das ist unser gemeinsames Unterscheidungsmerkmal. Das Glück auf dieser Erde ist nur ein negativer Zustand; man muß es nach dem geringsten Maß an Leiden messen.

Jedes Schmerzgefühl ist untrennbar mit dem Wunsch verbunden, sich davon zu befreien. Jede Vorstellung von Glück untrennbar vom Wunsch, es zu genießen. Jeder Wunsch setzt Entbehrung voraus. Alle Entbehrungen aber, die man fühlt, sind schmerzlich. Unser Unglück entsteht also aus dem Mißverhältnis zwischen unseren Wünschen und unseren Fähigkeiten. Ein fühlendes Wesen, dessen Fähigkeiten seinen Wünschen entsprächen, wäre absolut glücklich.

Worin besteht also die menschliche Weisheit oder der Weg zum wahren Glück? Nicht eigentlich darin, unsere Wünsche zu vermindern. Denn wenn sie hinter unserem Vermögen zurückbleiben, so bliebe ein Teil unserer Fähigkeiten ungenützt, und wir gelangten nicht zum vollen Genuß unserer Sinne. Ebensowenig wäre es möglich, wenn wir unsere Fähigkeiten ausweiteten. Denn wenn unsere Wünsche ebenfalls im gleichen Maße zunähmen, würden wir um so glücklicher. Es gilt also, das Übergewicht der Wünsche über unsere Fähigkeiten zu vermindern und Wollen und Können in vollkommenes Gleichgewicht zu bringen. Nur wenn alle Kräfte tätig sind, und die Seele dabei noch in Frieden ruht, ist der Mensch ausgeglichen.

So also hat es die Natur, die alles aufs beste tut, zu Beginn eingerichtet. Sie gibt ihm aufs erste nur die zu seiner Erhaltung nötigen Begierden und die zu ihrer Erfüllung ausreichenden Fähigkeiten. Alle anderen hat sie, wie auf Vorrat, in die Tiefe seiner Seele gelegt, um sie nach Bedarf zu entwickeln. Nur im Urzustand also sind Kräfte und Wünsche im Gleichgewicht: nur dann ist der Mensch nicht unglücklich. Sobald die schlummernden Kräfte tätig werden, erwacht die Einbildungskraft, die lebendigste von allen, und eilt ihnen voraus. Die Einbildungskraft weitet für uns, sei es im Guten oder Bösen, das Maß des Möglichen aus und erregt und nährt folglich die Wünsche durch die Hoffnung, sie auch zu befriedigen. Aber das Ziel, das man zu greifen schien, flieht rascher, als man es verfolgen kann. Glaubt man es zu fassen, so verwandelt es sich und zeigt sich vor uns in weiter Ferne. Wir sehen nicht mehr, was wir bisher durchlaufen haben und achten es für nichts. Was aber vor uns bleibt, wird größer und dehnt sich ständig aus. So erschöpfen wir uns, ohne zum Ziel zu kommen. Je mehr wir genießen, desto weiter entfernt sich das Glück von uns.

Je näher der Mensch seinem Naturzustand geblieben ist, um so kleiner ist der Abstand zwischen seinen Wünschen und seinen Fähigkeiten, und um so näher ist er seinem Glück. Er ist niemals weniger elend, als wenn er von allem entblößt scheint. Denn das Elend besteht nicht darin, Dinge entbehren zu müssen, sondern sie nicht entbehren zu können.

Leiden Die greifbare Welt hat ihre Grenzen, die eingebildete ist grenzenlos. Kann man die eine nicht erweitern, muß man die andere einengen. Ihr Abstand ruft die Leiden hervor, die uns unglücklich machen. Ohne Kraft, Gesundheit und Selbstvertrauen sind alle Güter dieses Lebens nur Schein. Ohne Schmerzen und Gewissensbisse sind alle unsere Leiden Einbildungen. Ein Gemeinplatz, wird man sagen; ich gebe es zu. Aber wird auch danach gehandelt? Denn auf die praktische Anwendung kommt es doch hier allein an.

Schwäche Was will man sagen, wenn man behauptet, der Mensch sei schwach? Das Wort „Schwäche" bezeichnet doch ein Verhältnis im Wesen dessen, auf den man es anwendet. Ein Wesen, dessen Kraft seine Bedürfnisse übersteigt, sei es ein Insekt oder ein Wurm, ist stark; ein Wesen, dessen Bedürfnisse seine Kraft übersteigen, und sei es ein Elefant, ein Löwe, ein Eroberer, ein Held, sei es ein Gott, ist schwach. Der unbotmäßige Engel, der seine Natur verkannte, war schwächer als der glückliche Sterbliche, der seinen Fähigkeiten gemäß in Frieden lebt. Der Mensch ist sehr stark, wenn er nur ist, was er ist. Er ist sehr schwach, wenn er sich über sein Menschentum erheben will. Bildet euch nicht ein, eure Kräfte zu vermehren, wenn ihr eure Fähigkeiten vermehrt! Ihr vermindert sie vielmehr, wenn euer Stolz sich über sie erhebt. Messen wir unseren Lebenskreis ab und bleiben wir in seiner Mitte wie die Spinne in ihrem Netz, und wir werden uns selbst genügen und nicht über unsere Schwäche zu klagen haben, denn wir empfinden sie nicht.

Fähigkeiten Alle Tiere haben genau die notwendigen Fähigkeiten für ihre Erhaltung. Nur der Mensch hat mehr. Ist es nicht sonderbar, daß dieses Mehr die Quelle seines Unglücks ist? In allen Ländern erzeugt der Mensch mit seinen Armen mehr als seinen Unterhalt. Wäre er weise genug, dieses Mehr zu verachten, so hätte er immer genug, weil er niemals zuviel hätte. Große Bedürfnisse, sagte Favorinus, entstehen aus großem Besitz. Das beste Mittel, das zu bekommen, was man entbehrt, ist, sich dessen zu entäußern, was man besitzt. Wir überarbeiten uns, um unser Glück zu vermehren, und verwandeln es in Unglück. Wer nur leben will, lebt glücklich; folglich gut. Denn was hätte er davon, böse zu sein?

Sterben Unsterblich wären wir sehr unglücklich. Es ist hart, sterben zu müssen, aber die Hoffnung, daß wir nicht ewig leben und ein besseres Leben die Leiden dieses Lebens beenden wird, ist süß. Böte man uns die Unsterblichkeit auf Erden an, wer würde dies

Wahres Glück und Unglück

traurige Geschenk annehmen*. Welche Hilfe, welche Hoffnung und welcher Trost bliebe uns gegenüber den Schicksalsschlägen und den Ungerechtigkeiten der Menschen? Wer nichts voraussieht, kennt den Wert des Lebens nicht und hat keine Angst, es zu verlieren. Der Wissende sieht höhere Güter, die er dem Leben vorzieht. Nur Halb- und Afterwissenheit richten unseren Blick auf den Tod und nicht darüber hinaus, und machen aus ihm das schlimmste Übel. Sterben zu müssen, ist für den Weisen nur ein Grund, die Leiden des Lebens zu ertragen. Wären wir nicht sicher, es einmal zu verlieren, so wäre der Preis, es zu erhalten, zu hoch.

Alle unsere inneren Übel sind Einbildung, ausgenommen das Verbrechen, das von uns abhängt. Unsere körperlichen Leiden zerstören sich oder uns. Die Zeit oder der Tod sind unsere Heilmittel. Aber wir leiden um so mehr, je weniger wir leiden können. Wir geben uns mehr Mühe, unsere Leiden zu heilen, als sie zu ertragen. Leb natürlich, sei geduldig, verjag den Arzt! Dem Tod entgehst du zwar nicht, aber du erleidest ihn nur einmal, während sie ihn dir täglich ins Gedächtnis rufen und ihre Windbeutelei dir das Leben vergällt, statt es zu verlängern. Ich frage mich, welche Wohltat diese Kunst den Menschen gebracht hat. Einige hat sie wirklich am Leben erhalten. Aber Millionen hat sie getötet, die jetzt noch leben würden. Wer vernünftig ist, spielt nicht in dieser Lotterie, in der es zu viele Nieten gibt. Leid, stirb oder werde gesund! Vor allem aber leb bis zu deiner letzten Stunde!

Alles ist nur Torheit und Widerspruch in den menschlichen **Tod** Einrichtungen. Je mehr das Leben an Wert verliert, desto mehr beunruhigen wir uns. Greise sehnen sich mehr danach als junge Leute. Sie wollen sich nicht umsonst bemüht haben, es zu genießen. Mit sechzig zu sterben ist hart, wenn man noch nicht zu leben begonnen hat. Man glaubt, der Mensch habe einen lebhaften Selbsterhaltungstrieb. Das stimmt. Aber man übersieht, daß dieser Trieb, wie wir ihn empfinden, zum großen Teil selber Menschenwerk ist. Von Natur aus sorgt der Mensch nur soweit für seine Selbsterhaltung, als er die Mittel beherrscht. Sobald sie sich ihm entziehen, beruhigt er sich und stirbt friedlich. Dieses Gesetz, sich in das Schicksal zu ergeben, lehrt uns die Natur selber. Die Wilden sträuben sich ebensowenig gegen den Tod wie die Tiere und erdulden ihn fast ohne Klage. Geht dieses Gesetz verloren, so ergibt es sich aus der Vernunft. Aber nur wenige können es daraus ableiten, und die gewollte Ergebung ist niemals so voll und ganz wie die naturbedingte.

Die Vorsorge ist es, die uns ständig über uns hinaustreibt **Vorsorge** und die uns oft dahin stellt, wohin wir nie gelangen werden! Sie

---

* Es ist klar, daß ich hier von Leuten spreche, die überlegen können, und nicht von allen Menschen.

ist die wahre Quelle unserer Leiden. Welcher Wahn treibt den vergänglichen Menschen, immer in eine Zukunft auszuschauen, die er so selten erreicht, und darüber die sichere Gegenwart zu vernachlässigen! Dieser Wahn ist um so verderblicher, als er mit dem Alter ständig zunimmt, und die Greise immer mißtrauisch, sparsam und geizig sind. Sie versagen sich lieber heute das Notwendige, als in hundert Jahren das Überflüssige zu entbehren. So hängen und klammern wir uns an alles: Zeit, Ort, Menschen, Dinge. Alles, was ist, alles, was sein wird, ist uns wichtig. Unsere Person ist nur mehr der unbedeutendste Teil von uns selber. Jeder dehnt sich sozusagen über die ganze Erde aus und wird daher auf dieser ganzen großen Oberfläche empfindlich. Ist es erstaunlich, daß sich unsere Leiden an allen Punkten, wo man uns verletzen kann, vermehren? Wie viele Fürsten verzweifeln über den Verlust eines Landes, das sie nie gesehen haben! Wie vielen Kaufleuten genügt es, daß man an Indien rührt, um sie in Paris aufschreien zu lassen!

Glück und Schicksal Ist es die Natur, die den Menschen so weit über sich hinaustreibt? Will sie, daß jeder sein Schicksal durch andere, manchmal sogar als letzter erfährt, so daß mancher glücklich oder unglücklich gestorben ist, ohne es je gewußt zu haben? Da ist einer frisch, fröhlich, stark und gesund. Seine bloße Gegenwart flößt Freude ein, seine Augen strahlen Zufriedenheit und Wohlbehagen aus. Er ist ein Bild des Glücks. Da kommt ein Brief. Der Glückliche sieht ihn, öffnet ihn, liest ihn. Im gleichen Augenblick verändert sich seine Miene. Er erbleicht und wird ohnmächtig. Wieder bei Sinnen, weint er, ist aufgeregt und seufzt, rauft sich die Haare, erfüllt die Luft mit Wehklagen und scheint von schrecklichen Krämpfen befallen. Du Narr, was hat dir das Papier getan? Welches Glied hat es dir ausgerissen? Zu welchem Verbrechen hat es dich verleitet? Was hat es in dir verändert, um dich in so einen Zustand zu versetzen?

Wäre der Brief verlorengegangen, hätte ihn eine mitleidige Hand verbrannt, so wäre das Schicksal dieses glücklich-unglücklichen Menschen ein seltsames Rätsel gewesen. Sein Unglück, werdet ihr sagen, ist Tatsache. Gut! Aber er empfand es nicht. Wo war es dann? Sein Glück war Einbildung. Gut! Dann sind also Gesundheit, Fröhlichkeit, Wohlbefinden und Seelenfrieden nur Einbildungen? Wir leben nicht mehr da, wo wir sind; wir leben nur, wo wir nicht sind. Hat es dann noch einen Sinn, den Tod so sehr zu fürchten, wenn uns bleibt, worin wir leben?

Notwendigkeit und Freiheit Zieh dich in dich selbst zurück, o Mensch, und du bist nicht mehr elend. Bleib auf dem Platz, den dir die Natur in der Kette der Geschöpfe angewiesen hat, und nichts kann dich daraus vertreiben. Sträub dich nicht gegen die Notwendigkeit und erschöpf deine Kräfte nicht im Widerstand. Der Himmel hat sie dir nicht gegeben, um dein Leben zu verlängern, sondern um es zu erhalten, wie und solange es ihm gefällt. Deine Freiheit und deine Macht erstrecken sich nur so weit wie die natürlichen Kräfte und nicht darüber hinaus. Alles andere ist Sklaverei, Täuschung und Blendwerk. Selbst Herrschaft ist Knechtschaft, wenn sie von der öffentlichen Meinung abhängt. Denn du hängst von den Vorurteilen derer ab, die du durch Vorurteile beherrschst. Um sie nach deinem Willen zu führen, mußt du dich nach ihrem Willen richten. Sie brauchen nur ihre Meinung zu ändern, und du bist gezwungen, deine Handlungsweise zu ändern. Deine Umgebung braucht nur zu wissen, wie man die Meinung des Volkes lenkt, das du zu regieren glaubst; oder die der Günstlinge, die dich regieren; oder die deiner Familie; oder deine eigenen Meinungen: Diese Wesire und Höflinge, diese Priester und Soldaten, diese Schranzen und Klatschmäuler, bis herunter zu den Kindern werden dich wie ein Kind inmitten deiner Legionen leiten und wärst du selbst ein Themistokles an Genie*. Es ist umsonst: Deine wirkliche Macht reicht nicht weiter als deine wirklichen Fähigkeiten. Sobald man durch die Augen der anderen sieht, muß man mit ihrem Willen wollen. Du sagst stolz: Meine Völker sind meine Untertanen. Gut. Was bist du? Der Untertan deiner Minister. Und die Minister, was sind denn sie? Untertanen ihrer Schreiber, ihrer Mätressen, die Diener ihrer Diener. Nehmt alles, reißt alles an euch und werft dann das Geld mit vollen Händen fort; richtet Batterien von Kanonen auf; errichtet Galgen und Rad; gebt Gesetze und Verordnungen; vermehrt die Spione, die Soldaten, die Henker, die Gefängnisse, die Ketten: ihr armen, kleinen Menschen, wozu dient euch das alles? Ihr werdet weder besser bedient noch weniger bestohlen und betrogen, noch unabhängiger. Ihr werdet zwar sagen: „Wir wollen", und immer nur tun, was die anderen wollen.

Der einzige, der nach seinem Willen handelt, ist der, der nicht auf die Hilfe eines anderen angewiesen ist. Daraus folgt, daß das höchste Gut die Freiheit ist und nicht die Macht. Der wahrhaft freie Mensch will nur, was er kann, und tut, was ihm gefällt. Das ist mein oberster Leitsatz. Man muß ihn nur auf die Kindheit anwenden, und alle Erziehungsregeln lassen sich daraus ableiten.

Die Gesellschaft hat den Menschen nicht nur dadurch schwächer gemacht, daß sie ihm das Verfügungsrecht über seine eigenen Kräfte entzog, sondern auch dadurch, daß sie nicht mehr ausreichen. Daher vermehren sich seine Wünsche mit seiner Schwäche. Das aber macht die Schwäche des Kindes im Vergleich mit dem Erwachsenen aus. Wenn der Erwachsene stark und das

Freiheit und Macht

Mensch und Gesellschaft

---

* Dieser kleine Knabe da, sagte Themistokles zu seinen Freunden, ist der Schiedsrichter Griechenlands, denn er beherrscht seine Mutter; seine Mutter beherrscht mich; ich beherrsche die Athener und die Athener beherrschen Griechenland. Oh, welche winzigen Führer fände man für die großen Reiche, wenn man vom Fürsten stufenweise bis zur letzten Hand hinabstiege, die insgeheim den Anstoß gibt!

Kind schwach ist, so nicht deshalb, weil der Mann einfach stärker ist als das Kind, sondern weil der Erwachsene natürlicherweise sich selbst genügen kann und das Kind nicht. Der Erwachsene muß also mehr Willen, das Kind mehr Phantasie haben. Unter diesem Wort verstehe ich alle Wünsche, die nicht wahre Bedürfnisse sind und die man nur mit Hilfe anderer befriedigen kann.

Ich habe die Ursache dieser Schwäche erklärt. Die Natur hat hier mit der Elternliebe vorgesorgt. Aber diese Liebe kann ihre Auswüchse, Fehler und Mißbräuche haben. Eltern, die in der Gesellschaft leben, führen das Kind zu früh ein. Sie wecken mehr Bedürfnisse, als es hat, und vergrößern seine Schwäche, statt sie zu vermindern. Sie vergrößern sie noch weiter, weil sie von ihm verlangen, was die Natur nicht verlangte: seine geringen Kräfte ihrem Willen zu unterwerfen, anstatt es nach seinem Willen leben zu lassen. So verwandeln sie die auf der Schwäche des Kindes und der Elternliebe beruhende gegenseitige Anhänglichkeit für den einen oder den anderen Teil in Sklaverei.

Befehlen und Gehorchen

Freiheit der Kinder Der vernünftige Mensch bleibt auf seinem Platz. Das Kind kennt seinen Platz nicht und kann sich nicht darin behaupten. Es findet tausend Ausbruchsmöglichkeiten. Es ist die Aufgabe derer, die es leiten, ihm die Kindheit zu erhalten. Diese Aufgabe ist nicht leicht. Es soll weder Tier noch Erwachsener sein, sondern Kind. Es soll seine Schwäche fühlen, aber nicht darunter leiden. Es soll abhängig sein, aber nicht gehorsam. Es soll bitten, aber nicht befehlen. Es ist anderen nur wegen seiner Bedürfnisse unterworfen, und weil sie besser wissen, was ihm nützt und für seine Erhaltung zuträglich oder schädlich ist. Niemand, auch sein Vater nicht, hat das Recht, dem Kind etwas zu befehlen, was nicht zu seinem Nutzen gereicht.

Ehe die Vorurteile und die menschlichen Einrichtungen unsere Neigungen verdorben haben, besteht das Glück der Kinder wie der Erwachsenen im Genuß der Freiheit. Die Freiheit der Kinder ist aber durch ihre Schwäche begrenzt. Wer nach seinem Willen handelt, ist glücklich, wenn er sich selbst genügt. Das trifft auf den Menschen im Naturzustand zu. Wer nach seinem Willen handelt, ist unglücklich, wenn seine Bedürfnisse seine Kräfte übersteigen. Das trifft auf das Kind in demselben Zustand zu. Die Kinder genießen, selbst im Naturzustand, nur eine unvollkommene Freiheit, ähnlich der des Erwachsenen in der Gesellschaft. In dieser Hinsicht wird jeder von uns schwach und elend, weil er die anderen nicht mehr entbehren kann. Wir wurden geboren, um Männer zu sein. Die Gesetze und die Gesellschaft stürzen uns in die Kindheit zurück. Die Reichen, die Mächtigen, selbst die Könige sind nichts als Kinder: sie sehen,

Befehlen und Gehorchen   63

wie man sich bemüht, ihre Nöte zu mindern. Sie werden darüber
kindisch eitel und auf Dienste stolz, die man ihnen nicht leisten
würde, wenn sie wirkliche Männer wären.

Diese Überlegungen sind wichtig und dienen zur Lösung **Abhängigkeit**
aller Widersprüche unseres sozialen Systems. Es gibt zwei Arten
von Abhängigkeiten: die Abhängigkeit von den Dingen, die
natürlich ist, und die Abhängigkeit von den Menschen, die der
Gesellschaft entspringt. Die Abhängigkeit von den Dingen steht
außerhalb der Moral, schadet der Freiheit nicht und erzeugt
keine Laster. Die Abhängigkeit vom Menschen ist aber ord-
nungswidrig*; sie erzeugt alle Laster. Durch sie zersetzen sich
Herr und Sklave gegenseitig. Das einzige Mittel gegen dieses
Übel in der Gesellschaft wäre, den Menschen durch das Gesetz
abzulösen und die öffentliche Meinung mit einer wirklichen
Macht auszurüsten, die größer ist als die Macht eines jeden
Einzelwillens. Wenn die Gesetze der Völker so unbeugsam
wären wie die Gesetze der Natur, die keine menschliche Kraft
jemals brechen kann, dann wären die Menschen von den Gesetzen genau so abhängig wie von den Dingen. Man könnte in der
Republik alle Vorteile des Naturzustandes mit den Vorteilen der
Gesellschaft verbinden. Und zur Freiheit, die ihn vor Lastern
bewahrt, käme die Sittlichkeit, die ihn zur Tugend erhebt.

Haltet das Kind von den Dingen abhängig und ihr werdet es **Abhängigkeit**
naturgemäß erziehen. Setzt seinen unvernünftigen Wünschen **von Dingen**
nur natürliche Widerstände oder Strafen entgegen, die aus seinen Handlungen selbst hervorgehen, und deren es sich bei gleicher Tat erinnert. Man braucht ihm das Böse nicht zu verbieten;
es genügt, es daran zu verhindern. Erfahrung und Ohnmacht
müssen ihm das Gesetz vertreten. Gebt keinem seiner Wünsche
nach, weil es etwas verlangt, sondern weil es dessen bedarf. Es
soll gar nicht wissen, was Gehorsam ist, wenn es etwas tut;
oder was Befehlen ist, wenn man etwas für ihn tut. Es muß
seine Freiheit in seinen wie in euren Handlungen spüren. Kommt
seinen mangelnden Kräften so weit entgegen, wie es deren bedarf, um frei zu sein, nicht aber um zu befehlen. Empfindet es
eure Dienste als eine Art Demütigung, so erwartet es sehnsüchtig
den Augenblick, wo es darauf verzichten kann und die Ehre
hat, sich selbst bedienen zu können.

Um den Körper zu kräftigen und das Wachstum zu fördern, **Bewegung**
hat die Natur Mittel, die man niemals stören darf. Man darf kein
Kind zum Sitzen zwingen, wenn es laufen will, und nicht zum
Laufen, wenn es sitzen will. Wenn der Wille der Kinder nicht
durch unsere Fehler verdorben ist, so wollen sie nichts unnötigerweise. Sie müssen springen, laufen, schreien, wenn sie dazu Lust

---

* In meinen „Grundsätzen des Staatsrechts" (*Principes du droit
politique*", 2. Buch des *Contrat social*) wird bewiesen, daß kein Einzelwille in das Gesellschaftssystem eingeordnet werden kann.

64   **Zweites Buch**

haben. All ihre Bewegungen sind körperliche Bedürfnisse, die zu
ihrer Stärkung dienen. Aber man muß sich vorsehen, wenn sie
etwas wünschen, was sie nicht selbst tun können, und das dann
andere für sie tun müssen. Dann muß man sorgfältig zwischen
wahren und natürlichen Bedürfnissen unterscheiden, und eingebildeten, die gerade entstehen, oder dem Bedürfnis, das nur dem
Lebensüberschwang entspringt, von dem ich oben sprach.

Weinen und Bitten

Ich habe schon gesagt, was man tun muß, wenn ein Kind
weint, um dies oder jenes zu bekommen. Ich möchte nur hinzufügen: sobald es in Worten ausdrückt, was es wünscht, und
weint, um es rascher zu bekommen oder es abzutrotzen, muß
man es ihm unwiderruflich verweigern. Ihr müßt wissen, wann
das Bedürfnis es zum Reden zwingt, und dann sofort seine Bitte
erfüllen. Seinen Tränen nachgeben heißt, es zum Weinen er-
muntern; heißt es lehren, an eurem Willen zu zweifeln und zu
glauben, daß es durch Zudringlichkeit mehr erreicht als durch
Folgsamkeit. Glaubt es nicht mehr an eure Güte, so wird es
böse; glaubt es euch schwach, so wird es eigensinnig. Was man
ihm nicht verweigern will, muß man ihm auf das erste Zeichen
hin geben. Seid nicht verschwenderisch mit Abschlägen, aber
widerruft sie nie.

Höflichkeits-formeln

Hütet euch, eurem Kind leere Höflichkeitsformeln beizubringen, die ihm bei Bedarf als Zauberformel dienen, die ganze Umgebung seinem Willen zu unterwerfen und sofort zu erhalten,
was ihm gefällt. Bei der überhöflichen Erziehung der Reichen
bleibt es nicht aus, daß sie auf höfliche Weise herrschsüchtig
werden; man bringt ihnen die Wendungen bei, denen niemand
zu widerstehen wagt. Diese Kinder können weder im Ton noch
in den Wendungen bitten: wenn sie bitten, sind sie noch anma-
ßender als wenn sie befehlen, da sie noch sicherer sind, daß man
ihnen gehorcht. Man sieht sofort, daß *s'il vous plaît* in ihrem
Mund *il me plaît* bedeutet und *je vous prie* ein *je vous or-
donne*. Eine großartige Höflichkeit, die darauf hinausläuft, den
Wortsinn zu verdrehen und niemals anders als im Befehlston zu
sprechen! Ich persönlich würde weniger Emils Grobheit als seine
Anmaßung fürchten und mir wäre es lieber, daß er bittend
faites cela sagt, als befehlend *je vous prie*. Es kommt nicht auf
das Wort an, dessen er sich bedient, sondern auf den Sinn, den
er ihm gibt.

Strenge und Nachsicht

Man kann die Strenge wie die Nachsicht übertreiben; beides
muß man vermeiden. Laßt ihr die Kinder leiden, so gefährdet
ihr ihre Gesundheit und ihr Leben: ihr macht sie wirklich elend.
Erspart ihr ihnen durch zuviel Fürsorge jedes Mißbehagen, so
bereitet ihr den Grund zu noch größerem Elend. Ihr verweichlicht
sie und macht sie überempfindlich. Ihr führt sie damit aus ihrem
Menschsein heraus, in das sie eines Tages gegen euren Willen
zurückkehren müssen. Um es keinen natürlichen Übeln auszu-

Befehlen und Gehorchen 65

setzen, stürzt ihr sie in solche, die die Natur ihnen nicht zugedacht hat. Ihr antwortet mir, daß ich jetzt in den Fehler jener schlechten Vätern verfalle, denen ich vorgeworfen hatte, daß sie das Glück ihrer Kinder einer fernen Zukunft opfern, die vielleicht niemals kommt.

Aber nein! Denn die Freiheit, die ich meinem Zögling gebe, entschädigt ihn reichlich für die kleinen Unbequemlichkeiten, denen ich ihn aussetze. Da spielen Lausbuben im Schnee, blau, verfroren und mit klammen Fingern. Sie können sich wärmen gehen, aber sie tun es nicht. Zwingt man sie dazu, so empfinden sie den Zwang hundertmal mehr als die Kälte. Worüber beklagt ihr euch also? Mache ich euer Kind elend, wenn ich es den Unbequemlichkeiten aussetze, die es selber ertragen will? Ich tue ihm jetzt einen Gefallen, wenn ich es frei spielen lasse, und für die Zukunft sein Bestes, wenn ich es gegen die Übel wappne, die es noch ertragen muß. Hätte es die Wahl, mein oder euer Schüler zu sein, glaubt ihr, daß es einen Augenblick zögern würde? *Kinder im Schnee*

Glaubt ihr, daß es für irgendein Wesen ein wahres Glück außerhalb seiner Natur gibt? Heißt es nicht, einen Menschen seiner Natur entfremden, wenn man ihn vor allen Übeln seiner Gattung bewahren will. Ich behaupte sogar, daß man die kleinen Leiden kennen muß, will man die großen Wohltaten genießen. Das ist seine Natur. Geht es dem Menschen physisch gut, entartet die Moral. Wer den Schmerz nicht kennt, kennt weder menschliche Rührung noch die Süße des Mitleids. Sein Herz wird durch nichts bewegt; er wäre ungesellig und ein Ungeheuer unter seinesgleichen. *Glück*

Kennt ihr das sicherste Mittel, euer Kind unglücklich zu machen? Gewöhnt es daran, alles zu bekommen! Denn seine Wünsche wachsen unaufhaltsam mit der Leichtigkeit ihrer Erfüllung. Früher oder später zwingt euch die Unmöglichkeit, sie alle zu erfüllen, zur Ablehnung, und diese ungewohnte Ablehnung wird es mehr verwirren als der Verzicht auf das, was es haben wollte. Zuerst möchte es euren Spazierstock haben, dann die Uhr, dann den Vogel in der Luft, den funkelnden Stern, alles, was es sieht. Wie könnte man es zufriedenstellen, wenn man nicht der liebe Gott selber wäre? *Unglück*

Es gehört zur natürlichen Veranlagung des Menschen, daß er alles haben möchte, was er erreichen kann. In dem Sinne ist Hobbes These bis auf einen gewissen Punkt richtig: „Vermehrt mit unseren Wünschen die Mittel, sie zu erfüllen, und jeder wird Herr über alles sein." Das Kind also, das nur zu wollen braucht, um zu haben, hält sich für den Besitzer der Welt. Es sieht alle Menschen als Sklaven an. Wenn man schließlich gezwungen ist, ihm etwas zu verweigern, so sieht es darin einen Akt der Auflehnung. Alle Gründe, die man ihm in dem Alter gibt, das zu vernünftigen Überlegungen unfähig ist, sind in *Nachgiebigkeit* seinen Augen nur Ausflüchte. Überall sieht es nur bösen Willen. Es haßt alle Welt und empört sich über jeden Widerstand, ohne jemals für eine Gefälligkeit Dank zu wissen.

Verzogenes Kind

Wie kann ein zorniges und von Leidenschaften verzehrtes Kind glücklich sein? Ein kleiner Despot! Der niedrigste Sklave und das elendste Geschöpf! Ich habe solche Kinder gesehen, die verlangten, man möge mit der Schulter ein Haus umwerfen, ihnen den Kirchturmhahn geben, ein Regiment aufhalten, damit sie die Musik länger hören, und die die Luft mit Geschrei erfüllten und auf niemanden hörten, sobald man ihnen nicht sofort gehorchte. Vergeblich beeilte man sich, sie zu befriedigen. Ihre Wünsche wurden immer gereizter durch die Leichtigkeit, alles zu bekommen. So verlangten sie die unmöglichsten Dinge und fanden überall nur Widerspruch, Hindernisse, Kummer und Leid. Immer murrend, trotzig und zornig verbrachten sie ihre Tage mit Schreien und Klagen. Sind das glückliche Geschöpfe? Schwäche und Herrschsucht vereint erzeugen nur Wahnsinn und Elend. Von zwei verzogenen Kindern schlägt das eine den Tisch und das andere läßt das Meer peitschen: sie werden noch viel zu peitschen und zu schlagen haben, ehe sie zufrieden sind.

Wenn solche Macht- und Tyranneigedanken sie schon in der Kindheit unglücklich machen, wie soll das werden, wenn sie größer sind und sich ihre Beziehungen zu den anderen Menschen erweitern und vermehren? Da sie gewöhnt sind, daß sich alles vor ihnen beugt, sind sie überrascht, wenn die ganze Welt ihnen Widerstand leistet. Dann erdrückt sie die Last der Welt, die sie nach Belieben glaubten, bewegen zu können.

Ihre Anmaßung, ihre kindische Eitelkeit tragen ihnen nur Demütigung, Verachtung und Spott ein. Sie müssen Beleidigungen wie Wasser schlucken. Bittere Erfahrungen belehren sie bald, daß sie weder ihre Stellung noch ihre Kräfte kennen. Da sie nicht alles können, glauben sie dann, nichts zu können. So viele ungewohnte Hindernisse stoßen sie zurück, so viel Verachtung macht sie vor sich selber verächtlich, und so werden sie feige, furchtsam, kriecherisch und sie sinken ebenso tief unter sich hinab, als sie sich vorher über sich erhoben hatten.

Kindliche Schwäche

Kehren wir also zu unserer Grundregel zurück. Die Natur hat die Kinder gemacht, daß wir sie lieben und ihnen helfen. Hat sie sie etwa gemacht, daß wir ihnen gehorchen oder sie fürchten? Hat sie ihnen ein gebieterisches Wesen, ein strenges Auge, eine rauhe und drohende Stimme gegeben, damit sie gefürchtet werden? Ich kann verstehen, daß das Gebrüll eines Löwen die Tiere erschreckt, und daß sie zittern, wenn sie ihn erblicken. Aber gibt es ein unpassenderes, widerwärtigeres und lächerlicheres Schauspiel als den Aufzug von Würdenträgern in Roben, die vor einem Kinde kniend feierliche Reden halten, und das als Antwort schreit und sabbert?

Befehlen und Gehorchen

Gibt es, die Kindheit als solche betrachtet, ein Wesen auf der Welt, das schwächer, elender, abhängiger, mehr des Mitleids, der Sorgfalt und des Schutzes bedürftig ist als ein Kind? Anscheinend hat es doch nur darum ein so süßes Gesicht und ein so rührendes Wesen, damit jeder sich seiner Schwäche annehme und sich beeile, ihm zu helfen. Gibt es etwas Widerwärtigeres und Naturwidrigeres als ein herrschsüchtiges und eigensinniges Kind, das alle herumkommandiert und denen schamlos gebietet, die es nur allein zu lassen brauchten, damit es zugrunde geht?

Wer aber sieht nicht ein, daß die Schwäche der ersten Jahre die Kinder so vielfältig herumt, daß es grausam wäre, sie noch unseren Launen zu unterwerfen, indem man ihnen die schon beschränkte Freizeit entzieht, die sie so wenig mißbrauchen können, und von deren Mangel sie ebensowenig Vorteil haben wie wir? Es gibt nichts Lächerlicheres als ein hochmütiges Kind; nichts Bemitleidenswerteres als ein verängstigtes Kind. Da mit dem Alter der Vernunft die gesellschaftliche Unterdrückung beginnt, warum sollen wir ihr mit der häuslichen zuvorkommen? Gönnen wir ihnen doch wenigstens einen Lebensabschnitt, der frei vom Joch ist, das uns die Natur nicht auferlegt hat; lassen wir der Kindheit die natürliche Freiheit, die sie wenigstens eine Zeitlang von den Lastern fernhält, die man in der Sklaverei annimmt. Mögen doch die strengen Lehrer, diese ihren Kindern unterworfenen Väter mit ihren leichtfertigen Entgegnungen kommen und erst die natürliche Methode kennenlernen, ehe sie ihre Methoden rühmen.

Ich komme auf die Praxis zurück. Ich habe schon gesagt, daß das Kind nichts bekommen darf, weil es danach verlangt, sondern weil es dessen bedarf*; es darf nichts aus Gehorsam tun, sondern nur aus Notwendigkeit. Die Worte „gehorchen" und „befehlen" werden aus seinem Wortschatz gestrichen. Noch mehr die Worte: Pflicht und Schuldigkeit. Dagegen werden die Wörter: Kraft, Notwendigkeit, Ohnmacht, Zwang einen breiten Raum einnehmen. Vor dem Alter der Vernunft hat man keinen Begriff vom sittlichen Wesen und von sozialen Beziehungen. Man muß also, soweit das möglich ist, vermeiden, diese Wörter zu gebrauchen, weil die Kinder falsche Begriffe damit verbinden könnten, die man schwer oder gar nicht mehr ausmerzen kann. Der erste falsche Begriff bildet in seinem Kopf den Keim des Irrtums und des Lasters. Auf den ersten Schritt muß man achten! Solange

Befriedigung der Bedürfnisse

---

* Man muß bedenken, daß der Schmerz oft notwendig und das Vergnügen oft ein Bedürfnis ist. Es gibt daher nur einen Wunsch, den man den Kindern niemals erfüllen darf: den Kindern zu gehorchen. Man muß also bei allem, was sie verlangen, vor allem auf den Beweggrund achten, der sie leitet. Man gewähre ihnen, soweit das möglich ist, alles, was ihnen wirkliche Vergnügen macht; versage ihnen jedoch, was sie verlangen, weil sie gerade dazu Lust haben, oder weil sie ihren Willen durchsetzen wollen.

das Kind nur sinnlichen Eindrücken zugänglich ist, sollen alle seine Begriffe auf Sinneseindrücken beruhen. Es soll rund um sich nur die physikalische Welt wahrnehmen: sonst könnt ihr sicher sein, daß es nicht zuhört oder sich von der sittlichen Welt, von der ihr erzählt, eine phantastische Vorstellung macht, die ihr niemals wieder auslöschen könnt.

Mit Kindern räsonieren

Kindliche Vernunft

Mit Kindern zu räsonieren war Lockes Leitsatz. Heute ist das große Mode. Der Erfolg aber scheint mir nicht für seine Empfehlung zu sprechen. Ich kenne nichts Dümmeres als altkluge Kinder. Von allen Fähigkeiten entwickelt sich die Vernunft, die gewissermaßen nur aus allen anderen zusammengesetzt ist, am schwersten und am spätesten. Und gerade ihrer will man sich bedienen, um die anderen zu entwickeln! Das Meisterstück einer guten Erziehung ist, einen vernünftigen Menschen zu bilden. Und das will man durch die Vernunft selber erreichen! Das heißt am Ende beginnen und das Werk zum Werkzeug machen! Wenn die Kinder vernünftig wären, dann brauchte man sie nicht zu erziehen. Spricht man mit ihnen von ihrer ersten Kindheit an eine Sprache, die sie nicht verstehen, so gewöhnen sie sich daran, Phrasen zu dreschen, alles, was man sagt, zu kritisieren, sich für so klug zu halten wie ihre Lehrer und rechthaberisch und verstockt zu werden. Alles, was man von ihnen durch vernünftige Gründe zu erlangen glaubt, erlangt man in Wahrheit nur dadurch, daß man ihre Begierde, Furcht oder Eitelkeit erregt.

Das folgende Beispiel zeigt die Formel, auf die man alle Moralbelehrungen zurückführen kann:

Der Lehrer: Das darf man nicht tun.
Das Kind: Warum darf man das nicht tun?
Der Lehrer: Weil es unrecht ist.
Das Kind: Unrecht? Was ist Unrecht?
Der Lehrer: Was man verbietet.
Das Kind: Was geschieht, wenn ich tue, was man mir verbietet?
Der Lehrer: Du wirst bestraft, weil du ungehorsam warst.
Das Kind: Dann tue ich es so, daß es niemand bemerkt.
Der Lehrer: Man wird dich beobachten.
Das Kind: Ich verstecke mich.
Der Lehrer: Man wird dich ausfragen.
Das Kind: Ich werde lügen.
Der Lehrer: Man darf nicht lügen.
Das Kind: Warum darf man nicht lügen?
Der Lehrer: Weil es unrecht ist. Usw.

Mit Kindern räsonieren

Der unvermeidliche Kreislauf. Brecht aus, denn das Kind kann euch nicht folgen! Aber sind das nicht sehr nützliche Lehrsätze? Ich wäre sehr neugierig, was man an die Stelle dieses Dialogs setzen könnte. Locke selbst wäre in große Verlegenheit gekommen. Aber Gut und Böse zu kennen, das Zweckmäßige menschlicher Pflichten zu fühlen, ist nicht Sache eines Kindes.

Die Natur will, daß Kinder Kinder sind, ehe sie Männer werden. Kehren wir diese Ordnung um, so erhalten wir frühreife Früchte, die weder reif noch schmackhaft sind und bald verfaulen: wir haben dann junge Gelehrte und alte Kinder. Die Kindheit hat eine eigene Art zu sehen, zu denken und zu fühlen, und nichts ist unvernünftiger, als ihr unsere Art unterschieben zu wollen. Ebensogut könnte man anstelle der Vernunft verlangen, daß ein zehnjähriges Kind fünf Fuß groß sei. Wozu soll ihm wohl die Vernunft in diesem Alter dienen? Sie bremst die Kraft und das Kind braucht diese Bremse nicht. *Kinder müssen Kinder sein*

Ihr versucht, eure Zöglinge zu der Pflicht des Gehorsams zu überreden. Zu dieser vergeblichen Überredung fügt ihr Gewalt und Drohungen hinzu, oder was noch schlimmer ist, Schmeichelei und Versprechungen. So werden sie durch Vorteile geködert oder durch Gewalt gezwungen, und sie stellen sich, als hätte sie die Vernunft überzeugt. Sie sehen genau, daß ihnen Gehorsam nützt und Aufbegehren schadet, wenn man sie bei dem einen oder dem anderen ertappt. Aber da ihr von ihnen nur Unangenehmes fordert, und es immer peinlich ist, sich dem Willen eines anderen zu fügen, tun sie ihren Willen heimlich und sind überzeugt, recht zu tun, wenn man nur nichts erfährt. Entdeckt man sie, so geben sie aus Angst vor einem größeren Übel alles zu. Vernunft ist in diesem Alter nicht zu erwarten. Kein Mensch kann ihnen also Pflichtgründe wirklich verständlich machen. Die Furcht vor der Strafe, die Hoffnung auf Vergebung, lästiges Drängen, Verlegenheit um eine Antwort entreißen ihnen jedes gewünschte Geständnis. Man glaubt, sie überzeugt zu haben, aber man hat sie nur gelangweilt oder eingeschüchtert. *Gehorsam*

Was folgt daraus? Indem man ihnen eine Pflicht auferlegt, die sie nicht verstehen, macht man sie gegen den Zwang widerwillig und untergräbt ihre Zuneigung. Man lehrt sie heucheln, sich verstellen und lügen, um belohnt zu werden oder Strafen zu entgehen. Schließlich gewöhnt man sie daran, geheime Gründe mit glaubwürdigen Motiven zu verdecken. Damit gebt ihr ihnen die Mittel, euch andauernd zu täuschen und andere mit Phrasen abzuspeisen. Man könnte sagen, daß auch die Erwachsenen unter die Gesetze gezwungen werden müssen, obwohl sie doch für das Gewissen verpflichtend sind. Ich gebe es zu. Aber was sind die Erwachsenen anderes als verzogene Kinder? Gerade dem sollte man vorbeugen. Bei Kindern den Zwang und bei Erwachsenen die Vernunftgründe anzuwenden, das ist die natürliche Ordnung. Der Weise braucht keine Gesetze.

Autorität, Zwang, Freiheit

Natürliche Autorität

Behandelt euren Zögling, wie es seinem Alter entspricht. Weist ihm von Anfang an seinen Platz zu und haltet ihn darin so fest, daß er gar keinen Ausbruch mehr versucht. Dann befolgt er schon die wichtigste Lehre der Weisheit, ehe er weiß, was Weisheit ist. Befehlt ihm nie und nichts, was es auch sein mag. Er darf gar nicht auf den Gedanken kommen, daß ihr irgendeine Autorität über ihn beansprucht. Er braucht nur zu wissen, daß er schwach ist und ihr stark seid, daß er also notwendigerweise von euch abhängig ist. Das muß er wissen, lernen und fühlen. Er soll früh das naturgewollte Joch fühlen, das schwere Joch der Notwendigkeit, unter das sich jeder Sterbliche beugen muß. Diese Notwendigkeit muß er immer in den Dingen, nie in den Launen* der Menschen sehen. Der Zwang der Verhältnisse muß der Zügel sein, der ihn hält, nicht die Autorität. Was er nicht tun soll, darf ihm nicht verboten werden. Hindert ihn, es zu tun, ohne Erklärungen, ohne Erörterungen. Was ihr ihm erlaubt, gebt ihm auf das erste Wort, ohne Aufdrängen, ohne Bitten, vor allem ohne Bedingungen. Gebt fröhlich! Schlagt ungern ab, jedoch unwiderruflich. Keine Aufdringlichkeit darf euch erschüttern. Euer *Nein* muß eisern sein. Wenn das Kind fünf-, sechsmal seine Kräfte daran erschöpft hat, macht es keine weiteren Versuche mehr.

Naturnotwendigkeiten

So macht ihr ihn geduldig, ausgeglichen, gelassen und ruhig, selbst wenn er das Gewünschte nicht bekommt. Denn es liegt in der Natur des Menschen, Naturnotwendigkeiten geduldig zu ertragen, jedoch nicht den bösen Willen anderer. Gegen die Worte: *Es ist nichts mehr da!* lehnt sich kein Kind auf, außer es hält sie für eine Lüge. Übrigens gibt es hier keinen Mittelweg. Entweder gar nichts fordern oder es dem unbedingten Gehorsam unterwerfen. Ganz schlechte Erziehung ist, das Kind zwischen seinem und eurem Willen schwanken zu lassen und zu streiten, wer wessen Herr ist. Dann wäre mir hundertmal lieber, wenn das Kind immer der Herr ist.

Erziehungsmittel

Es ist doch seltsam, daß man, seitdem man Kinder erzieht, keine anderen Erziehungsmittel gefunden hat, als sie durch Wetteifer, Eifersucht, Neid, Eitelkeit, Habgier, Feigheit zu leiten, durch die gefährlichsten Leidenschaften also, die sich am raschesten aufblähen und die Seele verderben, ehe noch der Körper entwickelt ist. Mit jeder verfrühten Unterweisung, die man ihnen in den Kopf eintrichtert, pflanzt man ein Laster in ihr Herz. Es gibt sogar unzurechnungsfähige Lehrer, die ihre Kinder zum Bösen anleiten, um ihnen beizubringen, was gut ist, und die

---

* Man kann sicher sein, daß ein Kind jeden Willen, der dem seinen zuwiderläuft und dessen Grund es nicht einsieht, für Laune hält. Ein Kind aber sieht nie den Grund ein, was seinen eigenen Launen zuwiderläuft.

Autorität, Zwang, Freiheit 71

glauben, Wunder getan zu haben. Und dann sagen sie ganz ernst: „So ist der Mensch." Ja, so ist der Mensch, den ihr erzogen habt.

Man hat alle Mittel erprobt, außer dem einen, das zum Erfolg führen kann: die wohlgeordnete Freiheit. Man darf sich nicht mit der Erziehung befassen, wenn man die Kinder nicht durch die beiden Gesetze des „Möglichen" und des „Unmöglichen" dorthin zu leiten versteht, wo man sie haben möchte. Da beide Bereiche dem Kind unbekannt sind, kann man sie nach Belieben einengen oder erweitern. Mit dem Band der Notwendigkeit bindet, treibt oder hält man es zurück, ohne daß es murrt. Die bloße Macht der Dinge macht es gefügig und folgsam. Kein Laster kann Wurzel schlagen, denn die Leidenschaften erwachen nicht, solange sie wirkungslos sind. *Freiheit als Erziehungsmittel*

Haltet eurem Zögling keine Reden: Er darf nur aus der Erfahrung lernen. Legt ihm keinerlei Strafe auf, denn er weiß nicht, was Schuld ist. Laßt ihn niemals um Verzeihung bitten, denn er kann euch nicht beleidigen. Da seinen Handlungen keine sittliche Haltung zugrunde liegt, kann er nichts tun, was sittlich schlecht ist und eine Strafe oder einen Verweis verdient. *Erzieherische Freiheit*

Ich sehe schon den erschreckten Leser, wie er dieses Kind mit anderen vergleicht. Er täuscht sich. Der ständige Zwang, den ihr euren Kindern auferlegt, peitscht ihre Lebhaftigkeit auf. Je ruhiger sie sich unter euren Augen halten müssen, desto zügelloser sind sie, wenn sie euch entwischen. Sie müssen sich doch für den Zwang schadlos halten. Zwei Stadtkinder richten auf dem Land mehr Schaden an als die ganze Dorfjugend. Sperrt so ein Herrchen und einen Dorfjungen zusammen in ein Zimmer ein, der erste hat alles umgeworfen und zerbrochen, ehe der andere seinen Platz verlassen hat. Warum? Der eine beeilt sich, seine kurze Freiheit zu mißbrauchen, während der andere, seiner Freiheit sicher, keine Eile hat, sie zu gebrauchen. Trotzdem sind auch die Dorfkinder, oft verhätschelt und unterdrückt, noch weit von dem Zustand entfernt, in dem ich sie sehen möchte. *Vergleich mit anderen Kindern*

Halten wir unerschütterlich daran fest, daß die ersten Regungen der Natur immer richtig sind. Es gibt keine Ur-Verderbtheit des Herzens. Es gibt darin kein einziges Laster, von dem man nicht sagen könnte, wie und woher es hineingekommen ist. Die einzige natürliche Leidenschaft ist die Selbstliebe oder im weiteren Sinn die Eigenliebe. Diese Eigenliebe an sich und in bezug auf uns ist gut und nützlich, und da sie nicht notwendig Beziehung zu anderen hat, ist sie in dieser Hinsicht von Natur aus indifferent. Sie wird nur durch ihre Anwendung und die Beziehungen, die man ihr gibt, gut oder böse. Bis die Vernunft, die der Führer der Eigenliebe ist, erwacht, darf das Kind nichts tun, weil andere es sehen oder hören, oder mit einem Wort, nichts aus Rücksicht auf andere tun, sondern nur das, was die Natur von ihm verlangt: dann wird es nur recht tun. *Selbstliebe*

Darunter verstehe ich nicht, daß es sich niemals verletzen oder einen wertvollen Gegenstand in seiner Reichweite zerbrechen wird. Es kann sogar viel Unheil anrichten, ohne Böses zu tun, denn eine Handlung wird erst durch die Absicht böse, Schaden anzurichten. Diese Absicht aber hat es nicht. Hätte es sie ein einziges Mal, so wäre alles verloren. Es wäre rettungslos verdorben.

Freiheit und räumliche Umgebung

Für den Geiz ist manches böse, für die Vernunft aber nicht. Wenn man die Kinder frei herumtollen läßt, muß man alles Wertvolle und Zerbrechliche von ihnen fernhalten. Ihr Zimmer statte man mit starken und festen Möbeln aus. Kein Spiegel, kein Porzellan, keine Luxusgegenstände. Das Zimmer meines Emil, den ich auf dem Land erziehe, unterscheidet sich nicht von einer Bauernstube. Wozu es auch ausschmücken, da er so wenig darin ist? Aber ich täusche mich: er schmückt es selber aus, und wir werden bald sehen, womit.

Wenn ein Kind trotz eurer Vorsicht Unordnung macht, einen nützlichen Gegenstand zerbricht, bestraft es nicht für eure Nachlässigkeit. Schimpft nicht! Es darf keinen Vorwurf hören. Es darf gar nicht merken, daß es euch Verdruß gemacht hat. Handelt, als ob das Gerät von selbst zerbrochen wäre. Seid überzeugt, viel getan zu haben, wenn ihr schweigen könnt.

Negative Erziehung, das Beispiel

Zeit verlieren!

Darf ich nun die wichtigste und nützlichste Regel jeder Erziehung aufstellen? Sie heißt nicht: Zeit gewinnen, sondern Zeit verlieren. Man möge mir diese scheinbaren Widersprüche verzeihen. Wenn man es überlegt, kommt man selber darauf. Ich ziehe den Widerspruch dem Vorurteil vor. Der gefährdetste Abschnitt erstreckt sich von der Geburt bis zum 12. Lebensjahr. Es ist die Zeit, wo Irrtümer und Laster keimen, ohne daß man Mittel hätte, sie auszurotten. Hat man dann die Mittel, so sind die Wurzeln bereits so tief, daß man sie nicht mehr ausreißen kann. Wäre es nur ein Sprung von der Mutterbrust bis ins vernünftige Alter, so wäre die heutige Erziehung richtig. Die natürliche Entwicklung erfordert aber das Gegenteil. Eigentlich dürften Kinder ihre seelischen Kräfte nicht eher gebrauchen, als bis sie voll entwickelt sind. Denn sie können das Licht der Lehren, das ihr ihnen vorhaltet, nicht sehen, solange die Seele blind ist. Wie soll sie im weiten Feld der Gedanken einer Straße folgen können, die die Vernunft dem schärfsten Auge nur andeutend zeigt?

Negative Erziehung

Die erste Erziehung muß also rein negativ sein. Sie darf das Kind nicht in der Tugend und in der Wahrheit unterweisen, sondern sie muß das Herz vor Laster und den Verstand vor Irrtümern bewahren. Wenn es euch gelingt, nichts zu tun und zu

Negative Erziehung, das Beispiel

verhindern, daß etwas getan werde, den Zögling gesund und stark bis ins zwölfte Lebensjahr zu bringen, selbst wenn er links von rechts nicht unterscheiden kann, so würde sich nun sein Geist von der ersten Lektion an der Vernunft öffnen. Nichts würde den Erfolg eurer Bemühungen verhindern, da er ohne Vorurteile und Gewohnheiten ist. Bald wäre er unter euren Händen der weiseste Mensch. Ihr habt mit Nichtstun begonnen und endet mit einem Erziehungswunder.

Tut das Gegenteil vom Üblichen und ihr werdet fast immer das Richtige tun. Da man aus einem Kind kein Kind machen will, sondern einen Gelehrten, so können die Väter und die Lehrer nicht früh genug mit Schelten, Verbessern, Maßregeln, Schmeicheln, Drohen, Versprechen, Belehren, Vernünfteln beginnen. Macht es besser! Seid vernünftig! Vernünftelt aber nicht mit eurem Zögling! Vor allem nicht, um zu erreichen, daß ihm gefalle, was ihm mißfällt! Denn wenn man die Vernunft immer nur auf das Unangenehme bezieht, wird sie ihm langweilig und sie gerät frühzeitig in Mißkredit bei einem Geist, der noch nicht imstande ist, sie zu begreifen. Übt seinen Körper und seine Glieder, seine Sinne und seine Kräfte, laßt aber seine seelischen Kräfte solange als möglich in Ruhe! Fürchtet alle Gefühle, ehe seine Urteilskraft sie beurteilen kann! Haltet fremde Eindrücke fern! Übereilt euch nicht, Gutes zu tun, um zu verhindern, daß das Böse erwache! Gut kann man nur im Licht der Vernunft tun. Betrachtet jede Verzögerung als einen Vorteil! Denn man gewinnt viel, wenn man sich seinem Ziel ohne Verluste nähert. Laßt die Kindheit im Kinde reifen! Welche Belehrung es auch nötig hat, hütet euch, sie ihm heute zu geben, wenn ihr sie ohne Gefahr bis morgen aufschieben könnt!

Erziehungs-maximen

Wie nützlich diese Methode ist, zeigt sich bei den besonderen Anlagen des Kindes, die man genau kennen muß, um zu wissen, welche sittliche Lebensordnung ihm angemessen ist. Jeder Geist hat seine besondere Form, nach der er geleitet werden muß, und der Erfolg der aufgewendeten Mühen hängt davon ab, daß er so und nicht anders geleitet wird. Wer vorsichtig ist, belauscht demnach die Natur, beobachtet genau den Zögling, ehe er ihm das erste Wort sagt. Erlaubt seinem Charakterkeim, sich frei zu zeigen! Legt ihm keinerlei Zwang auf, um ihn besser kennenzulernen! Glaubt ihr, daß diese Zeit der Freiheit für ihn verloren ist? Im Gegenteil! Denn nur so verliert ihr dann keinen Augenblick, wenn die Zeit viel kostbarer ist. Wenn man nicht weiß, was zu tun ist, handelt man auf gut Glück: Man unterliegt dem Irrtum und muß wieder von vorne beginnen! Man ist schließlich weiter vom Ziel entfernt, als wenn man sich Zeit gelassen hätte. Macht es also nicht wie der Geizhals, der viel verliert, weil er nichts verlieren wollte. Opfert im Kindesalter eure Zeit, die ihr später mit Zinsen wiederbekommt. Der weise Arzt verordnet nicht auf den ersten Blick sein Rezept, sondern studiert

Erziehung nach der Person

zuerst die Natur des Kranken, ehe er ihm etwas verschreibt. Er behandelt ihn erst spät, aber er heilt ihn, während der Übereifrige ihn tötet.

Wo soll das Kind aufwachsen?

Wo muß das Kind leben, das wir wie ein empfindungsloses Wesen, wie einen Automaten erziehen wollen? Halten wir es auf dem Mond, auf einer verlassenen Insel? Sondern wir es von allen Menschen ab? Hat es nicht in der Welt das beständige Schau- und Beispiel der Leidenschaften der anderen vor Augen? Soll es niemals Kinder seines Alters sehen? Soll es nicht seine Eltern sehen, seine Nachbarn, seine Amme, seine Gouvernante, seine Diener, selbst seinen Erzieher, der doch auch kein Engel ist?

Dieser Einwand ist gewichtig und begründet. Aber habe ich jemals behauptet, daß die natürliche Erziehung einfach sei? Ist es meine Schuld, wenn die Menschen alles, was gut ist, schwierig gemacht haben? Ich kenne diese Schwierigkeiten, ich gebe es zu. Vielleicht sind sie sogar unüberwindbar. Sicher ist jedenfalls, daß man sie bis zu einem gewissen Grad überwinden kann, wenn man sich darum bemüht. Ich zeige das erstrebenswerte Ziel; ich behaupte nicht, daß man es erreichen kann. Aber ich behaupte, daß der seine Aufgabe am besten gelöst hat, der ihm am nächsten kommt.

Autorität über die Umgebung

Erinnert euch, daß man selber erzogen sein muß, ehe man einen Menschen zu erziehen wagt. Er muß in sich das Vorbild finden, das er zeigen will. Solange das Kind noch nichts erkennt, hat man Zeit, alles so auszuwählen, daß sein Blick nur sieht, was es sehen darf. Sorgt dafür, daß euch alle achten! Macht euch beliebt, daß jeder euch gefallen möchte! Ihr werdet nie Herr über das Kind, wenn ihr es nicht über seine ganze Umgebung seid. Diese Autorität kann nie vollständig sein, wenn sie nicht auf die Achtung vor der Tugend gegründet ist. Es kommt nicht auf einen vollen Beutel an, aus dem man freigebig austeilt. Ich habe noch nie gesehen, daß man sich mit Geld Liebe erwirbt. Man darf aber auch nicht geizig und hart sein, noch das Elend beklagen, das man erleichtern könnte. Umsonst aber öffnet man seine Kassen: wenn man nicht zugleich sein Herz öffnet, bleiben auch die Herzen der anderen euch immer verschlossen. Ihr müßt eure Zeit, Mühe, Liebe, euch selbst geben. Was ihr auch tut, man fühlt immer, daß ihr und euer Geld verschiedene Dinge sind. Es gibt Beweise von Teilnahme und Wohlwollen, die wirkungsvoller und tatsächlich nützlicher sind als alle Geschenke. Wie viele Unglückliche und Kranke brauchen eher Trost als Almosen! Wie viele Unterdrückte brauchen eher Schutz als Geld! Söhnt Entzweite aus! Beugt Prozessen vor! Haltet die Kinder zur Pflicht! Fördert glückliche Ehen! Verhindert Unterdrückungen! Macht großen Gebrauch vom Ansehen der Eltern eures Zöglings zum Besten des Schwachen, dem man Gerechtigkeit verweigert und den die Mächtigen unterdrücken! Seid gerecht, menschlich, wohltätig! Gebt kein Almosen, übt Barmherzigkeit! Werke und

Wohltätigkeit lindern mehr Leiden als Geld. Liebt andere und sie werden euch lieben! Dient ihnen und sie werden euch dienen! Seid ihr Bruder, und sie werden eure Kinder sein!

Noch aus einem anderen Grund will ich Emil auf dem Land erziehen, fern vom Bedientengesindel, den schlechtesten Menschen nach ihren Herren; fern von der Sittenlosigkeit der Städte, deren Firnis sie für Kinder so verführerisch und ansteckend macht, während die Laster der Bauern, nackt und roh, eher abschrecken als verführen, wenn man sie nicht nachzuahmen wünscht. *Erziehung auf dem Land*

Auf dem Dorf ist der Erzieher viel mehr Herr der Dinge, die er seinen Zöglingen zeigen will. Sein Ansehen, seine Reden, sein Vorbild hätten einen Einfluß wie niemals in der Stadt. Da er jedem nützlich ist, so würde sich jeder bemühen, ihn sich zu verpflichten, seine Achtung zu erwerben, und sich dem Zögling gegenüber so zu benehmen, wie der Erzieher es sich tatsächlich wünscht. Wenn man seine Laster auch nicht aufgibt, vermeidet man doch das öffentliche Ärgernis, und das genügt bereits für unseren Zweck.

Hört auf, andere für eure eigenen Fehler zu rügen! Die Kinder werden weniger durch das Böse, das sie sehen, als durch eure Lehren verdorben. Immer nörgelnd, immer moralpredigend und immer pedantisch bringt ihr sie für eine, nach eurer Meinung gute Idee auf zwanzig andere, die nichts taugen. Voll von dem, was in eurem Kopf passiert, seht ihr die Wirkung nicht, die es in ihrem Kopf erzeugt. Denkt ihr bei eurer unaufhörlichen Redeflut auch daran, ob er nicht ein Wort falsch versteht? Meint ihr, daß sie eure verworrenen Erklärungen nicht auf ihre Weise auslegen und sich daraus ein passendes System zusammenbauen, das sie bei Gelegenheit eurem System entgegenstellen? *Moralpredigten*

Hört doch so einem Kind einmal zu! Laßt es schwätzen, fragen, dummes Zeug reden, und ihr werdet über die Verwandlung staunen, die eure Beweisgänge in seinem Geiste durchgemacht haben. Es verwechselt alles, es verdreht alles, es macht euch ungeduldig und bringt euch mit seinen überraschenden Einwänden zur Verzweiflung. Es zwingt euch, zu schweigen oder selber zum Schweigen gebracht zu werden. Und was soll es vom Schweigen eines Mannes halten, der sonst so gerne redet? Gewinnt es einmal diesen Vorteil und wird es sich dessen bewußt, so ist die Erziehung erledigt. Alles ist mit dem Augenblick beendet. Es bemüht sich nicht mehr zu lernen, sondern nur noch, euch zu widerlegen.

Seid darum, ihr fleißigen Lehrer, einfach, bedachtsam und zurückhaltend. Beeilt euch niemals einzugreifen, außer um andere am Eingreifen zu verhindern. Ich wiederhole es ohne Unterlaß: Verschiebt, wenn es möglich ist, selbst eine gute Unterweisung aus Angst, eine schlechte zu geben. Fürchtet, auf dieser Erde, die die Natur dem Menschen zum Urparadies bestimmt hätte, die Rolle des Versuchers zu spielen und der Unschuld die *Erziehungstugenden*

76　　　　　　　　　　　　　　**Zweites Buch**

Erkenntnis von Gut und Böse geben zu wollen! Da ihr nicht verhindern könnt, daß das Kind am Beispiel der anderen lernt, beschränkt eure ganze Wachsamkeit darauf, diese Beispiele seinem Geiste unter dem Bild einzuprägen, das ihm geziemt.

Leidenschaften　　　Heftige Leidenschaften machen auf das beobachtende Kind einen tiefen Eindruck, weil sie sich in deutlichen Zeichen äußern, die es erschüttern und seine Aufmerksamkeit erregen. Der Zorn äußert sich so lautstark, daß man ihn unmöglich übergehen kann. Für einen Pädagogen eine gute Gelegenheit, eine schöne Rede darüber zu halten? Nein! Keine Rede, kein Wort darüber verlieren! Laßt das Kind nur kommen: erstaunt wird es euch sicherlich fragen. Die Antwort ist einfach; sie ergibt sich aus seinen Beobachtungen: ein erhitztes Gesicht, funkelnde Augen, drohende Gebärden, Geschrei, Zeichen, daß der Körper aus dem Gleichgewicht gekommen ist. Sagt ihm ruhig, ungezwungen, ohne Heimlichkeit: Der arme Mann ist krank; er hat einen Fieberanfall. Das ist eine Gelegenheit, um ihm in wenigen Worten einen Begriff von den Krankheiten und ihren Wirkungen zu geben, denn sie sind ebenfalls natürlich, und wir sind ihnen notwendigerweise unterworfen.

Widerspenstig-　　Sollte das Kind bei dieser Vorstellung, die gar nicht falsch
keit　ist, nicht frühzeitig einen gewissen Widerwillen gegen die Leidenschaften bekommen, die es als Krankheiten sehen lernt? Und glaubt ihr, daß eine solche, im richtigen Augenblick gemachte Bemerkung nicht ebenso heilsam ist wie eine langweilige Moralpredigt? Bedenkt, wie wichtig diese Bemerkung später werden kann. Ihr seid mithin berechtigt, ein widerspenstiges Kind wie einen Kranken zu behandeln, es in sein Zimmer einzuschließen, es notfalls ins Bett zu stecken, es auf schmale Kost zu setzen, es mit seinen keimenden Lastern zu erschrecken, sie ihm verhaßt und furchterregend zu machen, ohne daß es die notwendige angewandte und heilsame Strenge als Strafe anzusehen braucht. Verliert ihr aber selber einmal in einem Augenblick der Erregung eure Kaltblütigkeit und Beherrschung, um die ihr euch bemühen müßt, so versucht nicht den Fehler zu vertuschen. Sagt ihm offen, mit einem sanften Verweis: Kind, du hast mir weh getan.

Beispiel mit den　　Naive Äußerungen, die das Kind in seiner Einfalt vorbringt,
streitenden　dürfen in seiner Gegenwart niemals erwähnt oder so erzählt
Nachbarinnen　werden, daß es davon erfährt. Ein unbesonnenes Lachen kann die Arbeit von sechs Monaten zunichte machen und einen Schaden anrichten, den man im ganzen Leben nicht wieder gutmachen kann. Ich kann nicht oft genug wiederholen, daß man über sich selbst Herr sein muß, wenn man über das Kind Herr sein will. Ich stelle mir meinen kleinen Emil vor, wie er beim Streit zweier Nachbarinnen auf die wütendste zugeht und mitleidig sagt: *Gute Frau, Sie sind krank! Ich bedaure das sehr.* Diese überraschende Bemerkung bliebe sicher nicht ohne Wir-

kung auf die Zuschauer, vielleicht sogar auf die Streitenden. Ich würde ihn allerdings, ohne zu lachen, zu schelten oder ihn zu loben mit oder ohne Zwang wegbringen, ehe er die Wirkung seiner Bemerkung beobachten kann. Jedenfalls würde ich mich beeilen, ehe er darüber nachzudenken beginnt, ihn durch andere Dinge abzulenken, damit er den Vorfall rasch vergißt.

Moralische Belehrungen

Ich habe nicht die Absicht, auf alle Einzelheiten einzugehen. Ich stelle nur die allgemeinen Grundsätze auf und füge in schwierigen Fällen Beispiele hinzu. Ich halte es für unmöglich, ein Kind mitten in unserer Gesellschaft bis ins zwölfte Lebensjahr zu bringen, ohne ihm einen Begriff von den Beziehungen der Menschen untereinander und von den sittlichen Handlungen zu geben. Es genügt, wenn man ihm diese nötigen Begriffe so spät wie möglich vermittelt, und sich, wenn sie unvermeidlich geworden sind, auf das derzeitig Notwendige beschränkt. Das ist schon deshalb nötig, damit das Kind nicht meint, ihm gehöre alles, und damit es nicht anderen gedankenlos und ohne es zu wissen Schaden zufügt. Es gibt sanfte und ruhige Charaktere, die man lange in ihrer ursprünglichen Unschuld erhalten kann. Es gibt aber auch heftige Naturen, deren Wildheit sich früh entwickelt und bei denen man sich beeilen muß, sie zu Männern zu machen, damit man sie nicht an die Ketten zu legen braucht.

Unsere ersten Pflichten beziehen sich auf uns selber: unsere Urgefühle drängen sich in uns selber zusammen und alle natürlichen Regungen sind vorerst auf unsere Erhaltung und unser Wohlsein gerichtet. So bezieht sich unser erstes Gerechtigkeitsgefühl nicht auf das, was wir anderen schulden, sondern was uns andere schuldig sind. Hier liegt wieder eine der Verkehrtheiten der heutigen Erziehung, daß man den Kindern zuerst von ihren Pflichten und niemals von ihren Rechten spricht. Man sagt ihnen also das Gegenteil von dem, was nottut. Man sagt ihnen, was sie nicht verstehen können und was sie nicht interessiert. *(Rechte des Kindes)*

Hätte ich also ein solches Kind zu leiten, so würde ich mir sagen: ein Kind vergreift sich nicht an Personen*, sondern nur *(Begriff des Eigentums)*

---

* Man darf nie zulassen, daß ein Kind Erwachsene wie Untergebene, ja nicht einmal wie seinesgleichen behandelt. Sollte es wagen, jemanden allen Ernstes zu schlagen, und wäre es sein Diener, oder gar sein Henker, so sorgt dafür, daß es die Schläge mit Zinsen und derart wiederbekommt, daß ihm die Lust vergeht, es jemals wieder zu versuchen. Ich habe dumme Kinderfrauen beobachtet, wie sie Kinder zum Widerstand und zum Schlagen reizten, sich selbst von ihnen schlagen ließen und über die schwachen Schläge lachten. Sie bedachten nicht, daß jeder Schlag dieser kleinen Wildlinge seiner Absicht nach ein Totschlag war, und daß derjenige, der als Kind schlagen will, als Erwachsener morden wird.

an Dingen. Aus Erfahrung lernt es bald, diejenigen zu achten, die ihm an Alter und Kraft überlegen sind. Dinge jedoch können sich nicht verteidigen. Der erste Begriff, den man dem Kind vermitteln muß, ist weniger der Begriff der Freiheit, als der des Eigentums. Damit es ihn gewinnen kann, muß es Eigentum besitzen. Ihm seine Kleider, Geräte und Spielsachen aufzuzählen, hat keinen Sinn, da es, obwohl es darüber verfügt, nicht weiß, warum und wie es sie bekommen hat. Ihm zu sagen, man habe sie ihm geschenkt, ist nicht viel besser, denn um etwas geben zu können, muß man es vorher haben. Man käme damit nur auf ein älteres Eigentumsrecht als das des Kindes. Man möchte ihm aber erklären, worauf sich das Eigentum gründet. Außerdem ist Schenken ein Vertrag, und das Kind kann nicht wissen, was ein Vertrag* ist. Aus diesem und hunderttausend anderen Beispielen könnt ihr, liebe Leser, ersehen, wie man den Kopf der Kinder mit Wörtern füllt, die sie gar nicht begreifen können, und wie man trotzdem glaubt, sie vorzüglich unterrichtet zu haben.

Eigentum Man muß auf den Ursprung des Eigentums zurückgehen, denn von daher muß die erste Vorstellung Gestalt gewinnen. Ein Bauernjunge weiß ungefähr, was Feldarbeiten sind. Dazu braucht er nur Augen und Muße, und er hat beides. Nun will jedes Alter, vor allem aber seines, schaffen, nachahmen, hervorbringen, Kraft und Tatendrang beweisen. Er braucht keine zweimal gesehen zu haben, wie man einen Garten umgräbt, wie Gemüse gesät wird, aufgeht und wächst, um selber Gärtner sein zu wollen.

Unser Bohnen-garten Nach meinen Prinzipien habe ich nichts gegen seine Neigungen. Im Gegenteil, ich begünstige sie, ich teile seine Neigung, ich arbeite mit ihm, nicht zu seinem, sondern zu meinem Vergnügen. Wenigstens glaubt er es. Ich werde sein Gärtnergehilfe und grabe die Erde, solange er zu schwach ist, für ihn um. Er nimmt sie in Besitz, indem er Bohnen pflanzt, und sicher ist diese Besitznahme heiliger und ehrwürdiger als die Besitznahme Südamerikas durch Nuñez Balboa, als er seine Standarte auf diese Südseeküste aufpflanzte.

Disput mit dem Gärtner Robert Jeden Tag werden die Bohnen gegossen. Mit Entzücken sieht er sie keimen. Ich vermehre diese Freude, indem ich ihm sage: Das gehört dir! Dabei erkläre ich ihm den Begriff „Besitzen". Ich lasse ihn empfinden, daß er seine Zeit, seine Arbeit, seine Mühe, seine Person darangesetzt hat; daß also in diesem Boden etwas von ihm selber enthalten ist, das er gegen jeden behaupten kann, sowie er dem seinen Arm entziehen kann, der ihn gegen seinen Willen festhalten will.

---

* Daher kommt es, daß die meisten Kinder das, was sie verschenkt haben, wieder zurückverlangen und weinen, wenn man es ihnen nicht wiedergeben will. Das tun sie nicht mehr, wenn sie richtig begriffen haben, was ein Geschenk ist. Sie werden dann im Schenken zurückhaltender.

Moralische Belehrungen

Eines Tages kommt er eilig mit der Gießkanne. Da, welcher Anblick, welcher Schmerz! Alle Bohnen sind herausgerissen. Das ganze Beet ist umgewühlt, man erkennt den Platz nicht mehr. Was ist aus meiner Arbeit, aus meinem Werk geworden? Aus der süßen Frucht meiner Mühen und meines Schweißes? Wer hat mir mein Gut geraubt? meine Bohnen? Das junge Herz ist empört. Die Tränen fließen in Strömen. Das Kind ist trostlos. Man teilt sein Leid, seine Empörung. Man sucht und forscht und findet schließlich, daß der Gärtner an allem schuldig ist: man läßt ihn kommen.

Wir haben uns verrechnet. Als der Gärtner merkt, worüber man sich beklagt, beklagt er sich viel lauter als wir: Was, meine Herren, Sie haben mir also meinen Garten zerstört? Ich hatte hier Melonen aus Malta gesät, deren Samen ein Vermögen wert sind und mit deren Früchten ich Sie erfreuen wollte. Nun haben Sie mit ihren armseligen Bohnen meine schon aufgegangenen Melonen zerstört, die ich niemals mehr ersetzen kann! Sie haben mir einen unersetzlichen Schaden zugefügt und sich selbst des Genusses der köstlichen Melonen beraubt.

Jean-Jacques: Entschuldigen Sie, lieber Robert. Sie haben Mühe und Arbeit daran gesetzt. Ich sehe ein, daß wir unrecht hatten, Ihr Werk zu zerstören. Wir werden Ihnen anderen Samen aus Malta kommen lassen und wir werden keinen Boden mehr berühren, ehe wir wissen, ob nicht ein anderer vor uns dort gearbeitet hat.

Robert: Gut, meine Herren! Aber dann brauchen Sie sich nicht anzustrengen; es gibt kaum noch unbebauten Boden. Ich bearbeite den Boden, den mein Vater urbar gemacht hat. Bei den anderen ist es ebenso. Alles Land, das Sie sehen, ist schon längst in Besitz genommen.

Emil: Herr Robert, gehen Ihnen also oft Melonenkerne verloren?

Robert: Verzeihen Sie, junger Herr, aber es kommen nicht oft so unbesonnene junge Herren wie Sie hierher. Niemand vergreift sich am Garten seines Nachbarn. Jeder achtet die Arbeit des anderen, damit seine eigene unangetastet bleibe.

Emil: Ich habe aber keinen Garten.

Robert: Was geht mich das an! Wenn Sie meinen zerstören, lasse ich Sie nicht mehr herein. Denn Sie sehen selbst, ich will nicht, daß meine Mühe umsonst sei.

Jean-Jacques: Könnte man unserem guten Robert nicht einen Vergleich vorschlagen? Vielleicht räumt er meinem kleinen Freund und mir eine Ecke seines Gartens zum Bebauen ein, Wenn wir ihm die Hälfte des Ertrages geben?

Robert: Das gestatte ich Ihnen ohne Bedingung. Aber denken Sie daran, daß ich Ihnen die Bohnen umgrabe, wenn Sie meine Melonen antasten.

An diesem Versuch über die Art, den Kindern den Begriff des Eigentums zu vermitteln, sieht man, wie man ihn auf natürliche Weise auf das Recht der ersten Besitznahme durch die Arbeit zurückführt. Das ist klar, deutlich, einfach und jedem Kind faßlich. Von da bis zum Recht des Eigentums und des Tausches ist nur ein Schritt, nach dem man sofort innehalten muß.

Man sieht ferner, daß eine Erklärung, die hier auf zwei Seiten zusammengedrängt ist, in der Praxis vielleicht ein Jahr braucht. Denn bei der Entwicklung sittlicher Begriffe kann man nicht langsam genug fortschreiten und jeden Schritt sicher genug machen. Denkt an das Beispiel, ihr jungen Lehrer, ich bitte euch! Und denkt daran, daß ihr in allen Fächern mehr durch Handlungen als durch Worte belehren müßt. Denn Kinder vergessen leicht, was sie gesagt haben und was man ihnen gesagt hat, aber nicht, was sie getan haben und was man ihnen tat.

Derartige Unterweisungen müssen, wie ich schon gesagt habe, früher oder später gegeben werden, je nachdem der ruhige oder heftige Charakter des Zöglings Beschleunigung oder Verzögerung erfordert. Ihr Nutzen springt in die Augen. Aber um für schwierige Fälle nichts Wichtiges auszulassen, gebe ich noch ein anderes Beispiel.

Zerstörungswut Euer schwererziehbares Kind zerstört alles, was es berührt. Regt euch nicht auf, aber räumt alles, was es zerbrechen könnte, aus seiner Reichweite weg. Es zerstört die Gegenstände, die es braucht. Beeilt euch nicht, ihm andere zu geben. Laßt es den **Die zerbrochene** Verlust fühlen. Es zerbricht die Scheiben in seinem Zimmer: **Fensterscheibe** laßt den Wind Tag und Nacht hereinblasen und kümmert euch nicht um seinen Schnupfen, denn es ist besser, daß es verschnupft als närrisch wird. Beklagt euch niemals über die Unannehmlichkeiten, die es euch macht, aber sorgt dafür, daß es sie zuerst empfindet. Dann erst laßt die Scheiben einsetzen, ohne ein Wort zu verlieren. Er wirft sie wieder ein! Nun wechselt eure Methode. Sagt ihm kurz, ohne Wut: Die Scheiben gehören mir. Ich habe sie einsetzen lassen. Ich will sie ganz erhalten. Dann schließt das Kind in ein dunkles Zimmer ohne Fenster ein. Auf diese neue Behandlung hin fängt es zu schreien und zu toben an. Aber niemand beachtet es! Bald ermüdet es und ändert den Ton: es klagt und seufzt. Es bittet den Diener, der nach ihm sieht, es herauszulassen. Der sagt ihm ohne Umschweife: *Ich habe auch Scheiben, die ganz bleiben sollen,* und geht. Nach mehreren Stunden, in denen es sich langweilt und ein wenig nachgedacht hat, sagt ihm jemand, es möge doch einen Vorschlag machen, wie man ihm die Freiheit wiedergeben könne, wenn es keine Scheiben mehr einwirft. Mehr kann es nicht verlangen. Es bittet euch, zu ihm zu kommen; ihr geht hin; es macht euch seinen Vorschlag; den nehmt ihr an und sagt: Das ist vernünftig, wir gewinnen beide dabei. Warum bist du nicht früher auf den Gedanken gekommen? Dann

Moralische Belehrungen

umarmt ihr freudig das Kind und bringt es auf sein Zimmer. Es braucht sein Versprechen, auf das ihr euch wie auf einen Eid verlaßt, weder zu beteuern noch zu wiederholen. Was meint ihr, welchen Begriff es von der Verbindlichkeit übernommener Verpflichtungen und ihrem Nutzen bei diesem Vorgehen gewinnt? Kein unverdorbenes Kind wird dieser Behandlung widerstehen können und vorsätzlich wieder eine Scheibe zerbrechen. Beachtet hierbei die Zusammenhänge! Der kleine Übeltäter wußte nicht, daß er sich mit dem Loch für seine Bohne ein Gefängnis grub, in das ihn seine Erkenntnis bald einsperren wird*.

Nun sind wir in der sittlichen Welt, nun ist auch dem Laster   *Soziale Laster* das Tor geöffnet. Mit den Gebräuchen und Pflichten nehmen Betrug und Lüge ihren Anfang. Sobald man tun kann, was man nicht darf, will man verbergen, was man nicht tun dürfte. Sobald wir uns Vorteile versprechen, wird man um eines größeren Vorteiles willen sein Versprechen brechen. Es kommt nur mehr darauf an, es ungestraft zu brechen. Der Ausweg ist natürlich: man verstellt sich und lügt. Da wir dem Laster nicht vorbeugen können, sind wir gezwungen, es zu bestrafen. Und so beginnt das Elend des Lebens mit seinen Irrtümern.

Ich habe deutlich genug gesagt, daß man Kindern niemals   *Strafen* eine Strafe als solche auferlegen darf, sondern daß sie die Strafe immer als eine natürliche Folge ihrer bösen Handlung empfinden müssen. Predigt also nicht gegen die Lüge, bestraft das Kind auch nicht eigentlich, weil es gelogen hat, aber sorgt dafür, daß es an sich alle bösen Folgen erfährt. Zum Beispiel, daß man ihm nicht mehr glaubt, auch wenn es die Wahrheit sagt: daß man es beschuldigt, auch wenn es nichts getan hat und sich noch so sehr verteidigt. Aber wir müssen auch erklären, was Lügen bei Kindern bedeutet.

Es gibt zwei Arten von Lügen: die Tatsachenlüge, die sich   *Lügen* auf die Vergangenheit, und die Rechtslüge, die sich auf die Zukunft bezieht. Die erste ist, wenn man leugnet, etwas getan zu haben, was man getan hat; oder wenn man versichert, etwas getan zu haben, was man nicht getan hat; oder allgemein

---

* Wenn übrigens die Pflicht, sein Versprechen zu halten, im Geist des Kindes nicht wegen des Nutzens bestärkt würde, würde das innere Gefühl, das sich zu regen beginnt, sie ihm als Gesetz des Gewissens, als eingeborenen Grundsatz auferlegen, der zu seiner Entwicklung nur die Erkenntnisse abwartet, auf die er sich anwenden läßt. Dieser erste Zug wurde nicht von Menschenhand gezogen, sondern vom Schöpfer aller Gerechtigkeit in unser Herz gegraben. Hebt das ursprüngliche Gesetz des Vertrages und seiner Verbindlichkeit auf, so ist alles in der menschlichen Gesellschaft illusorisch und eitel. Wer sein Versprechen nur zu seinem Vorteil hält, ist kaum mehr gebunden, als habe er nichts versprochen; er wird es höchstens so machen wie Spieler, die ihre Überlegenheit nur deshalb nicht beweisen, weil sie auf noch größeren Gewinn warten. Dieses Prinzip ist von größter Wichtigkeit und verdient, untersucht zu werden, denn hier beginnt der Mensch mit sich selbst in Widerspruch zu geraten.

6 Rousseau

gesagt: wenn man bewußt die Wahrheit verdreht. Die zweite ist, wenn man etwas verspricht, was man nicht zu halten gedenkt; oder allgemein gesagt, wenn man eine andere Absicht bekundet, als man wirklich hat. Beide Arten können manchmal in einer vereint sein*. Aber ich betrachte sie hier, worin sie sich unterscheiden.

Wer auf die Hilfe anderer angewiesen ist und dauernd ihre Wohltaten empfängt, hat kein Interesse, sie zu täuschen. Er hat im Gegenteil ein fühlbares Interesse, daß sie die Dinge so sehen, wie sie sind, damit sie sich nicht zu seinem Nachteil täuschen. Es ist also klar, daß die Tatsachenlüge den Kindern nicht natürlich ist. Aber die Pflicht zu gehorchen erzeugt die Notwendigkeit zu lügen. Weil der Gehorsam mühsam ist, entzieht man sich ihm heimlich, so oft man kann, und weil das augenblickliche Interesse, Strafe oder Vorwurf zu vermeiden, über das entferntere siegt, die Wahrheit zu sagen. Warum soll also euer Kind lügen, wenn es frei und natürlich erzogen ist.? Was hat es zu verbergen? Ihr tadelt es nicht, ihr bestraft es für nichts, ihr fordert nichts von ihm. Warum sollte es euch also nicht ebenso harmlos erzählen, was es getan hat, wie seinem Spielkameraden? Weder hier noch dort kann es wegen seiner Offenheit irgendeine Gefahr vermuten.

Die Rechtslüge ist noch unnatürlicher, denn Versprechungen, etwas zu tun oder zu unterlassen, sind konventionelle und naturwidrige Akte, die gegen die Freiheit verstoßen. Mehr noch: Alle von Kindern eingegangenen Verpflichtungen sind nichtig, da Kinder nicht über die Gegenwart hinaussehen können und daher nicht wissen, was sie mit ihrer Verpflichtung tun. Ein Kind kann kaum lügen, wenn es sich verpflichtet, denn es denkt ja in dem Augenblick nur daran, sich aus der Patsche zu ziehen, und da wird ihm jedes Mittel, das keine augenblickliche Wirkung hat, gleichwertig. Wenn es etwas für die Zukunft verspricht, verspricht es nichts, denn seine noch schlummernde Vorstellung kann sich noch nicht auf zwei verschiedene Zeiten erstrecken. Um Hiebe zu vermeiden oder um eine Tüte Bonbons zu bekommen, würde es sofort versprechen, sich morgen aus dem Fenster zu stürzen. Deshalb gelten Kinderversprechungen vor Gericht nichts, und wenn Väter und Lehrer trotzdem ihre Erfüllung fordern, dann ist das nur gerechtfertigt, wenn es sich um Dinge handelt, die sie auch dann tun müßten, wenn sie sie nicht versprochen hätten.

Da das Kind nicht weiß, was es mit dem Versprechen tut, so kann es damit auch nicht lügen. Etwas anderes ist es, wenn es sein Verspechen nicht hält, denn das ist eine Art rückwirkender

---

* Das ist z. B. der Fall, wenn jemand, der einer Übeltat angeklagt ist, sich damit verteidigt, ein Ehrenmann zu sein. Er lügt dann in bezug auf die Tat und auf das Recht.

Moralische Belehrungen

Lüge. Es erinnert sich nämlich sehr genau, dieses Versprechen gegeben zu haben. Was es aber nicht erkennt, ist die Wichtigkeit, es zu halten. Außerstande, in die Zukunft zu sehen, kann es auch die Folgen nicht überblicken. Wenn es also sein Versprechen bricht, tut es nichts gegen die Einsicht seines Alters.

Hieraus folgt, daß Kinderlügen das Werk der Lehrer sind, **Kinderlügen** und daß man sie lügen lehrt, wenn man sie lehren will, die Wahrheit zu sagen. Bei dem Eifer, sie ständig zu leiten, zu erziehen und zu unterrichten, findet man nie genug Mittel, um das zu erreichen. Durch unhaltbare Leitsätze und unvernünftige Vorschriften will man größeren Einfluß auf ihren Geist gewinnen und hat es lieber, wenn sie ihre Lektionen gelernt haben, aber lügen, als wenn sie unwissend, aber wahrhaftig sind.

Da wir unsere Schüler nur praktisch unterweisen und sie lieber gut als gelehrt sehen, verlangen wir von ihnen keine Wahrheit, da wir deren Entstellung befürchten, und kein Versprechen, damit sie nicht in Versuchung kommen, es nicht zu halten. Wenn in meiner Abwesenheit etwas passiert, dessen Urheber ich nicht kenne, hüte ich mich, Emil zu beschuldigen oder ihn zu fragen: *Bist du es gewesen?** Denn was heißt das anderes, als ihn zum Leugnen zu verleiten. Wenn sein schwieriges Naturell mich zu einem Übereinkommen mit ihm zwingt, so richte ich es immer so ein, daß der Vorschlag von ihm und niemals von mir kommt. Er hat dann ein augenblickliches und fühlbares Interesse, sein Versprechen zu halten. Hält er es aber nicht, so zieht ihm diese Lüge Nachteile zu, die naturgemäß daraus folgen, und er kann sie nicht der Rache seines Erziehers zuschreiben. Ich habe aber kaum nötig, solch grausame Mittel anzuwenden. Ich bin fast sicher, daß Emil erst sehr spät erfährt, was lügen ist, und daß er erstaunt sein wird, wenn er lernt, wozu die Lüge eigentlich nützen soll. Es ist klar: je unabhängiger sein Wohlbefinden vom Willen und von der Haltung anderer ist, desto weniger wird ihm am Lügen gelegen sein.

Wenn man es mit dem Unterricht nicht eilig hat, braucht man **Kinder-** sich nicht mit Forderungen zu beeilen. Man hat Zeit, um alles **versprechen** im richtigen Augenblick verlangen zu können. Dann bildet sich das Kind, da es nicht verdorben wird. Wenn ihm aber ein unwissender Windbeutel von einem Erzieher alle Augenblicke ohne Unterschied, ohne Wahl, ohne Maß dieses oder jenes Versprechen abnimmt, dann ermüdet das Kind unter der Last der Versprechen, vernachlässigt, vergißt und verachtet sie schließlich und macht sich, da es sie nur als leere Formel empfindet, ein Ver-

---

* Nichts ist taktloser als die Frage, besonders wenn das Kind schuldig ist. Glaubt es, daß ihr wißt, was es getan hat, so hält es die Frage für eine Falle, und es wird euch gegenüber verstockt. Glaubt es das nicht, so frägt er sich: Warum soll ich meinen Fehler eingestehen? Und so ist eure unbesonnene Frage die erste Versuchung zur Lüge.

Kinderpflichten

gnügen daraus, sie zu geben und zu brechen. Wenn ihr wollt, daß es sein Wort hält, seid sparsam, es zu verlangen.

Was ich im einzelnen über die Lüge gesagt habe, läßt sich in vieler Hinsicht auch auf die übrigen Pflichten anwenden, die man den Kindern mit dem Ergebnis vorschreibt, daß sie ihnen nicht nur hassenswert, sondern unerfüllbar werden. Man predigt ihnen scheinbar die Tugend; in Wirklichkeit lehrt man sie alle Laster lieben. Man bringt sie ihnen bei, indem man sie ihnen verbietet. Will man sie fromm machen, läßt man sie sich in der Kirche langweilen; indem man sie ständig Gebete murmeln läßt, erzwingt man ihren Wunsch, nicht mehr beten zu müssen. Um sie Mildtätigkeit zu lehren, läßt man sie Almosen geben, als ob man es unter seiner Würde hielte, es selber zu tun. Nein! Nicht das Kind darf es tun, sondern der Lehrer! Wie sehr er seinen Zögling auch liebt, diese Ehre muß er ihm streitig machen. Das Kind muß einsehen, daß es in seinem Alter dazu noch nicht würdig ist. Almosengeben ist das Werk eines Mannes, der den Wert dessen, was er gibt, und das Bedürfnis seines Nächsten kennt. Das Kind, dem das alles unbekannt ist, kann sich durch die Gabe kein Verdienst erwerben. Es gibt ohne Liebe und ohne Güte. Es schämt sich beinahe zu geben, weil es auf sein und euer Beispiel hin glaubt, nur Kinder gäben Almosen, Erwachsene aber nicht mehr.

Kindergeschenke

Man läßt Kinder immer nur Dinge verschenken, deren Wert es nicht kennt; Metallstücke etwa, die es in der Tasche trägt, und die ihm nur dazu dienen. Ein Kind gäbe eher hundert Goldstücke her als einen Kuchen. Verlangt aber einmal von diesem kleinen Verschwender, Dinge herzugeben, die ihm lieb sind — Spielzeug, Zuckerwerk, sein Abendbrot — und wir werden bald sehen, ob ihr ihn wirklich zur Freigebigkeit erzogen habt.

Noch eine Lösung hat man gefunden: man gibt dem Kind zurück, was es hergegeben hat; derart, daß es sich daran gewöhnt, alles herzugeben, wovon es weiß, daß man es ihm wiedergibt. Ich habe an Kindern nur diese beiden Arten Freigebigkeit gefunden: Herzugeben, was sie nicht brauchen können und wovon sie sicher sind, es wieder zu erhalten. Handelt so, sagte Locke, daß sie aus Erfahrung lernen, daß der Freigebigste immer der am meisten Beschenkte ist. Das heißt aber, ein Kind nur scheinbar freigebig, in Wirklichkeit aber geizig machen. Er fügt noch hinzu, daß man dadurch die Kinder an die Freigebigkeit gewöhne. Jawohl, an eine wucherische Freigebigkeit, die ein Ei gibt, um einen Ochsen zu bekommen. Kommt es aber auf ein wirkliches Geben an, dann ist die Gewohnheit plötzlich weg. Hört man mit dem Wiedergeben auf, hören sie mit dem Geben auf. Man muß also mehr auf die Gewohnheit der Seele als auf die der Hände achten. Alle anderen Tugenden, die man die Kinder lehrt, sind dieser gleich. Um ihnen solche soliden

Moralische Belehrungen

Tugenden beizubringen, verbittert man ihre jungen Jahre. Wenn das keine weise Erziehung ist!

Laßt diesen Hokuspokus, wenn ihr Lehrer seid! Seid tugend- **Wohltätigkeit** haft und gut, damit euer Vorbild sich in das Gedächtnis und später ins Herz einprägt. Statt von meinem Zögling übereilte Akte der Wohltätigkeit zu verlangen, übe ich sie selbst in seiner Gegenwart aus und entziehe ihm die Mittel, es mir nachzumachen, da es um eine Ehre geht, die nicht seines Alters ist. Es ist wichtig, daß ein Kind sich nicht daran gewöhnt, Mannespflichten nur als Kinderpflichten anzusehen. Sieht es, wie ich Arme unterstütze, und es befragt mich darüber, so werde ich ihm zu gegebener Zeit antworten*: „Mein Freund, als die Armen es zuließen, daß es Reiche geben solle, da haben die Reichen versprochen, alle zu ernähren, die sich weder durch ihren Besitz noch durch ihre Arbeit selbst ernähren können." „Hast du das auch versprochen?" wird er fragen. „Ohne Zweifel! Ich bin nur unter dieser Bedingung, die mit seinem Besitz verbunden sind, Herr über dieses Gut, das durch meine Hände geht."

Hat es das verstanden — wir wissen, wie man ein Kind dazu bringen kann, solche Gespräche zu verstehen — wäre ein anderer als Emil vielleicht versucht, mich nachzuahmen und sich wie ein reicher Mann zu benehmen. In dem Fall würde ich wenigstens verhindern, daß es mit Prahlen geschieht. Dann wäre es mir fast lieber, er bestiehlt mich um mein Recht und verheimlichte seine Gaben. Dieser Betrug wäre altersgemäß und der einzige, den ich ihm verzeihen würde.

Ich weiß, daß alle Tugenden, die nur nachgeahmt werden, **Nachahmung** Affentugenden sind, denn eine Tat ist nur dann sittlich gut, wenn man sie um ihrer selbst willen tut, und nicht, weil sie andere tun. Allein in dem Alter, in dem das Herz noch nichts empfindet, muß man Kinder Handlungen, die man ihnen angewöhnen will, nachahmen lassen, bis sie selbst überlegen und aus Liebe zum Guten handeln können. Der Mensch ahmt nach; sogar das Tier ahmt nach. Das ist natürlich und in Ordnung, aber in der Gesellschaft wird es zum Laster. Der Affe ahmt den Menschen nach, den er fürchtet, aber nicht andere Tiere, die er verachtet. Er hält für gut, was ein höheres Wesen tut. Bei uns aber ahmen sämtliche Hanswürste das Schöne nach, um es herabzuwürdigen und lächerlich zu machen. Im Bewußtsein ihrer Niedrigkeit suchen sie sich dem gleichzustellen, was besser ist als sie. Bemühen sie sich aber, etwas nachzuahmen, was sie bewundern, so erkennt man an ihrer Wahl den falschen Geschmack. Sie wollen lieber Eindruck machen und ihre Talente bewundern

---

* Man muß bedenken, daß ich diese Frage nicht löse, wann es ihm gefällt, sondern wann es mir gefällt. Andernfalls würde ich mich seinem Willen unterwerfen und mich in die gefährlichste Abhängigkeit begeben, in die ein Erzieher seinem Zögling gegenüber geraten kann.

lassen, als besser oder klüger werden. Dieser Nachahmungstrieb gründet in dem Wunsch, mehr zu sein, als man ist. Sollte mein Unternehmen glücken, so wird Emil diesen Wunsch sicherlich nicht haben. Wir müssen also auf das trügerische Gut, das dieser Trieb erzeugen kann, verzichten.

Erziehungs-regeln
Untersucht man alle Regel eurer Erziehung, so findet man sie widersinnig, besonders was Tugend und Moral betrifft. Die einzige Sittenlehre, die der Kindheit zusteht und die für jedes Alter gleich wichtig ist, ist die, niemals jemandem etwas Böses zuzufügen. Selbst das Gebot, Gutes zu tun, ist gefährlich, falsch und widersprüchlich, wenn es jenem nicht untergeordnet ist. Wer alles tut nichts Gutes? Alle tun es, der Böse wie die anderen. Auf Kosten von hundert Unglücklichen macht er einen glücklich. Daher kommt unser ganzes Elend. Die erhabensten Tugenden sind negativ. Sie sind auch die schwersten, weil sie nicht prahlen dürfen; weil sie sogar auf die herzerwärmende Freude verzichten, jemanden glücklich gemacht zu haben. Wieviel Gutes erweist aber notwendigerweise der — wenn es ihn gibt — seinen Mitmenschen, der ihnen niemals etwas Böses zufügt! Welche Seelen- und Charakterstärke gehört dazu! Wie groß und schwierig das ist, fühlt man nicht, wenn man über diesen Leitsatz nachdenkt, sondern wenn man ihn verwirklichen will*.

Das sind einige Andeutungen, mit welcher Vorsicht man, nach meiner Ansicht, den Kindern jene Belehrungen geben muß, die man ihnen manchmal nicht vorenthalten kann, damit sie nicht sich oder anderen schaden und schlechte Gewohnheiten annehmen, die man später nur mit Mühe verbessern kann. Aber wir können sicher sein, daß sie bei richtig erzogenen Kindern nur selten notwendig sind, denn es ist unmöglich, daß sie unfolgsam, boshaft, verlogen oder habsüchtig werden, wenn man den Samen der Laster, die sie dazu machen, nicht in ihr Herz gesät hat. Was ich zu diesem Punkt gesagt habe, gilt also eher für die Ausnahme als für die Regel. Die Ausnahme wird aber um so häufiger, je mehr die Kinder Gelegenheit haben, aus ihrer Sphäre herauszutreten und die Laster der Erwachsenen anzunehmen. Wer in der Gesellschaft aufwächst, muß natürlich früher unterwiesen

---

* Das Gebot, nie jemandem zu schaden, umfaßt auch das, sich so wenig wie möglich an die Gesellschaft zu binden. Denn in unserer Gesellschaft bedeutet Glück des einen notwendigerweise das Unglück des anderen. Das liegt im Wesen der Sache und niemand kann es ändern. Daraus folgt, wer der bessere Mensch ist: der soziale oder der einsame Mensch. Ein berühmter Autor[9] behauptet zwar, daß nur der Böse allein sei. Ich setze dagegen, nur der Gute sei allein. Fällt dieser Satz auch weniger auf, so ist er doch wahrer und vernünftiger als der andere. Was kann der Böse Böses tun, wenn er allein ist? In der Gesellschaft kann er seine Ränke schmieden, um anderen zu schaden. Will man das Gegenteil beweisen und auf den Guten anwenden, so antworte ich mit dem Satz, zu dem diese Anmerkung geschrieben ist.

werden als jene, die in der Stille leben. Die Erziehung in der Zurückgezogenheit wäre allein dadurch schon die bessere, daß sie dem Kind Zeit zum Reifen läßt.

Begabungsunterschiede

Einer Art entgegengesetzter Ausnahmebehandlung bedürfen die Kinder, die durch eine glückliche Veranlagung ihrem Alter voraus sind. Wie es Erwachsene gibt, die niemals aus der Kindheit herausgekommen sind, so gibt es andere, die sozusagen nie Kinder waren. Leider sind diese Ausnahmen sehr selten und schwierig zu erkennen, und jede Mutter, die etwas von Wunderkindern gehört hat, zweifelt nicht, daß ihr Kind dazu gehört. Sie gehen noch weiter: alle normalen Erscheinungen wie Lebhaftigkeit, Einfälle, dumme Streiche, kindlicher Ton, nehmen sie für außerordentliche Anzeichen, während sie doch für das Alter charakteristisch sind und am besten zeigen, daß ein Kind nur ein Kind ist. Ist es erstaunlich, wenn ein Kind zufällig einmal einen glücklichen Einfall hat, wenn es viel reden, wenn es alles sagen darf, wenn es durch keine Rücksicht und keinen Anstand gehemmt ist? Es wäre erstaunlicher, wenn das nicht der Fall wäre. Mindestens ebenso erstaunlich, wie wenn ein Astrologe unter tausend Lügen auch einmal die Wahrheit sagte. „Sie lügen so viel", sagte Heinrich IV., „daß sie schließlich die Wahrheit sagen." Wer ein kluges Wort finden will, braucht nur viele Dummheiten zu sagen. Gott bewahre diese Salonlöwen, die nur um dieser Verdienste willen gefeiert werden.

Kinder können die glänzendsten Gedanken, oder vielmehr die **Kinderworte** treffendsten Worte haben — wie Diamanten in ihren Händen — ohne daß damit die Gedanken — wie die Diamanten — ihnen gehörten. In diesem Alter gibt es kein Eigentum irgendwelcher Art. Was es sagt, hat für das Kind eine andere Bedeutung als für uns. Es legt ihm nicht die gleichen Ideen zugrunde. Seine Gedanken, wenn es überhaupt welche hat, sind weder geordnet noch zusammenhängend. Nichts ist fest, nichts ist sicher in dem, was es denkt. Prüft einmal euer vermeintliches Wunderkind. Manchmal findet ihr den Schwung einer außerordentlichen Aktivität und eines himmelstürmenden Geistes; meistens aber ist derselbe Geist schwach, matt, wie von einem dichten Nebel umgeben. Manchmal läuft er auch davon, manchmal bleibt er stehen. In dem einen Augenblick möchte man sagen: Ein Genie, und gleich darauf: Ein Dummkopf. Und immer täuscht ihr euch: es ist ein Kind, ein junger Adler, der sich einen Augenblick mächtig in die Lüfte schwingt und im nächsten in seinen Horst zurückfällt.

Behandelt also das Kind seinem Alter gemäß und hütet euch, seine Kräfte durch Überanstrengung zu erschöpfen. Wenn der junge Geist sich erhitzt und zu wallen beginnt, laßt ihn frei überschäumen; feuert ihn aber niemals an, damit er nicht überkocht. Wenn die ersten Dämpfe verflogen sind, haltet die anderen zurück, bis sich mit den Jahren alles in Wärme und wahre Kraft verwandelt. Andernfalls verliert ihr Zeit und Mühe und zerstört euer eigenes Werk. Wenn ihr euch aber unbedachterweise an allen den entzündbaren Dämpfen berauscht habt, bleibt euch nichts als kraftloser Bodensatz zurück.

Dummheit und Einfalt

Aus Wildfängen werden normale Erwachsene. Ich kenne keine Beobachtung, die allgemeingültiger und sicherer wäre. Nichts ist schwieriger, als wahre Dummheit von der scheinbaren und trügerischen Einfalt zu unterscheiden, die Seelenstärke ankündigt. Es scheint zuerst seltsam, daß die beiden Extreme so ähnliche Kennzeichen haben, und doch muß es so sein, denn im ersten Alter, wo der Mensch noch keine wirklichen Begriffe hat, besteht der Unterschied zwischen begabt und unbegabt darin, daß der Unbegabte nur falsche Begriffe gelten läßt, der Begabte aber gar keine, weil er nur falsche vorfindet. Er gleicht also dem Dummen, nur daß der Dumme zu nichts fähig ist, dem Einfältigen aber nichts gut genug ist. Das einzige Unterscheidungsmerkmal hängt vom Zufall ab, der dem Einfältigen eine ihm faßliche Idee bietet, während der Dumme immer und überall der gleiche bleibt. Den jungen Cato hielt die Familie für einen Schwachkopf. Man nannte ihn schweigsam und halsstarrig. Sein Onkel lernte ihn erst in Syllas Vorzimmer kennen. Wäre er nicht hingegangen, wäre ihm vielleicht der Ruf eines Tölpels bis ins reife Alter geblieben. Wenn Cäsar nicht gelebt hätte, so hätte man vielleicht denselben Cato, der das unheilvolle Genie Cäsars und alle seine Pläne durchschaute, immer für einen Träumer gehalten. Wie leicht kann man sich irren, wenn man voreilig über Kinder urteilt. Man benimmt sich damit kindischer als die Kinder selber. Ich habe, als ich schon älter war, einen Mann[10] gekannt, der mich mit seiner Freundschaft beehrte und der von seiner Familie und seinen Freunden für beschränkt gehalten wurde. Dieser hervorragende Geist reifte in der Stille. Plötzlich trat er als Philosoph hervor, und ich zweifle nicht, daß die Nachwelt ihm einen ehrenvollen und hervorragenden Platz unter den besten Denkern und tiefsten Metaphysikern seines Jahrhunderts einräumen wird.

Bewegung und Spiel

Achtet die Kindheit, beurteilt sie nicht voreilig, weder im Guten noch im Bösen. Laßt den Ausnahmen Zeit, sich anzukünden, zu bewähren und lange zu festigen, ehe ihr besondere Methoden auf sie anwendet. Laßt die Natur lange wirken, ehe ihr euch an ihrer Stelle handelnd einmischt, aus Angst, ihr Wirken zu behindern. Ihr kennt den Wert der Zeit, sagt ihr, und ihr wollt sie nicht verlieren. Man verliert sie aber viel eher, wenn man sie schlecht nützt. Ein schlecht unterrichtetes Kind ist von der Vernunft weiter entfernt als eines, das gar nicht unterrichtet worden ist. Ihr seid beunruhigt, wenn es seine ersten Jahre mit Nichtstun verbringt! Ist Glücklichsein denn nichts? Den ganzen Tag springen, spielen, laufen, ist das nichts? Sein ganzes Leben wird es nie wieder so beschäftigt sein. Platon erzieht seine Kinder in seinem *Staat* — der als streng gilt — nur durch Feste, Spiele, Lieder und Zeitvertreib. Man sollte meinen, er habe alles getan, wenn er sie gelehrt hat, sich zu freuen. Und Seneca sagt von der alten römischen Jugend, daß sie immer auf den Beinen war und sitzend nichts gelernt hat[11]. Taugte sie darum im Mannesalter weniger? Laßt euch also von diesem angeblichen Müßiggang nicht erschrecken. Was würdet ihr von einem Mann sagen, der niemals schliefe, nur um sein ganzes Leben lang zu verdienen? Dieser Mensch ist wahnsinnig, würdet ihr sagen. Er genießt seine Zeit nicht, er stiehlt sie sich selbst. Um dem Schlaf zu entfliehen, rennt er in den Tod. Bedenkt, daß es sich hier um das gleiche handelt, denn die Kindheit ist der Schlaf der Vernunft.

Die scheinbare Leichtigkeit, mit der Kinder lernen, ist die Ursache ihres Versagens. Man übersieht, daß diese Leichtigkeit der Beweis ist, daß sie nichts lernen. Ihr glattes Gehirn spiegelt die Dinge, die man ihm vorhält; aber es bleibt nichts haften, nichts dringt ein. Das Kind behält die Worte, die Begriffe prallen ab. Wer ihnen zuhört, versteht sie, nur das Kind selbst versteht sie nicht.

Gedächtnis, Urteilskraft

Obwohl Gedächtnis und Vernunft zwei wesentlich verschiedene Dinge sind, entwickeln sie sich wirklich nur miteinander. Ehe das Kind nicht vernünftig ist, hat es keine Vorstellungen, sondern nur Bilder; der Unterschied zwischen beiden ist, daß die Bilder nur treue Abbildungen sinnfälliger Gegenstände sind; Vorstellungen dagegen Begriffe der Gegenstände, durch Beziehungen bestimmt. Ein Bild kann allein im Geist vorhanden sein; jede Vorstellung setzt eine andere voraus. Stellt man sich etwas vor, so tut man nichts anderes als sehen; denkt man nach, so vergleicht man. Unsere Sinnesempfindungen sind rein passiv, während alle unsere Wahrnehmungen oder Ideen einem aktiven Prinzip entstammen, das urteilt. Das wird weiter unten bewiesen.

Ich behaupte also, daß Kinder kein wirkliches Gedächtnis haben, weil sie noch nicht urteilen können. Sie behalten Töne, Figuren, Sinneseindrücke, selten Begriffe und noch seltener deren Zusammenhänge. Man hält immer entgegen, Kinder könnten die Grundlagen der Geometrie erlernen, und glaubt, das spräche gegen mich, während es im Gegenteil für mich spricht: Man beweist, daß sie weder selber schließen, noch die Schlüsse anderer behalten können. Denn folgt man der Methode dieser kleinen

Gedächtnis

Geometer, so sieht man sogleich, daß sie nur das genaue Bild der Figur und den Text des Beweises behalten haben. Beim geringsten Einwurf können sie nicht mehr folgen. Kehrt man die Figur um, so sind sie verloren. Ihr ganzes Wissen liegt im Sinneseindruck, nichts dringt bis zum Verständnis vor. Auch ihr Gedächtnis ist kaum vollkommener als ihre anderen Fähigkeiten, denn als Erwachsene müssen sie alles, wovon sie als Kind nur die Worte gelernt haben, der Sache nach neu lernen.

Vernunft Ich behaupte aber keineswegs, daß Kinder niemals vernünftig denken können*. Ich sehe im Gegenteil, daß sie in allem, was sie kennen und was sich auf ihr augenblickliches und greifbares Interesse bezieht, sehr richtig beurteilen. Man täuscht sich aber vor allem über ihre Kenntnisse, wenn man ihnen welche zutraut, die sie nicht haben und wenn man sie über Dinge urteilen läßt, die sie nicht begreifen können. Ebenso täuscht man sich, wenn man ihre Aufmerksamkeit auf Betrachtungen lenkt, die sie nicht berühren, wie ihr zukünftiges Schicksal, ihr Lebensglück, die Achtung, die sie als Erwachsene haben werden. All das ist völlig sinnlos für sie, weil sie noch Wesen ohne Voraussicht sind. Der Unterricht aber, den man diesen Unglücklichen aufzwingt, zielt auf diese Gegenstände ab, die ihrem Geist völlig fremd sind. Daraus läßt sich auf die Aufmerksamkeit schließen, die sie darauf verwenden.

Falsche Erzieher Die Erzieher, die mit großem Getue die Unterweisungen, die sie ihren Schülern geben, vor uns ausbreiten, werden bezahlt, um anders zu reden. An ihrem Verhalten jedoch sieht man, daß sie genau so denken wie ich. Denn was bringen sie ihnen schließlich bei? Wörter, Wörter und immer wieder Wörter. Sie hüten sich, unter den verschiedenen Wissenschaften, die sie sich zu lehren rühmen, diejenigen zu wählen, die den Kindern wirklich nützlich wären, denn das wären Sachkenntnisse, und die zu lehren gelänge ihnen nicht. So wählen sie solche, die man zu

---

* Ich habe beim Schreiben hundertmal die Beobachtung gemacht, daß es unmöglich ist, in einem großen Werk dem gleichen Wort immer den gleichen Sinn zu geben. Keine Sprache ist reich genug, um so viele Ausdrücke, Wendungen und Redensarten zu bieten, daß sie alle Schattierungen unserer Gedanken ausdrücken kann. Die Methode, jeden Begriff zu definieren und die Definition jedesmal an die Stelle des Definierten zu setzen, ist schön, aber undurchführbar. Definitionen könnten gut sein, wenn man keine Worte brauchte, um sie zu geben. Trotzdem bin ich überzeugt, daß man, selbst bei der Armut unserer Sprache, klar sein kann, nicht dadurch, daß man dem gleichen Wort immer den gleichen Sinn unterlegt, sondern dadurch, daß die Bedeutung, die man jedem Wort gibt, durch die Begriffe hinreichend bestimmt wird, die sich darauf beziehen, und daß jeder Satz, in dem das Wort steht, ihm gewissermaßen als Definition dient. Ich kann daher einmal sagen, daß Kinder nicht urteilen, und das andere Mal, daß sie sehr scharf urteilen können. Ich glaube nicht, daß ich mir damit in meinen Gedanken widerspreche; kann aber nicht leugnen, daß ich es oft in meinen Ausdrücken tue.

kennen scheint, wenn man die Fachausdrücke beherrscht: Heraldik, Geographie, Chronologie, Sprachen, usw. — lauter Studien, die dem Menschen und vor allem dem Kind so fern liegen, daß es ein Wunder wäre, wenn irgend etwas davon irgend jemandem auch nur einmal im Leben nützte.

Sprachen, Erdkunde, Geschichte, Fabeln

Man wird erstaunt sein, daß ich das Sprachstudium für unsinnig halte. Allein man möge sich erinnern, daß ich hier vom Unterricht im ersten Lebensalter spreche. Und was man auch sagen mag, ich glaube nicht, daß jemals ein Kind von zwölf bis fünfzehn Jahren — Wunderkinder ausgenommen — zwei Sprachen wirklich erlernt hat.

Sprachen

Ich gebe zu: Das Erlernen von Sprachen wäre den Kindern angemessen, wenn es weiter nichts wäre als das Lernen von Wörtern, d. h. von Formen und Lauten, die sie ausdrücken. Allein die Sprachen verändern mit den Zeichen auch die Begriffe, die sie darstellen. Der Geist bildet sich nach der Sprache, die Gedanken nehmen die Färbung der Sprache an. Die Vernunft allein ist allen gemeinsam. Der Geist hat in jeder Sprache seine besondere Form: ein Unterschied, der sehr wohl zum Teil Ursache oder Wirkung des Nationalcharakters sein könnte. Was diese Vermutung zu bestätigen scheint, ist, daß sich die Sprache bei allen Nationen der Welt mit den Sitten verändert, erhält oder zersetzt.

Eine dieser Formen gewöhnt sich das Kind an und behält sie bis ins Alter der Vernunft. Um zwei zu beherrschen, müßte es die Begriffe vergleichen können. Wie kann es sie vergleichen, da es kaum in der Lage ist, sie zu erfassen? Jedes Ding kann für das Kind tausend verschiedene Zeichen, aber jeder Begriff kann nur eine Form haben. Es kann daher nur eine Sprache erlernen. Aber es lernt doch mehrere, wird man sagen. Ich leugne das. Ich habe solche Wunderkinder gesehen, die fünf oder sechs Sprachen zu sprechen glaubten. Ich habe gehört, wie sie deutsch mit lateinischen, französischen, italienischen Wendungen sprachen. Tatsächlich bedienten sie sich der Wörter aus fünf oder sechs Wörterbüchern, aber sie sprachen immer nur deutsch. Mit einem Wort: gebt den Kindern so viele Synonyme, wie ihr wollt, ihr ändert nur die Wörter, nicht die Sprache. Sie werden nur eine einzige sprechen können.

Das Kind, das fünf Sprachen sprach

Um diese Unfähigkeit zu verbergen, übt man sie vorzugsweise in den toten Sprachen, bei denen man jeden Richter ablehnen kann. Da diese Sprachen seit langem keine Verkehrssprachen mehr sind, begnügt man sich mit der Nachahmung dessen, was man in Büchern findet, und das nennt man: die Sprache sprechen. Vom Griechisch und Lateinisch der Lehrer kann man

Tote Sprachen

auf das der Schüler schließen! Kaum haben sie die Anfangs-
gründe gelernt, von denen sie absolut nichts verstehen, so läßt
man sie eine französische Rede mit lateinischen Wörtern wiedergeben. Sind sie weitergekommen, lehrt man sie, Prosa aus Cicero
und Verse aus Vergil zusammenzustoppeln. Dann glauben sie,
lateinisch zu reden. Wer will ihnen widersprechen?

**Zeichen und
Begriffe**

In welchem Fach auch immer, ein Zeichen bedeutet nichts
ohne den Begriff der bezeichneten Dinge. Trotzdem beschränkt
man sich darauf, dem Kind die Zeichen zu geben, ohne ihm
jemals das Verständnis für die Dinge selbst zu vermitteln. Will
man ihm die Erde beschreiben, lehrt man es die Karten kennen.
Es lernt die Namen von Städten, Ländern und Flüssen, deren
Existenz es sich nur auf dem Papier, worauf man sie ihnen
zeigt, vorstellen kann. Ich erinnere mich, eine Erdbeschreibung
gelesen zu haben, die so begann: *Was ist die Welt? Sie ist ein
Globus aus Pappe.* So sieht die Geographie der Kinder aus! Ich
bin überzeugt, daß kein zehnjähriges Kind, das man zwei Jahre
in sphärischer und kosmographischer Geographie unterrichtet
hat, imstande ist, den Weg von Paris nach Saint Denis zu finden.
Ebenso bin ich überzeugt, daß sich jedes Kind im Garten seines
Vaters verirrt, wenn es sich nur nach dem Plan orientieren
müßte. Das sind dann die Gelehrten, die haargenau wissen, wo
Peking, Isfahan, Mexiko und alle Länder der Erde liegen!

Man behauptet zwar immer, daß man Kinder nur zu Studien
anhalten müsse, zu denen sie nur die Augen brauchen. Das
könnte stimmen, wenn es ein Studium gäbe, zu dem man nur
die Augen brauchte. Ich kenne aber keines.

**Geschichts-
studium**

Noch lächerlicher ist der Irrtum, sie Geschichte studieren zu
lassen. Man glaubt, die Geschichte sei ihrer Auffassung angemessen, weil sie nur eine Sammlung von Tatsachen ist. Was versteht man aber unter Tatsachen? Glaubt man, die Zusammenhänge, durch die geschichtliche Tatsachen bestimmt werden,
seien so leicht zu erfassen, daß sie ein Kindergeist mühelos begreifen kann? Glaubt man, daß die wirkliche Kenntnis der Ereignisse von der Kenntnis ihrer Ursachen und Wirkungen zu trennen sei? Meint ihr, daß die Geschichte so wenig mit der Moral
zu tun habe, daß man das eine ohne das andere wissen könne?
Wenn ihr in den menschlichen Handlungen nichts als die äußeren und rein physischen Bewegungen seht, was lernt ihr dann
aus der Geschichte? Gar nichts! Solch ein interesseloses Studium
ist weder reizvoll noch lehrreich. Wollt ihr aber geschichtliche
Vorgänge moralisch werten, so versucht diese Beziehung euren
Schülern beizubringen und ihr werdet sehen, ob Geschichte ihrem
Alter entspricht.

Erinnert euch immer daran, meine Leser, daß weder ein Gelehrter noch ein Philosoph, sondern ein einfacher Mann, ein
Freund der Wahrheit, ohne Vorurteil und ohne System zu euch
spricht; ein Einzelgänger, der wenig Umgang mit den Menschen

Sprachen, Erdkunde, Geschichte, Fabeln 93

hat und noch weniger Gelegenheit, sich ihre Vorurteile anzueignen, dafür mehr Zeit zum Nachdenken über das, was ihm im Verkehr mit ihnen auffällt. Meine Überlegungen gründen sich weniger auf Prinzipien als auf Tatsachen. Ich glaube, euch nicht besser belehren zu können als durch Beispiele meiner Beobachtungen, die mich zu den Gedanken angeregt haben.

Ich verbrachte einige Tage auf dem Land bei einer guten Familienmutter, die um ihre Kinder und deren Erziehung sehr besorgt war. Als ich eines Morgens dem Unterricht des Ältesten beiwohnte, kam der Erzieher, der ihn in der alten Geschichte sehr gut unterrichtet hatte, bei der Wiederholung der Geschichte Alexanders auf die bekannte Episode von dem Arzt Philippus, die man ja auch zu Recht in einem Bild festgehalten hat[12]. Der Erzieher, ein verdienter Mann, machte über die Furchtlosigkeit Alexanders einige Bemerkungen, die mir zwar nicht gefielen, denen ich aber nicht widersprach, um ihn nicht in den Augen seines Schülers herabzusetzen. Bei Tisch ließ man den Kleinen, nach französischer Sitte, lustig daherschwätzen. Aus altersgemäßer Lebhaftigkeit und in der Erwartung sicheren Beifalls, sagte er tausend Dummheiten, unter denen hier und da ein guter Einfall den Rest vergessen ließ. Schließlich kam auch die Geschichte des Arztes Philippus an die Reihe. Er erzählte sie gewandt und gefällig. Nach den Lobeshymnen, die die Mutter verlangte und die der Sohn erwartete, sprach man über die Geschichte. Die meisten tadelten Alexanders Tollkühnheit. Einige schlossen sich der Meinung des Erziehers an und bewunderten seine Festigkeit und seinen Mut: woraus ich ersah, daß keiner die wirkliche Schönheit der Geste erkannt hatte. Wenn Alexanders Tat mutig und entschlossen war, sagte ich, so war sie nichts als eine große Torheit. Sofort stimmten mir alle zu. Ich wollte erregt antworten, als eine Frau an meiner Seite, die bisher nichts gesagt hatte, sich mir zuneigte und flüsterte: Schweig, Jean-Jacques! sie können dich nicht verstehen. Ich sah sie betroffen an und schwieg.

Aus verschiedenen Anzeichen schöpfte ich den Verdacht, daß mein junger Gelehrter von der ganzen so schön erzählten Geschichte nichts verstanden hatte. Ich nahm ihn nach Tisch an der Hand, ging mit ihm durch den Park und fragte ihn in aller Ruhe aus. Ich fand, daß er mehr als alle anderen den Mut Alexanders bewunderte. Aber wißt ihr, worin er den Mut sah? Einzig darin, daß Alexander eine bittere Medizin ohne Zögern und ohne Widerwillen in einem Zug getrunken hatte. Der arme Junge hatte noch den üblen Geschmack einer Medizin im Mund, die er vor vierzehn Tagen unter größter Überwindung hatte einnehmen müssen. Tod und Vergiftung waren in seinen Augen nur unangenehme Empfindungen, und er konnte sich kein anderes Gift vorstellen als den Aufguß von Sennesblättern. Immerhin hat die Festigkeit des Helden einen großen Eindruck auf ihn gemacht, und er war nun fest entschlossen, sich bei der

Die Alexanderanekdote

nächsten Medizin wie Alexander zu benehmen. Ohne weitere Erklärungen, die seine Fassungskraft überstiegen hätten, bestärkte ich ihn in seinem lobenswerten Vorsatz. Dann kehrte ich um und lachte innerlich über die große Weisheit der Väter und der Lehrer, die glauben, Kinder Geschichte lehren zu können.

Es ist leicht, Kinder die Namen von Königen, Reichen, Kriegen, Eroberungen, Revolutionen und Gesetzen hersagen zu lassen. Wenn es aber darauf ankommt, klare Begriffe mit diesen Wörtern zu verbinden, dann ist noch ein weiter Weg von der Unterhaltung mit dem Gärtner Robert bis zu diesen Erklärungen.

Einige Leser, unzufrieden mit dem *Schweig, Jean-Jacques*, werden sich vermutlich fragen, was ich denn eigentlich so Schönes an der Handlung Alexanders finde. Unglückliche! Wie sollt ihr es verstehen, wenn ich es euch erst sagen muß? Alexander glaubte eben an die Tugend. Für diesen Glauben setzte er Kopf und Leben ein; seine große Seele war für diesen Glauben geschaffen. Dieser medizinische Trunk war ein schönes Glaubensbekenntnis! Kein Sterblicher hat jemals ein erhabeneres abgelegt. Wenn es heute noch einen Alexander gibt, dann zeigt mir an ihm ähnliche Züge!

Vorstellung und Gedächtnis

Da man aus Worten keine Wissenschaft machen kann, so gibt es auch für Kinder kein geeignetes Studium. Haben sie keine wirklichen Vorstellungen, so haben sie auch kein echtes Gedächtnis, denn das Behalten von Sinneseindrücken nenne ich noch nicht Gedächtnis. Was nützt es, wenn sie sich eine Sammlung von Zeichen einprägen, die ihnen nichts bedeuten? Werden sie nicht mit den Dingen auch die Zeichen lernen? Warum sollten sie mühevoll alles zweimal lernen? Zu welchen gefährlichen Vorurteilen erzieht man sie, wenn man sie Worte, die keinen Sinn für sie haben, für Wissenschaft halten läßt. Mit dem ersten Wort, mit dem ein Kind sich abspeisen läßt, mit der ersten Tatsache, die es auf das Wort eines anderen hin annimmt, ohne den Nutzen selber einzusehen, ist es um sein eigenes Urteil geschehen. Lange kann es damit in den Augen der Toren glänzen, ehe es diesen Verlust wettmacht*.

---

* Die meisten Gelehrten sind solche Gelehrte nach Kinderart. Ihre umfassende Gelehrsamkeit beruht weniger auf einer Menge von Begriffen als auf einer Menge von Bildern, Jahreszahlen, Eigennamen, Orten. Alle isolierten oder sinnentleerten Gegenstände werden einzig und allein durch das Zeichengedächtnis behalten. Selten erinnert man sich der Dinge, ohne sich zugleich die Vorder- und Rückseite des Blattes, auf dem man sie zum ersten Mal gesehen hat, dabei vorzustellen. Dieser Art war beinahe alle Wissenschaft der vergangenen Jahrhunderte. Die Wissenschaft unseres Jahrhunderts ist anders: man studiert nicht mehr, man beobachtet nicht mehr: man träumt und gibt allen Ernstes die Träumereien einiger unruhiger Nächte als Philosophie aus. Man wird mir sagen, daß auch ich träume. Ich gebe es zu. Aber ich gebe unumwunden meine Träume als Träume aus und überlasse es dem Leser zu prüfen, ob sich etwas Nützliches für wache Leute darin findet.

Nein, wenn die Natur dem kindlichen Gehirn diese Geschmeidigkeit gibt, alle Arten von Eindrücken aufzunehmen, so tut sie das nicht, damit man ihm den Namen von Königen, Daten, Ausdrücke der Wappen- und Himmelskunde, der Geographie und alle die Wörter einprägt, die für sein und für jedes Alter sinn- und nutzlos sind. Man überlastet damit seine traurige und unfruchtbare Kindheit. Diese Fähigkeit soll ihm vielmehr dazu dienen, alle jene Ideen in sich aufzunehmen, die es begreifen kann und die ihm nützlich sind, die zu seinem Glück dienen und es eines Tages über seine Pflichten aufklären. Sie müssen sich ihm mit unauslöschlichen Zügen einprägen und dazu dienen, seinem Wesen und seinen Fähigkeiten entprechend zu leben.

Auch ohne Bücherstudium bleibt das kindliche Gedächtnis keineswegs müßig. Alles, was es sieht und hört, fällt ihm auf, und es erinnert sich daran. Es vermerkt alle Handlungen und Gespräche der Erwachsenen: Seine ganze Umgebung ist das Buch, aus dem es ohne nachzudenken immerfort sein Gedächtnis bereichert, bis es eines Tages seine Vernunft verwerten kann. Die wahre Kunst, diese seine erste Fähigkeit zu pflegen, besteht darin, nur die Dinge auszuwählen, die es begreifen kann, und ihm die Dinge fernzuhalten, die es nicht zu wissen braucht. So muß man versuchen, ihm einen Vorrat von Kenntnissen zu vermitteln, der in seiner Jugend seiner Erziehung und im Alter seinem Benehmen dient. Diese Methode bildet gewiß keine Wunderkinder und gibt Gouvernanten und Erziehern keine Möglichkeit zu glänzen, aber sie erzieht vernünftige, an Leib und Seele gesunde Menschen, die zwar in der Jugend nicht bewundert, dafür aber als Erwachsene geachtet werden.

Vermittlung von Kenntnissen

Emil soll nie etwas auswendig lernen, auch keine Fabeln, selbst die von La Fontaine nicht, so harmlos und reizend sie auch sind. Denn die Worte der Fabeln sind ebensowenig die Fabeln selbst, wie die Worte der Geschichte die Geschichte selber sind. Wie kann man so blind sein und die Fabeln die Morallehre der Kinder nennen, ohne zu bedenken, daß die Fabel, während sie unterhält, die Kinder täuscht. Während die Lüge sie verführt, entgeht ihnen die Wahrheit. Die Mittel, mit denen man ihnen den Unterricht angenehm macht, hindern sie, Nutzen daraus zu ziehen. Fabeln können Ewachsene belehren. Den Kindern aber muß man die nackte Wahrheit sagen: sobald man sie mit einem Schleier verhüllt, geben sie sich nicht mehr die Mühe, ihn zu heben.

Die Fabeln von La Fontaine

Man läßt alle Kinder die Fabeln von La Fontaine lernen, aber keines versteht sie. Wenn sie sie verstünden, wäre es noch schlimmer. Denn die Moral ist so hineinverwoben und ihrem Alter so unangemessen, daß sie sie eher zum Laster als zur Tugend führen würde. Paradoxien, werdet ihr vermutlich wieder sagen. Gut! Aber prüfen wir, ob es nicht doch Wahrheiten sind. Ich behaupte, daß ein Kind die Fabeln, die man es lernen läßt, nicht versteht. Wie sehr man sich auch bemüht, sie zu vereinfachen, die Lehre, die man daraus ziehen möchte, macht es nötig, Gedanken hineinzulegen, die dem Kind unfaßlich sind. Selbst die dichterische Form, die das Behalten zwar erleichtert, macht das Begreifen schwieriger, so daß die Gefälligkeit auf Kosten der Klarheit geht. Ich will nicht auf die vielen Fabeln eingehen, die den Kindern weder verständlich noch nützlich sind und die man sie doch, gedankenlos, mit den anderen lernen läßt, weil sie im selben Buche stehen. Beschränken wir uns daher nur auf diejenigen, die der Verfasser eigens für Kinder geschrieben zu haben scheint.

Analyse einer Fabel

In der ganzen Sammlung von La Fontaine kenne ich nur fünf oder sechs Fabeln, die durch besondere kindliche Einfachheit hervorragen. Von diesen fünf oder sechs nehme ich die erste Fabel* als Beispiel, weil die darin enthaltene Lehre für jedes Alter paßt, weil die Kinder sie am besten begreifen und am leichtesten auswendig lernen, und weil der Verfasser sie wohl deshalb an den Anfang seines Buches gestellt hat. Nimmt man an, er habe sich wirklich Kindern verständlich machen, ihnen gefallen und sie belehren wollen, so ist diese Fabel sicherlich ein Meisterwerk. Man erlaube mir also, ihr zeilenweise zu folgen und sie in wenigen Worten zu untersuchen.

Le corbaud et le renard, fable
(Der Rabe und der Fuchs, Fabel)
Maître corbeau, sur un arbre perché,
(Meister Rabe, auf einem Baume hockend,)

Meister! Was bedeutet das Wort an sich? Was bedeutet es vor einem Eigennamen? Welchen Sinn hat es hier?

Was ist ein Rabe?

Was ist ein *arbre perché?* Man sagt nicht *sur un arbre perché,* man sagt *perché sur un arbre.* Folglich muß man von der poetischen Inversion sprechen. Man muß also erklären, was Prosa und was Dichtung ist.

Tenait dans son bec un fromage.
(Hielt in seinem Schnabel einen Käse.)

Was für einen Käse? Ein Schweizer-, ein Brie- oder ein Holländerkäse? Hat das Kind noch nie einen Raben gesehen, was nützt ihm dann die Erzählung? Hat es einen gesehen, wie kann es sich einen Raben mit dem Käse im Schnabel vorstellen? Man darf ihm nur Bilder geben, die in der Natur möglich sind.

Maître renard, par l'odeur alléché,
(Meister Fuchs, vom Dufte angelockt,)

Wieder ein Meister! Aber er führt seinen Titel zu Recht: in allen Belangen seines Handwerks ist er ausgelernter Meister. Nun muß man sagen, was ein Fuchs ist, und dabei seine wahre

---

* Es ist die zweite und nicht die erste, wie Herr Formey richtig bemerkt hatte.

Sprachen, Erdkunde, Geschichte, Fabeln

Natur von dem konventionellen Charakter, den ihm die Fabel zuschreibt, unterscheiden.

Alléché. Da dieses Wort ungebräuchlich ist, muß man es ihm erklären und sagen, daß es nur in der Dichtersprache vorkommt. Das Kind wird fragen, warum man in der Poesie anders spricht als in der Prosa. Was soll man ihm antworten?

Alléché par l'odeur d'un fromage! Dieser Käse im Schnabel eines Raben auf einem Baum muß sehr stark geduftet haben, daß ihn der Fuchs im Dickicht oder in seinem Bau gerochen hat! Wollt ihr so euren Schüler zu überlegter Kritik erziehen, die sich nur durch triftige Gründe überzeugen läßt und die die Wahrheit und die Lüge in den Erzählungen anderer zu unterscheiden weiß?

Lui tint à peu près ce langage:
(Hielt ihm etwa folgende Rede:)

Ce langage! Seit wann sprechen Füchse? Sie sprechen die gleiche Sprache wie die Raben. Weiser Erzieher, sei vorsichtig: Wäge deine Antwort gut ab, ehe du sie gibst, sie ist wichtiger, als du denkst.

Eh! Bonjour, monsieur le corbeau!
(Ei, guten Tag Herr Rabe!)

Monsieur! Ein Titel, über den man vor dem Kinde spottet, ehe es noch weiß, daß es ein Ehrentitel ist. Diejenigen, die *Monsieur du Corbeau* sagen, werden noch ganz andere Schwierigkeiten haben, ehe sie dieses *du* erklärt haben.

Que vous êtes joli! que vous me semblez beau!
(Wie hübsch Sie sind! Wie schön Sie mir scheinen!)

Flickworte und unnützer Wortschwall. Wenn ein Kind sieht, daß man eine Sache mit verschiedenen Worten wiederholt, gewöhnt es sich nachlässiges Sprechen an. Wenn ihr ihm nun sagt, daß dieser Wortschwall eine Kunst des Schriftstellers sei, und daß der Fuchs durch den Wortschwall eine Lobhudelei verstärken will, so ist das wohl eine Erklärung für mich, aber sie taugt nicht für meinen Zögling.

Sans mentir, si votre ramage
(Ohne zu lügen, wenn Ihr Gesang)

Sans mentir! Man lügt also bisweilen? Wie soll sich das Kind zurechtfinden, wenn ihr es belehrt, daß der Fuchs *sans mentir* sagt, gerade weil er lügt!

Répondait à votre plumage,
(Ihrem Gefieder gleichkommt,)

Répondait! Was bedeutet dieses Wort? Lehrt das Kind, zwei so verschiedene Dinge wie Stimme und Gefieder miteinander zu vergleichen. Ihr werdet dann sehen, wie weit es euch verstanden hat!

Vous seriez le phénix des hôtes de ces bois.
(Wären Sie der Phönix unter den Gästen dieses Waldes.)

7 Rousseau

Le phénix! Was ist ein Phönix? Jetzt sind wir sogar mitten in dem verlogenen Altertum, fast in der Mythologie.

Les hôtes de ces bois! Welch eine geschraubte Rede! Der Schmeichler verfeinert seine Sprache und gibt ihr mehr Würde, um besser verführen zu können. Wird ein Kind diese Spitzfindigkeit verstehen? Weiß es oder kann es überhaupt wissen, was ein gehobener und was gewöhnlicher Stil ist?

A ces mots, le corbeau ne se sent pas de joie,
(Bei diesen Worten ist der Rabe außer sich vor Freude,)
Man muß schon ziemlich heftige Leidenschaften erlebt haben, um diesen sprichwörtlichen Ausdruck nachempfinden zu können.

Et, pour montrer sa belle voix,
(Und um seine schöne Stimme zu zeigen,)
Vergeßt nicht, daß das Kind wissen muß, wie es mit der „schönen Stimme" des Raben bestellt ist, wenn es diesen Vers und die ganze Fabel verstehen soll.

„Il ouvre un large bec, laisse tomber sa proie,
(Öffnet er weit den Schnabel und läßt seine Beute fallen.)
Dieser Vers ist bewundernswert: Durch seine Harmonie allein entsteht schon das Bild. Ich sehe einen häßlichen, weit aufgesperrten Schnabel; ich höre den Käse durch die Zweige fallen: aber solche Schönheiten sind für ein Kind verloren.

Le renard s'en saisit et dit: Mon bon monsieur,
(Der Fuchs faßt sie und sagt „Mein guter Herr,)
Hier wird die Güte in Dummheit verwandelt. Wahrhaftig, man verliert keine Zeit, um es den Kindern beizubringen.

Apprenez que tout flatteur
(Lernt, daß jeder Schmeichler)
Eine allgemeine Maxime, die hier nichts zu suchen hat.

Vit aux dépens de celui qui l'écoute.
(Auf Kosten dessen lebt, der auf ihn hört.)
Kein Kind von zehn Jahren kann diesen Vers jemals verstehen.

Cette leçon vaut bien un fromage, sans doute.
(Diese Lehre ist ohne Zweifel einen Käse wert.)
Dies ist verständlich und der Gedanke ist sehr gut. Aber es wird wohl wenige Kinder geben, die eine Lehre mit einem Käse vergleichen können und die nicht den Käse der Lehre vorzögen. Man müßte ihm also zeigen, daß dieser Satz nur eine Verhöhnung ist. Welche Spitzfindigkeit für ein Kind!

Le corbeau, honteux et confus,
(Der Rabe, beschämt und verwirrt,)
Wieder ein Wortgedoppel, das unverzeihlich ist.

Jura, mais un peu tard, qu'on ne l'y prendrait plus.
(Schwor, freilich etwas spät, sich nicht wieder überlisten zu lassen.)
Jura! Welcher Lehrer wäre so töricht, einem Kind erklären zu wollen, was ein Schwur ist[13].

Das sind so einige Einzelheiten, aber noch zu wenige, um alle Gedanken dieser Fabel zu analysieren und sie auf die einfachen und elementaren Grundbegriffe zurückzuführen, aus denen jeder einzelne zusammengesetzt ist. Wer aber hält eine solche Zergliederung für nötig, um sich der Jugend verständlich zu machen? Keiner von uns ist Philosoph genug, um sich ganz in ein Kind hineinversetzen zu können. Aber gehen wir nun zur Moral der Fabel über!

Ich frage, ob man sechsjährige Kinder schon belehren soll, daß es Leute gibt, die zu ihrem Nutzen schmeicheln und lügen? Man könnte ihnen höchstens sagen, daß es Spaßvögel gibt, die kleine Kinder verspotten und sich heimlich über ihre dumme Eitelkeit lustig machen. Aber der Käse verdirbt alles. Man lehrt sie weniger, ihn aus ihrem Schnabel fallen zu lassen, als ihn aus dem Schnabel eines anderen herauszuholen. Und das ist mein zweites, nicht weniger wichtiges Paradoxon.

Kindliche Moral-anwendung

Beobachtet die Kinder, wenn sie eine Fabel lernen, und ihr werdet sehen, daß sie, wenn sie überhaupt imstande sind, eine Nutzanwendung zu ziehen, sie im Gegensatz zum Autor ziehen. Anstatt sich vor Fehlern zu hüten, von denen man sie heilen und vor denen man sie bewahren will, neigen sie immer zu dem Laster, mit dem man aus den Fehlern anderer Vorteile ziehen kann. In der erwähnten Fabel machen sich die Kinder über den Raben lustig und freuen sich mit dem Fuchs. In der folgenden Fabel glaubt ihr, ihnen die Grille als Beispiel zu geben. Aber nein, sie wählen die Ameise. Man demütigt sich nicht gerne selber. Man wünscht die schöne Rolle zu spielen. So wählt die Eigenliebe, und das ist nur natürlich. Aber welch schreckliche Lehre für Kinder! Das hassenswerteste aller Ungeheuer wäre ein geiziges und hartes Kind, das weiß, worum man es bittet, und das dennoch die Bitte abschlägt. Die Ameise geht noch weiter: sie lehrt das Kind, wie man die Bitte mit Spott und Hohn ablehnt.

In allen Fabeln, in denen der Löwe eine und immer die glänzendste Rolle spielt, macht sich das Kind zum Löwen; und wenn es etwas verteilen soll, sorgt es dafür, daß es, wie sein Vorbild, das Ganze bekommt. Wenn aber die Mücke den Löwen bezwingt, dann ist es umgekehrt: Das Kind ist nicht mehr der Löwe, es ist die Mücke. Es lernt eines Tages, diejenigen mit einem Nadelstich zu töten, die es nicht offen anzugreifen wagt.

Aus der Fabel vom mageren Wolf und dem fetten Hund lernt das Kind nicht die Mäßigung, sondern Zügellosigkeit. Nie werde ich das weinende Mädchen vergessen, das man mit dieser Fabel unglücklich gemacht hatte, während man ihm doch die Folgsamkeit predigen wollte. Man hatte Mühe herauszubringen, warum es eigentlich weinte. Endlich erfuhr man es. Das Kind war der eingebildeten Kette überdrüssig, die ihm den Hals zerrieb. Es weinte, weil es nicht Wolf sein durfte.

So ist die Moral der ersten Fabel für das Kind die Anleitung zu niedrigster Schmeichelei, der zweiten Fabel zur Unmenschlichkeit, der dritten zur Ungerechtigkeit, der vierten zur Spottsucht, der fünften zur Unabhängigkeit. Diese letzte ist zwar für meinen Zögling überflüssig, für eure jedoch noch lange nicht angemessen. Wenn ihr ihnen also widersprüchliche Anleitungen gebt, was erwartet ihr dann von euren Bemühungen? Ich lehne die Fabeln wegen ihrer Moral ab; aber vielleicht findet man darin ebenso viele Gründe, sie beizubehalten. In der Gesellschaft braucht man eine Moral in Worten und eine in Taten, und die beiden gleichen einander nicht. Die erste steht im Katechismus, wo man sie stehen läßt; die andere steht in den Fabeln von La Fontaine für die Kinder und in den *Contes* (Erzählungen) für die Mütter. Er befriedigt alle Bedürfnisse[14].

Einigen wir uns, Monsieur de La Fontaine. Ich persönlich verspreche Ihnen, Sie mit Auswahl zu lesen, Sie zu lieben und mich durch Ihre Fabeln belehren zu lassen. Wenigstens ich hoffe, mich über ihren Inhalt nicht zu täuschen. Sie müssen mir aber erlauben, daß ich meinen Zögling keine einzige lernen lasse, bis Sie mir bewiesen haben, daß es für ihn gut ist, Dinge zu lernen, von denen er nicht den vierten Teil versteht; daß er diejenigen, die er versteht, nicht falsch auffaßt, und daß er, anstatt sich am Betrogenen ein warnendes Beispiel zu nehmen, nicht dem Schelm nacheifert.

Lesen, Schreiben

Bücher Wie ich alle Pflichten von den Kindern fernhalte, so nehme ich ihnen die Werkzeuge ihres größten Unglücks: die Bücher. Die Lektüre ist die Geißel der Kindheit und dabei fast die einzige Beschäftigung, die man ihnen zu geben versteht. Erst mit zwölf Jahren wird Emil wissen, was ein Buch ist. Aber er muß doch wenigstens lesen können, wird man sagen. Gewiß soll er lesen können, wenn ihm die Lektüre nützt. Bis dahin langweilt sie ihn nur.

Lesen Wenn man von den Kindern nichts aus bloßem Gehorsam verlangen darf, so folgt daraus, daß sie nichts lernen dürfen, dessen wirklichen und augenblicklichen Vorteil, sei es Vergnügen oder Nutzen, sie nicht spüren. Was sollte sie denn sonst zum Lernen bewegen? Die Kunst, mit Abwesenden zu reden, ihnen zuzuhören und ihnen in die Ferne unsere Gefühle, unseren Willen und unsere Wünsche ohne Vermittler mitzuteilen, kann man jedem Alter wünschenswert machen. Durch welche Zauberei ist diese nützliche und angenehme Kunst eine Qual für die Kinder geworden? Weil man sie zwingt, sie gegen ihren Willen zu lernen, und weil man sie für Zwecke gebraucht, mit denen sie nichts anzufangen wissen. Ein Kind hat keine große Lust, das Werkzeug zu vervollkommnen, mit dem man es quält.

Selbsttätigkeit, Selbständigkeit

Sorgt dafür, daß es ihm Vergnügen macht, und alsbald wird es sich auch gegen euren Willen damit beschäftigen.

Man bemüht sich eifrigst um bessere Lesemethoden. Man erfindet Lesekästen und Karten. Man macht aus der Kinderstube eine Druckerei. Locke empfiehlt Würfel zum Lesenlernen. Wahrlich, eine geniale Erfindung! Es ist ein Jammer! Das sicherste Mittel, das man aber immer wieder vergißt, ist natürlich der Wunsch, lesen zu lernen! Erweckt diesen Wunsch im Kinde; laßt dann eure Kästen und Würfel sein, und jede Methode ist ihm recht. *(Lesemethoden)*

Das unmittelbare Interesse ist die große und einzige Triebfeder, die sicher und weit führt. Emil erhält manchmal von seinem Vater, von seinen Verwandten und Freunden Einladungen zum Essen, zum Spaziergang, zu einer Bootsfahrt oder zu einem Fest. Die Briefe sind kurz, deutlich, sauber und schön geschrieben. Er braucht jemanden, der sie ihm vorliest. Er findet nicht gleich jemanden, oder der Betreffende will dem Kind eine Unart vom Vortag heimzahlen. So wird die Gelegenheit verpaßt. Schließlich wird ihm der Brief vorgelesen, aber es ist zu spät. Ach, hätte man doch selber lesen können! Man erhält wieder Briefe. Sie sind so kurz! Der Inhalt erregt die Neugier. Man möchte sie gerne entziffern. Manchmal findet man jemanden, der einem hilft, manchmal keinen. Man strengt sich an, man entziffert die Hälfte des Briefes: es handelt sich um ein Sahneessen, morgen . . . man weiß nicht wo und nicht mit wem . . . Man strengt sich an, auch den Rest zu lesen! Ich glaube nicht, daß Emil den Lesekasten braucht. Muß ich noch vom Schreiben reden? Nein! Ich schäme mich, mich in einer Erziehungslehre mit solchen Kleinigkeiten aufzuhalten. *(Wie man ein Kind zum Lesen bringt)*

Noch ein grundsätzliches Wort möchte ich anfügen: gewöhnlich erreicht man sicher und rasch, was man nicht übereilt. Ich bin überzeugt, daß Emil vor dem zehnten Jahr vollkommen lesen und schreiben kann, weil ich so wenig Wert darauf lege, daß er es vor dem fünfzehnten kann. Mir wäre aber lieber, er lernte es niemals, als diese Fähigkeit mit allem, was sie nützt, erkaufen zu müssen: denn was nützt ihm das Lesen, wenn man es ihm für immer verleidet hat? *Id imprimis cavere, oportebit, ne studia, qui amare nondum potest, oderit, et amaritudinem semel perceptam etiam ultra rudes annos reformidet.* (Man muß sich vor allem hüten, ihm die Studien verhaßt zu machen, die er noch nicht lieben kann; eine einmal gefaßte Abneigung wird er über die Kindheit hinaus behalten. Quintilian, *Instit. Orat.* I, 1.) *(Lesen vor dem 10. Lebensjahr)*

Selbsttätigkeit, Selbständigkeit

Je mehr ich auf meiner inaktiven Erziehung bestehe, um so stärker fühle ich die Einwände dagegen. Wenn der Schüler von dir nichts lernt, lernt er es von anderen. Wenn du dem Irrtum nicht mit der Wahrheit zuvorkommst, lernt er lügen. Fürchtest du, ihm Vorurteile beizubringen, übernimmt er sie dann von seiner Umgebung. Sie dringen durch alle Sinne ein und verderben sein Urteil, ehe es noch gebildet ist, oder sein Geist ermüdet durch die lange Untätigkeit und verliert sich an die Eindrücke. Wer nicht in der Jugend denken lernt, lernt es im ganzen Leben nicht mehr.

Mir scheint, als könnte ich leicht darauf antworten. Aber warum immer antworten? Wenn meine Methode auf die Einwände antwortet, so ist sie gut; antwortet sie darauf nicht, so taugt sie nichts. Ich fahre also fort.

Urteilskraft und Körperkraft

Wenn ihr also nach dem Plan, den ich zu entwerfen begonnen habe, Regeln befolgt, die den üblichen genau entgegengesetzt sind; wenn ihr den Geist eures Schülers, statt ihn ständig in der Ferne, in fremden Ländern und Jahrhunderten, an den Enden der Welt und sogar im Himmel herumzuführen, auf sich selbst und auf das lenkt, was ihn unmittelbar berührt, dann werdet ihr finden, daß er fähig ist aufzunehmen, sich zu erinnern und sogar logisch zu denken. So will es die Natur. In dem Maße, in dem er als empfindsames Wesen aktiv wird, gewinnt er ein Urteilsvermögen, das seinen Kräften angemessen ist. Die Denkfähigkeit entwickelt sich erst mit dem Überschuß an Kraft, die er zu seiner Erhaltung nicht mehr braucht und die er daher zu anderen Zwecken verwenden kann. Wollt ihr also die Intelligenz eures Schülers fördern, so fördert die Kräfte, die sie beherrschen soll. Übt ständig seinen Körper, macht ihn stark und gesund, um ihn weise und vernünftig zu machen. Laßt ihn arbeiten, sich betätigen, laufen, schreien und immer bewegen! Ist er der Kraft nach ein Mann, so wird er es auch bald der Vernunft nach sein.

Natürlich würdet ihr ihn mit jener Methode verdummen, wenn ihr dauernd mit Geh! Komm! Bleib! Mach das! Mach das nicht! hinter ihm her seid. Wenn euer Verstand ständig seinen Arm lenkt, ist sein Verstand überflüssig. Erinnert euch an unseren Vertrag: wenn ihr Pedanten seid, braucht ihr mich nicht zu lesen!

Es ist ein bedauernswerter Irrtum zu glauben, körperliche Betätigung schade dem Geist! Als ob die beiden nicht gemeinsam gehen und einander lenken müßten!

Bauern und Wilde

Es gibt zwei Menschengruppen, die ihren Körper ständig bewegen und die beide nicht daran denken, ihre Seele zu pflegen: die Bauern und die Wilden. Die Bauern sind ungeschlacht, grob und ungeschickt; die Wilden sind berühmt wegen ihrer scharfen Sinne und noch mehr wegen der Spitzfindigkeit ihres Geistes. Im allgemeinen gibt es nichts Schwerfälligeres als einen Bauern und nichts Schlaueres als einen Wilden. Woher dieser Unterschied? Er kommt daher, daß der Bauer nur tut, was man ihm befohlen hat, was er schon seinen Vater hat tun sehen, was er selber seit seiner Jugend getan hat und daher routinemäßig tut. Weil er immer die gleichen automatischen Arbeiten verrichtet, sind Gewohnheit und Gehorsam an die Stelle der Vernunft getreten.

Beim Wilden liegt die Sache anders: er ist nicht an einen Ort gebunden; er kennt keine vorgeschriebenen Pflichten; er braucht niemandem zu gehorchen; er kennt kein anderes Gesetz als seinen Willen. Er muß also jede Handlung selber überlegen. Er macht keine Bewegung und keinen Schritt, ohne vorher die Folgen bedacht zu haben. Je mehr er also seinen Körper bewegt, desto schärfer wird sein Geist. Seine Kraft und seine Vernunft wachsen gleichzeitig miteinander.

Schauen wir nach, gelehrter Lehrer, welcher von unseren Schülern dem Wilden und welcher dem Bauern ähnlich ist. Dein Schüler ist in allem der Lehrautorität unterworfen und tut daher nur, was man ihm befiehlt. Er wagt nicht zu essen, wenn er Hunger hat; nicht zu lachen, wenn er fröhlich, und nicht zu weinen, wenn er traurig ist, nicht eine Hand statt der anderen zu geben und keinen Schritt zu tun außer auf Befehl. Bald wird er nur nach deiner Vorschrift zu atmen wagen. Woran soll er denken, wenn du für ihn alles denkst? Wozu braucht er sich vorzusehen, wenn er deiner Vorsorge sicher ist? Wenn er sieht, daß du für seinen Unterhalt und sein Wohlbefinden sorgst, braucht er sich nicht mehr darum zu kümmern. Sein Urteil stützt sich auf dein Urteil, denn er tut alles ohne Überlegung, was ihm nicht verboten ist, da er genau weiß, daß er nichts dabei wagt. Was kümmert es ihn, ob es regnen wird? Er weiß, daß du für ihn den Himmel beobachtest. Wozu braucht er seinen Spaziergang einzuteilen? Er hat keine Angst, daß er nicht pünktlich essen wird. Solange du ihn nicht am Essen hinderst, solange ißt er: er hört nicht mehr auf seinen Magen, sondern auf dich. Du kannst ihn wohl durch Nichtstun verweichlichen, aber sein Verstand wird dadurch nicht beweglicher. Im Gegenteil! Er lernt seine Vernunft mißachten, weil du ihm nur dann erlaubst, sich ihrer zu bedienen, wenn es ihm ganz unnütz erscheint. Da er niemals sieht, wozu sie gut ist, kommt er schließlich zur Überzeugung, daß sie zu nichts taugt. Das Schlimmste, was ihm zustoßen kann, wenn er etwas falsch beurteilt hat, ist ein Verweis, und das kommt so oft vor, daß er es gar nicht mehr beachtet: eine so gewöhnliche Gefahr schreckt ihn nicht mehr.

Trotzdem findest du ihn geistreich. Gewiß hat er genug Geist, mit Frauen in dem Ton schwätzen zu können, den ich schon erwähnt habe. Muß er aber einmal mit seiner Person für etwas einstehen und in einem schwierigen Fall Partei ergreifen, dann werdet ihr ihn hundertmal dümmer finden als den Sohn des gröbsten Bauern.

Mein Schüler aber, oder vielmehr der Schüler der Natur ist frühzeitig geübt, sich so weit wie möglich selbst zu genügen.

Er lernt nicht, ständig andere zu bemühen, noch weniger, vor ihnen sein großes Wissen auszubreiten. Dafür beurteilt, bedenkt und überlegt er alles, was ihn selbst unmittelbar betrifft. Er schwatzt nicht, er handelt. Er weiß nichts von dem, was in der Welt vorgeht, aber er kann das für ihn Richtige tun. Da er sich ständig bewegt, muß er viele Dinge beobachten und viele Wirkungen kennenlernen. So erwirbt er frühzeitig große Erfahrung. Er erhält seinen Unterricht von der Natur und nicht von den Menschen. Er lernt um so besser, als er nirgends die Absicht sieht, ihn zu belehren. Körper und Geist werden gleichzeitig geübt. Und da er immer nach eignem und nicht nach dem Ermessen anderer handelt, vereinigt er ständig zwei Vorgänge: je kräftiger und stärker er wird, um so einsichtvoller und verständiger wird er auch. Nur so besitzt man eines Tages, was man für unvereinbar hält, was aber alle großen Männer besessen haben: Körperkraft und Seelenstärke, die Vernunft eines Weisen und die Stärke eines Athleten.

Nichtstun als Erziehungsmaxime

Ich predige dir, mein junger Erzieher, eine schwere Kunst: Kinder ohne Vorschriften zu leiten und durch Nichtstun alles zu tun. Ich gebe es zu, du kannst diese Kunst in deinem Alter noch nicht können. Außerdem kannst du dabei nicht mit deinen Talenten glänzen, noch dich bei den Vätern beliebt machen. Aber sie ist die einzige, die zum Erfolg führt. Du wirst niemals Weise bilden, wenn du sie nicht zuvor zum Wildfang gemacht hast. Das war die Erziehung der Spartaner: statt sie hinter die Bücher zu klemmen, lehrte man sie zuerst, sich ihr Essen zu stehlen. Waren sie deshalb als Erwachsene ungebildet? Wer kennt nicht die Kraft und die Schärfe ihrer Antworten? Zum Siegen erzogen, vernichteten sie ihre Feinde in jeder Kriegsart. Die schwatzhaften Athener dagegen fürchteten ihre Worte ebenso wie ihre Streiche.

Kinder und Lehrer

Auch bei der besten Erziehung befiehlt der Lehrer und glaubt zu herrschen. In Wahrheit herrscht das Kind. Es beugt sich euren Forderungen, um von euch zu erhalten, was ihm gefällt. Es läßt sich eine Stunde Fleiß mit acht Tagen Nachgebigkeit bezahlen. Jeden Augenblick muß man mit ihm unterhandeln. Die Verträge, die ihr ihm nach eurer Art vorschlagt, erfüllt es nach seiner. Es dreht sie immer nach seiner Laune, besonders wenn man ungeschickterweise etwas verspricht, was es auf jeden Fall bekommt, ob es nun die auferlegten Bedingungen erfüllt oder nicht. Das Kind durchschaut gewöhnlich den Lehrer viel besser als der Lehrer das Kind. Und das ist gut so, denn es wendet nun den ganzen Scharfsinn, den es, sich selbst überlassen, auf seine Selbsterhaltung verwendet hätte, darauf an, um seine natürliche Freiheit vor den Fesseln seines Tyrannen zu bewahren. Dieser dagegen hat gar kein so dringendes Interesse, das Kind zu erforschen, und steht sich manchmal besser, ihm seine Faulheit oder seine Eitelkeit durchgehen zu lassen.

Selbsttätigkeit, Selbständigkeit

Geht also mit eurem Zögling den entgegengesetzten Weg. Mag er doch glauben, er sei der Herr, während in Wirklichkeit ihr es seid. Es gibt keine vollkommenere Unterwerfung als die, die den Schein der Freiheit wahrt: so nimmt man den Willen selbst gefangen. Ist euch das arme Kind, das nichts weiß, nichts kann und nichts kennt, nicht völlig ausgeliefert? Verfügt ihr nicht über alles, was es umgibt? Könnt ihr es nicht beeinflussen, wie ihr wollt? Sind nicht seine Arbeiten, seine Spiele, seine Vergnügungen und sein Kummer in euren Händen, ohne daß es davon weiß? Zweifellos darf es tun, was es will. Aber es darf nur das wollen, was ihr wünscht, daß es tue. Es darf keinen Schritt tun, den ihr nicht vorausbedacht hättet; es darf nicht den Mund öffnen, ohne daß ihr wüßtet, was es sagen wird.

Jean-Jacques und Emil

Dann kann es Leibesübungen treiben, die seinem Alter entsprechen, ohne seinen Geist abzustumpfen. Dann braucht es seine Schlauheit nicht darauf zu richten, sich einer unbequemen Herrschaft zu entziehen, sondern es wird sich einzig bemühen, aus allem, was es umgibt, den größtmöglichen Nutzen für sein augenblickliches Wohlbefinden zu ziehen. Dann werdet ihr staunen, was es an Feinheiten erfindet, um sich alles anzueignen, was es erreichen kann, und wie es sich wirklich daran freut, ohne sich um eine andere Meinung zu kümmern.

Leibesübungen

Laßt ihr ihm so seinen Willen, so wird es dennoch nicht eigensinnig. Wenn es nie etwas anderes tut, als was man ihm zugesteht, wird es bald nur das tun, was es soll. Obwohl es sich ständig bewegt, solange es sich um seine augenblicklichen und greifbaren Interessen handelt, werdet ihr feststellen, daß sich seine Vernunft, soweit es ihrer schon fähig ist, viel angemessener entwickelt als durch reines Wißtümeln.

Sieht es also, daß ihr ihm nicht zuwiderhandeln wollt, dann mißtraut es euch auch nicht. Da es nichts zu verbergen hat, wird es euch nicht täuschen oder belügen. Ohne Furcht gibt es sich, wie es ist. Ihr könnt es in aller Ruhe beobachten und seine ganze Umgebung für die Belehrung einrichten, die ihr ihm geben wollt, ohne daß es ihm bewußt wird, belehrt zu werden.

Es wird auch euer Verhalten nicht neugierig und eifersüchtig beobachten und sich heimlich darüber freuen, euch bei einem Fehler zu ertappen. Damit beugen wir einem großen Übel vor, denn Kinder sind, wie ich schon sagte, frühzeitig darauf bedacht, Schwächen an Erziehern zu entdecken. Diese Neigung führt zur Bosheit, entpringt ihr aber nicht. Sie kommt vielmehr aus dem Bedürfnis, eine lästige Autorität auszuschalten. Sie versuchen nur, das Joch abzuschütteln; die Mängel ihrer Lehrer liefern ihnen gute Ansatzpunkte dazu. So gewöhnen sie sich, Menschen auf ihre Fehler hin zu beobachten und sich daran zu freuen. Es ist klar, daß damit wieder eine Quelle des Lasters in Emils Herz verstopft wird. Da ihm nichts daran liegt, Fehler an

Das Kind beobachtet den Lehrer

mir zu finden, wird er auch keine suchen und wenig dazu neigen, sie bei anderen zu finden.

Dies Verfahren scheint nur darum schwierig zu sein, weil man nicht daran denkt. Es ist es im Grunde aber nicht. Mit Recht darf man bei euch die nötige Einsicht voraussetzen, um den erwählten Beruf auch auszuüben. Man muß annehmen, daß ihr den natürlichen Entwicklungsgang des Herzens kennt, daß ihr den Menschen im allgemeinen und im einzelnen zu beobachten vermögt, daß ihr im voraus wißt, was euer Zögling haben will, wenn ihr ihn mit all den Dingen bekannt macht, die seinem Alter entsprechen. Die Werkzeuge zu haben und sich ihrer gut zu bedienen wissen, heißt das nicht, Herr des Vorganges zu sein?

Eigensinn

Ihr sagt, die Kinder seien eigensinnig, aber ihr habt unrecht. Eigensinn ist bei Kindern niemals das Werk der Natur, sondern einer schlechten Erziehung. Entweder mußten sie gehorchen oder sie durften befehlen. Ich habe aber schon hundertmal gesagt, daß sie weder das eine noch das andere dürfen. Euer Schüler hat also nur die Launen, die ihr ihm beigebracht habt, und es ist nur gerecht, wenn ihr für eure Fehler bestraft werdet. Ihr fragt, was man dagegen tun kann? Eine Besserung ist noch möglich, wenn ihr euch richtig verhaltet und viel Geduld habt.

Beispiel vom eigensinnigen Kind

Ich hatte einige Wochen einen Jungen zu betreuen, der nur seinen Willen durchzusetzen und ihn jedermann aufzuzwingen gewohnt war. Er steckte voller Launen[15]. Gleich am ersten Tag wollte er um Mitternacht aufstehen, um meine Nachgebigkeit zu erproben. Während ich tief schlief, springt er aus dem Bett, zieht seinen Hausrock an und ruft mich. Ich stehe auf und mache Licht. Mehr wollte er nicht. Nach einer Viertelstunde übermannte ihn der Schlaf und er legte sich, mit seinem Erfolg zufrieden, wieder nieder. Zwei Tage später wiederholt er den Versuch mit dem gleichen Erfolg. Ich zeige nicht das geringste Zeichen von Ungeduld. Als er sich wieder niederlegte und mich küßte, sagte ich ihm in aller Ruhe: mein lieber Junge, das ist ja sehr schön, aber tu es nicht wieder! Das machte ihn neugierig und gleich am nächsten Tag wollte er erproben, ob ich es wagte, ihm nicht zu gehorchen. Er stand zur gleichen Stunde auf und rief mich. Ich fragte ihn, was er wolle. Er sagte, er könne nicht schlafen. *Das ist schade*, antwortete ich ihm und verhielt mich still. Er bat mich, die Kerze anzuzünden. *Wozu?* sagte ich und verhielt mich wieder still. Diese Wortkargheit brachte ihn in Verlegenheit. Er suchte tastend das Feuerzeug und tat so, als ob er es schlüge. Ich konnte das Lachen nicht verbeißen, als ich hörte, wie er sich auf die Finger schlug. Als er einsah, daß er so nichts erreichte, kam er mit dem Feuerzeug an mein Bett. Ich sagte ihm, daß ich es nicht brauchte, und drehte mich auf die andere Seite. Da fing er an, wie unsinnig im Zimmer herumzulaufen. Er schrie, sang und machte Krach, indem er absichtlich (obwohl mit großer Vorsicht) an Tisch und Stühle anstieß, aber

Selbsttätigkeit, Selbständigkeit

trotzdem laut aufheulte, um meine Besorgnis zu erregen. Aber es half alles nichts. Ich wußte, daß er mit meinen Ermahnungen oder mit meinem Zorn gerechnet hatte, jedoch nicht mit meiner Kaltblütigkeit.

Er aber war entschlossen, meine Geduld durch seine Hartnäckigkeit zu besiegen und setzte sein Gelärme so wirksam fort, daß ich schließlich böse wurde. Aber da ich wußte, daß ich alles verderben würde, wenn ich mich plötzlich hinreißen ließe, beschloß ich eine andere Taktik. Ich stand schweigend auf, suchte das Feuerzeug und fand es nicht. Auf meine Bitte reichte er es mir, außer sich vor Freude, mich endlich besiegt zu haben. Ich schlage Feuer, zünde die Kerze an, nehme das kleine Herrchen an der Hand, führe ihn ruhig in ein Nebenzimmer, dessen Fensterläden gut geschlossen waren und wo es nichts zum Zerschlagen gab. Dort lasse ich ihn ohne Licht. Ich schloß hinter ihm ab und legte mich wieder wortlos nieder. Natürlich machte er zuerst einen Höllenlärm. Darauf war ich vorbereitet und regte mich darüber weiter nicht auf. Endlich wurde es still. Ich lausche. Ich höre, wie er sich niederlegt, und beruhige mich. Am nächsten Morgen gehe ich in das Zimmer. Mein kleiner Dickschädel liegt tief schlafend auf einem Sofa, was nach all den Anstrengungen bestimmt sehr nötig war.

Leider war damit die Geschichte nicht beendet. Die Mutter erfuhr, daß das Kind zwei Drittel der Nacht außerhalb seines Bettes verbracht hatte. Alles war sofort verdorben; das Kind war so gut wie tot. Die Gelegenheit zur Rache schien ihm günstig und es spielte den Kranken, ohne zu bedenken, daß es auch dabei nichts gewinnen würde. Der Arzt wurde gerufen. Zum Leidwesen der Mutter war der Arzt aber ein Spaßvogel, dem es Freude machte, ihre Angst zu vermehren. Mir aber flüsterte er zu: Lassen Sie mich nur machen! Dem Jungen werde ich die Laune, den Kranken zu spielen, versalzen. Tatsächlich verschrieb er ihm Diät und Bettruhe, und der Apotheker hatte sich weiter um ihn zu kümmern. Mir tat die Mutter leid, die von aller Welt betrogen wurde, außer von mir, den sie nicht leiden konnte, weil ich sie nicht betrog.

Nach reichlich harten Vorwürfen sagte sie mir, daß ihr Sohn zart und der Stammhalter der Familie wäre, dessen Leben um jeden Preis erhalten werden müsse, und daß sie nicht dulde, daß ihm zuwider gehandelt werde. Darin war ich mit ihr einig, nur verstand sie darunter, sich seinem Willen zu beugen. Ich sah aber, daß man mit der Mutter auf die gleiche Weise verfahren müsse wie mit dem Kind. Madame, sagte ich kühl, ich weiß nicht, wie man einen Stammhalter erzieht, und will es auch nicht wissen. Ziehen Sie daraus Ihre Konsequenzen. Da man mich noch für einige Zeit brauchte, schlichtete der Vater den Streit. Die Mutter schrieb ihrem ständigen Erzieher, sich mit der Rückkehr zu beeilen. Als das Kind einsah, daß es nichts erreichte, wenn es meinen Schlaf störte oder sich krank stellte, entschloß es sich, wieder durchzuschlafen und gesund zu sein.

Man kann sich gar nicht vorstellen, mit wie vielen ähnlichen Launen das Kind seinen Erzieher tyrannisiert hatte. Denn das Kind wurde unter den Augen der Mutter erzogen, die nicht duldete, daß man sich ihrem Stammhalter widersetzte. Wann immer er ausgehen wollte, man mußte bereit sein, ihn zu führen oder vielmehr, ihm zu folgen. Mit Sorgfalt wählte er genau den Augenblick, in dem sein Erzieher am beschäftigtsten war. Mit mir wollte er es genauso treiben und sich dadurch rächen, daß er mir am Tage die Ruhe raubte, die er mir gezwungenermaßen in der Nacht lassen mußte. Ich aber fügte mich freiwillig und suchte ihm augenfällig zu beweisen, daß es mir Spaß machte, ihm gefällig zu sein. Denn, um ihn von seiner Laune zu heilen, wandte ich folgende Methode an.

Er mußte einmal deutlich unrecht haben, und ihn dahinzubringen war nicht schwer. Da ich wußte, daß Kinder nur dem Augenblick leben, nützte ich den Vorteil meiner Voraussicht. Ich verschaffte ihm zu Hause einen Zeitvertreib, der ihn völlig fesselte. In dem Augenblick, als er sich völlig darin vertieft hatte, schlug ich ihm einen Spaziergang vor. Entrüstet schlug er ab. Ich bestand darauf; er hörte mir nicht mehr zu. Ich mußte nachgeben, und er merkte sich genau dies Zeichen meiner Nachgebigkeit.

Am nächsten Tag kam ich an die Reihe. Er langweilte sich — dafür hatte ich gesorgt — während ich selber sehr beschäftigt schien. Mehr brauchte er nicht zu seinem Entschluß. Sofort entschied er sich, mich von der Arbeit wegzuholen und mit mir ausgehen zu wollen. Ich lehnte ab. Er bestand darauf. Nein, sagte ich, du hast gestern deinen Willen durchgesetzt; du hast mich gelehrt, heute meinen Willen durchzusetzen. Ich will nicht ausgehen. Gut, entgegnete er heftig, dann gehe ich allein! Wie du willst, sagte ich, und setzte meine Arbeit fort.

Etwas beunruhigt über meine Teilnahmslosigkeit zog er sich an. Als er fertig war, kam er, sich zu verabschieden. Ich erwidere seinen Gruß. Er versuchte mich mit seinen Wegen, die er machen wollte, zu ängstigen. Wenn man ihm glauben wollte, so hatte er vor, bis ans Ende der Welt zu gehen. Ich aber wünschte ihm kaltblütig eine gute Reise. Seine Verwirrung verdoppelt sich, aber er nimmt sich zusammen und befiehlt, zum Ausgehen fertig, seinem Diener, ihm zu folgen. Der aber war von mir unterrichtet worden und antwortete, daß er keine Zeit habe; da er für mich zu tun habe, müsse er eher mir gehorchen als ihm. Der Junge war sprachlos. Es erschien ihm unfaßbar, allein auszugehen, wo er doch bisher die Hauptperson und überzeugt war, daß Himmel und Erde um seine Erhaltung besorgt wären!

Selbsttätigkeit, Selbständigkeit 109

Inzwischen beschleicht ihn das Gefühl seiner Schwäche. Er begreift, daß er mitten unter Unbekannten allein sein wird, und er denkt an die möglichen Gefahren. Nur sein Trotz erhält ihn aufrecht. Langsam und beklommen geht er die Treppe hinunter, tritt schließlich auf die Straße und tröstet sich bei dem Gedanken, daß man mich für jedes Mißgeschick, das ihm zustoßen könnte, verantwortlich machen wird.

Das lag aber in meinem Plan. Alles war vorher abgemacht worden. Da es sich um eine Art öffentlichen Auftrittes handelte, hatte ich vorher die Zustimmung des Vaters eingeholt. Kaum hatte er einige Schritte gemacht, da hört er schon rechts und links peinliche Bemerkungen: Sieh doch, Nachbar, das junge Herrchen! Wohin geht denn der so allein. Der läuft noch in seinen Verderben. Ich will ihn bitten, zu uns hereinzukommen. Bei Gott, lassen Sie das bleiben, Nachbarin! Sehen Sie nicht, daß das ein Nichtsnutz ist, den man aus dem Haus gejagt hat, weil er nichts taugt! So einen Schlingel darf man nicht zurückhalten. Laßt ihn laufen, wohin er will. Was kann man da machen? Gott mag ihn schützen! Es sollte mir aber leid tun, wenn ihm ein Unglück zustößt! Ein wenig weiter trifft er auf gleichaltrige Gassenjungen, die ihn hänseln und sich über ihn lustig machen. Je weiter er geht, desto größer wird seine Verlegenheit. Allein und schutzlos fühlt er sich von aller Welt verspottet und stellt zu seiner großen Überraschung fest, daß ihm sein Schulterband und sein goldgewirktes Kleid kein Ansehen verschaffen.

Unterdessen folgte ihm, ohne daß er es merkte, einer meiner Freunde, den er nicht kannte und den ich beauftragt hatte, auf ihn achtzugeben. Als der Junge nicht mehr aus noch ein wußte, sprach er ihn an. Diese Rolle, die der des Sbrigani im *Pourceaugnac* ähnlich war, verlangte einen Mann von Geist. Sie wurde vorzüglich gespielt. Ohne den Jungen durch einen Schock zu verschüchtern oder zu erschrecken, machte er ihm sein unbesonnenes Abenteuer so deutlich, daß er mir nach einer halben Stunde ein folgsames und beschämtes Kind zurückbrachte, das nicht einmal die Augen zu heben wagte.

Das Mißgeschick seines Ausfluges wurde aber erst voll, als im Augenblick seiner Rückkehr sein Vater herunterkam und ihm auf der Treppe begegnete. Nun mußte er erzählen, woher er käme und warum ich nicht bei ihm wäre*. Der arme Junge wäre am liebsten in der Erde versunken. Ohne sich damit aufzuhalten, ihm eine lange Predigt zu halten, sagte der Vater trockener als ich es von ihm erwartet hatte: Wenn du wieder allein ausgehen willst, so kannst du es tun. Da ich aber in meinem Hause keinen

---

* In einem solchen Fall kann man ohne Gefahr die Wahrheit von einem Kinde verlangen, denn es weiß genau, daß es sie nicht verbergen kann: Man kann es sofort überführen, wenn es zu lügen wagte.

Landstreicher dulden kann, so erinnere dich, daß du dann auch nicht mehr heimzukommen brauchst.

Auch ich empfing ihn ohne Vorwurf und Spott, aber ein wenig ernst. Da ich fürchtete, er könnte das Ganze für ein abgekartetes Spiel halten, ging ich an dem Tage nicht mehr mit ihm aus. Am nächsten Tag stellte ich befriedigt fest, daß er mit Siegermiene an den Leuten vorbeiging, die sich tags zuvor über ihn lustig gemacht hatten, weil er allein war. Man kann sich vorstellen, daß er mir nicht mehr drohte, ohne mich auszugehen.

Durch diese und ähnliche Mittel brachte ich ihn in der kurzen Zeit, in der ich ihn betreute, dahin, daß er alles tat, was ich wollte, ohne Vorschriften, ohne Verbote, ohne Predigten und Ermahnungen, ohne nutzlose und langweilige Belehrungen. Solange ich redete, war er zufrieden; mein Schweigen aber machte ihn besorgt, weil er merkte, daß etwas nicht in Ordnung war. Die Lehre aber zog er aus der Sache selbst. Nun zurück zum Thema!

Leibes- und Geistesübungen

Diese ständigen und kindgemäßen Leibesübungen stärken den Körper und stumpfen den Geist keineswegs ab. Sie bilden im Gegenteil in uns die einzige Art von Vernunft aus, zu der wir im Kindesalter fähig sind, und die für jedes Alter unentbehrlich ist. Sie lehren uns, wie man seine Kräfte anwenden muß, die Beziehungen unseres Leibes zur Umgebung und die Anwendung der natürlichen Hilfsmittel, die uns zur Verfügung stehen und die unseren Organen entsprechen. Gibt es etwas Dümmeres als ein Kind, das ständig im Zimmer und unter den Augen der Mutter erzogen worden ist, und das, unwissend, was Gewicht und Widerstand sind, einen Baum ausreißen oder einen Felsen heben will. Als ich das erste Mal aus Genf herauskam, wollte ich einem galoppierenden Pferd nachlaufen und warf Steine gegen den Berg von Salève, der zwei Meilen von mir entfernt lag. Die Dorfjungen lachten mich aus und sahen in mir einen Narren. Mit achtzehn lernt man in der Physik, was ein Hebel ist. Es gibt aber keinen Bauernjungen von zwölf Jahren, der einen Hebel nicht besser bedienen könnte als der gelehrteste Physiker der Akademie. Was die Schüler im Schulhof untereinander lernen, ist hundertmal nützlicher als alles, was man ihnen in der Klasse sagen kann.

Seht euch eine Katze an, wenn sie zum ersten Mal ein Zimmer betritt. Sie streicht umher, sie äugt und wittert und ist immerzu in Bewegung. Sie traut keinem Ding, ehe sie nicht alles untersucht und kennengelernt hat. So macht es auch das Kind, wenn es zu laufen beginnt und sozusagen den Raum der Welt betritt. Der ganze Unterschied liegt darin, daß die Natur zum gemeinsamen Geseh dem Kind die Hände zum Getast und der Katze das Geriech gegeben hat. Wird diese Veranlagung gut oder schlecht ausgebildet, so wird das Kind geschickt oder ungeschickt, träge oder munter, leichtsinnig oder vorsichtig.

Übung der Organe und Sinne, Kleidung, Schlaf

Der Mensch macht also seine ersten Bewegungen, um sich mit allem, was ihn umgibt, zu messen und die sinnlichen Eigenschaften der wahrgenommenen Gegenstände zu erproben. Seine ersten Erkenntnisse sind also eine Art von Experimentalphysik, die sich auf seine eigene Erhaltung bezieht und von der man ihn durch spekulative Studien ablenkt, ehe er seinen Platz in dieser Welt erkannt hat. Solange sich seine noch zarten und biegsamen Organe den Gegenständen, mit denen sie umgehen müssen, anpassen können, solange seine noch reinen Sinne frei von Täuschungen sind, ist es Zeit, beide in der ihnen eigentümlichen Weise zu üben und sie zu lehren, die sinnlich erfaßbaren Beziehungen zwischen den Dingen und sich selbst kennenzulernen. Da der Mensch alles, was er begreift, nur durch die Sinne begreift, so ist die erste Vernunft des Menschen eine sinnenhafte Vernunft; sie bildet die Grundlage der intellektuellen Vernunft. Unsere ersten Philosophielehrer sind unsere Füße, unsere Hände, unsere Augen. An ihre Stelle Bücher zu setzen, heißt nicht, uns vernünftig denken lehren, sondern uns der Vernunft anderer zu bedienen, d. h. uns zu lehren, viel zu glauben und nie etwas wirklich zu wissen.

Sinnliche Erfassung der Umwelt

Wer eine Kunst ausüben will, der muß sich zuerst die Werkzeuge beschaffen. Wer sich ihrer richtig bedienen will, der muß sie dauerhaft machen, damit sie dem Gebrauch auch standhalten. Um denken zu lernen, müssen wir also unsere Glieder, unsere Sinne und unsere Organe üben, denn sie sind die Werkzeuge unseres Geistes. Um den größten Nutzen daraus zu ziehen, muß der Körper, ihr Träger, kräftig und gesund sein. Die wahre Vernunft entwickelt sich also nicht unabhängig vom Körper, sondern im Gegenteil, die gute körperliche Verfassung macht alle geistigen Akte leicht und sicher.

Um zu zeigen, wozu die lange Muße der Kindheit dient, gehe ich auf eine Kleinigkeit ein, die lächerlich erscheinen könnte. Was ist das schon für ein Unterricht, wird man sagen, der deiner eigenen Kritik unterliegt und sich darauf beschränkt, zu lehren, was niemand zu lernen braucht! Wozu seine Zeit mit Belehrungen vergeuden, die von selbst kommen und weder Mühe noch Sorge machen? Welches Kind von zwölf Jahren weiß nicht schon alles, was du deinen Zögling lehren willst und was ihm darüber hinaus schon seine Lehrer beigebracht haben.

Sie irren, meine Herren! Ich lehre meinen Zögling eine sehr weitreichende und schwierige Kunst, die eure Zöglinge sicher nicht beherrschen: nämlich die Kunst, unwissend zu sein. Denn das Wissen dessen, der nur zu wissen glaubt, was er weiß, ist recht beschränkt. Ihr lehrt die Naturwissenschaft. Gut! Ich beschäftige mich mit dem Werkzeug, mit dem man sie erwirbt. Man erzählt, die Venediger hätten eines Tages einem spanischen

Die Kunst, unwissend zu sein

Gesandten den Schatz von Sankt Markus gezeigt. Der hat unter den Tisch geblickt und statt einer Lobeshymne nur gesagt: *Qui non c'è la radice:* Hier ist die Wurzel nicht. Wenn ich sehe, wie ein Erzieher das Wissen seines Schülers zur Schau stellt, dann möchte ich am liebsten dasselbe sagen.

Gymnastische Übungen

Wer über die Lebensweise der Alten nachgedacht hat, schreibt ihre Körper- und Seelenkräfte, durch die sie sich so wesentlich von uns unterscheiden, den gymnastischen Übungen zu. Der Nachdruck, mit dem Montaigne diese Meinung unterstützt, zeigt seine feste Überzeugung. Immer wieder kommt er auf tausend verschiedene Weisen darauf zurück. Wenn er von der Erziehung eines Kindes spricht, sagt er: Um seine Seele zu festigen, muß man seine Muskeln stärken; gewöhnt man es an Arbeit, so härtet man es gegen den Schmerz ab; gewöhnt man es an Anstrengungen, so hilft man ihm, Verrenkungen, Leibschmerzen und alle Leiden zu ertragen. Der weise Locke, der gute Rollin, der gelehrte Fleury, der Pedant de Crousaz sind, so sehr sie auch sonst uneinig sind, in dem Punkte einig, daß das Kind viel Leibesübung braucht. Von allen ihren Vorschriften ist das die vernünftigste. Sie ist und wird aber am meisten vernachlässigt. Ich habe schon oft über ihre Bedeutung gesprochen, und da man keine besseren Gründe und keine vernünftigeren Regeln darüber geben kann, als Locke sie in seinem Buche gibt, so begnüge ich mich, darauf zu verweisen, nachdem ich mir erlaubt habe, eigene Beobachtungen hinzuzufügen.

Kleidung

Wachsende Gliedmaßen müssen Raum in ihren Kleidern haben. Nichts darf ihre Bewegung und ihr Wachstum hindern. Nichts darf zu knapp, nichts zu hauteng sein. Nichts darf abschnüren. Die französische Kleidung ist schon für die Erwachsenen ungesund und unbequem, für die Kinder ist sie schädlich. Die Säfte stocken, sie sind in ihrem Kreislauf gehemmt und erstarren in einer Bewegungslosigkeit, die durch die untätige und sitzende Lebensweise noch gesteigert wird. Sie zersetzen sich und erzeugen den Skorbut, eine Krankheit, die bei uns täglich zunimmt und die den Alten fast unbekannt war, da sie ihre Kleidung und ihre Lebensweise davor bewahrte. Die Husarentracht hilft nicht, sie vermehrt das Übel, und um den Kindern ein paar Schnürbänder zu ersparen, schnürt sie den ganzen Körper ein. Am besten läßt man die Kinder so lange wie möglich in Röckchen laufen und gibt ihnen ganz weite Kleider. Man hüte sich, die Taille zu schnüren, denn das führt zur Verkrüppelung. Die körperlichen und geistigen Mängel der Kinder entspringen fast alle der gleichen Quelle: man will vor der Zeit Erwachsene aus ihnen machen.

Es gibt heitere und düstere Farben. Die heiteren entsprechen mehr dem Geschmack der Kinder und kleiden sie auch besser. Ich sehe nicht ein, warum man hier nicht dem natürlichen Brauch folgen sollte. Sobald sie aber einen Stoff vorziehen, weil er kostbarer ist, ist ihr Herz schon dem Luxus und den Launen der Mode ausgeliefert: diese Vorliebe stammt nicht aus ihnen selbst. Es ist unglaublich, wie sehr die Erziehung durch die Wahl der Kleider und die Motive zu dieser Wahl beeinflußt wird. Nicht genug, daß verblendete Mütter ihren Kindern kostbare Kleider als Belohnung versprechen, es gibt sogar bornierte Erzieher, die ihren Zöglingen mit einem groben und einfachen Gewand als Strafe drohen. Wenn du nicht besser lernst, wenn du deine Sachen nicht besser in Ordnung hältst, wird man dich wie einen Bauernjungen anziehen. Das ist, als ob man ihnen sagte, daß der Mensch nur durch die Kleidung wirkt und daß sein Wert im Gewand liegt. Braucht man sich da zu wundern, wenn die Jugend nach solchen weisen Lehren nur mehr den Putz liebt und das Verdienst nur nach dem Äußeren beurteilt?

Hätte ich einem derart verwöhnten Kind wieder den Kopf zurechtzusetzen, so würde ich dafür sorgen, daß seine reichsten Kleider auch die unbequemsten wären, daß es sich darin dauernd beengt, behindert und auf hunderterlei Weise unfrei fühlte. Alle Freiheit und Fröhlichkeit müßte vor dieser Pracht weichen. Wenn er mit anderen, einfacher gekleideten Kindern spielen will, muß das Spiel aufhören und die Kinder müssen fortlaufen. Ich würde es mit seiner Pracht so langweilen und so überfüttern, ich machte mich derart zum Diener seines goldenen Rockes, daß er ihm zur Last seines Lebens würde, daß es sich weniger vor einem schwarzen Gefängnis fürchtete als vor seinen Prachtgewändern. Solange das Kind nicht unseren Vorurteilen unterworfen ist, ist Bequemlichkeit und Ungebundenheit sein größter Wunsch. Die einfachste, bequemste und zwangloseste Kleidung ist ihm auch die liebste.

Es gibt eine tätige und eine untätige Lebensweise. Untätigkeit **Lebensweise** läßt die Säfte einförmig und gleichmäßig fließen und schützt den Körper vor Luftveränderungen. Tätigkeit gewöhnt den Körper an den ständigen Wechsel von Bewegung und Ruhe und von Hitze und Kälte. Daraus folgt, daß sich Stubenhocker zu allen Zeiten und zu allen Tagesstunden immer warm anziehen müssen, um sich eine gleichmäßige Körpertemperatur zu erhalten. Diejenigen aber, die bei jedem Wetter unterwegs sind, sich viel bewegen und die meiste Zeit unter freiem Himmel verbringen, müssen leicht gekleidet sein, um sich an alle Wetterunbilden und Temperaturumschwünge zu gewöhnen, ohne darunter zu leiden. Beiden rate ich, sich nicht nach der Jahreszeit zu kleiden. So wird es auch mein Emil ständig halten. Darunter verstehe ich nicht, daß er im Sommer wie ein Stubenhocker seine Winterkleider, sondern daß er im Winter wie die Arbeiter Sommerkleider trägt. So hielt es Sir Newton sein Leben lang und wurde achtzig Jahre alt.

Leichte oder gar keine Kopfbedeckung zu jeder Jahreszeit. Die **Kopfbedeckung** alten Ägypter gingen immer barhaupt. Die Perser trugen dicke

Mützen und tragen jetzt noch dicke Turbane, was nach Chardin wegen des Klimas notwendig ist. Andrenorts[16] habe ich den Unterschied erwähnt, den Herodot auf einem Schlachtfeld zwischen den Schädeln der Perser und denen der Ägypter feststellte. Da es wichtig ist, daß die Schädelknochen härter, fester, weniger zerbrechlich und weniger durchlässig werden, damit sie das Gehirn nicht nur gegen Verletzungen, sondern auch gegen Erkältungen, Entzündungen und alle Luftveränderungen schützen, gewöhnt eure Kinder sommers wie winters daran, Tag und Nacht barhaupt zu sein. Wenn ihr ihnen wegen der Sauberkeit oder um ihr Haar in Ordnung zu halten Nachthäubchen geben wollt, so nehmt eine dünne und durchbrochene Haube, ähnlich dem Haarnetz der Basken. Ich weiß, daß die Mütter eher von den Bemerkungen Chardins überzeugt sind als von meinen Gründen und überall persisches Klima vorzufinden meinen. Ich aber habe mir keinen europäischen Zögling ausgesucht, um einen Asiaten aus ihm zu machen.

Dicke und dünne Kleidung Im allgemeinen zieht man die Kinder, besonders im ersten Alter, zu dick an. Man müßte eher gegen die Kälte als gegen die Wärme abhärten. Große Kälte macht ihnen nichts aus, wenn man sie früh daran gewöhnt. Da ihre Haut noch sehr locker und zart ist und sie leicht schwitzen, erschöpft sie übertriebene Wärme unvermeidlich. Daher kann man im August eine größere Kindersterblichkeit feststellen als in anderen Monaten. Übrigens scheint ein Vergleich zwischen nördlichen und südlichen Völkern zu bestätigen, daß man sich bei großer Kälte kräftiger entwickelt als bei großer Hitze. Wird das Kind größer und kräftiger in seinen Geweben, so gewöhne man es nach und nach, auch die strahlende Sonne zu ertragen. Wenn man stufenweise vorgeht, wird man es ohne Gefahr sogar gegen die Glut tropischer Zonen abhärten.

Wassertrinken Locke verfällt mitten unter männlichen und vernünftigen Vorschriften in Widersprüche, die man bei einem so exakten Denker nicht erwarten sollte. Derselbe Mann, der will, daß man die Kinder im Sommer im eiskalten Wasser badet, will nicht, daß sie erhitzt frisches Wasser trinken oder sich an feuchten Stellen auf die Erde legen*. Da er aber will, daß die Kinderschuhe zu allen Zeiten wasserdurchlässig seien, lassen sie dann weniger Wasser durch, wenn das Kind erhitzt ist? Kann man nicht von den Füßen auf den Leib schließen wie von den Händen auf die Füße und vom Gesicht auf den Körper? Wenn du willst — würde ich ihm sagen — daß der Mensch ganz Gesicht sei, warum tadelst du mich, wenn ich will, daß er ganz Fuß sei?

---

* Als ob die Bauernjungen nur trockene Stellen aussuchten, um sich zu setzen oder hinzulegen; als ob man je gehört hätte, daß die Bodenfeuchtigkeit auch nur einem von ihnen geschadet hätte. Hört man darüber Ärzte reden, so könnte man glauben, daß die Wilden samt und sonders an Rheumatismus litten!

Um erhitzte Kinder am Trinken zu hindern, schreibt er vor, daß man sie vorher ein Stück Brot essen lasse. Es ist aber sehr seltsam, daß man einem durstigen Kind zu essen geben solle. Ich gäbe lieber einem hungrigen zu trinken. Man wird mich nie überzeugen können, daß unsere Bedürfnisse so ungeregelt seien, daß wir sie nur unter Lebensgefahr befriedigen können. Wäre das der Fall, dann wäre das Menschengeschlecht schon hundertmal zugrunde gegangen, ehe es gelernt hätte, sich zu erhalten.

Wann immer Emil Durst hat, soll er zu trinken bekommen und zwar klares Wasser ohne jede Zubereitung und ohne Abstehen, auch wenn er vor Schweiß trieft oder wenn es mitten im Winter ist. Ich empfehle nur, auf die Qualität des Wassers zu achten. Ist es Flußwasser, gebe man es ihm so, wie es aus dem Fluß kommt. Ist es Quellwasser, so muß es vor dem Trinken eine Weile abstehen. Im Sommer sind die Flüsse warm, jedoch nicht die Quellen, da sie keine Verbindung mit der Lufttemperatur hatten. Man muß warten, bis sich das Wasser angeglichen hat. Im Winter jedoch ist das Quellwasser weniger gefährlich als das Flußwasser. Dagegen ist es unnatürlich und selten, daß man im Winter schwitzt, besonders im Freien, denn die kalte Luft streicht unaufhörlich über die Haut, treibt den Schweiß zurück und verhindert, daß sich die Poren öffnen und den Schweiß frei durchlassen. Damit will ich nicht sagen, daß sich Emil seine Bewegung im Winter hinter einem warmen Ofen macht, sondern draußen, mitten auf dem Feld zwischen Schnee und Eis. Solange er sich nur mit Schneeballwerfen erhitzt, darf er trinken, wenn er Durst hat; bewegt er sich nur weiter, so ist nichts zu befürchten. Auch wenn er durch eine heftige Anstrengung in Schweiß gerät, darf er kalt trinken, wenn er Durst hat. Nur muß er sich dann das Wasser eine Strecke weit und ruhigen Schrittes holen. Die Kälte hat ihn dann bei seiner Rückkehr so weit abgekühlt, daß er ohne Gefahr trinken kann. Von allen diesen Vorsichtsmaßnahmen darf er nichts merken. Mir wäre lieber, er wäre manchmal krank als dauernd um seine Gesundheit besorgt.

Kinder müssen lange schlafen, weil sie sich viel bewegen. Eins Schlafen
dient dem anderen als Ausgleich, daher haben sie beides nötig. Die Nacht ist die Zeit der Ruhe: so will es die Natur. Die Beobachtung bestätigt es, daß man ruhiger und sanfter schläft, solange die Sonne unter dem Horizont ist. Die sonnenwarme Luft läßt uns nicht so tief ruhen. Deshalb ist es am gesündesten, mit der Sonne aufzustehen und mit ihr schlafen zu gehen. Daraus folgt, daß der Mensch, wie alle Tiere im allgemeinen, in unseren Breiten im Winter länger schlafen muß als im Sommer. Aber das bürgerliche Leben ist nicht einfach, nicht natürlich und nicht frei genug von Umwälzungen und Störungen, als daß man den Menschen so an diese Gleichförmigkeit gewöhnen sollte, daß sie ihm zur Notwendigkeit wird. Zweifellos muß man sich

Regeln unterwerfen, aber die erste ist, daß man sie ungestraft übertreten darf, wenn es nötig ist. Verweichlicht also euren Zögling nicht unbedachterweise, indem ihr ihn immer ungestört und ohne Unterbrechung schlafen laßt. Überlaßt ihn zuerst ungehindert dem Gesetz der Natur. Vergeßt aber nicht, daß er über diesem Gesetz stehen muß; daß er ohne Beschwerden imstande sein muß, spät schlafen zu gehen, früh aufzustehen, plötzlich geweckt zu werden und ganze Nächte aufzubleiben. Gewöhnt man ihn früh daran, indem man langsam und stufenweise fortschreitet, so bildet man seinen Charakter an den gleichen Dingen, die ihn zerstören würden, wenn er ihnen erst als Erwachsener ausgesetzt ist.

Hart liegen Es ist wichtig, daß man sich von Anfang an daran gewöhnt, hart zu liegen: dann findet man kein Bett mehr schlecht. Zur Gewohnheit gewordene Abhärtung vervielfacht die angenehmen Seiten des Lebens, während Verweichlichung zahllose Unannehmlichkeiten mit sich bringt. Zu weichlich erzogene Menschen können nicht mehr schlafen, wenn sie nicht auf Daunenkissen liegen. Wer auf Brettern schlafen gelernt hat, schläft überall. Es gibt kein hartes Bett für den, der mit dem Hinlegen einschläft.

Ein weiches Bett, in dem man sich in Federn und Daunen vergräbt, erschlafft den Körper und löst ihn sozusagen auf. Die Nieren erhitzen sich in den warmen Hüllen. Daraus entstehen oft Nierensteine und andere Leiden, unweigerlich aber eine Anfälligkeit für alle Leiden.

Das beste Bett ist, das den besten Schlaf verschafft, und den bereiten Emil und ich uns tagsüber vor. Wir brauchen keine persischen Sklaven, die uns die Betten herrichten: wir graben die Erde um und schütteln damit unsere Matratzen auf.

Ich weiß aus Erfahrung, daß man ein gesundes Kind fast nach Belieben zum Schlafen bringen oder wachhalten kann. Ist es zu Bett gebracht und langweilt durch sein Geplapper das Kindermädchen, so sagt sie ihm: *Schlaf jetzt!* Das ist, als ob sie ihm sagte: *Werd gesund!*, wenn es krank ist. Das wahre Mittel, es zum Einschlafen zu bringen, ist, es zu langweilen. Redet so viel, daß es nicht zu Wort kommt und es wird alsbald einschlafen. Predigten sind immer zu etwas gut. Eine Predigt ersetzt das Wiegen. Aber wenn ihr sie abends als Schlafmittel verwendet, hütet euch, sie auch am Tag zu verwenden.

Abhärtung Ich werde Emil gelegentlich aufwecken, weniger aus Furcht, er könnte sich zu langes Schlafen angewöhnen, als um ihn mit allem vertraut zu machen; auch damit, aus dem Schlaf gerissen zu werden. Außerdem wäre ich ein schlechter Erzieher, wenn ich ihn nicht dahin brächte, von selbst aufzuwachen und gewissermaßen nach meinem Willen ohne ein lautes Wort aufzustehen.

Schläft er nicht genug, stelle ich ihm einen langweiligen Vormittag in Aussicht, und er wird jeden Augenblick, den er noch verschlafen kann, als Gewinn betrachten. Schläft er zuviel, führe ich ihm beim Erwachen seine Lieblingsbeschäftigung vor. Will ich, daß er zu einem bestimmten Zeitpunkt aufwacht, sage ich: Morgen gehen wir um sechs Uhr fischen, oder wir gehen dort und dorthin. Hast du Lust mitzukommen? Er ist einverstanden und bittet mich, ihn zu wecken. Ich verspreche es oder auch nicht, wie es mir paßt. Verschläft er, so bin ich schon fort. Es wäre doch merkwürdig, wenn er nicht bald lernte, allein aufzuwachen.

Sollte aber einmal ein träges Kind (was selten vorkommt) in einer erschlaffenden Faulheit steckenbleiben, dann darf man es diesem Hang nicht überlassen, sondern muß ihm eine Ermunterung geben, die es aufweckt. Wohlgemerkt, es handelt sich nicht darum, es mit Gewalt zu aktivieren, sondern man muß etwas finden, was seine Eigentätigkeit anregt. Trifft man das geschickt und entspricht es seiner Natur, erreicht man zwei Ziele auf einmal.

Ich kann mir nichts vorstellen, wofür man nicht Kindern mit einigem Geschick, auch ohne Eitelkeit, Wetteifer und Eifersucht, Lust, ja sogar heftige Neigung einflößen könnte. Ihre Lebhaftigkeit, ihr Nachahmungstrieb genügen. Vor allem aber ihre natürliche Fröhlichkeit: ein sicherer Ansatzpunkt, auf den bisher noch kein Erzieher gekommen ist. In allen Spielen, die ihrer festen Überzeugung nach wirklich nur Spiele sind, ertragen sie ohne Klagen, ja sogar unter Lachen, was sie sonst nur mit Tränen und Wehklagen erduldeten: Hunger, Schläge, Brandwunden und Anstrengungen jeder Art gehören zur Unterhaltung junger Wilder, was nur beweist, daß sogar der Schmerz eine Lust hat, die ihm seine Bitterkeit nimmt. Nicht jeder Lehrer kann dieses Gericht bereiten, und nicht jeder Schüler kann es, ohne das Gesicht zu verziehen, schlucken. Aber ich verliere mich nicht in Ausnahmefällen. *Echtes Spiel*

Ohne Ausnahme aber ist der Mensch dem Schmerz, den Leiden seiner Gattung, den Unglücksfällen und Lebensgefahren und schließlich dem Tod unterworfen. Je vertrauter man ihn mit all diesen Vorstellungen macht, desto weniger wird ihn die Empfindlichkeit belästigen, die zum Übel die Ungeduld, es zu ertragen, hinzufügt. Je vertrauter man ihn mit den Leiden macht, die ihn treffen können, desto mehr nimmt man ihnen, wie Montaigne sagen würde, den Stachel des Fremdartigen und desto unverwundbarer und härter macht man seine Seele. Sein Körper ist der Panzer, an dem alle Pfeile abprallen, die sein Leben bedrohen könnten. Das Nahen des Todes ist nicht der Tod selber: er wird auch kaum so empfunden. Er stirbt sozusagen nicht: er lebt oder er ist tot, weiter nichts. Auch von ihm hätte Montaigne sagen können, was er von einem König von Marokko *Schmerz* sagte, daß es keinen Menschen gäbe, der so weit in seinen Tod hineingelebt hat. Standhaftigkeit und Festigkeit gehören, wie die anderen Tugenden, zur Lehre der Jugend; man lehrt sie die Kinder aber nicht dadurch, daß man ihnen die Namen, sondern dadurch, daß man ihnen den Geschmack davon beibringt, ohne daß sie wissen, was das ist.

Impfen

Da vom Tod die Rede ist, wie verhalten wir uns den Blattern gegenüber? Lassen wir Emil als Kind impfen, oder warten wir, bis er sie bekommt? Die erste Methode entspricht der herrschenden Praxis und schützt das Leben in einem Alter, wo es am teuersten ist, auf die Gefahr für eine Zeit, wo es weniger teuer ist — wenn man bei einer gut durchgeführten Impfung überhaupt von Gefahr reden kann.

Die zweite Methode entspricht mehr meinen allgemeinen Prinzipien, die Natur allein walten zu lassen, was sie bald aufgibt, wenn sich der Mensch einmischt. Der naturverbundene Mensch ist immer bereit: lassen wir also diesen Meister selber impfen. Er wählt den rechten Augenblick besser als wir.

Man möge nicht daraus schließen, daß ich das Impfen verwerfe, denn die Gründe, weswegen ich meinen Schüler nicht impfen lasse, taugen nicht für eure Schüler. Eure Erziehung bereitet sie nicht darauf vor, den Blattern zu entgehen, wenn sie davon befallen werden. Überlaßt ihr die Ansteckung dem Zufall, so werden sie ihnen wahrscheinlich erliegen. Ich sehe, daß man in den Ländern der Impfung am meisten widersteht, wo sie am notwendigsten ist. Der Grund ist leicht einzusehen. Ich glaube kaum, daß die Frage wert ist, sie in bezug auf Emil zu behandeln. Er wird geimpft oder nicht geimpft, je nach Ort, Zeit und Umständen. Das ist beinahe unwesentlich für ihn. Impft man ihm die Blattern ein, hat man den Vorteil, seine Krankheit vorauszusehen und zu erkennen: das ist schon viel. Bekommt er sie von selbst, dann haben wir ihn vor dem Arzt bewahrt — das ist noch mehr.

Reiten und Schwimmen

Eine exklusive Erziehung, die den Zögling nur vom Volk zu unterscheiden trachtet, zieht den teuren Unterricht dem gewöhnlichen und damit dem nützlichsten vor. So lernen alle wohlerzogenen jungen Leute reiten, weil es teuer ist, aber fast keiner lernt schwimmen, weil es nichts kostet und weil auch ein Handwerker darin Meister werden kann. Ein Reisender aber besteigt, wenn es notwendig ist, auch ohne Reitschule ein Pferd und kann sich seiner nach Bedarf bedienen. Wer aber nicht schwimmen kann, ertrinkt. Schwimmen kann man nicht, wenn man es nicht gelernt hat. Schließlich zwingt einen niemand, unter Lebensgefahr ein Pferd zu besteigen; während niemand sicher ist, den Gefahren des Wassers zu entgehen. Emil muß im Wasser zu Hause sein wie auf dem Land. Warum soll er nicht in allen Elementen leben? Wenn man fliegen lernen könnte, würde ich einen Adler aus ihm machen — und einen Salamander, um ihn gegen das Feuer zu schützen.

Man befürchtet, ein Kind könne beim Schwimmenlernen ertrinken. Ob es beim Lernen ertrinkt oder weil es nicht schwimmen gelernt hat, schuld daran seid ihr. Nur die Eitelkeit macht uns tollkühn! Wenn uns niemand zusieht, sind wir nicht mehr eitel. Emil würde es nicht sein, und wenn die ganze Welt zusähe. Da er ohne Gefahr üben kann, lernt er in einem Kanal des väterlichen Gartens, den Hellespont zu durchqueren. Man muß sich mit der Gefahr selbst vertraut machen, um zu lernen, sie nicht mehr zu fürchten. Das ist ein wesentlicher Teil der Lehre, von der ich vorhin sprach. Da ich aber die Gefahr behutsam seinen Kräften anpasse und sie immer mit ihm teile, brauche ich keine Unvorsichtigkeit zu befürchten, wenn ich auf ihn mit gleicher Sorgfalt aufpasse wie auf mich selber.

Ein Kind ist kleiner als ein Erwachsener und ist weder so **Sinne** stark noch so vernünftig. Aber es sieht und hört ebenso oder fast so gut. Es hat einen ebenso feinen, wenn auch weniger verwöhnten Geschmack; es unterscheidet genauso die Gerüche, wenn es auch nicht so empfindlich dagegen ist. Die Sinne sind die ersten Fähigkeiten, die sich in uns ausbilden und vervollkommnen. Sie sollten also am ersten gepflegt werden. Dennoch vergißt man gerade sie und vernachlässigt sie am meisten.

Die Sinne üben heißt nicht nur sie gebrauchen, sondern lernen, **Sinneserziehung** mit ihrer Hilfe richtig zu urteilen, ja, sogar zu fühlen. Denn wir können weder tasten noch sehen oder hören, wenn wir es nicht gelernt haben.

Es gibt rein natürliche und mechanische Bewegungen, die den Körper stärken, die Vernunft aber keineswegs fördern: schwimmen, laufen, springen, Kreisel treiben, Steine werfen. All das ist sehr gut — aber haben wir nur Arme und Beine? Haben wir nicht auch Augen und Ohren? Sind sie etwa überflüssig, wenn wir die Arme und Beine gebrauchen? Übt also nicht nur die Kräfte, übt auch die Sinne, die sie lenken. Nutzt jeden Sinn vollständig aus und überprüft die Wirkung des einen durch den anderen. Meßt, zählt, wägt, vergleicht. Setzt die Kraft erst ein, wenn ihr den Widerstand geprüft habt, und überlegt die Wirkung, ehe ihr die Mittel anwendet. Leitet das Kind an, sich niemals ungenügend oder überflüssig anzustrengen. Gewöhnt ihr es daran, immer die Wirkung seiner Bewegungen vorauszusehen und seine Irrtümer durch die Erfahrung zu berichtigen, ist es dann nicht einleuchtend, daß es um so vernünftiger handeln wird, je mehr es sich betätigt?

Da ist ein Klotz zu bewegen. Nimmt Emil einen zu langen Hebel, muß er zu viele Bewegungen machen. Nimmt er einen zu kurzen, reicht seine Kraft nicht aus. Nur die Erfahrung kann ihn lehren, genau den richtigen Stock zu wählen. Diese Einsicht, ist also nicht zu hoch für sein Alter. Oder es soll eine Last getragen werden. Will er ohne Probe gerade so viel nehmen, wie er tragen kann, muß er dann nicht das Gewicht mit den Augen abschätzen lernen? Hat er gelernt, Massen gleichen Stoffes, aber verschiedener Größe abzuschätzen, dann möge er sich an Massen gleicher Größen, aber verschiedener Stoffe versuchen. So muß er sich mit der Verschiedenheit des spezifischen Gewichtes beschäftigen. Ich habe einen sehr gut erzogenen jungen Mann gesehen, der erst nach einem Versuch glauben wollte, daß ein Eimer grober Eichenspäne leichter ist als derselbe Eimer voller Wasser.

Sinnesübungen

Wir sind nicht auf dieselbe Weise Herr über alle unsere Sinne. Solange wir wachen, ist einer unausgesetzt tätig: der Tastsinn. Er liegt wie ein ewiger Wächter auf der ganzen Oberfläche des Körpers und setzt uns von allem in Kenntnis, was uns schaden könnte. Mit ihm machen wir wohl oder übel unsere Erfahrungen: wir brauchen ihn folglich nicht besonders zu pflegen. Trotzdem kann man beobachten, daß die Blinden ein sichereres und feineres Getast haben als wir, weil sie keine Augen haben, die sie leiten. Sie sind daher gezwungen, sich auf diesen einen Sinn zu verlassen, um die Folgerungen zu ziehen, die uns das Auge vermittelt. Warum lehrt man uns also nicht, so wie sie, in der Dunkelheit zu gehen, Dinge tastend kennenzulernen oder Dinge aus unserer Umgebung zu erahnen. Mit einem Wort, bei Nacht und ohne Licht das zu tun, was sie bei Tag ohne Augen tun müssen. Solange die Sonne scheint, sind wir im Vorteil; im Finstern können sie unsere Führer sein. Die Hälfte unseres Lebens sind wir blind. Die wirklich Blinden finden sich immer zurecht, während wir bei Nacht keinen Schritt zu tun wagen. Man kann sich ja Licht machen, wird man sagen. Ja, ja, die Technik! Woher wißt ihr, daß sie uns gerade dann nicht fehlt! Mir ist es lieber, daß Emil die Augen in den Fingerspitzen hat als im Kerzenladen.

Bewegung in der Nacht

Seid ihr in der Nacht in einem Gebäude eingeschlossen, so klatscht in die Hände und ihr werdet am Widerhall erkennen, ob der Raum groß oder klein ist; ob ihr euch in der Mitte oder in einer Ecke befindet. Einen halben Fuß von der Wand entfernt vermittelt die Luft, da sie weniger kreisfließt und stärker zurückgeworfen wird, dem Gesicht ein anderes Gefühl. Bleibt stehen und dreht euch langsam um: wenn irgendwo eine Türe offen ist, so zeigt sie auch ein leichter Luftzug an. Auf einem Boot könnt ihr aus der Art, wie die Luft euer Gesicht berührt, nicht nur die Fahrrichtung erkennen, sondern auch, ob ihr langsam oder rasch abtreibt. Diese und tausend andere Beobachtungen kann man nur nachts machen; am Tag entgehen sie uns auch bei größter Aufmerksamkeit, weil uns die Augen helfen oder ablenken; sie entschlüpfen uns. Und das alles noch ohne Hände oder Stock! Wie viele Seheindrücke könnten wir durch Tasten gewinnen, ohne überhaupt etwas zu berühren!

Übung der Organe und Sinne, Kleidung, Schlaf

Viel nächtliche Spiele! Dieser Rat ist wichtiger, als er scheint. *Nächtliche*
Die Nacht erschreckt auf natürliche Weise den Menschen und *Spiele*
bisweilen auch die Tiere*. Wenige Menschen machen sich von
diesem Tribut durch Vernunft, Kenntnisse, Geist und Mut frei.
Ich habe scharfe Denker, Freigeister, Philosophen und Soldaten
gesehen, die tagsüber unerschrocken waren und nachts vor
raschelndem Laub wie Weiber gezittert haben. Diese Furcht wird
den Ammenmärchen zugeschrieben, aber man täuscht sich. Sie
hat eine natürliche Ursache. Welche? Dieselbe, die die Tauben
mißtrauisch und das Volk abergläubisch macht: die Unkenntnis
über die Dinge um uns und was um uns vor sich geht**. Da
wir gewöhnlich die Dinge schon von weitem bemerken und ihre
Wirkung im voraus erkennen, wie sollte mir da nicht tausend
Wesen und tausend Bewegungen einbilden, die mir schaden
könnten, und deren ich mich nicht erwehren kann, wenn ich sie
nicht sehe? Es nützt mir nichts, zu wissen, daß ich da, wo ich
bin, in Sicherheit bin; ich weiß es nie so genau, als wenn ich es
tatsächlich sehe. Ich habe also nachts immer einen Grund zur
Angst, den ich tagsüber nicht habe. Zwar weiß ich, daß kein
Fremdkörper ohne irgendein Geräusch auf mich einwirken
kann. Wie wachsam ist daher ständig mein Ohr! Beim geringsten Geräusch, das ich nicht ausmachen kann, läßt mich der
Selbsterhaltungstrieb gleich alles vermuten, wovor ich auf der

---

* Dieser Schreck äußert sich besonders stark bei Sonnenfinsternis-
sen.
** Hier lasse ich noch eine Ansicht folgen, die von einem Philo-
sophen trefflich dargelegt wurde, dessen Buch ich häufig zitiere und
dessen Weitblick mich noch öfter belehrt hat:
„Wenn wir uns durch besondere Umstände keine klare Vorstellung
von dem Abstand machen können und Gegenstände nur nach der
Größe des Winkels oder vielmehr nach dem Bild, das sie in unserem
Auge bilden, beurteilen, müssen wir uns notwendigerweise über ihre
Größe täuschen. Jeder hat es schon auf Reisen in der Nacht erlebt,
daß man einen nahen Busch für einen großen Baum in der Ferne oder
einen fernen Baum für einen Busch in der Nähe angesehen hat. Ebenso
täuscht man sich notwendigerweise über Gegenstände, deren Form
man nicht kennt und über deren Entfernung wir uns deshalb keine
Vorstellung machen können. So scheint uns eine Fliege, die einige Zoll
vor uns vorbeifliegt wie ein Vogel, der in großer Entfernung vorbeifliegt. Ein Pferd, das mitten auf einem Feld unbeweglich in der Haltung eines Schafes zum Beispiel dasteht, würde uns so lange als großes
Schaf erscheinen, bis wir erfahen, daß es ein Pferd ist. Sobald wir es
wissen, erscheint es augenblicklich so groß wie ein Pferd und wir
berichtigen unser erstes Urteil.
Befindet man sich nachts an unbekannten Orten, wo man die Entfernung nicht abschätzen und die Gestalt der Dinge nicht erkennen
kann, läuft man jeden Augenblick Gefahr, sich über sie zu irren. Daher
kommt die Angst und die eigentümliche innere Furcht, die fast alle
Menschen in der Finsternis empfinden. Darauf gründet sich die Erscheinung von Gespenstern und riesenhaften Spukgestalten, die so viele
gesehen haben wollen. Man sagt gewöhnlich, daß diese Gestalten nur
in ihrer Einbildung existierten. Indes können sie sie tatsächlich gesehen
haben, denn es ist gut möglich, daß sie das wirklich gesehen haben,

Hut sein muß und was mich folglich am meisten erschrecken kann.

Höre ich gar nichts, so bin ich trotzdem nicht ruhig, man könnte mich ja auch ohne Geräusch überfallen. Ich muß mir die Dinge vorstellen, wie sie vorher waren, wie sie noch sein müssen, und sehen, was ich nicht sehe. Muß ich so meine Phantasie spielen lassen, bin ich ihrer bald nicht mehr Herr, und was ich zu meiner Beruhigung unternommen habe, dient nur dazu, mich in noch größere Unruhe zu versetzen. Bei jedem Geräusch höre ich einen Dieb. Höre ich nichts, sehe ich Gespenster. Die Wachsamkeit, die mir meine Selbsterhaltung rät, bereitet mir nur Angst und Schrecken. Nur meine Vernunft könnte mich beruhigen, aber der Instinkt schreit sie nieder. Was hilft es, sich zu sagen, daß man nichts zu fürchten hat, wenn man nichts dagegen tun kann?

Angst vor der Finsternis Hat man die Ursache des Übels gefunden, kennt man das Heilmittel. Gewöhnung läßt in allen Dingen die Phantasie verdorren; nur neue Objekte regen sie wieder an. Mit den Gegenständen des Alltags hat nicht mehr die Einbildung, sondern das Gedächtnis zu tun. Das ist der Sinn des Satzes: *ab assuetis non fit passio* (gewohnte Dinge erwecken keine Leidenschaft), denn die Leidenschaften entzünden sich nur am Feuer der Phantasie. Will man jemandem die Angst vor der Finsternis nehmen, so

wovon sie sprechen. Wenn man nämlich einen Gegenstand nur nach dem Sehwinkel beurteilen kann, so muß dieser unbekannte Gegenstand in dem Maße an Größe und Umfang zunehmen, als der er uns näherkommt. Erscheint er also dem Beobachter, der ihn weder erkennen noch die Entfernung abschätzen kann, bei 20 bis 30 Schritt nur einige Fuß hoch, so muß er ihm bei einer Entfernung von nur wenigen Schritten mehrere Klafter hoch erscheinen. Das muß den Beobachter tatsächlich verwundern und erschrecken, bis er ihn berühren und erkennen kann. Im Augenblick des Erkennens schrumpft die bisher riesenhafte Gestalt ein und erscheint in ihrer wirklichen Größe. Flieht man aber oder wagt man es nicht, sich zu nähern, so wird man sicher keine andere Vorstellung von dem Gegenstand gewinnen, als das Bild in unseren Augen liefert. Man hat dann eben eine in Größe und Form riesenhafte und entsetzliche Gestalt gesehen. Der Gespensterglaube ist also in der Natur begründet und Erscheinungen hängen nicht allein von der Einbildungskraft ab, wie die Philosophen glauben." (BUFFON, *Hist. nat.*, VI, 22)

Ich habe in meiner Schrift zu zeigen versucht, wie dieser Glaube zum Teil tatsächlich von der Einbildungskraft abhängt. Was die in dem Zitat gegebene Erklärung betrifft, so sieht man, wie sehr uns die Gewöhnung, nachts zu gehen, hilft, die Erscheinungen zu unterscheiden, die die Ähnlichkeit der Form und die Verschiedenheit der Entfernung die Gegenstände in der Finsternis in unseren Augen annehmen lassen. Selbst wenn es noch hinreichend hell ist, um uns die Gegenstände erkennen zu lassen, sind doch die Umrisse in größerer Entfernung weniger deutlich zu sehen, weil mehr Luft zwischen uns und dem Gegenstand liegt. Dies genügt, wenn wir daran gewöhnt sind, uns vor den von Buffon erwähnten Täuschungen zu bewahren. Welche Erklärung man auch vorziehen mag, meine Methode wird immer wirksam sein, wie die Erfahrung durchaus bestätigt.

Übung der Organe und Sinne, Kleidung, Schlaf

nützen Vernunftgründe nichts. Geht mit ihm in die Nacht hinaus und ihr könnt sicher sein, daß kein Argument der Philosophie vor dieser Praxis besteht. Keinem Dachdecker wird schwindlig, und niemand hat vor der Dunkelheit Angst, wenn er an sie gewöhnt ist.

Das wäre der zweite Vorteil unserer nächtlichen Spiele. Zum Gelingen dieser Spiele kann ich die Fröhlichkeit nicht dringend genug empfehlen. Nichts ist so traurig wie die Finsternis: sperrt euer Kind in kein Gefängnis. Lachend soll es ins Dunkel treten und lachend wieder herauskommen. Der Gedanke an die Unterhaltung, die es verlassen muß und die es nachher wiederfindet, soll es vor den phantastischen Vorstellungen schützen, die ihm in der Dunkelheit kommen könnten.

Es gibt einen Augenblick im Leben, wo man im Weiterschreiten nur mehr zurückgeht. Ich fühle, daß ich diesen Punkt überschritten habe. Ich beginne sozusagen eine neue Laufbahn. Ich fühle in meinem reifen Alter eine Leere, die mich an die süßen Tage meiner Kindheit erinnert. Mit zunehmendem Alter werde ich wieder Kind und ich erinnere mich lieber an das, was ich mit zehn als mit dreißig Jahren getan habe. So bitte ich die Leser um Verzeihung, wenn ich manchmal die Beispiele aus meinem Leben nehme, denn wenn dieses Buch gut werden soll, muß ich es mit Vergnügen schreiben.

Ich wohnte einmal bei einem Landpfarrer namens Lambercier. Mein Pensionskamerad war ein Vetter von mir, der reicher war als ich und den man als Erben behandelte, während ich, von meinem Vater getrennt, nur ein armes Waisenkind war. Vetter Bernard war ein ausgemachter Feigling, besonders in der Nacht. Ich machte mich über seine Angst so lange lustig, bis Herr Lambercier meiner Prahlerei überdrüssig wurde und meinen Mut auf die Probe stellen wollte. An einem dunklen Herbstabend gab er mir den Kirchenschlüssel und bat mich um die Bibel, die auf der Kanzel liegengeblieben war. Um mich an der Ehre zu packen, fügte er noch einige Worte hinzu, die mir ein Zurückweichen unmöglich machten.

Jean-Jacques nächtliches Erlebnis

Ich ging ohne Licht. Hätte ich eines gehabt, wäre es vielleicht noch schlimmer gewesen. Ich mußte über einen Friedhof gehen: herzhaft überquerte ich ihn. Denn solange ich im Freien war, hatte ich vor der Finsternis keine Angst.

Als ich die Kirchentür aufmachte, hörte ich im Gewölbe ein Geräusch, das ich für Stimmen hielt, und das meinen Römermut ins Wanken brachte. Ich wollte durch die geöffnete Türe eintreten, aber kaum hatte ich ein paar Schritte gemacht, da blieb ich stehen. Ich bemerkte die tiefe Dunkelheit in dem weiten Raum, bekam plötzlich so Angst, daß mir die Haare zu Berge standen. Ich weiche zurück, trete hinaus und fliehe zitternd davon. Im Hof stieß ich auf *Sultan*, unseren kleinen Hund, dessen Zärtlichkeiten mich wieder beruhigten. Voller Scham über meine

Angst drehe ich mich um und versuche *Sultan* mitzunehmen, der mir aber nicht folgen wollte. Hastig trete ich über die Schwelle in die Kirche. Kaum war ich eingetreten, erfaßt mich wieder die Angst, diesmal so stark, daß ich den Kopf verlor. Ohne es zu bemerken, hatte ich mich gedreht, und obwohl ich es genau wußte, daß die Kanzel rechts stand, suchte ich sie lange links, verirrte mich in den Bänken, bis ich nicht mehr wußte, wo ich war und in meiner unbeschreiblichen Verwirrung weder die Kanzel noch die Türe fand. Endlich finde ich die Türe und laufe wie das erste Mal davon, diesmal fest entschlossen, nur bei Tageslicht wieder hineinzugehen.

So komme ich zum Haus zurück. Im Begriff einzutreten, erkenne ich die Stimme des Herrn Lambercier an seinem schallenden Gelächter. Ich weiß, daß es mir gilt, und zögere voller Scham, die Türe zu öffnen. In dem Augenblick höre ich, wie sich Fräulein Lambercier um mich sorgt, der Magd befiehlt, eine Laterne zu holen, und Herr Lambercier sich anschickt, mich in Begleitung meines kühnen Vetters zu suchen, dem man dann unausbleiblich den Erfolg des Unternehmens zugeschrieben hätte. In dem Augenblick wich die Angst. Ich fürchtete nur mehr, auf meiner Flucht ertappt zu werden. Ich renne, ich fliege zur Kirche und gelange, ohne mich zu verlaufen oder herumzutappen, bis zur Kanzel. Ich eile hinauf, nehme die Bibel und stürze wieder hinunter. Mit drei Sätzen bin ich aus der Kirche, deren Türe ich in der Eile zu schließen vergaß. Außer Atem stürze ich in das Zimmer, werfe die Bibel auf den Tisch, verstört zwar, aber zitternd vor Genugtuung, der Hilfe, die man mir zugedacht hatte, zuvorgekommen zu sein.

Spiele in der Nacht Man wird mich fragen, ob ich diese Geschichte als Vorbild anführe und als Beispiel für die Fröhlichkeit, die ich für diese Übungen fordere. Nein. Aber sie ist ein Beweis, daß nichts geeigneter ist, einem die Angst vor der Dunkelheit zu nehmen, als im Nebenzimmer eine Gesellschaft zu hören, die lacht und sich friedlich unterhält. Mein Wunsch wäre, daß man sich abends nicht allein mit seinem Zögling unterhält, sondern viele fröhliche Kinder um ihn schart. Dann soll man sie nicht einzeln, sondern zu mehreren wegschicken. Keines darf man allein gehen lassen, ehe man nicht vollkommen sicher ist, daß es keine Angst mehr hat.

Ich kann mir nichts Hübscheres und Nützlicheres vorstellen als solche Spiele, wenn man sie nur mit Geschick veranstaltet. Ich würde in einem Saal aus Tischen, Stühlen, Sesseln und spanischen Wänden eine Art Labyrinth bauen. In den Irrwegen des Labyrinths würde ich acht bis zehn leere Schachteln verteilen und eine elfte, fast gleiche, voller Zuckerwerk. Mit deutlichen, aber kurzen Worten würde ich genau die Stelle bezeichnen, wo sich die gefüllte Schachtel befindet; Menschen, die aufmerksamer und weniger zerstreut sind als Kinder, müßten die richtige Schachtel auf meine Angaben hin auch finden*. Dann müßten die kleinen Konkurrenten das Los ziehen. Alle, einer nach dem anderen, werden losgeschickt, bis die volle Schachtel gefunden ist — was ich ihnen übrigens bei zunehmender Geschicklichkeit erschweren würde.

Stellt euch den kleinen Herkules vor, wie er mit einer Schachtel stolz von seinem Ausflug zurückkommt. Ich höre jetzt schon das Gelächter, wenn die Kinder anstelle von Zuckerwerk einen Maikäfer, eine Schnecke, ein Stück Kohle, eine Eichel, eine Rübe oder etwas Ähnliches in einem Moos- oder Baumwollnest vorfinden. Ein anderes Mal hängt man ein Spielzeug oder ein anderes Gerät nahe an eine frischgeweißte Wand. Es soll heruntergenommen werden, ohne daß die Wand berührt wird. Kommt der Überbringer zurück, so verraten ihn sein weißer Mützenrand, seine Schuhspitzen, seine Rockschöße oder seine Ärmel, wenn er nur im geringsten ungeschickt war. Aber genug damit. Vielleicht ist es schon zuviel, um den Geist solcher Spiele zu verdeutlichen. Wenn man euch alles sagen muß, braucht ihr dieses Buch nicht zu lesen.

Wie viele Vorteile hat ein so erzogener Mensch bei Nacht anderen gegenüber! Seine Füße sind gewohnt, sicher aufzutreten. Seine Hände ertasten leicht die Gegenstände in der Umgebung; sie leiten ihn mühelos durch die größte Dunkelheit. Seine Phantasie, noch erfüllt von den nächtlichen Spielen seiner Jugend, wird kein Spielball furchterweckender Dinge. Hört er Gelächter, nimmt er es nicht für das Lachen von Poltergeistern, sondern von alten Kameraden. Stellt er sich eine Gesellschaft vor, so ist es kein Hexensabbat, sondern das Zimmer seines Erziehers. So ruft ihm die Nacht nur heitere Bilder hervor und kann ihn nicht ängstigen. Statt die Nacht zu fürchten, liebt er sie. Handelt es sich um ein militärisches Unternehmen, wird er zu jeder Stunde bereit sein: allein oder mit seiner Truppe. Er wird Sauls Lager betreten und bis zum Zelt des Königs durchqueren, ohne sich zu verirren oder jemanden zu wecken, und ebenso unbemerkt wieder zurückkehren[17]. Gilt es die Pferde des Rhesus zu stehlen, wendet euch ohne Besorgnis an ihn[18]. Unter anders erzogenen Menschen werdet ihr schwerlich einen Odysseus finden.

Ich habe erlebt, daß man Kinder durch Überraschungen daran gewöhnen wollte, bei Nacht vor nichts zu erschrecken. Diese Methode ist grundfalsch. Sie bewirkt das Gegenteil und macht die Kinder noch furchtsamer. Weder die Vernunft noch die Gewohnheit können die Vorstellung von einer Gefahr unbekannter Größe und Art und die Furcht vor Überraschungen, auch wenn man sie schon oft erlebt hat, wieder beruhigen. Wie

---

* Um ihre Aufmerksamkeit zu üben, spreche man mit ihnen nur von Dingen, die sie aus eigenem und dringendem Interesse hören möchten. Keine Weitschweifigkeit, kein überflüssiges Wort: immer klar und ohne Zweideutigkeiten.

wollt ihr euren Zögling vor solchen Zufällen sichern? Der beste Rat, ihn darauf vorzubereiten, scheint mir zu sein: Du bist, würde ich Emil sagen, in gerechter Notwehr, denn der Angreifer gibt dir keine Möglichkeit, zu beurteilen, ob er dir Übles oder nur Angst einjagen will. Da er im Vorteil ist, hilft auch keine Flucht. Faß also mutig zu, sei es Mensch oder Tier. Pack ihn und halt ihn mit aller Kraft fest. Sträubt er sich, so schlag zu, soviel du kannst. Was er auch sagt oder tut, laß ihn nicht los, bis du genau weißt, was es ist. Die Lösung des Rätsels wird dich wahrscheinlich lehren, daß wenig zu befürchten war und diese Behandlung Witzlinge bestimmt von weiteren Versuchen abschreckt.

Reichweite der Sinne

Obwohl wir den Tastsinn am beständigsten üben, bleiben die Erkenntnisse, die er uns vermittelt, wie ich schon sagte, unvollkommener und gröber als die anderer Sinne, weil sich die Augen andauernd hineinmengen. Das Auge erreicht den Gegenstand früher als die Hand, und so urteilt der Geist fast immer ohne das Getast. Dafür vermittelt es die sichersten Urteile, eben weil sie die begrenztesten sind. Sie reichen nur so weit, wie die Hände greifen können, aber sie berichtigen die Fehlurteile der anderen Sinne, die ins Weite reichen, und Dinge erfassen, die sie kaum wahrnehmen. Das Getast dagegen erfaßt richtig, was es erfaßt. Dazu kommt, daß wir zur Nervenfunktion nach Belieben die Muskelkraft hinzufügen und in einer einzigen Empfindung die Temperatur, die Größe, die Gestalt, das Gewicht und die Festigkeit beurteilen können. Daher wenden wir das Getast, das uns von allen Sinnen am besten über die Wirkung von Fremdkörpern auf uns belehrt, am häufigsten an, da es am unmittelbarsten die zu unserer Selbsterhaltung notwendigen Kenntnisse vermittelt.

Da das geübte Getast das Geseh ersetzt, warum sollte es nicht auch bis zu einem gewissen Grad das Gehör ersetzen, da doch Töne in Klangkörpern fühlbare Schwingungen erzeugen, die man ertasten kann? Legt man zum Beispiel die Hand auf ein Cello, so kann man, ohne Augen und Ohren, allein aus der Art, wie das Holz vibriert und zittert, unterscheiden, ob es sich um einen tiefen oder einen hohen Ton handelt, ob man die Melodie- oder die Baßsaite gezupft hat. Übt man das Getast im Erkennen dieser Unterschiede, so zweifle ich nicht, daß man es mit der Zeit dahinbringen wird, eine ganze Melodie mit den Fingern zu hören. Unter dieser Voraussetzung ist es klar, daß man sich mit Tauben bequem durch Musik verständigen könnte. Denn Töne und Tempo sind nicht weniger als Artikulation und die Stimme regelmäßiger Verbindungen fähig und könnten daher zu Elementen einer Sprache gemacht werden.

Es gibt Beschäftigungen, die das Getast schwächen und abstumpfen, andere, die es im Gegenteil schärfer, empfindlicher und feiner machen. Da die ersten zum beständigen Druck harter Körper auch noch ständige Bewegung und Kraftanwendung hinzufügen, wird die Haut hart und schwielig. Sie stumpfen damit die natürliche Empfindlichkeit ab. Die anderen regen die Empfindlichkeit durch leises und häufiges Tasten an, so daß der Verstand aufmerksam die beständig wiederholten Empfindungen beobachtet und schließlich alle Veränderungen richtig beurteilt. Dieser Unterschied macht sich beim Spielen der Musikinstrumente bemerkbar: der harte und rohe Anschlag beim Cello und Kontrabaß, selbst bei der Geige, macht zwar die Finger gelenkiger, erzeugt aber an den Fingerspitzen Hornhaut. Der weiche und glatte Anschlag auf dem Clavichord macht sie gelenkiger und zugleich empfindsamer. In dieser Hinsicht ist also dem Clavichord der Vorzug zu geben.

Wesentlich ist, daß sich die Haut gegen Temperaturschwankungen abhärtet und sie ertragen lernt, denn sie schützt den Leib. Davon abgesehen möchte ich nicht, daß sich die Hand in grober Arbeit verhärtet und eine Hornhaut bekommt und so das feine Gefühl verliert, das erkennen läßt, welcher Art die berührten Gegenstände sind, und das uns manchmal in der Dunkelheit nach der Art der Berührung verschiedenartig erschauern läßt.

Was soll übrigens mein Zögling ständig Rindsleder unter **Barfußgehen** seinen Füßen tragen müssen? Was wäre schon dabei, wenn ihm notfalls seine eigene Haut als Sohle diente? Es ist klar, daß ihm eine empfindliche Haut an diesem Körperteil niemals nützlich, aber oft sehr schädlich sein kann. Als die Genfer im tiefsten Winter um Mitternacht vom Feind aufgeschreckt wurden, fanden sie eher die Gewehre als die Schuhe. Wer weiß, ob Genf nicht erobert worden wäre, wenn sie nicht barfuß laufen hätten können[19].

Wappnen wir immer den Menschen gegen unvorhergesehene Ereignisse Emil muß jeden Morgen, zu jeder Tageszeit, barfuß durch das Zimmer, über die Treppe und durch den Garten laufen. Statt ihn dafür zu schelten, ahme ich ihm nach. Natürlich werde ich dafür sorgen, daß keine Glassplitter herumliegen. Auf die Handarbeit und die Spiele komme ich noch zu sprechen. Im übrigen muß er alle Gangarten lernen, die die Körperentwicklung fördern. Er muß lernen, in jeder Stellung leicht und sicher zu sein. Er muß den Weit- und Hochsprung beherrschen, auf einen Baum klettern und über eine Mauer steigen können. Er muß immer das Gleichgewicht halten können, und jede seiner Bewegungen und seiner Gebärden muß den Gesetzen der Schwerkraft entsprechen, lange bevor ihm die Statik die Erklärung dazu liefert. Aus der Art, wie er auftritt, und wie sein Körper auf den Beinen ruht, muß er fühlen, ob er richtig oder falsch steht. Eine sichere Haltung wirkt immer anmutig und die festeste Haltung ist auch die eleganteste. Wäre ich Tanzmeister, triebe ich bestimmt nicht das Gehopse eines Marcel*,

---

* Berühmter Pariser Tanzmeister, der sein Publikum kennt und den Verrückten spielt. Er gab seiner Kunst eine Wichtigkeit, über die man sich scheinbar lustig macht, für die man aber im Grunde den

das für das Land taugt, wo er es treibt. Statt meinen Schüler ständig Luftsprünge machen zu lassen, führte ich ihn an den Fuß eines Felsens. Dort zeigte ich ihm die richtige Haltung, wie man Körper und Kopf tragen muß, welche Bewegung man macht, wie man Hand und Fuß setzt, um mit Leichtigkeit einen steilen, holprigen und rauhen Pfad zu verfolgen, und wie man sich beim Auf- und Abstieg von Felsspitze zu Felsspitze schwingt. Der Gemse müßte er nacheifern, nicht dem Operntänzer.

Das Geseh So sehr das Getast den Menschen auf seine nächste Umgebung einschränkt, so sehr führt ihn das Geseh über ihn hinaus. Das ist der Grund, warum er sich so oft täuscht: mit einem Blick übersieht er den halben Horizont. Wie sollte man sich bei der Menge gleichzeitiger Eindrücke und Wahrnehmungen nicht irren? So ist das Geseh der unzuverlässigste Sinn, weil er am weitesten reicht und weil er allen anderen Sinnen weit vorauseilt. Seine Aufnahmen sind zu rasch und zu umfassend, als daß die anderen sie berichten könnten. Darüber hinaus brauchen wir die Illusion der Perspektive, um den Raum zu erkennen und die Teile untereinander zu vergleichen. Ohne diese optische Täuschung sähen wir in der Ferne nichts. Ohne die Unterschiede an Größe und Helligkeit könnten wir keine Entfernungen abschätzen, d. h. es gäbe keine für uns. Wenn uns von zwei gleichen Bäumen der eine in hundert Schritt Entfernung gleich groß und deutlich erschiene wie der in zehn Schritten, so erschienen sie uns, als stünden sie nebeneinander. Sähen wir die Gegenstände in ihren wirklichen Maßen, gäbe es für unser Auge keinen Raum und alles erschiene uns ohne Tiefe.

Um die Größe und den Abstand der Dinge voneinander zu beurteilen, hat das Geseh nur ein Maß: die Winkelöffnung, die sich im Auge bildet. Da dieser Winkel die einfache Wirkung zusammengesetzter Ursachen ist, so läßt die Erkenntnis, die sie vermittelt, jede Einzelursache unbestimmt, oder sie wird notwendigerweise fehlerhaft. Wie kann man durch bloßes Sehen unterscheiden, ob der Sehwinkel, unter dem man einen Gegenstand kleiner sieht, dadurch entstanden ist, weil der Gegenstand wirklich kleiner oder weil er weiter entfernt ist?

Man muß also hier die umgekehrte Methode verfolgen. Statt die Wahrnehmung zu vereinfachen, muß man sie durch eine andere überprüfen, das Auge dem Ohr unterordnen und sozusagen des ersten Schnelligkeit durch des anderen Bedächtigkeit zügeln. Da wir uns diesem Zwang nicht unterwerfen, sind unsere Schätzungen so ungenau. Mit diesem Augenmaß können Höhen,

---

größten Respekt hat. In einer anderen, nicht minder leichtfertigen Kunst kann man noch heute einen Schauspieler sehen, der den bedeutenden Mann und den Narren spielt und gleich guten Erfolg hat. In Frankreich ist das immer eine sichere Methode. Das wahre Talent, einfach und ohne Marktgeschrei, hat hier kein Glück. Bescheidenheit ist hier eine Tugend der Toren.

Längen, Tiefen und Abstände nicht genau beurteilt werden. Dies liegt nicht so sehr an einem Fehler des Sinnes als an seinem Gebrauch, da doch Ingenieure, Landmesser, Architekten, Bauarbeiter und Maler im allgemeinen ein viel besseres Augenmaß haben als wir und räumliche Maße richtiger abschätzen. Weil ihr Beruf ihnen hierin eine Erfahrung gibt, die wir vernachlässigen, verliert der Sehwinkel seine Mehrdeutigkeit durch die Begleitumstände, die in ihren Augen das Verhältnis der beiden Ursachen dieses Winkels bestimmen.

Kinder tun alles gern, was den Körper ohne Zwang in Bewegung bringt. Es gibt tausend Mittel, sie am Messen, Erkennen und Abschätzen von Entfernungen zu interessieren. Da ist ein hoher Kirschbaum! Wie kommen wir an die Kirschen heran? Ist die Leiter lang genug? Da ist ein breiter Bach! Wie kommen wir hinüber? Ist eines der Bretter lang genug? Wir wollen im Schloßgraben vom Fenster aus fischen! Wie lang muß die Angelschnur sein? Ich möchte zwischen zwei Bäumen eine Schaukel anbringen! Genügt ein Seil von zwei Klaftern? Man sagt, unser Zimmer im neuen Haus ist 25 Quadratfuß groß! Glaubst du, daß es uns reicht? Ist es größer als dieses? Wir haben Hunger! Da sind zwei Dörfer. In welchem sind wir zuerst, um essen zu können? Usw.

Es ging darum, ein träges und faules Kind, das von sich aus keinerlei Leibesübung trieb, obwohl es für den Soldatenberuf bestimmt war, zum Laufen zu bringen. Es war, ich weiß nicht warum, überzeugt, daß ein Mann seines Ranges weder etwas tun noch etwas wissen dürfe, und daß sein Adel ihm Arme und Beine und jede Art von Verdienst ersetzt. Um aus so einem Edelmann einen leichtfüßigen Achilles zu machen, hätte selbst die Geschicklichkeit eines Chiron kaum ausgereicht. Die Schwierigkeit war um so größer, als ich ihm keinerlei Vorschriften machen wollte. Ermahnungen, Versprechungen, Drohungen, Aneiferungen und den Wunsch zu glänzen hatte ich aus meinen Befugnissen gestrichen. Wie sollte ich ihm nun, ohne ein Wort, die Lust zum Laufen beibringen? Selbst mitlaufen? Das wäre ein wenig sicheres Mittel und voller Nachteile gewesen. Außerdem sollte er ja mit dem Laufen auch ein Unterrichtsziel erreichen, damit er sich daran gewöhnt, körperliche und geistige Bewegungen in eins zu verbinden. Ich fing es also folgendermaßen an:

Wenn ich nachmittags mit ihm spazierenging, steckte ich manchmal zwei Stücke Kuchen ein, die er gerne aß. Unterwegs*

Wie Jean-Jacques ein Kind zum Laufen bringt

---

* Ein Spaziergang auf dem Lande, wie man sofort sehen wird. Die öffentliche Promenade in den Städten ist für Jungen wie für Mädchen gleich gefährlich. Dort werden sie eitel und versuchen, die Blicke auf sich zu ziehen. Im Luxembourg, in den Tuilierien, besonders im Palais Royal bekommt die goldene Jugend von Paris jenes unverschämte und alberne Benehmen, das sie so lächerlich macht und zum Gespött und Abscheu ganz Europas werden läßt.

9 Rousseau

aßen wir jeder ein Stück und kehrten befriedigt wieder heim. Eines Tages bemerkte er, daß ich drei Kuchen hatte. Mit Leichtigkeit hätte er sechs essen können. Rasch schluckte er also sein Stück hinunter, um dann auch das dritte zu erbitten. Nein, sage ich, das könnte ich selber essen; oder wir teilen es. Aber mir fällt etwas Besseres ein: Wir lassen jene beiden Jungen um das Stück wettlaufen. Ich rief sie herbei, zeigte ihnen den Kuchen und stellte meine Bedingungen. Das war ihnen recht. Wir legten den Kuchen auf einen Stein, der als Ziel diente. Die Bahn wurde abgesteckt. Wir setzten uns hin, und auf das Zeichen sausten die Kinder los. Der Sieger nahm den Kuchen und aß ihn ohne Mitleid vor den Augen der Zuschauer und des Besiegten auf.

Das Vergnügen war mehr wert als der Kuchen, aber es reizte ihn zunächst nicht und blieb ohne Wirkung. Ich ließ mich nicht entmutigen und beeilte mich nicht. Kinder zu unterrichten ist ein Beruf, in dem man Zeit verlieren muß, um Zeit zu gewinnen. Wir setzten unsere Spaziergänge fort. Oft nahmen wir drei, manchmal vier Kuchen mit, und von Zeit zu Zeit gab es einen, sogar zwei für die Läufer. Der Siegespreis war nicht groß; die Konkurrenten waren aber auch nicht ehrgeizig. Wer gewann, wurde gelobt und gefeiert. Alles ging höchst gemessen zu. Zur Abwechslung und zum Ansporn verlängerte ich die Bahn und ließ mehr Bewerber zu. Kaum waren sie am Start, da blieben alle Spaziergänger stehen und sahen zu. Zurufe, Schreie, Händeklatschen feuerten sie an. Manchmal sah ich meinen Zögling erzittern, aufspringen und losschreien, wenn ein Läufer einen anderen auf- oder überholte. Für ihn waren es die olympischen Spiele.

Manchmal versuchten die Läufer zu schwindeln. Sie hielten sich gegenseitig zurück, sie brachten sich zu Fall oder warfen einander Steine in den Weg. Damit lieferten sie mir den Vorwand, sie zu trennen und von verschiedenen, gleich weiten Punkten aus starten zu lassen. Den Grund dieser Maßnahme wird man gleich erkennen, denn diese Angelegenheit ist so wichtig, daß ich sie ausführlich behandeln muß.

Meinem Herrn Ritter wurde es endlich leid, andere ständig Kuchen essen zu sehen, auf die er selber Appetit hatte, und ihm schwante, daß Laufen doch zu etwas gut sei. Als er entdeckt hatte, daß er auch zwei Beine habe, fing er heimlich zu laufen an. Ich hütete mich, etwas zu bemerken, stellte aber fest, daß meine List geglückt war. Als er sich stark genug glaubte — ich kannte seine Gedanken besser als er selber — tat er so, als wolle er mich um das letzte Stück Kuchen quälen. Ich weigere mich; er besteht darauf und sagt mir schließlich ärgerlich: Legen Sie ihn auf den Stein! Stecken Sie die Bahn ab und wir werden sehen! Einverstanden! sagte ich lächelnd. Kann denn ein Ritter auch laufen? Du wirst noch hungriger werden und nichts dafür bekommen. Mein Spott reizte ihn. Er strengte sich mächtig an und gewann den Preis um so leichter, als ich die Bahn sehr kurz abgesteckt und die besten Läufer ferngehalten hatte. Man kann sich vorstellen, daß es mir nach diesem ersten Schritt leicht war, ihn in Atem zu halten. Bald machte ihm dieser Sport so viel Spaß, daß er auch ohne Vorgabe fast immer sicher war, meine Gassenjungen im Lauf zu besiegen, einerlei, wie lang ich die Bahn auch machte.

Dieser Erfolg zog einen anderen nach sich, an den ich nicht gedacht hatte. Solange er noch selten siegte, aß er den Kuchen fast immer allein, genau wie seine Konkurrenten. Als er aber zu siegen gewohnt war, wurde er großmütig und teilte oft mit den Besiegten. Das brachte mich selbst auf eine moralische Entdeckung, und ich erkannte darin das wahre Prinzip der Großherzigkeit.

Während ich weiter mit ihm die verschiedenen Bahnen festlegte, steckte ich, ohne daß er es merkte, die Abstände ungleich ab, so daß derjenige sichtbar im Nachteil war, der den längeren Weg zu laufen hatte. Obwohl ich meinem Zögling die Wahl ließ, erkannte er seinen Vorteil nicht. Ohne sich um die Länge zu kümmern, wählte er immer den schönsten Weg. Da ich diese Wahl voraussah, hatte ich es beinahe in der Hand, ihn nach Belieben den Kuchen gewinnen oder verlieren zu lassen. Diese List war mir in mehreren Hinsichten nützlich. Da ich aber wollte, daß er selbst die Unterschiede merken sollte, versuchte ich, ihn darauf zu bringen. Aber so träge er sonst war, so lebhaft war er nun in seinen Spielen. Er mißtraute mir so wenig, daß ich alle Mühe hatte, ihn merken zu lassen, wie ich ihn beschwindelte. Endlich erreichte ich auch dies trotz seiner Verspieltheit, und er machte mir Vorwürfe. Ich sagte ihm: Worüber beklagst du dich? Bin ich nicht auch Herr über die Bedingungen, wenn ich ein Geschenk machen will? Wer zwingt dich zu laufen? Habe ich gleiche Bahnen versprochen? Hast du nicht die Wahl? Nimm die kürzeste, und niemand wird dich daran hindern. Siehst du nicht, daß ich dir einen Vorsprung gegeben habe und die Ungleichheit, über die du dich aufhältst, zu deinem Vorteil ist, wenn du sie zu nützen verstehst? Das war deutlich und er verstand es auch. Aber um zu wählen, mußte man alles genauer überdenken. Zuerst wollte er die Schritte zählen, aber Kinderschritte sind langsam und fehlerhaft. Außerdem wollte ich eines Tages mehrere Läufe veranstalten. Da das Vergnügen zu einer Art Leidenschaft geworden war, wollte niemand die Zeit mit dem Abmessen verlieren. Kindliche Lebhaftigkeit beugt sich nur schwer solchen Verzögerungen, und so übte man sich also, genauer hinzusehen und die Entfernung mit dem Auge abzuschätzen. Jetzt machte es keine Mühe mehr, diese Neigung zu vertiefen und zu nähren. Nach einigen Monaten voller Versuche und Verbesserungen war sein Augenmaß so ausgebildet, daß er mit dem

Auge die Entfernung genau so sicher maß wie ein Landmesser mit seiner Kette.

Augenmaß Da man Wahrnehmungen des Gesichts am wenigsten vom Verstand trennen kann, dauert das Sehenlernen am längsten. Man muß lange das Geseh und das Getast vergleichen, um das Auge daran zu gewöhnen, uns ein genaues Bild von den Gestalten und Entfernungen zu geben. Könnten wir nicht tasten und uns vorwärtsbewegen, so würden uns auch die schärfsten Augen keinen Begriff vom Raum vermitteln. Für eine Auster muß das ganze Universum nur ein Punkt sein. Selbst wenn eine menschliche Seele sie aufklärte, würde es ihr nicht größer erscheinen. Nur durch Gehen, Tasten, Zählen und Abmessen lernt man, Entfernungen abzuschätzen. Würde man jedoch immer nur messen, so würde der Sinn, vom Instrument verwöhnt, keine Genauigkeit erwerben. Natürlich darf das Kind nicht unvermittelt vom Messen zum Schätzen übergehen. Anfangs vergleicht es stückweise, was es als Ganzes nicht abschätzen kann. Gemessene Teilstücke ersetzt es durch geschätzte, und statt das Maß mit der Hand anzulegen, gewöhne es sich daran, nur mit den Augen zu messen. Trotzdem möchte ich, daß man seine Schätzversuche nachmißt, damit das Kind seine Fehler verbessert und etwa vorhandene Sinnestäuschungen durch eine bessere Einsicht berichtigt. Es gibt natürliche Maße, die fast überall gleich sind: der Schritt eines Mannes, die Spannweite seiner Arme und seine Größe. Soll das Kind die Höhe eines Stockwerkes schätzen, so kann ihm sein Erzieher als Maßstab dienen. Will es die Höhe des Kirchturms abschätzen, so vergleiche es ihn mit den Häusern. Will es wissen, wie viele Meilen ein Weg lang ist, zähle es die Wegstunden. Wesentlich ist, daß man nichts von all dem für das Kind tut, sondern daß es alles allein macht.

Zeichnen Man kann Größe und Ausdehnung von Körpern nicht richtig beurteilen, wenn man nicht auch ihre Formen kennen und sogar nachbilden lernt. Denn diese Nachbildung stützt sich im Grunde nur auf die Gesetze der Perspektive, und man kann nicht nach Augenschein Dimensionen abschätzen, wenn man diese Gesetze nicht kennt. Kinder ahmen von Natur aus nach. Alle versuchen zu zeichnen. Mir wäre lieb, wenn mein Zögling diese Kunst pflegte, nicht um ihrer selbst willen, sondern um einen sicheren Blick und eine geschickte Hand zu bekommen. Überhaupt kommt es weniger darauf an, daß er diese oder jene Fertigkeit beherrscht, wenn er nur seine Sinne so schärft und seinen Körper so schult, wie es deren Übung gestattet. Ich werde mich also hüten, ihm einen Zeichenlehrer zu geben, der ihn nichts als Nachahmungen nachahmen und Zeichnungen nachzeichnen läßt. Nur die Natur soll sein Lehrer sein und die Gegenstände seine Modelle. Er soll das Original sehen und nicht das Papier, auf dem es nachgebildet ist. Er soll ein Haus nach einem Haus, einen Baum nach einem Baum und einen Menschen nach einem Menschen zeichnen, damit er sich daran gewöhne, die Körper und ihre Erscheinungsformen genau zu beobachten und nicht falsche und konventionelle Nachbildungen für echt zu halten. Ich halte ihn sogar davon ab, etwas aus dem Gedächtnis zu zeichnen, bis sich die Formen durch häufige Beobachtung seinem Gedächtnis eingeprägt haben, weil ich fürchte, daß er die wahren Proportionen und den Geschmack an der Schönheit der Natur verliert, wenn er bizarre und phantastische Figuren an die Stelle der wahren Dinge setzt.

Ich weiß, daß er auf diese Weise lange nichts als undeutbare Schmierereien zuwege bringen und den eleganten Umriß und den leichten Strich des Zeichners spät, die Beurteilung malerischer Wirkungen und den guten Geschmack in einer Zeichnung vielleicht nie erreichen wird. Dafür wird sein Blick um so genauer und seine Hand um so sicherer sein. Er wird die wahren Verhältnisse der Größe und die Figur an Tieren, Pflanzen und Körpern kennen und das Spiel der Perspektive rascher erfassen. Das wollte ich gerade erreichen, denn ich will nicht so sehr, daß er die Objekte nachahmt, als daß er sie kennt. Mir ist es lieber, wenn er mir einen Akanthus zeigt, als wenn er weniger gut das Blätterwerk eines Säulenkapitells nachzeichnet.

Übrigens soll sich mein Schüler in dieser wie in allen anderen Fertigkeiten nicht allein vergnügen; sie sollen ihm noch angenehmer sein, indem ich sie ständig mit ihm teile. Er soll auch keinen anderen Konkurrenten haben als mich. Ich aber bin unermüdlich und ungefährlich. Das spornt ihn an, ohne ihn eifersüchtig zu machen. Ich werde den Bleistift genau so halten und genau so ungeschickt führen wie er, Und wäre ich ein Apelles, jetzt bin ich nichts als ein Kleckser. Einen Menschen zeichne ich so, wie ihn die Lakaien an die Wand malen, mit je einem Strich für die Arme und die Beine und die Finger größer als der Arm. Lange nachher wird einem von uns dieses Mißverhältnis auffallen. Wir werden feststellen, daß ein Bein dick ist und daß es nicht überall gleich dick ist; daß der Arm eine bestimmte Länge im Verhältnis zum Körper hat, usw. Bei jedem Fortschritt bleibe ich an seiner Seite und bin ihm nur so weit voraus, daß er mich leicht einholen und oft überholen kann. Wir besitzen auch Pinsel und Farben und versuchen damit die Farbe und das Aussehen, wie die Form der Gegenstände wiederzugeben. Wir kolorieren, malen und klecksen. In all unseren Schmiereien hören wir nicht auf, die Natur zu belauschen, und was wir tun, tun wir unter ihrem Meisterauge.

Wir waren in Verlegenheit, als es darum ging, unser Zimmer *Zimmerschmuck* auszuschmücken[20]. Jetzt haben wir alles. Ich lasse unsere Zeichnungen rahmen, und zwar unter Glas, damit sie keiner mehr berühren kann; so bleiben sie, wie wir sie gemacht haben, und jeder ist bedacht, seine Zeichnungen nicht zu vernachlässigen. Ich hänge sie der Reihe nach auf, jede Zeichnung zwanzig- oder dreißigmal wiederholt, so daß man die Fortschritte feststellen kann: vom unförmigen Hausklotz bis zur getreuen Wiedergabe der Vorder- und Seitenansicht, maßgerecht, mit Licht und Schatten. Diese Stufenfolge macht uns die Bilder wichtig und anderen sehenswert. Sie spornt unseren Eifer ständig an. Den ersten und plumpsten Zeichnungen gebe ich glänzende goldene Rahmen, die sie herausheben. Bei zunehmender Genauigkeit und wirklich guter Zeichnung erhält das Bild nur mehr einen einfachen schwarzen Rahmen. Die Zeichnung ist sich selber Schmuck, und es wäre schade, wenn der Rahmen die Aufmerksamkeit vom Objekt ablenkt. So strebt jeder von uns nach der Ehre des schlichten Rahmens, und wenn einer des anderen Zeichnung tadeln will, verurteilt er sie zum goldenen Rahmen. Vielleicht werden eines Tages diese goldenen Rahmen zum Sprichwort[21] und wir stellen staunend fest, wie viele Menschen sich selber richtig einschätzen, wenn sie sich so einrahmen lassen.

Geometrie Ich habe gesagt, daß die Geometrie die Fassungskraft der Kinder übersteigt. Aber das ist unsere Schuld. Wir bedenken nicht, daß ihre Methode nicht die unsre ist, und was für uns die Kunst des Denkens ist, für sie nur die Kunst des Sehens sein kann. Statt ihnen unsere Methode zu geben, täten wir besser, ihre anzunehmen. Denn unsere Art, Geometrie zu lehren, ist genauso eine Angelegenheit der Phantasie wie der Überlegung. Ist ein Satz gegeben, muß man den Beweis ersinnen, das heißt von welchen schon bewiesenen Sätzen dieser abhängt, und von allen Folgerungen, die man aus diesem Satz ableiten kann, die wählen, um die es sich handelt.

Bei dieser Art muß der schärfste Denker hinterherhinken, wenn ihm die Phantasie fehlt. Was folgt daraus? Statt uns die Beweise finden zu lassen, diktiert man sie uns. Statt uns logisch denken zu lehren, denkt der Lehrer für uns und übt nur unser Gedächtnis.

Zeichnet genaue Figuren, kombiniert sie, legt sie aufeinander und untersucht ihre Proportionen, und ihr habt, von Beobachtung zu Beobachtung schreitend, die ganze Elementargeometrie ohne Definitionen, ohne Probleme oder irgendwelche Beweise außer dem einfachen Übereinanderlegen. Ich maße mir nicht an, Emil Geometrie lehren zu wollen! Er muß sie mir beibringen. Ich suche die Beziehungen und er findet sie, denn ich suche sie so, daß er sie finden muß. Statt z. B. einen Kreis mit einem Zirkel zu zeichnen, drehe ich einen Stift an einem Faden um einen Fixpunkt. Will ich nun die Radien untereinander vergleichen, wird mich Emil auslachen und mir zu erklären suchen, daß man mit einem gleichlangen Spannfaden keine ungleichen Abstände ziehen kann.

Wenn ich einen Winkel von sechzig Grad messen will, beschreibe ich vom Scheitelpunkt keinen Bogen, sondern einen ganzen Kreis, denn bei Kindern darf man nichts voraussetzen. Ich stelle fest, daß der Bogen zwischen den beiden Schenkeln ein Sechstel des Kreises ausmacht. Dann ziehe ich vom selben Punkt einen zweiten, größeren Kreis und stelle fest, daß auch dieser zweite Kreisbogen wieder ein Sechstel seines Kreises ausmacht. Ich ziehe einen dritten konzentrischen Kreis und mache die gleiche Probe. So fahre ich mit immer neuen Kreisen fort, bis Emil sich über meine Dummheit wundert und mich darauf aufmerksam macht, daß jeder Bogen, ob groß oder klein, der sich im gleichen Winkel befindet, immer ein Sechstel seines Kreises ausmacht; usw. Damit sind wie bei der Anwendung des Winkelmessers angelangt.

Um zu beweisen, daß die Summe der aufeinanderfolgenden Winkel zwei rechte ausmacht, beschreibt man einen Kreis. Natürlich richte ich es so ein, daß Emil das vom Kreis her lernt. Dann sage ich ihm: Wenn man den Kreis auslöscht und die Geraden stehenläßt, ändern sich dann die Winkel? usw.

Man vernachlässigt die Genauigkeit der Figuren. Man setzt sie voraus und kümmert sich nur um den Beweis. Bei uns aber wird nie von einem Beweis gesprochen. Unsere Hauptaufgabe ist, ganz gerade, ganz genaue und völlig gleiche Linien zu ziehen; d. h. ein vollkommenes Quadrat und einen ganz runden Kreis zu zeichnen. Um die Richtigkeit dieser Figuren zu prüfen, untersuchen wir alle ihre wahrnehmbaren Eigenschaften. Das erlaubt uns, täglich neue zu entdecken. Wir falten die beiden Halbkreise über dem Durchmesser und die Hälften des Quadrats über der Diagonale zusammen. Wir vergleichen unsere beiden Figuren, um zu sehen, bei wem sich die Ränder am genauesten decken, welche also am genauesten gezeichnet sind. Wir besprechen, ob es diese Hälftengleichheit auch beim Parallelogramm, beim Trapez geben kann, usw. Manchmal versuchen wir, das Ergebnis des Versuches vorauszusagen. Wir versuchen die Gründe zu finden, ehe wir die Probe machen; usw.

Für meinen Schüler ist die Geometrie nur die Kunst, sich richtig des Lineals und des Zirkels zu bedienen. Er darf sie nicht mit dem Zeichnen verwechseln, wo er beide nicht gebrauchen darf. Lineal und Zirkel bleiben weggesperrt; er darf sie nur selten und für kurze Zeit benützen, damit er sich nicht ans Schmieren gewöhnt. Aber manchmal nehmen wir unsere Figuren auf den Spaziergang mit und unterhalten uns darüber, was wir schon gemacht haben und noch machen wollen.

Ich werde nie vergessen, wie ich in Turin einen jungen Mann getroffen habe, der als Kind das Verhältnis von Umfang zur Fläche gelernt hatte, indem man ihm jeden Tag Waffeln zur Auswahl vorlegte, die verschiedene Figuren gleichen Umfangs darstellten. Der kleine Feinschmecker hatte die Kunst des Archimedes ausgeschöpft, nur um herauszufinden, an welcher Waffelfigur es am meisten zu essen gab.

136 Zweites Buch

Spiele Spielt ein Kind Federball[22], so übt es Auge und Arm auf Genauigkeit. Peitscht es einen Kreisel, so wird es durch die Übung kräftiger, lernt jedoch nichts dazu. Ich habe mich manchmal gefragt, warum man Kindern nicht die gleichen Geschicklichkeitsspiele bietet, die Erwachsene spielen: *la paume, le mail, le billard*, Bogenschießen, *le ballon* und Musikinstrumente. Man hat mir geantwortet, daß einige dieser Spiele ihre Kräfte übersteigen und daß für die anderen ihre Glieder und Organe noch nicht genügend ausgebildet wären. Ich finde diese Gründe schlecht. Ein Kind ist nicht so groß wie ein Mann und trägt trotzdem dieselbe Kleidung. Natürlich soll es nicht mit unseren Stöcken auf einem drei Fuß hohen Billard oder *pelote* in unseren Spelunken spielen. Man soll ihm auch keinen *paume*-Schläger in die kleine Hand geben. Es soll in einem Saal mit gesicherten Fenstern und vorerst mit weichen Bällen spielen. Seine ersten Schläger sollen aus Holz sein, dann aus Pergament und schließlich aus Darmsaiten, die, seinen Fortschritten entsprechend, lockerer oder straffer gespannt sind. Ihr zieht den Federball vor, weil er gefahrlos und weniger ermüdend ist. Aus diesen beiden Gründen habt ihr Unrecht. Federball ist ein Spiel für Frauen; aber es gibt keine Frau, die nicht vor einem fliegenden Ball davonläuft. Ihre weiße Haut soll keine blauen Flecken bekommen und ihr Gesicht erwartet anderes als Prellungen! Wir aber sind geschaffen, stark zu sein! Glauben wir, dies ohne Mühe zu erreichen? Wie können wir uns verteidigen, wenn wir niemals angegriffen werden? Spiele, bei denen man ohne Risiko ungeschickt sein darf, spielt man immer nachlässig. Ein Federball tut niemandem weh. Nichts macht Arme gelenkiger, als wenn sie den Kopf schützen müssen. Nichts macht das Auge sicherer, als wenn es die Augen schützen muß. Von einem Ende der Halle zum anderen schnellen, den Aufprall des fliegenden Balles abschätzen, ihn mit starker und sicherer Hand zurückschlagen, solche Spiele taugen zwar weniger für den Erwachsenen als dazu, erwachsen zu werden.

Spannkraft und Geschicklichkeit Man behauptet, die Muskeln eines Kindes wären zu weich. Sie haben zwar weniger Spannkraft, aber dafür sind sie biegsamer. Der Arm eines Kindes ist schwach, aber es ist ein Arm. Man muß damit, immer im Verhältnis natürlich, all das tun, was man mit einem ähnlichen Hebel auch tut. Kinder sind mit ihren Händen ungeschickt; deshalb soll man sie geschickt machen. Ein Mann, der sie ebensowenig geübt hätte, wäre genauso ungeschickt. Wir können den Zweck unserer Organe nicht erkennen, bevor wir sie nicht gebraucht haben. Nur eine lange Erfahrung lehrt uns, sie zu unserem Nutzen anzuwenden, und diese Erfahrung ist das wahre Studium, zu dem man uns nicht früh genug anhalten kann.

Alles, was getan werden kann, ist ausführbar. Nichts ist häufiger als geschickte und gewandte Kinder, die die gleiche Gelenkigkeit haben wie Männer. Auf fast allen Jahrmärkten sieht man Kinder als Äquilibristen: sie gehen auf den Händen und springen und tanzen auf dem Seil. Haben nicht Kindertruppen mit ihrem Ballet jahrelang die Zuschauer in die *Comédie Italienne*[23] gelockt? Wer hat nicht in Deutschland und in Italien von der Pantomimentruppe des berühmten Nicolini gehört? Hat man jemals von diesen Kindern gehört, daß sie weniger vollendet, weniger graziös tanzten als ein vollendeter Tänzer, daß sie weniger gut hörten? Was schadet es, wenn ihre Figur zuerst dick, kurz, wenig beweglich, wenn ihre Hand mollig und wenig geeignet ist, etwas zu ergreifen. Verhindert das aber, daß es Kinder gibt, die in einem Alter schreiben und zeichnen können, in dem andere noch keinen Stift und keine Feder halten können? Ganz Paris entsinnt sich der kleinen Engländerin, die mit zehn Jahren Wunder auf dem Cembalo vollbrachte*.

Leibesübungen — Diese und tausend andere Beispiele scheinen mir zu beweisen, daß Kinder zu unseren Leibesübungen fähig sind. Wenn sie in einigen nichts leisten, so liegt es daran, daß man sie niemals darin geübt hat.

Man wird mir vorhalten, daß ich hier, im Bereich der Leibeserziehung in den Fehler der verfrühten Ausbildung verfalle, den ich im Bereich des Geistes getadelt habe. Der Unterschied ist aber sehr groß, denn im Geistigen ist der Fortschritt nur scheinbar, im körperlichen jedoch wirklich. Ich habe bewiesen, daß Kinder den Verstand, den sie zu haben scheinen, nicht haben, was sie aber zu tun scheinen, wirklich tun. Übrigens muß man bedenken, daß dies alles nur Spiel ist oder sein sollte, leichte und willentliche Führung der Bewegungen, die die Natur verlangt, eine Kunst, Abwechslung in ihr Vergnügen zu bringen, um es ihnen noch genußreicher zu machen, ohne daß der geringste Zwang es zur Arbeit macht. Denn womit sie sich auch immer unterhalten, ich kann daraus einen Gegenstand der Belehrung für sie machen. Aber selbst wenn ich das nicht könnte, spielt es für den Augenblick keine Rolle, ob sie überall Fortschritte machen oder nicht, solange sie sich nur sorglos unterhalten und die Zeit vergeht, Wenn sie jedoch gezwungen sind, dies und jenes zu lernen, so kommt man, wie man es auch anfängt, niemals ohne Zwang, Ärger und Verdruß zum Ziel.

Das Gehör — Was ich über die beiden Sinne, die wir am häufigsten und am meisten brauchen, sagte, kann als Beispiel für den Gebrauch der anderen dienen. Der Gesichts- und Tastsinn dient gleichermaßen für ruhende wie sich bewegende Körper. Da aber nur eine Lufterschütterung unser Gehör anregt, so macht nur ein Körper in Bewegung ein Geräusch oder einen Ton. Wäre alles in Ruhe, so hörten wir nichts. In der Nacht also, wenn wir uns selbst nur

---

* Ein Knabe von sieben Jahren hat seither noch Erstaunlicheres vollbracht[24].

dann bewegen, wann wir es wollen, brauchen wir nur Körper zu fürchten, die sich bewegen. Wir brauchen ein wachsames Ohr, um beurteilen zu können, ob der geräuscherzeugende Körper groß oder klein, fern oder nah, ob seine Erschütterung heftig oder schwach ist. Die erschütterte Luft ist selber Gegenstößen ausgesetzt, die den Sinneseindruck durch das Echo wiederholen und den geräuscherzeugenden und tönenden Körper dort ertönen lassen, wo er nicht ist. Wenn man in einer Ebene oder in einem Tal das Ohr an den Boden legt, hört man Stimmen und Pferdegetrampel viel weiter, als wenn man steht.

Da wir das Sehen mit dem Tasten verglichen haben, wäre es gut, es auch mit dem Hören zu vergleichen und zu wissen, welcher von den beiden Eindrücken, die vom gleichen Körper zu gleicher Zeit aus ausgehen, sein Organ zuerst erreicht. Wenn man das Aufblitzen einer Kanone sieht, kann man sich noch vor dem Schuß retten; wenn man aber den Knall hört, ist es zu spät. Die Kugel ist schon da. An der Zeitspanne zwischen Blitz und Donner kann man errechnen, wie weit ein Gewitter entfernt ist. Das Kind sollte alle diese Erfahrungen kennenlernen. Diejenigen, die seinem Alter entsprechen, soll es selber machen, die anderen durch Schlüsse finden. Hundertmal lieber aber ist mir, wenn es sie gar nicht kennt, als ihr sagt sie ihm vor.

Die Stimme Wir haben ein Organ, das dem Gehör entspricht: die Stimme. Für das Sehen haben wir keines: wir können die Farben nicht so wiedergeben wie die Töne. Damit haben wir ein weiteres Mittel, das Gehör zu pflegen, indem wir das aktive und das passive Organ gegenseitig ausbilden.

Der Mensch besitzt drei Arten von Stimmen: die artikulierte oder Sprechstimme, die melodische oder Singstimme und die pathetische oder akzentuierte, die dem Ausdruck der Leidenschaft dient und den Gesang und das Wort beseelt. Das Kind hat, wie der Erwachsene, diese drei Stimmarten, kann sie aber nicht auf die gleiche Weise verbinden. Es lacht, schreit, klagt, ruft und seufzt wie wir, kann es aber nicht mit den beiden anderen Stimmen vermischen. Vollkommene Musik vereint alle drei Stimmen. Kinder sind einer solchen Musik nicht fähig. Ihr Gesang bleibt seelenlos. Auch in der Sprechstimme ist ihre Sprache ohne Akzent: sie schreien, aber sie betonen nicht. Da in ihrer Rede wenig Akzent liegt, hat ihre Stimme wenig Kraft. Unser Zögling wird noch einförmiger und noch einfacher sprechen, weil seine Leidenschaften noch nicht erwacht sind und daher ihren Ausdruck seiner Sprache noch nicht aufprägen. Laßt ihn also keine tragischen oder komischen Rollen hersagen. Bringt ihm nicht bei, was man deklamieren nennt. Er wird zu klug sein, um Dingen, die er nicht versteht, den rechten Ton, und Gefühlen, die er niemals hatte, den entsprechenden Ausdruck zu verleihen.

Übung der Organe und Sinne, Kleidung, Schlaf

Lehrt ihn, gleichmäßig, deutlich und gutartikuliert zu reden und genau und ohne Ziererei auszusprechen; den grammatikalischen Akzent und die Prosodie zu kennen und zu befolgen; immer so laut zu sprechen, daß man ihn versteht und nie lauter zu sein als nötig (der gewöhnliche Fehler von Kindern, die in Kollegien erzogen wurden). Mit einem Wort: nichts Überflüssiges.

Beim Gesang ist es das gleiche. Macht seine Stimme rein, **Der Gesang** gleichmäßig, biegsam, klingend; sein Ohr empfänglich für Takt und Harmonie, aber nichts mehr. Nachahmende und theatralische Musik paßt nicht für sein Alter. Mir wäre es sogar lieber, wenn er keine Wörter sänge. Will er aber singen, würde ich versuchen, eigene Lieder für ihn zu machen, die seinem Alter angemessen und genauso einfach wären wie seine Gedanken.

Da ich es nicht eilig habe, ihm das Lesen beizubringen, so kann man sich vorstellen, daß ich mich ebensowenig beeile, ihn Notenlesen zu lehren. Halten wir jede geistige Überanstrengung fern und beeilen wir uns nicht, seinen Geist an konventionelle Zeichen zu fesseln. Zugegeben, das scheint schwierig zu sein. Denn wenn auch die Kenntnis der Noten anfangs nicht wichtiger zu sein scheint als die Kenntnis der Buchstaben für das Sprechen, so besteht dennoch der Unterschied, daß wir beim Sprechen unsere eigenen Gedanken wiedergeben, beim Singen jedoch die Gedanken anderer. Will man diese wiedergeben, so muß man sie lesen können.

Aber erstens kann man sie hören und braucht sie nicht zu lesen, und außerdem prägt sich ein Lied über das Ohr getreuer ein als über das Auge. Zweitens genügt es nicht, die Musik zu kennen, um sie wiedergeben zu können, man muß selber komponieren, und das eine muß mit dem anderen gelernt werden, sonst wird man sie niemals gut können. Laßt also euren kleinen Musiker regelmäßige, gutkadenzierte Motive erfinden; verbindet sie dann durch eine ganz einfache Modulation, wie man eben die verschiedenen Beziehungen durch eine korrekte Zeichensetzung markiert. Dies erreicht man durch eine gute Wahl der Kadenzen und der Pausen. Vor allem keine bizarren Gesänge, niemals Pathos und leidenschaftlichen Ausdruck. Eine immer singende und einfache Melodie, immer auf dem Grundton aufgebaut, immer auf den Baß bezogen, daß er ihn fühlt und mühelos begleiten kann; denn er darf, um seine Stimme und sein Ohr zu schulen, niemals ohne Cembalobegleitung singen.

Um diese Töne besser zu bilden, artikuliert man sie, indem **Tonsilben** man sie ausspricht; daher der Gebrauch gewisser Tonsilben. Um die Tonstufen zu unterscheiden, muß man den Stufen wie den verschiedenen Tonhöhen Namen geben. Daher die Namen für die Intervalle und die Buchstaben des Alphabets, mit denen man die Klaviertasten und die Noten der Tonleiter bezeichnet. C und A bezeichnen bestimmte, unveränderliche Töne, die immer mit denselben Tasten angeschlagen werden. Bei *Ut* und *la* ist das anders. *Ut* ist immer die Tonika einer Dur- oder die Mediante einer Molltonart. *La* ist immer die Tonika einer Moll- oder die Sexte einer Durtonart. Die Buchstaben bezeichnen also die unveränderlichen Beziehungen unseres Musiksystems, während die Silben die entsprechenden Beziehungen der ähnlichen Verhältnisse in verschiedenen Tonarten bezeichnen. Die französischen Musiker haben diese Unterschiede aufs befremdlichste durcheinandergebracht. Sie haben die Bedeutung der Silben mit der Bedeutung der Buchstaben verwechselt. Indem sie die Zeichen der Tasten unnötigerweise verdoppelt haben, haben sie nun keine Zeichen mehr, um die Tonstufen auszudrücken. Daher ist *ut* und C für sie dasselbe. Das ist nicht so und kann nicht so sein, denn wozu diente dann das C? Außerdem ist ihre Art, mit Tonsilben zu singen, äußerst schwierig und dabei völlig nutzlos. Sie gibt keinen klaren Begriff, denn nach dieser Methode können die beiden Silben *ut* und *mi* z. B. eine große, kleine, übermäßige oder verminderte Terz bedeuten. Durch welch seltsames Geschick ist das Land, wo man die schönsten Bücher über die Musik schreibt, auch das Land, wo man sie am schwierigsten erlernt.

Befolgen wir mit unserem Schüler eine einfachere und klarere Methode. Für ihn gibt es nur zwei Tongeschlechter, deren Verhältnis zueinander immer dasselbe ist und immer durch dieselben Silben bezeichnet wird. Ob er singt oder ein Instrument spielt, er muß die Tonart auf jedem der zwölf Töne, die ihm als Grundton dienen, aufbauen können. Ob er in D, C, oder G usw. moduliert, er muß immer auf dem Grundton *la* oder *ut* je nach dem Tongeschlecht landen. Auf diese Weise wird er euch immer verstehen. Die wesentlichen Tonartverhältnisse werden ihm, ob er singt oder spielt, immer gegenwärtig sein; sein Vortrag wird richtiger und sein Fortschritt schneller. Es gibt nichts Seltsameres als das, was die Franzosen *solfier au naturel* nennen. Damit trennt man die Begriffe von der Sache und ersetzt sie durch fremde, die nur verwirren. Nichts ist natürlicher, als transponierend zu solmisieren. Aber das ist schon zuviel über die Musik! Lehrt sie, wie ihr wollt, nur muß sie immer ein Vergnügen bleiben[25].

Wir kennen jetzt den Zustand fremder Körper und ihre Beziehungen zu unserem, ihr Gewicht, ihre Gestalt, Farbe und Festigkeit, ihre Größe, ihren Abstand, ihre Temperatur, Ruhe und Bewegung. Wir wissen, welchem wir uns nähern oder welche wir fernhalten müssen; wie wir sie anpacken müssen, um ihren Widerstand zu überwinden oder um ihnen zu widerstehen, um uns vor ihnen zu schützen. Aber das ist nicht genug: unser Körper erschöpft sich unaufhörlich und muß ständig erneuert werden. Obgleich wir die Fähigkeit haben, andere Substanzen in unsere eigenen zu verwandeln, ist es nicht gleichgültig, welche wir wählen. Nicht alles eignet sich zur menschlichen Nahrung, und was dazu geeignet ist, ist es mehr oder weniger nach der Beschaffenheit seiner Gattung, nach dem Klima, das er bewohnt, nach seinem besonderen Temperament oder nach seiner Lebensweise, die ihm sein Stand vorschreibt.

Wir würden verhungern oder an Gift sterben, wenn wir warten müßten, bis wir alle Nahrungsmittel aus Erfahrung kennen und auswählen gelernt hätten: aber der gütige Gott hat aus der Lust des empfindsamen Menschen das Werkzeug zu seiner Erhaltung gemacht. Er weist uns mit dem, was uns gut schmeckt, darauf hin, was unserem Magen zuträglich ist. Für den Menschen gibt es keinen Arzt, der naturgemäßer und sicherer leitet als der eigene Appetit. Und wenn ich ihn in seinem Urzustand betrachte, so zweifle ich nicht, daß die schmackhafteste Nahrung auch die gesündeste ist. *Der Geschmack*

Mehr noch! Der Schöpfer sorgt nicht nur für die Bedürfnisse, die er uns gibt, sondern auch für die, die wir uns selber geben. Damit Verlangen und Bedürfnis immer Hand in Hand gehen, richtet er es so ein, daß unser Geschmack wechselt und sich mit unserer Lebensweise ändert. Je mehr wir uns vom Naturzustand entfernen, um so mehr verlieren wir unseren natürlichen Geschmack. Die Gewohnheit wird also zur zweiten Natur. Sie kann die erste so ersetzen, daß sie keiner von uns mehr kennt.

Daraus folgt, daß der natürlichste Geschmack auch der einfachste sein muß, denn der verändert sich am leichtesten. Ist er erst durch unsere Launen aufgepeitscht und erregt, dann nimmt er eine Form an, die sich nie mehr ändert. Ein Mensch, der nirgends zu Hause ist, gewöhnt sich mühelos an die Sitten eines jeden Landes; ist der Mensch aber in einem Land verwurzelt, wird er in keinem anderen mehr heimisch.

Das scheint mir in jeder Hinsicht richtig zu sein und besonders dann, wenn man es auf den Geschmack im eigentlichen Sinn anwendet. Unsere erste Nahrung ist die Milch. Nur gradweise gewöhnen wir uns an schärfere Speisen; anfangs widerstehen sie uns. Obst, Gemüse, Kräuter, gebratenes Fleisch ohne Gewürze und ohne Salze waren ein Festessen für die ersten Menschen*. Wenn ein Wilder zum erstenmal Wein trinkt, verzieht er das Gesicht und spuckt ihn aus. Und wer unter uns bis zum 20. Lebensjahr ohne gegorene Getränke gelebt hat, kann sich später nicht mehr daran gewöhnen. Wir wären alle Abstinenzler, wenn man uns nicht in jungen Jahren Wein gegeben hätte. Je einfacher also unser Geschmack ist, um so allgemeiner ist er. Der verbreitetste Widerwille besteht gegen zusammengesetzte Gerichte. Hat man jemals jemanden gesehen, der sich vor Wasser und Brot ekelt? Das ist die Linie der Natur und damit auch unsere Regel. Erhalten wir dem Kind den einfachen Geschmack, solange es möglich ist. Seine Nahrung sei schlicht und einfach. Sein Gaumen soll

---

* Vergleiche die *Arkadia* des Pausanias; wie auch die weiter unten angeführte Stelle aus dem Plutarch.

sich nur an schwach gewürzte Speisen gewöhnen und nicht an überzüchteten Geschmack.

Ich untersuche hier nicht, ob diese Lebensweise gesünder ist oder nicht; darum geht es nicht. Es genügt mir, daß sie natürlicher und anpassungsfähiger ist, um sie vorzuziehen. Wer behauptet, daß man Kinder an die Nahrung gewöhnen müsse, die sie als Erwachsene zu sich nehmen werden, scheint mir nicht logisch zu denken. Warum soll ihre Nahrung dieselbe sein, wenn ihre Lebensweise so verschieden ist? Ein Mann, erschöpft von Arbeit, Sorgen und Mühen, braucht kräftige Nahrung, die seine Lebensgeister wieder anregt. Ein Kind, das sich austobt und im Wachstum begriffen ist, braucht reichliche Nahrung, die viel Säfte erzeugt. Der Erwachsene hat seine Stellung, seinen Beruf, seine Wohnung. Wer aber weiß, was dem Kind noch bevorsteht? Fixieren wir also auf keinen Fall eine bestimmte Form, die es ihm schwermacht, sie notfalls zu ändern. Verhüten wir, daß es in einem anderen Land vor Hunger stirbt, wenn es nicht überall einen französischen Koch hinter sich herschleppt, oder daß es eines Tages sage, daß man nur in Frankreich zu essen verstände. Das ist nebenbei gesagt ein seltsames Lob! Ich würde im Gegenteil sagen, daß die Franzosen nichts vom Essen verstehen, da es so einer besonderen Kunst bedarf, ihnen die Speisen schmackhaft zu machen.

Unter den verschiedenen Sinnesempfindungen hat der Geschmack im allgemeinen die stärkste Wirkung. Wir beurteilen Substanzen, die zu unserer Erhaltung dienen, viel eigennütziger als jene, die uns nur umgeben. Tausend Dinge sind dem Tast-, dem Gehör- und dem Gesichtssinn gleichgültig; dem Geschmack jedoch fast nichts.

Naschsucht

Die Tätigkeit dieses Sinnes ist ganz physisch und materiell; er ist der einzige, der der Phantasie nichts zu sagen hat, oder zum mindesten der, in dessen Empfindungen sie am wenigsten eingreift, während die Nachahmung und die Phantasie allen anderen Sinnesempfindungen oft etwas Moralisches beimengt. Daher sind zärtliche und wollüstige Menschen, leidenschaftliche und empfindsame Charaktere leicht durch die anderen Sinne zu erregen, dem Geschmack gegenüber aber ziemlich lau. Aus diesem Grund, der den Geschmack unter die anderen zu stellen scheint und den Hang, der uns ihm unterwirft, verächtlich macht, würde ich schließen, daß das bequemste Erziehungsmittel der Kindergaumen ist. Die Neigung zur Naschhaftigkeit ist der zur Eitelkeit schon darum vorzuziehen, da die erste eine natürliche Begierde ist und unmittelbar mit den Sinnen zusammenhängt, während die zweite das Werk der Meinung und daher den Launen der Menschen und allerhand Mißbräuchen unterworfen ist. Die Naschhaftigkeit ist die Leidenschaft der Kindheit. Sie hält vor keiner anderen stand, und beim geringsten Wettbewerb verschwindet sie. Glaubt mir, das Kind hört viel zu früh auf, ans Essen zu denken. Ist einmal sein Herz beschäftigt, beschäftigt es seinen Gaumen nicht mehr. Ist es erwachsen, so verdrängen tausend heftige Gefühle seine Eßlust, um nur mehr die Eitelkeit zu erregen; denn sie allein nährt sich auf Kosten der anderen und verschlingt sie schließlich ganz. Ich habe manchmal Leute beobachtet, die aufs Essen großen Wert legen, die beim Erwachen schon überlegen, was sie tagsüber essen werden und die eine Mahlzeit genauer beschreiben als Polybius eine Schlacht. Ich fand, daß diese sogenannten Männer nur Kinder von 40 Jahren waren, ohne Kraft und Festigkeit, *fruges consumere nati* (zum Früchteverzehren geboren, HORAZ *Epistolae*, I/II/27). Die Feinschmeckerei ist das Laster leerer Herzen. Die Seele eines Feinschmeckers sitzt im Gaumen. Er ist nur zum Essen geschaffen. In seiner stumpfen Unfähigkeit ist er nur bei Tisch am Platz. Er kann nur über Gerichte urteilen. Überlassen wir ihn ohne Bedauern dieser Beschäftigung. Besser diese als jede andere, zu unserem wie zu seinem Besten.

Nur kleinliche Seelen fürchten, daß Genäschigkeit bei einem **Gutes Essen** begabten Kind Wurzel schlagen könnte. In der Kindheit denkt man nur ans Essen. In der Jugendheit denkt man nicht mehr daran. Alles ist uns recht: man hat andere Dinge im Kopf. Dennoch möchte ich nicht, daß man sich einer so niedrigen Triebfeder unbedachtsam bedient oder durch Verheißung eines guten Bissens zu einer guten Tat anregt. Da aber die ganze Kindheit nur Spiel und fröhlicher Zeitvertreib ist, warum soll man für Leibesübungen nicht auch einen materiellen und schmackhaften Preis geben? Wenn ein kleiner Mallorkaner im Gipfel eines Baumes einen Korb hängen sieht und ihn mit einer Schleuder herunterholt, ist es da nicht billig, daß er auch seinen Nutzen davon habe und ein gutes Essen ihm die Kräfte wiedergibt, die er auf das Herunterholen verwendet hat*. Wenn ein junger Spartaner hundert Streiche riskiert, sich in die Küche schleicht, einen Fuchs stiehlt, ihn unter dem Kleid versteckt, von ihm gekratzt und bis aufs Blut gebissen wird, und sich dann, um nicht mit Schande ertappt zu werden, ohne eine Miene zu verziehen oder zu schreien, die Eingeweide zerfleischen läßt: ist es dann nicht gerecht, wenn er schließlich in den Genuß seiner Beute kommt und sie aufißt, nachdem er beinahe von ihr aufgefressen worden war? Niemals darf eine gute Mahlzeit eine Belohnung sein. Aber warum sollte sie nicht zuweilen die Mühen lohnen, die man aufgewendet hatte, um sie zu bekommen? Emil betrachtet den Kuchen auf dem Stein nicht als Preis für das gute Laufen. Er weiß nur, daß es nur ein Mittel gibt, ihn zu bekommen: schneller dort zu sein als jeder andere.

---

* Seit vielen Jahrhunderten wird dieser Brauch bei den Mallorkanern nicht mehr geübt. Er stammt aus der Zeit, als ihre Schleuderer berühmt waren.

144   Zweites Buch

Das widerspricht nicht den Grundsätzen, die ich über die Einfachheit der Speisen aufgestellt habe. Denn um den Appetit der Kinder anzuregen, braucht man nicht ihre Sinnlichkeit zu erregen; man muß sie nur befriedigen, und das erreicht man durch die einfachsten Dinge der Welt, wenn man nicht absichtlich ihren Geschmack überzüchtet. Ihr beständiger Appetit ist eine Folge ihres Wachstums und eine sichere Würze, die ihnen vieles andere ersetzt. Mit Obst, Milchspeisen und Backwerk, das ein wenig feiner ist als das gewöhnliche Brot, vor allem aber mit der Kunst, dies alles mit Maß zu reichen, kann man Heere von Kindern bis ans Ende der Welt führen, ohne ihren Gaumen zu kitzeln oder abzustumpfen.

Rohkost   Einer der Beweise, daß das Fleischessen dem Menschen unnatürlich ist, ist die Gleichgültigkeit der Kinder diesem Gericht gegenüber, und der Vorzug, den sie vegetabiler Nahrung wie Milch, Backwerk, Obst und dergleichen geben. Daher ist es wichtig, diesen ursprünglichen Geschmack nicht zu verfälschen und die Kinder nicht zu Fleischessern zu machen. Und das nicht nur wegen ihrer Gesundheit, sondern wegen ihres Charakters. Wie man auch diese Erscheinung erklären mag, eines ist sicher, daß die großen Fleischesser im allgemeinen grausamer und blutrünstiger sind als die anderen Menschen. Die Barbarei der Engländer ist bekannt*; die Gauren dagegen sind die sanftesten Menschen** Alle Wilden sind grausam, und zwar nicht infolge ihrer Sitten, sondern wegen ihrer Ernährung. Sie ziehen in den Krieg wie sie auf die Jagd gehen und behandeln die Menschen wie wilde Tiere. In England werden Metzger ebensowenig wie Wundärzte als Zeugen zugelassen***. Große Bösewichter härten sich durch Bluttrinken zum Morden ab. Homer macht aus den fleischfressenden Zyklopen wahre Scheusale, aus den Lotosessern aber ein liebenswertes Volk. War man auch nur einmal mit ihnen in Berührung gekommen, so vergaß man sogar sein Vaterland, um mit ihnen leben zu können.

Du fragst mich, sagte Plutarch, warum Pythagoras kein Fleisch aß. Ich frage dich, was den Menschen dazu getrieben hat, als erster ein blutiges Stück Fleisch zum Mund zu führen und mit seinen Zähnen die Knochen eines sterbenden Tieres zu zermalmen, tote Leiber, Kada-

---

* Ich weiß, daß die Engländer ihre Menschlichkeit und ihre Gemütlichkeit rühmen und sich ein *good natured people* nennen. Sie mögen das so laut sagen, wie sie wollen, niemand sagt es ihnen nach.

**   Die Banianen, die sich noch strenger als die Gauren des Fleisches enthalten, sind fast ebenso sanft wie sie. Da aber ihre Sittenlehre weniger rein und ihr Kult weniger vernünftig ist, sind sie weniger achtenswert.

*** Einer der englischen Übersetzer dieses Buches hat hier meinen Irrtum festgestellt, und wir haben ihn beide berichtigt. Metzger und Wundärzte dürfen zeugen, die Metzger jedoch sind nicht als Geschworene oder Gleichberechtigte in der Verurteilung von Verbrechen zugelassen, was bei Wundärzten der Fall ist.

Übung der Organe und Sinne, Kleidung, Schlaf 145

ver vor sich auftragen und in seinen Magen Glieder von Tieren gleiten zu lassen, die einen Augenblick vorher blökten, brüllten, liefen und
sehen konnten? Wie konnte seine Hand einem empfindenden Wesen
ein Messer ins Herz stoßen? Wie konnte er zusehen, wie man ein
armes, wehrloses Tier schlachtet, enthäutet und zerstückelt? Wie konnte
er den Anblick zuckenden Fleisches ertragen? Mußte ihm bei dem
Geruch nicht übel werden? Ekelte es ihn nicht, ward er nicht abgestoßen und von Grauen erfaßt, wenn er in den Wunden gerührt
hatte und das schwarze und geronnene Blut von den besudelten Händen wusch?
Abgezogen krochen die Häute am Boden umher,
Von Spießen durchbohrt brüllte das Fleisch noch im Feuer.
Der Mensch konnte es nicht ohne Schaudern verschlingen;
des Opfers Stöhnen vernahm er im eigenen Leib.
Das war es, was der Mensch denken und empfinden mußte, als er
es zum ersten Mal über sich brachte, ein so schreckliches Mahl zu halten, als ihn zum ersten Mal nach einem lebenden Geschöpf hungerte,
als er sich von einem Tier nähren wollte, das noch weidete, und als er
überlegte, wie er das Schaf, das ihm die Hand leckte, erwürgen, zerlegen und kochen könnte. Staunen muß man über diejenigen, die
diese grausamen Mahlzeiten begannen, nicht über diejenigen, die sie
verließen. Immerhin könnten die ersteren ihre Barbarei mit Entschuldigungen rechtfertigen, die wir nicht vorbringen können: und so sind
wir hundertmal größere Barbaren als sie.
Sterbliche Lieblinge der Götter, würden jene ersten Menschen uns
sagen, vergleicht die Zeiten. Bedenkt, wie glücklich ihr seid, und wie
elend wir daran waren! Auf der neugeschaffenen Erde und in der mit
Dünsten noch erfüllten Luft herrschte noch nicht die Ordnung der
Jahreszeiten. Die ungeregelten Flußläufe traten überall aus den
Ufern. Teiche, Seen und tiefe Sümpfe bedeckten drei Viertel der
Erdoberfläche, und das letzte Viertel war bedeckt mit Wäldern und
unfruchtbaren Forsten. Die Erde brachte keine guten Früchte hervor;
wir hatten keine Geräte, sie zu bearbeiten, und wir verstanden nicht
die Kunst, uns ihrer zu bedienen. Die Zeit der Ernte kam nicht für
uns, die wir nicht gesät hatten. So verließ uns der Hunger niemals.
Im Winter waren Moos und Baumfrüchte unsere gewöhnliche Nahrung. Einige frische Wurzeln von Quecken und Heidekraut waren
Leckerbissen für uns. Und hatten die Menschen Bucheckern, Nüsse
und Eicheln gefunden, so tanzten sie voll Freude um die Eiche oder
die Buche, sangen ländlich einfache Lieder und nannten die Erde ihre
Ernährerin und Mutter. Das war ihr einziges Fest und ihr einziges
Spiel, der Rest des Lebens waren Schmerz, Mühsal und Elend.
Als die entblößte und nackte Erde uns endlich nichts mehr bot,
waren wir gezwungen, uns an der Natur zu vergreifen, um uns zu erhalten, und wir aßen lieber die Mitgenossen unseres Elends, als mit
ihnen umzukommen. Aber euch, ihr Grausamen, wer zwingt euch
denn, Blut zu vergießen? Seht den Überfluß an Gütern, der euch umgibt! Wieviel Früchte bringt euch die Erde hervor? Welche Reichtümer bringen euch Felder und Weinberge! Wie viele Tiere bieten euch
Milch zur Nahrung und Wolle, euch zu kleiden! Was verlangt ihr
mehr, und welche Wut treibt euch dazu, so viel zu morden, gesättigt
von diesem Überfluß an Gütern und Lebensmitteln? Warum lügt ihr
gegen eure Mutter und klagt sie an, sie könne euch nicht ernähren?
Warum sündigt ihr gegen Ceres, die Stifterin heiliger Gesetze, und
gegen Bacchus, den Tröster der Menschen? Als ob ihre überreichen
Gaben nicht genügten, das Menschengeschlecht zu erhalten? Wie habt
ihr das Herz, neben ihre süßen Gaben Gebeine von Tieren auf einen
Tisch zu bringen und außer der Milch noch das Blut der Tiere zu
genießen, die sie euch liefern? Panther und Löwen nennt ihr wilde
Tiere. Sie folgen notgedrungen ihrem Instinkt und töten andere Tiere,

10 Rousseau

von denen sie leben. Ihr dagegen, hundertmal wilder als sie, bekämpft ohne Not den Instinkt, um euch euren grausamen Lüsten zu überlassen. Ihr verzehrt nun nicht die fleischfressenden Tiere, aber ihr ahmt sie nach. Euch hungert nur nach den unschuldigen und zahmen, die niemandem ein Leid antun, die an euch hangen, die euch dienen und die ihr zum Dank für ihre Dienste verzehrt.

Du bist ein unnatürlicher Mörder, wenn du noch immer daran festhältst, deinesgleichen, Wesen von Fleisch und Bein, empfindend und lebend wie du, zu verzehren. Ersticke das Grausen vor diesen schrecklichen Mahlzeiten. Töte die Tiere selbst mit deinen eigenen Händen ohne Schlinge und Messer, zerreiße sie mit deinen Nägeln, wie die Löwin und die Bären es tun! Fasse diesen Stier mit deinen Zähnen und reiße ihn in Stücke, schlage deine Krallen in seine Haut! Friß dieses Lamm lebendig, verschlinge sein noch dampfendes, warmes Fleisch, trink seine Seele mit seinem Blut! Du schauderst, du wagst nicht, zuckendes, lebendiges Fleisch unter deinen Zähnen zu fühlen? Bedauernswerter! Erst tötest du das Tier, dann verzehrst du es, gleich als ob du es zweimal sterben lassen wolltest. Doch damit nicht genug. Das tote Fleisch widerstrebt dir noch. Deine Eingeweide können es nicht vertragen, du mußt es erst durch Feuer umwandeln, kochen, braten, durch Gewürze seinen eigentlichen Geschmack verhüllen. Du brauchst Fleischer, Köche, Bratenwender, Leute, die dem Getöteten das Grauenhafte nehmen, die die toten Körper so zubereiten, daß der Geschmack das, was ihm fremd ist, nicht zurückweist, sondern, getäuscht durch die Zutaten, mit Vergnügen Leichname schmaust, deren Anblick das Auge kaum ertragen könnte."

Ernährung   Obgleich diese Stelle eigentlich nicht hieher gehört, konnte ich der Versuchung, sie zu übersetzen, nicht widerstehen und ich glaube, daß mir nur wenige Leser gram darum sind.

Welche Kost ihr auch immer euren Kindern gebt, sie sei schlicht und einfach. Dann laßt sie essen, laufen und spielen, so viel sie wollen, und ihr könnt sicher sein, daß sie niemals zuviel essen oder Verdauungsstörungen haben werden. Laßt ihr sie aber die halbe Zeit hungern, so werden sie Mittel finden, eurer Wachsamkeit zu entwischen und sich nach Kräften schadlos zu halten. Sie werden sich bis zum Platzen überessen. Unser Appetit ist nur darum maßlos, weil wir ihm Regeln geben, die wider die Natur sind. Durch ständiges Verordnen, Vorschreiben, Hinzufügen und Wegnehmen leben wir mit der Waage in der Hand. Aber diese Waage ist nach unseren Launen geeicht und nicht nach unserem Magen. Ich komme also wieder auf meine Beispiele zurück: bei den Bauern ist der Brotschrank und der Obstgarten immer offen, aber weder die Kinder noch die Erwachsenen wissen, was Verdauungsbeschwerden sind.

Hungern   Sollte sich ein Kind dennoch überessen, was mir nach meiner Methode unmöglich erscheint, so kann man es leicht mit seinen Lieblingsspielen ablenken und bis zur Erschöpfung hungern lassen, ohne daß es dies bemerkt. Wie kommt es, daß kein Erwachsener an diese sicheren und leichten Mittel denkt? Herodot erzählt*, daß die Lydier, von einer großen Hungersnot bedrängt, darauf kamen, Spiele und andere Zerstreuungen zu er-

---

* Herodot, I, 94.

finden, so daß sie den Hunger vergaßen und ganze Tage verbrachten, ohne an das Essen zu denken*. Eure gelehrten Erzieher haben diese Stelle vielleicht hundertmal gelesen, ohne zu
sehen, wie man sie auf die Kinder anwenden kann. Man wird
mir vielleicht sagen, daß kein Kind gerne seine Mahlzeit verläßt,
um seine Lektion zu lernen. Meister, du hast recht: An diese Zerstreuung habe ich noch gar nicht gedacht!

Das Geriech ist für das Geschmeck dasselbe wie das Geseh **Das Geriech**
für das Getast: es warnt und kündigt ihm an, wie diese oder jene
Substanz auf es wirkt und dafür sorgt, sie zu suchen oder zu
meiden, je nach dem Eindruck, den es im vorhinein bekommt.
Ich habe gehört, daß das Geriech der Wilden ganz anders
wirkt und daß sich ihr Urteil über gute und schlechte Gerüche
deutlich von unserem Urteil unterscheidet. Das glaube ich ohne
weiteres. Die Gerüche selbst sind schwache Eindrücke. Sie wirken mehr auf die Phantasie als auf die Sinne und weniger
dadurch, was sie bieten, als dadurch, was sie erwarten lassen.
Unter diesen Voraussetzungen müssen die Geschmacksempfin-
dungen durch die unterschiedliche Lebensweise verschieden sein.
Die Menschen beurteilen also den Geschmack der Dinge ganz
verschieden und folglich auch Gerüche, die ihn ankündigen. Ein
Tatar muß mit der gleichen Lust ein stinkendes Pferdeviertel
riechen wie einer unserer Jäger ein halbverfaultes Rebhuhn.

Der Duft eines Blumenbeetes läßt den unberührt, der zuviel
gehen muß, um noch an einem Spaziergang Gefallen zu finden;
oder für den, der nicht genug arbeitet, um die Muße genießen
zu können. Hungernde Menschen dürften kaum an Gerüchen,
die ihnen nichts zu essen ankündigen, großes Vergnügen finden.

Das Geriech ist der Sinn der Phantasie. Da er die Nerven
stärker anspricht, muß er auch das Gehirn stärker erregen.
Darum belebt er für eine Weile die körperliche Verfassung, erschöpft sie jedoch auf die Dauer. Seine Wirkungen in der Liebe
sind genügend bekannt. Der süße Duft eines Toilettenzimmers
ist keine so harmlose Falle, wie man meint, und ich weiß nicht,
ob man den weisen und empfindungsarmen Mann beglückwünschen oder bedauern soll, den der Duft der Blumen, die seine
Geliebte am Busen trägt, niemals erbeben ließ.

Das Geriech muß also im ersten Lebensalter noch nicht sehr
ausgebildet sein, denn die Vorstellung kennt noch keine Leidenschaften und kann somit auch nicht leicht erregt werden. Man

---

* Die antiken Historiker sind voll von nützlichen Anregungen,
selbst wenn die Berichte nicht stimmen. Wir verstehen es aber nicht,
aus der Geschichte einen wirklichen Vorteil zu ziehen; die gelehrte
Kritik verschlingt alles. Wie wenn es wichtig wäre, ob eine Sache
wahr ist, wenn man nur eine nützliche Lehre daraus ziehen kann.
Verständige Menschen sollten die Geschichte als ein Gewebe von
Fabeln betrachten, deren Moral uns durchaus angemessen ist.

hat auch noch nicht genug Erfahrung, um mit einem Sinn vorauszuempfinden, was uns ein anderer verspricht. Diese Folgerung wird von der Erfahrung bestätigt und es ist sicher, daß das Gerich bei den meisten Kindern noch schwach und beinahe stumpf ist. Nicht daß ihre Empfindungen nicht ebenso fein, ja vielleicht noch feiner wären als bei Erwachsenen, aber sie verknüpfen damit noch keine andere Vorstellung. Darum wird durch den Geruch nicht leicht ein Gefühl des Schmerzes oder der Lust in ihnen erregt, und sie werden weder angenehm beeinflußt noch abgestoßen wie wir. Ich glaube, man könnte, ohne über diese Gedankengänge hinauszugehen und ohne zur vergleichenden Anatomie der Geschlechter seine Zuflucht zu nehmen, leicht die Ursache herausfinden, warum Gerüche im allgemeinen leichter auf Frauen als auf Männer wirken.

Es wird behauptet, daß die Eingeborenen Kanadas schon von Kindheit an so einen feinen Geruch haben, daß sie sich auf der Jagd nicht ihrer Hunde, sondern ihrer eigenen Nase bedienen. Ich glaube in der Tat, daß man den Geruch der Kinder vielleicht ebenso vervollkommnen könnte, wenn man sie anleitete, ihre Mahlzeit aufzuspüren, wie ein Hund das Wild. Im Grunde aber sehe ich nicht ein, welchen besonderen Nutzen sie daraus ziehen könnten, es sei denn, sie lernten die Beziehungen mit dem Geschmeck kennen. Die Natur hat uns geradezu gezwungen, auf diese Beziehung zu achten, denn sie hat die Tätigkeit des Geriechs fast unzertrennlich mit der des Geschmecks verbunden. Sie legte die Organe nebeneinander und schuf im Mund eine unmittelbare Verbindung, so daß wir nichts schmecken, ohne es auch zu riechen. Ich wollte nur, man höbe diese natürlichen Beziehungen nicht auf, um ein Kind zu täuschen, indem man z. B. den schlechten Geschmack einer Medizin mit einem angenehmen Aroma überdeckt. Denn dann ist der Zwiespalt zwischen den beiden Sinneseindrücken zu groß, um es täuschen zu können. Der stärkere Sinneindruck hebt die Wirkung des anderen auf, und das Kind nimmt die Medizin nicht weniger widerwillig. Dieser Widerwille geht auf alle anderen gleichzeitigen Empfindungen über. Kehrt auch nur die schwächste von ihnen wieder, so erinnert sie die Vorstellung an alle anderen. Ein feiner Duft wird zum widerlichen Gestank. So vermehren wir durch unsere unbesonnenen Vorsichtsmaßregeln die Summe der unangenehmen Eindrücke auf Kosten der angenehmen.

Der Gemeinsinn In den folgenden Büchern habe ich noch von der Pflege einer Art sechsten Sinnes zu sprechen, Gemeinsinn oder gesunder Menschenverstand genannt, weniger weil er allen Menschen gemeinsam ist, als deswegen, weil er sich auf den geregelten Gebrauch aller anderen Sinne stützt und über die Natur der Dinge durch Zusammenfassen aller ihrer Erscheinungsformen unterrichtet. Dieser sechste Sinn hat folglich kein besonderes Organ. Er hat seinen Sitz im Gehirn und seine rein inneren Wahrnehmungen heißen Begriffe oder Ideen. An der Zahl dieser Ideen wird der Umfang unserer Kenntnisse gemessen. An ihrer Deutlichkeit und Klarheit die Schärfe des Verstandes. Die Kunst, sie untereinander zu vergleichen, nennt man menschliche Vernunft. Was ich also sensitive oder kindliche Vernunft genannt habe, besteht darin, durch Zusammenfassen mehrerer Wahrnehmungen einfache Begriffe zu bilden. Intellektuelle oder menschliche Vernunft nenne ich, durch Zusammenfassen mehrerer einfacher Vorstellungen zusammengesetzte Vorstellungen zu bilden.

Emil im Alter von 10 bis 12 Jahren

In der Annahme, daß meine Methode der Natur entspricht, und daß ich sie richtig angewandt habe, haben wir unseren Zögling durch das Reich der sinnlichen Empfindungen bis an die Grenzen der kindlichen Vernunft geführt. Der erste Schritt, den wir darüber hinaus machen, ist ein Männerschritt. Ehe wir jedoch diesen Weg betreten, werfen wir einen Blick auf die zurückgelegte Strecke. Jedes Alter, jede Lebensstufe hat seine eigene Vollkommenheit und seine eigene Reife. Man spricht oft von einem fertigen Mann. Betrachten wir einmal ein friedfertiges Kind: das Bild ist nur für uns neu, aber bestimmt nicht weniger angenehm.

Das Dasein zu Ende gegangener Wesen ist so arm und beschränkt, daß wir kein Mitleid haben, wenn wir nur diese Tatsache sehen. Unsere Phantasie schmückt die realen Gegenstände aus. Und wenn sie dem, was uns berührt, keinen Reiz hinzufügt, beschränkt sich das unfruchtbare Vergnügen auf die Sinne und läßt das Herz kalt. Die Erde breitet im Herbst einen Reichtum aus, den das Auge bewundert. Aber diese Bewunderung kann nicht rühren. Sie kommt eher aus der Überlegung als aus dem Gefühl. Im Frühling sind die Felder fast kahl, der Wald spendet keinen Schatten, es beginnt erst zu grünen, und doch ist das Herz bei diesem Anblick gerührt. Bei dieser Wiedergeburt der Natur fühlt man sich selber belebt. Bilder der Lust umgeben uns. Süße Tränen, Gefährten der Wollust, wollen sich mit jeder lieblichen Empfindung mischen und hängen schon an unseren Augenlidern. Der Anblick der Weinlese mag noch so fröhlich, lebendig und angenehm sein, man schaut ihn immer trockenen Auges an.

Woher dieser Unterschied? Weil die Phantasie dem Schauspiel des Frühlings das Schauspiel der kommenden Jahreszeiten hinzufügt. Den zarten Knospen fügt sie die Blumen, die Früchte, das schattige Laub, manchmal die Geheimnisse, die es verhüllen kann, hinzu. Sie vereinigt in einem Punkt die kommenden Jahreszeiten und sieht weniger die Dinge, wie sie sind, als wie sie sich sie wünscht, weil sie wählen kann. Im Herbst sieht man nur die Wirklichkeit. Denkt man an den Frühling, hält uns der Winter auf und die Phantasie erstarrt in Schnee und Eis.

Das ist der Grund, warum man eine schöne Kindheit lieber betrachtet als die Vollendung des reifen Alters. Wann bereitet uns der Anblick eines Mannes ein wirkliches Vergnügen? Nur wenn uns die Erinnerung an seine Taten auf sein Leben zurückschauen läßt und ihn gleichsam in unseren Augen verjüngt. Müssen wir ihn aber sehen, wie er heute ist, oder ihn uns vorstellen, wie er im Alter sein wird, dann löscht der Gedanke an die absterbende Natur unsere Freude aus. Wir freuen uns nicht, einen Menschen mit schnellen Schritten dem Grab zueilen zu sehen, denn das Bild des Todes entstellt alles.

Stelle ich mir dagegen ein zehn- bis zwölfjähriges kräftiges, vollentwickeltes Kind vor, so kommt mir kein unangenehmer Gedanke, sei er für die Gegenwart oder für die Zukunft. Ich sehe das Kind überströmend, lebhaft und munter, sorglos, ganz dem Dasein hingegeben, im Genuß seiner übersprudelnden Lebensfülle. Ich sehe voraus, wie es demnächst Sinne, Geist und Kräfte übt, die sich von Tag zu Tag in ihm entwickeln, und von denen es ständig neue Beweise gibt. Ich betrachte es als Kind, und es gefällt mir. Ich betrachte es als Mann, und es gefällt mir noch mehr. Sein heißes Blut scheint meines wieder zu erwärmen. Ich glaube, sein Leben zu leben, und seine Lebhaftigkeit macht mich wieder jung.

Die Uhr schlägt, welche Veränderung! Im Nu wird sein Auge trüb, seine Heiterkeit verschwindet. Lebwohl, Freude, lebt wohl, ihr munteren Spiele! Ein strenger, verdrießlicher Mann nimmt den Knaben an der Hand und sagt ernst: *Gehen wir, junger Herr!* und führt ihn fort. In ihrem Zimmer sehe ich Bücher, nichts als Bücher. Welch traurige Ausstattung für sein Alter! Das arme Kind läßt sich fortziehen, wirft einen kummervollen Blick zurück, schweigt und geht, die Augen voll Tränen, die es nicht zu vergießen, das Herz voll Seufzer, die es nicht auszustoßen wagt.

Du, der nichts Ähnliches zu befürchten hat, für den es niemals Zwang und Langeweile gibt, du, der den Tag ohne Unruhe und die Nacht ohne Ungeduld kommen sieht und die Stunden nur nach den Vergnügen zählt, komm, mein glücklicher und lieber Schüler, und tröste uns mit deiner Gegenwart über das Scheiden jenes Unglücklichen! Komm ... Er kommt und ich fühle eine freudige Rührung, die er mit mir teilt. Er kommt zu seinem Freund, zu seinem Kameraden, zu seinem Spielgenossen und er ist bei meinem Anblick sicher, nicht mehr lange ohne Zeitvertreib zu bleiben. Wir hängen niemals voneinander ab, aber wir sind immer einig und sind mit niemandem so gerne zusammen wie miteinander.

Seine Gestalt, seine Haltung und sein ganzes Wesen künden Sicherheit und Zuversicht an. Sein Gesicht strahlt vor Gesundheit. Sein fester Tritt ist voller Kraft. Sein Teint, zart, ohne fahl zu sein, kennt keine weibliche Verweichlichung. Luft und Sonne haben ihm schon die ehrenvollen Züge seines Geschlechts aufgedrückt. Seine noch rundlichen Muskeln zeigen schon Zeichen beginnender Prägung. Seine Augen, noch ohne das Feuer des Gefühls, haben noch ihre ganze natürliche Heiterkeit*. Kein langer Gram hat sie verdunkelt, keine endlose Träne die Wangen zerfurcht. In seinen schnellen, aber sicheren Bewegungen seht ihr die Lebhaftigkeit seines Alters, die Festigkeit seiner Unabhängigkeit, die Erfahrung vielfältiger Leibesübungen. Sein Wesen ist offen und frei, weder übermütig noch eitel. Sein Kopf, der nicht über Bücher gebeugt war, fällt ihm nicht auf die Brust herab, und man braucht ihm nicht zu sagen: *Kopf hoch!* Weder Scham noch Furcht haben ihn ihm niedergebeugt.

Machen wir ihm Platz in unserer Gesellschaft: Prüfen Sie ihn, meine Herren. Fragen Sie ihn ohne Scheu. Befürchten Sie keine Ungehörigkeiten, kein Geschwätz, keine indiskreten Fragen. Haben Sie keine Angst, daß er Sie belästigt oder von Ihnen verlangt, sich mit ihm allein zu beschäftigen; befürchten Sie nicht, ihn nicht wieder loswerden zu können.

Erwarten Sie aber auch keine schönen Reden von ihm, oder daß er wiederholt, was ich ihm vorgesagt habe. Erwarten Sie nur die natürliche und einfache Wahrheit, ohne Schmuck, Ziererei und Prahlerei. Er wird Ihnen genau so freimütig über das Böse, das er getan hat oder denkt, berichten wie über das Gute, ohne sich um den Eindruck zu kümmern, den seine Worte auf Sie machen. Er wird sich des Wortes in der ganzen Einfachheit seiner ursprünglichen Bestimmung bedienen.

Man sagt Kindern gerne eine gute Zukunft voraus, aber man muß es immer wieder wegen der Flut von Dummheiten bereuen, die diese Hoffnungen zunichte machen, und die man nur auf einige glückliche Äußerungen stützt, die sie zufälligerweise dahergesagt haben. Wenn mein Zögling selten solche Hoffnungen erweckt, so braucht man auch nichts zu bedauern, da er kein unnützes Wort sagt und sich nicht im Geschwätz erschöpft, dem, wie er weiß, niemand zuhört. Seine Begriffe sind begrenzt, aber klar. Weiß er auch nichts auswendig, so weiß er doch viel aus Erfahrung. Liest er auch weniger gut als andere aus unseren Büchern, so liest er um so besser im Buch der Natur. Sein Geist sitzt nicht auf der Zunge, sondern im Kopf. Sein Gedächtnis ist schlechter als sein Urteil. Er kann nur eine Sprache sprechen, aber er weiß, was er sagt. Wenn er nicht so gut reden kann wie andere, so macht er alles besser, als sie es machen.

---

* *sérénité native. Natia.* Ich gebrauche dieses Wort *native* in seiner italienischen Bedeutung, da ich kein französisches Synonym finde. Wenn ich mich irre, schadet es nichts; wenn man mich nur versteht.

Er weiß nicht, was Routine, Brauch oder Gewohnheit ist. Was er gestern getan hat, hat keinen Einfluß auf das, was er heute tut*. Er folgt keiner Regel, läßt sich weder durch Autorität noch durch Beispiel bestimmen, spricht und handelt nur, wie es ihm zusteht. Erwartet also von ihm keine eingelernten Reden noch einstudierte Manieren, sondern immer die getreue Wiedergabe seiner Gedanken und ein Benehmen, das seinen Neigungen entspringt.

Ihr werdet bei ihm nur ein paar Moralbegriffe vorfinden, die sich auf seinen gegenwärtigen Zustand beziehen, aber keinen auf das Verhältnis zu den Menschen. Wozu sollten sie ihm nützen, da ein Kind noch kein tätiges Mitglied der Gesellschaft ist? Sprecht mit ihm von Freiheit, von Eigentum, selbst von Verträgen — das kann er noch begreifen. Er weiß, warum ihm gehört, was ihm gehört. Aber darüber hinaus weiß er nichts. Erzählt ihm von Pflicht und Gehorsam, und er versteht euch nicht. Befehlt ihm etwas, und er wird euch nicht begreifen. Aber sagt ihm: wenn du mir diesen Gefallen tust, so werde ich mich bei Gelegenheit erkenntlich zeigen, und augenblicklich wird er sich beeilen, euch gefällig zu sein. Denn er verlangt nichts weiter, als sein Reich zu erweitern und Rechte über euch zu erwerben, die, wie wir weiß, unverletzlich sind. Vielleicht ist es ihm sogar nicht unlieb, eine Stellung einzunehmen, mitzuzählen und für etwas gehalten zu werden. Leitet ihn aber dieses letzte Motiv, so ist er schon über den Zustand der Natur hinausgetreten, und ihr habt nicht vorsorglich genug alle Pforten der Eitelkeit verschlossen.

Braucht er aber Hilfe, so wird er sie von dem ersten besten erbitten, vom König so gut wie von seinem Diener, denn alle Menschen sind in seinen Augen gleich. An der Art, wie er bittet, sieht man, daß er weiß, daß man ihm nichts schuldig ist. Er weiß, daß es eine Gefälligkeit ist, aber ebenso, daß es zur Menschlichkeit gehört, die Bitte zu erfüllen. Seine Sprache ist einfach und lakorisch. Stimme, Blick und Gebärden zeigen, daß er ans Gewähren wie ans Versagen gewöhnt ist. Da gibt es weder sklavische Unterwürfigkeit noch herrischen Befehl, nur bescheidenes Zutrauen zu seinesgleichen und die edle und rührende Freundlichkeit eines freien, aber fühlenden und schwachen

---

* Die Macht der Gewohnheit rührt von der natürlichen Trägheit des Menschen her. Sie nimmt zu, wenn man sich ihr überläßt. Was man schon einmal getan hat, fällt einem leichter. Ein gebahnter Weg läßt sich leichter verfolgen. So kann man beobachten, daß die Gewohnheit über alte und träge Leute eine große, über die Jugend und lebhafte Leute dagegen eine geringe Herrschaft ausübt. Diese Abhängigkeit taugt nur für schwache Seelen, schwächt sie aber von Tag zu Tag noch mehr. Die einzige, den Kindern nützliche Gewohnheit ist, sich dem Zwang der Verhältnisse mühelos zu unterwerfen. Erwachsenen dient nur die Gewohnheit, sich mühelos der Vernunft zu unterwerfen. Jede andere Gewohnheit ist ein Fehler.

Wesens, das den Beistand eines freien, aber starken und wohltätigen Wesens erbittet. Gewährt ihr ihm seine Bitte, so wird er euch zwar nicht danken, aber er fühlt, daß er euer Schuldner ist. Versagt ihr sie ihm, so wird er sich nicht beklagen oder darauf bestehen, da er weiß, daß es zwecklos ist. Er sagt sich nicht: man hat mir etwas abgeschlagen, sondern: es war unmöglich! Und wie ich schon sagte, gegen eine als richtig erkannte Notwendigkeit lehnt man sich nicht auf.

Laßt ihn frei, allein. Schaut ihm zu, wenn er etwas tut, ohne ihm etwas zu sagen. Erwägt, was er tun, und wie er sich dabei anstellen wird. Da er nicht nötig hat, sich seine Freiheit zu beweisen, tut er nichts aus Unbesonnenheit oder um sich selbst darzutun, welche Macht er hat. Weiß er denn nicht, daß er Herr seiner selbst ist? Er ist munter, gewandt und aufgeweckt. Seine Bewegungen haben die Lebhaftigkeit seines Alters, aber ihr seht keine, die ziellos ist. Was er sich auch vornimmt, niemals wird etwas seine Kräfte übersteigen, denn er hat sie geprüft und kennt sie. Seine Mittel entsprechen seinen Absichten, und selten wird er etwas tun, ohne des Erfolges sicher zu sein. Er hat einen aufmerksamen und wägenden Blick. Er stellt keine dummen Fragen über das, was er sieht, sondern untersucht und strengt sich selber an, um herauszufinden, was er wissen will, ehe er fragt. Kommt er in unvorhergesehene Schwierigkeiten, bleibt er ruhiger als andere, kommt er in Gefahr, erschrickt er weniger. Da seine Phantasie noch ruht und nichts getan wurde, sie zu erregen, sieht er nur, was ist, schätzt die Gefahren nach ihrem wirklichen Grad ab und behält immer kühles Blut. Notwendigkeiten haben ihn schon zu oft bedrückt, als daß er sich noch dagegen auflehnte. Seit seiner Geburt trägt er dieses Joch. Er ist daran gewöhnt und immer auf alles gefaßt.

Ob er spielt oder sich beschäftigt, beides ist ihm gleich: sein Spiel ist ihm Beschäftigung. Er kennt keinen Unterschied. Alles tut er mit einem Interesse, das zum Lächeln reizt, und mit einer Freiheit, die gefällt. Sie zeigen den Umfang seiner Kenntnisse und seine Geisteshaltung. Ist nicht der Anblick eines hübschen Kindes mit lebhaften und fröhlichen Augen, mit zufriedener und gelassener Miene, mit offenem und lachendem Ausdruck, das ernste Dinge spielend erledigt und sich in kindischem Zeitvertreib ernsthaft vertieft, ein reizendes und liebliches Schauspiel?

Wollt ihr ihn jetzt durch Vergleich beurteilen? Mischt ihn unter andere Kinder und laßt ihn gewähren. Ihr werdet bald sehen, wer in Wahrheit erzogen ist, wer am vollkommensten seine Altersstufe erreicht hat. Kein Stadtkind ist so geschickt wie er; er ist aber stärker als sie alle. Er ist so stark wie Bauernkinder, übertrifft sie aber an Geschicklichkeit. In den Grenzen der kindlichen Vernunft beurteilt, bedenkt und errät er besser als sie alle. Gilt es zu handeln, zu laufen, zu springen, Massen zu bewegen oder fortzuschaffen, Entfernungen zu schätzen, Spiele zu erfinden, Preise zu erringen, so könnte man sagen, daß ihm die Natur untertan ist, so leicht fällt ihm alles und beugt sich seinem Willen. Er ist zum Führer und zum Leiter seiner Altersgenossen geschaffen. Talent und Erfahrung ersetzen ihm Recht und Autorität. Kleider und Name spielen keine Rolle, er wird über alle der Erste und immer der Anführer der anderen sein. Sie werden immer seine Überlegenheit fühlen. Ohne befehlen zu wollen, ist er der Herr. Sie gehorchen, ohne sich dessen bewußt zu sein.

Er ist auf dem Gipfel der Kindheit angelangt. Er hat das Leben eines Kindes geführt und seine Vollkommenheit nicht mit seinem Glück bezahlt. Im Gegenteil, eins hat zum anderen beigetragen. Während er sich die ganze Vernunft seines Alters erwarb, war er so frei und glücklich, wie es sein Zustand zuließ. Raffte der Tod die Blüten unserer Hoffnung hin, brauchten wir nicht sein Leben und seinen Tod gleichzeitig zu beweinen. Unsere Schmerzen würden nicht durch die Erinnerung an jene verbittert, die wir ihm bereitet haben. Wir würden uns sagen: Wenigstens seine Kindheit hat er genossen. Wir haben ihm nichts genommen, was die Natur ihm gegeben hat.

Der große Nachteil einer solchen ersten Erziehung besteht darin, daß sie nur weitsichtige Menschen verstehen. Das gewöhnliche Auge wird in diesem, so sorgsam erzogenen Kind nur einen Gassenjungen sehen. Erzieher denken eher an ihren Vorteil als den ihres Zöglings. Ihnen liegt mehr daran, zu beweisen, daß sie keine Zeit verloren und das Geld verdient haben, das ihnen bezahlt wurde. So rüsten sie ihn mit Kenntnissen aus, die man jederzeit vorweisen kann, einerlei ob sie ihm auch nützen, wenn sie nur auffällig sind. Wahl- und unterschiedslos belastet er mit diesem Plunder sein Gedächtnis. Soll das Kind geprüft werden, so läßt man es seine Ware zur Schau stellen. Es packt sie aus. Man ist zufrieden. Dann packt es sein Bündel und geht. Mein Schüler ist nicht so reich. Er hat nichts zu packen. Er kann nur sich selbst zeigen. Aber weder ein Kind noch ein Mann läßt sich in einem Augenblick durchschauen. Wo gibt es die Beobachter, die auf den ersten Blick die charakteristischen Züge erfassen können? Es gibt welche, aber wenige: unter hunderttausend Vätern ist nicht einer darunter.

Zu viele Fragen langweilen und stoßen jeden ab, besonders aber Kinder. Nach einigen Minuten läßt ihre Aufmerksamkeit nach, sie hören nicht mehr, was sie ein hartnäckiger Prüfer fragt, und sie antworten aufs Geratewohl. Diese Art Prüferei ist nutzlos und pedantisch. Oft enthüllt ein flüchtiges Wort ihren Sinn und Geist besser als lange Reden. Man muß nur aufpassen, daß dies Wort nicht vorgesagt oder zufällig ist. Man muß selber sehr gescheit sein, um ein Kind richtig beurteilen zu können.

Ich hörte, wie der verstorbene Lord Hyde erzählte, daß einer seiner Freunde nach dreijähriger Abwesenheit in Italien die Fortschritte seines neun- bis zehnjährigen Sohnes prüfen wollte. Sie gingen also eines Abends mit seinem Erzieher auf ein freies Gelände, wo die Schüler sich vergnügten, Drachen steigen zu lassen. Im Gehen fragte der Vater seinen Sohn: *Wo ist der Drachen, dessen Schatten du hier siehst?* Ohne zu zögern und den Kopf zu heben, antwortete das Kind: *Auf der Landstraße.* In der Tat war die Landstraße zwischen der Sonne und uns, fügte Lord Hyde hinzu. Der Vater umarmte seinen Sohn auf diese Antwort hin, beendete die Prüfung und ging wortlos fort. Am nächsten Tag übersandte er dem Erzieher die Anweisung auf eine Leibrente außer seinem Gehalt.

Welch ein Mann und welch ein Vater! Welch ein Sohn wuchs ihm da heran![26] Die Frage war seinem Alter angemessen und die Antwort bündig. Aber welche Klarheit kindlichen Urteilvermögens setzt sie voraus! So zähmte Aristoteles' Schüler jenes berühmte Streitroß, das kein Stallmeister hatte bändigen können[27].

DRITTES BUCH

Kräfte und Bedürfnisse

Obwohl das Leben bis zum Jünglingsalter eine Zeit der Schwäche ist, gibt es in diesen Jahren dennoch einen Punkt, in dem der Heranwachsende trotz absoluter Schwäche relativ stark ist, weil die Kräfte die Bedürfnisse überholt haben. Diese Bedürfnisse sind noch nicht alle entwickelt, die gegenwärtigen Kräfte aber mehr als ausreichend, um sie zu befriedigen. Als Erwachsene wären sie sehr schwach, als Kinder sind sie sehr stark.

Woher kommt diese menschliche Schwäche? Aus der Ungleichheit seiner Kräfte und seiner Wünsche. Unsere Leidenschaften machen uns schwach, denn wir verbrauchen zu ihrer Befriedigung mehr Kräfte, als uns die Natur gegeben hat. Vermindert ihr die Begierden, so vermehrt ihr die Kräfte. Wer mehr vermag, als er begehrt, hat Kräfte im Überschuß und ist gewiß sehr stark. Dies ist die dritte Stufe der Kindheit, von der ich jetzt sprechen werde. Mangels eines besseren Ausdrucks nenne ich sie weiter Kindheit, denn dieses Alter nähert sich schon dem Jünglingsalter, ohne schon die Zeit der Pubertät zu sein.

Mit 12 oder 13 Jahren entwickeln sich die Kräfte des Kindes schneller als seine Bedürfnisse. Den heftigsten und gewaltigsten Trieb spürt er noch nicht. Selbst das Organ dafür ist noch unfertig und scheint darauf zu warten, daß der Wille es zur Entwicklung zwingt. Der Junge ist fast unempfindlich gegen die Unbilden des Wetters und der Jahreszeiten, die er mühelos erträgt. Sein erwachendes Feuer ersetzt ihm die Kleidung. Sein Appetit würzt ihm die Speisen. Alles, was nährt, genügt seinem Alter. Hat er Schlaf, legt er sich auf die Erde und schläft. Was er braucht, sieht er rund um sich. Kein eingebildetes Bedürfnis quält ihn. Fremde Meinung vermag nichts über ihn. Seine Begierden reichen nicht weiter als seine Arme. Er genügt sich nicht nur selbst, er hat sogar mehr Kräfte, als er braucht. Dies ist das einzige Mal in seinem Leben, wo das der Fall ist.

Arbeitende Kinder Ich sehe einen Einwand voraus. Man wird zwar nicht behaupten, das Kind habe mehr Bedürfnisse, als ich ihm zuschreibe, aber man wird leugnen, daß es die Kräfte habe, die ich ihm zugestehe. Man bedenkt nämlich nicht, daß ich von meinem Schüler spreche und nicht von jenen wandelnden Puppen, die von einem Zimmer ins andere reisen, die in einem Sandkasten ackern und leere Schachteln schleppen. Man wird sagen, männliche Kraft zeige sich erst beim Mann, und allein die in den entsprechenden Gefäßen zubereiteten und im ganzen Körper verteilten Lebensgeister könnten den Muskeln jene Festigkeit, Aktivität, Spann-

Kräfte und Bedürfnisse

und Triebkraft geben, der die wahre Stärke entspringt. Das ist Stubenphilosophie. Ich berufe mich auf die Erfahrung. Auf euren Feldern sehe ich große Jungen arbeiten, hacken, den Pflug führen, ein Faß Wein aufladen, den Wagen lenken, ganz wie ihre Väter. Man könnte sie für Männer halten, wenn ihre Stimme sie nicht verriete. Sogar in unseren Städten sehe ich junge Arbeiter; Grob-, Zeug- und Hufschmiede, die beinahe so stark sind wie ihre Meister; und sie wären nicht weniger geschickt, wenn man sie rechtzeitig angelernt hätte. Wenn es einen Unterschied gibt — und ich gebe zu, daß es ihn gibt — so ist er viel geringer als der zwischen den Begierden eines Mannes und den Wünschen eines Kindes. Übrigens geht es hier nicht um die physischen Kräfte, sondern vor allem um die Stärke und die Fähigkeit des Geistes, die sie ergänzt oder leitet.

Diese Spanne, in der das Individuum mehr leisten kann, als es wünscht, ist zwar nicht die Zeit seiner größten Stärke, sondern, wie ich schon sagte, jene der größten relativen Kraft. Es ist die kostbarste Zeit des Lebens, eine Zeit, die nur einmal kommt. Sie ist um so kürzer, wie man bald sehen wird, je mehr man sich bemüht, sie gut zu nützen.

Was soll das Kind also jetzt mit dem Überfluß an Kräften und Fähigkeiten tun, die ihm später fehlen werden? Es wird versuchen, sie für etwas zu verwenden, das ihm im Bedarfsfall nützen kann. Es soll also sozusagen den Überschuß seines gegenwärtigen Seins in die Zukunft werfen. Das starke Kind speichert Vorräte für den schwachen Mann; aber nicht in Kisten, die man stehlen kann, noch in fremden Scheunen, sondern in sich selbst, in seinen Armen und in seinem Kopf. Das ist also die Zeit der Arbeit, des Unterrichts, der Studien. Man sieht, daß nicht ich diese Wahl willkürlich getroffen habe: die Natur selbst zeigt sie an.

Zeit der Studien

Der Verstand hat seine Grenzen. Ein Mensch kann nicht alles wissen. Er kann nicht einmal das ganz wenige wissen, was die anderen wissen. Da das Gegenteil eines falschen Satzes eine Wahrheit ist, ist die Zahl der Wahrheiten ebenso unerschöpflich wie die der Irrtümer. Man muß also unter den Dingen, die man lernen muß, eine Auswahl treffen, ebenso wie im Zeitpunkt. Von den Kenntnissen, die wir erfassen können, sind die einen falsch, die anderen unnütz, die dritten dienen nur dem Ehrgeiz. Nur die geringe Zahl derer, die wirklich unserem Wohl dienen, ist der Bemühungen eines Weisen würdig und folglich eines Kindes, das weise werden soll. Es handelt sich nicht darum, alles zu wissen, sondern nur zu wissen, was nützlich ist.

Verstand und Kenntnisse

Aus dieser kleinen Anzahl müssen wir noch die Wahrheiten ausscheiden, deren Verständnis ein bereits gebildetes Urteil verlangt. Ferner jene, die die Kenntnis menschlicher Beziehungen voraussetzen, die ein Kind noch nicht haben kann; und schließlich solche, die, obwohl an sich wahr, ein unerfahrenes Gemüt verleiten, andere Dinge falsch zu beurteilen.

Begrenzung der Kenntnisse

Ein wahrlich kleiner Kreis im Verhältnis zu den Dingen der Welt! Aber selbst dieser bildet noch ein unermeßliches Feld, gemessen am Geist des Kindes! Welche verwegene Hand wagte es, den Schleier vor der Nacht menschlicher Erkenntnis wegzuziehen? Welche Abgründe sehe ich, die unsere eitlen Wissenschaften rund um diesen unglücklichen Jungen graben! Du wirst ihn auf diesen gefährlichen Pfaden führen und die heiligen Schleier der Natur vor seinen Augen lüften. Aber du solltest erzittern. Paß zuerst auf seinen Kopf und dann auf deinen auf und sieh dich vor, daß nicht der eine oder der andere, oder vielleicht beide schwindlig werden! Hüte dich vor dem flimmernden Reiz der Lüge und dem berauschenden Nebel des Hochmuts! Erinnere dich, erinnere dich unaufhörlich daran, daß Unwissenheit noch nie Unheil angerichtet hat, daß nur der Irrtum verhängnisvoll ist, und daß man nicht dadurch irregeht, was man nicht weiß, sondern durch das, was man zu wissen glaubt!

Geometrie

Emils Fortschritte in der Geometrie könnten als Beweis und sicheres Maß für die Entwicklung seines Verstandes dienen. Sobald er aber Nützliches vom Unnützen unterscheiden kann, muß man ihn behutsam und geschickt in die spekulativen Studien einführen. Soll er z. B. die mittlere Proportionale zwischen zwei Linien suchen, so laßt ihn zuerst ein Quadrat konstruieren, das einem gegebenen Rechteck gleich ist. Handelt es sich darum, zwei Proportionale zu suchen, so müßte ihm zunächst das Problem der Verdoppelung des Würfels nahegebracht werden; usw. Ihr seht, wie wir uns schrittweise den Moralbegriffen nähern und Gut und Böse unterscheiden. Bisher kannten wir nur das Gesetz der Notwendigkeit: jetzt beachten wir auch das Nützliche. Bald gelangen wir zu dem, was schicklich und gut ist.

Wißbegier

Es ist derselbe Naturtrieb, der die verschiedenen Fähigkeiten des Menschen belebt. Dem Drang des Körpers, sich zu entwickeln, folgt der Drang des Geistes, sich zu bilden. Zuerst sind die Kinder nur in Bewegung, dann werden sie neugierig. Wird diese Neugier gut geleitet, ist sie die Triebfeder in dem Alter, bei dem wir jetzt angelangt sind. Wir müssen nur immer die natürlichen Neigungen von denen unterscheiden, die aus einer Mode kommen. Es gibt einen Wissenseifer, der nur dem Wunsch entspringt, als Gelehrter zu gelten. Es gibt einen anderen, der der menschlichen Wißbegier entspringt, alles Nahe und Ferne kennenzulernen. Das angeborene Verlangen nach Wohlbefinden und die Unmöglichkeit, diesen Wunsch vollkommen zu befriedigen, lassen ihn ständig nach neuen Mittel suchen, diesen Wunsch zu befriedigen. Das ist das Urprinzip der Wißbegier: ein natürliches Prinzip, das sich nur im Verhältnis zu unseren Leidenschaften und unseren Einsichten entwickelt. Man stelle sich einen Gelehrten vor, der mit seinen Instrumenten und Büchern auf einer einsamen Insel gestrandet ist und weiß, daß er den Rest seiner Tage hier verbringen muß. Er wird sich kaum noch um das Weltsystem, die Gesetze der Anziehungskraft oder die Differentialrechnung kümmern. Er wird vielleicht kein einziges Buch mehr aufschlagen, aber er wird die Insel unablässig bis in den letzten Winkel absuchen, wie groß sie auch sein möge. Schließen wir also aus unseren Studien noch alle jene Erkenntnisse aus, an denen der Mensch keinen natürlichen Geschmack findet, und beschränken wir uns auf jene, die der Instinkt uns zu suchen treibt.

Erd- und Himmelskunde

Die Erde ist unsere Insel. Was uns am stärksten auffällt, ist die Sonne. Sobald wir nicht mehr mit uns selber beschäftigt sind, gelten diesen beiden unsere ersten Beobachtungen. Die Philosophie fast aller wilden Völker beschäftigt sich daher ausnahmslos mit erfundenen Aufteilungen der Erde und mit der Vergöttlichung der Sonne.

Welch ein Sprung, wird man vielleicht sagen! Eben waren wir mit dem beschäftigt, was uns berührt und unmittelbar umgibt, und nun durcheilen wir den Erdkreis und dringen bis an die Grenzen des Weltalls vor. Dieser Sprung ist das Ergebnis unserer fortschreitenden Kräfte und der Neigung unseres Geistes. Sind wir schwach und unvermögend, so konzentriert sich unser Selbsterhaltungstrieb auf uns selbst. Sind wir stark und mächtig, treibt uns der Wunsch, unser Wesen auszuweiten, über uns hinaus, so weit es uns nur möglich ist. Da uns die geistige Welt aber noch unbekannt ist, reichen unsere Gedanken nicht weiter als unsere Augen, und unsere Einsicht erweitert sich nur um den Raum, den sie durchmißt.

Verwandeln wir unsere Sinneswahrnehmungen in Begriffe, aber springen wir nicht plötzlich von sinnlichen auf geistige Gegenstände über. Nur über die ersten kommen wir zu den anderen. Schon bei den ersten geistigen Operationen müssen die Sinne unsere Führer sein. Kein anderes Buch als die Welt, kein anderer Unterricht als die Tatsachen. Ein Kind, das liest, denkt nicht; es liest nur. Es unterrichtet sich nicht, es lernt nur Worte.

Macht euren Schüler auf die Naturerscheinungen aufmerksam, dann wird er neugierig. Aber um seine Neugier zu nähren, beeilt euch niemals, sie zu befriedigen. Stellt ihm Fragen, die seiner Fassungskraft entsprechen; laßt sie ihn selber lösen. Er darf nichts wissen, weil ihr es ihm gesagt habt, sondern weil er es selbst verstanden hat. Er soll die Naturwissenschaften nicht lernen, sondern erfinden. Setzt ihr aber jemals die Autorität an die Stelle des Verstandes, so wird er nicht mehr selber überlegen. Es wird der Spielball fremder Meinungen werden.

Geographie Ihr wollt z. B. diesem Kind die Geographie beibringen und holt Erd- und Himmelsgloben und -karten herbei: welcher Apparat! Wozu alle diese Abbildungen? Warum zeigt ihr ihm nicht von Anfang an den Gegenstand selbst, damit er wenigstens weiß, wovon ihr mit ihm redet?

Beobachtung des Sonnenaufund -unterganges Geht lieber an einem schönen Abend auf ein freies Feld, wo man den Sonnenuntergang ganz beobachten kann. Man merke sich die Gegenstände, die den Untergang ortsfest machen. Am nächsten Morgen kommt man, um die frische Luft zu genießen, noch vor dem Sonnenaufgang an denselben Ort. Von weitem kündet sich die Sonne mit feurigen Strahlen an. Die Glut wächst. Der ganze Osten scheint in Flammen zu stehen. In diesem Glanz erwartet man lange das Gestirn, ehe es erscheint. Jeden Augenblick glaubt man, es zu sehen — endlich ist es da. Wie ein Blitz tritt ein strahlender Punkt hervor, und erfüllt sogleich den ganzen Raum. Der Schleier der Finsternis zerreißt. Der Mensch erkennt seine Heimat und findet sie verschönt. Das Grün ist über Nacht kräftiger geworden. Der junge Tag, der es beleuchtet, die ersten Sonnenstrahlen, die es vergolden, zeigen es mit einem Netz funkelnden Taues bedeckt, der in Licht und Farben erstrahlt. Die Vögel vereinen sich zu Chören und grüßen in Wettgesängen die Mutter des Lebens. Keiner schweigt in diesem Augenblick. Ihr noch schwaches Gezwitscher ist sanfter und süßer als am Tag; es gleicht dem Seufzer des friedlichen Erwachens. Das alles beeindruckt und erfrischt uns bis in die Seele hinein. Diese halbe Stunde übt einen Zauber aus, dem niemand widerstehen kann. Dieses große, schöne und liebliche Schauspiel läßt niemanden kalt.

Naturschauspiele und Empfindung Begeistert will der Lehrer dem Kinde mitteilen, was er empfindet; er glaubt, es zu rühren, indem er es auf seine eigene Begeisterung hinweist. Reine Torheit! Dieses Naturschauspiel lebt nur im Herzen des Mannes. Um es zu sehen, muß man es empfinden. Das Kind sieht die Dinge, aber es kann die Zusammenhänge nicht erfassen. Es kann die süße Harmonie ihrer Musik nicht hören. Um alle Eindrücke dieser Wahrnehmungen zu empfinden, braucht es Erfahrungen, die es noch nicht erworben, und Gefühle, die es noch nicht empfunden hat. Wie soll es einen frischen Morgen genießen können, wenn es nie durch dürre Ebenen gewandert ist, wenn der glühende Sand noch nie seine Füße verbrannt und ihn die Hitze sonnenbestrahlter Felsen niemals erstickt hat? Wie soll der Duft der Blumen, der Reiz des Grün, der feuchte Dampf des Taus, der weiche und sanfte Gang über einen Rasen seine Sinne entzücken? Wie kann ihn der Gesang der Vögel erschauern lassen, wenn ihm die Sprache der Liebe und der Lust noch unbekannt ist? Wie soll ihn ein neuer Tagesanbruch hinreißen, wenn seine Phantasie ihn noch nicht auszu-

Erd- und Himmelskunde

malen vermag, wie lustvoll man ihn verbringen kann? Wie soll
ihn die Schönheit des Naturschauspiels rühren, wenn es die Hand
nicht kennt, die die Natur so sorglich geschmückt hat?

Haltet dem Kind also keine Reden, die es nicht versteht! Keine
Beschreibungen, keine Beredsamkeit, keine bilderreiche und poeti-
sche Ausdrucksweise! Noch handelt es sich nicht um Gefühl und
Geschmack. Bleibt klar, einfach und nüchtern! Die Zeit, eine
andere Sprache zu sprechen, kommt nur zu bald.

Im Geist unserer Grundsätze erzogen, und gewöhnt, sich immer
selbst zu helfen und nicht an andere zu wenden, bevor es seine
eigene Unzulänglichkeit eingesehen hat, prüft unser Schüler lange
jedes neue Ding, das er sieht, ohne etwas zu sagen. Er ist nachdenklich und fragt nicht viel. Begnügt euch also, ihm die Dinge
zur rechten Zeit zu zeigen, und wenn ihr dann seine Neugier
genügend erregt habt, richtet irgendeine kurze Frage an ihn, die
ihn auf den Weg zur Lösung bringt.

Wenn ihr also den Sonnenaufgang lange genug betrachtet **Beobachtung**
und ihn angehalten habt, die Berge und andere naheliegende **des Sonnen-**
Dinge auf dieser Seite zu beobachten, dann laßt ihn ruhig plau- **aufgangs**
dern. Dann schweigt einen Augenblick, wie ein Mann, der in
Nachdenken versunken ist, und sagt: Wenn ich daran denke,
daß die Sonne gestern dort untergegangen ist und heute morgen
sich hier erhoben hat, wie mag das gekommen sein! Nichts weiter!
Wenn er fragt, antwortet nicht. Sprecht von etwas anderem.
Überlaßt ihn sich selbst, und ihr könnt sicher sein, daß er darüber nachdenken wird.

Damit ein Kind sich an Aufmerksamkeit gewöhnt und von
einer sinnfälligen Wahrheit wirklich erfaßt wird, muß es einige
Tage davon beunruhigt werden, ehe man es aufklärt. Begreift es
auf diese Weise nicht recht, so kann man es ihm noch sinnfälliger machen, indem man die Frage umkehrt. Wenn es nicht
einsieht, welchen Weg die Sonne von ihrem Untergang bis zu
ihrem Aufgang nimmt, so weiß es wenigstens, wie sie vom Aufgang zum Untergang läuft. Die Augen allein belehren es schon.
Erläutert die erste Frage durch die zweite. Entweder ist euer
Schüler zu dumm, oder die Analogie ist so deutlich, daß sie ihm
nicht entgehen kann. Das wäre also seine erste Stunde in Himmelskunde.

Da wir immer langsam von einer sinnenhaften Vorstellung zur
anderen schreiten und uns lange mit ihr vertraut machen, ehe
wir zur nächsten übergehen; da wir ferner unseren Schüler niemals zwingen, aufmerksam zu sein, so ist der Weg von dieser
ersten Lektion bis zur Kenntnis des Sonnenlaufes und der Gestalt der Erde noch weit. Da aber alle scheinbaren Bewegungen
der Himmelskörper auf dasselbe Prinzip zurückgehen und die
erste Beobachtung zu allen anderen hinführt, so bedarf es gerin-
gerer Mühe, wenn auch längerer Zeit, um vom täglichen Umlauf

11 Rousseau

der Sonne zur Beobachtung von Verfinsterungen zu kommen, als um Tag und Nacht richtig zu begreifen.

Die Sonnenbahn Weil sich die Sonne um die Erde dreht, beschreibt sie einen Kreis. Jeder Kreis muß aber, wie wir schon wissen, einen Mittelpunkt haben. Diesen Mittelpunkt können wir nicht sehen, denn er liegt in der Mitte der Erde. Aber wir können auf der Oberfläche zwei Punkte bestimmen, die ihm entsprechen. Ein Bratspieß, der durch diese drei Punkte geht und auf beiden Seiten bis an den Himmel verlängert wird, wäre die Achse der Welt und der täglichen Sonnenbahn. Ein Kreisel, der sich auf seiner Spitze dreht, stellt den Himmel dar, der sich um seine Achse dreht, während die beiden Spitzen des Kreisels die beiden Pole sind. Das Kind will gerne einen davon kennenlernen. Ich zeige ihn ihm am Schwanz des Kleinen Bären. Da haben wir eine Unterhaltung für die Nacht. Nach und nach werden wir mit den Sternen vertraut und daraus folgt der Wunsch, die Planeten kennenzulernen und den Stand der Gestirne zu beobachten.

Jahreszeitenpunkte Wir haben die Sonne am Johannistag aufgehen sehen; wir werden sie auch zu Weihnachten oder an einem anderen schönen Wintertag beobachten, denn wir sind ja nicht faul und es macht uns Spaß, Kälte zu ertragen. Ich sorge dafür, daß wir diese zweite Beobachtung am selben Ort machen wie die erste, und wenn man sie nur einigermaßen geschickt vorbereitet, wird der eine oder der andere von uns ausrufen: Oho! Wie spaßig! Die Sonne geht ja nicht am gleichen Punkt auf! Hier sind meine alten Ortsmarken, und jetzt geht sie dort auf! Usw. Es gibt also einen Sommer- und einen Winteraufgang; usw. Jetzt bist du auf dem rechten Weg, junger Lehrer! Diese Beispiele müssen genügen, um zu zeigen, wie man Himmelskunde richtig unterrichtet, indem man die Erde als Erde und die Sonne als Sonne gelten läßt.

Setzt überhaupt niemals das Zeichen an die Stelle der Sache, außer es ist unmöglich, sie zu zeigen. Denn das Zeichen verschlingt die Aufmerksamkeit des Kindes und läßt es die dargestellte Sache selbst vergessen.

Die Armillarsphäre Ich glaube, daß die Armillarsphäre schlecht gebaut und in ihren Proportionen falsch gestaltet ist. Dieses Durcheinander von Kreisen und diese wunderlichen Figuren geben ihr ein phantastisches Aussehen, das den kindlichen Geist erschreckt. Die Erde ist zu klein, die Kreise sind zu groß und zu zahlreich. Einige von ihnen, wie die Koluren, sind völlig unnütz. Jeder Kreis ist breiter als die Erde. Wegen der Dicke der Pappe sehen sie wie etwas körperlich Festes aus, wenn ihr dann dem Kind sagt, daß es nur gedachte Kreise sind, versteht es nicht, was es sieht und begreift überhaupt nichs mehr.

Wir können uns niemals in ein Kind hineinversetzen. Wir versuchen nicht, seine Gedanken zu denken; wir unterstellen ihm unsere. Wir folgen immer unseren eigenen Überlegungen und

Erd- und Himmelskunde

füllen ihre Köpfe trotz ganzen Ketten von Wahrheiten nur mit
Ungereimtheiten und Irrtümern.

Man streitet sich, ob man die Analyse oder die Synthese beim
Studium der Wissenschaften wählen soll. Man braucht nicht
immer zu wählen. Manchmal kann man bei den gleichen Untersuchungen zergliedern und zusammenfassen und das Kind syn-
thetisch lenken, während es selbst zu analysieren glaubt. Wendet
man beide Methoden gleichzeitig an, so können sie sich gegenseitig als Beweis dienen. Wenn das Kind von zwei entgegengesetzten Punkten ausgeht und nicht ahnt, daß es ein und denselben Weg macht, wird es überrascht sein, sich selbst zu begegnen. Aber diese Überraschung kann nur sehr erfreulich sein.
Ich würde z. B. die Geographie von ihren beiden Enden anfassen
und mit dem Studium der Erdumdrehung die Maße der einzelnen Erdteile verbinden und dabei vom Wohnort ausgehen. Während das Kind Himmelskunde studiert und sich dabei in den
Himmelsraum versetzt, soll man ihm die Erdeinteilung klar-
machen und seinen eigenen Wohnort zeigen.

Synthese oder Analyse

Seine beiden ersten geographischen Anhaltspunkte werden
die Stadt sein, in der es wohnt, und das Landhaus seines Vaters.
Dann die dazwischenliegenden Orte. Hierauf die Flüsse der
Umgebung. Dann der Stand der Sonne und die Art und Weise,
sich zu orientieren. Das ist der Treffpunkt. Von all dem muß es
sich selbst eine Karte machen, die natürlich ganz einfach ist und
anfangs nur zwei Gegenstände enthält, zu denen es aber nach
und nach die anderen nach ihrer Lage und Entfernung hinzufügt oder abschätzt. Ihr seht schon, welchen Vorteil wir ihm
dabei mit der Ausbildung seines Augenmaßes verschafft haben.

Heimatkunde

Trotzdem werden wir ohne Zweifel das Kind ein wenig leiten
müssen, aber wenig und ohne daß es sich dessen bewußt wird.
Wenn es sich irrt, laßt es gewähren und berichtigt seine Irrtümer
nicht. Wartet in Ruhe ab, bis es imstande ist, sie selbst zu erkennen und zu verbessern. Bringt höchstens bei einer günstigen
Gelegenheit ein Beispiel, das ihm seine Irrtümer bewußt macht.
Wenn es sich niemals irrte, könnte es nicht so gut lernen. Übrigens geht es nicht darum, daß es die genaue Topographie seiner
Heimat kennt, sondern um die Mittel, sie kennenzulernen. Ob
es die Landkarten im Kopf hat, ist unwichtig, wenn es nur
richtig begreift, was sie darstellen, und wenn es einen deutlichen
Begriff von der Kunst hat, wie man sie herstellt. Daraus allein
seht ihr den Unterschied zwischen dem Wissen eurer Schüler
und der Unwissenheit meines Schülers. Sie kennen die Landkarten, aber meiner macht sie. Damit haben wir auch einen neuen
Zimmerschmuck.

Erinnert euch, daß der Sinn meiner Erziehung nicht ist, dem
Kind vieles beizubringen, sondern ihm niemals andere als richtige und deutliche Begriffe zu vermitteln. Wenn es gar nichts
wüßte, läge mir wenig daran, wenn es sich nur nicht täuscht. Ich

Rousseaus Methode

vermittle ihm die Wahrheit nur deshalb, um es vor Irrtümern zu bewahren, die sonst ihren Platz einnähmen. Vernunft und Urteilskraft entwickeln sich langsam. Vorurteile strömen herbei: vor ihnen muß man das Kind bewahren. Faßt ihr aber die Wissenschaft an sich ins Auge, so begebt ihr euch auf ein unergründliches, uferloses Meer voller Klippen, aus dem ihr nie herausfindet. Wenn ich einen Menschen sehe, der von Liebe zur Wissenschaft entflammt und durch ihre Reize verführt, rastlos von der einen zur anderen eilt, so glaube ich ein Kind zu sehen, das am Ufer Muscheln sammelt. Es bepackt sich mit der Last, sieht andere, die es reizen und wirft einige fort, um diese aufzulesen, bis es von ihrer Menge erdrückt wird. Zuletzt weiß es nicht mehr, welche es wählen soll, wirft alle fort und geht mit leeren Händen nach Hause.

Zeit zum Studium Während der ersten Jahre unseres Lebens hatten wir viel Zeit. Aus Furcht, sie schlecht anzuwenden, haben wir uns bemüht, Zeit zu verlieren. Jetzt haben wir im Gegenteil nicht Zeit genug, um alles zu tun, was nützlich wäre. Bedenkt, daß die Leidenschaften nahen. Sobald sie an die Türe klopfen, beachtet unser Zögling nur mehr sie. Das friedliche Verstandesalter ist so kurz, es geht so schnell vorüber, es ist mit so viel anderen nützlichen Beschäftigungen ausgefüllt, daß es töricht ist, in dieser Zeit aus dem Kind einen Gelehrten machen zu wollen. Es handelt sich nicht darum, ihm die Wissenschaften beizubringen, sondern darum, daß es Gefallen an ihnen finde, um sie zu lieben, und ihm die Methoden zu vermitteln, um sie lernen zu können, wenn diese Vorliebe besser entwickelt ist. Das ist bestimmt ein Erzgrundsatz einer jeden guten Erziehung.

Beobachtung Jetzt ist auch die Zeit gekommen, unseren Schüler nach und nach daran zu gewöhnen, einem und demselben Gegenstand eine anhaltende Aufmerksamkeit zu widmen. Doch soll sie sich nie auf Zwang, sondern immer auf Lust und Liebe stützen. Man muß auch nachdrücklich dafür sorgen, daß sie ihn nicht ermüdet oder langweilt. Haltet also immer die Augen offen und legt, was auch geschähe, lieber alles beiseite, als daß es ihn langweilt. Denn es kommt nicht so sehr darauf an, daß er lernt, als darauf, daß er es nicht gegen seinen Willen tut.

Fragt es euch, so antwortet nur soviel, wie nötig ist, seine Neugier wachzuhalten, nicht aber, um sie zu befriedigen. Hört auf, wenn es nicht mehr zum Gegenstand fragt, sondern umherschweift und euch mit albernen Fragen quält. Ihr könnt dann sicher sein, daß es ihm nicht um die Sache geht, sondern darum, euch mit seinen Fragereien zu plagen. Man muß weniger auf seine Worte achten als auf das Motiv, das ihn zum Reden treibt. Diese Warnung war bisher weniger nötig. Sie gewinnt aber die größte Bedeutung, sobald das Kind anfängt, logisch zu denken.

Verkettung der Kenntnisse Es gibt eine Kette von allgemeinen Wahrheiten, durch die alle Wissenschaften mit den letzten, allen gemeinsamen Grund-

Erd- und Himmelskunde 165

sätzen zusammenhängen, aus denen sie sich nach und nach entwickeln. Die Methode der Philosophie stellt diese Kette dar. Um sie geht es hier nicht. Es gibt auch eine Kette anderer Art, durch die jeder Gegenstand einen anderen nach sich zieht und auf den folgenden hinweist. Dieser Zusammenhang hält bei ständiger Neugier die Aufmerksamkeit wach, die alle Dinge erheischen. Ihm folgen die meisten Menschen; er ist für Kinder besonders geeignet. Als wir uns orientiert haben, um die Karten zu entwerfen, mußten wir die Meridiane ziehen. Zwei Schnittpunkte zwischen gleich langen Morgen- und Abendschatten ergeben eine ausgezeichnete Mittagslinie für einen Astronomen von 13 Jahren. Aber diese Meridiane verwischen sich, und man braucht Zeit, um sie wieder zu ziehen. Sie nötigen uns auch, immer am gleichen Ort zu arbeiten: so viel Mühe und Zwang langweilt uns schließlich. Wir haben das vorausgesehen und kommen dem zuvor.

Und wieder bin ich mitten in meinen langen Ausführungen. Ich höre euer Murren, liebe Leser. Aber trotzdem fahre ich fort. Ich will nicht den nützlichsten Teil dieses Buches eurer Ungeduld opfern. Findet euch mit meinen Längen ab, so wie ich mich mit euren Klagen abgefunden habe.

Schon lange hatten mein Schüler und ich bemerkt, daß Bern- | **Elektrizität**
stein, Glas, Siegellack und einige andere Körper durch Reibung Strohhalme anziehen, während andere dies nicht tun. Durch Zufall finden wir einen, der sich noch sonderbarer verhält — ohne Reibung und aus der Ferne zieht er Feilspäne und andere Eisenteilchen an. Wie lange haben wir uns damit vergnügt, ohne etwas besonderes daran zu sehen! Endlich fanden wir, daß sich diese Eigenschaft dem Eisen selbst mitteilt, wenn es in einer bestimmten Richtung magnetisiert wird. Eines Tages gingen wir auf den Jahrmarkt*. Ein Zauberkünstler zieht mit einem Stück Brot eine Wachsente an, die in einem Becken schwimmt. Wir sind überrascht, aber keiner sagt: Das ist ein Zauberer, denn wir wissen nicht, was ein Zauberer ist. Da wir dauernd von Geschehen überrascht werden, deren Ursachen wir nicht kennen, übereilen wir uns nicht mit unseren Urteilen, sondern warten ruhig ab, bis uns eine Gelegenheit einen Ausweg aus unserer Unkenntnis bietet.

Zu Hause plaudern wir über die Ente und kamen auf den | **Das Beispiel mit**
Gedanken, sie nachzumachen. Wir nehmen also eine stark ma- | **der magnetischen Ente**

---

* Ich mußte lachen, als ich die scharfsinnige Kritik von Herrn Formey zu dieser kleinen Geschichte las: „Dieser Zauberkünstler, sagt er, der sich als Rivale eines Kindes hervortut und seinem Erzieher eine ernsthafte Predigt hält, ist Gestalt aus der Welt des Emil." Der geistvolle Herr Formey ist nicht auf den Gedanken gekommen, daß diese kleine Szene vorbereitet war und daß der Gaukler genau wußte, welche Rolle er zu spielen hatte. Das habe ich natürlich nicht erzählt. Wie oft habe ich schon erklärt, daß ich nicht für Leute schreibe, denen man alles erklären muß!

gnetisierte Nadel, umhüllen sie mit weißem Wachs, dem wir die Form einer Ente zu geben versuchen. Die Nadel geht durch den Körper, ihre Spitze bildet den Schnabel. Dann setzen wir sie aufs Wasser, nähern uns mit einem Schlüsselbund dem Schnabel und sehen zu unserer Freude, wie unsere Ente dem Schlüssel folgt, genau wie die Jahrmarktsente dem Stück Brot. In welcher Richtung die Ente stehenbleibt, wenn man sie in Ruhe läßt, das wollen wir ein anderes Mal beobachten. Im Augenblick sind wir nur mit unserem Vorhaben beschäftigt und gehen nicht weiter.

Am gleichen Abend gehen wir wieder auf den Jahrmarkt, unser präpariertes Brot in der Tasche. Sobald der Schausteller sein Kunststück gemacht hat, sagt mein kleiner Gelehrter, der sich kaum bezähmen kann, daß das Kunststück nicht schwer sei und er es auch könne. Man nimmt ihn beim Wort: sofort zieht er sein Brot aus der Tasche, in dem das Stück Eisen verborgen ist. Das Herz klopft ihm, als er an den Tisch herantritt. Zitternd hält er das Brot hin: die Ente kommt und folgt ihm. Das Kind jauchzt und hüpft vor Freude. Der Beifall und die Zurufe der Umstehenden verwirren ihm den Kopf. Es ist außer sich. Der verdutzte Schausteller umarmt es trotzdem, beglückwünscht es und bittet es, ihn doch am nächsten Tag mit seinem Besuch zu beehren. Er werde dafür sorgen, daß noch mehr Leute da seien, die seiner Geschicklichkeit Beifall spenden werden. Nun will mein kleiner und stolzer Naturforscher schwätzen, aber ich lasse ihn nicht zu Worte kommen und führe ihn, von Lobreden begleitet, davon.

Das Kind zählt mit lächerlicher Ungeduld die Minuten bis zum folgenden Tag. Es lädt jeden ein und möchte die ganze Menschheit als Zeugen seines Ruhmes sehen. Es kann die Stunde nicht mehr erwarten und macht sich zu früh auf. Wir eilen zum Treffpunkt. Der Saal ist schon voll. Beim Eintritt schwillt uns das Herz vor Freude. Andere Kunststücke kommen vorher dran. Der Zauberkünstler übertrifft sich und zeigt überraschende Dinge. Das Kind sieht von all dem nichts. Es zappelt, es schwitzt, es kann kaum atmen. Zitternd verbringt es die Zeit damit, das Stück Brot in seiner Tasche herumzudrehen. Endlich kommt es an die Reihe: Der Meister kündete es feierlich der Versammlung an. Etwas furchtsam nähert sich Emil, zieht das Brot aus der Tasche ... Ein Schicksalsschlag! Die Ente, die gestern ganz zahm gefolgt war, ist heute wild geworden. Statt den Schnabel vorzustrecken, dreht sie uns den Schwanz hin und schwimmt davon. Sie weicht dem Brot und der Hand ebenso sorgfältig aus, wie sie ihnen gestern gefolgt war. Nach tausend unnützen und verlachten Versuchen beklagt sich das Kind, daß man es betrüge, daß man die Ente ausgetauscht habe, und fordert den Schausteller auf, die Ente selber anzuziehen.

Ohne ein Wort nimmt er ein Stück Brot und hält es der Ente hin. Augenblicklich folgt sie dem Brot und der Hand. Das Kind

Erd- und Himmelskunde

nimmt dasselbe Stück Brot, aber statt daß ihm die Ente nun besser folgte, sieht es sie seiner spotten und ihm Becken herumschwimmen. Es tritt verwirrt zurück und wagt nicht mehr, sich dem Gelächter der anderen auszusetzen.

Dann nimmt der Taschenspieler das von dem Kind mitgebrachte Stück Brot und bedient sich seiner mit dem gleich guten Erfolg. Vor aller Augen zieht er die Nadel heraus. Neues Gelächter auf unsere Kosten. Dann zieht er mit dem Brot ohne Magnet die Ente ebenso heran wie vorher und macht dasselbe mit einem anderen Stück Brot, das von einer dritten Hand abgeschnitten worden war. Er macht dasselbe mit seinem Handschuh, mit seiner Fingerspitze. Schließlich tritt er in die Mitte des Raumes und erklärt mit Ausruferton, daß die Ente nicht nur seiner Geste, sondern auch seiner Stimme folgen werde. Er redet, und die Ente gehorcht. Er befiehlt ihr, nach rechts zu schwimmen, und sie schwimmt nach rechts; umzudrehen, und sie dreht um; kehrt zu machen, und sie macht kehrt. Die Bewegung folgt so schnell wie der Befehl. Der verdoppelte Beifall beschämt uns doppelt. Wir schleichen unbemerkt davon und schließen uns in unser Zimmer ein. Wir erzählen niemandem von unseren Erfolgen, so wie wir es doch vorgehabt hatten.

Am nächsten Tag klopft jemand an unsere Tür. Ich mache auf: es ist der Zauberkünstler. Er beklagt sich bescheiden über unser Verhalten. Was er denn getan habe, daß wir seine Spiele in Verruf brächten und ihm seinen Verdienst nähmen? Was ist das schon für ein Kunststück, eine Wachsente anzuziehen, um diesen Ruhm auf Kosten eines ehrlichen Mannes einzuheimsen? Wahrhaftig, meine Herren, wenn ich ein anderes Talent hätte, so würde ich mich kaum mit diesem brüsten. Sie müssen mir glauben, daß ein Mensch, der sich ein ganzes Leben mit diesen ärmlichen Kunststücken beschäftigt hat, mehr darüber weiß als Sie, die nur ein paar Augenblicke darauf verwendet haben. Wenn ich nicht gleich meine Meisterstücke gezeigt habe, so darum, weil man nicht gleich alles zeigen muß, was man kann. Ich spare meine besten Tricks für die rechten Gelegenheiten auf! Und dann habe ich noch immer andere, um Vorwitzige zu bändigen. Übrigens, meine Herren, will ich Ihnen freiwillig das Geheimnis verraten, das Sie so sehr verwirrt hat. Ich bitte Sie aber, es nicht zu meinem Schaden zu gebrauchen und ein anderes Mal zurückhaltender zu sein.

Dann zeigte er uns sein Werkzeug und wir sehen zu unserem Erstaunen, daß es aus einem starken Magneten bestand, den ein unter dem Tisch verstecktes Kind unbemerkt bewegt hatte.

Der Mann packte sein Instrument wieder ein, und nachdem wir uns bedankt und entschuldigt hatten, boten wir ihm ein Geschenk an. Er lehnte es ab: „Nein, meine Herren, ich bin mit Ihnen nicht so zufrieden, daß ich Ihr Geschenk annehmen könnte. Gegen Ihren Willen sollen Sie mir verpflichtet bleiben, das ist meine Rache. Lernen Sie daraus, daß jeder Stand großmütig sein kann! Ich lasse mir meine Kunststücke bezahlen, aber nicht meine Lehren!

Als er hinausging, wies er mich laut und deutlich zurecht: „Ich entschuldige meinetwegen das Kind", sagte er zu mir, „es hat nur aus Unwissenheit gefehlt. Aber Sie, mein Herr, kannten seinen Fehler und Sie haben ihn doch zugelassen! Da Sie mit ihm leben, müssen Sie als der Ältere für ihn sorgen und ihn beraten. Ihre Erfahrung ist die Autorität, die ihn leiten muß. Wenn er sich als Erwachsener die Torheit seiner Jugend vorwerfen muß, wird er Ihnen ohne Zweifel die Schuld an denjenigen zuschreiben, die Sie nicht verhindert haben"*.

Er geht und läßt uns verwirrt zurück. Ich mache mir wegen meiner Nachgiebigkeit Vorwürfe und verspreche dem Kind, zu seinem Vorteil nicht mehr nachgiebig zu sein und es vor seinen Fehlern zu warnen, ehe es sie begeht. Denn die Zeit naht, wo unsere Beziehungen sich ändern werden: wo die Strenge des Lehrers an die Stelle der Nachgiebigkeit des Spielgefährten tritt. Dieser Wechsel muß sich stufenweise vollziehen. Alles muß vorausbedacht werden, und zwar schon lange vorher.

Am nächsten Tag gehen wir wieder auf den Jahrmarkt, um uns das Kunststück anzusehen, dessen Geheimnis wir jetzt kennen. Wir nähern uns mit Hochachtung unserem Zauberkünstler-Sokrates und wagen es kaum, ihm in die Augen zu sehen. Er überhäuft uns mit Höflichkeiten und weist uns unseren Platz mit einer Hochachtung an, die uns beschämt. Wie immer führt er seine Kunststücke vor, aber er verweilt besonders bei der Ente, wobei er uns öfter herausfordernd ansieht. Wir wissen alles und verraten nichts. Hätte mein Schüler nur den Mund aufgetan, wäre er wert gewesen, erdrosselt zu werden.

Physikalische Kenntnisse

Alle Einzelheiten dieses Beispiels sind wichtiger, als sie scheinen. Wie viele Lehren liegen in einer einzigen! Welche demütigenden Folgen zieht erst die Regung der Eitelkeit nach sich! Junger Lehrer, gib sorgfältig auf diese erste Regung acht! Gelingt es

---

* Hätte ich annehmen sollen, daß es so einen dummen Leser gibt, der nicht bemerkt hätte, daß diese Tadelsrede Wort für Wort vom Erzieher diktiert war, um seinen Absichten zu dienen? Hat man mich für so unfähig gehalten, daß ich einem Schausteller diese Rede als seine natürliche Ausdrucksweise in den Mund gelegt hätte! Bis jetzt glaube ich, von meinem bescheidenen Talent wenigstens so viel Zeugnis abgelegt zu haben, die Personen ihrem Stand entsprechend reden zu lassen. Man lese noch das Ende des folgenden Abschnittes. Genügt das Gesagte nicht für jeden anderen außer für Herrn Formey?

dir, in ähnlicher Weise Demütigung und Herabsetzung folgen zu lassen, sei sicher, daß lange keine zweite folgen wird*. Welche Umstände, werdet ihr sagen! Gewiß, und das alles nur, um einen Kompaß zu bauen, der uns die Mittagslinie ersetzt!

Da wir nun gelernt haben, daß ein Magnet durch andere hindurch Gegenstände anzieht, beeilten wir uns, ein ähnliches Gerät zu bauen: einen ausgehöhlten Tisch, ein darin eingepaßtes flaches Becken, ein paar Zentimeter hoch mit Wasser gefüllt, eine sorgfältiger gearbeitete Ente, usw. Wir beobachten das Becken und merken schließlich, daß die Ente in Ruhestellung fast immer die gleiche Richtung einnimmt. Wir gehen dieser Erfahrung nach, prüfen die Richtung und finden, daß sie von Süden nach Norden läuft. Mehr ist nicht notwendig: unser Kompaß ist gefunden oder so gut wie gefunden. Damit sind wir in der Physik.

Die Entwicklung des Kompaß

Es gibt auf dieser Erde verschiedene klimatische Zonen. Der Wechsel der Jahreszeiten ist um so fühlbarer, je näher man dem Pol kommt. Alle Körper ziehen sich bei Kälte zusammen und dehnen sich bei Wärme aus. Diese Wirkung ist bei Flüssigkeiten meßbar und bei Spirituosen fühlbar: darauf beruht das Thermometer. Der Wind schlägt uns ins Gesicht: also ist die Luft ein Körper, eine Flüssigkeit. Man fühlt sie, obwohl man sie nicht sehen kann. Stülpt ein Glas ins Wasser! Das Wasser kann es nicht füllen, außer man läßt die Luft entweichen. Die Luft ist also eines Widerstandes fähig. Drückt man das Glas tiefer hinein: das Wasser steigt wohl an, kann aber den Luftraum nicht ganz füllen. Die Luft kann also bis zu einem gewissen Punkt zusammengedrückt werden. Füllt man einen Ball mit Druckluft, so springt er besser als mit jeder anderen Materie. Die Luft ist also ein elastischer Körper. Liegt man im Bad und hebt den Arm waagerecht aus dem Wasser, fühlt man ihn von einem großen Gewicht belastet: also ist die Luft ein schwerer Körper. Bringt man die Luft mit einer anderen Flüssigkeit ins Gleichgewicht, so kann man ihr Gewicht messen. Darauf beruht das Barometer, der Heber, das Luftgewehr und die Luftpumpe. Alle Gesetze der Statik und der Hydrostatik kann man durch so einfache Versuche finden. Ihretwegen braucht man nicht in ein Laboratorium für Experimentalphysik gehen. All der Aufwand von Instrumenten und Maschinen mißfällt mir. Das wissenschaftliche Gehabe tötet die Wissenschaft. Entweder verwirren diese Maschinen das Kind, oder ihr Anblick lenkt seine Aufmerksamkeit von den Vorgängen ab, auf die sie gerichtet sein sollte.

Die Luft als Körper

---

* Diese Demütigung und Herabsetzung habe also ich erfunden und nicht der Schausteller. Da sich Herr Formey zu meinen Lebzeiten meines Buches bemächtigen und es drucken lassen wollte, allerdings mit seinem Namen und nicht mit meinem, hätte er sich wenigstens die Mühe machen müssen, ich sage nicht, es zu schreiben, aber es zu lesen.

Geräte

Ich will, daß wir alle unsere Geräte selbst machen; ich will nicht, daß man sie vor dem Versuch herstellt. Ich will, daß wir nach und nach das Gerät erfinden, nachdem wir wie durch Zufall auf den Versuch gestoßen sind. Es ist mir lieber, unsere Geräte sind nicht so vollkommen und genau, wenn wir nur klare Begriffe von dem haben, was sie zu bedeuten und welche Beweise sie zu liefern haben. Für meine erste Statikstunde hole ich keine Waage, sondern lege einen Stock über die Lehne eines Stuhles und messe die Länge der beiden Teile im Gleichgewicht ab. Dann hänge ich an jedes Ende bald das gleiche bald ungleiche Gewichte und ziehe oder stoße den Stab so weit, wie es jeweils zur Herstellung des Gleichgewichtes notwendig ist. Dabei finde ich schließlich, daß das Gleichgewicht vorhanden ist, wenn die Größe der Gewichte und die Länge der Stockarme im umgekehrten Verhältnis stehen. So ist mein kleiner Physiker schon imstande, Waagen zu regeln, bevor er eine gesehen hat.

Unstreitig sind die Kenntnisse von Dingen, die man auf diese Weise selbst erwirbt, viel klarer und sicherer als diejenigen, die man aus Belehrungen durch Dritte bekommt. Außerdem gewöhnt man sich nicht daran, seine Vernunft sklavisch einer Autorität unterzuordnen. Man lernt, Beziehungen zu entdecken, Vorstellungen zu verknüpfen, Geräte zu erfinden. Nimmt man hingegen fertige Geräte, dann wird unser Geist träge wie der Körper eines Menschen, der immer bekleidet, beschuht, bedient und gefahren wird und schließlich die Kraft und den Gebrauch seiner Glieder verliert. Boileau rühmt sich, Racine gelehrt zu haben, wie man Reime auf schwierige Weise macht. Bei so vielen wunderbaren Methoden, das Studium der Wissenschaften abzukürzen, brauchen wir dringend jemanden, der uns zeigt, wie man sie mit Mühe lernt.

Werkzeuge und Organe

Der spürbarste Vorteil dieser langsamen und mühevollen Untersuchungen ist der, daß bei allen spekulativen Studien der Körper tätig und die Glieder biegsam bleiben; und daß die Hände an Arbeiten und Tätigkeiten ausgebildet werden, die auch dem Mann noch nützlich sind. So viele Instrumente sind erfunden worden, um uns bei unseren Beobachtungen zu leiten und die Genauigkeit der Sinne zu ergänzen, daß dadurch deren Gebrauch vernachlässigt wird. Der Winkelmesser erspart uns das Winkelabschätzen. Das Auge, das Entfernungen genau geschätzt hat, verläßt sich nun auf das Bandmaß, das an seiner Stelle mißt. Die Schnellwaage überhebt mich der Mühe, das Gewicht mit der Hand zu schätzen. Je sinnreicher unsere Werkzeuge werden, desto grober und ungeschickter werden unsere Organe. Weil wir so viele Hilfsmittel um uns anhäufen, finden wir keine mehr in uns selber.

Maschinen

Wenn wir aber auf die Herstellung der Maschinen die Geschicklichkeit verwenden, die sie uns bisher ersetzt haben, und den Scharfsinn, den wir nötig hatten, um ohne sie auszukommen, so gewinnen wir, ohne etwas zu verlieren. Wir fügen zur Natur die Kunst und werden erfinderischer, ohne ungeschickter zu werden. Statt das Kind an das Buch zu fesseln, beschäftige ich es in einer Werkstatt. Seine Hände arbeiten zum Vorteil seines Geistes: es wird Philosoph, während es glaubt, Arbeiter zu sein. Schließlich hat diese Übung auch noch andere Nutzanwendungen, von denen ich später sprechen werde. Wir werden sehen, wie man sich von diesen philosophischen Spielen zum wahren menschlichen Wirken erheben kann.

Ich habe schon gesagt, daß rein spekulative Erkenntnisse sich auch dann noch nicht für Kinder eignen, wenn sie sich schon dem Jünglingsalter nähern. Aber ohne sie zu weit in die systematische Physik einzuführen, sorge man dafür, daß sich alle ihre Erfahrungen in einer Art Deduktion miteinander verknüpfen, damit sie sie im Geist mit Hilfe dieser Kette einordnen und sich ihrer nach Bedarf erinnern können. Denn es ist sehr schwer, einzelne Tatsachen und selbst vereinzelte Schlüsse im Gedächtnis zu behalten, wenn man keinen Anhaltspunkt hat, um sich ihrer wieder zu erinnern.

Bei der Erforschung der Naturgesetze gehe man immer von den gewöhnlichsten und am deutlichsten sinnlich-wahrnehmbaren Erscheinungen aus und gewöhne seine Schüler daran, diese Erscheinungen nicht als Gründe, sondern als Tatsachen anzusehen. Ich nehme einen Stein und tue so, als ob ich ihn in die Luft legte. Dann öffne ich die Hand und der Stein fällt. Ich sehe, daß Emil mein Tun aufmerksam verfolgt und frage ihn: Warum ist der Stein gefallen?

Erforschung der Naturgesetze

Welches Kind kann da nicht antworten? Jedes kann antworten, selbst Emil — wenn ich ihn nicht sorgfältig darauf vorbereitet hätte, daß er darauf nicht antworten kann. Alle werden sagen, daß der Stein fällt, weil er schwer ist. Was ist schwer? Das, was fällt. Der Stein fällt also, weil er fällt? Hier bleibt mein kleiner Philosoph stecken. Das ist seine erste Lektion in systematischer Physik. Ob sie ihm auf diese Weise etwas genützt hat oder nicht, es bleibt eine Lektion in gesundem Menschenverstand.

In dem Maß, wie das Kind intelligenter wird, müssen wir seine Beschäftigungen auch aus anderen Überlegungen sorgfältiger auswählen. Sobald es sich selbst hinreichend kennt, um einzusehen, worauf sein Wohlbefinden beruht, sobald es ziemlich weitreichende Zusammenhänge überschaut und beurteilen kann, was ihm angemessen oder nicht angemessen ist, kann es den Unterschied zwischen Arbeit und Spiel erfassen und im Spiel eine Erholung von der Arbeit sehen. Dann kann es in seinen Studien wirklich Nützliches lernen, das es treibt, sich ihnen mit größerer Beständigkeit zu widmen als bisher seinen einfachen Vergnügen. Lebensnotwendigkeiten, die sich immer erneuern,

Voraussicht

lehren den Menschen schon früh, auch das zu tun, was ihm nicht gefällt, um Übeln vorzubeugen, die ihm noch weniger gefallen würden. Das ist der Nutzen der Voraussicht. Von dieser gut oder schlecht angewandten Voraussicht hängt alle Weisheit und alles Elend des Menschen ab.

Was nützt das?

Was ist Glück? Jeder Mensch will glücklich sein. Aber um glücklich zu sein, müßte man zuerst wissen, was Glück ist. Das Glück des natürlichen Menschen ist so einfach wie sein Leben. Es besteht darin, nicht zu leiden: Gesundheit, Freiheit, der Lebensunterhalt machen es aus. Das Glück des moralischen Menschen ist etwas anderes. Aber davon reden wir hier nicht. Ich kann nicht oft genug wiederholen, daß sich Kinder nur für physische Dinge interessieren, besonders solche Kinder, deren Eitelkeit nicht geweckt wurde und die man nicht von vornherein durch das Gift der öffentlichen Meinung verdorben hat.

Reife des Verstandes Wenn Kinder ihre Bedürfnisse früher voraussehen, als sie sie fühlen, ist ihr Verstand schon weit vorgeschritten. Sie fangen an, den Wert der Zeit zu erkennen. Dann muß man sie daran gewöhnen, ihre Zeit nützlich anzuwenden. Aber der Nutzen muß ihrem Alter angemessen und ihnen auch verständlich sein. Alles, was sich auf die moralische Ordnung und auf den Nutzen der Gemeinschaft bezieht, soll ihnen nicht zu früh geboten werden, denn sie können es nicht verstehen. Es ist eine Torheit, von ihnen zu verlangen, sich mit Dingen zu beschäftigen, von denen man andeutet, sie seien zu ihrem Besten, ohne daß sie wissen, was ihr Bestes eigentlich ist; von denen man ihnen versichert, sie würden als Erwachsene großen Nutzen daraus ziehen, ohne daß sie jetzt Interesse an diesem angeblichen Nutzen haben, da sie ihn doch nicht verstehen können.

Gehorsam Das Kind soll nichts aufs bloße Wort hin tun: Nichts ist für das Kind gut, was es nicht als gut empfindet. Indem man immer seine Einsicht überfordert, glaubt man Vorsicht zu üben, aber gerade sie hat gefehlt. Um es mit einigen nichtigen Hilfsmitteln auszustatten, deren es sich vielleicht niemals bedienen wird, nehmt ihr ihm das allgemeinste Rüstzeug des Menschen, nämlich den gesunden Menschenverstand. Man gewöhnt es daran, sich immer führen zu lassen und immer nur ein Werkzeug in der Hand anderer zu sein. Man will, daß es als Kind folgsam sei; das heißt wollen, daß es als Erwachsener leichtgläubig werde und sich an der Nase herumführen lasse. Man sagt ihm immer wieder: „Alles, was ich von dir verlange, ist zu deinem Besten, aber du kannst es noch nicht einsehen. Was liegt mir daran, ob du tust, was ich sage, oder nicht! Du tust es nur für dich allein." Mit allen diesen schönen Reden, die man ihm jetzt hält, um es brav zu machen, bereitet man nur den Erfolg der Reden vor, die ihm eines Tages ein Phantast, ein Ohrenbläser, ein Marktschreier, ein Betrüger oder ein durchtriebener Narr halten werden, um es in ihre Falle zu locken oder zum Anhänger ihrer Narrheit zu machen.

Ein Erwachsener muß vieles wissen, dessen Nutzen ein Kind noch nicht einsehen kann. Ist es aber nötig und möglich, daß ein Kind alles lernt, was ein Erwachsener wissen muß? Bemüht euch, das Kind zu lehren, was seinem Alter nützlich ist, und ihr werdet sehen, daß seine Zeit mehr als ausgefüllt ist. Warum wollt ihr es zum Schaden der Studien, die ihm heute angemessen sind, mit den Studien eines Alters beschäftigen, das es mit so wenig Gewißheit erreichen wird? Aber, werdet ihr sagen, wird dann noch Zeit sein, das zu lernen, was man wissen muß, wenn der Augenblick gekommen ist, sein Wissen auch anzuwenden? Ich weiß es nicht. Was ich aber weiß, ist, daß es unmöglich ist, es früher zu lernen. Denn unsere wahren Lehrmeister sind die Erfahrung und das Gefühl, und niemals fühlt der Mensch so gut, was ihm angemessen ist, als unter Umständen, in denen er sich bereits befunden hat. Ein Kind weiß, daß es ein Erwachsener werden soll. Alle Vorstellungen, die es sich über den Zustand eines Erwachsenen machen kann, dienen zu seiner Belehrung. Aber über solche Vorstellungen, die seine Fassungskraft übersteigen, muß es in völliger Unwissenheit gehalten werden. Mein ganzes Buch ist ein einziger Beweis für dieses Erziehungsprinzip.

Wissen und Vorstellungen

Sobald wir unserem Zögling den Begriff des Wortes *nützlich* vermittelt haben, haben wir ein weiteres, bedeutendes Mittel, um ihn zu erziehen. Denn das Wort macht einen starken Eindruck auf ihn, vorausgesetzt, daß es einen seinem jetzigen Alter verständlichen Sinn erhält und die Beziehung zu seinem jetzigen Wohlbefinden deutlich einsieht. Auf eure Kinder macht das Wort keinen Eindruck, da ihr es versäumt habt, ihnen davon eine Vorstellung zu geben, die ihrer Fassungskraft entspricht, und weil sich immer andere bereit finden, ihnen zu reichen, was sie brauchen. Sie brauchen sich also niemals selbst darum zu kümmern und wissen also nicht, was Nützlichkeit ist.

Nützlichkeit

Wozu nützt das? Das ist von nun an das geheiligte Wort, das zwischen ihm und mir über alles Tun in unserem Leben entscheidet. Das ist die Frage, die ich unfehlbar auf alle seine Fragen stelle, und die die Masse dummer und überflüssiger Fragen bremst, mit denen Kinder unaufhörlich und nutzlos ihre ganze Umgebung ermüden, mehr um eine Art Herrschaft über sie auszuüben, als um etwas zu lernen. Wer als wichtigste Lehre gelernt hat, nur Nützliches wissen zu wollen, der fragt wie Sokrates. Er stellt keine Frage mehr, ohne sich vorher über ihren Grund Rechenschaft gegeben zu haben, nach dem man ihn, wie er weiß, fragen wird, ehe man ihm antwortet.

Seht, welch mächtiges Instrument ich in eure Hände lege, um auf euren Schüler einzuwirken! Da er für nichts die Gründe kennt, könnt ihr ihn, wann es euch beliebt, fast immer zum Schweigen bringen. Welchen Vorteil bieten euch dagegen eure Kenntnisse und Erfahrungen, um ihm den Nutzen alles dessen zeigen zu können, was ihr ihm unterbreitet! Denn täuscht euch nicht, diese Frage an ihn zu richten, heißt ihn lehren, sie seinerseits auch an euch zu richten! Und ihr müßt damit rechnen, daß er bei allem, was ihr ihm in Zukunft vorschlagt, nach eurem Beispiel sagen wird: *Wo nützt das?*

Der Wert der Kenntnisse Dies ist vielleicht die größte Schwierigkeit für einen Erzieher. Wenn ihr, um euch aus der Schlinge zu ziehen, dem Kinde auf seine Frage nur eine Antwort gebt, die es nicht zu verstehen imstande ist, dann sieht es, daß ihr euren Gedankengängen folgt und nicht seinen, und glaubt, daß eure Antwort für euer Alter und nicht für seines gut ist. Es vertraut euch nicht mehr, und alles ist verloren. Aber wo ist der Lehrer, der seinem Schüler eingesteht, daß er nicht weiterweiß und unrecht hat? Alle handeln, als ob sie, wie auf Befehl, keinen Fehler zugeben dürften. Ich aber würde mein Unrecht selbst dann zugeben, wenn ich recht hätte, mich ihm aber nicht verständlich machen könnte. So wäre mein Verhalten immer klar und unverdächtig und ich hätte mir mehr Vertrauen erworben, indem ich scheinbare Fehler eingestehe, als jene, die ihre wirklichen Fehler verbergen.

Denkt auch an erster Stelle daran, daß ihr ihm nur selten vorschreiben solltet, was er lernen soll. Er selbst muß es wünschen, suchen, finden. An euch liegt es, es seinem Verständnis nahezubringen, geschickt den Wunsch in ihm zu wecken und ihm die Mittel zu geben, ihn zu befriedigen. Daraus folgt, daß ihr ihm nur wenige, aber gut durchdachte Fragen stellen dürft. Da er aber viel mehr Fragen an euch als ihr an ihn stellen wird, könnt ihr euch nur vor Blößen schützen, indem ihr ihm die Gegenfrage stellt: *Worin besteht der Nutzen dessen, was du mich fragst?*

Da es ferner ziemlich gleichgültig ist, ob er dies oder jenes lernt, wenn er nur das, was er lernt, auch richtig begreift und dessen Nutzen einsieht, gebt ihm für das, was ihr ihm zu sagen habt, lieber gar keine Erklärung, als eine unzulängliche. Erklärt ihm ohne Bedenken: „Ich weiß keine passende Antwort für dich. Lassen wir das, ich hatte unrecht." War eure Belehrung wirklich fehl am Platz, so schadet es nichts, sie ganz fallenzulassen. War sie es nicht, werdet ihr mit einigem Geschick eine Gelegenheit finden, ihm ihren Nutzen begreiflich zu machen.

Erklärungen Erklärungen in Form von Vorträgen liebe ich nicht. Junge Leute geben wenig darauf acht und behalten sie kaum. Dinge und Sachen! Ich kann es nicht genug wiederholen, daß wir den Worten zu viel Bedeutung beimessen. Mit unserer schwatzhaften Erziehung schaffen wir nur Schwätzer.

Was nützt das? 175

Angenommen, mein Schüler unterbräche mich plötzlich mit der Frage, wozu dies alles diene, während ich mit ihm den Lauf der Sonne und die Art studiere, wie man sich orientiert. Welch schönen Vortrag könnte ich ihm halten! Über wie viele Dinge könnte ich ihn bei dieser Gelegenheit unterrichten, besonders wenn wir noch Zuhörer dabei haben*. Ich würde ihm also von der Nützlichkeit der Reisen erzählen, von den Vorteilen des Handels, von den Erzeugnissen der einzelnen klimatischen Zonen, von den Sitten der verschiedenen Völker, vom Gebrauch des Kalenders, von der Berechnung der Jahreszeiten für die Landwirtschaft, von der Navigation, von der Art und Weise, wie man auf dem Meer den Kurs hält, ohne zu wissen, wo man ist. Die Politik, die Naturgeschichte, die Astronomie, selbst die Moral und das Völkerrecht kann ich in meinen Vortrag einfließen lassen, derart, daß ich meinem Zögling einen hohen Begriff von all diesen Wissenschaften gebe und in ihm den Wunsch erwecke, sie auch kennenzulernen. Wenn ich dann alles gesagt habe, habe ich gezeigt, daß ich ein wahrer Pedant bin, und daß er davon keinen Deut begriffen hat. Am liebsten würde er, wie schon vorher, noch einmal fragen, wozu es nötig ist, sich zu orientieren. Aber er wagt es nicht aus Angst, ich könnte böse werden. Er kommt besser auf seine Kosten, so zu tun, als habe er verstanden, was man ihn anzuhören gezwungen hat. So geht es bei der feinen Erziehung zu.

Aber unser Emil ist derber erzogen. Wir haben uns so viel Mühe gegeben, ihn schwer von Begriff zu machen, daß er all dem gar nicht zuhört. Beim ersten Wort, das er nicht versteht, läuft er fort, spielt im Zimmer herum und läßt mich reden. Wir müssen also eine gröbere Lösung suchen. Mein wissenschaftlicher Aufwand taugt nichts für ihn.

Wir stellen gerade die Lage des Waldes nördlich von Mont-morency fest, als er mich wieder mit seiner lästigen Frage unter-brach: *Wozu nützt das?* Du hast recht, sagte ich, wir müssen in Ruhe darüber nachdenken. Und wenn wir finden, daß diese Arbeit zu nichts nütze ist, werden wir sie nicht mehr fortsetzen. Es fehlt uns ja nicht an anderem nützlichen Zeitvertreib. Wir beschäftigen uns also mit etwas anderem und von der Geographie ist an diesem Tag keine Rede mehr.

Am nächsten Morgen schlage ich ihm einen Spaziergang vor dem Mittagessen vor. Nichts ist ihm lieber, denn Jungen laufen immer gerne, und dieser hat gute Beine. Wir steigen zum Wald hinauf, wir streifen durch die Champeaux, wir verirren uns und wissen nicht mehr, wo wir sind. Als wir umkehren wollen, kön-

Im Wald von Montmorency

---

* Ich habe oft festgestellt, daß man die gelehrten Anweisungen, die man Kindern gibt, weniger ihnen gibt, als den Erwachsenen, die anwesend sind. Ich bin dessen, was ich hier sage, ganz sicher, denn ich habe es an mir selbst beobachtet.

nen wir unseren Weg nicht mehr finden. Die Zeit vergeht, es wird heiß, wir haben Hunger. Wir beeilen uns. Wir irren vergeblich hier- und dorthin, finden nichts als Wald, Steinbrüche, Wiesen, aber keine Zeichen, um uns zurechtzufinden. Ganz erhitzt, ermattet und ausgehungert erreichen wir mit unserem Laufen nichts, als uns noch mehr zu verirren. Endlich setzen wir uns, um auszuruhen und zu überlegen. Ich nehme nun an, Emil wäre wie jedes andere Kind erzogen: statt zu überlegen würde er also weinen. Er weiß nicht, daß wir vor den Toren von Montmorency sind und daß sie uns ein kleines Dickicht verbirgt. Aber dieses Dickicht ist ein Wald für ihn, denn ein Kind seiner Größe ist schon im Gebüsch wie begraben.

Nach kurzem Schweigen sage ich beunruhigt: Mein lieber Emil, wie machen wir es, um hier herauszukommen?

Emil schwitzend und in Tränen: Ich weiß nicht, ich bin müde. Ich habe Hunger. Ich habe Durst. Ich kann nicht mehr!

Jean-Jacques: Glaubst du, es ginge mir besser? Ich würde gerne weinen, wenn ich davon essen könnte. Weinen nützt nichts, wir müssen uns zurechtfinden. Sieh auf die Uhr! Wie spät ist es?

Emil: Es ist Mittag, und ich habe noch nichts gegessen.

Jean-Jacques: Richtig! Es ist Mittag, und ich habe auch noch nichts gegessen.

Emil: Was müssen Sie für einen Hunger haben!

Jean-Jacques: Das Unglück ist, daß mir mein Essen nicht hierher nachläuft. Es ist Mittag. Gestern um dieselbe Zeit haben wir die Lage des Waldes von Montmorency untersucht. Wenn wir von dem Wald aus die Lage von Montmorency aus feststellen könnten ...

Emil: Ja, aber gestern haben wir den Wald gesehen und von hier aus können wir die Stadt nicht sehen.

Jean-Jacques: Das ist natürlich schlimm ... Aber wenn wir sie gar nicht sehen brauchen, um sie zu finden ...

Emil: Oh, mein lieber Freund!

Jean-Jacques: Wir sagten doch gestern, der Wald wäre ...

Emil: ... nördlich von Montmorency.

Jean-Jacques: Folglich liegt Montmorency ...

Emil: Südlich vom Wald.

Jean-Jacques: Wir haben doch zur Mittagszeit ein Mittel, um Norden festzustellen?

Emil: Ja, durch die Richtung des Schattens.

Jean-Jacques: Aber wo liegt Süden?

Emil: Wie findet man ihn?

Jean-Jacques: Der Süden liegt doch dem Norden gegenüber.

Emil: Das stimmt. Man braucht nur die Richtung zu suchen, die dem Schatten gegenübersteht. Oh, da ist Süden! Bestimmt liegt Montmorency in dieser Richtung. Suchen wir!

Jean-Jacques: Du kannst recht haben. Gehen wir diesen Fußweg durch das Gehölz.

Emil schlägt in die Hände und ruft vor Freude: Ich sehe Montmorency! Da liegt es ganz nah. Gehen wir essen, laufen wir schnell! Die Astronomie ist doch zu etwas gut.

Merkt euch, daß er, selbst wenn er den letzten Satz nicht ausspricht, ihn doch denkt. Hauptsache, daß ich es nicht ausspreche. Und seid überzeugt, daß er die Lektion dieses Tages sein Leben lang nicht vergißt. Hätte ich ihm statt dessen alles in seinem Zimmer auseinandergesetzt, er hätte meine Rede am nächsten Morgen schon vergessen. Man muß so viel wie möglich durch Handlungen reden und nur sagen, was man nicht machen kann.

Der Leser wird nicht erwarten, daß ich ihn so gering einschätze, ihm für jedes Unterrichtsfach ein Beispiel vorzuführen. Aber worum es auch immer gehen möge, ich kann die Erzieher nicht genug ermahnen, ihre Beweise der Fassungskraft der Schüler anzupassen. Denn noch einmal: das Übel besteht nicht in dem, was es nicht versteht, sondern in dem, was er zu verstehen glaubt.

> *Das Beispiel im Unterricht*

Ich erinnere mich, daß ich einmal ein Kind für die Chemie begeistern wollte. Nachdem ich ihm mehrere metallische Niederschläge gezeigt hatte, erklärte ich ihm, wie man Tinte macht. Ich sagte ihm, daß die Schwärze von fein zerteiltem Eisen herrühre, das mit Vitriol gelöst und durch eine alkalische Flüssigkeit niedergeschlagen würde. Mitten in meine gelehrte Erklärung unterbrach mich der kleine Schelm mit der Frage, die ich ihn gelehrt hatte. Da war ich in großer Verlegenheit.

> *Das Beispiel vom gefälschten Wein*

Nach einigem Nachdenken schickte ich das Kind in den väterlichen Keller um Wein und dann zum Händler um Wein zu acht Kreutzer. Dann nahm ich ein Fläschchen mit gelöstem Alkali und stellte zwei Gläser mit den beiden Weinsorten gefüllt vor mich hin und sagte*:

Man fälscht viele Lebensmittel, damit sie besser scheinen, als sie sind. Solche Fälschungen täuschen Auge und Geschmack. Aber sie sind schädlich und machen die gefälschte Ware trotz ihrem guten Aussehen schlechter, als sie vorher war.

Man fälscht besonders Getränke und namentlich Wein, weil hier die Fälschung schwieriger zu erkennen ist und der Betrüger mehr verdient.

Herbe und saure Weine fälscht man mit Bleiglätte. Das ist ein Bleipräparat. Blei in Verbindung mit Säure gibt ein süßes Salz, das den herben Geschmack des Weines verbessert. Aber es ist ein Gift für die, die ihn trinken. Ehe man verdächtigen Wein trinkt, muß man also wissen, ob er geglättet ist oder nicht. Das bekomme ich aber auf folgende Weise heraus.

Der Wein enthält nicht nur entzündbaren Spiritus, wie du am Branntwein siehst, den man daraus macht, sondern auch eine

---

* Bei jeder Erklärung, die man den Kindern geben will, weckt eine kurze Vorbereitung ihre Aufmerksamkeit.

12 Rousseau

Säure, wie du am Weinessig und am Weinstein siehst. den man ebenfalls daraus herstellt.

Die Säure steht in einem bestimmten Verhältnis zu metallischen Substanzen und verbindet sich mit ihnen durch Auflösung zu einem zusammengesetzten Salz. Ein solches ist zum Beispiel der Rost, denn er ist nichts anderes als das durch eine in der Luft oder im Wasser enthaltene Säure aufgelöste Eisen. Ebenso der Grünspan, der nur durch Essig gelöstes Kupfer ist.

Aber dieselbe Säure ist mit den alkalischen Substanzen noch näher verwandt als mit den Metallen. Gieße ich also Alkali auf das zusammengesetzte Salz, von dem ich eben sprach, so muß sich die Säure von dem Metall, mit dem sie verbunden ist, lösen und mit dem Alkali verbinden.

Dann setzt sich die von der Säure befreite Metallsubstanz, die bisher durch die Säure aufgelöst war, nieder und trübt die Flüssigkeit

Ist also einer von diesen beiden Weinen geglättet, so hätte die Säure das Blei gelöst. Gießt man alkalische Flüssigkeit hinein, so muß sich die Säure von dem Blei trennen und mit dem Alkali vereinigen. Das Blei ist nun nicht mehr aufgelöst, es erscheint als Blei, trübt die Flüssigkeit und setzt sich schließlich am Boden des Glases ab.

Wenn aber der Wein kein Blei* und auch kein anderes Metall enthält, wird sich das Alkali ohne Aufbrausen** mit der Säure verbinden. Alles bleibt aufgelöst und man sieht keinen Niederschlag.

Dann goß ich etwas von meiner alkalischen Flüssigkeit nacheinander in die beiden Gläser. Unser Hauswein blieb klar und durchsichtig, der andere wurde im Augenblick trüb; nach einer Stunde sah man das niedergeschlagene Blei deutlich auf dem Grund des Glases.

Da siehst du, fuhr ich fort, das ist naturreiner Wein, den man trinken kann, und das ist gefälschter, mit dem man sich vergiftet. Das entdeckt man durch die gleichen Kenntnisse, nach deren Nutzen du mich gefragt hast. Wer genau weiß, wie man Tinte macht, erkennt auch verfälschte Weine.

Ich war mit meinem Beispiel sehr zufrieden, bemerkte jedoch, daß es auf das Kind keinen Eindruck gemacht hatte. Ich brauchte einige Zeit, um einzusehen, daß ich nur eine Dummheit began-

---

* Zwar sind nicht alle Weine, die man in Paris bei Weinhändlern kauft, geglättet. Trotzdem ist es selten frei von Blei, weil die Ladentische mit diesem Metall beschlagen sind und der überlaufende Wein beim Eintrocknen immer etwas von diesem Metall auflöst. Es ist befremdlich, daß die Polizei diesen gefährlichen Mißbrauch duldet. Freilich sind wohlhabende Leute kaum in Gefahr, vergiftet zu werden, da sie solche Weine schwerlich trinken.

** Die Pflanzensäure ist sehr schwach. Wenn es eine mineralische und weniger verdünnte Säure wäre, ginge die Verbindung nicht ohne Aufbrausen vor sich.

gen hatte. Denn abgesehen davon, daß ein zwölfjähriger Junge meinen Erklärungen nicht folgen kann, sah er den Nutzen dieses Versuches nicht ein. Er hatte von beiden Weinen gekostet und beide gut gefunden. Er verband also mit dem Wort Verfälschung, das ich so gut erklärt zu haben glaubte, gar keinen Sinn. Auch die Worte *ungesund* und *Gift* verstand er nicht, Es ging ihm damit wie dem kleinen Historiker in der Geschichte vom Arzt Philippus. Und so geht es allen Kindern.

Wenn wir die Beziehungen zwischen Ursache und Wirkung nicht wahrnehmen, wenn wir von Gut und Böse keine Vorstellung und niemals Bedürfnisse gefühlt haben, so bestehen sie nicht für uns. Wir können durch sie unmöglich angeregt werden, etwas zu tun, was sich auf sie bezieht. Mit fünfzehn Jahren schaut man auf das Glück eines Weisen mit denselben Augen wie mit dreißig auf die Herrlichkeit des Paradieses. Wenn man weder das eine noch das andere richtig begreift, strengt man sich auch nicht an, sie zu erwerben. Selbst wenn man sie sich genau vorstellen könnte, wäre nicht viel gewonnen, wenn man sie nicht auch begehrte und fühlte, daß sie einem zuträglich sind. Ein Kind ist leicht zu überreden, daß das, was man es lehren will, auch nützlich ist. Aber überreden nützt nichts, wenn man es nicht überzeugt. Vergebens billigen oder tadeln wir etwas mit kaltem Blut. Erst die Hingabe treibt uns zum Handeln. Wie kann man sich für etwas begeistern, das man noch gar nicht kennt?

Zeigt dem Kind nie etwas, das es nicht auch einsehen kann. Die Menschheit ist ihm fast fremd: wir können es nicht auf die Stufe des Erwachsenen heben. Also müssen wir den Erwachsenen auf die Stufe des Kindes herunterholen. Während ihr daran denkt, was ihm später nützen kann, sprecht mit ihm nur von dem, dessen Nutzen es im Augenblick einsieht. Im übrigen keine Vergleiche mit anderen Kindern, keine Rivalen, keine Konkurrenten, selbst beim Wettlauf nicht, sobald es anfängt, selbständig zu denken. Hundertmal lieber wäre mir, es lernte gar nichts als aus Eifersucht oder Eitelkeit. Nur werde ich jedes Jahr seine Fortschritte vermerken und mit denen vergleichen, die es im nächsten Jahr machen wird. Ich werde ihm sagen: Du bist um soviel Zentimeter gewachsen; über den Graben bist du gesprungen; diese Last hast du getragen; so weit hast du den Stein geworfen; so weit bist du in einem Atem gelaufen, usw. Nun wollen wir sehen, was du jetzt kannst. So sporne ich ihn an, ohne ihn auf jemanden eifersüchtig zu machen. Emil will und soll sich übertreffen. Ich sehe keinen Hinderungsgrund, sein eigener Rivale zu sein.

Überredung und Überzeugung

Bücher, Robinson

Ich hasse Bücher! Sie lehren nur, von dem zu reden, was man nicht weiß. Man erzählt, Hermes habe die Elemente der Wissen-

Bücher

schaften in Säulen gemeißelt, um sie vor einer Überschwemmung zu sichern. Er hätte sie besser in die Köpfe der Menschen eingegraben, dann hätten sie sich durch mündliche Überlieferung erhalten. Kluge Köpfe sind die Denkmäler, in die man menschliche Kenntnisse am sichersten eingräbt.

Gibt es denn kein Mittel, die vielen Lehren, die in so vielen Büchern verstreut sind, zusammenzufassen und unter einem allgemeinen, leichtfaßlichen und interessanten Gesichtspunkt zu vereinen, der selbst dem Kindesalter als Ansporn dienen kann? Wenn man Umstände erfinden könnte, unter denen sich alle natürlichen Bedürfnisse der Menschen auf eine dem kindlichen Geiste leicht faßliche Weise zeigen und unter denen sich die Mittel zur Befriedigung dieser Bedürfnisse nach und nach mit der gleichen Leichtigkeit entwickeln, dann muß eine lebhafte und natürliche Schilderung dieser Verhältnisse seiner Einbildungskraft als erster Übungsstoff dienen.

Die natürliche Erziehung — Nun sehe ich, mein eifriger Philosoph, wie sich auch deine Phantasie entzündet. Streng dich nicht an! Diese Geschichte wurde bereits geschrieben, und zwar — ohne dir unrecht zu tun — viel besser, als du es hättest tun können: wahrer und einfacher. Da es nicht ohne Bücher geht, so existiert eins, das meiner Meinung nach die beste Abhandlung über die natürliche Erziehung enthält. Das ist das erste Buch, das Emil liest. Für lange Zeit macht es seine ganze Bibliothek aus und wird später immer einen besonderen Platz einnehmen. Es ist der Text, zu dem alle unsere Unterhaltungen über die Naturwissenschaften nur als Kommentar dienen. Es wird der Prüfstein im Fortschritt zur Urteilsfähigkeit sein und, solange unser Geschmack noch nicht verdorben ist, wird uns seine Lektüre immer erfreuen. Welches ist nun dieses wunderbare Buch? Ist es Aristoteles oder Plinius oder Buffon? Nein! Es ist Robinson Crusoe!

Robinson als Vorbild — Robinson Crusoe allein auf einer Insel, ohne Beistand und ohne Werkzeug. Wie er für seinen Unterhalt und für seine Erhaltung sorgt, wie er sich sogar einen gewissen Wohlstand verschafft, das interessiert jedes Alter. Man kann es besonders Kindern auf tausenderlei Weise schmackhaft machen. So lassen wir die einsame Insel, die uns vorher nur als Vergleich gedient hatte[28], in Wirklichkeit erstehen. Ich gebe zu, daß dies nicht der Regelfall in der menschlichen Gesellschaft ist; Emil wird später wahrscheinlich auch nicht so leben. Aber nach diesen Verhältnissen soll er die anderen messen. Das sicherste Mittel, sich über Vorurteile zu erheben und seine Urteile nach den wahren Verhältnissen der Dinge zu richten, ist, sich in die Lage eines alleinen Menschen zu versetzen und über alles so zu urteilen, wie dieser mit Rücksicht auf seine eigenen Bedürfnisse urteilen muß.

Dieser Roman muß von seinem überflüssigen Beiwerk befreit werden. Er muß mit dem Schiffbruch Robinsons beginnen und mit der Ankunft des rettenden Schiffes enden. So wird er Emil während der ganzen Zeitspanne, von der hier die Rede ist, Unterhaltung und Belehrung zugleich sein. Ich will, daß er an nichts anderes denkt; daß er sich ständig mit seiner Burg, seinen Ziegen und seiner Pflanzung beschäftigt; daß er in allen Einzelheiten lernt, was man in einem solchen Fall wissen muß, und zwar nicht aus Büchern, sondern von den Dingen selbst. Er soll sich als Robinson fühlen, bekleidet mit Fellen und einer großen Mütze, einem großen Säbel, in dem ganzen abenteuerlichen Aufzug, nur ohne den Sonnenschirm, den er nicht braucht. Er soll sich darum kümmern, was zu tun ist, wenn dieses oder jenes fehlt. Er soll das Verhalten seines Helden prüfen, ob er etwas unterlassen hat oder etwas hätte besser machen können, damit er sich die Fehler merkt und daraus lernt, sie in ähnlicher Lage zu vermeiden. Zweifelt nicht daran, daß er ein ähnliches Abenteuer bestehen will: das ist der wahre Wunschtraum dieses zufriedenen Alters, in dem man kein anderes Glück kennt als ein Leben in Einfachheit und Freiheit.

Welche Hilfsquellen bietet nicht diese Spielerei einem geschickten Mann, der sie nur zu wecken verstand, um Nutzen daraus zu ziehen! In seinem Eifer, sich ein Vorratshaus für seine Insel anzulegen, wird das Kind mehr lernen, als der Lehrer lehren wollte. Es möchte alles wissen, was nützlich ist. Aber auch nur das! Ihr braucht es nicht anzutreiben, nur zurückzuhalten! Beeilen wir uns übrigens, Emil auf seiner Insel unterzubringen, solange es ihm dort gefällt, denn der Tag naht, wo er — wenn überhaupt — dort nicht mehr allein leben will, und *Freitag*, der ihn jetzt gar nicht interessiert, ihm bald nicht mehr genügen wird.

Kunstfertigkeiten

Die Ausübung natürlicher Kunstfertigkeiten, die ein einzelner treiben kann, führt zur industriellen Ausführung, zu der viele Hände nötig sind. Die ersten können Einsiedler und Wilde ausüben, die anderen können nur in der Gesellschaft entstehen und machen sie notwendig. Solange man nur physische Bedürfnisse kennt, genügt sich jeder selbst. Will man Überfluß herbeiführen, wird die Teilung und Aufteilung unerläßlich. Während ein Mann nur sich selbst ernähren kann, können hundert Männer durch Zusammenarbeit so viel verdienen, daß sie zweihundert ernähren können. Sobald also ein Teil der Menschen müßig ist, muß die gemeinsame Leistung derer, die arbeiten, den Ausgleich für den Müßiggang derer schaffen, die nichts tun.

Eure größte Sorge muß sein, euren Schüler auf keinen Fall mit den Begriffen gesellschaftlicher Beziehungen, die er nicht versteht, bekanntzumachen. Zwingt euch aber die Verknüpfung der Erkenntnisse, ihn auf die gegenseitige Abhängigkeit

Gesellschaftliche Beziehungen

der Menschen hinzuweisen, so zeigt ihm nicht die moralische Seite, sondern wendet seinen Blick zuerst auf das Gewerbe und das Handwerk, womit sich die Menschen untereinander helfen. Führt ihn von Werkstatt zu Werkstatt; duldet jedoch niemals, daß er nur zusieht, ohne selbst Hand mit anzulegen, oder daß er fortgeht, ohne genau begriffen zu haben, was dort geschieht oder was er dort beobachtet hat! Darum müßt ihr auch arbeiten und ihm überall ein Beispiel geben. Ihr müßt überall Lehrling sein, damit er Meister wird. Bedenkt, daß er in einer Stunde Arbeit mehr lernt als aus tagelanger Erklärung!

Kunst-fertigkeiten Die öffentliche Wertschätzung der verschiedenen Kunstfertig-keiten steht im umgekehrten Verhältnis zu ihrem Nutzen. Die Achtung hängt von ihrer Nichtigkeit ab: und das muß so sein. Die nützlichsten sind die, die am wenigsten einbringen, weil die Zahl der Arbeiter proportional zum Bedürfnis der Menschen ist und weil die für alle unentbehrlichen Erzeugnisse auch einen Preis haben müssen, den auch der Arme bezahlen kann. Im Gegensatz dazu arbeiten diejenigen, die man wegen ihrer Bedeutung Künstler nennt und nicht Handwerker, ausschließlich für die Müßigen und die Reichen. Sie verlangen für ihren Schnick-schnack Phantasiepreise. Da der Wert dieser nutzlosen Arbeiten nur eingebildet ist, macht ihr Preis selbst einen Teil dieses Wertes aus; man schätzt sie nach der Höhe ihres Preises. Der Reiche schätzt sie nicht wegen ihres Nutzens so hoch, sondern weil sie der Arme nicht bezahlen kann. *Nolo habere bona nisi quibus populus inviderit.* (Ich will nur solche Güter, um die mich das Volk beneidet. PETRONIUS, Satyrion, 100)

Wertigkeit des Handwerks Was soll aus euren Schülern werden, wenn sie ein solch törich-tes Vorurteil annehmen, wenn ihr selbst es begünstigt, wenn sie euch z. B. mit mehr Achtung in den Laden eines Goldschmie-des eintreten sehen als in den eines Schlossers? Wie sollen sie das wahre Verdienst des Handwerks und den wirklichen Wert der Dinge beurteilen, wenn sie überall den Phantasiepreis im Wider-spruch finden mit dem, der dem wirklichen Nutzwert entspricht, und wenn sie sehen, daß eine Sache um so teurer ist, je weniger sie wert ist. Wie sich diese Begriffe in ihrem Kopf festsetzen, könnt ihr die weitere Erziehung aufgeben. Euren Bemühungen zum Trotz werden sie aufwachsen wie alle anderen, und ihr habt vierzehn Jahre Mühe vergeudet.

Emil geht bei der Ausstattung seiner Insel von anderen Gesichtspunkten aus. Robinson hätte die Werkstatt eines Schmie-des viel höher eingeschätzt als den Krimskrams eines Saïde. Den einen hätte er als einen sehr ehrenwerten Mann geachtet, den anderen als einen kleinen Schwindler.

„Mein Sohn ist dazu geboren, um in der Welt zu leben. Er wird nicht unter Weisen, sondern unter Narren leben. Er muß also ihre Narrheit kennen, weil man sie nur damit leiten kann. Die wirkliche Kenntnis der Dinge mag gut sein, aber die der Menschen und ihrer

Meinungen ist noch wichtiger, denn der Mensch ist das bedeutendste Werkzeug des Menschen in der Gesellschaft, und am klügsten ist, wer sich am besten dieses Werkzeuges bedient. Wozu nützt es also, Kindern den Begriff einer imaginären Weltordnung zu vermitteln, die jener ganz entgegengesetzt ist, die sie vorfinden werden und nach der sie sich richten müssen? Lehrt sie zuerst, klug zu sein, und dann lehrt sie beurteilen, worin die anderen Toren sind."

Das sind die Schwindelmaximen, nach denen die Pseudoweisheit der Väter verfährt, um ihre Kinder zu Sklaven von Vorurteilen zu machen, mit denen sie sie nähren, während sie selbst Spielball des unvernünftigen Haufens sind, die sie zum Werkzeug ihrer Leidenschaften zu machen glauben. Um den Menschen wirklich kennenzulernen, wieviel muß man vorher kennenlernen! Der Mensch ist das letzte Studium des Weisen, und ihr wollt es zum ersten des Kindes machen! Ehe ihr es über unsere Ansichten belehrt, bringt ihm zuerst bei, diese zu würdigen! Heißt es, eine Torheit kennen, wenn man sie für vernünftig hält? Um weise zu sein, muß man das Nichtweise unterscheiden können. Wie kann euer Kind die Menschen kennenlernen, wenn es weder ihre Ansichten zu beurteilen noch ihre Irrtümer zu entwirren weiß? Es ist ein Übel, zu wissen, was die Menschen denken, wenn man nicht weiß, ob das, was sie denken, richtig oder falsch ist. Lehrt es also zuerst, was die Dinge an sich sind, und später, was sie in unseren Augen darstellen. Dann kann es die Meinung mit der Wahrheit vergleichen und sich über den Alltag erheben. Man kennt die Vorurteile nicht, wenn man sie selbst teilt; man kann das Volk nicht führen, wenn man ihm gleicht. Wenn ihr es über die öffentliche Meinung unterrichtet, bevor es gelernt hat, sie richtig einzuschätzen, könnt ihr sicher sein, daß es sie, was ihr auch tut, zu seiner Meinung macht, und ihr könnt sie nie wieder ausrotten. Ich schließe also: um einen jungen Menschen urteilsfähig zu machen, muß man sein Urteil bilden, statt ihm unseres aufzudrängen.

Ihr seht, daß ich bisher mit meinem Zögling noch nicht über Menschen gesprochen habe. Er hätte zuviel gesunden Menschenverstand gehabt, um mich verstehen zu können. Er fühlt seine Beziehungen zum anderen Menschen noch nicht deutlich genug, um andere von sich aus beurteilen zu können. Er kennt noch kein anderes menschliches Wesen als sich selbst und ist noch weit entfernt, sich zu kennen. Wenn er sich selbst auch wenig beurteilt, so sind diese Urteile wenigstens nicht falsch. Über die Stellung der anderen weiß er nichts, aber er kennt seinen Platz und hält ihn fest. Statt ihn mit sozialen Gesetzen zu binden, die er noch nicht kennt, haben wir ihn mit den Ketten der Notwendigkeit gebunden. Er ist beinahe noch nichts anderes als ein physisches Wesen. Behandeln wir ihn weiter so.

Beziehungen zum andern

Das Kind soll alle Dinge der Natur und alle Arbeiten der Menschen nach ihren greifbaren Beziehungen zu seinem Nutzen, seiner Sicherheit, seiner Erhaltung und seinem Wohlbefinden

Beziehungen zum eigenen Nutzen

einschätzen. Also muß das Eisen in seinen Augen einen viel größeren Wert haben als das Gold, das Glas einen größeren als der Diamant. Ebenso achtet es einen Schuster höher als alle Juweliere Europas. Ein Kuchenbäcker ist in seinen Augen ein sehr wichtiger Mann: für den unbedeutendsten Zuckerbäcker gäbe er die ganze Akademie der Wissenschaften her. Goldarbeiter, Kupferstecher, Vergolder, Sticker sind nach seiner Meinung nichts als Tagediebe, die sich mit vollkommen unnützen Spielereien die Zeit vertreiben. Selbst die Uhrmacherei gilt ihm nicht viel. Das glückliche Kind genießt die Zeit, ohne ihr Sklave zu sein. Es nutzt sie, ohne ihren Wert zu kennen. Sein Seelenfrieden läßt ihm die Zeit gleichmäßig hinfließen und ersetzt ihm nach Bedarf das Meßinstrument*. Als ich ihn einmal mit einer Uhr ausgestattet habe – so wie ich ihn auch einmal weinen ließ[29] – schuf ich das Bild eines gewöhnlichen Emils, um dem Leser zu helfen und mich verständlich zu machen. Denn mein wirklicher Emil, der so verschieden von allen anderen Kindern ist, könnte in nichts zum Beispiel dienen.

Einteilung der Künste

Man kann die Künste auf eine nicht weniger natürliche und dabei noch vernünftigere Weise einteilen, wenn man sie nach den Beziehungen wertet, die sie notwendigerweise untereinander verbinden. Den höchsten Rang nehmen dann die unabhängigsten ein. Den niedrigsten diejenigen, die von einer Anzahl anderer abhängen. Diese Ordnung, die uns zu wichtigen Erwägungen über die allgemeine Gesellschaftsordnung anregt, ist der vorigen ähnlich, wird aber von den Menschen ebenso verkehrt eingeschätzt. So ist beispielsweise die Bearbeitung der Rohstoffe ein Gewerbe ohne Ansehen und fast ohne Gewinn. Durch je mehr Hände sie aber laufen, um so mehr steigt der Preis und das Ansehen. Ich will nicht untersuchen, ob tatsächlich die Geschicklichkeit im Kunsthandwerk, die die letzte Form gibt, größer ist und einen höheren Lohn verdient, als die der ersten Umwandlung, die sie den Menschen erst brauchbar macht. Aber ich behaupte, daß die Herstellung allgemein notwendiger und unentbehrlicher Dinge unstreitig die höchste Achtung verdient. Das Gewerbe, das am wenigsten anderer Handwerke bedarf, verdient noch mehr Achtung, da es freier und unabhängiger ist. Das sind die wahren Maßstäbe für die Einschätzung der Künste und der Handwerke. Alle anderen sind willkürlich und hängen von der Tagesmeinung ab.

Die erste und ehrwürdigste Kunst ist der Ackerbau. Der Schmiedekunst würde ich den zweiten, der Zimmerei den dritten Platz anweisen; usw. So urteilt ein Kind, das noch nicht dem allgemeinen Vorurteil verfallen ist. Welche wichtigen Anregun-

---

* Die Zeit verliert für uns ihr Maß, wenn unsere Leidenschaften sie nach ihrem Belieben regeln wollen. Die Uhr des Weisen ist die Ausgeglichenheit des Gemütes und der Friede der Seele. Für den Weisen ist jede Stunde die rechte Stunde und er erkennt sie immer.

gen dazu findet unser Emil nicht in seinem Robinson! Was wird er denken, wenn er sieht, daß sich die Künste nur dadurch vervollkommnen, daß sie sich immer weiter unterteilen und ihre Werkzeuge bis ins Unendliche vervielfältigen? Er wird sich sagen: Alle diese Leute sind erfinderisch wie die Toren. Man sollte glauben, sie fürchteten sich, Arme und Finger zu gebrauchen, so viel Werkzeug erfinden sie, um jene entbehrlich zu machen. Um eine Kunst auszuüben, sind sie auf tausend andere angewiesen. Jeder Handwerker braucht eine ganze Stadt. Mein Kamerad und ich setzen unseren Erfindungsgeist in Geschicklichkeit um. Wir machen uns Werkzeuge, die wir immer bei uns haben. All diese Pariser, die so stolz auf ihre Talente sind, wüßten auf unserer Insel nichts und müßten bei uns in die Lehre gehen.

Lieber Leser, halt dich hier nicht auf, um den geschulten **Werkzeuge** Körper und die geschickten Hände unseres Zöglings zu sehen, sondern beachte, welche Richtung wir seiner kindlichen Wißbegier geben! Achte auf seinen Verstand, seinen erfinderischen Geist, seine Voraussicht! Bedenk, was für einen Kopf wir aus ihm machen wollen! Alles, was er sieht und tut, will er genau kennen und verstehen. Von Werkzeug zu Werkzeug will er immer auf das allererste zurückkommen. Nichts nimmt er auf bloße Vermutung an. Er sträubt sich, etwas zu lernen, zu dem er keine Vorkenntnisse besitzt. Sieht er, wie man eine Sprungfeder macht, so möchte er wissen, wie man den Stahl aus dem Bergwerk geholt hat. Sieht er, wie man die Teile einer Kiste zusammenfügt, will er wissen, wie der Baum zersägt worden ist. Bei jedem Gerät, mit dem er arbeitet, fragt er sich: Wie mache ich mir ein ähnliches, wenn ich dieses nicht hätte, oder wie könnte ich es entbehren?

Übrigens verleiten Beschäftigungen, für die sich der Lehrer selbst begeistert, zur Voraussetzung, das Kind habe die gleiche Neigung. Nimmt euch eine Arbeit gefangen, so paßt auf, daß sich das Kind nicht langweilt und nur nicht wagt, es euch zu sagen! Das Kind muß immer ganz bei der Sache sein. Ihr aber müßt ganz bei dem Kind sein, es beobachten, es ständig und unauffällig belauschen, alle seine Empfindungen im voraus ahnen und denen vorbeugen, die es nicht haben soll. Ihr müßt es so beschäftigen, daß es sich nicht nur der Sache gewachsen fühlt, sondern auch Gefallen daran findet, weil es vollkommen begreift, wozu ihm sein Tun dient.

Gewerbe, Handel, Geldverkehr

Das Gewerbe betreibt den Austausch von Gütern, der Handel den Austausch von Waren, das Bankwesen den Austausch von Wertzeichen und Geld. Alle diese Vorstellungen hängen zusammen und die Grundbegriffe haben wir schon erfaßt, als wir sie im frühesten Alter mit Hilfe des Gärtners Robert[30] angelegt haben. Nun bleibt uns nur übrig, sie zu verallgemeinern und auf weitere Beispiele auszudehnen, um dem Kind den Handel an sich verständlich zu machen und durch Einzelheiten aus der Naturgeschichte, die sich auf die eigentlichen Produkte eines jeden Landes beziehen, durch Einzelheiten über Gewerbe und Kenntnisse, die die Schiffahrt betreffen, und schließlich durch die mehr oder weniger großen Transportschwierigkeiten zu veranschaulichen, die nach Entfernung der Orte, nach der Lage der Länder, Meere, Flüsse, usw. entstehen.

Gleichheit Keine Gesellschaft kann ohne Tausch bestehen; kein Tausch ohne gemeinsames Maß und kein gemeinsames Maß ohne Gleichheit. Also muß jede Gesellschaft als erstes Gesetz irgendeine konventionelle Gleichheit haben, entweder zwischen den Menschen oder zwischen den Dingen.

Die konventionelle Gleichheit zwischen den Menschen, die von der natürlichen Gleichheit sehr verschieden ist, erfordert das positive (oder gesetzte) Recht, d. h. Regierung und Gesetze. Die politischen Kenntnisse eines Kindes müssen klar und eng begrenzt sein. Von der Regierung soll es im allgemeinen nur das wissen, was sich auf das Eigentumsrecht bezieht, von dem es schon eine gewisse Vorstellung hat.

Tauschmittel Vereinbarte Gleichheit unter Dingen führt zur Erfindung des Geldes. Denn das Geld ist nur ein Vergleichsmittel für die Werte von Dingen der verschiedensten Art. In diesem Sinn ist das Geld das wahre Band der Gesellschaft. Aber alles kann Geld sein. Früher war es Vieh. Bei verschiedenen Völkern sind es heute noch Muscheln. Eisen war das Geld in Sparta, Leder in Schweden, und bei uns sind es Gold und Silber.

Die Metalle hat man im allgemeinen als Tauschmittel genommen, weil man sie am leichtesten befördern kann. Man hat sie zu Münzen geprägt, um beim Tausch das Messen und Abwiegen zu ersparen. Denn die Prägung des Geldstückes ist nur eine Bescheinigung, daß das so gekennzeichnete Stück ein bestimmtes Gewicht hat. Nur der Fürst hat das Recht, Münzen schlagen zu lassen, weil er allein das Recht hat, zu fordern, daß sein Zeugnis für ein ganzen Volk verbindlich sei.

Wenn man diese Einrichtung so erklärt, versteht es auch der Dümmste. Es ist schwierig, verschiedene Dinge unmittelbar zu vergleichen, z. B. Tuch mit Getreide. Wenn man aber ein gemeinsames Maß gefunden hat — eben das Geld — ist es für den Fabrikanten wie für den Bauern leicht, den Wert der Tauschgüter darauf zurückzuführen. Wenn eine bestimmte Menge des Tuches eine bestimmte Summe Geldes wert ist, und diese bestimmte Menge Getreide genau die gleiche Summe, so folgt daraus, daß der Kaufmann, der das Getreide für sein Tuch bekommt, einen gerechten Tausch machte. So lassen sich also mit dem Geld die verschiedensten Güter messen und vergleichen.

Geht aber nicht weiter und erklärt nicht die moralischen Wirkungen dieser Einrichtung! Es kommt immer darauf an, zuerst den Gebrauch einer Sache recht deutlich zu machen, ehe man den Mißbrauch erläutert. Wenn man den Kindern erklären wollte, wie die Dinge durch die Zeichen vernachlässigt werden, wie mit dem Geld Luftschlösser gebaut werden, wie Länder, die viel Geld haben, arm an allem anderen sein müssen, so würde man diese Kinder nicht nur als Philosophen, sondern als Weise behandeln und ihnen Dinge begreiflich machen wollen, die selbst nur wenige Philosophen recht begriffen haben.

Es gibt eine Unzahl interessanter Dinge, auf die man die Wißbegier eines Schülers lenken kann, ohne jemals die wirklichen und sachlichen Verhältnisse zu überschreiten, die er erfassen kann, und ohne zu dulden, daß er sich eine einzige Vorstellung bildet, die er nicht begreift! Die Kunst des Lehrers besteht darin, niemals auf unwesentlichen Nebensächlichkeiten zu verweilen, sondern ihm stets die großen Zusammenhänge näherzubringen, die er eines Tages kennen muß, um die Ordnung der bürgerlichen Gesellschaft im Guten wie im Bösen beurteilen zu können. Auch die Gespräche muß man der geistigen Grundhaltung anpassen, die man ihm gegeben hat. Manche Frage, die einen anderen kaum berührt, wird Emil sechs Monate lang quälen.

Wir folgen einer Einladung in ein reiches Haus. Wir sehen, wie man ein Festessen vorbereitet. Viele Leute, viele Diener, viele Gänge, ein kostbares und edles Tafelgeschirr. Dieser Aufwand zum Fest und zum Vergnügen hat etwas Berauschendes, das einem zu Kopfe steigt, wenn man nicht daran gewöhnt ist. Ich fühle alle diese Wirkungen auf meinen Zögling voraus. Während sich das Mahl in die Länge zieht, ein Gericht dem anderen folgt und tausend Worte lärmend rund um die Tafel schwirren, flüstere ich ihm ins Ohr: Durch wie viele Hände glaubst du, ist alles, was du hier auf dem Tisch siehst, gegangen, ehe es hierhergekommen ist? Welche Fülle von Gedanken wecke ich mit diesen wenigen Worten! Im Augenblick ist er ernüchtert. Er sinnt, überlegt, berechnet und wird unruhig. Während die Philosophen, angeregt durch den Wein und vielleicht auch durch die Tischnachbarinnen, schwatzen und sich wie Kinder benehmen[31], sitzt er sinnend allein in einer Ecke. Er fragt mich. Ich lehne eine Antwort ab. Ich vertröste ihn auf später. Er wird ungeduldig, vergißt Essen und Trinken, und brennt darauf, den Tisch verlassen zu dürfen, um sich mit mir unterhalten zu können. Welch ein Gegenstand für seine Wißbegier! Welch ein Stoff für seine Belehrung! Was wird er mit seinem gesunden und unverdorbenen Urteil über den Luxus denken, wenn er herausfindet, daß die ganze Welt dazu beitragen mußte, daß vielleicht zwanzig Millionen Hände lange daran gearbeitet haben, daß es vielleicht Tausende das Leben gekostet hat, und das alles nur, um ihm zu Mittag etwas Prächtiges zu bieten, das er am Abend wieder von sich gibt?

Überwacht sorgfältig die Schlüsse, die er im geheimen aus all diesen Beobachtungen zieht. Habt ihr ihn weniger gut behütet, als ich voraussetze, könnte er versucht sein, anders zu denken und sich für eine wichtige Person zu halten, wenn er den Aufwand sieht, mit dem man ihm sein Essen darbietet. Seht ihr solche Gedanken voraus, so könnt ihr sie leicht verhindern oder zum wenigsten sofort ihren Eindruck verwischen. Da er sich die Dinge zunächst nur durch materiellen Genuß aneignen kann, kann er nur durch sinnliche Beziehungen urteilen, was ihm zu- oder abträglich ist. Der Vergleich zwischen einem einfachen und ländlichen Mahl, das man ausgetobt, hungrig, frei und fröhlich zu sich nimmt, und dem prächtigen und steifen Festessen genügt, um ihm zum Bewußtsein zu bringen, daß ihm der ganze Aufwand keinen wirklichen Nutzen gebracht hat und daß er vom Bauerntisch ebenso befriedigt aufsteht wie von der Tafel des reichen Mannes. Auf beiden gab es nichts, was er wirklich sein eigen hätte nennen können.

Moralpredigt Überlegen wir einmal, was ihm ein Erzieher in einem solchen Fall hätte sagen können: Erinnere dich an beide Mahlzeiten und entscheide selbst, welche dir größeres Vergnügen bereitet hat. Bei welcher hat man sich mehr gefreut? Bei welcher hat man mit größerem Appetit gegessen, fröhlicher getrunken, herzlicher gelacht? Wo hat man sich zuerst gelangweilt und wo mußte diese Langweile durch weitere Gerichte hinausgeschoben werden? Beachte den Unterschied: das Schwarzbrot, das dir so gut geschmeckt hat, ist aus dem selbstgeernteten Getreide gebacken. Der kräftige Rotwein, der so gesund ist und den Durst so gut löscht, kommt aus dem Weingarten des Bauern. Das Tischtuch ist aus seinem Hanf, den seine Frau, seine Töchter und seine Magd im Winter gesponnen haben. Nur Hände seiner Familie haben dieses Mahl bereitet. Die nächste Mühle und der benachbarte Markt sind die Grenzen der Welt für ihn. Worin bestand der Genuß dessen, was dir ferne Länder und fremde Hände am anderen Tisch geboten haben? Wenn das keine bessere Mahlzeit bedeutet hat, was hast du dann durch diesen Überfluß gewonnen? Was war besonders für dich zubereitet? Wärst du der Hausherr gewesen — könnte er noch hinzufügen — so wäre dir alles noch fremder erschienen, denn das Bemühen, anderen dein Vergnügen zu zeigen, hätte es dir selbst verdorben: du hast die Arbeit gehabt und sie das Vergnügen.

Emils Wahl Diese Rede mag sehr schön sein, aber für meinen Emil taugt sie nicht, sie übersteigt sein Verständnis. Außerdem darf man ihm seine Überlegungen nicht diktieren. Mit ihm muß man einfacher reden. Da er die beiden Mahlzeiten kennt, sage ich ihm eines Morgens: Wo wollen wir heute essen? Vor dem Berg

Gewerbe, Handel, Geldverkehr

von Silber, der drei Viertel des Tisches bedeckt, und vor diesen Beeten von Papierblumen, die man beim Nachtisch auf Spiegeln serviert? Unter diesen Frauen in Reifröcken, die dich als Marionette behandeln und wünschen, daß du über Dinge sprichst, von denen du nichts verstehst? Oder im Dorf, zwei Meilen von hier, bei den braven Leuten, die uns so freundlich aufnehmen und uns so gute Sahne geben? Über Emils Wahl besteht kein Zweifel, denn er ist weder schwatzhaft noch eitel. Er kann Zwang nicht leiden und findet all unsere pikanten Gerichte geschmacklos. Dagegen ist er immer bereit, auf das Land zu gehen. Er liebt die guten Früchte und Gemüse, die gute Sahne und die braven Leute*. Unterwegs kommt er von selbst auf den Gedanken: Ich sehe, daß die vielen Menschen, die für diese großen Gelage arbeiten, sich umsonst abmühen, und daß sie überhaupt nicht an unser Vergnügen denken.

Meine Beispiele passen vielleicht für einen, für tausend andere aber nicht. Erfaßt man aber ihren Sinn, kann man sie nach Bedarf ändern. Die Wahl hängt von der Begabung eines jeden Kindes ab. Um es kennenzulernen, muß man ihm Gelegenheit geben, seine Begabung zu beweisen. Man glaube nicht, daß wir in den drei oder vier Jahren, die uns hier zur Verfügung stehen, auch dem begabtesten Kind einen Begriff aller Künste und Naturwissenschaften geben können, der es eines Tages zum Selbststudium befähigt. Indem wir aber alle Fächer, die es kennen muß, vorbeiziehen lassen, geben wir ihm Gelegenheit, Geschmack und Talent zu entwickeln und die ersten Schritte auf das Fach hin zu machen, zu dem es seine Anlagen ziehen, und uns zu zeigen, welchen Weg wir ihm bahnen müssen, um seiner Natur behilflich zu sein.

Noch ein anderer Vorteil entspringt aus dieser Verkettung zwar begrenzter, aber richtiger Erkenntnisse. Sie müssen ihm in ihren Verbindungen und Beziehungen gezeigt werden. Sie müssen alle den richtigen Rang in seiner Wertschätzung einnehmen und so die Vorurteile verhüten, die die meisten Menschen für die Talente haben, die sie pflegen, und gegen die Talente, die sie vernachlässigt haben. Wer das Ganze überschaut, sieht das Einzelne am richtigen Platz. Wer nur einen Teil übersieht und

---

* Die Neigung zum Landleben, die ich meinem Zögling unterstelle, ist die natürliche Frucht seiner Erziehung. Da er nichts von dem albernen und gezierten Wesen an sich hat, das den Frauen so gut gefällt, wird er von ihnen weniger als andere Kinder verwöhnt. Darum fühlt er sich unter ihnen weniger wohl und wird in ihrer Gesellschaft, deren Reiz er noch nicht empfindet, weniger verdorben. Ich habe mich gehütet, ihn Handkuß und fade Redensarten zu lehren, ja nicht einmal die besondere Achtung zu bezeugen, auf die sie vor Männern ein Recht haben. Ich habe es mir zum unverbrüchlichen Gesetz gemacht, nichts von ihm zu verlangen, dessen Grund er nicht einsieht. Für ein Kind gibt es keinen guten Grund, das eine Geschlecht anders zu behandeln als das andere.

ihn genau kennt, kann ein gelehrter Mann sein. Der andere aber ist gescheit. Ihr erinnert euch, daß wir uns vornahmen, weniger Fachwissen als gesundes Urteil zu erwerben.

Methoden und Beispiele Wie dem auch sei, meine Methode ist unabhängig von meinen Beispielen. Sie gründet sich auf das Maß der Fähigkeiten des Menschen in seinen verschiedenen Altersstufen und auf die Auswahl der Beschäftigungen, die diesen Fähigkeiten entsprechen. Ich glaube, daß man leicht eine andere Methode fände, mit der man scheinbar besser arbeiten könnte. Wenn sie aber der Art, dem Alter und dem Geschlecht weniger angemessen wäre, bezweifle ich, daß sie denselben Erfolg hat.

Beziehungen zu anderen

Zu Beginn dieser zweiten[32] Periode haben wir den Überschuß unserer Kräfte dazu benützt, uns selbst zu übertreffen. Wir haben uns zum Himmel aufgeschwungen. Wir haben die Erde ausgemessen und die Gesetze der Natur eingeheimst. Mit einem Wort, wir haben die ganze Insel durchstreift. Jetzt kommen wir zu uns zurück. Wir nähern uns unmerklich unserer eigenen Behausung. Wohl uns, wenn sie bei unserer Rückkehr noch nicht im Besitz des Feindes ist, der uns bedroht und sich anschickt, sich ihrer zu bemächtigen!

Was bleibt uns zu tun übrig, nachdem wir die ganze Umgebung beobachtet haben? Wir müssen uns alles, was wir uns davon aneignen können, brauchbar machen und aus unserer Wißbegier Nutzen für unser Wohl ziehen. Bisher haben wir uns einen Vorrat von Werkzeugen angelegt, ohne zu wissen, ob wir sie auch brauchen können. Vielleicht könnten sie anderen, wenn wir sie nicht brauchen, dienlich sein; vielleicht brauchen wir, umgekehrt, die ihren. So kämen wir alle bei diesem Tausch auf unsere Rechnung. Um ihn durchzuführen, müssen wir unsere gegenseitigen Bedürfnisse kennen. Jeder muß wissen, was andere Brauchbares für ihn haben, und was er ihnen seinerseits bieten kann. Denken wir uns zehn Menschen, von denen jeder zehn Bedürfnisse hat. Jeder muß sich also zur Befriedigung seiner Bedürfnisse zehn verschiedenen Beschäftigungen widmen. Da aber jeder verschieden begabt und geschickt ist, so wird einer das, der andere jenes schlechter machen. Jeder kann alles und macht alles und ist dennoch schlecht bedient. Nun bilden wir aus den zehn Menschen eine Gesellschaft und jeder widmet sich für sich und für die neun anderen derjenigen Beschäftigung, die ihm am besten liegt. Dann zieht jeder aus den Talenten aller anderen den gleichen Nutzen, als ob er alle selbst hätte. Jeder vervollkommnet sein Talent durch dauernde Übung, und so kommt es dahin, daß nicht nur alle zehn vollkommen versorgt sind, sondern auch noch Überschuß für andere haben. Das ist das offensichtliche Prinzip aller unserer Einrichtungen. Hier ist nicht der Ort, die Folgen zu untersuchen. Das habe ich schon in einer anderen Schrift getan[33].

Nach diesem Prinzip könnte ein Mensch, der sich als isoliertes Wesen betrachtet, an niemanden anschließt und völlig sich selbst genügen will, nur unglücklich sein. Ja, er könnte nicht einmal existieren, denn die Welt ist in Mein und Dein aufgeteilt, und er besitzt nichts als seinen Körper. Woher sollte er seinen Unterhalt nehmen? Wenn wir den Naturzustand verlassen, zwingen wir auch die anderen, dasselbe zu tun. Niemand kann darin verharren, wenn die anderen es nicht wollen. Und es hieße wirklich, aus ihm heraustreten, wenn man in ihm verharren wollte, wo es doch unmöglich ist, in ihm zu leben. Denn das oberste Gesetz der Natur ist die Selbsterhaltung.

Der Mensch allein

So bilden sich im Geist des Kindes nach und nach die Vorstellungen gesellschaftlicher Beziehungen, ehe es noch tätiges Mitglied einer Gemeinschaft sein kann. Emil sieht ein, daß er manches für sich braucht und für andere auch mancherlei haben muß, damit er durch Tausch Dinge erhält, die er braucht, die aber in ihrem Besitz sind. Leicht bringe ich ihn dazu, die Notwendigkeit dieses Tausches einzusehen und daraus Nutzen zu ziehen.

Gesellschaftliche Beziehungen

Exzellenz, ich muß leben, sagt ein armer Satirenschreiber zu einem Minister, der ihm die Ruchlosigkeit seines Gewerbes vorhielt. *Ich sehe nicht ein, wozu das nötig ist,* erwiderte ihm kalt der Mann in Amt und Würden. Diese Antwort, ausgezeichnet für einen Minister, wäre in jedem anderen Mund barbarisch und falsch gewesen. Jeder Mensch muß leben. Dieser Schluß, dem jeder, je nach Grad seiner Menschlichkeit mehr oder weniger Nachdruck verleiht, scheint mir für den unwiderlegbar zu sein, der ihn auf sich selbst bezieht. Da wir, naturbedingt, den Tod am stärksten verabscheuen, so folgt daraus, daß dem alles erlaubt ist, der keine anderen Mittel mehr zum Leben hat. Die Prinzipien, die den Tugendhaften lehren, sein Leben zu verachten und es seiner Pflicht zu opfern, sind weit entfernt von dieser ursprünglichen Einfachheit. Glücklich die Völker, in denen man ohne Opfer gut und ohne Tugend gerecht sein kann! Wenn es auf der Welt einen Jammerstaat gibt, wo niemand leben kann, ohne Übles zu tun, und wo der Bürger aus Not zum Gauner wird, dann dürfte dort nicht der Übeltäter gehenkt werden, sondern der, der ihn dazu zwingt.

Sobald Emil weiß, was leben heißt, werde ich dafür sorgen, daß er lernt, seinen Lebensunterhalt zu erwerben. Bisher habe ich die Menschen nicht nach Stand, Rang und Glücksgütern unterschieden und ich werde es auch in Zukunft nicht tun, weil der Mensch in jedem Stand Mensch ist. Der Reiche hat keinen größeren Magen als der Arme; er verdaut auch nicht besser.

Der Herr hat keinen längeren und stärkeren Arm als der Knecht. Ein Mächtiger ist nicht größer als ein Mann aus dem Volk. Die natürlichen Bedürfnisse sind überall die gleichen. Die Mittel, sie zu befriedigen, sind es ebenfalls. Richtet die Erziehung des Menschen auf den Menschen aus und nicht nach dem, was er nicht ist! Seht ihr denn nicht, daß ihr ihn für jeden anderen Stand untauglich macht, wenn ihr ihn nur für einen einzigen erzieht? Und daß ihr nur gearbeitet habt, ihn unglücklich zu machen, wenn es das Schicksal so will? Gibt es etwas Lächerlicheres als einen großen Herrn, der, zum Bettler geworden, in seinem Elend noch die Vorurteile seines Standes mit sich trägt? Gibt es etwas Armseligeres als einen verarmten Reichen, der sich als der Letzte der Menschen fühlt, weil er sich der Verachtung erinnert, mit der man den Armen betrachtet? Dem einen bleibt nichts übrig, als Gauner zu werden, dem andern nur die Stiefelleckerei. Und das schöne Wort: *Ich muß ja leben!*

Gesellschafts-ordnung
Ihr verlaßt euch auf die bestehende Gesellschaftsordnung und bedenkt nicht, daß sie unvermeidlichen Veränderungen unterworfen ist, und daß ihr diejenigen, die eure Kinder erleben werden, weder voraussehen noch verhindern könnt. Der Große wird klein, der Reiche arm, der Monarch Untertan. Sind denn Schicksalsschläge so selten, daß ihr damit rechnen könnt, davon verschont zu bleiben? Wir nähern uns einer Krise und dem Jahrhundert der Revolutionen*. Wer kann sich für das, was aus euch wird, verbürgen? Alles, was der Mensch aufgebaut hat, kann er wieder zerstören. Unvergänglich ist nur die Natur, und sie bringt weder Fürsten noch Richter oder große Herren hervor. Was wird also jener Satrap, den ihr für die Herrschaft erzogen habt, im Elend anfangen? Was wird jener Zollpächter, der nur vom Gold leben kann, in der Armut tun? Was wird der Prahlhans beginnen, der nichts mit sich anzufangen weiß und seine Existenz auf Fremde stützt? Glücklich derjenige, der den Stand, der ihn verläßt, verlassen kann, und dem Schicksal zum Trotz Mensch bleibt! Man lobe, so viel man wolle, den besiegten König, der sich wie ein Rasender von den Trümmern seines Thrones begraben läßt: ich verachte ihn! Ich sehe, daß er nur durch seine Krone existiert und daß er nichts ist, wenn er nicht König ist. Wer sie aber verliert und auf sie verzichten kann, ist ihr überlegen. Vom Rang eines Königs, den ein Feigling, ein Verbrecher, ein Wahnsinniger ebenso wie jeder andere ausfüllen kann, erhebt er sich zum Rang eines Menschen, den so wenige ausfüllen können. Dann triumphiert er über das Schicksal und trotzt ihm. Alles verdankt er nur sich selbst. Wenn er

---

* Ich halte es für unmöglich, daß die großen Monarchien Europas noch lange bestehen werden. Sie haben alle geglänzt, aber jeder Staat, der glänzt, befindet sich auf dem Abstieg. Ich habe noch bessere Gründe für meine Meinung als diese Maxime, aber es ist nicht ratsam, sie auszusprechen. Jeder kennt sie nur zu gut.

Beziehungen zu anderen

nur mehr sich selbst zeigen kann, ist er keine Null, sondern etwas. Hundertmal lieber sehe ich den König von Syrakus als Schulmeister in Korinth und den König von Makedonien als Schreiber in Rom, als den unglücklichen Tarquinius, der nicht mehr wußte, was er tun sollte, als er nicht mehr herrschen konnte. Oder als den Erben dreier Königreiche, der als Spielball für jeden, der ihn zu verspotten wagte, von Hof zu Hof zog, überall Hilfe suchte und überall gedemütigt wurde, weil er keinen anderen Beruf verstand als denjenigen, den er nicht mehr ausüben konnte[34].

Der Mensch und Bürger, er sei, was er wolle, kann der Gesellschaft nichts anderes geben als sich selbst, denn seine anderen Güter gehören ihr ohnehin. Wenn ein Mann reich ist, so nützt er entweder seinen Reichtum nicht, oder die Öffentlichkeit nimmt daran teil. Im ersten Fall stiehlt er den anderen, was er sich selbst versagt. Im zweiten gibt er ihnen nichts. Folglich bleibt er der Gesellschaft alles schuldig, solange er nur mit seinen Gütern bezahlt. ‚Aber mein Vater hat doch, als er den Reichtum erwarb, der Gesellschaft gedient'... Mag sein. Er hat seine Schuld bezahlt, aber nicht deine. Du schuldest den anderen mehr, als wenn du arm geboren wärst, und es ist nicht gerecht, daß das, was ein Mensch für die Gesellschaft getan hat, einen anderen von seinen Schulden entbindet. Denn jeder muß sich ganz geben, kann nur für sich bezahlen, und kein Vater kann seinem Sohn das Recht vererben, ein unnützes Glied der Gesellschaft zu werden. Das tut er aber, wenn er ihm, wie du sagst, seine Reichtümer, die der Beweis und der Preis seiner Arbeit sind, vermacht. Wer im Müßiggang verzehrt, was er nicht verdient hat, stiehlt es. Ein Rentner, den der Staat für sein Nichtstun bezahlt, unterscheidet sich in meinen Augen nicht von einem Straßenräuber, der auf Kosten der Reisenden lebt. Wer außerhalb der Gesellschaft lebt, schuldet niemandem etwas und hat das Recht zu leben, wie es ihm gefällt. In der Gesellschaft aber lebt er notwendigerweise auf Kosten der anderen: er schuldet ihnen Arbeit als Preis für seinen Unterhalt. Das gilt ohne Ausnahme. Arbeiten ist also eine unerläßliche Pflicht des Menschen innerhalb der Gesellschaft. Arm oder reich, mächtig oder schwach, jeder müßige Bürger ist ein Schmarotzer.

Was der Mensch der Gesellschaft schuldet

Von allen Beschäftigungen, die dem Menschen einen Lebensunterhalt liefern können, ist die Handarbeit am naturnächsten. Der Handwerker ist derjenige, der am wenigsten vom Glück und von anderen Menschen abhängig ist. Er hängt allein von seiner Arbeit ab. Er ist frei, genau so frei, wie der Bauer Sklave ist: denn der ist an sein Feld gebunden, dessen Ertrag wieder von der Willkür anderer abhängt. Der Feind, der Fürst, ein mächtiger Nachbar oder ein Prozeß können ihn um sein Feld bringen. Über sein Feld kann man ihn auf tausenderlei Weise quälen. Aber überall, wo man den Handwerker plagen will,

Handarbeit

kann er leicht entweichen: er nimmt ja die Hände mit und zieht davon. Trotzdem bleibt der Ackerbau der erste Beruf des Menschen. Er ist der ehrenhafteste, der nützlichste und folglich auch der edelste, den man haben kann. Ich sage Emil nicht: lern den Ackerbau! Er kann ihn schon. Er ist mit allen ländlichen Arbeiten vertraut. Mit ihnen hat er begonnen, zu ihnen kehrt er immer wieder zurück. Ich sage ihm also nur: pfleg das Erbe deiner Väter! Aber wenn du es verlierst, oder wenn du keines hast, was dann? Lern ein Handwerk!

Das Handwerk

Ein Handwerk für meinen Sohn? Mein Sohn ein Handwerker? Mein Herr, wo denken Sie hin? Ich meine es besser als Sie, Madame! Sie wollen ihn so erziehen, daß er nur Lord, Marquis, Fürst sein kann, d. h. vielleicht eines Tages weniger als nichts. Ich will ihm aber einen Rang verschaffen, den er nie verlieren kann, der ihn jederzeit ehrt: ich will einen Menschen aus ihm machen! Und was Sie auch dazu sagen, mit diesem Titel wird er weniger seinesgleichen haben als mit all den Titeln, die er von Ihnen bekommt.

Der Buchstabe tötet, der Geist belebt. Es handelt sich weniger darum, ein Handwerk zu erlernen, als darum, die Vorurteile zu besiegen, die es mißachten. Du wirst vielleicht niemals arbeiten müssen, um zu leben. Um so schlimmer, um so schlimmer für dich! Das tut nichts: arbeite nicht, weil du es nötig hast, sondern arbeite um der Ehre willen! Beug dich zum Stand des Handwerkers herab, um über dem deinen zu stehen! Um dir das Glück und die Güter der Welt zu unterwerfen, mach dich von ihnen unabhängig! Um durch die öffentliche Meinung zu herrschen, herrsch zunächst über sie!

Wahl eines Handwerks

Erinnere dich daran, daß ich kein Talent von dir verlange, sondern ein Handwerk, ein wirkliches Handwerk, d. h. eine rein mechanische Handfertigkeit, wo die Hände mehr arbeiten als der Geist, was zwar nicht zum Reichtum führt, ihn aber entbehrlich macht. Ich habe in Häusern, die bestimmt niemals hungern werden, Väter kennengelernt, die ihre Kinder nicht nur unterrichten, sondern ihnen auch jene Kenntnisse vermitteln ließen, mit denen sie sich im Notfall ihren Lebensunterhalt verdienen konnten. Diese vorsorglichen Väter glauben viel getan zu haben! Sie tun aber nichts, weil die Hilfsquellen, die sie damit ihren Kindern öffnen wollen, demselben Glückswechsel unterworfen sind, über die sie ihre Kinder erheben wollen. Wer noch so schöne Talente hat, aber unter Verhältnissen lebt, in denen er sie nicht gebrauchen kann, wird im Elend umkommen, als ob er sie nicht besäße.

Das Handwerk 195

Sobald es sich um Schliche und Ränke handelt, kann man sie **Künstler**
ebensogut verwenden, um sich im Überfluß zu erhalten, als
um sich aus dem Elend wieder auf seinen früheren Stand empor-
zuarbeiten. Wenn du eine Kunst ausübst, deren Erfolg vom Ruf
des Künstlers abhängt, wenn du Ämter begehrst, die man nur
durch Gunst erhält, was nützt da alles, wenn du verachtend die
Mittel verschmähst, ohne die man sein Ziel nicht erreichen kann?
Du hast die Politik und die Interessen der Fürsten studiert. Gut!
Aber was machst du mit diesen Kenntnissen, wenn du nicht zu
den Ministern, den Hofdamen und den Bürovorstehern vordringen kannst; wenn du nicht das Geheimnis besitzt, ihnen zu
gefallen? Wenn sie nicht den Lumpen in dir finden, der ihnen
paßt? Du bist Baumeister oder Maler! Schön! Aber du mußt dein
Talent bekanntmachen. Glaubst du, mir nichts, dir nichts, ein
Werk im Salon ausstellen zu können? Oho! So leicht ist das
nicht! Man muß der Akademie angehören. Selbst dann muß man
protegiert sein, um einen dunklen Platz in irgendeiner Ecke zu
bekommen. Laß das Lineal und den Pinsel! Nimm einen Wagen
und fahr von Tür zu Tür! So wird man berühmt. Du mußt aber
wissen, daß vor allen diesen Türen Schweizer oder Pförtner
stehen, die nur Gesten begreifen und Ohren in den Händen
haben. Willst du lehren, was du gelernt hast, und etwa Lehrer
für Geographie oder Mathematik, für Sprachen, Musik oder
Zeichnen werden, so mußt du Schüler finden, d. h. Gönner. Es ist
wichtiger, eine große Klappe zu haben, als gescheit zu sein. Verstehst du nur dein Handwerk, so bist und bleibst du ein Dummkopf.
Du siehst also, wie wenig sicher all diese glänzenden Hilfsmittel sind und wie viele andere du brauchtst, um diese auszu-
nützen. Und was wird aus dir bei diesen feigen Kreuzbuckeln?
Die Mißerfolge belehren dich nicht, sie erniedrigen dich. Du bist
mehr denn je Spielball der öffentlichen Meinung. Wie kannst
du dich da über die Vorurteile erheben, die über dein Schicksal
entscheiden? Wie kannst du Niedertracht und Laster verachten,
ohne die du nicht mehr leben kannst? Früher warst du vom
Reichtum abhängig; jetzt hängst du von Reichen ab. Du hast
deine Abhängigkeit verschlimmert und ihr die Last des Elends
hinzugefügt. Jetzt bist du arm, ohne frei zu sein. Das ist der
schlimmste Zustand, in den ein Mensch geraten kann.
Wenn du aber, um leben zu können, deine Zuflucht nicht zu
den hohen Erkenntnissen nimmst, die dazu bestimmt sind, die
Seele, aber nicht den Leib zu ernähren, sondern dich im Bedarfsfall auf deine Hände und deren Gebrauch verläßt, dann verschwinden alle Schwierigkeiten und alle Schliche werden unnötig.
Dieser Ausweg steht dir immer offen. Redlichkeit und Ehre sind
keine Hindernisse mehr im Leben. Du hast nicht mehr nötig,
dich vor den Großen zu erniedrigen und zu lügen, vor Schelmen
zu schmeicheln und zu kriechen, vor jedem zu liebedienern,

Schnorrer oder Dieb zu sein, was ungefähr dasselbe ist, wenn man nichts hat. Du kümmerst dich nicht um die Meinung der anderen. Du brauchst niemandem den Hof zu machen, keinem Dummkopf schmeicheln, keinen Diener bestechen, keine Kurtisane bezahlen oder, was noch schlimmer ist, beweihräuchern. Daß Schurken die großen Geschäfte machen, ist dir gleich. Das hindert dich nicht, in deinem zurückgezogenen Leben ein ehrlicher Mann zu sein und dein Brot zu verdienen. Du trittst in die erste beste Werkstatt deines Handwerks ein und sagst: Meister, ich suche Arbeit. Setz dich, Geselle, und arbeite! Ehe es Mittag schlägt, hast du dein Essen verdient. Und wenn du fleißig und mäßig bist, hast du, ehe noch acht Tage vergangen sind, weitere acht zum Leben. Dabei hast du frei, gesund, wahrhaft, arbeitsam und gerecht gelebt. Das heißt nicht: seine Zeit verlieren, sondern sie gewinnen.

Handwerke Ich will unbedingt, daß Emil ein Handwerk lernt. Aber doch wenigstens ein ehrbares, werdet ihr sagen. Was soll das heißen? Ist nicht jedes Handwerk, das der Gesellschaft nützt, ehrbar? Ich will nicht, daß er Stricker, Vergolder oder Lackierer wird, wie der Gentleman von Locke. Ich will auch nicht, daß er Musiker, Schauspieler oder Schriftsteller wird*. Diese und ähnliche Berufe ausgenommen, mag er wählen, was er will, ich werde ihm bei keinem im Wege stehen. Mir wäre lieber, er wäre ein Schuster als Dichter, Straßenpflasterer als Porzellanmaler. Aber, so werdet ihr einwenden, auch Häscher, Spione und Henker sind nützliche Leute. Es hängt nur von der Regierung ab, ob sie es sind oder nicht. Aber lassen wir das, ich hatte unrecht. Es genügt nicht, daß man einen nützlichen Beruf wählt; er darf auch von denen, die ihn ausüben, keine häßlichen und unmenschlichen seelischen Eigenschaften verlangen. Wählen wir also — ich komme auf meinen ersten Ausdruck zurück — ein ehrbares Handwerk, aber bedenken wir, daß es nur dann ehrbar ist, wenn es nützlich ist.

Ein berühmter Schriftsteller unseres Jahrhunderts**, dessen Bücher voll großer Pläne, aber beschränkter Einsichten sind, hatte, wie alle Priester seines Glaubens, das Gelübde abgelegt, keine eigene Frau zu haben. Da er aber in bezug auf den Ehebruch gewissenhafter war als die anderen, entschloß er sich, wie man erzählt, nur hübsche Mägde zu halten, mit denen er nach besten Kräften ausglich, was er mit seinem tollkühnen Versprechen dem Menschengeschlecht angetan hatte. Er sah es als seine Bürgerpflicht an, dem Vaterlande Bürger zu schenken, und mit diesem Tribut, den er auf diese Weise dem Staat schenkte, bevölkerte er

---

* Aber Sie sind es ja auch, wird man mir sagen. Ich bin es, ich gebe es zu. Und meine Irrtümer, für die ich nach meinem Ermessen genug gebüßt habe, sind für andere kein Grund, ähnliche zu begehen. Ich schreibe nicht, um meine Fehler zu entschuldigen, sondern um meine Leser daran zu hindern, sie nachzuahmen.
** Der Abbé de Saint-Pierre.

die Klasse der Handwerker. Sobald die Kinder das nötige Alter erreicht hatten, ließ er sie ein Handwerk nach ihrer Wahl erlernen und schloß nur die überflüssigen, unbedeutenden und der Mode unterworfenen aus, wie zum Beispiel das des Perückenmachers, der niemals notwendig ist und von einem Tag zum andern nutzlos werden kann, solange die Natur uns noch Haare wachsen läßt.

Das ist also der Geist, der uns bei der Wahl eines Berufes für Emil leiten muß. Oder vielmehr: nicht wir wollen ihn wählen, sondern er selbst. Denn da er eine grundsätzliche Abneigung gegen alles Unnütze hat, wird er seine Zeit nicht mit wertlosen Beschäftigungen verbringen wollen. Er kennt keinen anderen Wert der Dinge als den ihres wirklichen Nutzens. Er braucht ein Handwerk, das Robinson auf seiner Insel dienen könnte. Wahl für Emil

Wenn man die Erzeugnisse der Natur und der Kunst einem Kinde vorführt, seine Neugier erregt und beobachtet, wohin sie es führt, hat man die Gelegenheit, seinen Geschmack, seine Neigungen und Vorliebe zu studieren und den ersten Funken seiner Begabung aufleuchten zu sehen, wenn sich eine bereits herauskristallisiert hat. Dabei muß man sich aber vor dem allgemeinen Irrtum hüten, von einem gelegentlichen Wirknis auf ein glühendes Talent zu schließen und den Nachahmungstrieb für eine ausgesprochene Neigung für dieses oder jenes Handwerk zu halten. Diesen Trieb hat der Mensch mit dem Affen gemeinsam, und er treibt den einen wie den anderen unwillkürlich, das zu tun, was er andere tun sieht, ohne recht zu wissen, wozu es gut ist. Die Welt ist voll von Handwerkern und vor allem von Künstlern, die zu dem, was sie treiben, keine natürliche Veranlagung mitbringen. Man hat sie aber von jung an dazu angehalten, teils aus Zweckmäßigkeit, teils getäuscht durch einen offensichtlichen Eifer, den sie aber auch jeder anderen Beschäftigung zugewandt hätten, wenn sie sie ebenso früh ausgeübt hätten. Der eine hört eine Trommel und hält sich schon für einen General. Jener sieht bauen und will Baumeister sein. Jeder fühlt sich zu dem Beruf hingezogen, den er sieht, wenn er ihn nur für geachtet hält. Nachahmung

Ich habe einen Kammerdiener gekannt, der sich in den Kopf gesetzt hatte, Maler und Zeichner zu werden, weil er seinen Herren malen und zeichnen gesehen hatte. Von dem Augenblick an legte er den Bleistift nur mehr aus der Hand, um zum Pinsel zu greifen, bei dem er dann sein Leben lang bleiben wird. Ohne Unterricht und ohne Regeln begann er alles zu zeichnen, was ihm vor den Stift kam. So verbrachte er drei Jahre über seinen Klecksereien, denen ihn nur sein Dienst entreißen konnte. Niemals ließ er sich durch die minderhaften Fortschritte, die seine dürftige Begabung ihm gestattete, entmutigen. Ich habe ihn sechs heiße Sommermonate beobachtet, wie er, in einem kleinen, nach Süden gelegenen Vorzimmer, wo man schon beim Durchgehen erstickte, vor einem Globus saß oder vielmehr angenagelt Der malende
Kammerdiener war, um ihn immer und immer wieder zu zeichnen. Mit einer unbesiegbaren Hartnäckigkeit fing er immer wieder von vorne an, bis er endlich die Rundung so traf, daß er mit seiner Arbeit zufrieden war. Dann förderte ihn sein Herr, und ein Künstler beriet ihn, so daß er schließlich die Livree an den Nagel hängen und von seinem Pinsel leben konnte. Bis zu einem gewissen Punkt ersetzt also die Beharrlichkeit das Talent. Diesen Punkt hat er erreicht, aber er wird ihn niemals überschreiten. Die Ausdauer und der Eifer dieses braven Mannes sind lobenswert. Er wird sich durch seinen Fleiß, seine Treue und seine Anständigkeit stets Achtung erwerben, aber er wird niemals etwas anderes als Schildermaler werden. Aber wer hätte sich nicht durch seinen Fleiß täuschen lassen und ihn für ein wahres Talent gehalten? Es ist ein großer Unterschied, ob man an einer Arbeit Gefallen findet oder ob man dafür geeignet ist. Es bedarf einer feineren Beobachtung als man glaubt, um sich von den wahren Fähigkeiten und der wahren Neigung eines Kindes zu überzeugen, denn es zeigt mehr seine Wünsche als seine Anlagen. Man beurteilt es immer nach den Wünschen, weil man die Anlagen nicht zu erkennen vermag. Ich wünschte, ein erfahrener Mann schriebe uns eine Abhandlung über die Kunst, Kinder zu beobachten. Es ist sehr wichtig, diese Kunst zu beherrschen: Väter und Lehrer kennen nicht einmal die Anfänge davon.

Emils Vertrautheit mit den Handwerkstechniken

Aber vielleicht messen wir der Wahl eines Handwerks zuviel Bedeutung bei. Da es sich um Handarbeit handelt, hat die Wahl für Emil nichts zu bedeuten. Er hat seine Lehrzeit durch die Übungen, mit denen wir ihn bis jetzt beschäftigt haben, schon halb hinter sich. Was soll er also tun? Er ist auf alles vorbereitet. Er kann mit dem Spaten und der Hacke umgehen. Er weiß, wie man Drehbank, Hammer, Hobel und Feile gebraucht. Die Werkzeuge aller Handwerke sind ihm vertraut. Es handelt sich nur mehr darum, daß er irgendeines hinreichend sicher und leicht gebrauchen lernt, um es mit guten Arbeitern aufnehmen zu können. In dieser Hinsicht ist er allen anderen gegenüber im Vorteil, denn er hat einen gewandten Körper und gelenkige Glieder, um mühelos alle Stellungen einnehmen und ohne Überanstrengung jede Bewegung längere Zeit aushalten zu können. Außerdem sind seine Sinne scharf und geübt. Um meisterhaft arbeiten zu können, fehlt ihm nur die Übung, und die gewinnt man nur mit der Zeit. Auf welches Handwerk, das uns zur Wahl steht, wollen wir nun die nötige Zeit verwenden, um zünftig darin zu werden? Nur mehr darum handelt es sich jetzt.

Handwerke für Frauen und Männer

Gebt dem Mann ein Handwerk, das seinem Geschlecht, dem Jüngling ein Handwerk, das seinem Alter entspricht. Kein Beruf, den man sitzend im Hause ausüben muß, der den Körper verweichlicht und erschlafft, gefällt ihm und ist ihm angemessen. Kein junger Mann will von sich aus Schneider werden. Es ist ein Kunststück, Männer für dieses ausgesprochene

Das Handwerk

Frauenhandwerk zu gewinnen*. Dieselbe Hand kann nicht
Nadel und Degen gleichzeitig führen. Wenn ich Herrscher wäre,
so dürften nur Frauen und Gelähmte nähen und schneidern. Ich
finde die Orientalen schön verrückt, aus Männern Eunuchen zu
machen, selbst wenn man Eunuchen brauchen sollte. Warum
geben sie sich nicht mit denen zufrieden, die ihnen die Natur
liefert; mit diesem Haufen feiger Menschen, denen sie das Herz
verstümmelt hat? Sie hätten mehr, als sie brauchten. Jeder
schwächliche, zarte und ängstliche Mann ist von Natur aus zu
sitzender Lebensweise verurteilt. Er ist geschaffen, mit den
Frauen oder auf ihre Weise zu leben. Mag er also eine Frauen-
tätigkeit betreiben! Braucht man aber durchaus Eunuchen, so
nehme man dafür Männer, die ihr Geschlecht entehren, indem
sie Arbeiten verrichten, die sich nicht für Männer schicken. Ihre
Wahl offenbart den Irrtum der Natur. Wenn ihr diesen Irrtum
der Natur korrigiert, tut ihr ein gutes Werk.

Auch die ungesunden Berufe verbiete ich meinem Schüler,
aber nicht die beschwerlichen, nicht einmal die gefährlichen. Sie
fördern Stärke und Mut und taugen nur für Männer. Frauen
erheben keinen Anspruch auf sie. Warum schämen sich die
Männer nicht, Frauenberufe ausüben zu wollen?

Luctantur paucae, comedunt coliphia paucae.

Vos lanam trahitis, calathisque peracta refertis
Vellera...

(Wenige Frauen gibt es, die kämpfen; wenige, die das Brot
des Athleten essen. Und ihr spinnt Wolle, und ist eure Arbeit
beendet, so bringt ihr die Wolle in Körben ... JUVENAL,
Sat. II, 53)

In Italien sieht man keine Frauen in den Läden und man
kann sich nichts Trostloseres vorstellen als italienische Straßen,
wenn man an das Bild von Frankreich und England gewöhnt ist.
Als ich sah, wie Modehändler den Damen Bänder, Spitzen, Haarnetze und Seidenschnüre verkauften, da kam mir dieser zierliche
Putz in den groben Händen sehr lächerlich vor: Hände, die
geschaffen sind, den Blasebalg zu ziehen und auf den Amboß
zu hämmern. Und ich dachte: in diesem Land sollten die Frauen
aus Rache Schwert- und Waffenläden aufmachen. Jeder sollte
doch die Waffen seines Geschlechtes herstellen und verkaufen!
Um sie zu kennen, muß man sie auch gebrauchen.

Junger Mann, drück deinen Arbeiten die Zeichen der Männer-
hand auf! Lern mit kräftigem Arm Axt und Säge gebrauchen,
einen Balken behauen, einen Dachstuhl setzen, Trag- und Binde-
balken befestigen! Ruf dann deine Schwester, sie soll dir bei der
Arbeit helfen, wie sie dich gerufen hat, ihr bei der Kreuzstickerei
zu helfen!

---

* Bei den Alten gab es keine Schneider. Männerkleidung wurde
im Haus von den Frauen angefertigt.

Handwerke, die in die Wahl kommen

Ich gehe zu weit für meine liebenswerten Zeitgenossen — ich fühle es. Aber manchmal lasse ich mich von der Macht der Schlußfolgerungen hinreißen. Wenn sich ein Mann schämt, öffentlich mit dem Schabmesser und in der Schürze zu arbeiten, so ist er für mich nur ein Opfer der öffentlichen Meinung. Er würde auch über eine gute Tat erröten, wenn es üblich wäre, über ehrenwerte Leute zu lachen. Trotzdem wollen wir in allem den Vorurteilen der Väter Rechnung tragen, was der kindlichen Vernunft Schaden zufügen könnte. Man braucht nicht alle nützlichen Berufe ausüben, um sie zu ehren. Es genügt, keinen unter seiner Würde zu halten. Wenn man die Wahl hat und durch nichts anderes gebunden ist, warum sollen wir nicht unter gleichrangigen Berufen den wählen, der uns freut, zusagt und paßt? Metallarbeiten sind nützlich, vielleicht die nützlichsten von allen. Trotzdem werde ich ohne zwingende Gründe aus eurem Sohn keinen Hufschmied, Schlosser oder Grobschmied machen. Ich möchte ihn nicht mit einem Zyklopengesicht vor der Esse sehen. Ebenso würde ich keinen Maurer und noch weniger einen Schuster aus ihm machen. Natürlich muß jedes Handwerk ausgeübt werden! Aber wer wählen kann, muß auf die Sauberkeit achten, denn darin liegt kein Vorurteil; darüber entscheiden die Sinne. Endlich gefallen mir auch die geistlosen Handwerke nicht, bei denen die Arbeiter ohne Überlegung, fast automatisch, immer die gleichen Handgriffe machen, wie die Weber, die Strumpfwirker und die Steinsäger. Warum soll man zu diesen Arbeiten denkende Wesen verwenden; da lenkt eine Maschine die andere.

Wenn man alles überdenkt, so wäre es mir am liebsten, wenn Emil an der Tischlerei Gefallen fände. Sie ist sauber, nützlich und kann im Hause ausgeübt werden. Sie hält den Körper genügend in Bewegung und verlangt Geschicklichkeit und Kunstsinn. Sind auch die Formen der Werkstücke zweckbestimmt, so sind doch Schönheit und Geschmack nicht ausgeschlossen.

Wenn aber euer Schüler zufälligerweise auch für die spekulativen Wissenschaften begabt ist, hätte ich doch nichts dagegen, wenn er ein Handwerk lernte, das seinen Neigungen zusagt: z. B. die Herstellung von mathematischen Instrumenten, von Brillen, von Ferngläsern, usw.

Jean-Jacques lernt mit

Wenn Emil sein Handwerk erlernt, will ich es gleichzeitig mit ihm lernen, denn ich bin überzeugt, daß er es nur dann gut erlernt, wenn wir es zusammen lernen. Wir gehen also beide in die Lehre und verlangen nicht, wie Herren behandelt zu werden, sondern wie echte Lehrlinge, die es ja nicht zum Spaß sind. Warum sollen wir es nicht im Ernst sein? Zar Peter war Zimmermann auf der Werft und Trommler in seinem eigenen Heer. Glaubt ihr, daß uns dieser Fürst an Geburt und Verdienst nicht ebenbürtig ist? Natürlich ist diese Frage nicht an Emil gerichtet, sondern an euch, wer ihr auch immer seid.

Leider können wir nicht unsere ganze Zeit am Werktisch ver- *Einteilung der*
bringen, denn wir sind ja nicht nur Arbeiterlehrlinge, sondern *Lehrzeiten*
auch Menschenlehrlinge. Und diese Lehrzeit ist beschwerlicher
und länger als die andere. Was sollen wir also tun? Sollen wir
täglich eine Stunde bei einem Tischlermeister nehmen, wie man
einen Tanzmeister nimmt? Nein, dann wären wir ja keine Lehrlinge, sondern Schüler. Außerdem wollen wir ja nicht die Tischlerei lernen, sondern uns zum Stand des Tischlers erheben. Ich
bin also der Meinung, daß wir jede Woche wenigstens einen
oder zwei volle Tage beim Meister verbringen, daß wir mit
ihm aufstehen, noch vor ihm am Werk sind, an seinem Tisch
essen und unter seinen Anordnungen arbeiten. Wenn wir dann
die Ehre gehabt haben, am Abend an seinem Tisch zu essen,
gehen wir, wenn wir wollen, nach Hause, um auf unseren harten
Betten zu schlafen. So lernt man mehrere Handwerke zugleich:
man übt sich in der Handarbeit, ohne darüber die andere Lehre
zu vernachlässigen.

Bleiben wir einfach, auch wenn wir recht tun. Werden wir *Königliche*
nicht eitel im Kampf gegen die Eitelkeit. Wer stolz darauf ist, *Handwerker*
Vorurteile überwunden zu haben, ist ihnen schon unterworfen.
Man sagt, daß nach einem alten Brauch im osmanischen Herrscherhaus der Großherr verpflichtet war, mit seinen Händen zu
arbeiten. Natürlich weiß jeder, daß Werke aus königlicher
Hand Meisterwerke sein müssen. Er verteilte also diese Meisterwerke mit Pomp an die Würdenträger der Pforte: die Werke
wurden nach dem Rang des Arbeiters bezahlt. Ich sehe das Übel
nicht in dieser Erpressung, die mir geradezu gut erscheint. Denn
der Fürst, der auf diese Weise Würdenträger zwingt, ihren Raub
am Volk mit ihm zu teilen, braucht das Volk nicht selbst auszu-
rauben. Das macht den Despotismus erträglicher. Ohne diese Erleichterung könnte diese schreckliche Regierungsform gar nicht
bestehen.

Das wahre Übel eines solchen Brauches ist, daß der arme Mann *Wert der*
eine völlig falsche Vorstellung von seinem Verdienst bekommt. *Handarbeit*
Wie König Midas sieht er, wie alles, was er berührt, sich in Gold
verwandelt, merkt aber nicht, wie ihm die Ohren dabei wachsen. Um Emil die Ohren kurz zu erhalten, bewahren wir seine
Hände vor so einer reichen Begabung. Der Preis darf sich nicht
nach dem Arbeiter, sondern muß sich nach dem Werk richten.
Wir dulden nicht, daß sein Werk nur im Vergleich mit dem
eines guten Meisters beurteilt wird. Das Werk muß seinen Wert
in sich haben, nicht weil er es gemacht hat. Hat er etwas gut
gemacht, so sagt: *Das ist gut.* Fügt aber nicht hinzu: *Wer hat
denn das gemacht?* Wenn er selbst stolz und zufrieden sagt: *Das
habe ich gemacht!* so antwortet kalt: *Du oder ein anderer, das ist
doch gleichgültig, wenn es nur gut ist.*

Gute Mutter, hüte dich vor allem vor den Lügen, die man für
dich bereit hat. Wenn dein Sohn auch vieles weiß, mißtraue

allem, was er weiß. Hat er das Unglück, in Paris erzogen und reich zu sein, ist er verloren. So viele geschickte Künstler er dort findet, so viele Talente hat er auch. Ist er von ihnen entfernt, hat er keines mehr. In Paris weiß der Reiche alles; dumm sind nur die Armen. Diese Hauptstadt ist voll von Dilettanten und vor allem von Dilettantinnen, die ihre Werke herstellen wie Meister Guillaume seine Farben erfand. Unter den Männern kenne ich drei lobenswerte Ausnahmen; es können auch mehr sein. Unter den Frauen dagegen kenne ich keine, und ich zweifle, ob es welche gibt. Im allgemeinen erwirbt man in den Künsten einen Namen wie bei den Juristen. Man wird Künstler und Kunstrichter, wie man Doktor der Rechte und Richter wird.

Kein Schein, sondern Wirklichkeiten

Gälte es als guter Ton, ein Handwerk zu können, so könnten eure Kinder bald eines, ohne es gelernt zu haben. Sie würden Meister, wie man in Zürich Ratsherr wird. Nichts von diesem Zeremoniell für Emil! Kein Schein, immer nur die Wirklichkeit. Über sein Wissen soll nicht geredet werden: er soll im stillen lernen. Selbst wenn er sein Meisterstück macht, darf er nicht Meister werden. Nicht durch den Titel soll er sich als Arbeiter ausweisen, sondern durch seine Arbeit.

Körperliche und geistige Arbeiten

Habe ich mich bisher verständlich gemacht, so muß man begriffen haben, daß ich durch körperliche Übung und Handarbeit in meinem Schüler unvermerkt auch den Geschmack am Überlegen und Nachdenken geweckt habe. Ich wollte damit der Trägheit entgegenwirken, die aus seiner Gleichgültigkeit gegen die Urteile der Menschen und der Ruhe seiner Leidenschaften entstehen kann. Er muß wie ein Bauer arbeiten und wie ein Philosoph denken, damit er kein Tagedieb wird wie ein Wilder. Das große Geheimnis der Erziehung ist, daß die Leibeserziehung und die geistige Arbeit sich zur gegenseitigen Entspannung dienen.

Hüten wir uns aber, im Unterricht vorwegzunehmen, was erst für einen reiferen Verstand taugt. Emil wird nicht lange Arbeiter sein, ohne den Unterschied der Stände zu empfinden, den er vorher nur bemerkt hat. Nach den Grundsätzen, die er bei mir gelernt hat und die seiner Fassungskraft entsprechen, wird er mich nun seinerseits prüfen wollen. Da er alles von mir bekommt und sich den Armen so nahe fühlt, wird er wissen wollen, warum ich ihnen so fern stehe. Er wird mich vielleicht unversehens fragen: „Sie sind reich, Sie haben es mir gesagt, und ich sehe es auch. Ein Reicher schuldet aber seine Arbeit der Gesellschaft, weil er Mensch ist. Aber Sie, was tun Sie für die Gesellschaft?" Was würde ein vornehmer Hofmeister darauf antworten? Ich weiß es nicht. Vielleicht ist er dumm genug, um dem Kind von den Sorgen zu erzählen, die er mit ihm hat. Mich würde die Werkstatt aus der Klemme ziehen: „Eine ausgezeichnete Frage, mein lieber Emil! Ich verspreche dir eine Antwort, wenn du selbst eine darauf gefunden hast, mit der du zufrieden bist. Inzwischen will ich dir und den Armen geben, was ich zuviel habe, und jede Woche einen Tisch oder eine Bank machen, damit ich nicht zu allem unnütz bin."

Vom Urteilen; Rückblick

Damit sind wir wieder auf uns selbst zurückgekommen. Unser Kind ist bereit, aus seiner Kindheit herauszutreten und eine Persönlichkeit zu werden. Mehr als je fühlt es, wie es an die Dinge gefesselt ist. Wir haben damit begonnen, seinen Körper und seine Sinne zu üben; darauf seinen Geist und seine Urteilsfähigkeit. Schließlich haben wir den Gebrauch der Glieder mit seinen Fähigkeiten verbunden. Wir haben ein handelndes und denkendes Wesen aus ihm gemacht. Um den Menschen zu vollenden, bleibt uns noch, aus ihm ein liebendes und fühlendes Wesen zu machen, d. h. durch das Gefühl die Vernunft zu vervollkommnen. Ehe wir aber in den neuen Lebensabschnitt eintreten, blicken wir auf den zurück, den wir verlassen. Stellen wir also so genau wie möglich fest, wie weit wir gekommen sind.

Zuerst hatte unser Schüler nur Sinneswahrnehmungen. Jetzt hat er Vorstellungen. Zuerst empfand er nur, jetzt urteilt er. Denn aus dem Vergleich mehrerer aufeinanderfolgender und gleichzeitiger Sinneswahrnehmungen und aus dem darüber gefällten Urteil entsteht eine Art gemischter oder zusammengesetzter Vorstellungen, die ich Begriff nenne. *Sinneswahrnehmungen*

Die Art, Begriffe zu bilden, gibt dem menschlichen Geist seinen Charakter. Der Geist, der seine Begriffe nur von realen Beziehungen bildet, ist ein solider Geist. Wer sich mit scheinbaren Beziehungen begnügt, ist oberflächlich. Wer die Beziehungen sieht, wie sie wirklich sind, ist ein scharfer Geist. Wer sie falsch einschätzt, ist ein falscher Geist. Wer eingebildete Bezüge erfindet, die weder Wirklichkeit noch Wahrscheinlichkeit haben, ist ein Narr. Wer sie nicht vergleicht, ist ein Dummkopf. Die mehr oder weniger große Fähigkeit, Begriffe zu vergleichen und Beziehungen auszudenken, macht das aus, was dem Menschen mehr oder weniger Geist verleiht, usw. *Begriffe*

Einfache Begriffe sind nur verglichene Sinneswahrnehmungen. In den einfachen wie in den zusammengesetzten Sinneswahrnehmungen sind Urteile enthalten, die ich einfache Begriffe nenne. In der Sinneswahrnehmung ist das Urteil rein passiv; es bestätigt, daß wir wahrnehmen, was wir wahrnehmen. In dem Begriff oder der Idee ist das Urteil aktiv. Es verbindet, vergleicht und bestimmt die Beziehungen, die der Sinn nicht bestimmt hat. Das ist der ganze Unterschied, aber er ist groß. Die Natur täuscht uns niemals: nur wir täuschen uns.

Ich sehe, wie man einem achtjährigen Kind Eissahne gibt. Es führt den Löffel zum Mund, ohne zu wissen, was das ist. Es *Sinnestäuschung* fühlt die Kälte und ruft aus: *Ich habe mich verbrannt!* Es hat eine lebhafte Empfindung. Da es keine heftigere kennt als das Feuer, glaubt es, das Feuer zu fühlen. Aber es täuscht sich. Die Kälteempfindung erschreckt das Kind, aber es verbrennt sich nicht. Die beiden Empfindungen sind einander nicht ähnlich, da derjenige, der beide empfunden hat, sie nicht verwechselt. Es ist also nicht die Empfindung, die das Kind täuscht, sondern das Urteil, das es darüber fällt.

Ebenso ergeht es dem, der zum ersten Mal einen Spiegel oder ein optisches Instrument sieht, oder der mitten im Winter oder im Sommer in einen tiefen Keller tritt, oder der die glühendheiße oder eiskalte Hand in lauwarmes Wasser taucht, oder der eine kleine Kugel zwischen zwei gekreuzten Fingern rollt, usw. Begnügt er sich mit seiner Wahrnehmung und seiner Empfindung, so ist sein Urteil rein passiv, und er kann sich überhaupt nicht täuschen. Beurteilen wir den Schein, so ist er aktiv. Er vergleicht, er stellt durch Schlüsse Beziehungen fest, die er nicht wahrnimmt. Dann täuscht er sich oder kann sich täuschen. Um den Irrtum zu verbessern, und ihm zuvorzukommen, braucht man Erfahrung.

Zeigt eurem Zögling des Nachts Wolken, die zwischen ihm und dem Mond vorbeiziehen, und er wird glauben, der Mond ziehe den Wolken entgegen, die Wolken aber ständen still. Er glaubt es wegen eines voreiligen Schlusses, denn gewöhnlich sieht man die kleinen Körper sich rascher bewegen als die großen. Die Wolken erscheinen ihm viel größer als der Mond, dessen Entfernung er nicht schätzen kann. Wenn er von einem treibenden Boot aus einiger Entfernung das Ufer sieht, verfällt er in den entgegengesetzten Irrtum und glaubt, die Erde bewege sich. Er fühlt nämlich keine eigene Bewegung und betrachtet das Boot, das Meer oder den Fluß und seinen ganzen Horizont als ein unbewegliches Ganzes, von dem das sich bewegende Ufer nur ein Teil zu sein scheint.

Die Brechung   Sieht ein Kind zum ersten Mal einen Stock, der halb ins Wasser getaucht ist, so sieht es einen gebrochenen Stock. Die Wahrnehmung ist richtig und sie bleibt auch dann richtig, wenn wir den Grund der Erscheinung nicht wissen. Fragt ihr, was es sieht, so sagt es: *einen gebrochenen Stock.* Und es sagt die Wahrheit, denn es ist ganz sicher, einen gebrochenen Stock wahrzunehmen. Wenn es aber, durch dieses Urteil getäuscht, weitergeht und behauptet, nachdem es vorher gesagt hatte, es sähe einen gebrochenen Stock, der Stock sei wirklich gebrochen, dann ist das falsch. Warum? Weil es dann aktiv wird und nicht mehr nach dem Augenschein, sondern durch Induktion urteilt und etwas behauptet, was es nicht wahrnimmt. Es glaubt nämlich, daß das Urteil, das der eine Sinn fällt, auch von dem anderen bestätigt wird.

Vom Urteilen; Rückblick

Alle unsere Irrtümer kommen aus unseren Urteilen. Brauch- Irrtümer
ten wir niemals zu urteilen, hätten wir es nicht nötig zu lernen.
Wir kämen nie in die Lage, uns zu täuschen. Wir wären in
unserer Unwissenheit glücklicher, als wir es jemals in unserem
Wissen sein können. Wer leugnet, daß die Gelehrten tausend
Dinge wissen, die die Unwissenden niemals kennenlernen? Sind
sie darum der Wahrheit näher? Im Gegenteil! Je weiter sie
gehen, desto mehr entfernen sie sich von ihr. Der Stolz über ihre
Urteilskraft macht größere Fortschritte als ihr Verstand, und so
kommen auf jede Wahrheit, die sie finden, hundert falsche
Urteile. Zweifelsohne sind die gelehrten Gesellschaften Europas
nur öffentliche Lügenschulen, und ganz bestimmt herrschen
in der Akademie der Wissenschaften mehr Irrtümer als beim
ganzen Huronenvolk.

Je mehr die Menschen wissen, um so mehr irren sie. Das
einzige Mittel, Irrtümer zu vermeiden, ist die Unwissenheit.
Urteilt nicht und ihr werdet euch niemals irren! Die Natur lehrt
uns das genau so wie die Vernunft. Abgesehen von den wenigen
unmittelbaren und sehr spürbaren Beziehungen, die die Dinge
mit uns haben, sind wir gegen alle übrigen höchst gleichgültig.
Ein Wilder würde keinen Fuß rühren, um eine schöne Maschine
arbeiten und die Wunder der Elektrizität leuchten zu sehen.
Was geht das mich an! Das Wort ist dem Unwissenden am
geläufigsten und dem Weisen am angemessensten.

Unglücklicherweise paßt das Wort nicht mehr auf uns. Alles
ist uns wichtig, seitdem wir von allem abhängig sind. Unsere
Wißbegier wächst notwendigerweise mit unseren Bedürfnissen,
Darum spreche ich den Philosophen eine große, den Wilden gar
keine Wißbegier zu. Der Wilde braucht keinen Menschen, der
Philosoph braucht alle, und vor allem Bewunderer.

Man wird mir vorwerfen, ich verließe die Natur. Das glaube
ich nicht. Sie wählt ihre Mittel und ordnet sie nicht nach unseren
Ansichten, sondern nach dem Bedürfnis. Nun wechseln aber die
Bedürfnisse mit den Umständen. Es besteht ein großer Unterschied zwischen einem natürlichen Menschen, der in der Natur
lebt, und einem natürlichen Menschen, der in der Gesellschaft
lebt. Emil ist ein Wilder, den man in die Wüste schicken kann;
er ist aber ein Wilder, der in der Stadt leben soll. Hier muß er
seinen Lebensunterhalt finden, mit ihren Einwohnern nutzbringend verkehren und, wenn nicht wie sie, so doch mit ihnen
leben.

Da er inmitten so vieler neuer Verhältnisse, von denen er, ob Urteile
er will oder nicht, abhängen wird, Urteile fällen muß, lehren wir
ihn also, richtig zu urteilen.

Die beste Art, richtig urteilen zu lernen, ist die, die am
stärksten darauf hinzielt, unsere Erfahrungen möglichst zu vereinfachen, ja sie ganz entbehrlich zu machen, ohne in Irrtümer

zu verfallen. Nachdem man nun lange die Beziehungen der Sinne untereinander geprüft hat, muß man folglich noch hinzulernen, die Beziehungen jedes Sinnes durch sich selbst zu prüfen, ohne einen anderen Sinn zu Hilfe nehmen zu müssen. Dann wird jede Sinneswahrnehmung zu einer Vorstellung, und diese Vorstellung wird immer mit der Wahrheit übereinstimmen. Das ist die Art des Wissens, mit der ich diese dritte Lebensperiode zu füllen versucht habe.

Beispiel der Brechung

Dieses Verfahren erfordert eine Geduld und eine Umsicht, zu der nur wenige Lehrer fähig sind, ohne die aber der Schüler niemals urteilen lernt. Wenn ihr euch z. B. beeilt, den anscheinend gebrochenen Stock aus dem Wasser zu ziehen, so nehmt ihr ihm vielleicht einen Irrtum, aber was würdet ihr ihn dabei lehren? Nichts, was er nicht selbst gelernt hätte. So kann man das nicht machen! Es handelt sich nicht darum, ihm eine Wahrheit zu vermitteln, als vielmehr darum, ihm zu zeigen, wie man es anfängt, immer die Wahrheit zu finden. Um ihn besser zu unterrichten, muß man ihn eine Weile im Irrtum lassen. Nehmt Emil und mich zum Beispiel.

Zunächst wird jedes Kind, das auf die herkömmliche Weise erzogen wurde, auf die erste Frage bejahend antworten. Das ist bestimmt ein gebrochener Stock, wird es sagen. Ich zweifle aber, daß Emil mir dieselbe Antwort geben wird. Da er keine Notwendigkeit sieht, gelehrt zu sein noch gelehrt zu scheinen, beeilt er sich auch mit seinem Urteil nicht. Er urteilt nur, wenn etwas unwiderlegbar ist. In diesem Fall ist er aber weit davon entfernt, das anzunehmen; denn er weiß, wie sehr unsere Urteile über die Erscheinungen dem Irrtum unterworfen sind, und wäre es nur in bezug auf die Perspektive.

Da er übrigens aus Erfahrung weiß, daß auch meine belanglosesten Fragen immer etwas haben, das er nicht gleich bemerkt, ist er nicht gewöhnt, unbedacht darauf zu antworten. Er mißtraut ihnen im Gegenteil. Er paßt auf und prüft sie sorgfältig, ehe er antwortet. Niemals gibt er mir eine Antwort, mit der er nicht selbst zufrieden wäre; und er ist nicht leicht zufrieden. Weder er noch ich sind unbedingt darauf erpicht, die Wahrheit zu kennen. Wir wollen nur nicht dem Irrtum verfallen. Wir würden uns vielmehr schämen, wenn wir uns leichtfertig mit einem unzureichenden Grund begnügten als mit gar keinem. *Ich weiß nicht* ist ein Wort, das uns beiden paßt, und wir wiederholen es so oft, daß es uns keine Überwindung mehr kostet. Aber sei es, daß ihm eine voreilige Antwort entschlüpft, oder daß er sie mit unserem bequemen *Ich weiß nicht* umgeht, meine Antwort bleibt die gleiche: schauen wir, prüfen wir.

Dieser halb ins Wasser getauchte Stock steht senkrecht. Was müssen wir tun, um zu erfahren, ob er wirklich — wie es scheint — gebrochen ist, ehe wir ihn aus dem Wasser ziehen oder mit der Hand berühren?

Vom Urteilen; Rückblick

1. Zuerst gehen wir rund um den Stock herum und sehen, daß sich der Bruch mit uns dreht. Unser Auge verändert ihn also. Blicke können aber keine Körper in Bewegung setzen.

2. Wir blicken genau senkrecht auf das Ende des Stockes, das aus dem Wasser herausragt. Dann ist der Stock nicht mehr krumm. Das obere Ende deckt genau das untere*. Haben unsere Augen den Stock wieder geradegebogen?

3. Wir bewegen die Oberfläche des Wassers und sehen, daß der Stock in mehrere Stücke zerbricht, die sich im Zickzack bewegen und der Wellenbewegung folgen. Genügt die Wellenbewegung, um den Stock zu brechen, zu erweichen und aufzulösen?

4. Wir lassen das Wasser ablaufen und sehen, wie sich der Stock mit sinkendem Wasser aufrichtet. Ist das nicht mehr als genug, um die Tatsache zu klären und die Lichtbrechung zu finden? Es ist also nicht wahr, daß uns das Auge täuscht, denn wir brauchen ja nur das Auge, um den Irrtum richtigzustellen, den wir ihm zuschreiben.

Nehmen wir an, das Kind sei zu beschränkt, um das Ergebnis dieses Versuches zu begreifen. Dann müssen wir den Tastsinn zu Hilfe rufen. Statt den Stock aus dem Wasser zu ziehen, lassen wir ihn darin, und das Kind muß mit der Hand von einem Ende des Stockes zum anderen entlanggleiten. Es wird keinen Knick feststellen: der Stock ist also nicht gebrochen.

Ihr werdet sagen, daß es sich hier nicht um Urteile, sondern um richtige Schlußfolgerungen handelt. Das stimmt. Aber seht ihr nicht, daß jedes Urteil, sobald der Geist bis zu den Begriffen vorgedrungen ist, eine Schlußfolgerung ist? Das Bewußtsein jeder Sinnesempfindung ist eine Behauptung, ein Urteil, wenn man also eine Sinneswahrnehmung mit einer anderen vergleicht, zieht man Schlüsse. Die Kunst zu urteilen und die Kunst zu schließen ist genau dasselbe.

Nie wird Emil die Lehre von der Strahlenbrechung verstehen, es sei denn, er lernt sie an diesem Stock. Er wird keine Insekten sezieren, keine Sonnenflecken zählen. Er weiß nicht, was ein Mikro- oder Teleskop ist. Eure gelehrten Schüler werden sich über seine Unwissenheit lustig machen. Sie haben nicht so unrecht. Denn ehe er sich dieser Geräte bedient, erwarte ich, daß er sie erfindet, und ihr könnt euch gut vorstellen, daß das nicht sehr bald der Fall ist.

Das ist der Sinn meiner Methode in diesem Lebensabschnitt. Rollt das Kind eine kleine Kugel zwischen zwei gekreuzten Fingern und glaubt, zwei Kugeln zu fühlen, so erlaube ich ihm erst hinzusehen, wenn es sich überzeugt hat, daß es nur eine hat.

---

* Ich habe seitdem durch ein genaueres Experiment das Gegenteil herausgefunden. Die Lichtbrechung reagiert kreisförmig und das Stockende, das im Wasser steht, erscheint dicker als das andere Ende. Aber das ändert nichts an der Wahrheit der Überlegung und die Schlußfolgerung ist nicht weniger richtig.

Ich denke, diese Erklärungen werden genügen, um den geistigen Fortschritt meines Schülers zu verdeutlichen und den Weg zu zeigen, den er zu diesem Fortschritt verfolgt hat. Aber ihr seid vielleicht erschrocken über die Menge der Dinge, die ich ihm geboten habe und fürchtet, daß ich seinen Geist unter der Vielfalt der Kenntnisse erdrücke. Das Gegenteil ist der Fall: ich lehre ihn eher, sie nicht zu kennen, als sie zu kennen. Ich zeige ihm den Weg der Wissenschaft, der in der Tat leicht ist, aber lang, unendlich lang und langsam zu durchlaufen. Ich lasse ihn die ersten Schritte tun, damit er den Eingang findet, aber ich erlaube ihm nicht, weiterzugehen.

Verstand Da er also gezwungen ist, selbst zu lernen, gebraucht er seinen eigenen Verstand und nicht den anderer. Denn wenn man nichts von der fremden Meinung hält, darf man auch nichts auf die Autorität geben. Die meisten Irrtümer rühren weniger von uns als von anderen her. Durch diese fortgesetzte Übung wird der Geist ähnlich gestärkt wie der Körper durch Arbeit und Müdigkeit. Ein anderer Vorteil liegt darin, daß man nur nach dem Maß seiner Kräfte fortschreitet, denn der Geist trägt wie der Körper nur das, was er zu tragen vermag. Wenn der Verstand sich Dinge aneignet, ehe er sie dem Gedächtnis einprägt, so ist alles, was er daraus schöpft, sein eigen. Wenn man dagegen das Gedächtnis gegen seinen Willen überlastet, läuft man Gefahr, niemals etwas eigenes hervorbringen zu können.

Kenntnisse Emil hat wenige Kenntnisse, aber diejenigen, die er hat, sind wirklich sein eigen. Er weiß nichts halb. Von den Dingen, die er weiß, die er gründlich weiß, ist das wichtigste, daß es vieles gibt, was er nicht weiß, aber eines Tages wissen kann; vieles, das andere wissen und das er niemals wissen wird, und unendlich vieles, was keiner jemals wissen wird. Er hat einen universellen Geist, nicht durch seine Kenntnisse, sondern durch die Fähigkeit, sie zu erwerben. Er hat einen offenen, klugen, für alles empfänglichen Kopf, oder wie Montaigne sagt, keinen gelehrten, sondern einen belehrbaren Kopf[35]. Mir genügt es, wenn er das *„Wozu ist das gut?“* bei allem findet, was er tut, und das *„Warum?“* bei allem, was er glaubt. Ich sage es noch einmal: Mein Ziel ist nicht, ihm Wissen zu vermitteln, sondern ihn zu lehren, wie man es bei Bedarf erwirbt, wie man es nach seinem wahren Wert einschätzt; ihn zu lehren, die Wahrheit über alles zu lieben. Mit dieser Methode kommt man langsam voran, aber man macht keinen unnützen Schritt und braucht niemals umzukehren.

Emil hat nur natürliche, rein physische Kenntnisse. Er kennt nicht einmal das Wort Geschichte und weiß nicht, was Metaphysik oder Moral bedeutet. Er kennt die wesentlichen Bezüge zwischen den Menschen und den Dingen, weiß aber nichts über die moralischen Beziehungen von Mensch zu Mensch. Er kann kaum Begriffe verallgemeinern; er kann kaum abstrahieren. Er sieht, daß gewisse Körper gemeinsame Eigenschaften haben, kann sich aber über die Eigenschaften selbst kein Bild machen. Er kennt den abstrakten Raum von den geometrischen Figuren und die abstrakte Größe von den algebraischen Zeichen. Diese Figuren und Zeichen sind die Träger dieser Abstraktionen, auf die sich die Sinne stützen. Er versucht nicht, die Dinge nach ihrer Essenz zu kennen, sondern nur in den Beziehungen, die ihn angehen. Was ihm fremd ist, schätzt er nur nach der Beziehung, die es zu ihm hat, aber diese Einschätzung ist genau und sicher. Phantasie und herkömmliche Urteile spielen dabei keine Rolle. Ihn beschäftigt am meisten, was ihm nützlich ist. Und da er von dieser Art der Wertung nicht abgeht, gibt er nichts auf fremde Meinungen.

Emil ist fleißig, mäßig, geduldig, entschlossen und mutig. Seine Phantasie ist nicht erhitzt und vergrößert ihm daher niemals die Gefahren. Er ist nicht wehleidig und kann geduldig leiden, weil er gelernt hat, nicht mit dem Schicksal zu hadern. Vom Tod weiß er nicht genau, was das ist. Aber, da er gewohnt ist, sich widerstandslos dem Gesetz der Notwendigkeit zu beugen, so wird er ohne Klagen und Widerstand sterben. Das ist alles, was die Natur in diesem, von jedermann verabscheuten Augenblick gestattet. Frei zu leben und wenig an menschlichen Dingen zu hängen, ist das beste Mittel, sterben zu lernen.

Mit einem Wort: Emil hat von den Tugenden alles, was sich auf ihn bezieht. Für die gesellschaftlichen Tugenden jedoch fehlen ihm nur die Kenntnisse der Beziehungen, die ihnen zugrunde liegen. Es fehlen ihm also nur Einsichten, für deren Aufnahme sein Geist bereit ist.

Er betrachtet sich selbst, ohne an andere zu denken, und findet es richtig, wenn andere nicht an ihn denken. Er verlangt von niemandem etwas und glaubt, niemandem etwas schuldig zu sein. Er steht allein in der menschlichen Gesellschaft und vertraut nur auf sich selbst. Er hat auch mehr Recht dazu als ein anderer, denn er ist alles, was man in seinem Alter sein kann. Er hat keine falschen Meinungen oder nur die, die für uns unvermeidlich sind. Er hat keine Fehler oder nur die, vor denen sich keiner schützen kann. Er ist gesund, gelenkig; er hat einen geraden und vorurteilsfreien Geist, ein freies und leidenschaftsloses Herz. Selbst die Eigenliebe, die erste und natürlichste Liebe, ist darin noch kaum entwickelt. Ohne jemandes Frieden zu stören, hat er zufrieden, frei und glücklich gelebt, soweit es die Natur erlaubt. Findet ihr, daß ein Kind, das auf solche Weise sein fünfzehntes Lebensjahr erreicht hat, die vorhergehenden Jahre verloren habe?

VIERTES BUCH

Reifezeit

Wie kurz ist das Leben! Das erste Viertel ist verflossen, ehe wir es nutzen lernten; das letzte Viertel verfließt, wenn wir es nicht mehr genießen können. Zuerst wissen wir nicht, was leben heißt, bald können wir es nicht mehr. In der Zwischenzeit, die die beiden nutzlosen Enden trennt, verbringen wir drei Viertel der Zeit mit Schlaf, Arbeit, Schmerz, Zwang und Mühen jeder Art. Das Leben ist kurz, weniger, weil es nur kurze Zeit dauert, als vielmehr, weil wir fast keine Zeit haben, es zu genießen. Geburt und Tod mögen noch so weit auseinanderliegen, das Leben ist immer zu kurz, wenn die Zeit schlecht genützt wird.

Wir werden sozusagen zweimal geboren: einmal, um zu existieren, das zweite Mal, um zu leben; einmal für die Gattung und einmal für das Geschlecht. Wer die Frau als einen unvollkommenen Menschen betrachtet, hat zweifelsohne unrecht; doch spricht der äußere Schein für die Kritiker. Bis zum Heiratsalter haben die Kinder beiderlei Geschlechts nichts, was sie unterscheidet: Die Mädchen sind Kinder, die Knaben sind Kinder; ein Name genügt für so ähnliche Wesen. Knaben, bei denen man die Weiterentwicklung des Geschlechts verhindert, behalten diese Gleichheit ihr ganzes Leben hindurch. Sie sind immer große Kinder. Die Frauen, die diese Gleichheit nie verlieren, scheinen in vieler Hinsicht nie etwas anderes zu sein.

Der Mann ist aber nicht geschaffen, um in der Kindheit stehenzubleiben. Zu gegebener Zeit läßt er sie hinter sich. Dieser Augenblick der Krise ist zwar kurz, aber von weitreichendem Einfluß.

Die erwachenden Leidenschaften

Wie das Meeresgrollen den Sturm ankündigt, so kündet sich diese stürmische Umwandlung durch das Raunen der erstarkenden Leidenschaften an: eine dumpfe Gärung zeigt die nahende Gefahr an. Stimmungswechsel, häufige Zornausbrüche, ständige geistige Erregung machen das Kind fast unlenkbar. Es hört die Stimme nicht mehr, der es früher folgte. In seinem Fieber ist es wie ein Löwe, der seinen Führer nicht mehr kennt und nicht mehr gelenkt werden will.

Physische Veränderungen

Mit dem moralischen Stimmungswechsel treten Gesichtsveränderungen auf. Der Ausdruck entwickelt sich und bekommt charakteristische Züge. Der weiche Wangenflaum wird dunkler und kräftiger. Die Stimme ändert sich, d. h. der Junge verliert sie. Er ist weder Kind noch Mann und kann weder mit Männer- noch mit Kinderstimme sprechen. Seine Augen, Organe der Seele, die bisher stumm waren, finden ihre Sprache und ihren Ausdruck. Ein erwachendes Feuer belebt sie. Ihr lebhafter Blick ist zwar noch unschuldig, hat aber nicht mehr die erste Einfalt. Sie fühlen schon, daß sie zu viel verraten können, und er beginnt, den Blick zu senken und zu erröten. Er wird empfindlich, ohne zu wissen, was er empfindet. Er ist ohne Grund unruhig. Das alles kann langsam vor sich gehen und läßt euch Zeit. Wird aber seine Lebhaftigkeit zu unruhig, werden seine Ausbrüche zur Wut, ist er bald erregt, bald gerührt, weint er ohne Grund, schlägt sein Puls und flammt sein Blick bei Dingen auf, die ihm gefährlich werden können, zittert er, wenn eine Frauenhand ihn berührt, fühlt er sich in ihrer Gegenwart scheu und verwirrt — dann, weiser Odysseus, sei auf deiner Hut! Die Schläuche, die du so sorgsam verschlossen hast, sind schon offen. Die Winde sind schon entfesselt. Verlaß keinen Augenblick das Steuer, oder alles ist verloren!

Das ist die zweite Geburt, von der ich gesprochen habe. Jetzt erwacht der Mann zum wirklichen Leben. Jetzt bleibt ihm nichts Menschliches mehr fremd. Unsere Sorgen waren bisher nur Kinderspiel, jetzt gewinnen sie größte Bedeutung. In diesem Zeitraum, in dem gewöhnlich die Erziehung abgeschlossen wird, beginnt unsere erst richtig. Um diesen Plan deutlich darlegen zu können, müssen wir auf Früheres zurückgreifen, das damit in Beziehung steht.

Unsere Leidenschaften sind die wichtigsten Werkzeuge zu unserer Erhaltung: Es ist ebenso vergeblich wie lächerlich, sie zerstören zu wollen: das hieße, die Natur beeinflussen, das Werk Gottes verbessern zu wollen. Wenn Gott dem Menschen befohlen hätte, die Leidenschaften zu zerstören, die er ihm selbst gegeben hat, dann würde Gott wollen und zu gleicher Zeit nicht wollen. Er würde sich selbst widersprechen. Diesen sinnlosen Befehl hat er niemals gegeben. Nichts dergleichen steht in einem menschlichen Herzen. Und was Gott will, daß der Mensch tun soll, das läßt er ihm nicht durch einen anderen Menschen sagen: er sagt es ihm selber; er schreibt es ihm ins Herz.

Ich würde denjenigen aber, der die Geburt der Leidenschaften verhindern wollte, für genau so töricht halten wie denjenigen, der sie zerstören will. Wer bis jetzt geglaubt hat, daß das meine Absicht war, hat mich gründlich mißverstanden.

Wenn es aber in der Natur des Menschen liegt (so könnte man einwenden), Leidenschaften zu haben, kann man daraus schließen, daß alle Leidenschaften, die wir bei uns und anderen beobachten, auch natürlich sind? Ihre Quelle ist natürlich, das ist richtig; aber tausend fremde Zuflüsse haben sie vergrößert. Der Strom wächst immerzu, und man findet darin kaum mehr einen Tropfen seines ersten Wassers. Die natürlichen Leidenschaften sind sehr beschränkt. Sie sind die Werkzeuge unserer Freiheit und dienen unserer Selbsterhaltung. Alle Leidenschaften,

(Randtext: Leidenschaften)

die uns unterjochen und verderben, kommen von anderswo her. Nicht die Natur gibt sie uns; wir eignen sie uns zu ihrem Nachteil an.

Selbstliebe Die Quelle unserer Leidenschaften und der Ursprung aller anderen ist die Selbstliebe, die mit dem Menschen geboren wird und die ihn nicht verläßt, solange er lebt. Sie ist die Urleidenschaft, angeboren und vor jeder anderen. Alle anderen sind in einer gewissen Weise nur Spielarten, und in diesem Sinn sind sie, wenn man will, alle natürlich. Allein die meisten dieser Spielarten haben fremden Ursprung, ohne den sie nie zustande kämen. Statt uns zu nützen, sind diese Spielarten schädlich. Sie ändern das Urziel und verstoßen gegen ihr eigenes Prinzip: dann steht der Mensch außerhalb seiner Natur und setzt sich in Widerspruch zu sich selbst.

Die Selbstliebe ist immer gut und entspricht der Ordnung. Da jeder für seine Selbsterhaltung sorgen muß, so ist seine erste und wichtigste Sorge, unablässig darüber zu wachen. Wie könnte er das, wenn er nicht selbst das größte Interesse daran hätte?

Wir müssen uns also lieben, um uns selbst zu erhalten. Wir müssen uns selbst mehr lieben als alles andere. Folglich lieben wir, was uns erhält. Jedes Kind hängt an seiner Amme. Romulus hing an der Wölfin, die ihn genährt hatte. Zuerst ist diese Anhänglichkeit ganz mechanisch. Was das Wohlbefinden eines Wesens fördert, zieht es an; was ihm schadet, stößt es zurück: das ist nur blinder Instinkt. Was aber den Instinkt in Gefühl verwandelt, die Anhänglichkeit in Liebe, die Abneigung in Haß, das ist die deutliche Absicht, uns zu schaden oder zu nützen. Man empfindet keine Gefühle für empfindungslose Wesen, die nur Anstößen folgen, die man ihnen gibt. Diejenigen aber, die uns willentlich Gutes oder Böses antun wollen, die aus freiem Willen für oder gegen uns handeln, erfüllen uns mit den gleichen Gefühlen, die sie uns zeigen. Wir suchen, was uns dienlich ist; wir lieben, was uns liebt. Wir fliehen, was uns schädlich ist; wir hassen, was uns schaden will.

Selbstliebe und Das erste Gefühl eines Kindes ist, sich selbst zu lieben. Das
Eigenliebe zweite geht daraus hervor: die zu lieben, die ihm nahestehen. Denn in seiner Schwäche lernt es andere nur durch den Beistand und die Fürsorge kennen, die es empfängt. Zuerst ist seine Anhänglichkeit an seine Amme und an seine Wärterin nur Gewohnheit. Es sucht sie, weil es sie braucht, und es fühlt sich wohl, weil es sie hat. Das ist eher Bekanntschaft als Zuneigung. Es braucht noch lange, bis es begreift, daß sie ihm nicht nur nützlich sind, sondern daß sie es auch sein wollen. Dann erst beginnt es, sie zu lieben.

Ein Kind ist von Natur aus zum Wohlwollen geneigt, weil es sieht, daß jeder, der sich ihm nähert, ihm helfen will. Aus dieser Beobachtung erwächst die Gewohnheit freundlicher Gesinnung für alle anderen. In dem Maße, in dem seine Beziehun-

Reifezeit 213

gen zu anderen, seine Bedürfnisse, seine aktive und passive Abhängigkeit wachsen, erwacht auch das Bewußtsein des Verhältnisses zu anderen und erzeugt in ihm Gefühle, daß man ihm verpflichtet ist und es bevorzugen muß. Dann wird das Kind herrschsüchtig, eifersüchtig, falsch und rachsüchtig. Zwingt man es zum Gehorsam, und es sieht den Nutzen des Befehls nicht ein, so schreibt es ihn der Laune zu oder der Absicht, es zu quälen, und es wird aufsässig. Gehorcht man aber ihm, so sieht es überall, wo ihm irgend etwas widersteht, eine Auflehnung und die Absicht, ihm Widerstand zu leisten. Es schlägt den Stuhl oder den Tisch, weil sie ungehorsam waren. Die Selbstliebe, die sich selbst genügt, ist zufrieden, wenn unsere wahren Bedürfnisse befriedigt sind. Die Eigenliebe aber stellt immer Vergleiche an und ist nie zufrieden. Sie kann es auch nicht sein, weil sie verlangt, daß uns andere sich ebenso vorziehen, wie wir uns ihnen vorziehen, und das ist unmöglich. Die sanften und liebenswerten Leidenschaften kommen also aus der Selbstliebe, die haß- und zornerfüllten aus der Eigenliebe. Wenige Bedürfnisse haben und sich wenig mit anderen vergleichen, das macht den Menschen wahrhaft gut. Viele Bedürfnisse haben und sich nach der Meinung anderer richten macht ihn wahrhaft schlecht. Mit Hilfe dieses Prinzips ist leicht zu erkennen, wie man alle Leidenschaften der Kinder und der Erwachsenen zum Guten und zum Bösen lenken kann. Da wir nicht immer allein leben können, können wir folglich auch nicht immer gut sein. Diese Schwierigkeit wird notwendigerweise mit den Beziehungen größer. Die Gefahren der Gesellschaft machen es darum um so notwendiger und dringender, der Verderbnis des Herzens vorzubeugen, die aus seinen neuen Bedürfnissen entsteht.

Der Mensch muß also seine Beziehungen studieren. Solange er sich nur als physisches Wesen kennt, muß er sich über seine Beziehungen zu den Dingen kennenlernen: das ist die Aufgabe seiner Kindheit. Wenn er sich als moralisches Wesen fühlt, muß er sich über seine Beziehungen zu den Menschen kennenlernen: das ist die Aufgabe seines ganzen Lebens. Sie beginnt mit dem Zeitpunkt, zu dem wir jetzt gelangt sind.

Sobald der Mann eine Gefährtin braucht, ist er kein Einzel- *Liebe* wesen mehr. Sein Herz ist nicht mehr allein. Alle Beziehungen zu seiner Gattung, alle Regungen seiner Seele entspringen dieser einen: seine erste Leidenschaft bringt bald die anderen in Wallung.

Die Neigung des Instinkts ist unbestimmt. Ein Geschlecht wird vom anderen angezogen: das ist der Trieb der Natur. Wahl, Vorlieben, persönliche Anhänglichkeit sind das Werk von Einsichten, Vorurteilen und Gewohnheiten. Nur Zeit und Kenntnisse machen uns zur Liebe fähig. Man liebt erst, nachdem man geurteilt hat. Man zieht erst jemanden vor, nachdem man verglichen hat. Man urteilt, ohne es bemerkt zu haben. Diese Urteile sind darum nicht weniger wahr. Die echte Liebe wird, man sage, was man wolle, von den Menschen immer geachtet. Mag uns ihr Aufruhr irreführen, mag sie auch niedrige Eigenschaften nicht ausschließen, ja sogar hervorrufen, sie setzt dennoch immer achtenswerte Eigenschaften voraus, ohne die wir nicht imstande wären, sie zu empfinden. Diese Wahl ist eine Wahl der Vernunft, obwohl man sie in Gegensatz zu ihr stellt. Man nennt die Liebe blind, weil sie bessere Augen hat als wir, und Beziehungen sieht, die wir nicht wahrnehmen. Wer keinen Begriff von Wert und Schönheit hat, für den sind alle Frauen gleich gut und die erstbeste wäre die liebenswerteste. Die Liebe kommt nicht einfach aus der Natur. Sie ist vielmehr Regel und Zügel ihrer Neigung: sie bewirkt, daß, außer dem geliebten Gegenstand, das eine Geschlecht dem anderen nichts mehr bedeutet.

Gibt man jemandem den Vorzug, so will man auch vorgezogen werden: die Liebe muß gegenseitig sein. Um geliebt zu werden, muß man sich liebenswert machen. Um vorgezogen zu werden, muß man liebenswerter sein als ein anderer, liebenswerter als alle anderen, wenigstens in den Augen der Geliebten. Daher die ersten Blicke auf seinesgleichen, daher die ersten Vergleiche mit ihnen, daher der Wetteifer, die Rivalität und die Eifersucht. Ein übervolles Herz teilt sich gerne anderen mit: aus dem Bedürfnis nach einer Geliebten entsteht bald das Bedürfnis nach einem Freund. Wer fühlt, wie süß es ist, geliebt zu werden, möchte von aller Welt geliebt werden. Da jeder bevorzugt werden möchte, gibt es bald Unzufriedene. Mit der Liebe und der Freundschaft entstehen Mißhelligkeiten, Feindschaft und Haß. Auf so vielen verschiedenen Leidenschaften baut die Meinung der Menge ihren unerschütterlichen Thron, und törichte Menschen, die sich seiner Herrschaft unterwerfen, gründen ihr Leben auf die Urteile anderer.

Denkt man diesen Gedanken weiter, so sieht man, woher unsere Eigenliebe die Gestalt nimmt, die wir für die natürliche hielten; und ferner, wie die Selbstliebe, wenn sie aufhört, ein absolutes Gefühl zu sein, in großen Seelen zum Stolz, in kleinen zur Eitelkeit wird, sich aber bei allen auf Kosten des Nächsten nährt! Leidenschaften dieser Art keimen nicht in Kinderherzen und können daraus nicht von selbst hervorwachsen. Wir tragen sie selbst hinein. Nur durch unsere Schuld können sie dort Wurzel schlagen. Im Herzen des jungen Mannes ist es aber anders: sie entstehen dort gegen unseren Willen, was wir auch dagegen tun mögen. Jetzt ist es an der Zeit, die Methode zu wechseln.

Reife und Frühreife

Beginnen wir mit einigen wichtigen Erwägungen über den erwähnten kritischen Zustand. Der Übergang von der Kindheit zur Pubertät ist von der Natur nicht so festgelegt, daß er nicht bei den Individuen nach Veranlagung und bei den Völkern nach dem Klima schwankt. Jeder kennt die Unterschiede zwischen den heißen und kalten Ländern und jeder sieht, daß sich feurige

Reifezeit 215

Temperamente früher entwickeln als andere. Aber man kann sich über Ursachen täuschen und dem Körper zuschreiben, was der Moral zukommt. Das ist einer der häufigsten Irrtümer der Philosophie unseres Jahrhunderts. Die Winke der Natur kommen zögernd und langsam: die der Menschen kommen fast immer zu früh. Im ersten Fall wecken die Sinne die Phantasie; im zweiten weckt die Phantasie die Sinne. Sie regt zu einer verfrühten Tätigkeit an, die zuerst das Individuum und auf die Dauer sogar die Gattung entnervt und schwächt; eine Beobachtung, die allgemeiner und sicherer ist als die des Klimaeinflusses, zeigt uns, daß die Pubertät und die geschlechtliche Reife bei gebildeten und zivilisierten Völkern früher eintritt als bei unwissenden und barbarischen*. Kinder haben einen besonderen Scharfsinn, um durch die Fassade des Benimm die schlechten Sitten zu durchschauen, die der Mensch verbirgt. Die gereinigte Sprache, die man ihnen vorschreibt, die Anstandsregeln, die man ihnen gibt, der Schleier des Geheimnisses, den man ihnen über die Augen legen möchte, sind Anreize für ihre Wißbegier. Mit dieser Methode lehrt man sie genau das, was man ihnen verbergen möchte, und in keinem Unterricht lernen sie so viel wie hier.

Befragt die Erfahrung und ihr begreift, wie sehr diese unvernünftige Methode das Werk der Natur beschleunigt und das Temperament zugrunde richtet. Dies ist eine der Hauptursachen, warum die Geschlechter in großen Städten degenerieren. Die jungen Leute erschöpfen sich zu früh, bleiben klein, schwach und schlecht gebaut, altern statt zu wachsen, wie der Weinstock, den man im Frühjahr Trauben tragen läßt: er welkt und stirbt im Herbst.

Man muß neben derben und einfachen Völkern gelebt haben, um zu erkennen, bis zu welchem Alter eine glückliche Unwissenheit die Unschuld der Kinder verlängern kann. Es ist ein rührendes und belustigendes Schauspiel zugleich, dort die beiden Geschlechter zu beobachten, die der Sorglosigkeit ihrer Herzen

---

* „In Städten und in wohlhabenden Familien", sagt Buffon, „kommen die Kinder, an reichliche und nahrhafte Nahrung gewöhnt, früher in dieses Stadium. Auf dem Land und bei armen Völkern erst später, weil sie schlecht und ungenügend ernährt sind. Sie brauchen zwei oder drei Jahre länger" (*Hist. Nat.* IV, p 238). Die Beobachtung ist richtig, aber nicht die Erklärung, da in Gegenden, wo sich die Dörfler gut und reichlich nähren, wie in Wallis und in gewissen Gebirgsgegenden Italiens wie in Friaul, die Pubertät ebensospät einsetzt wie in den Städten, wo man im Essen geizig ist und wo die meisten nach dem Spruch leben: *Samt am Kragen, Kleie im Magen.* Man findet in diesen Gebirgen zu seiner Überraschung Burschen, groß und stark wie Männer, mit Sopranstimme und das Kinn ohne Bart, und große und entwickelte Mädchen, jedoch ohne Zeichen einer Periode. Dieser Unterschied scheint mir daher zu kommen, daß bei der Einfachheit ihrer Sitten ihre Phantasie ruhig und friedlich bleibt, ihr Blut später in Wallung kommt und ihr Temperament weniger frühreif ist.

überlassen sind und die die naiven Spiele ihrer Kinder bis in die Blüte des Alters und der Schönheit fortsetzen und die Reinheit ihrer Vergnügungen durch ihre Vertrautheit beweisen. Wenn diese liebenswürdige Jugend heiratet, schenken sie sich gegenseitig ihre Unberührtheit und sind einander um so teurer. Zahlreiche gesunde und starke Kinder werden das Unterpfand einer Vereinigung, die nichts zu verändern vermag, und die Frucht der Tugend ihrer frühen Jahre.

Wenn das Alter, in dem der Mensch geschlechtsbewußt wird, infolge seiner Erziehung und der Natur schwankt, so folgt daraus, daß man es durch die Erziehungsart beschleunigen oder verzögern kann. Wenn der Körper, je nach dem Maß der Beschleunigung oder der Verzögerung, an Kraft verliert oder gewinnt, so folgt, daß ein Jüngling um so stärker und kräftiger wird, je mehr man es verzögert. Ich spreche hier nur von den physischen Wirkungen. Man wird bald sehen, daß es nicht die einzigen sind.

Geschlechtliche Aufklärung

Aus dieser Erwägung leite ich die Beantwortung der so oft aufgeworfenen Frage ab, ob man Kinder schon früh aufklären soll, oder ob es besser ist, sie ein wenig irrezuführen. Ich denke, man soll weder das eine noch das andere tun. Erstens sind sie gar nicht neugierig, wenn man ihnen keine Veranlassung dazu gibt. Man darf sie also nicht neugierig machen. Und zweitens, Fragen, die man nicht zu klären braucht, verlangen keine irreführenden Antworten. Es ist besser, dem Kind Schweigen zu gebieten, als ihm etwas vorzulügen. Ein solches Gebot überrascht es nicht, wenn es auch in gleichgültigen Dingen Unterwerfung gelernt hat. Wenn man sich aber entschließt, ihm zu antworten, dann mit größter Einfachheit, ohne Geheimnistuerei, ohne Verwirrung und ohne Lächeln. Es ist viel weniger gefährlich, die Neugierde eines Kindes zu befriedigen, als sie zu erregen.

Antwortet immer ernst, kurz, bestimmt und ohne Zögern. Daß die Antwort wahr sein muß, brauche ich wohl nicht hinzuzufügen. Man kann die Kinder nicht lehren, wie gefährlich es ist, Erwachsene zu belügen, wenn man als Erwachsener nicht einsieht, wieviel gefährlicher es ist, Kinder zu belügen. Kommt es heraus, daß der Lehrer ein einziges Mal das Kind belogen hat, so wären die Früchte seiner Erziehung für alle Zeit vernichtet.

Unwissenheit

Vollkommene Unwissenheit in gewissen Dingen wäre vielleicht das beste für die Kinder. Trotzdem sollen sie früh lernen, was man ihnen unmöglich immer verbergen kann. Entweder darf ihre Neugierde überhaupt nicht geweckt werden, oder sie muß vor dem Zeitpunkt befriedigt werden, wo sie nicht mehr unge-

Geschlechtliche Aufklärung

fährlich ist. Euer Verhalten hängt von der jeweiligen Lage eines Schülers ab, von der Gesellschaft, die ihn umgibt, von den voraussichtlichen Umständen, usw. Nichts darf dem Zufall überlassen werden. Wenn ihr nicht sicher seid, ihn bis zum sechzehnten Lebensjahr über die Verschiedenheit der Geschlechter in Unkenntnis lassen zu können, so seht zu, daß er sie vor dem zehnten Lebensjahr kennenlernt.

Ich liebe es nicht, wenn man mit den Kindern in einer gezierten Hochsprache spricht oder lange Umschweife macht, um zu vermeiden, den Dingen ihren richtigen Namen zu geben. Gute Sitten sind in diesen Dingen immer sehr einfach. Lasterhafte Phantasie macht die Ohren empfindlich und zwingt zu ständiger Verfeinerung der Ausdrücke. Derbe Ausdrücke haben keine Folgen; schlüpfrige Vorstellungen müssen vermieden werden.

Obwohl die Scham dem Menschen natürlich ist, kennen sie die Kinder von Natur aus nicht. Sie entsteht erst mit der Erkenntnis des Bösen. Wie sollen Kinder, die diese Erkenntnis nicht haben und nicht haben dürfen, ihre Wirkung, das Schamgefühl kennen? Klärt man sie über Scham und Ehrbarkeit auf, so lehrt man sie, daß es schamlose und unehrenhafte Dinge gibt, d. h. sie im geheimen reizen, diese Dinge kennenzulernen. Früher oder später gelingt es ihnen doch, und der erste Funke, der ihre Phantasie entzündet, beschleunigt unweigerlich den Brand ihrer Sinne. Wer errötet, ist schon schuldig. Die wahre Unschuld kennt keine Scham.

Scham und Schamgefühl

Kinder wünschen sich nicht dasselbe wie Männer. Da sie aber genauso der Unsauberkeit, die die Sinne beleidigt, ausgesetzt sind, so sind sie gezwungen, die selben Lehren der Schicklichkeit zu lernen. Folgt der Natur, die die Organe der Lust und der Notdurft nebeneinandergelegt hat; sie hat uns dieselbe Fürsorge in den verschiedenen Altersstufen eingegeben, Dem Erwachsenen durch Mäßigkeit, dem Kinde durch Sauberkeit.

Ich kenne nur ein Mittel, um den Kindern die Unschuld zu erhalten: von der Umgebung geachtet und geliebt zu werden. Ohne das wird alle Zurückhaltung, deren man sich befleißigen mag, früher oder später Lügen gestraft. Ein Lächeln, ein Augenzwinkern, eine unfreiwillige Geste sagen ihnen alles, was man ihnen verschweigen wollte. Daß man es ihnen verbergen will, genügt, damit sie es erfahren. Gewählte Ausdrücke und Redewendungen, wie sie unter höflichen Menschen üblich sind und die Kenntnisse voraussetzen, die Kinder nicht haben dürfen, sind bei ihnen fehl am Platz. Wenn man ihre Einfalt wirklich in Ehren hält, wird man im Gespräch mit ihnen leicht die angemessenen Ausdrücke finden. Es gibt eine gewisse Naivität der Sprache, die der Unschuld zukommt und auch gefällt. Das ist der wahre Ton, der Kinder von einer gefährlichen Neugier ablenkt. Wenn man ihnen alles auf die einfachste Weise sagt,

Unschuld der Kinder

kommt es gar nicht auf die Vermutung, daß es noch mehr zu sagen gibt. Wenn man gemeine Wörter mit häßlichen Vorstellungen, die ihnen entsprechen, verbindet, so erstickt man das erste Feuer der Phantasie. Man verbietet ihm nicht, diese Wörter zu gebrauchen und diese Gedanken zu haben, aber man gibt ihm, ohne daß es das merkt, einen Widerwillen, sich ihrer zu bedienen. Wie viele Verlegenheit erspart diese naive Freiheit jenen, zu reden, wie ihnen ums Herz ist, und zu sagen, was zu sagen ist, und es auch immer so sagen, wie sie es empfunden haben!

Woher kommen die Kinder?

Woher kommen die Kinder? Eine schwierige Frage, die die Kinder immer wieder stellen und von deren besonnener oder unbesonnener Beantwortung die Sitten und die Gesundheit ihres ganzen Lebens abhängen können. Die kürzeste Antwort, die eine Mutter erfinden kann, um den Sohn, ohne ihn zu täuschen, loszuwerden, ist, ihm Schweigen zu gebieten. Das wäre gut, wenn man ihn auch bei gleichgültigen Fragen schon früher daran gewöhnt hätte und wenn er hinter diesem neuen Ton nicht ein Geheimnis witterte. Aber sie kann nicht schweigen. *Das ist das Geheimnis verheirateter Leute,* sagt sie noch; *kleine Jungen dürfen nicht so neugierig sein.* Damit zieht sich die Mutter aus der Verlegenheit — aber sie muß wissen, daß der Junge, gereizt durch eine solche Mißachtung, keinen Augenblick mehr ruht, bis er hinter das Geheimnis der verheirateten Leute kommt, und daß es nicht mehr lange dauern wird, bis er es weiß.

Beantwortung der Frage

Ich erlaube mir, eine ganz andere Antwort wiederzugeben, die ich kürzlich hörte, und die mich um so mehr überraschte, als sie von einer Frau gegeben wurde, die in ihren Reden wie in ihrem Benehmen gleich bescheiden war, die aber zum Wohl ihres Sohnes und um der Tugend willen keinen Tadel und kein albernes Gerede fürchtete. Vor nicht langer Zeit hatte das Kind beim Wasserlassen einen kleinen Stein abgeführt, der ihm die Harnröhre verletzt hatte, aber der Schmerz war schon lange vergessen. *Mama,* sagte der kleine Wirrkopf, *woher kommen die Kinder?* Ohne zu zögern, antwortete die Mutter: *Die Frauen schlagen sie ab wie du den Stein, unter Schmerzen, die ihnen oft das Leben kosten.* Narren mögen lachen und Dummköpfe empört sein. Der Weise aber möge versuchen, eine bessere Antwort zu finden, die genauer ins Ziel trifft.

Die Vorstellung natürlicher Bedürfnisse, die dem Kinde bekannt sind, lenken sofort von Vorstellungen geheimnisvoller Vorgänge ab. Die Nebengedanken von Schmerz und Tod verhüllen das Ganze mit einem Schleier von Traurigkeit, der die Phantasie dämpft und die Neugier verdrängt. Alles lenkt den Geist auf die Folgen und nicht auf die Gründe der Niederkunft hin. Diese Antwort führt zur Aufklärung über die Schwächen der menschlichen Natur, über abstoßende Dinge, über Bilder des

Geschlechtliche Aufklärung

Leides, wenn das Kind trotz Widerwillen weiterfragt. Woher soll bei einer solchen Unterhaltung eine Beunruhigung der Begierden kommen? Und ihr seht, daß die Wahrheit nicht vergewaltigt wurde und daß man nicht nötig hatte, den Zögling zu täuschen, statt ihn zu belehren.

Eure Kinder lesen und eignen sich Kenntnisse an, die sie ohne Lektüre nicht hätten. Wenn sie lernen, entzündet und schärft sich ihre Phantasie in der Stille ihrer Arbeitsstube. Leben sie in der Gesellschaft, so hören sie eine seltsame Sprache und sie sehen Beispiele, die ihnen auffallen: man hat sie so sehr überzeugt, daß sie schon Männer sind, daß sie alles, was Männer in ihrer Gegenwart tun, sich anzueignen versuchen: Wenn die Urteile anderer ihnen als Gesetz dienen, so müssen deren Handlungen ihnen zum Vorbild dienen. Diener, die von ihnen abhängen, haben Interesse, ihnen zu gefallen und machen ihnen auf Kosten der guten Sitten den Hof. Lachende Gouvernanten sagen ihnen mit vier Jahren Dinge, die die frechste ihnen mit fünfzehn Jahren nicht zu erwähnen wagte. Sie allerdings vergessen bald, was sie gesagt haben; die Kinder aber vergessen nicht, was sie gehört haben. Zweideutigkeiten bereiten leichte Sitten vor. Ein Lump von einem Lakai macht ein Kind zum Wüstling. Das Geheimnis des einen dient als Bürgschaft für das Geheimnis des anderen.

Schädliche Einflüsse

Ein Kind, das seinem Alter gemäß erzogen ist, ist allein. Es kennt keine anderen Bindungen als die der Gewohnheit. Es liebt seine Schwester wie seine Uhr, seinen Freund wie seinen Hund. Es fühlt sich keinem Geschlecht und keiner Gattung zugehörig. Mann und Frau sind ihm gleich fremd, und es bezieht von dem, was sie sagen, nichts auf sich. Es sieht und hört es nicht und schenkt ihm keine Beachtung. Ihre Gespräche interessieren es ebensowenig wie ihre Handlungen: all das ist nichts für das Kind. Mit dieser Methode täuscht man es nicht listig, sondern man hält es in der Unwissenheit der Natur. Die Zeit kommt, wo die Natur selbst ihren Schüler aufklärt. Dann erst hat sie ihn instand gesetzt, aus ihren Lehren ohne Gefahr Nutzen zu ziehen. Das ist der Leitsatz. Es ist nicht meine Aufgabe, die Einzelheiten der Regeln darzustellen. Die Mittel, die ich auf anderen Gebieten vorschlage, können auch hier als Beispiel dienen.

Bindungen des Kindes

Wollt ihr Ordnung und Zucht in die keimenden Leidenschaften bringen, verlängert den Zeitraum, in dem sie sich entwickeln, damit sie sich der Reihe nach ordnen können. Denn nicht der Mensch ordnet sie, sondern die Natur selbst. Eure Sorge sei nur, sie ihr Werk tun zu lassen. Wäre euer Zögling allein, brauchtet ihr gar nichts zu tun. Aber alles, was ihn umgibt, entflammt seine Phantasie. Der Strom der Vorurteile reißt ihn mit. Um ihn zurückzuhalten, muß man ihn in die entgegengesetzte Richtung drängen. Das Gefühl muß die Phantasie zügeln

Empfindsamkeit und Leidenschaft

und die Vernunft muß die Meinung der Masse zum Schweigen bringen. Die Quelle aller Leidenschaften ist die Empfindsamkeit; die Phantasie bestimmt ihr Gefälle. Jedes Wesen, das seine Beziehungen fühlt, muß in Erregung geraten, wenn diese Beziehungen sich verändern oder sich andere, die seiner Natur angemessener wären, vorstellt oder vorzustellen glaubt. Verwirrungen der Phantasie verwandeln die Leidenschaften in Laster bei allen begrenzten Wesen, selbst bei Engeln, falls sie Leidenschaften haben[36]. Denn sie müßten die Natur aller Wesen kennen, um zu wissen, was ihrer Natur am angemessensten ist.

Die Summe aller Weisheit in bezug auf die Leidenschaften ist: 1. Man muß die wirklichen menschlichen Beziehungen kennen, sowohl was die Gattung als was das Individuum betrifft. 2. Alle Seelenbindungen nach diesen Verhältnissen ausrichten.

Gefühle Kann ein Mensch aber seine Gefühle nach diesen oder jenen Beziehungen meistern? Zweifellos, sobald er Herr seiner Phantasie über dieses oder jenes Objekt ist oder sie an dies oder jenes gewöhnen kann. Übrigens handelt es sich hier weniger um das, was ein Mensch über sich selbst vermag, als darum, was wir durch die Wahl der Umstände, in die wir unseren Schüler stellen, über ihn vermögen. Legen wir die geeigneten Mittel dar, ihn unter dem Gesetz der Natur zu halten, so haben wir damit auch gesagt, wie er aus ihm heraustreten kann.

Solange die Empfindsamkeit auf das Individuum beschränkt bleibt, haben seine Taten keinen moralischen Charakter. Erst wenn sie über sich hinauswirkt, beginnt er zu fühlen und bekommt den Begriff von Gut und Böse, der ihn wahrhaft zum Menschen und zu einem unabtrennbaren Teil seiner Gattung macht. Diesen Punkt müssen wir zuerst betrachten.

Das ist schwierig, weil wir die Beispiele, die in die Augen springen, ablehnen, und weil wir solche suchen müssen, wo die schrittweise Entwicklung nach dem Gesetz der Natur vor sich geht.

Verfrühter Eintritt ins Leben Ein gestutzter, geschliffener und zivilisierter Junge, der nur darauf wartet, die verfrühten Lehren, die er empfangen hat, anzuwenden, täuscht sich nie über den Zeitpunkt, wo er die Möglichkeit dazu hat. Statt zu warten, beschleunigt er ihn. Er bringt sein Blut in vorzeitige Wallung und kennt schon lange den Gegenstand seiner Wünsche, ehe er noch die Begierde danach empfindet. Nicht die Natur regt ihn an, er zwingt die Natur. Sie kann ihn nichts mehr lehren, wenn er Mann wird. In Gedanken war er es schon lange, ehe er wirklich erwachsen war.

Die Natur aber schreitet stufenweise und langsamer. Nach und nach entzündet sich das Blut, erwachen die Lebensgeister, und es bildet sich das Temperament. Der weise Werkmeister sorgt dafür, daß alle Werkzeuge vor ihrem Gebrauch voll ausgebildet sind. Eine lange Unruhe geht den ersten Wünschen voraus, eine

Geschlechtliche Aufklärung

lange Unwissenheit überlistet sie: Man begehrt, ohne zu wissen, was man begehrt. Das Blut gärt und wallt. Eine Lebensfülle sucht sich auszuwirken. Das Auge belebt sich und erforscht die anderen Wesen. Man fängt sich für die zu interessieren an, mit denen man lebt. Man beginnt zu fühlen, daß man nicht dazu gemacht ist, allein zu leben. So öffnet sich das Herz für menschliche Regungen und wird der Hingabe fähig.

Das erste Gefühl, dessen ein wohlerzogener junger Mann fähig ist, ist nicht die Liebe, sondern die Freundschaft. Die keimende Phantasie lehrt ihn zuerst, daß es seinesgleichen gibt: die Gattung regt ihn eher an als das Geschlecht. Ein weiterer Vorteil der verlängerten Unschuld ist, sich die erwachende Empfindsamkeit zunutze zu machen, um die ersten Keime der Humanität in das Herz des Jünglings zu legen. Dieser Vorteil ist um so kostbarer, weil diese Bemühungen nur in diesem Augenblick wirklich erfolgreich sein können.

Freundschaft

Ich habe immer beobachtet, daß junge Leute, die früh verdorben worden sind und sich Frauen und Ausschweifungen ergeben hatten, auch unmenschlich und grausam sind. Ihr ungezügeltes Temperament macht sie ungeduldig, rachsüchtig und jähzornig. Ihre Phantasie, übervoll von einem Gegenstand, wies alles andere zurück. Sie kannten weder Mitleid noch Erbarmen. Für die geringste ihrer Vergnügungen hätten sie Vater, Mutter und die ganze Welt dahingegeben. Ein junger Mann dagegen, der in einer glücklichen Einfalt erzogen wurde, wird durch die ersten Regungen der Natur zu zärtlichen und liebevollen Empfindungen angeregt. Sein Herz wird durch die Leiden seiner Mitmenschen bewegt; er erschauert vor Freude, wenn er seinen Freund wiedersieht; er umarmt ihn gerührt und weint vor Bewegung. Er schämt sich, wenn er Mißfallen erregt, und bedauert, wenn er jemanden beleidigt hat. Wenn ihn sein heißes Blut aufbrausen und zornig werden läßt, erkennt man seine ganze Herzensgüte im Erguß seiner Reue. Er weint und seufzt, wenn er jemanden verwundet hat und möchte sein Blut geben für das Blut, das er vergossen hat. Seine Erregung erlischt, sein Stolz beugt sich vor dem Gefühl, gefehlt zu haben. Wurde er selbst beleidigt, so verzeiht er mitten in seiner Wut auf das erste Wort der Entschuldigung. Er verzeiht das Unrecht anderer ebenso herzlich, wie er sein eigenes wiedergutmacht. Die Jugend ist weder das Alter der Rache noch des Hasses. Sie ist die Zeit des Mitleids, der Güte und der Großherzigkeit. Ja, ich behaupte und fürchte nicht, durch die Erfahrung widerlegt zu werden: ein Kind, das nicht schon schlecht geboren ist und das bis zum 20. Lebensjahr seine Unschuld bewahrt hat, ist in diesem Alter der großherzigste, beste, liebenswürdigste und liebenswerteste Mensch. Niemand hat jemals ähnliches behauptet, ich weiß es, denn eure Philosophen sind durch die ganze Korruption der Kollegien hindurchgegangen und haben keine Ahnung davon.

Erste Herzens- regungen

Menschenkenntnis, humane Gefühle

Die Schwäche macht den Menschen gesellig; unser gemeinsames Unglück führt uns zur Menschlichkeit. Wir schuldeten ihr nichts, wenn wir nicht Menschen wären. Jede Anhänglichkeit ist ein Zeichen der Schwäche, denn wenn keiner den anderen brauchte, so dächte er nicht daran, sich mit ihm zu vereinen. So entspringt aus unserer Schwäche unser zerbrechliches Glück. Ein wahrhaft glückliches Wesen ist einsam. Gott allein genießt absolutes Glück. Aber wer von uns kann daran denken? Wenn ein unvollkommenes Wesen sich selbst genügen könnte, wessen könnte es sich nach unseren Vorstellungen noch erfreuen? Es wäre allein und elend. Ich kann mir nicht vorstellen, daß jemand, der keine Bedürfnisse hat, noch irgend etwas lieben kann. Ebenso wenig begreife ich, daß jemand, der nicht liebt, glücklich sein kann.

Glück und Unglück

Daraus folgt, daß wir uns an unseresgleichen weniger durch das Miterleben ihrer Freuden als durch das Mitfühlen ihrer Leiden anschließen, denn darin sehen wir viel besser die Gleichheit unserer Natur und die Bürgschaft für ihre Anhänglichkeit an uns. Wenn uns unsere gemeinsamen Bedürfnisse durch den Vorteil einen, so einen uns unsere gemeinsamen Leiden durch die Liebe. Der Anblick eines glücklichen Menschen flößt eher Neid als Liebe ein. Man möchte ihn am liebsten dafür anklagen, daß er sich ein Recht anmaße, das er nicht habe, indem er sich ein Übermaß an Glück verschafft. Unsere Eigenliebe kann es auch nicht ertragen, daß er uns nicht braucht. Wer aber beklagt nicht die Leidtragenden? Wer möchte sie nicht von ihrem Übel befreien, wenn es dazu nur eines Wunsches bedürfte? Wir können uns viel eher einen Unglücklichen als einen Glücklichen vorstellen. Wir fühlen, daß uns das eine vielleicht mehr angeht als das andere. Das Mitleid ist süß, denn wir versetzen uns zwar an die Stelle des Leidenden, empfinden aber zugleicht die Freude, nicht so zu leiden wie er. Der Neid aber ist bitter, denn der Neidische versetzt sich nicht in die Lage des Glücklichen, sondern er bedauert, nicht glücklich zu sein. Es scheint so, als ob der eine uns vom Leiden befreit, das er trägt, und der andere uns die Güter nimmt, die er besitzt.

Wohltätigkeit und Güte

Wollt ihr im Herzen eines jungen Mannes die ersten Regungen eines erwachenden Gefühles wecken und nähren und seinen Charakter auf Wohltätigkeit und Güte ausrichten, dann laßt weder Stolz, Eitelkeit noch Neid durch das trügerische Bild menschlichen Glücks in ihm entstehen. Führt ihn nicht gleich auf prunkvolle Höfe, in prachtvolle Paläste und in anziehende Schauspiele. Führt ihn nicht in die großen Zirkel und glänzenden Versammlungen. Zeigt ihm nicht die Außenseite der großen Gesellschaften; erst dann, wenn ihr ihn so weit gebracht habt, daß er selbst sie einschätzen kann. Ihm die Große Welt zu zeigen, ehe er die Menschen kennt, heißt nicht ihn bilden, sondern ihn verderben; das heißt nicht, ihn belehren, sondern ihn täuschen.

Von Natur aus sind die Menschen weder Könige, noch Fürsten, noch Hofleute, noch reich. Alle werden nackt und arm geboren; alle sind dem Elend, den Kümmernissen und Schmerzen aller Art unterworfen. Am Ende sind alle zum Sterben verurteilt. Das ist das Schicksal des Menschen, kein Sterblicher kann ihm entrinnen. Beginnt also beim Studium der menschlichen Natur damit, was am unzertrennlichsten mit ihr verbunden ist, was das wahrhaft Menschliche daran ausmacht.

Mit 16 Jahren weiß der Jüngling schon, was leiden heißt: er hat schon gelitten. Aber er weiß fast gar nicht, daß andere auch leiden müssen. Es sehen ohne zu fühlen, heißt, es noch nicht wissen. Und ich habe es schon hundertmal gesagt, daß ein Kind, das sich nicht vorstellen kann, was die anderen fühlen, nur seine eigenen Leiden kennt. Wenn aber die ersten Sinneserregungen seine Phantasie befeuern, dann beginnt es, mit seinesgleichen zu fühlen; ihre Klagen bewegen es und es leidet ihre Schmerzen mit. Dann ruft das Bild der leidenden Menschheit die erste Rührung hervor, die es jemals erlebt hat.

Wem wollt ihr die Schuld geben, wenn dieser Augenblick nicht leicht zu erkennen ist? Ihr lehrt sie so früh mit dem Gefühl spielen und die Sprache des Gefühls sprechen, daß sie immer im gleichen Ton reden und eure Lehren auf euch selbst anwenden und euch keine Möglichkeit geben, herauszufinden, wann sie zu lügen aufhören und wirklich fühlen, was sie sagen. Schaut euch dagegen meinen Emil an. Bisher hat er weder gefühlt noch gelogen. Er hat zu niemandem gesagt *„Ich liebe dich"*, ehe er wußte, was Liebe ist. Niemand hat ihm vorgeschrieben, wie man sich benehmen muß, wenn man bei seinem Vater, seiner Mutter oder dem kranken Erzieher eintritt. Niemand hat ihm gezeigt, wie man Traurigkeit zur Schau trägt, die man nicht empfindet. Er hat nicht vorgetäuscht, über jemandes Tod zu weinen, denn er weiß nicht, was sterben ist. Dieselbe Unempfindlichkeit, die er im Herzen hat, hat er auch in seinem Benehmen. Wie alle Kinder ist er gegenüber allem gleichgültig, außer was ihn selbst betrifft. Er interessiert sich für niemanden. Er unterscheidet sich nur dadurch von den anderen, daß er nicht vorgibt, Interesse zu haben, und daß er nicht so falsch ist wie sie.

Da Emil wenig über empfindsame Wesen nachgedacht hat, wird er auch erst spät erfahren, was leiden und sterben heißt. Aber von nun an werden ihn Klagen und Schreie bewegen. Fließendes Blut kann er nicht sehen. Die Zuckungen eines sterbenden Tieres versetzen ihn in eine unbestimmte Angst, ehe er noch weiß, woher diese neuen Regungen kommen. Wäre er stumpf und roh geblieben, empfände er sie gar nicht. Wäre er gebildeter,

Unempfindlichkeit

wüßte er die Quelle. Er hat schon zu viel Vorstellungen miteinander verglichen, um nichts zu empfinden, aber nicht genug, um zu begreifen, was er empfindet.

Mitleid So entsteht das Mitleid, das erste Mitgefühl, das nach der Ordnung der Natur das Herz bewegt. Um mitfühlend und mitleidig zu werden, braucht ein Kind nur zu wissen, daß es andere Menschen gibt, die leiden, was es gelitten hat, die Schmerzen fühlen, die es gefühlt hat, und andere Schmerzen, von denen es sich vorstellen kann, daß sie daran leiden. Wie sollen wir in der Tat vom Mitleid bewegt werden, wenn wir uns nicht selbst vergessen und mit dem leidenden Tier identifizieren, indem wir sozusagen unser Ich verlassen und seines annehmen? Wir leiden nur so viel, als es nach unserer Meinung leidet. Wir leiden nicht in uns, wir leiden in ihm. Man wird nur dann empfindsam, wenn sich die Phantasie regt und beginnt, uns aus uns selbst heraustreten zu lassen.

Was haben wir nun anderes zu tun, um diese aufkeimende Empfindsamkeit zu wecken und zu nähren, sie zu lenken und ihr in ihrer natürlichen Richtung zu folgen, als dem jungen Mann die Dinge anzubieten, auf die sein Herz wirken kann, die es weiten und auf andere Wesen ausdehnen und bewirken, daß es sich überall wiederfindet; und sorgsam alles von ihm fernhalten, was sein Herz einengen, in sich verschließen und die Triebfeder seines Ichs überspannen könnte. Mit anderen Worten, in ihm die Güte, die Menschlichkeit, das Erbarmen, die Wohltätigkeit und alle anziehenden und sanften Leidenschaften zu erwecken, die dem Menschen von Natur aus gefallen; Neid, Habsucht, Haß und alle abstoßenden und grausamen Leidenschaften aber zu verhindern, die die Empfindsamkeit nicht nur auf den Nullpunkt bringen, sondern sie zu einer negativen Größe machen und den quälen, der sie empfindet.

Ich glaube, ich kann alle vorhergehenden Erwägungen in zwei oder drei bestimmten, klaren und leichtverständlichen Grundsätzen zusammenfassen.

Erste Grundregel

Der Mensch kann sich nicht in die Lage derer versetzen, die glücklicher sind, nur in die Lage derer, die unglücklicher sind.

Findet man bei dieser Regel Ausnahmen, so sind sie eher scheinbare als wirkliche Ausnahmen. So versetzt man sich nicht in die Lage eines Reichen oder eines Großen, dem man anhängt. Selbst wenn die Anhänglichkeit aufrichtig ist, eignet man sich doch nur einen Teil seiner Wohlfahrt an. Manchmal liebt man ihn auch im Unglück, aber auch im Glück hat er nur den als wahren Freund, der sich durch den Schein nicht täuschen läßt und ihn im Grund mehr beklagt als beneidet.

Man ist gerührt vom Glück gewisser Stände, z. B. vom Land-
und Hirtenleben. Der Reiz, diese glücklichen Leute zu sehen,
ist nicht vom Neid vergiftet. Man nimmt wirklich an ihrem
Glück teil. Warum? Weil man sich imstande fühlt, auf diesen
Zustand des Friedens und der Unschuld hinabzusteigen und sich
des gleichen Glücks zu erfreuen. Das ist ein Ausweg, der nur
angenehme Vorstellungen eröffnet, da wir diesen Genuß haben
können, wenn wir nur wollen. Es ist immer ein Vergnügen,
seine Hilfsquellen zu sehen oder sein Eigentum zu betrachten,
selbst wenn man keinen Gebrauch davon machen will.

Daraus folgt, daß man einen jungen Mann, wenn man ihn
zur Menschlichkeit erziehen will, keineswegs das glänzende Los
eines anderen bewundern lassen soll, sondern daß man ihm des
Menschen Los von seiner traurigen Seite zeigt. Man muß es
ihn fürchten lehren. Dann muß er sich, das ist eine eindeutige
Folgerung, einen Weg zum Glück bahnen, den niemand vor
ihm betreten hat.

Zweite Grundregel

*Man beklagt bei anderen die Leiden, vor denen man selbst
nicht sicher zu sein glaubt.*

„*Non ignara mali, miseris succurrere disco.*"

(Nicht unkundig des Leids, lernte ich Unglücklichen beistehen.
VERGIL, Aeneide I, 630)

Ich kenne nichts, was so schön, so tief gedacht, so ergreifend
und so wahr ist wie dieser Vers.

Warum haben Könige kein Mitleid mit ihren Untertanen?
Weil sie nie damit rechnen, jemals nur Mensch zu sein. Warum
sind die Reichen so hart gegen die Armen? Weil sie keine Angst
haben, jemals arm zu werden. Warum verachtet der Adel so
sehr das Volk? Weil ein Adliger niemals Gemeiner werden kann.
Warum sind die Türken im allgemeinen menschlicher und gast-
freundlicher als wir? Weil bei ihrer ganz willkürlichen Regierung die Größe und das Glück des einzelnen stets unsicher
und schwankend sind. Sie sehen daher Erniedrigung und Unglück nicht als etwas Fremdes an*. Jeder kann morgen das
sein, was heute derjenige ist, dem man Hilfe leistet. Dieser Gedanke, der in morgenländischen Romanen immer wiederkehrt,
gibt ihnen etwas Rührendes, das in unserer trockenen Moral
nicht vorhanden ist.

Gewöhnt also euren Zögling nicht daran, von der Höhe
seines Glücks auf die Leiden der Unglücklichen und die Mühen
der Elenden hinabzuschauen. Hofft nicht, ihm Bedauern einzu-

---

* Das scheint sich ein wenig geändert zu haben: die Stände scheinen dauerhafter zu werden; die Menschen werden also auch grausamer.

flößen, wenn er sie als Fremde ansieht. Macht ihm begreiflich, daß ihr Los auch seines sein kann, daß ihm ihr Leiden auf den Fersen ist, daß ihn tausend unvorhergesehene und unvermeidbare Ereignisse von einem Augenblick zum anderen ins Unglück stürzen können. Lehrt ihn, daß man sich weder auf Geburt noch auf Gesundheit oder Reichtum verlassen kann. Zeigt ihm alle Wechselfälle des Glücks und zeigt ihm die allzu häufigen Beispiele von Leuten, die hoch über ihm standen und noch unter diese Unglücklichen herabgesunken sind. Dabei steht nicht in Frage, ob es ihre Schuld war oder nicht. Weiß er denn überhaupt, was Schuld ist? Stört nie die Ordnung seiner Kenntnisse und klärt ihn nur mit Einsichten auf, die er erfassen kann. Er braucht kein großer Gelehrter zu sein, um zu wissen, daß ihm die gesamte menschliche Weisheit nicht verbürgen kann, ob er in einer Stunde noch leben oder schon tot sein wird; ob er nicht noch vor Einbruch der Nacht vor Nierenschmerzen mit den Zähnen knirschen wird; ob er in einem Monat arm oder reich ist, oder ob er nicht vielleicht in einem Jahr unter Ochsenziemern auf algerischen Galeeren rudert. Ihr dürft ihm das natürlich nicht so kalt hersagen wie den Katechismus. Er muß die menschlichen Nöte sehen und fühlen. Erschüttert und erschreckt seine Phantasie mit den Gefahren, die die Menschen ständig umgeben. Er muß alle Abgründe um sich sehen und sich, aus Angst hineinzufallen, an euch schmiegen, während ihr sie ihm beschreibt. Dadurch machen wir ihn feige und ängstlich, werdet ihr sagen. Das werden wir später sehen. Jetzt ist das Wichtigste, ihn zur Menschlichkeit zu erziehen.

Dritte Grundregel

Das Mitleid, das man mit anderen empfindet, wird nicht nach der Größe ihres Leidens gemessen, sondern nach dem Gefühl, das man dem Unglücklichen beimißt.

Man beklagt einen Unglücklichen nur so weit, als man ihn für beklagenswert hält. Das physische Bewußtsein unserer Leiden ist beschränkter als es scheint. Aber unser Gedächtnis läßt sie uns dauernd empfinden und unsere Phantasie dehnt sich auch auf die Zukunft aus; das macht uns erst wirklich beklagenswert. Das ist, wie ich meine, einer der Gründe, die uns gegen die Leiden der Tiere unempfindlicher machen als gegen die der Menschen, obwohl die gleiche Empfindsamkeit uns mit beiden identifizieren müßte. Wir beklagen kaum einen Karrengaul in seinem Stall, weil man nicht annimmt, daß er beim Heufressen an die Schläge denkt, die er bekommen hat, oder an die Mühen, die ihm bevorstehen. Wir bedauern auch kein weidendes Schaf, obwohl wir wissen, daß es bald geschlachtet wird, weil wir annehmen, daß es sein Schicksal nicht voraussieht. Man dehnt dies Urteil aus und verhärtet sich auch gegen das Schicksal der Menschen. Die

Reichen trösten sich über das Leid, das sie den Armen antun, mit dem Gedanken, daß sie sowieso zu abgestumpft sind, um etwas zu fühlen. Im allgemeinen beurteile ich den Wert, den jemand dem Glück seines Mitmenschen beimißt, nach den Umständen, die er sich mit ihnen zu machen scheint. Es ist natürlich, daß man auf das Glück derer, die man verachtet, keinen Wert legt. Ihr braucht euch also nicht zu wundern, wenn die Politiker mit so viel Verachtung vom Volk reden und wenn die meisten Philosophen die Menschen so gern als böse darstellen.

Das Volk macht das menschliche Geschlecht aus. Was nicht Volk **Das Volk** ist, ist so unbedeutend, daß es sich nicht lohnt, es zu zählen. In allen Ständen bleibt der Mensch derselbe, und wenn das so ist, so verdienen die Stände, denen die meisten Menschen angehören, auch die größte Achtung. In den Augen eines denkenden Menschen verschwinden alle bürgerlichen Unterschiede. Er sieht dieselben Leidenschaften, dieselben Gefühle beim Lehrbuben wie beim berühmtesten Mann. Er kann sie nur an der Sprache, an einem mehr oder weniger gekünstelten Ausdruck unterscheiden. Zeigt sich sonst eine wesentliche Verschiedenheit, so fällt sie zum Nachteil dessen aus, der sich am meisten verstellt. Das Volk gibt sich so, wie es ist: es ist nicht liebenswert. Die Leute von Welt dagegen müssen sich verstellen, denn wenn sie sich zeigten, wie sie sind, würde man vor ihnen erschauern.

In allen Ständen — so behaupten unsere Weisen — sind Glück **Wenn Arme und** und Unglück gleichmäßig verteilt; aber das ist eine ebenso un- **Reiche leiden** heilvolle wie unhaltbare Behauptung. Denn wozu soll ich mich um jemanden bemühen, wenn alle gleich glücklich sind? Jeder mag bleiben, was er ist: der Sklave soll weiter mißhandelt werden, der Kranke weiter leiden, und der Bettler zugrunde gehen. Sie gewinnen nichts, wenn sich die Lage ändert. Man zählt die Beschwerden der Reichen auf und weist auf ihre nichtigen und eitlen Vergnügungen hin: welch grobe Wortverdrehung! Die Leiden des Reichen kommen ja nicht von seinem Stand, sondern aus ihm allein, der ihn mißbraucht. Wäre er unglücklicher als der letzte Arme, so ist er dennoch nicht beklagenswert, weil seine Leiden sein Werk sind, und weil es nur von ihm abhängt, glücklich zu sein. Das Leid der Unglücklichen entspringt den Dingen, der Härte des Schicksals, das auf ihnen lastet. Man kann sich nicht an die Müdigkeit, an die Erschöpfung und an den Hunger gewöhnen. Weder Geist noch Weisheit können ihn von den Übeln seines Standes befreien. Was gewinnt Epiktet mit der Voraussage, daß ihm sein Herr ein Bein brechen wird? Bricht er es ihm darum etwa nicht? Außer dem Schmerz hat er noch das Leid, es vorausgesagt zu haben. Wäre das Volk ebenso klug, wie wir es beschränkt glauben, wie könnte es anders sein und anders handeln? Beobachtet nur Leute dieser Art und ihr werdet sehen, daß sie, auch wenn sie sich anders ausdrücken, ebensoviel Geist haben wie ihr und darüber hinaus ihren gesunden Menschenverstand. Haltet eure Gattung in Ehren. Bedenkt, daß es wesentlich aus der Masse des Volkes zusammengesetzt ist, und daß man es gar nicht merkte und die Dinge nicht schlechter stünden, wenn man alle Könige und Philosophen ausmerzte. Mit einem Wort, lehrt euren Zögling, alle Menschen zu lieben, selbst diejenigen, die die anderen geringschätzen. Sorgt dafür, daß er sich keiner Klasse zurechnet, sondern in allen zu Hause ist. Sprecht in seinem Beisein mit Rührung, ja mit Mitleid vom Menschengeschlecht; niemals mit Verachtung. Mensch, entehr den Menschen nicht!

Erste Herzensregungen

Auf diesen und ähnlichen ungewöhnlichen Wegen muß man das Herz eines jungen Mannes für die ersten Regungen der Natur erwecken und entwickeln und für seinen Nächsten zum Schlagen bringen. Ich füge noch hinzu, daß es wichtig ist, diesen Regungen so wenig wie möglich persönliches Interesse beizumischen, vor allem keine Eitelkeit, keinen Wetteifer und keine Ruhmsucht, keines von den Gefühlen, die uns zwingen, uns mit anderen zu vergleichen. Denn diese Vergleiche bleiben nicht ohne eine Spur von Haß gegen diejenigen, die uns den Vorrang streitig machen, und sei es nur nach unserem Ermessen. Darüber muß man blind oder zornig, böse oder dumm werden. Es ist besser, man vermeidet dieses Entweder-Oder. Man hält mir entgegen, daß solche gefährlichen Leidenschaften doch früher oder später entständen. Das leugne ich nicht. Jedes Ding hat seine Zeit und seinen Ort. Aber ich sage nur, daß man seine Entstehung nicht noch fördern soll.

Diesem Geist der Methode muß man sich verschreiben. Beispiele und Einzelheiten sind unnötig, denn hier beginnt die fast unendliche Aufspaltung der Charaktere. Jedes Beispiel, das ich gäbe, paßt vielleicht nicht für einen unter Hunderttausend. In diesem Alter beginnt daher auch für den geschickten Lehrer die eigentliche Tätigkeit des Beobachters und Philosophen, der die Herzen zu ergründen versteht, während er an ihrer Bildung arbeitet. Solange der junge Mann noch nicht daran denkt, und es auch noch nicht gelernt hat, sich zu verstellen, sieht man bei allem, was man ihm bietet, aus seinem Wesen, seinen Augen und Gesten den Eindruck, den es auf ihn macht. Man liest jede Regung seiner Seele auf seinem Gesicht. Aus dieser dauernden Beobachtung lernt man, sie vorauszusehen und schließlich auch zu lenken.

Grade der Ergriffenheit

Im allgemeinen kann man feststellen, daß Blut, Wunden, Schreie, Stöhnen, Vorbereitungen zu schmerzhaften Operationen und alles, was Vorstellungen körperlicher Leiden erweckt, alle Menschen rascher und tiefer ergreift. Die Vorstellung der Vernichtung ist wesentlich komplizierter und macht daher keinen so starken Eindruck auf uns. Das Bild des Todes rührt uns später und schwächer, da ja niemand an sich die Erfahrung des Todes gemacht hat. Man muß Leichname gesehen haben, um die Todesangst nachzuempfinden. Hat sich dieses Bild aber einmal deutlich in unseren Geist eingeprägt, gibt es für uns kein schrecklicheres Schauspiel, sei es, weil es uns das Bild der vollständigen Vernichtung vor Augen führt, sei es, weil wir uns lebhafter von einer Tatsache getroffen fühlen, von der wir sicher wissen, daß sie allen Menschen unausweichlich bevorsteht.

Diese verschiedenen Eindrücke hängen zwar in ihren Spielarten und Graden vom Charakter und den früheren Gewohnheiten jedes einzelnen ab, aber sie sind allgemein und niemand ist ganz frei davon. Es gibt auch Eindrücke, die sich später und weniger allgemein entwickeln: sie sind eher empfindsamen Seelen eigen. Sie rühren von moralischen Leiden her, vom inneren Schmerz, von Leid, Wehmut und Traurigkeit. Es gibt Menschen, die nur durch Schreien und Weinen beeindruckt werden. Langes und dumpfes Stöhnen aus kummervollem Herzen entlockt ihnen keinen Seufzer. Niemals hat sie der Anblick der Niedergeschlagenheit eines bleichen Gesichts, eines erloschenen, tränenlosen Auges zum Weinen gebracht. Seelenschmerzen bedeuten ihnen nichts: ihr Urteil steht fest, ihre Seele ist ohne Gefühl. Von ihnen könnt ihr nichts erwarten als unbeugsame Härte, Strenge und Grausamkeit. Sie können redlich und gerecht sein, aber niemals gütig, großmütig und mitleidig. Ich sage, sie können gerecht sein, wenn ein Mensch überhaupt gerecht sein kann, der kein Erbarmen kennt.

Übereilt euch aber nicht, junge Menschen nach dieser Regel zu messen, vor allem die nicht, die richtig erzogen sind und infolgedessen keine Ahnung von moralischen Leiden haben, die sie niemals erfahren haben; denn ich wiederhole es noch einmal: sie können nur die Übel beklagen, die sie kennen. Und diese scheinbare Gefühllosigkeit, die nur aus ihrer Unwissenheit kommt, wandelt sich bald in Mitgefühl, wenn sie zu spüren beginnen, daß es im Leben tausend Schmerzen gibt, die sie nicht kennen. Wenn Emil als Kind Einfalt und gesunden Menschenverstand besaß, so bin ich sicher, daß er in der Jugend Seele und Gemüt haben wird: denn die Echtheit der Gefühle hängt sehr von richtigen Begriffen ab.

Aber wozu komme ich darauf zurück? Mehr als ein Lehrer wird mir ohne Zweifel vorhalten, daß ich meine ursprünglichen Absichten und das beständige Glück, das ich meinem Zögling versprochen hatte, vergessen habe. Unglückliche, Sterbende, der Anblick von Schmerz und Elend! Welch ein Glück und welch ein Genuß für ein junges, erwachendes Herz! Sein trauriger Erzieher wollte ihm doch eine sanfte Erziehung geben und nun läßt er ihn nur zum Leiden geboren sein! Das wird man sagen! Was kümmert mich das schon? Ich habe versprochen, ihn glücklich zu machen, nicht aber, ihn glücklich scheinen zu lassen. Ist es mein Fehler, wenn ihr euch immer täuschen laßt und den Schein für die Wirklichkeit nehmt?

Eintritt ins Leben

Die Verlockungen der Welt

Stellen wir uns zwei Jünglinge vor, die nach der Beendigung ihrer ersten Erziehung durch zwei entgegengesetzte Pforten die Welt betreten. Der eine besteigt sofort den Olymp und bewegt sich in einer glänzenden Gesellschaft. Man führt ihn bei Hof, bei Großen, Reichen und schönen Damen ein. Er wird überall gefeiert. Ich will jedoch nicht untersuchen, wie eine derartige Aufnahme auf seine Vernunft wirkt, denn ich nehme an, daß er dem Einfluß widersteht. Vergnügungen bieten sich ihm an. Alle Tage erlebt er Neues. Er überläßt sich ihnen mit einer Hingabe, die euch irreführt. Ich seh ihn aufmerksam, beeindruckt und begierig auf alles Neue. Seine anfängliche Hingerissenheit überrascht euch. Ihr glaubt, er sei zufrieden. Aber seht euch den Zustand seiner Seele an! Ihr glaubt, daß er in Wonne schwimmt! Ich glaube, daß er leidet.

Was sieht er, wenn er die Augen öffnet? Eine Menge sogenannter Güter, die er bisher nicht kannte. Die meisten kann er nur für einen Augenblick erreichen, so daß er alsbald bedauert, ihrer wieder beraubt zu sein. Zu Besuch in einem Palast seht ihr an seiner unruhigen Neugier, daß er sich fragt, warum sein Vaterhaus kein Palast ist. Alle seine Fragen verraten euch, daß er sich ständig mit dem Hausherren vergleicht. Alles, was ihn bei diesem Vergleich demütigt, erregt und empört seine Eitelkeit. Begegnet ihm ein junger Mann, der besser gekleidet ist, höre ich ihn heimlich gegen den Geiz seiner Eltern murren. Ist er besser gekleidet als ein anderer, so muß er es leiden, daß ihn dieser entweder durch Geburt oder durch Geist in den Schatten stellt; oder daß er mit seiner Goldstickerei von einem einfachen Tuchgewand gedemütigt wird. Spielt er in einer Gesellschaft die erste Rolle, so stellt er sich auf die Zehenspitzen, damit man ihn besser sieht. Wer hätte da im geheimen nicht Lust, den Stolz und die Eitelkeit des jungen Gecken zu dämpfen? Wie auf Verabredung vereinigen sich alle gegen ihn. Der beunruhigende Blick eines ernsten Mannes und die beißenden Bemerkungen eines Spötters treffen ihn: wenn ihn auch nur ein einziger verachtet, so vergiftet dessen Verachtung augenblicklich die Beifallsbezeugungen der anderen.

Glück bei Frauen

Geben wir ihm alles, überschütten wir ihn mit Vorzügen und Verdiensten: er sei gut gewachsen, geistreich, liebenswert. Die Frauen laufen ihm nach. Aber da sie ihn vorziehen, ehe er sie noch lieben kann, werden sie ihn zum Narren machen statt zum Liebhaber. Er wird Glück bei ihnen haben, aber weder Glut noch Leidenschaft, es auszukosten. Da man seinen Wünschen zuvorkommt, können seine Wünsche nicht heranreifen. Mitten im Vergnügen langweilt er sich unter dem Zwang. Das Geschlecht, das zu seinem Glück geschaffen ist, erregt ihm Widerwillen und Überdruß, ehe er es noch kennt. Verkehrt er weiter mit ihm, tut

Eintritt ins Leben

er es nur aus Eitelkeit. Bindet er sich durch eine wahre Neigung, so ist er nicht der einzige, der jung, glänzend und liebenswürdig ist, und er wird nicht immer Wunder an Treue in seinen Angebeteten finden.

Von den Scherereien, Verrätereien, Bosheiten und Gewissensbissen aller Art, die untrennbar mit einem solchen Leben verbunden sind, rede ich erst gar nicht. Wer die Gesellschaft kennt, ekelt sich an ihr, das ist bekannt. Ich spreche hier nur von dem Überdruß, der mit der ersten Illusion verbunden ist.

Welcher Gegensatz für den, der bisher im Schoß der Familie und seiner Freunde lebte und der einzige Gegenstand aller ihrer Aufmerksamkeiten war, wenn er nun plötzlich in Verhältnisse eintritt, in denen er so wenig beachtet wird, in denen er, der bisherige Mittelpunkt seiner Sphäre, sich gleichsam weggespült findet! Welche Beschämungen und Demütigungen wird er noch ertragen müssen, bevor er unter den fremden Menschen die Überzeugung von seiner Wichtigkeit aufgibt, die er unter den Seinen gewonnen und genährt hatte! Als Kind gaben ihm alle nach und alle bemühten sich nur um ihn; als Jüngling soll er nun aller Welt weichen. Vergißt er sich nur ein wenig und behält er sein altes Betragen bei, wie viele harte Lehren werden ihn zur Selbstbescheidung zwingen! Die Gewohnheit, seine Wünsche erfüllt zu bekommen, verleitet ihn, viel zu wünschen, und gibt ihm das Gefühl ständiger Entbehrungen. Alles, was er sieht, reizt ihn; alles, was andere haben, möchte er auch haben. Nach allem gelüstet ihn, und alle Welt beneidet er. Er möchte überall herrschen; die Heftigkeit zügelloser Wünsche entflammt sein junges Herz. Eifersucht, Haß und alle verzehrenden Leidenschaften schießen auf einmal empor. Er trägt diesen Aufruhr in das Getümmel der Welt und jeden Abend bringt er ihn wieder mit nach Hause: uneins mit sich und mit der ganzen Welt, von tausend eitlen Plänen, von tausend Vorstellungen gequält, schläft er ein, und bis in seine Träume malt ihm sein Stolz die Luftschlösser aus, die er so heftig begehrt und die er doch niemals besitzen wird. Das ist euer Zögling! Sehen wir meinen an.

Wenn er von dem, was er sieht, auch traurig ist, so ist die erste Rückbesinnung doch ein Gefühl der Freude. Wenn er sieht, wieviel Übel ihm erspart bleiben, fühlt er sich glücklicher, als er es zu sein glaubte. Er teilt die Leiden seiner Mitmenschen, aber er teilt sie freiwillig und gern. Er freut sich am Mitleid, das er für ihre Leiden fühlt, und am Glück, daß er selbst nicht leidet. Er fühlt sich im Besitz von überschüssiger Kraft, die nach außen drängt und uns antreibt, unsere Tätigkeit auf etwas anderes zu richten, soweit wir sie nicht für unser Wohlbefinden brauchen. Um die Übel anderer zu beklagen, muß man sie ohne Zweifel kennen; man braucht sie aber nicht zu fühlen. Wenn man gelitten hat oder zu leiden fürchtet, beklagt man die Leiden-

Emils Gemütszustand

den. Sobald man aber selbst leidet, beklagt man nur sich. Da wir allen Übeln des Lebens unterworfen sind, und jeder dem anderen nur so viel Mitleid zuwendet, wie er gerade für sich selber nicht braucht, muß das Mitleid ein süßes Gefühl sein. Es legt Zeugnis von unserem Glück ab und beweist zugleich, daß ein harter Mensch auch immer unglücklich ist, weil sein Herz keinen Überschuß an Gefühl für die Leiden anderer übrigläßt.

Wir beurteilen das Glück zu sehr nach dem äußeren Schein. Wir vermuten es da, wo es am wenigsten ist. Wir suchen es, wo es nicht sein kann. Lustigkeit ist nur ein unsicheres Anzeichen dafür. Ein lustiger Mensch ist oft nur ein Unglücklicher, der die anderen zu täuschen und sich selbst zu betäuben versucht. Wer in einer Gesellschaft so betont offen und heiter lacht, ist zu Hause meistens traurig und mürrisch, und die Dienstboten müssen für die Auftritte, die sie in der Gesellschaft geben, büßen. Wahre Zufriedenheit ist weder ausgelassen noch übermütig. Man muß auf so ein angenehmes Gefühl eifersüchtig sein und immer daran denken und befürchten, daß es sich im Genuß verbraucht. Ein wirklich glücklicher Mensch spricht nicht und lacht nicht. Er drückt sein Glück, sozusagen, an sein Herz. Rauschende Feste und ausgelassene Fröhlichkeit verdecken nur Ekel und Überdruß. Die Melancholie ist die Freundin der Wollust: Rührung und Tränen sind die Begleiter der süßesten Freuden, und ein Übermaß an Freude entlockt uns eher Tränen als Schreie.

Unterhaltung   Wenn zunächst die vielen und vielfältigen Unterhaltungen auch zum Glück beizutragen scheinen, wenn die Einförmigkeit eines gleichmäßigen Lebens zunächst langweilig erscheint, so findet man bei näherer Betrachtung, daß im Gegenteil die glücklichste Gewohnheit der Seele darin besteht, in allen Genüssen Maß zu halten, das weder Begierden noch Überdruß aufkommen läßt. Die Unruhe der Begierden erzeugt Neugier und Unbeständigkeit. Die Leere rauschender Unterhaltungen aber Langeweile. Man langweilt sich in seinen Verhältnissen nie, wenn man keine besseren kennt. Von allen Menschen sind die Wilden am wenigsten neugierig und gelangweilt. Alles ist ihnen gleichwertig: sie genießen nicht die Dinge, sondern sich selber. Sie verbringen ihr Leben mit Nichtstun und langweilen sich doch niemals.

Der Mann von Welt verbirgt sich ganz hinter seiner Maske. Da er fast niemals zu sich kommt, ist er sich immer fremd, und mißmutig, wenn er dazu gezwungen ist. Was er ist, ist nichts; was er scheint, ist ihm alles.

Gesichtszüge   Ich kann mir auf dem Gesicht des jungen Mannes, den ich vorhin erwähnt habe, nur einen Zug von Frechheit, Salbung und Gespreiztheit vorstellen, der mißfällt und einfache Leute abstößt. Bei Emil dagegen einen interessierten und offenen Ausdruck, der Zufriedenheit und wahrhafte Seelenruhe zeigt und Achtung und Zutrauen einflößt. Er scheint nur Zuneigung und Freundschaft zu erwarten, um seine denen zu schenken, die sich ihm nahen. Man nimmt an, daß die Physiognomie nur eine einfache Weiterentwicklung der Züge ist, die die Natur bereits gezeichnet hat. Ich bin der Auffassung, daß sich die Gesichtszüge eines Menschen außer durch diese Entwicklung auch durch gewisse wiederholte und gewohnheitsmäßige Gemützustände bilden. Diese Zustände zeichnen sich auf dem Gesicht ab, das ist gewiß. Wenn sie zur Gewohnheit werden, müssen sie bleibende Eindrücke hinterlassen. So erkläre ich mir, daß die Physiognomie den Charakter anzeigt, und daß man zuweilen von einem auf das andere schließen kann, ohne nach geheimnisvollen Erklärungen suchen zu müssen, die Kenntnisse voraussetzen, die wir nicht haben.

Ein Kind hat nur zwei deutlich ausgeprägte Gemützustände: Freude und Schmerz. Es lacht oder es weint. Zwischenzustände kennt es nicht. Unaufhörlich wechselt es von einem zum anderen über. Dieser beständige Wechsel verhindert, daß sich auf seinem Gesicht bleibende Eindrücke zeigen und daß es einen bestimmten Gesichtsausdruck annimmt. Im empfindsamen Alter ist es lebhafter und beständiger gepackt. Die tieferen Eindrücke lassen Spuren zurück, die schwieriger auszulöschen sind. Der zur Gewohnheit gewordene Gemützustand gibt den Zügen ein Gepräge, das die Zeit unauslöschlich macht. Trotzdem ist es nicht selten, daß Menschen ihre Physiognomie mit den verschiedenen Altersstufen ändern. Ich habe das mehrfach gesehen und immer gefunden, daß diejenigen, die ich gut verfolgen und beobachten konnte, auch die gewohnten Neigungen geändert hatten. Diese einzige und wohlbestätigte Beobachtung scheint mir entscheidend zu sein; sie ist in einer Abhandlung über Erziehung nicht fehl am Platz, wo es wichtig ist, von den äußeren Erscheinungen auf die seelischen Regungen schließen zu lernen.

Die menschliche Physiognomie

Ich weiß nicht, ob mein Zögling, der keine konventionellen Manieren gelernt hat und keine Gefühle heucheln kann, weniger liebenswürdig sein wird. Darum geht es hier nicht. Ich weiß nur, daß er liebefähiger sein wird, und es wird mir schwer zu glauben, daß der, der nur sich selbst liebt, sich so verstellen kann, daß er genau so gefällt wie der, der aus der Zuneigung zu anderen ein neues Glücksgefühl zieht. Über das Gefühl selbst glaube ich genug gesagt zu haben, um den verständigen Leser in diesem Punkt zu leiten und zu beweisen, daß ich mir nicht widersprochen habe.

Ich komme also auf meine Methode zurück und sage: Wenn das kritische Alter naht, dann bietet den jungen Leuten Unterhaltungen, die sie zurückhalten, und nicht Unterhaltungen, die sie erregen. Lenkt die erwachende Phantasie durch Dinge ab, die die Tätigkeit der Sinne eindämmen, statt sie zu entflammen. Haltet sie fern von den großen Städten, wo der Putz und die Zuchtlosigkeit der Frauen die Lehren der Natur beschleunigen und ihnen zuvorkommen, wo alles unter ihren Augen Genüsse

Unterhaltungen im kritischen Alter

anbietet, die sie erst dann kennen dürfen, wenn sie fähig sind, selber auszuwählen. Bringt sie in ihre ersten Wohnorte zurück, wo sich die Leidenschaften ihres Alters in der ländlichen Einfachheit weniger rasch entwickeln. Fesselt sie aber ihre Neigung für die Künste an die Stadt, so kommt durch diese Neigung selbst einem gefährlichen Müßiggang zuvor. Wählt ihren Verkehr, ihre Beschäftigung und ihre Unterhaltungen sorgfältig aus. Zeigt ihnen nur Bilder, die sie rühren und die doch bescheiden sind, die sie bewegen, statt sie zu verführen, die ihre Empfindsamkeit nähren, statt ihre Sinne zu erregen. Bedenkt, daß man sich überall vor Übertreibungen hüten muß und daß übermäßige Gemütsbewegungen immer mehr Unheil anrichten, als man durch sie vermeiden kann. Es handelt sich nicht darum, aus eurem Zögling einen Krankenwärter oder einen barmherzigen Bruder zu machen und seine Blicke durch den fortwährenden Anblick von Schmerzen und Leiden zu betrüben, ihn von einem Kranken zum andern, von einem Krankenhaus zum andern und vom Richtplatz ins Gefängnis zu führen. Er soll vom Anblick menschlichen Elends gerührt, aber nicht verhärtet werden. Was zu lange angeschaut wird, macht zuletzt keinen Eindruck mehr. Man gewöhnt sich an alles. Was man zu oft sieht, kann man sich nicht mehr vorstellen; wir können nur durch die Phantasie die Leiden anderer mitempfinden. So werden Geistliche und Ärzte mitleidlos, weil sie zu viel leiden und sterben sehen. Euer Zögling lerne also Menschenschicksal und -leid kennen, aber er soll nicht zu oft Zeuge sein. Ein Beispiel, richtig gewählt und zur rechten Zeit vorgeführt, wird ihn einen Monat lang bewegen und zum Nachdenken anregen. Nicht was er sieht, entscheidet über sein Urteil, sondern die Besinnung über das, was er gesehen hat. Der dauernde Eindruck, den er von einem Gegenstand hat, rührt weniger vom Objekt selbst her als vom Gesichtspunkt, unter dem man ihn ihm ins Gedächtnis ruft. So werdet ihr durch sparsame Verwendung von Beispielen, Lehren und Bildern auf lange hinaus den Stachel der Sinne abstumpfen und die Natur selbst ablenken, indem ihr ihren eigenen Weisungen folgt.

Beispiel einer Gewaltkur

In dem Maß, wie er klüger wird, müßt ihr die Begriffe darnach ausrichten; in dem Maß, wie sich unsere Begierden regen, müßt ihr Bilder wählen, die sie zurückdrängen. Ein alter Offizier, der sich ebenso durch seine Sittenstrenge wie durch seinen Mut ausgezeichnet hatte, erzählte mir, daß sein Vater, ein kluger, aber sehr frommer Mann, bemerkt hatte, wie ihn sein erwachendes Temperament den Frauen in die Arme trieb. Da er fühlte, daß ihm der Sohn, trotz aller Mühe, zu entgleiten drohte, entschloß er sich, ihn in ein Hospital für Geschlechtskranke zu führen. Ohne ihm vorher ein Wort gesagt zu haben, ließ er ihn in einen Saal eintreten, wo eine Menge dieser Unglücklichen unter einer schrecklichen Behandlung für ihre Ausschweifungen büßten. Bei diesem widerlichen Anblick, der alle seine Sinne in Aufruhr brachte, war er beinahe ohnmächtig geworden. „Geh nur, Wüstling", sagte ihm dann sein Vater in heftigem Ton, „folg dem schändlichen Trieb. Du wirst froh sein, wenn man dich in diesem Saal aufnimmt, wo du ein Opfer der schimpflichsten Leiden bist und deinen Vater zwingst, Gott für deinen Tod zu danken."

Diese Worte und das beredte Bild machten einen solchen Eindruck auf den jungen Mann, daß er ihn nie mehr vergaß. Sein Stand zwang ihn, seine Jugend in verschiedenen Garnisonen zu verbringen, aber er ertrug lieber alle Spöttereien seiner Kameraden, als daß er ihre Ausschweifungen nachahmte. „Ich war Mann", sagte er mir, „und hatte meine Schwächen. Aber ich habe niemals ohne Abscheu eine Dirne ansehen können." Also wenig reden, ihr Lehrer! Lernt Ort, Zeit und Person richtig wählen! Gebt euren Unterricht in Beispielen und ihr könnt des Erfolges sicher sein!

Womit die Kindheit sich beschäftigt, hat wenig Bedeutung. Das Übel, das sich einschleicht, kann geheilt werden; und das Gute, das man erreicht, kann auch später kommen. Anders ist es aber in dem Alter, wo der Mensch wirklich zu leben beginnt. Diese Zeit dauert niemals lange genug für all das, was darin gemacht werden soll. Sie ist so wichtig, daß sie eine unablässige Aufmerksamkeit erfordert. Darum dringe ich so sehr auf die Kunst, sie zu verlängern. Eines der besten Mittel einer wirklich guten Bildung ist, alles so lange wie möglich hinauszuzögern. Bemüht euch um langsame und sichere Fortschritte. Verhindert, daß der Jüngling zum Mann wird, wo ihm nichts anderes mehr zu tun übrigbleibt, als es zu werden. Während der Körper wächst, bilden und entwickeln sich die Lebensgeister, die dazu bestimmt sind, dem Blut Balsam und den Muskeln Kraft zu geben. Laßt ihr sie einen anderen Weg machen, so wird das, was zur Vervollkommnung des Individuums bestimmt ist, zur Bildung eines anderen verwendet und beide bleiben schwach und das Werk der Natur unvollkommen. Die geistigen Funktionen werden ebenfalls gestört. Die Seele, die so schwach ist wie der Körper, kann nur schwach und matt reagieren. Große und kräftige Glieder verleihen noch keinen Mut und kein Genie. Ich begreife, daß Seelenstärke nicht die Körperstärke begleitet, wenn im übrigen die Verbindungsorgane zwischen Leib und Seele nicht in Ordnung sind. Aber wären sie auch noch so gut, sie werden dennoch schwach reagieren, wenn das Blut erschöpft und verarmt ist, und wenn ihm die Substanz fehlt, die allen Teilen der Maschine Kraft und Bewegung verleiht. Im allgemeinen findet man mehr Seelenkraft bei den Männern, die in ihren jungen Jahren vor einer vorzeitigen Verderbnis bewahrt wurden, als bei denen, die mit den Ausschreitungen begonnen haben, als sie dazu imstande waren. Zweifellos ist das einer der Gründe,

Enthaltsamkeit in der Jugend

warum in der Regel gesittete Völker ungesittete an gesundem Menschenverstand und Mut übertreffen. Die ungesitteten glänzen höchstens durch gewisse kleinliche Vorzüge, die sie Geist, Scharfsinn und Witz nennen. Große und hohe Wirkung der Seele und der Vernunft, die den Menschen durch edle Taten, durch Tugenden und durch wahrhaft nützliche Bestrebungen auszeichnen und ehren, finden sich nur bei gesitteten Völkern.

Erziehung in der Reifezeit

Die Lehrer klagen, daß das Ungestüm dieses Alters die Jugend undiszipliniert macht. Aber ist das nicht ihr eigener Fehler? Wissen sie nicht, daß dieses Ungestüm, sobald man es einmal den Weg über die Sinne hat gehen lassen, keinen anderen mehr gehen kann? Können die langen und frostigen Predigten eines Pedanten die Bilder der Genüsse auslöschen, die ein junger Mann schon ersonnen hat? Können sie die Begierden bannen, die ihn quälen? Können sie ein Feuer löschen, von dem er weiß, wozu es dient? Wird er sich nicht gegen die Hindernisse auflehnen, die sich dem einzigen Glück entgegenstellen, von dem er eine Ahnung hat? Und was sieht er anderes in dem harten Gesetz, das man ihm vorschreibt und dessen Sinn man ihm nicht begreiflich machen konnte, als eine Laune und den Haß eines Menschen, der ihn quälen will? Ist es da erstaunlich, daß er sich auflehnt und ihn seinerseits haßt?

Es ist mir klar, daß man sich mit Nachgiebigkeit erträglicher macht und eine gewisse Autorität bewahrt. Aber ich sehe nicht ein, wozu eine solche Autorität dient, die man nur dadurch bewahrt, daß man im Zögling die Laster züchtet, die man unterdrücken wollte. Das ist, als ob ein Stallknecht ein wildes Pferd in einen Abgrund springen läßt, um es zu zähmen.

Erste Neigungen Dieses jugendliche Feuer ist aber nicht nur kein Hindernis für die Erziehung, es vervollkommnet und vollendet sie sogar. Gerade dieses Feuer gibt euch eine Macht über das Herz des jungen Menschen, wenn er aufhört, schwächer zu sein als ihr. Seine erste Neigung ist der Zügel, mit dem ihr ihn lenken könnt. Solange er sich liebte, hing er nur von sich selbst und seinen Bedürfnissen ab. Sobald er liebt, hängt er von seinen Bindungen ab. So bilden sich die ersten Bande, die ihn an seine Gattung knüpfen. Glaubt aber nicht, daß seine aufkeimende Liebe sich sogleich allen Menschen zuwende und daß das Wort Menschengeschlecht für ihn auch schon etwas bedeute! Nein, diese Empfindsamkeit erstreckt sich zunächst nur auf seinesgleichen, und das sind für ihn keine Unbekannte, sondern jene, mit denen er Verbindung hat, jene, die ihm die Gewohnheit lieb und unentbehrlich gemacht hat, die gleich ihm denken und empfinden, die dasselbe leiden, was er gelitten hat, und die sich freuen, worüber

Erziehung in der Reifezeit

er sich gefreut hat. Mit einem Wort, die ihm durch größere natürliche Gleichheit zu gegenseitiger Liebe geneigter machen. Erst nachdem er auf tausendfache Weise sein eigenes Naturell entwickelt hat, und nach vielen Überlegungen über seine eigenen Gefühle und über die, die er bei anderen beobachtet hat, wird er dahin gelangen, seine individuellen Vorstellungen unter dem abstrakten Begriff der Menschheit zu verallgemeinern und seinen persönlichen Bindungen diejenigen hinzuzufügen, durch die er sich mit seiner Gattung identifizieren kann.

Indem er der Zuneigung fähig wird, wird er auch für die Zuneigung anderer fähig* und auf deren Anzeichen aufmerksam. Begreift ihr, welch neue Macht ihr damit über ihn bekommt? Wie habt ihr sein Herz gefesselt, ohne daß er es bemerkte! Was wird er nicht fühlen, wenn ihm über sich selbst die Augen aufgehen und er sieht, was ich aus ihm gemacht habe; wenn er sich mit anderen jungen Leuten seines Alters vergleicht und euch mit anderen Erziehern! Ich sage, wenn er sie sieht; aber hütet euch, es ihm zu sagen. Wenn ihr es sagt, sieht er sie nicht mehr! Wenn ihr als Gegenleistung für die Fürsorge Gehorsam verlangt, glaubt er sich von euch übervorteilt. Er sagt sich, ihr hättet ihn durch angebliche und heuchlerisch-uneigennützige Dienste mit einer Schuld beladen und mit einem Vertrag binden wollen, dem er nicht zugestimmt hat. Umsonst fügt ihr hinzu, daß alles, was ihr fordert, zu seinem Besten sei! Ihr fordert! Und ihr fordert auf Grund dessen, was ihr ohne seine Einwilligung getan habt. Wenn ein Unglücklicher das Geld nimmt, das man ihm zum Schein vorhält, dann schreit ihr über eine solche Ungerechtigkeit. Seid ihr nicht noch ungerechter, von eurem Zögling einen Preis für eine Fürsorge zu verlangen, der er gar nicht zugestimmt hat?

Die Undankbarkeit wäre seltener, wenn mit der Wohltätigkeit *Undankbarkeit* weniger Wucher getrieben würde. Wir lieben, was uns wohltut; das ist ein natürliches Gefühl! Der Mensch kennt keine Undankbarkeit, wohl aber den Eigennutz. Es gibt weniger undankbare Schuldner als eigennützige Wohltäter. Wenn ihr mir eure Geschenke verkauft, so handle ich um den Preis. Wenn ihr aber ein Geschenk vortäuscht, um es mir zu eurem Preis zu verkaufen, so ist das Betrug. Das Herz erkennt nur seine eigenen Gesetze an. Will man es fesseln, so macht es sich frei; läßt man es frei, so fesselt man es.

Wenn ein Fischer den Köder ins Wasser wirft, so schwimmt *Dankbarkeit* der Fisch ohne Argwohn um die Angel herum. Wird er aber von *des Zöglings*

---

* Zuneigung kann ohne Erwiderung bestehen, die Freundschaft aber nicht. Sie ist ein Tausch, ein Vertrag, wie jeder andere: der heiligste von allen. Das Wort *Freund* kennt kein Korrelativ als sich selbst. Ein Mensch, der nicht der Freund seines Freundes ist, ist bestimmt ein Schelm, denn Freundschaft kann man nur erlangen, indem man sie erwidert oder indem man sie heuchelt.

der Angel erfaßt, die unter dem Köder steckt, fühlt er die Schnur und versucht zu fliehen. Ist der Fischer ein Wohltäter und der Fisch undankbar? Gibt es einen Menschen, der seinen Wohltäter vergißt, obwohl ihn sein Wohltäter schon vergessen hat? Im Gegenteil, er spricht ständig mit Vergnügen von ihm; er denkt nicht ohne Rührung an ihn. Findet er Gelegenheit, ihm durch unerwartete Dienste zu beweisen, daß er sich seiner Wohltaten erinnert, mit welcher inneren Zufriedenheit zeigt er sich dann erkenntlich! Mit welcher Freude gibt er sich zu erkennen! Mit welcher Begeisterung sagt er ihm: Jetzt bin ich an der Reihe! Das ist die wahre Stimme der Natur. Eine echte Wohltat hat noch niemanden undankbar gemacht.

Wenn also die Dankbarkeit ein natürliches Gefühl ist und ihr ihre Wirkung nicht durch eure Schuld zerstört, so seid versichert, daß euer Zögling den Wert eurer Fürsorge erkennt und empfindet, vorausgesetzt, daß ihr den Wert nicht selbst bestimmt habt. Sie gibt euch dann in seinem Herzen eine Autorität, die nichts zerstören kann. Aber ehe ihr euch dieses Vorteils versichert habt, hütet euch, ihn zu verscherzen, indem ihr euch bei eurem Zögling herauszustreichen versucht. Rühmt ihr eure Dienste, macht ihr sie ihm unerträglich. Vergeßt ihr sie, ruft ihr sie ihm ins Gedächtnis zurück. Ehe man ihn nicht als Mann behandeln kann, darf keine Rede davon sein, was er euch schuldet, sondern nur, was er sich selbst schuldig ist. Gebt ihm alle Freiheit, um ihn folgsam zu machen. Entzieht euch ihm, und er wird euch suchen. Erhebt seine Seele zu dem edlen Gefühl der Dankbarkeit, indem ihr ihm nur von dem erzählt, was in seinem Interesse liegt. Ich habe nicht gewollt, daß man ihm sage, daß das, was man für ihn getan hat, zu seinem Besten war, ehe er nicht imstande ist, es zu begreifen. Er hätte darin nur eure Abhängigkeit gesehen und euch für seinen Diener gehalten. Aber jetzt, wo er zu fühlen beginnt, was lieben heißt, fühlt er auch, welch zartes Band einen Menschen mit dem verbindet, was er liebt. Und in dem Eifer eurer unablässigen Bemühungen sieht er nicht mehr die Ergebenheit eines Sklaven, sondern die Zuneigung eines Freundes. Nichts hat so viel Macht über ein Herz als die wahre Stimme der Freundschaft, denn man weiß, daß sie nur zu unserem Nutzen spricht. Man kann annehmen, daß sich ein Freund täuscht, aber nicht, daß er uns täuschen will. Manchmal widersteht man seinem Rat, aber man verachtet ihn nie.

Moralische Begriffe, Geschichtsstudien, Fabeln

Damit treten wir in die moralische Ordnung ein und haben einen zweiten Männerschritt getan. Wenn es hier angebracht wäre, würde ich zu zeigen versuchen, wie aus den ersten Herzensregungen die ersten Regungen des Gewissens entstehen und wie

Moralische Begriffe, Geschichtsstudien, Fabeln 239

aus den Gefühlen der Liebe und des Hasses die ersten Begriffe von Gut und Böse hervorgehen. Ich würde zeigen, daß *Gerechtigkeit* und *Güte* nicht nur abstrakte Worte und verstandesmäßig geformte Moralbegriffe sind, sondern wirkliche, durch die Vernunft erhellte Seelenregungen, die nichts anderes sind als ein geordneter Fortschritt unserer primitiven Neigungen. Ferner, daß man durch die Vernunft allein und unabhängig vom Gewissen kein natürliches Gesetz aufstellen kann; daß das ganze Naturrecht nur ein Hirngespinst ist, wenn es nicht auf ein natürliches Bedürfnis des menschlichen Herzens gründet*. Aber ich erinnere mich, daß ich hier keine Abhandlung über Metaphysik und Moral, noch irgendeine Vorlesung zu schreiben habe. Es genügt mir, die Ordnung und den Fortschritt unserer Gefühle und unserer Kenntnisse in bezug auf unsere Anlagen darzustellen. Vielleicht werden andere beweisen, was ich hier nur andeuten kann.

Da mein Emil bisher nur auf sich selbst geachtet hat, veranlaßt ihn der erste Blick auf seinesgleichen zu einem Vergleich, und die erste Empfindung, die der Vergleich auslöst, ist der Wunsch nach dem ersten Platz. Das ist der Augenblick, in dem sich die Selbstliebe in Eigenliebe verwandelt und alle damit zusammenhängenden Leidenschaften emporkeimen. Um zu entscheiden, ob die Leidenschaften, die seinen Charakter beherrschen, menschlich und sanft oder grausam und schädlich sind, ob es Wohlwollen und Mitgefühl oder Neid und Habsucht ist, muß er wissen, welchen Platz er unter den Menschen einnehmen wird und welche Hindernisse er voraussichtlich überwinden muß, um den Platz zu erreichen, den er einnehmen will.

Um ihn bei dieser Suche zu leiten, muß man ihm, nachdem man ihm die Menschen in ihren gemeinsamen Eigenschaften

---

* Selbst die Vorschrift, gegen andere so zu handeln, wie wir wünschen, daß man gegen uns handle, hat ihre wirkliche Begründung nur im Gewissen und im Gefühl. Denn worin läge der genaue Grund, daß ich handle, als ob ich ein anderer wäre, vor allem, wenn ich moralisch sicher bin, mich niemals in der gleichen Lage zu befinden? Und wer steht mir dafür ein, daß ich durch getreue Befolgung dieses Grundsatzes erreiche, daß man sie auch mir gegenüber befolgt? Der Böse zieht aus der Rechtschaffenheit des Gerechten und aus seiner eigenen Ungerechtigkeit Vorteil. Es wäre ihm ganz recht, wenn jeder, außer ihm, rechtschaffen wäre. Dieser Vertrag ist, was man auch dazu sagen mag, nicht sehr vorteilhaft für die Gerechten. Wenn ich mich aber mit meinesgleichen identifiziere und mich sozusagen in ihm fühle, dann wünsche ich, um nicht selbst zu leiden, daß er nicht leidet. Ich interessiere mich meinetwegen um ihn, und der Grund für dieses Gebot liegt in der Natur selbst, die das Streben nach Wohlbefinden in mich hineingelegt hat, wo immer ich mich existieren fühle. Daraus schließe ich, daß es nicht wichtig ist, daß die Gebote des Naturrechts sich auf die Vernunft allein gründen; sie haben eine festere und sicherere Basis. Die aus der Selbstliebe abgeleitete Menschenliebe ist die Grundlage der menschlichen Gerechtigkeit. Die Summe aller Moral ist in den Geboten des Evangeliums zusammengefaßt.

gezeigt hat, die Menschen in ihrer Unterschiedlichkeit zeigen. Hier beginnt sich die natürliche und gesellschaftliche Ungleichheit auszuwirken; das Bild der ganzen gesellschaftlichen Ordnung.

Der Mensch in der Gesellschaft

Man muß die Gesellschaft durch die Menschen und die Menschen durch die Gesellschaft studieren. Wer Politik und Moral getrennt behandeln will, wird keine von beiden jemals verstehen. Hält man sich zunächst an die ursprünglichen Beziehungen, so erkennt man, welche Wirkung sie auf die Menschen ausübten und welche Leidenschaften aus ihnen entstehen müssen. Man erkennt, daß diese Beziehungen mit dem Fortschritt der Leidenschaften wechselseitig zunehmen und enger werden. Die Menschen werden weniger durch die Kraft der Arme als durch Mäßigung des Herzens unabhängig und frei. Wer wenig wünscht, hängt von wenigen Menschen ab. Aber da man immer seine eitlen Wünsche mit den physischen Bedürfnissen verwechselt, so haben diejenigen, die diese Bedürfnisse zur Grundlage der menschlichen Gesellschaft gemacht haben, immer die Wirkung für die Ursache genommen und in allen ihren Schlußfolgerungen geirrt.

Gleichheit unter den Menschen

Im Naturzustand gibt es eine echte und unzerstörbare Gleichheit, da es in diesem Zustand unmöglich ist, daß der bloße Unterschied zwischen Mensch und Mensch groß genug wäre, um sie voneinander abhängig zu machen. In der bürgerlichen Gesellschaft ist die Rechtsgleichheit trügerisch und eitel, weil die Mittel, die zu ihrer Erhaltung bestimmt sind, selbst dazu dienen, sie zu zerstören, und weil die öffentliche Macht dem Starken hilft, um den Schwachen zu unterdrücken und dadurch die Art von Gleichgewicht zerstört, die die Natur zwischen ihnen vorgesehen hatte*. Aus diesem ersten Widerspruch ergeben sich alle jene, die man in der bürgerlichen Gesellschaft zwischen Schein und Wirklichkeit beobachtet. Immer wird die Mehrheit für die Minderheit geopfert und das öffentliche Interesse für das Privatinteresse. Immer dienen diese Blendnamen der Gerechtigkeit und der Unterordnung als Instrumente der Gewalt und als Waffen der Ungerechtigkeit. Woraus folgt, daß die oberen Stände, die von sich behaupten, den anderen nützlich zu sein, in Wirklichkeit auf Kosten der anderen nur an sich denken. Daraus kann man die Achtung ermessen, die ihnen nach Fug und Recht gebührt. Bleibt abzuwarten, ob der Rang, den sie sich gegeben haben, auch wirklich zu ihrem eigenen Glück dient, damit wir erkennen, wie jeder von uns sein eigenes Schicksal beurteilen muß. Das ist nun unsere Aufgabe; aber um sie richtig lösen zu können, müssen wir zunächst das menschliche Herz kennenlernen.

---

* Die Tendenz der Gesetze aller Länder ist, immer den Starken gegen den Schwachen, den Reichen gegen den Habenichts zu begünstigen. Dieser Mißstand ist unvermeidlich und ausnahmslos.

Moralische Begriffe, Geschichtsstudien, Fabeln

Wenn es sich nur darum handelte, den jungen Leuten den Menschen in seiner Maske zu zeigen, brauchte man nicht zu suchen: sie sehen sie immerfort. Aber da die Maske nicht der Mensch ist und der Firnis ihn nicht täuschen darf, so malt ihnen die Menschen, so wie sie sind, nicht um sie zu hassen, sondern um sie zu bedauern und ihnen nicht gleichen zu wollen. Meiner Ansicht nach ist dies das vernünftigste Gefühl, das der Mensch von seiner Gattung haben kann.

Von diesem Standpunkt aus erscheint es wichtig, nunmehr den entgegengesetzten Weg einzuschlagen und den jungen Mann dadurch zu belehren, daß er von nun ab mehr mit anderen als mit sich umgeht. Wenn ihn die Menschen täuschen, so wird er sie hassen. Sieht er aber, daß sie ihn achten, sich selbst aber gegenseitig täuschen, dann wird er sie bemitleiden. Das Schauspiel der Welt, sagt Pythagoras, gleicht Olympischen Spielen: die einen haben ihre Buden aufgeschlagen und denken nur an ihren Gewinn; die anderen setzen sich selbst ein und suchen Ruhm; wieder andere begnügen sich damit, den Spielen zuzusehen, und das sind nicht die schlechtesten.

Menschenkenntnis

Ich wünschte, daß man die Gesellschaft eines jungen Mannes so auswählt, daß er nur Gutes von denen denkt, die mit ihm leben; daß er die Welt so gut kennenlernt, daß er von allem, was er darin sieht, nur Schlechtes denkt. Er soll wissen, daß der Mensch von Natur aus gut ist, daß er es selbst fühlt und seinen Nächsten nach sich beurteilt; daß er aber sieht, wie die Gesellschaft den Menschen verdirbt und widernatürlich macht; daß er in ihren Vorurteilen die Quelle aller ihrer Fehler entdeckt; daß er lieber den einzelnen achtet, während er die Masse verachtet; daß er sieht, daß fast alle Menschen die gleiche Maske tragen; daß er aber genausogut weiß, daß es Gesichter gibt, die schöner sind als die Maske, die sie tragen.

Diese Methode hat, ich gebe es zu, ihre Nachteile und ist in der Praxis nicht leicht anzuwenden. Denn wenn er zu früh Beobachter wird, wenn ihr ihn daran gewöhnt, die Handlungen der anderen aus zu naher Sicht zu prüfen, macht ihr ihn zum Verleumder und zum Beckmesser, der im Urteil leichtfertig und vorschnell ist. Es wird ihm einen diebischen Spaß machen, auf alles eine boshafte Erklärung zu suchen und selbst im Guten nur Böses zu sehen. Er gewöhnt sich an den Anblick des Lasters und sieht ohne Schaudern den schlechten Menschen, so wie man sich daran gewöhnt, den Unglücklichen ohne Mitleid zu sehen. Und bald dient ihm die allgemeine Entartung weniger als Lehre denn als Entschuldigung: er sagt sich, daß der Mensch nicht anders sein will, wenn er so ist.

Gefahren der Menschenkenntnis

Wollt ihr ihn aber nach Grundsätzen unterrichten und ihn mit der Natur des menschlichen Herzens auch mit den äußeren Ursachen bekanntmachen, die unsere Neigungen in Laster ver-

16 Rousseau

kehren, indem ihr ihn mit einem Schlag von sinnenhaften auf geistige Dinge lenkt, dann treibt ihr eine Metaphysik, die er nicht verstehen kann. Ihr verfallt in den Fehler, den ihr bisher so sorgsam vermieden habt, ihm Lehren zu geben, die Lektionen ähneln. Damit setzt ihr die Erfahrung und die Autorität des Lehrers an die Stelle seiner eigenen Erfahrung und seines geistigen Fortschritts.

Die Rolle der Geschichte

Um beide Hindernisse gleichzeitig zu überwinden und ihm das menschliche Herz verständlich zu machen, ohne in Gefahr zu kommen, seines zu verderben, möchte ich ihm die Menschen von ferne zeigen, in anderen Zeiten und anderen Orten, daß er zwar die Szene vor sich sieht, aber niemals selber mitspielen kann. Hier setzt die Geschichte ein. Durch sie lernt er, ohne die Lektionen der Philosophie in den Herzen zu lesen. Durch sie sieht er sie als einfacher Zuschauer, mit Abstand und leidenschaftslos, als ihr Richter, nicht aber als ihr Mitschuldiger und ihr Ankläger.

Um die Menschen kennenzulernen, muß man sie handeln sehen. In der Gesellschaft hört man sie sprechen: sie verbergen mit ihren Reden die Taten. In der Geschichte fällt der Schleier, und man kann sie nach ihren Taten beurteilen. Ihre Reden selbst helfen, sie einzuschätzen. Denn wenn man vergleicht, was sie tun und was sie sagen, sieht man gleichzeitig, was sie sind und was sie erscheinen wollen. Je mehr sie sich verkleiden, desto besser erkennt man sie.

Gefahren des Geschichtsstudiums

Leider hat dieses Studium seine Gefahren, seine mannigfaltigen Unzulänglichkeiten. Es ist schwer, sich auf einen Standpunkt zu stellen, von wo man seine Mitmenschen gerecht beurteilen kann. Einer der großen Fehler der Geschichtsschreibung besteht darin, die Menschen viel stärker mit ihren schlechten als mit ihren guten Seiten zu zeichnen. Da die Geschichte nur durch Revolutionen und Katastrophen interessant wird, so schweigt sie, solange ein Volk unter einer friedlichen Regierung ruhig wächst und gedeiht. Sie fängt erst dann an zu reden, wenn es sich nicht mehr selbst genügt und sich in die Angelegenheiten seiner Nachbarn einmischt oder diese in seine einmischen läßt. Sie verherrlicht es erst dann, wenn es schon auf seinem Abstieg ist. Alle unsere Geschichtswerke fangen da an, wo sie aufhören sollten. Wir besitzen sehr genaue Geschichten der Völker, die sich aufgerieben haben. Was uns fehlt, ist die Geschichte der Völker, die sich friedlich vermehrt haben. Sie sind so glücklich und so weise, daß die Geschichte nichts von ihnen zu sagen weiß. Tatsächlich können wir noch heute feststellen, daß man von guten Regierungen am wenigsten spricht. Wir erfahren also nur das Schlechte; das Gute prägt keine Epoche. Nur Gauner werden berühmt. Die Guten vergißt man oder man macht sich über sie lustig. Und so verleumdet die Geschichte genauso wie die Philosophie unaufhörlich das menschliche Geschlecht.

Außerdem kann man nicht behaupten, daß die von der Histo- *Geschichtliche* rie überlieferten Tatsachen das genaue Bild der wirklichen Ge- *Wirklichkeit* schehnisse vermitteln. Sie verändern sich im Kopf des Historikers; sie beugen sich seinen Interessen; sie nehmen die Farbe seiner Vorurteile an. Wer kann schon den Leser in die Lage versetzen, daß er die Szene genau so sieht, wie sie sich zugetragen hat? Unwissenheit oder Parteilichkeit verschleiern alles. Wie viele Gesichter kann man einem geschichtlichen Ereignis geben, ohne einen einzigen Zug zu verändern, indem man die Umstände, die sich darauf beziehen, ausdehnt oder verkürzt! Stellt einen Gegenstand an verschiedenen Punkten auf und er wird immer verschieden erscheinen, obwohl sich außer dem Auge des Beschau- ers nichts geändert hat. Genügt es um der Wahrheit willen, mir ein Geschehnis zu erzählen, wenn man es mich anders sehen läßt, als es sich zugetragen hat? Wie oft haben ein Baum mehr oder weniger, ein Fels rechts oder links, eine Staubwolke über den Ausgang einer Schlacht entschieden, ohne daß es jemand merkte! Hindert das aber einen Historiker, euch die Ursachen eines Sieges oder einer Niederlage mit derselben Sicherheit anzu- geben, als wäre er überall dabei gewesen? Was nützte es mir, Tatsachen zu wissen, wenn ich die Gründe nicht kenne? Welche Lehre kann ich aus einem Ereignis ziehen, dessen wahre Ur- sachen mir unbekannt sind? Der Historiker gibt mir eine, aber er hat sie erfunden. Selbst die Kritik, von der man so viel Auf- hebens macht, ist nichts als eine Kunst der Vermutungen, die Kunst, unter mehreren Lügen diejenigen auszuwählen, die der Wahrheit am ähnlichsten sieht.

Habt ihr einmal *Kleopatra* oder *Kassandra* oder ähnliche *Roman und* Bücher gelesen? Der Autor nimmt ein bekanntes Ereignis, paßt *Geschichte* es seinen Ansichten an, schmückt es mit erfundenen Einzelheiten und Personen, die nie existiert haben, und Phantasiecharakteren aus und fabuliert drauflos, um die Lektüre angenehmer zu machen. Ich sehe kaum einen Unterschied zwischen diesen Romanen und euren Geschichtsbüchern, wenn es nicht der ist, daß sich der Romanschreiber mehr der eigenen Phantasie über- läßt, während der Geschichtsschreiber sich mehr der Phantasie anderer unterwirft; wobei ich noch hinzufüge, daß der erste einen moralischen Zweck im Auge hat, sei er nun gut oder schlecht, während der Historiker sich darum gar nicht kümmert.

Man wird mir entgegenhalten, daß es weniger auf die geschichtliche Wahrheit ankommt als auf die wahrheitsgetreue Schilderung der Sitten und Charaktere. Wenn nur das mensch- liche Herz richtig gezeichnet ist, liegt wenig daran, ob auch die Geschehnisse getreu berichtet werden. Denn, so fügt man hinzu, was gehen uns Ereignisse an, die sich vor 2000 Jahren zugetragen haben? Man hat recht, wenn die Charaktere nach der Natur gezeichnet sind. Wenn aber die meisten ihr Vorbild nur in der Phantasie des Historikers haben, geraten wir dann nicht in die

Unzuträglichkeiten, die wir vermeiden wollten und nun der Autorität des Schriftstellers zugestehen, was wir der Autorität des Lehrers nehmen wollen? Wenn mein Zögling nur Phantasiebilder sehen soll, dann ist es mir lieber, ich habe sie gezeichnet als ein anderer. Wenigstens sind sie ihm dann besser angepaßt.

Urteil und Tatsachen

Am schlimmsten für einen jungen Mann sind die Historiker, die Urteile fällen. Tatsachen, nichts als Tatsachen! Er soll selbst urteilen! So lernt man die Menschen kennen. Wird er dauernd durch das Urteil des Autors gelenkt, tut er nichts, als mit den Augen eines anderen sehen. Und wenn ihm dieses Auge einmal fehlt, dann sieht er gar nichts mehr.

Kritik an alten Historikern

Die neuere Geschichte erwähne ich gar nicht; nicht nur, weil sie kein Gesicht mehr hat und weil sich die Menschen heute alle gleichen, sondern weil unsere Historiker nur darauf bedacht sind, zu glänzen und buntfarbige Charaktere zu malen, die meistens gar nichts mehr darstellen*. Im allgemeinen zeichnen die Alten weniger Charaktere und legen weniger Witz und mehr Vernunft in ihr Urteil. Aber selbst unter ihnen muß man sorgfältig wählen und darf nicht beim geistreichsten, sondern beim einfachsten anfangen. Ich würde einem jungen Mann weder Polybius noch Sallust in die Hand geben. Tacitus ist ein Buch für Greise; junge Leute verstehen ihn nicht. Erst muß man lernen, in den Handlungen der Menschen die wesentlichen Züge des Herzens zu erkennen, ehe man seine Tiefen ergründen will. Man muß zuerst in den Taten lesen können, ehe man in den Maximen liest. Die Philosophie in Maximen setzt Erfahrung voraus. Die Jugend darf nichts verallgemeinern: ihre ganze Bildung muß aus Einzelregeln bestehen.

Meiner Meinung nach ist Thukydides das wirkliche Vorbild der Historiker. Er berichtet Tatsachen, ohne sie zu beurteilen; er läßt aber keine Umstände aus, mit deren Hilfe wir uns ein Urteil darüber bilden können. Alles was er erzählt, stellt er vor die Augen des Lesers hin. Statt sich zwischen die Ereignisse und den Leser zu schieben, verbirgt er sich. Man glaubt nicht zu lesen, sondern zu schauen. Leider redet er dauernd vom Krieg und man findet in seinen Berichten fast nur das, was in dieser Welt am wenigsten lehrreich ist: nämlich Schlachten. Der *Rückzug der Zehntausend* und die *Kommentare* Caesars haben fast die gleichen Vorzüge und Fehler. Der gute Herodot, ohne Charakterbilder und ohne Maximen, aber flüssig, naiv, voller fesselnder und *gefälliger Einzelheiten*, wäre vielleicht der beste Historiker, wenn nicht diese Einzelheiten selbst oft in kindische Einfältigkeiten ausarteten, die eher den Geschmack der Jugend verderben als ihn bilden. Man muß schon unterscheiden können,

---

* Vergleiche Davila, Guicciardini, Strada, Solis, Machiavelli und manchmal sogar de Thou. Vertot ist fast der einzige, der malen konnte, ohne Portraits zu liefern.

wenn man ihn mit Nutzen lesen will. Ich spreche noch nicht von Titus Livius, weil ich noch auf ihn kommen werde. Er ist Politiker, Redner, all das, was für dieses Alter noch nicht taugt.

Die Geschichtsschreibung im allgemeinen hat ihre Mängel: sie vermerkt nur sinnenhafte und festumrissene Tatsachen, die man mit Namen, Orten, Daten fixieren kann. Aber die langsamen und fortwirkenden Gründe, die sich nicht so genau festlegen lassen, bleiben immer unbekannt. Oft findet man in einer gewonnenen oder verlorenen Schlacht die Ursachen für eine Revolution, die schon vor dieser Schlacht unvermeidlich geworden war. Der Krieg offenbart nur Ereignisse, die schon durch moralische Gründe, die der Historiker selten erkennt, vorbestimmt waren.

Mängel der Geschichtsschreibung

Philosophische Gedanken haben die Überlegungen mehrerer Schriftsteller unseres Jahrhunderts auf diese Seite gelenkt, aber ich bezweifle, ob die Wahrheit bei ihrer Arbeit größer wird. Da sich die Wut, alles zu systematisieren, ihrer bemächtigt hat, sucht keiner mehr die Dinge zu sehen, wie sie sind, sondern wie sie sich ihrem System einordnen.

All diesen Überlegungen kann man noch hinzufügen, daß die Geschichte weit mehr die Handlungen als die Menschen darstellt, weil sie diese nur in gewissen seltenen Augenblicken in ihren Paradegewändern erfaßt. Sie stellt nur den Menschen dar, der sich für die öffentliche Schau hergerichtet hat. Sie folgt ihm aber nicht in sein Haus, in seine Studierstube, in seine Familie, in den Kreis seiner Freunde. Sie malt ihn nur, wenn er repräsentiert. Sie malt eher sein Kleid als seine Person.

Um mit dem Studium des menschlichen Herzens zu beginnen, wäre mir die Lektüre einzelner Lebensbeschreibungen lieber, denn hier mag sich der Mensch verbergen, wie er will, der Historiker folgt ihm überall. Er läßt ihm keinen Augenblick in Ruhe. In keinem Winkel kann er sich vor dem Späherblick des Zuschauers verbergen. Wenn er sich am besten verborgen glaubt, macht ihn der Historiker um so besser erkennbar. „Diejenigen", sagt Montaigne, „die Lebensbeschreibungen verfassen, die sich mehr mit Überlegungen als mit Ereignissen befassen und mehr mit dem, was von innen kommt, als mit dem, was äußerlich geschieht, liegen mir am meisten: darum ist auch in allen Stücken Plutarch mein Mann."

Es ist zwar richtig, daß der Charakter einer Menschenmenge oder ganzer Völker sehr verschieden ist vom Charakter des einzelnen Menschen. Man würde aber das menschliche Herz nur sehr unvollkommen kennen, wenn man es nicht auch in der Masse prüft. Trotzdem ist es nicht weniger wahr, daß man den einzelnen Menschen studieren muß, um über die Menschen urteilen zu können, und daß derjenige, der die Neigungen eines jeden

Charakter des Menschen und ganzer Völker

Individuums vollkommen kennt, die Gesamtwirkung im Volkskörper voraussehen könnte.

Ich muß hier aus den erwähnten Gründen noch einmal auf die Alten zurückkommen und außerdem, weil aus unserer modernen Schreibweise alle familiären und unbedeutenden, aber wahren und charakteristischen Einzelzüge verbannt sind. Die Menschen werden von unseren Autoren in ihrem Privatleben ebenso herausgeputzt wie auf der Bühne der Welt. Die Mode, die in den Schriften genauso streng regiert wie bei den Handlungen, erlaubt nicht, öffentlich mehr zu sagen, als sie öffentlich zu tun erlaubt. Da man die Menschen nicht anders als repräsentierend zeigen darf, lernen wir sie aus unseren Büchern nicht besser kennen als auf unseren Theatern. Man mag hundertmal das Leben eines Königs beschreiben, wir werden keinen Sueton mehr haben*.

Kritik an antiken Historikern

Plutarch ist gerade durch jene Einzelheiten berühmt, die wir heute nicht mehr zu erwähnen wagen. Er besitzt eine unnachahmliche Gabe, große Männer in kleinen Dingen zu zeichnen. Er ist in der Wahl der Züge so glücklich, daß er mit einem Wort, einem Lächeln, einer Geste seine Helden charakterisiert. Mit einem Scherz gibt Hannibal seinem Heer die innere Sicherheit wieder und läßt sie lachend in die Schlacht marschieren, die ihm Italien ausliefert. In Agesilaos auf dem Steckenpferd liebe ich den Besieger des großen Königs. Als Cäsar mit seinen Freunden plaudernd durch ein armes Dorf kommt, entlarvt er, ohne es zu merken, den Verräter, der sagte, nur mit Pompeius verglichen werden zu wollen. Alexander schluckt ohne ein Wort eine Medizin; das ist der schönste Augenblick seines Lebens. Aristides („Der Gerechte") schreibt seinen Namen selbst auf die Verbannungsscherbe und rechtfertigt damit seinen Namen. Philopömen legt seinen Mantel ab und hackt Holz in der Küche seines Gastgebers. So malt man wirklich. Die Physiognomie zeigt sich nicht in den großen Zügen und der Charakter nicht in den großen Taten. In Kleinigkeiten offenbart sich die Veranlagung. Öffentliche Angelegenheiten sind entweder zu gewöhnlich oder zu sehr gestellt, aber es sind fast die einzigen, bei denen es die moderne Mode unseren Autoren erlaubt, sich aufzuhalten.

Anekdote von Turenne

Unbestreitbar war M. de Turenne einer der größten Männer des letzten Jahrhunderts. Man hatte den Mut, seine Lebensgeschichte durch kleine Einzelheiten anziehend zu machen, durch die man ihn kennen und lieben lernt. Wie viele aber sah man sich gezwungen zu unterdrücken, die ihn noch bekannter und noch liebenswerter gemacht hätten! Ich zitiere nur eine, die ich

---

* Ein einziger Historiker unserer Zeit (Duclos), der Tacitus in seinen großen Zügen nachgeahmt hat, hat es gewagt, Sueton nachzuahmen, und manchmal Comines in seinen kleinen Zügen zu kopieren. Aber gerade deswegen hat man ihn bei uns kritisiert, obgleich es den Wert des Buches erhöht.

aus sicherer Quelle habe und die Plutarch bestimmt nicht ausgelassen hätte, die aber Ramsay sich gehütet hätte aufzuschreiben, auch wenn er sie gekannt hätte.

An einem heißen Sommertag lag der Vicomte de Turenne in weißer Jacke und mit der Nachtmütze im Fenster seines Vorzimmers. Einer seiner Leute kommt vorbei und hält ihn, durch seine Kleidung getäuscht, für einen Küchenjungen, mit dem er befreundet war. Leise schleicht er sich heran und gibt ihm mit seiner schweren Hand einen derben Schlag auf den Hintern. Blitzschnell dreht sich der Getroffene um. Zitternd erkennt der Diener seinen Herrn. Außer sich wirft er sich auf die Knie: *Gnädiger Herr, ich habe geglaubt, es wäre Georg. — Selbst wenn es Georg gewesen wäre,* rief Turenne aus und rieb sich den Hintern, *so braucht man nicht so fest zu schlagen.* Und so etwas wagt ihr nicht zu erzählen, ihr Wichte! Bleibt weiter so unnatürlich und mutlos. Verhärtet eure Herzen in eurer niedrigen Schicklichkeit! Macht euch mit all eurer Würde würdelos! Wenn du aber, junger Mann, diese Anekdote liest und gerührt die Seelengüte fühlst, die Turenne schon in der ersten Regung zeigte, lies auch, wie kleinlich dieser Mann war, wenn es sich um seine Geburt und um seinen Namen handelte. Bedenke, daß es derselbe Turenne war, der seinem Neffen überall den Vortritt ließ, damit man merken sollte, daß dieses Kind das Haupt eines regierenden Hauses war. Vergleiche diese Gegensätze, lieb die Natur, verachte Meinungen und erkenn den Menschen!

Wenige Menschen können die Wirkungen einer so gelenkten Lektüre auf das Gemüt eines jungen Mannes beurteilen. Seit der Kindheit über die Bücher gebeugt, gewöhnt zu lesen ohne zu denken, beeindruckt uns das Gelesene um so weniger, weil wir die Leidenschaften und die Vorurteile, von denen die Geschichte und die Biographien der Menschen voll sind, schon in uns tragen. Was sie tun, erscheint uns natürlich, weil wir selbst unnatürlich geworden sind und andere nach uns beurteilen. Man stelle sich aber einen nach meinen Grundsätzen erzogenen jungen Mann vor, meinen Emil zum Beispiel, auf den man 18 Jahre eifriger Sorgfalt verwandt hat, ihm ein unbestechliches Urteil und ein reines Herz zu bewahren. Man stelle sich vor, wie er beim Aufgehen des Vorhangs zum ersten Mal den Blick auf die Bühne der Welt wirft, oder vielmehr, wie er hinter den Kulissen die Schauspieler beim Kostümieren sieht und die Schnüre und die Rollen zählt, deren plumpes Blendwerk den Zuschauer täuscht. Auf die erste Überraschung folgen bald Gefühle der Scham und der Verachtung für seinesgleichen. Es empört ihn, wenn er das ganze menschliche Geschlecht sieht, wie es sich selber täuscht und sich vor solchen Kinderspielen erniedrigt. Betrübt sieht er, wie sich seine Brüder wegen Hirngespinsten gegenseitig zerfleischen und sich in wilde Tiere verwandeln, weil sie sich damit begnügen, Menschen zu sein.

Sicherlich wird bei natürlicher Veranlagung des Zöglings diese Übung, wenn der Lehrer die Lektüre mit Bedacht auswählt und ihn zu den Überlegungen hinleitet, die er selbst anstellen muß, zu einem Lehrgang der praktischen Philosophie, der gewiß besser ist und besser verstanden wird als alle leeren Spekulationen, mit denen man in unseren Schulen den Geist der jungen Leute verwirrt. Nachdem Kineas die überspannten Pläne des Pyrrhus angehört hatte, fragte er ihn, welchen wirklichen Vorteil er sich von der Eroberung der Welt verspreche, den er nicht schon jetzt auch ohne so viele Beschwerden habe. Wir sehen da nur ein Wortspiel; Emil aber eine sehr weise Überlegung, die er selbst gemacht hätte und die er nicht vergessen wird, da sie auf kein Vorurteil stößt, das den Eindruck verwischen könnte. Wenn er dann die Lebensgeschichte dieses Sinnverwirrten liest, findet er, daß alle seine großen Pläne nur dahin geführt haben, sich von der Hand einer Frau ermorden zu lassen. Statt den vermeintlichen Heldenmut zu bewundern, sieht er in all den Erfolgen eines so großen Feldherrn und in allen Intrigen eines so großen Politikers nur die Schritte, die ihn unter den unglücklichen Dachziegel geführt haben, der seinem Leben und seinen Plänen ein schimpfliches Ende bereiten sollte.

Nicht alle Eroberer wurden getötet und nicht alle Usurpatoren scheiterten in ihren Unternehmungen. Der Allerweltsmeinung scheinen manche sogar glücklich zu sein. Wer jedoch, vom Schein nicht geblendet, das Glück der Menschen nach ihrer Gemütsverfassung beurteilt, erkennt in ihrem Erfolg selbst ihr Unglück. Er sieht, wie sich mit ihrem Erfolg auch ihre Wünsche und ihre verzehrenden Sorgen vermehren und vergrößern. Er sieht, wie sie im Vorwärtshasten den Atem verlieren und doch nie ihr Ziel erreichen. Sie erscheinen ihm wie jene unerfahrenen Bergsteiger, die zum ersten Mal in die Alpen kommen und glauben, sie mit jedem Berg überschritten zu haben. Und wenn sie auf dem Gipfel sind, stellen sie entmutigt fest, daß immer höhere Berge vor ihnen liegen.

Augustus als Beispiel

Nachdem Augustus seine Mitbürger unterworfen und seine Nebenbuhler vernichtet hatte, herrschte er vierzig Jahre lang über das größte Reich, das je existiert hat. Hat aber diese ungeheure Macht verhindert, daß er mit dem Kopf gegen die Wand rannte und seinen Palast mit Klagen erfüllte, um von Varus seine vernichteten Legionen zurückzuverlangen? Und wenn er alle Feinde besiegt hätte, was hätten ihm alle Triumphe genützt, solange Leiden aller Art rund um ihn aufstanden, solange seine liebsten Freunde nach seinem Leben trachteten und solange er die Schande oder den Tod seiner Verwandten beweinen mußte? Der Unglückliche wollte die Welt beherrschen und konnte sein eigenes Haus nicht regieren! Und die Folgen dieses Versagens? Er mußte zusehen, wie sein Neffe, sein Adoptivsohn und sein Schwiegersohn in der Blüte der Jahre dahinstarben. Sein Enkel

Moralische Begriffe, Geschichtsstudien, Fabeln

sank so tief, daß er die Wolle seines Bettes aß, um sein Leben um einige Stunden zu verlängern. Seine Tochter und seine Enkelin starben, nachdem sie ihn mit Schande bedeckt hatten, die eine vor Elend und Hunger auf einer einsamen Insel, die andere im Kerker durch die Hand eines Bogenschützen. Er selbst, der letzte seiner unglücklichen Familie, wurde von seiner eigenen Frau so weit gebracht, daß er ein Ungeheuer als Nachfolger hinterließ. Das war das Schicksal des Beherrschers der Welt, der wegen seines Ruhmes und seines Glückes so sehr gefeiert wurde. Ob wohl einer von denen, die ihn bewunderten, sie um denselben Preis erkauft hätten?

Ich habe den Ehrgeiz als Beispiel gewählt. Aber das Schauspiel *Emils Haltung* der Leidenschaften bietet dem, der die Geschichte studieren will, um sich auf Kosten der Toten selbst zu erkennen und weise zu werden, ähnliche Belehrungen. Die Zeit ist nahe, wo das Leben des Antonius dem jungen Mann einen bezugsnaheren Unterricht bietet als das von Augustus. Zwar wird sich Emil in den vielen fremdartigen Dingen, die ihm während dieses neuen Studiums geboten werden, kaum wiedererkennen, aber er wird von vornherein den Täuschungen der Leidenschaften entgehen, ehe sie noch entstehen. Da er festgestellt hat, daß sie zu allen Zeiten den Menschen geblendet haben, wird er auf die Art und Weise vorbereitet sein, wie sie ihn nun seinerseits blenden könnten, wenn er sich ihnen überläßt*. Diese Belehrungen sind natürlich wenig geeignet für Emil. Vielleicht kommen sie für seine Bedürfnisse zu spät und unzureichend, aber erinnert euch, daß nicht ist der Zweck dieses Studiums waren. Ich hatte, als wir es begannen, ein anderes Ziel im Auge, und wenn dieses Ziel nur unbefriedigend erreicht wurde, so ist es sicher die Schuld des Lehrers.

Bedenkt, daß sich das relative *Ich*, sobald sich die Eigenliebe *Entfremdung* entwickelt hat, ständig in das Spiel einmischt, und daß der Jüngling nie die anderen beobachtet, ohne auf sich selbst zurückzukommen und sich mit ihnen zu vergleichen. Man muß also wissen, auf welche Stufe er sich unter seinesgleichen stellt, nachdem er sie geprüft hat. Ich sehe an der Art, wie man die jungen Leute Geschichte lesen läßt, daß man sie sich sozusagen in alle Personen verwandeln läßt, die sie vor sich sehen. Man bemüht sich also, sie bald Cicero, bald Trajan, bald Alexander sein zu lassen. Dadurch entmutigt man sie, wenn sie wieder sie selbst werden sollen, und sie bedauern, nur sie selbst zu sein. Diese Methode hat gewisse Vorteile, die ich nicht abstreite. Aber wenn es meinem Emil zustößt, daß er bei diesem Versetzspiel lieber ein

---

* Immer ist es das Vorurteil, das in unseren Herzen die Heftigkeit der Leidenschaften schürt. Wer nur sieht, was ist, und nur bewertet, was er kennt, verliert auch nicht den Kopf. Die Irrtümer unserer Urteile erzeugen die Heftigkeit aller unserer Begierden. (Anmerkung in Rousseaus Manuskript.)

anderer sein möchte, und wäre es Sokrates oder Cato, so wäre alles umsonst gewesen. Wer einmal anfängt, sich selber fremd zu werden, vergißt sich bald ganz.

Die Philosophen sind keineswegs die besseren Menschenkenner, denn sie sehen nur durch die Vorurteile der Philosophie hindurch, und ich kenne keine Wissenschaft, die so viele hätte. Ein Wilder beurteilt uns vernünftiger als ein Philosoph. Dieser fühlt seine Fehler, empört sich aber über die unsrigen und sagt sich: Wir sind alle schlecht. Der andere sieht uns unbewegt an und sagt: Ihr seid Narren, Er hat recht, denn niemand tut das Böse um des Bösen willen. Mein Zögling ist so ein Wilder, mit dem Unterschied, daß Emil mehr nachgedacht, mehr Begriffe verglichen und unsere Irrtümer aus größerer Nähe gesehen hat, vor sich selbst besser auf der Hut ist und nur über das urteilt, was er kennt.

Laster bestraft *sich selbst* Unsere Leidenschaften bringen uns gegen die der anderen auf. Unsere Selbstsucht läßt uns die Bösen hassen. Wenn sie uns kein Übel zufügten, so hätten wir mehr Mitleid als Haß für sie. Wir würden ihnen leichter ihre Laster verzeihen, wenn wir wüßten, wie sehr ihr eigenes Herz sie dafür bestraft. Wir fühlen die Beleidigung, aber wir sehen die Strafe nicht. Die Vorteile fallen in die Augen, die Strafe bleibt verborgen. Wer die Früchte seiner Laster zu genießen glaubt, ist nicht weniger gequält, als hätte er keinen Erfolg gehabt. Das Objekt hat gewechselt, die Unrast ist die gleiche. Mögen sie noch so sehr ihr Glück zur Schau stellen und ihr Herz verbergen, ihr Verhalten enthüllt sie gegen ihren Willen. Um das aber zu sehen, darf man nicht sein wie sie.

Leidenschaften, die wir teilen, verführen uns. Leidenschaften, die unsere Interessen stören, empören uns. Und mit einer Inkonsequenz, die aus ihnen selbst entspringt, tadeln wir bei anderen, was wir doch so gerne nachahmen möchten. Abscheu und Enttäuschung sind unvermeidlich, wenn man von anderen gezwungen wird, das Böse zu erdulden, das wir an ihrer Stelle selber tun würden.

Menschen- *kenntnis* Was brauchte man also, um die Menschen richtig zu beobachten? Man muß sie kennenlernen wollen. Man muß unparteiisch sein, ein Herz haben, das empfindsam genug ist, um alle menschlichen Leidenschaften zu begreifen, und ruhig genug, um sie nicht zu erdulden. Wenn es im Leben einen günstigen Augenblick für dieses Studium gibt, so ist es der, den ich für Emil gewählt habe. Früher wären ihm die Menschen fremd, später wäre er ihnen ähnlich gewesen. Die öffentliche Meinung, deren Spiel er beobachtet, hat noch keine Macht über ihn gewonnen. Die Leidenschaften, deren Wirkung er sieht, haben sein Herz noch nicht bewegt. Er ist Mensch und interessiert sich für seine Brüder. Er ist unparteiisch und urteilt über seinesgleichen. Wenn er sie aber richtig beurteilt, wird er mit keinem tauschen wollen, denn das Ziel aller ihrer Bemühungen ist in Vorurteilen begründet, die er nicht hat, und erscheint ihm daher sinnlos. Alles, was er erreichen will, kann er erreichen. Von wem könnte er abhängen, wo er sich doch selbst genügt und kein Vorurteil hat? Er hat Arme und ist gesund*, er ist mäßig und hat wenig Bedürfnisse, die er sich erfüllen kann. Da er in völliger Freiheit erzogen wurde, so ist der Zwang das größte Übel, das er sich vorstellen kann. Er beklagt die bedauernswerten Könige, die die Sklaven derer sind, die ihnen gehorchen. Er beklagt die falschen Weisen, die an ihren eitlen Ruhm gekettet sind. Er beklagt die reichen Dummköpfe, die die Märtyrer ihrer Prunksucht sind. Er beklagt diese Prahllüstlinge, die ihr ganzes Leben der Langeweile opfern, um vergnügt zu erscheinen. Er würde den Feind beklagen, der ihm Leid zufügte, denn er sähe in der Bosheit nur dessen Elend. Er würde sich sagen: Da dieser Mensch sich Mühe gibt, mir zu schaden, macht er sein Schicksal von dem meinen abhängig.

Noch einen Schritt, und wir sind am Ziel. Die Eigenliebe ist ein nützliches, aber gefährliches Instrument. Oft verletzt sie die Hand, die sich ihrer bedient, und selten tut sie ohne Böses nur Gutes. Wenn nun Emil seine Stellung unter den Menschen gefunden hat und sich darin so glücklich sieht, wird er sich versucht fühlen, dieses Werk eurer Vernunft seiner Vernunft zuzuschreiben und sein Glück seinem eigenen Verdienst anzurechnen. Er wird sich sagen: Ich bin weise und die Menschen sind verrückt. Er wird sie bedauern und zugleich verachten; er wird sich beglückwünschen und höher schätzen. Da er sich glücklicher fühlt als sie, wird er glauben, auch würdiger zu sein. Dieser Irrtum ist am meisten zu befürchten, weil er am schwersten auszurotten ist. Wenn er in diesem Zustand verharrte, hat ihm unsere Sorgfalt wenig genützt. Wenn ich zu wählen hätte, so wüßte ich nicht, ob ich nicht doch die Illusion der Vorurteile der Illusion des Hochmutes vorzöge.

Große Männer täuschen sich nicht über ihre Überlegenheit. Sie sehen sie, sie fühlen sie und bleiben dennoch bescheiden. Je mehr sie haben, desto besser erkennen sie, was ihnen alles fehlt. Sie sind weniger eitel auf ihre hohe Stellung uns gegenüber als demütig im Gefühl ihrer Armseligkeit. Hinsichtlich ihrer exklusiven Güter sind sie zu vernünftig, um auf Geschenke stolz zu sein, die sie sich nicht selbst gemacht haben. Ein reicher Mensch kann auf seine Tugend stolz sein, weil sie ihm gehört. Aber worauf kann sich ein Mann von Geist etwas einbilden? Was hat Racine getan, um nicht Pradon zu sein? Was Boileau, um nicht Cotin zu sein?

Eigenliebe

---

* Ich glaube, die Gesundheit und die gute Konstitution zu den Vorteilen zählen zu können, die er durch seine Erziehung erworben hat; oder vielmehr zu den Naturgaben, die ihm seine Erziehung bewahrt hat.

Hier handelt es sich aber um etwas ganz anderes. Bleiben wir doch bei der gewohnten Ordnung. Ich habe bei meinem Zögling weder an ein überragendes Genie noch an einen Einfaltspinsel gedacht. Ich habe ein Kind von gewöhnlichen Geistesgaben gewählt, um zu zeigen, was die Erziehung über den Menschen vermag. Alle Ausnahmen stehen außerhalb der Regel. Wenn Emil also auf Grund meiner Bemühungen, seine Art zu sein, zu sehen, zu fühlen, der anderer Menschen vorzieht, so hat er recht. Wenn er sich aber für besser und glücklicher als andere hält, so hat er unrecht. Er täuscht sich, und man muß ihn aufklären, oder vielmehr diesem Irrtum zuvorkommen, aus Angst, es könnte nachher zu spät sein, ihn zu zerstören.

Die Eitelkeit Es gibt keine Torheit, von der man einen Menschen, der kein Narr ist, nicht heilen könnte, außer der Eitelkeit. Wenn sie irgend etwas bessern kann, — wenn es das überhaupt gibt — so nur die Erfahrung. Wenigstens bei ihrer Entstehung kann man sie noch im Wachsen verhindern. Laßt euch also nicht in lange Auseinandersetzungen ein, um dem Jüngling zu beweisen, daß er ein Mensch ist wie alle anderen auch und den gleichen Schwächen unterworfen. Laßt es ihn fühlen, oder er wird es nie wissen. Aber das ist schon eine Ausnahme von meinen Regeln. Ich würde meinen Schülern absichtlich allen Zufällen aussetzen, die ihm beweisen könnten, daß er nicht klüger ist als wir. Das Abenteuer mit dem Zauberkünstler würde ich auf tausenderlei Weise wiederholen. Ich überließe ihn den Schmeichlern, damit sie ihre Künste an ihm erprobten. Wenn ihn ein Leichtfuß zu einem Abenteuer verleitet, so ließe ich ihn in die Gefahr laufen. Wenn ihn Falschspieler verführten, ich ließe es zu, daß er von ihnen betrogen wird*. Ich sähe zu, wie sie ihn beweihräucherten, rupften und ausplünderten. Und wenn sie ihm den letzten Groschen abgenommen haben und ihn auch noch verspotten, so würde ich ihnen für die Lehre, die sie ihm gegeben haben, in seiner Gegenwart noch danken. Die einzigen Fallen, vor denen

---

* Übrigens wird unser Schüler nicht leicht in diese Falle gehen, da er so viel Zeitvertreib hat, da er sich niemals langweilt und fast keine Ahnung hat, wozu das Geld dient. Wenn die beiden Triebfedern, mit denen man die Kinder geleitet hat, der Eigennutz und die Eitelkeit sind, dann bedienen sich später auch die Dirnen und die Gauner dieser Mittel, um sich seiner zu bemächtigen. Wenn ihr seht, wie man ihre Habsucht durch Preise und Belohnungen erregt, wie man ihnen im zehnten Lebensjahr bei Schulfesten Beifall klatscht, dann seht ihr auch, wie man ihnen mit zwanzig in einer Spielhölle die Börse leert und in Lasterhäusern die Gesundheit raubt. Man kann stets darauf wetten, daß der Gescheiteste aus der Klasse der größte Spieler und Wüstling wird. Nun dürfen aber die Mittel, die man in der Kindheit nicht angewendet hat, in der Jugend nicht mißbraucht werden. Aber man muß sich daran erinnern, daß es meine beständige Maxime ist, immer den schlimmsten Fall anzunehmen. Ich versuche, dem Laster vorzubeugen; dann nehme ich es als vorhanden an, um ihn davon zu heilen.

ich ihn bewahren würde, wären jene der Dirnen. Die einzige Vorsicht, die ich seinetwegen anwendete, bestände darin, daß ich alle Gefahren, die ich ihn laufen ließe, und alle Schmähungen, die ich ihm antun ließe, mit ihm teilen würde. Ich würde sie schweigend und ohne Klage, ohne Vorwurf, ohne ein einziges Wort zu sagen, ertragen. Seid bei dieser beständigen Zurückhaltung sicher, daß alles, was er mich um seinetwillen hat ertragen sehen, einen größeren Eindruck auf sein Herz macht, als was er selber darunter gelitten hat!

Ich muß hier die falsche Würde der Erzieher anprangern, die ihre Schüler herabsetzen, um dümmlich den Weisen zu spielen; die sie immer als Kinder behandeln, um sich in allem, was sie sie tun lassen, von ihnen zu unterscheiden. Aber statt ihren jungen Mut verächtlich zu machen, tut im Gegenteil alles, um ihr Vertrauen zu stärken! Behandelt sie als euresgleichen, damit sie es auch werden! Wenn sie sich nicht bis zu euch erheben können, laßt euch ohne Scheu und ohne Bedenken zu ihnen herab! Denkt daran, daß eure Ehre nicht in euch, sondern in eurem Schüler liegt! Teilt seine Fehler, um ihn davon zu befreien! Nehmt seine Schande auf euch, um sie auszulöschen! Ahmt jenen tapferen Römer nach, der sein Heer an der Flucht nicht hindern konnte und sich darum mit dem Ruf an die Spitze der fliehenden Soldaten stellte: *Sie fliehen nicht, sie folgen nur ihrem Feldherrn!* Hat ihn das entehrt? Im Gegenteil! Weil er seinen Ruhm geopfert hat, hat er ihn vermehrt. Die Macht der Pflicht und die Schönheit der Tugend reißen uns wider Willen hin und werfen unsere unsinnigen Vorurteile um. Wenn ich in Ausübung meiner Pflicht Emil gegenüber eine Ohrfeige erhielte, so würde ich mich ihrer überall rühmen, statt mich zu rächen. Ich glaube nicht, daß es auf der Welt so einen niederträchtigen Menschen gibt, der mich darum nicht höher achtete*.

Das heißt nicht, der Schüler müsse nun anehmen, daß der Lehrer genauso beschränkt wäre wie er und sich genauso leicht verführen lasse. Diese Meinung kann man bei einem Kind hingehen lassen, das noch nicht sehen, nichts vergleichen kann, das alle Welt mit seiner Elle mißt und nur denen Vertrauen schenkt, die sich ihm tatsächlich anvertrauen. Aber ein junger Mann in Emils Alter und so vernünftig wie er, ist nicht mehr so dumm, sich hintergehen zu lassen. Das Vertrauen, das er in seinen Erzieher haben muß, ist anderer Art. Es muß auf die Autorität der Vernunft, auf die Überlegenheit der Einsichten und auf die Vorzüge gründen, die der junge Mann erkennen kann und deren Nutzen er fühlt. Eine lange Erfahrung hat ihn gelehrt, daß sein Erzieher ihn liebt, daß er ein weiser und aufgeklärter Mann ist, der nicht nur sein Glück will, sondern auch weiß, wie man es erreichen kann. Er muß wissen, daß es

Vertrauen des Schülers in den Lehrer

---

* Ich habe mich geirrt, ich habe einen entdeckt: M. Formey.

in seinem eigenen Interesse liegt, auf seinen Rat zu hören. Wenn sich nun der Lehrer wie der Schüler täuschen ließe, so verlöre er das Recht, von ihm Achtung zu fordern und ihm Lehren zu geben. Noch weniger darf der Schüler annehmen, daß ihn der Lehrer absichtlich in die Schlingen tappen läßt und seiner Einfalt Fallen stellt. Was muß man also tun, um gleichzeitig beide Nachteile zu vermeiden? Das, was das beste und natürlichste ist: einfach und aufrichtig sein wie er, ihn auf die Gefahren aufmerksam machen, denen er sich aussetzt, sie ihm deutlich und fühlbar, aber ohne Übertreibung, ohne Ärger, ohne pedantischen Aufwand zeigen, vor allem aber ohne ihm eure Ratschläge als Befehle zu geben, bis sie es geworden sind und der Befehlston absolut notwendig ist. Bleibt er aber trotzdem, wie so oft, hartnäckig, dann sagt ihm gar nichts mehr und laßt ihn gewähren. Folgt ihm, ahmt ihn nach, aber fröhlich und aufrichtig. Seid gelöst, unterhaltet euch, wenn möglich, genausoviel wie er. Werden die Folgen zu bedenklich, so seid ihr ja da, um sie aufzuhalten. Wie sehr muß nicht der junge Mann, der Zeuge eurer Voraussicht und eurer Gefälligkeit ist, betroffen und gerührt sein! Jeder Fehler ist ein Zügel, den er euch gibt, um ihn im Notfall daran festzuhalten. Die größte Kunst des Lehrers besteht nun darin, die Gelegenheiten so herbeizuführen und die Ermahnungen so zu lenken, daß er im voraus weiß, wann der junge Mann nachgeben und wann er hartnäckig bleiben wird, damit er ihn von allen Seiten aus der Erfahrung belehren kann, ohne ihn jemals allzu großen Gefahren auszusetzen.

Keine Ermahnungen
Macht ihn auf seine Fehler aufmerksam, ehe er sie begeht. Sind sie passiert, so macht ihm keine Vorwürfe. Damit weckt man nur seine Eigenliebe und macht ihn aufsässig. Eine Ermahnung, über die man sich empört, nützt nichts. Ich kenne nichts Dümmeres als das Wort: *Ich habe es dir ja gesagt!* Das beste Mittel, ihn daran zu erinnern, was man gesagt hat, ist, so zu tun, als habe man es vergessen. Seht ihr ihn im Gegenteil beschämt, weil er euch nicht geglaubt hat, so verwischt den Eindruck dieser Demütigung behutsam mit guten Worten. Sicherlich wird er euch dafür lieben, wenn er sieht, daß ihr euch seinetwegen vergeßt und ihn tröstet, statt ihn noch mehr zu entmutigen. Fügt ihr dagegen zu seinem Kummer noch Vorwürfe hinzu, so wird er euch hassen und sich vornehmen, nicht mehr auf euch zu hören, wie um euch zu beweisen, daß er über die Bedeutung eurer Ratschläge anders denkt als ihr.

Die Art und Weise, wie ihr ihn tröstet, kann eine um so nützlichere Belehrung sein, als er ihr nicht mißtraut. Wenn ihr ihm sagt, daß tausend andere die gleichen Fehler machen, so sieht er, daß er sich verrechnet hat. Ihr verbessert ihn, während ihr ihn zu beklagen scheint. Denn es ist eine niederschmetternde Ausflucht für ihn, der besser zu sein glaubt als andere Menschen, sich an ihrem Beispiel trösten zu müssen. Damit begreift er, daß er höchstens damit rechnen kann, daß sie nicht mehr wert sind als er selber.

Die Zeit der Fehler ist die Zeit der Fabeln. Wenn man den Schuldigen unter einer Maske tadelt, belehrt man ihn, ohne ihn zu verletzen. Er begreift, daß die Fabel nicht lügt, weil sie die Wahrheit auf sich bezieht. Ein Kind, das man nie durch Lobsprüche getäuscht hat, versteht nichts von der oben erwähnten Fabel[37], aber der Leichtfuß, den ein Schmeichler auf den Arm genommen hat, begreift ausgezeichnet, daß der Rabe ein Dummkopf war. So zieht er aus einem Ereignis eine Lebensregel, und die Erfahrung, die er bald vergessen hätte, prägt sich mit Hilfe der Fabel seinem Gedächtnis ein. Es gibt keine moralische Erkenntnis, die man nicht durch die eigene und die Erfahrung anderer gewinnen könnte. Ist es jedoch gefährlich, diese Erfahrung selbst zu machen, so zieht man die Lehre aus der Geschichte. Ist sie aber ohne bedenkliche Folgen, so macht sie der junge Mann am besten selbst. Mit Hilfe der Fabel führt man dann die ihm bekannten Fälle auf allgemeine Lebensregeln zurück.

Die Zeit der Fabeln

Damit meine ich nicht, daß diese Regeln entwickelt, ja nicht einmal in Worten ausgedrückt werden sollen. Nichts ist unnützer und so mißverständlich als die Moral, mit der man meistens eine Fabel beendet. Als ob diese Moral nicht in der Fabel selbst läge oder liegen müßte, damit sie der Leser versteht. Warum also dem Leser das Vergnügen rauben, sie selbst zu finden, indem man sie an den Schluß anfügt? Die Kunst des Unterrichtens besteht darin, daß der Schüler am Unterricht Freude hat. Soll er Freude daran haben, darf sein Geist nicht bei allem, was ihr sagt, passiv bleiben, so daß ihm nichts mehr zu tun übrigbleibt, um euch zu verstehen. Das Selbstgefühl des Lehrers muß immer noch etwas für das Selbstgefühl des Schülers übriglassen. Er muß sich sagen können: Ich begreife, ich verstehe, ich handle, ich unterrichte mich. Einer der Gründe, warum der Pantalone[38] der italienischen Komödie so langweilig ist, sind seine Bemühungen, dem Publikum die Plattheiten zu erklären, die es sowieso nur zu gut versteht. Ich will nicht, daß der Erzieher ein Pantalone sei, noch weniger ein Autor. Man muß sich immer verständlich machen, aber man darf nicht alles sagen. Wer alles sagt, sagt wenig, denn am Ende hört man ihm nicht mehr zu. Was bedeuten die vier Verse, die La Fontaine an die Fabel vom aufgeblähten Frosch anhängt? Hat er Angst, daß man ihn nicht verstanden habe? Hat dieser große Maler nötig, seine Gemälde zu beschriften? Statt seine Moral zu verallgemeinern, beschränkt er sie auf den einzelnen Fall und verhindert die Anwendung auf andere Fälle. Ehe man die Fabeln dieses unnachahmlichen Autors jungen Leuten in die Hand gibt, wünschte ich, daß man alle Schlußfolgerungen streicht, mit denen er zu erklären versucht, was er schon ebenso klar wie reizvoll gesagt hat. Wenn

Die Moral der Fabeln

euer Schüler die Fabel nur mit Hilfe von Erklärungen versteht, so könnt ihr sicher sein, daß er sie auch dann nicht verstehen wird.

Die Fabel von den beiden Maultieren

Es wäre auch wichtig, den Fabeln eine didaktischere Reihenfolge zu geben, die den Fortschritten der Gefühle und der Erkenntnisse des Jünglings besser angepaßt ist. Gibt es etwas Unvernünftigeres, als die Fabeln ohne Rücksicht auf die Bedürfnisse oder Gelegenheiten der Reihe nach zu lernen? Erst den Raben, dann die Grille*, dann den Frosch, dann die beiden Maultiere, usw. Diese beiden Maultiere liegen mir am Herzen, weil ich mich an ein Kind erinnere, das man für das Finanzwesen erzog und dem man mit dem Beruf, den es einmal ergreifen sollte, den Kopf vernebelte. Es las die Fabel, lernte sie und sagte sie hundertmal her, ohne daß es jemals daraus einen Vorwurf gegen den Beruf zog, der ihm bestimmt war. Ich habe nicht nur niemals Kinder gesehen, die jemals die gelernten Fabeln in der Praxis angewendet hätten, ich habe auch niemanden gesehen, der sich bemüht hätte, eine solche Anwendung zu betreiben. Der Vorwand, warum man Fabeln lernt, ist die moralische Belehrung. Die wahre Absicht der Mutter und des Kindes ist jedoch, eine ganze Gesellschaft damit zu unterhalten, während es seine Fabeln aufsagt. Daher vergißt sie sie auch alle wieder, wenn es größer wird, wenn es nicht mehr darauf ankommt, sie aufzusagen, sondern Nutzen daraus zu ziehen. Noch einmal: es ist nur Sache der Erwachsenen, aus Fabeln zu lernen. Für Emil ist jetzt die Zeit gekommen, damit zu beginnen.

Der Weg zu sich selbst

Ich zeige nur von weitem — denn ich will nicht alles sagen — die Irrwege, damit man sie vermeiden lerne. Wenn euer Schüler dem von mir bezeichneten Weg folgt, so wird er, glaube ich, die Menschen und sich selbst am billigsten kennenlernen. Ihr werdet ihn dahin stellen, von wo er das Spiel des Glücks betrachten kann, ohne dessen Günstlinge zu beneiden; wo er mit sich zufrieden ist, ohne sich für besser zu halten als die anderen. Ihr habt damit begonnen, einen Schauspieler aus ihm zu machen, damit ein Zuschauer daraus werde. Vollendet euer Werk: Vom Zuschauerraum sieht man die Dinge, wie sie scheinen; von der Bühne, wie sie sind. Um das Ganze zu überblicken, muß man Abstand gewinnen; um Einzelheiten zu sehen, muß man nähertreten. Mit welchem Anrecht mischt sich ein junger Mann in die Angelegenheiten der Welt? Welchen Anspruch hat er, in diese dunklen Geheimnisse eingeweiht zu werden? Das Interesse seines Alters beschränkt sich auf Intrigen und Vergnügungen. Er verfügt vorerst nur über sich, d. h. so gut wie über nichts. Der Mensch ist die billigste aller Waren und von allen unseren gewichtigen Eigentumsrechten ist das Recht über die Person das geringste von allen.

---

* Hier muß wieder die Verbesserung von M. Formey gemacht werden: Zuerst die Grille, dann der Rabe, usw.

Erfahrung als Lehrerin; mehr Taten als Worte

Wenn ich sehe, wie man im Alter der größten Aktivität die jungen Leute auf rein spekulative Studien beschränkt und wie sie dann ohne die geringste Erfahrung mit einem Schlag in die Welt und in die Geschäfte geworfen werden, finde ich darin einen Verstoß gegen die Natur wie gegen die Vernunft, und es überrascht mich nicht mehr, daß sich so wenige Menschen benehmen können. Aus welch seltsamen Einfällen heraus lehrt man uns so unnütze Dinge, während die Gabe zu handeln nichts zählt? Man behauptet, uns für die Gesellschaft zu bilden und unterrichtet uns so, als ob jeder von uns sein Leben in einer Zelle verbringen oder Luftprojekte mit gleichgültigen Leuten behandeln müßte. Ihr glaubt, eure Kinder leben zu lehren, wenn ihr ihnen beibringt, den Körper zu verrenken und Formeln herzusagen, die nichts bedeuten. Ich habe Emil auch leben gelehrt, denn ich habe ihn gelehrt, mit sich selbst zu leben, und außerdem, sein Brot zu verdienen. Aber das ist nicht genug. Um in der Welt zu leben, muß man mit den Menschen umgehen können. Man muß die Mittel kennen, mit denen man Einfluß auf sie gewinnt; man muß die Wirkung der Gesellschaft berechnen und die Ereignisse so genau voraussehen können, daß man in seinen Unternehmungen nur selten getäuscht wird oder doch wenigstens die besten Mittel zum Erfolg anwendet. Das Gesetz erlaubt jungen Leuten nicht, ihre eigenen Geschäfte zu machen und über ihr Vermögen zu verfügen: aber wozu dient diese Vorsicht, wenn sie bis zum vorgeschriebenen Alter keine Erfahrung sammeln können? Mit dem Warten hätten sie nichts gewonnen und wären mit fünfundzwanzig noch genauso unerfahren wie mit fünfzehn. Zweifellos muß man verhindern, daß sich ein junger Mann, durch seine Unwissenheit verblendet oder durch seine Leidenschaften verleitet, selbst schadet. Aber man kann in jedem Alter wohltätig sein und man kann in jedem Alter unter der Leitung eines klugen Menschen Unglücklichen beistehen, die Unterstützung brauchen.

Ammen und Mütter binden sich an ihre Kinder durch die Sorgen, die sie ihnen zuwenden. Die Ausübung sozialer Tugenden lehrt die Menschheit lieben. Indem man Gutes tut, wird man gut. Ich kenne kein Verfahren, das sicherer wäre. Laßt euren Schüler an allen guten Handlungen teilnehmen, die seinen Kräften angemessen sind. Die Bedürfnisse der Notleidenden soll er zu den seinen machen; er soll ihnen nicht nur mit dem Geldbeutel beistehen, sondern für sie sorgen: ihnen dienen, sie beschützen, ihnen seine Person und seine Zeit opfern; sich zum Anwalt ihrer Angelegenheiten machen. In seinem ganzen Leben wird er kein so ehrenvolles Amt mehr bekleiden. Wie viele Unterdrückte, die man niemals angehört hätte, erhielten Recht, wenn er es mit jener beharrlichen Entschlossenheit verlangt, die die Tugend ver-

Wohltun

mittelt; wenn er Große und Reiche zwingt, ihm die Türen zu öffnen; wenn er, wenn es nötig ist, bis zu den Stufen des Thrones geht, um den Unglücklichen Gehör zu verschaffen, denen in ihrem Elend alle Zugänge verschlossen sind, und die aus Angst, für das Unrecht, das man ihnen angetan hat, auch noch bestraft zu werden, nicht wagen, sich zu beklagen!

Wollen wir aber aus Emil einen fahrenden Ritter, einen Weltverbesserer, einen Paladin machen? Soll er sich in die öffentlichen Angelegenheiten einmischen, den Weisen, den Anwalt bei den Großen, den Behörden, dem Fürsten machen? Den Fürbitter bei den Richtern und den Advokaten bei den Gerichten? Davon weiß ich nichts. Diese komischen und lächerlichen Namen ändern nichts an der Natur der Dinge. Er wird alles tun, was nötig und gut ist. Darüber hinaus tut er nichts, und er weiß, daß nichts für ihn nützlich und gut ist, was nicht seinem Alter entspricht. Er weiß, daß seine erste Pflicht ihm selbst gilt; daß sich junge Leute selber mißtrauen, in ihrem Benehmen vorsichtig, gegen Ältere ehrerbietig, bei seichtem Geplauder zurückhaltend, in gleichgültigen Dingen bescheiden sein müssen, aber beherzt im Guten und mutig in der Wahrheit. So waren jene berühmten Römer, die in ihrer Jugend, ehe sie zu den Staatsämtern zugezogen wurden, Verbrechen verfolgten und die Unschuld verteidigten ohne anderes Interesse, als sich im Dienst der Gerechtigkeit und im Schutz der guten Sitten zu bilden.

Emil liebt weder Lärm noch Streit, weder bei Menschen noch bei Tieren*. Er hetzt keine Hunde aufeinander. Nie hat er eine Katze von einem Hund jagen lassen. Dieser friedliche Sinn ist eine Frucht seiner Erziehung. Sie hat niemals die Selbstsucht und die hohe Selbstmeinung wuchern lassen und sie hat ihn davon abgehalten, sein Vergnügen im Herrschen und im Unglück anderer zu suchen. Er leidet, wenn er leiden sieht, und das ist ein natürliches Gefühl. Ein junger Mann wird hart und findet Gefallen an den Qualen eines empfindenden Wesens, wenn er in einem Rückfall von Eitelkeit glaubt, er sei durch seine Weisheit und seine Überlegenheit vor solchen Leiden ge-

---

* Wie verhält er sich, wenn jemand Streit mit ihm anfängt? Ich sage, daß er nie Streit haben wird, weil er es niemals so weit kommen läßt. Aber, so fahrt ihr fort, wer ist schon sicher vor einem Schlag ins Gesicht oder einer Beleidigung eines Rohlings, eines Betrunkenen oder eines Raufboldes, der zuerst seinen Mann in seiner Ehre beleidigt, um dann das Vergnügen zu haben, ihn umzubringen? Das ist etwas anderes! Ehre und Leben eines Bürgers dürfen keinem Rohling, keinem Betrunkenen oder Raufbold ausgeliefert sein! Aber vor so etwas kann man sich ebensowenig sichern wie vor einem fallenden Dachziegel! Eine Ohrfeige und eine Beleidigung haben im bürgerlichen Leben Folgen, die keine Weisheit verhindern und für die kein Gericht dem Beleidigten Genugtuung geben kann. Da die Gesetze unzulänglich sind, ist der Beleidigte unabhängig. Er ist selbst Obrigkeit und Richter zwischen sich und dem Beleidiger. Er ist selbst der Interpret

schützt. Wer vor solcher Geisteshaltung bewahrt wird, kann nie in den Fehler verfallen, den sie erzeugt. Emil liebt also den Frieden. Das Bild des Friedens erfreut ihn, und wenn er zum Glück beitragen kann, so ist das ein weiteres Mittel, es zu teilen. Ich habe nicht angenommen, daß er beim Anblick Unglücklicher nur jenes taube und grausame Mitleid für sie empfindet, das sich begnügt, Übel zu beklagen, statt sie zu heilen. Seine aktive Wohltätigkeit vermittelt ihm bald Kenntnisse, die er mit einem härteren Herzen gar nicht oder erst viel später gewonnen hätte. Sieht er Zwietracht unter seinen Kameraden, sucht er sie zu versöhnen; sieht er Bekümmerte, erkundigt er sich nach dem Grund ihres Kummers. Sieht er, wie sich zwei hassen, so möchte er die Ursache ihrer Feindschaft kennenlernen; sieht er einen Unterdrückten unter den Quälereien des Mächtigen und Reichen seufzen, so untersucht er, wie sich diese Quälereien tarnen. Bei seiner Teilnahme für alle Unglücklichen sind ihm die Mittel, ihre Leiden zu beenden, niemals gleichgültig. Was müssen wir tun, um aus diesen Anlagen auf eine seinem Alter angemessene Weise Nutzen zu ziehen? Wir müssen seine Anteilnahme und seine Kenntnisse regeln und seinen Eifer dazu benutzen, sie zu vergrößern.

Ich werde nicht müde zu wiederholen: Jeder Unterricht dieser *Rhetorik* jungen Leute muß eher in den Handlungen als in Reden bestehen. Sie dürfen nichts aus Büchern lernen, was sie aus der Erfahrung lernen können. Welch ausgefallenes Unterfangen, sie reden zu lehren, wenn sie kein Thema haben; zu glauben, man könnte sie auf der Schulbank das Feuer einer leidenschaftlichen Rede und die ganze Kraft der Überredungskunst fühlen lassen, ohne daß sie Interesse daran hätten, irgend jemanden zu überreden! Wer die Regeln der Rhetorik nicht zu seinem Nutzen anwenden kann, dem erscheinen sie als reines Geschwätz. Was liegt einem Schüler daran, wie Hannibal es anstellte, um seine Soldaten zum Überschreiten der Alpen zu bewegen? Wenn ihr ihm anstelle dieser prachtvollen Rede zeigt, wie man es anfangen muß, um von seinem Direktor schulfrei zu bekommen, so könnt

---

und Vollstrecker des Naturgesetzes. Er ist sich Gerechtigkeit schuldig und kann sie allein sprechen, und es gibt keine Regierung auf Erden, die so unvernünftig wäre, ihn dafür zu bestrafen, weil er sich selbst geholfen hat. Ich sage nicht, daß er hingehen und sich schlagen soll; das wäre eine Überspanntheit. Ich sage, daß er sich Gerechtigkeit schuldet und daß er der einzige ist, der sie sich verschaffen kann. Wenn ich der Herrscher wäre, ich stünde dafür ein, daß es in meinen Staaten ohne alle wirkungslosen Verordnungen gegen die Duelle weder Ohrfeigen noch Beleidigungen geben würde, und zwar durch ein sehr einfaches Mittel, ohne Einmischung der Gerichte. Wie dem auch sei, Emil weiß in solch einem Fall, welche Gerechtigkeit er sich selbst und welches Beispiel er der Sicherheit ehrbarer Leute schuldig ist. Auch der aufrechteste Mann kann nicht verhindern, daß man ihn beleidigt, aber es steht in seiner Macht, zu verhindern, daß man sich lange rühmt, ihn beleidigt zu haben.

ihr sicher sein, daß er euren Regeln mehr Aufmerksamkeit schenken wird.

Emil ist kein Redner

Wenn ich einen jungen Mann, dessen Leidenschaften schon entwickelt sind, in der Rhetorik unterrichten müßte, so würde ich ihm ständig Dinge vorführen, die seinen Passionen entgegenkommen. Ich würde mit ihm untersuchen, welcher Sprache er sich bedienen müßte, um andere seinen Wünschen geneigt zu machen. Aber Emil befindet sich nicht in einer Lage, die ihm das Erlernen der Rhetorik erleichtert. Da er fast nur auf das physisch Notwendige beschränkt ist, braucht er andere Menschen weniger als sie ihn. Da er von anderen nichts zu erbitten hat, so berührt ihn das, wozu er sie überreden möchte, nicht stark genug, um ihn leidenschaftlich zu bewegen. Daraus folgt, daß seine Sprache im allgemeinen einfach und wenig bilderreich ist. Gewöhnlich drückt er sich gegenständlich aus und nur, um verstanden zu werden. Er macht keine Sentenzen, weil er nicht gelernt hat, seine Gedanken zu verallgemeinern; er wendet wenige Bilder an, da er selten leidenschaftlich erregt ist.

Emils Sprache

Trotzdem ist er nicht phlegmatisch und kalt; das gestatten weder sein Alter noch seine Sitten und sein Geschmack. Bei seinem jugendlichen Feuer geben die zurückgestauten und konzentrierten Lebensgeister seinem Herzen eine Wärme, die in seinen Blicken strahlt, die man in seinen Reden spürt, die man in seinen Handlungen sieht. Seine Sprache hat Nachdruck und ist manchmal sogar heftig. Die edlen Empfindungen, die ihn begeistern, geben ihm Kraft und Schwung. Durchdrungen von Liebe zur Menschheit überträgt er die Regungen seiner Seele in die Sprache. Seine großmütige Offenheit hat etwas, das stärker bezaubert als die künstliche Beredsamkeit der anderen; oder vielmehr, er allein ist wirklich beredt, da er nur zu zeigen braucht, was er fühlt, um es seinen Zuhörern mitzuteilen.

Je mehr ich darüber nachdenke, desto mehr sehe ich ein, daß es wenige nützliche Kenntnisse gibt, die man nicht auf diese Weise durch ausgeübte Wohltätigkeit und durch Überlegungen über die Ursachen der guten und bösen Folgen unserer Handlungen im Geiste eines jungen Mannes entwickeln kann, und daß er neben dem Wissen, das ihm das Kollegium vermittelt, eine wichtigere Einsicht erwirbt, nämlich die Anwendung des Erworbenen auf die Bedürfnisse des Lebens. Da er sich für seine Mitmenschen interessiert, lernt er früh, ihre Handlungen, Neigungen und Vergnügungen zu schätzen und zu wägen und im allgemeinen richtiger zu beurteilen, was dem Glück der Menschen förderlich oder abträglich ist, als jene, die sich für niemanden interessieren und nichts für andere tun. Wer sich nur für seine eigenen Angelegenheiten interessiert, ist zu voreingenommen, um noch ein gesundes Urteil über die Dinge abgeben zu können. Sie beziehen alles auf sich selbst und stimmen ihre Vorstellungen von Gut und Böse nur auf ihren Vorteil ab. So füllen sie ihren Kopf mit tausend lächerlichen Vorurteilen und sehen bei der geringsten Schmälerung ihres Vorteiles den Untergang der ganzen Welt.

Dehnen wir die Eigenliebe auf andere aus, so verwandeln wir sie in Tugend. Es gibt kein Menschenherz, in dem diese Tugend nicht ihre Wurzeln hätte. Je weniger sich unsere Sorge auf uns selbst richtet, um so weniger brauchen wir zu fürchten, durch das eigene Interesse getäuscht zu werden. Je mehr man dieses Interesse verallgemeinert, um so gerechter wird es, und unsere Liebe für die Menschen ist nichts anderes als Liebe für die Gerechtigkeit. Soll also Emil die Wahrheit lieben und erkennen, so muß er so wenig wie möglich um sich selbst besorgt sein. Je mehr er sich um das Glück anderer kümmert, um so aufgeklärter und klüger wird er und um so weniger wird er sich über Gut und Böse täuschen. Dulden wir aber niemals, daß er nur auf persönliche Eindrücke oder auf ungerechte Voreingenommenheit hin jemanden blind bevorzugt. Warum sollte er dem einen schaden, um dem anderen zu nützen? Wem der größere Anteil des Glücks anheimfällt, kümmert ihn wenig, wenn er nur zum größtmöglichen Glück aller beiträgt. Das ist nach dem eigenen Interesse das erste Interesse des Weisen, denn jeder ist ein Teil seiner Gattung, nicht aber ein Teil eines anderen Individuums.

Um zu verhindern, daß das Mitleid in Schwäche ausartet, muß man es also verallgemeinern und auf das ganze menschliche Geschlecht ausdehnen. Man überläßt sich ihm nur insoweit, als es gerecht ist, weil die Gerechtigkeit am meisten zum Gemeinwohl der Menschen beiträgt. Aus Vernunft, aus Liebe zu sich selbst müssen wir mit unserer Gattung mehr Mitleid haben als mit unserem Nächsten. Mitleid mit Bösen zu haben, ist eine große Grausamkeit gegen die Menschen.

Im übrigen erinnere man sich, daß alles, womit ich meinen Zögling aus sich selbst herausreiße, doch immer eine unmittelbare Beziehung zu ihm selbst hat, denn es bereitet ihm nicht nur eine innere Befriedigung, sondern ich belehre ihn auch, indem ich ihn zum Wohle anderer wirken lasse.

Liebe zur Gerechtigkeit

Wirkung der Mittel

Nachdem ich zuerst die Mittel aufgezeigt habe, will ich jetzt deren Wirkung darstellen. Welch große Ansichten sehe ich nach und nach in seinem Kopfe sich bilden! Erhabene Gefühle ersticken die Keime kleiner Leidenschaften! Ich sehe, wie Klarheit des Urteils und Schärfe des Verstandes sich aus kultivierten Neigungen, aus der Erfahrung bilden, die die Wünsche einer großen Seele in die engen Grenzen des Möglichen zusammenfaßt und bewirkt, daß einer, der die anderen überragt, sich zu ihnen herabläßt, weil er sie nicht zu sich emporziehen kann! Die wahren Grundsätze des Rechtes, die wahren Vorbilder des

Schönen, alle moralischen Bezüge der Wesen untereinander, alle Begriffe der Ordnung prägen sich seinem Verständnis ein. Er sieht den Platz eines jeden Dinges und die Ursache, die es davon entfernt. Er weiß, wodurch das Gute bewirkt wird und was es behindert. Ohne die menschlichen Leidenschaften empfunden zu haben, kennt er ihre falschen Hoffnungen und ihr Spiel.

Warum Emil so anders ist

Hingerissen von meinem Thema, fahre ich fort, ohne mir allerdings Illusionen über das Urteil der Leser zu machen. Sie sehen mich seit langem im Lande der Träume; ich hingegen sehe sie im Lande der Vorurteile. Da ich mich so stark von den allgemeinen Ansichten entferne, muß ich dauernd an sie denken. Ich prüfe sie, ich denke über sie nach, nicht um sie zu befolgen noch um sie zu meiden, sondern um sie zu wägen auf der Waage der Vernunft. Sooft sie mich abzuweichen nötigt, weiß ich aus Erfahrung, daß die Leser mich nicht nachahmen werden. Ich weiß, daß sie den jungen Mann, den ich darstelle, für ein phantastisches Luftgebilde halten, da er von dem so verschieden ist, mit dem sie ihn vergleichen, und daß sie sich darauf versteifen, nur das für möglich zu halten, was sie sehen. Sie bedenken nicht, daß er sich doch unterscheiden muß, weil er ganz anders erzogen wurde, weil er von ganz anderen Gefühlen bewegt wird und einen ganz anderen Unterricht erhalten hat. Es wäre daher weit überraschender, wenn er ihnen gliche, statt so zu sein, wie ich ihn annehme. Er ist nicht der Mensch des Menschen, er ist der Mensch der Natur. Und so muß er in ihren Augen höchst seltsam erscheinen.

Warum sich Emil von anderen Schülern unterscheidet

Als ich dieses Werk begonnen hatte, habe ich nichts vorausgesetzt, was nicht jeder ebensogut hätte beobachten können wie ich, denn es gibt einen Punkt, von dem wir alle gemeinsam ausgehen: die Geburt des Menschen. Aber je weiter wir voranschreiten, ich, um die Natur zu pflegen, ihr, um sie zu verderben, um so weiter entfernen wir uns voneinander. Mit sechs Jahren unterschied sich mein Schüler nur wenig von eurem Schüler, weil ihr noch keine Zeit hattet, ihn zu entstellen. Jetzt haben sie nichts mehr gemeinsam. Im Mannesalter, dem er sich nähert, muß er sich völlig verschieden zeigen, oder ich habe meine Mühe verloren. Die Menge des Erworbenen ist vielleicht bei beiden gleich, aber das Erworbene gleicht sich nicht. Ihr staunt, bei dem einen edle Gefühle zu finden, von denen der andere keine Spur besitzt. Bedenkt aber auch, daß diese bereits alle Philosophen und Theologen sind, ehe Emil weiß, was Theologie ist, und ehe er noch von Gott jemals hat reden hören.

Würde man mir sagen: Von all dem, was Sie voraussetzen, existiert nichts; die jungen Leute sind gar nicht so; sie haben diese oder jene Leidenschaften; sie tun dies oder das: so wäre das genauso, als wenn man leugnete, daß ein Birnbaum jemals groß werden könne, weil man nur Zwergbäume in unserem Garten sieht.

Ich bitte diese vorschnellen Richter zu bedenken, daß ich das, was sie sagen, genausogut weiß wie sie; daß ich wahrscheinlich länger als sie darüber nachgedacht habe; daß ich kein Interesse habe, ihnen etwas vorzumachen, und daß ich verlangen kann, sie mögen sich die Zeit nehmen, um zu untersuchen, worin ich mich täusche. Sie mögen doch den Charakter des Menschen studieren und den ersten Regungen des Herzens unter diesen oder jenen Umständen folgen, um zu erkennen, wie sehr die Individuen durch die Macht der Erziehung voneinander verschieden sein können. Dann mögen sie meine Erziehung mit den Wirkungen, die ich ihr zuschreibe, vergleichen und sagen, worin ich mich geirrt habe: dann werde ich nicht mehr widersprechen. *Rechtfertigung seiner Methode*

Was mich so sicher macht und mich, wie ich glaube, auch dafür entschuldigt, ist die Tatsache, daß ich mich nicht dem Geist des Systems verschreibe. Ich gebe dem Theoretisieren so wenig Raum wie möglich und verlasse mich nur auf die Beobachtung. Ich stütze mich nicht auf das, was ich erdacht, sondern auf das, was ich gesehen habe. Tatsächlich habe ich meine Beobachtungen nicht bloß auf eine einzige Stadt beschränkt, auch nicht auf eine einzige Gesellschaftsklasse, sondern ich habe während meines der Beobachtung gewidmeten Lebens viele Stände und Völker verglichen und alles als erkünstelt ausgeschieden, was nur einem Volk und einem Stand angehörte, und nur das als unbestreitbar dem Menschen eigen angesehen, was allen gemeinsam war, welchen Alters, welchen Standes und welcher Nation sie auch sein mochten.

Wenn ihr also nach dieser Methode von seiner Kindheit an einen jungen Menschen begleitet, der noch nicht in eine bestimmte Form geprägt ist, und der so wenig wie möglich von der Autorität und der Meinung anderer abhängt, wem, glaubt ihr, wird er eher gleichen? Meinem Schüler oder euren? Das scheint mir die Frage zu sein, die man beantworten muß, wenn man wissen will, ob ich mich geirrt habe.

Der Mensch fängt nicht leicht zu denken an; hat er aber begonnen, so hört er nicht mehr auf. Wer einmal gedacht hat, wird immer denken. Ist der Verstand einmal im Nachdenken geübt, so kann er nicht mehr untätig bleiben. Man könnte also glauben, daß ich zu viel oder zu wenig tue, daß sich der menschliche Geist von Natur aus nicht so rasch öffnet und daß ich ihn, nachdem ich ihm Fähigkeiten zugeschrieben habe, die er gar nicht hat, zu lange in einem Kreis von Vorstellungen eingeschlossen halte, den er längst durchbrochen haben müßte. *Denken*

Man muß aber zunächst bedenken, daß es sich nicht darum handelt, einen Menschen, den man zum natürlichen Menschen bilden will, zu einem Wilden zu machen und ihn in die Tiefen der Wälder zu verbannen. Es genügt, daß er sich im Strudel des sozialen Lebens weder durch die Leidenschaften noch durch die Meinung der Menge fortreißen läßt; daß er mit eigenen Augen *Wodurch sich der natürliche Mensch vom Wilden unterscheidet* sieht; daß er mit seinem Herzen fühlt; daß ihn keine Autorität außer der seiner eigenen Vernunft beherrscht. Es ist klar, daß in dieser Lage die Menge dessen, was auf ihn einwirkt, die häufigen Gefühle, von denen er bewegt wird, die verschiedenen Mittel, seine wirklichen Bedürfnisse zu befriedigen, ihm viele Begriffe vermitteln, die er niemals gehabt oder die er nur langsamer erworben hätte. Der dem Geist natürliche Fortschritt wird beschleunigt und nicht zurückgehalten. Derselbe Mensch, der in den Wäldern dumm bleiben muß, muß in der Stadt vernünftig und verständig werden, selbst wenn er nur Zuschauer bleibt. Nichts ist geeigneter, einen Weisen zu machen, als die Torheiten, die man sieht, ohne sie zu teilen. Und selbst der, der sie teilt, lernt noch daraus, wenn er sich nicht durch sie betören läßt und nicht dem Irrtum derer verfällt, die sie begehen.

Begriffe, Ideen, Gott, Religion

Man bedenke auch, daß wir durch unsere Fähigkeiten auf sinnenhafte Dinge beschränkt sind und zu den abstrakten Begriffen der Philosophie und den rein geistigen Ideen fast keinen Zugang haben. Um dahin vorzustoßen, müßten wir uns entweder von unserem Körper, an den wir so fest gekettet sind, lösen, oder stufenweise und langsam von Gegenstand zu Gegenstand fortschreiten, oder schließlich rasch und fast mit einem Riesensprung die Kluft überspringen, wozu das Kind nicht fähig ist und wofür die Erwachsenen viele Stufen brauchen, die eigens für sie gemacht sind. Die erste abstrakte Idee ist die erste dieser Stufen; aber es fällt mir schwer, mir vorzustellen, wie man sie bauen könnte.

Das unbegreifliche, alles umfassende Wesen, das die Welt bewegt und die ganze Ordnung des Seienden schafft, ist unsichtbar und ungreifbar. Es entzieht sich unseren Sinnen. Das Werk steht da, aber der Schöpfer verbirgt sich. Es ist keine Kleinigkeit, endlich zu erkennen, daß er existiert. Sind wir aber dahingekommen, dann fragen wir uns: Wie ist er? Wo ist er? und unser Geist verwirrt und verirrt sich, und wir wissen nicht, was wir denken sollen.

Geist und Körper
Locke will, daß man mit dem Studium des Geistes beginnt und erst dann zu dem des Körpers übergeht. Das ist die Methode des Aberglaubens, der Vorurteile und des Irrtums. Es ist nicht die Methode der Vernunft, nicht einmal die der wohlgeordneten Natur. Das heißt, sich die Augen verbinden, um sehen zu lernen. Man muß lange den Körper studiert haben, um sich einen richtigen Begriff vom Geist zu machen und sein Dasein zu ahnen. Der entgegengesetzte Weg führt nur zum Materialismus.

Entstehung der Götzen
Da unsere Sinne die ersten Werkzeuge unserer Erkenntnis sind, so sind auch die körperlichen und sinnlichen Dinge die

Begriffe, Ideen, Gott, Religion

einzigen, von denen wir eine unmittelbare Vorstellung haben. Das Wort *Geist* hat keinen Sinn für den, der nicht darüber nachgedacht hat. Für das Volk und für die Kinder ist auch ein Geist ein Körper. Erfinden sie nicht Geister, die schreien, reden, schlagen und lärmen? Man wird mir aber zugestehen, daß Geister, die Arme haben und sprechen können, Körpern sehr ähnlich sind. Daher haben sich alle Völker der Welt, die Juden nicht ausgenommen, körperliche Götter geschaffen. Wir selbst sind mit unseren Ausdrücken „Geist, Dreieinigkeit, Personen" zum größten Teil wahre Anthropomorphisten. Man lehrt uns zwar, daß Gott überall sei, aber wir glauben auch, daß die Luft überall ist, wenigstens in unserer Atmosphäre. Und das Wort *Geist (esprit)* bedeutet ja ursprünglich auch nur *Hauch* und *Wind*. Sobald man die Menschen daran gewöhnt, Worte auszusprechen, die sie nicht verstehen, kann man sie dann damit leicht alles sagen lassen, was man will.

Das Bewußtsein, daß wir auf andere Körper einwirken können, ließ uns von Anfang an glauben, daß andere Körper auf ähnliche Weise auch auf uns einwirken. So fing der Mensch an, alle Wesen, die auf ihn einwirken, zu beleben. Da er sich weniger stark fühlte als die Mehrzahl dieser Wesen, weil er die Grenzen ihrer Macht nicht kannte, glaubte er sie unbegrenzt: er macht Götter aus ihnen, sobald er Körper aus ihnen gemacht hatte. Weil die Menschen in den ersten Zeiten vor allem erschreckt sind, haben sie überhaupt nichts Totes in der Natur gesehen. Trotzdem hat sich der Begriff der Materie genauso langsam gebildet wie der vom Geist, denn diese erste Idee ist selbst eine Abstraktion. So haben uns das All mit sinnlichen Göttern bevölkert; die Sterne, den Wind, die Berge, die Flüsse, die Bäume, die Städte, sogar die Häuser, alles hatte seine Seele, seinen Gott, sein Leben. Die Götzen Labans, die Manitus der Wilden, die Fetische der Neger, alle Gebilde der Natur und der Menschen waren die ersten Gottheiten der Sterblichen. Der Polytheismus war ihre erste Religion, ihr erster Kult der Götzendienst. Die Erkenntnis eines einzigen Gottes war ihnen erst dann möglich, als sie ihre Vorstellungen mehr und mehr verallgemeinerten und imstande waren, auf eine erste Ursache zurückzugehen, das ganze System der Wesen unter einen einzigen Begriff zu bringen und dem Wort *Substanz*, das im Grunde die größte Abstraktion ist, einen Sinn zu geben. Jedes Kind, das an Gott glaubt, ist notwendigerweise ein Götzendiener oder wenigstens Anthropomorphist. Wenn die Phantasie einmal Gott geschaut hat, ist es sehr selten, daß ihn die Vernunft begreift. Das ist gerade der Irrtum, in den die Methode Lockes führt.

Damit bin ich, ich weiß nicht wie, auf den abstrakten Begriff **Die Substanz** der Substanz gekommen. Wollte man eine einzige Substanz annehmen, so müßte man ihr Eigenschaften zuschreiben, die sich gegenseitig ausschließen, z. B. das Denkvermögen und die

Ausdehnung, die ihrem Wesen nach teilbar ist, während das Denkvermögen jede Teilbarkeit ausschließt. Man begreift übrigens, daß das Denkvermögen, oder, wenn man will, das Empfindungsvermögen eine ursprüngliche und von der Substanz, der sie eigen ist, untrennbare Eigenschaft ist; mit der Ausdehnung in bezug auf ihre Substanz verhält es sich ebenso. Daraus kann man schließen, daß Wesen, die eine dieser Eigenschaften verlieren, auch die Substanz verlieren, der sie angehören. Folglich ist der Tod nur eine Trennung der Substanzen, und die Wesen, in denen diese beiden Substanzen verbunden sind, sind aus zwei Substanzen zusammengesetzt, denen diese beiden Eigenschaften angehören.

Möglichkeiten des Begreifens

Bedenkt nun, welch ein Unterschied noch zwischen dem Begriff der beiden Substanzen und dem der göttlichen Natur besteht; zwischen der unfaßbaren Vorstellung der Einwirkung unserer Seele auf unseren Körper und der Vorstellung der Einwirkung Gottes auf alle Wesen. Wie sollen sich die Begriffe Schöpfung, Vernichtung, Allgegenwart, Ewigkeit, Allmacht, der Begriff der göttlichen Eigenschaften, die nur wenigen Menschen so verwirrt und so dunkel, wie sie sind, erscheinen, die aber für das Volk nichts Dunkles haben, weil es davon gar nichts versteht, wie sollen sich diese Begriffe in ihrer ganzen Stärke, d. h. in ihrer ganzen Dunkelheit jungen Seelen darstellen, die noch mit den ersten Operationen ihrer Sinne beschäftigt sind, und die nur das begreifen, was sie berühren? Vergebens liegen die Abgründe der Unendlichkeit offen vor uns: ein Kind erschrickt nicht davor; seine schwachen Augen können die Tiefe nicht ergründen. Für das Kind ist alles unendlich. Sie können nichts begrenzen, nicht, weil sie einen zu großen Maßstab anlegen, sondern weil ihr Verstand zu kurz ist. Ich habe sogar bemerkt, daß sie das Unendliche weniger jenseits als diesseits des ihnen bekannten Raumes suchen. Sie schätzen einen unermeßlichen Raum eher nach ihren Füßen als nach ihren Augen ab. Er erstreckt sich für sie nicht weiter, als sie sehen, nur weiter, als sie gehen können. Erzählt man ihnen von der Macht Gottes, so halten sie ihn fast ebenso stark wie ihren Vater. Da sie für alles in ihren Erkenntnissen das Maß des Möglichen sehen, so halten sie alles, was man ihnen sagt, immer für geringer als ihr eigenes Wissen. Ihre Urteile verraten die Unkenntnis und die Geistesschwäche. Ajax hätte gefürchtet, sich mit Achilles zu messen, aber er fordert Jupiter zum Kampf heraus, weil er Achilles kennt, Jupiter jedoch nicht. Ein Schweizer Bauer, der sich für den reichsten Menschen hielt, und dem man zu erklären versucht, was ein König sei. fragte mit stolzer Miene, ob ein König wohl hundert Kühe auf der Alm habe.

Ich sehe voraus, wie viele Leser erstaunt sein werden, daß ich das erste Alter meines Schülers habe verstreichen lassen, ohne mit ihm über die Religion zu sprechen. Mit fünfzehn Jahren wußte

er noch nicht, ob er eine Seele habe und vielleicht ist es mit achtzehn noch zu früh, daß er es erfährt. Denn wenn er es früher
als nötig erfährt, läuft er Gefahr, es niemals zu wissen.

Wenn ich die Dummheit in ihrer ganzen Ärgerlichkeit dar- *Das Kind und*
stellen müßte, so würde ich einen Pedanten malen, wie er den *der Katechismus*
Kindern den Katechismus beibringt. Wenn ich ein Kind ver-
dummen wollte, so würde ich es zwingen, mir zu erklären, was es
sagt, wenn es den Katechismus aufsagt. Man wird mir entgegnen, daß die meisten christlichen Dogmen Geheimnisse sind,
und darauf zu warten, bis der menschliche Geist fähig ist, sie
zu begreifen, heißt nicht, darauf warten, bis das Kind ein Mann
ist, sondern bis zu seinem Tod. Darauf antworte ich zunächst:
daß es Geheimnisse gibt, die man nicht nur nicht begreifen,
sondern auch nicht glauben kann. Ich sehe nicht ein, was man
bei diesem Unterricht anderes erreicht, als daß man die Kinder
frühzeitig zum Lügen bringt. Ferner behaupte ich: Um Geheimnisse anzuerkennen, muß man wenigstens begreifen, daß sie
unbegreiflich sind. Aber selbst dazu sind die Kinder unfähig. In
einem Alter, in dem alles ein Geheimnis ist, gibt es keine Geheimnisse im eigentlichen Sinn des Wortes.

Man muß an Gott glauben, um erlöst zu werden. Dieses falsch
verstandene Dogma ist das Prinzip aller blutigen Unduldsamkeit
und die Ursache aller eitlen Lehren, die der menschlichen Vernunft den Todesstoß versetzen, weil sie sich daran gewöhnen, sich
mit Worten abspeisen zu lassen. Gewiß dürfen wir keinen
Augenblick verlieren, um die ewige Seligkeit zu verdienen, aber
wenn es genügt, gewisse Wörter nachzusprechen, um sie zu erlangen, sehe ich nicht ein, was uns hindern kann, den Himmel
ebensogut mit Staren und mit Elstern zu bevölkern als mit Kindern.

Die Pflicht zu glauben setzt die Möglichkeit dazu voraus. Der
Philosoph, der nicht glaubt, hat unrecht, weil er die Vernunft, die er kultiviert hat, schlecht verwendet und weil er
imstande ist, die Wahrheit zu begreifen, die er verwirft. Was
glaubt aber ein Kind, das sich zur christlichen Religion bekennt?
Es glaubt, was es begreift. Es begreift aber so wenig von dem,
was man es sagen läßt, daß es auch das Gegenteil genauso willig
annähme, wenn ihr es ihm sagt. Der Glaube der Kinder und der
vieler Erwachsener ist eine Sache der Geographie. Sollen sie dafür
belohnt werden, weil sie in Rom und nicht in Mekka geboren
sind? Dem einen sagt man: Mohammed ist der Prophet Gottes,
und er wiederholt: Mohammed ist der Prophet Gottes. Dem
anderen sagt man: Mohammed ist ein Betrüger, und er wiederholt: Mohammed ist ein Betrüger. Jeder hätte das Gegenteil
behauptet, wenn er an dessen Platz gewesen wäre. Kann man
von zwei einander so ähnlichen Situationen ausgehen, um den
einen ins Paradies und den anderen in die Hölle zu schicken?
Wenn ein Kind an Gott glaubt, so glaubt es nicht an Gott, son-

dern an Peter und Jakob, die ihm sagen, es gäbe etwas, das man Gott nennt. Und es glaubt es so wie Euripides:

O Jupiter, denn von dir kenne ich nichts
als nur den Namen allein*.

Die ewige Seligkeit Wir glauben, daß kein Kind, das vor dem Alter der Vernunft stirbt, der ewigen Seligkeit verlustig geht. Die Katholiken nehmen das von allen getauften Kindern an, obwohl sie doch niemals etwas von Gott gehört haben. Es gibt also Fälle, wo man erlöst werden kann, ohne an Gott zu glauben, wie etwa in der Kindheit oder im Wahnsinn, wo der menschliche Geist unfähig ist, durch Denkakte die Göttlichkeit zu erkennen. Der ganze Unterschied zwischen mir und euch besteht darin, daß ihr behauptet, ein Kind habe diese Fähigkeit mit sieben Jahren, während ich sie ihnen noch nicht mit fünfzehn zugestehe. Mag ich nun unrecht haben oder nicht, so handelt es sich hier nicht um einen Glaubensartikel, sondern um eine einfache naturgeschichtliche Beobachtung.

Aus demselben Grund ist es klar, daß ein Mensch, der das Greisenalter erreicht hat, ohne an Gott zu glauben, darum nicht seiner Gegenwart im anderen Leben beraubt sein wird, wenn seine Verblendung nicht freiwillig war. Ich behaupte sogar, daß dies nicht immer der Fall ist. Für die Geistesgestörten erkennt ihr es an, die eine Krankheit zwar ihrer Geisteskraft, nicht aber ihrer menschlichen Eigenschaft beraubt und folglich nicht ihres Rechtes auf die Wohltaten ihres Schöpfers. Warum wollt ihr es mir nicht für diejenigen zuerkennen, die von ihrer Kindheit an aus jeder Gesellschaft ausgeschlossen waren, ein völlig wildes Leben geführt hatten und der Aufklärung beraubt waren, zu der man nur im Umgang mit Menschen gelangt?** Denn es ist erwiesen, daß es für einen solchen Wilden völlig unmöglich ist, sich durch eigenes Nachdenken jemals bis zur Erkenntnis des wahren Gottes zu erheben. Die Vernunft sagt uns, daß ein Mensch nur durch seine willentlichen Fehler strafbar wird und daß eine unbesiegbare Unwissenheit ihm niemals als Verbrechen angerechnet werden darf. Daraus folgt, daß vor der ewigen Gerechtigkeit jeder Mensch als gläubig gilt, der glauben würde, wenn er die nötigen Einsichten hätte, und daß nur diejenigen als Ungläubige bestraft werden, deren Herz sich der Gottheit verschließt.

Hüten wir uns also, jenen die Wahrheit zu verkünden, die nicht imstande sind, sie zu verstehen, denn das hieße, den Irrtum an ihre Stelle setzen. Es wäre besser, gar keinen Begriff

---

* Plutarch, *Abhandlung über die Liebe*, nach der Übersetzung von Amyot. So begann zuerst das Trauerspiel Menalippus. Aber das Geschrei der Athener zwang Euripides, den Anfang abzuändern.

** Über den Naturzustand des menschlichen Geistes und über die langsamen Fortschritte lese man nach im ersten Teil der *Abhandlung über die Ungleichheit*.

Begriffe, Ideen, Gott, Religion

von der Gottheit zu haben als einen niedrigen, phantastischen, beleidigenden, einen der Gottheit unwürdigen. Die Verkennung ist ein kleineres Übel als die Lästerung. Mir wäre lieber, sagt der gute Plutarch, man glaubte, es gäbe überhaupt keinen Plutarch, als daß man sagte, Plutarch wäre ungerecht, neidisch, eifersüchtig und so tyrannisch, daß er mehr verlangt, als man zu tun fähig ist.

Der große Nachteil falscher Vorstellungen von der Gottheit, die man Kindern einprägt, ist der, daß sie das ganze Leben haften bleiben und daß sich solche Menschen auch als Erwachsene keinen anderen Begriff von der Gottheit machen, als den ihrer Kindheit. Ich habe in der Schweiz eine gute und fromme Mutter gekannt, die von dieser Meinung so überzeugt war, daß sie ihren Sohn in der Kindheit nicht in der Religion unterrichten wollte, weil sie fürchtete, er könnte sich mit diesen groben Vorstellungen begnügen und im Alter der Vernunft eine bessere außer acht lassen. Dieses Kind hörte nur mit Andacht und Ehrfurcht von Gott reden. Sobald es aber selbst von ihm reden wollte, legte man ihm Stillschweigen auf wie über einen Gegenstand, der für das Kind zu erhaben und zu groß sei. Diese Zurückhaltung erregte seine Neugier und sein Selbstgefühl wartete auf den Augenblick, um das Geheimnis kennenzulernen, das man ihm so sorgfältig verheimlichte. Je weniger man ihm von Gott sagte, je weniger man duldete, daß er selbst davon sprach, um so mehr beschäftigte es sich mit ihm: dieses Kind sah Gott überall. Übertreibt man aber diese Geheimnistuerei, so fürchte ich, daß man die Phantasie des jungen Mannes zu sehr entzündet und ihm dadurch den Kopf verdreht und schließlich einen Fanatiker aus ihm macht anstatt eines Gläubigen.

Beispiele später Religionseinführung

Für meinen Emil befürchte ich nichts dergleichen, denn er beachtet nichts, was seine Fassungskraft übersteigt. Mit der größten Gleichgültigkeit hört er den Dingen zu, die er nicht versteht. Es gibt so viele, von denen er zu sagen gewohnt ist: Das ist nicht für mich! daß ihn eines mehr nicht beunruhigt. Wenn er beginnt, sich wegen dieser großen Fragen zu beunruhigen, dann nicht darum, weil er davon gehört hat, sondern weil seine fortschreitenden Einsichten sein Suchen in diese Richtung lenken.

Wir haben gesehen, auf welchem Weg sich der gebildete menschliche Geist diesen Geheimnissen nähert. Ich gebe gern zu, daß er, selbst bei einem Leben in der Gesellschaft, auf natürliche Weise nur in vorgeschrittenem Alter dahin gelangt; da es aber in derselben Gesellschaft unvermeidliche Gründe gibt, durch die die Entwicklung der Leidenschaften beschleunigt wird, so würde man in Wahrheit die natürliche Ordnung verlassen und damit das Gleichgewicht verletzen, wenn man nicht ebenso den Fortschritt der Einsichten beschleunigte, die zur Steuerung dieser Leidenschaften dienen. Wenn man eine zu rasche Entwicklung nicht bremsen kann, so muß man in demselben Maß

Gleichmäßige Entwicklung

die Entwicklung beschleunigen, die ihr entspricht, derart, daß die Ordnung nicht umgekehrt wird, daß das, was zusammen fortschreiten soll, nicht getrennt wird und daß der Mensch, der in allen Augenblicken seines Lebens ein Ganzes ist, nicht mit einer seiner Fähigkeiten auf einem anderen Punkt der Entwicklung steht als mit den anderen.

Erziehung zur Religion

Welche Schwierigkeiten sehe ich hier auftauchen! Schwierigkeiten, die um so größer sind, weil sie weniger in den Dingen als im Kleinmut derer liegen, die sie nicht zu beheben wagen. Haben wir wenigstens den Mut, sie darzustellen! Ein Kind soll in der Religion seines Vaters erzogen werden. Man beweist ihm immer ausgezeichnet, daß diese Religion, welche es auch sei, die einzig wahre ist; daß alle anderen überspannt und lächerlich sind. Die Stärke der Beweise hängt von dem Land ab, in dem man sie vorbringt. Ein Türke, der in Konstantinopel das Christentum lächerlich findet, möge doch sehen, wie man in Paris über den Mohammedanismus urteilt! Die öffentliche Meinung triumphiert besonders auf dem Gebiet der Religion. Wir aber, die das Joch der Religion in jeder Beziehung abschütteln, die der Autorität nichts einräumen, die Emil nichts lehren wollen, was er nicht in jedem Land von selbst lernen könnte, in welcher Religion werden wir ihn erziehen? In welche Sekte werden wir unseren natürlichen Menschen eingliedern? Die Antwort scheint mir sehr einfach zu sein. Wir führen ihn weder in die eine noch in die andere ein, aber wir setzen ihn instand, die zu wählen, zu der ihn der richtige Gebrauch seiner Vernunft führen muß.

Incedo per ignes,
Suppositos cineri doloso.

(Ich gehe durch Feuer, das mit trügerischer Asche bedeckt ist. HORAZ, *Oden*, II, 1, 7)

Wie dem auch sei: Eifer und guter Glaube haben mir bisher die Vorsicht ersetzt. Ich hoffe, daß diese Bürgen mich nicht im Stiche lassen werden, wenn ich ihrer bedarf. Fürchten Sie, mein Leser, keine Vorsicht, die eines Freundes der Wahrheit unwürdig wäre. Ich werde meinen Wahlspruch[39] niemals vergessen, aber es sei mir erlaubt, meinem eigenen Urteil zu mißtrauen. Statt zu sagen, was ich selbst denke, werde ich erzählen, was ein Mann dachte, der mehr wert war als ich. Ich bürge für die Wahrheit der Begebenheiten, die ich erzählen werde. Sie sind dem Verfasser, dessen Schrift ich wiedergeben werde, wirklich zugestoßen: von euch hängt es ab, ob man daraus nützliche Betrachtungen über den Gegenstand, um den es hier geht, ziehen kann. Ich schlage euch weder eines anderen noch meine Meinung als Richtschnur vor; ich biete sie zur Prüfung an.

Rahmenerzählung

„Es ist dreißig Jahre her, daß sich in einer italienischen Stadt ein junger heimatloser Mann in großer Not befand[40]. Von Geburt war er Calvinist. Aber da er sich infolge einer Unbesonnenheit als mittelloser

Begriffe, Ideen, Gott, Religion 271

Flüchtling in der Fremde befand, tauschte er seine Religion gegen das tägliche Brot ein. In jener Stadt war ein Hospiz für Neubekehrte, in das er aufgenommen wurde. Als man ihn über den Glaubenszwist unterrichtete, regten sich Zweifel in ihm, die er vorher nicht hatte, und man lehrte ihn das Böse, das ihm unbekannt war. Er lernte neue Dogmen; er sah noch neuere Sitten. Er sah sie und wurde beinahe ihr Opfer. Er wollte fliehen, aber man sperrte ihn ein. Er beklagte sich; man bestrafte ihn für seine Klagen. Seine Tyrannen, denen er ausgeliefert war, behandelten ihn wie einen Verbrecher, weil er dem Verbrechen nicht nachgeben wollte. Wer weiß, in welche Aufregung ein junges, unerfahrenes Herz versetzt wird, dem zum erstenmal Gewalt und Unrecht geschieht, der kann sich seinen Zustand vorstellen. Tränen der Wut rannen aus seinen Augen, die Empörung erstickte ihn. Er rief Himmel und Erde an; er vertraute sich aller Welt an, aber niemand hörte ihn. Es sah nichts als feile Diener, die dem Ehrlosen, der ihn verhöhnte, ergeben, oder Mitschuldige am gleichen Verbrechen waren, die sich über seinen Widerstand lustig machten und ihn aufreizten, es ihnen nachzumachen. Ohne die Hilfe eines ehrbaren Geistlichen, der in Geschäften ins Hospiz gekommen war und den er heimlich um Rat gefragt hatte, wäre er verloren gewesen. Der Geistliche war arm und brauchte die Hilfe aller Welt; der Unterdrückte brauchte seine Hilfe aber noch mehr. Er zögerte nicht, auch auf die Gefahr hin, sich einen gefährlichen Feind zu schaffen, ihm zur Flucht zu verhelfen.

Dem Laster entronnen, um ins Elend zurückzufallen, kämpfte der junge Mann vergebens gegen sein Schicksal. Einen Augenblick glaubte er, es sogar besiegt zu haben. Beim ersten Schimmer des Glücks waren seine Leiden und seine Beschützer vergessen. Bald wurde er für diese Undankbarkeit bestraft. Alle seine Hoffnungen wurden zunichte. Mochte seine Jugend ihn begünstigen, seine überspannten Ideen verdarben alles. Da er weder Talent noch Geschick genug hatte, sich einen leichten Weg zu bahnen, und da er weder maßvoll noch boshaft war, machte er soviel Ansprüche, daß er zu gar nichts kam. So sank er in sein altes Elend zurück, ohne Brot, ohne Unterkunft, und war dem Hungertode nah. Da erinnerte er sich seines Wohltäters.

Er kehrt zu ihm zurück; er findet ihn; er wird freundlich aufgenommen; sein Anblick erinnert den Geistlichen an seine gute Tat, und eine solche Erinnerung erfreut immer. Dieser Mann war von Natur aus menschlich und mitleidig. Er fühlte das Leid anderer durch sein eigenes Leid, und der Wohlstand hatte sein Herz nicht verhärtet. Kurz, die Lehren der Weisheit und eine aufgeklärte Tugend hatten sein gutes Naturell gefestigt. Er nimmt den jungen Mann auf, sucht ihm eine Bleibe, empfiehlt ihn. Er teilt mit ihm sein Brot, das kaum für zwei reicht. Er tut noch mehr: er unterrichtet ihn, er tröstet ihn, er lehrt ihn die schwierige Kunst, Widerwärtigkeiten zu ertragen. Ihr Leute mit euren Vorurteilen, hättet ihr das von einem Priester, hättet ihr das in Italien erwartet?

Dieser ehrbare Priester war ein armer savoyischer Vikar[41], der bei seinem Bischof wegen eines Jugendabenteuers in Ungnade gefallen war. Er war über die Berge gegangen, um seinen Unterhalt zu suchen, den er in seinem Vaterland nicht fand. Er war weder geistlos noch ungebildet und sein anziehendes Äußeres hatte ihm Gönner verschafft, die ihn bei einem Minister unterbrachten, um dessen Sohn zu erziehen. Er zog jedoch die Armut der Abhängigkeit vor. Er verstand es auch nicht, sich im Kreis der Großen zu benehmen. So blieb er nicht lange in dieser Stellung. Als er den Minister verließ, verlor er nicht dessen Achtung; und da er vernünftig lebte und bei jedermann beliebt war, hoffte er, von seinem Bischof wieder in Gnaden aufgenommen zu werden und von ihm eine kleine Pfarre zu bekommen, wo er den Rest seiner Tage verbringen konnte. Das war das höchste Ziel seines Ehrgeizes.

Eine natürliche Neigung nahm ihn für den jungen Flüchtling ein, den er sorgfältig prüfte. Er sah, daß ihn das Mißgeschick entmutigt und die Schande und Verachtung gebrochen hatten. Sein Stolz hatte sich in Bitterkeit verwandelt und ließ ihn in der Ungerechtigkeit und in der Härte der Menschen nur die Verderbtheit ihrer Natur und das Zerrbild der Tugend sehen. Er hatte gesehen, daß die Religion nur dem Eigennutz als Maske und der Gottesdienst der Heuchelei nur als Freibrief diente. Er hatte gesehen, daß man in spitzfindigen und eitlen Redereien Himmel und Hölle als Preis für Wortspielereien aussetzte. Er hatte gesehen, wie die erhabenen und ureinfachen Vorstellungen von der Gottheit durch die phantastischen Trugbilder der Menschen entstellt wurden. Und da er fand, daß man, wenn man an Gott glauben will, auf den Verstand verzichten müsse, den er uns doch gegeben hat, hatte er für unsere lächerlichen Träumereien und für den Gegenstand, auf den sie sich beziehen, die gleiche Verachtung. Ohne Kenntnisse von dem, was ist, ohne Vorstellung von dem Ursprung der Dinge, stürzte er sich mit seiner tiefen Verachtung für alle, die davon mehr zu wissen glaubten als er, in seine eigene dumme Unwissenheit.

Wenn man den letzten Rest der Religion vergißt, vergißt man auch die menschlichen Pflichten. Im Herzen dieses Freigeistes war der Weg schon halb gemacht. Obwohl er von Natur aus nicht verdorben war, hatte die Ungläubigkeit und das Elend nach und nach seine Wesensart erstickt; sie zogen ihn rasch ins Verderben. Er war nahe daran, die Sitten eines Bettlers und die Moral eines Gottesleugners anzunehmen.

Der beinahe unvermeidliche Abfall war jedoch noch nicht vollzogen. Der junge Mann hatte Kenntnisse und seine Erziehung war nicht vernachlässigt worden. Er war in jenem glücklichen Alter, wo das gärende Blut die Seele zu erwärmen beginnt, ohne sie im Aufruhr der Sinne zu unterjochen. Sie hatte noch ihre ganze Spannkraft. Eine angeborene Scham, ein furchtsamer Charakter ersetzten den Zwang und verlängerten jene glückliche Epoche des Lebens, in der ihr euren Schüler mit so viel Mühe zu erhalten sucht. Das widerwärtige Beispiel einer gewalttätigen Verderbnis und eines reizlosen Lasters hatte seine Phantasie gedrosselt, statt sie anzuregen. Lange bewahrte er sich seine Unschuld aus Abscheu, die ihm die Tugend ersetzte. Sie erlag erst süßeren Verlockungen.

Der Geistliche sah die Gefahr und die Mittel zur Abhilfe. Die Schwierigkeiten entmutigten ihn nicht. Er fand Gefallen an seinem Werk und er entschloß sich, es zu vollenden und das Opfer, das er der Schande entrissen hatte, der Tugend wiederzuzuführen. Er holte weit aus, um seinen Plan durchzuführen. Die Schönheit seines Vorhabens belebte seinen Mut und ließ ihn Mittel erfinden, die seines Eifers würdig waren. Man hat immer Erfolg, wenn man nur das Gute will.

Zunächst erwarb er sich das Vertrauen des Neubekehrten, indem er ihm seine Wohltaten nicht verkaufte, ihm nicht lästig fiel, keine Predigten hielt, sich seinem Fassungsvermögen anpaßte und sich zu ihm herabließ, um sich mit ihm auf eine Stufe zu stellen. Das muß, wie mir scheint, ein rührendes Schauspiel gewesen sein, zu sehen, wie ein würdiger Mann der Kamerad eines Leichtfußes wurde und wie die Tugend schäkerte, um sicherer triumphieren zu können. Wenn der Windbeutel kam und ihm seine Torheiten anvertraute und ihm das Herz ausschüttete, hörte ihm der Priester zu und lullte ihn in Ruhe ein. Ohne das Böse gutzuheißen, nahm er an allem teil. Niemals unterbrach ein vorschneller Tadel sein Geplapper und verschloß sein Herz. Er genoß die doppelte Freude, angehört zu werden und alles sagen zu dürfen. So legte er eine Generalbeichte ab, ohne daß er jemals daran gedacht hatte, überhaupt zu beichten.

Nachdem der Priester seine Gefühle und seinen Charakter genau studiert hatte, erkannte er deutlich, daß er zwar für sein Alter nicht

Begriffe, Ideen, Gott, Religion

dumm war, daß er aber alles vergessen hatte, was wirklich wichtig war, und daß der Schimpf, den er erduldet hatte, jedes wahre Gefühl für Gut und Böse in ihm erstickt hatte. Es gibt einen Grad der Verwilderung, der die Seele erstickt. Wer nur an Essen denkt, kann nicht auf seine innere Stimme hören. Um nun den jungen Unglücklichen vor diesem moralischen Tode, dem er nahe war, zu bewahren, begann er sein Selbstgefühl und seine Selbstachtung zu wecken. Er zeigt ihm eine glücklichere Zukunft, wenn er seine Gaben richtiger nützte. Er entfachte seine Großmut, indem er von guten Taten berichtete. Weil er ihn dahin brachte, den anderen zu bewundern, weckte er in ihm den Wunsch, ähnliches zu vollbringen. Um ihn unmerklich von seinem müßigen und unsteten Leben zu lösen, ließ er ihn Auszüge aus ausgewählten Büchern machen. Und da er vorgab, diese Auszüge nötig zu haben, nährte er in ihm das Gefühl der Dankbarkeit. Indirekt unterrichtete er ihn auf diese Weise. So gab er ihm seine Selbstachtung wieder zurück, so daß er sich nicht mehr für einen Taugenichts hielt und sich selbst nicht mehr verächtlich vorkam.

Ein kleines Ereignis mag einen Begriff geben, wie geschickt und unmerklich dieser wohltätige Mann seinen Schüler aus der Erniedrigung erhob, ohne anscheinend an seine Belehrung zu denken. Die Rechtschaffenheit des Geistlichen war so anerkannt und seine Menschenkenntnis so unbestritten, daß manche ihre Almosen lieber durch seine Hand als durch die der reichen Stadtpfarrer gehen ließen. Als man ihm eines Tages wieder Geld für die Armen gegeben hatte, bat ihn der junge Mann, der sich den Armen zurechnete, dreist darum. Nein, sagte der Geistliche, wir sind Brüder. Du gehörst zu mir. Für mich darf ich aber das Geld nicht verwenden. Dann gab er ihm von seinem Geld so viel, wie er erbeten hatte. Lehren dieser Art vergessen junge Leute selten, wenn sie noch nicht ganz verdorben sind.

Doch ich bin müde, weiter in der dritten Person zu reden. Es ist auch völlig überflüssig, denn du ahnst wohl, lieber Mitbürger, daß ich selbst dieser Flüchtling bin. Ich glaube aber jetzt, so weit von den Verirrungen meiner Jugend entfernt zu sein, daß ich sie eingestehen kann. Und die Hand, die mich ihnen entrissen hat, verdient es wohl, daß ich ihren Wohltaten — wenn auch nicht ohne Scham — einige Ehre erweise.

Was mich im Leben meines würdigen Lehrers am meisten ergriff, war, daß ich Tugend ohne Heuchelei, Menschenliebe ohne Versagen, immer gerade und einfache Sprache und ein Benehmen fand, das immer mit seinen Reden übereinstimmte. Ich habe nie bemerkt, daß er sich darum bekümmerte, ob die, die er unterstützte, auch zur Vesper gingen, ob sie öfter beichteten, ob sie die Fasttage auch einhielten und kein Fleisch aßen. Er zwang ihnen keine anderen, ähnlichen Bedingungen auf, ohne die man von Betbrüdern keine Hilfe erhoffen darf, und wenn man im Elend umkommt.

Durch diese Beobachtung ermutigt und weit davon entfernt, vor seinen Augen den Affeneifer des Neubekehrten zur Schau zu stellen, verhehlte ich ihm kaum meine Denkweise. Aber ich bemerkte nicht, daß er daran Anstoß nahm. Manchmal hätte ich mir sagen können: Er läßt mir meine Gleichgültigkeit gegen den Glauben, den ich angenommen habe, wegen der gleichen Gleichgültigkeit durchgehen, die ich für den Glauben habe, in dem ich geboren bin. Er weiß, daß meine Verachtung nicht eine Voreingenommenheit ist. Was sollte ich aber denken, wenn ich ihn Dogmen zustimmen hörte, die im Widerspruch zur römischen Kirche standen, und wenn er ihre Zeremonien nur lässig zu billigen schien? Ich hätte ihn für einen verkappten Protestanten gehalten, wenn ich ihn die Gebräuche, die er für so wenig wichtig zu halten schien, nicht so treu hätte erfüllen sehen. Da ich aber wußte, daß er seine Priesterpflichten ohne Zeugen genauso pünktlich erfüllte wie vor der Öffentlichkeit, so wußte ich nicht, was ich von

18 Rousseau

diesem Widerspruch halten sollte. Abgesehen von dem Fehler, der ihm damals die Ungnade zugezogen hatte und von dem er sich jetzt noch nicht ganz frei gemacht hatte, war sein Lebenswandel vorbildlich, seine Sitten untadelig, seine Reden ehrbar und überlegt. Da ich in engster Gemeinschaft mit ihm lebte, lernte ich ihn von Tag zu Tag höher schätzen. So viel Güte hatte mein Herz ganz und gar gewonnen. Ich erwartete daher mit neugieriger Ungeduld den Augenblick, in dem ich erfahren sollte, auf welchem Prinzip er die Einheit eines so einzigartigen Lebens aufgebaut hatte.

Dieser Augenblick kam indes nicht so bald. Bevor er sich seinem Schüler anvertraute, bemühte er sich, den Samen der Vernunft und der Güte in seiner Seele zum Keimen zu bringen. Am schwierigsten war es, den hochmütigen Menschenhaß in mir auszurotten, eine gewisse Verbitterung gegen die Reichen und die Glücklichen dieser Welt, so als ob sie es auf meine Kosten geworden wären und als ob sie mir ihr vermeintliches Glück entrissen hätten. Die törichte Eitelkeit der Jugend, die sich gegen die Demütigung auflehnte, nährte nur allzusehr diese zornige Stimmung in mir. Das Selbstgefühl, das mein Mentor in mir zu erwecken suchte, und das mich stolz machte, ließ die Menschen in meinen Augen noch verächtlicher erscheinen, und so gesellte sich zum Haß auch noch die Verachtung.

Ohne diesen Hochmut direkt zu bekämpfen, verhinderte er doch, daß er zur Verhärtung der Seele führte. Ohne mir meine Selbstachtung zu nehmen, lehrte er mich, meine Mitmenschen weniger zu verachten. Er zog den eitlen Schein fort und zeigte mir die wirklichen Übel, die er verdeckt. Er lehrte mich, die Irrtümer meiner Mitmenschen zu beklagen, mit ihrem Elend Mitleid zu haben und sie mehr zu bedauern als zu beneiden. Aus der Tiefe seiner Gefühle für die menschlichen Schwächen zum Mitleid bewegt, sah er in allen Menschen die Opfer eigener und fremder Laster. Er sah, wie die Armen unter dem Joch der Reichen seufzen, und die Reichen unter dem Joch der Vorurteile. Glaub mir, sagte er, unsere Illusionen vermehren unsere Übel, statt sie zu verhüllen. Sie messen den Dingen einen Wert zu, den sie nicht haben, und lassen uns tausend Entbehrungen spüren, die wir ohne sie gar nicht spüren würden. Der Seelenfriede besteht in der Verachtung alles dessen, was ihn stören könnte. Wer sein Leben am höchsten einschätzt, genießt es am wenigsten; wer am gierigsten nach dem Glück trachtet, ist immer der unglücklichste.

Ach! welch traurige Bilder! rief ich bitter aus. Wozu sind wir geboren, wenn man auf alles verzichten soll? Wenn man selbst das Glück verachten soll, wer kann da noch glücklich sein? Ich, sagte der Priester eines Tages mit einer Stimme, die mich überraschte. Sie, und glücklich? Wo Sie das Glück so wenig begünstigt hat! Wo Sie so arm, verbannt, verfolgt sind. Sie wollen glücklich sein? Was haben Sie getan, um es zu sein? Mein Kind, antwortete er, ich will es dir gerne sagen.

Hierauf bedeutete er mir, er wolle mir nun seine Bekenntnisse ablegen, nachdem ich ihm meine abgelegt hatte. Dann umarmte er mich und sagte: Ich will alle meine Gefühle in dein Herz legen. Du sollst mich sehen, wenn nicht so, wie ich bin, dann doch so, wie ich mich selbst sehe. Wenn du mein ganzes Glaubensbekenntnis gehört hast, wenn du meine Seele kennst, dann weißt du, warum ich mich glücklich schätze, und was du — wenn du so denkst wie ich — tun mußt, um glücklich zu werden. Aber diese Bekenntnisse sind nicht Sache eines Augenblicks. Ich brauche Zeit, um dir auseinanderzusetzen, was ich über das Schicksal der Menschen und über den wahren Wert des Lebens denke. Wir wollen eine passende Zeit und einen geeigneten Ort wählen, um uns in Ruhe dieser Unterhaltung zu überlassen.

Ich drückte mein Verlangen aus, ihn zu hören. Am nächsten Morgen wollten wir uns schon treffen. Es war Sommer und wir standen mit Tagesanbruch auf. Er führte mich aus der Stadt heraus, auf einen hohen Hügel, unter dem der Po dahinfloß, dessen Lauf man längs seiner fruchtbaren Ufer sah. In der Ferne krönte die mächtige Kette der Alpen die Landschaft. Die Strahlen der aufgehenden Sonne strichen schon über die Ebene und warfen die Bäume, Hügel und Häuser als lange Schatten über die Felder und bereicherten durch tausend Lichteffekte das herrlichste Gemälde, das ein Auge entzücken kann. Man hätte sagen mögen, daß die Natur ihre ganze Pracht vor unseren Augen ausgebreitet hatte, um uns den Text unserer Unterredung zu liefern. Nach einer Weile stillen Betrachtens sagte mir der Mann des Friedens folgendes

Glaubensbekenntnis des savoyischen Vikars

Mein Kind, erwarte von mir weder gelehrte Reden noch tiefe Betrachtungen. Ich bin kein großer Philosoph und es liegt mir wenig daran, es zu sein. Doch manchmal habe ich ein gesundes Urteil und immer liebe ich die Wahrheit. Ich will nicht mit dir streiten und nicht einmal den Versuch machen, dich zu überzeugen. Es genügt mir, dir darzulegen, was ich in der Einfalt meines Herzens denke. Befrage deines, während ich rede. Das ist alles, was ich von dir verlange. Wenn ich mich irre, so tue ich es guten Glaubens. Das genügt, mir meinen Irrtum nicht als Verbrechen auszulegen. Solltest du dich ebenfalls irren, so schadet es nichts. Wenn ich richtig denke, ist uns die Vernunft gemeinsam, und wir haben das gleiche Interesse, auf sie zu hören. Warum solltest du also nicht ebenso denken wie ich?

I. Die natürliche Religion
1. Ausgangspunkt der Wahrheitsfindung

Ich bin als armes Bauernkind geboren worden und war durch meine Geburt dazu bestimmt, das Land zu bebauen. Man hielt es aber für besser, daß ich lernte, mein Brot als Priester zu verdienen, und fand eine Möglichkeit, mich studieren zu lassen. Sicherlich dachten weder meine Eltern noch ich an das, was gut, wahr und nützlich ist, sondern nur an das, was man wissen muß, um ordiniert zu werden. Ich lernte und sagte, was man von mir verlangte, gelobte, was man wollte, und so wurde ich Priester. Aber bald fühlte ich, daß ich mit meinem Versprechen, kein Mann zu sein, mehr versprochen hatte, als ich halten konnte.

a) Äußere Notlage

Man sagte uns, daß das Gewissen das Werk der Vorurteile sei. Ich weiß jedoch aus eigener Erfahrung, daß es gegen alle menschlichen Gesetze hartnäckig der Ordnung der Natur folgt. Man mag uns dies und jenes verbieten, die Gewissensnot wirft uns immer leise vor, was uns eine wohlgeordnete Natur erlaubt, und um so lauter, was sie uns vorschreibt. Mein lieber junger Mann! Noch hat sie nicht zu deinen Sinnen gesprochen! Bleib noch lange in diesem glücklichen Zustand, in dem ihre Stimme die Stimme der Unschuld ist. Bedenke, daß man sich noch mehr an ihr versündigt, wenn man ihr vorgreift, als wenn man sie bekämpft. Man muß zunächst widerstehen lernen, damit man weiß, wann man ohne Schuld nachgeben kann.

Seit meiner Jugend habe ich die Ehe als die erste und die heiligste Einrichtung der Natur geachtet. Nachdem ich mir das Recht versagt habe, mich ihr zu ergeben, nahm ich mir vor, sie nicht zu entweihen. Denn ich hatte mir, trotz Schule und meinen Studien, die ganze ursprüngliche Klarheit meines Geistes bewahrt. Die Maximen der Welt hatten ihn noch nicht getrübt, und meine Armut bewahrte mich vor den Versuchungen, die uns die Trugschlüsse des Lasters diktieren.

Gerade dieser Entschluß war mein Verderben. Meine Scheu vor fremden Eherechten machte die Verfehlungen offenbar[42]. Das Ärgernis mußte gesühnt werden. Verhaftet, gebannt, verjagt war ich mehr das Opfer meiner Gewissenhaftigkeit als meiner Unenthaltsamkeit. Aus den Vorwürfen, mit denen man mich neben der Ungnade überhäufte, erkannte ich, daß man das Vergehen oft nur zu vergrößern braucht, um der Strafe zu entgehen.

Einige solcher Erfahrungen genügen, um einen Geist nachdenklich zu machen. Nachdem ich traurig beobachtet hatte, wie meine Vorstellungen von dem, was ich als gerecht, ehrbar und als menschliche Pflicht angesehen hatte, umgestoßen wurden, verlor ich täglich eine meiner alten Überzeugungen. Was übrigblieb, reichte nicht hin, ein Ganzes zu bilden, das sich selbst hätte stützen können. Allmählich fühlte ich, wie sich die Eindeutigkeit der Prinzipien in meinem Geist verdunkelte. Ich kam so weit, daß ich nicht mehr wußte, was ich denken sollte. Ich landete da, wo du jetzt bist, nur mit dem Unterschied, daß mein Unglaube als spätentwickelte Frucht eines reifen Alters sich mühsamer gebildet hatte und schwieriger zu überwinden sein mußte.

b) Der Zweifler

Ich befand mich in einem Zustand der Ungewißheit und des Zweifels, den Descartes für die Suche nach der Wahrheit fordert. Dieser Zustand ist nicht von langer Dauer, aber er ist beunruhigend und schmerzlich. Nur die Neigung zum Laster oder die Trägheit der Seele läßt uns darin verharren. Mein Herz war nicht verdorben genug, als daß ich mich darin wohl gefühlt hätte, und nichts erhält die Gewohnheit, sich zu besinnen, besser, als mit sich selbst zufriedener zu sein als mit seinem Schicksal.

Ich dachte also über das traurige Los der Sterblichen nach, die auf diesem Meer der menschlichen Meinungen dahintreiben, ohne Steuer, ohne Kompaß und ohne einen anderen Führer als einen unerfahrenen Steuermann, der seinen Weg verkennt und nicht weiß, woher er kommt, noch wohin er geht. Ich sagte mir: ich liebe die Wahrheit und ich suche sie, aber ich kann sie nicht erkennen. Man soll sie mir zeigen, und ich werde ihr treu bleiben. Warum entzieht sie sich meinem strebenden Herzen, das nur geschaffen ist, sie zu verehren?

Obwohl ich oft mehr zu leiden hatte, so führte ich doch nie ein so andauernd unerfreuliches Leben, wie in jener Zeit der Unruhe und der Angst. Unaufhörlich wurde ich von Zweifeln hin-

und hergerissen, und meine langen Überlegungen brachten mir nur Unsicherheit, Unklarheit und Widerspruch über den Grund meines Wesens und über das Maß meiner Pflichten ein.

Wie kann man nur systematisch und guten Glaubens zweifeln? Ich kann das nicht begreifen. Entweder gibt es solche Philosophen gar nicht, oder es sind die unglücklichsten Menschen. Der Zweifel an Dingen, deren Kenntnisse uns wichtig sind, bedrückt den Geist so stark, daß er nicht lange widerstehen kann. Gegen seinen Willen entscheidet er sich für das eine oder das andere, und er täuscht sich lieber selbst, als daß er gar nichts glaubt.

Meine Verwirrung wurde noch größer, weil ich in einer Kirche geboren bin, die alles entscheidet und keinen Zweifel erlaubt. Wenn ich einen Punkt verwarf, so hatte ich alles verworfen. Da es mir unmöglich war, so viele unsinnige Entscheidungen hinzunehmen, löste ich mich auch von den anderen, die es nicht waren. Weil man mir sagte, du mußt alles glauben, hinderte man mich, überhaupt etwas zu glauben, und so wußte ich nicht mehr, wo ich haltmachen sollte.

Ich suchte Rat bei den Philosophen; ich durchblätterte ihre Bücher und prüfte ihre verschiedenen Meinungen. Ich fand sie alle stolz, rechthaberisch, dogmatisch, selbst in ihrem vorgeblichen Skeptizismus. Sie wußten alles, bewiesen nichts und machten sich einer über den anderen lustig. In diesem letzten Punkt stimmten sie alle überein; er schien mir der einzige zu sein, in dem sie recht hatten. Triumphierend im Angriff, haben sie in der Verteidigung keine Kraft. Prüft man ihre Gründe, so findet man nur solche, die zerstören. Zählt man die Wege, so kann jeder nur den seinen gehen. Sie können nur streiten; ihnen zuzuhören, war nicht das geeignete Mittel, um aus meiner Unsicherheit herauszufinden.

Ich erkannte, daß die Unzulänglichkeit des menschlichen Geistes der erste Grund dieser ungeheuren Verschiedenartigkeit der Meinungen ist, und daß der Hochmut der zweite ist. Wir haben keinen Maßstab für diese ungeheure Maschine; wir können ihre Beziehungen nicht berechnen. Wir kennen weder ihre Urgesetze noch ihren letzten Zweck; wir kennen uns selbst nicht, weder unsere Natur noch unser aktives Prinzip. Wir wissen kaum, ob der Mensch ein einfaches oder ein zusammengesetztes Wesen ist. Undurchdringliche Geheimnisse umgeben uns von allen Seiten. Sie sind jenseits des Sinnenbereichs. Wir glauben, intelligent genug zu sein, um sie zu durchdringen, aber wir können sie uns nur vorstellen. Jeder bahnt sich durch diese Schattenwelt einen Weg, den er für richtig hält. Niemand kann wissen, ob seiner zum Ziel führt. Trotzdem wollen wir alles durchdringen, alles kennen. Das einzige, was wir nicht wissen, ist unsere Unkenntnis von dem, was wir nicht wissen können. Lieber überlassen wir dem Zufall die Entscheidung und glauben, was nicht ist, als zuzugeben, daß keiner erkennen kann, was ist. Wir sind ein kleiner Teil eines großen Ganzen, dessen Grenzen uns entschwinden, und das sein Schöpfer unserem törichten Wortgezänk ausliefert. Wir sind eitel genug, darüber entscheiden zu wollen, was dieses Ganze an und für sich ist und was wir in bezug auf das Ganze sind.

Wenn die Philosophen imstande wären, die Wahrheit zu entdecken, wer von ihnen nähme sie schon in acht? Jeder weiß sehr wohl, daß sein System nicht besser begründet ist als die anderen. Trotzdem verteidigt er es, weil es seines ist. Es gibt nicht einen unter ihnen, der — wenn er wirklich das Wahre und Falsche erkannt hätte — nicht die Lüge, die er gefunden hat, der Wahrheit vorzöge, die ein anderer gefunden hat. Wo ist der Philosoph, der um seines Ruhmes willen nicht gerne die Menschheit täuschte? Wo ist derjenige, der sich im Innersten seines Herzens ein anderes Ziel steckte, als sich hervorzutun? Wenn er sich nur über den Pöbel hinweghebt, wenn er nur den Glanz seines Nebenbuhlers verdunkeln kann, was will er dann noch mehr? Wesentlich ist, anders zu denken als andere. Unter Gläubigen ist er Atheist, unter Atheisten wäre er gläubig.

Die erste Frucht, die ich aus diesen Betrachtungen zog, war, daß ich meine Untersuchungen auf das beschränkte, was mich unmittelbar anging, und mich für den Rest einer tiefen Unwissenheit überließ und mich bis zum Zweifel nur für solche Dinge interessierte, die zu wissen mir wichtig war.

Ich erkannte ferner, daß die Philosophen weit davon entfernt waren, mich von meinen unnötigen Zweifeln zu befreien. Sie vermehrten im Gegenteil die, die mich quälten, ohne auch nur einen zu lösen. So nahm ich mir einen anderen Führer und sagte mir: Fragen wir das innere Licht; es wird mich weniger irreführen als sie es taten, oder zum wenigsten wird mein Irrtum mein eigener sein, und ich gerate weniger ins Verderben, wenn ich meinen eigenen Illusionen folge, als wenn ich mich ihren Lügen überliefere.

c) Die Methode der Wahrheitsfindung

Als ich die verschiedenen Meinungen vor meinem Geist vorbeiziehen ließ, die mich seit meiner Geburt der Reihe nach mitgerissen hatten, erkannte ich, daß keine einleuchtend genug war, um unmittelbar zu überzeugen. Sie waren aber in verschiedenem Grad wahrscheinlich, so daß die innere Zustimmung ihnen in verschiedenem Maß beipflichtete oder sie ablehnte. Nach dieser ersten Beobachtung verglich ich vorurteilslos die ersten Ideen miteinander und fand, daß die erste und die allgemeinste auch die einfachste und vernünftigste war. Sie hatte nur darum nicht alle Stimmen auf sich vereinigt, weil sie als letzte vorgeschlagen worden war. Man stelle sich alle alten und neuen Philosophen vor, wie sie ihre sonderbaren Systeme von Kräften, Zufälligkeiten, Schicksalhaftem, Notwendigem, Atomen, belebter Welt, belebter Materie, allen Arten von Materialismus erschöpft hatten und wie nun nach ihnen der berühmte Clarke die Welt aufklärt und schließlich das Wesen aller Wesen und den Urheber aller Dinge verkündigt. Mit welch allgemeiner Bewunderung, mit welch einstimmigem Beifall wäre nicht dieses neue System aufgenommen worden, das so groß, so tröstlich, so erhaben, so geeignet ist, die Seele zu erheben und der Tugend eine Grundlage zu geben, gleichzeitig aber so treffend, so einleuchtend, so einfach ist, daß es, wie mir scheint, dem Menschengeist weniger Unbegreifliches bietet, als man in allen anderen Ungereimtheiten findet! Ich sagte mir: Unlösbare Rätsel sind allen gemein, weil der menschliche Geist zu beschränkt ist, um sie zu lösen. Sie beweisen also nichts gegen einen im besonderen. Aber welch ein Unterschied unter den direkten Beweisen! Muß man nicht dem den Vorzug geben, der alles beweist, wenn er nicht mehr Schwierigkeiten bietet als die anderen?

Da ich statt Philosophie die Liebe zur Wahrheit und statt aller Methoden eine leichte und einfache Regel in mir trage, die mir spitzfindige Beweise erspart, so prüfe ich nach dieser Regel die Erkenntnisse, die mich interessieren. Ich nehme entschlossen alle als Beweis an, denen ich aufrichtigen Herzens meine Zustimmung nicht versagen kann; alle als wahr, die mir mit dieser in notwendiger Verbindung zu stehen scheinen. Alle anderen lasse ich in der Schwebe, ohne sie abzulehnen oder anzunehmen und ohne mich um ihre Aufhellung zu bemühen, wenn sie keinen praktischen Nutzen haben.

II. Metaphysik
1. Die beiden Substanzen (Widerlegung des Materialismus)

Aber wer bin ich? Mit welchem Recht urteile ich über die Dinge? Was entscheidet über meine Urteile? Wenn sie auf Eindrücken beruhen, bemühe ich mich vergeblich, sie zu untersuchen. Sie ergeben sich nicht oder sie bilden sich nicht selbst, ohne daß ich mich bemühe, sie zu lenken. Ich muß also zuerst auf mich selbst blicken, um das Werkzeug kennenzulernen, dessen ich mich bedienen will, und zu wissen, wie weit ich mich darauf verlassen kann.

Ich existiere und habe Sinne, durch die ich beeindruckt werde. Das ist die erste Wahrheit, die mir entgegentritt, und die ich anzuerkennen gezwungen bin. Habe ich nun ein eigenes Gefühl für meine Existenz, oder werde ich sie nur durch meine Sinne gewahr? Hier mein erster Zweifel, den ich im Augenblick unmöglich lösen kann. Denn da ich ständig entweder unmittelbar durch Empfindungen oder mittelbar durch das Geständnis beeindruckt bin, wie kann ich da wissen, ob die Empfindung meines Ichs etwas ist, das außerhalb dieser selben Empfindungen liegt und unabhängig von ihnen sein kann?

a) Das Denken als aktives Prinzip

Meine Empfindungen vollziehen sich in mir, da sie mich mein Dasein fühlen lassen; aber ihre Ursache ist mir unbekannt, denn ich habe sie auch dann, wenn ich es nicht will. Es hängt nicht von mir ab, sie hervorzurufen oder zu vernichten. Ich erkenne also deutlich, daß meine Empfindung, die in mir ist, und deren Ursache, die außer mir ist, nicht das gleiche sind.

Also existiere nicht nur ich, sondern es existieren auch noch andere Wesen, nämlich die Gegenstände meiner Empfindungen. Selbst wenn diese Gegenstände nur Vorstellungen wären, so bleibt es doch wahr, daß diese Vorstellungen nicht Ich sind.

Ich nenne alles, was ich außerhalb meiner fühle und was auf meine Sinne wirkt, Materie; und alle Teile der Materie, die ich in Einzelwesen erkenne, nenne ich Körper. Daher haben alle Streitigkeiten der Idealisten und der Materialisten keinen Sinn für mich: ihre Unterscheidungen von Erscheinung und Realität der Körper sind Hirngespinste.

Ich bin also vom Dasein der Welt ebenso fest überzeugt wie von meinem eigenen. Dann denke ich über die Gegenstände meiner Empfindungen nach, und da ich in mir die Fähigkeit finde, sie miteinander zu vergleichen, so fühle ich mich mit einer aktiven Kraft begabt, die ich vorher an mir nicht gekannt habe.

Wahrnehmen heißt empfinden; vergleichen heißt urteilen. Urteilen und empfinden ist also nicht das gleiche. Durch die Empfindung bietet sich mir der Gegenstand getrennt, isoliert dar, so wie sie in der Natur sind. Durch den Vergleich bewege und versetze ich sie, ich lege sozusagen einen auf den anderen, um über ihre Verschiedenheit oder Ähnlichkeit und überhaupt über ihre Verhältnisse auszusagen. Meiner Meinung nach besteht das unterscheidende Merkmal eines aktiven oder intelligenten Wesens darin, daß es dem Wort *ist* einen Sinn geben kann. Vergebens suche ich im reinen Sinnenwesen diese geistige Kraft, die zur Deckung bringt und dann urteilt. Ich kann sie in ihrer Natur nicht wahrnehmen. Ein solches passives Wesen würde jeden Gegenstand gesondert oder gar den ganzen Gegenstand als aus zwei gebildet fühlen. Da es aber nicht die Fähigkeit hat, den einen über den anderen zu legen, wird es sie nie vergleichen und nie über sie urteilen.

Zwei Gegenstände zugleich sehen heißt noch nicht, ihre Beziehungen zueinander wahrnehmen oder ihre Verschiedenheiten beurteilen. Mehrere unabhängige Gegenstände wahrnehmen heißt noch nicht, sie zählen. Ich kann mir im gleichen Augenblick einen großen und einen kleinen Stab vorstellen, ohne sie zu vergleichen und ohne zu urteilen, daß der eine größer ist als der andere, wie ich auch auf einmal die ganze Hand sehen kann, ohne die Finger zu zählen*. Diese Vergleichsbegriffe *groß*, *klein* sowie die Zahlbegriffe *eins*, *zwei* usw. sind gewiß keine Empfindungen, obwohl sie mein Geist nur als Anlaß meiner Empfindungen hervorbringt.

---

* Die Berichte des M. de la Condamine erwähnen ein Volk, das nur bis drei zählen konnte. Und doch hatten die Menschen dieses Volkes, da sie ja Hände haben, oft ihre Finger angeschaut, ohne bis fünf zählen zu können.

Man sagt, daß sinnenhafte Wesen die Empfindungen unterscheiden, weil sie unter sich verschieden sind. Das bedarf der Erklärung. Wenn die Empfindungen verschieden sind, unterscheidet sie das sinnenhafte Wesen an ihren Unterschieden. Wenn sie ähnlich sind, unterscheidet es sie, weil es die einen außerhalb der anderen fühlt. Wie könnte man sonst zwei gleiche Gegenstände bei einer gleichzeitigen Empfindung unterscheiden? Man würde ja notwendigerweise die beiden miteinander vermengen und für ein und dasselbe halten, besonders in einem System, in dem man behauptet, daß die Empfindung, die für die Ausdehnung wesensmäßig ist, gar nicht ausgedehnt ist.

Wenn die beiden zu vergleichenden Empfindungen wahrgenommen sind, so ist der Eindruck vollzogen; jeder Gegenstand ist einzeln wahrgenommen, die beiden werden empfunden, aber damit sind ihre Beziehungen noch nicht empfunden. Wenn das Urteil über diese Beziehung nur eine Empfindung wäre und mir aus dem Gegenstand käme, so täuschten mich meine Urteile niemals, denn es ist niemals falsch, daß ich empfinde, was ich empfinde.

Warum täusche ich mich also über das Verhältnis dieser beiden Stäbe, besonders wenn sie nicht parallel sind? Warum sage ich z. B. der eine Stab habe ein Drittel der Länge des anderen, obgleich er nur ein Viertel davon hat? Warum stimmt das Bild, das die Empfindung ist, nicht mit seinem Modell überein, das der Gegenstand ist? Weil ich aktiv bin, wenn ich urteile, weil das Verfahren, das vergleicht, fehlerhaft ist und weil mein Verstand, der die Beziehungen beurteilt, seine Irrtümer mit den Wahrheiten der Empfindungen vermengt, die nur die Gegenstände zeigen.

Füge noch eine andere Überlegung hinzu, die dich erstaunen wird, wenn du daran denkst: Wenn wir uns beim Gebrauch unserer Sinne ganz passiv verhielten, gäbe es keine Verbindung zwischen ihnen. Es wäre uns dann unmöglich zu erkennen, ob der Körper, den wir berühren, und ein Gegenstand, den wir sehen, derselbe ist. Entweder würden wir niemals etwas außerhalb unser fühlen, oder es gäbe für uns fünf verschiedene sinnliche Substanzen, deren Identität wahrzunehmen wir keine Möglichkeit hätten.

Man gebe nun dieser Kraft meines Geistes, die meine Empfindungen einander annähert und vergleicht, diesen oder jenen Namen, wie Aufmerksamkeit, Nachdenken, Überlegung oder wie man will; es bleibt wahr, daß sie in mir ist und nicht in den Dingen; daß ich sie hervorbringe, obwohl nur im Augenblick des Eindrucks, den die Gegenstände auf mich machen. Es hängt zwar nicht von mir ab, ob ich empfinde oder nicht empfinde, wohl aber, ob ich das, was ich empfinde, mehr oder weniger überprüfe.

Ich bin also nicht einfach ein sensitives und passives, sondern auch ein aktives und intelligentes Wesen, und was die Philosophen auch dazu sagen, ich wage die Ehre zu beanspruchen, zu denken. Ich weiß nur, daß die Wahrheit in den Dingen und nicht in meinem Geist liegt, der die Dinge beurteilt. Ich weiß, daß ich der Wahrheit um so näher komme, je weniger eigenes ich den Urteilen über die Dinge hinzufüge. Also wird meine Regel, mich mehr den Empfindungen als der Vernunft zu überlassen, durch meine Vernunft selbst bestätigt.

Nachdem ich mich sozusagen meiner selbst versichert habe, beginne ich aus mir herauszublicken, und ich sehe mich mit einer Art Schaudern hinausgeworfen, verloren in diesem weiten Universum, gleichsam ertränkt in der Unermeßlichkeit der Wesen, ohne zu wissen, was sie sind, weder untereinander, noch im Verhältnis zu mir. Ich studiere sie, ich beobachte sie; und der erste Gegenstand, der sich mir für einen Vergleich bietet, bin ich.

b) Materie und Bewegung

Alles was ich mit den Sinnen wahrnehme, ist Materie, und alle ihre wesentlichen Eigenschaften leite ich von den sinnlich wahrnehmbaren Qualitäten ab, durch die ich sie wahrnehme und die von ihr getrennt sind. Ich sehe sie in Bewegung oder in Ruhe* und folgere daraus, daß weder Ruhe noch Bewegung zu ihrem Wesen gehören. Die Bewegung aber ist eine Handlung, die Wirkung einer Ursache, während die Ruhe die Abwesenheit dieser Ursache ist. Wenn nichts auf die Materie einwirkt, bewegt sie sich auch nicht und darum ist ihr natürlicher Zustand, in Ruhe zu sein, weil sie der Ruhe und der Bewegung gegenüber indifferent ist.

Ich nehme in den Körpern zwei Arten von Bewegungen wahr, nämlich übertragene Bewegung und spontane oder eigene Bewegung. In der ersten liegt die Ursache außerhalb des bewegten Körpers, in der zweiten in ihm selbst. Daraus würde ich aber nicht schließen, daß z. B. die Bewegung einer Uhr eine Eigenbewegung ist; denn wenn nicht etwas außerhalb der Feder auf sie einwirkt, würde sie sich nicht ausdehnen wollen und das Werk bewegen. Aus dem gleichen Grunde würde ich auch den Flüssigkeiten und selbst dem Feuer, das ihre Flüssigkeit bewirkt, keine Eigenbewegung zugestehen**.

---

* Diese Ruhe ist, wenn man will, nur relativ. Da wir aber ein Mehr oder Weniger in der Bewegung beobachten, so machen wir uns eine deutliche Vorstellung von einem der beiden Endpunkte, nämlich der Ruhe. Wir begreifen sie so leicht, daß wir sogar geneigt sind, die bloß relative Ruhe für absolut zu nehmen. Es ist demnach nicht wahr, daß die Bewegung zum Wesen der Materie gehört, wenn sie als ruhend begriffen werden kann.
** Die Chemiker glauben, daß das Phlogiston oder der Feuerstoff sich in den Mischungen, von denen es einen Teil bildet, solange zerstreut und unbeweglich befindet, bis es fremde Ursachen freimachen, vereinigen, in Bewegung setzen und in Feuer verwandeln.

Glaubensbekenntnis des savoyischen Vikars 283

Du wirst mich fragen, ob die Bewegungen der Tiere Eigenbewegungen sind. Ich muß sagen, daß ich es nicht weiß, daß aber die Analogie dafür spricht. Du wirst mich weiter fragen, woher ich denn weiß, daß es Eigenbewegungen gibt, und ich antworte, daß ich es weiß, weil ich es fühle. Ich will meinen Arm bewegen und ich bewege ihn, ohne daß diese Bewegung eine andere unmittelbare Ursache hätte als meinen Willen. Umsonst würde man versuchen, dieses Gefühl in mir mit Vernunftgründen zu zerstören. Es ist stärker als jeder Augenschein; ebensogut könnte man mir beweisen, daß ich nicht existiere.

Wenn es in den Handlungen der Menschen und bei allem, was auf der Erde geschieht, keine Spontaneität gäbe, dann wäre es noch schwieriger, sich die erste Ursache einer jeden Bewegung vorzustellen. Ich persönlich bin so überzeugt, daß der Naturzustand der Materie Ruhe ist und daß sie aus sich selbst keine Kraft zum Handeln hat, daß ich, wenn ich einen Körper in Bewegung sehe, sogleich urteile, daß er entweder belebt ist oder daß ihm die Bewegung übertragen worden ist. Mein Geist lehnt bei der Idee einer unorganisierten Materie, die sich selbst bewegt oder irgendeine Handlung vollbringt, jede Zustimmung ab.

Und doch ist dieses sichtbare Universum Materie, zerstreute und tote Materie*, die in ihrem Ganzen nichts von der Einheit, der Organisation, von dem Zusammengehörigkeitsgefühl der Teile eines belebten Körpers hat, denn es ist gewiß, daß wir, die wir Teile sind, uns keineswegs als Ganzes fühlen. Dasselbe Universum ist in Bewegung und in diesen seinen geregelten, gleichmäßigen und gleichbleibenden Gesetzen unterworfenen Bewegungen gibt es nichts von jener Freiheit, die in den spontanen Bewegungen der Menschen und der Tiere erscheint. Die Welt ist also kein großes Tier, das sich von sich aus bewegt. Ihre Bewegung hat also fremde Ursachen, die ich nicht wahrnehme. Aber meine innere Überzeugung macht mir diese Ursache so fühlbar, daß ich den Lauf der Sonne nicht verstehen kann, ohne mir eine Kraft vorzustellen, die sie treibt, oder wenn sich die Erde dreht, eine Hand zu spüren, die sie bewegt.

Wenn man allgemeine Gesetze anerkennen soll, deren wesentliche Beziehungen mit der Materie ich nicht wahrnehme, was habe ich dann gewonnen? Da diese allgemeinen Gesetze keine wirklichen Wesen, keine Substanzen sind, müssen sie eine andere, mir unbekannte Begründung haben. Erfahrung und Beobachtung haben uns mit den Gesetzen der Bewegung bekanntgemacht, die uns zwar die Wirkung, aber nicht die Ursache zeigen. Sie ge-

---

* Ich habe mir alle Mühe gegeben, mir ein lebendiges Molekül vorzustellen, aber es ist mir nicht gelungen. Die Vorstellung einer Materie, die ohne Sinnesorgane empfindet, erscheint mit unvorstellbar und widersprüchlich. Um diese Vorstellung anzunehmen oder abzulehnen, müßte man sie zuerst verstehen, und ich gestehe, daß ich nicht dieses Glück habe.

nügen nicht, um das System der Welt und den Gang des Universums zu erklären. Descartes bildete den Himmel und die Erde aus Würfeln. Aber er konnte den ersten Anstoß dieser Würfel und seine Zentrifugalkraft nur mit Hilfe einer Drehbewegung in Schwung bringen. Newton fand das Gesetz der Anziehungskraft; aber sie allein hätte das Universum bald in eine unbewegliche Masse verwandelt. Er mußte daher diesem Gesetz noch die Fliehkraft hinzufügen, damit sich die Himmelskörper in Kurven bewegen. Mag uns Descartes sagen, welches physikalische Gesetz seine Würfel zum Drehen gebracht, und Newton soll uns die Hand zeigen, die die Planeten auf die Tangente ihrer Bahnen geschleudert hat.

Die ersten Ursachen liegen nicht in der Materie selbst. Sie empfängt die Bewegung und gibt sie weiter, aber sie erzeugt sie nicht. Je mehr ich Wirkung und Gegenwirkung der aufeinanderwirkenden Naturkräfte beobachte, um so mehr finde ich, daß man von Wirkung zu Wirkung bis zu einem Willen als erste Ursache aufsteigen muß, denn eine Aufeinanderfolge von Ursachen bis ins Unendliche annehmen zu wollen, heißt überhaupt keine annehmen. Mit einem Wort: Jede Bewegung, die nicht von einer anderen herrührt, kann nur aus einem spontanen Akt kommen. Die leblosen Körper wirken nur durch die Bewegung, aber es gibt keine wirkliche Handlung ohne Willen. Das ist mein erster Grundsatz. Ich glaube also, daß ein Wille das Weltall bewegt und die Natur belebt. Das ist mein erstes Dogma oder mein erster Glaubensartikel.

Wie erzeugt nun ein Wille eine physische und körperliche Bewegung? Ich weiß es nicht, aber ich fühle in mir, daß er sie erzeugt. Ich will handeln, und ich handle. Ich will meinen Körper bewegen, und er bewegt sich. Daß aber ein lebloser und in Ruhe befindlicher Körper sich selbst bewegt oder Bewegung hervorbringt, das ist unbegreiflich und ohne Beispiel. Der Wille ist mir durch Handlungen bekannt, nicht durch seine Natur. Ich kenne diesen Willen als bewegende Ursache; aber die Materie als Erzeugerin einer Bewegung begreifen heißt offenbar eine Wirkung ohne Ursache, heißt rein gar nichts begreifen.

Es ist mir genauso unmöglich zu begreifen, wie mein Wille meinen Körper bewegt, wie meine Empfindungen meine Seele beeindrucken. Ich weiß nicht einmal, warum eines dieser Geheimnisse erklärlicher sein sollte als das andere. Ich finde, ob ich nun tätig bin oder nicht, die Verbindungsmöglichkeit der zwei Substanzen völlig unbegreiflich. Es ist seltsam, daß man von dieser Unbegreiflichkeit selbst ausgeht, um die beiden Substanzen zu verschmelzen, als ob sich die beiden so wesensverschiedenen Operationen in einem Subjekt besser erklären ließen als in zweien.

Zwar ist das Dogma, das ich eben aufgestellt habe, dunkel, aber es hat einen Sinn und es verstößt nicht gegen die Ver-

Glaubensbekenntnis des savoyischen Vikars 285

nunft oder die Beobachtung. Kann man vom Materialismus
dasselbe sagen? Ist es nicht klar, daß die Bewegung, wenn sie
zum Wesen der Materie gehörte, von ihr unzertrennlich und ihr
stets im gleichen Grad zu eigen, daß sie in jedem Teil der
Materie immer gleich vorhanden sein müßte, daß sie unübertrag-
bar wäre, weder stärker noch schwächer wird, und daß man sich
die unbewegte Materie nicht einmal vorstellen könnte? Wenn
man mir sagt, daß ihr die Bewegung nicht wesentlich ist, aber
notwendig, dann will man mich mit Worten abspeisen, die leichter
zu widerlegen wären, wenn sie mehr Sinn hätten. Denn entweder
geht die Bewegung von der Materie selbst aus, und dann gehört
sie zu ihrem Wesen, oder sie wird durch eine fremde Ursache
bewirkt, und dann ist sie ihr nur insofern notwendig, als die
bewegende Ursache auf sie einwirkt. Damit kommen wir auf
die erste Schwierigkeit zurück.

Die allgemeinen und abstrakten Ideen sind die Quellen der
größten Irrtümer der Menschen. Niemals ist durch das Gerede
der Metaphysik eine einzige Wahrheit entdeckt worden; aber es
hat die Philosophie mit Ungereimtheiten angefüllt, deren man
sich schämt, sobald man sie ihrer Großsprecherei entkleidet. Sag
mir, mein Freund, ob du dir wirklich etwas vorstellen kannst,
wenn man dir von einer blinden Kraft spricht, die in der ganzen
Natur ausgestreut ist. Man glaubt mit diesen verschwommenen
Worten *Universale Kraft, Notwendige Bewegung* etwas zu sagen,
und sagt gar nichts damit. Die Idee der Bewegung ist nichts
anderes als die Idee der Beförderung von einem Ort zum anderen; es gibt keine Bewegung ohne eine Richtung. Denn ein Einzelwesen kann sich nicht nach allen Richtungen zugleich bewegen. In welcher Richtung bewegt sich die Materie notwendigerweise? Hat die Materie in ihrer Gesamtheit eine einheitliche Bewegung, oder hat jedes Atom seine eigene? Nach der ersten
Idee muß das ganze Universum eine feste und unteilbare Masse
bilden, nach der zweiten könnte es nur ein zerstreutes und unzu-
sammenhängendes Strömen sein ohne die Möglichkeit, daß sich
jemals zwei Atome vereinigten. In welcher Richtung geht diese
gemeinsame Bewegung der ganzen Materie? Geradeaus, nach
oben, nach unten, nach rechts, oder nach links? Wenn aber
jedes Molekül seine eigene Richtung hat, welche Ursache gibt
es dann für alle diese Richtungen und Unterschiede? Bewegt
sich aber jedes Atom oder Molekül nur um seinen eigenen Mittelpunkt, so würde niemals etwas von seinem Platz rücken und
es käme keine übertragene Bewegung zustande. Außerdem
müßte sich auch diese Kreisbewegung in einer bestimmten Richtung vollziehen. Der Materie eine abstrakte Bewegung geben
heißt Worte gebrauchen, die keinen Sinn haben; ihr eine bestimmte Bewegung geben heißt eine Ursache voraussetzen, die
sie bestimmt. Je mehr ich die Einzelkraft vervielfältige, um so
mehr neue Ursachen muß ich erklären, ohne je auf einen

gemeinsamen Erreger zu kommen, der sie lenkt. Weit entfernt, mir irgendeine Gesetzmäßigkeit im Zusammenspiel der Elemente vorstellen zu können, kann ich mir sie nicht einmal im Kampf miteinander vorstellen, und das Chaos des Weltalls ist mir unfaßbarer als seine Harmonie. Ich begreife wohl, daß der Mechanismus der Welt dem Menschengeist unverständlich ist; aber sobald jemand es unternimmt, ihn zu erklären, muß er Dinge sagen, die die Menschen verstehen.

2. Die universale Ordnung und der Mensch a) Die Natur und ihre rationale Ordnung (Kosmologischer Gottesbeweis)

Zeigt mir die bewegte Materie einen Willen an, so zeigt mir die nach bestimmten Gesetzen bewegte Materie einen Verstand an. Das ist mein zweiter Glaubensartikel. Handeln, Vergleichen und Wählen sind Operationen eines tätigen und denkenden Wesens: also existiert dieses Wesen. Wo existiert es? wirst du mich fragen. Nicht nur in den rollenden Himmeln, im Gestirn, das uns sein Licht spendet; nicht nur in mir selbst, sondern auch im weidenden Schaf, im fliegenden Vogel, im fallenden Stein, im Blatt, das der Wind verweht.

Ich beurteile die Ordnung der Welt, obwohl ich ihren Zweck nicht kenne, weil es zur Beurteilung der Ordnung genügt, die Teile untereinander zu vergleichen, ihr Zusammenwirken und ihre gegenseitigen Beziehungen zu beobachten und deren Harmonie zu erkennen. Ich weiß nicht, warum die Welt besteht, aber ich stelle fest, wie sie sich ständig verändert; ich stelle die innigen Wechselbeziehungen fest, mit deren Hilfe sich die Geschöpfe, aus denen sie besteht, gegenseitig unterstützen. Ich gleiche einem Menschen, der zum ersten Mal eine offene Uhr sieht und nicht aufhört, das Werk zu bewundern, obwohl er dessen Gebrauch nicht kennt und das Zifferblatt noch nicht gesehen hat. Ich weiß nicht, würde ich sagen, wozu das alles dient, aber ich sehe, daß jedes Stück für das andere gemacht ist. Ich bewundere den Meister in jedem Teil seines Werkes und ich bin überzeugt, daß alle Räder nur darum so harmonisch gehen, weil sie einem gemeinsamen Zweck dienen, den ich unmöglich erkennen kann.

Vergleichen wir die einzelnen Zwecke, die Mittel und die geordneten Verhältnisse aller Art, und horchen wir dann auf das innere Gefühl. Welcher vernünftige Mensch kann sich seinem Zeugnis verschließen? Welchem unbefangenen Auge kündet nicht die spürbare Ordnung des Weltalls eine höchste Intelligenz an? Und wie viele Sophismen muß man nicht anhäufen, um die Harmonie der Wesen und das bewundernswerte Zusammenwirken jeden Teiles zur Erhaltung der anderen zu verkennen? Man erzähle mir soviel man will von Kombinationen und Zufällen; was nützt es, mich zum Schweigen zu bringen, wenn ihr mich nicht überzeugen könnt? Und wie will man mir das unwillkürliche Gefühl nehmen, das euch gegen meinen Willen Lügen straft? Wenn sich die organisierten Körper zufällig auf tausenderlei Weise miteinander verbunden haben, bevor sie blei-

Glaubensbekenntnis des savoyischen Vikars 287

bende Formen angenommen haben, wenn sich zuerst Magen ohne
Münder, Füße ohne Köpfe, Hände ohne Arme, unvollkommene
Gliedmaßen jeder Art gebildet haben, die zugrunde gegangen sind,
weil sie sich nicht erhalten konnten, warum sehen wir keine dieser
unförmlichen Versuche mehr? Warum hat sich die Natur schließ-
lich Gesetze gegeben, denen sie anfangs nicht unterworfen war?
Ich brauche nicht überrascht zu sein, wenn etwas eintritt, was
möglich ist, und wenn die Schwierigkeit des Zustandekommens
durch die Menge der Würfe ausgeglichen wird; das gebe ich zu.
Wenn man mir jedoch sagt, daß auf gut Glück hingeworfene
Lettern die vollendete *Äneide* ergeben haben, würde ich keinen
Schritt machen, um dieser Lüge nachzugehen. Du vergißt, wird
man mir sagen, die Anzahl der Würfe. Aber wie viele dieser
Würfe muß ich denn voraussetzen, damit die Verbindung wahrscheinlich wird? Ich sehe nur einen einzigen und ich wette die
Unendlichkeit gegen eins, daß sein Produkt nicht das Werk
des Zufalls ist. Dazu kommt noch, daß Kombinationen und
Glücksfälle immer nur Produkte gleicher Natur wie die der ver-
bundenen Elemente liefern, daß die Organisation und das Leben
nicht das Resultat eines zufälligen Zusammentreffens von Atomen sind und daß kein Chemiker in seinem Schmelztiegel durch
alle seine Mischungen jemals empfindende und denkende Wesen
hervorbringen wird*.
Ich habe Nieuwentit mit Überraschung und fast mit Entrüstung gelesen. Wie konnte sich dieser Mann unterfangen, ein
Buch über die Wunder der Natur zu schreiben, die die Weisheit
ihres Schöpfers beweisen sollen? Wäre ein Buch so dick wie die
Welt, er hätte seinen Gegenstand noch nicht erschöpft. Wie man
in die Einzelheiten gehen will, verschwindet das größte Wunder:
die Harmonie und der Einklang des Ganzen. Schon die Entstehung
der lebenden und organisierten Körper ist ein Abgrund für den
menschlichen Geist. Die unübersteigbare Schranke, die die Natur
zwischen den verschiedenen Arten der Geschöpfe errichtet hat,
beweist ihre Absicht aufs deutlichste. Sie hat sich nicht damit
begnügt, die Ordnung aufzustellen, sie hat auch sichere Maßnahmen ergriffen, daß sie durch nichts gestört wird.
Es gibt im ganzen Weltall kein Wesen, das man nicht
in irgendeiner Hinsicht als das gemeinsame Zentrum ansehen

---

* Sollte man glauben, wenn nicht Beweise vorlägen, daß menschliche Torheit so weit gehen könnte? Amatus Lusitanus beteuerte, einen
kleinen Menschen von einem Zoll Länge in einem Glas eingeschlossen
gesehen zu haben, den Julius Camillus, wie ein zweiter Prometheus,
durch alchimistische Kunst erzeugt habe. In seiner Schrift *de Natura
rerum* lehrt Paracelsus, wie man diese Männchen erzeugen kann, und
er behauptet, daß die Pygmäen, Faune, Satyren und Nymphen auf
chemischem Weg erzeugt werden. Um die Möglichkeit solcher Dinge zu
begründen, braucht man von nun an nur noch zu behaupten, daß die
organische Materie im Feuer widersteht und daß die Moleküle auch
im Flammenofen am Leben erhalten werden können.

könnte, um das herum alle anderen so geordnet sind, daß sie alle wechselweise gegenseitig Zweck und Mittel darstellen. Der Geist verwirrt und verliert sich in dieser Unendlichkeit der Beziehungen, von denen nicht einer in der Menge verwechselt wird oder verlorengeht. Welch widersinnige Voraussetzung, diese ganze Harmonie vom blinden Mechanismus einer zufällig bewegten Materie herzuleiten! Diejenigen, die die Einheit der Absicht leugnen, die sich in den Beziehungen aller Teile dieses großen Ganzen offenbart, mögen ihr sinnloses Geschwätz durch Abstraktionen, Koordinationen, allgemeine Prinzipien und symbolische Ausdrücke zu verdecken suchen. Was sie auch tun mögen, es ist mir unmöglich, ein System so fest geordneter Wesen ohne eine Intelligenz vorzustellen, die es lenkt. Es hängt nicht von mir ab, zu glauben, daß die passive und tote Materie lebende und empfindende Wesen hervorgebracht habe, daß ein blindes Geschick intelligente Wesen hervorbringen habe können, daß das, was nicht denkt, Wesen hervorbringt, die denken.

Ich glaube also, daß die Welt von einem mächtigen und weisen Willen regiert wird. Ich sehe es, oder vielmehr, ich fühle es, und das zu wissen ist mir wichtig. Ist aber diese selbe Welt ewig oder wurde sie erschaffen? Gibt es ein Urprinzip der Dinge? Gibt es zwei oder mehrere? Welches ist ihre Natur? Darüber weiß ich nichts und es liegt mir nichts daran. In dem Maß, in dem diese Erkenntnisse mich angehen werden, werde ich mich bemühen, sie zu erwerben. Bis dahin verzichte ich auf müßige Fragen, die mein Selbstgefühl beunruhigen, die aber für mein Verhalten nutzlos sind und meinen Verstand übersteigen.

Denk stets daran, daß ich meine Ansicht nicht lehre, sondern darlege. Ob die Materie ewig oder erschaffen ist, ob es ein passives Prinzip gibt oder keines, gewiß ist, daß das All eine Einheit ist und eine einzige Intelligenz ankündigt. Denn ich sehe nichts, was nicht in dieses System eingeordnet ist und nicht demselben Ziel zustrebt, d. h. der Erhaltung des Ganzen in der festgesetzen Ordnung. Dieses Wesen, das will und kann, dieses aus sich selbst aktive Wesen, dieses Wesen endlich, was es auch sein mag, das das All bewegt und alle Dinge ordnet, nenne ich Gott. Ich verbinde mit diesem Namen die Ideen von Verstand, Macht und Willen, die ich dargestellt habe, und die Idee der Güte, die eine notwendige Folge davon ist. Aber darum kenne ich das Wesen, dem ich diesen Namen gegeben habe, noch nicht besser. Es entzieht sich meinen Sinnen und meinem Verstand. Je mehr ich darüber nachdenke, um so verwirrter werde ich. Ich weiß ganz gewiß, daß es existiert und daß es aus sich selbst existiert. Ich weiß, daß mein Dasein seinem untergeordnet ist und daß alle Dinge, die mir bekannt sind, sich in genau der gleichen Lage befinden. Ich nehme Gott überall in seinen Werken wahr; ich fühle ihn in mir; ich sehe ihn rund um mich herum; sobald ich ihn aber in ihm selbst betrachten will, sobald ich suchen will, wo er ist, worin sein Wesen besteht, entschlüpft er mir, und mein verwirrter Geist erkennt nichts mehr.

Von meiner Unzulänglichkeit durchdrungen, werde ich nie die Natur Gottes erfassen, wenn ich nicht durch das Gefühl seiner Beziehungen zu mir dazu gezwungen werde. Solche Untersuchungen sind immer verwegen. Ein weiser Mensch sollte sich nur mit Zagen darauf einlassen, in der Gewißheit, daß er nicht dazu geschaffen ist, sie zu ergründen. Denn es ist für die Gottheit weniger beleidigend, gar nicht an sie zu denken, als falsch über sie zu denken.

Nachdem ich jene Eigenschaften der Gottheit aufgedeckt habe, durch die ich meine Existenz begreife, wende ich mich wieder mir zu und untersuche, welchen Rang ich in der Ordnung der Dinge einnehme, die sie regiert und die ich untersuchen kann. Unstreitig stehe ich in meiner Gattung an erster Stelle; denn durch meinen Willen und die Werkzeuge, die mir zu seiner Ausführung zu Gebote stehen, vermag ich weit mehr auf alle umgebenden Körper einzuwirken oder mich nach Belieben ihren Einwirkungen auszusetzen oder zu entziehen, als irgendeiner von ihnen gegen meinen Willen durch die bloße physische Gewalt auf mich einwirken kann. Durch meinen Verstand bin ich der einzige, der das Ganze übersehen kann. Welches Wesen außer dem Menschen kann hienieden alle anderen beobachten, ihre Bewegungen und ihre Wirkungen messen, berechnen, voraussehen und sozusagen das Gefühl der gemeinsamen Existenz hinzufügen? Warum soll der Gedanke lächerlich sein, daß alles für mich gemacht ist, wenn ich der einzige bin, der alles auf sich beziehen kann?

b) Stellung des Menschen im Universum (Das Böse und die Freiheit)

Es ist also wahr, daß der Mensch König der Erde ist, die er bewohnt. Denn er zähmt nicht nur alle Tiere, er verfügt nicht nur durch seine Geschicklichkeit über die Elemente, sondern er allein auf der Erde versteht es, sie zu nutzen. Er macht sich durch Beobachtung selbst die Sterne zu eigen, obwohl er sich ihnen nicht nähern kann. Man zeige mir ein Tier auf der Erde, das mit dem Feuer umgehen und die Sonne bewundern kann. Wie! ich kann die Wesen und ihre Beziehungen beobachten und erkennen? Ich kann empfinden, was Ordnung, Schönheit und Tugend ist? Ich kann das Weltall betrachten, mich zur Hand erheben, die es regiert; ich kann das Gute lieben und tun — und ich vergleiche mich mit den Tieren! Verworfene Seele, deine traurige Philosophie macht dich ihnen ähnlich; oder vielmehr, du willst dich umsonst erniedrigen. Dein Geist zeugt gegen deine Prinzipien, dein wohltätiges Herz straft deine Lehren Lügen. Der Mißbrauch deiner Fähigkeiten selbst beweist dir zum Trotz ihre Vortrefflichkeit.

Da ich kein System zu verteidigen habe und ein einfacher und wahrer Mensch bin, den keine Parteileidenschaft fortreißt und der nicht nach der Ehre trachtet, das Haupt einer Sekte zu werden, der mit dem Platz zufrieden ist, an den ihn Gott gestellt hat, sehe ich nach ihm nichts Besseres als meine Gattung. Und wenn ich meinen Platz in der Ordnung der Wesen zu wählen hätte, was könnte ich Höheres wählen, als Mensch zu sein?

Diese Betrachtung erfüllt mich weniger mit Stolz als mit Rührung; denn diese Stelle verdanke ich nicht meiner Wahl und sie ist auch kein Lohn für ein Wesen, das noch nicht existiert hat. Kann ich mich so ausgezeichnet sehen, ohne mir für diese Stellung Glück zu wünschen und ohne die Hand zu segnen, die mich dahin gestellt hat? Auf meine erste Selbstbesinnung erwacht in meinem Herzen ein Gefühl der Dankbarkeit und der Verehrung für den Schöpfer meiner Gattung und aus diesem Gefühl meine erste Huldigung an die wohltätige Gottheit. Ich bete die höchste Macht an und bin von ihren Wohltaten gerührt. Ich habe es nicht nötig, daß man mich in diesem Kult unterweise, er wird mir von der Natur selbst diktiert. Ist es nicht eine natürliche Folge der Selbstliebe, das zu verehren, was uns schützt, und das zu lieben, was uns wohltut?

Wenn ich nun aber meinen persönlichen Platz innerhalb meiner Gattung erkennen möchte und die einzelnen Ränge der Menschen betrachte, die sie einnahmen, was wird dann aus mir? Welch ein Schauspiel? Wo ist die Ordnung, die ich vorher beobachtet habe? Das Bild der Natur zeigt mir nur Harmonie und Ebenmaß, das des menschlichen Geschlechts bietet mir nur Verwirrung und Unordnung! Unter den Elementen herrscht Harmonie, die Menschen befinden sich im Chaos! Tiere sind glücklich, ihr König ist unglücklich! Weisheit, wo sind deine Gesetze? Vorsehung, regierst du so die Welt? Allgütiges Wesen, was ist aus deiner Macht geworden? Ich sehe nur Übel auf der Erde.

Würdest du es glauben, mein guter Freund, daß sich aus diesen traurigen Erwägungen und aus diesen anscheinlichen Widersprüchen in meinem Geist jene erhabenen Vorstellungen von der Seele gebildet haben, die sich bisher nicht aus meinen Untersuchungen ergeben hatten? Als ich so über die Natur des Menschen nachdachte, glaubte ich zwei deutlich verschiedene Prinzipien entdeckt zu haben. Das eine erhob ihn zur Erforschung der ewigen Wahrheiten, zur Liebe der Gerechtigkeit und des moralisch Schönen in die Regionen der intellektuellen Welt, deren Betrachtung das Entzücken des Weisen ausmacht; das andere zog ihn zu sich herab, unterwarf ihn der Herrschaft der Sinne, den Leidenschaften, die ihre Diener sind, und trat so in Gegensatz zu allem, was ihm das Gefühl des ersten einflößte. Wie ich mich so von den beiden Gegenströmungen mitgerissen und umkämpft fühlte, sagte ich mir: Nein, der Mensch ist keine Einheit: ich will und ich will nicht, ich fühle mich Sklave und frei, ich sehe das Gute, ich liebe es und ich mache das Böse; ich bin aktiv, wenn ich auf die Vernunft höre, passiv, wenn mich meine Leidenschaften fortreißen; und wenn ich ihnen unterlegen bin,

Glaubensbekenntnis des savoyischen Vikars 291

so ist das Gefühl, daß ich widerstehen hätte können, meine größte Qual.

Hör mir, junger Mann, mit Vertrauen zu, ich werde immer ehrlich sein. Wenn das Gewissen das Werk von Vorurteilen ist, dann habe ich zweifellos unrecht, und es gibt keine beweisbare Moral; aber wenn es ein natürlicher Hang des Menschen ist, sich vorzuziehen, und wenn dennoch dem menschlichen Herzen ein erstes Gefühl für Gerechtigkeit eingeboren ist, dann möge der, der aus dem Menschen ein einfaches Wesen macht, diese Widersprüche lösen und ich erkenne nur mehr eine einzige Substanz an.

Im allgemeinen verstehe ich unter dem Wort *Substanz* das Wesen, das primitive Eigenschaften hat, wobei ich von allen besonderen und sekundären Modifikationen absehe. Wenn also alle unsere bekannten primitiven Eigenschaften in ein und demselben Wesen vereinigt werden können, so dürfte man nur eine Substanz annehmen. Gibt es aber welche, die sich gegenseitig ausschließen, so muß man so viele Substanzen annehmen, als man Ausschließungen machen kann. Denk darüber nach! Ich meinerseits brauche nur zu wissen, was auch Locke darüber sagen mag, daß die Materie nur als ausgedehnt und teilbar zu erkennen ist, um sicher zu sein, daß sie nicht denken kann. Und wenn ein Philosoph kommt und mir sagt, daß die Bäume fühlen und die Steine denken*, dann mag er versuchen, mich mit seinen Spitzfindigkeiten in Verlegenheit zu setzen, ich kann nur einen gewissenlosen Sophisten in ihm sehen, der lieber den Steinen Gefühl als dem Menschen Seele zugesteht.

Stellen wir uns einen Tauben vor, der die Existenz der Töne leugnet, weil er sie noch niemals gehört hat. Ich zeige ihm ein

---

* Mir scheint, die moderne Philosophie habe, statt zu behaupten, daß die Steine denken, vielmehr entdeckt, daß die Menschen nicht denken. Sie erkennt nur mehr empfindende Wesen in der Natur, und der ganze Unterschied, den sie zwischen einem Menschen und einem Stein findet, besteht darin, daß der Mensch ein empfindungsfähiges Wesen ist, das Empfindungen hat, der Stein aber ein empfindungsfähiges Wesen, das keine hat. Wenn es aber richtig ist, daß die ganze Materie empfindet, wo soll ich mir dann die empfindende Einheit und das individuelle Ich vorstellen? Ist es in jedem Molekül der Materie oder in den zusammengesetzten Körpern? Schreibe ich die Einheit ebenso den flüssigen wie den festen, den gemischten Körpern wie den Elementen zu? In der Natur gibt es nur Einzelwesen, sagt man! Aber wer ist dieses Einzelwesen? Ist dieser Stein ein Einzelwesen oder ist es eine Zusammensetzung von Einzelwesen? Ist er ein einziges empfindendes Wesen oder enthält er so viele als es Sandkörner gibt? Wenn jedes einzelne Atom ein empfindendes Wesen ist, wie soll ich mir dann die innige Vereinigung erklären, durch die der eine sich so im anderen fühlt, daß ihre beiden *Ich* in eins verschmelzen? Die Anziehungskraft mag ein Gesetz der Natur sein, dessen Geheimnis uns unbekannt ist, aber wir begreifen doch, daß sie entsprechend der Massen wirkt und daher nicht mit der Ausdehnung und der Teilbarkeit unvereinbar ist. Kann man sich das gleiche beim Gefühl vorstellen? Die Empfindungsorgane sind ausgedehnt, das emp-

Saiteninstrument und bringe eine Saite durch ein anderes, versteckstes Instrument zum Mitschwingen. Der Taube sieht die Saite schwingen; ich sage ihm, daß das der Ton macht. Nein! sagt er, die Ursache der Schwingung liegt in der Saite selbst. Es ist eine allen Körpern gemeinsame Eigenschaft, so zu zittern. Zeig mir doch, erwidere ich, dies Zittern in anderen Körpern oder wenigstens seine Ursache in dieser Saite! Das kann ich nicht, antwortet der Taube; aber da ich nicht begreifen kann, wieso diese Saite schwingt, warum soll ich es durch deine Töne erklären, von denen ich nicht die geringste Vorstellung habe? Das hieße, eine dunkle Sache durch eine noch dunklere erklären. Entweder, du machst mir deine Töne hörbar, oder ich sage, daß es sie nicht gibt.

Je mehr ich über den Gedanken und über die Natur des menschlichen Geistes nachdenke, desto mehr finde ich, daß die Überlegungen der Materialisten der des Tauben gleichen. Sie sind in der Tat Taube gegen die innere Stimme, die ihnen mit einem Ton, der schwer mißzuverstehen ist, zuruft: eine Maschine denkt nicht; weder Bewegung noch Gestalt kann Denken erzeugen. Es gibt in dir etwas, das die Bande zu zerreißen sucht, die sie fesseln. Der Raum ist nicht dein Maß, das ganze Universum ist für dich nicht groß genug: deine Gefühle, deine Wünsche, deine Unruhe, dein Stolz selbst haben ein anderes Prinzip als diesen engen Körper, in dem du dich gefangen fühlst.

Kein materielles Wesen ist durch sich selbst tätig; ich aber bin es. Man kann es mir bestreiten, ich fühle es, und dieses Gefühl, das zu mir spricht, ist stärker als die Vernunft, die es bestreitet. Ich habe einen Körper, auf den die anderen ebenso einwirken wie er auf sie. Diese Wechselwirkung ist nicht zu bezweifeln; aber mein Wille ist unabhängig von meinen Sinnen. Ob ich zustimme oder widerstehe, unterliege oder siege, ich fühle ganz deutlich in mir, ob ich getan habe, was ich tun wollte, oder ob ich meinen Leidenschaften nur nachgebe. Immer habe ich die Macht zu wollen, nicht immer die Kraft auszuführen. Wenn ich mich versuchen lasse, handle ich auf Antriebe von außen. Wenn ich mir diese Schwäche vorwerfe, höre ich nur auf meinen Willen. Ich bin Sklave durch meine Laster, aber frei durch mein Gewissen. Das Gefühl meiner Freiheit erlischt in mir nur, wenn ich verlottere und wenn ich die innere Stimme hindere, sich gegen das Gesetz des Körpers zu erheben.

---

findende Wesen ist unteilbar und eins. Es läßt sich nicht teilen; es ist entweder ganz oder gar nicht. Das empfindende Wesen ist also kein Körper. Ich weiß nicht, wie es sich unsere Materialisten vorstellen, aber mir scheint, dieselben Schwierigkeiten, derentwegen sie das Denken verwerfen, müßten sie dazu führen, auch das Fühlen zu verwerfen. Ich begreife nicht, warum sie den zweiten Schritt nicht tun, nachdem sie den ersten getan haben. Warum soll ihnen das schwerer fallen? Da sie sicher sind, daß sie nicht denken, wie wagen sie zu behaupten, daß sie fühlen?

Ich kenne den Willen nur durch das Gefühl meines Willens, und der Verstand ist mir nicht besser bekannt. Wenn man mich nach der Ursache fragt, die meinen Willen bestimmt, frage ich nach der Ursache, die mein Urteil bestimmt. Denn es ist klar, daß die beiden nur eine Ursache haben. Und wenn man recht begreift, daß der Mensch in seinen Urteilen aktiv ist und daß sein Verstand nur das Vermögen ist, zu vergleichen und zu urteilen, wird man verstehen, daß seine Freiheit nur ähnliches oder von jenem abgeleitetes Vermögen ist. Er wählt das Gute, wie er das Wahre beurteilt hat. Urteilt er falsch, so wählt er falsch. Welches ist also die Ursache, die seinen Willen bestimmt? Es ist seine Urteilskraft. Und welche Ursache bestimmt sein Urteil? Es ist sein Erkenntnisvermögen, seine Fähigkeit zu urteilen; die bestimmende Ursache liegt in ihm selbst. Darüber hinaus begreife ich nichts mehr.

Ohne Zweifel bin ich nicht frei, mein eigenes Glück nicht zu wollen, so wie ich nicht frei bin, mein Unglück zu wollen. Meine Freiheit besteht eben darin, daß ich nur das wollen kann, was mir angemessen ist, oder was ich dafür halte, ohne daß mich irgend etwas Fremdes dazu bestimmt. Folgt nun daraus, daß ich nicht Herr meiner selbst bin, weil ich nicht Herr darüber bin, ein anderer zu sein als ich selbst?

Der Ursprung einer jeden Handlung liegt im Willen eines freien Wesens, darüber kommt man nicht hinaus. Nicht das Wort „Freiheit" hat keinen Sinn, sondern das Wort „Notwendigkeit". Nimmt man irgendeine Handlung oder irgendeine Wirkung an, die nicht aus einem aktiven Prinzip entspringt, so heißt das Wirkung ohne Ursache annehmen, heißt das dem *circulus vitiosus* verfallen. Entweder gibt es keinen ersten Impuls, oder jeder erste Impuls hat keine vorhergehende Ursache, und es gibt keinen wahren Willen ohne Freiheit. Der Mensch ist also in seinen Handlungen frei und als freies Wesen von einer immateriellen Substanz beseelt. Das ist der dritte Glaubensartikel. Aus diesen ersten drei Artikeln kannst du leicht alle anderen ableiten, ohne daß ich fortfahre, sie aufzuzählen.

Wenn der Mensch aktiv und frei ist, so handelt er aus freiem Antrieb. Alles, was er aus freiem Entschluß macht, gehört nicht in das geordnete System der Vorsehung und kann ihr nicht zur Last gelegt werden. Sie will das Böse nicht, das der Mensch tut, indem er die Freiheit mißbraucht, die sie ihm gegeben hat. Aber sie hindert ihn nicht daran, es zu tun, entweder weil es in ihren Augen nichts ist, was ein so schwaches Wesen verübt, oder weil sie es nicht verhindern kann, ohne seine Freiheit zu beeinträchtigen und ein größeres Übel zu bewirken, indem sie seine Natur herabwürdigt. Sie hat ihn frei gemacht, damit er aus freier Wahl das Gute tue und nicht das Böse. Sie hat ihn instand gesetzt, diese Wahl zu treffen, wenn er die Kräfte richtig gebraucht, die sie ihm gegeben hat. Aber sie hat seine Kraft so weit beschränkt, daß der Mißbrauch der Freiheit, die sie ihm gelassen hat, die allgemeine Ordnung nicht stören kann. Das Böse, das der Mensch tut, fällt auf ihn zurück, ohne etwas am System der Welt zu ändern und ohne zu verhindern, daß das Menschengeschlecht sich selbst erhält, ob es will oder nicht. Wer darüber murrt, daß Gott uns nicht hindert, das Böse zu tun, murrt darüber, daß er unsere Natur mit solchen Vorzügen ausgestattet hat, daß er seinen Handlungen die Moralität verlieh, die sie veredelt, und daß er ihm das Recht auf Tugend gab. Das höchste Glück liegt darin, mit sich selbst zufrieden zu sein. Um diese Zufriedenheit zu erwerben, sind wir auf Erden und mit Freiheit begabt, von Leidenschaften versucht und vom Gewissen zurückgehalten. Was könnte die göttliche Macht selbst mehr zu unserem Besten tun? Könnte sie dadurch einen Zwiespalt in unsere Natur bringen und den für gute Taten belohnen, in dessen Macht es gar nicht stand, Böses zu tun? Wie! Um zu verhindern, daß der Mensch böse ist, hätte sie ihn auf den Instinkt beschränken und zum Tier machen sollen? Nein, Gott meiner Seele, ich werde dir niemals vorwerfen, daß du mich nach deinem Bild gemacht hast, damit ich frei, gut und glücklich sein kann wie du!

Erst der Mißbrauch unserer Kräfte macht uns unglücklich und böse. Unser Kummer, unsere Sorgen, unsere Leiden kommen von uns selbst her. Das moralische Übel ist unbestreitbar unser Werk, und das physische Übel wäre nichts ohne unsere Laster, durch die wir es erst spüren. Läßt uns die Natur nicht unsere Bedürfnisse spüren, um uns zu erhalten? Ist nicht der körperliche Schmerz ein Zeichen, daß die Maschine in Unordnung geraten ist, und eine Mahnung, für sie zu sorgen? Der Tod ... Vergiften nicht die Bösen ihr Leben und das unsere dazu? Wer möchte ewig leben? Der Tod ist das Heilmittel für die Leiden, die ihr euch selbst zufügt; die Natur hat gewollt, daß ihr nicht immer leiden sollt. Wie wenig Übeln ist der Mensch unterworfen, der in der ursprünglichen Einfachheit lebt! Er lebt fast ohne Krankheiten und ohne Leidenschaften; er sieht den Tod nicht voraus, noch fühlt er ihn. Wenn er ihn fühlt, lassen ihn seine Leiden wünschenswert erscheinen: also ist er kein Übel für ihn. Wenn wir uns damit begnügen, das zu sein, was wir sind, brauchen wir unser Los nicht zu beklagen. Aber um ein eingebildetes Glück zu erstreben, ziehen wir uns tausend wirkliche Übel zu. Wer nicht ein wenig Leid ertragen kann, muß gewärtig sein, viel zu ertragen. Hat man seine Gesundheit durch ein liederliches Leben zugrunde gerichtet, will man sie durch Heilmittel wiederherstellen. Zum Übel, das man fühlt, fügt man jenes hinzu, das man fürchtet. Die Aussicht auf den Tod macht ihn schrecklich und beschleunigt ihn. Je mehr man ihn fliehen will, um so mehr fühlt man ihn. Und so stirbt man aus Angst sein ganzes Leben lang und klagt die Natur der Übel an, die man sich selbst zugefügt hat, indem man sie beleidigte.

Mensch, such nicht weiter nach dem Urheber des Übels: dieser Urheber bist du selbst. Es gibt kein anderes Übel als das, das du tust oder erleidest, und beide rühren von dir her. Das allgemeine Übel kann nur in der Unordnung liegen, und ich sehe im System der Welt eine Ordnung, die sich nie verleugnet. Das Einzelübel liegt nur in der Empfindung des leidenden Wesens, und diese Empfindung hat der Mensch nicht von der Natur empfangen, er hat es sich selbst gegeben. Der Schmerz hat wenig Gewalt über den, der weder Erinnerung noch Voraussicht kennt. Nehmt unsere unheilvollen Fortschritte weg, nehmt unsere Irrtümer, unsere Laster, unseren Menschentand, und alles ist gut.

b) Die ausgleichende Gerechtigkeit

Weil alles gut ist, gibt es keine Ungerechtigkeit. Die Gerechtigkeit ist unzertrennlich mit der Güte verbunden. Die Güte aber ist die notwendige Wirkung einer unbegrenzten Macht und die Selbstliebe, die jedem fühlenden Wesen zu eigen ist. Wer alles kann, erweitert sozusagen seine Existenz mit der der Wesen. Erschaffen und Bewahren sind der immerwährende Akt der Macht. Sie wirkt nicht auf das, was nicht ist. Gott ist nicht der Gott der Toten; er könnte nicht zerstören und Böses tun, ohne sich selbst zu schaden. Wer alles vermag, kann nur wollen, was gut ist*. Das allergütigste Wesen muß demnach, weil es allmächtig ist, auch von höchster Gerechtigkeit sein, weil es sich sonst widerspräche; denn die Liebe zur Ordnung, die die Ordnung schafft, heißt *Güte*, und die Liebe zur Ordnung, die sie bewahrt, heißt *Gerechtigkeit*.

Man sagt, Gott sei seinen Geschöpfen nichts schuldig. Ich glaube, daß er ihnen alles schuldet, was er ihnen versprochen hat, als er sie erschuf. Er hat ihnen ein Gut versprochen, als er ihnen den Gedanken dazu gab und sie die Notwendigkeit dazu fühlen ließ. Je mehr ich in mich gehe, je öfter ich mich befrage, um so öfter lese ich die Worte in meiner Seele: *Sei gerecht und du wirst glücklich sein!* Beim gegenwärtigen Stand der Dinge ist es aber damit nichts: Der Böse gedeiht und der Gerechte bleibt unterdrückt. Denkt auch daran, wie empört sie sind, wenn diese Erwartung enttäuscht wird. Das Gewissen erwacht und murrt gegen seinen Schöpfer. Es ruft ihm seufzend zu: Du hast mich betrogen!

Ich habe dich betrogen, Vermessener! Und wer hat es dir gesagt? Ist deine Seele verstummt? Hast du aufgehört zu existieren? O Brutus, mein Sohn, Beschmutze dein edles Leben nicht noch am Ende. Laß deine Hoffnung und deinen Ruhm nicht mit deinem Leichnam auf den Schlachtfeldern von Philippi.

---

* Wenn die Alten den höchsten Gott *optimus maximus* nannten, so sprachen sie eine Wahrheit aus. Hätten sie jedoch *maximus optimus* gesagt, wäre es noch richtiger gewesen, da die Güte von der Macht herstammt; er ist gut, weil er groß ist.

Warum sagst du: *Die Tugend bedeutet nichts,* wenn du den Preis
für deine Tugend ernten wirst? Du wirst sterben, glaubst du:
Nein, du wirst leben, und dann werde ich alles halten, was ich
dir versprochen habe.

Bei dem Gemurre der ungeduldigen Sterblichen sollte man
meinen, daß Gott ihnen die Belohnung schuldig ist, ehe sie sie
verdienen, und daß er verpflichtet ist, ihnen ihre Tugend im
vorhinein zu bezahlen. Ah! seien wir zuerst gut, dann werden
wir auch glücklich sein. Verlangen wir nicht den Preis vor dem
Sieg und den Lohn vor der Arbeit. Nicht in den Schranken
werden die Sieger unserer heiligen Spiele gekrönt, sagt Plutarch,
sondern erst wenn sie die Bahn durchlaufen haben.

Wenn die Seele immateriell ist, kann sie den Leib überleben.
Wenn sie ihn überlebt, ist die Vorsehung gerechtfertigt. Wenn
ich für die Immaterialität der Seele keine anderen Beweise hätte
als den Triumph des Bösen und die Unterdrückung des Gerechten auf dieser Welt, so würde das allein mich schon hindern,
daran zu zweifeln. Eine so empörende Dissonanz in der allgemeinen Harmonie würde mich antreiben, die Lösung zu suchen. Ich
würde mir sagen: Nicht alles endet für uns mit dem Leben;
alles kehrt beim Tod zur Ordnung zurück. Allerdings komme
ich in die Verlegenheit, mich zu fragen, wo der Mensch ist, wenn
alles Sinnliche an ihm zerstört ist. Aber diese Frage bietet mir
keine Schwierigkeiten mehr, sobald ich zwei Substanzen anerkannt habe. Es ist ganz klar, daß mir während meines leiblichen
Lebens, wo ich nur durch meine Sinne wahrnehme, alles, was
ihnen nicht untergeordnet ist, entgeht. Wenn die Verbindung
zwischen Leib und Seele zerbrochen ist, kann ich mir vorstellen,
daß der Leib sich auflöst und die Seele bestehenbleibt. Warum
sollte die Zerstörung des einen die Zerstörung des anderen nach
sich ziehen? Da sie so verschiedener Natur sind, befinden sie sich
im Gegenteil während der Vereinigung in einem Zwangszu-
stand. Hört diese Vereinigung auf, kehren beide in ihren natürlichen Zustand zurück. Die tätige und lebende Substanz gewinnt
alle Kraft zurück, die sie bisher dazu brauchte, um die passive
und tote zu bewegen. Ach! ich empfinde es infolge meiner Laster
nur zu deutlich, daß der Mensch während des Lebens nur halb
lebt, und daß das Leben der Seele erst nach dem Tode des Körpers beginnt.

Aber was für ein Leben ist das? Ist die Seele ihrem Wesen
nach unsterblich? Mein begrenzter Verstand begreift nichts Unbegrenztes: Alles, was man unendlich nennt, entgeht mir. Was
kann ich verneinen, was bejahen? Kann ich über etwas aussagen,
was ich nicht begreife? Ich glaube, daß die Seele den Körper so
lange überlebt, bis die Ordnung wiederhergestellt ist. Wer weiß,
ob das lange genug ist, um ewig zu dauern? Jedenfalls sehe ich,
wie sich der Leib durch den Zerfall der Teile abnützt und zerstört; aber ich kann mir eine gleiche Zerstörung des denkenden

Glaubensbekenntnis des savoyischen Vikars

Wesens nicht vorstellen. Und da ich mir nicht vorstellen kann, wie es stirbt, nehme ich an, daß es nicht stirbt. Da mich diese Vermutung tröstet und nichts Unvernünftiges hat, warum sollte ich Bedenken tragen, darauf zu beharren?

Ich fühle meine Seele, ich erkenne sie durch das Gefühl, ich weiß, daß sie existiert, ohne ihre Essenz zu kennen. Über Vorstellungen, die ich nicht habe, kann ich nicht klügeln. Aber ich weiß genau, daß die Identität des *Ich* nur durch das Gedächtnis Dauer hat, und daß ich, um wirklich der gleiche zu sein, mich erinnern muß, schon gewesen zu sein. Ich könnte mich aber nach meinem Tode nicht dessen erinnern, was ich im Leben gewesen bin, ohne mich zugleich dessen zu erinnern, was ich gefühlt, und folglich, was ich getan habe. Und ich zweifle nicht daran, daß diese Erinnerung nicht eines Tages die Glückseligkeit der Guten und die Qual der Bösen ausmacht. Tausend heftige Leidenschaften zehren hienieden das innere Gefühl auf und betrügen das Gewissen. Demütigungen und Mißgeschicke, die die Übung der Tugend nach sich zieht, verhindern, daß wir sie auskosten. Aber wenn wir von den Illusionen befreit sind, die uns der Leib und die Seele bereiten, und uns der Anschauung des Höchsten Wesens und der ewigen Wahrheit, deren Quell es ist, erfreuen, wenn die Schönheit der Ordnung alle Kräfte unserer Seele anrührt und wir uns mit dem Vergleich beschäftigen, was wir getan haben und was wir tun hätten müssen, dann wird die Stimme des Gewissens ihre Kraft und ihre Herrschaft wiedergewinnen. Dann wird die reine Wollust, die aus der Selbstzufriedenheit hervorgeht, und die bittere Reue, sich herabgewürdigt zu haben, durch unerschöpfliche Gefühle das Los bestimmen, das sich jeder selbst bereitet hat. Frag mich nicht, mein Freund, ob es noch andere Quellen des Glücks und des Leides gibt. Ich weiß es nicht. Aber die ich mir vorstelle, reichen hin, mich für dieses Leben zu trösten und ein anderes erhoffen zu lassen. Ich behaupte nicht, daß die Guten belohnt werden, denn welches andere Gut kann ein ausgezeichnetes Wesen erwarten, als seiner Natur gemäß zu leben? Aber ich behaupte, daß sie glücklich sein werden, weil ihr Schöpfer, der Schöpfer aller Gerechtigkeit, sie empfindsam gemacht hat und nicht, um zu leiden; weil sie nicht durch ihre eigene Schuld ihrer Bestimmung untreu geworden sind, da sie niemals Mißbrauch mit ihrer Freiheit auf Erden getrieben haben. Sie haben aber in diesem Leben gelitten und werden daher in einem anderen entschädigt werden. Dieses Gefühl gründet sich weniger auf die Verdienste des Menschen als auf die Vorstellung der Güte, die mir vom göttlichen Wesen untrennbar erscheint. Ich setze dabei nur voraus, daß die Gesetze der Ordnung befolgt werden und Gott sich gleich bleibt*.

---

* Nicht um unseretwillen, o Herr, nicht um unseretwillen,
  sondern um deines Namens und um deiner Ehre willen,
  Laß uns, o Gott, auferstehen! (Psalm 115)

Frag mich auch nicht, ob die Qualen der Bösen ewig dauern werden. Auch das weiß ich nicht und ich bin nicht so eitel und vorwitzig, unnütze Fragen lösen zu wollen. Was kümmert es mich, was aus den Bösen wird? Ich nehme wenig Anteil an ihrem Schicksal. Trotzdem kann ich kaum glauben, daß sie zu ewigen Qualen verdammt sind. Wenn sich die höchste Gerechtigkeit rächt, so rächt sie sich in diesem Leben. Ihre und eure Fehler, ihr Völker, seid ihre Diener! Sie bedient sich der Übel, die ihr euch zufügt, um die Missetaten zu bestrafen, die sie nach sich ziehen. In euren unersättlichen, von Neid, Geiz und Ehrgeiz zernagten Herzen bestrafen die rächenden Leidenschaften mitten in eurem Scheinglück eure Frevel. Wozu die Hölle im Jenseits suchen? Sie ist schon in diesem Leben in den Herzen der Bösen.

Wo unsere vergänglichen Bedürfnisse enden, wo unsere sinnlosen Wünsche aufhören, müssen auch unsere Leidenschaften und unsere Verbrechen aufhören. Zu welcher Widernatürlichkeit wären schon reine Geister fähig? Warum sollten sie böse sein, wenn sie keine Bedürfnisse haben? Wenn sie, unserer groben Sinne ledig, all ihr Glück nur im Anschauen der Wesenheiten finden, so können sie nur das Gute wollen. Wer aufhört, böse zu sein, kann der für immer elend sein? Diesem Glauben neige ich zu, ohne mir die Mühe zu machen, darüber zu entscheiden. O gnädiges und gütiges Wesen, welches auch immer deine Ratschlüsse sein mögen, ich verehre sie! Wenn du die Bösen strafst, so beuge ich meine schwache Vernunft vor deiner Gerechtigkeit. Wenn aber die Stimme des Gewissens dieser Unglücklichen nach einer Zeit verstummt, wenn ihre Leiden aufhören, wenn uns alle dereinst der gleiche Friede erwartet, so preise ich dich dafür. Ist nicht auch der Böse mein Bruder? Wie oft war ich nicht in Versuchung, ihm ähnlich zu sein! Möge er, von seinem Elend befreit, auch die Bosheit verlieren, die es begleitet. Möge er glücklich sein wie ich! Weit entfernt, meine Eifersucht zu erregen, wird sein Glück mein Glück erhöhen.

3. Die Gottes-vorstellung Indem ich so Gott in seinen Werken anschaue und diejenigen seiner Attribute studiere, die ich kennen muß, bin ich schrittweise dahingelangt, die anfangs unvollkommene und beschränkte Idee, die ich mir von dem unermeßlichen Wesen machte, zu erweitern und zu vervollkommnen. Wenn diese Idee edler und größer gewesen ist, so ist sie auch der menschlichen Vernunft weniger angemessen. Je näher ich im Geist dem ewigen Licht komme, desto mehr blendet und verwirrt mich sein Glanz, und ich muß alle irdischen Begriffe aufgeben, mit deren Hilfe ich mir eine Vorstellung von Gott gemacht habe. Gott ist nicht mehr leiblich und sinnenhaft. Die höchste Vernunft, die die Welt regiert, ist nicht mehr die Welt selbst. Umsonst erhebe und ermüde ich meinen Geist, sein Wesen zu begreifen. Wenn ich bedenke, daß sie es ist, die der lebenden und tätigen Substanz, die die beseelten Körper regiert, das Leben gibt, wenn ich sagen höre, daß meine Seele geistig und Gott ein Geist ist, so entrüste ich mich über diese Herabwürdigung des göttlichen Wesens. Als ob Gott und meine Seele von gleicher Natur wären! Als ob Gott nicht das einzige absolute, das einzige wirklich durch sich selbst tätige, fühlende, denkende und wollende Wesen wäre, von dem wir Denkkraft und Empfindung, Tätigkeit und Wollen, Freiheit und Dasein haben! Wir sind nur frei, weil er will, daß wir es seien, und seine unbegreifliche Substanz verhält sich zu unserer Seele wie unsere Seele zu unserem Leib. Ob er die Materie, die Körper, die Geister, die Welt erschaffen hat, weiß ich nicht. Die Idee der Schöpfung verwirrt mich und übersteigt meine Fassungskraft. Ich glaube daran, soweit ich es begreifen kann; allein ich weiß, daß Gott die Welt und alles, was existiert, geformt hat, daß er alles gemacht und alles geordnet hat. Gott ist ohne Zweifel ewig; aber vermag mein Geist die Idee der Ewigkeit zu fassen? Wozu soll ich Wörter ohne Sinninhalt gebrauchen? Was ich begreife, ist, daß er vor allen Dingen gewesen ist, daß er sein wird, so-lange sie bestehen, und daß er auch dann noch sein wird, wenn dereinst alles ein Ende nehmen sollte. Daß ein Wesen, das ich nicht begreife, anderen Wesen das Dasein gibt, das ist nur dunkel und unbegreiflich. Aber daß sich das Sein und das Nichtsein von selbst ineinander verwandeln, das ist ein greifbarer Widerspruch, ein offenbarer Unsinn.

Gott ist intelligent; aber wie ist er es? Der Mensch ist intelligent, wenn er denkt, aber die höchste Intelligenz braucht das Denken nicht. Für sie gibt es keine Prämissen und keine Folgerungen, ja, es gibt überhaupt keinen Vorsatz. Sie ist rein intuitiv; sie sieht, was ist und was sein kann. Alle Wahrheiten sind für sie nur eine einzige Idee, wie alle Orte ein einziger Punkt und alle Zeiten ein einziger Augenblick sind. Die menschliche Kraft wirkt durch Mittel, die göttliche Kraft durch sich selbst. Gott kann, weil er will; der Wille ist seine Macht. Gott ist gut; nichts ist offenkundiger. Aber die Güte des Menschen besteht in der Liebe zu seinesgleichen: die Güte Gottes ist die Liebe zur Ordnung; denn durch die Ordnung erhält er, was ist, und verbindet jeden Teil mit dem Ganzen. Gott ist gerecht, davon bin ich überzeugt; es ist die Folge seiner Güte. Die Ungerechtigkeit der Menschen ist ihr Werk, nicht seines. Die moralische Unordnung, die in den Augen der Philosophen gegen die göttliche Vorsehung zeugt, ist in meinen Augen ein Beweis dafür. Die Gerechtigkeit der Menschen besteht darin, jedem zu geben, was ihm gehört; die Gerechtigkeit Gottes besteht darin, von jedem Rechenschaft zu fordern über das, was er ihm gegeben hat.

Wenn ich so stufenweise diese Eigenschaften, von denen ich keine Vorstellung habe, entdecke, so geschieht es auf Grund von zwingenden Folgerungen und vom richtigen Gebrauch meiner Vernunft. Ich behaupte sie, ohne sie zu begreifen, d. h. im Grunde: nichts behaupten. Umsonst sage ich mir: Gott ist so, ich fühle es, ich beweise es mir; ich begreife darum nicht besser, wie Gott so sein kann.

Je mehr ich mich anstrenge, sein unendliches Wesen anzuschauen, um so weniger begreife ich es. Aber es besteht, das genügt mir. Je weniger ich Gott begreife, um so mehr verehre ich ihn. Ich demütige mich vor ihm und sage: Wesen aller Wesen, ich bin, weil du bist. Ich erhebe mich zu meinem Quell, wenn ich unaufhörlich über mich nachdenke. Meine Vernunft gebrauche ich am würdigsten, wenn ich mich vor dir vernichte: Es ist die Beglückung meines Geistes und das Entzücken meiner Schwäche, mich vor deiner Größe überwältigt zu fühlen.

III. Moralität
1. Das Gewissen

Nachdem ich so aus dem Eindruck der sinnlichen Dinge und des inneren Gefühls, das mich treibt, nach meinen natürlichen Einsichten über die Ursachen zu urteilen, die grundsätzlichen Wahrheiten, die ich wissen muß, abgeleitet habe, bleibt mir noch zu untersuchen übrig, welche Grundsätze ich für mein Verhalten daraus ableite und welche Regeln ich mir vorschreiben muß, um meine Bestimmung auf dieser Erde nach der Absicht dessen zu erfüllen, der mich hierhergesetzt hat. Dabei folge ich meiner Methode weiter und leite diese Regeln nicht aus den Prinzipien einer hohen Philosophie ab, sondern ich finde sie im Grunde meines Herzens, wo sie die Natur mit unauslöschbaren Zügen eingräbt. Ich brauche mich nur selbst zu befragen, was ich machen will. Alles, was ich als gut empfinde, ist gut; alles, was ich als schlecht empfinde, ist schlecht. Der beste Anwalt ist das Gewissen. Nur wenn man mit dem Gewissen feilschen will, nimmt man zu Spitzfindigkeiten seine Zuflucht. Die erste aller Sorgen ist die Sorge um sich selbst: wie oft aber sagt uns die innere Stimme, daß wir unrecht tun, wenn wir unser Wohl auf Kosten anderer fördern! Wir glauben, dem Impuls der Natur zu folgen, aber wir widersetzen uns ihr. Indem wir auf das hören, was sie unseren Sinnen sagt, mißachten wir, was sie unserem Herzen sagt. Das aktive Wesen gehorcht, das passive Wesen befiehlt. Das Gewissen ist die Stimme der Seele; die Leidenschaften sind die Stimme des Körpers. Ist es verwunderlich, daß die beiden Stimmen sich widersprechen? Auf welche soll man hören? Zu oft täuscht uns die Vernunft; wir sind nur allzu berechtigt, sie abzulehnen. Das Gewissen aber täuscht nie. Es ist der wahre Führer des Menschen: es verhält sich zur Seele wie der Instinkt zum Leib*. Wer ihm folgt, gehorcht der Natur und

---

* Die moderne Philosophie, die nur gelten läßt, was sie erklärt, hütet sich, diese dunkle Kraft, *Instinkt* genannt, anzuerkennen, die ohne die geringste erworbene Erkenntnis die Tiere zu einem Ziel zu führen scheint. Der Instinkt ist nach einem unserer größten Philosophen [Condillac] nichts als eine der Überlegung bare Gewohnheit, die aber durch Nachdenken erworben worden war. Aus der Art, wie er diesen Unterschied erklärt, muß man annehmen, daß die Kinder mehr nachdenken als die Erwachsenen. Ein Widerspruch, der so seltsam ist, daß er verdient, geprüft zu werden. Ohne mich hier in diese

Glaubensbekenntnis des savoyischen Vikars   301

braucht nicht zu fürchten, in die Irre zu gehen. Dieser Punkt ist
wichtig, fuhr mein Wohltäter fort, als er sah, daß ich ihn unterbrechen wollte. Erlaube, daß ich ein wenig dabei verweile, um
ihn aufzuhellen.

Alle Sittlichkeit unserer Handlungen beruht auf dem Urteil,
das wir selbst darüber fällen. Wenn es wahr ist, daß das Gute gut
ist, muß es in unserem Herzen wie in unseren Werken gut sein,
und der erste Lohn der Gerechtigkeit ist, zu fühlen, daß man
gerecht handelt. Wenn die moralische Güte unserer Natur entspricht, kann der Mensch an Geist und Leib gesund sein, insoweit
er gut ist. Wenn sie es nicht ist, und der Mensch von Natur
aus böse, kann er nicht aufhören, böse zu sein, ohne zu verderben, und die Güte ist ihm nur ein naturwidriges Laster. Geschaffen, seinen Nebenmenschen zu schaden, wie der Wolf, seine
Beute zu zerreißen, wäre ein menschlicher Mensch ein ebenso
entartetes Lebewesen wie ein barmherziger Wolf; nur die
Tugend allein würde uns noch Gewissensbisse verursachen.

Besinnen wir uns auf uns selbst, mein junger Freund! Stellen
wir jedes persönliche Interesse zurück und prüfen wir, wohin uns
unsere Neigungen führen. Woran haben wir größere Freude: am
Unglück oder am Glück der anderen? Was tun wir am liebsten
und was läßt uns nach der Tat einen angenehmeren Eindruck
zurück: eine Wohltat, oder eine Bosheit? Was interessiert euch
im Theater am meisten? Sind es die Missetaten, die euch Vergnügen machen? Weint ihr über die bestraften Verbrecher?
Alles, sagt man, ist uns gleichgültig, unser Vorteil ausgenommen! Und doch trösten uns im Gegenteil Freundschaft und
Menschenliebe in unserem Leid. Und selbst in unserer Freude
wären wir zu einsam, zu unglücklich, wenn wir niemanden

Erörterung einzulassen, frage ich mich, welchen Namen ich dem Eifer
geben soll, mit dem mein Hund die Maulwürfe bekämpft, die er doch
gar nicht frißt, der Geduld, mit der er ihnen manchmal ganze Stunden
auflauert, der Geschicklichkeit, mit der er sie fängt, in dem Augenblick
aus der Erde wirft, wo sie stoßen, und sie alsdann tötet, um sie liegenzu-
lassen, ohne daß jemals jemand ihn zu dieser Jagd abgerichtet hätte oder
ihn gelehrt hätte, daß es dort Maulwürfe gibt. Ferner frage ich, und
das ist noch wichtiger, warum derselbe Hund, als ich drohte, sich auf
den Rücken legte, die Pfoten einzog, und eine bittende Haltung ein-
nahm, die mich rühren mußte; eine Haltung, die er aber nicht beibehalten hätte, wenn ich ihn, ohne mich rühren zu lassen, geschlagen
hätte. Wie! Mein kleiner, kaum geborener Hund hätte schon moralische Begriffe? Er wüßte schon, was Gnade und Großmut ist? Auf
welches Wissen hin hoffte er, mich zu beschwichtigen, indem er sich
so meiner Willkür auslieferte? Alle Hunde der Welt verhalten sich im
gleichen Fall beinahe ebenso, und ich behaupte hier nichts, was nicht
jeder selbst überprüfen könnte. Wenn die Philosophen, die den Instinkt so verächtlich abtun, die Gabe hätten, diese Tatsache durch das
bloße Spiel der Sinneseindrücke und der Kenntnisse, die sie uns vermitteln, zu erklären, und zwar auf eine jedem vernünftigen Menschen
einleuchtende Art und Weise, dann hätte ich nichts mehr zu sagen
und ich würde nicht mehr vom Instinkt reden.

hätten, der sie mit uns teilt. Wenn es keine Moral im menschlichen Herzen gibt, woher kommt dann diese Begeisterung für heroische Taten und diese Liebeswallung für große Seelen? Welche Beziehung hat diese Begeisterung für die Tugend mit unserem Privatinteresse? Warum möchte ich lieber Cato sein, der sein Eingeweide zerfleischt, als der triumphierende Cäsar? Entfernt aus unseren Herzen die Liebe zum Schönen und ihr nehmt ihm allen Reiz des Lebens. Wer in seiner engen Seele mit niedrigen Leidenschaften diese köstlichen Gefühle erstickt hat; wer sich in solchem Maß in sich selbst verhärtet hat, liebt schließlich nur sich selbst, kann sich für nichts mehr begeistern und sein eiskaltes Herz kennt keine Freude mehr. Keine Rührung befeuchtet mehr sein Auge; nichts bereitet ihm Genuß. Der Unglückliche fühlt nicht mehr, er liebt nicht mehr, er ist schon tot.

Wie groß die Zahl der Bösen auf Erden auch sein mag, es gibt doch wenige jener abgestorbenen Seelen, die außer ihrem Eigennutz für alles, was gerecht und gut ist, unempfindlich geworden sind. Die Ungerechtigkeit gefällt nur, soweit man Nutzen davon hat. In allen anderen Fällen möchte man, daß der Unschuldige beschützt wird. Sieht man auf der Straße einen Akt der Gewalt und der Ungerechtigkeit, so regt sich sofort ein Gefühl des Zornes und der Empörung, das uns drängt, den Unterdrückten zu verteidigen. Aber eine mächtigere Pflicht hält uns zurück, und die Gesetze nehmen uns das Recht, uns des Unschuldigen anzunehmen. Sehen wir dagegen einen Akt der Gnade oder der Großmut, welche Bewunderung und welche Liebe flößt er uns ein! Wer sagt sich nicht: das hätte ich gerne gemacht! Sicherlich macht es uns wenig aus, ob ein Mensch vor zweitausend Jahren böse oder gerecht war; und doch erregt die alte Geschichte das gleiche Interesse in uns, als ob sich all das in unseren Tagen zugetragen hätte. Was gehen mich die Verbrechen des Catilina an? Habe ich Angst, sein Opfer zu werden? Warum habe ich vor ihm den gleichen Abscheu, als wäre er mein Zeitgenosse? Wir hassen die Bösen nicht nur, weil sie uns schaden, sondern weil sie böse sind. Nicht nur wir wollen glücklich sein, wir wollen auch das Glück der anderen, und wenn das Glück anderer unseres nicht beeinträchtigt, so vermehrt es dasselbe. Schließlich hat man, ob man es will oder nicht, Mitleid mit den Unglücklichen. Ist man Zeuge ihres Leidens, so leidet man mit ihnen. Auch der Verdorbenste wird dieses Gefühl nicht ganz verlieren; es bringt sie oft in Widerspruch mit sich selbst. Der Dieb, der einen Fußgänger bestiehlt, bedeckt die Blöße des Bettlers, und der wildeste Mörder stützt den Menschen, der in Ohnmacht sinkt.

Man spricht von der Stimme des Gewissens, die im geheimen die verborgenen Verbrechen bestraft und sie oft ans Licht bringt. Wer von uns hätte noch niemals diese unbequeme Stimme vernommen? Man spricht aus Erfahrung; und man möchte dieses tyrannische Gefühl ersticken, das uns so viel Qualen bereitet. Gehorchen wir der Natur, und wir werden erkennen, wie sanft sie regiert und welcher Reiz darin liegt, auf sie gehört zu haben, und sich hernach ein gutes Zeugnis geben zu können. Der Böse fürchtet und flieht sich selbst. Er unterhält sich, wenn er sich vergißt; unruhigen Blickes sieht er umher und sucht, was ihn unterhalten könnte; ohne bittere Satire und ohne beißenden Spott wäre er immer traurig; Hohnlachen ist sein einziges Vergnügen. Den Gerechten dagegen erfüllt innere Heiterkeit; sein Lachen kennt keine Bosheit, sondern nur Freude; es hat seine Quellen in sich selbst. Allein ist er genauso heiter wie in der Gesellschaft; er schöpft seine Zufriedenheit nicht aus seiner Umgebung, er teilt sie ihr mit.

Sieh dir die Völker der Erde und ihre Geschichte an. Unter so vielen unmenschlichen und seltsamen Kulten, unter dieser außerordentlichen Vielfalt von Sitten und Charakteren findest du überall die gleichen Vorstellungen von Gerechtigkeit und Redlichkeit, überall die gleichen Begriffe von Gut und Böse. Das alte Heidentum erzeugt abscheuliche Götter, die man auf der Erde als Verbrecher bestraft hätte. Gewalttaten und Befriedigung der Leidenschaften boten sie als Bilder höchsten Glückes dar. Aber umsonst stieg das Laster unter geheiligter Autorität aus seiner ewigen Wohnung herab; der moralische Instinkt wies es aus dem Herzen der Menschen zurück. Während man die Ausschweifungen Jupiters feierte, bewunderte man die Enthaltsamkeit des Xenokrates, die keusche Lukretia verehrte die unzüchtige Venus; der unerschrockene Römer brachte der Furcht Opfer dar; er rief den Gott an, der seinen Vater verstümmelt hatte, und starb ohne Widerrede von der Hand seines eigenen Vaters[43]. Die größten Männer dienten den verächtlichsten Gottheiten, aber die heilige Stimme der Natur, stärker als die der Götter, gewann sich Achtung auf Erden und schien das Verbrechen mit den Schuldigen in den Himmel zu verbannen.

Im Grunde der Seele gibt es demnach ein angeborenes Prinzip der Gerechtigkeit und Tugend, nach dem wir, gegen unsere eigenen Grundsätze, unsere und die Handlungen anderer als gut oder böse beurteilen; und dieses Prinzip nenne ich Gewissen.

Bei diesem Wort höre ich alle diejenigen aufschreien, die sich für weise halten: Irrtümer der Kindheit, Vorurteile der Erziehung! rufen sie einstimmig. Im menschlichen Geist ist nichts, was er nicht durch Erfahrung erworben hat; und alles beurteilen wir nach erworbenen Ideen[44]. Sie gehen noch weiter: sie wagen es, diese offenbare und allgemeine Übereinstimmung aller Völker zu verwerfen. Trotz der unbestreitbaren Gleichheit des Urteils aller Menschen suchen sie in der Finsternis irgendein dunkles und nur ihnen bekanntes Beispiel! Als ob alle Naturanlagen durch die Verderbtheit eines Volkes zunichte gemacht würden, und als ob die ganze Gattung nichts mehr gälte, sobald es Mißgeburten gibt. Was nützt es aber dem skeptischen Montaigne, sich abzumühen, um in irgendeinem Winkel der Welt einen Brauch zu finden, der den Begriffen von Gerechtigkeit widerspricht? Was nützt es ihm, den verdächtigsten Weltbummlern eine Autorität zuzugestehen, die er den berühmtesten Schriftstellern versagt? Können einige ungewisse und seltsame Gebräuche, die auf uns unbekannten örtlichen Ursachen beruhen, eine allgemeine Folgerung aufheben, die aus der Übereinstimmung aller Völker abgeleitet ist, von Völkern, die sich in allen andern Beziehungen unterscheiden, in diesem Punkt aber übereinstimmen? Du rühmst dich, Montaigne, frei und wahr sein zu wollen; sei nun ehrlich und offen (soweit das ein Philosoph überhaupt kann) und sage mir, ob es irgendein Land auf Erden gibt, wo es ein Verbrechen ist, sein Wort zu halten, gütig, wohltätig und freigebig zu sein; wo der Rechtschaffene verachtet und der Schuft geehrt wird.

Jeder trägt — so sagt man — aus Eigennutz zum allgemeinen Wohl bei. Wie kommt es aber dann, daß der Gerechte dazu beiträgt, selbst wenn er sich schadet? Was heißt, aus Eigennutz in den Tod gehen? Ohne Zweifel hat jeder nur sein Bestes im Auge. Wenn es aber nicht auch ein moralisches Bestes gibt, das man mit einbeziehen muß, dann wird man durch den Eigennutz immer nur die Handlungen der Bösen erklären können. Man muß sogar annehmen, daß man gar nicht weiterzugehen versuchen wird. Es wäre eine zu schändliche Philosophie, bei der man durch tugendhafte Handlungen in Verlegenheit geriete; bei der man sich nicht anders zu helfen wüßte, als daß man ihnen niedrige Absichten und unmoralische Beweggründe unterschöbe; bei der man gezwungen wäre, Sokrates zu beschmutzen und Regulus zu verleumden. Wenn solche Lehren jemals unter uns Wurzel fassen könnten, würden sich die Stimmen der Natur und der Vernunft unverzüglich gegen sie erheben und für keinen einzigen ihrer Anhänger die Entschuldigung gelten lassen, guten Glaubens zu sein.

Es ist nicht meine Absicht, mich hier in metaphysische Diskussionen einzulassen, die mein und dein Fassungsvermögen übersteigen und im Grunde zu nichts führen. Ich habe dir schon gesagt, daß ich nicht mit dir philosophieren, sondern dir nur helfen will, dein Herz zu befragen. Wenn auch diese Philosophen beweisen würden, daß ich unrecht habe, du aber fühlst, daß ich recht habe, so bin ich schon zufrieden.

Dazu braucht es nichts weiter, als zu lernen, wie man unsere erworbenen Vorstellungen von unseren natürlichen Gefühlen unterscheidet. Denn wir fühlen, ehe wir wissen; und da wir nicht lernen, unser Glück zu wollen und unser Unglück zu fliehen, sondern diesen Willen von der Natur mitbekommen, so sind uns die Liebe zum Guten und der Haß gegen das Böse ebenso natürlich wie die Selbstliebe. Die Gewissensregungen sind keine

Urteile, sondern Gefühle. Obwohl wir alle unsere Vorstellungen von außen erhalten, sind doch die Empfindungen, die sie beurteilen, in unserem Innern, und durch sie allein erkennen wir, warum wir und die Dinge, die wir achten oder fliehen müssen, übereinstimmen oder nicht übereinstimmen.

Existieren heißt für uns: empfinden. Unsere Empfindsamkeit geht unserer Intelligenz voraus, und wir haben Gefühle gehabt, ehe wir Vorstellungen haben*. Was auch die Ursache unseres Daseins ist, sie hat für unser Überleben gesorgt, indem sie uns Gefühle gab, die zu unserer Natur passen; man wird nicht leugnen können, daß wenigstens diese angeboren sind. Diese Gefühle sind beim Individuum die Eigenliebe, die Furcht vor Schmerz, die Angst vor dem Tod, der Wunsch nach Wohlbefinden. Da aber der Mensch, was keinem Zweifel unterliegt, von Natur aus ein geselliges Wesen ist oder doch werden soll, so muß er auch noch Empfindungen haben, die sich auf seine Gattung beziehen. Denn wenn man nur auf die physischen Bedürfnisse sieht, so müßte es die Menschen eher auseinandertreiben als zusammenführen. Der Impuls des Gewissens hat also seinen Ursprung im System der Moral, das sich die Beziehungen des Menschen zu sich selbst und zu seinen Nebenmenschen bildet. Das Gute kennen heißt noch nicht, das Gute lieben, denn diese Erkenntnis ist dem Menschen nicht angeboren. Sobald er es aber durch die Vernunft erkennt, treibt ihn das Gewissen, es zu lieben. Dieses Gefühl ist ihm aber angeboren

Ich halte es also, lieber Freund, nicht für unmöglich, das unmittelbare Prinzip des Gewissens, sogar unabhängig von der Vernunft, als Folge unserer Natur zu erklären. Aber selbst wenn es unmöglich ist, so wäre es nicht weiter notwendig, da diejenigen, die dieses vom ganzen Menschengeschlecht angenommene und anerkannte Prinzip leugnen, keineswegs seine Existenz beweisen, sondern sich mit der Behauptung begnügen. Wir haben ebenso gute Gründe zur Behauptung, daß es vorhanden ist. Dazu kommt noch das innere Zeugnis und die Stimme des Gewissen, das für sich selbst zeugt. Wenn der erste Schimmer der Erkenntnis uns auch blendet und die Gegenstände anfangs vor unsern Augen verschwimmen läßt, so warten wir eben, bis unsere schwachen Augen sich wieder öffnen und kräftiger werden. Dann sehen wir bald dieselben Gegenstände im Licht der Vernunft, so wie sie uns die Natur anfangs gezeigt hatte. Oder vielmehr:

---

* In gewisser Hinsicht sind die Vorstellungen Gefühle und die Gefühle Vorstellungen. Beide Bezeichnungen passen auf jede Wahrnehmung, die sich mit dem Objekt wie mit uns, die davon betroffen werden, beschäftigt. Nur die Reihenfolge dieser Reize entscheidet über den Namen, der darauf paßt. Achten wir in erster Linie auf das Objekt und denken an uns nur in der Reflexion, so sprechen wir von einer Vorstellung; wenn im Gegenteil der empfangene Eindruck unsere erste Aufmerksamkeit erregt und wir nur in der Reflexion an das Objekt denken, so sprechen wir von einem Gefühl.

Seien wir einfacher und weniger eitel! Beschränken wir uns auf die ersten Gefühle, die wir in uns selbst finden, weil uns die Suche, wenn sie uns nicht irreführt, immer wieder auf sie zurückführt.

Gewissen! Gewissen! Göttlicher Instinkt! Unsterbliche und himmlische Stimme! Sicherer Führer eines unwissenden und beschränkten, aber verständigen und freien Wesens! Untrüglicher Richter über Gut und Böse, der den Menschen gottähnlich macht! Du gibst seiner Natur die Vollkommenheit und seinen Handlungen die Sittlichkeit! Ohne dich fühle ich nichts in mir, das mich über die Tiere erhebt, als das traurige Vorrecht, mich mit Hilfe eines ungeregelten Verstandes und einer grundsatzlosen Vernunft von Irrtum zu Irrtum zu verlieren.

Dank dem Himmel sind wir nun von dem ganzen abstoßenden Getriebe der Philosophie befreit: Wir können Menschen sein, ohne Gelehrte sein zu müssen. So sind wir der Verpflichtung enthoben, unser Leben mit dem Studium der Moral verbringen zu müssen. Wir haben einen billigeren und sichereren Führer im ungeheuren Labyrinth menschlicher Meinungen. Allein, es genügt nicht, daß dieser Führer existiert, man muß ihn auch erkennen und ihm folgen. Wenn er zu allen Herzen spricht, warum hören ihn dann so wenige? Das liegt daran, daß er die Sprache der Natur spricht, die wir über allem anderen vergessen haben. Das Gewissen ist schüchtern, es liebt die Zurückgezogenheit und den Frieden. Die Welt und ihr Lärm erschrecken es. Die Vorurteile, aus denen man es entstehen ließ, sind seine grimmigsten Feinde. Es flieht oder schweigt vor ihnen. Ihre lärmende Stimme erstickt seine Stimme und hindert es, sich vernehmbar zu machen. Der Fanatismus erkühnt sich, es nachzumachen und in seinem Namen das Verbrechen zu befehlen. Schließlich wird es entmutigt, weil man es oft irregeführt hat. Es spricht nicht mehr zu uns, es gibt uns keine Antwort mehr, und nach so langer Mißachtung muß man sich fast ebenso bemühen, es wieder zurückzurufen, wie man für seine Erweckung gebraucht hat.

2. Die Tugend und die Glückseligkeit

Wie oft wurde ich meiner Forschungen wegen der Kälte überdrüssig, die ich in mir fühlte! Wie oft gossen Traurigkeit und Langeweile ihr Gift über meine Überlegungen und machten sie mir unerträglich! Mein fühlloses Herz konnte sich nur mehr schwach und matt für die Wahrheit ereifern. Ich sagte mir: Warum soll ich mich mit der Suche dessen abmühen, was gar nicht existiert? Das moralische Gut ist nur eine Einbildung; es gibt gar kein anderes Gut als das sinnliche Vergnügen. Wenn man einmal den Geschmack von Seelenfreuden verloren hat, wie schwer ist es dann, ihn wiederzugewinnen! Um wieviel schwieriger ist es noch, ihn zu bekommen, wenn man ihn nie gehabt hat! Wenn es einen so unglücklichen Menschen gibt, der sich an nichts in seinem ganzen Leben erinnert, was ihn mit sich selbst zufrieden und glücklich machte, gelebt zu haben, so

wäre er unfähig, sich jemals selbst zu erkennen. Weil er nicht
fühlte, welche Güte seiner Natur entspricht, blieb er notwendigerweise böse und auf ewig unglücklich. Aber glaubst du wohl,
daß es auf der ganzen Erde einen einzigen Menschen gibt, der
so verdorben ist, daß er niemals in Versuchung gekommen wäre,
Gutes zu tun? Diese Versuchung ist so natürlich und so süß,
daß es unmöglich ist, ihr immer zu widerstehen und das Vergnügen, das sie bereitet, genügt, sie unaufhörlich wieder hervorzurufen. Unglücklicherweise ist sie anfangs schwer zu befriedigen. Man findet tausend Gründe, der Neigung seines Herzens
zu widerstehen. Falsche Klugheit schränkt ihr Herz auf das
menschliche *Ich* ein, und es bedarf tausendfacher Mutproben,
um diese Schranken zu durchbrechen. An der guten Tat Gefallen
finden, ist der Lohn für die gute Tat, und diesen Lohn empfängt
man nur nach Verdienst. Nichts ist liebenswürdiger als die
Tugend, aber man muß Freude daran haben, um sie liebenswürdig zu finden. Will man sie umarmen, so zeigt sie sich, gleich
dem Proteus der Fabel zunächst in tausend schrecklichen Gestalten, bis sie endlich ihre wahre Schönheit nur denen offenbart, die
nicht von ihr abgelassen haben.

Weil ich unaufhörlich von meinen natürlichen Gefühlen bekämpft wurde, die für das allgemeine Interesse sprechen, und
von meiner Vernunft, die alles auf mich bezog, wäre ich mein
ganzes Leben hindurch in dem ständigen Zwiespalt geschwebt,
das Böse zu tun und das Gute zu lieben und immer mit mir
selbst im Widerspruch zu sein, wenn nicht neue Erkenntnisse
mein Herz erleuchtet hätten, wenn nicht die Wahrheit meinen
Meinungen festen Halt gegeben, meinem Lebenswandel Sicherheit verliehen und mich mit mir selbst in Einklang gebracht
hätte. Vergeblich möchte man die Tugend auf die Vernunft
gründen, aber welche feste Grundlage kann man ihr geben?
Die Tugend, sagt man, ist die Ordnungsliebe. Allein, kann und
soll diese Liebe die Oberhand gewinnen über die Liebe zu meinem
Wohlbefinden? Man gebe mir einen klaren und ausreichenden
Grund an, warum ich sie vorziehen soll. Im Grunde ist ihr angebliches Prinzip ein Spiel mit Worten, denn ich kann genauso behaupten, das Laster sei die Ordnungsliebe, nur in einem anderen
Sinn. Überall, wo es Gefühl und Verstand gibt, gibt es auch
irgendeine moralische Ordnung. Der Unterschied besteht darin,
daß das Gute sich dem Ganzen, das Böse dagegen das Ganze
sich unterordnet. Der Böse macht sich zum Mittelpunkt; der
Gute mißt seinen Halbmesser und hält sich am Kreisumfang auf.
Damit hat er sich zum gemeinsamen Zentrum, das Gott ist, und
zu den konzentrischen Kreisen, die die Geschöpfe sind, eingeordnet. Wenn es keine Gottheit gibt, so ist der Böse allein vernünftig, der Gute nur ein Narr.

Mögest du eines Tages fühlen, mein Kind, von welcher Last
man befreit wird, wenn man die Nichtigkeit der menschlichen

Meinungen erkennt und die Bitterkeit der Leidenschaften gekostet hat und endlich den Pfad der Weisheit, den Lohn für die Mühseligkeit dieses Lebens und die Quelle des Glücks, an dem man schon verzweifelte, in solcher Nähe entdeckt! Alle Pflichten des Naturgesetzes, durch die Ungerechtigkeit der Menschen fast ausgelöscht, prägen sich ihm wieder ein im Namen der ewigen Gerechtigkeit, die sie mir auferlegt und die mich sieht, wie ich sie erfülle. Ich fühle mich nur noch als Werkzeug des großen Wesens, das das Gute will, das es tut und das auch mein Wohl dadurch befördern will, daß ich meinen Willen mit dem seinen in Einklang bringe und meine Freiheit richtig gebrauche. Ich füge mich in die von ihm gesetzte Ordnung und bin sicher, diese Ordnung eines Tages zu genießen und meine Glückseligkeit darin zu finden. Denn welche Glückseligkeit kann süßer sein, als sich in ein System eingeordnet zu fühlen, in dem alles gut ist. Habe ich Schmerzen, ertrage ich sie geduldig in dem Gedanken, daß sie vorübergehen und von einem Körper kommen, der mir nicht gehört. Vollbringe ich eine gute Handlung ohne Zeugen, so weiß ich, daß sie dennoch gesehen wird, und merke mir mein Verhalten in diesem Leben für das andere. Erleide ich eine Ungerechtigkeit, sage ich mir: das gerechte Wesen, das alles regiert, wird mich zu entschädigen wissen. Die Bedürfnisse meines Leibes, die Plagen meines Lebens machen mir die Vorstellung an den Tod erträglicher. Um so weniger Bande bleiben zu zerreißen, wenn man alles verlassen muß.

Warum ist meine Seele meinen Sinnen unterworfen und an diesen Körper gefesselt, der sie unterjocht und lähmt? Ich weiß es nicht! Bin ich in die Geheimnisse Gottes eingeweiht? Aber ich kann ohne Vermessenheit einige bescheidene Vermutungen anstellen. Ich sage mir: Wenn der Geist des Menschen frei und rein geblieben wäre, worin bestünde sein Verdienst, die bestehende Ordnung zu lieben und ihr zu folgen, und warum sollte er sie zerstören, wenn er daran nicht das geringste Interesse hat? Er wäre zwar glücklich, das ist wahr, aber seinem Glück fehlte der höchste Grad, der Ruhm der Tugend und das gute Selbstzeugnis. Er wäre nur wie die Engel. Der tugendhafte Mensch ist aber zweifellos mehr als sie. Mit einem sterblichen Leib durch ebenso mächtige wie unbegreifliche Bande verbunden, wird unsere Seele durch die Sorge um die Erhaltung des Körpers bewogen, alles auf sich zu beziehen. So wendet sie ihm eine Aufmerksamkeit zu, die der allgemeinen Ordnung zuwiderläuft, obwohl sie imstande ist, diese Ordnung zu erkennen und zu lieben. Damit wird der rechte Gebrauch der Freiheit zugleich Verdienst und Belohnung. Indem sie ihre irdischen Leidenschaften bekämpft und ihren ursprünglichen Willen aufrechterhält, bereitet sie sich ein unwandelbares Glück vor.

Wenn also, selbst im Zustand der Erniedrigung während unseres Erdenlebens, alle unsere ursprünglichen Neigungen gerecht-

Glaubensbekenntnis des savoyischen Vikars

fertigt sind und alle Laster durch uns selbst entstehen, warum beklagen wir uns, von ihnen unterjocht zu sein? Warum erheben wir gegen den Schöpfer Vorwürfe wegen der Übel, die wir uns selbst zufügen, und wegen der Feinde, die wir selbst gegen uns bewaffnen? Verderben wir den Menschen doch nicht selbst! Ohne Leid ist er gut und ohne Reue ist er glücklich. Wer schuldig behauptet, zum Verbrechen gezwungen zu sein, lügt genauso, wie er böse ist. Wie können sie nicht einsehen, daß die Schwäche, über die sie sich beklagen, ihr eigenes Werk ist; daß ihre erste Verderbtheit von ihrem Willen herrührt; daß sie den Versuchungen, denen sie gutwillig nachgaben, schließlich auch gegen ihren Willen nachgeben und sie dadurch unwiderstehlich machen? Ohne Zweifel hängt es nicht mehr von ihnen ab, böse und schwach zu sein, aber es hängt von ihnen ab, es nicht zu werden. Wie leicht können wir, selbst in diesem Leben, Herr über uns und unsere Leidenschaften bleiben, wenn wir unseren Geist zu einer Zeit, wo wir noch keine Gewohnheiten angenommen haben und er sich erst zu öffnen beginnt, mit den Gegenständen zu beschäftigen wüßten, die er kennen muß, um die anderen zu schätzen, die er nicht kennt; wenn wir uns ernsthaft bilden wollten, nicht um in den Augen der anderen zu glänzen, sondern um unserer Natur gemäß gut und weise zu sein, um durch die Erfüllung unserer Pflichten glücklich zu werden. Dieses Studium erscheint uns aber langweilig und beschwerlich, weil wir erst daran denken, wenn wir schon durch die Laster verdorben und unseren Leidenschaften ausgeliefert sind. Wir fällen Urteile und bewerten, ehe wir das Gute und das Böse kennen. Dann messen wir alles mit diesem falschen Maßstab und würdigen nichts nach seinem wahren Wert.

Es gibt ein Alter, wo das Herz, das noch frei, aber schon heiß und unruhig ist, mit einer neugierigen Unsicherheit happig das Glück sucht, das es nicht kennt, und wo es, durch die Sinne getäuscht, sich an dessen trügerisches Bild heftet und es dort zu finden glaubt, wo es nicht ist. Diese Täuschungen haben für mich nur allzulange gedauert. Ich habe sie leider zu spät erkannt und sie nie ganz überwinden können. Sie werden so lange dauern, wie dieser sterbliche Leib, der ihre Ursache ist. Mögen sie mich auch verführen, täuschen können sie mich wenigstens nicht mehr. Ich habe erkannt, was sie sind. Wenn ich ihnen erliege, verachte ich sie. Statt den Gegenstand meines Glücks zu sehen, sehe ich in ihnen nur ein Hindernis. Ich sehne mich nach dem Augenblick, in dem ich, von den Fesseln des Körpers befreit, ohne Einschränkung und ohne Teilung *ich* sein werde und nur meiner selbst bedarf, um glücklich zu sein. Inzwischen bin ich es schon in diesem Leben, weil ich alle seine Übel geringschätze, weil ich das Leben beinahe als etwas meinem Wesen Fremdes ansehe und weil jedes wahre Gut, das ich aus ihm schöpfen kann, von mir selbst abhängt.

Um mich schon vorher soviel wie möglich zu diesem Zustand des Glücks, der Stärke und der Freiheit zu erheben, übe ich mich in erhabenen Betrachtungen. Ich meditiere über die Ordnung des Universums, nicht um es mit eitlen Systemen zu erklären, sondern um es unablässiger zu bewundern, um den weisen Schöpfer anzubeten, der sich darin offenbart. Ich rede mit ihm und lasse alle meine Fähigkeiten von seinem göttlichen Wesen durchdringen. Ich lasse mich von seinen Wohltaten rühren, ich preise ihn für seine Gaben; aber ich bitte ihn um nichts. Was sollte ich auch verlangen? Daß er meinetwegen den Lauf der Dinge ändert? Daß er mir zuliebe Wunder wirkt? Sollte ich wünschen, daß diese Ordnung, die durch seine Weisheit eingesetzt und durch seine Vorsehung erhalten wird und die ich über alles liebe, durch mich gestört wüde? Nein! Dieser vermessene Wunsch verdient viel eher bestraft als erhört zu werden. Ich bitte ihn auch nicht um die Kraft, Gutes zu tun, denn warum etwas erbitten, was er mir schon gegeben hat? Hat er mir nicht das Gewissen gegeben, das Gute zu lieben, die Vernunft, um es zu erkennen, die Freiheit, um es zu wollen? Wenn ich unrecht tue, habe ich keine Entschuldigung: ich tue es, weil ich es will. Von ihm zu verlangen, meinen Willen zu ändern, heißt, von ihm verlangen, was er von mir verlangt; heißt wollen, daß er mein Werk tue und ich dafür einen Lohn empfange. Mit meinem Zustand nicht zufrieden sein, heißt, nicht mehr Mensch sein wollen, heißt, etwas anderes wollen, als was besteht, heißt, die Unordnung wollen und das Böse. Quelle der Gerechtigkeit und der Wahrheit, gnädiger und gütiger Gott! In meinem Vertrauen zu dir ist der höchste Wunsch, daß dein Wille geschehe! Indem ich meinen Willen mit dem deinen vereine, tue ich, was du tust; ich beuge mich vor deiner Güte. Ich glaube im voraus teilzuhaben an der höchsten Glückseligkeit, deren Lohn sie ist.

Da ich mir mißtrauen muß, ist das einzige, um das ich ihn bitte oder vielmehr von seiner Gerechtigkeit erwarte, daß er meine Fehler verbessert, wenn ich mich irre und wenn dieser Fehler mir gefährlich ist. Obwohl ich guten Glaubens bin, halte ich mich nicht für unfehlbar: meine Wahrheiten sind vielleicht ebenso viele Unwahrheiten; denn welcher Mensch besteht nicht auf seiner Überzeugung? Und wie viele Menschen stimmen in allem überein? Die Täuschung, die mich verführt, mag von mir sein; er allein kann mich aber von ihr heilen. Ich habe getan, was ich konnte, um zur Wahrheit zu gelangen; aber ihre Quelle ist zu hoch. Wenn es mir an Kraft gebricht, weiter vorzudringen, welche Schuld trifft mich dann? Es liegt an ihr, sich mir zu nähern.

Der gute Priester hatte mit Leidenschaft gesprochen. Er war bewegt und ich war es auch. Ich meinte, Orpheus singen zu hören, wie er die Menschen die Götter verehren lehrt. Es schwebten mir eine Menge Einwände vor; ich erhob aber keinen, weil sie weniger begründet als verwirrend waren und weil er seiner so sicher war. Je weiter er nach bestem Wissen zu mir gesprochen hatte, um so richtiger erschien mir, was er gesagt hatte.

Die Meinungen, die Sie mir vorgetragen haben, sagte ich, erscheinen mir neuer durch das, was Sie zugeben nicht zu wissen, als durch das, was sie zu glauben behaupten. Ich erkenne darin ungefähr den Theismus oder die natürliche Religion, die die Christen so gerne mit dem Atheismus oder der Irreligion verwechseln, die doch die eindeutig entgegengesetzte Doktrin ist. Aber beim augenblicklichen Stand meines Glaubens muß ich eher hinauf- als hinabsteigen, um mir Ihre Meinungen anzueignen, und ich finde es schwierig, auf dem Punkt stehenzubleiben, auf dem Sie sich befinden, wenn man nicht so weise ist wie Sie. Um aber auch so ehrlich zu sein, muß ich mit mir zu Rate gehen. Nach Ihrem Beispiel soll mich das innere Gefühl dabei leiten, und Sie haben mich selbst gelehrt, daß es nicht Sache eines Augenblicks ist, es wieder zu wecken, wenn man ihm so lange Schweigen auferlegt hat. Ich bewahre Ihre Worte im Herzen und werde sie überdenken. Wenn ich nach reiflicher Überlegung ebenso überzeugt bin wie Sie, werden Sie mein letzter Apostel sein und ich bis zum Tod Ihr Proselyt. Fahren Sie aber unterdessen mit Ihrer Belehrung fort, Sie haben mir nur die Hälfte von dem gesagt, was ich wissen muß. Erzählen Sie mir von der Offenbarung, von den heiligen Schriften, von jenen dunklen Dogmen, über die ich seit meiner Kindheit im unklaren bin, ohne sie zu begreifen oder glauben zu können, und ohne zu wissen, ob ich sie annehmen oder verwerfen soll.

Ja, mein Sohn, sagte er und umarmte mich, ich werde dir meine Gedanken bis zu Ende mitteilen. Ich will dir mein Herz nicht nur halb öffnen. Aber dein Verlangen war notwendig, um mich zu voller Offenheit zu ermächtigen. Bisher habe ich dir nichts gesagt, wovon ich nicht glaubte, daß es dir nützlich sei, und wovon ich nicht selbst überzeugt war. Die Untersuchung, die mir noch bleibt, ist ganz anders. Ich sehe dabei nur Verwirrung, Geheimnis und Dunkelheit. Ich gehe nur mit Unsicherheit und Mißtrauen an sie heran. Ich entschließe mich nur zitternd dazu, und ich teile dir viel eher meinen Zweifel als meine Meinung mit. Wäre deine Ansicht gefestigt, würde ich zögern, dir meine vorzutragen. Aber in dem Zustand, in dem du dich befindest, wirst du nur gewinnen, so zu denken wie ich*. Laß im übrigen bei meinen Reden nur die Vernunft regieren; ich weiß nicht, ob ich mich irre. Wenn man diskutiert, ist es manchmal schwierig, auf Behauptungen zu verzichten. Erinnere dich aber, daß alle meine Behauptungen nur Gründe zum Zweifel sind. Du mußt die Wahrheit selbst suchen; ich kann dir nur Aufrichtigkeit versprechen.

C. Die Offenbarungsreligion I. Kritik des Offenbarungsglaubens

---
* Ich glaube, dies könnte der gute Vikar auch heute dem Publikum sagen.

1. Natürliche Religion und Offenbarungsreligion

Du findest in meinen Darlegungen nur die natürliche Religion, und es ist seltsam, daß auch noch eine andere notwendig sein soll. Woran soll ich diese Notwendigkeit erkennen? Wessen kann ich schuldig sein, wenn ich Gott nach der Vernunft, die er meinem Geist gibt, und nach den Gefühlen, die er meinem Herzen einflößte, diene? Welche Reinheit der Moral, welches Dogma, das dem Menschen nützt und seinen Schöpfer ehrt, kann ich aus einer positiven Glaubenslehre ziehen, die ich nicht auch ohne sie aus dem richtigen Gebrauch meiner Fähigkeiten ziehen könnte? Zeig mir, was man zur Ehre Gottes, zum Wohl der Gesellschaft und zu meinem eigenen Vorteil den Pflichten des natürlichen Gesetzes hinzufügen kann und welche Tugend du aus einem neuen Kult ziehen kannst, der nicht eine Konsequenz meines Kultes wäre. Die höchsten Vorstellungen von der Gottheit gibt uns die Vernunft ein. Betrachte das Schauspiel der Natur, hör auf die innere Stimme. Hat Gott nicht alles vor unseren Augen, vor unserem Gewissen und unserem Urteil ausgebreitet? Was können uns die Menschen mehr sagen? Ihre Offenbarungen erniedrigen Gott nur, da sie ihm menschliche Leidenschaften beilegen, statt unsere Begriffe über das große Wesen aufzuklären. Ich sehe, wie die einzelnen Dogmen sie verwirren; statt sie zu erhöhen, ziehen sie sie herab; den unbegreiflichen Geheimnissen, die die Gottheit umgeben, fügen sie sinnlose Widersprüche hinzu und machen den Menschen stolz, unduldsam und grausam; statt den Frieden auf der Erde zu stiften, überziehen sie sie mit Feuer und mit Schwert. Ich frage mich, wozu das dienen soll, und weiß keine Antwort. Ich sehe nur die Verbrechen der Menschen und das Elend des menschlichen Geschlechts.

Man sagt mir, daß eine Offenbarung notwendig sei, um die Menschen zu lehren, wie wir Gott dienen sollen. Als Beweis dafür führt man die Verschiedenartigkeiten der seltsamen Kulte an, die sie eingeführt haben, und übersieht, daß alle Verschiedenartigkeit aus der Phantasie der Offenbarungen kommt. Seit die Völker auf den Gedanken kamen, Gott sprechen zu lassen, hat jeder ihn auf seine Weise reden lassen, was er hören wollte. Wenn man nur darauf gehört hätte, was Gott dem Menschen ins Herz sagt, so hätte es immer nur eine einzige Religion auf Erden gegeben.

Aber man braucht einen einheitlichen Kult! Gut: Aber war dieser Punkt so wichtig, daß die ganze göttliche Macht in Bewegung gesetzt werden mußte, um ihn einzusetzen? Verwechseln wir nur nicht das Zeremoniell der Religion mit der Religion selbst. Der Kult, den Gott verlangt, ist der des Herzens; der aber ist, wenn er aufrichtig ist, immer einheitlich. Man muß schon sehr töricht und eitel sein, wenn man sich einbildet, Gott nehme ein so großes Interesse an der Kleidung des Priesters, an der Ordnung der Worte und an allen diesen Kniebeugungen. Auch wenn du immer aufrecht stehst, mein Freund, bleibst du der

Erde nah genug. Gott will im Geist und in der Wahrheit angebetet werden: Das ist die Aufgabe aller Religionen, aller Länder und aller Menschen. Ob der äußerliche Kult der Ordnung halber einheitlich ist oder nicht, ist eine Angelegenheit der Organisation. Dazu braucht man keine Offenbarung.

Zu Anfang hatte ich mir darüber noch keine Gedanken gemacht. Durch die Vorurteile der Erziehung und durch jene gefährliche Selbstsucht verleitet, die den Menschen immer über seine Verhältnisse hinaustreiben will, und unfähig, meine blassen Vorstellungen bis zu dem höchsten Wesen zu erheben, bemühte ich mich, es zu mir herabzuziehen. Ich näherte die unendlich entfernten Beziehungen, die er zwischen seiner und meiner Natur hergestellt hat. Ich verlangte raschere Verbindungen, genauere Belehrungen. Und da ich mich nicht damit begnügte, Gott den Menschen ähnlich zu machen, verlangte ich übernatürliche Einsichten, um unter meinesgleichen auserwählt zu sein. Ich forderte einen besonderen Kult für mich; ich verlangte, daß er mir sagt, was er anderen nicht gesagt hat, oder was sie nicht so verstanden hatten wie ich.

Sehe ich den Punkt, an dem ich angelangt war, als gemeinsamen Ausgangspunkt aller Gläubigen an, von dem sie ausgehen, um zu einem aufgeklärten Kult zu gelangen, so finde ich in den Dogmen der natürlichen Religion nur die Elemente aller Religionen. Ich betrachte die Verschiedenheit der Sekten, die auf der Erde herrschen und die sich gegenseitig der Lüge und des Irrtums beschuldigen, und fragte: *welche ist die richtige?* Jeder antwortete mir: Meine! Jeder sagte: Nur ich und meine Anhänger denken richtig, alle anderen sind im Irrtum. *Und woher weißt du, daß deine Sekte die richtige ist?* Weil Gott es gesagt hat*. Mein Pfarrrer, der es genau weiß. Mein Pfarrer heißt

---

* „Alle, sagt ein guter und weiser Priester, behaupten, den richtigen Glauben zu besitzen und ihn (und alle sprechen die gleiche Sprache) nicht von Menschen noch von irgendeiner Kreatur zu haben, sondern von Gott allein.

Aber um die Wahrheit zu sagen, ohne jemand zu schmeicheln und zu beschönigen, es ist nichts daran; man muß auch sagen mag. Sie haben sie alle durch Menschenhand und Menschenwerk erhalten. Dies beweist erstlich die Weise, wie die Religionen in der Welt entstanden sind und wie sie noch täglich von jedem einzelnen angenommen wird: Die Nationen, das Land, der Ort vermitteln die Religion. Man gehört der Religion des Ortes an, an dem man geboren und erzogen wurde. Wir werden beschnitten, getauft, sind Juden, Mohammedaner und Christen, ehe wir noch wissen, daß wir Menschen sind. Die Religion hängt nicht von unserer Wahl und unserem Wunsch ab. Das bezeugt ferner, daß sich das Leben und die Sitten so schlecht mit der Religion vertragen; das bezeugt, daß man aus menschlichen und ganz unwichtigen Anlässen gegen die Gebote seiner Religion verstößt." CHARRON, *De la Sagesse*, t. II, chap. v, p. 257, Bordeaux, 1601.

Wahrscheinlich wäre ein ehrliches Glaubensbekenntnis des tugendhaften Theologielehrers von Condom von dem des savoyischen Vikars nicht sehr verschieden gewesen.

mich so zu glauben, und so glaube ich: Er versichert mir, daß alle, die etwas anderes sagen als er, Lügner sind, und darum höre ich nicht auf sie.

Wie, dachte ich, gibt es keine einhellige Wahrheit? Was für mich wahr ist, ist bei euch falsch? Wenn die Methode dessen, der den rechten Weg geht, und dessen, der sich verirrt, dieselbe ist, welches Verdienst oder welche Schuld hat dann einer vor dem anderen? Ihre Wahl ist das Werk des Zufalls. Es ihnen anzurechnen wäre Unrecht. Es hieße belohnen oder bestrafen, daß man in diesem oder jenem Land geboren ist. Wagt man zu behaupten, daß Gott uns auf diese Weise richtet, so verhöhnt man seine Gerechtigkeit.

Entweder sind alle Religionen gut und Gott wohlgefällig, oder er hat, wenn es eine gibt, die er den Menschen vorgeschrieben hat und deren Mißachtung er bestraft, sichere und deutliche Zeichen gegeben, an denen sie von anderen unterschieden und als einzige wahre Religion erkannt werden kann. Diese Zeichen sind an allen Orten und zu allen Zeiten allen Menschen, großen und kleinen, gelehrten und ungelehrten, Europäern, Indern, Afrikanern und Wilden gleichermaßen erkennbar. Wenn es eine Religion auf Erden gäbe, außerhalb derer es nur die ewige Verdammnis gibt, und ein einziger Sterblicher guten Glaubens irgendwo auf der Welt wäre von ihrer Gewißheit nicht überzeugt, so wäre der Gott dieser Religion der ungerechteste und der grausamste Tyrann.

2. Prüfung des Offenbarungsanspruches

Suchen wir also aufrichtig die Wahrheit! Geben wir nichts auf das Vorrecht der Geburt, auf die Autorität der Kirchenväter und der Pfarrer, sondern unterziehen wir alles, was sie uns seit der Kindheit gelehrt haben, der Prüfung des Gewissens und der Vernunft. Und wenn sie schreien: Unterwirf deine Vernunft! Dasselbe könnte mir jeder Betrüger sagen. Wenn ich meine Vernunft unterwerfen soll, brauche ich vernünftige Gründe dazu.

Die ganze Theologie, die ich mir selbst aus der Betrachtung des Universums und dem richtigen Gebrauch meiner Fähigkeiten erwerben kann, beschränkt sich auf das, was ich dir vorher erklärt habe. Um mehr zu wissen, muß man zu außerordentlichen Mitteln greifen. Diese Mittel können natürlich nicht von der Autorität des Menschen abhängen, denn ich kann, da kein Mensch anderer Gattung ist als ich selber, alles, was überhaupt ein Mensch erkennen kann, ebenfalls erkennen, und jeder andere kann sich genauso irren, wie ich mich irre. Wenn ich glaube, was er sagt, so glaube ich es nicht, weil er es sagt, sondern weil er es beweist. Das Zeugnis der Menschen ist also im Grunde nur das Zeugnis meiner eigenen Vernunft und trägt nichts zu den natürlichen Mitteln bei, die mir Gott gegeben hat, um die Wahrheit zu erkennen.

Was habt ihr, Apostel der Wahrheit, mir also zu sagen, worüber ich nicht Richter bleibe? Gott selbst hat gesprochen, hör auf seine Offenbarung! Ein großes Wort! Zu wem hat er gesprochen? Zu den Menschen! Warum habe ich nichts davon gehört? Er hat andere beauftragt, dir seine Worte mitzuteilen! Ich verstehe: Menschen werden mir sagen, was Gott gesagt hat. Mir wäre lieber, Gott selbst gehört zu haben. Das hätte ihm nicht mehr Mühe gemacht und ich wäre vor Verführung sicher gewesen. Er schützt dich davor, indem er die Sendung seiner Boten bezeugt! Wie denn? Durch Wunder! Und wo sind diese Wunder? In den Büchern! Wie, immer wieder menschliche Zeugnisse! Immer nur Menschen, die mir berichten, was andere Menschen berichtet haben? Wie viele Menschen zwischen mir und Gott! Trotzdem wollen wir prüfen, vergleichen, berichtigen! Wenn Gott mich dieser Arbeit enthoben hätte, hätte ich ihm mit weniger freudigem Herzen gedient?

Bedenke, mein Freund, in welche schreckliche Diskussionen ich mich eingelassen habe! Welche ungeheure Gelehrsamkeit ich brauche, um ins grauste Altertum zurückzugehen, um alle Prophezeiungen, alle Offenbarungen, alle Begebenheiten und Glaubensdenkmäler aller Länder der Welt zu prüfen, abzuwägen und einander gegenüberzustellen, um Zeit, Ort, Urheber und Begleitumstände zu bestimmen! Welch genaue Kritik ist notwendig, um die echten Stücke von den unechten zu unterscheiden; um die Einwände mit den Antworten, die Übersetzungen mit den Originalen zu vergleichen; um die Unparteilichkeit, den gesunden Verstand und die Einsicht der Zeugen zu beurteilen; um zu wissen, ob nichts unterdrückt, nichts hinzugefügt, nichts umgestellt, verändert, gefälscht wurde; um die Widersprüche zu lösen, die übrigbleiben; um zu beurteilen, welches Gewicht dem Schweigen der Gegner bei den gegen sie angeführten Tatsachen beizumessen ist; ob sie diese Anschuldigungen gekannt haben; ob sie sie einer Antwort für würdig hielten; ob die Bücher so allgemein verbreitet waren, daß unsere Bücher bis zu ihnen gelangten; ob wir so ehrlich waren, ihre Bücher auch bei uns zu verbreiten und ihre stärksten Einwände so übernommen haben, wie sie sie vorgebracht haben?

Sind dann alle diese Denkmäler als unbezweifelbar anerkannt, müssen wir die Sendung ihrer Autoren beweisen. Man muß über die Gesetze des Zufalls und über die durchführbaren Möglichkeiten Bescheid wissen, um beurteilen zu können, welche Weissagung sich nicht ohne Wunder erfüllen kann; man muß den Geist der Originalsprachen kennen, um zu unterscheiden, was in dieser Sprache Weissagung ist oder was nur Redefiguren sind; welche Begebenheit der Ordnung der Natur entspricht und welche nicht; man muß beurteilen können, wie weit ein geschickter Mensch den Einfältigen blenden und sogar aufgeklärte Leute in Staunen versetzen kann; man muß nachforschen, welcher Art ein Wunder sein muß, nicht nur, um geglaubt, sondern um bestraft zu werden, wenn man nicht daran glaubt; man muß die Beweise der wahren und der falschen Wunder vergleichen; man muß schließlich sagen, warum Gott, um sein Wort zu bezeugen, Mittel wählt, die selbst erst so sehr der Bezeugung bedürfen, so als spielte er mit der Leichtgläubigkeit der Menschen und vermiede absichtlich die echten Mittel, sie zu überzeugen.

Nehmen wir an, die göttliche Majestät ließe sich herab, einen Menschen zum Organ ihres heiligen Willens zu machen. Ist es vernünftig, ist es richtig, vom ganzen Menschengeschlecht zu verlangen, daß es der Stimme dieses Gesandten glaubt, ohne daß er als solcher kenntlich wäre? Ist es recht und billig, ihm als Beglaubigungsschreiben nur einige Einzelzeichen zu geben, die vor ein paar unbekannten Leuten getan wurden und die die übrige Menschheit nur vom Hörensagen kennen wird? Hielte man alle Wunder, die das Volk und die Einfältigen in allen Ländern der Welt vorgeben gesehen zu haben, für wahr, so wäre jede Sekte die richtige. Es gäbe mehr Wunder als natürliche Ereignisse, und das größte aller Wunder wäre, wenn es da, wo Fanatiker verfolgt werden, keine Wunder gäbe. Die unwandelbare Ordnung der Natur allein zeigt uns am besten die weise Hand, die sie regiert. Gäbe es viele Ausnahmen, so wüßte ich nicht mehr, was ich davon halten soll. Ich aber glaube zu sehr an Gott, um an so viele Wunder zu glauben, die seiner so wenig würdig sind.

Käme ein Mensch und sagte uns: Sterbliche, ich verkündige euch den Willen des Allerhöchsten. Erkennt an meiner Stimme den, der mich schickt. Ich befehle der Sonne, ihren Lauf zu ändern, den Sternen, andere Konstellationen zu bilden, den Bergen, sich einzuebnen, den Fluten, sich zu erheben, der Erde, ein anderes Aussehen anzunehmen. Wer würde in solchem Wunderwerk nicht sofort den Herrn der Natur erkennen? Betrügern gehorcht sie nicht; deren Wunder vollziehen sich an Straßenecken, in der Wüste, im Zimmer, und da haben sie leichteres Spiel vor den wenigen Zuschauern, die alles zu glauben bereit sind. Wer wagt mir zu sagen, wie viele Augenzeugen nötig sind, um ein Wunder glaubwürdig zu machen? Wenn eure Wunder, die eure Lehre beweisen sollen, selbst erst bewiesen werden müssen, wozu nützen sie dann? Sie wären ebensogut nicht geschehen.

Bleibt noch die wichtigste Prüfung der geweissagten Lehre. Da nämlich die, die behaupten, Gott wirke hienieden Wunder, zugleich behaupten, der Teufel ahme sie bisweilen nach, so kommen wir mit den am besten beglaubigten Wundern um nichts weiter als vorher. Und da die Zauberer des Pharao, in der Gegenwart von Moses selbst, die gleichen Wunder zu machen wagten, die er auf ausdrücklichen Befehl Gottes getan hatte, warum sollten sie dann in seiner Abwesenheit nicht mit dem gleichen Recht die gleiche Macht beanspruchen? Also muß das Wunder erst wieder durch die Lehre bewiesen werden, nachdem

Glaubensbekenntnis des savoyischen Vikars 317

die Lehre durch das Wunder bewiesen wurde*, damit das Werk des Teufels nicht für das Werk Gottes angesehen wird. Was hältst du von diesem Zirkelschluß?

Da diese Lehre von Gott kommt, so muß sie das heilige Siegel der Göttlichkeit tragen. Sie muß nicht nur die verworrenen Begriffe klären, die die Überlegung in unserem Geist hinterläßt, sondern sie muß uns auch einen Kult, eine Moral und geeignete Lehrsätze vorschlagen, die den Eigenschaften entsprechen, durch die allein wir sein Wesen begreifen. Wenn sie uns also nur sinnlose und vernunftwidrige Dinge lehrt, wenn sie uns nur Gefühle des Abscheus für unsere Nebenmenschen und Schauder vor uns selbst einflößen, wenn sie uns nur einen zürnenden, eifersüchtigen, rachsüchtigen, parteiischen Gott zeichnet, der die Menschen haßt, und einen Gott des Krieges und der Schlachten, der immer bereit ist zu zerstören und zu vernichten, der immer von Martern und Leiden spricht, und der sich rühmt, die Schuldigen zu bestrafen, so würde sich mein Herz zu diesem schrecklichen Gott nicht hingezogen fühlen, und ich würde mich hüten, die natürliche Religion aufzugeben, um diese anzunehmen. Denn du siehst, daß man hier gezwungenermaßen wählen muß. Euer Gott ist nicht unser Gott, würde ich diesen Sektierern sagen. Wer sich ein einziges Volk auserwählt und die übrige Menschheit ächtet, ist nicht der gemeinsame Vater der Menschen. Wer die Mehrzahl seiner Geschöpfe zur ewigen Verdammnis bestimmt, ist nicht der gnädige und gütige Gott, den mir meine Vernunft gezeigt hat.

Dogmen müssen, sollen sie vor meiner Vernunft bestehen, klar, einleuchtend, und durch ihre Deutlichkeit überzeugend sein. Wenn die natürliche Religion unzulänglich ist, so ist sie es

---

* Genau das geht aus tausend Stellen der heiligen Schrift hervor, u. a. aus dem 5. Buch Moses, Kap. 13, wo gesagt wird, daß man einem Propheten, der fremde Götter verkündigt und durch Wunder seine Aussagen bestätigt, selbst wenn das, was er weissagt, wirklich eintrifft, nicht nur nicht glauben, sondern ihn töten soll. Wenn also die Heiden die Apostel, die ihnen einen fremden Gott verkündigten, töteten, obwohl sie ihre Sendung durch Weissagungen und durch Wunder bewiesen hatten, so sehe ich nicht, was man ihnen Stichhaltiges erwidern könnte, das sie nicht sofort gegen uns kehren könnten. Was kann man in einem solchen Fall tun? Eins: zur Vernunft zurückkehren und die Wunder beiseite lassen. Es wäre besser gewesen, man hätte sich ihrer nicht bedient. Das sagt uns der gesunde Menschenverstand, den man nur durch viele äußerst spitzfindige Unterscheidungen verdunkeln kann. Spitzfindigkeiten im Christentum? Also hatte Jesus Christus unrecht, als er den Einfältigen das Himmelreich versprach; er hatte also unrecht, die schönste seiner Reden damit zu beginnen, die geistig Armen selig zu preisen, wenn man so viel Geist braucht, um seine Lehre zu verstehen und an ihn glauben zu lernen. Wenn ihr mir beweist, daß ich mich unterwerfen muß, ist alles gut. Aber um mir das zu beweisen, versetzt euch in meine Lage; paßt eure Beweisführung der Fähigkeit eines geistig Armen an, oder ich erkenne euch nicht mehr als die wahren Jünger eures Meisters an, und was ihr mir verkündet, ist nicht seine Lehre.

darum, weil sie die großen Wahrheiten, die sie uns lehrt, im Dunkel läßt. Die Offenbarung müßte uns daher diese Wahrheiten auf verständliche Weise faßbar und begreiflich machen, damit man sie auch glauben kann. Der Glaube wird durch das Verständnis gesichert und gefestigt. Die klarste aller Religionen ist zweifellos auch die beste. Wer den Kult, den er mir predigt, mit Geheimnissen und Widersprüchen überladet, lehrt mich, ihm deshalb zu mißtrauen. Der Gott, den ich verehre, ist kein Gott der Finsternis. Er hat mir nicht den Verstand gegeben, um mir seinen Gebrauch zu verbieten. Wer mir die Unterwerfung meines Verstandes gebietet, beleidigt ihren Schöpfer. Der Priester der Wahrheit unterjocht nicht meine Vernunft, er klärt sie auf.

3. Vernunft und Glauben

Wir haben jede menschliche Autorität beiseite gelassen; ohne sie wüßte ich nicht, wie ein Mensch den anderen überzeugen könnte, wenn er ihm eine vernunftwidrige Lehre vorträgt. Stellen wir einen Augenblick zwei solche Menschen gegenüber, und hören wir, was sie sich in der bitteren Sprache zu sagen haben, die bei den Parteien geläufig ist.

Der Schwärmer: Die Vernunft lehrt dich, daß das Ganze größer ist als ein Teil. Ich aber sage dir, im Auftrag Gottes, daß der Teil größer ist als das Ganze.

Der Aufklärer: Wer bist du, daß du mir zu sagen wagst, daß Gott sich widerspricht? Wem soll ich mehr glauben, ihm, der mich durch die Vernunft die ewigen Wahrheiten lehrt, oder dir, der mir in seinem Namen eine Sinnlosigkeit verkündet?

Der Schwärmer: Mir, denn mein Auftrag ist positiver. Ich werde dir unwiderlegbar beweisen, daß er mich sendet.

Der Aufklärer: Wie, du willst mir beweisen, daß Gott dich gesendet hat, um gegen ihn zu zeugen? Welcher Art werden deine Beweise sein, um mich davon zu überzeugen, daß es sicherer ist, Gott spricht zu mir durch deinen Mund als durch den Verstand, den er mir gegeben hat?

Der Schwärmer: Der Verstand, den er dir gegeben hat! Kleiner und eitler Mensch! Als ob du der erste Gottlose wärest, der sich in seiner von der Sünde verdorbenen Vernunft verirrt hätte!

Der Aufklärer: Mann Gottes, du wärst nicht der erste Betrüger, der seine Anmaßung als Beweis seiner Sendung ausgibt.

Der Schwärmer: Was! Beleidigen Philosophen auch?

Der Aufklärer: Manchmal, wenn die Heiligen ihnen das Beispiel geben.

Der Schwärmer: Ich habe das Recht, so zu reden; ich spreche im Namen Gottes.

Der Aufklärer: Es wäre gut, wenn du mir deine Vollmachten zeigtest, ehe du von deinen Vorrechten Gebrauch machst.

Der Schwärmer: Meine Vollmachten sind echt, die Erde und der Himmel werden für mich zeugen. Bitte, folge meinen Überlegungen gut.

Der Aufklärer: Deinen Überlegungen! Das kannst du doch gar nicht! Mich zu lehren, daß meine Vernunft mich täuscht, heißt das nicht auch, das zurückzuweisen, was sie zu deinen Gunsten sagen würde? Wer die Vernunft verwirft, muß ohne ihre Hilfe überzeugen. Angenommen, du hättest mich durch Vernunftgründe überzeugt, wie könnte ich wissen, ob es nicht gerade meine Vernunft ist, die, durch die Sünde verdorben, mich bewegt, dem zuzustimmen, was du mir sagst? Welchen Beweis, welchen Beleg könntest du übrigens verwenden, der überzeugender wäre als das Axiom, das sie aufheben soll? Es ist ebenso glaubhaft, daß ein logischer Schluß eine Lüge ist, wie daß der Teil größer ist als das Ganze.

Der Schwärmer: Welch ein Unterschied! Gegen meine Beweise gibt es keinen Einwand. Sie sind übernatürlicher Art.

Der Aufklärer: Übernatürlich! Was bedeutet das Wort? Ich verstehe es nicht.

Der Schwärmer: Veränderungen in der Ordnung der Natur, Weissagungen, Wunder aller Art.

Der Aufklärer: Wunder! Zeichen! Ich habe noch nie etwas davon gesehen.

Der Schwärmer: Andere haben es für dich gesehen. Scharen von Zeugen ... Das Zeugnis der Völker ...

Der Aufklärer: Ist das Zeugnis der Völker übernatürlicher Art?

Der Schwärmer: Nein! Aber wenn es einstimmig ist, dann ist es unanfechtbar.

Der Aufklärer: Es gibt nichts Unanfechtbareres als die Prinzipien der Vernunft, und man kann keinen Unsinn auf das Zeugnis der Menschen hin rechtfertigen. Noch einmal: Zeige mir übernatürliche Beweise, denn das Zeugnis des menschlichen Geschlechts ist keiner.

Der Schwärmer: Verhärtetes Herz! Die Gnade spricht nicht zu dir.

Der Aufklärer: Das ist nicht meine Schuld; denn nach deiner Lehre muß man die Gnade schon empfangen haben, um sie erbitten zu können. Sprich zu mir an ihrer Statt.

Der Schwärmer: Das tue ich doch, aber du hörst mir nicht zu. Wie denkst du über die Weissagungen?

Der Aufklärer: Zunächst sage ich, daß ich ebensowenig Weissagungen gehört habe, wie ich Wunder gesehen habe. Außerdem sage ich, daß keine Weissagung Beweiskraft für mich hat.

Der Schwärmer: Gefährte des Teufels! Und warum haben Weissagungen keine Beweiskraft für dich?

Der Aufklärer: Weil dazu drei Dinge gehören, deren Zusammentreffen unmöglich ist; nämlich: Ich muß Zeuge der Weissagung sein; ich muß Zeuge des Eintreffens sein, und man muß mir beweisen, daß das Zusammentreffen des Ereignisses und der Weissagung nicht zufällig ist. Denn wäre sie auch genauer, klarer, einleuchtender als ein geometrischer Satz, so beweist diese

Erfüllung, wenn sie wirklich eintritt, nichts für denjenigen, der sie vorausgesagt hat, weil die Deutlichkeit einer aufs Geratewohl gemachten Voraussage die Erfüllung nicht unmöglich macht.

Du siehst also, worauf deine angeblich übernatürlichen Beweise, deine Wunder und deine Weissagungen hinauslaufen: alles auf Treu und Glauben annehmen und die Autorität Gottes, der zu meiner Vernunft spricht, der Autorität der Menschen unterordnen. Wenn die ewigen Wahrheiten, die mein Geist begreift, verletzt werden könnten, dann gäbe es keine Gewißheit mehr für mich; anstatt sicher zu sein, daß du im Auftrag Gottes zu mir sprichst, wäre ich nicht einmal sicher, daß er existiert.

Das sind gewiß viele Schwierigkeiten, mein Sohn, aber es ist noch nicht alles. Unter den vielen Religionen, die sich gegenseitig ächten und ausschließen, ist eine, wenn überhaupt, die richtige. Um sie zu erkennen, genügt es nicht, eine zu prüfen, man muß alle prüfen. Worum es sich auch handeln möge, man darf nicht verurteilen, ohne gehört zu haben*. Man muß die Beweise mit den Einwänden vergleichen; man muß wissen, was einer dem andern entgegenhält und was er ihm antwortet. Je mehr uns eine Meinung bewiesen erscheint, um so genauer müssen wir untersuchen, worauf sich so viele Menschen stützen, um sie als nichtbewiesen anzusehen. Man muß sehr einfältig sein, um zu glauben, es genüge, die Lehrer der eigenen Partei anzuhören, um sich über die Gründe der Gegenpartei zu unterrichten. Wo sind die Theologen, die ihre Ehre dreinsetzen, aufrichtig zu sein? Wo sind die, die nicht damit anfangen, die Gründe ihrer Gegner abzuschwächen, um sie dann zu widerlegen. Jeder glänzt in seiner Partei. Mancher, der unter seinen Parteianhängern stolz auf seine Beweise ist, würde mit denselben Beweisen unter Parteigegnern eine traurige Rolle spielen. Willst du dich aus Büchern unterrichten, welche Gelehrsamkeit muß man dazu erwerben! Wie viele Sprachen muß man lernen; wie viele Bibliotheken durchblättern, wie unendlich viel muß man lesen! Wer soll mich bei der Wahl leiten? Schwerlich wird man in einem Land die besten Bücher der Gegenpartei, noch viel weniger, von allen Parteien finden! Wenn man sie findet, wird man sie bald widerlegt haben. Der Abwesende hat immer unrecht. Schlechte Beweise, sicher vorgetragen, verwischen leicht die guten Beweise, die mit Nichtachtung dargestellt wurden. Übrigens gibt es

---

* Plutarch berichtet, daß die Stoiker, unter anderen Widersinnigkeiten, behaupteten, daß es bei einem gegensätzlichen Urteil überflüssig wäre, beide Teile zu hören. Denn entweder, so sagten sie, hat der erste seine Aussagen bewiesen, oder er hat sie nicht bewiesen. Hat er sie bewiesen, so ist alles erledigt, und die Gegenpartei muß verurteilt werden; hat er sie nicht bewiesen, so ist er im Unrecht und muß abgewiesen werden. Mir scheint, daß die Methode derer, die eine Offenbarung gelten lassen, der Methode der Stoiker recht ähnlich ist. Sobald jeder behauptet, allein recht zu haben, muß man, um zwischen so vielen Parteien zu wählen, alle anhören, oder man ist ungerecht.

nichts, was mehr täuscht und was die Meinungen derer, die sie geschrieben haben, weniger getreu wiedergibt als Bücher. Als du den katholischen Glauben nach dem Buch von Bossuet beurteilen wolltest, mußtest du deinen Fehler erkennen, nachdem du unter uns gelebt hast. Du hast gesehen, daß die Lehre, mit der man den Protestanten antwortet, keineswegs dieselbe ist, die man das Volk lehrt, und daß das Buch von Bossuet keine Ähnlichkeit hat mit der Kanzelunterweisung. Um eine Religion richtig zu beurteilen, darf man sie nicht in den Büchern der Sektierer studieren, man muß sie bei ihnen selbst lernen: das ist ein großer Unterschied. Jeder hat seine Überlieferungen, seine Auffassungen, seine Gebräuche, seine Vorurteile, die den Geist seines Glaubens ausmachen und die man in sein Urteil einbeziehen muß.

Wie viele große Völker drucken gar keine Bücher und lesen die unseren nicht! Wie sollen sie unsere Ansichten, und wie werden wir ihre beurteilen? Wir verspotten sie; sie verachten uns; und wenn unsere Reisenden sie lächerlich machen, brauchen sie nur bei uns zu reisen, um uns mit gleicher Münze zu zahlen. In welchem Land gibt es vernünftige Menschen, ehrenhafte Leute, Freunde der Wahrheit, die nur darnach streben, die Wahrheit zu erkennen, um sie zu bezeugen? Trotzdem sieht sie jeder in seinem Kult und findet die Kulte der anderen Nationen widersinnig: also sind die fremden Kulte nicht so überspannt, wie sie uns erscheinen, oder die Berechtigung, die wir in unserem finden, beweist nichts.

Wir haben in Europa drei Hauptreligionen. Die eine läßt nur eine Offenbarung gelten, die andere zwei, die dritte drei. Jede verabscheut und verdammt die beiden anderen, beschuldigt sie der Blindheit, der Verstocktheit, der Halsstarrigkeit, der Lüge. Welcher unparteiische Mann wird es wagen, unter ihnen zu wählen, wenn er nicht vorher ihre Beweise wohlerwogen und ihre Gründe genau gehört hat? Die Religion, die nur eine Offenbarung gelten läßt, ist die älteste und scheint die sicherste zu sein. Die Religion, die drei gelten läßt, ist die jüngste und scheint die zusammenhängendste zu sein. Die, die zwei gelten läßt und die dritte verwirft, könnte die beste sein, aber sie hat bestimmt alle Vorurteile gegen sich: Ihre Widersprüchlichkeit springt in die Augen.

Die heiligen Bücher der drei Offenbarungen sind in Sprachen geschrieben, die den Völkern, die sich dazu bekennen, unbekannt sind. Die Juden verstehen kein Hebräisch mehr, die Christen weder Hebräisch noch Griechisch, die Türken und die Perser verstehen kein Arabisch und selbst die heutigen Araber sprechen nicht mehr die Sprache Mohammeds. Ist es nicht allzu einfach, die Menschen zu unterrichten und sich dazu einer Sprache zu bedienen, die sie nicht verstehen? Aber man übersetzt doch diese Bücher, wird man sagen. Eine vortreffliche Antwort! Wer bürgt mir dafür, daß diese Bücher auch sinngetreu übersetzt sind,

4. Die großen europäischen Religionen und ihre Widersprüche

ja, daß es überhaupt möglich ist, sie getreu zu übersetzen? Und wenn Gott sich so viel Mühe gibt, zu den Menschen zu sprechen, wozu braucht er dann einen Dolmetscher?

Ich werde nie begreifen, warum das, was jeder Mensch wissen muß, in Büchern verschlossen sein soll, und warum diejenigen, die weder an die Bücher noch an die Leute, die sie verstehen, herankommen können, für ihre unfreiwillige Unkenntnis bestraft werden sollen. Immer Bücher! Welch eine Manie! Weil Europa voll Bücher ist, betrachten die Europäer sie als unentbehrlich, ohne zu bedenken, daß man auf drei Vierteln der Erde niemals ein Buch gesehen hat. Sind nicht alle Bücher von Menschen geschrieben worden? Wozu braucht sie also der Mensch, um seine Pflichten kennenzulernen? Und welches Mittel hatte er, sie kennenzulernen, ehe Bücher geschrieben worden sind? Entweder lernt er seine Pflichten aus sich selbst, oder er braucht sie nicht zu wissen.

Unsere Katholiken machen ein großes Aufheben von der Autorität der Kirche; aber was gewinnen sie dabei, wenn sie dazu einen ebenso großen Aufwand von Beweisen brauchen, um diese Autorität zu begründen, wie die anderen Sekten, um ihre Lehre unmittelbar zu begründen? Die Kirche entscheidet, daß die Kirche das Recht hat zu entscheiden. Ist das nicht eine gutbewiesene Autorität? Gehst du darüber hinaus, kannst du mit unseren Diskussionen von vorne beginnen.

Kennst du viele Christen, die sich die Mühe gemacht haben, sorgfältig zu prüfen, was die Juden gegen sie vorbringen? Wenn einige davon etwas wissen, so haben sie es aus Büchern der Christen. Eine vortreffliche Art, sich über die Gründe der Gegner zu unterrichten! Wie soll man es sonst machen? Wenn jemand unter uns es wagte, Bücher zu veröffentlichen, in denen man offen den Judaismus begünstigt, würde man den Verfasser, den Herausgeber und den Buchhändler bestrafen*. Diese Politik ist bequem und sicher, und man hat immer recht. Es ist ein Vergnügen, Leute zu widerlegen, die nicht zu sprechen wagen.

Wer aber die Gelegenheit hat, mit Juden zu sprechen, kommt auch nicht weiter. Die Unglücklichen fühlen sich unserer Willkür ausgesetzt; die Tyrannei, mit der man sie behandelt, macht sie furchtsam. Sie wissen, wie leicht es der christlichen Liebe wird, ungerecht und grausam zu sein. Was könnten sie zu sagen wagen, ohne sich der Gefahr auszusetzen, als Gotteslästerer ver-

---

* Hier einer von tausend bekannten Fällen, der keines Kommentars bedarf. Als im 16. Jahrhundert die katholischen Theologen alle Bücher der Juden ohne Unterschied zum Verbrennen verurteilt hatten, zog sich der berühmte und gelehrte Reuchlin, den man in dieser Angelegenheit befragt hatte, schreckliche Schwierigkeiten zu, die ihn fast das Leben kosteten, nur weil er der Meinung war, man sollte die Bücher behalten, die sich nicht gegen das Christentum richteten und Stoffe behandelten, die nichts mit der Religion zu tun haben.

schrien zu werden? Die Habgier stachelt uns auf, und sie sind zu reich, um nicht unrecht zu haben. Die Gelehrtesten und die Aufgeklärtesten sind auch die Vorsichtigsten. Du bekehrst irgendeinen Hungerleider, der für Geld seine Sekte verleumdet. Du bringst vielleicht einige elende Händler zum Reden, die sich fügen, um dir zu schmeicheln. Du triumphierst über ihre Unwissenheit und über ihre Feigheit, während ihre Schriftgelehrten still über deine Albernheiten lächeln. Aber glaubst du, daß man dort, wo sie sich in Sicherheit fühlen, ebenso leichtes Spiel mit ihnen hat? An der Sorbonne ist es klar wie der Tag, daß die Voraussagungen vom Messias sich auf Jesus Christus beziehen. Bei den Rabbinern von Amsterdam ist es ebenso klar, daß sie nicht die geringste Beziehung zu ihm haben. Mir werden die Gründe der Juden niemals ganz deutlich sein, ehe sie nicht einen freien Staat haben, Schulen und Universitäten, in denen sie ohne Gefahr reden und disputieren können. Erst dann werden wir erfahren, was sie zu sagen haben.

In Konstantinopel sagen die Türken ihre Gründe, während wir sie nicht auszusprechen wagen; dort müssen wir im Staube kriechen. Haben die Türken unrecht, wenn sie von uns dieselbe Ehrfurcht vor *Mohammed* verlangen, an den wir nicht glauben, die wir von den Juden für Jesus Christus verlangen, an den sie nicht glauben? Haben wir recht? Welches unparteiische Prinzip erlaubt uns, diese Frage zu lösen?

Zwei Drittel der Menschheit sind weder Juden, noch Mohammedaner, noch Christen; wie viele Millionen Menschen haben noch niemals von Moses, Jesus Christus und Mohammed sprechen hören? Man verneint es und behauptet, daß unsere Missionare überallhin gehen. Das ist rasch gesagt. Gehen sie bis ins Herz des unbekannten Afrikas, wo noch kein Europäer jemals eingedrungen ist? Folgen sie zu Pferd in der südlichen Tatarei den wandernden Horden, denen kein Fremder jemals nahekommt und die kaum den Großen Lama kennen, vom Papst ganz zu schweigen? Gehen sie in die unendlichen Kontinente von Amerika, wo ganze Nationen noch nicht wissen, daß Völker einer anderen Welt ihre Welt betreten haben? Gehen sie nach Japan, aus dem sie wegen ihrer Machenschaften für immer verjagt worden sind, und wo ihre Vorgänger den heranwachsenden Generationen nur als listige Intriganten bekannt sind, die mit einem scheinheiligen Eifer gekommen sind, um sich in der Stille des Reiches zu bemächtigen? Gehen sie in die Harems der asiatischen Fürsten, um Tausenden von armen Sklaven das Evangelium zu verkünden? Was haben die Frauen dieses Erdteils getan, daß ihnen keine Missionare den Glauben predigen dürfen? Kommen sie alle in die Hölle, weil sie eingesperrt waren?

Und wenn es wahr wäre, daß das Evangelium auf der ganzen Welt verkündet wird, was würde man dabei gewinnen? Sicherlich ist am Tag vor der Ankunft des ersten Missionars jemand gestorben, der ihn nicht hat hören können. Nun sage man mir, was wir mit diesem Mann machen sollen? Gäbe es auf der ganzen Welt nur einen einzigen Menschen, dem man Jesus Christus nicht gepredigt hat, so wäre der Einspruch um dieses einen Menschen willen ebenso stark wie um eines Viertels der Menschheit.

Was haben die Priester des Evangeliums den fernen Völkern gesagt, das man vernünftigerweise auf ihr Wort hin glauben kann, und das nicht die genaueste Überprüfung verlangte? Ihr verkündet mir einen Gott, der vor zweitausend Jahren und ich weiß nicht in welcher kleinen Stadt geboren und gestorben ist, und ihr sagt mir, daß alle, die nicht an dieses Mysterium glauben, verdammt sein werden. Das sind doch seltsame Dinge, daß man sie so rasch auf die Autorität eines Mannes hin glauben soll, den ich gar nicht kenne! Warum hat euer Gott diese Ereignisse, deren Kenntnis er mir zur Pflicht machen will, so weit von mir entfernt eintreten lassen? Ist es ein Verbrechen, wenn man nicht weiß, was bei den Antipoden geschieht? Kann ich erraten, daß es auf der anderen Erdhalbkugel ein hebräisches Volk und eine Stadt Jerusalem gibt? Ebensogut könnte man mich verpflichten zu wissen, was auf dem Mond passiert. Ihr kommt, sagt ihr, um es mich zu lehren. Warum seid ihr dann nicht schon gekommen, um es meinen Vater zu lehren? Warum verdammt ihr diesen braven Greis, weil er nie etwas davon wußte? Soll er, der so gut, so wohltätig war und nur die Wahrheit suchte, für eure Trägheit ewig bestraft werden? Seid ehrlich und versetzt euch in meine Lage: muß ich all diese unglaublichen Sachen, die ihr mir erzählt, auf euer Zeugnis allein glauben und so viele Ungerechtigkeiten mit dem gerechten Gott, den ihr mir verkündet, in Einklang bringen? Laßt mich, bitte, dieses ferne Land sehen, wo sich so viele unerhörte Wunder vollzogen haben, damit auch ich weiß, warum die Bewohner von diesem Jerusalem Gott wie einen Straßenräuber behandelt haben. Sie haben ihn nicht als Gott erkannt, sagt ihr. Was soll also ich tun, der niemals von ihm hat reden hören außer durch euch? Ihr fügt hinzu, daß sie bestraft, zerstreut, unterdrückt und versklavt worden sind und daß keiner mehr der Stadt nahekommt. Bestimmt haben sie das alles auch verdient; aber was sagen die Bewohner von heute über den Gottesmord ihrer Vorgänger? Sie verleugnen ihn, sie erkennen Gott ebenfalls nicht als Gott an. Dann hätte man die Nachkommen der anderen auch dort lassen können.

Was! In derselben Stadt, in der Gott gestorben ist, haben ihn weder die alten noch die neuen Einwohner anerkannt, und ihr wollt, daß ich ihn anerkenne, der zweitausend Jahre später und zweitausend Meilen entfernt geboren wurde? Seht ihr nicht ein, daß ich diesem Buch, das ihr heilig nennt und von dem ich nichts verstehe, nicht eher Glauben schenken kann, als ich von anderen erfahren habe, wann und durch wen es verfaßt worden ist, wie es erhalten wurde, wie es in eure Hände kam, welche Gründe diejenigen haben, die es in jenem Land verwerfen, obgleich sie alles, was ihr mir sagt, genausogut wissen wie ihr? Ihr seht ein, daß ich nach Europa, nach Asien, nach Palästina fahren muß, um alles selbst zu überprüfen: ich müßte ein Narr sein, sollte ich euch vorher glauben.

Diese Darstellung erscheint mir nicht nur vernünftig, ich behaupte sogar, daß jeder vernünftige Mensch in einem solchen Fall so spricht und den Missionar recht weit fortschicken muß, der sich ohne die Überprüfung der Beweise mit seiner Unterweisung und mit einer Taufe beeilt. Ich behaupte also, daß es keine Offenbarung gibt, gegen die dieselben Einwände nicht ähnliche oder noch stärkere Kraft hätten als gegen das Christentum. Daraus folgt, daß man, wenn es nur eine wahre Religion gibt und jeder Mensch verpflichtet ist, sich unter der Drohung der Verdammung zu ihr zu bekennen, sein Leben damit verbringen muß, sie alle zu studieren, zu ergründen, zu vergleichen und alle Länder zu bereisen, wo sie beheimatet sind. Niemand ist dieser ersten Menschenpflicht enthoben, niemand hat das Recht, sich auf das Urteil eines anderen zu verlassen. Der Handwerker, der nur von seiner Arbeit lebt, der Bauer, der nicht lesen kann, das zarte und scheue Mädchen, der Kranke, der kaum das Bett verlassen kann, alle, ohne Ausnahme, müssen lernen, grübeln, wettreden, reisen, die Welt durchlaufen. Kein Volk wird mehr seßhaft sein; die ganze Erde voll von Pilgern, die unter großen Kosten und langen Mühen die verschiedenen Kulte prüfen, vergleichen und kennenlernen wollen. Dann lebt wohl, Handwerke, Künste, Wissenschaften und bürgerliche Berufe! Es kann kein anderes Studium mehr geben als das der Religion. Der Gesündeste und der Fleißigste, der Vernünftigste und der Langlebigste wird im Alter kaum wissen, woran er sich zu halten hat, und es wäre viel, wenn er vor seinem Tode noch erfährt, in welcher Religion er hätte leben sollen.

Wolltest du diese Methode mildern und der Autorität des Menschen auch nur das kleinste Recht einräumen, so gibst du ihr sofort alles wieder zurück. Wenn der Sohn eines Christen gut daran tut, ohne gründliches und unparteiisches Studium die Religion seines Vaters zu übernehmen, warum sollte der Sohn eines Türken unrecht tun, wenn er der Religion seines Vaters folgt? Ich fordere alle Unduldsamen auf, darauf eine Antwort zu geben, die einen vernünftigen Menschen befriedigt.

Durch diese Gründe bedrängt, wollen einige Gott lieber ungerecht machen und die Schuldigen für die Sünden ihrer Väter bestrafen lassen, als daß sie von ihrem barbarischen Dogma ablassen. Die anderen lösen die Schwierigkeit dadurch, daß sie dienstbeflissen einen Engel senden, der die belehrt, die in einer unbesiegbaren Unwissenheit moralisch gut gelebt haben. Eine schöne Erfindung, dieser Engel! Es genügt ihnen nicht, uns ihren Machenschaften zu unterwerfen, sie zwingen Gott sogar dazu, sich dergleichen zu bedienen.

Du siehst, mein Sohn, zu welchen Widersinnigkeiten Stolz und Unduldsamkeit führen, wenn jeder auf seiner Meinung beharrt und dem ganzen Menschengeschlecht gegenüber allein recht zu haben glaubt. Ich rufe den Gott des Friedens, den ich anbete und dir verkünde, zum Zeugen auf, daß all mein Suchen ernst war. Aber als ich sah, daß es erfolglos war und immer erfolglos bleiben würde und daß ich in einem uferlosen Meer versinke, kehrte ich um und schränkte meinen Glauben auf meine primitiven Begriffe ein. Ich habe niemals glauben können, daß Gott mir unter Höllenstrafen befehlen würde, gelehrt zu sein. Ich habe also alle Bücher geschlossen. Nur eines bleibt vor aller Augen offen: das Buch der Natur. Nach diesem großen und erhabenen Buch lerne ich seinem göttlichen Schöpfer dienen und ihn anbeten. Wer darin nicht liest, kann nicht entschuldigt werden, weil es für alle Menschen eine allen Geistern verständliche Sprache spricht. Wenn ich auf einer Insel geboren wäre, wenn ich außer mir keinen Menschen gesehen hätte, wenn ich nie erfahren hätte, was sich vor Zeiten in einem Winkel der Welt zugetragen hat — wenn ich nur meine Vernunft nütze, bilde und die unmittelbaren Fähigkeiten, die mir Gott gegeben hat, richtig verwende, so würde ich aus mir selber lernen, ihn zu erkennen, ihn und seine Werke zu lieben, das Gute zu wollen, das er will, und alle meine Pflichten zu erfüllen, um ihm zu gefallen. Was kann menschliches Wissen mich mehr lehren?

Was die Offenbarung betrifft, so würde ich vielleicht, wäre ich gelehrter oder ein schärferer Denker, ihre Wahrheit und ihren Nutzen für diejenigen einsehen, die so glücklich sind, sie zu erkennen. Wenn ich aber Beweise zu ihren Gunsten sehe, die ich nicht bestreiten, so sehe ich auch Einwände, die ich nicht lösen kann. Es gibt so viele triftige Gründe für und gegen sie, daß ich nicht weiß, wofür ich mich entscheiden soll. Ich nehme sie weder an noch verwerfe ich sie; ich verwerfe nur die Verpflichtung, sie anzuerkennen, weil diese angebliche Verpflichtung mit der Gerechtigkeit Gottes unvereinbar ist und weil sie die Hindernisse des Heiles, statt sie aufzuheben, nur vermehrt und für den größten Teil der Menschheit unüberwindbar macht. Hiervon abgesehen, verharre ich in diesem Punkt in einem respektvollen Zweifel. Ich bin nicht so anmaßend, mich für unfehlbar zu halten: andere haben entschieden, was mir unentschieden scheint. Ich überlege für mich und nicht für sie. Ich tadle sie nicht, noch ahme ich sie nach: ihr Urteil ist vielleicht besser als meines, aber es ist nicht meine Schuld, wenn es nicht das meine ist.

5. Das Evangelium

Ich gestehe dir, daß die Erhabenheit der Schriften mich in Erstaunen versetzt und daß das Evangelium zu meinem Herzen

Glaubensbekenntnis des savoyischen Vikars

spricht. Vergleiche damit die Bücher der Philosophen mit all ihrer
Überladung: wie klein sind sie neben jenem! Kann ein so erha-
benes und zugleich einfaches Buch das Werk der Menschen sein?
Kann der, dessen Geschichte es erzählt, selber nur ein Mensch
sein? Ist das die Sprache eines Schwärmers oder eines ehrgeizi-
gen Sektierers? Welche Sanftmut, welche Reinheit in seinen
Sitten! Welch rührende Anmut in seinen Belehrungen! Welche
Erhabenheit in seinen Grundsätzen! Welch tiefe Weisheit in
seinen Reden! Welche Geistesgegenwart, welcher Scharfsinn und
welche Genauigkeit in seinen Antworten! Welche Herrschaft
über seine Leidenschaften! Wo ist der Mensch, wo ist der Weise,
der ohne Schwäche und ohne Übertreibung so handeln, leiden
und sterben kann? Als Plato seinen Gerechten malte, wie er mit
aller Schmach des Verbrechens beladen und doch jedes Lohnes
der Tugend würdig ist, da malte er Zug um Zug Jesus Christus.
Die Ähnlichkeit ist so auffallend, daß alle Kirchenväter sie her-
ausgefühlt haben und daß man sich unmöglich darin täuschen
kann. Wie voreingenommen, wie blind muß man sein, wollte
man dagegen den Sohn des Sophroniskus mit Marias Sohn vergleichen? Welcher Abstand zwischen beiden! Sokrates, der ohne
Schmerzen und ohne Schande stirbt, konnte leicht seine Rolle
bis zum Tode spielen; und wenn dieser leichte Tod nicht sein
Leben geehrt hätte, ob nicht Sokrates bei all seinem Geist im
Grunde nichts anderes war als ein Sophist? Er erfand die Moral,
sagt man; vor ihm haben sie andere gelebt. Er sprach nur aus,
was sie vor ihm getan haben, er setzte nur ihre Beispiele in
Lehren um. Aristides war gerecht, ehe Sokrates lehrte, was
Gerechtigkeit ist. Leonidas starb für sein Vaterland, ehe Sokrates
die Vaterlandsliebe zur Pflicht erklärte. Sparta war mäßig, ehe
Sokrates die Mäßigkeit lobte. Ehe er die Tugend definiert hat,
war Griechenland reich an tugendhaften Menschen. Aber woher
nahm Jesus bei den Seinen diese hohe und reine Moral, die er
selber lehrte und bezeugte*? Inmitten des wütendsten Fanatismus ertönte die Stimme der höchsten Weisheit und die Einfachheit der heldenmütigsten Tugenden ließ sich unter dem würde-
losesten aller Völker nieder. Der Tod des ruhig mit seinen Freunden philosophierenden Sokrates ist der süßeste, den man sich
wünschen kann. Der Tod Jesu, der unter Martern, Beleidigungen, Verhöhnungen und von einem ganzen Volk verflucht seinen
Geist aufgab, ist der schrecklichste, den man fürchten kann.
Während Sokrates den segnete, der ihm weinend den Gift-
becher reichte, betete Jesus unter schrecklichen Foltern für seine
blutgierigen Henker. Wenn das Leben und der Tod von Sokrates
eines Weisen würdig sind, so sind Leben und Tod Jesu die
eines Gottes. Ist die Geschichte des Evangeliums etwa zum Ver-

---

* Siehe in der Bergpredigt die Parallele, die er selber zwischen
seiner und der Moral Moses macht. (Matth. 5, 21 ff)

gnügen erfunden worden? Mein Freund, so kann man nicht erfinden, und die Begebenheiten mit Sokrates, an denen niemand zweifelt, sind weniger bezeugt als die über Jesus Christus. Im Grunde heißt das nur, die Schwierigkeiten vor sich herschieben, statt sie zu beseitigen. Noch unbegreiflicher wäre, daß mehrere Menschen sich abgesprochen hätten, das Buch zu schreiben, als daß ein einziger den Stoff geliefert hat. Niemals hätten jüdische Schriftsteller den Ton noch die Moral gefunden; das Evangelium zeigt so große, so auffallende, so völlig unnachahmliche Kennzeichen der Wahrheit, daß der Erfinder bewundernswerter wäre als sein Held. Trotzdem ist das Evangelium voll unglaubhafter und vernunftwidriger Dinge, die von einem vernünftigen Menschen weder begriffen noch angenommen werden können. Was soll man inmitten all dieser Widersprüche tun? Immer bescheiden und vorsichtig sein, mein Sohn; stillschweigend achten, was man weder verwerfen noch begreifen kann und sich vor dem großen Wesen demütigen, das allein die Wahrheit kennt.

II. Die rechte Haltung innerhalb der Konfessionen

1. Toleranz und Einordnung in der Kirche

Bei diesem freiwilligen Skeptizismus bin ich stehengeblieben. Er bedrückt mich keineswegs, weil er sich nicht auf die für das Handeln wesentlichen Punkte erstreckt und weil ich über die Prinzipien aller meiner Pflichten völlig im klaren bin. Ich diene Gott in der Einfalt meines Herzens. Ich will nur wissen, was für meine Lebensweise wichtig ist. Wegen der Dogmen, die weder auf die Handlungen noch auf die Moral Einfluß haben, und mit denen sich so viele Menschen abquälen, mache ich mir keine Sorgen. Ich betrachte die einzelnen Religionen als Heilseinrichtungen, die in jedem Land einen einheitlichen Gottesdienst vorschreiben und die alle im Klima, in der Regierung, im Volkscharakter oder in sonst einer örtlichen Ursache ihre Berechtigung haben können, die der einen vor der anderen je nach Zeit und Ort den Vorrang gibt. Ich halte alle für gut, wenn man Gott darin nur in angemessener Weise dient. Der wahre Gottesdienst kommt aus dem Herzen. Gott weist diese Huldigung nicht zurück, wenn sie ehrlich ist, unter welcher Form sie ihm auch dargebracht wird. Da ich in der Religion, die ich bekenne, zum Dienst der Kirche berufen bin, erfülle ich meine Pflicht mit der größten Genauigkeit; mein Gewissen würde mir ein bewußtes Versäumnis vorwerfen. Du weißt, daß ich nach einem langen Interdikt auf den Einfluß von M. de Mellarède die Erlaubnis erhielt, mein Amt wieder aufzunehmen, um leben zu können. Früher las ich die Messe mit der Leichtfertigkeit, die man auf die Dauer selbst den ernstesten Dingen gegenüber annimmt, wenn man sie zu oft wiederholt. Seit mich neue Grundsätze leiten, lese ich sie mit mehr Ehrfurcht: ich lasse mich von der Majestät des erhabenen Wesens durchdringen, von seiner Gegenwart, von der Unzulänglichkeit des menschlichen Geistes, der so wenig von dem begreift, was sich auf seinen Schöpfer bezieht. Wenn ich daran denke, daß ich ihm die Bitten des Volkes unter einer vorgeschriebenen Form vortrage, befolge ich sorgfältig jeden Ritus, lese aufmerksam und befleißige mich, niemals auch nur das geringste Wort oder die kleinste Zeremonie auszulassen. Vor der Wandlung sammle ich mich, um sie mit der ganzen Leidenschaft, die die Kirche und die Größe des Sakramentes erfordern, zu vollziehen. Ich bemühe mich, meine Vernunft vor der höchsten Intelligenz zu vernichten, und ich sage mir: wer bist du, die Allmacht zu ermessen? Ich spreche die Einsetzungsworte mit Ehrfurcht aus und lege ihrer Wirkung allen Glauben bei, dessen ich fähig bin. Was es auch mit diesem unfaßbaren Mysterium auf sich habe, so fürchte ich nicht, am Tage des Gerichts verurteilt zu werden, es jemals in meinem Herzen entweiht zu haben.

Der Ehre des heiligen Dienstes teilhaftig, wenngleich im niedrigsten Rang, werde ich nie etwas tun oder sagen, was mich unwürdig macht, die erhabenen Pflichten zu erfüllen. Ich werde den Menschen immer die Tugend predigen, ich werde sie immer ermahnen, das Gute zu tun und ihnen, soweit ich es vermag, darin mit gutem Beispiel vorangehen. Es hängt nicht von mir ab, ihnen die Religion liebwert zu machen; es hängt nicht von mir ab, ihren Glauben an die Dogmen, die wirklich nützlich sind und die jeder Mensch glauben muß, zu festigen. Aber Gott möge verhüten, daß ich jemals das grausame Dogma der Intoleranz predige; daß ich jemals dazu beitrage, den Nächsten zu verachten und zu anderen Menschen zu sagen: Ihr werdet verdammt werden*. Würde ich einen höheren Rang einnehmen, könnte mir dieser Vorbehalt Unannehmlichkeiten bereiten, aber ich bin zu unbedeutend, als daß ich viel zu befürchten hätte; ich kann nicht tiefer fallen, als ich schon bin. Was auch geschehen mag, ich werde die göttliche Gerechtigkeit nicht schmähen und nicht gegen den Heiligen Geist lügen.

Langsam habe ich die Ehre angestrebt, Pfarrer zu werden; ich strebe noch immer darnach, habe aber keine Hoffnung mehr. Mein lieber Freund, ich kann mir nichts Schöneres vorstellen, als Pfarrer zu sein. Ein guter Pfarrer ist der Diener der Güte, so wie ein guter Justizbeamter ein Diener der Gerechtigkeit ist. Ein Pfarrer braucht nie Böses zu tun; kann er nicht selbst immer das Gute tun, so ist er immer dazu berechtigt, es zu erbitten und oft erreicht er es, wenn er sich Achtung zu verschaffen weiß. Wie glücklich wäre ich, wenn ich in unseren Bergen eine Pfarre mit guten Menschen zu betreuen hätte, denn ich glaube, meine

* Die Pflicht, die Religion seines Landes zu bekennen und zu lieben, reicht nicht bis zu den Dogmen, die wirklicher Moral widersprechen, wie z. B. das Dogma der Intoleranz. Dieses schreckliche Dogma wiegelt die Menschen gegeneinander auf und macht sie alle zu Feinden der Menschheit. Die Unterscheidung zwischen ziviler und theologischer Toleranz ist kindisch und zwecklos. Diese beiden Unduldsamkeiten sind untrennbar, und man kann nicht die eine ohne die andere gelten lassen. Selbst Engel könnten mit Menschen nicht in Frieden leben, die sie als Feinde Gottes betrachten.

Pfarrkinder glücklich machen zu können. Ich würde sie nicht reich machen, aber ich würde ihre Armut mit ihnen teilen; ich würde dieser Armut die Schande und die Verachtung nehmen, die noch verächtlicher ist als die Bedürftigkeit selbst. Ich würde sie lehren, Eintracht und Gleichheit zu lieben, die so oft das Elend verscheuchen und es immer erträglich machen. Wenn sie sehen, daß ich in nichts besser stehe als sie und daß ich trotzdem zufrieden bin, würden sie lernen, ihr Los zu ertragen und ebenso zufrieden zu leben wie ich. In meinen Unterweisungen würde ich mich weniger an den Geist der Kirche als an den Geist des Evangeliums halten, wo das Dogma einfach und die Moral erhaben ist, wo man weniger religiöse Übungen und viel Werke der Barmherzigkeit sieht. Ehe ich sie lehre, was zu tun ist, würde ich mich immer bemühen, es selbst zu tun, damit sie sehen, daß ich alles, was ich ihnen sage, auch denke. Gäbe es in meiner Nachbarschaft oder in meiner Pfarre Protestanten, so würde ich in allem, was die christliche Barmherzigkeit betrifft, keinen Unterschied zwischen ihnen und meinen Pfarrkindern machen. Ich würde sie alle anhalten, sich zu lieben, sich als Brüder zu betrachten, alle Religionen zu achten und jeden in Frieden in der seinen leben zu lassen. Ich meine, jemanden dazu zu überreden, die Religion, in der er geboren ist, zu verlassen, heißt, ihn dazu zu überreden, Böses zu tun und folglich selbst Böses zu tun. Halten wir die öffentliche Ordnung aufrecht, bis uns größere Einsichten zuteil werden. Achten wir die Gesetze eines jeden Landes und stören wir nicht den Kult, den sie vorschreiben; verleiten wir die Bürger nicht zum Ungehorsam, denn wir wissen nicht sicher, ob es zu ihrem Besten ist, wenn sie ihre Meinung gegen andere austauschen; dagegen wissen wir mit Sicherheit, daß der Ungehorsam gegen die Gesetze ein Übel ist.

2. Persönliche Entscheidung

Nun hast du, mein junger Freund, mein Glaubensbekenntnis gehört, so wie Gott es in meinem Herzen liest. Du bist der erste, dem ich es gemacht habe; du bist vielleicht der einzige, dem ich es jemals ablegen werde. Solange es noch echten Glauben unter den Menschen gibt, darf man weder friedliche Seelen beunruhigen, noch den Glauben der Einfältigen durch Schwierigkeiten stören, die sie nicht lösen können und die sie nur verwirren, ohne sie aufzuklären. Wenn aber einmal alles erschüttert ist, muß man den Stamm erhalten und die Zweige fallen lassen. Schwankende, unsichere, fast erloschene Gewissen, in einem Zustand, wie deines war, müssen gestärkt und aufgeweckt werden. Um sie auf der Grundlage der ewigen Wahrheiten wieder zu verankern, muß man die schwankenden Pfeiler, auf die sie sich noch zu stützen glauben, vollends wegreißen.

Du bist in dem kritischen Alter, wo sich der Geist der Gewißheit öffnet, wo das Herz seine Form und seinen Charakter empfängt und wo man sich für das ganze Leben entscheidet, sei es zum Guten oder zum Bösen. Später ist die Substanz verhärtet und neue Eindrücke haften nicht mehr. Junger Mann, laß deiner noch biegsamen Seele das Siegel der Wahrheit aufprägen. Wäre ich meiner selbst sicherer, hätte ich dogmatischer und entschiedener mit dir geredet. Aber ich bin nur ein Mensch, unwissend und dem Irrtum unterworfen. Was könnte ich tun? Ich habe dir ohne Rückhalt mein Herz geöffnet; was ich für gewiß halte, habe ich dir eindeutig gesagt. Meine Zweifel habe ich als Zweifel dargestellt, meine Meinungen als Meinungen. Ich habe dir meine Gründe für Zweifel und Glauben mitgeteilt. Nun mußt du urteilen: du hast dir Zeit gelassen; das ist einsichtig und klug und erhöht meine Meinung von dir. Erwecke zunächst in deinem Gewissen den Wunsch nach Erleuchtung. Sei ehrlich gegen dich selbst! Eigne dir von meinen Einsichten an, was dich überzeugt hat, und verwirf den Rest. Du bist vom Laster noch nicht so verdorben, daß du Gefahr läufst, falsch zu wählen. Ich würde dir vorschlagen, daß wir uns darüber unterhalten, aber sobald man disputiert, gerät man in Hitze. Eitelkeit und Eigensinn kommen hinzu und die Offenheit ist dahin. Streite niemals, mein Freund, denn durch Streit macht man weder sich noch andere klüger. Ich selbst habe erst nach vielen Jahren des Nachdenkens meine Entscheidung getroffen und dabei bleibe ich: mein Gewissen ist ruhig und mein Herz zufrieden. Wollte ich meine Ansichten aufs neue überprüfen, ich könnte es nicht mit größerer Wahrheitsliebe tun, obwohl mein Geist, schon weniger rege, die Wahrheit weniger genau erkennen würde. Ich bleibe wie ich bin, aus Furcht, die Neigung zur Kontemplation könnte unmerklich eine müßige Leidenschaft werden, so daß mein Pflichteifer darunter litte und ich in meinen früheren Skeptizismus zurückfiele, ohne die Kraft zur Überwindung zu finden. Mehr als die Hälfte meines Lebens ist vergangen. Mir bleibt nur mehr soviel, um den Rest zu nutzen und meine Irrtümer durch meine Tugenden wiedergutzumachen. Wenn ich mich irre, geschieht es gegen meinen Willen. Der in meinem Herzen liest, weiß, daß ich meine Blindheit nicht liebe. Da ich mich durch meine eigenen Erkenntnisse unmöglich davon befreien kann, so bleibt mir kein anderes Mittel als ein guter Lebenswandel. Wenn Gott Abraham sogar aus Steinen Kinder schenken kann, so hat jeder Mensch das Recht, Erleuchtung zu erhoffen, wenn er sich dessen würdig erweist.

Wenn meine Überlegungen dich dahin führen, so zu denken, wie ich denke, wenn meine Ansichten auch die deinen sind und wenn wir das gleiche Glaubensbekenntnis haben, dann gebe ich dir folgenden Rat: Laß dich nicht mehr vom Elend und von der Verzweiflung in Versuchung führen, gerate nicht mehr in schimpfliche Abhängigkeit von Fremden und iß kein armseliges Almosenbrot mehr. Kehr in dein Vaterland zurück, nimm deine Vaterreligion wieder an, bekenne dich aufrichtigen Herzens zu ihr und gib sie nie wieder auf. Sie ist sehr einfach und sehr heilig. Sie hat nach meiner Meinung von allen Religionen die reinste Moral und sie befriedigt am besten die Vernunft. Mach dir keine Gedanken wegen der Reisekosten, dafür wird gesorgt. Fürchte auch nicht die falsche Scham einer demütigenden Heimkehr: Man muß erröten, wenn man einen Fehler macht, aber nicht, wenn man ihn wiedergutmacht! Du bist noch in dem Alter, dem alles verziehen wird, in dem man aber nicht mehr ungestraft sündigt. Wenn du auf dein Gewissen hörst, verschwinden tausend eitle Hindernisse vor seiner Stimme. Du wirst spüren, daß es in der Unsicherheit, in der wir leben, eine unverzeihliche Anmaßung ist, sich zu einer anderen Religion zu bekennen, als die, in der man geboren ist, und ein Widersinn, diejenige nicht aufrichtig zu lieben, die man bekennt. Irrt man sich, so beraubt man sich selbst einer gewichtigen Entschuldigung vor seinem höchsten Richter. Wird er nicht eher den Irrtum verzeihen, in dem man aufgewachsen ist, als den, den man selbst zu wählen wagte?

Mein Sohn, mach deine Seele immer bereit, die Existenz Gottes zu wünschen und du wirst niemals daran zweifeln! Wozu du dich aber auch immer entscheidest, bedenke, daß die wahren Pflichten der Religion von menschlichen Einrichtungen unabhängig sind, daß ein rechtschaffenes Herz der wahre Tempel der Gottheit ist, daß in jedem Land und jeder Sekte die Summe des Gesetzes liegt: Gott über alles und seinen Nächsten wie sich selbst zu lieben; daß es keine Religion gibt, die von den Pflichten der Moral entbindet; daß nur diese wirklich wesentlich sind; daß der innere Kult die erste aller Pflichten ist und daß es ohne Glauben keine wahre Tugend gibt.

3. Warnung vor den Philosophen Flieh alle, die unter dem Vorwand, die Natur zu erklären, trostlose Lehren in die Herzen der Menschen säen, und deren scheinbarer Skeptizismus hundertmal affirmativer und dogmatischer ist als der entschiedene Ton ihrer Gegner. Unter dem hochmütigen Vorwand, allein erleuchtet und guten Glaubens zu sein, unterwerfen sie uns gebieterisch ihren endgültigen Entscheidungen und wollen uns ihre unverständlichen Systeme, die sie sich in ihrer Phantasie zurechtgebaut haben, für die wahren Prinzipien der Dinge eintauschen. Übrigens stoßen sie alles um, was die Menschen achten, zerstören es, treten es mit Füßen und nehmen damit den Bekümmerten den letzten Trost in ihrem Elend und den Mächtigen und Reichen den einzigen Zügel ihrer Leidenschaften. Dem Verbrechen nehmen sie die Gewissensbisse, der Tugend nehmen sie die Hoffnung und rühmen sich noch, die Wohltäter der Menschheit zu sein. Niemals, so sagen sie, kann die Wahrheit den Menschen schädlich sein. Das glaube ich genauso wie sie und das ist nach meiner Meinung der beste Beweis dafür, daß das, was sie lehren, nicht die Wahrheit ist*.

---

* Die beiden Parteien bekämpfen sich gegenseitig mit so vielen Sophismen, daß es ein ungeheures und vermessenes Unterfangen

Guter Jüngling, sei aufrichtig und ohne Hochmut wahr; versteh es, unwissend zu sein, dann betrügst du weder dich noch andere. Wenn die Ausbildung deiner Talente es dir erlaubt, zu Menschen zu sprechen, sprich nur nach deiner Überzeugung und kümmer dich nicht um ihren Beifall! Mißbrauch an Wissen erzeugt Ungläubigkeit. Jeder Gelehrte verachtet die gängige Meinung; jeder will eine eigene Meinung haben. Die hochmütige Philosophie führt zum Fanatismus. Vermeide diese Äußerstheiten. Bleib immer fest auf dem Weg der Wahrheit oder was es dir in der Einfalt deines Herzens zu sein scheint, ohne jemals

---

wäre, sie alle zu erwähnen. Es ist schon viel, wenn man einige festhält, wie sie sich gerade anbieten. Einer der beliebtesten bei den Scheinphilosophen besteht darin, einem angenommenen Volk von guten Philosophen ein Volk von schlechten Christen gegenüberzustellen; als ob es leichter wäre, ein Volk von wahren Philosophen als ein Volk von wahren Christen zu machen! Ich weiß nicht, ob unter den Menschen der eine leichter zu finden ist als der andere. Aber ich weiß sehr wohl, daß es Völker gibt, die die Philosophie ohne Religion mißbrauchen, so wie unsere Völker heute die Religion ohne Philosophie mißbrauchen. Das scheint mir eine wesentlich andere Frage zu sein.

Bayle hat richtig bewiesen, daß der Fanatismus viel verderblicher ist als der Atheismus, und das ist unwiderlegbar. Aber was er sich zu sagen gehütet hat, und was nicht weniger wahr ist, ist, daß der Fanatismus, obwohl blutdürstig und grausam, eine große und starke Leidenschaft ist, die das Herz des Menschen erhebt und ihn den Tod verachten läßt, ihm eine außerordentliche Tatkraft verleiht, und die man nur besser lenken muß, um die höchsten Tugenden daraus zu ziehen, wogegen der Unglaube und im allgemeinen der räsonierende und philosophierende Geist an das Leben bindet, verweichlicht, die Seelen erniedrigt und alle Leidenschaften auf das niedrige Privatinteresse und auf das verächtliche menschliche *Ich* konzentriert und so geräuschlos die Grundfesten einer jeden Gesellschaft untergräbt. Denn das Gemeinsame der Privatinteressen ist so gering, daß es niemals aufwiegen kann, was ihm gegenübersteht.

Wenn der Atheismus kein Blut vergießt, so weniger aus Liebe zum Frieden als aus Gleichgültigkeit für das Gute. Wie alles geht, kümmert den sogenannten Weisen wenig, wenn er nur seine Ruhe in seinem Studierzimmer hat. Seine Prinzipien bringen keinen Menschen um, verhindern jedoch ihre Geburt, indem sie die Sitten zerstören, die zu ihrer Vermehrung führen; indem sie ihn von seiner Gattung loslösen; indem sie seine ganze Zuneigung auf einen geheimen Egoismus verdünnen, der für die Bevölkerung ebenso verderblich ist wie für die Tugend. Die philosophische Teilnahmslosigkeit gleicht der Ruhe, die in despotischen Staaten herrscht. Es ist die Stille des Todes. Sie zerstört mehr als der Krieg.

So ist also der Fanatismus zwar in seinen unmittelbaren Auswirkungen unheilvoller als das, was man heute den philosophischen Geist nennt, er ist es aber viel weniger in seinen Folgen. Übrigens ist es leicht, schöne Maximen in den Büchern aufzustellen, es fragt sich aber, ob sie vor der Doktrin standhalten, ob sie notwendigerweise daraus hervorgehen. Das schien bisher nicht klar zu sein. Man müßte aber erst auch wissen, ob die Philosophie, wenn sie die Macht hätte und auf dem Thron säße, wirklich den Ruhmsucht, den Eigennutz, den Ehrgeiz und die niedrigen Leidenschaften des Menschen zügeln und diese milde Menschlichkeit ausüben könnte, die sie uns mit der Feder in der Hand rühmt.

von ihr aus Eitelkeit oder aus Schwäche abzuweichen! Hab den Mut, dich auch vor Philosophen zu Gott zu bekennen; hab den Mut, den Unduldsamen Menschlichkeit zu predigen! Du wirst damit vielleicht allein bleiben, aber du wirst in dir selbst ein Zeugnis tragen, das dich von dem der Menschen entbindet. Ob sie dich lieben oder hassen, ob sie deine Schriften lesen oder verachten, es ist gleichgültig. Sag, was wahr ist, tu, was gut ist! Die Hauptsache auf dieser Erde ist, seine Pflicht zu erfüllen. Man arbeitet für sich, wenn man sich vergißt. Mein Sohn, der Eigennutz täuscht uns, nur die Hoffnung des Gerechten täuscht nicht.

Durch ihre Grundsätze ist die Philosophie nicht imstande, Gutes zu bewirken, das die Religion nicht besser könnte; die Religion aber bewirkt vielmehr, das die Philosophie gar nicht machen könnte.

In der Praxis ist es anders; aber auch das muß man prüfen. Kein Mensch folgt allen Geboten seiner Religion, wenn er eine hat: das ist richtig. Die meisten haben keine oder befolgen die nicht, die sie haben: das ist ebenfalls richtig. Schließlich gibt es einige, die eine haben und sie wenigstens teilweise befolgen. Unzweifelhaft hindern sie religiöse Motive, Übles zu tun, so wie sie sie zu Tugenden und lobenswerten Taten anregen, die ohne diese Motive niemals zustande gekommen wären.

Ein Mönch unterschlägt ein anvertrautes Gut. Was folgt daraus, als daß es ihm ein Dummkopf anvertraut hat? Wenn Pascal eines unterschlagen hätte, so beweist das nur, daß Pascal ein Heuchler war, und nichts weiter. Ja, aber ein Mönch! ... Sind Leute, die Religion verkaufen, auch die, die sie haben? Alle Verbrechen, die in der Geistlichkeit wie anderswo begangen, werden, beweisen nicht, daß die Religion unnütz ist, sondern nur, daß sehr wenige Menschen Religion haben.

Unsere modernen Regierungen verdanken unstreitig dem Christentum, daß ihre Autorität fester ist, und daß sie weniger Revolutionen haben. Das Christentum hat sie auch weniger grausam gemacht: das läßt sich durch einen Vergleich mit den antiken Regierungen beweisen. Bessere Erkenntnis der Religion befreite vom Fanatismus und milderte die christlichen Sitten. Diese Veränderung ist nicht das Werk der Wissenschaften; denn die Menschlichkeit wurde nirgends, wo sie blühten, höher geschätzt: die Grausamkeiten der Athener, der Ägypter, der Kaiser von Rom, der Chinesen beweisen es. Wie viele Werke der Barmherzigkeit sind nicht die Frucht des Evangeliums! Wie viele Wiedererstattungen und Wiedergutmachungen bewirkt nicht die Beichte bei den Katholiken! Wie viele Versöhnungen und Almosen bewirkt nicht bei uns das Herannahen der Abendmahlsfeier! Wie sehr macht das Jubeljahr der Hebräer die Reichen weniger gierig! Wieviel Elend verhindert es! Die gesetzliche Brüderschaft vereinte die ganze Nation; man sah nicht einen Bettler unter ihnen. Auch bei den Türken, wo es unzählige Stiftungen gibt, sieht man keinen. Sie sind aus religiösem Prinzip selbst gegen die Feinde ihres Kultes gastfreundlich.

Nach Chardin behaupten die Mohammedaner, daß alle Körper nach der Prüfung, die der allgemeinen Auferstehung folgt, über eine Brücke gehen müssen, die *Pûl-i-Ṣirat* heißt und die über das ewige Feuer geschlagen ist. Man kann sie, wie sie sagen, die dritte und letzte Prüfung und das wahre letzte Gericht nennen, weil dort die Trennung der Guten von den Bösen erfolgt ... usw.

„Die Perser", fährt Chardin fort, „sind von dieser Brücke verhext. Wenn jemand unter einer Beschimpfung leidet, für die er auf keine Weise und zu keiner Zeit Genugtuung erhalten kann, so sagt er als letzten Trost: *Nun gut, beim lebendigen Gott, du wirst es mir am*

Der Erzieher als Vertrauter

Ich habe diese Schrift nicht als Richtschnur, die für die Ansichten über Religion maßgebend sein soll, übertragen, sondern als ein Beispiel für die Art, wie man mit seinem Schüler den Gegenstand erörtern kann, ohne sich von der Methode, die ich aufzustellen versucht habe, zu entfernen. Solange man weder der Autorität der Menschen noch den Vorurteilen seines Geburtslandes Zugeständnisse macht, können uns die bloßen Einsichten der Vernunft bei der natürlichen Erziehung nicht weiter führen als die natürliche Religion. Darauf beschränke ich mich mit meinem Emil. Soll er eine andere haben, so habe ich kein Recht mehr, dabei sein Führer zu sein. An ihm liegt es, sie zu wählen.

Wir arbeiten im Einklang mit der Natur: während sie den *Moralerziehung* leiblichen Menschen bildet, versuchen wir den moralischen Menschen zu bilden. Unsere Fortschritte sind aber nicht gleichmäßig. Der Körper ist schon kräftig und stark, wenn die Seele noch schwach und kraftlos ist. Was die menschliche Vernunft auch tun mag, das Temperament eilt der Vernunft immer voraus. Wir haben uns bisher bemüht, das Temperament zurückzuhalten und die Vernunft anzuregen, damit der Mensch immer, soweit das möglich ist, eine Einheit bleibt. Indem wir das Naturell

jüngsten Tag doppelt büßen; du wirst den Pūl-i-Ṣirat nicht überschreiten können, wenn du mir nicht vorher Genugtuung gibst; ich werde mich an deinen Rocksaum hängen und mich zwischen deine Beine werfen. Ich habe viele angesehene Leute aus allen Ständen gesehen, die aus Angst, man könnte ihnen beim Überschreiten dieser fürchterlichen Brücke *Halt* zurufen, die um Verzeihung baten, die sich über sie beklagten. Mir selbst ist das hundertmal begegnet. Leute von Stand, die mich aus Aufdringlichkeit zu Schritten veranlaßten, die ich sonst nicht getan hätte, kamen nach einiger Zeit, wenn sie meinen Verdruß vergangen glaubten und sagten: *Ich bitte dich, halal bi-kun antshifra*, d. h. *mach mir die Angelegenheit erlaubt oder gesetzmäßig.* Manche machten mir Geschenke und leisteten mir Dienste, nur damit ich ihnen vergeben und erklären sollte, daß ich es freiwillig getan habe. Dafür gibt es keinen anderen Grund als diesen Glauben, daß man die Höllenbrücke nicht überschreiten kann, ehe man nicht den letzten Heller denen wiedergegeben hat, die man bedrückt hatte." (t. VII, in-12, p. 50)

Kann ich annehmen, daß die Vorstellung von dieser Brücke, die soviel Ungerechtigkeiten wiedergutmacht, nicht auch einer vorbeugt? Wenn man den Persern diese Vorstellung nähme und sie überzeugte, daß es weder einen *Pūl-i-Ṣirat*, noch etwas Ähnliches gibt, wo die Unterdrückten nach dem Tode an ihren Unterdrückern gerächt werden, ist es dann nicht klar, daß man sie sehr beruhigen und von der Sorge befreien würde, diese Unglücklichen besänftigen zu müssen? Es ist also falsch, daß diese Doktrin unschädlich wäre; sie wäre also nicht die Wahrheit.

Deine Moralgesetze sind sehr schön, Philosoph! Aber bitte zeige mir die Erfüllung! Hör einen Augenblick auf, Umschweife zu machen und sage mir kurz und bündig, was du an die Stelle des *Pūl-i-Ṣirat* setzt?

entwickelt haben, haben wir seine erwachende Sinnlichkeit abge-
lenkt: Wir haben sie gezügelt, indem wir seine Vernunft aus-
bildeten. Geistige Dinge mäßigten den Eindruck der sinnlichen.
Indem wir auf den Urgrund der Dinge zurückgingen, haben wir
ihn der Herrschaft der Sinne entzogen. Es war einfach, sich vom
Studium der Natur zur Erforschung ihres Schöpfers zu erheben.

Wenn wir einmal so weit gekommen sind, wieviel neue Ein-
flußmöglichkeiten haben wir dann auf unseren Zögling gewonnen! Welch neue Mittel haben wir nun, um zu seinem Herzen zu
sprechen! Dann erst findet er seinen wahren Vorteil darin, gut
zu sein und unbeobachtet das Gute zu tun, ohne durch Gesetze
dazu gezwungen zu sein, gerecht zu sein zwischen Gott und sich,
selbst unter Einsatz des Lebens seine Pflicht zu tun und die
Tugend in seinem Herzen zu tragen, nicht allein aus Liebe zur
Ordnung (der jeder immer die Selbstliebe vorzieht), sondern aus
Liebe zum Urheber seines Daseins, die mit der Selbstliebe zusam-
menfällt; um schließlich der dauerhaften Glückseligkeit teilhaftig
zu werden, die ein gutes Gewissen und die Anschauung dieses
höchsten Wesens im anderen Leben verheißen, wenn man dieses
Leben hier gut genutzt hat. Gibt man diesen Glauben auf, so
sehe ich nichts mehr als Ungerechtigkeit, Heuchelei und Lüge
unter den Menschen. Der Eigennutz siegt in der Konkurrenz
notwendigerweise über alles und lehrt jeden, das Laster mit der
Maske der Tugend zu schmücken. Mögen doch alle Menschen
auf Kosten ihres Glücks mich glücklich machen; alles muß sich
auf mich allein beziehen. Wenn es sein muß, soll die ganze
Menschheit in Not und Elend zugrunde gehen, um mir einen
Augenblick Schmerz und Hunger zu ersparen. Das ist die innere
Stimme eines jeden denkenden Ungläubigen. Ja, ich werde es
mein Leben lang behaupten: wer in seinem Herzen sagt: „Es
gibt keinen Gott" und anders spricht, ist entweder ein Lügner
oder ein Narr.

Worin sich Emil
unterscheidet

Ich kann es anfangen, wie ich will, liebe Leser, ich fühle, daß
wir, ihr und ich, niemals Emil unter den gleichen Zügen sehen
werden. Ihr stellt ihn euch immer wie eure jungen Leute vor, die
stets unbesonnen, ausgelassen, flatterhaft, von Fest zu Fest, von
Vergnügen zu Vergnügen eilen, ohne jemals irgendwo verweilen
zu können. Dagegen lacht ihr, wenn ihr seht, wie ich aus einem
feurigen, lebhaften, hitzigen, ungestümen jungen Mann, der in
der aufbrausendsten Epoche seines Lebens steht, einen besonne-
nen Philosophen, einen wahren Theologen mache. Ihr werdet
sagen: Dieser Träumer jagt Hirngespinsten nach; indem er einen
Zögling seiner Machart vorführt, bildet er ihn nicht nur, er
erschafft ihn, er läßt ihn aus seinem Hirn entspringen. Während
er glaubt, der Natur zu folgen, entfernt er sich von ihr in jedem
Augenblick. Wenn ich meinen Schüler mit den euren vergleiche,
finde ich kaum etwas Gemeinsames; es wäre bei der Verschiedenheit ihrer Erziehung fast ein Wunder, wenn er ihnen irgendwo

Der Erzieher als Vertrauter

gliche. Da er seine Kindheit in der ganzen Freiheit verbrachte, die sie sich in ihrer Jugend anmaßen, fängt er nun in seiner Jugend an, sich an die Ordnung zu binden, der man sie als Kinder unterworfen hatte. Diese Ordnung wird ihnen zur Plage, sie verabscheuen sie, sie sehen darin nur die lange Tyrannei der Erzieher und glauben nur dadurch der Kindheit ledig zu werden, daß sie jede Art von Zwang abschütteln*; sie halten sich dann für den langen Zwang, in dem man sie gehalten hat, schadlos wie ein Gefangener, der, der Ketten ledig, seine Glieder reckt, bewegt und beugt.

Emil dagegen setzt seine Ehre darein, ein Mann zu werden und sich dem Joch der erwachenden Vernunft zu unterwerfen. Sein bereits ausgebildeter Körper braucht nicht mehr dieselben Bewegungen und beginnt, sich von selbst zu beruhigen, während sein Geist, zur Hälfte ausgebildet, nun seinerseits zum Aufschwung drängt. So ist für die einen das Alter der Vernunft nur das Alter der Zügellosigkeit; für den anderen wird es das Alter des vernünftigen Denkens.

Wollt ihr nun wissen, wer in dieser Hinsicht naturgemäßer erzogen ist, Emil oder jene anderen? Betrachtet den Unterschied bei denen, die der Natur mehr oder weniger fernstehen: beobachtet junge Dörfler und seht, ob sie ebenso ausgelassen sind wie eure jungen Leute. „Während der Kindheit", sagte Le Beau, „sind die jungen Wilden immer tätig und ständig mit verschiedenen Spielen beschäftigt, die ihren Körper in Bewegung halten. Kaum haben sie aber das Jünglingsalter erreicht, so werden sie ruhig und traumverloren; sie interessieren sich nur mehr für ernste oder für Glücksspiele"**. Da Emil in der ganzen Freiheit junger Bauern und junger Wilder aufgewachsen ist, so muß er, wie sie, beim Heranwachsen sich ändern und besinnen. Der ganze Unterschied liegt darin, daß er, statt nur tätig zu sein, um zu spielen und um sich zu ernähren, in seinen Arbeiten und in seinen Spielen denken gelernt hat. Da er auf diesem Weg so weit gekommen ist, so wird er auch für den Weg bereit sein, auf den ich ihn nun führen will: die Themen, die ich ihm zum Nachdenken vorlege, erregen seine Wißbegier, weil sie an sich schön sind, weil sie für ihn neu sind und weil er imstande ist, sie zu begreifen. Eure Jugendlichen dagegen sind durch eure albernen Lektionen, durch eure langen Moralpredigten, durch eure ewigen Ermahnungen gelangweilt und erschöpft. Wie sollten sie sich nicht sträuben, ihren Geist, den man ihnen so verdüstert hat, auf die erdrückenden Vorschriften, mit denen man sie unaufhörlich

---

* Niemand blickt mit soviel Verachtung auf die Kindheit als diejenigen, die sie eben verlassen haben, so wie es kein Land gibt, wo die Standesunterschiede ängstlicher beachtet werden als dort, wo die Ungleichheit nur gering ist und wo jeder immer fürchtet, mit seinem Untergebenen verwechselt zu werden.
** Abenteuer des Herrn C. LE BEAU, Gerichtsanwalt, Bd. II, S. 70.

22 Rousseau

belästigt hat, und auf die Betrachtungen über den Urheber ihres Seins, aus dem man den Feind ihrer Vergnügungen gemacht hat, anzuwenden? Für all das empfinden sie nichts als Abscheu, Widerwillen und Langeweile. Der Zwang hat es ihnen verleidet: Was kann sie künftighin veranlassen, sich damit zu beschäftigen, wo sie anfangen, frei über sich zu verfügen? Man muß ihnen Neues bieten, um ihnen zu gefallen: was man Kindern sagt, brauchen sie nicht mehr. Genauso ist es mit meinem Schüler; ist er erwachsen, so rede ich mit ihm wie mit einem Erwachsenen und spreche nun von neuen Dingen. Gerade weil diese Dinge die anderen langweilen, werden sie nach seinem Geschmack sein.

Auf diese Weise helfe ich ihm, doppelt Zeit zu gewinnen, indem ich den Fortschritt der Natur zugunsten der Vernunft verzögere. Habe ich aber wirklich diesen Fortschritt verzögert? Nein, ich habe nur die Einbildungskraft daran gehindert, ihn zu beschleunigen. Ich habe die verfrühten Lehren, die der junge Mann von anderer Seite erhält, nur durch Lehren anderer Art aufgewogen. Während ihn der Strom unserer Erziehungsmaßnahmen fortreißt, heißt es nicht, ihn von seinem Platz zu verdrängen, sondern ihn dort festzuhalten, wenn ich ihn durch andere Erziehungsmaßnahmen in die Gegenrichtung ziehe.

Geschlechtsreife

Der wahre Augenblick der Natur kommt endlich heran; er muß ja kommen. Da der Mensch sterben muß, muß er sich auch vermehren, damit die Gattung fortdauert und die Ordnung der Natur erhalten bleibt. Wenn ihr an den Zeichen, von denen ich gesprochen habe, den kritischen Augenblick herannahen fühlt, müßt ihr den alten Ton sofort und für immer aufgeben. Er ist noch euer Schüler, aber er ist nicht mehr euer Zögling. Er ist euer Freund; er ist ein Mann; behandelt ihn von nun an als Mann.

Bindung zwischen Erzieher und Zögling

Was? soll ich meine Autorität aufgeben, wo ich sie am nötigsten brauche? Soll ich den Jugendlichen in dem Augenblick sich selbst überlassen, wo er sich am wenigsten benehmen kann und wo er am leichtesten ausbricht? Soll ich auf meine Rechte verzichten, wenn es für ihn am nötigsten ist, daß ich sie ausübe? Eure Rechte? Wer spricht davon, sie aufzugeben? Jetzt erst fangen sie für ihn an. Bisher habt ihr alles nur mit Gewalt oder mit List erreicht. Die Autorität und das Gesetz der Pflicht waren ihm unbekannt. Man mußte ihn zwingen oder täuschen, damit er euch gehorcht. Bedenkt aber, in wie viele neue Ketten ihr sein Herz gelegt habt. Die Vernunft, die Freundschaft, die Dankbarkeit, tausendfältige Regungen des Gemütes sprechen nun in einem Ton zu ihm, den er nicht mißverstehen kann. Das Laster hat ihn gegen ihre Stimme noch nicht taub gemacht. Noch ist er nur für die Leidenschaften der Natur empfänglich. Die erste von allen ist die Selbstliebe, sie liefert ihn euch aus. Ebenso die Gewohnheit. Wenn ihn ein plötzlicher Ausbruch von euch wegreißt, so bringt ihn die Reue im nächsten Augenblick wieder zu euch zurück. Das Gefühl, das ihn an euch bindet, ist das einzig dauernde; alle anderen vergehen und löschen sich gegenseitig aus. Wehrt ihr einem sittlichen Verderb, so bleibt er immer fügsam; erst wenn er schon verdorben ist, fängt er an zu rebellieren.

Ich bin überzeugt, daß er nicht lange auf euch hören wird, wenn ihr seinen aufkommenden Begierden direkt entgegentretet und die neuen Bedürfnisse, die er fühlt, dummerweise als Verbrechen behandelt. Sobald ihr nicht meiner Methode folgt, stehe ich für nichts mehr ein. Bedenkt, daß ihr der Diener der Natur seid; dann könnt ihr niemals ihr Feind sein.

Wofür soll man sich also entscheiden? Man rechnet nur mit der Alternative, entweder seine Neigungen zu begünstigen oder sie zu bekämpfen, sein Tyrann oder sein Helfershelfer zu sein. Beide haben so gefährliche Folgen, daß man bei der Wahl nicht vorsichtig genug sein kann.

Das einfachste Mittel, diese Schwierigkeiten zu beheben, wäre, ihn schnellstens zu verheiraten. Das ist unbestreitbar der sicherste und der natürlichste Ausweg. Ich bezweifle aber, ob es auch der beste und der nützlichste ist. Meine Gründe dafür gebe ich später an. Inzwischen gebe ich zu, daß man junge Leute verheiraten muß, wenn sie heiratsfähig sind. Aber diese Fähigkeit tritt vor der Zeit ein. Wir haben die Verfrühung herbeigeführt, man muß sie aber bis zur Reife hinauszögern. *Frühehe*

Bräuchte man nur den Neigungen und ihren Anzeichen zu folgen, so wäre das bald getan. Aber es gibt so viele Widersprüche zwischen den Rechten der Natur und unseren sozialen Gesetzen, daß man sich ständig drehen und wenden muß, um sie auszugleichen. Man braucht seine ganze Geschicklichkeit, um zu verhüten, daß der soziale Mensch nicht ganz verkünstelt wird.

Aus den erwähnten Gründen glaube ich, daß man mit den von mir vorgeschlagenen und ähnlichen Mitteln die Unkenntnis der Begierden und die Reinheit der Sinne bis zum zwanzigsten Lebensjahr ausdehnen kann. Das ist so selbstverständlich, daß ein junger Germane, der vor diesem Alter seine Keuschheit verlor, ehrlos blieb. Mit Recht schreiben daher die Historiker der Enthaltsamkeit dieser Völker während der Jugend ihre Körperkraft und ihren Kinderreichtum zu. *Keuschheit*

Man kann diese Epoche sogar sehr verlängern, und noch vor wenigen Jahrhunderten war das in Frankreich durchaus üblich. So hat, unter anderen bekannten Beispielen, der Vater Montaignes, ein Mann, der ebenso gewissenhaft und wahrhaft wie stark und gesund war, geschworen, daß er sich mit dreiunddreißig Jahren keusch verheiratet hat, nachdem er vorher lange in den italienischen Kriegen gedient hatte. Aus den Schriften seines Sohnes kann man ersehen, welche Kraft und welche Fröhlichkeit *Aufklärung* sich der Vater noch über das sechzigste Lebensjahr hinaus erhalten hatte. Sicher stützt sich die gegenteilige Meinung mehr auf unsere Gebräuche und unsere Vorurteile als auf die Kenntnis des menschlichen Geschlechts im allgemeinen.

Ich brauche also das Beispiel unserer Jugend nicht zu erwähnen: es beweist nichts für den, der nicht so erzogen worden ist. Wenn ich bedenke, daß die Natur hierin keinen bestimmten Zeitpunkt hat, den man nicht beschleunigen oder verzögern kann, so darf ich annehmen, ohne gegen ihre Gesetze zu verstoßen, daß Emil durch meine Fürsorge bis dahin seine ursprüngliche Unschuld behalten hat. Nun sehe ich das Ende dieser glücklichen Epoche herannahen. Von immer wachsenden Gefahren umgeben, wird er mir, was ich auch unternehme, bei der ersten Gelegenheit entgleiten; und diese Gelegenheit wird sich nur zu bald zeigen. Er wird dem blinden Trieb seiner Sinne folgen und man kann tausend zu eins wetten, daß er ihm unterliegen wird. Ich habe zuviel über die Sitten der Menschen nachgedacht, um nicht den unüberwindlichen Einfluß dieses ersten Augenblickes auf den Rest des Lebens zu erkennen. Verstelle ich mich und tue so, als ob ich nichts sähe, so nützt er meine Schwäche aus. Während er glaubt, mich zu täuschen, verachtet er mich, und ich bin an seinem Unglück mitschuldig. Wenn ich versuche, ihn zur Umkehr zu bewegen, so ist es zu spät, er hört nicht mehr auf mich. Ich werde ihm lästig, verhaßt, unerträglich. Er wird versuchen, mich loszuwerden. So bleibt mir nur mehr ein vernünftiger Ausweg: ihn für seine Handlungen selbst verantwortlich zu machen, ihn wenigstens vor den Überraschungen des Irrtums zu bewahren und ihm offen die Gefahren zu zeigen, die ihn umgeben. Bisher habe ich ihn durch Unwissenheit zurückgehalten; jetzt muß ich ihn durch Aufklärung aufhalten.

Diese neuen Unterweisungen sind so wichtig, daß ich weiter ausholen muß. Jetzt muß ich ihm gewissermaßen Rechenschaft ablegen und ihm zeigen, wie ich seine und meine Zeit genutzt habe. Ich muß ihm zeigen, was er ist und was ich bin; was ich getan habe und was er getan hat; was wir uns gegenseitig schuldig sind; alle seine moralischen Beziehungen, alle Verpflichtung, die er eingegangen ist, und alle, die man mit ihm eingegangen ist; bis zu welchem Punkt er in der Entwicklung seiner Fähigkeiten fortgeschritten ist; welchen Weg er noch zu gehen hat; die Schwierigkeiten, die ihn da erwarten; die Mittel, diese Schwierigkeiten zu überwinden; worin ich ihm helfen kann; worin er in Zukunft sich allein helfen muß; den kritischen Punkt, auf dem er sich befindet; die neuen Gefahren, die ihn umgeben; und alle wichtigen Gründe, die ihn bewegen müßten, aufmerksam auf sich aufzupassen, ehe er seinen erwachenden Begierden nachgibt.

Bedenkt, daß man, um einen Erwachsenen zu leiten, das Gegenteil von dem tun muß, was man tut, um ein Kind zu

führen. Zögert nicht, ihn über das gefährliche Geheimnis aufzuklären, das ihr ihm so lange so sorgfältig verheimlicht habt. Da
er es jetzt wissen muß, ist es wichtig, daß er es nicht durch einen
anderen, nicht selbst, sondern durch euch allein erfährt. Da er
von nun an kämpfen muß, muß er seinen Feind kennen, um
nicht überrumpelt zu werden.

Junge Leute, die in diesen Dingen bereits erfahren sind, **Verhältnis zum**
ohne daß man weiß, woher sie ihre Kenntnisse genommen **Erzieher**
haben, haben sie niemals ungestraft erworben. Da diese taktlose
Aufklärung an keinem ehrenhaften Gegenstand erworben sein
kann, beschmutzt sie zumindest die Phantasie derer, die sie erwerben, und macht sie für die Laster derer anfällig, die sie ihnen
vermittelten. Das ist nicht alles. Das Gesinde erschleicht sich das
Vertrauen des Jugendlichen, stellt ihm den Erzieher als einen
mürrischen und unangenehmen Mann dar, und ein Lieblings-
thema ihrer geheimen Gespräche ist, über ihn zu lästern. Ist
der Schüler einmal soweit, so kann der Erzieher gehen; er kann
nichts mehr tun, das etwas taugt.

Aber warum schließt der Junge so sonderbare Freundschaften?
Immer nur wegen der Tyrannei seiner Erzieher. Warum soll er
sich vor ihnen verstecken, wenn er nicht dazu gezwungen würde?
Warum soll er sich beklagen, wenn er keinen Grund dazu hätte?
Auf natürliche Weise sind sie seine ersten Vertrauten. An dem
Eifer, mit dem er ihnen seine Gedanken mitteilt, sieht man, daß er
es nur halb gedacht zu haben glaubt, ehe er es ihnen nicht ganz
gesagt hat. Wenn der Junge weder eure Strafpredigten noch
eure Maßregelungen zu fürchten hat, so sagt er euch sicherlich
alles; man wird also gar nicht wagen, ihm etwas anzuvertrauen,
was er euch verschweigen soll, wenn man genau weiß, daß er
euch nichts verschweigt.

Am meisten aber vertraue ich meiner Methode, weil ich auch **Emils**
bei genauester Überprüfung ihrer Resultate keine Situation im **Charakter-**
Leben meines Zöglings finde, die mir nicht irgendein angeneh- **reinheit**
meres Bild hinterließe. Selbst in dem Augenblick, wo ihn sein
tobendes Temperament fortreißt und wo er sich gegen die Hand
sträubt, die ihn zurückhält, und mir zu entgleiten droht, finde ich
in seiner Erregung und in seinem Aufbegehren noch seine ursprüngliche Einfalt wieder. Sein Herz ist ebenso rein wie sein
Körper und kennt ebensowenig die Verstellung wie das Laster.
Weder Vorwürfe noch Verachtung haben ihn feige gemacht;
keine feige Furcht hat ihn gelehrt, sich zu verstellen. Er besitzt
die ganze Unbekümmertheit der Unschuld; er ist naiv ohne jede
Hemmung; er weiß noch nicht, wozu man betrügen soll. Nichts
geht in seiner Seele vor, was nicht sein Mund oder seine Augen
verraten, und oft kenne ich seine Gefühle früher als er.

Solange er fortfährt, mir sein Herz zu enthüllen, und es ihm
Freude macht, mir zu sagen, was er fühlt, habe ich nichts zu befürchten: noch ist die Gefahr nicht nahe. Aber wenn er schüch-

terner, verschlossener wird, wenn ich in seiner Unterhaltung erste schamhafte Verlegenheit bemerke, dann entwickelt sich schon der Instinkt und mit ihm der Begriff des Bösen. Dann ist auch kein Augenblick mehr zu verlieren. Wenn ich mich nicht mit seiner Aufklärung beeile, wird er bald gegen meinen Willen aufgeklärt sein.

Keine Reden Selbst wenn er meinen Ideen zustimmt, wird mehr als einer meiner Leser denken, daß es sich hier um eine gelegentliche Unterhaltung mit dem jungen Mann handelt und daß damit alles erledigt ist. O nein, so läßt sich das menschliche Herz nicht lenken! Was man sagt, ist bedeutungslos, wenn man nicht den Augenblick dafür vorbereitet hat. Vor der Saat muß der Boden bearbeitet werden: die Saat der Tugend geht schwer auf. Es bedarf langer Vorbereitungen, damit sie Wurzel faßt. Einer der Gründe, warum die Predigten nutzlos bleiben, ist, daß man sie unterschiedslos und wahllos an alle Welt richtet. Wie kann man annehmen, daß ein und dieselbe Predigt so vielen Zuhörern angemessen sei, die in Neigungen, Geist, Charakter, Alter, Stand und Meinungen so verschieden voneinander sind? Es gibt vielleicht nicht einmal zwei, denen das, was man allen sagt, angemessen ist, und alle unsere Empfindungen sind so unbeständig, daß es vielleicht keine zwei Augenblicke im Leben eines Menschen gibt, wo die gleiche Rede denselben Eindruck auf ihn machen würde. Urteilt doch selbst, ob es der richtige Augenblick ist, ernste Weisheitslektionen anzuhören, wenn die lodernden Sinne den Verstand verwirren und den Willen lähmen? Sprecht also zu jungen Leuten niemals von Vernunft, selbst wenn sie im vernünftigen Alter stehen, ehe ihr sie nicht fähig gemacht habt, euch zu begreifen! Die meisten Reden gehen eher durch die Schuld des Lehrers als durch die Schuld des Schülers verloren. Der Pedant und der wahre Erzieher sagen fast das gleiche: der erste sagt es bei jeder Gelegenheit; der zweite sagt es nur dann, wenn er seiner Wirkung sicher ist.

Wie ein Schlafwandler im Traum herumirrt und am Rande eines Abgrunds geht, in den er bei einem plötzlichen Aufwachen hineinfiele, so entgeht mein Emil im Schlaf der Unwissenheit den Gefahren, die er gar nicht bemerkt: wecke ich ihn plötzlich auf, so ist er verloren. Versuchen wir also zuerst, ihn vom Abgrund zu entfernen und wecken wir ihn dann, um ihm die Gefahr von weitem zu zeigen.

Körperliche Arbeit als Gegenmittel Lektüre, Einsamkeit, Müßiggang, verweichlichte und sitzende Lebensweise, Umgang mit Frauen und mit jungen Leuten, das sind die gefährlichen Pfade für sein Alter, die ihn ständig neben dem Abgrund halten. Ich überliste seine Sinne durch andere sinnenvolle Gegenstände; ich lenke seinen Geist von dem Lauf ab, den er nehmen möchte, indem ich ihm eine andere Richtung gebe: ich halte die Phantasie auf, indem ich seinen Körper schwerer Arbeit unterwerfe. Wenn die Hände hart schaffen, ruht die

Phantasie; wenn der Körper müde ist, bleibt das Herz kalt. Die sicherste und leichteste Vorsichtsmaßregel ist, ihn der örtlichen Gefahr zu entreißen. Ich entferne ihn zunächst aus der Stadt, fort von allem, was ihn verführen könnte. Aber das ist nicht genug! Gibt es eine Wüste, gibt es eine einsame Zuflucht, in der er den Bildern, die ihn verfolgen, entfliehen könnte? Die gefährlichen Dinge entfernen nützt nichts, wenn ich nicht auch die Erinnerung daran entfernen kann. Gelingt es mir nicht, ihn von allem loszulösen, ihn von sich selbst abzulenken, so hätte ich ihn ebensogut lassen können, wo er war.

Emil beherrscht ein Handwerk, aber es bietet hier keinen Aus- *Die Jagd* weg. Er liebt und versteht den Ackerbau, aber der Ackerbau genügt nicht: die Beschäftigung, die er kennt, wird zur Gewohnheit. Widmet er sich ihnen, so ist es so gut, als täte er nichts. Er denkt an ganz andere Dinge: Kopf und Arm handeln getrennt. Er braucht eine neue Beschäftigung, die ihn durch ihre Neuheit interessiert, die ihn in Atem hält, die ihm gefällt, die ihn fesselt und anstrengt, eine Beschäftigung, die ihn begeistert und die ihn ganz gefangennimmt. Die einzige, die mir alle diese Bedingungen zu erfüllen scheint, ist die Jagd. Wenn die Jagd jemals ein unschuldiges Vergnügen ist und wenn sie jemals dem Menschen angemessen ist, dann muß man jetzt seine Zuflucht zu ihr nehmen. Emil hat das Zeug, ein guter Jäger zu werden. Er ist kräftig, gewandt, geduldig, unermüdlich. Unweigerlich findet er bald an dieser Betätigung sein Gefallen; er setzt seinen Feuereifer daran; er verliert dabei, wenigstens für eine Zeit, die gefährlichen Neigungen, die der Verweichlichung entspringen. Die Jagd härtet das Herz ebenso ab wie den Körper; Blut und Grausamkeit wird zur Gewohnheit. Man hat aus der Diana die Feindin der Liebe gemacht. Die Allegorie stimmt: Liebessehnsucht entsteht nur bei süßem Nichtstun; angestrengte Körperbewegung erstickt die zarten Empfindungen. Im Wald und auf dem Feld empfinden Liebhaber und Jäger so verschiedenartig, daß sie dieselben Gegenstände verschieden sehen. Schattige Haine sind für den einen eine süße Zuflucht, während sie für den anderen Weideplätze, Wildlager und Unterschlupfe sind. Wo der eine nur Schalmeien, Nachtigallen und Gezwitscher hört, stellt sich der andere Hörnerklänge und Hundegebell vor. Der eine sieht nur Dryaden und Nymphen, der andere nur Treiber, Meute und Pferde. Geht doch einmal mit zwei solchen Männern über das Feld: an ihrer verschiedenartigen Sprache werdet ihr bald sehen, daß die Welt für sie nicht gleich ist und daß ihre Gedanken ebenso verschieden sind wie ihre Vergnügungen.

Ich weiß, wie man diese Geschmäcke verbinden kann und wie man schließlich Zeit für alles findet. Allein die Leidenschaften der Jugend lassen sich so nicht teilen: gebt ihr eine einzige Beschäftigung, die sie liebt, und sie vergißt alles andere. Vielfältige Wünsche entsprechen vielfältigen Kenntnissen, und die Vergnügungen, die man zuerst kennenlernt, bleiben lange die einzigen, die man sucht. Ich will nicht, daß Emil seine Jugend damit zubringt, Tiere zu töten, und ich möchte diese blutrünstige Leidenschaft nicht einmal in jeder Hinsicht rechtfertigen. Mir genügt es, daß sie eine noch gefährlichere Leidenschaft aufzuhalten vermag, so daß er mich kalten Blutes anhört, wenn ich von ihr spreche, und mir Zeit bleibt, sie zu schildern, ohne ihn zu erregen.

Aufklärung nicht durch Reden

Im menschlichen Leben gibt es Abschnitte, die man nie wieder vergessen kann. Für Emil ist es die Aufklärung, von der ich eben rede. Sie soll sein weiteres Leben beeinflussen. Versuchen wir also, sie seinem Gedächtnis so einzuprägen, daß er sie nie wieder vergißt. Es ist einer der Fehler unserer Zeit, sich allzu einseitig der Vernunft zu bedienen, als ob die Menschen reine Geister wären. Vernachlässigt man aber die Sprache der Zeichen, die zur Phantasie sprechen, so hat man die eindruckstärkste Sprache verloren. Die Wirkung des Wortes ist immer schwächer und man spricht zum Herzen besser durch die Augen als durch die Ohren. Weil wir alles dem Urteil überlassen, haben wir unsere Gebote auf Worte beschränkt und nichts in Handlungen gelegt. Der Verstand allein ist nicht aktiv; er hält wohl gelegentlich zurück, regt aber selten an und hat nie etwas Großes zustande gebracht. Immer zu räsonieren ist die Sucht kleiner Geister. Starke Seelen sprechen eine andere Sprache. Nur durch diese Sprache überzeugt man und regt zu Taten an.

Ich habe beobachtet, daß die Menschen in den jüngsten Jahrhunderten nur durch die Gewalt und den Eigennutz etwas über einander vermögen, während die Alten viel mehr durch die Überredung und durch Gemütsbewegungen überzeugt haben, weil sie die Sprache der Zeichen nicht vernachlässigten. Alle Verträge wurden feierlich geschlossen, um sie unverletzlich zu machen. Ehe die Gewalt eingesetzt wurde, waren die Götter die Richter der Menschheit: Vor ihnen schlossen die Parteien ihre Verträge und ihre Bündnisse ab und gaben ihre Versprechen. Das Antlitz der Erde war das Buch, wo man die Archive aufbewahrte. Felsen, Bäume und Steinhaufen, durch diese Handlungen geweiht und den barbarischen Menschen ehrwürdig gemacht, waren die Blätter dieses Buches, das jedem Auge ständig offenlag. Der Brunnen des Eides, der Brunnen des Lebendigen und Sehenden, die alte Eiche von Mamre, der Steinhaufen des Zeugnisses[45], das waren die rohen, aber ehrwürdigen Denkmäler der Heiligkeit der Verträge. Niemand hätte gewagt, diese Denkmäler mit frevelnder Hand zu schänden. Das Vertrauen der Menschen war durch diese stummen Zeugen besser geschützt als heute durch die nichtige Strenge der Gesetze.

Verlust der Macht der Zeichen

Das erhabene Gepränge königlicher Regierungsmacht beeindruckt die Völker. Zeichen der Würde, ein Thron, ein Zepter, ein Purpurmantel, eine Krone, ein Stirnband waren heilige Dinge für sie. Diese ehrwürdigen Zeichen machten ihnen die Menschen, die sie damit geschmückt sahen, verehrungswürdig: ohne Soldaten, ohne Drohungen gehorchte man ihnen, sobald sie sprachen. Was entsteht heute, wo man diese Zeichen abschaffen möchte*, aus dieser Mißachtung? Daß die Königsmajestät aus den Herzen schwindet, daß die Könige sich nur durch Truppenmacht Ansehen verschaffen können und daß die Ehrfurcht der Untertanen in der Furcht vor der Strafe besteht. Die Könige brauchen nicht mehr das unbequeme Diadem zu tragen, die Großen nicht mehr die Zeichen ihrer Würde; aber sie müssen immer hunderttausend Arme in Bereitschaft halten, um ihre Befehle ausführen zu lassen. Das mag ihnen schöner erscheinen, aber es ist leicht vorauszusehen, daß ihnen der Tausch auf die Dauer nicht zum Vorteil gereichen wird.

Was die Alten mit ihrer Beredsamkeit erreichten, grenzt ans Wunderbare: aber diese Beredsamkeit bestand nicht nur aus schönen und wohlgesetzten Reden; und niemals war ihre Wirkung größer, als wenn der Redner am wenigsten sprach. Was man am eindringlichsten sagen möchte, drückt man nicht durch Worte aus, sondern durch Zeichen. Der Gegenstand, den man den Augen darbietet, setzt die Phantasie in Bewegung, erregt die Neugier, macht den Geist aufmerksam auf das, was man sagen wird. Oft hat der Gegenstand allein schon alles gesagt. Wenn Thrasybul und Tarquinius Mohnköpfe abschlagen, wenn Alexander sein Siegel auf den Mund seines Vertrauten drückt, wenn Diogenes vor Zeno einhergeht, haben sie da nicht mehr gesagt, als wenn sie eine lange Rede gehalten hätten? Welche wortreiche Umschreibungen hätten die gleichen Gedanken ebensogut ausgedrückt? Als Darius mit seinem Heer in Skythien eingefallen war, erhielt er vom König der Skythen einen Vogel, einen Frosch, eine Maus und fünf Pfeile. Der Gesandte überreichte seine Geschenke und kehrte wortlos wieder um. Heute hätte man den Mann für einen Narren gehalten. Aber diese schreckliche Rede wurde verstanden und Darius kehrte auf schnellstem Wege in sein Land zurück. Denkt euch einen Brief anstelle jener Zeichen. Je drohender er wäre, um so weniger

Beredsamkeit bei den Alten

---

* Der römische Klerus hat sie geschickterweise beibehalten; auch einige Republiken sind seinem Beispiel gefolgt, unter anderem die Republik Venedig. Daher genießt die Regierung von Venedig, ungeachtet des Verfalls des Staates, unter dem Glanz seiner alten Majestät noch die ganze Zuneigung und die ganze Verehrung des Volkes. Nach dem Papst in seiner Tiara gibt es vielleicht keinen König und keinen Machthaber, keinen Menschen auf der Erde, der so verehrt würde wie der Doge von Venedig, der zwar keine Macht und keine Autorität hat, dem aber das Gepränge als feinen Frauenhaarschmuck unter dem Herzogshut ehrwürdig macht. Für die Zeremonie mit dem Bucentaurus, die Toren so zum Lachen bringt, würde das Volk von Venedig seinen letzten Blutstropfen vergießen, um seine tyrannische Regierung aufrechtzuerhalten.

Furcht flößte er ein. Er wäre nur eine Prahlerei, über die Darius gelacht hätte.

Die Sprache der Zeichen

Wie beachteten die Römer die Sprache der Zeichen! Verschiedene Kleider je nach Alter und nach Stand; die Toga, das Segnum, die Prätexta, die Bullä, das Laticlavium, die kurulischen Sessel, die Liktoren, die Fasces, die Beile, die Kronen aus Gold, aus Gräsern und Blättern, die Ovationen, die Triumphzüge, alles war bei ihnen Gepränge, Schaustellung und Zeremonie und alles machte tiefen Eindruck auf die Bürger. Es war dem Staate wichtig, daß sich das Volk an diesem und nicht an jenem Ort versammelte; daß es das Kapitol sah oder nicht sah; daß es dem Senat zugekehrt oder nicht zugekehrt war; daß es seine Beratungen eher an diesem als an jenem Tage abhielt. Die Angeklagten legten ein anderes Gewand an, ebenso die Bewerber. Die Krieger rühmten nicht ihre Taten, sie zeigten ihre Wunden. Wenn ich mir, beim Tode Cäsars, einen unserer Redner vorstelle, sehe ich, wie er das Volk rühren will, wie er alle gängigen Gemeinplätze ausschöpft, um eine ergreifende Schilderung zu geben; während Antonius, sehr beredt, nichts von all dem sagt: er läßt den Leichnam bringen. Welche Rhetorik!

Diese Abschweifung führt mich jedoch unmerklich weit von meinem Thema fort, so wie es viele andere tun; aber meine Seitensprünge sind zu zahlreich; sie dürfen daher nicht zu lang und beschwerlich sein. Ich komme also wieder zur Sache.

Keine kalten Argumente

Kommt der Jugend nie mit trockenen Vernünfteleien. Umkleidet die Vernunft mit einem Leib, wenn ihr sie der Jugend faßlich machen wollt. Laßt die Sprache des Verstandes durch das Herz gehen, damit sie verständlich wird. Ich wiederhole es: kalte Argumente können unsere Ansichten, aber nicht unsere Handlungen bestimmen; sie bringen uns zum Glauben. nicht zum Handeln. Man beweist, was man denken, und nicht, was man muß. Wenn das für alle Menschen gilt, so gilt es erst recht für junge Leute, die noch ganz in ihren Sinnen befangen sind und nur das denken, was sie sich auch vorstellen können.

Man wende sich an das Gefühl

Ich werde mich also selbst nach der erwähnten Vorbereitung wohl hüten, plötzlich in Emils Zimmer zu treten, um ihm über das beabsichtigte Thema eine schwerfällige Rede zu halten. Ich beginne daher mit einer Anregung seiner Phantasie. Ich wähle Zeit, Ort und Umstände so, daß sie für meine Absichten am günstigsten sind. Ich rufe sozusagen die ganze Natur zum Zeugen unseres Gespräches an; das ewige Wesen, das sie gemacht hat, bürgt mir für die Wahrheit meiner Worte. Es soll Richter sein zwischen mir und Emil. Ich mache den Ort, die Felsen, die Bäume, die Berge, die uns umgeben, zum Denkmal seiner und meiner Gelöbnisse; in meinen Augen, in meinem Ton, in meiner Gebärde kann er die Begeisterung lesen, die ich ihm einflößen möchte. Dann erst werde ich zu ihm sprechen, und er wird mich hören; ich bin gerührt und er ist bewegt. Durchdrungen von der Heiligkeit meiner Pflichten, mache ich ihm seine um so ehrwürdiger. Ich belebe die Überzeugungskraft meiner Gründe durch Bilder und Vergleiche. Ich ergehe mich nicht des langen und breiten in kalten Metaphern, sondern mein volles Herz strömt von Gefühlen über. Mein Verstand ist ernst und lehrhaft, mein Herz dagegen wird nicht enden können. Dann werde ich ihm darlegen, was ich für ihn getan habe und ich werde es ihm zeigen, als ob ich es für mich selbst gemacht hätte; er wird in meiner zärtlichen Zuneigung den Grund aller meiner Fürsorge sehen. Wie muß es ihn überraschen und bewegen, wenn ich plötzlich so meinen Ton ändere! Statt seine Seele einzuengen, indem ich ständig von seinen eigenen Interessen spreche, spreche ich fortan nur von meinen Interessen und rühre ihn dadurch noch mehr. Ich werde in seinem jungen Herzen alle Gefühle der Freundschaft, der Großmut und der Dankbarkeit entzünden, die ich hervorgerufen habe und die so süß zu pflegen sind. Ich werde ihn unter Tränen der Rührung ans Herz drücken und sagen: du bist mein Gut, mein Kind, mein Werk; von deinem Glück hängt meines ab. Wenn du meine Hoffnungen enttäuschst, so raubst du mir zwanzig Jahre meines Lebens und bist das Unglück meiner alten Tage. So verschafft man sich Gehör bei einem jungen Menschen und so gräbt man die Erinnerung an das, was man ihm sagt, auf den Grund seines Herzens ein.

Bisher habe ich Beispiele zu geben versucht, wie ein Erzieher seinen Schüler in schwierigen Fällen unterweisen soll. Ich habe mich bemüht, auch hier ein ähnliches Beispiel zu geben. Aber nach vielen Versuchen verzichte ich darauf, weil ich überzeugt bin, daß die französische Sprache viel zu verkünstelt ist, um jemals in einem Buch die Einfalt erster Unterweisungen über gewisse Gegenstände wiedergeben zu können.

Die französische Sprache

Die französische Sprache sei die keuscheste aller Sprachen, behauptet man. Ich halte sie meinerseits für die unzüchtigste: denn mir scheint, daß die Keuschheit einer Sprache nicht darin besteht, sorgfältig unschickliche Redewendungen zu vermeiden, sondern darin, sie gar nicht zu haben. Man muß nämlich, um sie zu vermeiden, daran denken; es gibt aber keine Sprache, in der es schwieriger ist, sich rein in jedem Sinne auszudrücken, als in der französischen. Der Leser ist immer geschickter, einen anstößigen Sinn zu finden, als der Verfasser, ihn zu vermeiden; so nimmt er an allem Anstoß und Ärgernis. Wie soll das, was durch unreine Ohren geht, nicht unrein werden? Ein Volk reiner Sitten nennt im Gegenteil jedes Ding bei seinem wahren Namen und diese Ausdrücke sind immer schicklich, weil sie stets in schicklicher Weise angewendet werden. Man kann sich keine bescheidenere Sprache vorstellen als die der Bibel, weil alles mit Einfalt ausgedrückt ist. Um dieselben Dinge unanständig zu machen, braucht man sie nur ins Französische zu übersetzen. Was ich meinem Emil zu sagen habe, wird vor seinem Ohr nur anständig und keusch sein; um es aber auch beim Lesen so zu finden, müßte man ein ebenso reines Herz haben wie er.

Moralgespräche   Ich bin sogar der Ansicht, daß Überlegungen über die wahre Reinheit der Rede und die verlogene Empfindsamkeit des Lasters einen nützlichen Platz in unseren Moralgesprächen, auf die uns dieses Thema führt, einnehmen könnten. Wenn er nämlich die Sprache der Ehrbarkeit lernt, muß er auch die Sprache der Schicklichkeit lernen und wissen, warum die beiden Sprachen so verschieden sind. Wie dem auch sei, ich behaupte: Wer statt nichtiger Vorschriften, mit denen man der Jugend vorzeitig in den Ohren liegt und über die sie sich gerade dann lustig macht, wo sie passend wären; wenn man wartet und den Augenblick vorbereitet, um sich verständlich zu machen; wenn man dann die Gesetze der Natur in ihrer vollen Wahrheit darstellt; wenn man ihm zeigt, wie diese selben Gesetze durch physische und moralische Übel, die ihre Nichtbeachtung durch die Schuldigen nach sich zieht, sanktioniert werden; wenn man von dem unbegreiflichen Geheimnis der Fortpflanzung spricht und zur Vorstellung des Reizes, den der Schöpfer der Natur diesem Akt gegeben hat, die Vorstellung der ausschließlichen Bindung, die sie köstlich macht, die Vorstellung der Pflicht zur Treue, zur Schamhaftigkeit, die sie umgeben und die seinen Reiz verdoppeln, indem sie sein Objekt erfüllen, hinzufügt; wenn man ihm die Ehe nicht nur als die süßeste der Gemeinschaften, sondern als den unverletzlichsten und den heiligsten aller Verträge schildert und ihm mit Nachdruck alle Gründe erklärt, die ein so heiliges Band allen Menschen ehrwürdig machen und jeden mit Haß und Fluch beladen, der ihre Reinheit zu beflecken wagt; wenn man ihm ein treues und wahres Bild gibt von den Greueln der Ausschweifung, von ihrer stumpfsinnigen Verwilderung, von der unmerklichen Neigung, durch die eine erste Unordnung zu allen anderen führt und schließlich denjenigen ins Verderben stürzt, der sich ihr hingibt; wenn man ihm, sage ich, überzeugend zeigt, wie von der keuschen Gesinnung Gesundheit, Kraft, Mut, Tugend, die Liebe selbst und alle wahren Güter der Menschen abhängen, dann behaupte ich, daß man ihm diese Keuschheit wünschenswert und teuer macht, und daß sein Geist bereit ist für die Mittel, die man ihm für ihre Erhaltung bietet. Denn solange man die Keuschheit bewahrt, ehrt man sie; man verachtet sie nur, wenn man sie schon verloren hat.

Willensstärke   Es ist nicht wahr, daß die Neigung zum Bösen unbezähmbar ist und daß man sie nicht besiegen kann, ehe man sich daran gewöhnt habe, ihr zu unterliegen. Aurelius Victor sagt, daß einige liebestolle Männer für eine Nacht mit Kleopatra ihr ganzes Leben verkauft hätten. Ein solches Opfer ist trunkener Leidenschaft nicht unmöglich. Nehmen wir aber an, ein Mensch, von

Leidenschaft hingerissen und unfähig, seine Sinne zu beherrschen, sähe die Vorbereitungen zu seiner Hinrichtung und wäre sicher, nach einer Viertelstunde unter Martern sterben zu müssen, so würde er von diesem Augenblick an nicht nur die Oberhand über seine Versuchungen gewinnen, sondern es würde ihm nicht einmal schwerfallen, ihnen zu widerstehen. Das abschreckende Bild, das sie begleitet, würde sie verscheuchen. Wenn er sie ständig zurückweist, kämen sie endlich nicht mehr wieder. Unsere ganze Schwäche besteht allein in der Lauheit unseres Willens, und man ist immer stark genug für das, was man fest will; *volenti nihil difficile!* Dem Wollenden ist nichts schwierig! Wenn wir das Laster ebenso verabscheuen wie wir das Leben lieben, enthielten wir uns eines angenehmen Vergehens genauso leicht wie eines tödlichen Giftes in einem wohlschmeckenden Gericht.

Wenn alle Lehren, die man einem Jugendlichen in diesem Punkt gibt, erfolglos sind, so müssen sie doch offensichtlich für sein Alter unverständlich sein; bei jedem Alter kommt es also darauf an, Vernunftgründe in Formen zu kleiden, die sie liebenswert machen. Sprecht ernst mit ihm, wenn es sein muß! Aber alles, was ihr ihm sagt, muß einen Reiz haben, der ihn zum Gehorchen zwingt. Begegnet seinen Wünschen nicht mit trockener Ablehnung; erstickt seine Phantasie nicht, sondern leitet sie, damit sie keine Ungeheuer erzeugt! Erzählt ihm von der Liebe, den Frauen, den Vergnügungen; sorgt dafür, daß er in euren Unterhaltungen einen Reiz findet, der seinem jungen Herzen schmeichelt. Versäumt nichts, um sein Vertrauter zu werden: nur in dieser Eigenschaft könnt ihr wirklich sein Lehrer sein. Dann braucht ihr euch nicht zu fürchten, daß ihn eure Unterhaltungen langweilen; er wird euch im Gegenteil mehr zum Reden bringen, als euch lieb ist.

Wenn ich nach diesen Grundsätzen alle nötigen Vorsichtsmaßnahmen ergriffen und meinem Emil die seinem Alter angemessenen Belehrungen habe geben können, so wird er zweifellos selbst an den Punkt gelangen, an den ich ihn führen will. Er wird sich bereitwillig unter meinen Schutz stellen und − durch die Gefahren, die ihn umgeben, erschreckt − mit der ganzen Wärme seines Alters zu mir sagen: Mein Freund, mein Beschützer, mein Lehrer, nimm die Autorität wieder, die du in dem Augenblick ablegen willst, wo es für mich am wichtigsten ist, daß du sie behältst. Bis jetzt hattest du sie, weil ich schwach war; du sollst sie jetzt haben, weil ich es will, und sie wird mir um so heiliger sein. Verteidige mich gegen alle Feinde, die mich belagern, vor allem gegen die, die ich in mir trage und die mich verraten! Wach über dein Werk, damit es deiner würdig bleibt! Ich will deinen Vorschriften gehorchen, ich will es immer, das ist mein unabänderlicher Wille. Wenn ich dir einmal nicht gehorche, geschieht es gegen meinen Willen. Mach mich frei, indem du mich gegen meine Leidenschaften schützt, die mir Gewalt

Gesprächs-themen

Der Erzieher als Beschützer

antun! Hindere mich daran, ihr Sklave zu sein und zwinge mich, mein eigener Herr zu sein, indem ich nicht meinen Sinnen, sondern meiner Vernunft gehorche!

Wenn ihr euren Schüler so weit gebracht habt (wenn er nicht so weit kommt, so ist das euer Fehler), nehmt ihn nicht zu rasch beim Wort, er könnte sich sonst, wenn ihm jemals euer Regiment zu strenge erscheint, im Recht glauben und sich ihm unter dem Vorwand entziehen, ihr hättet ihn überrumpelt. In dem Augenblick sind Zurückhaltung und Ernst am Platz. Dann beeindruckt ihn euer Ton um so mehr, als er ihn zum erstenmal bei euch hört.

Verpflichtung des Erziehers

Ihr sagt ihm also: „Junger Mann, du übernimmst leichtfertig schwere Verpflichtungen. Du mußt sie erst kennen, ehe du darauf eingehst. Du weißt nicht, mit welcher Gewalt die Sinne deinesgleichen unter dem Aushängeschild des Vergnügens in den Abgrund der Laster hinabziehen. Du hast, ich weiß es, keine verdorbene Seele; du wirst dein Wort nicht brechen. Aber wie oft wirst du es bereuen, es gegeben zu haben! Wie oft wirst du den verwünschen, der dich liebt, wenn er dir das Herz zerreißen muß, um dich drohenden Gefahren zu entreißen! So wie Odysseus vom Gesang der Sirenen betört, seinen Begleitern zurief, sie sollten ihn losbinden, so wirst du, von dem Reiz des Vergnügens betört, die Fesseln zerreißen wollen, die dich behindern. Du wirst mir mit deinen Klagen zur Last fallen; du wirst mir meine Tyrannei vorwerfen, wenn ich mich am liebevollsten mit dir beschäftige. Während ich nur an dein Glück denke, ziehe ich mir deinen Haß zu. O mein Emil, ich werde nie ertragen, dir verhaßt zu sein; selbst dein Gück wäre damit zu teuer bezahlt. Wenn du dich verpflichtest, guter Junge, mir zu gehorchen, verpflichtest du mich zugleich, dich zu führen, mich in deinen Diensten zu vergessen, weder deine Klagen noch dein Murren zu hören, ständig deine und meine Wünsche zu bekämpfen. Du zwingst mir ein Joch auf, das schwerer ist als deines. Ehe wir uns damit beladen, prüfen wir doch unsere Kräfte. Nimm dir und gib mir Bedenkzeit, und wisse, daß langsame Versprechen am treuesten gehalten werden."

Ihr selbst müßt wissen, daß ihr euch die Durchführung solcher Verpflichtungen um so leichter macht, je zurückhaltender ihr damit seid. Der junge Mann muß fühlen, daß er viel verspricht und daß ihr noch mehr versprecht. Ist dann der Augenblick gekommen und hat er gewissermaßen den Vertrag unterschrieben, ändert den Ton und legt soviel Milde in euer Regiment, wie ihr vorher Strenge angewandt habt. Nun könnt ihr ihm sagen: „Mein junger Freund, dir fehlt die Erfahrung, aber ich habe dafür gesorgt, daß es dir nicht an Vernunft fehlt. Du bist nun imstande, überall die Beweggründe meines Handelns zu durchschauen; du brauchst nur zu warten, bis du wieder kaltes

Blut hast. Zuerst mußt du mir gehorchen und dann erst verlangst du Rechenschaft über meine Befehle. Ich bin bereit, dir Rechenschaft abzulegen, wenn du imstande bist, mich zu begreifen; ich werde mich nie scheuen, dich selbst zum Richter zwischen mir und dir zu machen. Du versprichst mir, gehorsam zu sein, und ich verspreche dir, deinen Gehorsam nur dazu zu benutzen, dich zum glücklichsten aller Menschen zu machen. Als Bürgschaft für dein Versprechen dient mir das Glück, das du bis jetzt genossen hast. Findest du jemanden deines Alters, der sein Leben ebenso glücklich verbracht hat wie du, so verspreche ich dir nichts mehr."

Nachdem ich meine Autorität so begründet habe, wird meine erste Sorge sein, sie nicht gebrauchen zu müssen. Ich werde nichts versäumen, immer mehr sein Vertrauen zu gewinnen, um immer mehr der Vertraute seines Herzens und der Schiedsrichter seiner Vergnügungen zu werden. Statt die Neigungen seines Alters zu bekämpfen, werde ich mich nach ihnen richten, um ihrer Herr zu werden. Ich werde auf seine Ansichten eingehen, um sie zu lenken und nicht ein Glück in weiter Ferne zu suchen, wenn es vor mir liegt. Ich will nicht, daß er nur einmal glücklich ist, sondern immer, wenn das möglich ist. *Autorität und Vertrauen*

Gewöhnlich suchen diejenigen, die die Jugend vor den Fallstricken der Sinne bewahren wollen, ihr Abscheu vor der Liebe einzuflößen; sie wollen es ihr als Verbrechen anrechnen, in ihrem Alter daran zu denken, als ob die Liebe für Greise geschaffen wäre. All diese trügerischen Belehrungen, die das Herz Lügen straft, überzeugen nicht. Der junge Mann wird von einem sicheren Instinkt geleitet und lacht über die traurigen Maximen, denen er scheinbar zustimmt, während er auf den Augenblick wartet, wo sie hinfällig werden. All das ist naturwidrig. Gehe ich den entgegengesetzten Weg, so komme ich mit größerer Sicherheit ans Ziel. Ich scheue mich nicht, dem süßen Gefühl, auf das er begierig ist, zu schmeicheln. Ich werde es ihm als das höchste Lebensglück schildern, was es ja tatsächlich ist. Während ich es ihm beschreibe, soll er sich ihm hingeben. Ich lasse ihn fühlen, welchen Reiz die Vereinigung der Herzen dem Reiz der Sinne hinzufügt; damit schrecke ich ihn vor der Ausschweifung ab und mache ihn weise, indem ich ihn verliebt mache. *Die Jugend und die Liebe*

Man muß beschränkt sein, wenn man in den erwachenden Begierden eines jungen Mannes nur ein Hindernis für die Lehren der Vernunft sieht! Ich sehe darin das wahre Mittel, ihn dafür willfährig zu machen. Über Leidenschaften gewinnt man nur durch Leidenschaften Macht; durch ihr Regiment muß man ihre Tyrannei bekämpfen; immer bietet uns die Natur die Mittel, mit denen wir sie in Ordnung bringen können.

Emil und die Gesellschaft

Emil ist nicht dazu geschaffen, um immer einsam zu bleiben. Als Glied einer Gesellschaft muß er ihre Pflichten erfüllen. Weil er mit Menschen leben muß, muß er sie kennenlernen. Er kennt den Menschen im allgemeinen; er muß noch Individuen kennenlernen. Er weiß, was in der Welt geschieht: er muß jetzt lernen, wie man darin lebt. Es ist an der Zeit, ihm das Äußere dieses großen Theaters zu zeigen, dessen geheimes Spiel er schon kennt. Er wird sie nicht mehr wie ein Grünschnabel bewundern, sondern mit scharfem und geradem Geist beurteilen. Seine Leidenschaften könnten ihn natürlich täuschen; wann täuschen sie die nicht, die sich ihnen hingeben? Aber er wird wenigstens nicht durch die Leidenschaften anderer getäuscht. Sieht er sie, so sieht er sie mit dem Auge des Weisen, ohne durch ihr Beispiel hingerissen und durch ihre Vorurteile verleitet zu werden.

Weltläufigkeit Wie es ein Alter für das Studium gibt, so gibt es auch ein Alter, in dem man sich Weltläufigkeit erwirbt. Wer sie zu früh erwirbt, folgt ihr sein ganzes Leben lang wahllos, unüberlegt und selbstgefällig, obwohl er nie recht weiß, was er tut. Wer sie aber lernt und ihre Gründe durchschaut, folgt ihr mit Überlegung und daher mit größerer Sicherheit und Anmut. Gebt mir ein Kind von zwölf Jahren, das noch nichts weiß, und ich gebe es euch mit fünfzehn genauso klug zurück wie das Kind, das ihr von Anfang an unterrichtet habt; mit dem Unterschied, daß eures alles nur auswendig kann, während meines verständig ist. Dasselbe gilt, wenn ihr einen jungen Mann mit zwanzig Jahren in die Gesellschaft einführt. Unter guter Leitung ist er nach einem Jahr liebenswürdiger und einsichtsvoller höflich als der, der darin aufgewachsen ist. Der erste ist in der Lage, die Gründe der verschiedenen Verhaltensweisen einzusehen, die sich auf das Alter, den Stand und das Geschlecht beziehen; er kann sie daher auf ihre Prinzipien zurückführen und sie von daher auf unvorhergesehene Fälle ausdehnen, während der andere nur seine Routine als Richtschnur hat und in Verlegenheit gerät, sobald er davon abweichen muß.

Mädchenerziehung Die jungen Französinnen werden alle im Kloster erzogen, bis man sie verheiratet. Hat man schon bemerkt, daß es ihnen schwerfällt, Umgangsformen anzunehmen, die ihnen völlig neu sind? Hat man den Frauen von Paris jemals vorgeworfen, sie wären linkisch und verlegen und könnten sich nicht in der Gesellschaft bewegen, weil sie nicht von ihrer Geburt an darin gelebt haben? Dieses Vorurteil stammt von Leuten der Gesellschaft, die sich einbilden, weil sie nichts Wichtigeres als diese kleine Wissenschaft kennen, man könne nicht früh genug damit beginnen, sie zu erwerben.

Manieren Man soll allerdings auch nicht zu lange warten. Wer seine ganze Jugend außerhalb der großen Gesellschaft zugebracht hat, behält immer ein verlegenes, gezwungenes Wesen, spricht immer zur Unzeit und ist unfähig, die zur Gewohnheit gewordenen plumpen und unbeholfenen Manieren abzulegen; er wird durch seine Bemühungen, sich von ihnen frei zu machen, nur noch lächerlicher. Jede Lehre hat ihr bestimmtes Alter, das man kennen, und ihre Gefahren, die man vermeiden muß. Besonders die erwähnte Lehre ist voller Gefahren, denen ich meinen Zögling allerdings nicht ohne Vorsichtsmaßregeln aussetze.

Wenn meine Methode durch ein einziges Objekt allen Ansprüchen genügt und wenn sie einer Unzulänglichkeit vorbeugt, indem sie eine andere abwendet, dann darf ich sie gut nennen und ich bin auf dem rechten Weg. Das glaube ich in dem Hilfsmittel zu erkennen, das sie mir hier eingibt. Bin ich meinem Schüler gegenüber streng und hart, so verliere ich sein Vertrauen, und er verschließt sich vor mir. Bin ich willfährig, nachgiebig und drücke ein Auge zu, wozu braucht er dann meinen Schutz? Ich ermächtige ihn zu seiner Zuchtlosigkeit und erleichtere sein Gewissen auf Kosten meines Gewissens. Führe ich ihn in die Gesellschaft ein, nur um ihn zu belehren, so wird er mehr lernen, als mir lieb ist. Halte ich ihn bis zum Schluß von ihr fern, was hat er dann von mir gelernt? Alles vielleicht, nur nicht die Kunst, die der Mensch und der Bürger am nötigsten braucht, nämlich mit seinesgleichen leben zu können. Verbinde ich mit diesen Belehrungen einen zu fern liegenden Zweck, so wird er ihm gleich Null sein, da ihm nur die Gegenwart wichtig erscheint. Begnüge ich mich damit, ihm die Zeit zu vertreiben, was nützt es ihm? Er verweichlicht und lernt dabei nichts.

Erziehungsmethoden

Nichts von alledem. Mein Hilfsmittel sorgt für alles. Dein Herz, sage ich dem jungen Mann, braucht eine Gefährtin. Wir wollen suchen, die zu dir paßt. Es wird vielleicht nicht so einfach sein, sie zu finden, denn das wahrhaft Würdige ist immer selten; aber wir wollen uns weder beeilen noch abschrecken lassen. Bestimmt gibt es aber eine, und wir werden sie am Ende doch finden, oder wenigstens eine, die ihr nahekommt. Mit so schmeichelhaften Absichten führe ich ihn in die Gesellschaft ein. Was brauche ich mehr darüber zu sagen? Seht ihr nicht, daß ich alles getan habe?

Suche einer Gefährtin

Fragt euch selbst, ob er mir gehören wird, wenn ich ihm das Mädchen schildere, das ich für ihn bestimmt habe; ob ich imstande bin, ihm die Eigenschaften, die er lieben soll, lieb und teuer zu machen; ob ich alle seine Empfindungen auf das zu lenken verstehe, was er suchen oder vermeiden soll. Ich müßte der ungeschickteste Mensch sein, wenn ich ihn nicht schon verliebt mache, ehe er weiß, in wen. Dabei spielt es keine Rolle, daß das Mädchen, das ich ihm schildere, nur in der Vorstellung existiert. Es genügt mir, daß er denen widersteht, die ihn in Versuchung führen könnten; es genügt, daß er überall Vergleichsmöglichkeiten findet, die ihm sein Phantasiebild begehrenswerter er-

Das Mädchen seiner Sehnsucht

scheinen lassen als die Wesen aus Fleisch und Blut, die ihm auffallen. Was ist denn die wirkliche Liebe anderes als Sinnestäuschung, Lüge, Einbildung? Man liebt viel mehr das Bild, das man sich macht, als den Gegenstand, auf den man es bezieht. Wenn man das, was man liebt, genauso sähe, wie es ist, so gäbe es keine Liebe mehr auf Erden. Wenn man aufhört zu lieben, bleibt die Person, die man liebte, die gleiche wie vorher, aber man sieht sie anders. Der Schleier der Verklärung fällt und die Liebe schwindet. Da ich ihm aber ein Phantasiebild gegeben habe, bleibe ich Herr aller Vergleiche und verhüte leicht die Illusion der Wirklichkeit.

Sophie in der Vorstellung

Indes möchte ich nicht, daß man den jungen Mann täuscht, indem man ihm ein Muster an Vollendung ausmalt, das es nicht gibt. Ich werde aber die Fehler seiner Geliebten so auswählen, daß sie ihm zusagen, daß sie ihm gefallen, und daß sie dazu dienen, seine eigenen zu verbessern. Ich will auch nicht, daß man ihn mit der Versicherung belügt, das geschilderte Mädchen existiere wirklich. Findet er aber Gefallen an dem Bild, so wird er bald das Original dazu wünschen. Vom Wunsch zur Annahme ist nur ein Schritt. Es genügen einige geschickte Beschreibungen, um durch einige sinnfällige Züge jenem Wunschbild einen größeren Anschein von Wirklichkeit zu geben. Ich würde sogar so weit gehen, ihm einen Namen zu geben. Ich würde lachend sagen: nennen wir deine zukünftige Geliebte *Sophie*. *Sophie* ist ein glücksträchtiger Name. Und wenn das Mädchen, das du wählen wirst, ihn auch nicht trägt, so ist sie wenigstens des Namens würdig. Wir können ihr im voraus schon diese Ehre bereiten. Nach all diesen Einzelheiten wird seine Vermutung zur Gewißheit, wenn man sich ohne ein bestimmtes Ja oder Nein geschlagen gibt. Er glaubt, man möchte nur ein Geheimnis aus der für ihn bestimmten Frau machen, und er werde sie zur gegebenen Zeit schon sehen. Ist er einmal soweit, und hat man die Züge, die man ihm zeigen muß, richtig gewählt, so ist alles übrige leicht. Man kann ihn fast ohne Gefahr der Gesellschaft überlassen. Verteidigt ihn nur gegen seine Sinne, sein Herz ist in Sicherheit.

Der Vergleich behütet ihn

Ob er nun das Modell, das ich ihm so liebenswert gemacht habe, personifiziert oder nicht, es wird ihn, wenn es richtig gemacht ist, nicht weniger zu allem hinziehen, was ihm gleicht, und ihn von allem fernhalten, was ihm nicht gleicht, als wenn es ein lebendiges Wesen wäre. Welcher Vorteil, um sein Herz vor Gefahren zu behüten, denen ein Mensch wie er ausgesetzt ist, um seine Sinne durch seine Phantasie zu zügeln, um ihn allen jenen Vermittlerinnen zu entreißen, die sich ihren Unterricht so teuer bezahlen lassen und einem jungen Mann nur Umgangsformen beibringen, indem sie ihm seine Ehrbarkeit rauben. Wie sittsam ist dagegen Sophie! Mit welchen Augen wird er das Entgegenkommen jener anderen betrachten? Wie einfach ist dagegen Sophie! Wie sollte er das Getue jener anderen schätzen? Der Abstand zwischen seinem Ideal und der Wirklichkeit ist zu groß, als daß ihm jene Wesen jemals gefährlich werden könnten.

Alle, die über Kindererziehung sprechen, folgen den gleichen Vorurteilen und Maximen, weil sie schlecht beobachten und noch schlechter darüber nachdenken. Die Jugend wird weder durch das Temperament noch durch die Sinne verdorben, sondern von der herrschenden Meinung. Dies gilt sogar für Knaben, die im Kollegium, und für Mädchen, die im Kloster erzogen worden sind. Denn die ersten Unterweisungen, die die einen wie die anderen bekommen und die die einzigen sind, die Früchte tragen, sind die Lehren des Lasters! Nicht die Natur verdirbt sie, sondern das Beispiel. Aber überlassen wir die Zöglinge der Kollegien und der Klöster ihren schlechten Sitten: man wird sie nie verbessern können. Ich spreche nur von der häuslichen Erziehung. Nehmt einen Mann, der in der Provinz in seinem Vaterhaus vernünftig erzogen worden ist und prüft ihn in dem Augenblick, wo er in Paris ankommt oder wo er in die Gesellschaft eingeführt wird. Ihr werdet sehen, daß er über ehrbare Dinge ehrbar denkt und daß sein Wille genauso gesund ist wie sein Verstand. Ihr werdet sehen, daß er das Laster verachtet und die Ausschweifung verabscheut. Schon beim bloßen Wort Dirne werdet ihr in seinen Augen die Entrüstung der Unschuld sehen. Ich behaupte, daß es nicht einen gibt, der sich dazu entschließen könnte, allein die kläglichen Behausungen dieser Unglücklichen zu betreten, selbst wenn er ihren Zweck kennen und das Bedürfnis danach spüren sollte.

Häusliche Erziehung

Wenn ihr euch denselben jungen Mann nach sechs Monaten wieder anseht, so werdet ihr ihn nicht mehr wiedererkennen. Zuchtlose Worte, vorlaute Maximen, ungehemmtes Auftreten könnten einen anderen Menschen in ihm vermuten lassen, wenn sein Spott über seine frühere Einfalt und seine Scham, wenn man ihn daran erinnert, nicht bewiesen, daß er noch derselbe ist und darüber errötet. Wie schnell hat er sich doch in so **kurzer Zeit entwickelt!** Woher kommt diese große und plötzliche Verwandlung? Von der Entwicklung seines Temperamentes? Hätte er sich im Vaterhaus nicht ebenso entwickelt? Sicher hätte er dort nicht diesen Ton und diese Grundsätze angenommen. Von den ersten sinnlichen Genüssen? Ganz im Gegenteil: Wenn man beginnt, sich ihnen hinzugeben, ist man schüchtern, unruhig; man scheut das Tageslicht und das Geräusch. Die erste Sinneslust ist immer geheim, die Scham würzt und verheimlicht sie. Die erste Geliebte macht nicht dreist, sondern schüchtern. Ganz versunken in seinen neuen Zustand, denkt der junge Mann nur an den Genuß und fürchtet immer, ihn zu verlieren. Prahlt er, so ist er weder zügellos noch zärtlich; solange er sich brüstet, hat er noch nicht genossen.

Verwandlung des Jünglings

Schlechte Beispiele Es genügt, anders zu denken, um diesen Unterschied hervorzurufen. Sein Herz ist noch das gleiche, aber seine Ansichten haben sich geändert. Die Gefühle ändern sich zwar langsam, aber sie werden sich unter ihrem Einfluß schließlich ebenfalls ändern, und erst dann ist er wirklich verdorben. Kaum ist er in die Gesellschaft eingetreten, so erhält er seine zweite Erziehung, die der ersten völlig entgegengesetzt ist. Sie lehrt ihn, das zu verachten, was er vorher geschätzt hat, und das zu schätzen, was er vorher verachtet hat. Man lehrt ihn, in den Lehren seiner Eltern und seiner Lehrer nur pedantisches Geschwätz und in den Pflichten, die sie ihm eingeschärft haben, kindische Moral zu sehen, die man als Großer verachten muß. Er glaubt es seiner Ehre schuldig zu sein, sein Benehmen ändern zu müssen. Er wird ohne Not Draufgänger und aus falscher Scham Angeber. Er macht sich über die guten Sitten lustig, ehe er Geschmack an den schlechten gefunden hat, und prahlt mit seiner Unzucht, ehe er unzüchtig sein kann. Ich werde nie das Geständnis eines jungen Offiziers der Schweizergarde vergessen, den die lärmenden Vergnügungen seiner Kameraden höchlich langweilten, der es aber wegen ihres Spottes nicht wagte, sich ihnen zu entziehen: „Trotz meinem Widerwillen", sagte er, „übe ich mich darin wie im Tabakrauchen. Wenn man sich daran gewöhnt hat, beginnt es zu schmecken. Man kann doch nicht immer Kind bleiben."

Also muß man einen jungen Mann beim Eintritt in die Gesellschaft weniger vor der Sinnlichkeit als vor der Eitelkeit behüten. Er gibt eher den Neigungen anderer als seinen eigenen nach, und die Eigenliebe erzeugt mehr Lebemänner als die Liebe.

Emils Verhalten Nach diesen Feststellungen frage ich mich, ob es auf der ganzen Welt einen jungen Mann gibt, der besser als meiner gegen alles gewappnet ist, was seinen Sitten, seinen Gefühlen, seinen Grundsätzen gefährlich werden kann; und ob es einen gibt, der dem Strom besser Widerstand leisten kann. Denn gegen welche Versuchung ist er nicht gerüstet? Ziehen ihn seine Bedürfnisse zum anderen Geschlecht, so findet er nicht, was er sucht, und sein volles Herz hält ihn zurück. Erregen und drängen ihn seine Sinne, wo kann er sie dann befriedigen? Der Abscheu vor dem Ehebruch und vor der Ausschweifung halten ihn ebenso vor Dirnen wie vor verheirateten Frauen zurück; die Zuchtlosigkeit der Jugend beginnt immer bei einer dieser beiden Gruppen. Ein heiratsfähiges Mädchen mag kokett sein; sie wird aber nicht dreist sein und sich einem jungen Mann an den Hals werfen, der sie vielleicht heiratete, wenn sie vernünftig wäre. Übrigens wird jemand da sein, der auf sie aufpaßt. Auch Emil bleibt sich nicht selbst überlassen. Beide haben die Furcht und die Scham, die mit den ersten Begierden untrennbar verbunden sind, zum Begleiter. Sie gelangen nicht sogleich zu den letzten Vertraulichkeiten und haben auch nicht die Zeit, langsam und ohne Hindernisse dahin zu kommen. Benimmt er sich anders, so hat er

Emil und die Gesellschaft

schon von seinen Kameraden gelernt, über seine Zurückhaltung zu spotten und nach ihrem Beispiel frech zu sein. Aber welcher Mensch auf Erden ahmt sie weniger nach als Emil? Wer läßt sich durch den spöttischen Ton anderer weniger beeinflussen als derjenige, der keine Vorurteile hat und nichts auf die anderer gibt? Ich habe zwanzig Jahre gearbeitet, ihn gegen die Spötter zu wappnen: sie werden mehr als einen Tag brauchen, um ihn am Narrenseil zu führen. Denn die Lächerlichkeit ist in seinen Augen nur die Vernunft der Toren, und nichts macht gegen Spott unempfindlicher, als über die herrschende Meinung erhaben zu sein. Statt Spöttereien braucht er gute Gründe und solange er dabei bleibt, habe ich keine Angst, daß diese Hohlköpfe ihn mir entführen. Das Gewissen und die Wahrheit streiten für mich. Spielt das Vorurteil auch eine Rolle, so hat eine zwanzigjährige Bindung auch ihr Gewicht. Man wird ihm niemals beibringen können, daß ich ihn nur mit nichtigen Lehren gelangweilt habe. In seinem aufrichtigen und fühlenden Herzen wird die Stimme eines treuen und wahren Freundes das Geschrei von zwanzig Verführern bestimmt auslöschen können. Da es dann nur darauf ankommt, ihm zu zeigen, daß sie ihn betrügen; und da sie tun, als behandelten sie ihn wie einen Mann, während sie ihn in Wirklichkeit wie ein Kind behandeln, so werde ich mich bemühen, immer einfach, aber ernst und klar in meinen Darlegungen zu sein, damit er deutlich und klar fühlt, daß ich es bin, der ihn als Mann behandelt. Ich werde ihm also sagen: „Du siehst, daß nur dein Interesse, das auch meines ist, meine Worte leitet; ich kann kein anderes haben. Warum wollen dich aber diese jungen Leute überreden? Weil sie dich verführen wollen. Sie lieben dich nicht, ja, sie interessieren sich nicht einmal für dich. Ihr einziger Beweggrund ist der geheime Verdruß, daß du mehr wert bist als sie. Sie wollen dich auf ihr Maß herabdrücken und werfen dir vor, du ließest dich beherrschen, um dich selbst beherrschen zu können. Glaubst du, daß du bei dem Tausch etwas gewinnen könntest? Ist ihre Weisheit denn so überlegen und ihre Freundschaft von gestern größer als meine? Um ihrem Spott Gewicht zu geben, müßte man auf ihre Autorität etwas geben können. Welche Erfahrung haben sie, um ihre Grundsätze über unsere stellen zu können? Sie haben nur andere Leichtfüße nachgeahmt, so wie sie ihrerseits nachgeahmt werden wollen. Um sich über die angeblichen Vorurteile ihrer Väter hinwegzusetzen, unterwerfen sie sich denen ihrer Kameraden. Ich sehe nicht ein, was sie dabei gewinnen, aber ich sehe sehr gut, daß sie dabei sicher zwei große Vorteile verlieren: die väterliche Liebe mit ihren zärtlichen und aufrichtigen Ratschlägen und die Erfahrung, die uns über das urteilen lehrt, was man kennt. Denn die Väter sind Kinder gewesen; die Kinder dagegen nicht Väter.

Aber glaubst du, daß sie wenigstens in ihren Narreteien ehrlich sind? Nicht einmal das, mein lieber Emil. Sie betrügen sich,

Schlechter Umgang

um dich zu betrügen. Sie sind nicht einmal mit sich selbst einig: ihr Herz straft sie ständig Lügen, und oft widerspricht ihnen ihr eigener Mund. Mancher verspottet alles, was ehrbar ist, und wäre verzweifelt, wenn seine Frau so dächte wie er. Ein anderer dehnt die Gleichgültigkeit auch auf die Sitten der Frau aus, die er noch gar nicht hat, oder als Gipfel der Schamlosigkeit auf die Frau, die er schon hat. Geh dann weiter und sprich von seiner Mutter und frag ihn, ob er gerne ein uneheliches Kind oder der Sohn eines liederlichen Frauenzimmers sein möchte, einer, der seinen Familiennamen zu Unrecht führt, der dem rechtmäßigen Erben sein Erbteil raubt, kurz, ob er sich geduldig als Bastard behandeln ließe. Wer von ihnen möchte, daß man seiner Tochter die Schande antut, mit der er die Tochter eines anderen bedeckt? Es gibt keinen unter ihnen, der dir nicht nach dem Leben trachtete, wenn du ihm gegenüber die Grundsätze anwendetest, die er dir beizubringen trachtet. So verraten sie schließlich ihre Inkonsequenz, und man merkt, daß keiner von ihnen glaubt, was er sagt. Das sind die Gründe, lieber Emil: wäge ihre Gründe, wenn sie welche haben, und vergleiche. Wenn ich mich, so wie sie, des Hohnes und des Spottes bedienen wollte, so könnte ich sie genauso oder noch lächerlicher machen als sie mich. Vor einer ernsten Prüfung habe ich keine Angst. Der Triumph der Spötter ist kurz; die Wahrheit bleibt, während ihr geistloses Lachen verhallt.

Emil und sein Mentor Ihr könnt euch nicht vorstellen, wie folgsam Emil mit zwanzig Jahren sein kann. Wie verschieden wir doch denken! Ich begreife nicht, wie er es mit zehn Jahren hat sein können, denn welche Gewalt hatte ich damals über ihn? Fünfzehn Jahre habe ich gearbeitet, um mir diesen Einfluß zu sichern. Damals habe ich ihn nicht erzogen, ich bereitete ihn vor, erzogen zu werden. Jetzt ist er es genügend, um fügsam zu sein. Er erkennt die Stimme der Freundschaft und weiß der Vernunft zu gehorchen. In der Tat lasse ich ihm scheinbar seine Unabhängigkeit, niemals war er mir aber besser unterworfen; denn er ist es, weil er es will. Solange ich nicht Herr seines Willens war, war ich Herr seiner Person; ich verließ ihn keinen Schritt. Jetzt überlasse ich ihn manchmal sich selbst, weil ich ihn immer beherrsche. Wenn ich ihn verlasse, umarme ich ihn und sage zuversichtlich: Emil, ich vertraue dich meinem Freund an. Ich übergebe dich seinem treuen Herzen; er bürgt mir für dich!

Man kann nicht in einem Augenblick gesunde Gefühle zerstören, die vorher nie verdorben worden waren, und die Grundsätze auslöschen, die unmittelbar aus den ersten Erkenntnissen der Vernunft stammen. Tritt also während meiner Abwesenheit – die niemals lange sein wird – eine Veränderung ein, so wird er sie nie so gut verbergen können, daß ich nicht die Gefahr noch vor dem Unglück erkennen und rechtzeitig abwenden könnte. Wie man nicht auf einen Schlag verwildert, so lernt man nicht auf einen Schlag, sich zu verstellen. Wenn es einen Menschen gibt, der sich nicht dazu schickt, so ist es Emil, der in seinem ganzen Leben keine Gelegenheit dazu hatte.

Durch diese und ähnliche Bemühungen halte ich ihn fremden Einflüssen und niedrigen Grundsätzen gegenüber für so gut gesichert, daß es mir lieber wäre, ihn in der schlimmsten Pariser Gesellschaft zu sehen als allein in einem Zimmer oder in einem Park, wo er der ganzen Unruhe seines Alters ausgeliefert wäre. Wie man es auch betrachtet, von allen Feinden, die einen jungen Menschen angreifen können, ist der gefährlichste und der einzige, den man nicht fernhalten kann, er selbst. Dieser Feind ist aber nur durch unsere eigene Schuld gefährlich. Denn die Sinnlichkeit — ich habe es schon tausendmal gesagt — wird nur durch die Phantasie erregt. Ihr Bedürfnis ist eigentlich kein physisches Bedürfnis. Es stimmt also nicht, daß sie ein wirkliches Bedürfnis ist. Wäre uns nie ein schlüpfriger Gegenstand vor Augen und nie eine unzüchtige Vorstellung in den Sinn gekommen, so hätte sich dieses vermeintliche Bedürfnis vielleicht nie fühlbar gemacht. Wir wären ohne Versuchung, ohne Anstrengung und ohne Verdienst keusch geblieben. Es ist unglaublich, welche Gärung gewisse Situationen und Bilder im jugendlichen Blut erregen, ohne daß sich die jungen Leute über die Ursachen dieser ersten Unruhe, die nicht leicht zu besänftigen ist und die bald wiederkommt, klar sind. Je mehr ich über diese bedeutungsvolle Krise und ihre nahen und fernen Ursachen nachdenke, desto mehr bin ich überzeugt, daß ein Mensch, der in der Wüste ohne Bücher, ohne Unterricht und ohne Frauen groß geworden ist, dort unbefleckt sterben würde, welches Alter er auch erreichte.

Hier handelt es sich aber nicht um einen Wilden dieser Art. Wenn man einen Menschen unter seinesgleichen und für die Gesellschaft erzieht, ist es unmöglich, ja nicht einmal ratsam, ihn für immer in der heilsamen Unwissenheit zu lassen. Das Schlimmste für die Weisheit ist halbes Wissen. Die Erinnerung an Dinge, die uns beeindruckt haben, die Ideen, die wir erworben haben, folgen uns in die Einsamkeit und beleben sie gegen unseren Willen mit Bildern, die verführerischer sind als die Gegenstände selbst. Sie machen sie dem, der sie mitbringt, ebenso unheilvoll, wie sie für den nützlich sind, der immer allein war.

Wacht daher sorgfältig über den jungen Mann; vor allem anderen kann er sich selbst schützen, wenn ihr ihn vor sich selbst schützt. Laßt ihn weder Tag noch Nacht allein; schlaft wenigstens in seinem Zimmer: vom Schlaf überwältigt muß er sich zu Bett legen und im Augenblick aufstehen, wo er erwacht. Mißtraut dem Instinkt, sobald ihr euch nicht mehr auf ihn beschränkt; er ist gut, solange er allein wirkt; er ist verdächtig, sobald er sich in die Erziehung der Menschen einmischt. Man darf ihn nicht

Sinnlichkeit und Phantasie

Zügelung des Instinkts

zerstören, man muß ihn zügeln; und das ist vielleicht schwieriger, als ihn zu vernichten. Es wäre sehr gefährlich, wenn er euren Schüler lehrte, seine Sinne zu täuschen und ihm als Ersatz für die Gelegenheiten ihrer Befriedigung zu dienen: Kennt er einmal diese Abhilfe, ist er verloren. Von da ab ist sein Leib und seine Seele entnervt. Er trägt bis zum Grab die traurigen Wirkungen dieser Gewohnheit, der schlimmsten, die ein junger Mann haben kann. Dann wäre es zweifelsohne noch besser ... Wird die Erregung eines heißen Temperamentes unbesiegbar, so bedaure ich dich, mein lieber Emil; ich werde es, ohne einen Augenblick zu schwanken, nicht dulden, daß der Zweck der Natur umgangen wird. Wenn du dich unter ein Joch beugen mußt, so liefere ich dich lieber dem aus, von dem ich dich befreien kann. Was auch kommen mag, ich entreiße dich leichter den Frauen als dir selbst.

Enthaltsamkeit und moralische Pflicht

Bis zum zwanzigsten Lebensjahr wächst der Körper; er braucht dazu seine ganze Kraft. Die Natur fordert Enthaltsamkeit und man sündigt gegen sie nur auf Kosten der Gesundheit. Vom zwanzigsten Jahr ab ist sie eine moralische Pflicht. Sie ist wichtig, um die Selbstbeherrschung zu lernen und Herr seiner Begierden zu bleiben. Aber die moralischen Pflichten können sich ändern, Ausnahmen und Regeln haben. Wenn die menschliche Schwäche eine Wahl unvermeidlich macht, muß man von zwei Übeln das kleinere wählen. Es ist auf jeden Fall besser, einen Fehler zu begehen, als einem Laster zu verfallen.

Zögling und Erzieher

Erinnert euch daran, daß ich hier nicht mehr von meinem Schüler, sondern von eurem spreche. Seine Leidenschaften, die ihr habt gelten lassen, unterjochen euch jetzt. Gebt ihnen also offen nach, ohne ihm seinen Sieg zu verheimlichen. Zeigt ihr ihm den Sieg in seinem wahren Licht, so ist er viel eher beschämt als stolz darauf, und ihr erwerbt das Recht, ihn während seiner Verirrungen zu leiten, um ihn wenigstens vor den Abgründen zu bewahren. Der Zögling darf nichts ohne Wissen und Willen des Lehrers tun, selbst wenn es unrecht ist; es ist hundertmal besser, wenn der Erzieher einen Fehler billigt und sich täuscht, als daß er von seinem Schüler getäuscht wird und der Fehler geschieht ohne sein Wissen. Wer glaubt, die Augen einmal zudrücken zu müssen, ist bald gezwungen, es immer zu tun. Der erste geduldete Mißbrauch zieht einen anderen nach sich; und diese Kette endet erst mit dem Umsturz aller Ordnung und der Mißachtung jeden Gesetzes.

Autorität des Lehrers

Ein anderer Irrtum, den ich schon bekämpft habe, der aber kleinen Geistern nicht auszutreiben ist, besteht darin, den Professor zu spielen und in den Augen des Schülers als vollkommen gelten zu wollen. Diese Methode ist widersinnig. Sehen sie denn nicht ein, daß sie ihre Autorität untergraben, wenn man sie durchsetzen will; daß man sich, um sich Gehör zu verschaffen, an die Stelle seiner Zuhörer versetzen muß und daß man ein

Mensch sein muß, um zu menschlichen Herzen sprechen zu können? Alle diese vollkommenen Leute können weder rühren noch überzeugen: man sagt sich immer, daß sie es leicht haben, Leidenschaften zu bekämpfen, die sie nicht fühlen. Zeigt eurem Schüler eure Schwäche, wenn ihr ihn von seinen Schwächen heilen wollt. Er muß bei euch die gleichen Kämpfe sehen, die er selbst durchmacht; er muß an eurem Beispiel lernen, sich zu überwinden; er darf nicht wie die anderen sagen: Diese Greise ärgern sich, weil sie nicht mehr jung sind, und wollen uns Jungen wie Greise behandeln. Weil ihre Begierden erloschen sind, machen sie aus unseren ein Verbrechen.

Montaigne erzählt, er habe einmal M. de Langey gefragt, wie **Letzte Auswege** oft er sich im Dienste des Königs als Gesandter in Deutschland betrunken habe. Eher würde ich den Erzieher eines gewissen jungen Mannes fragen, wie oft er im Dienste seines Zöglings in ein verrufenes Haus gegangen ist. Wie oft? Ich täusche mich. Wenn nicht das erste Mal dem Leichtfuß die Lust zur Wiederkehr nimmt, wenn er nicht reuig und beschämt heimkehrt, wenn er nicht Ströme von Tränen an eurer Brust vergießt, verlaßt ihn sofort. Entweder ist er ein Ungeheuer, oder ihr seid ein Dummkopf. Ihr werdet ihm zu nichts mehr nütze sein. Aber lassen wir diese letzten Auswege sein; sie sind ebenso traurig wie gefährlich und haben keine Beziehung mit unserer Erziehung.

Wie viele Vorsichtsmaßregeln muß man treffen, bevor man **Vorsichts-** einen jungen Mann von guter Herkunft den anstößigen Sitten **maßregeln** unseres Jahrhunderts aussetzen darf! Diese Maßregeln sind beschwerlich, aber unerläßlich. Nachlässigkeit in diesem Punkt verdirbt die Jugend. Durch die Zuchtlosigkeit im frühen Alter entartet der Mensch und wird zu dem, was wir heute sehen. Niederträchtig und feige, selbst in ihren Lastern, sind sie außerdem noch Memmen, weil ihr unverbrauchter Körper früh schon verdorben worden ist; kaum bleibt ihnen genügend Leben, um sich zu bewegen. Ihre Spitzfindigkeiten verraten den leeren Geist. Sie kennen keine großen oder edlen Gefühle und sind weder einfach noch stark. In allem gemein und von niedriger Bosheit, sind sie weiter nichts als Gecken, Betrüger und falsche Menschen. Sie haben nicht einmal den Mut, um berüchtigte Verbrecher zu werden. So schauen dann die verächtlichen Leute aus, wie sie von diesem jugendlichen Lumpenvolk geprägt werden. Fände sich nur einer darunter, der mäßig und nüchtern zu bleiben wüßte, der mitten unter ihnen sein Herz, sein Blut und seine Sitten vor der Ansteckung des schlechten Beispiels zu bewahren wüßte, er würde mit dreißig Jahren dies ganze Gewürm zertreten und leichter ihrer Herr werden, als er seiner selbst Herr geblieben ist.

Wäre Emil nur im geringsten durch Geburt oder Reichtum **Emil in der** begünstigt, so wäre er dieser Mann, wenn er es sein wollte. Aber **Gesellschaft** er würde sie zu sehr verachten, um ihrer Herr sein zu wollen.

Sehen wir ihn jetzt in ihrer Mitte, wie er die Gesellschaft betritt, nicht um sich darin hervorzutun, sondern um sie kennenzulernen und um eine Gefährtin zu finden, die seiner würdig ist.

Welchen Ranges er auch sei und in welche Gesellschaft er auch eintritt, sein Auftritt wird einfach und unauffällig sein. Gott behüte ihn davor zu glänzen! Eigenschaften, die auf den ersten Augenblick gefallen, hat er nicht und er will sie auch gar nicht haben. Er legt zu wenig Wert auf das Urteil der Menschen, um etwas auf ihr Vorurteil zu geben. Es liegt ihm nichts daran, geachtet zu werden, ehe man ihn kennt. Sein Auftreten ist weder bescheiden noch anmaßend; es ist natürlich und echt. Er kennt weder Hemmung noch Verstellung und im geselligen Kreis ist er dasselbe wie allein und ohne Zeugen. Ist er deswegen unhöflich, geringschätzig, unaufmerksam? Im Gegenteil. Wenn er schon in seiner Einsamkeit die Menschen achtet, warum sollte er sie verachten, wenn er mit ihnen zusammenlebt? In seinem Benehmen räumt er ihnen keinen Vorrang vor sich ein, weil er sie in seinem Herzen nicht vorzieht, aber er ist ihnen gegenüber auch nicht gleichgültig, da ihm das fernliegt. Gebraucht er auch keine Höflichkeitsformeln, so ersetzt er sie durch dienende Menschlichkeit. Er kann niemanden leiden sehen; er bietet niemandem seinen Platz aus Pose an, sondern aus Gutmütigkeit, wenn er den anderen vergessen sieht und glaubt, daß ihn diese Vergeßlichkeit gekränkt hat. Denn es fällt meinem jungen Mann weniger schwer, freiwillig stehen zu bleiben, als zu sehen, daß ein anderer dazu gezwungen ist.

Emils Verhalten
Obgleich Emil im allgemeinen die Menschen nicht schätzt, verachtet er sie doch nicht, weil er sie bedauert und bemitleidet. Da er ihren Sinn für die wahren Güter nicht wecken kann, läßt er ihnen ihre eingebildeten Güter, mit denen sie sich zufriedengeben, weil er fürchtet, er könne sie noch unglücklicher machen, wenn er ihnen auch diese ohne einen Ersatz nimmt. Er wird also weder streiten noch widersprechen; er wird weder schöntun noch schmeicheln. Er sagt seine Meinung, ohne die eines anderen zu bekämpfen, weil er die Freiheit über alles liebt und weil die Offenheit eines ihrer schönsten Vorrechte ist.

Seine Reden
Er spricht wenig, weil ihm nichts daran liegt, ob man sich mit ihm beschäftigt, und aus dem gleichen Grund sagt er nur vernünftige Dinge: was sollte ihn sonst zum Reden veranlassen? Emil weiß zuviel, um jemals ein Schwätzer zu werden. Die große Schwätzerei kommt notwendigerweise entweder aus der Sucht, geistreich zu sein, wovon ich später sprechen werde, oder von dem Aufheben, das man von Belanglosigkeiten macht, weil man dummerweise der Meinung ist, die anderen legten denselben Wert darauf wie wir. Wer die Dinge genügend kennt, um ihnen ihren wahren Wert zu geben, redet niemals zuviel; denn er schätzt sowohl die Aufmerksamkeit, die man ihm widmet, und das Interesse, das man an seinem Gespräch nimmt, richtig ein.

Emil und die Gesellschaft

Im allgemeinen reden die Leute, die wenig wissen, viel, und die Leute, die viel wissen, wenig. Selbstverständlich findet ein Hohlkopf alles, was er weiß, wichtig und teilt es daher jedem mit. Ein gebildeter Mensch aber breitet nicht so leicht sein Wissen aus: er hätte zu viel zu sagen und weiß, was nach ihm zu sagen wäre. Daher schweigt er.

Statt sich über die Manieren der anderen aufzuhalten, paßt er sich ihnen ganz gerne an, nicht um über die Gebräuche unterrichtet zu erscheinen oder als Mann von Welt zu gelten, sondern im Gegenteil aus Angst, er könnte auffallen oder bemerkt werden. Niemals fühlt er sich wohler, als wenn man ihn gar nicht beachtet. *Nicht auffallen*

Obwohl er bei seinem Eintritt in die Gesellschaft ihre Umgangsformen nicht kennt, ist er weder schüchtern noch ängstlich. Wenn er sich im Hintergrund hält, so geschieht es nicht aus Verlegenheit, sondern weil man nicht gesehen werden darf, wenn man viel sehen will. Was man über ihn denkt, berührt ihn nicht und er fürchtet nicht, lächerlich zu erscheinen. Daher läßt er sich nicht durch falsche Scham aus der Ruhe bringen, weil er immer ruhig und kaltblütig ist. Ob man ihn beobachtet oder nicht, er tut, was er tut, nach besten Kräften. Da er sicher in sich ruht, eignet er sich, um die anderen gut beobachten zu können, auch ihre Umgangsformen mit einer Leichtigkeit an, die die Lakaien der herrschenden Meinung nicht haben können. Man kann sagen, er eignet sich die gesellschaftlichen Manieren um so leichter an, weil er so wenig Wert darauf legt. *Sein Auftreten*

Täuscht euch indes nicht über seine Haltung und vergleicht sie nicht mit der eurer Zierbengel. Er ist fest, aber nicht selbstgefällig. Seine Manieren sind frei, aber nicht herablassend. Unverschämtheit ist das Zeichen von Lakaien; die Unabhängigkeit hat nichts Geschraubtes. Ich habe nie bei einem Menschen mit stolzer Seele stolzes Benehmen gesehen. So benehmen sich eitle Wichte, die nur dadurch Eindruck machen können. Ich habe in einem Buch[46] gelesen, wie der berühmte Marcel einen Fremden, der sich ihm in seinem Salon vorstellte, fragte, aus welchem Land er komme: „Ich bin Engländer", antwortete der Fremde. „Sie und Engländer", erwiderte der Tänzer, „Sie wollen von der Insel sein, wo die Bürger in der öffentlichen Verwaltung mitbestimmen und Teil der höchsten Gewalt sind*? Nein, mein Herr, diese gesenkte Stirn, dieser demütige Blick, dieses unsichere Auf- *Seine Haltung*

---

* Als ob es Bürger gäbe, die nicht der Bürgerschaft einer Stadt angehörten und als solche nicht an der höchsten Gewalt teilhätten! Die Franzosen haben sich diesen ehrwürdigen Namen Bürger, der ehemals den Einwohnern der gallischen Städte vorbehalten war, angeeignet und den Begriff so entstellt, daß man sich nichts mehr darunter vorstellen kann. Ein Mann, der kürzlich viele Dummheiten gegen die *Nouvelle Héloïse* geschrieben hat, hat seine Unterschrift mit dem Titel *Bürger von Paimbeuf* geschmückt und geglaubt, sich über mich lustig machen zu können.

treten zeigen mir, daß sie nur der betitelte Sklave eines Kurfürsten sind."

Ich weiß nicht, ob dieses Urteil eine große Kenntnis der wahren Beziehungen zwischen dem Charakter eines Menschen und seinem Äußeren verrät. Da ich nicht die Ehre habe, Tanzmeister zu sein, so hätte ich eher das Gegenteil gedacht und gesagt. „Dieser Engländer ist kein Höfling. Ich habe nie gehört, daß Höflinge die Stirne senken und unsicher auftreten: Ein Mann, der bei einem Tänzer schüchtern ist, braucht es nicht auch im Unterhaus zu sein." Sicher hält dieser Herr Marcel seine Landsleute für lauter Römer.

Emil und die Frauen

Wenn man liebt, will man geliebt werden. Emil liebt die Menschen, also will er ihnen gefallen. Um so mehr will er den Frauen gefallen. Sein Alter, seine Sitten, seine Absichten, alles trägt dazu bei, diesen Wunsch in ihm zu nähren. Ich sage, seine Sitten, denn sie haben einen großen Einfluß darauf: Männer mit guten Sitten sind die wahren Verehrer der Frauen. Sie kennen zwar nicht wie die anderen jene gewissen spöttischen Süßholzraspeleien; dafür ist ihre Aufmerksamkeit aufrichtiger, zärtlicher und kommt von Herzen. Unter tausend Wüstlingen rund um eine junge Frau würde ich den einen Mann herausfinden, der gesittet ist und sich beherrschen kann. Urteile selbst, wie es um Emil mit seinem unverdorbenen Temperament und so vielen Gründen, ihm zu widerstehen, bestellt sein muß! Ich glaube, daß er in ihrer Nähe manchmal schüchtern und verlegen sein wird; aber diese Verlegenheit wird ihnen sicherlich nicht mißfallen. Selbst die ehrbarste Frau findet daran Gefallen und vergrößert sie noch. Im übrigen wechselt sein Eifer nach dem Stand: bescheidener und ehrerbietiger gegenüber Frauen und lebhafter und zärtlicher gegenüber heiratsfähigen Mädchen. Er verliert den Gegenstand seiner Wünsche nicht aus den Augen und erweist denen, die ihn daran erinnern, immer die größte Aufmerksamkeit.

Seine Bescheidenheit

Niemand wird gewissenhafter in allem sein, was sich auf die Ordnung der Natur und sogar auf die vernünftige Ordnung der Gesellschaft gründet. Natürlich zieht er die ersteren vor. Er achtet einen einfachen Bürger, der älter ist als er, höher als einen gleichaltrigen Würdenträger. Da er normalerweise einer der jüngsten in der Gesellschaft ist, ist er stets auch einer der bescheidensten, nicht aus Eitelkeit, um bescheiden zu erscheinen, sondern aus einem natürlichen, auf die Vernunft gegründeten Gefühl heraus. Er hat nicht die flegelhaften Manieren eines jungen Laffen, der zur Belustigung der Gesellschaft lauter als der Weise spricht und den Älteren ins Wort fällt. Natürlich wird er die Antwort nicht gelten lassen, die ein alter Edelmann Ludwig XV. auf die Frage gab, ob er sein Jahrhundert eher diesem vorzöge: „Sire, ich habe meine Jugend verbracht, das Alter zu ehren; jetzt verbringe ich mein Alter, Kinder zu respektieren."

Emil hat eine zarte und empfindsame Seele; er mißt aber nichts nach dem Maß der herrschenden Meinung. Obwohl er gerne anderen gefallen möchte, liegt ihm wenig daran, ob er ihr Ansehen genießt. Daraus folgt, daß er eher herzlich als höflich ist, daß er niemals gespreizt und schwulstig ist und daß ihn eine Liebkosung tiefer berührt als tausend Lobsprüche. Aus den gleichen Gründen vernachlässigt er weder seine Manieren noch seine Haltung. Er wird sich sogar etwas gesucht kleiden, nicht um als Mann von Geschmack zu gelten, sondern um gefällig zu erscheinen. Er braucht dazu keinen goldenen Rahmen[47], und nie wird ein Zeichen des Reichtums seine Kleidung verunzieren.

Herzlichkeit und Höflichkeit

Man sieht, daß ich dazu kein Register von Vorschriften brauche; es ist das Resultat seiner ersten Erziehung. Man macht aus den Gebräuchen der Gesellschaft ein großes Geheimnis; als ob man sie in dem Alter, wo man sie sich aneignet, nicht ganz natürlich erlernt und ihre wesentlichen Gesetze nicht in einem redlichen Herzen zu suchen hätte! Die wahre Höflichkeit besteht darin, den Menschen gegenüber gütig zu sein. Hat man diese Güte, so zeigt sie sich ohne Zwang. Wer sie nicht hat, ist gezwungen, ihren äußeren Schein künstlich zu erzeugen.

Schein und Sein

„Die unheilvollste Wirkung der Routinehöflichkeit ist, daß sie die Kunst lehrt, auf die Tugend, die sie nachahmt, verzichten zu können. Bringt man uns während dieser Erziehung Menschlichkeit und Güte bei, so sind wir höflich oder wir haben die Höflichkeit gar nicht mehr nötig.

„Haben wir nicht die Höflichkeit, die sich durch Anmut auszeichnet, so haben wir wenigstens die, die den Ehrenmann und den Bürger verkündet. Wir brauchen also keine Falschheit.

„Statt durch künstliche Manieren gefallen zu wollen, genügt es, gut zu sein. Statt falsch zu sein, um den Schwächen anderer zu schmeicheln, genügt es, nachsichtig zu sein.

„Alle die, denen man so begegnet, werden davon weder hochmütig noch verdorben; sie werden im Gegenteil dankbar sein und gebessert werden"[48].

Wenn irgendeine Erziehung diese Art Höflichkeit bewirkt, die Duclos verlangt, so scheint es mir die zu sein, deren Pläne ich hier entworfen habe.

Ich gebe allerdings zu, daß Emil mit seinen so anders gearteten Grundsätzen nicht wie alle übrigen sein wird, und Gott bewahre ihn davor, es jemals zu werden! Aber diese Unterschiede machen ihn weder lästig noch lächerlich: Man fühlt den Unterschied, aber er ist nicht unbequem. Emil ist eben, wenn man so will, ein liebenswürdiger Fremdling. Anfangs verzeiht man ihm seine Sonderlichkeiten und sagt: *Er wird sich schon machen.* Dann ist man an seine Art gewöhnt. Wenn man sieht, daß er sich nicht ändert, sagt man eben: *Er ist nun einmal so.*

Man feiert ihn nicht als liebenswürdigen Menschen, aber man liebt ihn, ohne zu wissen warum. Niemand rühmt seinen Geist,

Emils Gewicht in der Gesellschaft

aber unter geistreichen Leuten nimmt man ihn gerne als Schiedsrichter. Sein Geist ist klar und begrenzt; er ist aufrichtig und
hat ein gesundes Urteil. Da er niemals hinter neuen Ideen her-
läuft, fällt ihm nicht ein, geistreich zu sein. Ich habe ihm
begreiflich gemacht, daß alle dem Menschen heilsamen und
wahrhaft nützlichen Ideen zugleich auch die allererst bekannten
waren, daß sie zu allen Zeiten die einzig wahren Bande der
Gesellschaft bilden, und daß es überspannten Geistern überlassen
bleibt, sich durch verderbliche und der Menschheit gefährliche
Ideen hervorzutun. Diese Art, sich Bewunderung zu verschaffen,
berührt ihn nicht. Er weiß, wo er sein Lebensglück finden muß
und wie er zum Glück anderer beitragen kann. Der Bereich seiner
Kenntnisse erstreckt sich nicht über das Nützliche hinaus. Sein
Weg ist schmal und deutlich vorgezeichnet. Da er sich nicht versucht fühlt, ihn zu verlassen, geht er in der Menge derer unter,
die denselben Weg verfolgen. Er will sich nicht verirren, er will
aber auch nicht glänzen. Emil ist ein Mensch mit gesundem
Verstand und will nichts anderes sein. Will man ihn mit dieser
Anrede beschimpfen, wird er sich dadurch immer geehrt fühlen.

Worauf er stolz ist   Obwohl ihn der Wunsch zu gefallen nicht mehr völlig gleichgültig gegenüber der Meinung anderer läßt, wird er doch nur das
annehmen, was sich unmittelbar auf seine Person bezieht, ohne
sich um willkürliche Entscheidungen zu kümmern, die sich nur
nach der Mode oder den Vorurteilen richten. Sein Stolz ist, alles,
was er macht, gut, ja, besser als andere zu machen. Beim Laufen
will er der Schnellste, beim Ringen der Stärkste, bei der Arbeit
der Gewandteste, beim Geschicklichkeitsspiel der Geschickteste
sein. Er trachtet aber wenig nach den Vorzügen, die in sich nicht
klar und deutlich sind, und die erst durch das Urteil anderer
bestätigt werden müssen, wie z. B.: mehr Geist zu haben als ein
anderer, besser zu sprechen, gelehrter zu sein usw. Noch weniger
nach denen, die mit der Persönlichkeit nichts zu tun haben, z. B.:
von höherer Geburt zu sein, für reicher gehalten zu werden, größeres Ansehen zu haben, berühmter zu sein, durch größeren
Aufwand Eindruck zu machen.

Prinzipien des Geschmacks   Da er die Menschen liebt, weil sie seinesgleichen sind, sind ihm
diejenigen noch lieber, die ihm ähnlich sind, denn er ist über-
zeugt, selbst gut zu sein. Da er diese Ähnlichkeit nach der Übereinstimmung der Neigungen in moralischen Dingen beurteilt, wird
er glücklich sein, sich in allem, was mit einem guten Charakter
zusammenhängt, bestätigt zu finden. Er sagt sich zwar nicht
geradezu: Ich freue mich, weil man mich anerkennt, sondern: ich
freue mich, weil man anerkennt, was ich Gutes getan habe; ich
freue mich, daß die Menschen, die mich ehren, sich selbst Ehre
machen. Solange sie so vernünftig urteilen, ist es schön, ihre
Achtung zu gewinnen.

Da er die Menschen auf Grund ihrer Sitten in der Gesellschaft
studiert, so wie er sie früher auf Grund ihrer Leidenschaften in

der Geschichte studiert hat, kann er oft darüber nachdenken, was dem Herzen gefällt oder mißfällt. So philosophiert er also über die Prinzipien des Geschmacks; ein Studium, das ihm in diesem Alter besonders angemessen ist.

Geschmacksbildung, Lektüre, Sprachen, Vergnügungen

Je weiter man die Definition des Geschmacks herholt, desto mehr verirrt man sich. Der Geschmack ist weiter nichts als die Fähigkeit, über das zu urteilen, was der Mehrheit gefällt oder mißfällt. Geht man darüber hinaus, weiß man nicht mehr, was der Geschmack ist. Daraus folgt nicht, daß es mehr Menschen von Geschmack gibt als andere. Denn obwohl die Mehrheit über alles vernünftig urteilt, gibt es wenige Menschen, die wie sie über alles urteilen können. Obwohl das Zusammentreffen der allgemeinen Geschmacke den guten Geschmack ausmacht, gibt es wenig Menschen von gutem Geschmack, ebenso wie es wenig schöne Menschen gibt, obwohl das Zusammentreffen der häufigsten Züge die Schönheit ausmacht.

Man muß beachten, daß es sich hier nicht darum handelt, was man liebt, weil es nützlich ist, und nicht darum, was man haßt, weil es uns schadet. Der Geschmack äußert sich nur bei gleichgültigen Dingen oder solchen, die der Kurzweile dienen, und nicht bei solchen, die mit unseren Bedürfnissen zusammenhängen. Um sie zu beurteilen, braucht man keinen Geschmack, der bloße Appetit genügt. Das aber macht die reinen Geschmacksurteile so schwer und anscheinend so willkürlich. Denn außer dem Instinkt, der den Geschmack bestimmt, erkennt man keinen weiteren Grund für diese Entscheidungen. Weiter muß man seine Gesetze in Dingen der Moral und in physischen Dingen unterscheiden. In den physischen Dingen scheinen die Prinzipien des Geschmacks völlig unerklärlich zu sein; aber es ist wichtig festzustellen, daß bei allem, was mit der Nachahmung zusammenhängt, die Moral hineinspielt*. So erklärt man sich Schönheiten, die physisch zu sein scheinen, die es aber in Wahrheit nicht sind. Ich füge noch hinzu, daß der Geschmack örtliche Regeln hat, die ihn in tausend Dingen vom Klima, von den Sitten, von der Regierungsform und den Erziehungseinrichtungen abhängig machen, während er in anderen vom Alter, Geschlecht und Charakter bestimmt wird. In diesem Sinn darf man über den Geschmack nicht streiten.

Geschmacksurteile

Der Geschmack ist allen Menschen natürlich, aber nicht alle haben ihn im gleichen Maß. Er entwickelt sich nicht in jedem im gleichen Grad und ist bei allen aus verschiedenen Gründen

Geschmack und Mode

---

* Das wurde in einem „*Essai sur l'origine des langues*" (Versuch über den Ursprung der Sprachen) bewiesen, der in meinen gesammelten Schriften zu finden ist.

Veränderungen unterworfen. Das Maß an Geschmack, das man haben kann, hängt von der Empfindsamkeit ab, die man erhalten hat; seine Bildung und seine Form hängen von der Gesellschaft ab, in der man gelebt hat. Erstens muß man in zahlreichen Gesellschaften leben, um viele Vergleiche machen zu können; zweitens braucht man Unterhaltungs- und Freizeitgesellschaften; denn in den Geschäftskreisen gilt nur das Interesse und nicht das Vergnügen; drittens braucht man Gesellschaften, in denen die Ungleichheit nicht zu groß ist, wo Herrschaft und Meinung gemäßigt sind und wo das Vergnügen über die Eitelkeit regiert. Denn andernfalls erstickt die Mode den Geschmack; man sucht nicht mehr, was gefällt, sondern was auszeichnet.

In diesem letzten Fall stimmt es nicht mehr, daß der gute Geschmack auch der der Mehrheit ist. Warum? Weil der Gegenstand wechselt. Die Menge hat dann kein eigenes Urteil mehr, sondern richtet sich nach dem Urteil derer, die sie für klüger hält. Sie stimmt nicht dem Guten zu, sondern was diese anerkannt haben. Sorgt dafür, daß jeder seine eigene Meinung hat und das an sich Angenehmste wird immer die Stimmenmehrheit haben.

Natur als Vorbild In ihren Werken bringen die Menschen nur durch Nachahmung Schönes hervor. Alle wahren Geschmacksvorbilder finden sich in der Natur. Je weiter wir uns von dieser Meisterin entfernen, desto entstellter sind unsere Bilder. Dann nehmen wir unsere Lieblingsgegenstände zum Modell; und das eingebildete Schöne, das der Laune und der Anmaßung unterworfen ist, ist nichts anderes mehr als das, was denen gefällt, die uns führen.

Wir werden aber von Künstlern, Mächtigen und Reichen geführt; was sie selbst leitet, ist ihr Interesse oder ihre Eitelkeit. die einen, um ihren Reichtum zu zeigen, die anderen, um davon zu profitieren; beide suchen einfach neue Mittel zum Aufwand. So begründet der Luxus seine Herrschaft; man liebt, was schwer und teuer ist. Dann ist das vermeintliche Schöne keine Nachahmung der Natur mehr, sondern ein Werk gegen sie. Luxus und schlechter Geschmack sind unzertrennlich verbunden. Überall, wo der Geschmack kostspielig ist, ist er verdorben.

Ausbildung des Geschmacks Der gute wie der schlechte Geschmack bilden sich hauptsächlich im Verkehr der beiden Geschlechter. Die Geschmacksbildung folgt notwendig aus dem Zweck dieser Gesellschaft. Kann man den Genuß zu leicht erlangen, so vermindert sich das Verlangen zu gefallen, und der Geschmack entartet. Das ist, wie mir scheint, ein weiterer wesentlicher Grund, warum der gute Geschmack von den guten Sitten abhängt.

Geschmack der Frauen In physischen und solchen Dingen, die vom Urteil der Sinne abhängen, soll man den Geschmack der Frauen zu Rate ziehen; in moralischen und solchen Dingen, die mehr vom Verstand abhängen, den der Männer. Wenn die Frauen das sind, was sie sein sollen, beschränken sie sich auf die Dinge ihrer Zuständig-

keit und urteilen immer richtig. Seitdem sie sich aber zu Schieds-
richtern in der Literatur aufgeworfen haben, seitdem sie sich
darangemacht haben, Bücher zu kritisieren und mit aller Gewalt selbst welche zu schreiben, kennen sie sich in nichts mehr
aus. Schriftsteller, die diese gelehrten Frauen über ihre Werke
zu Rate ziehen, können sicher sein, immer schlecht beraten zu
sein; Gecken, die Frauen wegen ihrer Kleidung um Rat fragen,
sind immer lächerlich angezogen. Bald werde ich Gelegenheit
haben, über die wirklichen Talente dieses Geschlechts zu sprechen, von der Art, sie zu pflegen, und von den Dingen, über die
ihre Entscheidungen gehört werden müssen.

Das sind die wesentlichen Betrachtungen, die ich aus Prinzip
aufstelle, wenn ich mit Emil über einen Gegenstand spreche,
der ihn in seiner augenblicklichen Lage und bei seiner jetzigen
Beschäftigung sehr interessiert. Wen könnten sie gleichgültig
lassen? Die Kenntnis dessen, was dem Menschen angenehm
oder unangenehm ist, braucht nicht nur derjenige, der ihrer
bedarf, sondern auch der, der ihnen nützlich sein will. Man muß
ihnen sogar gefallen, wenn man ihnen helfen will. Die Kunst,
richtig zu schreiben, ist ein wichtiges Studium, wenn man es dazu
verwendet, um der Wahrheit Gehör zu verschaffen.

Hätte ich, um den Geschmack meines Schülers zu bilden, die   Geschmacks-
Wahl zwischen Ländern, in denen die Geschmackskultur erst   kultur
beginnt, und Ländern, wo sie bereits entartet ist, so würde ich
den umgekehrten Weg gehen: ich würde bei den letzten beginnen und bei den ersten aufhören. Der Grund ist, daß der Geschmack durch eine übermäßige Verfeinerung verdirbt; sie macht
Dinge fühlbar, die die Mehrzahl der Menschen nicht mehr bemerkt; sie führt auch zur Kritik. Denn je feiner man unterscheidet,
desto stärker vermehren sich die Gegenstände. Die Verfeinerung
macht das Gefühl zarter, aber weniger gleichförmig. Es bilden
sich so viele Geschmacke, wie es Köpfe gibt. In den Disputen
über die Vorzüge breiten sich Philosophie und Bildung aus,
und so lernt man denken. Nur Leute, die viel herumgekommen
sind, können feine Beobachtungen machen, denn sie fallen ja
erst nach allen anderen auf. Leute, die nicht an viele Gesellschaften gewöhnt sind, erschöpfen ihre Aufmerksamkeit an auf-
fallenden Zügen. Gegenwärtig gibt es vielleicht keinen zivilisierten Ort auf der Erde, wo der allgemeine Geschmack schlechter
wäre als in Paris. Dennoch pflegt man den guten Geschmack in
dieser Hauptstadt. In ganz Europa erscheinen wenig berühmte
Bücher, deren Autoren sich nicht in Paris gebildet hätten. Wer
aber glaubt, es genüge, Bücher zu lesen, die dort geschrieben
werden, täuscht sich. Man lernt viel mehr im Gespräch mit den
Autoren als aus ihren Büchern, und die Schriftsteller sind es nicht
einmal, von denen man am meisten lernt. Der Geist der Gemeinschaft ist es, der den denkenden Kopf bildet und der den
Gesichtskreis so sehr erweitert, als es möglich ist. Wenn du einen

24   Rousseau

370 **Viertes Buch**

Funken Genie hast, verbring ein Jahr in Paris: bald bist du alles, was du überhaupt sein kannst, oder du wirst niemals etwas sein.

Geschmack und Urteilsvermögen

Man kann auch an Orten, wo ein schlechter Geschmack herrscht, denken lernen; man darf nur nicht wie die denken, die diesen schlechten Geschmack haben. Das ist aber schwer zu vermeiden, wenn man zu lange mit ihnen zusammenbleibt. Mit ihrer Hilfe muß man das Urteilsvermögen vervollkommnen, indem man vermeidet, es so zu gebrauchen wie sie. Ich werde mich hüten, Emils Urteil so zu schärfen, bis es verdorben ist. Wenn er soviel Takt hat, um die verschiedenen Geschmacksneigungen der Menschen zu fühlen und zu vergleichen, führe ich ihn wieder auf einfache Dinge zurück, um seinen Geschmack zu festigen.

Geschmack und Fremdsprachen

Dazu hole ich noch weiter aus, um ihm seinen reinen und gesunden Geschmack zu erhalten. Im Getümmel der Zerstreuungen bemühe ich mich, nützliche Gespräche mit ihm zu führen. Dazu wähle ich Themen aus, die ihm gefallen; sie werden also ebenso unterhaltend wie lehrreich sein. Jetzt fängt die Zeit der Lektüre und der angenehmen Bücher an. Jetzt ist es Zeit, ihn die Analyse einer Rede zu lehren und für die Schönheiten der Beredsamkeit und des Stiles empfänglich zu machen. Sprachen um ihrer selbst willen zu lernen, hat wenig zu bedeuten; ihre Anwendung ist nicht so wichtig, wie man glaubt. Aber das Studium der Sprachen führt zum Studium der allgemeinen Grammatik. Man muß Latein lernen, um gut Französisch zu können. Man muß beide Sprachen studieren und vergleichen, um die Gesetze der Redekunst zu verstehen.

Lapidarstil

Es gibt überall eine gewisse Einfachheit des Geschmacks, die zum Herzen spricht, und die nur in den Schriften der Alten zu finden ist. In der Beredsamkeit, in der Poesie, in jedem Zweig der Literatur findet er sie genauso wie in der Geschichte: gehaltvoll und nüchtern. Unsere Schriftsteller dagegen sagen wenig und reden viel. Uns ständig ihr Urteil als Gesetz hinzustellen, ist nicht das Mittel, unser eigenes Urteil zu bilden. Wie verschieden die beiden Auffassungen sind, kann man an allen Denkmälern, sogar auf den Grabmälern erkennen. Unsere sind mit Lobreden bedeckt; bei den Alten stehen nur Tatsachen.

Sta, viator; heroem calcas
(Halt, Wanderer, du trittst auf einen Helden)[49]

Hätte diese Inschrift auch auf einem antiken Grabmal gestanden, so hätte ich dennoch erraten, daß sie modern ist, denn nichts ist so gewöhnlich bei uns wie die Helden; bei den Alten waren sie selten. Statt zu sagen, jemand wäre ein Held, hätten sie gesagt, was er getan hat, um ein Held zu sein. Vergleicht die Grabinschrift dieses Helden mit der des weibischen Sardanapal:

„Ich habe Tarsus und Anchialus in einem Tag erbaut und nun bin ich tot."

Welche sagt, nach eurer Ansicht, mehr aus? Unser Lapidarstil in seiner Aufgeblasenheit taugt nur dazu, Zwerge aufzu-
blähen. Die Alten zeichneten nach dem Leben, und man sah,
daß sie Menschen waren. Zum ehrenden Andenken einiger
Krieger, die beim Rückzug der Zehntausend durch Verrat gefallen waren, sagt Xenophon: *sie starben, untadelig als Krieger
und als Freunde.* Das ist alles. Aber bedenkt bei diesem so kurzen
und einfachen Lob, wie voll das Herz des Verfassers gewesen sein
muß. Wehe dem, der das nicht hinreißend findet!

Auf einem Marmor in den Thermopylen las man folgende
Worte:

*„Wanderer, kommst du nach Sparta, verkünde dort, du habest
uns hier liegen sehen, wie das Gesetz es befahl"*[50].

Man merkt gleich, daß diese Inschrift nicht von der *Académie
des inscriptions* stammt[51].

Ich müßte mich täuschen, wenn mein Schüler, der so wenig
Wert auf schöne Worte legt, diese Unterschiede nicht sofort
bemerkte, und wenn sie nicht die Wahl seiner Lektüre beein-
flußten. Von der männlichen Beredsamkeit Demosthenes hingerissen, sagt er: Das ist ein Redner! liest er aber Cicero, so sagt
er: Das ist ein Advokat!

Im allgemeinen findet Emil mehr Geschmack an den Büchern
der Alten als an unseren; schon allein deshalb, weil die Alten
eher da waren und der Natur näherstanden und sicherer in
ihrem Genie ruhten. Was auch La Motte und der Abbé Terrasson
sagen mögen, es gibt keinen wirklichen Fortschritt der menschlichen Vernunft, weil man alles, was man auf der einen Seite
gewinnt, auf der anderen wieder verliert; weil jeder vom gleichen
Punkt ausgeht; und weil die Zeit, das zu lernen, was andere vorher gedacht haben, zum Selbstdenken verloren ist, besitzt man
zwar größeres Wissen, aber weniger Geisteskraft. Unser Geist
ist, wie unser Arm, darauf eingerichtet, alles mittels Werkzeugen
zu machen und nichts durch sich selbst. Fontenelle sagte, daß sich
der ganze Streit über die Alten und die Modernen auf die Frage
beschränkt, ob damals die Bäume größer waren als heute. Wenn
sich der Ackerbau geändert hätte, wäre diese Frage nicht anmaßend.

*Alte und mo-
derne Schrift-
steller*

Nachdem ich ihn auf diese Weise zu den Quellen der reinen
Literatur geführt habe, zeige ich ihm auch die Sickerwasser in
den Tonnen moderner Abschreiber: Zeitungen, Übersetzungen,
Wörterbücher. Er wirft einen Blick darauf und wendet sich dann
für immer davon ab. Zu seiner Erheiterung führe ich ihm das
Geschwätz der Akademien vor. Ich mache ihn darauf aufmerksam, daß jedes Mitglied einzeln mehr wert ist als zusammen mit
der Körperschaft; worauf er von sich aus den Schluß über die
Nützlichkeit all dieser schönen Einrichtungen zieht.

*Heutiges
Schrifttum*

Ich führe ihn ins Theater, nicht um die Sitten, sondern um den
Geschmack zu studieren. Für denjenigen, der zu überlegen ge-

Theater

lernt hat, zeigt er sich hier vor allem. Hier ist nicht der Ort, sage ich ihm, wo man Gebote und Moral lernen soll. Das Theater ist nicht für die Wahrheit da, sondern um dem Menschen zu schmeicheln und um ihn zu unterhalten. In keiner Schule lernt man so gut die Kunst, ihnen zu gefallen und ihre Hingabe zu gewinnen. Das Studium des Theaters führt zum Studium der Poesie. Beide haben den gleichen Inhalt. Hat er nur einen Funken Neigung für die Dichtung, mit welcher Freude wird er dann die Sprache der Dichter pflegen: Griechisch, Latein, Italienisch! Diese Studien sind für ihn ein zwangloser Zeitvertreib und darum von um so größerem Nutzen. Sie sind ihm um so angenehmer, als er in einem Alter und in einer Verfassung ist, wo sich das Herz von jeder Art Schönheit hinreißen läßt. Stellt euch auf der einen Seite meinen Emil und auf der anderen einen Kollegienflegel bei der Lektüre des vierten Buches der *Aeneis* vor, oder bei Tibull, oder bei Platons *Gastmahl:* welch ein Unterschied! Wie ist das Herz des einen ergriffen, wo der andere gar nichts fühlt. Guter Junge, halt an mit deiner Lektüre, du bist zu bewegt. Mag dir die Sprache der Liebe gefallen, so möchte ich doch nicht, daß sie dich verführt. Sei mitfühlend, aber auch vernünftig. Bist du nur eines von beiden, so bist du nichts. Im übrigen macht es mir wenig aus, ob er es in den alten Sprachen, in der schönen Literatur, in der Poesie zu etwas bringt. Sein Wert ist nicht geringer, wenn er von all dem nichts weiß. Bei seiner Erziehung geht es nicht um solche Tändeleien.

Glück der Kleinigkeiten Wenn ich ihn das Schöne in allen seinen Erscheinungsformen fühlen und lieben lehre, so ist mein Hauptziel, damit seine Neigungen und seinen Geschmack darauf zu fixieren und zu verhindern, daß sein natürlicher Geschmack nicht verdorben wird und er nicht eines Tages in seinem Reichtum das Mittel sieht, um glücklich zu sein, während er es in sich selbst finden muß. Ich habe an anderer Stelle gesagt, daß der Geschmack nichts anderes ist, als sich in Kleinigkeiten auszukennen; und das ist sehr wahr. Da aber die Freuden des Lebens von einem Gewebe von Kleinigkeiten abhängen, so sind diese Bemühungen höchst wichtig. Durch diese Kleinigkeiten lernen wir das Leben mit Gütern bereichern, die zu uns passen, und zwar in aller Wahrheit, die sie für uns haben können. Ich meine hier nicht moralische Güter, die von einer guten seelischen Verfassung abhängen, sondern bloß das, was Sinnlichkeit und wirkliche Lust angeht, Vorurteil und Meinung beiseite gelassen.

Um meine Ansichten besser darstellen zu können, gestatte man mir, einen Augenblick von meinem Emil, dessen reines und ehrliches Herz niemandem mehr zum Vorbild dienen kann, abzusehen, und in mir selbst ein eindringlicheres Beispiel zu suchen, das den Sitten des Lesers näherliegt.

Corpsgeist Es gibt Stände, die die Natur des Menschen zu ändern und sie zum Guten oder zum Bösen umzuschmelzen scheinen. Ein Jüngling

Geschmacksbildung, Lektüre, Sprachen, Vergnügungen

wird tapfer, wenn er in das Regiment von Navarra eintritt. Aber nicht nur bei den Soldaten nimmt man Corpsgeist an, und nicht immer ist ihre Wirkung positiv. Hundertmal habe ich mit Schrecken daran gedacht, daß ich morgen fast unvermeidlich Tyrann, Erpresser, Volksunterdrücker, Fürstenverächter und Feind aller Menschlichkeit, aller Billigkeit und aller Tugend wäre, wenn ich das Unglück hätte, heute diese oder jene Stellung in gewissen Ländern einzunehmen.

Wäre ich reich, so hätte ich alles getan, um es zu werden. Ich wäre also anmaßend und gemein, nur für mich empfänglich und anspruchsvoll, unerbittlich und hart gegen alle Welt; verächtlich schaute ich dem Elend des Pöbels zu, denn anders würde ich die Notleidenden nicht mehr nennen, um in Vergessenheit zu bringen, daß ich ihnen früher selbst angehört habe. Schließlich würde ich meinen Reichtum zum Werkzeug meiner Vergnügungen machen und mich ausschließlich damit beschäftigen. Dann wäre ich aber auch wie alle anderen.

Worin ich mich aber von ihnen zu unterscheiden glaube, ist, daß ich eher sinnlich und genußsüchtig als hochmütig und eitel wäre und daß ich mich viel eher der Verweichlichung als der Prunksucht ergäbe. Ich würde mich sogar ein wenig schämen, meinen Reichtum zu sehr zur Schau zu stellen. Immer wäre mir, als sähe ich den Neider, den ich mit meinem Prunk erdrückt habe, wie er seinem Nachbarn ins Ohr flüstert: *Da steht der Gauner und hat Angst, daß man ihn erkennt.*

Von der Überfülle an Gütern, die die Erde birgt, würde ich mir das aussuchen, was mir am liebsten ist und was ich mir am leichtesten aneignen kann. Mein Reichtum würde mir in erster Linie dazu dienen, mir Muße und Freiheit zu kaufen, denen ich die Gesundheit hinzufügen würde, wenn man sie erkaufen könnte. Da sie aber nur durch Mäßigkeit zu erwerben ist, und es ohne Gesundheit kein wahres Vergnügen gibt, so wäre ich aus Sinnlichkeit mäßig.

Stets würde ich der Natur so nah als möglich bleiben, um den Sinnen zu schmeicheln, die sie mir gegeben hat, weil ich überzeugt bin, daß ich um so mehr wirklichen Genuß hätte, je mehr sie selbst dazu beiträgt. Bei der Wahl von Dingen, die der Nachahmung unterliegen, nähme ich sie immer als Muster; in meinen Genüssen gäbe ich ihr immer den Vorrang; in meinen Neigungen würde ich sie immer befragen. Von Speisen würde ich immer die wählen, die sie selbst am besten zubereitet und die durch die wenigsten Hände gehen, um auf unseren Tisch zu gelangen. Fälschungen würde ich vorbeugen, dem Vergnügen entgegengehen. Meine dumme und plumpe Eßlust würde keinen Wirt bereichern; er dürfte mir für mein schweres Geld kein Gift für Fisch *(du poison pour du poisson)* verkaufen; auf meinem Tisch gäbe es keinen Prunk von prächtigem Unrat und weithergeholten Äsern; ich würde alle Mühe aufwenden, um

Reichtum

Mäßigkeit

Naturnähe

meine Sinnlichkeit zu befriedigen, weil diese Mühe selbst schon ein Vergnügen ist und das Vergnügen erhöht, das man erwartet. Wenn ich ein Gericht vom Ende der Welt kosten möchte, so würde ich es, wie Apicius, lieber dort suchen, als es kommen lassen, denn auch den erlesensten Speisen fehlt immer eine Würze, die man nicht mitnehmen kann und die ihnen kein Koch geben kann: die Luft des Klimas, die sie erzeugt hat.

Mit den Jahreszeiten leben Aus demselben Grund mache ich es nicht denen gleich, die sich nur da wohl fühlen, wo sie nicht sind, die die Jahreszeiten vertauschen wollen und das Klima mit den Jahreszeiten; die den Sommer im Winter suchen und den Winter im Sommer, die in Italien frieren und im Norden schwitzen wollen, ohne zu bedenken, daß sie die Strenge der Jahreszeiten da finden, wo man noch nicht gelernt hat, sich dagegen zu schützen. Ich bleibe entweder, wo ich bin oder ich tue genau das Gegenteil: Ich genieße an einer Jahreszeit alles, was sie Angenehmes, und an einem Klima, was es Besonderes hat. Ich hätte dann vielfältige Vergnügungen und Gewohnheiten, die sich nicht gleichen, die aber stets der Natur entsprechen: Ich würde den Sommer in Neapel und den Winter in Petersburg verbringen; in einer kühlen Grotte die linden Lüfte von Tarent atmen, dann außer Atem und müde sein von den Vergnügungen eines Balls in einem strahlenden Eispalast.

Mein Haus und mein Tisch In meinem Tischgerät und im Schmuck meiner Wohnung würde ich durch ganz einfache Ornamente die Verschiedenheit der Jahreszeiten nachbilden und jeder all ihre Freuden abgewinnen, ohne vorauszugenießen, was die nächste bringt. Es ist mühsam und geschmacklos, wenn man derart die Ordnung der Natur stört und ihr unfreiwillig Gaben abringt, die sie nur widerwillig und unter Verwünschungen hergibt, denen es an Güte und Geschmack fehlt und die daher weder den Magen nähren noch dem Gaumen schmecken können. Nichts hat weniger Geschmack als Frühobst. Unter großen Kosten gelingt es dem oder jenem reichen Pariser, das ganze Jahr über auf seiner Tafel schlechtes Gemüse und schlechtes Obst aus seinen geheizten Treibhäusern zu haben. Wozu brauche ich mitten im Winter Kirschen und goldgelbe Melonen, wenn mein Gaumen weder Feuchtigkeit noch Erfrischung nötig hat? Brauche ich in den Hundstagen die schwerverdaulichen Kastanien? Soll ich sie, so wie sie aus dem Ofen kommen, den Stachelbeeren, den Erdbeeren und den durststillenden Früchten vorziehen, die mir die Erde ohne jede Mühe spendet? Im Januar seinen Kamin mit gezüchteten Pflanzen, mit bleichen und duftlosen Blumen bedecken, heißt weniger den Winter schmücken als den Frühling seines Schmuckes berauben; es heißt, sich des Vergnügens berauben, im Wald das erste Veilchen zu suchen, die erste Knospe zu erspähen und vor Freude auszurufen: Sterbliche, ihr seid nicht verlassen, die Natur lebt noch!

Geschmacksbildung, Lektüre, Sprachen, Vergnügungen

Um gut bedient zu werden, würde ich nur wenige Dienstboten halten. Das habe ich schon einmal gesagt, aber es verdient, wiederholt zu werden. Ein Bürger wird von einem Diener besser bedient als ein Herzog von zehn Herren, die ihn umgeben. Ich kann bei Tisch mein Glas in dem Augenblick trinken, wann es mir paßt, während ich an einer großen Tafel warten muß, bis zwanzig Stimmen wiederholen: Zu trinken!, bis ich meinen Durst löschen kann. Alles, was man durch andere tun läßt, ist schlecht getan, wie man es auch anstellt. Ich schicke nicht zum Kaufmann, ich gehe selbst hin. Ich würde schon deshalb zu ihm gehen, damit sich meine Leute nicht vorher mit ihm in Verbindung setzen: Ich könnte besser auswählen und würde weniger bezahlen. Ich würde gehen, um Bewegung zu machen, um zu sehen, was außer meinem Hause vorgeht. Das macht Vergnügen und ist manchmal ganz lehrreich. Ich würde gehen, um zu gehen, und das ist schon etwas. Die Langweile kommt vom vielen Sitzen. Wenn man viel geht, langweilt man sich kaum. Türhüter und Diener sind schlechte Dolmetscher. Ich möchte diese Leute nicht immer zwischen mir und der Welt haben; ich möchte auch nicht immer im rasselnden Wagen fahren, als ob ich Angst hätte, angesprochen zu werden. Die Pferde eines Mannes, der sich seiner eigenen Beine bedient, stehen immer bereit. Sind sie müde oder krank, so weiß er es zuerst. Er braucht nicht zu Hause bleiben, weil es dem Kutscher gefällt, sich einen guten Tag zu machen. Unterwegs braucht er vor tausend Hindernissen nicht die Geduld zu verlieren; er muß nicht warten, wenn er es eilig hat. Wenn uns auch niemand so gut bedient wie wir uns selbst, so darf man von solche Dienste annehmen, die man sich selbst leisten kann, und wäre man so mächtig wie Alexander und so reich wie Krösus.

Sein eigener Herr sein

Wozu brauche ich einen Palast, wenn ich doch nur ein Zimmer bewohne. Ein gemeinsamer Raum gehört niemandem, und die Zimmer meiner Dienstboten wären mir ebenso fremd wie die meiner Nachbarn. Die Orientalen haben trotz ihrer Üppigkeit einfache Wohnungen und einfaches Hausgerät. Sie betrachten das Leben als eine Reise und ihre Wohnung als eine Herberge. Uns Reichen bedeutet dieser Grund nichts; wir richten uns auf die Ewigkeit ein. Ich hätte allerdings noch einen anderen Grund, der zum gleichen Ergebnis führte: wenn ich mich mit solchem Aufwand in einem Ort einrichtete, so hätte ich das Gefühl, mich von allen anderen verbannt und mich gewissermaßen selbst in meinem Palast eingesperrt zu haben. Die Welt ist ein hinreichend schöner Palast, und gehört nicht alles dem Reichen, wenn er es nur genießen will? *Ubi bene, ibi patria*, das ist sein Wahlspruch. Seine Hausgötter stehen da, wo er für Geld alles bekommt; seine Heimat ist überall, wo seine Geldkiste durchschlüpfen kann, so wie Philippe jede Festung für erobert hielt, wo ein mit Gold beladener Maulesel durchkommen konnte.

Mein Haus

Warum soll man sich hinter Mauern und Türen einsperren? Verteibt mich eine Epidemie, ein Krieg, ein Aufruhr von einem Ort, so gehe ich an einen anderen und finde, daß meine Wohnung vor mir angekommen ist. Warum soll ich eine bauen, wenn man sie in der ganzen Welt für mich baut? Wenn ich es mit dem Leben so eilig habe, warum soll ich mir die Genüsse, die ich sofort haben kann, von so weit herholen? Man kann sich das Leben nicht dadurch angenehmer machen, daß man dauernd mit sich in Widerspruch lebt. So warf Empedokles den Agrigentern vor, daß sie Vergnügungen auf Vergnügungen häuften, als ob sie nur einen Tag zu leben hätten, und daß sie bauten, als ob sie niemals sterben müßten.

Bilder und Bücher

Wozu brauche ich übrigens eine so große Wohnung, wenn ich niemanden habe, der darin wohnt, und noch weniger, um sie zu füllen? Meine Möbel wären so einfach wie mein Geschmack; ich hätte weder eine Bildergalerie noch eine Bibliothek, besonders dann nicht, wenn ich Bücher liebe und mich auf Bilder verstünde. Denn dann wüßte ich, daß keine Sammlung jemals vollständig ist und daß die Lücken mehr Kummer bereiten, als gar nichts zu haben. Hier wird der Überfluß zum Verdruß: Jeder Sammler hat das schon empfunden. Wenn man keiner ist, darf man keine Sammlung anlegen. Versteht man es übrigens, die Sammlung für sich zu nutzen, so kann man sie anderen gar nicht zeigen.

Spiele

Das Spiel ist keine Zerstreuung für den reichen Mann, sondern die Zuflucht für den Müßiggänger. Ich hätte zuviel mit meinen Vergnügungen zu tun, als daß mir Zeit bliebe, sie schlecht zu nutzen. So einsam und arm, wie ich bin, spiele ich trotzdem nicht, außer manchmal Schach, und das ist schon zuviel. Wäre ich reich, so spielte ich noch weniger, und dann mit geringem Einsatz, um keine Unzufriedenen zu sehen und selbst nicht unzufrieden zu sein. Da beim Reichtum der Gewinn als Motiv ausscheidet, so kann er nur bei einem mißratenen Geist in Spielwut ausarten. Ein Reicher fühlt den Gewinn immer weniger als den Verlust; da bei mäßigem Spiel der Verlust den Gewinn mit der Zeit aufzehrt und im allgemeinen größer wird, so kann man sich bei richtiger Überlegung auf die Dauer nicht für einen Zeitvertreib begeistern, wo man alle Chancen gegen sich hat. Wer zur Befriedigung seiner Eitelkeit die Gunst des Glücks braucht, der kann sie in viel reizvolleren Gegenständen suchen; sie zeigt sich im geringsten wie im höchsten Spiel. Nur leere Geister und leere Herzen finden im Spiel, der Frucht des Geizes und der Langeweile, Gefallen. Ich glaube genug Gefühl und Kenntnisse zu besitzen, um auf einen solchen Lückenbüßer verzichten zu können. Selten finden denkende Menschen Gefallen am Spiel, weil es die Gewohnheit des Denkens unterbricht und zu unfruchtbaren Begriffsverquickungen führt. Daher ist es eine der Wohltaten, vielleicht die einzige, die die Liebe zur Wissenschaft hervorgebracht hat, diese niedrige Leidenschaft ein wenig zu dämpfen. Es wäre gescheiter, man suchte den Nutzen des Spiels zu beweisen, als sich ihm zu ergeben. Ich würde es eher mitten unter den Spielern bekämpfen und hätte mehr Freude daran, mich über die Verlierer lustig zu machen, als ihnen ihr Geld abzugewinnen.

Ich wäre allein oder in der Gesellschaft der gleiche. Ich möchte, **Kleidung** daß mein Reichtum überall Behaglichkeit verbreitet und niemals das Gefühl der Ungleichheit erzeugt. Das Flitterwerk des Putzes ist in tausendfacher Hinsicht unbequem. Um unter den Menschen so viel Freiheit wie möglich zu bewahren, würde ich mich so kleiden, daß ich in allen Schichten auf meinem Platz zu sein scheine und niemandem auffalle; daß ich ungezwungen und ohne Änderung in der Schenke Volk und im Palais-Royal Edelmann bin. Damit wäre ich Herr meines Benehmens und könnte die Annehmlichkeiten eines jeden Standes genießen. Es soll Frauen geben, die vor gestickten Manschetten ihre Türe verschließen und nur Spitzenmanschetten empfangen. Ich würde also meine Zeit anderswo verbringen. Wären diese Frauen aber jung und hübsch, so könnte ich zuweilen auch Spitzen anlegen, um allenfalls die Nacht mit ihnen zu verbringen.

Das einzige Band, das mich mit anderen verbindet, wäre **Was mich mit** gegenseitige Zuneigung, Übereinstimmung im Geschmack und **den anderen** Harmonie des Charakters. Ich würde mich ihnen als Mensch **verbindet** und nicht als Reicher anschließen und nie dulden, daß der Reiz der Verbindung durch Eigennutz vergiftet wird. Wenn mir mein Reichtum noch Menschlichkeit gelassen hat, würde ich meine Dienste und meine Wohltaten auf weitere Kreise ausdehnen. Ich möchte eine Gesellschaft um mich haben und keinen Hof, Freunde, und keine Schützlinge. Ich möchte nicht Gönner meiner Gäste, sondern ihr Wirt sein. Unabhängigkeit und Gleichheit bewahrten meinen Bindungen unschuldiges Wohlwollen; wo weder Pflicht noch Eigennutz beteiligt sind, schreiben Genuß und Freundschaft allein das Gesetz vor.

Man kann weder Freundschaft noch Liebe kaufen. Es ist **Liebe und Geld** leicht, Frauen für Geld zu bekommen, aber das ist der Weg, niemals geliebt zu werden. Da Liebe nicht käuflich ist, wird sie unfehlbar vom Geld getötet. Wer bezahlt, und sei er der liebenswürdigste Mensch, wird schon deswegen, weil er bezahlt, nicht lange geliebt. Bald bezahlt er für einen anderen, oder vielmehr der andere wird von diesem Geld bezahlt. Bei diesem Doppelverhältnis, das nur durch Eigennutz und Ausschweifung, ohne Liebe, ohne Ehre, ohne wirkliche Lust geknüpft ist, wird die habsüchtige, untreue und unglückliche Frau von dem Zuhälter so behandelt, wie sie den anderen behandelt, und ist mit beiden quitt. Es wäre schön, freigebig zu sein gegen die, die man liebt, wenn nicht gleich ein Handel daraus würde. Ich kenne nur ein Mittel, sich mit seiner Geliebten darüber zu einigen, ohne die

Liebe zu vergiften: man muß ihr alles geben, um dann von ihr ernährt zu werden. Natürlich müßte die Frau erst gefunden werden, mit der man so etwas wagen könnte.

Besitz in der Liebe

Wer gesagt hat: Ich besitze Lais, ohne daß sie mich besitzt, redet ohne Verstand. Ein Besitz ohne Gegenseitigkeit ist nichts. Er ist höchstens der Besitz des Geschlechts, aber nicht der Person. Wo aber in der Liebe die Moral fehlt, wozu bauscht man den Rest dann auf? Nichts kann man leichter finden. Ein Eseltreiber ist hierin dem Glück näher als ein Millionär.

Laster

Ach, wenn man die Widersinnigkeiten des Lasters aufdecken könnte! Wer erreicht, was er wollte, sieht, daß er sich verrechnet hat. Woher diese barbarische Sucht, die Unschuld zu verderben, aus einem jungen Wesen ein Opfer zu machen, das man schützen hätte sollen, das man nach dem ersten Schritt unweigerlich in einen Abgrund des Elends stößt, aus dem es nur der Tod befreit? Brutalität, Eitelkeit, Dummheit, Irrtum, sonst nichts. Die Lust selbst ist naturwidrig; es ist ein Wahn, ein verächtlicher Wahn, da er Teil der Selbstverachtung ist. Wer sich für nichtswürdig hält, fürchtet den Vergleich mit jedem anderen und will als erster drankommen, um weniger widerlich zu sein. Seht, ob die Gierigsten nach diesem vermeintlichen Leckerbissen jemals liebenswürdige, gefällige, junge Leute sind und entschuldbar wären, weil sie wählerisch sind? Nein! Wenn man ein gewinnendes Äußeres, inneren Wert und Gefühl besitzt, braucht man die Erfahrungen seiner Geliebten nicht zu fürchten. Voll Selbstvertrauen sagt man: Du kennst die Liebe schon; mein Herz verspricht dir Freuden, die du noch nie erlebt hast.

Der alte Satyr

Aber ein alter Satyr, abgelebt, reizlos, hemmungslos, rücksichtslos, ohne eine Spur von Ehrbarkeit, unfähig und unwürdig, einer Frau zu gefallen, die sich in liebenswürdigen Menschen auskennt, glaubt bei einer jungen Unschuld alles dadurch ersetzen zu können, daß er durch Geschwindigkeit ihrer Erfahrung zuvorkommt und ihr die erste sinnliche Erregung verschafft. Seine letzte Hoffnung ist, durch Neuheit zu gefallen. Das ist unbestreitbar der geheime Grund aller Wunschgedanken. Aber er täuscht sich, denn der Abscheu, den er erregt, ist nicht weniger natürlich als die Begierde, die er erregen möchte. Er täuscht sich auch in seiner unsinnigen Erwartung, denn dieselbe Natur fordert auch ihre Rechte wieder zurück: Jedes Mädchen, das sich verkauft, hat sich schon gegeben; da sie sich nach ihrer Wahl gegeben hat, kann sie Vergleiche anstellen, die er fürchtet. Er kauft sich also einen Scheingenuß und ist darum nicht weniger abscheulich.

Vergnügungen meines Alters

Wie sehr mich auch der Reichtum veränderte, in einem Punkt würde ich mich nie verändern. Bleiben mir auch keine Sitten und keine Tugenden, so bleibt mir doch ein wenig Geschmack, Verstand und Takt. Das würde mich davor bewahren, mein Vermögen zu vergeuden, um hinter Hirngespinsten herzujagen, meinen Beutel und mein Leben zu erschöpfen, um mich von Kindern verraten und verspotten zu lassen. Wäre ich jung, suchte ich die Freuden der Jugend; da ich sie in ihrer ganzen Wollust genießen möchte, würde ich sie nicht als reicher Mann suchen. Bleibe ich so, wie ich bin, so wäre das etwas anderes. Ich beschränkte mich auf die Vergnügungen meines Alters, verlangte nur das, was ich auch genießen kann und erstickte die, die mich quälen. Ich setzte meinen grauen Bart nicht dem Gespött junger Mädchen aus. Ich könnte nicht ertragen, daß sie sich vor meinen widerwärtigen Liebkosungen ekeln, daß sie sich auf meine Kosten die lächerlichsten Geschichten erzählen, daß sie die häßlichen Lüste des alten Affen beschreiben, um sich dafür zu rächen, sie erduldet zu haben. Hätte die Gewohnheit, weil ich sie nicht bekämpft habe, meine alten Begierden in Bedürfnisse verwandelt, so würde ich sie befriedigen, aber mit Scham und Erröten. Ich würde ohne Leidenschaft dem Bedürfnis genügen, eine möglichst passende Wahl treffen, und mich damit begnügen: aus meiner Schwäche würde ich mir keine Bürde machen und vor allem nur einen Zeugen haben. Das Leben hat noch andere Freuden, wenn ihm diese fehlt. Jagt man den fliehenden vergeblich nach, bringt man sich um die, die einem noch bleiben. Mit den Jahren muß man seine Neigungen wechseln; man darf die Altersabschnitte ebensowenig vertauschen wie die Jahreszeiten. Man muß zu allen Zeiten derselbe sein und nicht gegen die Natur ankämpfen. Diese vergeblichen Anstrengungen verbrauchen das Leben und hindern uns, es zu genießen.

Das Volk langweilt sich nicht; es führt ein tätiges Leben. Sind **Die Langeweile** seine Vergnügungen auch nicht mannigfaltig, so sind sie dafür selten. Viele Tage der Mühe machen ihm einige Feiertage zum Genuß. Der Wechsel zwischen langer Arbeit und kurzer Muße ist die Würze der Vergnügungen seines Standes. Die große Geißel der Reichen ist die Langweile. Inmitten vieler und kostspieliger Zerstreuungen, mitten unter so vielen Leuten, die sich Mühe geben, ihnen zu gefallen, langweilen sie sich zu Tode. Sie verbringen ihr Leben damit, die Langweile zu fliehen und sich von ihr wieder einholen zu lassen. Sie brechen unter ihrer Last zusammen. Besonders die Frauen, die keine Beschäftigung und keine Zerstreuung haben, bekommen hysterische Anfälle, ein gräßliches Übel, das sie manchmal den Verstand und schließlich das Leben kostet. Ich kenne kein schrecklicheres Los als das einer hübschen Pariserin, ausgenommen das ihres Verehrers, der an ihrer Seite selbst zum trägen Weib wird und sich in doppelter Beziehung seiner Männlichkeit entfremdet. Der Stolz, ihr Favorit zu sein, läßt ihn die Öde der traurigsten Tage ertragen, die jemals ein menschliches Wesen verbracht hat.

Anstand, Moden, Gebräuche, die der Luxus und die Gesell- **Mein Haus und** schaft hervorbringen, schließen das Leben in der verdrießlich- **mein Hof** sten Einförmigkeit ein. Ein Vergnügen, das man vor den Augen der Welt genießen will, ist für jedermann verloren: man hat es weder für sich noch für andere*. Die Lächerlichkeit, die die Gesellschaft über alles fürchtet, ist ständig an ihrer Seite, um sie zu tyrannisieren und zu bestrafen. Man macht sich nur durch bestimmte Formen lächerlich: wer sein Verhalten und seine Vergnügungen zu variieren versteht, verwischt heute den Eindruck von gestern: die Menschen erinnern sich nicht an ihn; er aber genießt, denn er ist immer und überall dabei. Nur in einer Beziehung wäre ich konsequent: wenn ich das eine tue, kümmere ich mich um nichts anderes, und jeden Tag lebte ich so, als gäbe es kein Gestern und kein Morgen. Da ich mit dem Volk Volk bin, bin ich Bauer auf dem Feld, und wenn ich über die Landwirtschaft rede, so braucht mich kein Bauer auszulachen. Ich baue mir auf dem Land keine Stadt und lege mir vor meinem Haus mitten in der Provinz keine Tuilerien an. Am Abhang eines angenehmen, schattigen Hügels hätte ich ein kleines weißes Landhaus mit grünen Fensterläden. Obwohl ein Strohdach zu jeder Jahreszeit am besten ist, würde ich doch, großzügig wie ich bin, Ziegel dem traurigen Schiefer vorziehen, weil sie sauberer und lustiger aussehend sind als das Stroh, weil man die Häuser in meiner Heimat auch so deckt und weil es mich an die glückliche Zeit meiner Jugend erinnert. Mein Hof wäre ein Hühnerhof und mein Marstall ein Kuhstall für meine geliebten Milchspeisen. Mein Garten wäre ein Gemüsegarten und mein Park ein hübscher Obstgarten, von dem noch die Rede sein wird. Die Früchte stehen den Spaziergängern zur Verfügung; sie würden von meinem Gärtner weder gezählt noch geerntet werden. Mein Prunk, der nicht ohne Berechnung ist, würde kein köstliches Spalierobst zur Schau stellen, das man kaum zu berühren wagt. Übrigens würde mich diese harmlose Verschwendung wenig kosten, weil ich mich in einer entlegenen Provinz angesiedelt hätte, wo es wenig Geld und viel Lebensmittel gibt und wo Überfluß und Armut herrschen.

Meine Gesell-
schaft

Dort versammelte ich eine Gesellschaft um mich, die weniger zahlreich als erlesen ist. Freunde, die das Vergnügen lieben und etwas davon verstehen; Frauen, die auch einmal ihren Lehnstuhl verlassen, um sich ländlichen Spielen hinzugeben, die dann und wann, statt zum Weberschiffchen und zu den Karten zu greifen, die Angelschnur, die Leimrute, den Heurechen und den Winzerkorb in die Hand nähmen. Dort wäre das ganze städtische Getue vergessen, wir wären Dörfler im Dorf und fänden so viele verschie-

---

* Um sich den Anschein zu geben, als würden sie sich großartig unterhalten, hatten sich zwei Damen der Gesellschaft zur Pflicht gemacht, sich immer erst um 5 Uhr früh schlafen zu legen. Im schärfsten Winter mußten ihre Bediensteten auf der Straße auf sie warten, wo sie sich kaum vor der Kälte schützen konnten. Überrascht man sie eines Abends, oder besser gesagt, eines Morgens in ihrer Wohnung, wo die beiden Personen so unzählige vergnügte Stunden verrinnen lassen: sie sind allein und schlafen auf ihren Lehnstühlen.

dene Zerstreuungen, daß wir jeden Abend unsere Qual hätten, für den nächsten Tag wählen zu müssen. Bewegung und Tätigkeit verjüngen unseren Magen und geben uns neuen Appetit. Jede Mahlzeit ist ein Festessen, wo man den Überfluß den Leckerbissen vorzieht. Fröhlichkeit, ländliche Arbeiten, ausgelassene Spiele sind die besten Köche von der Welt und feine Ragouts erscheinen Leuten lächerlich, die seit Sonnenaufgang außer Atem sind. Die Bedienung ist einfach und formlos. Der Speisesaal ist überall, im Garten, in einem Boot, unter einem Baum; manchmal weiter weg, an einer rieselnden Quelle, auf dem grünen und frischen Gras, unter Erlen- und Haselgebüsch. Ein langer Zug fröhlicher Gäste trägt singend herbei, was zum Essen gehört: der Rasen ist Tisch und Stuhl zugleich, der Brunnenrand dient als Anrichte und der Nachtisch hängt auf den Bäumen. Die Gerichte werden zwanglos gereicht, der Appetit hebt die Umstandskrämerei auf. Jeder denkt unbefangen zuerst an sich selbst und findet es richtig, daß es der andere ebenso macht. Aus dieser herzlichen und maßvollen Vertraulichkeit entstünde ohne Ungezogenheit, ohne Falschheit und ohne Zwang ein herzhaftes Geplänkel, das hundertmal reizender wäre und die Herzen einander näher brächte als jede Salonpolitur. Kein aufdringlicher Lakai, der unsere Worte belauscht, im geheimen unser Benehmen bekrittelt, neidisch unsere Bissen zählt, uns mit Genuß auf das Trinken warten läßt und über die Dauer der Mahlzeit murrt. Wir wären unsere eigenen Diener, um unsere eigenen Herren zu sein, und jeder würde von allen bedient werden. Die Stunden vergingen ungezählt, die Mahlzeit wäre Ruhezeit und dauert, so lange es heiß ist. Kommt ein Bauer mit seinem Gerät auf der Schulter bei uns vorbei, so gäbe ich ihm ein freundliches Wort und ein Glas Wein, was ihn seine Armut leichter ertragen läßt. Ich selbst hätte das Vergnügen, mich innerlich bewegt zu fühlen und mir im geheimen zu sagen: ich bin doch noch ein Mensch.

Wenn sich die Einheimischen zu einem ländlichen Fest versammelten, so nähme ich mit meiner Gesellschaft daran teil. Wenn in meiner Nachbarschaft Hochzeiten gefeiert werden, die hier gesegneter sind als in der Stadt, so weiß man, daß ich die Fröhlichkeit liebe, und man lädt mich dazu ein. Ich bringe diesen braven Leuten Geschenke mit, die so einfach sind wie sie und die Festfreude erhöhen, und tausche dafür Güter ein, die unschätzbar sind, Güter, die meinesgleichen gar nicht kennen: Offenheit und wahres Vergnügen. Fröhlich äße ich am Ende ihrer langen Tafel, sänge den Kehrreim eines alten Volksliedes mit und tanzte in ihrer Scheune freudiger mit als auf dem Opernball.

Teilnahme an Festen

So weit ist alles ausgezeichnet, wird man sagen; allein wo bleibt die Jagd? Was hat man schon vom Land, wenn man nicht auf die Jagd geht? Einverstanden: ich wollte nur eine Meierei

Die Jagd

haben, und das war falsch. Wenn ich annehme, reich zu sein, muß ich auch exklusive Vergnügungen haben, zerstörerische Vergnügungen. Das ist ganz etwas anderes! Ich brauche Ländereien, Wälder, Wildheger, Grundrenten, herrschaftliche Abgaben, vor allem aber Weihrauch und Weihwasser.

Sehr gut. Aber dieses Land hat Nachbarn, die eifersüchtig über ihre Rechte wachen und die der anderen an sich zu reißen trachten. Unsere Wildheger streiten sich und ihre Herren vielleicht auch. Das gibt zum mindesten Zank, Streit, Haß und Prozesse: das allein ist schon höchst unangenehm. Meine Lehnsleute sehen mit Mißvergnügen, wie meine Hasen ihr Getreide und meine Wildschweine ihre Bohnen vernichten. Niemand wagt es, den Feind, der ihm seine Arbeit zerstört, zu töten, aber jeder möchte ihn wenigstens von seinem Feld vertreiben. Wenn sie am Tag ihr Feld bestellt haben, müssen sie es nachts bewachen; dazu brauchen sie Hunde, Trommeln, Hörner und Schellen, und stören mit diesem Getöse meinen Schlaf. Unwillkürlich werde ich an das Elend dieser armen Leute denken und es mir vorwerfen müssen. Hätte ich die Ehre, Fürst zu sein, würde mich all das nicht berühren. Ich aber, Emporkömmling und Neureicher frischen Datums, habe mich von meinen bürgerlichen Ansichten noch nicht ganz gelöst.

Das ist nicht alles: Der Überfluß an Wild lockt, und bald muß ich Wilderer bestrafen. Dazu brauche ich Gefängnisse, Kerkermeister, Häscher und Galeeren. All das erscheint mir ziemlich traurig. Die Frauen dieser Unglücklichen belagern meine Türen und belästigen mich mit ihrem Geschrei. Man muß sie also verjagen, mißhandeln. Die Armen, die nicht gewildert haben, deren Ernte aber vernichtet ist, kommen ebenfalls mit ihren Klagen: die einen werden bestraft, weil sie gewildert haben, die anderen zugrunde gerichtet, weil sie es geschont haben. Welche traurige Alternative! Auf der einen Seite nichts als Elend und auf der anderen nichts als Klagen. Das müßte, so scheint es mir, das Vergnügen, Rebhühner und Hasen beinahe unter seinen Füßen totzuschießen, doch sehr stören.

Freie Jagd

Wollt ihr an euren Vergnügungen keinen Verdruß haben, so nehmt ihnen die Exklusivität. Je mehr ihr sie mit anderen teilt, desto reiner genießt ihr sie. Ich werde also gar nichts von dem tun, was ich eben gesagt habe; ich bleibe meinem Geschmack treu und lebe mit dem geringsten Aufwand. Ich wähle meinen ländlichen Aufenthalt in einer Gegend, wo die Jagd für jeden frei ist und wo ich diese Zerstreuung ohne Unannehmlichkeiten haben kann. Das Wild wird seltener sein; um so mehr Geschicklichkeit gehört dazu, es aufzuspüren, und um so mehr Vergnügen hat man, es zu erlegen. Ich werde mich stets an das Herzklopfen erinnern, das mein Vater beim Auffliegen des ersten Rebhuhnes hatte, und an den Freudenausbruch, mit dem er den Hasen fand, den er den ganzen Tag gesucht hatte. Ja, ich behaupte, daß er, allein mit seinem Hund, beladen mit seiner Flinte, seiner Jagdtasche und seiner Ausrüstung, todmüde und von Dornen zerrissen, abends weit zufriedener nach Hause kam als alle eure Sonntagsjäger, die auf einem guten Pferd, gefolgt von zwanzig Gewehrträgern, nichts anderes zu tun haben, als die Gewehre zu wechseln, zu schießen und rund um sich zu töten, ohne Kunst, ohne Ruhm und fast ohne Bewegung. Das Vergnügen ist also nicht geringer, aber die Unannehmlichkeiten fallen fort, wenn man kein Gehege zu bewachen, keine Wilddiebe zu bestrafen und keine Unglücklichen zu quälen braucht. Wie man es auch beginnt, man quält nicht endlos die Menschen, ohne selbst ein Unbehagen davonzutragen; die unaufhörlichen Verwünschungen des Volkes machen das Wildbret früher oder später bitter.

Ich wiederhole: Exklusive Vergnügungen töten das Vergnügen. Das wahre Vergnügen ist das, was man mit dem Volke teilt; was man für sich allein haben will, ist schon keines mehr. Wenn Mauern aus meinem Park ein trauriges Kloster machen, habe ich mir für teures Geld meinen Spaziergang vergällt; ich muß ihn weiter draußen suchen. Der Eigentumsteufel vergiftet alles, was er berührt. Ein Reicher will überall Herr sein und fühlt sich nur da wohl, wo er es nicht ist: er muß immer vor sich selbst fliehen. Als Reicher würde ich so handeln, wie ich es als Armer getan habe. Da ich jetzt durch die Güter anderer schon reicher bin, als ich jemals durch meine eigenen sein werde, so bemächtige ich mich alles dessen, was mir in meiner Nachbarschaft fehlt. Es gibt keinen entschlosseneren Eroberer als mich; sogar den Fürsten nehme ich ab: ohne Unterschied eigne ich mir jedes freie Land an, das mir gefällt. Ich gebe ihm einen Namen. Aus einem mache ich meinen Park, aus dem anderen meine Terrasse, und schon bin ich der Herr. Ungestraft gehe ich darin spazieren. Oft kehre ich dahin zurück, um mein Besitzrecht zu behaupten. Ich nütze den Boden durch Herumlaufen, soviel ich will, und niemand kann mir einreden, daß der rechtmäßige Besitzer mehr Nutzen aus seinem Geld, das es ihm einbringt, zieht, als ich aus seinem Land. Will man mich durch Gräben und Hecken daran hindern, so macht mir das nichts aus. Ich nehme meinen Park auf den Rücken und trage ihn woanders hin; in der Umgebung fehlt es nicht an Platz, und ich kann meine Nachbarn noch eine gute Weile ausplündern, ehe mir eine Zuflucht fehlt.

Das wahre Vergnügen

Das ist also ein Versuch über den wahren Geschmack in der Wahl angenehmer Zerstreuungen: er zeigt, in welchem Geist man genießen kann. Alles andere ist nur Täuschung, Hirngespinst und dumme Eitelkeit. Wer von dieser Regel abweicht, er sei so reich wie er wolle, wirft sein Geld zum Fenster hinaus und lernt den Wert des Lebens niemals kennen.

Zweifellos wird man einwenden, daß jeder dieses Vergnügen haben kann, und daß man dazu nicht reich zu sein braucht, um es zu haben. Das ist genau das, worauf ich kommen wollte. Man

Glücklich sein oder glücklich scheinen

genießt, wenn man genießen will. Allein die vorgefaßte Meinung erschwert alles und jagt das Glück vor sich her. Es ist hundertmal leichter, glücklich zu sein, als glücklich zu scheinen. Ein Mann von Geschmack und wirklicher Genießer braucht gar keinen Reichtum: es genügt, frei und sein eigener Herr zu sein. Wer gesund ist und nicht darbt, ist reich genug, wenn er sein Herz nicht an eingebildete Güter hängt. Das ist die *aurea mediocritas* des Horaz. Ihr Leute mit den gefüllten Kassen, sucht für euren Reichtum eine andere Verwendung. Denn für das Vergnügen nützt er euch nichts. Emil weiß es auch nicht besser als ich; da er aber ein reineres und gesünderes Herz hat, wird er es noch tiefer empfinden, und alle seine Beobachtungen in der Gesellschaft werden es ihm bestätigen.

Indem wir so die Zeit verbringen, suchen wir immer nur Sophie und finden sie nicht. Es war wichtig, daß er sie nicht so rasch findet, wir haben sie auch da gesucht, wo ich sicher war, sie nicht zu finden*.

Wir suchen Sophie Die Zeit drängt. Nun müssen wir sie wirklich suchen, damit er sich nicht eine schafft, die er für Sophie hält, und seinen Irrtum erst erkennt, wenn es zu spät ist. Lebe wohl also, Paris, berühmte Stadt, Stadt des Lärmes, des Rauches und des Schmutzes, wo die Frauen nicht mehr an die Ehre und die Männer nicht mehr an die Tugend glauben. Adieu Paris! Wir suchen die Liebe, das Glück, die Unschuld; nie können wir weit genug von dir entfernt sein.

---

* *Mulierem fortem quis inveniet? Procul, et de ultimis finibus pretium ejus.* (Spr. Sal. 31, 10)

(Wörtlich: Wer wird eine ehrenhafte Frau finden? Von weither und vom Ende der Welt wird man ihren Wert erkennen. In modernen Bibeln lautet der Vers: Wem eine tüchtige Frau beschert ist, die ist viel edler als die köstlichsten Perlen.)

FÜNFTES BUCH

Wir sind beim letzten Akt der Jugend angekommen, aber nicht bei seiner Lösung.

Es ist nicht gut, wenn der Mensch allein ist. Emil ist ein Mann, wir haben ihm eine Gefährtin versprochen, jetzt müssen wir sie ihm geben. Diese Gefährtin ist Sophie. Wo ist sie? Um sie zu finden, müssen wir sie kennen. Lernen wir sie also zuerst kennen, dann können wir sie leichter finden. Haben wir sie gefunden, so ist noch nicht alles getan. *Da unser Gentleman*, wie Locke sagt, *heiratsfähig ist, so ist es Zeit, ihn zu seiner Geliebten zu lassen.* Damit beschließt er sein Buch. Da ich nicht die Ehre habe, einen Edelmann zu erziehen, werde ich mich hüten, Locke nachzuahmen.

Sophie oder die Frau

Mann und Frau

Sophie muß eine Frau sein, wie Emil ein Mann ist, d. h. sie muß alles besitzen, was zu ihrer Art und zu ihrem Geschlecht gehört, um ihren Platz in der physischen und moralischen Ordnung der Dinge auszufüllen. Beginnen wir also mit der Untersuchung, worin sich die beiden Geschlechter gleichen, beziehungsweise unterscheiden.

In allem, was nicht mit dem Geschlecht zusammenhängt, ist die Frau Mann: sie hat die gleichen Organe, die gleichen Bedürfnisse und die gleichen Fähigkeiten: die Maschine ist auf die gleiche Weise gebaut; die Teile sind die gleichen, die Bewegung des einen ist wie die Bewegung des anderen; die Gestalt ist ähnlich; und unter welchem Gesichtspunkt man sie betrachtet, sie unterscheiden sich nur durch ein Mehr oder Weniger voneinander.

Gleichartigkeit und Unterschied

In allem, was mit dem Geschlecht zusammenhängt, gibt es bei der Frau und bei dem Mann aber gleich viele Ähnlichkeiten wie Verschiedenheiten. Die Schwierigkeit, sie zu vergleichen, kommt daher, daß schwer festzustellen ist, was bei der Konstitution geschlechtsgebunden ist und was nicht. Mit Hilfe der vergleichenden Anatomie, aber schon bei bloßer Betrachtung findet man allgemeine Unterschiede, die nichts mit dem Geschlecht zu tun zu haben scheinen. Trotzdem hängen sie damit zusammen, aber in Verbindungen, die wir nicht wahrnehmen können: wir wissen nicht, wie weit sie sich erstrecken. Das einzige, was wir sicher wissen, ist, daß alles, was sie gemeinsam haben, zur Art, alles, was sie unterscheidet, zum Geschlecht gehört. Unter diesem doppelten Gesichtspunkt finden wir zwischen ihnen so viele Ähnlichkeiten und so viele Verschiedenheiten, daß es vielleicht eines der größten Wunder der Natur ist, zwei so ähnliche Wesen hervorgebracht zu haben, indem sie sie so verschieden gemacht hat.

Gleich-berechtigung? Diese Ähnlichkeiten und diese Verschiedenheiten müssen auch die Moral beeinflussen. Diese Folgerung ist einleuchtend und entspricht der Erfahrung. Sie zeigt zugleich, wie töricht es ist, über den Vorrang oder die Gleichberechtigung der Geschlechter zu streiten. Als ob nicht jedes von beiden, wenn es nach seiner Sonderveranlagung die naturbedingten Ziele anstrebt, vollkommener wäre, als wenn es dem anderen ähnlicher zu sein trachtete! In dem, was sie gemeinsam haben, sind sie gleich; in dem, was sie voneinander unterscheidet, sind sie vergleichbar. Eine vollkommene Frau und ein vollkommener Mann dürfen sich im Geist ebenso gleichen wie im Gesicht; auch in der Vollkommenheit gibt es kein Mehr oder Weniger.

In der Vereinigung der Geschlechter tragen beide gleichmäßig zum gemeinsamen Zweck bei, aber nicht auf die gleiche Weise. Daraus ergibt sich der erste bestimmbare Unterschied in ihren gegenseitigen moralischen Beziehungen. Der eine muß aktiv und stark sein, der andere passiv und schwach: notwendigerweise muß der eine wollen und können; es genügt, wenn der andere wenig Widerstand leistet.

Naturgesetz Steht dieser Grundsatz fest, so folgt daraus, daß die Frau eigens geschaffen ist, um dem Mann zu gefallen. Es ist weniger zwingend notwendig, daß ihr der Mann auch seinerseits gefällt: sein Vorzug liegt in der Kraft; er gefällt allein dadurch, daß er stark ist. Ich gebe zu, daß das noch nicht das Gesetz der Liebe ist; aber es ist das Gesetz der Natur, das älter ist als die Liebe selbst.

Wenn die Frau dazu geschaffen ist, zu gefallen und sich zu unterwerfen, dann muß sie sich dem Mann liebenswert zeigen, statt ihn herauszufordern. Ihre Macht liegt in ihren Reizen; mit ihnen muß sie ihn zwingen, seine Kraft zu entdecken und zu gebrauchen. Die sicherste Art, diese Kraft zu beleben, ist, ihre Anwendung durch Widerstand notwendig zu machen. Dann verbinden sich Eigenliebe und Verlangen, und der eine triumphiert über den Sieg, zu dem der andere ihn gezwungen hat. Daraus entstehen Angriff und Verteidigung, die Kühnheit des einen Geschlechts und die Ängstlichkeit des anderen, schließlich die Zurückhaltung und die Scham, mit denen die Natur das schwache Geschlecht ausrüstete, um sich das starke untertan zu machen.

Verhalten der beiden Geschlechter Undenkbar erscheint, daß sie beiden unterschiedslos dasselbe Entgegenkommen vorgeschrieben hat und daß der, bei dem sich zuerst Begierden regen, sie auch zuerst äußern müsse? Welch verderbtes Urteil! Wäre es natürlich, daß sich die beiden Geschlechter mit der gleichen Kühnheit einem Unternehmen hingeben, das für beide so unterschiedliche Folgen hat? Wie kann man übersehen, daß bei so ungleichem gemeinschaftlichen Einsatz bald beide zugrunde gingen und das Menschengeschlecht durch die zu seiner Erhaltung bestimmten Mittel vernichtet würde, wenn die Zurückhaltung dem einen Geschlecht nicht die Mäßigung auferlegte, die die Natur dem anderen befiehlt? Wenn es bei der Leichtigkeit, mit der Frauen die Sinne der Männer erregen und fast erloschene Liebe wieder erwecken, ein unglückliches Land gäbe, wo solche Sitten herrschten, besonders in den heißen Ländern, in denen mehr Frauen als Männer geboren werden, so würden die Männer von den Frauen tyrannisiert und schließlich ihre Opfer werden; sie sähen sich dem Tode überliefert, ohne sich jemals verteidigen zu können.

Wenn Tierweibchen nicht die gleiche Scham empfinden, was folgt daraus? Haben sie die gleichen unbegrenzten Begierden wie die Frauen, denen die Scham als Zügel dient? Der Trieb entsteht bei ihnen nur aus dem Bedürfnis. Ist das Bedürfnis befriedigt, hört der Trieb auf. Sie weisen das Männchen nicht nur zum Schein zurück*, sondern im vollen Ernst: Sie tun das Gegenteil von der Tochter des Augustus; sie nehmen keinen Fahrgast mehr auf, wenn das Schiff beladen ist. Selbst wenn sie nicht trächtig sind, ist die Zeit ihrer Willfährigkeit kurz und bald vorbei. Der Instinkt treibt sie und der Instinkt hält sie zurück. Womit sollten die Frauen diesen negativen Instinkt ersetzen, wenn man ihnen das Schamgefühl nähme? Warten, bis sie sich nichts mehr aus Männern machen, hieße warten, bis sie zu nichts mehr nütze sind.

Bedürfnis und Trieb

Gott wollte das Menschengeschlecht in allen Dingen ehren: gab er dem Mann Neigungen ohne Maß, gibt er ihm zur gleichen Zeit das Gesetz, das sie zügelt, damit er frei sei und sich beherrsche! Lieferte er ihn maßlosen Leidenschaften aus, so verbindet er sie mit der Vernunft, um sie zu beherrschen. Lieferte er die Frau unbegrenzten Begierden aus, so verbindet er sie mit der Scham, um sie in Schranken zu halten. Außerdem verband er den vernünftigen Gebrauch ihrer Fähigkeiten mit einer wirksamen Belohnung, nämlich mit dem Glück, das man im ehrbaren Verhalten findet, wenn man es sich zur Lebensregel macht. All das, so scheint mir, wiegt sehr wohl den Instinkt der Tiere auf.

Ob nun die Frau das Verlangen des Mannes teilt oder nicht und es befriedigen will oder nicht, sie stößt ihn immer zurück

Grenzen der Gewalt

---

* Ich habe schon darauf hingewiesen, daß gespielte und kokette Verweigerung fast allen weiblichen Wesen gemeinsam ist, auch unter den Tieren, und selbst dann, wenn sie zur Hingabe völlig bereit sind. Nur wer niemals ihr Benehmen beobachtet hat, kann das in Abrede stellen.

und verteidigt sich, aber nicht immer mit der gleichen Stärke und folglich nicht mit dem gleichen Erfolg. Damit der Angreifer siegreich sei, muß der Angegriffene es erlauben oder befehlen. Denn wie viele geeignete Mittel hat der Angegriffene nicht, um den Angreifer zu zwingen, seine Kraft zu gebrauchen! Der freieste und süßeste aller Akte läßt keine wirkliche Gewalt zu: Natur und Vernunft widerstreben ihr; die Natur, indem sie dem Schwächeren soviel Kraft gab, wie er zur Verteidigung braucht, wenn er widerstehen will; die Vernunft, indem eine wirkliche Gewaltanwendung nicht nur der brutalste aller Akte ist, sondern auch der unzweckmäßigste, weil entweder der Mann damit seiner Gefährtin den Krieg erklärt und sie ermächtigt, ihre Person und ihre Freiheit selbst auf Kosten des Lebens des Angreifers zu verteidigen, oder weil die Frau allein den Zustand beurteilen kann, in dem sie sich befindet und kein Kind einen Vater hätte, wenn sich jeder Mann dessen Rechte anmaßen könnte.

Stärke und Schwäche Eine dritte Folge des Unterschiedes der Geschlechter ist, daß der Stärkere nur scheinbar der Herr ist und in Wirklichkeit vom Schwächeren abhängt; nicht aus leichtfertiger Galanterie, nicht aus selbstherrlicher Beschützergroßmut, sondern aus einem unabänderlichen Naturgesetz, das es der Frau leichter macht, Begierden zu erregen, als dem Mann, sie zu befriedigen, und ihn so, ob er will oder nicht, vom Gutdünken des anderen abhängig macht und ihn zwingt, seinerseits danach zu trachten, ihr zu gefallen, damit sie ihn den Stärkeren sein läßt. Der Zweifel, ob die Schwäche der Kraft gewichen ist oder ob sich der Wille ergeben hat, ist das Süßeste am Sieg des Mannes. Die gewöhnliche List der Frauen ist, diesen Zweifel immer zwischen sich und ihm bestehen zu lassen. Der Geist der Frauen entspricht hierin völlig ihren Anlagen: statt sich ihrer Schwäche zu schämen, rühmen sie sich ihrer; ihre zarten Muskeln bieten keinen Widerstand; sie tun so, als ob sie nicht die leichteste Last heben können; sie würden sich schämen, stark zu sein. Warum? Nicht nur, um zart zu erscheinen, sondern aus einem viel listigeren Grund: sie bereiten von langer Hand Entschuldigungen vor und das Recht, im Notfall schwach zu sein.

Notzucht Der Fortschritt in den Erkenntnissen, den wir durch unsere Laster gewonnen haben, hat in diesem Punkt die alten Ansichten sehr verändert, und man spricht nicht mehr von Vergewaltigungen, seitdem sie weniger nötig sind und seitdem die Männer nicht mehr daran glauben*; dagegen waren sie bei den Griechen und den Juden im Altertum gang und gäbe, weil diese Ansichten ihre Begründung in der Einfachheit der Natur finden und weil

---

* Unter Umständen kann ein derartiges Mißverhältnis von Alter und Kraft bestehen, daß eine wirkliche Notzucht vorkommt. Da ich hier aber das Verhältnis behandle, wie es in der Ordnung der Natur begründet ist, nehme ich die beiden Geschlechter in den Beziehungen, die ihrem Zustand entsprechen.

sie nur die Erfahrung unserer Zügellosigkeit hat entwurzeln können. Wenn heute weniger Fälle von Notzucht erwähnt werden, so ist das sicher nicht darum, weil die Menschen enthaltsamer geworden sind, sondern weil sie weniger leichtgläubig sind. Manche Klage, die früher einfältige Leute überzeugt hätte, erweckt heute nur spöttisches Gelächter; man hält also besser den Mund. Im Deuteronium steht ein Gesetz, wonach ein geschändetes Mädchen mit dem Verführer bestraft wird, wenn das Vergehen in der Stadt begangen wurde. Geschah es aber auf dem Land oder an einem abgelegenen Ort, so wurde der Mann allein bestraft. *Denn*, so sagt das Gesetz, *das Mädchen hat geschrien und es ist nicht gehört worden.* Diese nachsichtige Auslegung lehrte die Mädchen, sich nicht an belebten Orten überraschen zu lassen.

Die Wirkung dieser unterschiedlichen Ansichten auf die Sitten ist offenbar. Die heutige Galanterie ist ihr Werk. Die Männer haben herausgefunden, daß ihr Vergnügen mehr vom freien Willen des schönen Geschlechts abhängt, als sie glaubten, und sie haben diesen Willen durch Gefälligkeiten gefangengenommen, wofür sie reichlich entschädigt wurden.

Hier sieht man, wie uns das Physische unmerklich zum Mora- **Liebe** lischen führt, und wie aus der rohen Vereinigung der Geschlechter langsam die süßesten Gesetze der Liebe erwachsen. Die Frauen herrschen nicht, weil die Männer es wollen, sondern weil es die Natur so will: sie herrschten schon, bevor sie zu herrschen schienen. Derselbe Herkules, der den fünfzig Töchtern des Thespios Gewalt anzutun glaubte, mußte bei Omphale spinnen; und der starke Samson war nicht so stark wie Dalila. Diese Herrschaft gehört den Frauen und kann ihnen nicht genommen werden, selbst wenn sie Mißbrauch damit treiben. Hätten sie sie jemals verlieren können, so hätten sie sie längst verloren.

In bezug auf die Folgen der geschlechtlichen Beziehungen gibt **Aufgaben und** es zwischen den beiden Geschlechtern keine Gleichheit. Der **Pflichten** Mann ist nur in gewissen Augenblicken Mann, die Frau aber ihr ganzes Leben lang Frau, oder wenigstens ihre ganze Jugend hindurch. Alles erinnert sie unaufhörlich an ihr Geschlecht, und um dessen Aufgabe erfüllen zu können, braucht sie eine entsprechende Konstitution. Während ihrer Schwangerschaft braucht sie Schonung, im Wochenbett Ruhe. Um die Kinder zu stillen, braucht sie eine bequeme Häuslichkeit. Um die Kinder zu erziehen, braucht sie Geduld und Zärtlichkeit, Eifer und Liebe, die vor nichts zurückschreckt. Sie ist das Band zwischen ihnen und deren Vater; sie allein flößt ihm Liebe zu ihnen ein und gibt ihm das Vertrauen, sie die Seinen zu nennen. Wieviel Liebe und Sorge braucht sie nicht, um die Einigkeit in der ganzen Familie aufrechtzuerhalten! Und das alles nicht aus Tugend, sondern aus Lust und Liebe, ohne die das Menschengeschlecht längst untergegangen wäre.

Die Pflichten, die beiden Geschlechtern zufallen, sind nicht gleich zwingend und können es auch nicht sein. Wenn sich die Frau darüber beklagt, daß die Ungleichheit zwischen ihr und dem Mann ungerecht ist, so hat sie unrecht. Diese Ungleichheit ist keine menschliche Einrichtung, zum mindesten nicht das Werk eines Vorurteiles, sondern das der Vernunft. Wem die Natur Kinder auszutragen anvertraut hat, der ist dem anderen dafür verantwortlich. Ohne Zweifel ist es niemandem erlaubt, die Treue zu brechen, und jeder untreue Mann, der seiner Frau den einzigen Lohn für die schweren Pflichten ihres Geschlechtes nimmt, ist ungerecht und ein Barbar. Aber die ungetreue Frau tut mehr: sie löst die Familie auf und bricht alle Bande der Natur. Gibt sie dem Mann Kinder, die nicht von ihm sind, so verrät sie beide und fügt der Treulosigkeit noch den Betrug hinzu. Ich kann mir gar nicht vorstellen, welche Zerrüttung und welche Verbrechen davon abhängen. Gibt es etwas Schrecklicheres auf Erden als einen unglücklichen Vater, der, weil er kein Vertrauen mehr in seine Frau hat, es nicht mehr wagt, sich seinen Gefühlen hinzugeben; der, wenn er seine Kinder küßt, daran zweifelt, ob er nicht das Kind eines anderen küßt, das Unterpfand seiner Entehrung, den Dieb des Gutes seiner eigenen Kinder. Was ist die Familie dann anderes als eine Gesellschaft heimlicher Feinde, die eine schuldige Frau gegeneinander aufhetzt, indem sie sie zwingt, gegenseitig Liebe zu heucheln.

Treue Es kommt also nicht nur darauf an, daß die Frau treu ist, sondern daß sie auch von ihrem Mann, ihren Nächsten und von jedermann dafür gehalten wird. Sie muß bescheiden, aufmerksam und zurückhaltend sein und in den Augen anderer wie in ihrem eigenen Gewissen ihre Tugend bestätigt finden. Soll ein Vater seine Kinder lieben, muß er ihre Mutter achten. Das sind die Gründe, warum sogar die Wahrung des Scheines zu den Pflichten der Frau gezählt wird und Ehre und Ruf nicht weniger unerläßlich ist als Keuschheit. Aus diesen Grundsätzen leitet sich neben dem moralischen Unterschied der Geschlechter ein neues Pflicht- und Anstandsmotiv ab, das den Frauen im besonderen vorschreibt, auf ihr Benehmen, ihre Sitten und ihre Haltung auf das gewissenhafteste zu achten. Leichthin zu behaupten, daß die beiden Geschlechter einander gleich seien und dieselben Pflichten hätten, heißt sich in leeren Redensarten zu verlieren und überhaupt nichts zu sagen, solange man darauf nicht geantwortet hat.

Frau und Mutter Wäre es nicht oberflächlich, wenn man auf so allgemeine und wohlbegründete Gesetze mit Ausnahmen antwortete? Ihr sagt, daß die Frau ja nicht immer gleich ein Kind bekommen muß! Nein, aber es ist ihre Bestimmung, Kinder zu bekommen. Weil es auf der Welt ein Hundert großer Städte gibt, in denen die Frauen wegen ihrer Zügellosigkeit nur wenige Kinder bekommen, behauptet ihr, es wäre die Bestimmung der Frau, wenige

Mann und Frau 391

Kinder zu haben? Und was würde aus euren Städten, wenn das Land, wo die Frauen noch einfacher und keuscher leben, die Unfruchtbarkeit der Damen nicht wieder ausgliche? In wie vielen Provinzen gelten Frauen, die nur vier oder fünf Kinder haben, als wenig fruchtbar*! Was macht es schließlich aus, wenn diese oder jene Frau nur wenige Kinder hat? Ist es darum weniger die Bestimmung der Frau, Mutter zu sein? und müssen nicht Natur und Sitten durch allgemeine Gesetze für diese Bestimmung sorgen?

Wenn es zwischen den einzelnen Schwangerschaften so lange Pausen gäbe, wie man annimmt, könnte dann eine Frau ohne Gefahr und Risiko so plötzlich und entscheidend ihre Lebensweise ändern? Könnte sie heute Amme und morgen Krieger sein? Soll sie ihr Temperament und ihre Neigungen ändern wie ein Chamäleon die Farben? Soll sie sich plötzlich aus dem Schatten der Zurückgezogenheit und der häuslichen Sorgen heraus dem Wind und Wetter, den Beschwerden, Mühen und Gefahren des Krieges aussetzen? Soll sie bald furchtsam**, bald mutig, bald zart und bald robust sein? Wenn es schon jungen Parisern Mühe macht, die Beschwerden des Waffenhandwerks zu ertragen, wie sollen es dann Frauen, die sich niemals der Sonne ausgesetzt haben und kaum gehen können, nach fünfzig Jahren der Verweichlichung ertragen? Sollen sie dies harte Gewerbe in einem Alter beginnen, wo es die Männer aufgeben?

Kann eine Frau Krieger sein?

Es gibt Länder, wo die Frauen fast schmerzlos gebären und ihre Kinder fast mühelos stillen. Gut. Aber in diesen Ländern gehen die Menschen jederzeit halbnackt, erlegen wilde Tiere, tragen ein Boot wie einen Rucksack, jagen über sechs- oder siebenhundert Meilen, schlafen auf bloßer Erde, ertragen unglaubliche Mühen und können mehrere Tage hintereinander fasten. Wenn die Frauen robust werden, werden es die Männer um so mehr; wenn die Männer verweichlichen, verweichlichen die Frauen um so mehr. Wenn sich die beiden Gegebenheiten gleichmäßig ändern, bleibt der Unterschied derselbe.

Härte und Verweichlichung

Plato schreibt in seinem „*Staat*" für die Frauen die gleichen Übungen vor; das glaube ich wohl. Da er in seinem Staat die Einzelfamilie abgeschafft hat und nicht mehr wußte, was er mit den Frauen machen sollte, machte er gezwungenermaßen Männer aus ihnen. Dieser große Geist hatte alles berechnet und alles

Die Frau bei Plato

---

* Ohne das würde die Gattung notwendigerweise zugrunde gehen: soll sich das Menschengeschlecht erhalten, muß jede Frau im Durchschnitt ungefähr vier Kinder haben. Denn von allen Kindern, die geboren werden, stirbt ungefähr die Hälfte, ehe sie selbst wieder Kinder haben können. Aber zwei müssen übrigbleiben, um Vater und Mutter zu ersetzen. Seht zu, ob euch die Städte diese Bevölkerung liefern!
** Die Furchtsamkeit der Frauen ist ebenfalls ein Instinkt der Natur gegenüber der doppelten Gefahr, die ihnen während der Schwangerschaft drohen.

vorausgesehen. Er kam Einwänden zuvor, die ihm vielleicht niemand machen wollte; aber die Einwände, die man ihm machte, hat er nicht widerlegt. Ich rede hier nicht von dieser sogenannten Frauengemeinschaft; der Vorwurf, den man so oft wiederholt, beweist nur, daß die, die ihn machen, Plato gar nicht gelesen haben. Ich spreche von dieser Promiskuität, die überall unterschiedslos die beiden Geschlechter in den Beschäftigungen und Arbeiten austauscht, was notwendigerweise zu den unerträglichsten Mißbräuchen führen muß. Ich spreche von dieser Zerrüttung der süßesten natürlichen Empfindungen, die einem künstlichen Gefühl geopfert werden, das nur durch sie bestehen kann: als ob es nicht natürlicher Beziehungen bedürfte, um konventionelle Bande zu knüpfen! als ob die Nächstenliebe nicht das Prinzip wäre für die Liebe, die man dem Staat schuldet! als ob sich nicht durch das kleine Vaterland der Familie das Herz an das große anschlösse! als ob nicht der gute Sohn, der gute Ehemann, der gute Vater den guten Bürger ausmachten!

Unterschiedliche Erziehung
Nachdem einmal bewiesen ist, daß der Mann und die Frau weder nach dem Charakter noch nach dem Temperament gleich gebildet sind noch sein dürfen, so folgt daraus, daß sie auch nicht die gleiche Erziehung haben dürfen. Folgen sie den Weisungen der Natur, so handeln sie wohl gemeinsam, aber sie dürfen nicht das gleiche tun. Das Ziel der Bemühungen ist das gleiche, aber die Aufgaben sind verschieden, und folglich auch die Neigungen, die sie leiten. Nachdem wir versucht haben, den natürlichen Mann zu bilden, müssen wir nun, um das Werk nicht unvollendet zu lassen, sehen, wie auch die Frau erzogen werden muß, die zu diesem Mann paßt.

Die Erziehung der Frau

Wollt ihr gut beraten sein, so folgt der Natur. Alles, was das Geschlechtliche betrifft, muß als naturgegeben geachtet werden. Ihr behauptet ständig: die Frauen haben diesen oder jenen Fehler, den wir nicht haben. Euer Hochmut täuscht euch! Für euch wären es Fehler, für sie sind es Tugenden. Alles ginge weniger gut, wenn sie sie nicht hätten. Verhindert, daß diese vermeintlichen Fehler entarten, aber hütet euch, sie auszurotten.

Schulen
Die Frauen ihrerseits beklagen ständig, daß wir sie zur Eitelkeit und zur Gefallsucht erziehen; daß wir sie ständig mit Kindereien unterhalten, um leichter die Herren zu bleiben. Sie machen uns für die Fehler verantwortlich, die wir ihnen vorwerfen. Welche Torheit! Seit wann mischen sich denn die Männer in die Erziehung der Mädchen ein? Wer hindert denn die Mütter, sie zu erziehen, wie es ihnen gefällt? Sie haben keine Gymnasien *(collèges)*! Wie schrecklich! Wollte Gott, es gäbe auch für die Jungen keine! Dann wären sie bestimmt vernünftiger und

Die Erziehung der Frau

sittsamer erzogen. Zwingt man eure Töchter, ihre Zeit mit Albernheiten zu verlieren? Müssen sie denn nach eurem Beispiel die Hälfte ihrer Zeit vor dem Spiegel verbringen? Hindert man euch, sie nach eurem Belieben zu unterrichten oder unterrichten zu lassen? Ist es unser Fehler, daß sie uns gefallen, wenn sie schön sind, wenn uns ihre Anmut verführt, wenn die Künste, die sie von euch lernen, uns anziehen und uns schmeicheln, wenn wir sie gerne geschmackvoll gekleidet sehen, wenn wir sie in Muße die Waffen schärfen lassen, mit denen sie uns unterwerfen? Erzieht sie doch einmal wie Männer; sie werden von Herzen zustimmen. Je mehr sie Männern gleichen, um so weniger werden sie sie beherrschen, und dann wären die Männer wirklich die Herren.

Die Fähigkeiten, die beiden Geschlechtern gemeinsam sind, **Rechte** sind ihnen nicht gleichmäßig zugeteilt; im ganzen genommen, gleichen sie sich aber aus. Die Frau gilt mehr als Frau und weniger als Mann. Überall, wo sie ihre Rechte als Frau geltend macht, ist sie im Vorteil; überall, wo sie sich die unsrigen anmaßt, ist sie uns unterlegen. Auf diese allgemeine Wahrheit kann man nur mit Ausnahmen antworten, wie es galante Verteidiger des schönen Geschlechts ständig tun.

Männliche Eigenschaften in der Frau auszubilden und ihre **Eigenschaften** eigenen zu vernachlässigen, heißt offensichtlich zu ihrem Schaden wirken. Gewitzte Frauen erkennen das nur zu gut, um sich darüber zu täuschen. Bei dem Versuch, sich unsere Vorrechte anzumaßen, geben sie daher ihre nicht auf. Da sie aber dann weder die einen noch die anderen wegen ihrer Unvereinbarkeit recht nutzen können, bleiben auch ihre Vorzüge ungenützt, ohne daß sie sich unserer bedienen können, und sie verlieren die Hälfte ihres Wertes. Glauben Sie mir, verständige Mutter, und machen Sie aus Ihrer Tochter keinen Mann, als ob Sie die Natur Lügen strafen wollten, und seien Sie versichert, daß es so für Ihre Tochter und für uns besser ist.

Folgt daraus, daß sie in allem unwissend aufwachsen muß, **Soll die Frau un-** außer in den häuslichen Verrichtungen? Soll der Mann aus seiner **wissend sein?** Gefährtin eine Dienstmagd machen? Soll er sich an ihrer Seite des größten Reizes der Gesellschaft berauben? Soll er sie am Fühlen und Denken hindern, um sie besser beherrschen zu können? Soll er einen Automaten aus ihr machen? Nein, gewiß nicht! So hat es die Natur nicht gewollt, die den Frauen einen so angenehmen und feinen Geist gab. Im Gegenteil: sie will, daß sie denken, urteilen, lieben, wissen; daß sie ihren Geist ebenso pflegen wie ihr Antlitz. Das sind die Waffen, die ihnen die Natur als Ersatz für die Kraft gab, die ihnen fehlt, und um unsere Kraft zu leiten. Sie müssen viel lernen, aber nur das, was sich für sie schickt.

Ob ich nun die Sonderbestimmung ihres Geschlechtes betrachte, **Öffentliche** ob ich ihre Neigungen beobachte oder ihre Pflichten bedenke, **Meinung** alles weist mich auf die Erziehungsform hin, die ihr angemessen ist. Mann und Frau sind füreinander geschaffen, aber ihre gegenseitige Abhängigkeit ist nicht gleich. Die Männer hängen wegen ihrer Begierden von den Frauen ab; die Frauen von den Männern wegen ihrer Begierden und Bedürfnisse. Wir könnten eher ohne sie als sie ohne uns bestehen. Wir müssen für ihre Bedürfnisse und ihr Wohlbefinden sorgen; wir müssen es ihnen aber auch geben wollen und sie dessen für würdig erachten. Sie hängen von unseren Gefühlen, von dem Wert, den wir ihren Verdiensten beimessen, und vom Gewicht ab, das wir auf ihre Reize und ihre Tugend legen. Schon von Natur aus hängen sie und ihre Kinder vom Urteil der Männer ab: es genügt nicht, schön zu sein, sie müssen auch gefallen; es genügt nicht, sittsam zu sein, sie müssen auch dafür gehalten werden. Ihre Ehre liegt nicht nur in ihrem Betragen, sondern auch in ihrem Ruf, und es ist unmöglich, daß eine Frau, die den Ruf der Ehrlosigkeit hinnimmt, jemals ehrbar sein kann. Ein rechtschaffener Mann hängt nur von sich selbst ab und kann der öffentlichen Meinung trotzen. Eine rechtschaffene Frau hat damit nur die Hälfte ihrer Aufgabe gelöst: das, was man über sie denkt, ist nicht weniger wichtig als das, was sie wirklich ist. Daraus folgt, daß ihre Erziehung in dieser Hinsicht das Gegenteil von unserer sein muß. Die öffentliche Meinung ist für die Männer das Grab ihrer Tugend, für die Frauen aber deren Thron.

Erziehung in bezug auf die Männer

Von der Gesundheit der Frauen hängt die der Kinder ab; von ihrer Sorgfalt hängt die erste Erziehung der Männer ab; von den Frauen hängen ihre Sitten und Leidenschaften, ihre Neigungen und Vergnügungen, ja ihr Glück ab. Die ganze Erziehung der Frauen muß daher auf die Männer Bezug nehmen. Ihnen gefallen und nützlich sein, ihnen liebens- und achtenswert sein, sie in der Jugend erziehen und im Alter umsorgen, sie beraten, trösten und ihnen das Leben angenehm machen und versüßen: das sind zu allen Zeiten die Pflichten der Frau, das müssen sie von ihrer Kindheit an lernen. Geht man nicht bis auf dieses Grundprinzip zurück, so entfernt man sich vom Ziel, und alle Vorschriften, die man ihnen macht, können weder zu ihrem noch zu unserem Glück dienen.

Obwohl jede Frau den Männern gefallen will und es auch wollen soll, besteht doch ein Unterschied, einem verdienstvollen und wirklich liebenswürdigen Mann gefallen zu wollen oder einem jener Modejünglinge, die ihr Geschlecht und jenes, das sie nachahmen, entehren. Weder Natur noch Vernunft können eine Frau dazu bringen, in Männern das zu lieben, was ihr selbst gleicht, genausowenig wie sie dadurch deren Liebe gewinnen darf, daß sie sich männlich gibt.

Die Natur als Lehrmeister

Verlassen Frauen also den bescheidenen und gesetzten Ton ihres Geschlechts, um die Manieren jener Modenarren anzunehmen, so folgen sie nicht nur nicht ihrer Berufung, sie ver-

Die Erziehung der Frau

zichten sogar darauf. Sie berauben sich selbst der Rechte, die sie sich anmaßen wollten. Wären wir anders, sagen sie, so gefallen wir den Männern nicht. Sie lügen. Man muß ein Narr sein, um Narren zu lieben. Der Wunsch, solchen Leuten zu gefallen, verrät den Geschmack der Frau, die ihn hegt. Gäbe es keine lockeren Gesellen, sie würde sich beeilen, welche zu machen. Der Leichtsinn der Männer ist weit häufiger das Werk der Frauen als umgekehrt. Eine Frau, die wahre Männer liebt und ihnen gefallen will, wählt die entsprechenden Mittel. Sie ist ihrem Wesen nach zierig; aber ihre Zierigkeit wechselt nach ihren Ansichten in Form und Gegenstand. Stimmen wir diese Ansichten auf die der Natur ab, und die Frau hat die Erziehung, die sie braucht.

Fast von der Geburt an lieben Mädchen den Putz. Es genügt ihnen nicht, hübsch zu sein, sie wollen auch, daß man sie hübsch findet. An ihrem Gehabe sieht man, daß sie diese Sorge schon beschäftigt. Kaum verstehen sie, was man ihnen sagt, kann man sie schon mit der Bemerkung lenken, was wohl andere von ihnen denken. Dieses Motiv hätte auf Knaben, wie man es auch unbedachterweise vorgeschlagen hat, kaum einen Erfolg. Vorausgesetzt, daß sie ungebunden sind und ihren Zeitvertreib haben, kümmern sie sich höchst wenig darum, was man von ihnen denken könnte. Es gehört viel Zeit und Mühe dazu, sie demselben Gesetz zu unterwerfen. *Putzsucht*

Woher auch die Mädchen diese erste Lektion erhalten, sie ist jedenfalls sehr gut. Da der Leib sozusagen vor der Seele geboren wird, muß die Körperpflege auch zuerst kommen: diese Ordnung ist beiden Geschlechtern gemeinsam, aber das Ziel ist verschieden. Bei dem einen müssen die Kräfte entwickelt werden, bei dem anderen die Anmut. Nicht, daß diese Eigenschaften ausschließlich einem der Geschlechter zukommt, nur die Größenordnung ist umgekehrt: die Frauen brauchen so viel Kraft, daß sie alles mit Anmut tun können; die Männer brauchen so viel Geschicklichkeit, daß sie alles mit Leichtigkeit tun können. *Körperpflege*

Mit der übertriebenen Verweichlichung der Frauen beginnt auch die Verweichlichung der Männer. Die Frauen brauchen nicht so stark zu sein wie sie, sie müssen für sie stark sein, damit die Männer, die sie gebären, es auch sind. Hierin sind die Klöster, wo die Pfleglinge derbe Kost bekommen, aber viel Bewegung, Wettläufe, Spiele im Freien und im Garten haben, dem Elternhaus vorzuziehen, wo ein Mädchen, aufgepäppelt, immer umschmeichelt oder ausgescholten, unter den Augen der Mutter im Zimmer sitzt und weder aufzustehen, zu gehen, zu sprechen oder zu atmen wagt, und keinen freien Augenblick zum Spielen, Springen, Laufen und Schreien hat oder sich dem Überschwang hingeben darf, der seinem Alter natürlich ist: immer gefährliche Nachsicht oder falschverstandene Strenge; niemals Vernunft. So richtet man Leib und Seele der Jugend zugrunde. *Verweichlichung und Abhärtung*

Griechische Mädchen-erziehung

In Sparta übten sich die Mädchen wie die Jungen in kriegerischen Spielen, nicht um in den Krieg zu ziehen, sondern um eines Tages Kinder zu haben, die diese Anstrengungen auszuhalten fähig sind. Ich billige das nicht! Es ist nicht nötig, daß die Mütter Gewehre tragen und preußisch exerzieren, um dem Staat Soldaten zu gebären. Aber im allgemeinen war die griechische Erziehung in dieser Hinsicht sehr vernünftig. Die Mädchen erschienen oft in der Öffentlichkeit, ohne Jungen, allein unter sich. Es gab kaum ein Fest, ein Opfer, eine Feierhandlung, wo man nicht Scharen von ersten Bürgertöchtern antraf, mit Blumen geschmückt, die Hymnen sangen, Reigen tanzten, Körbe, Gefäße, Opfergaben trugen und den lasterhaften Sinnen der Griechen ein reizendes Schauspiel boten, das geeignet war, die üble Wirkung ihrer unschicklichen Gymnastik auszugleichen. Welchen Eindruck diese Gebräuche auf die Männer auch ausübten, er war jedenfalls ausgezeichnet, um dem weiblichen Geschlecht in seiner Jugend durch angenehme, maßvolle und gesunde Übungen eine gute körperliche Verfassung zu sichern und den Geschmack zu bilden durch den ständigen Wunsch zu gefallen, ohne jemals die Sitten zu gefährden.

Griechische Mütter

Sobald die Mädchen verheiratet waren, sah man sie nicht mehr in der Öffentlichkeit. Auf ihr Haus beschränkt, kümmerten sie sich nur mehr um ihre Wirtschaft und ihre Familie. Das ist die Lebensweise, die Natur und Vernunft ihrem Geschlecht vorschreibt. Diese Mütter haben die gesündesten, die stärksten, die schönsten Kinder der Welt geboren. Trotz dem schlechten Ruf einiger Inseln steht fest, daß man von allen Völkern der Erde, die Römer nicht ausgenommen, keines kennt, wo die Frauen sittsamer und freundlicher zugleich gewesen wären und wo Ehrbarkeit und Schönheit sich besser gepaart hätten als im alten Griechenland.

Kleidung

Es ist bekannt, daß die bequeme und unbeengte Kleidung viel dazu beitrug, beiden Geschlechtern die schönen Proportionen zu bewahren, die man an ihren Statuen sieht und die heute noch der Kunst als Vorbild dienen, weil ihr unter uns die verschandelte Natur keines mehr bietet. Sie kannten keine von diesen mittelalterlichen Fesseln, von diesen Unmengen von Wickeln, die unsere Glieder von allen Seiten einschnüren. Ihren Frauen waren Schnürleiber unbekannt, durch die unsere Frauen ihre Hüften eher verunstalten als betonen. Ich bin überzeugt, daß dieser in England bis zur Unfaßbarkeit getriebene Mißbrauch das Menschengeschlecht zur Entartung treibt, und ich behaupte sogar, daß das Gefallen, das man darin findet, schlechten Geschmack verrät. Es ist eben nicht erbauend, eine Frau zu sehen, die wie eine Wespe in zwei Teile zerstückelt ist. Das beleidigt das Auge und verletzt die Phantasie. Die Hüftweite hat, wie alles andere, ihre Verhältnisse und ihr Maß. Wird sie unterschritten, so ist es eben ein Schönheitsfehler: dieser Fehler würde

Die Erziehung der Frau

selbst am nackten Körper ins Auge fallen! Warum soll er dann unter der Kleidung schön sein?

Ich will nicht weiter auf die Gründe eingehen, warum die Frauen darauf bestehen, sich zu panzern. Eine erschlaffte Brust, ein dicker Bauch usw. mißfallen bei einer Person von zwanzig Jahren, ich gebe es zu; aber nicht mehr bei einer von dreißig. Da wir aber in jedem Alter, ob wir wollen oder nicht, das sind, was der Natur gefällt, und da sich darüber das Auge des Mannes nicht täuschen läßt, so sind diese Mängel in jedem Alter weniger unerfreulich als die dumme Ziererei eines kleinen Mädchens von vierzig Jahren.

Alles, was die Natur hemmt und behindert, zeugt von schlech- **Gesundheit** tem Geschmack. Das gilt sowohl für den Putz des Körpers wie für den Geschmack des Geistes. Leben, Gesundheit, Vernunft und Wohlbefinden gehen allem voran. Es gibt keine Anmut ohne Ungezwungenheit. Zartheit heißt nicht Schmachten, und man braucht nicht krank zu sein, um zu gefallen. Man erweckt Mitleid, wenn man leidet; Freude aber und Verlangen fordern frische Gesundheit.

Kinder beiderlei Geschlechtes haben viel gemeinsame Spiele, **Spiele** und das muß so sein; haben sie sie denn nicht auch, wenn sie groß sind? Natürlich haben sie auch Neigungen, die sie voneinander unterscheiden. Die Jungen suchen Bewegung und Lärm: Trommeln, Kreisel, Wägelchen. Die Mädchen lieben mehr, was auffällig ist und ins Auge fällt: Spiegel, Schmuck, Tücher, vor allem aber Puppen. Die Puppe ist das bevorzugte Spiel dieses Geschlechtes. Deutlich ist ihre Neigung von ihrer Berufung bestimmt. Das Greifbare in der Kunst zu gefallen, liegt im Putz. Kinder können daher nur diese Seite dieser Kunst pflegen.

Beobachtet einmal, wie ein Mädchen den Tag mit seiner **Puppen** Puppe verbringt, wie es ständig die Kleidung ändert, sie hundertmal an- und auszieht, ständig neue Möglichkeiten von gut- und schlechtzusammenpassendem Schmuck ausprobiert, worauf es aber nicht ankommt. Die Finger sind noch ungeschickt, der Geschmack ist noch ungebildet, aber es zeigt sich schon die Neigung. Bei dieser ewigen Beschäftigung vergeht unmerklich die Zeit. Es vergißt die Mahlzeiten, es hungert mehr nach Putz als nach Brot. Aber, werden Sie sagen, die Kleine schmückt doch ihre Puppe und nicht sich selbst. Ohne Zweifel. Sie sieht die Puppe und nicht sich selbst, denn sie kann noch nichts für sich selber tun; sie ist noch nicht entwickelt, sie hat weder Talent noch Kraft, sie hat noch nichts; sie geht ganz in ihrer Puppe auf; in sie legt sie ihre ganze Eitelkeit. So bleibt es natürlich nicht immer. Es kommt der Augenblick, wo sie selbst ihre Puppe ist.

Das ist die erste deutliche Neigung. Man braucht ihr nur zu **Nadelarbeit** folgen und sie zu zügeln. Sicherlich möchte die Kleine nichts lieber, als selbst ihre Puppe schmücken, Bandschleifen knüpfen,

Halstücher, Falbeln und Spitzen machen. Sie hängt aber in all diesen Dingen so grausam vom Gutdünken anderer ab, daß es ihr bequemer erscheinen muß, es selbst machen zu können. Darauf gründet sich der erste Unterricht, den man ihr gibt: Man schreibt ihr keine Aufgaben vor, sondern man tut ihr einen Gefallen. Tatsächlich lernen alle Mädchen nur mit Widerwillen Lesen und Schreiben; aber wie man eine Nadel hält, das lernen sie gerne. Sie kommen sich schon erwachsen vor und denken mit Vergnügen daran, daß diese Fähigkeit ihnen eines Tages dazu dienen könnte, sich herauszuputzen.

Ist der Anfang gemacht, so kommt man leicht weiter: Nähen, Sticken, Klöppeln kommen von allein. Teppichknüpfen ist nicht so sehr nach ihrem Geschmack. Möbel liegen ihnen ferne; sie haben keine unmittelbare Beziehung zur Person, sondern unterliegen anderen Vorstellungen. Mit Teppichweben unterhalten sich Frauen, Mädchen haben daran wenig Freude.

Zeichnen   Diese freiwilligen Fortschritte lassen sich leicht bis auf das Zeichnen ausdehnen, denn diese Kunst ist jener verwandt, sich geschmackvoll zu kleiden. Aber ich möchte nicht, daß man sie zum Landschafts- oder zum Portraitszeichnen verwendet. Blätter, Blumen, Früchte, Faltenwürfe, alles, was zu einer eleganten Kleidung dienen und womit man sich selbst ein Stickmuster entwerfen kann, wenn man keines findet, das einem gefällt. Überhaupt, wenn es für die Männer wichtig ist, ihre Studien auf praktische Kenntnisse zu beschränken, so ist es für Frauen noch wichtiger, weil ihr Leben, obwohl weniger geschäftig, stetiger von Pflichten erfüllt ist oder erfüllt sein sollte und häufiger von verschiedenen Obliegenheiten unterbrochen ist, die ihnen nicht erlauben, sich irgendeinem ihrer Talente nach ihrer Wahl zum Nachteil ihrer Pflichten hinzugeben.

Lesen und   Was auch Spaßvögel darüber sagen mögen, beide Geschlechter
Schreiben   besitzen gleicherweise gesunden Menschenverstand. Mädchen sind im allgemeinen folgsamer als Jungen, und man muß ihnen gegenüber sogar mehr Autorität geltend machen, wie ich es gleich darstellen werde. Daraus folgt aber nicht, daß man von ihnen etwas fordern darf, dessen Nutzen sie nicht einsehen. Die Kunst der Mütter besteht darin, ihnen bei allem, was sie ihnen vorschreiben, die Nützlichkeit zu zeigen. Und das ist um so leichter, weil sich die Einsicht bei Mädchen früher entwickelt als bei Jungen. Diese Regel schließt bei ihrem wie bei unserem Geschlecht nicht allein alle müßigen Studien aus, die zu nichts Gutem führen und die nicht einmal Jungen, die sie betrieben haben, den anderen liebenswürdiger machen, sondern auch alle jene Studien, die ihrem Alter noch nicht nützlich sind und deren späteren Nutzen das Kind nicht voraussehen kann. Wenn ich schon nicht will, daß man einen Jungen zum Lesenlernen zwingt, so will ich erst recht nicht, daß man Mädchen dazu zwingt, bevor sie den Zweck der Lektüre richtig eingesehen haben. In der

Die Erziehung der Frau

Art, wie man ihnen diesen Nutzen gewöhnlich beweisen will, folgt man weit eher seinen eigenen Neigungen als den ihren. Alles in allem, warum soll eigentlich ein Mädchen so früh lesen und schreiben lernen? Hat sie so bald einen Haushalt zu führen? Es gibt viele, die diese verderbliche Kunst eher mißbrauchen als nutzen; alle sind viel zu neugierig, um sie nicht ohne Zwang zu lernen, wenn sie Muße und Gelegenheit dazu haben. Vielleicht sollten sie vor allem rechnen lernen, denn nichts ist jederzeit nützlicher, fordert längere Übung und ist häufigeren Irrtümern unterworfen als Rechnungen. Wenn man die Kirschen, die die Kleine zum Abendbrot bekommt, von der Lösung einer arithmetischen Aufgabe abhängig macht, so bin ich sicher, daß sie bald rechnen könnte.

Ich kenne ein Mädchen, das eher schreiben als lesen lernte und eher mit der Nadel zu schreiben begann als mit der Feder. Zuerst wollte sie von allen Buchstaben nur das O malen. Unaufhörlich machte sie große und kleine O, O von jeder Gestalt, ein O im anderen und immer verkehrt herum geschrieben. Während sie eines Tages mit dieser nützlichen Übung beschäftigt war, sah sie unglücklicherweise in den Spiegel und fand, daß ihre gezwungene Schreibhaltung reizlos aussah; sie warf die Feder wie eine zweite Minerva weg und wollte keine O mehr machen. Ihr Bruder hatte ebenfalls keine Lust zum Schreiben. Ihn verdroß aber der Zwang und nicht die schlechte Haltung. Man versuchte es nun auf andere Weise, das Mädchen wieder zum Schreiben zu bringen. Die Kleine war zart und eitel und nicht damit einverstanden, daß ihre Wäsche auch von ihren Schwestern getragen wurde. Die Wäsche wurde also gezeichnet; bald hörte man aber damit auf. Sie sollte sie gefälligst selber zeichnen. Man kann sich vorstellen, wie die Sache weiter verlaufen ist.

Mit der Nadel schreiben

Rechtfertigt also immer die Pflichten, die ihr den Mädchen auferlegt; gebt ihnen jedoch immer etwas zu tun. Müßiggang und Lernunwilligkeit sind die beiden gefährlichsten Fehler, die man am schwersten wieder ablegen kann, wenn man sie einmal angenommen hat. Mädchen müssen umsichtig und fleißig sein. Das ist aber nicht alles: sie müssen beizeiten an den Zwang gewöhnt werden. Dieses Unglück (wenn es für sie ein Unglück ist) gehört untrennbar zu ihrem Geschlecht. Gelingt es ihnen, sich davon zu befreien, so verfallen sie noch weitaus größeren. Ihr ganzes Leben lang sind sie dem beständigsten und grausamsten Zwang unterworfen, nämlich dem der Schicklichkeit. Sie müssen also zuerst an den Zwang gewöhnt werden, damit es ihnen später keine Mühe mehr macht, ihre Launen zu beherrschen und sie dem Willen eines anderen unterzuordnen. Möchten sie aber immer arbeiten, so muß man sie manchmal dazu zwingen, nichts zu tun. Zerstreutheit, Leichtfertigkeit, Unbeständigkeit sind die Fehler, die leicht aus ihren Launen entstehen, wenn man sie durchgehen läßt. Um diesem Mißbrauch zuvorzukommen, lehrt

Müßiggang und Beschäftigung

sie vor allem, sich zu beherrschen. Bei unseren unvernünftigen Einrichtungen besteht das Leben einer ehrbaren Frau aus einem einzigen Kampf mit sich selbst. Es ist aber nur gerecht, wenn das Geschlecht die Übel mit uns teilt, die es uns zugefügt hat.

Anhänglichkeit Man muß verhindern, daß sich die Mädchen bei ihren Beschäftigungen langweilen und bei ihren Vergnügungen verausgaben, wie es bei der gewöhnlichen Erziehung immer wieder vorkommt, wo, wie Fénelon sagt, die ganze Langeweile auf die eine Seite und das ganze Vergnügen auf die andere gelegt wird. Beachtet man die erwähnte Regel, so tritt die erste dieser Unzuträglichkeiten nur ein, wenn ihnen die Leute ihrer Umgebung mißfallen. Ein Mädchen, das seine Mutter oder seine Freundin liebt, arbeitet den ganzen Tag an ihrer Seite, ohne sich zu langweilen. Schon allein das Geplauder entschädigt es für allen Zwang. Ist ihm aber seine Erzieherin unerträglich, dann wird ihm alles, was es unter ihren Augen machen soll, unerträglich. Schwerlich wird ein Mädchen, das seine Mutter nicht jedermann vorzieht, gut geraten. Um aber ihre wahren Gefühle beurteilen zu können, muß man sie beobachten und sich nicht auf das verlassen, was sie sagen: denn sie schmeicheln und heucheln und können sich früh verstellen. Andrerseits darf man ihnen auch nicht vorschreiben, ihre Mutter gerne zu haben: Gefühle lassen sich nicht befehlen und Zwang nützt hier nichts. Anhänglichkeit, Fürsorge und bloße Gewohnheit bewirken, daß die Tochter die Mutter liebt, wenn sie nichts tut, um sich ihren Haß zuzuziehen. Wird der Zwang, unter dem sie sie halten, richtig angewendet, so festigt er die Anhänglichkeit, statt sie zu lockern, denn die Abhängigkeit ist ein natürlicher Zustand der Frauen und die Mädchen fühlen, daß sie zum Gehorchen geschaffen sind.

Unbeständigkeit und Überschwang Aus demselben Grund, aus dem sie wenig Freiheit haben oder haben sollen, übertreiben sie die, die sie haben, bis zum Übermaß. Extrem in allem, überlassen sie sich ihren Spielen mit größerem Ungestüm als die Jungen: das ist der zweite Übelstand, von dem ich eben gesprochen habe. Dieses Ungestüm muß gezügelt werden, denn es ist die Ursache einiger Untugenden, die den Frauen eigentümlich sind, wie z. B. die eigensinnige Versessenheit, mit der sich eine Frau heute für etwas begeistert, wofür sie morgen keinen Blick mehr hat. Die Unbeständigkeit ihrer Vorlieben schadet ihnen ebenso wie ihr Überschwang; beide kommen aus der gleichen Quelle. Nehmt ihnen nicht die Fröhlichkeit, das Lachen, das Lärmen, die ausgelassenen Spiele; aber verhütet, daß sie das eine satt bekommen, um zum anderen zu laufen. Duldet nicht, daß sie auch nur einen Augenblick in ihrem Leben über die Stränge schlagen. Gewöhnt sie daran, mitten im Spiel unterbrochen zu werden und anderen Pflichten ohne Murren zu folgen. Die bloße Gewohnheit genügt hierin, weil sie der Natur Beistand leistet.

Die Erziehung der Frau

Aus diesem zur Gewohnheit gewordenen Zwang entsteht die **Folgsamkeit** Folgsamkeit, die die Frauen ihr ganzes Leben lang brauchen, weil sie immer entweder einem Mann oder den Urteilen der Gesellschaft unterworfen sind und sich niemals über diese Urteile hinwegsetzen dürfen. Die erste und wichtigste Eigenschaft einer Frau ist die Sanftmut: bestimmt, einem so unvollkommenen Wesen wie einem Mann zu gehorchen, der oft selbst voller Laster und immer voller Fehler ist, muß sie frühzeitig lernen, Unrecht zu erdulden und Übergriffe eines Mannes zu ertragen, ohne sich zu beklagen. Nicht für ihn, für sich selbst muß sie sanft sein. Bitterkeit und Halsstarrigkeit verschlimmern nur ihre Leiden und das schlechte Benehmen der Ehemänner; sie fühlen, daß man sie mit diesen Waffen nicht besiegen darf. Der Himmel hat ihnen nicht Schmeichelei und Überredungsgabe gegeben, damit sie zänkisch werden; er hat sie nicht schwach gemacht, damit sie herrschsüchtig werden. Er hat ihnen nicht diese süße Stimme gegeben, damit sie schimpfen. Er hat ihnen nicht dieses zarte Antlitz gegeben, damit sie es im Zorn verzerren. Wenn sich Frauen ärgern, vergessen sie sich. Sie haben oft recht, sich zu beklagen, aber sie haben immer unrecht, wenn sie schelten. Jeder muß den Ton seines Geschlechts wahren. Ein Mann, der zu nachgiebig ist, kann eine Frau unverschämt machen. Ist aber der Mann nicht geradezu ein Ungeheuer, so bringt ihn die Sanftmut einer Frau wieder zur Vernunft, und früher oder später triumphiert sie über ihn.

Sollen Mädchen auch immer gehorsam sein, so dürfen die **List** Mütter auch nicht immer unerbittlich sein. Um ein junges Wesen gefügig zu machen, darf man es nicht unglücklich machen. Um es bescheiden zu machen, darf man es nicht einschüchtern. Im Gegenteil, ich hätte nichts dagegen, wenn man ihm eine kleine List zubilligt, nicht um der Strafe zu entgehen, weil es ungehorsam war, sondern um nicht gehorchen zu müssen. Es handelt sich nicht darum, ihr die Abhängigkeit lästig zu machen, es genügt, sie sie fühlen zu lassen. Die List ist eine Naturgabe dieses Geschlechts. Da ich überzeugt bin, daß alle Naturgaben gut und richtig sind, bin ich der Meinung, auch diese wie jede andere zu pflegen: es handelt sich nur darum, Mißbrauch zu verhindern.

Jeder unparteiische Beobachter kann mir die Richtigkeit dieser **Kindlicher Witz** Bemerkung bestätigen. Ich möchte aber nicht, daß man darüber die Frauen selbst befragt: unsere lästigen Einrichtungen könnten sie zwingen, ihren Witz zu gebrauchen. Ich will, daß man kleine Mädchen prüft, die sozusagen eben erst auf die Welt gekommen sind. Man muß sie mit Knaben desselben Alters vergleichen; wenn diese bei dem Vergleich nicht schwerfällig, unbeholfen und linkisch erscheinen, dann habe ich unbestreibar unrecht. Man erlaube mir, ein Beispiel anzuführen, das die ganze kindliche Naivität zeigt.

26 Rousseau

In der Regel wird den Kindern verboten, bei Tisch etwas zu verlangen; denn man glaubt, niemals in ihrer Erziehung besser vorwärtszukommen, als wenn man die Erziehung mit nichtigen Vorschriften überlädt, als ob nicht dieses oder jenes Stück ebensorasch gewährt wie verweigert werden könnte*, ohne das arme Kind an seinem von der Hoffnung genährten Verlangen vergehen zu lassen. Bekannt ist die Geschichte von dem schlauen Jungen, der zwar auch diesem Befehl gehorchen mußte, der aber, weil man ihn bei Tisch vergessen hatte, auf den Gedanken kam, um Salz zu bitten; usw. Ich möchte nicht sagen, daß man ihn hätte schelten sollen, weil er direkt um Salz, indirekt aber um Fleisch gebeten hatte. Ihn vergessen zu haben, war so grausam, daß ich nicht glauben kann, daß man ihn dafür gestraft hätte, wenn er offen das Gebot übertreten und ohne Umschweif gesagt hätte, daß er Hunger habe. Ganz anders aber benahm sich in meiner Gegenwart ein Mädchen von sechs Jahren in einem viel schwierigeren Fall. Auch ihm hatte man auf das strengste verboten, irgend etwas direkt oder indirekt zu verlangen; der Ungehorsam wäre hier unverzeihlich gewesen, da es von allen Gerichten gegessen hatte bis auf eines, das man vergessen hatte ihm zu reichen, und nach dem es ihm sehr gelüstete.

Um zu erreichen, daß man dieses Vergessen wiedergutmache, ohne daß man es des Ungehorsams beschuldigen könnte, zeigte es mit dem Finger der Reihe nach auf alle Gerichte und sagte bei jedem einzelnen laut: *Davon habe ich gegessen; davon habe ich gegessen.* Aber es ging so auffällig und wortlos über das hinweg, wovon es nichts bekommen hatte, daß es jemand bemerkte und fragte: und von dem hast du nichts bekommen? *O nein!* antwortete die kleine Feinschmeckerin mit süßer Stimme und schlug die Augen nieder. Ich füge nichts weiter hinzu. Aber vergleichen Sie: Das eine ist eine Mädchenlist, das andere die List eines Jungen.

List und Schönheit Was ist, ist gut, und kein allgemeines Gesetz ist schlecht. Die dem weiblichen Geschlecht verliehene, ihm eigentümliche Geschicklichkeit ist ein sehr gerechter Ausgleich für die Kraft, die ihm fehlt. Ohne sie wäre die Frau nicht seine Gefährtin, sondern seine Sklavin. Durch diese Überlegenheit an Witz bleibt sie ihm ebenbürtig und beherrscht ihn, indem sie ihm gehorcht. Alles haben die Frauen gegen sich: unsere Fehler, ihre Schüchternheit, ihre Schwäche. Für sich haben sie nur ihre List und ihre Schönheit. Ist es daher nicht richtig, wenn sie beide pflegen? Aber Schönheit ist nicht jedermann gegeben; sie vergeht durch tausend Zufälle; sie schwindet mit den Jahren. Gewöhnung zerstört ihre Wirkung. Der Geist allein ist die wahre Stütze des Geschlechts:

---

* Ein Kind wird aufdringlich, wenn es damit zum Ziel kommt. Es wird aber niemals zweimal um die gleiche Sache bitten, wenn die erste Antwort unwiderruflich ist.

Die Erziehung der Frau

nicht jeder dumme Witz, dem man in der Gesellschaft soviel Wert beimißt und der in nichts das Leben glücklich macht, sondern jener Geist ihres Wesens, die Kunst, aus unserem Geist Vorteile zu ziehen und sich unsere eigenen Vorzüge zunutz zu machen. Man weiß gar nicht, wie nützlich diese Geschicklichkeit der Frauen uns selber ist, wieviel Reiz er dem Verkehr der beiden Geschlechter verleiht, wie sehr er dazu dient, ungestüme Kinder zu zügeln, wie weit er brutale Männer zurückhält, wie oft er gute Ehen, die ohne ihn durch Zwietracht gestört würden, zusammenhält. Hinterlistige und böse Frauen treiben damit allerdings Mißbrauch, ich weiß es wohl: Aber womit treibt das Laster nicht Mißbrauch? Man darf die Werkzeuge des Glücks nicht deshalb zerstören, weil die Bösen sich manchmal ihrer bedienen, um Schaden anzurichten.

Durch Putz kann man zwar glänzen, aber gefallen kann man nur durch die Persönlichkeit. Unsere Gewänder sind nicht wir. Oft entstellen sie, weil sie zu gesucht sind, und oft sind die Geputztesten diejenigen, die man am wenigsten bemerkt. In diesem Punkt ist die Erziehung der Mädchen völlig widersinnig. Man verspricht ihnen Schmuck als Belohnung, man lehrt sie, gesuchten Putz zu lieben: *Wie schön sie ist!* sagt man ihnen, wenn sie herausgeputzt sind. Man müßte ihnen im Gegenteil beibringen, daß soviel Putz nur dazu dient, die Mängel zu verbergen. Der wahre Triumph der Schönheit besteht darin, durch sich selbst zu glänzen. Modesucht zeugt von schlechtem Geschmack, weil die Gesichter nicht mit der Mode wechseln. Da die Figur dieselbe bleibt, kleidet sie das, was sie einmal kleidet, immer. *Persönlichkeit*

Wenn mir so ein aufgeputztes Mädchen begegnet, so würde ich mich über ihre vermummte Figur und über all das, was man darüber denken könnte, beunruhigt zeigen. Ich würde sagen: schade, daß sie sich zu sehr herausputzt. Glauben Sie, daß sie es sich leisten könnte, sich einfacher zu kleiden? Ist sie schön genug, um auf dies oder jenes verzichten zu können? Vielleicht wäre sie dann die erste mit ihrer Bitte, ihr den Putz wegzunehmen und dann zu urteilen: Jetzt könnte man ihr, wenn überhaupt, Beifall spenden. Ich würde sie niemals mehr loben als dann, wenn sie am einfachsten gekleidet ist. Wenn sie den Schmuck nur als Ergänzung ihrer persönlichen Anmut ansieht und als ein stillschweigendes Eingeständnis, daß sie seiner bedarf, um zu gefallen, dann wird sie auf ihre Kleidung nicht mehr stolz sein, sondern sich darein bescheiden. Hört sie dann, wenn sie mehr als sonst herausgeputzt ist, wie einer sagt: *Wie schön sie ist!* so wird sie voller Scham erröten. *Kleidung*

Im übrigen gibt es Figuren, die brauchen den Putz, aber keine, die teuren Schmuck nötig hätten. Standesdünkel, nicht aber persönliche Eitelkeit, verlangt einen Aufwand, der zugrunde richtet; er hängt einzig vom Vorurteil ab. Echte Koketterie ist manch- *Putz* mal gekünstelt, aber niemals protzig: Juno kleidete sich prächtiger als Venus. *Da du sie nicht schön malen kannst, malst du sie reich,* sagte Apelles einem schlechten Maler, der Helena mit Schmuck überladen gemalt hatte. Auch ich habe bemerkt, daß pompöser Aufzug oft auf häßliche Frauen schließen läßt: man kann sich keine Eitelkeit vorstellen, die ungeschickter wäre. Gebt einem Mädchen, das Geschmack hat und die Mode verachtet, Bänder, Gaze, Musseline und Blumen; ohne Diamanten, Pompons und Spitzen* macht sie sich ein Kleid, das ihr hundertmal besser steht als der glänzendste Putz der Duchapt.

Da das, was gut ist, immer gut ist, und da es immer das Bestmögliche sein muß, so wählen die Frauen, die von Kleidern etwas verstehen, die guten und bleiben dabei. Da sie sie nicht alle Tage wechseln, sind sie weniger damit beschäftigt als die, die nicht wissen, wozu sie sich entschließen sollen. Wahre Sorge um den Putz braucht wenig Aufmachung. Junge Personen der Gesellschaft haben selten großen Toilettenapparat; Arbeit und Unterricht füllen ihren Tag. Im allgemeinen aber sind sie, bis auf die Schminke, ebenso sorgfältig gekleidet wie die Damen, oft sogar geschmackvoller. Der Toilettenmißbrauch ist etwas anderes als man glaubt: er entspringt viel eher der Langeweile als der Eitelkeit. Eine Frau, die sechs Stunden mit ihrer Toilette verbringt, weiß sehr wohl, daß sie darum nicht besser angezogen ist als eine Frau, die nur eine halbe Stunde dazu braucht. Aber sie hat wenigstens so viel Zeit totgeschlagen, und es ist immer noch besser, man unterhält sich mit sich, als man langweilt sich über alles. Was sollte man ohne die Toilette von Mittag bis um neun Uhr mit seinem Leben anfangen? Umgibt man sich mit Kammerfrauen, so kann man sich damit unterhalten, sie ungeduldig zu machen: das ist wenigstens etwas. Man vermeidet eine Begegnung mit einem Ehemann, den man nur in dieser Stunde sieht: das ist schon viel mehr. Dann kommen die Krämerinnen, die Trödler, die Modeherrchen, die Dichterlinge mit ihren Gedichten, Liedern und Flugschriften: ohne die Toilette könnte man das alles nie so gut unter einen Hut bringen. Der einzige wahre Gewinn bei der Sache ist der Vorwand, sich etwas mehr zur Schau stellen zu können, als wenn man schon angezogen ist. Aber der Gewinn ist nicht so groß wie man denkt, und die Damen am Putztisch gewinnen nicht soviel, wie sie sich einbilden. Gebt den Frauen ohne Bedenken eine Frauenerziehung, damit sie die Sorgen ihres Geschlechtes lieben lernen; damit sie bescheiden werden; damit sie ihr Hauswesen führen und sich mit ihm beschäftigen können. Dann fällt die große Toilette von selbst; sie aber werden um so geschmackvoller gekleidet sein.

---

* Frauen, die so weiße Haut haben, daß sie Spitzen entbehren können, würden den anderen Frauen argen Verdruß bereiten, wenn sie keine trügen. Mode wird fast immer von Häßlichen eingeführt, denen sich die Schönen aus Dummheit unterwerfen.

Die Erziehung der Frau

Das erste, was Mädchen bemerken, wenn sie größer werden, **Anmut** ist, daß aller fremder Zierat nichts taugt, wenn sie nicht eigene Anmut haben. Man kann sich nicht selber die Schönheit geben; selbst die Koketterie kann man nur nach und nach erlernen. Aber man kann schon versuchen, seine Bewegungen gefälliger zu machen, seiner Stimme einen schmeichlerischen Akzent zu geben, seine Haltung zu überwachen, leichtfüßiger zu gehen, gefällige Stellungen zu wählen und überall seinen Vorteil zu suchen. Die Stimme gewinnt an Umfang, festigt sich und bekommt ihren eigenen Klang. Die Arme entwickeln sich, der Gang wird sicherer, und man stellt fest, daß es eine Kunst ist, wie man auch immer angezogen sei, die Blicke auf sich zu ziehen. Von nun an handelt es sich nicht mehr allein um Nadel und Fleiß; neue Talente zeigen sich und lassen bereits ihren Nutzen fühlen.

Ich weiß, daß strenge Erzieher dagegen sind, daß Mädchen **Gefällige Künste** singen, tanzen oder sonst eine der gefälligen Künste lernen. Das kommt mir lächerlich vor. Wer soll sie denn ihrer Meinung nach lernen? Die Knaben? Wer ist denn vorzugsweise dafür begabt, die Männer oder die Frauen? Niemand, antworten sie! Weltliche Lieder sind ein Verbrechen. Der Tanz ist eine Erfindung des Teufels! Ein Mädchen darf keine andere Unterhaltung haben als ihre Arbeit und ihr Gebet. Sonderbare Vergnügungen für ein Kind von zehn Jahren! Ich fürchte sehr, daß alle diese kleinen Heiligen, die man dazu zwingt, ihre Kindheit mit Beten zuzubringen, ihre Jugend mit ganz anderen Dingen verbringen werden, und daß sie, einmal verheiratet, nach besten Kräften nachholen, was sie als Mädchen verloren zu haben glauben. Ich meine daher, daß man auf das Alter und auf das Geschlecht Rücksicht nehmen muß. Sie dürfen nicht leben wie ihre Großmütter. Sie müssen frisch, unbeschwert, ausgelassen sein, singen und tanzen soviel es ihnen gefällt, und alle die unschuldigen Vergnügungen ihres Alters genießen. Nur zu rasch kommt die Zeit, wo sie gesetzt und ernst sein müssen.

Ist aber dieser Wechsel wirklich notwendig? Ist es nicht auch **Pflicht und Ehe** nur eine Frucht unserer Vorurteile? Indem man den ehrbaren Frauen nur traurige Pflichten auferlegt hat, hat man alles aus der Ehe verbannt, was sie den Männern angenehm machen könnte. Ist es erstaunlich, daß sie die Schweigsamkeit, die in ihrem Heim herrscht, daraus vertreibt, oder daß es sie wenig lockt, sich einen so unangenehmen Zustand aufzuhalsen? Weil das Christentum alle Pflichten überspannt, macht es sie unausführbar und nichtig. Indem es den Frauen das Singen, das Tanzen und die gesellschaftlichen Vergnügungen verbietet, macht es sie in ihrem Heim griesgrämig, zänkisch und unerträglich. Es gibt keine Religion, in der die Ehe so strengen Pflichten unterworfen ist, und keine, in der eine so heilige Verpflichtung so verachtet wäre. Man hat so viel getan, die Frauen daran zu hindern, liebenswürdig zu sein, daß man die Ehemänner gleichgültig gemacht hat. Das dürfte nicht sein, heißt es dann. Ich behaupte, das mußte so kommen, da auch die Christen nur Menschen sind. Ich möchte, daß eine junge Engländerin ihre Talente, mit denen sie ihrem Mann gefallen soll, ebenso pflegt, wie eine junge Albanerin ihre Talente für einen Harem in Ispahan pflegt. Die Männer sollen sich anscheinend nicht viel um diese Talente kümmern. Das glaube ich gerne, wenn sie nicht dazu verwendet werden, ihnen zu gefallen, sondern als Köder, um Schürzenjäger anzuziehen, die sie entehren. Aber glauben Sie nicht, daß eine liebenswürdige und verständige Frau mit solchen Talenten, die sie der Unterhaltung ihres Mannes widmet, nicht das Glück seines Lebens vermehrte und ihn abhielte, seine Erholung außerhalb des Hauses zu suchen, wenn er erschöpft sein Arbeitszimmer verläßt? Hat denn niemand solche glückliche Familien gesehen, wo jeder vom Seinen zur gemeinsamen Unterhaltung beisteuert? Der mag dann sagen, ob das Vertrauen und die damit verbundene Vertraulichkeit, ob die Unschuld und die Süße der Freuden, die man dabei genießt, nicht ersetzen, was die lärmendsten öffentlichen Vergnügungen bieten können?

Tanzen und Singen
Man hat diese angenehmen Talente zu sehr verkünstelt. Man hat sie zu sehr verallgemeinert. Aus allem hat man Regeln und Vorschriften und sie damit den Mädchen langweilig gemacht, was nur Vergnügen und ausgelassenes Spiel sein soll. Ich kann mir nichts Lächerlicheres vorstellen als einen alten Tanz- oder Singmeister, der sich mit verdrießlicher Miene an Mädchen wendet, die nur lachen wollen, und der, um ihnen seine gehaltlosen Künste beizubringen, einen Ton anschlägt, der pedantischer und schulmeisterlicher ist, als wenn es sich um den Katechismus handelte. Hängt denn Singen von geschriebener Musik ab? Kann man nicht weich, richtig und mit Geschmack singen, ja, sich selbst begleiten lernen, ohne eine einzige Note zu kennen? Eignet sich eine und dieselbe Gesangsweise für jede Stimme? Eignet sich eine Methode für jede Veranlagung? Man wird mir nie einreden können, daß die gleiche Haltung, der gleiche Schritt, die gleiche Bewegung, die gleiche Geste, der gleiche Tanz für eine kleine, lebhafte und reizende Brünette und für eine große, schöne, schmachtende Blonde passen. Wenn ich also einen Lehrer sehe, der beiden die gleichen Lektionen gibt, dann sage ich: der Mann folgt seiner Routine, aber von seiner Kunst versteht er nichts.

Lehrer?
Es entsteht die Frage, ob man den Mädchen Lehrer oder Lehrerinnen geben soll. Ich weiß es nicht. Mir wäre am liebsten, sie brauchten weder die einen noch die anderen, sondern lernten zwanglos, was sie so gerne lernen möchten, damit man in unseren Städten nicht mehr so viele aufgeputzte Ballettänzer herumlaufen sähe. Man kann mich schwerlich davon überzeugen, daß der Umgang mit diesen Leuten den Mädchen nicht schädlicher ist, als ihnen ihre Lektionen nützlich sind, und daß ihre Sprache, ihr

Ton, ihr Getue ihren Schülerinnen nicht den ersten Vorgeschmack von jenen Nichtigkeiten geben, die diesen Leuten so wichtig sind und die die Mädchen später, auf ihr Beispiel hin, zu ihrer einzigen Beschäftigung machen.

Bei den Künsten, die nur der Unterhaltung dienen, kann jeder ihr Lehrer werden: Väter, Mütter, Bruder, Schwester, Freundin, Erzieherin, der Spiegel, vor allem aber ihr eigener Geschmack. Man darf ihnen keine Lektionen anbieten; sie müssen sie haben wollen. Man darf aus einer Belohnung keine Mühsal machen; besonders nicht bei dieser Art von Studien, bei denen der erste Erfolg darin besteht, Erfolg haben zu wollen. Wenn es aber geregelte Lektionen sein sollen, so möchte ich nicht über das Geschlecht derer entscheiden, die sie zu geben haben. Ich weiß nicht, ob es nötig ist, daß ein Tanzmeister seine junge Schülerin bei der Hand nimmt, sie den Rock raffen, Augen aufschlagen, die Arme ausbreiten und den wogenden Busen vorstrecken läßt. Ich weiß nur, daß ich um nichts jener Lehrer sein möchte.

Durch Fleiß und Begabung bildet sich der Geschmack; durch __Moralbegriffe__ den Geschmack öffnet sich der Geist unmerklich den Vorstellungen des Schönen in allen Kunstgattungen und schließlich auch den moralischen Begriffen, die damit zusammenhängen. Das ist vielleicht einer der Gründe, warum sich das Gefühl für Anstand und Sittsamkeit bei Mädchen eher entwickelt als bei Knaben. Denn um zu glauben, dieses frühreife Gefühl sei ein Werk der Erzieherin, müßte man schon sehr schlecht über die Art ihres Unterrichts und über den Gang des menschlichen Geistes unterrichtet sein. Die Redegabe steht an erster Stelle, wenn man gefallen will. Durch sie allein kann man jenen Reizen, an die sich die Sinne bereits gewöhnt haben, neue hinzufügen. Der Geist belebt nicht nur den Körper, er erneuert ihn in gewisser Weise. Durch die Aufeinanderfolge der Gefühle und Ideen belebt und verändert er die Züge. Durch die Worte, die er uns eingibt, hält er die Aufmerksamkeit in Atem und das Interesse lange an einem Thema fest. Das ist, wie ich glaube, der Grund, warum sich Mädchen so rasch ein angenehmes Geplauder eignen, warum sie ihren Worten einen Tonfall geben, ehe sie deren Tiefe fühlen, und warum ihnen Männer mit Vergnügen zuhören, ehe die Mädchen sie noch verstehen können; denn die Männer erwarten den ersten Augenblick dieser Einsicht, um den Augenblick des Gefühls zu erhaschen.

Frauen haben eine geschmeidige Zunge: sie sprechen früher, __Sprechen und__ leichter und angenehmer als die Männer. Man beschuldigt sie __reden__ auch, mehr zu reden. Das muß so sein, und ich würde sie dafür eher loben als tadeln. Mund und Auge tun bei ihnen dasselbe und aus demselben Grund. Der Mann sagt, was er weiß; die Frau sagt, was gefällt. Der Mann braucht Kenntnisse, um zu reden, die Frau Geschmack. Der Mann braucht nützliche Dinge zum Hauptthema, die Frau angenehme. Ihre Reden dürfen nur die Wahrheit gemeinsam haben.

Man darf also das Geplauder der Mädchen nicht durch die strenge Frage unterbrechen: *Wozu dient das?* (mit der man das Geplapper der Jungen unterbricht), sondern durch jene andere: *Welchen Eindruck wird das machen?*, die genausowenig leicht zu beantworten ist. In diesem frühen Alter, in dem sie noch nicht Gut und Böse unterscheiden können und noch niemandes Richter sind, müssen sie sich angewöhnen, jedem, mit dem sie reden, nur Angenehmes zu sagen. Was die Durchführung dieser Regel schwierig macht, ist die Tatsache, daß sie der ersten Regel untergeordnet bleibt, nämlich niemals zu lügen.

Höflichkeit   Ich sehe noch andere Schwierigkeiten, aber sie betreffen ein fortgeschritteneres Alter. Jetzt nimmt man bei den Mädchen noch die Wahrheit hin, wenn sie nur nicht unhöflich sind. Da diese Unhöflichkeit ihrem Wesen widerstrebt, lernen sie durch die Erziehung leichter, sie zu vermeiden. Im allgemeinen bemerke ich, daß die Höflichkeit der Männer im gesellschaftlichen Verkehr dienstbeflissener, die der Frauen freundlicher ist. Dieser Unterschied liegt nicht im Herkommen, sondern in der Natur. Der Mann will dienstfertig erscheinen, die Frau gefällig. Daraus folgt, daß die Höflichkeit der Frauen, wie ihr Charakter auch sonst beschaffen sein mag, weniger falsch ist als unsere; sie weiten nur ihren Urinstinkt aus. Wenn ein Mann vorgibt, mein Interesse seinem eigenen vorzuziehen, dann kann ich sicher sein, daß er lügt, wie sehr er auch die Lüge bemäntelt. Den Frauen fällt es also leichter, höflich zu sein, ebenso wie den Mädchen, es zu lernen. Die erste Unterweisung gibt ihnen die Natur; die Kunst braucht ihr nur zu folgen und unseren Sitten gemäß zu bestimmen, in welcher Form sich die Höflichkeit zeigen muß. Die Höflichkeit unter Frauen jedoch ist etwas ganz anderes: sie setzen eine so gezwungene Miene auf und behandeln sich so kalt, daß sie kaum ein Hehl daraus machen, wenn sie sich gegenseitig lästig sind. Sie scheinen in ihren Lügen ehrlich zu sein, indem sie sie gar nicht zu verschleiern versuchen. Trotzdem gibt es manchmal auch wirklich echte Freundschaften unter jungen Mädchen. In ihrem Alter ersetzt die Fröhlichkeit die Gutmütigkeit. Da sie mit sich zufrieden sind, sind sie es auch mit den anderen. Außerdem steht fest, daß sie sich vor jungen Männern herzlicher küssen und liebevoller umarmen; sie sind stolz darauf, weil sie dabei durch ihre Gunstbezeigungen, die sie recht neiderweckend zu machen verstehen, ungestraft das Begehren der Männer anstacheln können.

Neugier   Wenn man schon den Knaben verbietet, vorwitzige Fragen zu stellen, so muß man es bei Mädchen um so mehr tun, weil die befriedigte oder die ungeschickt abgelenkte Neugier ganz andere Folgen hat, da sie klug genug sind, um Geheimnisse, die man ihnen verbirgt, zu ahnen, und weil sie schlau genug sind, sie

Die Erziehung der Frau

zu entdecken. Man dulde daher ihre Fragen nicht; frag sie aber um so mehr, bring sie zum Sprechen und reg sie zum fließenden Reden an, um sie schlagfertig zu machen, ihren Geist und ihre Zunge zu lösen, solange das noch ohne Gefahr geschehen kann! Solche Unterhaltungen, die immer in Fröhlichkeit enden und mit Geschick herbeigeführt und gelenkt werden müssen, wären ein reizvolles Vergnügen für ihr Alter und könnten in die unschuldigen Herzen dieser Mädchen die ersten und vielleicht nützlichsten Morallehren hineinlegen, die sie in ihrem ganzen Leben bekommen, indem sie unter dem Anreiz des Vergnügens und der Eitelkeit lernen, welche Eigenschaften die Männer in Wahrheit schätzen, und worin die Ehre und das Glück einer ehrbaren Frau besteht.

Wenn Knaben schon nicht imstande sind, sich einen richtigen Begriff von der Religion zu machen, so geht sie um so mehr über das Fassungsvermögen der Mädchen hinaus. Gerade deshalb möchte ich früher mit ihnen darüber sprechen. Denn wenn man warten wollte, bis sie imstande sind, methodisch über diese tiefen Fragen zu diskutieren, würde man Gefahr laufen, niemals mit ihnen darüber zu reden. Die Vernunft der Frau ist eine praktische Vernunft; sie verhilft ihnen, auf geschickte Weise die Mittel zu finden, ein gesetztes Ziel zu erreichen, aber nicht, das Ziel selbst zu finden. Die sozialen Beziehungen der Geschlechter untereinander sind wunderbar. Aus dieser Gemeinschaft entsteht eine moralische Person, deren Auge die Frau und deren Arm der Mann ist. Die Unabhängigkeit ist aber so groß, daß die Frau vom Mann sehen lernt und der Mann von der Frau lernt, was zu tun ist. Wenn die Frau wie ein Mann bis zu den Prinzipien zurückgehen könnte und wenn der Mann wie sie den Sinn für die Einzelheiten hätte, so würden sie, da sie ja immer voneinander unabhängig wären, im ewigen Streit leben und ihre Gemeinschaft könnte nicht weiterbestehen. Aber bei der Harmonie, die zwischen ihnen herrscht, zielt alles auf einen gemeinsamen Zweck. Man weiß nicht, wer am meisten vom Seinen dazutut. Jeder folgt dem Antrieb des anderen; jeder gehorcht, und beide sind Herren.

Weil das Benehmen der Frau der öffentlichen Meinung unterworfen ist, ist ihr Glaube der Autorität unterworfen. Jede Tochter muß die Religion ihrer Mutter haben, und jede Frau die ihres Mannes. Selbst wenn diese Religion falsch wäre, so löscht der Gehorsam, der die Mutter und die Familie der Ordnung der Natur unterwirft, die Sünde des Irrtums vor Gott. Da sie nicht imstande sind, selbst zu entscheiden, müssen sie die Entscheidung der Väter und der Ehemänner hinnehmen wie die der Kirche.

Da sie die Glaubensregel selbst nicht finden können, so können sie ihr mit den Regeln der Evidenz und der Vernunft keine Grenzen setzen; denn sie lassen sich durch tausend fremde Anstöße mitreißen und sind daher immer diesseits oder jenseits der Wahrheit. Immer extrem, sind sie entweder Freigeister oder Betschwestern; keine kann die Weisheit mit der Frömmigkeit vereinen. Die Quelle des Übels liegt nicht nur im überspannten Charakter ihres Geschlechtes, sondern auch in der schlecht geregelten Autorität unseres Geschlechts: ausschweifende Sitten machen die Frau verächtlich, die Angst vor der Reue tyrannisch. Auf diese Weise tut man immer zu viel oder zu wenig.

Da die Religion der Frauen von fremder Autorität abhängt, so handelt es sich nicht so sehr darum, ihnen die Gründe, warum man glaubt, zu erklären, sondern vielmehr, deutlich darzulegen, was man glaubt. Denn der Glaube, den man dunklen Begriffen beimißt, ist die erste Quelle des Fanatismus. Fordert man, an vernunftwidrige Dinge zu glauben, so führt es zum Wahnsinn und zum Unglauben. Ich weiß nicht, wozu unsere Katechismen mehr verleiten, zur Ungläubigkeit oder zum Fanatismus; aber ich weiß genau, daß sie notwendigerweise das eine oder das andere tun.

Wenn ihr Mädchen in Religion unterweisen wollt, macht in erster Linie keine Angelegenheit der Trauer und des Zwanges daraus, niemals eine Aufgabe oder eine Pflicht. Laßt sie folglich niemals etwas Diesbezügliches auswendig lernen, selbst kein Gebet. Begnügt euch damit, regelmäßig eure Gebete vor ihnen zu verrichten, ohne sie zu zwingen, sie mitzumachen. Betet kurz, nach der Lehre Jesu Christi, in geziemender Andacht und Ehrfurcht. Wenn ihr vom Höchsten Wesen verlangt, uns aufmerksam anzuhören, so bedenkt, daß man verlangen kann, daß ihr auf das aufmerksam seid, was ihr ihm zu sagen habt.

Es ist weniger wichtig, daß Mädchen früh ihre Religion kennen, als daß sie sie gut kennen und vor allem lieben. Macht ihr sie ihnen lästig, malt ihr ihnen einen Gott, der ständig böse auf sie ist, legt ihr ihnen in seinem Namen tausend harte Pflichten auf, deren Erfüllung sie an euch niemals sehen können, was sollen sie dann anders denken, als daß Katechismus und Gebet nur Mädchenpflichten sind; und sie wünschen, erwachsen zu sein, um endlich wie ihr von dieser Fron befreit zu werden. Beispiele! Vorbilder! ohne sie erreicht man bei Kindern nichts.

Die Erklärung der Glaubensartikel muß in direkter Form geschehen und nicht in Fragen und Antworten. Sie dürfen nur antworten, was sie denken, und nicht, was man ihnen diktiert hat. Alle Antworten des Katechismus sind widersinnig, weil dort der Schüler den Lehrer belehrt. Sie sind sogar Lügen im Munde der Kinder, weil sie etwas erklären, was sie nicht begreifen, und weil sie etwas behaupten, was sie zu glauben außerstande sind. Man zeige mir den Mann, der nicht lügt, wenn er seinen Katechismus aufsagt, und sei er noch so intelligent.

Die erste Frage, die ich in unserem Katechismus sehe, ist diese: *Wer hat dich erschaffen und zur Welt gebracht?* Worauf das

Die Erziehung der Frau

Mädchen ohne Zögern antwortet, daß es Gott sei, obgleich es sehr wohl weiß, daß es seine Mutter war. Das einzige, was es einsieht, ist, daß es auf eine Frage, die es nicht versteht, eine Antwort gibt, die es überhaupt nicht begreift.

Mein Wunsch wäre, daß ein Mann, der mit der Entwicklung des kindlichen Geistes vertraut ist, einen Katechismus für sie schriebe. Das wäre vielleicht das nützlichste Buch, das jemals geschrieben worden wäre, und meiner Meinung nach würde es dem Verfasser die größte Ehre bringen. Sicher ist ebenfalls, daß das Buch, wenn es wirklich gut ist, unserem Katechismus gar nicht gleichen würde. *(Neuer Katechismus)*

Ein solcher Katechismus wäre nur dann gut, wenn das Kind auf die einfachen Fragen von sich aus die Antworten gibt, ohne sie vorher zu lernen. Natürlich wird es auch seinerseits manchmal Fragen stellen. Um verständlich zu machen, was ich sagen will, braucht man ein Muster. Aber ich bin mir wohl bewußt, wieviel mir fehlt, um es zu entwerfen. Trotzdem versuche ich, einen annähernden Begriff davon zu geben.

Ich stelle mir also vor, daß unser Katechismus ungefähr so beginnen müßte, um zur ersten Frage zu kommen:

Das Kinderfräulein: Erinnerst du dich an die Zeit, wo deine Mutter noch ein Mädchen war?

Die Kleine: Nein, mein Fräulein.

Das Kinderfräulein: Warum nicht, wo du doch so ein gutes Gedächtnis hast?

Die Kleine: Weil ich noch nicht auf der Welt war.

Das Kinderfräulein: Du hast also nicht immer gelebt?

Die Kleine: Nein.

Das Kinderfräulein: Wirst du immer leben?

Die Kleine: Ja.

Das Kinderfräulein: Bist du jung oder alt?

Die Kleine: Ich bin jung.

Das Kinderfräulein: Ist deine Großmutter jung oder alt?

Die Kleine: Sie ist alt.

Das Kinderfräulein: War sie einmal jung?

Die Kleine: Ja.

Das Kinderfräulein: Warum ist sie es nicht mehr?

Die Kleine: Weil sie alt geworden ist.

Das Kinderfräulein: Wirst du auch alt werden wie sie?

Die Kleine: Ich weiß es nicht*.

Das Kinderfräulein: Wo sind deine Kleider vom vorigen Jahr?

Die Kleine. Man hat sie aufgetrennt.

Das Kinderfräulein: Warum hat man sie aufgetrennt?

Die Kleine: Weil sie mir zu klein geworden sind.

Das Kinderfräulein: Warum sind sie dir zu klein geworden?

---

* Wenn die Kleine überall da, wo ich *Ich weiß es nicht* geschrieben habe, anders antwortet, so muß man der Antwort mißtrauen, und sie sie sorgfältig erklären lassen.

Die Kleine: Weil ich größer geworden bin.

Das Kinderfräulein: Wirst du noch weiter wachsen?

Die Kleine: O ja!

Das Kinderfräulein: Was wird aus großen Mädchen?

Die Kleine: Sie werden Frauen.

Das Kinderfräulein: Und was wird aus Frauen?

Die Kleine: Sie werden Mütter.

Das Kinderfräulein: Und was werden die Mütter?

Die Kleine: Sie werden alt.

Das Kinderfräulein: Wirst du also auch alt?

Die Kleine: Wenn ich Mutter werde.

Das Kinderfräulein: Und was wird aus den alten Leuten?

Die Kleine: Ich weiß es nicht.

Das Kinderfräulein: Was ist aus deinem Großvater geworden?

Die Kleine: Er ist gestorben*.

Das Kinderfräulein: Warum ist er gestorben?

Die Kleine: Weil er alt war.

Das Kinderfräulein: Was wird also aus den alten Leuten?

Die Kleine: Sie sterben.

Das Kinderfräulein: Und wenn du alt wirst, was wirst ...

Die Kleine, sie unterbrechend: Mein Fräulein, ich möchte nicht sterben.

Das Kinderfräulein: Mein Kind, niemand will sterben, aber trotzdem sterben alle.

Die Kleine: Wie! Muß Mama auch sterben?

Das Kinderfräulein: Wie alle Welt. Frauen werden genauso wie die Männer alt, und das Alter führt zum Tod.

Die Kleine: Was muß man tun, um recht spät alt zu werden?

Das Kinderfräulein: Vernünftig leben, solange man jung ist!

Die Kleine: Mein Fräulein, ich will immer vernünftig sein.

Das Kinderfräulein: Um so besser für dich. Aber glaubst du denn, du würdest immer leben?

Die Kleine: Wenn ich sehr, sehr alt bin ...

Das Kinderfräulein: Was dann?

Die Kleine: Sie sagen, daß man sterben muß, wenn man so alt ist.

Das Kinderfräulein: Du wirst also einmal sterben?

Die Kleine: Freilich ja!

Das Kinderfräulein: Wer hat vor dir gelebt?

Die Kleine: Vater und Mutter.

Das Kinderfräulein: Wer hat vor ihnen gelebt?

Die Kleine: Ihr Vater und ihre Mutter.

---

* Die Kleine sagt das, weil sie es sagen hat hören. Man muß sich aber erst vergewissern, ob sie eine richtige Vorstellung vom Tode hat, denn diese Vorstellung ist nicht so einfach und kindgemäß, wie man denkt. In dem kleinen Gedicht von *Abel* kann man ein Beispiel sehen, wie man ihnen diese Vorstellung vermitteln kann. Dieses reizende Werk atmet eine köstliche Einfachheit, die man sich nicht genug zu eigen machen kann, um mit Kindern zu reden.

Die Erziehung der Frau   413

Das Kinderfräulein: Wer wird nach dir leben?

Die Kleine: Meine Kinder.

Das Kinderfräulein: Wer wird nach ihnen leben?

Die Kleine: Ihre Kinder; usw.

Verfolgt man diesen Weg, so findet man durch einleuchtende Schlüsse einen Anfang und ein Ende des Menschengeschlechts, wie auch aller anderen Dinge, d. h. einen Vater und eine Mutter, die weder Vater noch Mutter gehabt haben und Kinder, die keine Kinder mehr haben werden*.

Erst nach einer langen Reihe ähnlicher Fragen ist die erste Frage des Katechismus genügend vorbereitet. Aber von da bis zur zweiten Antwort, die sozusagen die Definition der göttlichen Weisheit ist, welch ungeheurer Sprung! Wann wird diese Kluft ausgefüllt sein? Gott ist Geist! Was ist ein Geist? Soll ich den Geist des Kindes mit dieser dunklen Metaphysik belasten, mit der Erwachsene kaum fertig werden? Ein Mädchen kann diese Frage nicht lösen, sie kann sie höchstens stellen. Dann würde ich einfach antworten: du fragst mich, was Gott ist. Das ist nicht leicht zu sagen. Man kann Gott nicht hören, nicht sehen, nicht greifen. Man kennt ihn nur durch seine Werke. Um zu beurteilen, was er ist, mußt du warten, bis du erkannt hast, was er getan hat.

Wenn unsere Dogmen auch gleich wahr sind, so haben sie   Dogmen
doch nicht die gleiche Wichtigkeit. Für die Ehre Gottes ist es höchst gleichgültig, ob wir sie in allen Belangen kennen. Aber für die menschliche Gesellschaft und für jedes ihrer Glieder ist es wichtig, daß jeder Mensch die Pflichten kennt und erfüllt, die ihm Gottes Gebot gegen seinen Nächsten und gegen sich auferlegt. Das ist es, was wir uns ständig gegenseitig, und vor allem, was Väter und Mütter ihre Kinder lehren müssen. Ob eine Jungfrau die Mutter ihres Schöpfers sei, ob sie Gott geboren hat oder nur einen Menschen, mit dem sich Gott vereinigt hat; ob die Substanz des Vaters und des Sohnes gleich oder nur ähnlich sei; ob der Geist von einem der beiden, die eins sind, ausgehe oder von beiden gemeinsam: ich sehe nicht ein, daß die Entscheidung dieser scheinbar recht wesentlichen Fragen für das Menschengeschlecht wichtiger sein soll, als zu wissen, an welchem Tag man Ostern feiern muß, ob man den Rosenkranz beten, fasten, kein Fleisch essen, in der Kirche lateinisch oder französisch sprechen, die Wände mit Bildern schmücken, die Messe lesen oder hören und keine eigene Frau haben soll. Mag jeder darüber denken, wie er will. Ich wüßte nicht, wieso das andere interessieren kann. Mich interessiert das überhaupt nicht. Was mich und meine Mitmenschen interessiert, ist, daß jeder wissen muß, daß es einen Schiedsrichter über das Schicksal der Menschen gibt,

---

* Der Begriff der Ewigkeit läßt sich auf die menschliche Geschlechterfolge vernunftmäßig nicht anwenden. Jede auf den Akt des Zählens zurückgeführte Zahlenfolge ist mit dieser Vorstellung unvereinbar.

dessen Kinder wir alle sind, der uns allen vorschreibt, gerecht zu sein, einander zu lieben, wohltätig und barmherzig zu sein, jedem gegenüber unsere Verpflichtungen einzuhalten, selbst gegen unsere und seine Feinde; daß das scheinbare Glück dieses Lebens nichts bedeutet; daß es ein anderes nach ihm gibt, in dem dieses Höchste Wesen die Guten belohnt und die Bösen richtet. Diese und ähnliche Dogmen müssen der Jugend vermittelt und allen Bürgern eingeprägt werden. Wer sie bekämpft, verdient ohne Zweifel Bestrafung. Er stört die Ordnung und ist ein Feind der Gesellschaft. Wer sie übertritt und uns seiner persönlichen Meinung unterwerfen will, strebt aus der entgegengesetzten Richtung auf denselben Punkt zu. Um eine Ordnung seiner Art aufzurichten, stört er den Frieden. In seinem vermessenen Stolz macht er sich zum Interpreten der Gottheit und fordert in ihrem Namen die Huldigungen und Ehrerbietungen der Menschen. Er macht sich an ihrer Stelle zum Gott: man müßte ihn als Gotteslästerer bestrafen, wenn man ihn nicht schon wegen seiner Unduldsamkeit bestraft.

Wahre Religion Laßt also alle diese geheimnisvollen Dogmen beiseite, die für uns nichts anderes sind als Worte ohne Inhalt, alle diese seltsamen Doktrinen, deren nutzloses Studium denen, die sich ihm hingeben, die Tugend ersetzt, und das eher dazu dient, sie närrisch als gut zu machen. Haltet eure Kinder immer in dem engen Kreis der Dogmen, die sich auf die Moral beziehen. Überzeugt sie, daß es nichts Wissenswertes für uns gibt als das, was uns lehrt, Gutes zu tun. Macht aus euren Töchtern keine Theologen und Haarspalter. Lehrt sie von den himmlischen Dingen nur das, was der menschlichen Weisheit dient. Gewöhnt sie daran, sich immer vor den Augen Gottes zu fühlen, ihn bei ihren Handlungen und Gedanken, ihrer Tugend und ihren Vergnügungen als Zeugen zu haben; das Gute ohne Aufhebens zu tun, weil er es liebt; das Übel ohne Murren zu erleiden, weil er sie entschädigt; jeden Tag dieses Lebens so zu sein, wie sie es gerne gewesen wären, wenn sie vor ihm erscheinen müssen. Das ist die wahre Religion, die einzige, in der man nicht Mißbrauch, Unfrömmigkeit oder Fanatismus treiben kann. Mag man erhabenere predigen soviel man will; ich erkenne außer dieser keine an.

Übrigens tut man gut, wenn bis zu dem Alter der Vernunft und des erwachenden Gefühls, in dem das Gewissen zu sprechen beginnt, für die jungen Leute das gut oder böse ist, was ihre Umgebung für gut oder böse erklärt hat. Was man ihnen befiehlt, ist gut, was man ihnen verbietet, ist schlecht, mehr brauchen die Mädchen nicht zu wissen. Daraus sieht man, von welcher Bedeutung, und zwar für die Mädchen noch mehr als für die Knaben, die Wahl der Personen ist, die sie umgeben und deren Befehlsgewalt sie unterworfen sind. Schließlich kommt aber der Augenblick, wo sie selbständig über die Dinge zu urteilen beginnen. Dann ist es Zeit, ihren Erziehungsplan zu ändern.

Die Erziehung der Frau 415

Ich habe bisher vielleicht schon zuviel gesagt. Worauf beschränken wir die Frauen, wenn wir ihnen als einzige Richtschnur die gesellschaftlichen Vorurteile geben? Erniedrigen wir damit nicht das Geschlecht, das uns beherrscht und das uns ehrt, wenn wir es nicht schon vorher entwürdigt haben! Für das ganze Menschengeschlecht gilt eine Regel, die älter ist als jede Meinung. Unter das Gesetz dieser Regel müssen sich alle anderen stellen: sie entscheidet sogar über das Vorurteil; und nur soweit die Wertschätzung der Menschen mit ihr übereinstimmt, darf sie für uns Maßstab sein.

Das innere Gefühl

Diese Regel ist das innere Gefühl. Ich will hier nicht wiederholen, was ich schon darüber gesagt habe[52]. Es genügt mir die Bemerkung, daß die Erziehung der Frauen immer mangelhaft sein wird, wenn sich diese beiden Regeln nicht gegenseitig ergänzen. Gefühl ohne Rücksicht auf die öffentliche Meinung kann ihnen nie diese Feinheit der Seele, die die guten Sitten mit der Ehre der Welt schmückt, geben; die Meinung ohne das Gefühl bringt immer nur falsche und ehrlose Frauen hervor, die den Schein an die Stelle der Tugend setzen.

Sie müssen also eine Fähigkeit entwickeln, die als Schiedsrichter zwischen den beiden Führern dient, die das Gewissen nicht in die Irre gehen läßt und die Irrtümer des Vorurteils richtigstellt. Diese Fähigkeit ist die Vernunft. Aber wie viele Fragen erheben sich bei diesem Wort! Sind Frauen überhaupt eines vernünftigen Denkens fähig? Sollen sie es pflegen? Werden sie Erfolg damit haben? Ist diese Ausbildung für die Aufgaben, die ihnen auferlegt sind, nützlich? Ist sie mit der Einfachheit, die ihnen angemessen ist, vereinbar?

Vernunft

Die verschiedenen Arten, diese Fragen zu betrachten und zu lösen, führen zu gegensätzlichen Übertreibungen. Die einen beschränken die Tätigkeit der Frau im Haus auf Nähen und Spinnen mit den Dienstmägden und machen aus ihr nur eine Großmagd des Herrn. Die anderen sind nicht nur unzufrieden, sich ihre Rechte zu sichern, sie wollen sich auch unsere anmaßen. Denn wenn man ihnen in den Qualitäten, die ihrem Geschlecht eigen sind, die Überlegenheit gewährt und sie uns in allem übrigen gleichstellt, heißt das nicht, den Frauen den Vorrang überlassen, den die Natur dem Mann gegeben hat?

Was den Mann zur Einsicht seiner Pflichten führt, ist nicht sehr kompliziert; was die Frau zur Einsicht ihrer Pflichten führt, ist noch einfacher. Gehorsam und Treue, die sie ihrem Ehemann, Zärtlichkeit und Fürsorge, die sie ihren Kindern schuldet, sind so natürliche und einleuchtende Folgen ihres Standes, daß sie, ohne unglaubwürdig zu werden, dem inneren Gefühl, das sie leitet, nicht ihre Zustimmung versagen noch die Pflicht verkennen kann, solange ihre Neigung nicht verdorben ist.

Ich würde es nicht unterschiedslos tadeln, wenn man eine Frau auf die Arbeiten ihres Geschlechts beschränkte und sie über alles andere in völliger Unkenntnis ließe. Dazu müßten aber die öffentlichen Sitten sehr einfach und sehr gesund sein, oder man müßte sehr zurückgezogen leben. In großen Städten und unter verdorbenen Männern wäre diese Frau allzu leicht zu verführen; ihre Tugend hinge oft nur vom Zufall ab. In unserem philosophischen Jahrhundert braucht sie aber eine Tugend, die jede Probe besteht. Sie muß im voraus wissen, was man ihr sagen kann, und was sie davon zu halten hat.

Urteil
Da die Frau übrigens dem Urteil der Männer unterworfen ist, muß sie deren Achtung verdienen. Sie muß vor allem die Achtung ihres Ehemannes erwerben. Sie muß also erreichen, daß er auch ihr Betragen billigt und nicht nur ihre Person liebt. Sie muß seine Wahl vor der Öffentlichkeit rechtfertigen und den Ehemann durch die Ehre ehren, die man der Frau erweist. Aber wie soll sie das alles erreichen, wenn sie unsere Einrichtungen, unsere Sitten und unseren Umgangston, wenn sie sowohl die Quelle der menschlichen Urteile als auch die Leidenschaften, die sie bestimmen, nicht kennt? Eben weil sie von ihrem eigenen Gewissen und zugleich von der Meinung anderer abhängt, muß sie lernen, die beiden Regeln zu vergleichen, sie in Einklang zu bringen und die erste nur dann vorzuziehen, wenn sie zueinander im Widerspruch stehen. So wird sie der Richter ihrer Richter. Sie beschließt, wann sie sich unterwerfen und wann sie sich ablehnen muß. Ehe sie ihre Vorurteile verwirft oder annimmt, wägt sie sie ab. Sie lernt, bis zu ihrem Ursprung vorzudringen, ihnen zuvorzukommen und sie zu ihren Gunsten zu wenden. Sie vermeidet, sich jemals einen Tadel zuzuziehen, wenn ihre Pflicht ihr erlaubt, ihn zu umgehen. Nichts von all dem ist möglich, wenn ihr Geist und ihre Vernunft nicht geschult werden.

Mann und Frau in der Gesellschaft
Ich komme immer wieder zu meinem ersten Grundsatz zurück, und er liefert mir die Lösung aller meiner Schwierigkeiten. Ich studiere, was ist, erforsche den Grund und finde schließlich, daß das, was ist, gut ist. Ich trete in gastfreundliche Häuser ein, wo der Hausherr und die Hausfrau mich gemeinsam empfangen. Beide haben dieselbe Erziehung gehabt, beide sind gleich höflich, beide haben Geschmack und Geist, beide vom gleichen Wunsch beseelt, ihren Besuch gut zu empfangen und zufrieden mit ihnen scheiden zu sehen. Der Ehemann unterläßt nichts, um auf alles aufmerksam zu sein: er geht, kommt, macht die Runde und gibt sich tausenderlei Mühe; er möchte ganz Aufmerksamkeit sein. Die Frau bleibt auf ihrem Platz. Ein kleiner Kreis sammelt sich um sie und scheint ihr den Rest der Gesellschaft zu verbergen. Es geschieht jedoch nichts, was sie nicht wahrnimmt, und niemand geht fort, mit dem sie nicht gesprochen hätte. Nichts hat sie ausgelassen, was jeden interessieren könnte, und niemandem etwas gesagt, was ihm unangenehm hätte sein können. Ohne die Ordnung im mindesten zu stören, ist der Geringste in der Gesellschaft ebensowenig vergessen wie der Vornehmste. Die Tafel ist

Die Erziehung der Frau   417

gedeckt, man setzt sich. Der Mann setzt die Gäste, wie sie zueinander passen aufgrund seiner Kenntnis; die Frau weiß nichts davon und täuscht sich dennoch nicht. Sie hat schon aus den Augen, aus der Haltung alle Übereinstimmungen gelesen, und jeder sitzt so, wie er gerne sitzen möchte. Ich erwähne erst gar nicht, daß beim Bedienen niemand übersehen wird. Der Hausherr macht die Runde und hat niemanden vergessen; die Frau jedoch errät, was man mit Verlangen anschaut und bietet es an. Während sie mit dem Nachbar spricht, überschaut sie den ganzen Tisch. Sie unterscheidet den, der nicht ißt, weil er keinen Hunger hat, von dem, der nicht zu nehmen oder zu bitten wagt, weil er ungeschickt oder schüchtern ist. Wird die Tafel aufgehoben, so glaubt jeder, daß sie nur an ihn gedacht hat. Jeder meint, sie habe keine Zeit gehabt, auch nur einen Bissen zu essen; in Wahrheit hat sie aber mehr gegessen als irgend jemand.

Wenn alle fort sind, unterhält man sich. Der Mann berichtet, was man ihm erzählt hat, was der oder jener gesagt und getan hat, mit dem er sich unterhalten hat. Wenn die Frau darüber auch nicht so genau zu berichten weiß, so hat sie dafür gesehen, was am anderen Ende der Tafel geflüstert worden ist. Sie weiß, was der gedacht und was jener mit jenem Wort oder jener Geste gemeint hat. Kaum eine eindrucksvolle Geste war gemacht worden, für die sie nicht eine fertige und fast immer der Wahrheit entsprechende Deutung bereitgehabt hätte.

Es ist dieselbe Geisteshaltung, mit der eine Dame der Gesellschaft in der Kunst, ein Haus zu führen, glänzt und eine Kokette in der Kunst, mehrere Liebhaber zu unterhalten. Die Praktiken der Koketterie erfordern sogar eine noch schärfere Weltkenntnis als die des guten Tones: Denn wenn eine Frau zu jedem höflich ist, hat sie immer hinreichend getan. Eine Kokette jedoch würde bald ihre Herrschaft durch diese ungeschickte Gleichförmigkeit verlieren. Gerade weil sie sich alle Liebhaber verpflichten will, würde sie alle zurückstoßen. Das Betragen, das man in einer Gesellschaft allen Männern gegenüber gleichmäßig beobachtet, gefällt jedem einzelnen; wird man gut behandelt, so nimmt man es mit einer Bevorzugung nicht so genau. In der Liebe ist aber eine Gunst, die nicht ausschließlich ist, eine Beleidigung. Ein Mann von Gefühl ließe sich hundertmal lieber als einziger schlecht behandeln als mit allen anderen zusammen liebkosen; das Schlimmste, was ihm zustoßen kann, ist, nicht bevorzugt zu werden. Eine Frau, die mehrere Liebhaber behalten will, muß jeden einzelnen davon überzeugen, daß sie ihn vorzieht; sie muß es vor den Augen aller tun; sie muß alle anderen vor seinen Augen davon überzeugen.

Wollt ihr einen verlegenen Mann sehen, so setzt ihn zwischen zwei Frauen, mit denen er geheime Beziehungen hat. Dann seht zu, welch dummes Gesicht er macht. Setzt unter den gleichen Bedingungen eine Frau zwischen zwei Männer (der Fall ist

Dame und Kokette

27 Rousseau

bestimmt nicht weniger selten), und ihr würdet über die Geschicklichkeit erstaunt sein, mit der sie beide übertölpelt, wie sie es anstellt, daß einer über den anderen lacht. Würde ihnen diese Frau das gleiche Vertrauen schenken und ihnen die gleiche Vertraulichkeit beweisen, wie blieben sie auch nur einen Augenblick weiter die Angeführten? Würde sie nicht mit der gleichen Behandlung zeigen, daß sie die gleichen Rechte über sie haben? Aber sie macht das viel geschickter! Statt sie gleich zu behandeln, stellt sie sich, als behandelte sie sie ungleich. Sie kann das so gut, daß der, dem sie schmeichelt, glaubt, es geschähe aus Zärtlichkeit, und der, den sie schlecht behandelt, es geschähe aus Liebeskummer. So ist jeder mit seinem Teil zufrieden, sieht, wie sie sich ständig mit ihm beschäftigt, während sie in der Tat nur an sich denkt.

Talente   In dem allgemeinen Wunsch zu gefallen, gibt die Koketterie ähnliche Mittel ein: Launen stoßen nur ab, wenn man sie nicht weise zügelt. Wendet sie sie mit Geschick an, so schmiedet sie die stärksten Sklavenketten!

Usa ogn'arte la donna, onde sia colto
Nella sua rete alcun novello amante;
Nè con tutti, nè sempre un stesso volto
Serba; ma congia a tempo atto e sembiante.*

Worauf beruht nun diese ganze Kunst, wenn nicht auf feiner und beständiger Beobachtung? Sie enthüllt ihr in jedem Augenblick, was in den Herzen der Männer vorgeht, und befähigt sie, jeder geheimen Bewegung, die sie bemerkt, mit der nötigen Kraft zu begegnen, sie aufzuhalten oder zu beschleunigen. Kann man diese Kunst erlernen? Nein, sie ist den Frauen angeboren. Alle beherrschen sie. Die Männer besitzen sie niemals in demselben Grad. Das ist eines der Unterscheidungsmerkmale des weiblichen Geschlechts. Geistesgegenwart, Scharfsinn, feine Beobachtungsgabe bilden die Wissenschaft der Frauen. Sie geschickt für sich zu nutzen, ist ihr Talent.

Neigungen des   Das ist die Lage, und wir haben gesehen, warum das so sein
Geschlechts   muß. Frauen sind falsch, sagt man. Sie werden es. Geschicklichkeit ist ihre Gabe, aber nicht die Falschheit. Selbst wenn sie lügen, sind sie in den wahren Neigungen ihres Geschlechts nicht falsch. Warum befragt ihr sie, wenn ihr Mund nicht reden soll? Befragt ihre Augen, ihr Erröten, ihr Atmen, ihre ängstliche Miene, ihren weichen Widerstand: das ist die Sprache, die die Natur ihnen gegeben hat, um euch zu antworten. Der Mund sagt immer Nein, und muß es sagen. Aber der Akzent, mit dem sie es sagt, ist nicht immer derselbe, und dieser Akzent kann

---

* Die Frau nützt viele Künste, um einen neuen Liebhaber in ihrem Netz zu fangen. Niemals und niemandem gegenüber wahrt sie das gleiche Gesicht, sondern sie wechselt, je nach dem Augenblick, Haltung und Miene. (Torquato Tasso, „Das befreite Jerusalem", IV, 87)

nicht lügen. Hat die Frau nicht dieselben Bedürfnisse wie der Mann, ohne dieselben Rechte zu haben, sie auszudrücken? Ihr Los wäre zu grausam, wenn sie, selbst in den berechtigten Wünschen, kein Ausdrucksmittel hätte, das dem gleichwertig ist, das sie nicht anzuwenden wagt. Soll ihre Schamhaftigkeit sie unglücklich machen? Ist es keine Kunst, Neigungen mitzuteilen, ohne sie zu offenbaren? Welche Geschicklichkeit gehört dazu, sich rauben zu lassen, was sie brennend gerne gäbe! Wieviel muß sie nicht lernen, um das Herz des Mannes zu rühren, ohne daß sie an ihn zu denken scheint! Welch reizendes Gespräch bildet nicht der Apfel der Galatea und ihre ungeschickte Flucht! Was hätte sie da noch hinzuzufügen? Soll sie dem Schäfer, der sie zwischen den Weiden verfolgt, sagen, daß sie nur flieht, um ihn anzuziehen? Damit würde sie sozusagen lügen, denn dann zöge sie ihn ja nicht mehr an. Je zurückhaltender eine Frau ist, um so geschickter muß sie sein, selbst ihrem Mann gegenüber. Ja, ich behaupte sogar, daß man die Koketterie, wenn man sie in ihren Grenzen hält, bescheiden und wahrhaftig und zu einem Gesetz der Ehrbarkeit macht.

Die Tugend ist unteilbar, sagte sehr richtig einer meiner Gegner. Man kann sie nicht zerstückeln, um einen Teil anzunehmen und einen anderen zu verwerfen. Wenn man sie liebt, dann liebt man sie in ihrer ganzen Unversehrtheit. Man verschließt Gefühlen, die man nicht haben darf, sein Herz, wenn man kann, und immer seinen Mund. Das wahrhaft Sittliche ist nicht das, was ist, sondern das, was gut ist. Das Böse dürfte gar nicht sein und darf auch nicht eingestanden werden, besonders dann nicht, wenn durch dieses Eingeständnis eine Wirkung entsteht, die es sonst nicht gehabt hätte. Käme ich in Versuchung zu stehlen, und brächte einen anderen durch mein Geständnis dazu, mein Komplize zu sein, hieße dann nicht, ihm meine Versuchung einzugestehen, ihr unterliegen? Warum behauptet man, daß die Scham die Frauen falsch mache? Sind die Frauen, die sie am gründlichsten verloren haben, wahrhaftiger als die anderen? Sie sind im Gegenteil tausendmal falscher! So verdorben wird man nur durch all die Laster, die man hegt und die nur durch Intrigen und Lügen an der Herrschaft bleiben*! Die Frauen,

Tugenden

---

* Ich weiß, daß die Frauen, die in einem gewissen Punkt offen Stellung genommen haben, sich auch noch dieser Offenheit rühmen und schwören, daß es, davon abgesehen, nichts Schätzenswerteres gibt, das man nicht bei ihnen fände. Aber ich weiß ebensogut, daß sie damit nur Dummköpfe überzeugt haben. Was hält sie zurück, wenn ihnen der stärkste Zügel ihres Geschlechts fehlt? Welcher Ehre können sie sich rühmen, wenn sie auf die verzichtet haben, die ihnen eigen ist? Haben sie einmal ihren Leidenschaften nachgegeben, haben sie kein Interesse mehr, ihnen zu widerstehen: *„Nec femina, amissa pudicitia, alia abnuerit.“* (Hat eine Frau erst ihre Scham verloren, hat sie nichts mehr zu verbergen. TACITUS, Annales, IV, 3) Hat jemals ein Autor das Herz beider Geschlechter besser gekannt als der, der das gesagt hat?

die noch Schamgefühl haben und nicht auf ihre Fehler stolz sind, die ihre Begierden selbst vor denen verbergen, die sie erregen, denen man Geständnisse nur mit größter Mühe entreißt, diese Frauen sind im Gegenteil die aufrichtigsten, die ehrlichsten, die beständigsten in ihren Verpflichtungen, auf deren Treue man im allgemeinen am sichersten bauen kann.

Ich kenne nur Mademoiselle de l'Enclos, die man als bekannte Ausnahme zu diesen Bemerkungen anführen könnte. Man hielt sie aber auch für ein Wunder. Obwohl sie die Tugenden ihres Geschlechtes verachtete, bewahrte sie sich doch die unsrigen, wie man sich erzählt: Man rühmt ihre Offenheit, ihre Geradheit, ihre Sicherheit im Umgang, ihre Treue in der Freundschaft. Um das Bild ihres Ruhmes zu vollenden, behauptet man, daß sie ein ganzer Mann gewesen wäre. Ausgezeichnet! Aber bei all diesem Ruhm hätte ich doch nicht diesen Mann zum Freund oder zur Geliebten haben wollen.

All das liegt nicht so weit von meinem Thema ab, wie es scheint. Ich sehe, wo die Maximen der heutigen Philosophie hinzielen, wenn sie das Schamgefühl und die angebliche Falschheit des weiblichen Geschlechts ins Lächerliche ziehen. Ich sehe auch, daß das sicherste Ergebnis dieser Philosophie sein wird, den Frauen unseres Jahrhunderts das bißchen Ehrbarkeit zu nehmen, das ihnen noch geblieben ist.

Bildung der Frau

Aus diesen Überlegungen läßt sich, wie ich glaube, im allgemeinen ableiten, welche Art von Bildung dem Geist der Frauen angemessen ist und worauf man ihr Denken von Jugend an ausrichten soll.

Ich sagte schon, daß die Pflichten ihres Geschlechtes leichter zu erkennen als zu erfüllen sind. Das erste, was sie lernen müssen, ist, sie wegen ihrer Vorteile zu lieben. Das ist das einzige Mittel, sie ihnen leichter zu machen. Jeder Stand und jedes Alter hat seine Pflichten. Man erkennt seine Pflichten bald, wenn man sie nur liebt. Ehrt euren Stand als Frau, und ihr werdet, auf welchen Platz euch der Himmel auch stellen möge, immer eine ehrbare Frau sein. Wesentlich ist, das zu sein, wozu uns die Natur gemacht hat. Man ist immer nur zu sehr das, wozu einen die Menschen machen wollen.

Unterschiedliche Begabung

Die Erforschung der abstrakten und spekulativen Wahrheiten, die Prinzipien und Axiome der Wissenschaften, alles, was auf die Verallgemeinerung der Begriffe abzielt, ist nicht Sache der Frauen. Ihre Studien müssen sich auf das Praktische beziehen. Ihre Sache ist es, die Prinzipien anzuwenden, die der Mann gefunden hat. Sie müssen die Beobachtungen machen, die den Mann dahin führen, Prinzipien aufzustellen. Alle Überlegungen der Frauen, die sich nicht unmittelbar auf ihre Pflichten beziehen, müssen auf das Studium der Männer und auf die angenehmen Kenntnisse gerichtet sein, die den guten Geschmack zum Gegenstand haben, denn Werke des Genies überschreiten ihre Fassungskraft. Um in den exakten Wissenschaften Erfolge zu haben, fehlt es ihnen an ausreichender Genauigkeit und Aufmerksamkeit. Die Naturwissenschaften soll der treiben, der von beiden Geschlechtern der Tätigste und der Beweglichste ist, der die meisten Dinge sieht; der die meiste Kraft hat und sie auch übt, um die Beziehungen der Lebewesen und der Naturgesetze zu beurteilen. Die Frau ist schwach und sieht nichts von der Welt draußen. Sie schätzt und beurteilt die Kräfte, die sie in Bewegung setzen kann, um ihre Schwäche wettzumachen. Und diese Kräfte sind die Leidenschaften der Männer. Ihr Triebwerk ist stärker als unseres; alle seine Hebel können das menschliche Herz erschüttern. Alles, was ihr Geschlecht nicht selbst machen kann, was ihm aber angenehm oder notwendig ist, muß es mit Geschick dahinbringen, daß wir es machen wollen. Sie muß also bis auf den Grund den Geist des Mannes erforschen. Nicht den Geist des Mannes im allgemeinen durch Abstraktion, sondern den Geist der Männer, die sie umgeben, den Geist der Männer, denen sie unterworfen ist, sei es durch das Gesetz, sei es durch den gesellschaftlichen Zwang. Sie muß aus ihren Reden, Handlungen, Blicken und Gesten lernen, ihre Gefühle zu durchschauen. Sie muß ihnen durch ihre eigenen Reden, Handlungen, Blicke und Gesten die Gefühle eingeben können, die ihr gefallen, ohne sich den Anschein zu geben, daran gedacht zu haben. Männer philosophieren besser über das menschliche Herz. Sie lesen aber besser im Herzen eines Mannes. Es ist Aufgabe der Frauen, gewissermaßen die praktische Moral zu finden; unsere ist es, sie in ein System zu bringen. Die Frau hat mehr Witz; der Mann mehr Genie. Die Frau beobachtet; der Mann zieht Schlüsse. Aus diesem Zusammenwirken kommen die klarsten Erkenntnisse und das umfassendste Wissen, die der menschliche Geist aus sich selbst erwerben kann. Mit einem Wort, die sicherste Erkenntnis seiner selbst und der anderen, dessen unser Geschlecht fähig ist. Auf diese Weise kann der Mensch unaufhörlich das Instrument, das ihm die Natur gegeben hat, vervollkommnen.

Die Gesellschaft ist das Buch der Frauen: wenn sie schlecht darin lesen, ist das ihr Fehler, oder eine Leidenschaft verblendet sie. Eine richtige Familienmutter dagegen ist bestimmt keine Dame von Welt, denn sie ist in ihrem Heim kaum weniger eingeschlossen als eine Nonne in ihrem Kloster. Man müßte also für die Mädchen, die man verheiratet, dasselbe tun, was man für die tut, die man ins Kloster schickt: ihnen die Freuden zeigen, die sie verlassen, ehe man sie ihrer entsagen läßt, aus Furcht, daß das falsche Bild dieser Freuden, die sie nicht kennen, nicht eines Tages ihr Herz verwirrt und das Glück ihrer Zurückgezogenheit trübt. In Frankreich leben die Mädchen in den Klöstern und die Frauen laufen von Gesellschaft zu Gesellschaft. Bei den Alten war es umgekehrt. Die Mädchen hatten, wie ich es schon

Gesellschaftliche Erziehung der Frauen

gesagt habe[53], ihre Spiele und öffentlichen Feste; die Frauen lebten zurückgezogen. Dieser Brauch war vernünftiger und bewahrte besser die guten Sitten. Eine gewisse Koketterie ist für heiratsfähige Mädchen erlaubt: sich zu vergnügen ist ihnen Hauptsache. Die Frauen haben zu Hause ihre Sorgen und brauchen keinen Mann mehr zu suchen. Aber bei dieser Reform kämen sie nicht auf ihre Rechnung, und unglücklicherweise geben sie den Ton an. Mütter, macht also eure Töchter zu euren Gefährtinnen; gebt ihnen einen geraden Sinn und ein ehrbares Herz. Darüber hinaus verderbt ihnen aber nichts, was ein züchtiges Auge schauen kann. Bälle, Feste, Spiele, selbst das Theater, alles was, mit falschen Augen gesehen, die unvorsichtige Jugend reizt, kann ohne Gefahren gesunden Augen geboten werden. Je genauer sie diese lärmenden Freuden sehen, desto eher werden sie ihrer überdrüssig.

Mutter als Vorbild Ich höre das Geschrei, das sich gegen mich erhebt. Welches Mädchen kann diesem gefährlichen Beispiel widerstehen? Kaum haben sie einen Blick in die Welt getan, so verlieren sie alle zusammen den Kopf. Keine will sie wieder verlassen. So weit, so gut! Aber habt ihr sie, ehe man ihnen dieses Trugbild darbietet, auch so gut vorbereitet, daß sie es ohne Erschütterung sehen können? Habt ihr ihnen auch die Gegenstände, die es darstellt, richtig angekündigt? Habt ihr sie ihnen so dargestellt, wie sie wirklich sind? Habt ihr sie hinreichend gegen die Täuschungen der Eitelkeit gewappnet? Habt ihr in die jungen Herzen die Freude an den wahren Vergnügungen gepflanzt, die man in diesem Getümmel nicht findet? Welche Vorsichtsmaßnahmen und welche Schritte habt ihr unternommen, um sie vor dem falschen Geschmack, der sie verführt, zu bewahren? Statt sie vor der Herrschaft der öffentlichen Vorurteile zu schützen, habt ihr sie damit genährt. Ihr habt sie gelehrt, die nichtigen Vergnügungen zu lieben, die sie dort finden. Ihr bestärkt sie noch darin, wenn sie sich ihnen hingeben. Junge Mädchen, die in die Gesellschaft eintreten, haben keinen anderen Mentor als ihre Mutter, die oft närrischer ist als sie und die ihnen die Dinge nicht anders zeigen kann, als sie selbst sie sieht. Ihr Beispiel ist stärker als die Vernunft selbst und rechtfertigt sie in ihren eigenen Augen. Für die Töchter aber ist die Autorität der Mütter eine unwiderlegbare Entschuldigung. Wenn ich wünsche, daß eine Mutter ihre Tochter in die Gesellschaft einführt, so setze ich voraus, daß sie ihr sie so zeigt, wie sie ist.

Die Frau in protestantischen und katholischen Ländern Das Übel beginnt noch viel früher. Die Klöster sind wahre Schulen der Koketterie; nicht jener ehrbaren Koketterie, von der ich gesprochen habe, sondern jener, die alle Geschraubtheiten der Frauen zur Folge hat und aus ihnen die verschrobensten Dämchen macht. Kommen solche junge Frauen aus dem Kloster plötzlich in lärmende Gesellschaften, so fühlen sie sich zunächst an ihrem Platz. Sie waren ja dazu erzogen worden, um in der

Gesellschaft zu leben. Braucht man sich zu wundern, wenn sie sich dort wohl fühlen? Nicht ohne Furcht, ein Vorurteil für eine Beobachtung auszugeben, möchte ich doch folgendes vorbringen: Im allgemeinen scheint mir, als ob es in den protestantischen Ländern mehr Familiensinn, würdigere Ehefrauen und zärtlichere Mütter gäbe als in den katholischen. Wenn das so ist, besteht kein Zweifel, daß dieser Unterschied zum Teil auf die Klostererziehung zurückzuführen ist.

Häusliches Leben und Gesellschaft

Um das friedliche und häusliche Leben zu lieben, muß man es kennen. Man muß seine Beglückung von Kindheit an gespürt haben. Nur im Vaterhaus gewinnt man den Sinn für das eigene Heim, und keine Frau, die nicht von ihrer Mutter erzogen worden ist, hat später Freude daran, ihre eigenen Kinder zu erziehen. Unglücklicherweise gibt es in unseren großen Städten keine häusliche Erziehung mehr. Die Gesellschaft hat dort alles durchdrungen und ist so gemischt, daß es für ein zurückgezogenes Leben keine Zuflucht mehr gibt und man in seinem Haus wie auf dem Marktplatz lebt. Wenn man nur in der Gesellschaft lebt, hat man natürlich keine Familie mehr. Kaum, daß man noch seine Eltern kennt. Man empfindet sie als fremd, und die Einfachheit häuslicher Sitten erlischt mit der süßen Vertrautheit, die ihren Reiz ausmacht. So saugt man mit der Muttermilch schon den Geschmack der Vergnügungen unseres Jahrhunderts und der Maximen ein, die man jetzt herrschen sieht.

Heutige Frauenwelt

Man legt den Mädchen eine scheinbare Zurückhaltung auf, um Dumme zu finden, die sie dann wegen ihres Anstandes heiraten. Man beobachte aber einen Augenblick diese jungen Personen: hinter einem gezwungenen Gehabe verbergen sie nur schlecht die Begierde, die sie verzehrt, und schon liest man in ihren Augen den brennenden Wunsch, es ihren Müttern gleichzutun. Wonach sie trachten ist nicht ein Mann, sondern der Freibrief der Ehe. Was braucht man einen Mann, wenn man so viele Möglichkeiten hat, um auf ihn zu verzichten? Man braucht eben einen Ehemann, um diese Ersatzmittel zu verdecken*. Die Unschuld steht auf ihrem Gesicht, aber die Zügellosigkeit im tiefen Herzen. Diese geheuchelte Unschuld selbst ist ein Zeichen dafür. Sie stecken sie nur auf, um sich ihrer um so eher loszusagen. Verzeiht mir, ihr Frauen von Paris und London, ich bitte euch darum. Wunder sind nirgends ausgeschlossen, aber ich kenne keine. Wenn eine von euch wirklich unschuldig ist, so habe ich nichts von euren Praktiken verstanden.

Die Welt verdirbt die Frauen

All diese verschiedenen Erziehungsarten machen junge Mädchen gleicherweise mit den weltlichen Genüssen und mit den

---

* Der Weg des jungen Mannes war eines der vier Dinge, die der Weise nicht verstehen konnte. Das fünfte war die Schamlosigkeit einer Ehebrecherin: *„Quae comedit, et tergens os suum dicit: Non sum operata malum.“* (Die ißt, sich den Mund abwischt und sagt: Ich habe nichts Böses getan. Sprüche Salomos 30, 20)

Leidenschaften bekannt, die bald daraus entspringen. In den großen Städten beginnt die Verderbnis mit der Geburt, in den kleinen mit dem Erwachen der Vernunft. Junge Mädchen, die man gelehrt hat, die glückliche Einfachheit ihrer Sitten zu verachten, haben nichts Besseres zu tun, als nach Paris zu kommen und die Verderbtheit unserer Sitten zu teilen. Laster, die man mit dem schönen Namen Talent ziert, sind das einzige Ziel ihrer Reise. Bei ihrer Ankunft schämen sie sich, so weit hinter der vornehmen Liederlichkeit der Einheimischen zurück zu sein, und sie tun eilig alles, um der Hauptstadt würdig zu sein. Wo beginnt nach eurer Meinung das Übel? Dort, wo man es ausbrütet, oder dort, wo man es begeht?

Paris   Ich möchte nicht, daß eine vernünftige Mutter ihre Tochter nach Paris bringt, um ihr diese Bilder zu zeigen, die für andere so verhängnisvoll waren. Geschieht es dennoch, so ist dieses Mädchen entweder sehr schlecht erzogen oder diese Bilder sind keine Gefahr für sie. Hat man Geschmack, gesunden Menschenverstand und liebt man ehrbare Dinge, so findet man sie nicht so anziehend, wie sie für die sind, die sich davon umgarnen lassen. Natürlich findet man in Paris Wirrköpfe, die nichts Eiligeres zu tun haben, als den Pariser Ton anzunehmen und sich sechs Monate lang der Mode zu unterwerfen, um sich dann den Rest ihres Lebens auspfeifen zu lassen. Wer sieht aber jene Mädchen, die von all diesem Trubel abgestoßen werden und in ihre Provinz zurückkehren und mit ihrem Los zufrieden sind, nachdem sie es mit dem verglichen haben, nach dem sich die anderen sehnen? Wie viele junge Frauen habe ich gesehen, die von ihren Männern, die willig und fähig waren, sich dort niederzulassen, in die Hauptstadt mitgenommen worden waren und sie dann selbst umstimmten. Sie fuhren bereitwilliger zurück, als sie gekommen waren, und vor ihrer Abreise seufzten sie: Ach, kehren wir doch in unser bescheidenes Heim zurück; man ist dort viel glücklicher als in den Palästen hier! Ich weiß nicht, wie viele Leute es gibt, die sich nicht vor dem Idol gebeugt haben und die seinen unvernünftigen Kult verachten. Nur verrückte Frauen machen Lärm; die ehrbaren erregen kein Aufsehen.

Entwicklung des Urteilsvermögens   Wenn nun trotz der allgemeinen Verderbtheit, trotz der Vorherrschaft der Vorurteile, trotz der schlechten Erziehung einige Mädchen ein unerschütterliches Urteilsvermögen bewahrt haben, wie würde es erst sein, wenn dieses Vermögen durch angemessene Unterweisungen genährt, oder besser gesagt, nicht durch falsche Unterweisungen verdorben worden wäre? Denn alles kommt immer nur darauf an, die natürlichen Gefühle zu erhalten oder wiederherzustellen. Es handelt sich also nicht darum, die Mädchen mit langen Predigten zu langweilen oder ihnen eure trockenen Morallehren herzubeten. Dieses Moralisieren ist für beide Geschlechter der Tod jeder guten Erziehung. Trübselige Lektionen bewirken nur den Haß auf die, die sie geben, und auf das,

Die Erziehung der Frau

was sie sagen. Wenn man mit jungen Mädchen spricht, darf man ihnen keine Angst vor ihren Pflichten machen, noch das Joch erschweren, das ihnen von Natur aus auferlegt ist. Wenn man ihnen diese Pflichten erklärt, muß man deutlich und leichtverständlich sein. Bringt ihnen nicht den Glauben bei, daß die Erfüllung dieser Pflichten traurig macht! Kein böses Gesicht und keine Hochnäsigkeit! Alles, was zu Herzen gehen soll, muß vom Herzen kommen! Ihr Moralkatechismus muß ebenso kurz sein wie ihr Religionskatechismus, nur darf er nicht so ernst sein. Zeigt ihnen, daß dieselben Pflichten die Quelle ihrer Freuden wie die Grundlage ihrer Rechte sind! Ist es so schwierig zu lieben, um geliebt zu werden; sich liebenswürdig zu geben, um glücklich zu sein; sich Ansehen zu verschaffen, um Gehorsam zu finden; sich selbst zu achten, um geachtet zu werden? Wie schön sind diese Rechte! wie achtenswert! wie teuer sind sie dem Herzen des Mannes, wenn die Frau sie geltend zu machen versteht! Zu ihrem Genuß braucht man nicht die reiferen Jahre oder gar das Alter abzuwarten. Die Herrschaft der Frau beginnt mit ihren Tugenden. Kaum haben sich ihre Reize entwickelt, so herrscht sie schon durch die Sanftheit ihres Charakters und flößt durch ihre Sittsamkeit Achtung ein. Jeder Mann, mag er noch so gefühllos und roh sein, mäßigt seinen Hochmut und wird in Gegenwart eines Mädchens von sechzehn Jahren höflicher, das liebenswürdig und klug ist, wenig spricht, zuhört, sich sittsam benimmt und ehrbar ausdrückt, das über seine Schönheit weder sein Geschlecht noch seine Jugend vergißt, das gerade durch seine Schüchternheit fesselt und die Achtung erwirbt, die es jedermann erweist!

Diese Achtungsbezeugungen sind, obwohl sie nur äußerlich *Das Urteil* sind, keineswegs leichtfertig. Sie gründen sich nicht bloß auf den *der Frauen* Sinnenreiz, sondern gehen aus dem inneren Gefühl hervor, das wir alle haben: daß die Frauen die natürlichen Richter der Verdienste der Männer sind. Wer möchte schon von den Frauen verachtet werden? Niemand auf der Welt, selbst der nicht, der sie nicht mehr lieben will. Glaubt ihr etwa, daß mir ihr Urteil gleichgültig wäre, obwohl ich ihnen so harte Wahrheiten sage? Nein, ihre Zustimmung bedeutet mir mehr als eure, Leser, weil ihr oft weibischer seid als sie. Selbst wenn ich ihre Sitten verabscheue, möchte ich doch ihrer Gerechtigkeit Ehre erweisen. Es liegt mir wenig daran, ob sie mich hassen, wenn ich sie nur zwinge, mich zu achten.

Wieviel Großes könnte man mit dieser Triebfeder erreichen, wenn man sie nur einzusetzen wüßte? Wehe dem Jahrhundert, in dem die Frauen ihren Einfluß verlieren und ihr Urteil den Männern nichts mehr bedeutet! Das wäre der letzte Grad der Verkommenheit. Alle gesitteten Völker haben die Frauen geachtet. Seht Sparta, seht die Germanen, seht Rom an! Rom, der Sitz des Ruhmes und der Tugend, wenn es dafür jemals einen Platz auf Erden gegeben hat! Dort ehrten die Frauen die Siege der großen Feldherren; dort beweinten sie öffentlich die Väter des Vaterlandes; dort wurden ihre Gelübde und ihre Trauer als das feierlichste Urteil der Republik geachtet. Alle großen Revolutionen gingen dort von den Frauen aus: Durch eine Frau erhielt Rom die Freiheit; durch eine Frau erlangten die Plebejer das Konsulat; durch eine Frau endete die Tyrannei der Zehnmännerherrschaft; durch die Frauen wurde das belagerte Rom aus den Händen eines Geächteten befreit*. Was hättet ihr galanten Franzosen wohl gesagt, wenn ihr mit euren spottlustigen Augen diesen so lächerlichen Zug hättet vorbeiziehen sehen? Ihr hättet ihn mit euren Buhrufen begleitet. Wie verschieden sehen wir doch die gleichen Dinge! Vielleicht haben wir alle recht. Bildet den Zug mit schönen französischen Damen, und ich könnte mir nichts Unziemlicheres vorstellen. Stellt ihn aus Römerinnen zusammen, und ihr hättet alle Augen der Volsker und das Herz des Coriolan.

Wahre Liebe   Ich gehe noch weiter und behaupte, daß die Tugend der Liebe nicht weniger nützlich ist als den anderen Rechten der Natur, und daß die Autorität der Geliebten nicht weniger gewinnt als die der Frauen und der Mütter. Ohne Begeisterung gibt es keine wahre Liebe, und keine Begeisterung ohne einen Gegenstand, ganz gleich ob er nun wirklich oder nur eingebildet ist, er muß nur in der Phantasie existieren. Woran sollen sich Liebende entzünden, denen diese Vollkommenheit nichts mehr bedeutet und die nur mehr in dem, was sie lieben, einen Gegenstand der Sinnenlust sehen? Nein, daran erhitzt sich keine Seele und gibt sich jener Verzückung hin, die Liebende berauscht und den Zauber ihrer Leidenschaft ausmacht. Alles ist nur Illusion in der Liebe, ich gebe es zu. Aber die Gefühle, mit denen sie uns für das wahrhaft Schöne begeistert und es uns lieben lehrt, sind wirklich. Dieses Schöne liegt nicht im geliebten Gegenstand, es ist das Werk unserer Irrtümer. Was liegt schon daran. Opfert man darum nicht weniger seine niedrigen Gefühle diesem Wunschbild? Ist man darum weniger von den Tugenden überzeugt, die man dem geliebten Gegenstand verleiht? Löst man sich darum weniger von seinem niedrigen Ich? Ist nicht jeder wahrhaft Liebende bereit, sein Leben für seine Geliebte zu opfern? Ist ein Mann nur grob sinnlich, der sterben will? Wir machen uns über die Ritter lustig! Sie aber kannten die Liebe, während wir nur mehr die Ausschweifung kennen. Als diese ritterlichen Grundsätze anfingen, lächerlich zu werden, war das weniger das Werk der Vernunft als das schlechter Sitten.

Keuschheit   Die natürlichen Beziehungen bleiben gleich, in welchem Jahrhundert man auch lebt. Die Schicklichkeit oder die Unschicklichkeit, die daraus entsteht, bleibt die gleiche. Die Vorurteile, die man unter dem Namen der Vernunft verbirgt, ändern nur ihr

[* Siehe unter den entsprechenden Wörtern: Lukretia, Licinius, Virginia und Veturia.]

Die Erziehung der Frau

Aussehen. Es wird immer groß und schön sein, sich selbst zu beherrschen, und wäre es im Dienste phantastischer Meinungen. Die wirklich ehrenwerten Motive rühren jede vernünftige Frau, die das Glück ihres Lebens in ihrem Stand zu suchen versteht. Keuschheit muß die kostbarste Tugend für eine Frau sein, die nur ein bißchen Seelengröße hat. Während ihr die ganze Welt zu Füßen liegt, triumphiert sie über alles und über sich selbst: in ihrem eigenen Herzen errichtet sie einen Thron, dem alle huldigend nahen. Die zärtlichen oder eifersüchtigen, wenn auch immer ehrfürchtigen Gefühle beider Geschlechter, die allgemeine und ihre eigene Achtung entschädigen sie ständig mit neuem Ruhm für die Augenblicke des Kampfes. Die Entbehrungen schwinden dahin, ihr Lohn aber bleibt bestehen. Wie freut sich eine edle Seele, wenn sie auf Tugend und Schönheit stolz sein kann! Erfindet eine Romanheldin, und sie wird köstlichere Freuden genießen als jemals eine Lais oder eine Kleopatra. Und ist ihre Schönheit auch einmal vergangen, so bleiben ihr Ruhm und ihre Freuden: sie allein kann sich mit Freude der Vergangenheit erinnern.

Je größer und beschwerlicher die Pflichten sind, um so stärker und überzeugender müssen die Gründe sein, auf die man sie stützt. Es gibt eine gewisse devote Sprache, mit der man den jungen Mädchen über die ernsthaftesten Dinge in den Ohren liegt, ohne sie zu überzeugen. Weil diese Sprache zu sehr ihren Ideen widerspricht und weil sie insgeheim wenig Wert darauf legen, fällt es ihnen leicht, ihren Neigungen nachzugeben. Denn es gibt keine in der Sache selbst liegende Gründe, um ihnen zu widerstehen. Ein Mädchen, das folgsam und fromm erzogen wurde, ist zweifellos stark gegen die Versuchungen gewappnet. Ein Mädchen aber, dem man das Herz, oder vielmehr die Ohren mit devotem Gerede gefüllt hat, wird unfehlbar die Beute des ersten geschickten Verführers, der es auf sie abgesehen hat. Niemals verachtet ein junges und schönes Mädchen seinen Körper; niemals hat es wirklich Gewissensbisse über die großen Sünden, die man ihrer Schönheit wegen begeht. Nie wird es aufrichtig und vor Gott beklagen, daß man sie begehrt; niemals wird es davon überzeugt sein, daß das süßeste Gefühl des Herzens eine Erfindung des Teufels ist. Gebt ihm andere, innere Gründe, die es versteht, denn diese überzeugen es nicht. Noch schlimmer ist es, wenn man, wie es oft geschieht, ihre Ideen mit Widersprüchen füllt und von ihnen verlangt, den Körper, nachdem man ihn und seine Reize als vom Sündenschmutz befleckt herabgewürdigt und verächtlich gemacht hat, als Tempel Jesu Christi zu verehren. Zu erhabene und zu niedrige Vorstellungen sind gleicherweise unzulänglich und unverträglich: man braucht einen Grund, der ihrem Geschlecht und ihrem Alter angemessen ist. Der Begriff der Pflicht ist nur insoweit wirksam, als man Gründe damit verbindet, die uns dazu bewegen, sie zu erfüllen.

Keine Verachtung des Leibes

Quae quia non liceat non facit, illa facit.

(Diejenige, die einen Fehltritt nicht tut, nur weil er verboten ist. tut ihn doch. OVID, *Amores.* III, 4)

Man sollte es nicht glauben, daß gerade Ovid so ein strenges Urteil fällt.

Sittsamkeit

Wollt ihr Minderjährigen Liebe zur Sittsamkeit einflößen, ohne ihnen ständig zu sagen: Seid brav! dann erweckt in ihnen ein großes Interesse, es zu sein. Laßt sie den Wert der Sittsamkeit empfinden, und sie werden sie lieben. Es genügt aber nicht, dies Interesse für eine weite Zukunft zu zeigen, zeigt sie ihnen für den Augenblick selbst, im Hinblick auf ihr Alter und auf den Charakter ihrer Verehrer. Zeichnet ihnen den rechtschaffenen und verdienstvollen Mann; lehrt sie, ihn zu erkennen und zu lieben; ihn zu lieben um ihrer selbst willen. Beweist ihnen, daß dieser Mann allein sie glücklich machen kann, sei es als Freundin, Frau oder Geliebte. Bringt ihnen die Tugend durch die Vernunft näher; zeigt ihnen, daß die Macht ihres Geschlechts und alle seine Vorzüge nicht nur vom guten Benehmen, von ihren Sitten abhängt, sondern auch von denen der Männer; daß sie über gemeine und niedrige Seelen wenig Macht haben, und daß man seiner Geliebten nur dienen kann, wenn man ihrer Tugend dient. Mit der Schilderung unserer heutigen Sitten könnt ihr sicher sein, ihnen einen innerlichen Widerwillen einzuflößen. Wenn ihr ihnen die Modemännchen zeigt, werden sie sie verachten. Sie werden sich dann von deren Maximen entfernen, werden deren Gefühle verabscheuen und ihre nichtigen Schmeicheleien verachten. Ihr erweckt einen edleren Ehrgeiz, nämlich über große und starke Seelen zu herrschen, den Ehrgeiz der Frauen von Sparta, die nur über Männer herrschen wollten. Eine dreiste, aufdringliche, ränkevolle Frau, die ihre Verehrer nur durch Koketterie anziehen kann und nur durch Gunstbeweise zu behalten vermag, zwingt sie, wie Kammerdiener in untergeordneten und gemeinen Dingen zu gehorchen. In wichtigen und ernsten Dingen hat sie keine Macht über sie. Eine Frau aber, die ehrenwert, liebenswürdig und tugendsam zugleich ist, die die Ihrigen dazu zwingt, sie zu achten, die zurückhaltend und bescheiden ist, mit einem Wort, die Frau, die die Liebe auf Achtung stützt, schickt die Männer mit einer Handbewegung bis ans Ende der Welt, in den Kampf, zum Ruhm, in den Tod, oder wohin es ihr gefällt*. Diese Macht ist schön, so scheint mir, und es lohnt die Mühe, sie zu erwerben.

---

* Brantôme berichtet, daß zu Zeiten Franz I. ein Mädchen einen schwatzhaften Liebhaber hatte, ihm aber ein vollständiges und unbegrenztes Schweigen auferlegte, das er zwei volle Jahre treu bewahrte, so daß man glaubte, er sei durch eine Krankheit stumm geworden. Eines Tages rühmte sich in einer großen Gesellschaft seine Geliebte, obwohl man damals die Liebe noch geheimzuhalten wußte und niemand ihre Liebe kannte, sie könne ihn auf dem Fleck heilen. Sie tat es

Sophie als Persönlichkeit

In diesem Geist wurde Sophie erzogen, mit mehr Sorgfalt als Mühe. Ihre Neigungen wurden dabei eher berücksichtigt als behindert. Sagen wir nun ein Wort über ihre Person nach dem Bild, das ich Emil von ihr entworfen habe, und unter dem er sich die Frau vorstellt, die ihn glücklich machen kann.

Sophie als Persönlichkeit

Ich kann nicht oft genug wiederholen, daß ich es mit keinem Wunderwesen zu tun habe. Emil ist keines und Sophie auch nicht. Emil ist ein Mann und Sophie eine Frau; das ist ihr ganzer Ruhm. Bei der Verwirrung der Geschlechter, die bei uns herrscht, ist es beinahe ein Wunder, seinem eigenen anzugehören.

Sophie stammt aus gutem Haus und hat einen guten Charak- *Charakterzüge* ter. Sie ist sehr empfindsam und diese außergewöhnliche Emp- *von Sophie* findsamkeit verleiht ihrer Phantasie manchmal eine Lebhaftigkeit, die schwer zu zügeln ist. Sie hat einen weniger scharfen als durchdringenden Geist und ein heiteres, jedoch unausgeglichenes Gemüt; eine gewöhnliche aber angenehme Figur; Gesichtszüge, die eine Seele verraten und die nicht lügen. Man kann ihr gleichgültig nähertreten, sie aber nicht mehr ohne Rührung verlassen. Andere haben gute Eigenschaften, die ihr fehlen; andere haben ihre Eigenschaften in viel höherem Maß als sie; aber bei keiner verbinden sie sich harmonischer zu einem glücklichen Charakter. Selbst aus ihren Fehlern kann sie noch Vorteile ziehen; wäre sie vollkommener, so würde sie viel weniger gefallen.

Sophie ist nicht schön. Aber in ihrer Gesellschaft vergessen die Männer die schönen Frauen, und die schönen Frauen sind mit sich selbst unzufrieden. Auf den ersten Blick scheint sie kaum hübsch zu sein. Aber je öfter man sie sieht, desto schöner wird sie. Sie gewinnt, wo so viele andere verlieren. Und was sie gewinnt, verliert sie nicht mehr. Man kann schönere Augen haben, einen schöneren Mund, eine eindrucksvollere Figur; aber keinen reizvolleren Wuchs, keine schönere Haut, keine weißere Hand, keine zierlicheren Füße, keinen süßeren Blick, keine rührenderen Züge. Sie fesselt, ohne zu blenden; sie entzückt, und man weiß nicht warum.

Sophie liebt schöne Kleider und versteht sich darauf. Ihre *Kleidung* Mutter hat keine andere Kammerzofe als sie. Sie hat viel Geschmack, um sich vorteilhaft zu kleiden; aber sie haßt reichen Putz. Ihre Kleidung verbindet Einfachheit mit Eleganz. Sie liebt

---

mit einem einzigen Wort: „Sprich!" Ist es nicht etwas Großes und Heldenhaftes um diese Liebe? Was hätte die Philosophie des Pythagoras mit all ihrer Großartigkeit mehr vermocht? Ist es nicht, als ob eine Gottheit einem Sterblichen mit einem Wort die Sprache gegeben hätte? Welche Frau von heute könnte auch nur einen einzigen Tag mit einem solchen Stillschweigen rechnen, und hätte sie es auch nur dem ganzen Preis bezahlt, den sie dafür zu bieten hätte?

nicht, was glänzt, sondern was ihr gut steht. Sie weiß nicht, welche Farben gerade Mode sind, kennt aber ausgezeichnet diejenigen, die sie gut kleiden. Es gibt kein Mädchen, das weniger sorgfältig gekleidet zu sein scheint, dessen Kleidung aber in Wirklichkeit ausgesuchter ist. Denn kein Stück hat sie zufällig angezogen, und dennoch verrät keines die Kunst. Ihre Aufmachung ist anscheinend sehr bescheiden, in Wirklichkeit aber sehr kokett. Sie stellt ihre Reize nicht zur Schau: sie verbirgt sie. Aber gerade damit regt sie die Phantasie an. Wenn man sie sieht, sagt man: ein bescheidenes und braves Mädchen. Weilt man aber länger bei ihr, wandern Augen und Herz über sie, ohne daß man sich von ihr losreißen kann, und man möchte sagen, diese ganze so einfache Aufmachung sei nur dazu da, um im Geiste Stück für Stück abgestreift zu werden.

Talente   Sophie hat natürliche Talente. Sie ist sich ihrer bewußt und hat sie nicht vernachlässigt. Da sie aber nicht in der Lage war, viel Kunst auf ihre Pflege zu verwenden, hat sie sich damit begnügt, richtig und geschmackvoll zu singen, leicht, schwebend und anmutig zu gehen und in jeder Lage zwanglos und ohne Ungeschicklichkeit die Reverenz zu machen. Übrigens hatte sie keinen anderen Gesangsmeister als ihren Vater, keine andere Tanzlehrerin als ihre Mutter. Ein Organist aus der Nachbarschaft hat ihr einige Stunden gegeben, wie man sich auf dem Cembalo begleitet. Seither hat sie sich selbst darin fortgebildet. Zuerst dachte sie nur daran, ihre Hand vorteilhaft auf den schwarzen Tasten erscheinen zu lassen; dann fand sie, daß der spitze und trockene Ton des Cembalos die Süße ihrer Stimme hervorhob. Nach und nach gefielen ihr die Harmonien und als sie älter wurde, fing sie an, die Reize des Ausdrucks zu fühlen und die Musik um ihrer selbst zu lieben. Aber das ist weit eher Sache des Geschmacks als des Talents; sie kann keine Melodie nach Noten spielen.

Was Sophie am besten kann und was man sie mit größter Sorgfalt hat lernen lassen, das sind die weiblichen Handarbeiten, selbst diejenigen, an die man am wenigsten denkt, wie das Zuschneiden und Nähen ihrer Kleider. Es gibt keine Nadelarbeit, die sie nicht machen könnte und die sie nicht mit Vergnügen macht. Die Arbeit aber, die sie allen anderen vorzieht, ist das Klöppeln von Spitzen, weil es keine andere gibt, die man in anmutigerer Haltung machen und bei der man die Finger mit mehr Grazie und Leichtigkeit üben könnte. Auch aller Angelegenheiten des Haushalts hat sie sich angenommen. Sie kennt sich in der Küche und in der Speisekammer aus. Sie kennt die Preise der Lebensmittel und ihre Qualitäten. Sie kann Buch führen und dient ihrer Mutter als Haushofmeister. Erzogen, eines Tages selbst Familienmutter zu sein, lernt sie bei der Verwaltung des Vaterhauses ihr eigenes zu verwalten. Sie kann den Dienstboten bei ihrer Arbeit helfen und macht es gerne. Man kann nur das richtig befehlen, was man auch selbst ausführen kann: das sind die Gründe, warum sie ihre Mutter damit beschäftigt. Sophie sieht allerdings nicht so weit. Tochter zu sein, ist ihre erste Pflicht, und das ist die einzige, an deren Erfüllung sie jetzt denkt. Sie sieht nur darauf, ihrer Mutter zu dienen und ihr einen Teil ihrer Sorgen abzunehmen. Allerdings erfüllt sie nicht alle mit dem gleichen Vergnügen. Obwohl sie eine Feinschmeckerin ist, kocht sie z. B. nicht gerne. Die vielen Einzelheiten daran haben etwas, was sie abstößt; es ist ihr niemals sauber genug. In diesem Punkt ist sie von äußerster Empfindlichkeit, und diese Überempfindlichkeit ist zu einem ihrer Fehler geworden: lieber ließe sie das ganze Essen anbrennen, als ihren Ärmel zu beschmutzen. Aus demselben Grund hat sie auch die Aufsicht über den Garten abgelehnt. Die Erde scheint ihr schmutzig zu sein. Sobald sie Stallmist sieht, glaubt sie ihn auch zu riechen.

Diesen Fehler hat Sophie von ihrer Mutter gelernt. Sie sagte,   Sauberkeit daß Sauberkeit zu den obersten Pflichten einer Frau gehört und eine dem Geschlecht eigene, unerläßliche und von der Natur auferlegte Verpflichtung ist. Es gibt nichts Widerlicheres auf der Welt als eine unsaubere Frau, und der Mann, der sich vor ihr ekelt, hat niemals unrecht. Die Mutter hat ihrer Tochter von Kindheit an diese Verpflichtung so oft gepredigt, sie hat so sehr die Sauberkeit ihrer Person, ihrer Kleider, ihres Zimmers, ihrer Arbeit, ihrer Toilette verlangt, daß diese Aufmerksamkeit zur Gewohnheit wurde und einen Großteil ihrer Zeit in Anspruch nimmt und sogar den anderen Teil beherrscht. Auf diese Weise kommt, etwas richtig zu tun, erst in zweiter Linie; in erster steht, es sauber zu tun.

Dies alles ist indessen nicht zur Geziertheit und zur Verweichlichung entartet. Die Kniffe des Luxus gelten hier nichts. Niemals kam etwas anderes als reines Wasser in ihr Zimmer. Sie kennt kein anderes Parfüm als das der Blumen, und niemals wird ihr Mann etwas anderes atmen als ihren Duft. Über der Aufmerksamkeit, die sie ihrem Äußeren widmet, vergißt sie aber nicht, daß sie ihr Leben und ihre Zeit auch edleren Verpflichtungen schuldet. Jene übertriebene Sauberkeit des Körpers, die die Seele beschmutzt, kennt sie nicht oder verachtet sie. Sophie ist weit mehr als sauber; sie ist rein.

Ich habe gesagt, daß Sophie eine Feinschmeckerin ist. Sie   Mäßigkeit war es von Natur aus, aber aus Gewöhnung ist sie enthaltsam geworden. Jetzt ist sie es aus Tugend. Bei Mädchen geht das nicht so wie bei Knaben, die man bis zu einem gewissen Punkt durch ihre Naschhaftigkeit lenken kann. Diese Neigung bleibt nämlich nicht ohne Folgen für das weibliche Geschlecht: es ist zu gefährlich, sie ihm zu gewähren. Wenn Sophie als Kind allein in das Zimmer ihrer Mutter getreten war, kam sie nicht immer mit leeren Händen wieder heraus, und ihre Ehrlichkeit hielt, wenn es sich um Plätzchen und Bonbons handelte, nicht jeder Probe stand. Ihre Mutter überraschte sie, tadelte sie, bestrafte sie, ließ sie fasten. Schließlich gelang es ihr, sie davon zu überzeugen, daß Zuckerwerk die Zähne verdirbt und daß man von zu vielem Essen zu dick wird. Derart besserte sich Sophie. Als sie größer wurde, fand sie an anderen Dingen Geschmack, die sie dann von diesen niedrigen Neigungen ablenkten. Wenn sich das Herz zu regen beginnt, verliert die Naschhaftigkeit bei Frauen wie bei Männern ihre Macht. Sophie hat den ihrem Geschlecht eigenen Geschmack beibehalten: sie liebt Milch- und Zuckerspeisen; sie liebt Gebäck und Beigerichte, aber sehr viel weniger Fleisch. Wein und starke Getränke hat sie noch niemals gekostet. Übrigens ißt sie von allem sehr mäßig. Da Frauen weniger arbeiten als Männer, brauchen sie weniger Nahrung. In allen Dingen liebt sie, was gut ist, und weiß es zu schätzen. Sie schickt sich auch in das, was weniger gut ist, ohne daß ihr diese Entbehrung schwerfiele.

Sophies Geist
Sophies Geist ist nicht glänzend, dafür aber angenehm; er ist nicht tief, aber gediegen; ein Geist, von dem man nichts sagen kann, weil er dem gleicht, den man selber hat. Ihr Geist gefällt den Leuten, die mit ihr reden, obwohl er nicht der Vorstellung gleicht, die wir uns von der Kultur einer geistreichen Frau machen, denn ihr Geist ist nicht durch Lektüre gebildet, nur durch die Gespräche mit Vater und Mutter und durch die eigenen Überlegungen über die kleine Welt, die sie bisher kennengelernt hat. Sophie ist von Natur aus fröhlich. Als Kind war sie sogar ausgelassen. Aber nach und nach hat sich ihre Mutter bemüht, ihren Leichtsinn zu zügeln, aus Angst, sie könnte von dem Augenblick überrascht werden, wo diese Veränderung notwendig geworden wäre. Sie ist also vor der Zeit, die es selbst mit sich bringt, bescheiden und zurückhaltend geworden. Jetzt aber, wo sie es sein muß, fällt es ihr leichter, den Ton zu wahren, den sie angenommen hat, als ihn anzunehmen, ohne den Grund für diesen Wechsel zu erkennen. Der Anblick ist reizend, wenn sie in kindliche Ausbrüche zurückfällt und dann plötzlich, in sich gekehrt, schweigt, die Augen senkt und errötet. Notwendigerweise muß die Zeit zwischen den beiden Lebensaltern an beiden ein wenig Anteil haben.

Empfindsamkeit
Sophie ist zu empfindsam, um immer gleiche Laune bewahren zu können; aber sie ist zu gutmütig, um anderen damit lästig zu fallen. Sie leidet lieber selbst dafür. Verletzt man sie mit einem Wort, macht sie kein böses Gesicht, aber das Herz wird ihr schwer. Sie versucht zu entwischen, um zu weinen. Wenn sie dann mitten im Weinen ihr Vater oder ihre Mutter rufen und nur ein einziges Wort sagen, kommt sie sofort, spielt und lacht, wischt sich geschickt die Augen und versucht, ihre Schluchzer zu ersticken.

Launen
Sie ist nicht einmal ganz frei von Launen. Treibt sie ihre Stimmung zu weit, so artet sie in Trotz aus, und dann kann es

Sophie als Persönlichkeit

vorkommen, daß sie sich vergißt. Dann muß man ihr Zeit lassen, sich zu fangen, und die Art, wie sie ihr Unrecht wieder gutmacht, muß ihr fast als Verdienst angerechnet werden. Wenn man sie bestraft, ist sie folgsam und fügsam, und man sieht, daß sie sich weniger wegen der Strafe als wegen ihres Fehlers schämt. Sagt man ihr aber nichts, so macht sie ihn selbst wieder gut, und zwar in so offener und liebenswürdiger Weise, daß es unmöglich ist, ihr weiter böse zu sein. Sie wäre imstande, die Erde vor dem letzten Diener zu küssen, ohne daß ihr diese Erniedrigung die geringste Mühe machte. Sobald man ihr verziehen hat, sieht man ihrer Freude und ihren Liebkosungen an, um welche Last ihr gutes Herz erleichtert ist. Mit einem Wort: Geduldig leidet sie das Unrecht, das ihr andere antun, und macht ihr eigenes mit Freuden wieder gut. So liebenswürdig ist der Charakter des weiblichen Geschlechts, ehe wir ihn verdorben haben. Die Frau ist dafür geschaffen, dem Mann nachzugeben und sogar seine Ungerechtigkeit zu ertragen. Knaben kann man niemals auf diesen Punkt bringen. Ein inneres Gefühl erhebt sich und lehnt sich gegen die Ungerechtigkeit auf. Die Natur hat sie nicht geschaffen, Unrecht zu erdulden.

Gravem / Pelidae stomachum cedere nescii.

[ich singe nicht] den schweren Groll des Peliden, der es nicht gelernt hatte, sich zu fügen. HORAZ, *Oden*, I, 6)

Sophie ist gläubig; aber ihr Glaube ist vernünftig und einfach. **Religiöse** Wenige Dogmen und noch weniger Devotionsübungen; oder **Erziehung** vielmehr: da sie als wesentliche Übung nur die Moral kennt, widmet sie ihr ganzes Leben dem Dienst Gottes, indem sie Gutes tut. Die Eltern gewöhnten sie in ihren Unterweisungen an eine achtungsvolle Demut, indem sie ihr immer sagten: „Meine Tochter, diese Kenntnisse eignen sich nicht für dein Alter. Dein Mann wird dich darüber belehren, wenn es an der Zeit ist." Statt langer Predigten begnügen sie sich mit ihrem eigenen Beispiel, und dieses Beispiel hat sich ihr ins Herz geprägt.

Sophie liebt die Tugend, und diese Liebe ist eine beherr- **Tugend** schende Leidenschaft geworden. Sie liebt sie, weil es nichts Schöneres gibt als die Tugend. Sie liebt sie, weil die Tugend den Ruhm einer Frau ausmacht, und weil eine tugendhafte Frau einem Engel gleichzukommen scheint. Sie liebt sie als den einzigen Pfad des wahren Glücks und weil sie im Leben einer ehrlosen Frau nur Elend, Verlassenheit, Unglück, Schimpf und Schande sieht. Sie liebt sie, weil sie ihr geachteter Vater und ihre zärtliche und würdige Mutter lieben: sie wollen nicht nur durch ihre eigene Tugend glücklich sein, sie wollen es auch durch die ihrer Tochter sein. Deren höchstes Glück aber ist die Hoffnung, sie glücklich zu machen. Alle diese Gefühle erfüllen sie mit einer Begeisterung, die die Seele erhebt und alle kleineren Neigungen einer so edlen Leidenschaft unterordnet. Bis zu ihrem letzten Atemzug bleibt Sophie keusch und züchtig. Sie hat es sich im tiefsten Herzen geschworen, und sie hat es zu einer Zeit geschworen, wo sie schon wußte, was es kostet, einen solchen Schwur zu halten. Sie hat es geschworen, wo sie das Gelöbnis hätte widerrufen müssen, wenn sie gefühlt hätte, daß ihre Sinne mächtiger sind als sie.

Liebesbedürfnis Sophie hat nicht das Glück, eine jener anziehenden Französinnen zu sein, die vom Temperament kalt und aus Eitelkeit kokett sind, die eher glänzen als gefallen wollen, die das Vergnügen und nicht die Freude suchen. Nur das Liebesbedürfnis verzehrt sie. Es macht sie zerstreut und verwirrt ihr Herz auf Festlichkeiten. Sie hat ihre alte Fröhlichkeit verloren; ausgelassene Spiele sind nichts mehr für sie. Statt die langweilige Einsamkeit zu fürchten, sucht sie sie nun. Sie denkt an den, der ihr die Einsamkeit versüßen soll. Alle Gleichgültigen fallen ihr lästig. Sie möchte keinen Hof von Anbetern, sondern einen Verehrer. Es ist ihr lieber, einem ehrenwerten Mann zu gefallen und ihm immer zu gefallen, als heute in aller Munde zu sein und morgen verhöhnt zu werden.

Urteilsvermögen Das Urteilsvermögen der Frauen ist früher entwickelt als das der Männer. Da sie fast von Kindheit an in der Defensive stehen und einen Schatz zu hüten haben, der schwer zu bewahren ist, ist ihnen Gut und Böse notwendigerweise früher bekannt. Sophie ist in allem früher reif, weil ihr Temperament sie dazu drängt; ihr Urteil ist also eher entwickelt als das anderer Mädchen ihres Alters. Daran ist nichts Außergewöhnliches; die Reife tritt nicht bei allen zu gleicher Zeit ein.

Pflichten und Rechte Sophie ist über die Pflichten und die Rechte ihres und unseres Geschlechtes unterrichtet. Sie kennt die Fehler der Männer und die Laster der Frauen; sie kennt auch die Vorzüge und die den Lastern entgegengesetzten Tugenden und hat sie tief in ihrem Herzen beschlossen. Man kann von einer ehrbaren Frau nicht höher denken als sie es tut, und dieser Gedanke erschreckt sie nicht. Lieber denkt sie aber noch an den ehrenwerten Mann, an den Mann von Verdienst. Sie fühlt, daß sie für diesen Mann gemacht ist, daß sie seiner würdig ist; daß sie ihn glücklich machen kann, so wie er sie. Sie fühlt, daß sie ihn bestimmt erkennen wird; es handelt sich nur darum, ihn zu finden.

Urteil Frauen sind die natürlichen Richter über die Verdienste der Männer, so wie sie es sind über den Wert der Frauen: das ist ihr gegenseitiges Recht, und beide wissen es sehr wohl. Sophie kennt dieses Recht und macht Gebrauch davon, aber mit der Bescheidenheit, die ihrer Jugend, ihrer Unerfahrenheit, ihrer Stellung geziemt. Sie urteilt nur über Dinge, die sie versteht, und sie urteilt nur, wenn es dazu dient, eine nützliche Lehre daraus zu ziehen. Über Abwesende spricht sie nur mit größter Zurückhaltung, besonders, wenn es sich um Frauen handelt. Sie glaubt, daß sie nur schmäh- und spottlustig werden, weil sie übereinander reden. Solange sie nur von unserem Geschlecht sprechen, sind sie gerecht. Sophie beschränkt sich also darauf. Wenn sie von Frauen spricht, so erwähnt sie nur das Gute, das sie von ihnen weiß. Das ist eine Ehre, die sie ihrem Geschlecht schuldig zu sein glaubt. Weiß sie von Frauen gar nichts Gutes zu berichten, so sagt sie gar nichts, und das versteht man auch.

Sophie hat noch wenig Erfahrung in gesellschaftlichen Dingen. Aber sie ist verbindlich, aufmerksam und macht alles, was sie tut, mit Anmut. Ein glückliches Naturell dient ihr dazu besser als viele Kunst. Eine gewisse Höflichkeit ist ihr eigen, die nicht an Formeln klebt und die nicht der Mode unterworfen ist, die auch nicht mit ihnen wechselt, die nichts aus Routine macht, sondern die aus dem wirklichen Wunsch zu gefallen kommt und die auch gefällt. Sie kennt nicht die landläufigen Komplimente und sie drechselt keine. Sie sagt nicht, daß sie sich sehr verbunden fühle, daß man ihr eine große Ehre erweise, daß man sich nicht bemühen möge, usw. Noch weniger fällt ihr ein, Phrasen zu dreschen. Auf eine Aufmerksamkeit, eine Höflichkeit antwortet sie mit einer Verbeugung oder mit einem einfachen *Ich danke Ihnen*. Aber dieses Wort aus ihrem Mund ist manches andere wert. Für einen wirklichen Dienst läßt sie ihr Herz sprechen, und da findet sie dann keine Komplimente. Niemals hat sie sich den französischen Geschraubtheiten gebeugt, wie die, wenn sie von einem Zimmer ins andere geht, sich auf den Arm eines Sechzigjährigen zu stützen, den sie am liebsten selber gestützt hätte. Wenn ihr ein duftender Ritter diesen ungehörigen Dienst erweisen will, läßt sie den dienstfertigen Arm auf der Treppe stehen und schwingt sich mit zwei Sätzen ins Zimmer und sagt, daß sie doch nicht hinke. Tatsächlich hat sie auch niemals, obwohl sie nicht groß ist, hohe Absätze tragen wollen. Sie hat so kleine Füße, daß sie darauf verzichten kann.

Nicht nur Frauen, sondern auch verheirateten oder wesentlich älteren Männern gegenüber bewahrt sie respektvolles Schweigen. Sie nimmt auch niemals einen Platz über ihn ein, außer aus Gehorsam; sie nimmt aber, sobald sie kann, den ihren wieder ein, da sie weiß, daß die Rechte des Alters denen des Geschlechts vorausgehen, da sie die Weisheit für sich beanspruchen, die man vor allem ehren muß.

Bei jungen Leuten ihres Alters ist das freilich anders. Da gebraucht sie einen anderen Ton, wenn sie Eindruck auf sie machen will. Sie weiß ihn aber zu treffen, ohne die bescheidene Art aufzugeben, die ihr zusteht. Sind sie selber bescheiden und zurückhaltend, so bewahrt sie den liebenswürdigen Ton ihrer Kindheit. Ihre unschuldigen Unterhaltungen sind mutwillig, aber anständig. Werden sie ernst, so will Sophie, daß sie auch nützlich seien. Gleiten sie ins Geschmacklose ab, setzt sie ihnen ein Ende, denn sie verachtet vor allem jenes seichte und galante Geschwätz, das ihr als eine Beleidigung ihres Geschlechtes vorkommt. Sie weiß sehr wohl, daß der Mann, den sie sucht, diese

Gesellschaftliche Erfahrung

Umgang mit Menschen

Sprache nicht kennt. Niemals würde sie von einem anderen dulden, was nicht zu dem paßt, dessen Charakterbild sie im Herzen trägt. Die hohe Meinung, die sie von den Rechten ihres Geschlechtes hat, der Seelenstolz, den ihr die Reinheit ihrer Gefühle gibt, diese Tugendkraft, die sie in sich fühlt und die sie in ihren eigenen Augen achtenswert macht, lassen sie nur mit Widerwillen das Süßholzgeraspel vernehmen, mit dem man sie zu unterhalten glaubt. Sie ist nicht direkt mit ihnen böse, aber sie bedenkt sie mit einem ironischen Beifall, der verwirrt, oder mit einer Kälte, die sie nicht erwartet haben. Wenn ein schöner Phoebus ihr seine Artigkeiten aufsagt, ihren Geist, ihre Schönheit, ihre Anmut geistvoll lobt und das Glück preist, ihr zu gefallen, so bringt sie es fertig, ihn mit höflichen Worten zu unterbrechen: „Mein Herr, ich fürchte, daß ich das alles besser weiß als Sie. Wenn Sie mir nichts Interessanteres zu sagen haben, so glaube ich, daß wir hier die Unterhaltung beenden können." Diese Worte mit einer tiefen Verbeugung zu begleiten und sich von ihm zwanzig Schritte entfernt zu haben, ist für sie das Werk eines Augenblicks. Fragt eure Herrchen, ob es leicht ist, seine Redensarten bei einem solchen Widerspruchsgeist wie diesem anzubringen.

Trotzdem hat sie es gern, wenn man sie aufrichtig lobt, und wenn sie annehmen kann, daß man auch so gut über sie denkt, wie man spricht. Wer von ihren Verdiensten beeindruckt erscheinen will, muß selbst Verdienste aufweisen. Eine auf Achtung beruhende Huldigung kann ihrem stolzen Herzen nur schmeicheln; galantes Geschwätz weist sie immer zurück. Sophie ist nicht dazu da, daß ein Schwerenöter seine kleinen Talente an ihr übt.

Aufklärung durch die Eltern

Da Sophie in ihrem Urteil schon so reif und in jeder Beziehung wie eine Zwanzigjährige gebildet ist, behandeln sie ihre Eltern trotz ihren fünfzehn Jahren nicht mehr wie ein Kind. Kaum stellen sie die erste Jugendunruhe fest, beeilen sich sie, ihr zuvorzukommen. Sie reden liebevoll und vernünftig mit ihr. Solche Gespräche eignen sich für ihr Alter und ihren Charakter. Wenn sie nämlich charakterlich so ist, wie ich sie mir vorstelle, warum sollte ihr Vater nicht etwa so mit ihr reden:

„Sophie, du bist nun ein erwachsenes Mädchen, aber man wird es nicht, um es zu bleiben. Wir wollen, daß du glücklich wirst. Wir wollen es um unsretwillen, denn unser Glück hängt von deinem ab. Das Glück eines ehrbaren Mädchens besteht darin, einen rechtschaffenen Mann glücklich zu machen. Wir müssen also daran denken, dich zu verheiraten, und zwar beizeiten, denn von der Ehe hängt das Glück des Lebens ab, und man hat nie zuviel Zeit, daran zu denken.

Nichts ist schwieriger als die Wahl eines guten Ehemannes, außer vielleicht die Wahl einer guten Ehefrau. Sophie, du wirst diese seltene Frau sein, die Ehre unseres Lebens und das Glück unserer alten Tage. Wie viele Vorzüge du aber auch haben magst, es fehlt nicht an Männern, die noch mehr besitzen als du. Keiner ist darunter, dem es nicht zur Ehre gereichen würde, dich zu besitzen; viele aber, durch die du

Sophie als Persönlichkeit

noch mehr geehrt würdest. Unter ihnen mußt du einen finden, der dir gefällt, du mußt ihn kennenlernen und dich ihm bekannt machen.

Das Glück der Ehe hängt von so vielen Umständen ab, daß es Torheit wäre, alle vereinigen zu wollen. Man muß sich zuerst der wichtigsten versichern. Sind die anderen auch vorhanden, so nimmt man sie mit. Fehlen sie, muß man auf sie verzichten. Auf dieser Erde gibt es kein vollkommenes Glück. Das größte Unglück, das man aber immer vermeiden kann, ist, aus eigener Schuld unglücklich zu sein.

Nun gibt es Umstände, die von der Natur, von der Gesellschaft und von der öffentlichen Meinung abhängen. Die Eltern sind Richter über die beiden letzten, die Kinder allein über die ersten. Bei Ehen, die durch die Väter geschlossen werden, richtet man sich einzig und allein nach den Forderungen der Gesellschaft und der öffentlichen Meinung. Man verheiratet nicht Menschen, sondern Stände und Vermögen. Aber all das kann sich ändern: die Menschen bleiben immer und sie bleiben immer dieselben. Trotz Hab und Gut ist eine Ehe nur durch die persönlichen Beziehungen glücklich oder unglücklich.

Deine Mutter stammte aus einem vornehmen Haus; ich war reich. Das waren die einzigen Erwägungen, die unsere Eltern veranlaßten uns zu verbinden. Ich habe mein Vermögen verloren, sie ihren Namen. Was nützt ihr heute, als Edelfräulein geboren zu sein, wenn ihre Familie sie vergessen hat? Allein der Bund unserer Herzen hat uns in unserem Mißgeschick über alles getröstet. Gleicher Geschmack ließ uns diese Zuflucht wählen. Wir leben hier glücklich in der Armut; wir sind einander selbst genug. Sophie ist unser gemeinsamer Schatz. Wir segnen den Himmel, uns diesen gelassen zu haben, wenn er uns schon alle anderen genommen hat. Du siehst, mein Kind, wohin uns die Vorsehung geführt hat: die Umstände, die zu unserer Heirat geführt haben, sind verschwunden; durch die aber, die man für nichts zählte, sind wir glücklich.

Die Eheleute müssen sich selbst wählen. Gegenseitige Zuneigung muß das erste Band sein. Ihre Augen, ihre Herzen müssen ihre ersten Führer sein. Denn nach ihrer Verbindung ist ihre erste Pflicht, sich zu lieben. Aber lieben oder nicht lieben hängt nicht von uns selbst ab. Diese Pflicht schließt notwendigerweise eine andere ein, sich lieben zu lernen, ehe man sich verbindet. Das ist ein Gesetz der Natur, das sich nicht aufheben läßt. Diejenigen, die es durch so viele bürgerliche Gesetze eingeschränkt haben, dachten mehr an eine äußere Ordnung als an das Glück der Ehe und die Sitten der Bürger. Du siehst, Sophie, daß wir dir keine schwere Moral predigen. Sie zielt nur darauf ab, dich zur Herrin deiner selbst zu machen, damit du aus eigener Wahl einen Ehemann wählen kannst.

Nachdem ich dir unsere Gründe genannt habe, warum wir dir volle Freiheit geben, ist es nur recht, auch über deine Gründe zu reden, damit du sie mit Verstand anwendest. Du bist eine gute und verständige Tochter, bist rechtschaffen und fromm, hast die Gaben, die ehrbaren Frauen anstehen, du bist nicht ohne Reize: aber du bist arm. Du hast die schätzenswertesten Güter, aber es fehlen dir die, die man am meisten schätzt. Trachte also nur nach dem, was du bekommen kannst, und richte deine Ansprüche nicht nach deinem oder unserem Urteil, sondern nach der Meinung der Menschen. Wenn es sich nur um gleiche Vorzüge handelte, so wüßte ich nicht, worauf ich deine Hoffnungen beschränken sollte; heb sie jedoch nicht über dein Vermögen hinaus und vergiß nicht, daß es auf der untersten Stufe steht! Obwohl ein Mann, der deiner würdig wäre, diese Ungleichheit nicht als Hindernis ansehen würde, so mußt du machen, was er nicht tun wird: Sophie muß ihre Mutter nachahmen und dafür nur in eine Familie einheiraten, die sich durch sie geehrt fühlt. Du hast unseren Reichtum nicht gesehen, du wurdest geboren, als wir arm waren. Du versüßt uns unsere Armut und du teilst sie mit uns ohne Beschwerde.

Glaub mir, Sophie, und such keine Güter, für deren Verlust wir dem Himmel danken. Wir sind erst glücklich geworden, nachdem wir den Reichtum verloren hatten.

Du bist zu liebenswert, um nicht jedem zu gefallen, und du bist nicht derart arm, daß ein rechtschaffener Mann deinetwegen in Verlegenheit käme. Du wirst begehrt werden, vielleicht sogar von Leuten, die deiner nicht wert sind. Zeigten sie sich dir, so wie sie sind, würdest du sie nach ihrem wahren Wert einschätzen. Ihre ganze Aufmachung würde dich nicht lange täuschen. Aber obwohl du ein gutes Urteil hast, fehlt dir die Erfahrung, und du weißt nicht, wie sehr sich die Menschen verstellen können. Ein geschickter Betrüger kann deine Neigungen studieren, um dich zu verführen und dir Tugenden vorzutäuschen, die er gar nicht hat. Er hätte dich ins Unglück gestürzt, ehe du es gewahr würdest, und du würdest deinen Irrtum nur erkennen, um ihn zu beweinen. Die gefährlichste Falle und die einzige, der die Vernunft nicht entgehen kann, ist die der Sinne. Solltest du jemals das Unglück haben, ihr zu verfallen, siehst du nur mehr Illusionen und Trugbilder. Dein Auge wird geblendet, dein Urteil getrübt, dein Wille gebrochen; du würdest noch deinen Irrtum lieben. Selbst wenn du imstande wärst, ihn zu erkennen, würdest du ihn nicht mehr lassen wollen. Ich überlasse dich Sophies Vernunft, meine Tochter; ich überlasse dich nicht der Neigung ihres Herzens. Solange du kaltes Blut bewahrst, magst du dein eigener Richter bleiben; sobald du aber liebst, überlaß die Sorge um dich deiner Mutter.

Ich schlage dir ein Abkommen vor, das dir unsere Achtung beweist und das die natürliche Ordnung zwischen uns wieder herstellt. Die Eltern wählen den Gatten ihrer Tochter und befragen sie nur der Form halber: so will es der Brauch. Wir aber wollen das Gegenteil tun: Du wählst und wir werden befragt. Mach von deinem Recht Gebrauch, Sophie! Nütz es frei und weise! Du sollst den Mann wählen, der zu dir paßt, und nicht wir. An uns ist es aber zu beurteilen, ob du dich nicht über die Verhältnisse getäuscht hast, und ob du nicht, ohne es zu wissen, etwas ganz anderes tust, als du eigentlich tun wolltest. Geburt, Gesetz, Rang, Ruf spielen in unseren Erwägungen keine Rolle. Nimm einen ehrenwerten Mann, der dir gefällt und dessen Charakter dir paßt. Im übrigen mag er sein, was er will, wir werden ihn als Schwiegersohn anerkennen. Sein Vermögen ist groß genug, wenn er nur Arme hat, gesittet ist, und seine Familie liebt. Sein Rang wird immer vornehm genug sein, wenn er ihn durch Tugend adelt. Und wenn uns die ganze Welt tadelt, was macht das schon aus? Wir suchen nicht den Beifall der Menge, uns genügt dein Glück."

Wirkung der Ratschläge

Ich weiß nicht, meine Leser, welchen Eindruck ein solches Gespräch auf die Mädchen macht, die ihr erzogen habt. Sophie wird vielleicht gar nicht darauf antworten. Scham und Rührung würden es ihr nicht leicht machen, sich auszudrücken. Aber ich bin überzeugt, daß es ihr unvergeßlich bleiben wird. Wenn man sich auf einen menschlichen Beschluß verlassen kann, dann ist es ihr Vorsatz, der Achtung ihrer Eltern würdig zu sein.

Nehmen wir den schlimmsten Fall an: wir geben ihr ein feuriges Temperament, das ihr ein langes Warten schwermacht. Dennoch behaupte ich, daß ihr Urteil, ihre Kenntnisse, ihr Geschmack, ihr Feingefühl und vor allem ihre Empfindungen, mit denen ihr Herz von Kindheit an genährt worden sind, dem Drang ihrer Sinne ein Gegengewicht bilden würden, das ihr genügt, sie zu besiegen oder zum mindesten, ihnen lange zu widerstehen. Sie würde lieber als Märtyrerin ihrer Verhältnisse sterben, als ihre Eltern zu betrüben, einen Mann ohne Vorzüge zu heiraten und sich dem Unglück einer unpassenden Ehe auszusetzen. Gerade die Freiheit, die sie erhalten hat, gibt ihr neue Seelenstärke und macht sie bei der Wahl ihres Gatten wählerischer. Mit dem Temperament einer Italienerin und der Empfindsamkeit einer Engländerin verbindet sie, um ihr Herz und ihre Sinne zu zügeln, den Stolz einer Spanierin, die, selbst wenn sie nur einen Geliebten sucht, nicht leicht den findet, den sie ihrer würdig erachtet.

Nicht jeder kann fühlen, welchen Schwung die Liebe zur Ehrbarkeit der Seele verleihen und welche Kraft man in sich finden kann, wenn man im Ernst tugendhaft sein will. Es gibt Leute, denen alles, was groß ist, trügerisch erscheint, und die in ihrem gemeinen und niedrigen Geist niemals erkennen werden, was selbst eine närrische Tugend über menschliche Leidenschaften vermag. Zu diesen Leuten darf man nur mit Beispielen reden: um so schlimmer für sie, wenn sie sie leugnen. Wenn ich ihnen sagte, daß Sophie kein Phantasiewesen ist, daß ich nur ihren Namen erfunden habe, daß ihre Erziehung, ihre Sitten, ihr Charakter, sogar ihre Gestalt wirklich existiert haben und daß ihr Andenken noch heute eine ehrbare Familie Tränen kostet, so würden sie mir zweifellos nicht glauben. Aber was habe ich zu befürchten, wenn ich ohne Umschweife die Geschichte eines Mädchens vollende, das Sophie so sehr ähnelt, daß diese Geschichte auch ihre Geschichte sein könnte, ohne daß man davon überrascht wäre? Ob man sie für wahr hält oder nicht, tut wenig zur Sache. Ich habe dann eben, wenn man so will, Märchen erzählt; trotzdem habe ich dabei meine Methode dargestellt und damit meinen Zweck erreicht.

Das Mädchen hatte außer dem Temperament, das ich soeben **Sophie läßt sich** Sophie beigelegt habe, noch so viele Ähnlichkeiten mit ihr, daß **suchen** es ihren Namen verdienen könnte; ich laß ihn ihr also. Nach dem Gespräch, das ich aufgezeichnet habe, erkennen ihre Eltern, daß sie in dem Dorf, in dem sie wohnten, keine passende Partie finden würden, und sie schickten sie daher für einen Winter in die Stadt zu einer Tante, die man im geheimen über den Zweck dieser Reise unterrichtete. Denn die selbstbewußte Sophie wollte in ihrem Stolz sich selbst besiegen; und so sehr sie auch einen Mann braucht, so wäre sie doch eher als Jungfer gestorben, als selber einen zu suchen.

Um den Wünschen ihrer Eltern zu entsprechen, stellte sie **Sophie in** ihre Tante in bekannten Häusern vor, führte sie in Gesellschaf- **Gesellschaft** ten, auf Feste, ließ sie die Welt sehen, oder vielmehr, ließ sie dort anschauen, denn Sophie kümmerte sich wenig um dieses Getriebe. Trotzdem konnte man feststellen, daß sie vor gutaussehenden jungen Leuten nicht entfloh, wenn sie nur zurückhaltend und bescheiden zu sein schienen. Sie hatte in ihrer Zurückhaltung selbst eine gewisse Art, sie anzuziehen, die der

Koketterie ziemlich nahe kam. Aber nachdem sie sich zwei- oder dreimal mit ihnen unterhalten hatte, waren sie ihr zuwider. Bald setzte sie an die Stelle dieser Befehlshaltung, die Huldigungen zu erheischen schien, ein bescheideneres Benehmen und eine distanzierende Höflichkeit. Sie paßte auf sich auf und gab ihnen keine Gelegenheit mehr, ihr den geringsten Dienst zu erweisen: damit sagte sie deutlich, daß sie nicht Gegenstand ihrer Verehrung werden wollte.

Sophie verliert die Hoffnung

Empfindsame Herzen lieben keine lärmenden Feste, die das nichtige und fruchtlose Glück jener Leute sind, die nichts fühlen und glauben, daß sich betäuben das Leben genießen heißt. Da Sophie nicht fand, was sie suchte, und die Hoffnung verlor, es auf diese Weise zu finden, langweilte sie sich in der Stadt. Nichts konnte ihr die lieben Eltern ersetzen, nichts konnte sie sie vergessen lassen. So kehrte sie lange vor dem festgesetzten Zeitpunkt zu ihnen zurück.

Kaum hatte sie ihre Obliegenheiten im elterlichen Haus wieder aufgenommen, da sah man, daß sie sich zwar gleich benahm, daß sich aber ihre Stimmung geändert hatte. Sie war zerstreut, ungeduldig, traurig und verträumt und versteckte sich, um zu weinen. Zuerst glaubte man, sie wäre verliebt und schäme sich nur dessen: man sprach sie darauf an, aber sie bestritt es. Sie beteuerte, niemanden getroffen zu haben, der ihr Herz hätte rühren können. Und Sophie log nicht.

Die Mutter als Vertraute

Indessen erschlaffte sie immer mehr und ihre Gesundheit begann zu leiden. Ihre Mutter wurde über diesen Wechsel unruhig und beschloß, die Ursache zu ergründen. Sie nahm sie beiseite und redete mit jener einschmeichelnden Sprache und mit jener unwiderstehlichen Zärtlichkeit, die nur mütterliche Liebe aufbringen kann. „Meine Tochter, ich habe dich unter meinem Herzen getragen und ich trage dich noch immer im Herzen, vertraue deine Geheimnisse meinem Herzen an. Gibt es denn Geheimnisse, die eine Mutter nicht wissen darf? Wer beklagt denn deinen Kummer, wer teilt ihn und wer möchte dir helfen, wenn nicht dein Vater und ich? Willst du, mein Kind, daß ich an deinen Schmerzen vergehe, ohne sie zu kennen?"

Aber das Mädchen will ja gar nicht ihren Kummer vor ihrer Mutter verbergen; sie will sie ja nur als Trösterin und Vertraute haben. Aber die Scham hinderte sie am Reden und in ihrer Bescheidenheit fand sie nicht die Worte, um einen Zustand zu beschreiben, der ihrer so wenig würdig ist; nämlich, daß die Erregung ihre Sinne gegen ihren Willen verwirrt hatte. Aber ihre Scham selbst verriet sie ihrer Mutter und entriß ihr das demütigende Geständnis. Statt sie mit ungerechten Vorwürfen zu kränken, tröstete und beklagte sie sie und weinte mit ihr. Sie war zu klug, um aus einem Übel ein Vergehen zu machen, das nur ihre Tugend so grausam werden ließ. Warum aber ohne Not ein Übel ertragen, dessen Heilung so leicht und so statthaft war? Warum nutzte sie die Freiheit nicht, die man ihr gegeben hatte? Warum nahm sie keinen Mann? Weshalb wählte sie keinen? Wußte sie nicht, daß ihr Schicksal von ihr allein abhing und daß ihre Wahl, wie sie auch sei, genehm wäre, da sie ja gar keine unehrenhafte Wahl treffen könne? Man hatte sie in die Stadt geschickt, aber sie hatte nicht bleiben wollen. Mehrere Partien hatten sich ihr geboten, sie hatte sie alle ausgeschlagen. Worauf wartete sie also? Was wollte sie? Welch unerklärlicher Widerspruch!

Die Antwort war einfach. Hätte es sich nur um einen Freund für ihre Jugend gehandelt, so wäre die Wahl bald getroffen gewesen. Aber ein Mann für das ganze Leben ist nicht so leicht zu wählen. Da man diese beiden Wahlen nicht trennen kann, so muß man eben warten und oft seine Jugend verlieren, ehe man den Mann findet, mit dem man seine Tage verbringen will. Das war der Fall bei Sophie. Sie brauchte einen Geliebten, aber dieser Geliebte mußte ihr Ehemann sein: Das Herz, das ihr Herz brauchte, war hier fast ebenso schwer zu finden wie dort. Alle diese glänzenden jungen Leute hatten mit ihr nichts gemeinsam als das Alter, alles andere fehlte ihnen. Ihre Oberflächlichkeit, ihre Eitelkeit, ihr Kauderwelsch, ihre zügellosen Sitten, ihre frivolen Nachahmungen machten sie ihr widerwärtig. Sie suchte einen Mann und fand nur Affen; sie suchte eine Seele und fand keine.

Wahl eines Mannes

Wie bin ich unglücklich, sagte sie zu ihrer Mutter. Ich brauche Liebe und finde nichts, was mir gefällt. Mein Herz stößt alle ab, die meine Sinne anziehen. Ich habe keinen getroffen, der nicht meine Begierden erregt, und keinen, der sie nicht wieder verdrängt hätte. Neigung ohne Achtung kann nicht von Dauer sein. Das ist kein Mann für deine Sophie! Sein reizendes Vorbild schwebt zu sehr ihrer Seele vor. Sie kann nur ihn lieben! Sie kann nur ihn glücklich machen! Sie kann nur mit ihm allein glücklich werden! Lieber will sie sich verzehren und sich ständig bekämpfen, lieber will sie unglücklich, aber frei sterben, als verzweifelt an der Seite eines Mannes, den sie nicht liebt, und den sie ebenfalls unglücklich machen würde. Es ist besser, nicht mehr zu leben, als nur zu leben, um zu leiden.

Die Mutter war von diesen seltsamen Reden betroffen, fand sie aber so verworren, daß sie noch ein Geheimnis dahinter vermutete. Sophie war aber weder preziös noch albern. Wie hätte sie sich in dieser übertriebenen Empfindsamkeit gefallen können, wo man sie doch von Kindheit an nichts anderes gelehrt hatte, als sich den Menschen anzupassen, mit denen sie zusammenleben mußte, und aus der Not eine Tugend zu machen? Das Bild dieses liebenswerten Mannes, von dem sie so begeistert war, und das sie so oft in ihrer Unterhaltung erwähnte, brachte die Mutter auf den Gedanken, daß dieser Einfall einen anderen

Sophies Idealbild

Grund haben müßte, den sie noch nicht kannte, und daß Sophie noch nicht alles gesagt habe. Die Unglückliche drückte ihr geheimer Kummer und sie suchte nur ihr Herz auszuschütten. Ihre Mutter drängt sie, sie zögert noch. Endlich gibt sie nach, geht wortlos hinaus und kommt nach einer Weile mit einem Buch in der Hand zurück. „Bedaure deine unglückliche Tochter! Ihre Traurigkeit ist unheilbar, ihre Tränen können nicht mehr getrocknet werden. Du willst den Grund wissen? Hier ist er!" sagt sie und warf das Buch auf den Tisch. Die Mutter nimmt das Buch und öffnet es: Es waren „Die Abenteuer des Telemach". Zuerst begreift sie das Rätsel nicht. Aber aus Fragen und dunklen Antworten erkennt sie schließlich mit einer Überraschung, die leicht zu verstehen ist, daß ihre Tochter auf Eucharis eifersüchtig ist.

Sophie liebt Telemach, und sie liebt ihn mit einer Leidenschaft, von der nichts sie zu heilen vermag. Sobald ihre Eltern von diesem Wahn erfahren hatten, lachten sie darüber und glaubten, sie durch Vernunftgründe heilen zu können. Sie irrten sich. Sie hatten die Vernunft nicht nur auf ihrer Seite! Auch Sophie hatte ihre Gründe und wußte sie geltend zu machen. Wie oft brachte sie die Eltern zum Schweigen, indem sie sich ihnen gegenüber ihrer eigenen Gründe bediente; indem sie ihnen zeigte, daß sie an dem ganzen Unglück selbst schuldig seien; daß sie sie nicht für einen Mann ihres Jahrhunderts erzogen hatten; daß sie notwendigerweise die Denkart ihres Mannes annehmen oder ihm ihre beibringen müsse; daß sie ihr den ersten Weg durch die Art ihrer Erziehung unmöglich gemacht haben und daß der andere gerade der war, den sie suchte. Gebt mir, so sagte sie, einen Mann, der von meinen Grundsätzen durchdrungen ist, oder den ich dahinführen kann, und ich heirate ihn. Aber warum wollt ihr mir bis dahin zürnen? Bedauert mich! Ich bin unglücklich und nicht verrückt! Hängt das Herz vom Willen ab? Hat mein Vater es nicht selbst gesagt? Ist es meine Schuld, wenn ich das liebe, was nicht existiert? Ich bin keine Träumerin. Ich will keinen Prinzen, ich suche keinen Telemach; ich weiß, daß er nur eine Erfindung ist. Ich suche jemanden, der ihm ähnlich ist. Und warum soll dieser Jemand nicht existieren, wo ich doch auch existiere und fühle, daß mein Herz seinem Herzen so ähnlich ist? Nein, entehren wir die Menschheit nicht! Glauben wir nicht, daß so ein liebenswürdiger und tugendhafter Mensch nur eine Einbildung sei! Er existiert, er lebt, er sucht mich vielleicht. Er sucht eine Seele, die ihn zu lieben versteht. Aber wer ist er? Wo ist er? Ich weiß es nicht. Er ist keiner von denen, die ich gesehen habe. Bestimmt ist er auch keiner von denen, die ich noch sehen werde. Ach, Mutter, warum hast du mich gelehrt, die Tugend so sehr zu lieben? Wenn ich nur sie lieben kann, so ist das doch weniger meine Schuld als deine.

Soll ich diese traurige Erzählung bis zur Katastrophe fortführen? Soll ich die langen Debatten aufzeichnen, die ihr vorausgegangen sind? Soll ich eine Mutter zeichnen, deren erste Zärtlichkeit sich durch Ungeduld in Strenge verwandelt? Soll ich einen erzürnten Vater zeigen, der seine ursprünglichen Verpflichtungen vergißt und die tugendhafteste aller Töchter wie eine Wahnsinnige behandelt? Soll ich schließlich die Unglückliche malen, die ihrem Traumbild durch die Verfolgung, die sie seinetwegen erdulden muß, nur noch inniger anhängt und langsam dem Tode entgegengeht und in dem Augenblick ins Grab sinkt, wo man glaubt, sie zum Altar zu führen? Nein, fort mit diesen traurigen Bildern! Ich brauche nicht so weit zu gehen, um mit einem, wie mir scheint, hinreichend schlagenden Beispiel zu zeigen, daß trotz der Vorurteile, die aus den Sitten eines Jahrhunderts entstehen, die Begeisterung für das Sittliche und das Schöne den Frauen nicht weniger fremd ist als den Männern und daß es nichts gibt, was man nicht unter der Führung der Natur von ihnen ebenso erlangen könnte als von uns Männern.

Hier unterbricht man mich mit der Frage, ob die Natur uns vorschreibt, mit so viel Mühen unmäßige Begierden zu unterdrücken. Ich sage nein, füge aber hinzu, daß uns die Natur auch keine solche maßlosen Begierden einflößt. In der Tat ist alles, was nicht von ihr kommt, gegen sie: ich habe das tausendmal bewiesen.

Geben wir also unserem Emil seine Sophie. Rufen wir also dieses liebenswürdige Mädchen wieder ins Leben zurück und geben wir ihm eine weniger lebhafte Phantasie und ein glücklicheres Los. Ich wollte eine gewöhnliche Frau schildern. Da ich ihre Seele aber zu sehr erhob, habe ich ihren Verstand verwirrt. Ich habe mich selbst geirrt. Kehren wir also um. Sophie hat nichts als ein gutmütiges Naturell in einer gewöhnlichen Seele. Alles, was sie anderen Frauen voraus hat, ist das Ergebnis ihrer Erziehung.

Voraussetzungen einer glücklichen Ehe

Ich habe mir vorgenommen, in diesem Buch alles zu sagen, was getan werden kann, und es jedem zu überlassen, aus dem Guten, was ich vielleicht gesagt habe, nach Bedarf auszuwählen. Zu Anfang hatte ich vor, auch die Gefährtin Emils frühzeitig heranzubilden und beide füreinander zu erziehen. Als ich jedoch darüber nachdachte, habe ich gefunden, daß alle diese verfrühten Maßnahmen mißverstanden werden und daß es albern wäre, zwei Kinder füreinander zu bestimmen, ehe sich erkennen läßt, ob diese Vereinigung auch der Ordnung der Natur entspricht und ob sich zwischen ihnen die dafür passenden Beziehungen entwickeln. Man darf das, was im Zustand der Wildheit natürlich ist, nicht mit dem verwechseln, was in der Zivilisation natürlich ist. Im Urzustand paßt jede Frau zu jedem Mann, weil beide noch die primitive und gemeinsame Form haben. Heute ist jeder Charakter durch die gesellschaftlichen Einrichtungen geformt und jeder Geist hat seine eigene und bestimmte Form erhalten, nicht nur durch die Erziehung allein, sondern durch das mehr oder weniger geordnete Zusammenwirken von Naturell und Erziehung. Daher kann man sie nur mehr zusammenbringen, wenn man sie miteinander bekannt macht, um zu sehen, ob sie in jeder Hinsicht zueinander passen, oder um wenigstens die Wahl vorzuziehen, die die meisten Übereinstimmungen sichtbar macht.

Zerrüttung der Ehen Das Übel ist, daß sich die Charaktere im bürgerlichen Leben nicht ohne die Rangunterschiede entwickeln und daß die beiden Ordnungen einander nicht ähnlich sind: Je mehr man die gesellschaftlichen Stände unterscheidet, um so mehr vermischt man die Charaktere. Daher kommen die schlecht abgestimmten Ehen und die Zerrüttungen, die daraus entstehen. Hieraus folgt, wie man sieht, ganz deutlich, daß sich die natürlichen Empfindungen um so mehr verfälschen, je mehr man sich von der Gleichheit entfernt. Je größer der Abstand zwischen hoch und niedrig wird, um so mehr lockert sich das Eheband; je mehr Reiche und Arme es gibt, um so weniger Väter und Ehemänner. Weder Herr noch Sklave haben eine Familie. Jeder kennt nur mehr seinen Stand.

Glückliche Ehen Wollt Ihr Mißbräuchen vorbeugen und glückliche Ehen stiften, dann erstickt die Vorurteile, vergeßt die menschlichen Einrichtungen und befragt die Natur. Vereint keine Menschen, die nur unter einer bestimmten Bedingung zueinander passen, und die nicht mehr zueinander passen, wenn sich diese Bedingung ändert; sondern Menschen, die unter jeder Bedingung zueinander passen, in welcher Lage sie sich auch befinden, in welchem Lande sie auch leben und welchen Rang sie auch haben mögen. Ich behaupte nicht, daß die gesellschaftlichen Beziehungen in der Ehe keine Rolle spielen, aber ich behaupte, daß der Einfluß der natürlichen Erziehung so sehr überwiegt, daß er allein über das Lebensschicksal entscheidet. Es gibt solche Übereinstimmungen in Neigung, Temperament, Charakter, daß sie einen weisen Vater, und sei er sogar Fürst oder Monarch, bestimmen müßten, seinem Sohn ohne zu zögern das Mädchen zu geben, mit dem er in all diesen Umständen übereinstimmt, selbst wenn es aus einer unehrenhaften Familie stammte, selbst wenn es die Tochter eines Henkers wäre. Ja, ich behaupte, daß im denkbar größten Unglück festgeeinte Ehegatten in gemeinsamen Tränen ein wahreres Glück genießen, als wenn ihre Herzen inmitten aller Erdengüter durch Zwietracht vergiftet sind.

Ehestiftung Statt meinem Emil also schon von Kindheit an eine Frau zu bestimmen, habe ich darauf gewartet, bis ich die, die zu ihm paßt, kennengelernt habe. Nicht ich habe das bestimmt, sondern die Natur. Meine Aufgabe ist es, herauszufinden, was sie gewollt hat. Das ist meine Aufgabe, ich wiederhole es, und nicht die des

Vaters. Denn indem er mir den Sohn anvertraute, überläßt er mir seinen Platz und setzt mich in seine Rechte ein. Ich bin Emils wahrer Vater; ich habe ihn zum Manne gemacht. Ich hätte es abgelehnt, ihn zu erziehen, wenn ich ihn nicht nach seiner, d. h. nach meiner Wahl hätte verheiraten dürfen. Nur die Freude, jemanden glücklich zu machen, kann für die Mühe entschädigen, einen Menschen so weit zu bringen, es zu werden.

Glaubt aber nicht, daß ich gewartet habe, um Emils Gattin zu finden, bis er gezwungen war, sie selbst zu suchen. Dieses vorgetäuschte Suchen war nur ein Vorwand, damit er Frauen kennenlernt und den Wert derjenigen ermißt, die zu ihm paßt. Denn Sophie ist längst gefunden. Vielleicht hat sie Emil sogar schon gesehen. Aber er wird sie erst kennenlernen, wenn es an der Zeit ist.

Obwohl Standesgleichheit zur Ehe nicht notwendig ist, gibt sie ihr doch, wenn sie zu den anderen gesellschaftlichen Bedingungen hinzukommt, einen neuen Wert. Sie wiegt keine auf, gibt aber den Ausschlag, wenn alle übrigen gleich sind.

Standesgemäße Ehen

Ein Mann darf sich, wenn er nicht gerade Monarch ist, seine Frau nicht aus jedem Stand wählen. Denn die Vorurteile, die er vielleicht nicht hat, findet er bestimmt bei anderen. Und so kann er vielleicht manches Mädchen, das sonst zu ihm passen würde, aus diesem Grunde nicht bekommen. Ein umsichtiger Vater wird sich also aus Gründen der Klugheit beim Suchen beschränken. Er darf seinen Zögling nicht über seinen Rang verheiraten, denn das hängt nicht von ihm ab. Aber selbst wenn er es könnte, darf er es nicht wollen. Denn was schert sich ein junger Mann, wenigstens der meine, schon um den Rang? Steigt er auf, so setzt er sich tausend wirklichen Übeln aus, die er sein ganzes Leben lang spüren wird. Ich behaupte sogar, er dürfte Güter verschiedener Natur, wie Adel und Geld, nicht gegeneinander aufrechnen, da sie einander nicht veredeln, sondern im Gegenteil im Wert vermindern. Außerdem wird man sich nie über den Wert einig werden, denn jeder schätzt sein Mitbringsel höher ein, wodurch Zwietracht zwischen den Familien und oft unter den Eheleuten entsteht.

Überdies wirkt es sich auf die Ehe sehr verschieden aus, ob der Mann über oder unter seinem Stande heiratet. Der erste Fall ist völlig unvernünftig; der zweite nicht so sehr. Da die Familie mit der Gesellschaft nur durch den Familienvorstand verbunden ist, bestimmt sein Stand den der ganzen Familie. Heiratet er unter seinem Stand, steigt er nicht herab: er erhebt seine Frau. Heiratet er im Gegenteil eine Frau über seinem Stand, so zieht er sie herab, ohne sich selbst zu erheben. Im ersten Fall also ein Vorteil ohne Nachteil; im zweiten ein Nachteil ohne Vorteil. Außerdem liegt es in der Ordnung der Natur, daß die Frau dem Mann gehorsam ist. Nimmt er sie aus einem tieferen Stande, stimmt die natürliche mit der bürgerlichen Ordnung überein und alles geht gut. Das Gegenteil ist der Fall, wenn er sich mit einer Frau höheren Standes verbunden hat und wählen muß, entweder gegen sein Recht oder gegen seine Dankbarkeit zu handeln und undankbar oder verachtet zu sein. Maßt sich dann die Frau die Herrschaft an, so wird sie zum Tyrannen ihres Herren. Der Herr ist zum Sklaven geworden und sieht in sich das lächerlichste und bedauernswerteste der Geschöpfe. Das war das Los jener unglücklichen Günstlinge, die die Könige Asiens mit ihren Verbindungen beehrten und quälten, und die, wenn sie mit ihren Frauen schlafen wollten, das Bett nur am Fußende besteigen durften.

Herrschaft der Frauen Ich erwarte, daß mich vielleicht Leser hier des Widerspruchs bezichtigen werden, wenn sie sich erinnern, daß ich der Frau ein natürliches Talent zugesprochen habe, den Mann zu beherrschen. Trotzdem täuschen sie sich. Es ist ein großer Unterschied, ob man sich die Befehlsgewalt anmaßt oder ob man den beherrscht, der befiehlt. Die Herrschaft der Frau ist eine Herrschaft der Sanftmut, der Geschicklichkeit und der Nachgiebigkeit. Ihre Befehle sind Zärtlichkeiten, ihre Drohungen sind Tränen. Sie muß im Haus regieren wie ein Minister im Staat, indem sie sich befehlen läßt, was sie sowieso tun will. Darum sind diejenigen die besten Ehen, in denen die Frau die meiste Autorität hat. Verkennt sie aber die Stimme ihres Herrn oder maßt sie sich seine Rechte an und will selbst befehlen, dann entsteht aus dieser Unordnung nichts als Unglück, Ärgernis und Schande.

Es bleibt also dem Mann nur die Wahl zwischen Frauen seines oder eines niedrigeren Standes. Ich glaube, daß man für die letzteren noch einige Einschränkungen machen muß. Denn es ist schwer, in der Hefe des Volkes eine Gattin zu finden, die imstande wäre, das Glück eines ehrenwerten Mannes zu machen. Nicht etwa, weil man in den unteren Schichten lasterhafter wäre als in den oberen, sondern weil man dort kaum eine Ahnung hat von dem, was schön und wahr ist, und weil die Ungerechtigkeit der anderen Stände selbst die Laster dieses Standes als Gerechtigkeit erscheinen läßt.

Bildung in der Ehe Von Natur aus denkt der Mensch nicht. Denken ist eine Kunst, die man wie jede andere, nur noch schwerer, lernt. Bei den Geschlechtern kenne ich nur zwei wirklich unterscheidbare Klassen: die eine, die denkt, und die andere, die nicht denkt. Und dieser Unterschied rührt fast einzig von der Erziehung her. Ein Mann der ersten Klasse darf keine Frau der zweiten heiraten, denn es fehlt ihm der größte gesellschaftliche Reiz, wenn er als Ehemann allein denken soll. Leute, die ihr ganzes Leben damit verbringen, für ihren Lebensunterhalt zu arbeiten, haben keinen anderen Gedanken als den an ihre Arbeit und ihren Vorteil, und ihr ganzer Geist scheint in ihren Händen zu liegen. Diese Unwissenheit schadet weder ihrer Ehrlichkeit noch ihren Sitten; oft fördert sie sie sogar. Oft macht man an seine Pflichten Zugeständnisse, weil man zu lange über sie nachgedacht hat, und setzt am Ende hohle Worte für die Sache. Das Gewissen ist aufgeklärter als jeder Philosoph. Man braucht nicht Ciceros Werk *Über die Pflichten (de officiis)* zu kennen, um ehrlich zu sein. Und die ehrbarste Frau der Welt weiß vielleicht am wenigsten, was Ehrbarkeit ist. Trotzdem stimmt es, daß nur ein gebildeter Geist den Umgang angenehm macht. Für einen Familienvater, dem es zu Hause gefällt, ist es traurig, wenn er gezwungen ist, sich gerade dort in sich zu verschließen und sich mit niemandem verständigen zu können.

Wie soll übrigens eine Frau, die nicht denken gelernt hat, ihre Kinder erziehen? Wie soll sie beurteilen, was ihnen angemessen ist? Wie soll sie die Kinder für Tugenden zugänglich machen, die sie nicht kennt, für moralische Verdienste, von denen sie keine Ahnung hat? Sie wird ihnen entweder schöntun oder drohen und sie nur frech oder furchtsam machen. Sie wird gezierte Affen oder tölpelhafte Gassenjungen aus ihnen machen, niemals aber denkende Köpfe und liebenswerte Kinder.

Bildung der Frau

Für einen Mann von Bildung schickt es sich also nicht, eine Frau ohne Bildung zu heiraten, und folglich auch nicht aus einem Stande, wo man keine erwarten darf. Aber mir wäre ein einfaches und grobschlächtig erzogenes Mädchen hundertmal lieber als ein Blaustrumpf und Schöngeist, der in meinem Haus einen literarischen Gerichtshof einrichtet und sich zur Präsidentin macht. Ein Schöngeist ist eine Geißel für ihren Mann, ihre Kinder, ihre Freunde, ihre Diener, für alle Welt. Von der Höhe ihres Genies aus verachtet sie alle ihre fraulichen Pflichten und denkt nur daran, ein Mann nach der Art des Fräulein von l'Enclos zu werden. Draußen wirkt sie stets lächerlich und wird zu Recht kritisiert, denn die Kritik kann nicht ausbleiben, sobald man seinen Stand verläßt und einen annehmen möchte, für den man nicht geschaffen ist. Alle diese hochtalentierten Frauen nötigen nur den Dummen Achtung ab. Man weiß immer, wer der Künstler oder der Freund ist, der die Feder oder den Pinsel führt, wenn sie arbeiten. Man weiß, wer der verschwiegene Gelehrte ist, der ihnen im geheimen ihre Orakel diktiert. Dieser ganze Schwindel ist einer ehrbaren Frau unwürdig. Selbst wenn sie wirkliche Talente hätte, so würden sie sie durch ihre Überheblichkeit herabwürdigen. Ihre Würde besteht darin, unbekannt zu bleiben; ihr Ruhm liegt in der Achtung ihres Gatten; ihre Freuden bestehen im Glück ihrer Familie. Leser, ich berufe mich hierin auf euch selber. Seid ehrlich! Von welcher Frau habt ihr einen besseren Eindruck und welcher Frau nähert ihr euch mit größerer Ehrfurcht, wenn ihr das Zimmer betretet: wenn ihr sie mit Arbeiten ihres Geschlechtes, mit den Sorgen ihres Haushaltes und beim Flicken der Kindersachen beschäftigt seht, oder wenn sie auf ihrem Putztisch Verse schreibt, umgeben von allen möglichen Drucksachen und von Briefchen in allen Farben? Wenn es

Blaustrümpfe

448 Fünftes Buch

nur vernünftige Männer auf der Welt gäbe, so bliebe jedes gelehrte Mädchen ihr Leben lang alte Jungfer.

Quaeris cur nolim te ducere, Galla? diserta es.

(Du fragst, warum ich dich nicht heiraten will, Galla? Du bist gelehrt. MARTIAL, XI,[20]).

Äußere Erscheinung

Nach diesen Überlegungen kommt die äußere Erscheinung an die Reihe. Sie ist das erste, was in die Augen fällt und das letzte, worauf man Wert legen sollte; allerdings darf man sie auch nicht für überflüssig halten. Große Schönheit sollte man meiner Ansicht nach in der Ehe eher fliehen als suchen. Die Schönheit nützt sich durch den Besitz rasch ab. Nach sechs Wochen bedeutet sie für den Besitzer nichts mehr, aber ihre Gefahren dauern so lange wie sie selbst. Wenn eine schöne Frau mindestens ein Engel ist, so ist der Ehemann der unglücklichste aller Männer. Und selbst wenn sie ein Engel wäre, wie soll sie es verhindern, daß er nicht ständig von Feinden umgeben ist? Wäre große Häßlichkeit nicht so abstoßend, ich würde sie großer Schönheit vorziehen; da beide in kurzer Zeit für den Ehemann nicht mehr vorhanden sind, wird die Schönheit ein Nachteil und die Häßlichkeit ein Vorteil. Häßlichkeit aber, die Widerwillen erregt, ist das größte Unglück. Statt daß sich dieser Widerwille verliert, wird er ständig größer und verwandelt sich in Haß. Eine solche Ehe ist die Hölle. Lieber tot sein, als auf solche Art vermählt.

Mittelmaß

Strebt in allem nach dem Mittelmaß, die Schönheit nicht ausgenommen. Ein angenehmes und gewinnendes Gesicht, das nicht Liebe, sondern Wohlwollen einflößt, soll man vorziehen. Es bringt dem Ehemann keinen Schaden, und beide ziehen gemeinsam Vorteil daraus. Anmut verbraucht sich nicht so wie Schönheit; sie lebt, sie erneuert sich ständig und am Ende einer dreißigjährigen Ehe gefällt eine ehrbare und anmutige Frau ihrem Mann wie am ersten Tag.

Wie soll Sophie sein?

Das sind die Überlegungen, die mich bei der Wahl Sophies bestimmt haben. Natürlich erzogen wie Emil, ist sie für ihn geschaffen wie keine andere. Sie ist die Frau für den Mann. Gleich durch Geburt und Vorzüge, steht sie ihm nur an Vermögen nach. Sie bezaubert nicht auf den ersten Blick, dafür gefällt sie täglich mehr. Ihr größter Reiz wirkt nur nach und nach; er entfaltet sich nur im vertrauten Verkehr, und ihr Mann spürt ihn mehr als jeder andere auf der Welt. Ihre Erziehung ist weder glänzend noch vernachlässigt. Sie hat Geschmack, ohne studiert zu haben, Talent ohne Kunst, richtiges Urteil ohne Fachkenntnisse. Sie hat kein Fachwissen, aber ihr Geist ist zum Lernen geschult. Er ist wie ein gut bearbeiteter Boden, der nur auf das Samenkorn wartet, um Früchte zu tragen. Sie hat außer Barrême und Telemach keine Bücher gelesen, und die waren ihr zufällig in die Hände gefallen. Aber hat ein Mädchen, das sich für Telemach begeistern kann, ein fühlloses Herz und einen empfindungslosen Geist? Welch liebenswerte Unwissenheit! Glücklich der, den man bestimmt, ihr Lehrer zu werden! Sie wird nicht der Lehrer ihres Mannes sein, sondern seine Schülerin. Statt ihn ihren Neigungen zu unterwerfen, nimmt sie seine an. So ist sie ihm teurer, als wenn sie gelehrt wäre; er hat dann die Freude, sie alles zu lehren. Nun ist es an der Zeit, daß sie sich begegnen. Sorgen wir, daß sie einander treffen.

Emil lernt Sophie kennen

Traurig und nachdenklich verlassen wir Paris. Dieser Ort des Geschwätzes zieht uns nicht an. Verächtlich blickt Emil auf diese große Stadt und sagt voller Ärger: „Wie viele Tage haben wir vergeblich gesucht! Hier finde ich nicht die Frau meines Herzens. Sie wußten es wohl, mein Freund, aber an meiner Zeit liegt Ihnen nichts, und meine Leiden tun Ihnen nicht weh." Ich sehe ihn fest an und sage ihm ruhig: „Emil, glaubst du auch, was du sagst?" Sofort fällt er mir verwirrt um den Hals und drückt mich wortlos in seine Arme. Das ist immer seine Antwort, wenn er unrecht hat.

So ziehen wir hin wie fahrende Ritter. Aber wir suchen keine Abenteuer, wir fliehen sie im Gegenteil, indem wir Paris verlassen. Wir ahmen ihr ziel- und planloses Herumirren nach, bald wie angespornt, bald Schritt um Schritt. Wer mein Methode so lange verfolgt hat, muß auch endlich ihren Sinn begriffen haben. Ich kann mir auch keinen Leser vorstellen, der noch so in alten Gewohnheiten versunken ist, daß er sich uns schlafend in einer festverschlossenen Postkutsche vorstellen kann, wie wir dahinfahren, ohne etwas zu sehen um zu beobachten, und die Zeit zwischen Abfahrt und Ankunft auslöschen und sie durch unsere Marschgeschwindigkeit verlieren, um sie zu gewinnen.

Emil auf Reisen

Die Menschen behaupten, daß das Leben kurz sei. Trotzdem sehe ich, wie sie sich bemühen, es zu verkürzen. Da sie nicht wissen, wie sie sie verwenden sollen, beklagen sich sich, daß die Zeit so schnell verfliegt. Aber ich stelle fest, daß sie für ihren Geschmack zu langsam vergeht. Immer von dem Ziel besessen, dem sie nachstreben, schauen sie nur mit Widerstreben auf die Spanne, die sie davon trennt: der eine möchte, daß es morgen wäre, der andere nächsten Monat und der dritte zehn Jahre später. Keiner will heute leben. Keiner ist mit der gegenwärtigen Stunde zufrieden; alle finden, daß sie zu langsam vergeht. Wenn sie darüber klagen, daß die Zeit zu rasch vergeht, so lügen sie. Sie gäben etwas dafür, wenn sie sie beschleunigen könnten; sie gäben ihr Vermögen hin, um ihr ganzes Leben zu verzehren. Es gibt vielleicht nicht einen, der nicht seine Jahre auf ein paar Stunden verkürzt hätte, wenn es in seiner Macht gestanden hätte, alle Stunden auszulöschen, die seiner Langeweile lästig

Ist das Leben zu kurz?

29 Rousseau

waren und alle jene Stunden, die ihn vom gewünschten Ziel trennten. Da vergeudet einer die Hälfte seines Lebens, um von Paris nach Versailles und von Versailles nach Paris zu fahren, von der Stadt auf das Land und vom Land in die Stadt, und von einem Stadtviertel ins andere; er würde in große Verlegenheit geraten, was er mit seiner Zeit anfangen soll, wenn er nicht das Geheimnis besäße, sie auf diese Weise zu verlieren. So flieht er vor seinen Geschäften, indem er sich bemüht, hinter ihnen herzulaufen. Er glaubt, die Zeit zu gewinnen, die er darauf verwendet und mit der er sonst nichts anzufangen wüßte; oder er läuft im Gegenteil nur, um zu laufen und kommt mit der Extrapost ohne ein anderes Ziel, als sogleich wieder umzukehren. Werdet ihr Sterblichen nie aufhören, die Natur zu verleumden? Warum beklagt ihr euch, daß das Leben kurz ist, wenn es eurer Meinung nach noch nicht kurz genug ist? Wenn ein einziger unter euch ist, der sein Verlangen so zügeln kann, daß er niemals wünscht, die Zeit möge verfließen, der wird sie nicht zu kurz fühlen. Leben und genießen sind für ihn dasselbe; stürbe er auch jung, er stürbe an Tagen gesättigt.

Wenn meine Methode nur diesen einen Vorteil hätte, müßte man sie allein darum schon allen anderen vorziehen. Ich habe meinen Emil nicht zum Warten und Wünschen erzogen, sondern zum Genießen. Wenn seine Wünsche einmal über die Gegenwart hinausreichen, so ist sein Wunsch nicht so heftig, daß ihm der Fluß der Zeit eine Last wäre. Er freut sich nicht nur, Wünsche zu haben, sondern auch daran, dem Gegenstand seiner Wünsche entgegenzugehen. Seine Leidenschaften sind so gemäßigt, daß er immer mehr da ist, wo er ist, als wo er sein wird.

Wie wir reisen Wir reisen also nicht wie Eilboten, sondern wie Vergnügungsreisende. Wir denken nicht allein an die beiden Endpunkte, sondern an die Spanne, die sie trennt. Die Reise selbst ist ein Vergnügen für uns. Wir machen sie nicht traurig sitzend wie Gefangene in einem kleinen, festverschlossenen Käfig. Wir reisen nicht, weichlich und ausgestreckt wie Frauen. Wir verzichten nicht auf frische Luft, nicht auf den Blick auf die Umgebung, nicht auf die Muße, sie nach unserem Belieben zu betrachten, wenn es uns gefällt. Emil besteigt keine Kutsche und benutzt keine Post, außer er hat es eilig. Aber was sollte jemals Emil zur Eile treiben? Höchstens wenn es gilt, das Leben zu genießen. Soll ich noch hinzufügen: Gutes zu tun, wenn er kann? Nein, denn das heißt ja eben, das Leben genießen.

Wandern Ich kann mir nur eine Art vorstellen, die angenehmer ist, als zu reiten, nämlich zu wandern. Man bricht auf, wann man will; man rastet nach Belieben; man bewegt sich so viel und so wenig man will. Man sieht die Gegend; man wendet sich nach rechts und nach links. Man prüft, was einem gefällt; man verweilt an jedem Aussichtspunkt. Sehe ich einen Fluß, gehe ich an seinem Ufer entlang; ein Wäldchen, gehe ich in seinem Schatten; eine

Emil lernt Sophie kennen

Grotte, so besuche ich sie; einen Steinbruch, so prüfe ich seine Gesteine. Überall, wo es mir gefällt, verweile ich. Wird es mir langweilig, so gehe ich wieder fort. Ich hänge weder von Pferden noch vom Kutscher ab. Ich brauche keine gebahnten Wege und keine bequemen Straßen wählen. Ich komme überall durch, wo ein Mensch gehen kann; ich sehe alles, was ein Mensch sehen kann. Da ich nur von mir abhänge, erfreue ich mich aller Freiheit, die ein Mensch haben kann. Hält mich schlechtes Wetter auf oder erfaßt mich Langweile, nehme ich mir die Pferde. Wenn ich müde bin ... aber Emil wird nicht müde. Er ist kräftig. Warum sollte er müde werden? Er hat keine Eile. Wenn er anhält, wie kann er sich langweilen? Was er zur Unterhaltung braucht, trägt er mit sich. Er tritt bei einem Meister ein und hat Arbeit. Er bewegt die Arme, um die Beine auszurasten.

Zu Fuß reisen heißt reisen wie Thales, Platon und Pythagoras. Ich vermag kaum zu begreifen, wie ein Philosoph sich entschließen kann, anders zu reisen; wie er es übers Herz bringt, sich die Erforschung der Reichtümer entgehen zu lassen, die vor seinen Füßen liegen und die die Erde vor seinem Blick ausbreitet. Wer möchte nicht, wenn er nur ein wenig die Landwirtschaft liebt, die Früchte kennenlernen, die dem Klima des Landes eigen sind, das er durchwandert, und die Art, wie sie gebaut werden? Wer könnte sich entschließen, wenn er sich nur ein wenig für Naturgeschichte interessiert, ein Gebiet zu durchschreiten, ohne es zu untersuchen; an einem Felsen vorbeigehen, ohne eine Ecke abzuschlagen; Berge zu durchstreifen, ohne Pflanzen zu sammeln; Gesteine zu finden, ohne Fossilien zu suchen? Eure Stubenphilosophen studieren die Naturgeschichte in Museen; da spielen sie sich. Sie kennen die Namen und haben keine Ahnung von der Natur. Emils Sammlung ist reicher als die des Königs: diese Sammlung ist die ganze Welt. Jedes Ding steht da an seinem Platz. Der Naturalist, der dafür sorgt, hat alles in schönste Ordnung gebracht: Daubenton könnte es nicht besser machen.

Wie viele verschiedenartige Freuden bringt diese angenehme Art zu reisen! Ganz abgesehen davon, daß man dabei die Gesundheit stärkt und die Laune hebt. Ich habe immer beobachtet, daß Reisende in bequemen Wagen nachdenklich, traurig, mürrisch oder leidend waren; die Wanderer dagegen immer heiter, gelöst und mit allem zufrieden. Wie lacht das Herz, wenn man sich der Herberge nähert! Wie schmackhaft erscheint ein einfaches Mahl! Mit welchem Behagen ruht man sich bei Tische aus! Wie gut schläft man in einem schlichten Bett! Wenn man nur ankommen will, kann man ruhig mit der Post fahren; wenn man aber reisen will, muß man zu Fuß gehen.

Wenn Sophie, ehe wir fünfzig Meilen auf diese Weise gewandert sind, nicht vergessen ist, muß ich wenig geschickt oder Emil wenig neugierig gewesen sein. Denn bei den vielen Elementarkenntnissen, die er besitzt, kann man sich schwer vorstellen,

Reisen fördert die Bildung

daß er nicht versucht wäre, noch mehr zu erwerben. Man ist nur in dem Maß wißbegierig, in dem man Kenntnisse besitzt. Er weiß gerade genug, um lernen zu wollen.

So zieht ein Gegenstand den anderen nach sich und wir kommen immer weiter voran. Ich habe für unsere erste Reise ein weites Ziel gesteckt. Der Vorwand war leicht zu finden: wer aus Paris kommt, muß weit gehen, um eine Frau zu finden.

Wir nähern uns Sophie

Nachdem wir uns eines Tages weiter als gewöhnlich in den weglosen Tälern und Bergen verirrt hatten, konnten wir unseren Rückweg nicht mehr wiederfinden. Was schert uns das! Alle Wege sind richtig, wenn man nur ankommt. Immerhin muß man irgendwo ankommen, wenn man Hunger hat. Zum Glück finden wir einen Bauern, der uns in seine Hütte führt. Mit großem Appetit essen wir sein karges Mahl. Wie er uns so müde und hungrig sieht, sagte er: „Wenn der liebe Gott euch auf die andere Seite des Hügels geführt hätte, wäret Ihr besser empfangen worden. Ihr hättet ein Haus des Friedens gefunden . . . so mildtätige Leute . . . so gute Leute . . . Sie haben kein besseres Herz als ich, aber sie sind reicher, obwohl man sich erzählt, sie wären früher viel reicher gewesen . . . Sie leiden, Gott sei Dank, keinen Mangel. Die ganze Gegend hat an dem teil, was ihnen geblieben ist."

Bei der Erwähnung der guten Leute wird Emil das Herz weiter. „Mein Freund", sagt er und sieht mich an, „suchen wir dieses Haus auf, deren Besitzer solchen Leumund in der Nachbarschaft haben. Ich möchte sie gerne kennenlernen. Vielleicht freuen sie sich auch, uns kennenzulernen. Ich bin sicher, daß sie uns freundlich empfangen werden. Sind sie wie wir, so werden wir sein wie sie."

Wir lassen uns das Haus genau beschreiben und ziehen los. Wir streifen durch die Wälder, ein großer Regen überrascht uns auf dem Weg. Er hält uns auf, ohne uns zurückzuhalten. Schließlich finden wir uns zurecht und am Abend stehen wir vor dem bezeichneten Haus. Mitten im Dorf ist es, obwohl einfach, doch recht stattlich. Wir stellen uns vor, wir bitten um Gastfreundschaft. Man führt uns zum Hausherren. Der fragt uns höflich aus. Ohne vom Zweck unserer Reise zu reden, erklären wir ihm die Ursache unseres Umweges. Aus der Zeit seines früheren Wohlstandes hat er sich die Sicherheit bewahrt, den Stand der Leute aus ihrem Betragen zu erkennen. Wer jemals in der großen Welt gelebt hat, täuscht sich selten darüber: Mit diesem Schutzbrief werden wir aufgenommen.

Man weist uns eine kleine, aber saubere und bequeme Stube an. Man macht Feuer; wir finden Leinenzeug, Wäsche, alles was wir brauchen. „Wie!" sagt Emil ganz überrascht, „das ist ja gerade, als wären wir erwartet worden! Der Bauer hatte tatsächlich recht! Welche Aufmerksamkeit! Welche Güte! Welche Fürsorge! Und für Unbekannte! Ich fühle mich in die Zeiten

Homers zurückversetzt." „Nimm es dankbar hin", sage ich ihm, „aber wundere dich nicht weiter. Überall, wo die Fremden selten sind, sind sie willkommen. Nichts fördert die Gastfreundschaft mehr, als wenn man sie nicht oft zu üben braucht. Zu viele Gäste zerstören sie. Zu Homers Zeiten reiste man kaum und die Reisenden wurden überall freundlich empfangen. Wir sind vielleicht die einzigen Reisenden, die man hier seit einem Jahr gesehen hat." „Wie dem auch sei", erwidert er, „gerade das ist lobenswert, daß man auf Gäste verzichten kann und sie doch immer gut empfängt."

Trocken und wieder hergerichtet suchen wir den Hausherrn auf. Er stellt uns seiner Frau vor. Sie nimmt uns nicht nur höflich, sondern gütig auf. Sie schenkt Emil ihre besondere Aufmerksamkeit. Eine Mutter in ihrer Lage sieht einen Mann im Alter Emils selten ohne Unruhe oder zum mindesten ohne Neugier in ihr Haus kommen.

Unseretwillen läßt man das Abendessen früher auftragen. Als wir das Eßzimmer betreten, sehen wir fünf Gedecke. Als wir uns setzen, bleibt ein Platz leer. Ein Mädchen tritt ein, macht eine große Verbeugung und nimmt bescheiden und ohne zu reden Platz. Emil ist mit seinem Hunger und seinen Antworten beschäftigt, grüßt, spricht und ißt. Das Hauptziel seiner Reise liegt seinen Gedanken so fern, daß er sich selbst noch weit vom Ziel entfernt glaubt. Die Unterhaltung dreht sich um die Verirrungen unserer Reisenden. „Mein Herr", sagt der Hausherr zu Emil, „Sie scheinen mir ein liebenswürdiger und kluger Mann zu sein. Das erinnert mich daran, daß sie und ihr Erzieher müde und durchnäßt hier angekommen sind wie Telemach und Mentor auf der Insel der Kalypso." „In der Tat", sagt Emil, „finden wir auch hier die Gastfreundschaft der Kalypso." Sein Mentor fügt hinzu: „Und die Reize der Eucharis." Aber Emil kennt nur die Odyssee, hat aber nicht Telemach gelesen. Er weiß nicht, wer Eucharis ist. Da wurde das Mädchen rot, sah auf seinen Teller und wagte nicht zu atmen. Als die Mutter ihre Verlegenheit sieht, gibt sie dem Vater ein Zeichen und der wechselt das Gesprächsthema. Während er von seiner Einsamkeit erzählt, gerät er unvermerkt in die Erzählung der Begebenheiten, die ihn dahin gebracht haben; er erwähnt die Unglücksfälle seines Lebens, die Standhaftigkeit seiner Frau, den Trost, den sie in ihrer Ehe gefunden haben, das harmonische und friedliche Leben, das sie in ihrer Zurückgezogenheit führen, und das alles, ohne das Mädchen auch nur mit einem Wort zu erwähnen. All das bildet eine angenehme und rührende Geschichte, die man nicht teilnahmslos anhören konnte. Emil ist bewegt und gerührt und hört zu essen auf, um zuzuhören. An der Stelle aber, wo sich der ehrbare Mann mit Innigkeit über die treue und würdigste der Frauen ausläßt, drückt der junge Reisende außer sich die Hände des Gatten und ergreift mit der anderen die Hand der

Frau, über die er sich bewegt beugt und die er mit seinen Tränen netzt. Die natürliche Lebhaftigkeit des jungen Mannes entzückt alle. Das Mädchen aber, die dieses Zeichen seines guten Herzens lebhafter empfindet als irgend jemand, glaubt Telemach vor sich zu sehen, wie er von den Leiden des Philoktet gerührt ist. Heimlich schaut sie zu ihm hin, um sein Gesicht besser prüfen zu können. Sie findet nichts, was diesem Vergleich zuwider wäre. Sein ungezwungenes Wesen ist frei und ohne Anmaßung. Sein Benehmen ist lebhaft, aber nicht unbesonnen. Seine Empfindsamkeit macht seinen Blick weicher und seine Stimme rührend. Als das Mädchen ihn weinen sieht, ist sie nahe daran, ihre Tränen mit den seinen zu mischen. Aber eine geheime Scheu hält sie trotz dem guten Grund zurück. Sie macht sich schon Vorwürfe wegen der Tränen, die sie beinahe vergossen hat, als wäre es ein Unrecht, für seine Familie zu weinen.

Die Mutter hat sie vom Beginn des Abendessens an unablässig beobachtet, sieht ihre Bedrängnis und erlöst sie davon, indem sie sie mit einem Auftrag hinausschickt. Eine Minute später kommt sie zurück, aber sie hat sich noch so wenig gefaßt, daß es jedem auffällt. Sanft sagt die Mutter: „Sophie, faß dich! Hörst du denn gar nicht auf, das Unglück deiner Eltern zu beweinen? Du bist ja ihr Trost, du brauchst es nicht ernster zu nehmen als sie selber."

Emil am Ende seiner Suche

Bei dem Namen Sophie hättet ihr Emil erzittern sehen sollen. Von dem geliebten Namen getroffen, schreckt er auf und wirft einen forschenden Blick auf die, die ihn zu tragen wagt. Sophie, o Sophie! Bist du es, die mein Herz sucht? Bist du es, die mein Herz liebt? Er beobachtet, er betrachtet sie mit einer Art Furcht und Mißtrauen. Er sieht nicht genau das Gesicht, das er sich ausgemalt hatte; er weiß nicht, ob die, die er hier sieht, mehr oder weniger wert ist. Er erforscht jeden Zug, er belauert jede Bewegung, jede Gebärde. Für alles findet er tausend verworrene Auslegungen. Er gäbe sein halbes Leben, wenn sie ein einziges Wort sagte. Unruhig und verwirrt sieht er mich an. Seine Augen stellen mir hundert Fragen und machen mir hundert Vorwürfe. Mit jedem Blick scheint er mir zu sagen: Führ mich, solange es noch Zeit ist. Wenn mein Herz sich hingibt und sich irrt, so finde ich mich zeitlebens nicht mehr zurück.

Emil ist ein Mensch, der sich überhaupt nicht verstellen kann. Wie sollte er sich auch in der größten Verwirrung seines Lebens verstellen, vor vier Zuschauern, die ihn beobachten, und vor der, die scheinbar am zerstreutesten, tatsächlich aber am aufmerksamsten ist? Seine Verwirrung entgeht den durchdringenden Augen Sophies nicht. Seine Augen sagen ihr übrigens, daß sie selbst der Gegenstand dieser Verwirrung ist. Sie sieht, daß diese Unruhe noch nicht die Liebe ist. Aber was tut das schon? Er beschäftigt sich mit ihr und das ist genug. Sie wäre sehr unglücklich, wenn er sich ungestraft mit ihr beschäftigen könnte.

Mütter haben genauso scharfe Augen wie ihre Töchter und Erfahrung dazu. Sophies Mutter lächelte über den Erfolg unserer Pläne. Sie liest in den Herzen der beiden jungen Leute. Sie sieht, daß es an der Zeit ist, das Herz des neuen Telemach zu fesseln. Sie bringt ihre Tochter zum Sprechen. Ihre Tochter, in ihrer natürlichen Anmut, antwortet in schüchternem Ton, der um so größeren Eindruck macht. Beim ersten Ton dieser Stimme ist Emil überwältigt. Es ist Sophie, da gibt es keinen Zweifel mehr. Und wenn sie es nicht wäre, jetzt wäre es zu spät, sich von ihr loszusagen.

Nun überfluten die Reize dieses bezaubernden Mädchens in Strömen sein Herz, und in langen Zügen schlürft er das Gift, mit dem sie ihn berauscht. Er redet nicht mehr, er antwortet nicht mehr. Er sieht nur Sophie; er hört nur Sophie. Sagt sie ein Wort, öffnet er den Mund, senkt sie den Blick, senkt er den seinen. Sieht er sie seufzen, seufzt er auch. Sophies Seele scheint ihn zu beseelen. Wie rasch hat er sich verwandelt! Jetzt braucht Sophie nicht mehr zu erzittern, die Reihe ist an Emil. Lebwohl Freiheit, Unbefangenheit, Offenheit; verwirrt, verlegen, furchtsam wagt er nicht mehr, um sich zu blicken, aus Angst man könnte ihn ansehen. Er schämt sich, sich durchschauen zu lassen, und möchte am liebsten unsichtbar sein, um sich unbemerkt an ihr sattsehen zu können. Sophie hingegen gewinnt an Emils Furcht ihre Sicherheit zurück. Sie sieht ihren Triumph und freut sich darüber.

No'l mostra già, ben che in suo cor ne rida.

(Noch zeigt sie's nicht, doch bebt ihr Herz in Freuden. TASSO, ,Befreites Jerusalem', IV,[33].)

In ihrer Haltung hat sich nichts geändert; aber trotz ihrer bescheidenen Miene und ihren gesenkten Augen klopft ihr Herz vor Freuden und sagt ihr, daß Telemach gefunden ist.

Wenn ich hier auf die durchaus naive und einfache Geschichte ihrer unschuldigen Liebe eingehe, so hat man unrecht, wenn man diese Einzelheiten als Spielereien betrachtet. Man nimmt den Einfluß, den die erste Bindung eines Mannes mit einer Frau auf das Leben beider ausübt, nicht ernst genug. Man sieht nicht, daß ein erster Eindruck, der so stark ist wie die Liebe oder die Zuneigung, die ihre Stelle vertritt, weitreichende Wirkungen hat, deren Verkettung man im Verlauf der Jahre zwar nicht bemerkt, die aber bis zum Tode weiterwirken. In den Abhandlungen über die Erziehung bietet man uns ein unnützes und pedantisches Geschwätz über die angeblichen Pflichten der Kinder. Aber über den wichtigsten und schwierigsten Teil der ganzen Erziehung, über den kritischen Übergang von der Kindheit zur Mannheit steht kein Wort. Wenn ich meine Abhandlungen irgendwo nutzbringend habe machen können, so darum, weil ich mich über diesen wesentlichen Teil besonders ausgelassen habe, der sonst überall fehlt, und weil ich mich in diesem

Unterfangen weder durch falsche Zimperlichkeit abstoßen, noch durch Sprachschwierigkeiten habe erschrecken lassen. Wenn ich gesagt habe, was zu tun ist, so habe ich gesagt, was zu sagen war. Es liegt mir wenig daran, einen Roman geschrieben zu haben. Die menschliche Natur ist allein schon Roman genug. Wenn dieses Werk nur ein Roman ist, ist es meine Schuld? Es sollte vielmehr die Geschichte des menschlichen Geschlechts sein. Ihr habt sie verdorben; ihr habt aus meinem Buch einen Roman gemacht.

Eine andere Überlegung, die die erste bekräftigt, ist die, daß es sich hier nicht um einen jungen Mann handelt, der von Kindheit an der Furcht, der Begierde, dem Neid, dem Hochmut und allen anderen Leidenschaften, die man sonst für die Erziehung einspannt, ausgeliefert war. Es handelt sich um einen jungen Mann, der hier nicht nur seine erste Liebe erlebt, sondern seine erste Leidenschaft überhaupt. Von dieser Leidenschaft, der einzigen vielleicht, die er sein ganzes Leben hindurch lebhaft empfindet, hängt die endgültige Form seines Charakters ab. Seine Art zu denken, seine Gefühle, sein Geschmack, durch eine dauerhafte Leidenschaft festgelegt, nehmen eine Beständigkeit an, die ihnen keine Änderung mehr gestattet.

Man kann sich vorstellen, daß wir, Emil und ich, nach einem solchen Abend, die Nacht nicht nur mit Schlafen verbracht haben. Ist es möglich! Kann der Gleichklang eines Namens eine solche Macht über einen vernünftigen Menschen ausüben? Gibt es nur eine Sophie auf der Welt? Sind sie sich seelisch so ähnlich wie mit dem Namen? Werden alle Sophien, die er trifft, seine Sophie sein? Ist es verrückt, sich für eine Unbekannte zu begeistern, mit der er noch nie gesprochen hat? Warte, junger Mann, prüfe und beobachte! Du weißt noch nicht einmal, bei wem du bist! Wenn man dir zuhört, so könnte man glauben, du bist hier schon zu Hause.

Aber jetzt ist keine Zeit für Belehrungen. Außerdem werden sie doch nicht gehört. Sie flößen dem jungen Mann höchstens ein neues Interesse für Sophie ein, da er seine Neigung zu rechtfertigen wünscht. Diese Übereinstimmung der Namen, diese Begegnung, die er zufällig glaubt, selbst meine Zurückhaltung reizen seine Lebhaftigkeit. Sophie erscheint ihm schon viel zu liebenswert, als daß er nicht sicher wäre, daß auch ich seine Liebe teilen müßte.

Ich bin überzeugt, daß er sich am Morgen bemühen wird, besondere Sorgfalt auf sein schlichtes Reisekleid zu verwenden. Und so geschieht es auch. Aber ich muß über seinen Eifer lachen, mit dem er sich der Wäsche des Hauses bedient. Ich durchschaue seine Absichten und bemerke mit Vergnügen, daß er Rückerstattung und Austausch vorbereitet, um sich daraus eine Art Verbindung zu sichern, die ihm das Recht gibt, zurückzukehren und wiederzukommen.

Ich hatte erwartet, daß auch Sophie sich ihrerseits stärker her- **Ihr Verhalten**
ausputzt, hatte mich aber getäuscht. Diese gewöhnliche Koketterie ist nur gut für die, die einem Mann nur gefallen will; die der wahren Liebe ist findiger: sie zielt weit höher. Sophie ist noch einfacher gekleidet als am Abend vorher. Ja, sogar nachlässiger, obzwar mit ausgesuchter Sauberkeit. In dieser Nachlässigkeit sehe ich nur darum Koketterie, weil ich eine Ziererei darin sehe. Sophie weiß genau, daß eine gewähltere Kleidung eine Erklärung ist; aber sie weiß nicht, daß eine lässige Erscheinung ebenfalls eine ist. Sie zeigt damit, daß sie sich nicht zufriedengibt, durch ihr Äußeres zu gefallen, sondern daß sie auch mit ihrer Person gefallen möchte. Aber was macht es dem Verliebten aus, wie man gekleidet ist, wenn er nur sieht, daß man sich mit ihm beschäftigt? Da Sophie schon ihrer Herrschaft sicher ist, beschränkt sie sich nicht darauf, Emils Auge durch ihre Reize zu fesseln, wenn sie nicht sein Herz sucht. Es genügt ihr nicht mehr, daß er sie sieht, sie will auch, daß er sie sich vorstellt. Hat er nicht genug gesehen, um sich den Rest vorstellen zu können?

Man kann annehmen, daß Mutter und Tochter während unserer nächtlichen Unterhaltung ebenfalls nicht stumm geblieben sind. Es gab Geständnisse und Belehrungen. Am nächsten Morgen trifft man sich vorbereitet. Keine zwölf Stunden sind vergangen, seit unsere jungen Leute zum ersten Mal gesehen haben. Sie haben noch kein Wort miteinander gesprochen und dennoch sieht man, daß sie sich verstehen. Trotzdem begegnen sie sich nicht vertraulich, sondern verlegen und schüchtern. Sie sprechen nicht miteinander, ihre gesenkten Augen scheinen sich zu vermeiden, aber gerade das ist ein Zeichen ihres Einverständnisses. Sie weichen einander aus, aber wie auf Verabredung. Sie spüren schon das Bedürfnis nach Geheimnis, ehe sie sich etwas gesagt haben. Beim Weggehen bitten wir um die Erlaubnis, selbst zurückbringen zu dürfen, was wir mitgenommen haben. Emil erfragt diese Erlaubnis von den Eltern, während es seine Augen, auf Sophie gerichtet, noch viel inniger erbitten. Sophie sagt nichts, gibt kein Zeichen, scheint nichts zu sehen, nichts zu hören. Aber sie errötet. Und diese Röte ist eine deutlichere Antwort als die ihrer Eltern.

Man erlaubt uns, wiederzukommen, ohne uns zum Bleiben einzuladen. Dies Benehmen ist richtig. Man gibt dem Wanderer, der um Speis und Trank verlegen ist, eine Ruhestatt; aber es geziemt sich nicht, daß ein Verliebter im Haus seiner Angebeteten schläft.

Kaum haben wir das geliebte Haus verlassen, als Emil schon **Die Gründe für**
daran denkt, sich in der Nachbarschaft niederzulassen. Die aller- **Emils Zurück-**
nächste Hütte scheint ihm schon zu fern zu sein. Er würde am **haltung**
liebsten im Schloßgraben schlafen. „Junger Tor! sage ich ihm
mitleidig, „verblendet dich schon die Leidenschaft! Anstand und

Vernunft gilt dir nichts mehr, Unglücklicher! Du glaubst zu lieben und willst deine Geliebte in Unehre bringen! Was wird man von ihr sagen, wenn man erfährt, daß ein junger Mann, der aus ihrem Hause kommt, in der Nachbarschaft schläft? Du behauptest, sie zu lieben? Ist das der Lohn für die Gastfreundschaft, die dir ihre Eltern erwiesen haben? Willst du dem Mädchen Schande machen, von dem du dein Glück erwartest?" „Was geht mich", antwortet er heftig, „das leere Gerede der Menschen und ihr ungerechtfertigter Verdacht an? Haben Sie mich nicht selbst gelehrt, nicht darauf zu achten? Wer weiß es besser als ich, wie sehr ich Sophie verehre, wie sehr ich sie achte? Meine Zuneigung soll ihr nicht zur Schande, sondern zur Ehre gereichen; sie wird ihrer würdig sein. Wenn mein Herz und meine Umsicht ihr überall die Huldigung erweisen, die sie verdient, wie kann ich sie dann beleidigen?" „Lieber Emil", antworte ich und umarme ihn, „du beurteilst die Sache von deinem Standpunkt: beurteile sie einmal von ihrem aus. Du darfst die Ehre des einen Geschlechts nicht mit der des anderen vergleichen: sie beruhen auf verschiedenen Prinzipien. Diese Prinzipien sind ebenso fest begründet und vernünftig, weil sie gleichermaßen von der Natur abgeleitet sind und weil die gleichen Tugenden, die dich das Gerede der Menschen verachten lassen, dich auch verpflichten, es in bezug auf deine Geliebte zu beachten. Deine Ehre liegt allein in dir, ihre Ehre jedoch hängt von anderen ab. Wollte man sie vernachlässigen, so würde man deine eigene verletzen, aber du verstößt gegen das, was du dir selbst schuldig bist, wenn du die Ursache bist, daß man ihr nicht gibt, was man ihr schuldig ist."

Indem ich ihm die Gründe für diese Unterschiede klar mache, lege ich ihm nahe, wie ungerecht es wäre, sie nicht zu beachten. Wer hat ihm denn gesagt, daß er jemals Sophies Ehemann sein wird, wo er doch ihre Gefühle nicht kennt, wo ihr Herz oder ihre Eltern frühere Verpflichtungen eingegangen sein können, wo er sie gar nicht kennt und vielleicht nichts mit ihr gemeinsam hat, was eine Ehe glücklich machen kann? Weiß er nicht, daß jeder Klatsch für ein Mädchen ein unauslöschlicher Flecken ist, der nicht einmal durch die Heirat mit dem, der ihn verursacht hat, ausgelöscht werden kann? Welcher vernünftige Mann wird die, die er liebt, zugrunde richten wollen? Welcher ehrenwerte Mann will, daß eine Unglückliche zeitlebens das Mißgeschick beweint, ihm gefallen zu haben?

Der junge Mann erschrickt über die Folgen, die ich ihm vorhalte, und glaubt schon, da er immer in Extremen denkt, nicht weit genug von Sophie entfernt sein zu können. Er verdoppelt seinen Schritt, um schnellstens zu entfliehen; er schaut um sich, ob uns auch niemand gehört hat. Tausendmal würde er sein Glück opfern für die Ehre derjenigen, die er liebt. Er würde sie lieber sein Leben lang nicht mehr wiedersehen, als ihr einen einzigen Verdruß zu bereiten. Dies ist die erste Frucht meiner

Bemühungen, die ich mir seit seiner Jugend gegeben habe, sein Herz so zu bilden, daß es zu lieben versteht.

Es handelt sich also jetzt darum, eine abgelegene, aber doch erreichbare Unterkunft zu finden. Wir suchen, wir fragen und erfahren, daß zwei Meilen weiter eine Stadt liegt. Wir sollen uns eher dort einmieten als in einem nahegelegenen Dorf, wo unser Aufenthalt verdächtigt würde. Dort kommt nun ein neuer Verliebter an, voller Liebe, Hoffnung, Freude, und vor allem, voller edler Gefühle. So lenke ich langsam seine keimende Leidenschaft auf das Gute und Ehrbare und gebe unmerklich allen seinen Neigungen dieselbe Richtung.

Ich nähere mich dem Ende meiner Bahn; ich sehe es schon. Alle großen Schwierigkeiten sind besiegt, alle großen Hindernisse sind überwunden. Meine Mühe ist zu Ende, nur darf ich mein Werk nicht durch Übereilung gefährden. Hüten wir uns bei der Unsicherheit des menschlichen Lebens vor der falschen Klugheit, die Gegenwart der Zukunft zu opfern. Damit opfert man nur oft das, was ist, für das, was nicht sein wird. Bemühen wir uns, den Menschen in jedem Alter glücklich zu machen, damit er nicht etwa stirbt, ehe er es war. Wenn es ein Alter gibt, das Leben zu genießen, dann ist es bestimmt das Ende der Jugendzeit, wo die Kräfte des Leibes und der Seele ihren Höhepunkt erreicht haben und wo der Mensch in der Mitte seiner Laufbahn am weitesten von den beiden Endpunkten entfernt ist, die ihm bewußt machen, wie kurz es ist. Wenn die unbesonnene Jugend sich täuscht, so nicht darum, weil sie genießen will, sondern darum, weil sie den Genuß da sucht, wo er nicht zu finden ist, und weil sie, während sich eine kümmerliche Zukunft vorbereitet, nicht einmal den gegenwärtigen Augenblick zu nutzen weiß.

Seht meinen Emil an; er hat die zwanzig Jahre überschritten; wohlgebaut, gesund an Leib und Seele, stark, ausgeglichen, geschickt, widerstandsfähig, voller Geist, Vernunft, Güte, Menschlichkeit, von guten Sitten und gutem Geschmack. Er liebt das Schöne, tut das Gute, ist frei von grausamen Leidenschaften und unterliegt keiner Meinung; dafür unterstellt er sich dem Gesetz der Weisheit und hört auf die Stimme der Freundschaft. Er besitzt alle nützlichen und mehrere angenehme Talente, er kümmert sich wenig um Reichtümer, da ihm seine Arme immer dienstbar sind und er niemals Angst um das tägliche Brot zu haben braucht, was auch immer kommen mag. Nun ist er von einer jungen Liebe berauscht. Sein Herz öffnet sich der ersten Liebesglut. Süße Illusionen zeigen ihm eine neue Welt von Freuden und Genüssen. Er liebt ein liebenswürdiges Wesen, liebenswürdiger noch durch ihren Charakter als durch ihre Person. Er hofft und erwartet Gegenliebe, die man ihm, wie er glaubt, schuldet.

Emil mit 20 Jahren

Aus dem Einklang der Herzen, aus der Übereinstimmung der ehrbaren Gefühle ist diese erste Neigung entstanden. Diese Neigung soll dauerhaft sein. Mit Vertrauen, sogar mit Vernunft überläßt er sich diesem bezaubernden Wahn, ohne Furcht, ohne Reue, ohne Gewissensbisse, ohne andere Unruhe als die, die vom Gefühl des Glücks untrennbar ist. Was kann seinem Glück noch fehlen? Seht, sucht, überlegt, was er noch braucht, und was mit dem, was er schon hat, noch abstimmen kann. Er besitzt alle Güter, die man auf einmal besitzen kann. Nur auf Kosten eines anderen könnte man ein weiteres hinzufügen. Er ist so glücklich, wie es ein Mensch nur sein kann. Soll ich gerade da eine so süße Erwartung verkürzen? Soll ich eine so reine Lust stören? Der ganze Wert seines Lebens liegt in dem Glück, das er genießt. Was könnte ich ihm geben, das aufwiegt, was ich ihm genommen hätte? Selbst wenn ich seinem Glück die Krone aufsetzte, würde ich damit seinen Zauber zerstören. Es ist hundertmal süßer, dieses höchste Glück zu erhoffen, als es zu erlangen. Die Freude ist größer, wenn man es erwartet, als wenn man es besitzt. Guter Emil, lieb und sei geliebt! Mögest du lange genießen, ehe du besitzt! Genieße Liebe und Unschuld zu gleicher Zeit! Schaff dir dein Paradies auf der Erde, während du auf das andere wartest! Ich werde dir diese glückliche Lebensspanne nicht verkürzen. Ich werde für dich den Zauber spinnen. Ich werde ihn verlängern, solange es möglich ist. Leider muß auch er zu Ende gehen, und zwar in kurzer Zeit. Ich will wenigstens dafür sorgen, daß du dich immer an ihn erinnerst und nie bereust, ihn genossen zu haben.

Fortgang der Liebe Emil vergißt nicht, daß wir Sachen zurückbringen müssen. Sobald sie in Ordnung sind, nehmen wir Pferde und reiten eilig ab. Diesmal möchte er mit dem Aufsitzen schon dort sein. Wenn sich das Herz den Leidenschaften öffnet, öffnet es sich auch den Widerwärtigkeiten des Lebens. Habe ich aber meine Zeit nicht unnütz verloren, so wird er sich bald wieder ändern.

Zum Unglück ist die Straße vielfach unterbrochen und das Gelände schwierig. Wir verirren uns. Er bemerkt es zuerst. Ohne Ungeduld und ohne Klagen setzt er alle Aufmerksamkeit daran, seinen Weg wiederzufinden. Lange irrt er umher, bevor er sich auskennt, aber immer mit derselben Kaltblütigkeit. Das sagt euch nichts, mir aber sehr viel, da ich sein lebhaftes Naturell kenne. Jetzt erkenne ich die Früchte meiner Bemühungen, die ich seit seiner Kindheit darauf verwendet habe, ihn gegen die Schläge des Unabwendbaren abzuhärten.

Endlich kommen wir an. Der Empfang, den man uns bereitet, ist weit einfacher und verbindlicher als das erste Mal. Wir sind bereits alte Bekannte. Emil und Sophie begrüßen sich ein wenig verlegen und sprechen noch immer nicht miteinander. Was sollen sie sich auch in unserer Gegenwart sagen? Das Gespräch, das sie brauchen, duldet keine Zeugen. Wir gehen im Garten spazieren.

Emil lernt Sophie kennen

Der Garten besteht aus einem wohlgeordneten Gemüsegarten und als Park aus einem Obstgarten von großen und schönen Obstbäumen aller Art, der nach verschiedenen Richtungen von reizenden Bächen und Blumenbeeten durchzogen ist. „Welch schöner Ort!" ruft Emil aus, voll von seinem Homer und immer begeistert. „Mir ist, als sähe ich den Garten des Alkinoos." Das Mädchen möchte wissen, wer Alkinoos ist, und die Mutter fragt darnach. „Alkinoos", erkläre ich ihnen, „war ein König auf Korkyra (Korfu). Homer beschreibt seinen Garten. Er wird aber von Leuten von Geschmack als zu einfach und zu schmucklos kritisiert*. Dieser Alkinoos hatte eine liebenswerte Tochter, die in der Nacht, bevor ein Fremder die Gastfreundschaft ihres Vaters genoß, träumte, daß sie bald einen Gatten haben würde." Sophie errötet verlegen, senkt die Augen, beißt sich auf die Zunge. Man kann sich ihre Verwirrung gar nicht vorstellen. Dem Vater macht es Spaß, die Verwirrung noch zu vergrößern. Er nimmt das Wort und erzählt, wie die junge Prinzessin zum Fluß hinunterging, um selbst die Wäsche zu waschen. „Glaubst du", fuhr er fort, „daß sie sich geschämt hätte, die schmutzigen Handtücher anzufassen, obwohl sie nach Fett rochen?" Sophie fühlte sich getroffen. Sie vergißt ihre natürliche Schüchternheit und entschuldigt sich heftig. Ihr Vater weiß sehr wohl, daß sie die gesamte kleine Wäsche allein waschen würde, wenn man sie ließe**, und daß sie mit Vergnügen noch mehr gemacht hätte, wenn man es ihr befohlen hätte. Während dieser Worte sieht sie mich heimlich mit solcher Unruhe an, daß ich darüber

---

* Draußen vor dem Hof aber ist ein großer Garten, nahe den Türen, vier Hufen groß, und um ihn ist auf beiden Seiten ein Zaun gezogen. Da wachsen große Bäume, kräftig sprossend: Birnen und Granaten und Apfelbäume mit glänzenden Früchten, und Feigen, süße, und Oliven, kräftig sprossend. Denen verdirbt niemals die Frucht noch bleibt sie aus. Winters wie Sommers, über das ganze Jahr hin. Sondern der West bläst immerfort und treibt die einen hervor und kocht reif die anderen. Birne altert auf Birne und Apfel auf Apfel, Traube auf Traube und Feige auf Feige. Dort ist ihm, reich an Früchten, auch ein Weingarten gepflanzt, wovon der eine Teil als Trockenfeld auf einem ebenen Platz gedörrt wird in der Sonne; andere Trauben lesen sie und andere keltern sie. Und vorn sind Weinbeeren, die die Blüte abwerfen, und andere bräunen sich schon ein wenig. Dort sind auch geordnete Gemüsebeete die letzte Reihe entlang gepflanzt, von aller Art, die prangen über das ganze Jahr hin. Und darin sind zwei Quellen: die eine verteilt sich über den ganzen Garten, die andere läuft drüben unter der Schwelle des Hufs hinweg zu dem hohen Haus: aus ihr holen die Bürger sich das Wasser. Solche herrlichen Gaben der Götter waren in dem Hause des Alkinoos. (W. Schadewaldt)
Das ist die Beschreibung des königlichen Gartens des Alkinoos im 7. Buch der *Odyssee*, in dem, zur Schande des alten Träumers Homer und der Prinzen seiner Zeit, weder Laubengänge noch Statuen, weder Wasserfälle noch Rasenplätze zu sehen waren.
** Ich gestehe, daß ich Sophies Mutter dankbar bin, daß sie die zarten Hände, die Emil noch so oft küssen wird, nicht durch die Seife hat verderben lassen.

lachen muß, denn ich lese in ihrem arglosen Herzen den Aufruhr, der sie zum Reden gebracht hat. Ihr Vater ist so grausam, auf diese Unbedachtsamkeit hinzuweisen, indem er sie neckend fragt, aus welchem Anlaß sie sich verteidige und was sie mit der Tochter des Alkinoos gemeinsam habe. Verschämt und zitternd wagt sie nicht zu atmen noch jemanden anzusehen. Entzückendes Mädchen! Jetzt ist es zu spät, sich zu verstellen: du hast dich gegen deinen Willen erklärt.

Bald ist die kleine Szene vergessen, oder scheint vergessen zu sein. Zum Glück für Sophie ist Emil der einzige, der nichts davon begriffen hat. Der Spaziergang wird fortgesetzt, und den jungen Leuten, die zuerst an unserer Seite waren, fällt es schwer, sich unserem langsamen Schritt anzupassen. Unvermerkt gehen sie uns voran, kommen einander näher und schließlich ins Gespräch. Wir sehen sie weit vor uns. Sophie scheint aufmerksam und gesetzt; Emil redet und gestikuliert mit Feuer: es scheint nicht, daß sie sich langweilen. Nach einer guten Stunde wird umgekehrt; wir rufen sie, aber nun kommen sie ganz langsam zurück, und man sieht, daß sie sich Zeit lassen. Dann hört plötzlich ihr Gespräch auf, ehe wir sie noch hören können, und sie verdoppeln ihre Schritte, um uns einzuholen. Emil kommt uns mit offener und zärtlicher Miene entgegen. Seine Augen glänzen vor Freude. Dennoch wendet er sich mit einiger Unruhe an Sophies Mutter, um zu sehen, welchen Empfang sie ihm bereitet. Sophie zeigt bei weitem kein so gelöstes Benehmen. Sie scheint ganz verwirrt näherzukommen, weil man sie mit einem jungen Mann so vertraut zusammensieht, sie, die so oft ohne jede Verlegenheit und ohne Gewissensbisse mit anderen zusammen war. Etwas außer Atem eilt sie ihrer Mutter zu und sagt ein paar belanglose Worte, um den Anschein zu erwecken, schon lange wieder zurück zu sein.

Aus der Heiterkeit, die aus den Gesichtern dieser liebenswerten Kinder strahlen, kann man ersehen, daß dieses Gespräch ihre jungen Herzen von einem großen Gewicht befreit hat. Trotzdem sind sie noch zurückhaltend zueinander, aber diese Zurückhaltung ist weniger verlegen. Sie entspringt nur der Achtung Emils, der Bescheidenheit Sophies und der Ehrbarkeit beider. Emil wagt sie schon anzusprechen, manchmal wagt sie zu antworten, aber niemals öffnet sie den Mund, ohne nicht vorher ihre Mutter angesehen zu haben. Die spürbarste Änderung zeigt sie mir gegenüber. Sie bezeugt mir eine betontere Aufmerksamkeit, sie sieht mich mit Interesse an, sie spricht herzlicher mit mir und beachtet, was mir gefallen könnte. Ich sehe, daß sie mich mit ihrer Hochachtung beehrt und daß es ihr nicht gleichgültig ist, die meine zu erwerben. Ich errate, daß ihr Emil von mir erzählt hat. Man könnte sagen, daß sie sich bereits abgesprochen haben, mich zu gewinnen: trotzdem stimmt das nicht, denn Sophie selbst läßt sich nicht so leicht gewinnen. Er braucht vielleicht mehr meine Fürsprache bei ihr, als ihre bei mir. Ein reizendes Paar! ... Wenn ich daran denke, welchen Anteil ich im Gespräch meines empfindsamen jungen Freundes mit seiner Geliebten gehabt habe, dann genieße ich den Lohn meiner Mühen. Seine Freundschaft hat mir alles vergolten.

Die Besuche wiederholen sich. Die Unterhaltungen zwischen unseren jungen Leuten werden häufiger. Emil glaubt im Rausch seiner Liebe seinem Glück greifnahe zu sein. Jedoch erhält er kein ausdrückliches Zugeständnis von Sophie. Sie hört ihn an, erwidert aber nichts. Emil kennt ihre ganze Bescheidenheit, aber so viel Zurückhaltung erstaunt ihn ein wenig. Er fühlt, daß sie ihn leiden mag; er weiß aber auch, daß die Väter die Kinder verheiraten. Er nimmt also an, daß Sophie einen Befehl ihrer Eltern erwartet, und bittet um die Erlaubnis, anhalten zu dürfen. Sie hat nichts dagegen. Er erzählt mir davon, und ich frage in seinem Namen in seiner Gegenwart. Welche Überraschung, als er erfährt, daß Sophie selbständig entscheidet und daß es von ihrem Willen abhängt, ihn glücklich zu machen! Nun versteht er nichts mehr an ihrem Benehmen. Sein Vertrauen schwindet. Er wird unruhig und findet sich weiter vom Ziele entfernt, als er glaubte. Jetzt läßt er die Liebe ihre zärtlichste Sprache sprechen, um sie umzustimmen.

Emil vermag nicht zu erraten, was ihm schadet. Wenn man **Hindernisse** es ihm nicht sagt, so errät er es nie; Sophie aber ist zu stolz, um es ihm zu sagen; die Schwierigkeiten, die sie zurückhalten, wären für eine andere ein Beweggrund. Sie hat die Lehren ihrer Eltern nicht vergessen. Sie ist arm. Emil ist reich, das weiß sie. Wie sehr muß er um ihre Achtung ringen. Wie viele Vorzüge muß er haben, damit diese Ungleichheit ausgelöscht wird! Aber wie soll er sich dieser Hindernisse bewußt werden? Weiß Emil überhaupt, daß er reich ist? Läßt er sich dazu herab, sich darüber zu unterhalten? Er hat, dem Himmel sei Dank, den Reichtum nicht nötig, er kann auch ohne ihn wohltätig sein. Was er Gutes tut, kommt aus seinem Herzen und nicht aus seiner Börse. Den Unglücklichen opfert er seine Zeit, seine Fürsorge, seine Zuneigung und seine Person, und bei der Beurteilung seiner Wohltaten wagt er das Geld, das er an Bedürftige verteilt, kaum in Rechnung zu stellen.

Da er nicht wußte, wem er die Schuld an seiner Abgunst geben sollte, schreibt er sie sich selber zu. Denn wer würde es wagen, den Gegenstand seiner Verehrung der Launenhaftigkeit zu bezichtigen? Die Demütigung seiner Eigenliebe verstärkt den Kummer enttäuschter Liebe. Er nähert sich Sophie nicht mehr mit dem liebenswürdigen Vertrauen eines Herzens, das sich ihres Herzens würdig fühlt. Er ist furchtsam und zaghaft in ihrer Gegenwart. Er hat die Hoffnung aufgegeben, sie durch Zärtlichkeit zu rühren und sucht sie durch das Mitleid zu erweichen. Manchmal erlahmt seine Geduld, und Verdruß will an ihre

Stelle treten. Sophie scheint diese Ausbrüche vorauszuahnen und sieht ihn an. Ihr Blick allein entwaffnet ihn und schüchtert ihn ein: er ist noch ergebener als vorher.

Durch diesen hartnäckigen Widerstand und dieses unbesiegbare Schweigen bestürzt, schüttet er sein Herz seinem Freunde aus. Er legt die Schmerzen dieses von Traurigkeit zerrissenen Herzens dar. Er fleht um Beistand und Rat. „Welch undurchdringliches Geheimnis! Sie nimmt an meinem Schicksal teil, daran brauche ich nicht zu zweifeln: statt mich zu meiden, gefällt es ihr in meiner Gegenwart. Wenn ich komme, bezeugt sie ihre Freude und bedauert, wenn ich gehe. Sie nimmt meine Aufmerksamkeiten gütig an und meine Dienste scheinen ihr zu gefallen. Sie geruht, mir Ratschläge zu geben, manchmal sogar Befehle. Meine Bitten und Ersuchen aber weist sie zurück. Wenn ich von Ehe spreche, gebietet sie mir Schweigen; und wenn ich noch ein Wort hinzufüge, so läßt sie mich im Augenblick stehen. Aus welchem seltsamen Grund will sie, daß ich ihr gehöre, ohne vernehmen zu wollen, mir zu gehören? Bringen Sie, den sie verehrt und liebt und den sie nicht zum Schweigen verurteilen kann, sie zum Sprechen. Erweisen Sie Ihrem Freunde diesen Dienst und krönen Sie ihr Werk. Ihre Fürsorge darf Ihren Schüler nicht ins Unglück bringen. Ach! Was er Ihnen verdankt, wird ihn unglücklich machen, wenn Sie sein Glück nicht vollenden."

Emils Reichtum und Sophies Armut

Ich rede mit Sophie und entreiße ihr mühelos ein Geheimnis, das ich kannte, ehe sie es mir sagte. Schwieriger erhalte ich die Erlaubnis, Emil davon zu unterrichten. Aber schließlich stimmt sie zu. Die Erklärung setzt ihn in ein Erstaunen, von dem er sich kaum erholen kann. Er kann diese Empfindlichkeit nicht begreifen; er kann sich nicht vorstellen, was ein Taler mehr oder weniger mit dem Charakter oder dem Verdienst zu tun hat. Als ich ihm begreiflich mache, was Vermögen nach der allgemeinen Meinung bedeutet, beginnt er zu lachen. Vor Freude will er sich sofort auf den Weg machen, um alles zu zerreißen, alles wegzuwerfen, auf alles zu verzichten, um ebenso arm zu sein wie Sophie und würdig zu werden, ihr Gatte zu sein.

„Was!" rufe ich aus, halte ihn zurück und lache nun meinerseits über sein Ungestüm, „wird denn dieser junge Kopf niemals reif? Wirst du niemals vernünftig denken lernen, nachdem du dein ganzes Leben lang philosophiert hast? Siehst du denn nicht, daß du mit deinem unsinnigen Plan deine Lage nur schlimmer und Sophie noch unzugänglicher machen würdest? Es ist eine kleine Bevorrechtigung, mehr Vermögen zu haben als sie; es wäre eine große, es für sie geopfert zu haben. Wenn ihr Stolz es aber nicht zuläßt, dir auf die erste Art verbunden zu sein, wie könnte sie sich dann entschließen, dir das andere Opfer zu schulden? Wenn sie es nicht ertragen kann, daß ein Gatte ihr vorwerfen könnte, er habe sie reich gemacht, wie könnte sie es ertragen, daß er ihr vorwirft, ihretwillen arm geworden zu sein? Unglück-

Emil lernt Sophie kennen

licher, gib lieber acht, daß sie nicht auf den Gedanken kommt, du habest diesen Plan gehabt! Werde im Gegenteil aus Liebe zu ihr sparsam und genügsam, damit sie dich nicht beschuldigen kann, sie durch List zu gewinnen und ihr freiwillig zu opfern, was du sowieso durch Nachlässigkeit verlierst.

Glaubst du, daß sie den Reichtum fürchtet und ihr Widerstand gerade damit zu tun hat? Nein, mein lieber Emil, er hat seine handfesteren und tieferen Gründe in der Wirkung, den der Reichtum auf die Seele seines Besitzers ausübt. Sie weiß, daß irdische Güter von denen, die sie besitzen, allen anderen vorgezogen werden. Alle Reichen stellen das Gold höher als Verdienste. Sollen sie Dienstleistungen bezahlen, so finden sie immer, daß die Dienste dem Lohn nicht entsprechen, und glauben, man schulde ihnen noch immer etwas, wenn man sein Leben damit verbracht hat, in ihren Diensten ihr Brot zu essen. Was bleibt dir also zu tun übrig, Emil, um sie von ihrer Furcht zu befreien? Sie muß dich richtig kennenlernen. Das ist nicht das Werk eines Tages. Zeig ihr die Schätze deiner edlen Seele, die ihr für diejenigen, die du zu deinem Unglück besitzt, Ersatz bieten! Brich ihren Widerstand durch Beständigkeit und Geduld! Zwing sie durch große und hochherzige Gefühle, deine Reichtümer zu vergessen! Lieb sie, dien ihr, dien ihren achtbaren Eltern! Beweis ihr, daß diese Aufmerksamkeiten nicht aus einer tollen und vorübergehenden Laune kommen, sondern aus Grundsätzen, die unauslöschlich in dein Herz gegraben sind! Ehr in würdiger Weise das Verdienst, das vom Schicksal mißbraucht worden ist! Das ist das einzige Mittel, sie mit dem Verdienst auszusöhnen, mit dem dich das Glück begünstigt hat."

Man kann sich vorstellen, welche Freude diese Worte bei dem jungen Mann auslösen und wie sie ihm Vertrauen und Hoffnung wiedergeben, wie glücklich sein ehrliches Herz darüber ist, um Sophie zu gefallen, alles tun zu dürfen, was er sowieso getan hätte, auch wenn Sophie nicht existierte oder wenn er nicht in sie verliebt wäre. Wenn man auch nur ein wenig seinen Charakter begriffen hat, kann man sich leicht sein Verhalten bei dieser Gelegenheit erklären.

So bin ich der Vertraute meiner beiden jungen Leute und der Vermittler ihrer Liebesangelegenheiten geworden! Eine schöne Beschäftigung für einen Erzieher! So schön, daß ich in meinem Leben nichts getan habe, was mich in meinen Augen höher gestellt und mich mit mir selbst zufriedener gemacht hätte. Übrigens hat diese Beschäftigung auch ihre angenehmen Seiten: ich bin nicht unwillkommen im Haus; man vertraut mir die Sorge an, die beiden Verliebten im Zaum zu halten. Emil, der sich immer zu mißfallen fürchtet, war niemals so folgsam. Die Kleine überhäuft mich mit Liebenswürdigkeiten, die mich allerdings nicht täuschen können und von denen ich für mich nur das nehme, was mir zusteht. Damit entschädigt sie sich indirekt

Jean-Jacques als Sophies Vertrauter

30 Rousseau

für den achtungsgebietenden Abstand, in dem sie Emil hält. In meiner Person erweist sie ihm tausend Zärtlichkeiten, die sie ihm nicht erweisen würde, und müßte sie sterben. Emil weiß, daß ich seinen Interessen nicht schaden will und ist entzückt über mein gutes Einverständnis mit ihr. Er tröstet sich, wenn sie bei einem Spaziergang seinen Arm ausschlägt, um dafür meinen zu nehmen. Ohne zu murren entfernt er sich, drückt mir die Hand und flüstert mir augenzwinkernd zu: Sprechen Sie für mich, mein Freund! Voll Anteil folgt er uns mit den Augen. Er versucht, in unseren Mienen unsere Gefühle zu lesen und unsere Worte an unseren Gesten abzulesen. Er weiß, daß ihm nichts, was wir miteinander sprechen, gleichgültig ist. Gute Sophie, wie froh ist dein ehrliches Herz, wenn du dich mit seinem Mentor unterhalten kannst, ohne von Telemach gehört zu werden! Mit welch liebenswerter Offenheit läßt du in deinem zarten Herzen lesen, was darin vorgeht! Mit welcher Freude zeigst du ihm deine Hochachtung für seinen Schüler! Mit welcher rührenden Unbefangenheit läßt du noch süßere Gefühle durchblicken! Mit welchem Scheinzorn weist du den Zudringlichen zurück, wenn ihn die Ungeduld treibt, dich zu unterbrechen! Mit welch reizendem Unwillen wirfst du ihm seine Zudringlichkeit vor, wenn er dich daran hindert, Gutes von ihm zu sagen und zu hören und aus meinen Antworten immer neuen Grund zu schöpfen, ihn zu lieben!

Emil ist also so weit gekommen, als erklärter Ehewerber geduldet zu werden, und so macht er alle seine Rechte geltend. Er redet, er drängt, er fleht, er bestürmt. Ob man hart mit ihm spricht, ob man ihn mißhandelt, es kümmert ihn nicht, wenn man ihm nur zuhört. Endlich erreicht er es, wenn auch nicht ohne Mühe, daß Sophie ihrerseits sich entschließt, offen die Rechte einer Geliebten über ihn auszuüben, indem sie ihm vorschreibt, was er zu tun hat, befiehlt statt zu bitten, annimmt statt zu danken, Zahl und Stunde der Besuche regelt, ihm verbietet, vor einem bestimmten Tag zu kommen und über eine gewisse Stunde zu bleiben. All das geschieht nicht zum Spiel, sondern in vollem Ernst, und wenn es ihr auch schwerfällt, diese Rechte zu übernehmen, so übt sie sie nun mit einer Strenge aus, daß es der arme Emil schon oft bereut hat, sie ihr eingeräumt zu haben. Aber was sie auch befiehlt, er widerspricht nicht. Wenn er dann gehorsam fortgeht, sieht er mich voller Freude an, als wollte er sagen: Sie sehen, daß sie mich als Eigentum betrachtet. Unterdes beobachtet ihn die Unnahbare verstohlen und lacht im geheimen über den Stolz ihres Sklaven.

Albani und Raffael, leiht mir euren wollüstigen Pinsel! Göttlicher Milton, lehre meine plumpe Feder, die Freuden unschuldiger Liebe zu beschreiben.! Doch nein, versteckt eure Blendkünste vor der heiligen Wahrheit der Natur. Habt nur Herzen, die empfinden, und ehrbare Seelen! Dann laßt eure Phantasie zwanglos schweifen über die Empfindungen zweier junger Liebenden, die sich unter den Augen ihrer Eltern und ihrer Führer ungetrübt der süßen Träumerei überlassen, die ihnen schmeichelt, und die sich in der Trunkenheit ihrer Wünsche langsam dem Ziel nähern und mit Blumen und Girlanden das glückliche Band durchwirken, das sie bis zum Grabe verbinden soll! So viele reizende Bilder berauschen mich selber; ich füge sie hier ohne Ordnung und Reihenfolge aneinander. Die Begeisterung, in die sie mich versetzen, hindert mich, sie zu verbinden. Wer ein Herz hat, kann sich selbst das reizende Bild der verschiedenen Zustände malen, in denen sich Vater, Mutter, Tochter, Erzieher, Zögling befinden, und wie alle zur Verbindung des reizenden Paares zusammenwirken, das sein Glück der Liebe und der Tugend verdankt!

Jetzt, wo Emil wirklich das Verlangen hat zu gefallen, beginnt er den Wert der angenehmen Gaben zu erfassen, die er sich erworben hat. Sophie liebt den Gesang; er singt mit ihr. Er tut noch mehr: er lehrt sie das Notenlesen. Sie ist lebhaft und leichtfüßig und springt gerne: er lehrt sie tanzen. Er verwandelt ihre Sprünge in Tanzschritte und bildet sie aus. Diese Lehrstunden sind reizend; ausgelassene Fröhlichkeit belebt sie und versüßt die schüchterne Zurückhaltung der Liebe. Einem Verliebten ist es erlaubt, seine Stunden mit Wollust zu geben. Hier darf er der Meister seiner Herrin sein.

Emil Sophies Lehrmeister

Im Haus steht ein verwahrlostes Cembalo. Emil richtet es her und stimmt es. Er ist ebenso Klavier- und Geigenbauer wie Tischler. Sein Leitsatz war schon immer, der Hilfe anderer entbehren zu können, wenn er es selber machen kann. Das Haus hat eine malerische Lage: er macht verschiedene Ansichten davon, bei denen manchmal Sophie geholfen hat. Mit den Bildern schmückt sie das Arbeitszimmer ihres Vaters. Die Rahmen sind nicht vergoldet[54], sie brauchen es auch gar nicht zu sein. Indem sie Emil beim Zeichnen zuschaut und ihm nachahmt, vervollkommnet sie sich an seinem Beispiel. Sie pflegt alle Talente, und ihre Anmut verschönt sie alle. Ihre Eltern erinnern sich ihrer früheren Wohlhabenheit, wenn sie die Schönen Künste so um sich strahlen sehen, die ihnen allein ihre Reichtümer teuer gemacht haben. Die Liebe hat ihr ganzes Haus geschmückt. Sie allein läßt hier wieder ohne Kosten und Mühe die gleichen Freuden herrschen, die sie ehemals nur mit Geld und Ärger erkauft hatten.

Wie der Götzendiener den Gegenstand seiner Verehrung mit Schätzen überhäuft und den Altar des Gottes schmückt, den er anbetet, so will der Verliebte, obwohl ihm seine Geliebte vollkommen erscheint, sie mit immer neuem Schmuck verschönen. Sie braucht zwar keinen, um ihm zu gefallen; er aber hat das Bedürfnis, sie zu schmücken: eine neue Huldigung, die er ihr schuldig zu sein glaubt, ein neues Interesse, das er dem Vergnügen, sie anzuschauen, hinzufügt. Nichts Schönes scheint ihm am rechten Platz zu sein, wenn er nicht die höchste Schönheit schmückt. Man ist gerührt und muß zugleich lächeln, wenn man Emil sieht, wie er sich bemüht, Sophie alles zu lehren, was er weiß, ohne danach zu fragen, ob sie Lust hat, es zu lernen, oder ob es ihr dienlich ist. Er redet von allem, er erklärt ihr alles mit kindlichem Eifer. Er glaubt, er brauche es nur zu sagen, und sie habe ihn im Augenblick verstanden. Schon im voraus malt er sich das Vergnügen aus, mit ihr zu debattieren und zu philosophieren. Alle Kenntnisse, die er nicht vor ihren Augen ausbreiten kann, betrachtet er als überflüssig, und er errötet beinahe, etwas zu wissen, was sie nicht weiß.

Er erteilt ihr also Unterricht in Philosophie, Physik, Mathematik, Geschichte, mit einem Wort, in allem. Sophie geht mit Freuden auf seinen Eifer ein und versucht, möglichst viel zu lernen. Wie glücklich ist Emil, wenn er ihr diesen Unterricht zu ihren Füßen kniend geben darf? Er glaubt, den Himmel offen zu sehen. Jedoch ist diese Lage, die für die Schülerin unangenehmer ist als für den Lehrer, nicht die geeignetste für den Unterricht. Man weiß nicht, was man mit seinen Augen machen soll, um denen, die sie verfolgen, zu entgehen; und wenn sich die Blicke treffen, wird der Unterricht auch nicht besser davon.

Die Kunst zu denken ist den Frauen nicht fremd, aber die logischen Wissenschaften dürfen sie nur streifen. Sophie versteht alles, behält aber wenig davon. Ihre größten Fortschritte macht sie in der Sittenlehre und in den Dingen des Geschmacks. In der Naturlehre behält sie nur eine gewisse Vorstellung von den allgemeinen Gesetzen und dem Weltsystem. Während sie manchmal auf ihren Spaziergängen die Wunder der Natur betrachten, wagen sich ihre unschuldigen und reinen Herzen bis zu ihrem Schöpfer zu erheben. Sie fürchten seine Gegenwart nicht: gemeinsam schütten sie ihr Herz vor ihm aus.

Ihre Gespräche Wie? Zwei Verliebte in der Blüte der Jahre benützen ihre Zweisamkeit, um über Religion zu sprechen? Sie verbringen ihre Zeit damit, ihren Katechismus aufzusagen! Wozu das Erhabene herabwürdigen? Ja, sie sagen ihn in der Verzauberung, die sie umfängt: sie sehen sich vollkommen, sie lieben einander, sie unterhalten sich mit Begeisterung über den Wert der Tugend. Die Opfer, die sie sich bringen, machen sie ihnen teuer. In den Verzückungen, die sie besiegen müssen, vergießen sie manchmal Tränen, die reiner sind als der Tau des Himmels. Diese süßen Tränen verzaubern ihr Leben. Sie leben in dem zauberhaftesten Rausch, den jemals Menschen empfunden haben. Die Entbehrungen selbst erhöhen ihr Glück und gereichen ihnen vor ihren eigenen Augen für ihre Opfer zur Ehre. Ihr Genußmenschen, Leiber ohne Seelen! Eines Tages werden sie eure Lüste kennen und sich ihr ganzes Leben nach der glücklichen Zeit zurücksehnen, wo sie sich ihnen versagt haben!

Emil lernt Sophie kennen

Trotz ihrem guten Einverständnis gab es manchmal Meinungsverschiedenheiten und sogar Streitigkeiten. Die Geliebte hat ihre Schrullen, der Verliebte seine Zornausbrüche. Aber diese kleinen Stürme vergehen rasch und festigen nur die Eintracht. Die Erfahrung selbst lehrt Emil, sie nicht zu sehr fürchten: die Aussöhnung hat immer größere Vorteile als die Streitigkeiten Nachteile. Die Frucht des ersten Streites läßt ihn von den kommenden ebensoviel erhoffen. Er hat sich getäuscht. Wenn er auch nicht immer solch einen sichtbaren Erfolg davonträgt, hat er doch den Gewinn, die ehrliche Anteilnahme Sophies an seiner Liebe bestätigt zu sehen. Sie möchten wissen, worin dieser Vorteil besteht? Ich gehe darauf um so lieber ein, als dieses Beispiel mir Gelegenheit gibt, eine sehr nützliche Wahrheit aufzuzeigen und einen sehr schädlichen Irrtum zu bekämpfen.

Emil liebt, er ist also nicht dreist. Noch begreiflicher ist, daß die befehlsgewohnte Sophie nicht das Mädchen ist, ihm Vertraulichkeiten durchgehen zu lassen. Da die Vernunft in allem ihre Grenzen hat, könnte man sie eher für zu streng als für zu nachsichtig halten. Ihr Vater selbst befürchtet manchmal, daß ihr übertriebener Stolz in Hochmut ausartet. Selbst unter vier Augen würde Emil nicht um die kleinste Gunstbezeigung zu bitten, ja sie nicht einmal zu erhoffen wagen. Und wenn sie geruht, beim Spaziergang ihren Arm in den seinen zu legen, eine Gunst, aus der sich kein Recht ableiten läßt, so wagt er es kaum, ihn manchmal mit einem Seufzer an seine Brust zu drücken. Nach langer Zurückhaltung wagt er es jedoch, verstohlen ihr Kleid zu küssen und ist mehrere Male so glücklich, es anscheinend nicht bemerkt zu sehen. Als er sich eines Tages etwas offener diese Freiheit nehmen will, fällt es ihr ein, es ungehörig zu finden. Er besteht darauf, sie erregt sich, und der Zorn gibt ihr einige scharfe Worte ein. Emil läßt sie sich nicht unwidersprochen gefallen. Der Rest des Tages vergeht mit Schmollen, und man trennt sich sehr unzufrieden.

Sophie ist verstimmt. Ihre Mutter ist ihre Vertraute. Wie ver- Verstimmung
möchte sie ihren Kummer zu verbergen? Es ist der erste Streit. So ein Streit von einer Stunde ist eine große Sache! Sie bereut ihren Fehler. Ihre Mutter erlaubt ihr, ihn wiedergutzumachen, ihr Vater befiehlt es ihr.

Emil ist beunruhigt und kommt am nächsten Tag früher als gewöhnlich. Sophie hilft ihrer Mutter bei der Toilette, ihr Vater ist im selben Gemach. Ehrerbietig, aber traurig tritt Emil ein. Kaum haben ihn die Eltern begrüßt, dreht sich Sophie um, reicht ihm die Hand und fragt ihn zärtlich, wie es ihm geht. Es ist klar, daß diese reizende Hand nur dargereicht wurde, um geküßt zu werden: Er ergreift sie, küßt sie aber nicht. Ein wenig beschämt zieht Sophie die Hand mit soviel Anstand zurück, wie ihr möglich ist. Emil, der mit den Gebräuchen der Frauen nicht vertraut ist und nicht weiß, wozu eine Laune dienlich ist, vergißt es nicht so leicht und beruhigt sich nicht so schnell. Sophies Vater sieht ihre Verlegenheit und bringt sie durch Spötteleien vollends aus der Fassung. Das arme Mädchen ist verstört, gedemütigt, weiß nicht mehr, was sie tut und hätte alles auf der Welt gegeben, weinen zu dürfen. Je mehr sie sich zusammennimmt, um so mehr schwillt ihr das Herz. Schließlich entquillt ihr gegen ihren Willen eine Träne. Emil sieht diese Träne, stürzt auf die Knie, faßt ihre Hand und küßt sie mehrere Male ergriffen. „Meiner Treu" ruft ihr Vater lächelnd aus, „Sie sind zu gut. Ich hätte weniger Nachsicht mit all diesen Närrinnen und würde den Mund strafen, der mich beleidigt hätte." Diese Worte geben Emil Mut; er sieht bittend zur Mutter hin und glaubt ein Zeichen der Zustimmung zu sehen. Zitternd nähert er sich dem Gesicht Sophies, die den Kopf wegdreht und ihm die Rosenwange zuwendet, um den Mund in Sicherheit zu bringen. Der Zudringliche begnügt sich damit nicht. Der Widerstand ist schwach. Welch ein Kuß wäre das gewesen, wenn er nicht unter den Augen der Mutter geraubt worden wäre! Gestrenge Sophie, paß auf! Man wird dich noch öfter bitten, dein Kleid küssen zu dürfen, wenn du es nur gelegentlich verweigerst.

Verweise

Nach dieser exemplarischen Strafe geht der Vater seinen Geschäften nach. Die Mutter schickt Sophie unter einem Vorwand hinaus und wendet sich mit ernstem Ton an Emil:

„Mein Herr, ich glaube nicht, daß ein junger Mann aus gutem Hause und so wohlerzogen wie Sie, von edler Gesinnung und guten Sitten, die Freundschaft, die ihm eine Familie erweist, mit Unehre vergilt. Ich bin weder zimperlich noch prüde. Ich weiß, was man der närrischen Jugend durchgehen lassen muß; und was ich eben unter meinen Augen geduldet habe, beweist es zur Genüge. Befragen Sie Ihren Freund über Ihre Pflichten. Er wird Ihnen den Unterschied erklären, der zwischen den Spielereien besteht, die in der Gegenwart der Eltern erlaubt sind, und den Freiheiten, die man sich in deren Abwesenheit nimmt, indem man ihr Vertrauen mißbraucht und dieselben Zugeständnisse, die unter ihren Augen vollkommen unschuldig sind, in Fallstricke verwandelt. Er wird Ihnen sagen, mein Herr, daß das einzige Unrecht, dessen meine Tochter sich Ihnen gegenüber schuldig gemacht hatte, darin bestand, daß sie nicht gleich beim ersten Mal erkannt hat, was sie niemals hätte dulden dürfen. Er wird Ihnen sagen, daß alles, was man als Gunstbeweis nimmt, auch wirklich eine Gunst wird, und daß es eines ehrenhaften Mannes unwürdig ist, die Einfalt eines Mädchens zu mißbrauchen, um sich im geheimen dieselben Freiheiten zu nehmen, die sie vor den Augen der Welt dulden darf. Man weiß, was der Anstand in der Öffentlichkeit gestattet. Aber man weiß nicht, wo der im Schatten des Geheimnisses haltmacht, der sich zum alleinigen Richter seiner Einfälle macht."

Nach diesem gerechten Verweis, der viel eher an mich als an meinen Zögling gerichtet war, läßt uns diese kluge Mutter allein und überläßt es mir, ihre weise Vorsicht zu bewundern, der es wenig ausmacht, wenn man in ihrer Gegenwart ihre Tochter auf den Mund küßt, die sich aber entsetzt, wenn man es im geheimen wagt, ihr Kleid zu küssen. Während ich so über die Narrheit unserer Lebensregeln nachdenke, die immer die wahre

Sittlichkeit dem äußeren Schein opfern, verstehe ich, warum die Menschen um so ehrbarer sprechen, je verdorbener ihr Herz ist, und warum sie sich um so anständiger benehmen, je unanständiger sie sind.

Während ich bei dieser Gelegenheit Emil die Pflichten, mit denen ich ihn schon früher hätte bekannt machen müssen, einschärfe, fällt mir ein Gedanke ein, der Sophie vielleicht zur höchsten Ehre gereicht, und den ich mich hüte, ihrem Verliebten mitzuteilen: Es ist klar, daß dieser vermeintliche Stolz, den man ihr vorwirft, nur eine sehr weise Vorsichtsmaßregel ist, sich vor sich selbst zu schützen. Da sie zu ihrem Unglück ein leicht entzündbares Geblüt hat, fürchtet sie den ersten Funken und hält ihn mit aller Macht fern. Sie ist nicht aus Stolz streng, sondern aus Schwäche. Sie beherrscht also Emil, weil sie fürchtet, Sophie nicht beherrschen zu können. Sie bedient sich des einen, um das andere zu bekämpfen. Hätte sie mehr Selbstvertrauen, wäre sie weniger stolz. Sieht man von diesem einen Punkt ab, wo gibt es auf der Welt ein Mädchen, das leichter zugänglich und sanfter ist? Wer fürchtet mehr, einen anderen zu beleidigen? Wer ist anspruchsloser außer in der Tugend? Dabei ist sie nicht einmal auf ihre Tugend stolz; sie ist nur stolz, sie sich zu bewahren. Wenn sie sich ohne Gefahr der Neigung ihres Herzens überlassen kann, so liebkost sie sogar ihren Geliebten. Aber ihre verschwiegene Mutter bespricht nicht einmal mit ihrem Vater alle diese Einzelheiten: die Männer brauchen nicht alles zu wissen.

Statt auf ihre Eroberung stolz zu sein, ist Sophie noch freundlicher und noch nachsichtiger gegen jedermann, außer vielleicht gegen den einzigen, der an dieser Veränderung schuld ist. Das Gefühl der Unabhängigkeit bläht nicht mehr ihr stolzes Herz. Sie frohlockt bescheiden über einen Sieg, der ihre Freiheit kostet. Sie benimmt sich weniger frei und redet schüchterner, seitdem sie das Wort „Geliebter" nicht mehr hören kann, ohne zu erröten. Trotzdem strahlt Zufriedenheit durch ihre Verlegenheit, und diese Scham selbst ist kein unangenehmes Gefühl. Der Unterschied ihres Benehmens macht sich besonders im Umgang mit jungen Besuchern bemerkbar. Seitdem sie sie nicht mehr fürchtet, hat sie die strenge Zurückhaltung, die sie ihnen gegenüber übte, erheblich gelockert. Nachdem ihre Wahl entschieden ist, ist sie den Unbeteiligten gegenüber ohne Bedenken zuvorkommend; seitdem sie sich nicht mehr für sie interessiert, urteilt sie weniger streng über ihren Wert und findet sie als Leute, die ihr niemals etwas bedeuten werden, liebenswürdig genug.

Wenn wahre Liebe sich je der Koketterie bedienen könnte, würde ich sogar glauben, einige Züge davon in der Art zu bemerken, wie Sophie mit ihnen in Gegenwart ihres Liebhabers verkehrt. Man könnte sagen, daß sie mit der glühenden Leidenschaft, die sie durch eine ausgesuchte Mischung von Zurückhaltung und Zärtlichkeit in ihm entfacht hat, noch nicht zufrieden ist und sich darüber freut, sie durch ein wenig Unruhe aufzustacheln. Man könnte annehmen, daß sie ihre jungen Gäste vorsätzlich aufmuntert und bewußt Emil mit Fröhlichkeitsausbrüchen martert, die sie ihm gegenüber nicht zu zeigen wagt. Aber Sophie ist zu aufmerksam, zu gut und zu klug, um ihn wirklich zu quälen. Um diesen gefährlichen Anreiz zu mäßigen, dienen ihr die Liebe und die Ehrbarkeit als Ersatz für die Klugheit. Sie kann ihn im richtigen Augenblick beunruhigen und beruhigen. Und wenn sie ihn manchmal wirklich unruhig macht, so macht sie ihn doch nie traurig. Verzeihen wir ihr diese Unruhe, die sie dem bereitet, den sie liebt. Sie tut es nur aus Furcht, ihn nicht genug fesseln zu können.

Aber welchen Eindruck machen diese kleinen Winkelzüge auf Emil? Wird er eifersüchtig oder nicht? Das müssen wir untersuchen: denn solche Umwege gehören zum Gegenstand meines Buches und lenken mich nur wenig von meinem Thema ab.

Diskurs über die Liebe

Ich habe schon früher gezeigt, wie sich diese Leidenschaft bei Dingen, die bloß auf der Meinung beruhen, in die Herzen der Menschen einschleicht. Bei der Liebe ist es jedoch etwas anderes. Die Eifersucht scheint mir so nah mit der Natur zusammenzuhängen, daß die Annahme schwerfällt, sie ginge nicht aus ihr selbst hervor. Das Beispiel selbst der Tiere, deren manche bis zur Raserei eifersüchtig werden, scheint diese Ansicht unwiderlegbar zu beweisen. Hängt es von der Meinung der Menschen ab, die die Hähne lehrt, sich gegenseitig in Stücke zu zerreißen, und die Stiere, sich bis zum Tod zu bekämpfen?

Die Abneigung gegen alles, was unsere Vergnügungen stört und bekämpft, ist eine natürliche Regung; das ist unbestreitbar. Ebenso verhält es sich bis zu einem gewissen Punkt mit dem Wunsch, das, was einem gefällt, allein zu besitzen. Wenn aber dieser Wunsch, zur Leidenschaft geworden, sich in Raserei oder in einen argwöhnischen und quälenden Überdruß verwandelt, den man Eifersucht nennt, dann ist das etwas anderes. Diese Leidenschaft kann natürlich sein oder auch nicht: man muß unterscheiden.

Das Beispiel aus der Tierwelt habe ich schon in meiner *„Abhandlung über die Ungleichheit"* untersucht. Jetzt, wo ich erneut darüber nachdenke, scheint mir die Untersuchung gründlich genug zu sein, daß ich es wagen darf, meine Leser darauf zu verweisen. Ich möchte nur noch zu den Unterscheidungen, die ich dort gemacht habe, hinzufügen, daß die Eifersucht, die von der Natur kommt, stark vom Geschlechtstrieb abhängt und daß diese Eifersucht, wenn dieser Trieb unbegrenzt ist oder so zu sein scheint, am stärksten ist. Denn dann kann ein Männchen, das sein Recht nach seinen Bedürfnissen mißt, in einem anderen Männchen nur den aufdringlichen Nebenbuhler sehen. Weibchen der gleichen Gattung folgen immer dem Erstgekommenen und gehören den Männchen nur aufgrund des Eroberungsrechtes und verursachen daher ewige Kämpfe unter ihnen.

Bei den Gattungen dagegen, wo sich eines nur mit einem paart, wo die Paarung eine Art moralischer Bindung erzeugt, eine Art Ehe, und das Weibchen durch seine Wahl dem Männchen gehört, dem es sich ergeben hat, dort verweigert es sich im allgemeinen jedem anderen. Dem Männchen bürgt diese Vorzugszuneigung für die Treue des Weibchens und so beunruhigt es der Anblick anderer Männchen weniger und es lebt friedlicher mit ihnen. Bei diesen Gattungen nimmt das Männchen an der Aufzucht der Jungen teil. Und nach einem dieser Naturgesetze, die man nicht ohne Rührung beobachten kann, scheint das Weibchen dem Vater die Zuneigung, die er für seine Kinder hat, zu vergelten.

Wenn man nun das Menschengeschlecht in seiner ursprünglichen Einfachheit betrachtet, so ist aus dem begrenzten Vermögen des Mannes und aus seinen gemäßigten Begierden leicht zu ersehen, daß ihm von Natur aus bestimmt ist, sich mit einer einzigen Frau zu begnügen. Das wird auch, wenigstens in unserem Klima, erhärtet durch die zahlenmäßige Gleichheit der Einzelwesen beider Geschlechter; eine Gleichheit, die bei weitem nicht vorhanden ist bei den Gattungen, wo die größere Kraft der Männchen mehrere Weibchen um sich schart. Obwohl der Mann nicht wie ein Täuberich brütet und keine Nährbrüste hat, gehört er doch in die Klasse der Vierfüßler. Die Kinder sind schwach und können lange nur kriechen, so daß Mutter und Kinder schwerlich auf die väterliche Anhänglichkeit und Fürsorge, die deren Folgen sind, verzichten könnten.

Alle diese Beobachtungen laufen in dem Beweis zusammen, daß die wütende Eifersucht der Männchen bei einigen Tiergattungen für den Menschen keine Schlüsse zuläßt. Selbst die südlichen Breiten, wo Vielweiberei besteht, bilden keine Ausnahme und bestätigen diese Feststellung, denn gerade aus der Vielweiberei kommt die tyrannische Vorsicht der Ehemänner. Das Gefühl seiner eigenen Schwäche läßt den Mann zum Zwang seine Zuflucht nehmen, um so die Gesetze der Natur zu umgehen.

Bei uns, wo dieselben Gesetze in diesem Punkt weniger, dafür aber in einem entgegengesetzten und weit verabscheuungswürdigeren Sinn umgangen werden, hat die Eifersucht ihren Beweggrund eher in den sozialen Leidenschaften als in dem Urinstinkt. Bei den meisten Liebschaften haßt der Liebhaber seinen Nebenbuhler weit mehr, als er seine Geliebte liebt. Fürchtet er, nicht der einzige zu sein, so ist das die Wirkung jener Eigenliebe, deren Ursprung ich aufgezeigt habe; seine Eitelkeit ist mehr gekränkt als seine Liebe. Im übrigen haben unsere plumpen Einrichtungen unsere Frauen so zur Verstellung erzogen* und ihre Begierden so sehr entfacht, daß man sich kaum mehr auf ihre ehrbezeugteste Zuneigung verlassen kann. Sie können keine Bevorzugung mehr bezeigen, die die Furcht vor Nebenbuhlern beschwichtigt.

Wahre Liebe Bei der wahren Liebe ist das ganz anders. In der erwähnten Schrift habe ich gezeigt, daß dieses Gefühl nicht so natürlich ist, wie man denkt. Und zwischen der süßen Gewohnheit, die den Mann an die Frau bindet, und jener wilden Glut, die ihn an den Scheinreizen eines Wesens berauscht, das er gar nicht mehr so sieht, wie es wirklich ist, ist ein großer Unterschied. Diese Leidenschaft, die nur Ausschließlichkeit und Bevorzugung träumt, unterscheidet sich nur darin von der Eitelkeit, daß die Eitelkeit alles fordert und nichts gewährt und immer ungerecht ist, während die Liebe soviel gibt als sie fordert und an sich selbst ein Gefühl der Gerechtigkeit ist. Übrigens ist sie um so leichtgläubiger, je mehr sie fordert. Dieselbe Sinnestäuschung, die ihr zugrunde liegt, bewirkt, daß man sie leicht überzeugen kann. Wenn die Liebe voll Unruhe ist, so ist die Verehrung voll Vertrauen. Keine Liebe bestand jemals ohne Verehrung, weil jeder in dem, was er liebt, nur die Eigenschaften liebt, die er selbst ehrt.

Nachdem dies geklärt ist, kann man mit Sicherheit sagen, welcher Art Eifersucht Emil fähig ist. Denn kaum hat diese Leidenschaft einen Keim ins Herz gesenkt, so bestimmt ihre Form einzig und allein die Erziehung. Ist Emil verliebt und eifersüchtig, so wird er keineswegs zornig, düster oder mißtrauisch sein, sondern zärtlich, empfindsam und ängstlich. Er wird eher beunruhigt als gereizt sein; er wird sich eher bemühen, seine Geliebte zu gewinnen, als seinen Nebenbuhler zu bedrohen. Wenn er kann, wird er ihn wie ein Hindernis beiseite schieben, ohne ihn wie einen Feind zu hassen. Wenn er ihn haßt, so haßt er ihn nicht wegen der Kühnheit, ihm ein Herz, das er für sich beansprucht, zu verabtrünnigen, sondern weil er wirklich Gefahr läuft, es zu verlieren. Es wird seinen unberechtigten Stolz nicht in dummer Weise kränken, daß man es gewagt hat, mit ihm in Wettstreit zu treten. Nachdem er begriffen hat, daß die Bevorzugung einzig auf dem Verdienst und die Ehre auf dem Erfolg beruht, so wird er sich doppelt mühen, um liebenswert zu sein, und wahrscheinlich wird es ihm glücken. Wenn die hochherzige Sophie seine Liebe auch durch einige Alarmschüsse aufschreckt, so versteht sie es, sie zu bemessen und ihn dafür zu entschädigen.

---

* Die Art der Verstellung, die ich hier meine, ist der Verstellung, die ihnen ziemt und die sie von Natur aus haben, entgegengesetzt. Die eine besteht darin, die Gefühle, die sie haben, zu verschleiern; die andere, die Gefühle vorzutäuschen, die sie gar nicht haben. Alle Weltdamen verbringen ihr Leben damit, sich ihrer angeblichen Empfindsamkeit zu rühmen, und lieben immer nur sich selbst.

Und die Mitbewerber, die nur geduldet wurden, um ihn auf die Probe zu stellen, werden unverzüglich wieder fallengelassen.

Aber wo bin ich unversehens hingeraten? Emil, was ist aus dir geworden? Kann ich in dir noch meinen Zögling wiedererkennen? Wie tief bist du gesunken? Wo ist der abgehärtete Jüngling, der der Unbill der Jahreszeiten trotzte, der seinen Körper den härtesten Arbeiten und seine Seele den Gesetzen der Weisheit unterwarf, unzugänglich für Vorurteile und Leidenschaften, der nur die Wahrheit liebte und nur die Vernunft gelten ließ und sich um nichts kümmerte, was ihn nicht anging. Jetzt ist er von einem Mußeleben verweichlicht und läßt sich von Frauen lenken. Ihre Vergnügungen sind seine Beschäftigungen, ihr Wille ist sein Gesetz. Ein Mädchen ist der Schiedsrichter seines Schicksals. Vor ihr kriecht und beugt er sich. Der ernste Emil ist zum Spielzeug eines Kindes geworden!

So wechseln die Szenen im Leben. Jedes Alter hat seine Triebfedern, die es in Bewegung setzen; aber der Mensch bleibt sich immer gleich. Mit zehn Jahren wird er mit Kuchen gelenkt, mit zwanzig von einer Geliebten, mit dreißig von den Vergnügungen, mit vierzig vom Ehrgeiz, mit fünfzig vom Geiz. Wann läuft er nur hinter der Weisheit her? Glücklich ist, wer gegen seinen Willen dahingeführt wurde! Was liegt an dem Führer, dessen man sich bedient, wenn er einen nur ans Ziel bringt? Die Helden, die Weisen selbst haben der menschlichen Schwäche diesen Zoll entrichtet. Auch der, der in seinen ungelenken Fingern die Spindeln zerbrach, war trotzdem ein ganzer Mann.

Wollt ihr die Wirkungen einer glücklichen Erziehung auf das ganze Leben ausdehnen, so dehnt die guten Gewohnheiten der Kindheit auf die Jugend aus. Wenn euer Schüler das ist, was er sein soll, dann sorgt dafür, daß er es immer bleibt. Das ist die letzte Vollendung, die ihr eurem Werk noch geben könnt. Darum ist es nötig, daß die jungen Leute ihren Erzieher behalten; denn es ist kaum zu befürchten, daß sie sich nicht auch ohne ihn auf die Liebe verstehen. Lehrer und vor allem die Väter täuschen sich gewöhnlich darüber, weil sie glauben, daß eine Lebensweise eine andere ausschließt, und daß man, sobald man groß ist, auf alles verzichten muß, was man als Junge getan hat. Wenn das so wäre, wozu nützte es dann, sich so viel Mühe um die Kindheit zu machen, da der gute oder schlechte Gebrauch, den man daraus ziehen könnte, mit ihr verschwände, und da man bei einer völlig anderen Lebensweise notwendigerweise auch andere Denkgewohnheiten annähme.

So wie nur schwere Krankheiten die Gedächtniszusammenhänge auflösen, so bauen einzig große Leidenschaften die guten Sitten ab. Obwohl sich auch unser Geschmack und unsere Neigungen ändern, so wird dieser Wechsel, der manchmal ganz plötzlich sein kann, durch die Gewohnheiten gemildert. Die Abfolge unserer Neigungen muß wie ein guter Farbübergang sein:

der geschickte Künstler muß die Übergänge unmerklich machen, er muß die Farbtöne mischen und verschmelzen und mehrere über das ganze Gemälde ausbreiten, damit nicht ein einzelner daraus hervorsticht. Maßlose Menschen wechseln jeden Tag ihre Neigungen, ihren Geschmack, ihre Gefühle; das einzig Beständige an ihnen ist die Unbeständigkeit. Der maßvolle Mensch kommt immer auf seine alten Gepflogenheiten zurück und verliert nicht einmal im Alter den Geschmack an den Vergnügungen, die er als Kind geliebt hatte.

Wenn es euch glückt, daß die jungen Leute beim Übergang in ein neues Lebensalter das vorhergegangene nicht verachten, daß sie mit ihren neuen Gewohnheiten die alten nicht ablegen und daß sie das Gute immer gerne tun, einerlei in welchem Alter sie es begonnen haben, nur dann habt ihr euer Erziehungswerk gerettet und ihr könnt eurer Zöglinge sicher sein bis ans Ende ihrer Tage. Denn die Umwälzung, die am meisten zu fürchten ist, vollzieht sich in dem Alter, über das ihr jetzt wacht. So wie man ihm immer nachtrauert, so verliert man später kaum die Gewohnheiten, die man sich daraus erhalten hat. Sind sie aber einmal unterbrochen worden, so nimmt man sie zeitlebens nicht wieder an.

Emils Gewohn-
heiten

Die meisten Gewohnheiten, die ihr glaubt, Kindern und jungen Leuten aneignen zu müssen, sind keine wirklichen Gewohnheiten, weil sie sie nur unter Zwang angenommen haben und gegen ihren Willen befolgen. Das Gefängnis wird einem nicht schmackhafter, nur weil man gezwungen wird, darin zu bleiben. Statt die Abscheu zu vermindern, verstärkt sie die Gewöhnung. Bei Emil ist das anders, denn er hat schon seit seiner Kindheit alles nur freiwillig und mit Vergnügen getan, und weil er als Mann nichts anderes tut und die Macht der Gewohnheit den Freuden der Freiheit hinzufügt. Das tätige Leben, die Handarbeit, die Leibesübung, die Bewegung sind ihm derart notwendig geworden, daß er nicht ohne Beschwerden darauf verzichten könnte. Ihn plötzlich zu einem verweichlichten und seßhaften Leben zwingen zu wollen, hieße ihn einsperren, ihn in Ketten legen, ihn in einem Zustand der Vergewaltigung und des Zwanges halten. Ich zweifle nicht daran, daß sein Gemüt wie seine Gesundheit darunter leiden würden. Fällt ihm doch schon in einem geschlossenen Zimmer das Atmen schwer. Er braucht frische Luft, Bewegung, Anstrengung. Selbst zu Füßen Sophies kann er es nicht lassen, zuweilen einen Blick auf die Felder zu werfen und zu wünschen, sie mit ihr zu durchlaufen. Trotzdem bleibt er, wenn er bleiben muß. Aber er ist unruhig und rastlos. Er scheint mit sich selbst zu kämpfen. Er bleibt, weil er in Ketten liegt. Na also, werdet ihr sagen, das sind doch Bedürfnisse, denen ich ihn unterworfen habe, Abhängigkeiten, in die ich ihn gebracht habe. Das ist alles richtig: ich habe ihn dem Menschsein unterworfen.

Emil lernt Sophie kennen

Emil liebt Sophie. Aber welche Reize haben ihn zuerst gefesselt? Die Empfindsamkeit, die Tugend, die Liebe zu ehrbaren Dingen. Wenn er diese Liebe in seiner Geliebten liebt, hat er sie deshalb selber verloren? Worin hat Sophie selbst sich verliebt? In alle Gefühle, die dem Herzen ihres Geliebten selbstverständlich sind: die Achtung der wahren Güter, die Genügsamkeit, die Einfachheit, die hochherzige Uneigennützigkeit, die Verachtung von Prunk und Reichtum. Emil hatte diese Tugenden, ehe die Liebe ihn dazu verpflichtete. Worin hat sich Emil also wirklich geändert? Er hat neue Gründe, er selbst zu sein. Das ist der einzige Punkt, in dem er sich von dem unterscheidet, der er war.

Was liebt Emil an Sophie?

Ich kann mir nicht vorstellen, daß jemand bei aufmerksamer Lektüre dieses Buches annehmen kann, daß all diese verschiedenen Umstände, in denen Emil sich jetzt befindet, aus Zufall entstanden sein sollen. Ist es Zufall, daß er die, die ihm gefällt, in der entferntesten Abgeschiedenheit findet, wo es doch in den Städten so viele liebenswerte Mädchen gibt? Ist es Zufall, daß er ihr begegnet ist? Ist es Zufall, daß sie zueinander passen? Ist es Zufall, daß sie nicht am selben Ort wohnen können? Ist es Zufall, daß er nur so weit von ihr eine Unterkunft findet? Ist es Zufall, daß er sie so selten sieht und gezwungen ist, das Vergnügen, sie zu sehen, mit soviel Beschwerlichkeiten erkaufen muß? Er verweichlicht, sagt ihr; er härtet sich im Gegenteil ab. Er muß so stark sein, wie ich ihn gemacht habe, damit er den Anstrengungen gewachsen ist, die ihm Sophie auferlegt.

Er wohnt zwei gute Meilen von ihr entfernt. Diese Entfernung ist wie der Blasebalg in einer Schmiede: durch sie härte ich die Pfeile der Liebe. Wohnten sie Tür an Tür, oder könnte er sie in einer weichen Kutsche besuchen, so liebte er sie freilich recht bequem auf Pariser Art. Hätte aber Leander für Hero sterben wollen, wenn ihn nicht das Meer von ihr getrennt hätte? Leser, erspart mir weitere Worte. Wenn ihr mich verstehen könnt, werdet ihr auch aus den Einzelheiten meinen Grundsätzen ganz gut folgen können.

Zu den ersten Besuchen sind wir geritten, um rascher vorwärtszukommen. Dies Mittel scheint uns bequem zu sein. Auch beim fünften Mal nehmen wir noch Pferde. Man hat uns erwartet. Eine halbe Meile vom Haus bemerken wir Leute auf der Straße. Emil sieht hin und das Herz fängt ihm zu schlagen an; er kommt näher und erkennt Sophie. Er springt vom Pferd, läuft, fliegt und liegt der liebenswerten Familie zu Füßen. Emil liebt schöne Pferde. Sein Pferd ist lebhaft; es fühlt keinen Zügel mehr und entläuft in die Felder. Ich verfolge es, erreiche es mit Mühe und bringe es zurück. Unglücklicherweise hat Sophie vor Pferden Angst, und ich wage nicht näherzukommen. Emil sieht nichts; aber Sophie flüstert ihm ins Ohr, was er seinem Freund für Mühe bereitet habe. Beschämt läuft Emil herzu, nimmt die

Emils Besuche

Pferde und bleibt zurück. Es ist nur gerecht, wenn jeder an die Reihe kommt. Als erster bricht er auf, um sich der Tiere zu entledigen. Wie er so Sophie hinter sich läßt, findet er das Reiten nicht mehr so zweckmäßig. Außer Atem kommt er uns auf halbem Weg entgegen.

Beim nächsten Besuch will Emil nicht mehr reiten. Warum? frage ich ihn. Wir können doch einen Knecht nehmen, der sie betreut! Ach nein, sagt er. Sollen wir denn damit der ehrenwerten Familie zu Last fallen? Sie sehen doch, daß sie alle versorgen will, Mensch und Tier. In der Tat, antworte ich, sie pflegen die Gastfreundschaft, wie sie nur der Arme kennt. Die Reichen geizen in ihrem Prunk und nehmen nur Freunde auf; der Arme auch die Pferde seiner Freunde. Gehen wir zu Fuß, sagte er, haben Sie keine Lust dazu? Sie haben doch früher mit ganzem Herzen an den ermüdenden Vergnügungen Ihres Schülers teilgenommen. Sehr gerne, antworte ich ihm sofort. Mir scheint auch, daß die Liebe nicht mit so viel Geräusch auftreten sollte.

Als wir uns nähern, sehen wir, daß Mutter und Tochter uns noch weiter entgegengekommen sind. Im Nu sind wir bei ihnen. Emil ist in Schweiß gebadet: eine geliebte Hand geruht, ihm mit einem Taschentuch über die Wangen zu streichen. Nun kann die Welt voller Pferde sein, uns können sie nicht mehr verleiten, uns ihrer zu bedienen.

Trotzdem ist es ziemlich hart, daß wir niemals den Abend zusammen verbringen können. Der Sommer geht zu Ende, die Tage beginnen kürzer zu werden. Was wir auch sagen mögen, man erlaubt uns niemals, bei Nacht zurückzukehren. Wenn wir nicht schon morgens gekommen sind, so müssen wir fast nach unserer Ankunft wieder aufbrechen. Da uns die Mutter bedauert und sich unseretwegen Sorgen macht, kommt sie schließlich auf den Gedanken, daß man uns zwar schicklicherweise nicht im Haus aufnehmen, aber im Dorf ein Lager finden kann, um dort gelegentlich zu übernachten. Bei diesen Worten klatscht Emil in die Hände und erzittert vor Freude. Sophie aber küßt ihre Mutter, ohne sich dessen bewußt zu sein, häufiger an diesem Tage, weil sie diesen Ausweg gefunden hat.

Nach und nach entwickelt und festigt sich die süße Freundschaft und die unschuldige Vertraulichkeit. Gewöhnlich komme ich mit meinem Freund an den Tagen, die ihm Sophie oder ihre Mutter vorgeschrieben haben. Manchmal lasse ich ihn auch allein gehen. Vertrauen allein erhebt die Seele, und einen Mann darf man nicht mehr wie ein Kind behandeln. Was hätte ich übrigens bis jetzt erreicht, wenn mein Schüler nicht meines Vertrauens würdig wäre? Manchmal gehe ich auch allein. Dann ist er traurig, aber er murrt nicht: wozu sollte es ihm auch nützen? Außerdem weiß er, daß ich ihm nicht schaden will. Natürlich kann uns, ob wir zusammen oder einzeln gehen, kein Wetter aufhalten. Wir sind im Gegenteil stolz, in einem Zustand anzukommen, in dem man uns bedauern muß. Unglücklicherweise untersagt uns Sophie diese Ehre und verbietet uns, bei schlechtem Wetter zu kommen. Das ist das einzige Mal, daß ich sie gegen die Vorschriften widerspenstig finde, die ich ihr im geheimen mache.

Als er eines Tages allein gegangen war und ich ihn erst am nächsten Tag zurückerwartete, sah ich ihn am selben Abend wiederkommen. Ich umarme ihn und frage: Was ist, lieber Emil, du kommst schon heute zurück? Statt meine Zärtlichkeiten zu erwidern, sagt er ein wenig übelgelaunt: Glauben Sie nur nicht, daß ich freiwillig zurückgekommen bin; ich komme gegen meinen Willen. Sie wollte es. Ich komme Sophies wegen und nicht Ihretwegen. Von soviel Einfalt gerührt, umarme ich ihn aufs neue und sage ihm: Offene Seele und ehrlicher Freund, nimm mir nicht, was mir gehört. Wenn du ihretwegen kommst, so sagst du es doch meinetwegen: deine Rückkehr ist ihr Werk, deine Offenheit aber meines. Bewahr dir auf immer diese edle Offenheit schöner Seelen. Leuten, die uns gleichgültig sind, kann man überlassen zu denken, was sie wollen; aber es ist ein Verbrechen zu dulden, daß uns ein Freund als Verdienst anrechnet, was wir gar nicht für ihn getan haben.

Emil und sein Mentor

Ich hüte mich wohl, den Wert dieses Geständnisses dadurch in seinen Augen herabzusetzen, daß ich mehr Liebe als Edelmut darin entdecke und ihm sage, daß es ihm weniger darum geht, sich selbst das Verdienst dieser Rückkehr abzusprechen, als es Sophie zuzusprechen. Aber seht, wie er mir, ohne daran zu denken, den Grund seines Herzens enthüllt: Kommt er gemächlich, langsamen Schrittes, von seiner Liebe träumend zurück, so ist Emil nur der Liebhaber Sophies; stürzt er herbei, erhitzt, obwohl auch übelgelaunt, so ist Emil der Freund seines Mentors.

Aus diesen Maßnahmen ersieht man, daß der junge Mann weit entfernt ist, sein Leben an der Seite Sophies zu verbringen und sie so oft zu sehen, wie es ihm beliebt. Ein- oder zweimal in der Woche ist alles, was ihm erlaubt wurde. Die Besuche dauern oft nur einen halben Tag und dehnen sich selten in den nächsten Morgen aus. Er bringt viel mehr Zeit mit der Hoffnung zu, sie zu sehen oder sich zu beglückwünschen, sie gesehen zu haben, als damit, sie tatsächlich zu sehen. Hin- und Rückweg dauern länger als die Zeit, die er mit ihr verbringt. Seine wahren, reinen, köstlichen Freuden sind weniger wirklich als eingebildet und feuern seine Liebe an, ohne sein Herz zu verweichlichen.

An den Tagen, an denen er sie nicht sieht, sitzt er nicht etwa müßig herum. Auch an diesen Tagen ist er der ganze Emil: er hat sich in nichts geändert. Meistens streift er durch die Umgebung und betreibt seine Naturstudien: er beobachtet, er prüft den Boden, seine Früchte und Kulturen. Er vergleicht die Arbeit, die er sieht, mit der, die er kennt. Er forscht nach den Ursachen

Emils Beschäftigung

dieser Unterschiede. Hat er sich überzeugt, daß andere Methoden den örtlichen vorzuziehen wären, so teilt er sie den Bauern mit. Wenn er eine bessere Pflugform vorschlägt, so läßt er eine nach seinen Plänen bauen. Findet er einen Mergelbruch, lehrt er sie die Anwendung, wenn sie hierzulande unbekannt sind. Oft faßt er selbst mit an. Sie sind ganz erstaunt, wenn sie sehen, wie er ihre Geräte geschickter handhabt als sie selbst, wie er die Furchen tiefer und gerader zieht als sie, wie er gleichmäßiger sät und Hangbeete vernünftiger anlegt. Sie machen sich nicht über ihn lustig wie über jene, die über die Landwirtschaft nur schwatzen können. Sie sehen, daß er sie beherrscht. Mit einem Wort, er dehnt seinen Eifer und seine Bemühungen auf alles aus, was von wesentlichem und allgemeinem Nutzen ist. Aber selbst damit begnügt er sich nicht: er sucht die Bauern zu Hause auf, er erkundigt sich nach ihren Verhältnissen, ihren Familien, der Zahl ihrer Kinder, der Güte ihrer Äcker, der Beschaffenheit ihrer Erzeugnisse, deren Absatz, ihrem Vermögen, ihren Abgaben, ihren Schulden usw. Er gibt wenig Geld, da er weiß, daß es im allgemeinen schlecht angewendet wird. Er bestimmt daher selbst seine Verwendung und macht es ihnen sogar gegen ihren Willen nützlich. Er verschafft ihnen Arbeiter und bezahlt oft selber den Taglohn für die nötigen Arbeiten. Dem einen läßt er seine halbverfallene Hütte aufbauen oder decken, dem anderen läßt er das Land bestellen, das aus Mangel an Mitteln brachliegt. Einem Dritten besorgt er eine Kuh, ein Pferd oder ein Stück Vieh anstelle verlorener Tiere. Zwei Nachbarn wollen prozessieren: er überredet sie zu einem Vergleich. Ein Bauer wird krank: er läßt ihn pflegen oder pflegt ihn selbst*. Ein anderer wird von einem mächtigen Nachbarn gequält: er beschützt ihn und spricht für ihn. Arme junge Leute wollen heiraten: er verhilft ihnen zur Heirat. Eine Frau hat ihr geliebtes Kind verloren: er besucht sie, er tröstet sie und geht nicht gleich wieder fort. Er verachtet die Bedürftigen nicht, es eilt ihn nicht, die Unglücklichen zu verlassen; oft ißt er mit den Bauern, denen er geholfen hat, und ißt auch bei denen, die seiner nicht bedürfen. Er wird der Wohltäter des einen und der Freund des anderen, immer bleibt er ihresgleichen. Mit einem Wort: Er wirkt mit seiner Person genauso viel Gutes wie mit seinem Geld.

Manchmal lenkt er seine Ausflüge in die Richtung, wo sein Glück wohnt; vielleicht sieht er heimlich Sophie auf ihrem Spa-

---

* Einen kranken Bauern pflegen heißt nicht, ihn purgieren, ihm Arzneien geben und ihm den Wundarzt schicken. Das ist keineswegs das Wichtigste, was diese armen Leute in dieser Krankheit nötig haben: Sie brauchen bessere und reichlichere Nahrung. Ihr könnt fasten, wenn ihr Fieber habt! Aber wenn eure Bauern Fieber haben, gebt ihnen Fleisch und Wein. Fast alle ihre Krankheiten kommen vom Elend und der Erschöpfung. Ihre beste Medizin liegt in eurem Keller, ihr einziger Apotheker muß euer Fleischer sein.

ziergang, ohne selbst gesehen zu werden. Aber Emils Benehmen ist immer offen, er kann und will nichts erschleichen. Er hat jenes liebwerte Zartgefühl, das das Selbstgefühl durch die eigene gute Meinung schmeichelt und stärkt. Er hält sich streng an seine Grenzen und nähert sich niemals so weit, daß er durch Zufall erhält, was er nur Sophie verdanken möchte. Dagegen streift er gerne durch die Gegend, wo er die Spuren ihrer Schritte findet, und ist gerührt über ihre Mühe und die langen Wege, die sie seinetwegen gemacht hat. Am Tag, ehe er sie treffen soll, geht er in irgendeinen Gutshof, um einen Imbiß für den nächsten Tag zu bestellen. Wie absichtslos nimmt dann der Spaziergang diese Richtung; wie zufällig tritt man ein und findet Obst, Kuchen und Sahne vor. Die genäschige Sophie ist für solche Aufmerksamkeiten nicht gefühllos und erweist unserer Voraussicht alle Ehre. Denn ich bekomme immer meinen Anteil an der Anerkennung, wenn ich auch nichts dazu beigetragen habe. Das ist eine Mädchenlist, um beim Danken weniger verlegen zu sein. Der Vater und ich essen Kuchen und trinken Wein; Emil schlägt sich auf die Seite der Frauen; er hofft einen Teller Sahne stehlen zu können, in den sie ihren Löffel getaucht hat.

Beim Kuchenessen erinnere ich Emil an seine alten Wettläufe. Man will wissen, um welche Wettläufe es sich handelt. Ich erkläre es und man lacht darüber. Man fragt ihn, ob er noch laufen könne. Besser als je zuvor, antwortet er; ich wäre sehr böse, wenn ich es verlernt hätte. Ein Jemand hätte große Lust, ihn zu sehen, und wagt es nicht zu sagen; ein anderer macht den Vorschlag, und er nimmt an. Man ruft zwei oder drei junge Leute herbei, setzt einen Preis aus. Um die alten Spiele besser nachzuahmen, wird wieder ein Kuchen ans Ziel gestellt. Alle sind bereit und Papa gibt das Zeichen, indem er in die Hände klatscht. Der flinke Emil saust davon, läuft und ist am Ziel, ehe meine drei Plumpsäcke abgelaufen sind. Emil erhält den Preis aus Sophies Hand, aber nicht weniger großmütig als Äneas, verteilt er an alle Besiegten Geschenke.

Mitten im Siegesjubel wagt Sophie, den Sieger herauszufordern, und rühmt sich, ebenso rasch zu laufen wie er. Er nimmt die Herausforderung an und während sie sich für den Lauf fertigmacht und ihren Rock an beiden Seiten hochschürzt und mehr darauf bedacht ist, Emil ein schlankes Bein zu zeigen, als ihn zu besiegen, sieht sie zu, ob ihr Rock kurzgeschürzt genug ist. Emil flüstert indessen der Mutter ein Wort ins Ohr. Sie lächelt und nickt. Dann stellt er sich neben seine Herausforderer auf. Kaum ist das Zeichen gegeben, so schießt sie wie ein Vogel dahin.

Wettlauf mit Sophie

Frauen sind nicht zum Laufen geschaffen. Wenn sie fliehen, dann nur, um eingeholt zu werden. Laufen ist nicht das einzige, das sie ungeschickt machen, aber es ist das einzige, das ihnen schlecht steht. Die zurückgezogenen und an den Leib gepreßten

Ellbogen machen sie lächerlich und die hohen Absätze lassen sie wie Heuschrecken erscheinen, die ohne zu springen laufen möchten.

Emil kann sich nicht vorstellen, daß Sophie besser läuft als irgendeine andere Frau. Er rührt sich erst gar nicht von der Stelle und sieht ihr spöttisch zu, wie sie davonläuft. Aber Sophie ist flink und trägt niedrige Absätze. Sie braucht keine Kunstmittel, um ihren Fuß kleiner erscheinen zu lassen. Im Nu hat sie einen solchen Vorsprung, daß er gerade noch genügend Zeit hat, um diese neue Atalante einzuholen, die er so weit vor sich sieht. Er schießt los wie ein Adler, der sich auf die Beute stürzt. Er verfolgt sie, ist ihr auf den Fersen, holt sie atemlos ein, legt den linken Arm zart um sie, hebt sie wie eine Feder hoch, drückt die süße Last an sein Herz und beendet so den Lauf, indem er sie als erste das Ziel berühren läßt, und ruft: *Sophie hat gesiegt!* Er sinkt vor ihr auf die Knie und erkennt sie als Siegerin an.

Sophie besucht Emil in der Werkstatt

Zu diesen verschiedenen Beschäftigungen kommt noch das Handwerk hinzu, das wir erlernt haben. Wenigstens einmal in der Woche und immer dann, wenn uns das schlechte Wetter den Aufenthalt im Freien nicht erlaubt, gehen Emil und ich zu einem Meister arbeiten. Wir arbeiten dort nicht bloß der Form nach wie Leute, die über diesem Stande stehen, sondern ernsthaft wie richtige Arbeiter. Sophies Vater besucht uns einmal und findet uns mitten in der Arbeit. Er versäumt nicht, seiner Frau und Tochter bewundernd zu berichten, was er gesehen hatte. Schaut euch einmal diesen jungen Mann in der Werkstatt an, sagt er, und ihr werdet sehen, ob er die Verhältnisse der Armen verachtet! Man kann sich vorstellen, mit welchem Vergnügen Sophie diese Worte hört! Man spricht wieder davon und möchte ihn bei der Arbeit überraschen. Unauffällig fragt man mich aus, und nachdem man sich eines unserer Arbeitstage vergewissert hatte, nehmen Mutter und Tochter die Kutsche und fahren an dem Tag in die Stadt.

Beim Eintritt in die Werkstatt sieht Sophie am anderen Ende einen jungen Mann in einer Weste, der die Haare bequem aufgebunden hat und so beschäftigt ist, daß er sie gar nicht bemerkt. Sie bleibt stehen und gibt ihrer Mutter ein Zeichen. Emil macht eben, Stemmeisen und Hammer in der Hand, ein Zapfenloch fertig. Dann zersägt er ein Brett und spannt ein Stück in die Bank, um es zu polieren. Dieser Anblick bringt Sophie nicht zum Lachen; er rührt sie; er ist ehrenwert. Frau, ehre deinen Gebieter! Er arbeitet für dich, er verdient sein Brot, das dich ernährt: das ist der Mann.

Während sie noch aufmerksam beobachtet, sehe ich sie und zupfe Emil am Ärmel. Er dreht sich um, sieht sie, wirft seine Werkzeuge fort und stürzt ihnen mit einem Freudenschrei entgegen. Nachdem sich seine erste Begeisterung gelegt hat, bietet er ihnen Platz an und setzt seine Arbeit fort. Aber Sophie will nicht sitzen bleiben. Sie steht lebhaft auf, durcheilt die Werkstatt, besieht sich die Werkzeuge, befühlt die glatten Bretter, hebt Hobelspäne auf, sieht auf unsere Hände und sagt schließlich, daß sie dieses Handwerk liebe, weil es so sauber ist. Mutwillig versucht sie, es Emil nachzumachen. Mit ihren weißen und schwachen Händen stößt sie den Hobel über ein Brett. Der Hobel rutscht und faßt nicht. Mir ist, als ob Amor in den Lüften lache und mit den Flügeln schlage. Ich glaube zu hören, wie er einen Freudenschrei ausstößt und ruft: *Herkules ist gerächt.*

Unterdessen befragt die Mutter den Meister. Mein Herr, wie viel zahlen Sie den Gesellen? Ich gebe jedem von ihnen zwanzig Sous im Tag und die Kost, meine Dame. Aber wenn der junge Mann wollte, so könnte er viel mehr verdienen, denn er ist der beste Arbeiter weit und breit. Zwanzig Sous im Tag und die Kost! sagte die Mutter und sah uns gerührt an. So ist es, meine Dame, antwortet der Meister. Bei diesen Worten läuft sie auf Emil zu, umarmt ihn, drückt ihn mit Tränen an ihre Brust und kann nichts anderes sagen als mehrere Male: Mein Sohn! O mein Sohn!

Nachdem sie noch eine Zeit mit uns, ohne uns von der Arbeit abzulenken, geplaudert hatte, sagte sie zu ihrer Tochter: Gehen wir, es ist spät; wir dürfen nicht auf uns warten lassen. Dann nähert sie sich Emil und gibt ihm einen leichten Schlag auf die Wange und sagt: Nun, Sie guter Arbeiter, wollen Sie nicht mit uns kommen? Ganz traurig antwortet er: Ich bin im Dienst! Fragen Sie den Meister. Man fragt den Meister, ob er uns entbehren könnte. Er antwortet, daß das nicht gehe. Ich habe, so sagt er, eilige Arbeit, die ich übermorgen abliefern muß. Da ich mit den Herren hier gerechnet habe, habe ich Arbeiter abgewiesen, die sich gemeldet hatten. Wenn sie mir fehlen, so weiß ich nicht, wo ich andere hernehmen soll, und ich könnte die Arbeit nicht am versprochenen Tag liefern. Die Mutter sagt nichts mehr. Sie erwartet, daß Emil etwas sagt. Emil senkt den Kopf und schweigt. Mein Herr, sagt sie etwas überrascht, haben Sie nichts dazu zu sagen? Emil blickt das Mädchen zart an und sagt nur: Sie sehen selbst, daß ich bleiben muß. Darauf gehen die Damen fort und lassen uns allein. Emil begleitet sie bis ans Tor, folgt ihnen mit den Augen, solange es geht, und kehrt ohne ein Wort an seine Arbeit zurück.

Unterdes spricht die Mutter gekränkt mit ihrer Tochter über dieses seltsame Verhalten. Was! sagt sie, war es so schwer, den Meister zufriedenzustellen, ohne dort bleiben zu müssen? Hat dieser verschwenderische Jüngling, der sein Geld ohne Not hinauswirft, keines, wenn es die Gelegenheit erfordert? Aber Mama, antwortet Sophie, möge Gott verhüten, daß Emil dem Geld eine solche Macht beimißt, um damit eine persönliche Verpflichtung zu verletzen, ungestraft sein Wort zu brechen und andere ebenfalls dazu zu zwingen. Ich weiß, daß er leicht den Arbeiter für den kleinen Nachteil, den ihm seine Abwesenheit bereiten könnte, entschädigen würde. Aber damit würde er seine Seele der Macht des Reichtums unterwerfen. Er würde sich daran gewöhnen, ihn an die Stelle seiner Pflichten zu setzen, und glauben, alles sei einem erlassen, wenn man nur bezahlt. Emil denkt anders, und ich hoffe, daß er meinetwegen nicht anders denken wird. Meinst du, daß ihm das Bleiben nicht schwergefallen ist? Täusch dich nicht, Mama, meinetwegen ist er geblieben! Ich habe es in seinen Augen gelesen.

Das bedeutet nicht, daß Sophie mit den wahren Pflichten der Liebe Nachsicht übt; im Gegenteil, sie gebietet und fordert. Sie zöge es vor, gar nicht geliebt zu werden, als mittelmäßig. Sie ist stolz auf den eigenen Wert, der sich seines Ranges bewußt ist und der geehrt werden will, wie er sich selbst ehrt. Sie würde ein Herz verachten, das nicht den ganzen Wert ihres Herzens fühlte, das sie nicht ebenso und mehr ihrer Tugend wegen liebte als wegen ihrer Reize; ein Herz, das seine Pflichten ihr, aber sie allem anderen vorzöge. Sie braucht keinen Liebhaber, der kein anderes Gesetz kennt als das ihre. Sie will einen Mann beherrschen, den sie nicht selbst verfälscht hat. So verachtet Circe die Gefährten des Odysseus, nachdem sie sie entwürdigt hatte, und gibt sich allein dem, den sie nicht ändern hat können.

Aber abgesehen von diesem unverletzlichen und heiligen Gesetz, achtet Sophie übereifersüchtig über ihre eigenen und wacht darüber, wie gewissenhaft sie Emil einhält, mit welchem Eifer er ihre Wünsche erfüllt, wie einfühlend er sie errät, wie pünktlich er kommt. Sie wünscht nicht, daß er zu spät oder zu früh kommt; sie wünscht ihn sich pünktlich. Zu früh kommen heißt, sich ihr vorziehen; zu spät kommen heißt, sie vernachlässigen. Sophie vernachlässigen! Das käme keine zweimal vor! Ihr ungerechter Argwohn hätte einmal beinahe alles verdorben. Aber Sophie ist gerecht und weiß ihr Unrecht gutzumachen.

Warum Emil nicht kommen kann Eines Abends werden wir erwartet; Emil hatte den Befehl dazu erhalten. Man kommt uns entgegen; aber wir kommen nicht. Was ist ihnen zugestoßen? Welches Unglück hat sie ereilt? Niemand, der in ihrem Auftrag kommt? Sie verbringen den Abend mit Warten. Die arme Sophie hält uns für tot. Sie ist untröstlich; sie quält sich; sie verbringt die Nacht in Tränen. Noch am Abend hat man einen Boten ausgeschickt, um nach uns zu fragen und am Morgen Nachricht zu bringen. Der Bote bringt unseren Boten mit, der unsere Entschuldigungen ausrichtet und mitteilt, daß wir erkrankt sind. Im nächsten Augenblick kommen wir selbst. Da ändert sich die Szene: Sophie trocknet ihre Tränen, bzw. die Tränen, die noch fließen, sind Tränen der Wut. Ihr stolzes Herz beruhigt sich nicht mit dem Bewußtsein, daß wir leben: Nein, Emil lebt und hat sie unnötig warten lassen!

Bei unserer Ankunft will sie sich einschließen. Man wünscht ihr Bleiben; sie muß bleiben. Sofort entschließt sie sich, sich ruhig und zufrieden zu geben, daß jeder andere getäuscht worden wäre. Der Vater kommt uns entgegen und sagt: Sie haben Ihren Freunden Sorge bereitet; es gibt hier Leute, die Ihnen das nicht leicht verzeihen werden. Wer denn, Papa? fragt Sophie mit dem reizendsten Lächeln, das sie vortäuschen kann. Was geht das dich an, sagt der Vater, genug, wenn du es nicht bist! Sophie schweigt und senkt ihre Augen auf ihre Handarbeit. Die Mutter empfängt uns kühl und förmlich. Emil ist verlegen und wagt nicht, Sophie anzusprechen. Sie wendet sich als erste an ihn, fragt ihn, wie es ihm ginge, bietet ihm Platz an und verstellt sich so gut, daß sich der arme junge Mann, der noch nichts von der Sprache heftiger Leidenschaften versteht, von dieser Kaltblütigkeit täuschen läßt und sich beinahe selbst davon beleidigt fühlt.

Um ihm die Augen zu öffnen, will ich Sophies Hand ergreifen und sie, wie ich es manchmal tue, an die Lippen ziehen. Heftig zieht sie sie mit einem so eigenartig betonten *Monsieur* zurück, daß sie diese unwillkürliche Bewegung sofort Emil verrät.

Als Sophie selbst sieht, daß sie sich verraten hat, gibt sie sich weniger gezwungen. Ihre scheinbare Kaltblütigkeit verwandelt sich in spöttisches Mißtrauen. Auf alles antwortet sie einsilbig und mit langsamer, unsicherer Stimme, als ob sie Angst hätte, ihre Entrüstung könnte zu deutlich hindurchscheinen. Emil ist halbtot vor Schrecken. Er sieht sie traurig an und versucht, ihre Augen zu bewegen, in seinen Augen seine wahren Gefühle zu lesen. Sophie ist aber von seiner Zuversicht nur noch aufgebrachter und wirft ihm einen Blick zu, der ihm jede Lust nimmt, um einen zweiten zu bitten. Verstört und bebend wagt er zu seinem Glück weder mit ihr zu sprechen noch sie anzusehen, denn sie hätte ihm nie verziehen, wenn er, selbst schuldlos, ihren Zorn hätte ertragen können.

Nun sehe ich, daß ich an der Reihe bin, und daß es Zeit ist, eine Erklärung zu geben. Ich wende mich an Sophie. Ich nehme wieder ihre Hand, die sie diesmal nicht zurückzieht, denn sie ist nahe daran, in Ohnmacht zu fallen. Sanft sage ich ihr: Wir sind glücklich, liebe Sophie; aber sie sind doch vernünftig und gerecht; sie werden uns nicht verurteilen, ohne uns gehört zu haben. Hören Sie also. Sie antwortet nichts und ich erzähle ihr:

„Wir sind gestern um vier Uhr aufgebrochen. Wir sollten um sieben Uhr kommen; wir gehen aber immer früher weg, als es nötig ist, denn wir rasten uns noch aus, ehe wir hier ankommen. Wir hatten schon drei Viertel des Weges zurückgelegt, als wir Schmerzensschreie hörten. Sie kamen aus einer Bergschlucht nicht weit von uns. Wir laufen den Schreien nach: wir entdecken einen unglücklichen Bauern, der ein wenig benebelt von der Stadt gekommen und so schwer vom Pferd gestürzt war, daß er sich das Bein gebrochen hatte. Wir schreien und rufen um Hilfe; wir versuchen, den Verwundeten auf das Pferd zu setzen; es gelingt uns nicht. Bei der geringsten Bewegung leidet der Unglückliche Höllenqualen. Wir beschließen, das Pferd ein wenig abseits im Wald anzubinden. Dann machen wir aus unseren Armen einen Tragsitz, setzen den Verwundeten darauf und tragen ihn so sachte als möglich den Weg, den er uns angibt, um ihn nach Hause zu bringen. Der Weg war weit, wir müssen mehrere Male rasten. Schließlich kommen wir erschöpft an. Mit schmerzlicher Überraschung entdecken wir, daß wir das Haus bereits kennen, und daß der Unglückliche, den wir mit so viel Mühe hergebracht hatten, derselbe war, der uns am ersten Tag unserer Ankunft hier so herzlich aufgenommen hatte. In der Verwirrung hatten wir uns bis zu diesem Augenblick nicht wiedererkannt.

Er hatte nur zwei kleine Kinder. Seine Frau, die kurz davor stand, ihm ein drittes zu schenken, erschrak bei seinem Anblick so sehr, daß sie von heftigen Schmerzen überfallen wurde und ein paar Stunden später niederkam. Was soll man unter diesen Umständen in einer entlegenen Hütte machen, wo man keine Hilfe erwarten kann? Emil entschloß sich, das Pferd, das wir im Wald zurückgelassen hatten, zu nehmen, raschestens in die Stadt zu reiten und einen Arzt zu holen. Er gab das Pferd dem Wundarzt. Da er nicht sogleich eine Wartefrau fand, kam er zu Fuß mit einem Bedienten, während er Ihnen einen Schnellboten schickte. Ich war indessen zwischen einem Mann mit einem gebrochenen Bein und einer Frau in Wehen in großer Verlegenheit und bereitete im Haus alles vor, was zur Hilfe beider notwendig werden konnte.

Vom Weiteren brauche ich Ihnen nichts zu erzählen; darum handelt es sich hier nicht. Es war zwei Stunden nach Mitternacht, als wir, der eine wie der andere, einen Augenblick Ruhe hatten. Vor Tagesanbruch sind wir hier in unserem Asyl angekommen, wo wir auf die Stunde Ihres Erwachens warteten, um Ihnen von unserem Abenteuer zu berichten."

Ich schweige und füge nichts mehr hinzu. Ehe jemand etwas sagen konnte, näherte sich Emil seiner Geliebten und sagt ihr mit größerer Festigkeit, als ich von ihm erwartet hätte: Sophie, mein Schicksal liegt in ihrer Hand, Sie wissen es genau. Sie können mich vor Schmerzen sterben lassen, aber Sie können nicht erwarten, daß ich die Pflichten der Menschlichkeit vergesse: sie sind mir heiliger als die Ihren. Ich werde Ihretwegen nie darauf verzichten.

Verlobung

Statt einer Antwort steht Sophie auf, legt ihm ihren Arm um den Hals und küßt ihn auf die Wange. Dann sagt sie, während sie ihm ihre Hand mit unnachahmlicher Anmut reicht: Emil, nimm diese Hand: sie ist dein. Sei, wann du willst, mein Gatte und mein Herr. Ich werde versuchen, diese Ehre zu verdienen.

Kaum hatte sie ihn geküßt, als der Vater ganz entzückt in die Hände klatscht und ausruft: *Noch einmal! Noch einmal!* Sophie läßt sich nicht lange bitten und gibt ihm noch zwei Küsse auf die andere Wange. Aber fast im gleichen Augenblick erschrickt sie über das, was sie eben getan hat, flüchtet in die Arme der Mutter und verbirgt ihr schamentflammtes Gesicht an ihrem Busen.

Ich beschreibe nicht die allgemeine Freude; jeder wird sie *Krankenbesuch*
nachfühlen. Nach dem Mittagessen fragt Sophie, ob es weit wäre,
um den armen Kranken einen Besuch zu machen. Sophie wünscht
es, und es ist ein gutes Werk. Also geht man hin und findet sie
in getrennten Betten. Emil hatte eines herbringen lassen. Zu ihrer
Hilfe sind Leute da: Emil hatte dafür gesorgt. Trotzdem werden sie so schlecht betreut, weil sie unter ihrem Zustand ebenso leiden wie unter ihren Verhältnissen. Sophie läßt sich eine
Schürze geben und bettet die Frau erneut. Dann macht sie dasselbe mit dem Mann. Ihre sanfte und leichte Hand findet, was
ihnen weht tut und legt ihre schmerzenden Glieder weicher. Sie
fühlen sich erleichtert, wenn sie ihnen näherkommt. Es scheint,
als errate sie, was ihnen weh tut. Dieses Mädchen, das so empfindsam ist, schreckt weder vor Unsauberkeit noch vor schlechtem Geruch zurück und weiß beides zu beseitigen, ohne jemanden in Anspruch zu nehmen und ohne die Kranken zu belästigen. Sie, die sanft und zurückhaltend, ja sogar manchmal spröde
ist und die für nichts auf der Welt auch nur mit einer Fingerspitze das Bett eines Mannes berührt hätte, dreht und wendet
den Verwundeten ohne Bedenken und hilft ihm in eine bessere
Lage, in der er länger ruhen kann. Der Eifer der Nächstenliebe
wiegt die Zurückhaltung auf. Was sie tut, tut sie mit soviel Leichtigkeit und Geschicklichkeit, daß sich der Kranke erleichtert
fühlt, ohne beinahe bemerkt zu haben, daß man ihn berührt hat.
Frau und Mann segnen das liebenswürdige Mädchen, das sie
bedient, bedauert und tröstet. Sie ist ein Engel des Himmels, den
Gott ihnen schickt. Sie hat das Gesicht und die Anmut, die Sanftmut und die Güte eines Engels. Schweigend und gerührt betrachtet sie Emil. Gott sendet sie dir zum Trost in deinem Kummer, zur Erleichterung deiner Leiden: Das ist die Frau[55].

Das Neugeborene wird getauft. Die beiden Liebenden heben
es aus der Taufe mit dem brennenden Herzenswunsch, bald
andere um den gleichen Dienst zu bitten. Sie wünschen den
ersehnten Augenblick herbei. Sie glauben ihn schon greifbar
nahe: Alle Zweifel Sophies sind behoben; aber meine kommen.
Sie sind noch nicht soweit, wie sie glauben. Ales muß der Reihe
nach gehen.

Eines Morgens, als wir sie zwei Tage nicht gesehen haben,
trete ich mit einem Brief in der Hand bei Emil ein und frage
ihn mit scharfem Blick: Was würdest du machen, wenn man dir
den Tod Sophies mitteilte? Er schreit auf, erhebt sich, schlägt in
die Hände und sieht mich verwirrt und wortlos an. Antworte,
frage ich ihn mit der gleichen Ruhe. Dann kommt er, entrüstet
über meine Kaltblütigkeit, mit zornentbrannten Augen auf
mich zu und bleibt mit einer fast drohenden Gebärde vor mir
stehen: Was ich tun würde? ... Ich weiß es nicht. Aber eines
weiß ich gewiß, daß ich den, der mir diese Nachricht bringt,
mein Leben lang nicht mehr wiedersehen würde. Beruhige dich,

sage ich ihm lächelnd: Sie lebt, sie ist gesund, sie denkt an dich und wir werden heute abend erwartet. Wir aber wollen einen Spaziergang machen und miteinander reden.

Mentors Rat Die Leidenschaft, die ihn ergriffen hat, erlaubt ihm nicht, sich wie früher, rein verstandesmäßigen Gesprächen hinzugeben. Ich muß ihn durch diese Leidenschaft selbst für meine Belehrungen aufmerksam machen. Das habe ich durch jene unheimliche Einleitung erreicht: Jetzt bin ich sicher, daß er mich anhört.

„Glücklich zu sein, lieber Emil, ist das Ziel eines jeden empfindenden Wesens. Das ist das erste Verlangen, das uns die Natur beschert, und das einzige, das uns niemals verläßt. Aber wo ist das Glück? Wer weiß es? Jeder sucht es, und keiner findet es. Ein Leben lang läuft man ihm nach und stirbt, ohne es erreicht zu haben. Als ich dich, mein junger Freund, in den Arm nahm und das höchste Wesen zum Zeugen der Verpflichtung anrief, die ich zu übernehmen wagte, da weihte ich mein Leben dem Glück deines Lebens. Wußte ich, wozu ich mich verpflichtete? Nein! Ich wußte nur, daß ich mit deinem Glück mich selber glücklich machen würde. Als ich für dich diese nützlichen Betrachtungen anstellte, kamen sie uns beiden zugute.

Solange wir nicht wissen, was wir tun sollen, besteht die Weisheit darin, untätig zu bleiben. Von allen Grundsätzen hat der Mensch diesen am nötigsten und folgt ihm am wenigsten. Das Glück suchen, ohne zu wissen, wo es ist, heißt es womöglich fliehen, heißt sich ebenso vielen Widerwärtigkeiten aussetzen wie es Wege gibt, die in die Irre führen. Aber nicht jedem ist es gegeben, untätig zu bleiben. In der Unruhe, in der uns das Verlangen nach Wohlergehen erhält, ziehen wir es vor, uns in seiner Verfolgung zu täuschen, als nichts zu tun, um es zu suchen. Haben wir einmal den Ort verlassen, an dem wir es hätten kennenlernen können, so finden wir nie wieder zurück.

Genauso unwissend habe ich versucht, den gleichen Fehler zu vermeiden. Als ich mich deiner annahm, beschloß ich, keine unnötigen Schritte zu tun und auch dich daran zu hindern. Ich hielt mich an den Gang der Natur und wartete, bis sie mir den Weg des Glücks zeigte. Es stellte sich heraus, daß es ein und derselbe Weg war, und daß ich ihm unbewußt gefolgt war.

Sei mein Zeuge, sei mein Richter! Ich werde dich nie ablehnen. Ich habe deine ersten Jahre nicht den folgenden geopfert. Du hast alles genossen, was die Natur dir gegeben hat. Übel, denen sie dich unterwarf und vor denen ich dich schützen konnte, hast du nur insoweit gespürt, als sie dich gegen andere abhärten konnten. Du hast nur gelitten, um größeren Leiden zu entgehen. Du hast weder Haß noch Sklaverei gekannt. Frei und zufrieden, bist du gerecht und gut geblieben: Denn Leid und Laster sind untrennbar, und nur wenn der Mensch unglücklich ist, wird er böse. Möge die Erinnerung an deine Kindheit bis ins Alter dauern! Ich fürchte nicht, daß sich dein gutes Herz jemals ihrer erinnert, ohne die Hand zu segnen, die sie führte.

Als du vernünftig wurdest, habe ich dich vor der Meinung der Menschen geschützt. Als dein Herz empfindsam wurde, habe ich dich vor der Herrschaft der Leidenschaft bewahrt. Wenn ich diese innere Ruhe bis an dein Lebensende hätte verlängern können, hätte ich mein Werk in Sicherheit gebracht, und du wärest so glücklich, wie ein Mensch es nur sein kann. Aber mein lieber Emil, vergeblich habe ich deine Seele in den Styx getaucht, ich habe sie nicht überall unverwundbar machen können. Ein neuer Feind erhebt sich, den du noch nicht zu besiegen gelernt hast, und vor dem ich dich nicht habe retten können. Dieser Feind bist du dir selber. Natur und Schicksal haben dich frei gemacht. Du konntest Not erleiden, körperliche Schmerzen erdulden; aber Schmerzen der Seele waren dir fremd. Du warst nur

Emil lernt Sophie kennen

vom Allzumenschlichen abhängig und nun hängst du von all den Bindungen ab, die du dir selbst gegeben hast. Du lernst Wünsche kennen und bist zum Sklaven deiner Wünsche geworden. Ohne daß sich etwas in dir ändert, ohne daß dich etwas anficht, ohne daß etwas dein Wesen berührt, was für Schmerzen können deine Seele treffen! Welche Schmerzen mußt du erdulden, ohne krank zu sein! Wie viele Tode mußt du erleiden, ohne zu sterben. Eine Lüge, ein Irrtum, ein Zweifel kann dich zur Verzweiflung bringen.

Im Theater sahst du die Helden die Szene mit ihrem Schmerzgeschrei erfüllen, sich wie Weiber abgrämen, wie Kinder weinen und sich so den Beifall der Menge verdienen. Erinnere dich an die Empörung, die dir dies Gejammer, diese Schreie, diese Klagen bei Männern bereitet haben, von denen man nur Stärke und Festigkeit erwarten sollte. Das sollen Beispiele sein, sagtest du empört, denen wir nacheifern, Vorbilder, die wir nachahmen sollen? Hat man Angst, daß der Mensch nicht klein genug, nicht elend, nicht schwach genug sei, wenn man seine Schwäche nicht noch unter dem Scheinbild der Tugend beweihräuchert? Mein lieber Freund, du mußt von nun an nachsichtiger mit dem Theater sein: Nun bist du auch einer seiner Helden!

Du kannst leiden und sterben; du kannst dich bei Schmerzen dem Gesetz der Notwendigkeit beugen; den Begierden deines Herzens aber hast du noch kein Gebot auferlegt. Die Mißhelligkeiten unseres Lebens aber kommen viel eher von unseren Begierden als von unseren Bedürfnissen. Unsere Wünsche reichen weit, unsere Kraft aber ist gleich Null. Durch seine Wünsche hängt der Mensch an tausend Dingen, durch sich aber an nichts, nicht einmal an seinem eigenen Leben. Je mehr er seine Bindungen vermehrt, desto größer werden seine Leiden. Auf Erden ist alles vergänglich. Alles, was wir lieben, entgleitet uns früher oder später, aber wir hängen daran, als ob es ewig dauern müßte. Wie bist du bei dem bloßen Gedanken an Sophies Tod erschrocken! Hast du bedacht, daß sie nicht ewig lebt? Stirbt man nicht auch in ihrem Alter? Sie muß sterben, mein Kind, und vielleicht vor dir. Wer weiß, ob sie in diesem Augenblick lebt? Die Natur hat dich nur einem Tode unterworfen: Du unterwirfst dich einem zweiten. Nun mußt du zweimal sterben.

Bleibst du weiter deinen ungezügelten Leidenschaften unterworfen, so muß man dich beklagen! Immer Entbehrungen, immer Verluste, immer Aufregungen. Du kannst nicht einmal das genießen, was dir übrigbleibt. Die Angst, alles zu verlieren, hindert dich daran, etwas zu besitzen. Weil du nur deinen Begierden folgen wolltest, hast du sie nie befriedigen können. Du suchst immer die Ruhe; sie flieht immer vor dir her. Du wirst unglücklich sein und böse werden. Wie solltest du es nicht sein, wenn du als einziges Gebot nur deine zügellosen Begierden kennst? Wenn du nicht unfreiwillige Entbehrungen ertragen kannst, wie willst du freiwillige auf dich nehmen? Wie willst du die Neigung der Pflicht opfern und deinem Herzen widerstehen, um deiner Vernunft zu gehorchen? Du willst den nicht sehen, der dir den Tod deiner Geliebten meldet! Wie willst du den Anblick dessen ertragen, der sie dir lebend raubte, der zu dir sagte: für dich ist sie tot, die Tugend trennt euch voneinander. Wenn du mit ihr leben mußt, was auch immer geschehe, ob Sophie verheiratet ist oder nicht, ob du frei bist oder nicht, ob sie dich liebt oder haßt, ob man sie dir gibt oder verweigert, das zählt alles nichts: wenn du sie willst, nimmst du sie dir um jeden Preis. Sag mir doch, vor welchem Verbrechen der haltmacht, der kein anderes Gebot kennt als die Begierde seines Herzens; der dem nicht widerstehen kann, was er sich wünscht.

Mein Kind, es gibt kein Glück ohne Mut, keine Tugend ohne Kampf. Das Wort *Tugend* kommt von *Kraft*[56]. Die Kraft ist die Grundlage jeder Tugend. Nur ein von Natur schwaches, durch seinen Willen starkes Wesen ist tugendhaft. Darin allein besteht das Verdienst des rechtschaffenen Menschen. Obwohl wir Gott gut nennen, nennen wir ihn nicht tugendhaft, weil es für ihn keiner Anstrengung bedarf, Gutes zu tun. Um dir dieses so oft mißbrauchte Wort zu erklären, habe ich gewartet, bis du mich verstehen kannst. Solange die Tugendübung keine Mühe kostet, braucht man sie auch nicht zu kennen. Das ist erst notwendig, wenn die Leidenschaften erwachen: für dich ist es soweit.

Indem ich dich in aller natürlichen Einfachheit erzog, habe ich dich, statt dir mühevolle Pflichten zu predigen, vor den Lastern bewahrt, die diese Pflichten erst mühsam machen. So habe ich dir das Lügen weniger schimpflich als nutzlos gemacht. Ich habe dich weniger gelehrt, jedem zu geben, was ihm gehört, als dich nur um das zu kümmern, was dir gehört. Ich habe dich eher gut als tugendhaft gemacht. Wer aber nur gut ist, bleibt es nur so lange, als er Lust dazu hat. Die Güte zerbricht und vergeht unter dem Ansturm der menschlichen Leidenschaften. Der Mensch, der nur gut ist, ist nur für sich gut.

Was ist also ein tugendhafter Mensch? Derjenige, der seine Begierden besiegen kann. Denn dann folgt er seiner Vernunft und seinem Gewissen. Er erfüllt seine Pflicht; er bleibt auf dem rechten Weg, und nichts kann ihn davon abbringen. Bis jetzt warst du nur scheinbar frei; du hattest nur die unsichere Freiheit eines Sklaven, dem man noch nichts befohlen hat. Nun, sei wahrhaft frei! Lerne, dein eigener Herr zu sein! Befiehl deinem Herzen, mein Emil, und du wirst tugendhaft sein.

Du hast also eine neue Lehre vor dir, und diese Lehre ist mühsamer als die erste: denn die Natur erlöst uns von den Übeln, die sie uns auferlegt, oder sie lehrt uns, sie zu ertragen. Sie lehrt uns aber nichts über diejenigen, die aus uns selbst kommen. Sie überläßt uns dann uns selber. Als Opfer unserer Leidenschaften läßt sie uns unseren nichtigen Leiden unterliegen und uns unserer Tränen rühmen, über die wir hätten erröten sollen.

Du erlebst die erste Leidenschaft. Es ist vielleicht die einzige, die deiner würdig ist. Kannst du sie als Mann beherrschen, wird sie die letzte sein. Du wirst dann alle anderen unterwerfen und nur mehr der Leidenschaft der Tugend gehorchen.

Diese Leidenschaft ist kein Verbrechen, ich weiß es wohl. Sie ist ebenso rein wie die Seelen, die sie empfinden. Die Ehrbarkeit hat sie erzeugt; die Unschuld hat sie gerührt. Glückliche Liebende! Bei euch kommen die Reize der Tugend zu denen der Liebe hinzu; und das süße Band, das euch erwartet, ist nicht weniger der Lohn eurer Besonnenheit als eurer Anhänglichkeit. Aber sag mir ehrlich, hat dich diese so reine Leidenschaft darum weniger gebunden? Bist du weniger ihr Sklave? Und wenn sie morgen aufhört, unschuldig zu sein, würdest du sie nicht von morgen ab ersticken? Jetzt hast du Gelegenheit, deine Kräfte zu erproben. Wenn du sie anwenden mußt, hast du keine Zeit mehr dazu. Diese gefährlichen Versuche müssen fern von der Gefahr gemacht werden. Man übt sich im Kampf nicht erst vor dem Feind; man bereitet sich vor dem Krieg darauf vor und stellt sich ihm dann völlig vorbereitet.

Es ist ein Irrtum, erlaubte und unerlaubte Leidenschaften zu unterscheiden, um sich den erlaubten hinzugeben und den unerlaubten zu verweigern. Alle sind gut, wenn man sie beherrscht; alle sind schlecht, wenn man sich von ihnen unterwerfen läßt. Die Natur verbietet uns, unsere Bindungen weiter auszudehnen als unsere Kräfte: die Vernunft verbietet uns anzustreben, was wir nicht erreichen können. Das Gewissen verbietet uns nicht, uns versuchen zu lassen, sondern der Versuchung zu unterliegen. Es hängt nicht von uns ab, Leidenschaften zu haben oder nicht zu haben, aber es hängt von uns ab, sie zu beherrschen. Alle Gefühle, die wir beherrschen, sind erlaubt; alle, die uns beherrschen, sind sträflich. Ein Mann ist nicht schuldig, weil er die Frau eines anderen Mannes liebt, wenn er diese unglückliche Leiden-

Emil lernt Sophie kennen   **491**

schaft dem Gesetz der Pflicht unterwirft. Er ist schuldig, seine eigene
Frau so sehr zu lieben, daß er alles seiner Liebe opfert.

Erwarte von mir keine langen Moralvorschriften. Ich kann dir nur
eine einzige geben, und diese umfaßt alle anderen. Sei Mensch! Halt
dein Herz in den Grenzen, die dir dein Menschtum steckt! Prüfe und erkenne diese Grenzen! Wie eng sie auch seien, man ist nicht unglücklich, solange man sich in ihnen einschließt. Man ist es nur, wenn man
sie überschreiten will. Man ist es, wenn man in seinen unsinnigen
Wünschen das Unmögliche für möglich hält. Man ist es, wenn man
sein Menschtum vergißt, um sich Scheintümer zu schmieden, aus
denen man immer in sein eigenes zurückfällt. Die einzigen Güter,
die wir schmerzlich entbehren, sind die, auf die man ein Anrecht zu
haben glaubt. Die offenbare Unmöglichkeit, sie zu erlangen, entbindet
uns: hoffnungslose Wünsche quälen nicht. Einen Bettler plagt kein
Wunsch, König zu sein. Ein König will nur dann Gott sein, wenn er
glaubt, kein Mensch mehr zu sein.

Die Verblendungen des Hochmutes sind die Quelle unserer größten
Leiden; aber der Anblick des menschlichen Elends macht den Weisen
immer bescheiden. Er bleibt an seinem Platz und zappelt nicht, um ihn
zu verlassen. Er verschwendet nicht unnütz seine Kräfte um das zu genießen, was er nicht erhalten kann. Wenn er sie alle einsetzt, um wirklich zu besitzen, was er hat, so ist er tatsächlich mächtiger und reicher in
allem, wonach er weniger verlangt als wir. Soll ich sterbliches und ver-
gängliches Wesen ewige Bande auf dieser Erde knüpfen, wo alles wechselt und vergeht, und von der ich morgen schon verschwinde? Ach, Emil,
mein Sohn! Wenn ich dich verliere, was bleibt dann von mir? Und
doch muß ich lernen, dich zu verlieren: denn wer weiß, wann du mir
genommen wirst?

Willst du also glücklich und weise leben, dann hänge dein Herz
nur an die Schönheit, die unvergänglich ist: Begrenz deine Wünsche
nach deinen Verhältnissen, stell deine Pflichten über deine Neigungen!
Wende das Gebot der Notwendigkeit auf das Moralische an; lern verlieren, was dir genommen werden kann; lern aufgeben, wenn es die
Tugend gebietet; lern, dich über die Geschehnisse zu stellen, dein
Herz von ihnen zu lösen, ohne daß sie es dir zerreißen; mutig sein im
Unglück, damit du niemals elend wirst; unbeugsam in deiner Pflicht,
damit du niemals frevelst. Dann wirst du glücklich trotz dem Schicksal
und weise trotz den Leidenschaften. Dann findest du selbst im Besitz
vergänglicher Güter eine Lust, die nichts trüben kann. Du besitzt
sie, ohne daß sie dich besitzen, und du entdeckst, daß der Mensch,
dem alles entgleitet, nur das wahrhaft genießt, was er zu verlieren
versteht. Natürlich wirst du das Blendwerk eingebildeter Vergnügungen entbehren; aber du hast dann auch nicht unter ihren Schmerzen
zu leiden, die ihre Früchte sind. Bei dem Tausch gewinnst du viel:
denn diese Schmerzen sind häufig und echt, während die Vergnügungen selten und nichtig sind. Hast du so viele trügerische Meinungen
besiegt, so besiegst du auch jene, die dem Leben einen so großen Wert
beimißt. Du verbringst deines ohne Unruhe und beendest es ohne
Furcht. Du löst dich von ihm wie von allen Dingen. Andere mögen,
von Grauen geschüttelt, beim Ableben denken, sie hörten auf zu
sein. Du kennst seine Nichtigkeit, du glaubst es zu beginnen. Dem
Bösen ist der Tod das Ende des Lebens, dem Gerechten ist es der
Anfang."

Emil hört mir aufmerksam und ein wenig unruhig zu. Nach
dieser Einleitung fürchtet er einen schlimmen Schluß. Da ich
ihm notwendig beweise, daß die Seelenkräfte erprobt werden
müssen, sieht er voraus, daß ich ihn dieser schweren Übung
unterziehen will. Und wie ein Verwundeter erbebt, wenn er den

Wundarzt kommen sieht, glaubt er schon auf seiner Wunde die schmerzende und heilende Hand zu fühlen, die ihn daran hindert, ins Verderben zu stürzen.

Unsicher, unruhig, ungeduldig, endlich zu wissen, wo ich hinaus will, fragt er mich voller Angst, statt mir zu antworten: Was muß ich tun? Er fragt es mich fast zitternd und wagt nicht, die Augen zu erheben. Was du tun ist, sage ich entschlossen: Du mußt Sophie verlassen! Sie verlassen, sie betrügen, ein Verräter sein, ein Schurke, ein Meineidiger! ... Was! unterbreche ich ihn, Emil glaubt, von mir zu lernen, solche Namen zu verdienen? Nein! fährt er ebenso heftig fort, weder von Ihnen noch von einem anderen; ich werde Ihnen zum Trotz Ihr Werk bewahren und diese Namen nicht verdienen.

Ich hatte diesen Wutausbruch erwartet und lasse ihn abklingen, ohne mich aufzuregen. Hätte ich nicht selber die Mäßigung, die ich von ihm verlange, wie könnte ich sie von ihm erwarten? Emil kennt mich zu genau, um mir die Fähigkeit zuzutrauen, ich könnte etwas Schlechtes von ihm verlangen, und er weiß wohl, daß es eine Schlechtigkeit wäre, Sophie in dem Sinn zu verlassen, den er dem Wort unterlegt hatte. So wartet er auf meine Erklärung. Ich setze also meine Rede fort.

Glaubst du, lieber Emil, daß ein Mann, in welcher Lage er sich auch befinde, glücklicher sein kann, als du es seit drei Monaten bist? Wenn du das glaubst, so irrst du. Ehe du die Freuden des Lebens genossen hast, hast du sein Glück schon ausgeschöpft. Es gibt nichts, was über das hinausgeht, was du genossen hast. Sinnenfreuden sind vergänglich; die Herzensruhe verliert dabei immer. Die Hoffnung hat dir mehr Freude bereitet, als die Wirklichkeit dir je geben kann. Die Phantasie verschönt, was sie sich wünscht, und läßt fahren, was sie besitzt; mit Ausnahme des einzigen Wesens, das durch sich selbst besteht, ist nur schön, was vergänglich ist. Wenn dieser Zustand immer hätte dauern sollen, so hättest du das höchste Glück gefunden. Aber alles Menschliche fühlt seine Vergänglichkeit; alles hat ein Ende, alles ist vergänglich im menschlichen Leben. Wenn der Zustand, der uns glücklich macht, ewig dauerte, so würde die Gewohnheit, ihn zu genießen, uns den Geschmack daran nehmen. Ändert sich auch äußerlich nichts, so ändert sich doch das Herz. Entweder verläßt uns das Glück, oder wir verlassen es.

Die Zeit, die du in deinem Rausch nicht gemessen hast, ist inzwischen vergangen. Der Sommer geht zu Ende, der Winter naht. Selbst wenn wir unsere Besuche in der kalten Jahreszeit fortsetzen könnten, man würde es nicht dulden. Wir müssen wohl oder übel unsere Lebensweise ändern. So kann es nicht weitergehen. Ich sehe an deinen ungeduldigen Blicken, daß dich diese Schwierigkeit nicht schreckt: Sophies Zugeständnisse und deine eigenen Wünsche flüstern dir ein leichtes Mittel ein, den Schnee und die Besuchsfahrten zu vermeiden: Aber der Frühling kommt, der Schnee zergeht und die Ehe bleibt. Man muß an alle Jahreszeiten denken.

Du willst Sophie heiraten und kennst sie erst seit fünf Monaten! Du willst sie heiraten, nicht weil sie zu dir paßt, sondern weil sie dir gefällt. Als ob sich die Liebe niemals über diesen Einklang täuschen könnte, als ob die, die sich anfangs liebten, nicht auch im Haß geendet hätten! Ich weiß, daß sie tugendhaft ist. Aber genügt das? Genügt es, ehrbar zu sein, um zueinander zu passen? Ich zweifle nicht an ihrer

Tugend, ich zweifle an ihrem Charakter. Zeigt sich der Charakter einer Frau innerhalb eines Tages? Weißt du, in wie vielen Lagen du sie gesehen haben mußt, um sie gründlich zu kennen? Können dir vier Monate Bekanntschaft für ein ganzes Leben bürgen? Vielleicht genügen zwei Monate Abwesenheit, damit du sie vergißt! Vielleicht wartet ein anderer nur auf deine Abreise, um dich in ihrem Herzen zu verdrängen! Vielleicht findest du sie bei deiner Rückkehr ebenso gleichgültig, wie du sie bis jetzt gefühlvoll gefunden hast? Gefühle hängen nicht von Grundsätzen ab. Sie kann ganz rechtschaffen bleiben und doch aufhören, dich zu lieben. Trotzdem glaube ich, daß sie beständig und treu bleibt. Aber wer bürgt dir für sie und wer bürgt ihr für dich, solange ihr euch nicht auf die Probe gestellt habt? Wollt ihr mit dieser Probe warten, bis sie für euch unnütz geworden ist? Wollt ihr, um euch kennenzulernen, warten, bis ihr euch nicht mehr trennen könnt?

Sophie ist noch keine achtzehn Jahre alt. Du bist erst zweiundzwanzig. Das ist das Alter, in dem man liebt, aber nicht heiratet. Was gäbe das für einen Familienvater und was für eine Familienmutter! Um Kinder erziehen zu können, mußt du zum mindesten aufhören, selber eines zu sein. Weißt du, wie viele junge Frauen ihr Wohlbefinden geschwächt, ihre Gesundheit zerstört und ihr Leben verkürzt haben, nur weil sie vor der Zeit durch Schwangerschaften ermüdet waren? Weißt du, wie viele Kinder kränklich und schwächlich geblieben sind, weil sie kein ausgewachsener Körper ernährt hat? Wenn Mutter und Kind zu gleicher Zeit wachsen, und wenn für jeden einzelnen die zum Wachstum nötige Grundnahrung geteilt werden muß, so bekommt weder der eine noch der andere, was ihm die Natur bestimmt hatte. Wie sollten dann nicht beide darunter leiden? Entweder kenne ich Emil schlecht, oder er will lieber später eine kräftige Frau und kräftige Kinder, als seine Ungeduld auf Kosten ihres Lebens und ihrer Gesundheit befriedigen.

Sprechen wir von dir. Du willst Gatte und Vater werden; hast du auch über deren Pflichten nachgedacht? Sobald du Familienoberhaupt wirst, wirst du auch Mitglied des Staates. Was heißt aber, Mitglied des Staates werden? Weißt du es? Du hast die Pflichten des Menschen studiert, aber kennst du jene des Bürgers? Weißt du, was Regierung, Gesetz, Vaterland ist? Weißt du, zu welchem Preis dir erlaubt ist zu leben und für wen du sterben mußt? Du glaubst, alles gelernt zu haben, und du weißt noch nichts. Bevor du einen Platz in der bürgerlichen Ordnung einnimmst, lerne sie kennen und ermessen, welcher Rang dir darin zukommt.

Emil, du mußt Sophie verlassen: Ich sage nicht, sie aufgeben! Wenn du dessen fähig wärst, so könnte sie von Glück reden, dich nicht geheiratet zu haben. Du mußt sie verlassen, um ihrer würdig wiederzukehren. Sei nicht so eitel, dir einzubilden, du habest sie schon jetzt verdient. Ach, was bleibt dir noch zu tun! Komm und erfüll diese edle Aufgabe! Lern die Abwesenheit ertragen, gewinn den Preis der Treue, damit du dich nach deiner Rückkehr rühmen kannst und ihre Hand nicht als eine Gnade, sondern als Belohnung erbittest."

Der junge Mann, der noch ungeübt ist, mit sich zu kämpfen, und noch ungewohnt, das eine zu wünschen und das andere zu wollen, gibt noch nicht auf: er sträubt sich, er wörtelt. Warum soll er ein Glück verschmähen, das auf ihn wartet? Hieße es nicht, die gebotene Hand ausschlagen, wenn er sie anzunehmen zögerte? Warum soll er sich von ihr entfernen, nur um zu lernen, was er wissen muß? Und wenn das notwendig wäre, warum soll er sich dann nicht, als sicheres Unterpfand seiner Rückkehr, unlösbar mit ihr verbinden? Als ihr Mann ist er bereit, mir zu folgen; verbunden mit ihr verließe er sie ohne Furcht ... Euch vereinigen, lieber Emil, um euch zu verlassen, welcher Widerspruch! Es ist schön, wenn ein Verliebter ohne seine Geliebte leben kann; aber ein Ehemann darf ohne dringende Notwendigkeit seine Frau niemals verlassen. Um deine Bedenken zu zerstreuen, sehe ich ein, daß dein Aufschub unfreiwillig sein muß: du mußt Sophie sagen, daß du sie gegen deinen Willen verläßt. Gut! Sei zufrieden! Da du nicht deiner Vernunft gehorchst, beuge dich einem anderen Herren. Du hast doch nicht vergessen, welche Verpflichtung du mir gegenüber eingegangen bist. Emil, du mußt Sophie verlassen, ich will es[57].

Emils (zweite) Bildungsreise

Bei diesen Worten senkt er den Kopf, schweigt, überlegt einen Augenblick und sagt dann mit einem entschlossenen Blick: Wann reisen wir? In acht Tagen, sage ich ihm. Sophie muß auf diese Abreise vorbereitet werde. Die Frauen sind schwächer, man muß sie schonen. Da diese Abwesenheit für sie keine Pflicht ist wie für dich, ist es ihr erlaubt, sie mit weniger Mut zu ertragen.

Ich bin nur allzusehr versucht, die Liebesgeschichte meiner jungen Leute bis zu ihrer Trennung weiter zu erzählen, aber ich mißbrauche schon zu lange die Nachsicht meiner Leser. Kürzen wir ab, um ans Ende zu kommen. Wird Emil wagen, die gleiche Entschlossenheit zu Füßen seiner Geliebten zu zeigen, die er seinem Freund gegenüber gezeigt hat? Für meinen Teil glaube ich es, denn seine Liebe ist echt und sie gibt ihm Sicherheit. Er wäre vor ihr verlegener, wenn es ihn weniger kostete, sie zu verlassen. Er verließe sie schuldbewußt, und diese Rolle bringt ein ehrliches Herz immer in Verlegenheit. Aber je schwerer ihm das Opfer wird, um so ehrenhafter erscheint er in den Augen derer, die es ihm schwer macht. Er fürchtet nicht, daß sie den Beweggrund, der ihn dazu veranlaßt hat, falsch auslegt. Mit jedem Blick scheint er ihr sagen zu wollen: lies in meinem Herzen, Sophie, und bleib mir treu; dein Geliebter weiß, was Treue ist!

Sophie sucht den unvorhergesehenen Schlag, der sie in ihrem Stolz trifft, mit Würde zu ertragen. Sie bemüht sich, sich nichts anmerken zu lassen. Aber da sie nicht wie Emil die Ehre des Kampfes und des Sieges hat, ist sie weniger standfest. Sie weint und seufzt zu ihrem eigenen Verdruß, und die Angst, vergessen zu werden, verbittert den Trennungsschmerz. Natürlich weint sie nicht vor ihrem Geliebten, sie zeigt ihm auch nicht ihre Verstörtheit. Lieber würde sie ersticken, als in seiner Gegenwart auch nur einmal aufzuseufzen. Ich aber muß ihre Klagen anhören. Ich sehe ihre Tränen, mich macht sie wieder zu ihrem Vertrauten. Frauen sind schlau und wissen sich zu verstellen: Je mehr sie sich im geheimen gegen meine Tyrannei auflehnt, um so eifriger tut sie mir schön: Sie fühlt, daß ihr Schicksal in meinen Händen liegt.

Ich tröste sie, ich spreche ihr Mut zu; ich bürge für ihren Geliebten oder vielmehr für ihren Gatten. Wenn sie ihm ebenso treu ist wie er ihr, so ist er es in zwei Jahren, das schwöre ich ihr. Sie schätzt mich hoch genug ein, um zu glauben, daß ich sie nicht täuschen will. Beiden bürge ich gegenseitig. Ihre Herzen, ihre Tugend, meine Redlichkeit, die Zuversicht ihrer Eltern, alles gibt ihnen Mut. Aber was vermag die Vernunft gegen die Schwäche? Sie trennen sich, als sollten sie sich niemals wiedersehen.

Jetzt erinnert sich Sophie der Klagen der Eucharis und glaubt, an ihrer Stelle zu stehen. Wir müssen vermeiden, daß diese verträumt-verstiegene Liebe während unserer Abwesenheit erwacht. Sophie, sage ich eines Tages, tauschen Sie doch mit Emil die Bücher aus. Sie geben ihm Ihren *Telemach*, damit er ihm zu gleichen lernt, und er gibt Ihnen den *Spectator*, den Sie so gerne lesen. Studieren Sie darin die Pflichten ehrbarer Frauen und denken Sie daran, daß das in zwei Jahren Ihre Pflichten sein werden. Beiden gefällt der Tausch und gibt ihnen Vertrauen. Dann kommt der traurige Tag der Trennung.

Emil und Sophie tauschen ihre Lektüre aus

Sophies würdiger Vater, mit dem ich alles vereinbart habe, umarmt mich beim Abschied. Dann nimmt er mich beiseite und sagt mir ernst und nachdrücklich: „Ich habe alles gemacht, wie Sie es wünschten, denn ich wußte, daß ich es mit einem Ehrenmann zu tun habe. Es bleibt mir nur mehr eines zu sagen: Denken Sie daran, daß Ihr Schüler seinen Ehevertrag auf dem Mund meiner Tochter unterzeichnet hat."

Wie verschieden sich die beiden Liebenden benehmen! Emil ist ungestüm, hitzig, aufgeregt, außer sich, stößt Schreie aus, weint über den Händen der Mutter, der Tochter, umarmt schluchzend das ganze Hausgesinde und wiederholt tausendmal dasselbe in einem Durcheinander, über das man bei jeder anderen Gelegenheit hätte lachen müssen. Sophie ist niedergeschlagen, blaß, glanzlosen Auges und trüben Blicks; sie bleibt ruhig, sagt nichts, weint nicht, sieht niemanden, nicht einmal Emil. Vergebens nimmt er ihre Hand und drückt sie in seine Arme. Sie bleibt unbewegt, unempfindlich gegen seine Tränen, seine Liebkosungen, gegen alles, was er tut. Für sie ist er bereits fort. Um wieviel ergreifender ist ihr Benehmen als die unziemlichen Klagen und der lärmende Kummer ihres Geliebten! Er sieht und fühlt es und ist darüber verzweifelt: Mit Mühe ziehe ich ihn fort. Wenn ich ihn noch einen Augenblick dort lasse, so geht er nicht mehr fort. Ich bin entzückt, daß er dieses traurige Bild mit sich fortnimmt. Sollte er jemals in Versuchung kommen zu vergessen, was er Sophie schuldet, so brauche ich ihn nur daran zu erinnern, wie er sie bei seiner Abreise gesehen hat. Er müßte ein sehr verstocktes Herz haben, wenn ich ihn damit nicht zu ihr zurückführte.

REISEN, politische und soziale Betrachtungen

Man fragt, ob es gut ist, wenn junge Leute reisen, und streitet viel darüber. Wenn man die Frage anders umschriebe und sie so stellte, ob es gut sei, wenn Männer Reisen gemacht hätten, so würde man sich vielleicht nicht so viel darüber streiten.

Bücher Der Mißbrauch, den man mit Büchern treibt, tötet die Wissenschaft. Indem man glaubt zu wissen, was man gelesen hat, glaubt man der Mühe überhoben zu sein, es zu lernen. Zu viele Lektüre erzeugt nur anmaßende Dummköpfe. In keinem Jahrhundert der Literatur ist so viel gelesen worden wie in unserem und in keinem war man weniger gebildet. In keinem Land Europas werden so viele Geschichten und Reisebeschreibungen gedruckt wie in Frankreich und in keinem kennt man den Geist und die Sitten der anderen Völker weniger. Über so vielen Büchern vergessen wir das Buch der Welt. Wenn wir darin noch lesen, so hält sich jeder nur an sein Blatt. Selbst wenn mir der Satz *Wie kann man nur Perser sein?* unbekannt wäre[58], so würde ich vom bloßen Hören erraten, daß er aus einem Land, in dem die nationalen Vorurteile vorherrschen, und von einem Geschlecht kommt, das sie am eifrigsten verbreitet.

Ein Pariser glaubt, die Menschen zu kennen, und kennt doch nur die Franzosen. In seiner Stadt, die immer von Fremden überlaufen ist, sieht er in jedem Fremden eine außerordentliche Erscheinung, die in der übrigen Welt nicht ihresgleichen hat. Man muß die Bürger dieser großen Stadt aus der Nähe gesehen und mit ihnen gelebt haben, um zu glauben, daß man mit so viel Geist so dumm sein kann. Das Seltsame dabei ist, daß jeder von ihnen vielleicht zehnmal die Beschreibung des Landes gelesen hat, dessen Einwohner ihn dann so sehr in Erstaunen setzt.

Reise-
schriftsteller Es ist zuviel verlangt, wenn man sowohl die Vorurteile der Schriftsteller als unsere eigenen durchbrechen muß, um zur Wahrheit zu gelangen. Ich habe mein Leben lang Reisebeschreibungen gelesen und nicht zwei gefunden, die mir von dem gleichen Volk die gleiche Vorstellung vermittelt haben. Beim Vergleich des wenigen, das ich selbst beobachten konnte, mit dem, was ich gelesen habe, kam ich schließlich zum Entschluß, diese Reiseschriftsteller sich selbst zu überlassen und die Zeit zu bedauern, die ich darauf verwendet hatte, um mich an ihren Werken zu bilden. Denn ich bin überzeugt, daß man nicht lesen, sondern schauen muß, wenn man Beobachtungen, gleich welcher Art, machen will. Das gilt sogar für den Fall, daß alle Reisenden ehrlich sind und nur das erzählen, was sie gesehen haben oder wovon sie überzeugt sind, und daß sie die Wahrheit nur insoweit verfälschen, als sie eben mit ihren Augen falsche Farben gesehen haben. Wie muß es aber erst sein, wenn man die Wahrheit aus ihren Lügen und ihrer Unredlichkeit herausschälen muß!

Überlassen wir : die Bücher, die man uns als Hilfsmittel rühmt, denen, die . . damit begnügen. Es taugt nur dazu, ähnlich wie die Kunst des Raimundus Lullus, über das zu plappern, was man nicht versteht. Es reicht, um fünfzehnjährige Platos abzurichten, in den Salons zu philosophieren und eine Gesellschaft über die Gebräuche in Ägypten und Indien aufgrund der Angaben eines Paul Lucas oder eines Tavernier zu belehren.

Unwiderlegbar scheint mir, daß jemand, der nur ein Volk kennt, keine Menschenkenntnis hat, sondern nur die Leute kennt, mit denen er gelebt hat. Man kann also die Frage, ob man reisen soll, noch auf eine andere Weise stellen: genügt es, daß ein gebildeter Mensch nur seine Landsleute kennt, oder muß er auch die Menschen im allgemeinen kennen? Darüber gibt es nichts zu deuteln und zu zweifeln. Man sieht hieraus, wie sehr die Lösung einer schwierigen Frage zuweilen von der Art abhängt, wie man sie stellt.

Wann bildet eine Reise?

Muß man aber, um die Menschen kennenzulernen, die ganze Erde bereisen? Muß man nach Japan gehen, um die Europäer kennenzulernen? Muß man alle Einzelmenschen kennen, um die Gattung zu kennen? Nein! Es gibt Menschen, die sich so sehr gleichen, daß sich die Mühe nicht lohnt, den einzelnen zu studieren. Wer zehn Franzosen gesehen hat, hat alle Franzosen gesehen. Obwohl man von den Engländern und einigen anderen Völkern nicht dasselbe sagen kann, ist es doch gewiß, daß jede Nation ihren eigenen und besonderen Charakter, den man nicht aus der Beobachtung eines einzigen Angehörigen, sondern erst aus mehreren herleiten kann. Wer zehn Völker verglichen hat, kennt die Menschen so wie der, der zehn Franzosen gesehen hat, die Franzosen kennt.

Um sich zu unterrichten, genügt es nicht, die Länder zu durcheilen. Man muß sich auf das Reisen verstehen. Um zu beobachten, braucht man Augen; man muß sie auf den Gegenstand lenken, den man kennenlernen will. Es gibt viele Leute, die aus Reisen noch weniger lernen als aus Büchern, weil sie nicht denken können und weil beim Lesen ihr Geist wenigstens vom Verfasser geleitet wird, während sie auf ihren Reisen nicht selbständig sehen können. Andere lernen nichts, weil sie nicht lernen wollen. Ihre Absichten sind so verschieden, daß sie dieser Zweck gar nicht berührt. Es ist ein großer Zufall, wenn man genau das sieht, was man gar nicht Absicht hat zu sehen. Von allen Völkern der Erde reist der Franzose am meisten, aber da er ganz in seinen Gebräuchen befangen ist, mißdeutet er alles, was ihnen nicht gleicht. An allen Enden der Welt findet man Franzosen. Es gibt kein Land, wo man mehr gereiste Leute findet als in Frankreich, und trotzdem kennt das Volk, das von allen Völkern Europas die meisten Völker gesehen hat, sie am wenigsten.

Wie muß man reisen?

Der Engländer reist auch, aber anders. Tatsächlich sind die beiden Völker in allem verschieden. Der englische Adel reist; der

Engländer und Franzosen auf Reisen

32 Rousseau

französische reist nicht. Das französische Volk reist; das englische Volk reist nicht. Dieser Unterschied ehrt, so scheint mir, die Engländer. Die Franzosen verbinden fast immer einen Zweck mit ihrer Reise[59]; die Engländer suchen nicht ihr Glück bei anderen Völkern, es sei denn, um Handel zu treiben und mit vollen Händen. Wenn sie reisen, geben sie immer ihr Geld aus; sie reisen nicht, um zu verdienen. Sie sind zu stolz, um in der Fremde zu betteln. Daher kommt es auch, daß sie in der Fremde mehr lernen als die Franzosen, die andere Dinge im Kopf haben. Trotzdem haben auch die Engländer ihre nationalen Vorurteile, sogar mehr als andere, aber diese Vorurteile hängen weniger von der Unwissenheit als von der Leidenschaft ab. Der Engländer hat die Vorurteile des Hochmutes, der Franzose die der Eitelkeit.

Spanier auf Reisen

Wie die am wenigsten kultivierten Völker im allgemeinen die weisesten sind, so reisen die, die am wenigsten reisen, am besten. Sie haben es noch nicht so weit gebracht wie wir in unseren oberflächlichen Studien, und sie beschäftigen sich weniger mit den Gegenständen unserer nichtigen Neugier; sie wenden daher ihre ganze Aufmerksamkeit dem zu, was wirklich nützlich ist. Meines Wissens reisen auf diese Art nur die Spanier. Während ein Franzose die Künstler eines Landes besucht, ein Engländer Antiquitäten abzeichnen läßt, ein Deutscher sein *Album* allen Gelehrten vorlegt, studiert der Spanier in aller Ruhe die Regierung, die Sitten, die Verwaltung und ist der einzige von den vieren, der von dem, was er gesehen hat, auch Bemerkenswertes mitbringt, das seinem Lande nützlich ist.

Alte Reiseschriftsteller

Die Alten reisten wenig, lasen wenig und schrieben wenige Bücher. Trotzdem sieht man aus den Büchern, die uns erhalten blieben, daß sie einander besser beobachtet haben, als wir unsere Zeitgenossen beobachten. Ohne bis auf Homer, der uns als einziger Dichter in die Länder versetzt, die er beschreibt, zurückzugehen, kann man Herodot nicht die Anerkennung versagen, daß er uns in seiner Geschichte, obwohl sie mehr erzählt als kritisch überlegt, die Gebräuche besser geschildert hat, als es unsere Geschichtler tun, die ihre Bücher mit Bildnis- und Charakterschilderungen überladen. Tacitus hat die Germanen seiner Zeit besser beschrieben als irgendein Schriftsteller die heutigen Deutschen. Wer sich in der alten Geschichte auskennt, kennt zweifellos die Griechen, Karthager, Römer, Gallier, Perser besser, als irgendein Volk unserer Zeit seine Nachbarn kennt.

Urcharaktere der Völker

Allerdings muß man zugeben, daß sich die Urcharaktere der Völker von Tag zu Tag mehr verwischen, und daß es aus diesem Grund immer schwieriger wird, sie zu erfassen. In dem Maße, wie sich die Rassen vermischen und die Völker ineinander auflösen, sieht man die nationalen Unterschiede langsam verschwinden, die früher beim ersten Blick ins Auge fielen. Ehemals schloß sich jede Nation stärker in sich ab. Es gab weniger Verbindungen, weniger Reisen, weniger gemeinsame oder widersätzliche

Interessen, weniger politische und bürgerliche Bindungen von Volk zu Volk, weniger von diesen königlichen Zänkereien, die man Unterhandlungen nennt, keine regelmäßigen oder ständigen Gesandten. Große Seereisen waren selten; Fernhandel gab es wenig. Und selbst der wurde entweder vom Fürsten selbst betrieben, der sich dafür Fremder bediente, oder von verachteten Leuten, die für niemanden tonangebend waren und die Nationen einander nicht näherbrachten. Jetzt gibt es zwischen Europa und Asien hundertmal mehr Bindungen als früher zwischen Gallien und Spanien. Europa war damals viel zersplitterter als heute die ganze Erde.

Dazu kommt, daß sich die alten Völker meistens als boden- **Rassenverfall** ständig oder Ureinwohner ihres eigenen Landes betrachteten, das sie schon so lange im Besitz hatten, daß sie vergessen haben, wann sich ihre Vorfahren in den verflossenen Jahrhunderten angesiedelt hatten, und daß sie dem Klima so viel Zeit ließen, sie endgültig zu prägen. Im Gegensatz dazu haben die Einfälle der Römer und die neueren Wanderungen der Barbaren bei uns alles vermischt und durcheinandergebracht. Die Franzosen von heute sind nicht mehr die großen, blonden und weißhäuptigen Gestalten von früher. Die Griechen sind nicht mehr diese schönen Menschen, wie geschaffen, um der Kunst als Vorbild zu dienen. Die Gestalt der Römer selbst ist im Charakter wie im Naturell verändert. Die Perser, die aus der Tatarei stammen, verlieren täglich von ihrer ursprünglichen Häßlichkeit durch die Vermischung mit tscherkessischem Blut. Die Europäer sind nicht mehr Gallier, Germanen, Iberer, Allobroger; sie sind nur mehr verschieden entartete Skythen, was ihre Gestalt, und noch mehr, was ihre Sitten betrifft.

Das ist der Grund, warum die alten Rassenunterschiede und die Luft-und Bodeneigentümlichkeiten Anlage, Gestalt, Sitten und Charakter von Volk zu Volk stärker prägten, als dies heute geschehen kann, wo die europäische Unrast keiner natürlichen Ursache die Zeit läßt, ihre Eindrücke zu hinterlassen; wo die abgeholzten Wälder, die ausgetrockneten Sümpfe, die einheitlichere, aber schlechtere Bodenbestellung nicht einmal im Physischen die Unterschiede von Boden zu Boden und von Land zu Land übriglassen.

Vielleicht beeilte man sich bei derartigen Überlegungen weniger, Herodot, Ktesias und Plinius ins Lächerliche zu ziehen, weil sie uns die Bewohner der verschiedenen Länder mit Eigenzügen und betonten Unterschieden gezeichnet haben, die wir heute an ihnen nicht mehr sehen. Man müßte die gleichen Menschen wiederfinden, um in ihnen die gleichen Gestalten zu erkennen: Nichts dürfte sie geändert haben, damit sie die Gleichen geblieben wären. Wenn wir alle Menschen, die gelebt haben, zugleich betrachten könnten, gäbe es dann noch einen Zweifel, daß man sie von Jahrhundert zu Jahrhundert verschiedener fände als heute von Nation zu Nation?

Beobachtung Wird die Beobachtung schwieriger, macht man sie nachlässiger und schlechter. Das ist ein weiterer Grund für den geringen Erfolg unserer Forschungen in der Naturgeschichte des Menschengeschlechts. Die Belehrung, die man aus Reisen schöpft, bezieht sich auf den Gegenstand, um dessentwillen man sie unternommen hat. Wenn dieser Gegenstand ein System der Philosophie ist, so sieht der Reisende immer nur das, was er sehen will; ist dieser Gegenstand weltlicher Gewinn, so nimmt er die ganze Aufmerksamkeit derer in Anspruch, die ihn anstreben. Der Handel und die Künste, die die Völker vermischen und verschmelzen, hindern sie auch, sich gegenseitig zu studieren. Wenn sie nur wissen, welchen Gewinn sie voneinander haben können, was brauchen sie da noch mehr zu wissen?

Der Wilde und der Großstädter Es ist dem Menschen nützlich, alle Gegenden zu kennen, wo man leben kann, damit er dann diejenigen wählt, wo man am bequemsten leben kann. Wenn sich jeder selbst genügte, so brauchte er nur den Fleck Erde zu kennen, der ihn ernähren kann. Der Wilde, der niemanden braucht und nichts auf der Welt begehrt, kennt und will auch kein anderes Land kennen als seines. Ist er gezwungen, seines Unterhaltes wegen weiter auszuschweifen, flieht er bewohnte Orte. Er will nur mit Tieren zu tun haben und braucht nur sie für seine Nahrung. Wir aber brauchen das zivilisierte Leben und können nicht darauf verzichten, Menschen zu fressen: Jeder hat daher das Interesse, die Gegenden aufzusuchen, wo man am meisten zu verschlingen findet. Das ist der Grund, warum alles nach Rom, Paris, London läuft, denn in den Hauptstädten ist Menschenblut immer am billigsten. So kennt man nur die großen Völker, und die großen Völker sind einander gleich.

Gelehrte auf Reisen Wir haben aber, sagt man, Gelehrte, die für ihre Bildung reisen. Das ist ein Irrtum. Die Gelehrten reisen zu ihrem Nutzen, genauso wie die anderen. Es gibt keinen Platon, keinen Pythagoras mehr, oder wenn es sie noch gibt, weit fort von uns. Unsere Gelehrten reisen nur auf Befehl des Hofes. Man schickt sie, hält sie aus, bezahlt sie, um das oder das zu sehen, was bestimmt nichts mit Moral zu tun hat. Ihre ganze Zeit müssen sie diesem einen Zweck widmen; sie sind zu ehrlich, um ihr Geld zu stehlen. Wenn Neugierige auf eigene Kosten in irgendein Land reisen, so reisen sie nicht, um die Menschen zu studieren, sondern um sie zu belehren. Sie brauchen kein Wissen, sie wollen prahlen. Wie sollten sie auf ihren Reisen lernen, das Joch der öffentlichen Meinung abzuschütteln? Sie reisen ja nur dafür!

Länder oder Völker? Es ist ein großer Unterschied, ob man auf seiner Reise Länder oder Völker sehen will. Neugierige sehen zuerst nur Länder. Völker sind für sie eine Nebensache. Wer philosophieren will, muß umgekehrt verfahren. Ein Kind beobachtet die Dinge, bis es

Reisen, politische und soziale Betrachtungen

soweit ist, auch Menschen beobachten zu können. Der Erwachsene muß zuerst seinesgleichen beobachten und dann erst die Dinge, wenn ihm dazu Zeit bleibt.

Es ist ein falscher Schluß, wenn man das Reisen als unnütz ansieht, nur weil wir falsch reisen. Wenn wir aber die Nützlichkeit des Reisens anerkennen, folgt daraus, daß es für jedermann geeignet ist? Weit gefehlt! Nur sehr wenige sind dafür geeignet. Es ist nur Menschen vorbehalten, die innerlich so gefestigt sind, daß sie Irrlehren, ohne davon verführt zu werden, anhören und Lasterbeispiele ansehen können, ohne sich mitreißen zu lassen. Reisen fördert die natürlichen Triebe und macht den Menschen endgültig gut oder böse. Wer von seiner Weltreise zurückkommt, ist bei seiner Rückkehr das, was er sein Leben lang bleibt. Es kommen mehr Böse als Gute zurück, weil mehr auf Reisen gehen, die mehr dem Bösen als dem Guten zuneigen. Schlecht erzogene und schlecht geleitete junge Leute nehmen auf ihren Reisen alle Laster der Völker an, die sie besuchen, aber keine einzige Tugend, mit denen die Laster vermischt sind. Wer aber ein glückliches Naturell hat und wer es gefördert hat und reist, um sich wahrhaft zu bilden, der kommt besser und weiser zurück, als er abgereist ist. So muß Emil reisen. So ist jener junge Mann gereist, der eines besseren Jahrhunderts würdig war, dessen Verdienste das staunende Europa verwunderte, der in der Blüte seiner Jahre für sein Vaterland starb, aber verdient hätte, weiterzuleben, und dessen Grab mit seinen Tugenden geschmückt ist. Vielleicht kommt noch eine fremde Hand, die es mit Blumen besät[60].

Ergebnisse der Reise

Alles, was man mit der Vernunft macht, muß Regeln haben. Die Reisen, die man als einen Teil der Erziehung macht, müssen ihre Regeln haben. Reisen, um zu reisen heißt herumirren, Herumtreiber sein. Selbst Bildungsreisen sind noch zu verschwommen: ein Unterricht, der kein bestimmtes Ziel hat, ist nichts. Ich möchte dem jungen Mann einen deutlichen Belehrgrund geben, und der richtig gewählte Grund würde die Unterrichtsart festlegen. Das ist immer eine methodische Reihenfolge, die ich auszurichten versucht habe.

Zielbewußtes Reisen

Nachdem sich Emil in seinen physischen Beziehungen zu den anderen Wesen, in seinen moralischen zu den anderen Menschen betrachtet hat, muß er sich noch in seinen bürgerlichen Beziehungen zu seinen Mitbürgern betrachten. Dazu muß er zuerst das Wesen einer Regierung im allgemeinen, die verschiedenen Regierungsformen und schließlich die bestimmte Regierung studieren, unter der er geboren wurde, um zu wissen, ob er unter ihr leben kann oder nicht. Denn nach einem unverjährbaren Recht wird jeder Mensch, wenn er großjährig und Herr über sich selbst wird, auch Herr darüber, den Vertrag zu kündigen, der ihn an die Gemeinschaft bindet, indem er das Land verläßt, wo diese Gemeinschaft besteht. Bleibt er aber auch weiter dort, nachdem er das vernünftige Alter erreicht hat, ist er gehalten, stillschweigend

Bürgerliche Rechte

die Verpflichtung anzuerkennen, die seine Vorfahren übernommen haben[61]. Er erwirbt das Recht, auf sein Vaterland zu verzichten wie auf sein väterliches Erbe. Wenn auch der Geburtsort eine Gabe der Natur ist, so gibt man doch ein persönliches Gut auf, wenn man darauf verzichtet. Nach strengem Recht bleibt jeder Mensch auf eigene Gefahr frei, wo immer er auch geboren sei, wenn er sich nicht freiwillig den Gesetzen unterwirft, um das Recht auf ihren Schutz zu erwerben.

Gründung eines Hausstandes

Ich würde ihm also beispielsweise sagen: Bis jetzt hast du unter meiner Leitung gelebt. Du warst außerstande, dich selbst zu leiten. Nun aber kommst du in das Alter, in dem die Gesetze dir das Verfügungsrecht über dein Eigentum überlassen und dich zum Herrn deiner Person machen. Du wirst plötzlich allein in der Gesellschaft stehen, von allen abhängig sein, selbst von deinem Erbe. Du willst einen Hausstand gründen. Diese Absicht ist lobenswert; sie gehört zu den Pflichten des Menschen. Aber ehe du heiratest, mußt du wissen, was für ein Mensch du sein willst, womit du dein Leben verbringen willst, welche Maßnahme du ergreifen willst, um dir und deiner Familie das Brot zu sichern. Denn obwohl man daraus nicht seine Hauptsorge machen soll, muß man trotzdem darüber nachdenken. Willst du von den Menschen abhängig werden, die du verachtest? Willst du dein Schicksal und deinen Beruf auf bürgerliche Beziehungen gründen, die dich ständig der Willkür anderer aussetzen, und die dich zwingen, ein Betrüger zu werden, um Betrügern zu entgehen?

Berufe

Daraufhin würde ich ihm alle Mittel beschreiben, wie man sein Gut nutzbringend anlegt, sei es im Handel, in Ämtern oder im Geldwesen. Ich würde ihm zeigen, daß es nirgends ohne Fährnis abgeht und daß es ihn in eine peinliche und abhängige Lage bringt und ihn zwingt, sich in Sitten, Gefühlen und Benehmen nach dem Beispiel anderer zu richten.

Es gibt, werde ich ihm sagen, noch eine andere Möglichkeit, sich und seine Zeit zu beschäftigen: in Militärdienste zu treten, d. h. sich billig zu vermieten, um Leute umzubringen, die einem nichts Böses angetan haben. Dieses Handwerk steht unter den Menschen in hohem Ansehen, und sie machen außerordentliches Getöne um die, die nur dazu taugen. Übrigens überhebt dich dieser Beruf keineswegs der anderen Hilfsmittel; im Gegenteil, du brauchst sie noch notwendiger, denn es gehört zur Ehre dieses Standes, die zugrunde zu richten, die sich ihm ergeben. Allerdings richten sich nicht alle zugrunde; es wird sogar langsam Mode, daß man sich, wie in den anderen, auch in diesem Stande bereichert. Aber ich bezweifle, daß du es ihnen nachmachen willst, wenn ich dir die beschreibe, die dabei ihr Glück gemacht haben.

Nebenbei erfährst du, daß es auch in diesem Beruf nicht mehr um Mut oder Tapferkeit geht, außer vielleicht bei den

Frauen; daß im Gegenteil der beste Kriecher, der niedrigste Schlappschwanz, der eifrigste Radfahrer auch der Geehrteste ist. Willst du wirklich ehrlich deinen Beruf ausüben, wirst du verachtet, gehaßt, vielleicht hinausgeworfen, zum mindesten aber übergangen und durch alle deine Kameraden überflügelt werden, weil du deinen Dienst im Schützengraben, sie den ihren beim Uniformschneider verbracht haben.

Es ist leicht einzusehen, daß all diese Beschäftigungen nicht nach Emils Geschmack sind. Wie! wird er sagen, habe ich denn die Spiele meiner Kindheit vergessen? Habe ich meine Arme verloren? Ist meine Kraft erschöpft? Kann ich nicht mehr arbeiten? Was gehen mich Ihre schönen Berufe und all die dummen Meinungen der Menschen an? Ich kenne keinen anderen Ruhm, als wohltätig und gerecht zu sein; ich kenne kein anderes Glück, als unabhängig mit dem zu leben, was man liebt, indem man sich alle Tage durch seine Arbeit Appetit und Gesundheit schafft. All diese Bedrängnisse, von denen Sie mir erzählt haben, berühren mich nicht. Als einzigen Besitz wünsche ich mir ein kleines Landgut in irgendeinem Winkel der Welt. Mein ganzer Ehrgeiz wird sein, es ertragreich zu machen, und ich werde in Frieden leben. Sophie und mein Acker, und ich bin reich.

Ja, mein Freund, eine Frau und ein eigener Acker genügen zum Glück eines Weisen. Aber diese Schätze, obgleich sehr bescheiden, sind nicht so leicht zu haben, wie du glaubst. Das Seltenste hast du bereits gefunden; sprechen wir von dem anderen.

Eigenes Land, mein lieber Emil! Wo willst du es auswählen? *Gut und Besitz* In welchem Winkel der Welt kannst du sagen: Hier bin ich mein Herr und der Herr über mein eigenes Land? Wir wissen, wo man leicht reich werden kann, aber wer weiß, wo man darauf verzichten kann? Wer weiß, wo man unabhängig und frei leben kann, ohne jemandem Böses zufügen zu müssen, und ohne Furcht, daß einem jemand Böses zufügt? Glaubst du, daß das Land, wo es immer erlaubt ist, als ehrenwerter Mensch zu leben, so leicht zu finden ist? Wenn es ein rechtmäßiges und sicheres Mittel gibt, ohne Ränke, Machenschaften und Abhängigkeit zu leben, dann ist es, ich gestehe es, von seiner Hände Arbeit zu leben, indem man sein eigenes Land bestellt. Aber wo ist der Staat, wo man sagen kann: Der Boden unter meinen Füßen gehört mir? Ehe du dieses glückliche Land wählst, versichere dich gut, ob du dort den Frieden findest, den du suchst. Paß auf, daß dir keine gewalttätige Regierung, keine unduldsame Religion, keine verderbten Sitten deinen Frieden zerstören. Sichere dich gegen maßlose Steuern, die die Frucht deiner Arbeit verschlingen, gegen endlose Prozesse, die dein Kapital aufzehren. Handle so, daß du rechtschaffen leben kannst, ohne den Rücken zu beugen vor den Steuerbeamten, ihren Vertretern, vor Richtern, vor Priestern, vor mächtigen Nachbarn, vor Schurken aller Art, die immer bereit sind, dich zu quälen, wenn du sie vernachlässigst. Schütz dich vor allem vor den Schikanen der Großen und Reichen. Bedenke, daß ihr Besitz überall an den Weinberg Naboths stoßen kann. Wenn dein Unglück es will, daß ein Mann mit Beziehungen ein Haus neben deiner Hütte kauft oder erbaut, wer bürgt dir dafür, daß er nicht unter irgendeinem Vorwand Mittel findet, sich deines Erbes zu bemächtigen, um sich „abzurunden", oder du zusehen mußt, wie vielleicht morgen schon dein ganzer Besitz von einer Landstraße verschlungen wird? Wenn du dir aber genug Einfluß bewahrst, um all diesen Widernissen zu begegnen, hättest du gleich deine Reichtümer bewahren können, denn ihre Erhaltung kostet dich nicht mehr. Reichtum und Einfluß stützen sich gegenseitig; eines ohne das andere kann nur schlecht standhalten.

Reise von zwei Jahren

Ich habe mehr Erfahrung als du, lieber Emil; ich überschaue die Schwierigkeiten deines Vorhabens besser. Gleichwohl ist es schön und ehrenhaft, und es würde dich in der Tat glücklich machen: bemühen wir uns daher, es zu verwirklichen. Ich mache dir einen Vorschlag: Benützen wir die zwei Jahre, die uns bis zu deiner Rückkehr zur Verfügung stehen, um eine Zuflucht in Europa zu suchen, wo du mit deiner Familie glücklich und vor allen Gefahren, von denen ich dir eben erzählt habe, behütet leben könntest. Wenn uns das gelingt, so hast du das wahre Glück gefunden, das so viele vergebens suchen, und du hast deine Zeit nicht verloren. Wenn es uns nicht gelingt, bist du von einem Wahn befreit. Du wirst dich über das unvermeidliche Unglück trösten und dich dem Gesetz der Notwendigkeit unterwerfen.

Ich weiß nicht, ob alle meine Leser durchschauen, bis wohin uns diese Suche führen wird. Aber ich weiß sehr wohl, daß Emil bei der Rückkehr von einer solchen Reise, die unter diesen Gesichtspunkten begonnen und fortgesetzt wurde, in allen Fragen der Staatsverwaltung, der öffentlichen Sitten und der Staatsgrundsätze jeder Art erfahren ist; oder es mangelt uns beiden etwas, mir der Verstand und ihm die Urteilskraft.

Entwicklung der Gedanken zum Contrat social

Das politische Recht muß erst geschaffen werden; es ist anzunehmen, daß es nie geschaffen wird. Grotius, der Meister aller unserer Gelehrten auf diesem Gebiet, ist nur ein Kind und, was schlimmer ist, unaufrichtig dazu. Wenn ich höre, wie man Grotius in den Himmel hebt und Hobbes mit Schmähungen überschüttet, dann sehe ich, wie viele einsichtige Menschen diese beiden Autoren lesen oder verstehen. Die Wahrheit ist, daß ihre Grundsätze völlig gleich sind. Sie unterscheiden sich nur im Ausdruck. Sie unterscheiden sich auch in der Methode. Hobbes stützt sich auf Trugschlüsse und Grotius auf Dichter; alles übrige haben sie gemeinsam.

Der einzig Neuere, der in der Lage gewesen wäre, diese große und nutzlose Wissenschaft aufzubauen, wäre der berühmte Montesquieu gewesen. Aber er hat sich gehütet, über die Grundzüge des politischen Rechtes zu schreiben. Er hat sich damit begnügt, das positive Recht bestehender Regierungen abzuhandeln; und nichts in der Welt ist verschiedener als diese beiden Gebiete.

Wer sich jedoch über die bestehenden Regierungsformen ein gesundes Urteil bilden will, muß beide verbinden: er muß wissen, was sein muß, um das, was ist, richtig zu beurteilen. Die größte Schwierigkeit, diese wichtigen Dinge aufzuklären, besteht darin, einen einfachen Bürger dafür zu gewinnen, sie durchzusprechen und diese beiden Fragen zu beantworten: Was geht mich das an? und: Was kann ich dazu tun? Wir haben unseren Emil instand gesetzt, auf beide Fragen zu antworten.

Die zweite Schwierigkeit besteht in den Vorurteilen der Kindheit, in den Grundsätzen, in denen man aufgewachsen ist, vor allem aber in der Parteilichkeit der Autoren, die immer von der Wahrheit reden, um die sie sich nicht kümmern, und nur an ihren Vorteil denken, von dem sie nicht reden. Das Volk aber vergibt weder Lehrstühle, noch Pensionen, noch Akademieplätze.

Daraus kann man beurteilen, wie diese Leute seine Rechte zusammengezimmert haben! Ich habe es eingerichtet, daß Emil auch damit keine Schwierigkeit hat. Er weiß kaum, was eine Regierung ist. Nur eines ist wichtig für ihn: die beste zu finden. Er hat nicht die Absicht, Bücher zu schreiben; sollte er es jemals tun, dann nicht, um sich vor den Mächtigen zu beugen, sondern um die Menschenrechte aufzurichten.

Es bleibt noch eine dritte, eher scheinbare als begründete Schwierigkeit, die ich weder lösen noch vortragen will: es genügt mir, daß sie meinen Eifer nicht lähmt. Natürlich sind für Untersuchungen dieser Art große Talente weniger nötig als aufrichtige Gerechtigkeitsliebe und echte Ehrfurcht vor der Wahrheit. Wenn man also Regierungsfragen unparteiisch behandeln will, so muß man sie, meiner Meinung nach, jetzt oder nie behandeln.

Ehe man beobachtet, muß man Richtlinien für seine Beobachtungen aufstellen. Man muß sich einen Maßstab aufstellen, nach dem man die genommenen Maße ausrichtet. Dieser Maßstab sind unsere Grundsätze des politischen Rechts. Unsere Maße sind die politischen Gesetze eines jeden Landes.

Unsere Grundbegriffe sind klar und einfach; wir nehmen sie unmittelbar aus der Natur der Dinge selbst. Sie bilden sich aus den Fragen, die wir miteinander besprechen und die wir erst dann zu Grundsätzen erheben, wenn sie eine ausreichende Lösung gefunden haben.

Gehen wir beispielsweise auf den Naturzustand zurück, so untersuchen wir, ob die Menschen versklavt oder frei, grupphaft oder unabhängig geboren werden; ob sie sich freiwillig oder gezwungen zusammenschließen; ob die Macht, die sie zusammenschließt, jemals ein dauerndes Recht schaffen kann, durch das diese vorangehende Macht auch dann noch verpflichtet, wenn sie bereits von einem anderen überwunden worden ist; derart, daß seit König Nimrods Machtergreifung, der sich, wie man sagt, die ersten Völker unterwarf, alle anderen Mächte, die seine Herrschaft zerstört haben, widerrechtlich und raubgewaltsam geworden seien, und daß es keine rechtmäßigen Könige mehr gebe außer den Nachfahren und Rechtsnachfolgern Nimrods. Oder ob nach dem Zusammenbruch dieser ersten Macht die folgende ihrerseits gebunden ist und die Verpflichtungen der anderen aufhebt, und daß man nur dem Zwang gehorchen muß und davon erst entbunden ist, sobald man Widerstand leisten kann. Ein Recht, das der Macht, so scheint mir, nichts Wesentliches beifügt und nichts als eine bloße Wortspielerei wäre.

Wir untersuchen, ob man nicht behaupten kann, daß alle Krankheiten von Gott kommen, und ob es daher nicht ein Verbrechen ist, den Arzt zu rufen.

Wir untersuchen weiter, ob man mit seinem Gewissen verpflichtet ist, einem Straßenräuber seine Börse zu geben, wenn man sie ihm verheimlichen könnte; denn schließlich ist seine Pistole auch eine Macht.

Ob dies Wort Macht in diesem Fall etwas anderes bedeutet als rechtmäßige Macht und folglich den Gesetzen unterworfen ist, denen sie ihr Dasein verdankt.

Angenommen, man verwirft dieses Gewaltrecht und nimmt das Naturrecht oder die väterliche Autorität als Rechtsprinzip der Gesellschaft an, so werden wir das Maß dieser Autorität untersuchen, wie sie in der Natur begründet ist, ob sie einen anderen Grund hat als den Nutzen des Kindes, seine Schwäche oder die natürliche Vaterliebe; ob es, wenn die kindliche Schwäche überwunden ist und die Vernunft reift, nicht der alleinige natürliche Richter über das wird, was seiner Erhaltung dient, folglich sein eigener Herr und von allen Menschen, selbst von seinem Vater unabhängig. Denn es ist gewisser, daß der Sohn sich selbst liebt, als daß der Vater den Sohn liebt.

Ob nach dem Tode des Vaters die Kinder verpflichtet sind, dem ältesten Bruder oder irgend jemand anderem zu gehorchen, der für sie die natürliche Zuneigung eines Vaters nicht empfindet; und ob es von Geschlecht zu Geschlecht immer nur ein einziges Oberhaupt gibt, dem die ganze Familie gehorchen muß. In diesem Fall müßte man erforschen, wieso die Autorität jemals geteilt werden konnte und mit welchem Recht es auf der ganzen Erde mehr als ein Oberhaupt über das Menschengeschlecht gibt.

Angenommen, die Völker hätten sich durch freie Wahl gebildet, so müßten wir das Recht von der Tatsache unterscheiden; und wir würden fragen, ob diese Art Gesellschaft, da sie sich, ungezwungen und aus freiem Willen, ihren Brüdern, Onkeln oder Verwandten untergeordnet hat, nicht wieder in die freie und freiwillige Vereinigung zurückführt.

Wir gehen dann auf das Recht der Sklaverei über. Wir prüfen, ob sich ein Mensch einem anderen rechtmäßig, ohne Einschränkung, ohne Vorbehalt, ohne irgendeine Art von Bedingung überantworten darf; d. h. ob er auf seine Person, sein Leben, seine Vernunft, *sein Ich*, seine sittlichen Verpflichtungen verzichten und, mit einem Wort, vor seinem Tod aufhören darf zu existieren, gegen die Natur, die ihn unmittelbar mit seiner Selbsterhaltung beauftragt, gegen sein Gewissen und seine Vernunft, die ihm vorschreiben, was er zu tun und zu lassen hat.

Gibt es im Akt der Sklaverei Vorbehalte oder Einschränkungen, so werden wir untersuchen, ob dieser Akt dann nicht zu einem wirklichen Vertrag wird, in dem jeder der beiden Vertragsteilhaber, da sie in dieser Eigenschaft keinen gemeinsamen Oberen haben*, sein eigener Richter über die Vertragsbedingungen bleibt und infolgedessen in dieser Beziehung frei und Herr darüber, den Vertrag zu brechen, sobald sie sich geschädigt fühlen.

Wenn sich also ein Sklave nicht ohne Vorbehalt seinem Herren überantworten darf, wie kann sich dann ein Volk ohne Vorbehalt seinem Oberhaupt überantworten? Wenn der Sklave Richter darüber bleibt, ob sein Herr den Vertrag gehalten hat, wie sollte dann das Volk nicht Richter darüber bleiben, ob sein Oberhaupt den Vertrag eingehalten hat?

Wenn wir derart gezwungen sind, zu unserem Ausgangspunkt zurückzukehren und den Sinn dieses Sammelausdrucks Volk zu erfragen, so werden wir untersuchen, ob es nicht zu seiner Begründung eines im wesentlichen stillschweigenden Vertrages bedarf, der unserem angenommenen vorausgeht.

Da ein Volk, ehe es sich einen König erwählt, schon Volk ist, was hat es dazu gemacht, wenn nicht der Gesellschaftsvertrag (*contrat social*)? Der Gesellschaftsvertrag ist also die Grundlage jeder bürgerlichen Gesellschaft und in der Natur dieses Aktes müssen wir die Natur der Gesellschaft suchen, die er bildet.

Wir fragen also nach dem Inhalt dieses Vertrages, ob man ihn nicht ungefähr durch diese Formel ausdrücken kann: „Jeder von uns bringt seine Güter, seine Person, sein Leben und seine ganze Macht unter der obersten Leitung des Allgemeinwillens ein, und wir empfangen als Körper jedes Glied als einen untrennbaren Teil des Ganzen."

Wollen wir unter dieser Voraussetzung die notwendigen Begriffe bestimmen, so stellen wir fest, daß dieser Akt der Vergesellschaftung anstelle von Vertragspartnern einen Moral- und Gruppenkörper schafft, der aus so vielen Mitgliedern besteht, wie die Versammlung Stimmen hat. Diese öffentliche Person wird im allgemeinen *politischer Körper (corps politique)* genannt;

---

* Wenn sie ein gemeinsames Oberhaupt hätten, so könnte es nur der Oberherr (*souverain*) sein; dann wäre das Sklavenrecht, da es auf dem Recht der Oberherrschaft gegründet ist, nicht dessen Prinzip.

seine Glieder nennen ihn *Staat (État)*, wenn er passiv ist, *Oberhaupt (souverain)*, wenn er aktiv ist, und *Macht (puissance)* im Vergleich mit seinesgleichen. Was die Glieder selbst anbelangt, so nehmen sie als Gesamt den Namen *Volk (peuple)* an, als Einzel heißen sie *Bürger (citoyens)* als Glieder der *Stadtschaft (cité)* oder Teilhaber an der obersten Autorität, und *Untertanen (sujets)*, insofern sie der gleichen Autorität unterworfen sind.

Wir stellen fest, daß dieser Akt der Vergesellschaftung eine gegenseitige Verpflichtung zwischen dem Gesamt und dem Einzel einschließt und daß jeder einzelne sozusagen den Vertrag mit sich selbst schließt und daher doppelt verpflichtet ist, als Glied der Oberhoheit dem Einzel gegenüber und als Glied des Staates der Oberhoheit gegenüber.

Wir stellen ferner fest, daß niemand an eine Verpflichtung gebunden ist, die er nicht sich selbst gegenüber eingegangen ist, und daß der öffentliche Beschluß, der alle Untertanen der Oberhoheit gegenüber verpflichten kann — wegen der beiden verschiedenen Beziehungen, unter denen man jeden der beiden betrachten kann — den Staat sich selbst gegenüber nicht verpflichtet. Daraus kann man ersehen, daß es im eigentlichen Sinn kein anderes Grundgesetz gibt als allein den Gesellschaftsvertrag *(pacte social)*. Das heißt nicht, daß der politische Körper sich nicht in gewisser Hinsicht anderen gegenüber verpflichten könne; denn in bezug auf andere wird er ein Einzel, ein Individuum.

Die beiden Vertragspartner, der Einzel und das Gesamt haben keinen gemeinsamen Oberen *(supérieur)*, der über ihre Unstimmigkeiten entscheiden könnte; wir untersuchen also, ob es jedem von beiden überantwortet bleibt, den Vertrag zu brechen, wann es ihm beliebt, d. h. ihn einseitig zu lösen, wenn er sich geschädigt glaubt.

Um diese Frage zu klären, stellen wir fest, daß die Oberhoheit *(souverain)* infolge des Gesellschaftsvertrages nur aufgrund des gemeinsamen und allgemeinen Willens handeln kann; ihre Handlungen selbst dürfen sich nur auf allgemeine und gemeinsame Ziele beziehen. Daraus folgt, daß ein Einzel nicht unmittelbar durch die Oberhoheit geschädigt werden kann, ohne daß es nicht alle sind, was unmöglich ist, weil sie sich dann selbst schädigen würden. Daher braucht der Gesellschaftsvertrag keinen anderen Schutz als die öffentliche Macht, da eine Schädigung nur von den Einzel kommen kann. Sie sind übrigens dann nicht von ihrer Verpflichtung befreit, sondern bestraft, weil sie sie verletzt haben.

Um über all diese und ähnliche Fragen richtig entscheiden zu können, müssen wir uns immer ins Gedächtnis zurückrufen, daß der Gesellschaftsvertrag besonderer, nur ihm eigener Natur ist, und zwar darin, daß das Volk nur mit sich selbst abschließt,

d. h. das gesamte Volk als Oberhoheit mit den einzelnen als Untertanen: eine Bedingung, auf der das ganze Kunstwerk und der Gang der Politik beruhen, und die allein die Verpflichtungen rechtmäßig, vernünftig und gefahrlos machen, die ohne das widersinnig, tyrannisch und den ungeheuerlichsten Mißbräuchen unterworfen wären.

Da die einzelnen nur der Obernhoheit unterworfen sind, und die oberste Autorität nichts anderes ist als der allgemeine Wille, so ist jeder Mensch, der dem Obern *(souverain)* gehorcht, nur sich selbst gehorsam, und man ist also im Gesellschaftsvertrag freier als im Naturzustand.

Nachdem wir die natürliche Freiheit der Personen mit der bürgerlichen Freiheit *(liberté civile)* verglichen haben, so vergleichen wir nun das Eigentumsrecht an Gütern mit dem Recht der Oberhoheit, den Privatbesitz mit dem Staatsbesitz. Wenn die Staatshoheit auf dem Eigentumsrecht gründet, so muß sie gerade dieses Recht am meisten achten. Es ist unverletzbar und heilig für sie, solange es ein Privat- und Individualrecht bleibt. Sobald es als allen Bürgern gemeinsam betrachtet wird, ist es dem Allgemeinwillen unterworfen, und dieser Wille kann es aufheben. So hat die Oberhoheit kein Recht, den Besitz eines einzelnen oder mehrerer anzutasten; aber sie kann sich Rechtens den Besitz aller aneignen, so wie es zu Zeiten Lykurgs in Sparta geschah, während die Aufhebung der Schulden durch Solon ein ungesetzmäßiger Akt war.

Wenn die Untertanen nichts anderes verpflichtet als der Allgemeinwille, so müssen wir untersuchen, wie sich dieser Wille äußert, an welchen Zeichen man ihn bestimmt erkennt, was ein Gesetz ist, und welches die wirklichen Merkmale des Gesetzes sind. Diese Aufgabe ist ganz neu: die Begriffsbestimmung des Gesetzes muß erst gefunden werden.

Sobald aber das Volk einen oder mehrere seiner Mitglieder als Einzel betrachtet, teilt es sich. Zwischen dem Ganzen und seinem Teil bildet sich eine Beziehung, die aus ihm zwei getrennte Wesen macht, von denen eines der Teil und das andere das Gesamt weniger dieses Teiles ist. Aber das Ganze weniger eines Teiles ist nicht das Ganze. Solange dieses Verhältnis besteht, gibt es kein Ganzes mehr, sondern zwei ungleiche Teile.

Wenn im Gegenteil das ganze Volk über das ganze Volk beschließt, zieht es nur sich selbst in Betracht. Wenn sich dann ein Verhältnis bildet, so ist es ein Verhältnis des Ganzen von einem gewissen Standpunkt aus zu dem Ganzen von einem anderen Standpunkt aus, ohne daß das Ganze geteilt würde. Dann ist der Gegenstand, über den man beschließt, allgemein, und der Wille, der beschließt, ist ebenfalls allgemein. Wir werden also untersuchen, ob es eine andere Aktart gibt, die den Namen Gesetz tragen dürfte.

Wenn das Oberhaupt nur durch Gesetze sprechen kann, und wenn das Gesetz immer nur einen allgemeinen und für alle

Staatsglieder verbindlichen Gegenstand haben darf, so folgt daraus, daß das Oberhaupt niemals die Macht hat, etwas über einen Privatgegenstand zu beschließen. Da es aber für die Erhaltung des Staates wichtig ist, auch über Privatangelegenheiten zu beschließen, so müssen wir untersuchen, wie das gemacht werden kann.

Die Akte des Oberhauptes können nur Akte des allgemeinen Willens, d. h. des Gesetzes sein. Dann braucht man Bestimmungsakte, Akte der Gewalt oder Regierungsmaßnahmen, um diese Gesetze durchzuführen. Und diese Akte können im Gegensatz dazu nur Einzelfragen zum Gegenstand haben. So ist der Akt, durch den die Oberhoheit beschließt, daß ein Staatshaupt *(chef)* gewählt wird, ein Gesetz, und der Akt, durch den man dieses Oberhaupt in der Ausführung des Gesetzes wählt, nur eine Regierungsmaßnahme.

Das ist also eine dritte Beziehung, unter der das versammelte Volk betrachtet werden kann, nämlich als Behörde oder Vollstrecker des Gesetzes, das es als Oberhaupt erlassen hat*.

Wir untersuchen also, ob es möglich ist, daß das Volk auf seine Hoheitsrechte verzichten darf, um damit einen oder mehrere Männer zu bekleiden. Denn da der Wahlakt kein Gesetz ist, und da in diesem Akt das Volk selbst nicht Oberhoheit ist, ist es unersichtlich, wie er ein Recht übertragen soll, das er nicht besitzt.

Da das Wesen der Oberhoheit (Souveränität) aus dem Allgemeinwillen besteht, so ist weiter nicht ersichtlich, wie man sicher sein kann, daß ein Einzelwille immer mit diesem Allgemeinwillen übereinstimmen soll. Es ist viel eher anzunehmen, daß er ihm oft widerstrebt: denn das Privatinteresse strebt nach Bevorzugung, das öffentliche Interesse dagegen nach Gleichheit. Selbst wenn dieser Einklang möglich wäre, so würde es genügen, daß er nicht notwendig und unzerstörbar sei, da das Hoheitsrecht daraus nicht mehr ableitbar ist.

Wir untersuchen dann, ob die Volkshäupter, unter welchem Namen man sie auch gewählt haben mag, jemals, ohne den Gesellschaftsvertrag zu verletzen, etwas anderes sein können als Beamte *(officiers)* des Volkes, denen das Volk befiehlt, die Gesetze ausführen zu lassen; ob diese Häupter *(chefs)* ihm keine Rechenschaft über ihre Verwaltung schuldig sind, und ob sie nicht selbst den Gesetzen unterworfen sind, für deren Beachtung sie bestellt sind.

---

* Diese Fragen und Vorschläge sind zum größten Teil Auszüge aus der *Abhandlung über den Gesellschaftsvertrag*, der selbst wieder ein Auszug aus einem größeren Werk ist, das über meine Kräfte ging und das ich seit langem aufgegeben habe. Die kleine Abhandlung, die ich daraus entnommen habe und hier zusammenfasse, wird gesondert veröffentlicht werden.

Wenn das Volk sein höchstes Recht nicht veräußern kann, kann es dies Recht zeitweise übertragen? Wenn es sich keinen Herrn geben kann, kann es sich Vertreter geben? Diese Frage ist wichtig und verdient, erörtert zu werden.

Wenn das Volk weder Oberhaupt noch Vertreter haben kann, so müssen wir untersuchen, wie es dann seine Gesetze selbst geben kann; ob es vieler Gesetze bedarf; ob es sie oft wechseln darf; ob es für ein ganzes Volk einfach ist, sein eigener Gesetzgeber zu sein.

Ob das römische Volk kein großes Volk war.

Ob es gut ist, daß es große Völker gibt.

Aus den vorhergehenden Erwägungen folgt, daß es im Staat Mittler zwischen den Untertanen und dem Oberhaupt gibt. Dieser Mittler ist aus einem oder mehreren Gliedern gebildet, und mit der öffentlichen Verwaltung, mit der Ausführung der Gesetze und der Aufrechterhaltung der bürgerlichen und politischen Freiheit betraut.

Die Mitglieder dieses Körpers heißen *Behörden (magistrats)* oder *Könige (rois)*, d. h. Verwalter *(gouverneurs)*. Der Gesamtkörper heißt im Hinblick auf die Menschen, die ihn bilden, *Fürst (prince)*, und im Hinblick auf seine Tätigkeit *Regierung (gouvernement)*[62]

Wenn wir das Wirken des Gesamtkörpers auf sich selbst, d. h. das Verhältnis des Ganzen auf das Ganze, oder des Oberhauptes auf den Staat, sehen, so können wir dieses Verhältnis mit den äußeren Gliedern mit einer stetigen Proportion vergleichen, deren Mittelglied die Regierung ist. Der Beamte erhält vom Oberhaupt die Befehle, die er dem Volk gibt; wenn alles ausgeglichen ist, ist sein Produkt oder seine Macht gleich groß wie das Produkt oder die Macht der Bürger, die auf der einen Seite Untertanen sind und auf der anderen Oberhoheit. Keinen der drei Begriffe könnte man ändern, ohne sofort das Verhältnis zu stören. Wenn das Oberhaupt regieren oder der Fürst Gesetze geben wollen, oder wenn der Untertan den Gehorsam verweigert, folgt der Ordnung die Unordnung und der aufgelöste Staat verfällt dem Despotismus oder der Anarchie.

Nehmen wir an, der Staat bestünde aus zehntausend Bürgern. Die Oberhoheit kann nur kollektiv und als Gesamt betrachtet werden. Aber jeder einzelne hat als Untertan eine individuelle und unabhängige Existenz. So verhält sich die Oberhoheit zum Untertan wie zehntausend zu eins; d. h. daß jedes Mitglied des Staates nur ein Zehntausendstel der souveränen Autorität für sich hat, obwohl er ihr ganz unterworfen ist. Wenn das Volk aus hunderttausend Menschen besteht, so ändert sich die Lage der Untertanen nicht, und jeder trägt immer die ganze Last der Gesetze, während seine Stimme auf ein Hunderttausendstel beschränkt ist und zehnmal weniger Einfluß hat auf ihre Abfassung. So bleibt der Untertan immer nur Einer; das Verhältnis zugunsten des Oberhauptes nimmt mit der steigenden Zahl der Untertanen zu. Daraus folgt, daß die Freiheit sich in dem Maße verringert, in dem der Staat größer wird.

Je weniger also die Einzelwillen mit dem Allgemeinwillen übereinstimmen, d. h. die Sitten mit den Gesetzen, um so größer muß die Unterdrückung werden. Da andrerseits die Größe des Staates den Machthabern mehr Versuchungen und Möglichkeiten bietet, Mißbrauch damit zu treiben, so muß das Oberhaupt um so mehr Macht haben, um die Regierung im Zaum zu halten, je mehr die Regierung Macht hat, das Volk zu unterdrücken.

Aus dieser doppelten Beziehung folgt, daß das stetige Verhältnis zwischen Oberhoheit, Fürst und Volk keine willkürliche Idee ist, sondern in der Natur des Staates begründet ist. Es folgt ferner, da eines der Endglieder, nämlich das Volk, eine feste Größe ist, daß sich jedesmal, wenn sich das Doppelverhältnis vergrößert oder verkleinert, auch das einfache Verhältnis seinerseits vergrößert oder verkleinert. Das kann aber nicht geschehen, ohne daß das Mittelglied sich ebensooft verändert. Daraus können wir schließen, daß es keine einmalige und absolute Regierungsform gibt, sondern daß es ebenso viele ihrer Natur nach verschiedene Regierungen geben muß, wie es Staaten verschiedener Größe gibt.

Wenn die Sitten um so weniger mit den Gesetzen übereinstimmen, je zahlreicher ein Volk ist, dann unterscheiden wir aufgrund einer ziemlich augenfälligen Ähnlichkeit, ob man nicht sagen kann, daß eine Regierung um so schwächer ist, je zahlreicher die Verwaltungsbeamten (magistrats) sind.

Um diesen Leitsatz zu erhellen, müssen wir in dem Vertreter einer jeden Behörde drei wesentlich verschiedene Willenshaltungen unterscheiden: Erstens, der eigene Wille des Einzel, der nur seinen eigenen Vorteil im Auge hat; zweitens, der Gesamtwille der Verwaltungsbeamten (magistrats), der nur den Vorteil des Fürsten (prince) vertritt; ein Wille, den man als Körperschaftswille bezeichnen könnte. Er ist allgemein in bezug auf die Regierung und Einzelwille in bezug auf den Staat, von dem die Regierung nur ein Teil ist. Drittens, der Wille des Volkes oder der Wille der Oberhoheit, der allgemein ist, sowohl in bezug auf den Staat als Ganzes betrachtet, wie in bezug auf die Regierung, wenn man sie als Teil des Ganzen betrachtet. In einer vollkommenen Gesetzgebung muß der einzelne Sonderwille fast Null sein; der Körperschaftswille der Regierung sehr untergeordnet; folglich ist der allgemeine und höchste Wille das Maß, nach dem sich alle anderen richten. Diese verschiedenen Willen werden aber in der natürlichen Ordnung um so wirksamer, je mehr sie sich zusammenschließen. Der Allgemeinwille ist immer der schwächste, der Körperschaftswille nimmt die zweite Stelle ein, der Einzelwille wird allen vorgezogen, so daß jeder zuerst er selbst ist, dann Beamter und dann erst Bürger: eine Stufenfolge, die der Gesellschaftsordnung *(ordre social)* gerade entgegengesetzt ist.

Dies vorausgesetzt, nehmen wir einmal an, daß die Regierung in der Hand eines einzigen Menschen liegt. Dann sind Einzel- und Körperschaftswille vollkommen vereinigt und folglich auf der höchsten Stufe ihrer Stärke, die sie haben können. Da nun aber von diesem Grad der Gebrauch der Macht abhängt und die absolute Macht der Regierung immer die Macht des Volks ist, die sich nicht ändert, so folgt daraus, daß die wirksamste Regierung die des Einzel ist.

Vereinigen wir dagegen die Regierung mit der Oberhoheit *(autorité suprême)*, machen wir aus dem Oberhaupt den Für- sten *(prince)* und aus den Bürgern lauter Beamte: dann vermischt sich der Körperschaftswille vollkommen mit dem Allgemein- willen und hat nicht mehr Wirksamkeit als dieser; der Einzel- wille bleibt aber in seiner ganzen Macht bestehen. Die Regierung hat dieselbe absolute Macht bei seinem *Minimum* an Wirksam- keit.

Diese Regeln sind unwiderlegbar und andere Betrachtungen dienen nur dazu, sie zu erhärten. So sieht man zum Beispiel, daß die Beamten *(magistrats)* in ihrem Körper aktiver sind als die Bürger in ihrem, und daß folglich der Einzelwille dort viel mehr Einfluß hat. Denn jeder Beamte ist fast immer mit irgend- einer Regierungsaufgabe betraut; während der einzelne Bürger überhaupt keine Hoheitsfunktion hat. Je mehr sich übrigens der Staat ausdehnt, um so größer wird seine wirkliche Macht, obwohl sie nicht im Verhältnis zu ihrer Ausdehnung wächst. Aber da der Staat derselbe bleibt, erlangt die Regierung, obwohl sich die Beamten vervielfachen, keine größere wirkliche Stärke, weil sie der Träger der Staatsmacht ist, die wir als immer gleich- bleibend annehmen. Durch diese vielfältige Auffächerung ver- mindert sich die Wirksamkeit der Regierung, ohne daß ihre Macht vermehrt werden könnte.

Nachdem wir gefunden haben, daß die Regierung in dem Maße schwächer wird, in dem sich die Beamten vermehren, und die Macht der Unterdrückung der Regierung um so größer wer- den muß, je zahlreicher das Volk ist, schließen wir also, daß das Verhältnis der Beamten zum Staat umgekehrt sein muß zum Verhältnis der Untertanen zur Oberhoheit, d. h. je größer der Staat wird, desto stärker muß sich die Regierung beschränken, derart, daß die Zahl der Obern *(chefs)* in dem Maße abnimmt, in dem das Volk anwächst.

Um diese verschiedenen Formen genauer zu bezeichnen, stellen wir zuerst fest, daß das Oberhaupt *(souverain)* die Regierungs- befugnisse entweder dem ganzen oder einem großen Teil des Volkes anvertrauen kann, derart, daß es mehr beamtete Bürger als Privatleute gibt. Diese Regierungsform nennt man *Demo-kratie*.

Oder es kann die Regierung in die Hände einer beschränkten Zahl geben, derart, daß es mehr einfache Bürger als Beamte gibt: diese Form trägt den Namen *Aristokratie*.

Schließlich kann es die Regierung in die Hand eines einzigen Beamten legen. Diese dritte Form ist die gewöhnlichste und heißt *Monarchie* oder Königsherrschaft.

Wir stellen fest, daß alle diese Formen oder wenigstens die beiden ersten ein Mehr oder Weniger zulassen und sogar einen ziemlich großen Spielraum haben. Denn die Demokratie kann das ganze Volk umfassen oder sich bis auf die Hälfte einschränken. Die Aristokratie ihrerseits kann sich von der Hälfte des Volkes unbegrenzt bis auf die kleinste Anzahl beschränken. Selbst das Königtum läßt manchmal eine Teilung zu, sei es zwischen Vater und Sohn, sei es zwischen zwei Brüdern, sei es auf andere Weise. In Sparta gab es immer zwei Könige, und im römischen Reich sah man bis zu acht Kaiser zu gleicher Zeit, ohne daß man sagen kann, das Reich wäre geteilt gewesen. Es gibt einen Punkt, wo jede Regierungsform mit der folgenden verschmilzt. Unter diesen drei Sonderbenennungen ist die Regierung so vieler Formen fähig, wie der Staat Bürger hat.

Ja, mehr noch! Jede dieser Regierungen läßt sich in gewisser Hinsicht in verschiedene Teile zerlegen, von denen die eine so, die andere anders verwaltet wird. So entsteht aus der Verbindung dieser drei Formen eine Vielfalt von gemischten Formen, von denen jede wieder mit allen einfachen Formen vervielfältigt werden kann.

Zu allen Zeiten hat man viel über die beste Regierungsform geschrieben, ohne zu bedenken, daß jede in bestimmten Fällen die beste und in anderen Fällen die schlechteste ist. Wenn nun in verschiedenen Staaten die Zahl der Beamten* im umgekehrten Verhältnis zur Zahl der Bürger steht, so schließen wir daraus, daß im allgemeinen die demokratische Regierung den kleinen Staaten, die Aristokratie den mittleren Staaten und die Monarchie den großen Staaten angemessen ist.

Aufgrund dieser Untersuchungen gelangen wir zur Einsicht, welches die Pflichten und Rechte des Bürgers sind und ob man die einen von den anderen trennen kann; was das Vaterland ist, worin es genau besteht; und woran ein jeder erkennen kann, ob er ein Vaterland hat oder nicht.

Nachdem wir so jede Art bürgerlicher Gesellschaft an sich betrachtet haben, vergleichen wir sie miteinander, um ihre verschiedenen Beziehungen zu beobachten: die einen sind groß, die anderen klein; die einen sind stark, die anderen schwach. Sie

---

* Man wird sich erinnern, daß ich hier nur von den höchsten Beamten *(magistrats)* oder Führern *(chefs)* der Nation spreche, da die anderen nur ihre Stellvertreter auf diesem oder jenem Gebiet sind.

Reisen, politische und soziale Betrachtungen 515

greifen einander an, beleidigen sich, zerstören sich gegenseitig; in diesem ständigen Schlag und Gegenschlag stürzen sie mehr Menschen ins Elend und bringen mehr Menschen ums Leben, als wenn sie alle ihre erste Freiheit bewahrt hätten. Wir untersuchen dann, ob man in den gesellschaftlichen Einrichtungen zuviel oder zuwenig getan hat; ob die Einzelwesen, die den Gesetzen und den Menschen unterworfen sind, während die Gesellschaften selbst untereinander ihre natürliche Unabhängigkeit bewahren, nicht den Nachteilen der beiden Staaten ausgesetzt sind, ohne deren Vorteile zu genießen, und ob es nicht besser wäre, es gäbe überhaupt keine bürgerliche Gesellschaft auf der Welt, als daß es mehrere gibt. Ist es nicht dieser gemischte Staat, der an beiden teilnimmt und weder den einen noch den anderen sichert, *per quem neutrum licet, nec tanquam in bello paratum esse, nec tanquam in pace securum?* (durch den keines von beiden erlaubt ist: weder wie im Krieg gerüstet noch wie im Frieden sicher zu sein. SENECA, *De tranquill. anim.* I). Ist es nicht diese teilweise und unvollkommene Verbindung, die die Tyrannei und Krieg verursacht? Und sind nicht Tyrannei und Krieg die größten Geißeln der Menschheit?

Wir untersuchen schließlich die Mittel, die man gegen diese Mißstände gesucht hat: Bündnisse und Eidgenossenschaften, die jedem Staat im Inneren seine Herrschaft lassen, nach außen gegen jeden ungerechten Angreifer wappnen. Wir untersuchen, wie man eine gute Bundesgenossenschaft erreichen kann, was sie dauerhaft macht, und bis zu welchem Punkt man das Recht des Staatenbundes ausdehnen kann, ohne dem Recht der Staatshoheit zu schaden.

Der Abbé de Saint-Pierre hatte einen Bund aller Staaten Europas vorgeschlagen, um unter ihnen einen ewigen Frieden aufrechtzuerhalten. Wäre dieser Bund durchführbar? Und angenommen, man hätte ihn errichtet, kann man annehmen, daß er auch von Dauer wäre*? Diese Untersuchungen führen uns unmittelbar zu allen Fragen des öffentlichen Rechtes, die die Fragen des politischen Rechts vollends klären können.

Dann erst werden wir die wahren Grundsätze des Kriegsrechts aufstellen und untersuchen, warum Grotius und die anderen nur falsche angeführt haben[63].

Es würde mich nicht überraschen, wenn mein junger Mann, der gesunden Menschenverstand hat, mich mitten in all unseren Überlegungen unterbräche und sagte: Man sollte meinen, daß wir unser Gebäude aus Holz und nicht aus Menschen bauen, so genau richten wir jedes Stück nach der Schnur aus! Das ist wahr, mein Freund, aber bedenke, daß sich das Recht nicht nach

---

* Seitdem ich dies geschrieben habe, sind die Gründe *dafür* im Auszug dieses Entwurfes dargestellt worden; die Gründe *dagegen*, zum wenigsten diejenigen, die mir stichhaltig erschienen, finden sich in der Sammlung meiner Schriften als Anhang zu diesem Auszug.

den Leidenschaften der Menschen richtet und daß es sich bei uns darum handelt, die wahren Grundsätze des politischen Rechtes aufzustellen. Jetzt, wo die Grundlagen gelegt sind, kannst du untersuchen, was die Menschen darauf gebaut haben, und du wirst schöne Dinge zu sehen bekommen!

Auf den Spuren von Telemach Dann lasse ich ihn den *Telemach* lesen und seinen Weg verfolgen. Wir suchen das glückliche Salent und den guten Idomeneus, der durch sein Unglück weiser geworden war. Unterwegs finden wir viele Protesilas, aber keinen Philokles. Auch Adrast, der König der Daunier, ist nicht unauffindbar. Aber überlassen wir es den Lesern, sich unsere Reisen vorzustellen, oder sie an unsrer Statt, einen *Telemach* in der Hand, selbst zu machen. Blasen wir ihnen keine betrüblichen Auslegungen ein, die der Autor selber vermeidet oder wider Willen macht.

Da aber Emil kein König ist und ich kein Gott bin, so bereitet es uns keinen Kummer, Telemach und Mentor in den Wohltaten, die sie den Menschen erweisen, nicht nachmachen zu können. Niemand kann besser als wir auf seinem Platz bleiben und niemand wünscht weniger, ihn zu verlassen. Wir wissen, daß wir alle die gleiche Aufgabe haben: Wer das Gute aus ganzem Herzen liebt und mit seiner ganzen Kraft tut, der erfüllt sie. Wir wissen, daß Telemach und Mentor Schattenbilder sind. Emil reist nicht als Müßiggänger und er tut mehr Gutes, als wenn er ein Fürst wäre. Wären wir Könige und Wohltäter, richteten wir, ohne es zu wissen, tausend wirkliche Übel für eine scheinbare Wohltat an, die wir zu erweisen glaubten. Wären wir Könige und weise, so wäre die erste Wohltat, die wir uns selbst und anderen erwiesen, auf die Königschaft zu verzichten und wieder das zu werden, was wir sind.

Jedermanns Reisen Ich habe schon erwähnt, was die Reisen für jedermann so fruchtlos macht. Was sie für die Jugend noch fruchtloser macht, ist die Art, wie man sie machen läßt. Da die Erzieher mehr auf ihr Vergnügen als auf die Belehrung der Zöglinge aus sind, führen sie von Stadt zu Stadt, von Palast zu Palast, von Gesellschaft zu Gesellschaft. Oder wenn sie gelehrt oder Literaten sind, schleifen sie sie durch die Bibliotheken, zu Antiquaren, durchstöbern alte Denkmäler und lassen alte Inschriften abschreiben. In jedem Land beschäftigen sie sich mit einem anderen Jahrhundert. Das ist dasselbe, wie wenn sie sich mit einem anderen Lande beschäftigten. Nachdem sie mit großen Kosten Europa durcheilt, sich Ausschweifungen oder der Langweile hingegeben haben, kehren sie dann zurück, ohne etwas gesehen zu haben, was sie wirklich interessieren, oder etwas gelernt zu haben, was ihnen nützlich sein könnte.

Vergleich der Hauptstädte Alle Hauptstädte sehen sich ähnlich; in ihnen vermischen sich alle Völker, alle Sitten geraten durcheinander. Dort ist kein Platz, um die Sitten der Völker zu studieren. Paris und London sind in meinen Augen ein und dieselbe Stadt. Ihre Bewohner unterscheiden sich in einigen Vorurteilen, aber die einen haben nicht weniger als die anderen, und alle ihre praktischen Grundsätze sind die gleichen. Man weiß, welche Sorte von Menschen sich an Höfen zu versammeln pflegt. Man weiß, welche Sitten eine Bevölkerungsballung und die Ungleichheit des Besitzes überall hervorbringen muß. Sobald man mir von einer Stadt erzählt, in der zweihunderttausend Menschen leben, weiß ich im vorhinein, wie man dort lebt. Was ich darüber hinaus über diese Orte noch erfahren könnte, lohnt nicht der Mühe, es zu erlernen.

Um das Urwesen und die Sitten einer Nation zu studieren, muß man in die abgelegenen Provinzen gehen, wo es weniger Bewegung und weniger Handel gibt, wo Fremde weniger hinkommen, wo die Bewohner seßhafter sind und wo sie weniger Besitz und Beruf wechseln. Man sehe sich die Hauptstädte im Vorübergehen an, das Land beobachte man weit ab davon. Die Franzosen leben nicht in Paris, sondern in der Touraine. Die Engländer sind in Mercia englischer als in London, und die Spanier in Galicien spanischer als in Madrid. Erst in dieser Entfernung wird ein Volk prägsam sichtbar und zeigt sich, wie es unvermischt ist. Hier sind auch die guten und schlechten Auswirkungen der Regierung am besten spürbar, so wie am Ende eines größeren Halbmessers der Bogen genauer gemessen werden kann.

Die notwendigen Verhältnisse zwischen den Sitten und der Regierung sind in dem Buch *Über den Geist der Gesetze*[64] so gut dargestellt worden, daß man nichts Besseres tun kann, als zu diesem Werk zu greifen, um diese Verhältnisse zu studieren. Im allgemeinen aber gibt es zwei leichte und einfache Regeln, wonach man die bezügige Güte einer Regierung beurteilen kann. Die eine ist die Bevölkerung. In jedem Land, das sich entvölkert, geht der Staat seinem Untergang entgegen; das Land, das sich am stärksten bevölkert, und wäre es das ärmste, ist unfehlbar das am besten regierte Land*.

Dazu muß aber die Bevölkerungszunahme eine natürliche Auswirkung der Regierung und der Sitten sein. Denn wenn sie durch Kolonien oder auf andere zufällige und vorübergehende Weise entstünde, so würde sie das Übel durch das Heilmittel beweisen. Als Augustus Gesetze gegen die Ehelosigkeit erließ, bewiesen diese Gesetze schon den Niedergang des römischen Reiches. Eine Regierung muß so gut sein, daß sie den Bürger zum Heiraten veranlaßt. Kein Gesetz darf ihn dazu zwingen. Was aus Zwang geschieht, darf nicht in Erwägung gezogen werden, denn ein Gesetz, das bestehende Einrichtungen bekämpft, wird umgangen und unwirksam; man darf nur untersuchen, was unter der Einwirkung der Sitten und durch das

Die Natur in der Provinz suchen

Regierung und Gesetze

---

* Ich wüßte nur eine Ausnahme zu dieser Regel, und das ist China[65].

natürliche Gefälle der Regierung geschieht. Nur diese Mittel haben einen bleibenden Erfolg. Es war die Politik des guten Abbé de Saint-Pierre, für jedes Einzelübel immer ein kleines Heilmittel zu suchen, statt zur gemeinsamen Quelle zurückzugehen und zu erkennen, daß man alle bloß auf einmal heilen kann. Man kann nicht jedes Geschwür einzeln heilen, sondern man muß das ganze Blut reinigen, das sie alle erzeugt. Man sagt, daß es in England Preise für die Landwirtschaft gibt. Das genügt mir: es beweist mir, daß sie nicht mehr lange in Blüte stehen wird.

Das zweite Merkmal für verhältnismäßig gute Regierung und gute Gesetze hängt ebenfalls mit der Bevölkerung zusammen, aber auf andere Art: d. h. durch ihre Verteilung, und nicht durch ihre Menge. Zwei Staaten gleicher Größe und gleicher Bevölkerungszahl können sehr verschieden stark sein. Der stärkere ist immer der, dessen Einwohner am gleichmäßigsten über das Land verteilt sind. Der Staat, der keine so großen Städte hat und der daher auch weniger glänzt, schlägt immer den anderen. Große Städte erschöpfen einen Staat und schwächen ihn. Der Reichtum, den sie hervorbringen, ist ungerecht und trügerisch: Viel Geld und wenig Wirkung. Man sagt, daß Paris dem König eine ganze Provinz wert sei. Ich glaube, daß ihn Paris mehrere Provinzen kostet; daß Paris in mehr als einer Hinsicht von den Provinzen ernährt wird; daß der größte Teil ihrer Einnahmen in diese Stadt fließt und dort bleibt, ohne jemals zum Volk oder zum König zurückzufließen. Es ist unbegreiflich, daß es in diesem Jahrhundert der Rechenkünstler keinen geben sollte, der nicht einsieht, daß Frankreich viel mächtiger wäre, wenn Paris vernichtet würde. Nicht nur, daß die schlechtverteilte Bevölkerung dem Staat abträglich ist, sie ist ihm sogar verderblicher als die Entvölkerung selbst, denn die Entvölkerung hat überhaupt keine Auswirkungen, während eine schlecht geordnete Verbrauchsverteilung schädlich ist. Wenn ich einen Franzosen und einen Engländer, die über die Größe ihrer Hauptstädte ganz stolz sind, streiten höre, ob Paris oder London mehr Einwohner hat, so ist das für mich, als ob sie darüber stritten, welches der beiden Völker die Ehre hat, am schlechtesten regiert zu werden.

Nation und Regierung Beobachtet ein Volk außerhalb seiner Städte, nur so werdet ihr es kennenlernen! Es führt zu nichts, nur die äußere Form einer Regierung anzuschauen, die sich hinter dem Behördenapparat und der Beamtensprache tarnt, wenn man nicht auch ihr Wesen an den Wirkungen studiert, die sie auf das Volk ausübt und zwar auf allen Stufen der Verwaltung. Da der Unterschied zwischen Form und Inhalt auf allen Stufen wiederkehrt, so erkennt man diesen Unterschied nur daran, wenn man sie alle überschaut. In dem einen Lande spürt man den Geist, der im Ministerium herrscht, schon an den Machenschaften der Unterbeamten; in jenem anderen muß man beobachten, wie die Mitglieder ins Parlament gewählt werden, um zu beurteilen, ob die Nation wahrhaft frei ist. In welchem Land es auch sei, wer nur die Städte kennt, kann unmöglich die Regierung kennen, weil sie sich der Stadt gegenüber anders verhält als dem Lande gegenüber. Es ist aber das flache Land, das den Staat, und die Landbevölkerung, die die Nation ausmachen.

Dieses Studium der verschiedenen Völker in ihren abgelegenen Provinzen und in der Einfachheit ihrer Uranlage führt zu einer allgemeinen Beobachtung, die zu meinem Leitspruch paßt und die für das Menschenherz recht tröstlich ist; nämlich, daß alle Nationen, auf diese Weise betrachtet, viel mehr wert zu sein scheinen; je mehr sie sich der Natur nähern, desto gutmütiger ist ihr Charakter; nur wenn sie sich in die Städte einsperren, nur wenn sie sich an einem Übermaß an Kultur verändern, entarten sie und verfälschen Fehler, die eher grob als bösartig sind, in angenehme aber verderbliche Laster.

Aus allen diesen Beobachtungen folgt ein weiterer Vorteil in der Art des Reisens, wie ich es vorschlage: da die jungen Leute weniger in den großen Städten leben, sind sie weniger der Gefahr ausgesetzt, sich an der schrecklichen Verderbtheit, die dort herrscht, anzustecken. Unter einfacheren Menschen und in weniger zahlreicher Gesellschaft bewahren sie sich ein sicheres Urteil, einen gesünderen Geschmack und ehrbarere Sitten. Übrigens braucht man für meinen Emil keine Ansteckung zu fürchten: er hat alles, um sich davor zu bewahren. Unter all den Vorsichtsmaßnahmen, die ich deswegen getroffen habe, schlage ich die Bindung, die er im Herzen trägt, sehr hoch an.

Man weiß nicht mehr, was die wahre Liebe über die Neigungen der jungen Leute vermag, weil ihre Erzieher sie ja auch nicht besser kennen und sie nur davon ablenken. Ein junger Mann muß sich verlieben oder er verfällt der Ausschweifung. Natürlich kann man leicht durch den äußeren Schein betrogen werden. Man kann mir tausend junge Männer aufzählen, die, so behauptet man, ohne Liebe ein keusches Leben führen. Aber man nenne mir einen Erwachsenen, einen wirklichen Mann, der ehrlich von sich behaupten kann, seine Jugend so verbracht zu haben. In allen Tugenden, in allen Pflichten sucht man nur den Schein. Ich aber suche die Wirklichkeit und ich habe mich getäuscht, wenn es, um dahin zu gelangen, andere Mittel gibt als die, die ich angebe.

Der Gedanke, daß sich Emil vor der Reise verlieben müsse, stammt nicht von mir. Folgende Begebenheit hat mich darauf gebracht.

Ich war in Venedig bei dem Erzieher eines jungen Engländers zu Gast. Es war im Winter und wir saßen um das Feuer. Die Post bringt ihm seine Briefe. Er liest sie und dann liest er einen seinem Zögling laut vor. Er war auf englisch und ich verstand nichts. Aber ich sah, wie sich der junge Mann während der Lek-

Jugend und Liebe

Die Liebe eines jungen Engländers

türe seine wunderschönen Spitzenmanschetten abriß und sie, so heimlich wie er konnte, eine nach der anderen ins Feuer warf. Überrascht schaue ich ihm ins Auge und glaube, Rührung darin zu sehen. Aber die äußeren Zeichen der Leidenschaft haben, obwohl sie bei allen Menschen ziemlich ähnlich sind, nationale Unterschiede, über die man sich leicht täuschen kann. Die Völker sprechen mit dem Gesicht ebenso verschiedene Sprachen wie mit dem Mund. Ich warte, bis der Brief zu Ende ist, zeige dem Erzieher dann die bloßen Handgelenke seines Schülers, die dieser zwar zu verstecken versucht, und frage: Darf man wissen, was das bedeutet?

Als der Erzieher sah, was geschehen war, fing er zu lachen an und umarmte mit Genugtuung seinen Schüler. Mit dessen Einverständnis gab er mir die erbetene Aufklärung.

Die Manschetten, sagte er, die Mr. John soeben zerrissen hat, sind ein Geschenk, das ihm eine Dame dieser Stadt vor kurzem gemacht hatte. Nun müssen Sie wissen, daß Mr. John in seiner Heimat mit einem Fräulein verlobt ist, die er sehr verehrt, und die seine Liebe noch viel mehr verdient. Der Brief ist von ihrer Mutter, und ich werde Ihnen die Stelle übersetzen, die den Schaden verursacht hat, dessen Zeuge sie waren:

„Lucy kann sich von den Manschetten Lord Johns nicht mehr trennen. Miss Betty Roldham verbrachte gestern den Nachmittag mit ihr und wollte ihr mit aller Gewalt bei ihrer Handarbeit helfen. Da ich wußte, daß Lucy früher als gewöhnlich aufgestanden war, wollte ich sehen, was sie tat, und fand sie damit beschäftigt, aufzutrennen, was gestern Miss Betty gemacht hatte. Sie möchte in ihrem Geschenk keine Masche haben, die nicht von ihrer Hand ist."

Mr. John ging einen Augenblick hinaus, um andere Manschetten zu nehmen. Ich fragte den Erzieher: Sie haben einen Schüler von vorzüglichem Gemüt. Aber sagen Sie mir die Wahrheit! Ist der Brief von Miss Lucys Mutter nicht verabredet? Ist es nicht einer Ihrer Schachzüge gegen die Manschettendame? Nein, sagte er mir, der Brief ist echt. Ich habe mich nie solcher Kunstgriffe bedient. Meine Bemühungen waren einfach und eifervoll, und Gott hat mein Werk gesegnet.

Die Geschichte von diesem jungen Mann habe ich nie vergessen. Es war eine Geschichte, die auf einen solchen Träumer wie mich einen tiefen Eindruck machen mußte.

Ende der Reise · Es ist Zeit, zu Ende zu kommen. Bringen wir Lord John zu Miss Lucy zurück, d. h. Emil zu Sophie. Er bringt ihr mit einem Herzen, das nicht weniger zärtlich ist als vor seiner Abreise, einen aufgeklärten Geist zurück; er bringt in seine Heimat den Gewinn mit, die Regierungen mit all ihren Lastern und die Völker mit all ihren Tugenden zu kennen. Ich war sogar darauf bedacht, daß er sich in jeder Nation mit irgendeinem verdienstvollen Mann nach der Art der Alten durch einen Gastfreundschaftspakt verband, und ich hatte nichts dagegen, wenn er diese Bekanntschaften durch einen Briefwechsel pflegt. Abgesehen davon, daß ein Briefwechsel mit fernen Ländern nützlich sein kann und immer reizvoll ist, beugt er ausgezeichnet der Herrschaft nationaler Vorurteile vor, die uns unser ganzes Leben lang zusetzen und früher oder später auch Einfluß auf uns gewinnen. Nichts eignet sich besser, ihnen diese Macht zu nehmen, als der uneigennützige Verkehr mit vernünftigen Menschen, die man schätzt und die uns, da sie diese Vorurteile nicht haben, und sie mit ihren eigenen bekämpfen, die Mittel in die Hand geben, ununterbrochen die einen gegen die anderen auszuspielen und uns derart vor allen zu schützen. Es ist nicht das gleiche, mit Ausländern bei uns oder in ihrer Heimat zu verkehren. Im ersten Fall schonen sie immer das Gastland und verschleiern, was sie wirklich davon denken; oder sie beurteilen es günstig, solange sie dort sind. In ihre Heimat zurückgekehrt, geben sie es billiger und sind dann nur gerecht. Ich wäre froh, wenn der Ausländer, den ich befrage, auch mein Land gesehen hätte, aber ich würde ihn um seine Meinung nur in seiner Heimat fragen.

Emil und Sophie schließen die Ehe

Nachdem wir fast zwei Jahre dazu verwendet haben, einige der großen Staaten Europas und viele der kleinen zu bereisen, nachdem wir ihre zwei oder drei wichtigsten Sprachen gelernt haben; nachdem wir dort gesehen haben, was wirklich an Naturgeschichte, an Regierungsformen, an Kunst, an Menschen sehenswert ist, macht mich Emil, von Ungeduld verzehrt, darauf aufmerksam, daß die Zeit abgelaufen sei. Da sage ich ihm: Gut, mein Freund, du erinnerst dich an den Hauptzweck unserer Reise; du hast gesehen, du hast beobachtet. Was ist das Ergebnis deiner Beobachtungen? Enweder habe ich mich mit meiner Methode getäuscht, oder er muß mir ungefähr so antworten:

„Wozu ich mich entschließe? Das zu bleiben, was Sie aus mir gemacht haben und mir freiwillig keine anderen Fesseln anzulegen als die, durch die mich Natur und Gesetz binden. Je mehr ich das Werk der Menschen in ihren Einrichtungen erforsche, desto mehr sehe ich, daß sie sich zu Sklaven machen, weil sie unabhängig sein wollen, und daß sie die Freiheit selbst, nur um sie zu sichern, in nichtigen Bemühungen verspielen. Um nicht dem Strom der Dinge zu weichen, binden sie sich tausendfältig. Wenn sie dann einen Schritt machen wollen, können sie es nicht und sind erstaunt, überall gebunden zu sein. Mir scheint, daß man nichts zu tun brauche, um frei zu sein. Es genügt, nicht aufhören zu wollen, es zu sein. Sie, mein Lehrer, haben mich frei gemacht und mich gelehrt, der Notwendigkeit zu weichen. Sie mag kommen, wann sie will, ich lasse mich ohne Gegenwehr mittreiben; und da ich sie nicht bekämpfen will, binde ich mich an nichts, was mich zurückhalten könnte. Ich habe mich auf unseren Reisen umgesehen, ob ich irgendeinen Erdenwinkel fände, wo ich mir ganz allein gehören könnte. Aber an welchem Ort hängt man nicht von den Leidenschaften der Menschen ab? Nachdem ich alles überdacht habe, fand ich, daß selbst mein Wunsch zwiespältig war: denn wenn ich mich auch an nichts hielte, so hielte ich mich doch wenigstens an dem Boden, auf dem ich mich niedergelassen habe; mein Leben wäre an diesen Boden gebunden wie das Leben der Dryaden an den Baum. Ich habe erkannt, daß Herrschaft und Freiheit zwei unvereinbare Begriffe sind. Ich könnte nur Herr über ein Haus sein, wenn ich es aufgebe, mein eigener Herr zu sein.

Hoc erat in votis: modus agri non ita magnus.

(Das war mein Wunsch: ein bescheidener Acker, nicht gerade groß HORAZ, Sat. II, 6, 1)

Ich erinnere mich, daß mein Vermögen der Grund zu unseren Nachforschungen war. Sie hatten mir überzeugend bewiesen, daß ich meinen Reichtum und meine Freiheit zugleich behalten könne. Aber als Sie von mir verlangten, frei und bedürfnislos zugleich zu sein, da wollten Sie zwei unvereinbare Dinge, denn ich könnte mich von den Menschen nur dann unabhängig machen, wenn ich mich von der Natur abhängig mache. Was soll ich also mit dem Vermögen anfangen, das mir meine Eltern hinterlassen haben? Zuerst werde ich mich also davon unabhängig machen; ich werde alle Bande lösen, die mich daran fesseln. Läßt man es mir, so behalte ich es. Nimmt man es mir, so laufe ich ihm nicht nach. Ich werde mir keine Sorgen machen, um es zurückzuhalten, sondern fest auf meinem Platz bleiben. Reich oder arm, ich werde frei sein. Ich werde es nicht nur in diesem oder in jenem Land sein: ich bin es in der ganzen Welt. Für mich sind alle Fesseln der öffentlichen Meinung gebrochen. Ich kenne nur die Notwendigkeit. Ich habe gelernt, sie seit meiner Geburt zu ertragen, und ich werde sie bis zum Tod ertragen. Warum sollte ich sie nicht als freier Mensch ertragen, da ich sie als Sklave ebenfalls ertragen müßte und die der Sklaverei noch obendrein?

Was kümmert mich meine Stellung hier auf Erden? Was kümmert es mich, wo ich bin? Überall, wo es Menschen gibt, bin ich unter Brüdern. Überall, wo es keine gibt, bin ich zu Hause. Solange ich abhängig und reich bleibe, habe ich genug, um zu leben, und ich werde leben. Wenn mich mein Vermögen unterjocht, gebe ich es ohne Kummer auf. Ich habe Hände, um zu arbeiten, und ich werde leben. Wenn ich nicht mehr arbeiten kann, werde ich leben, wenn man mir Nahrung gibt, und sterben, wenn man mich verläßt. Sterben muß ich auch, wenn man mich nicht verläßt. Denn der Tod ist keine Strafe der Armut, sondern ein Naturgesetz. Wann der Tod auch kommen mag, ich trotze ihm. Nie wird er mich dabei überraschen, ein längeres Leben vorzubereiten. Nie kann er mich daran hindern, gelebt zu haben.

Das ist es, mein Vater, wozu ich mich entschlossen habe. Hätte ich keine Leidenschaften, so wäre ich in meiner Menschenschaft unabhängig, wie Gott selbst, denn ich brauche niemals gegen das Schicksal zu kämpfen, weil ich nur will, was ist. So trage ich wenigstens nur eine Kette, die einzige, die ich jemals tragen werde, und auf die kann ich stolz sein. Kommen Sie und geben Sie mir Sophie, und ich bin frei."

Lieber Emil, es freut mich, aus deinem Mund diese Mannesrede zu hören und die Gefühle deines Herzens darin zu erkennen. Diese übertriebene Uneigennützigkeit mißfällt mir in deinem Alter nicht. Sie wird sich vermindern, wenn du Kinder hast, und du wirst dann genau das sein, was ein guter Familienvater und ein weiser Mann sein muß. Schon vor der Reise wußte ich, welche Wirkung sie haben wird. Ich wußte, daß du bei näherer Betrachtung unseren Einrichtungen kein Vertrauen schenken würdest, das sie nicht verdienen. Unter der Obhut der Gesetze bemüht man sich vergebens um die Freiheit. Gesetze! Wo gibt es sie und wo werden sie befolgt? Überall hast du unter diesem Namen nur den Eigennutz und die Leidenschaften der Menschen herrschen sehen. Aber die ewigen Gesetze der Natur und der Ordnung bleiben bestehen. Sie ersetzen dem Weisen das positive Recht. Sie sind durch das Gewissen und die Vernunft tief in sein Herz geschrieben. Ihnen muß er sich unterordnen, um frei zu

Emil und Sophie schließen die Ehe

sein. Nur der ist Sklave, der Böses tut, denn er tut es immer gegen seinen Willen. Freiheit gibt es in keiner Regierungsform; sie lebt nur im Herzen des freien Mannes. Der Schandbube trägt überall die Knechtheit mit sich herum. Der eine kann in Genf ein Sklave, der andere in Paris frei sein.

Wenn ich dir die Pflichten des Bürgers aufzählte, so würdest du mich vielleicht fragen, wo denn das Vaterland ist, und du würdest glauben, mich widerlegt zu haben. Trotzdem hättest du dich getäuscht, lieber Emil. Denn wer kein Vaterland hat, hat wenigstens eine Heimat. Immer gibt es eine Regierung und Mockgesetze, unter denen er ruhig gelebt hat. Daß der Gesellschaftsvertrag nicht eingehalten wurde, ist nebensächlich, wenn der Einzelnutz ihn so geschützt hat, wie es der Gemeinwille getan hätte, wenn ihn die öffentliche Macht vor der Macht des einzelnen geschützt hat, wenn das Böse, das er tun sah, ihn das Gute lieben lehrte und wenn unsere Einrichtungen selbst ihn ihre eigenen Ungerechtigkeiten erkennen und hassen ließen? Emil, wo ist der rechtschaffene Mensch, der seiner Heimat nichts schuldet? Wer er auch sei, er schuldet ihr das Kostbarste des Menschen, die Sittlichkeit seiner Handlungen und die Liebe zur Tugend. Wäre er mitten im Wald geboren, hätte er glücklicher und freier gelebt. Aber da er gegen nichts anzukämpfen gehabt hätte, um seinen Neigungen zu folgen, wäre er verdienstlos gut, aber nicht tugendhaft gewesen; jetzt kann er es trotz seinen Leidenschaften sein. Der bloße Schein einer Ordnung läßt ihn sie erkennen und lieben. Das Gemeinwohl, das anderen nur als Vorwand dient, ist für ihn ein echter Beweggrund. Er lernt, sich zu beherrschen und zu besiegen, seinen Nutzen dem Gemeinnutzen zu opfern. Es ist nicht wahr, daß er keinen Nutzen aus den Gesetzen zieht: sie machen ihm Mut, gerecht zu sein, selbst unter Bösewichten. Es ist nicht wahr, daß sie ihn nicht frei gemacht haben: sie haben ihn gelehrt, über sich selbst zu herrschen.

Sag also nicht: was liegt daran, wo ich bin? Es ist für dich wichtig, dort zu sein, wo du deine Pflichten erfüllen kannst. Und eine dieser Pflichten ist die Anhänglichkeit an deinen Geburtsort. Deine Landsleute behüteten dich als Kind, du mußt sie als Erwachsener lieben. Du mußt mitten unter ihnen leben oder mindestens an einem Ort, wo du ihnen nach Kräften nützlich sein kannst, und wo sie dich erreichen können, wenn sie dich jemals brauchen. Es gibt Umstände, wo ein Mensch seinen Mitbürgern nützlicher sein kann, wenn er außerhalb seines Vaterlandes als mitten unter ihnen lebt. Dann darf er nur auf seinen Eifer hören und muß sein Exil ohne Murren ertragen. Dieses Exil ist eine seiner Pflichten. Aber dir, lieber Emil, erlegt niemand solche schmerzlichen Opfer auf. Du hast nicht die traurige Aufgabe übernommen, den Menschen die Wahrheit zu sagen, leb mitten unter ihnen, pfleg ihre Freundschaft in liebevollem Verkehr, sei ihr Wohltäter, ihr Vorbild: dein Beispiel wird ihnen nützlicher sein als alle unsere Bücher, und das Gute, das sie dich tun sehen, wird sie mehr rühren als alle unsere leeren Reden.

Ich ermuntere dich damit nicht, in großen Städten zu leben. Im Gegenteil! Eines der Beispiele, das die Guten den anderen geben müssen, ist das Beispiel des patriarchalischen Landlebens, das Urleben des Menschen, das friedlichste, natürlichste und süßeste für den, der kein verdorbenes Herz hat. Glücklich das Land, mein junger Freund, wo man den Frieden nicht in der Wüste zu suchen braucht! Aber wo ist dies Land? Ein Wohltäter kann diese Neigung inmitten der Städte nur schlecht befriedigen, weil er fast nur Ränkeschmiede und Betrüger für seine Bemühungen findet. Die Aufnahme, die Nichtstuer und Glücksritter dort finden, vollendet nur die Verwüstung des Landes, das man im Gegenteil auf Kosten der Städte wiederbevölkern müßte. Alle, die sich aus der großen Gesellschaft zurückziehen, sind gerade deshalb nützlich, weil sie sich aus ihr zurückziehen, denn alle ihre Laster kommen aus der Übervölkerung. Sie sind auch dadurch nützlich, daß sie Kultur und Liebe zum Urzustand in lebensleere Gegenden bringen können. Es rührt mich, wenn ich daran denke, welche Wohltaten Emil und Sophie von ihrer einfachen Zurückgezogenheit aus verbreiten, wie sehr sie das Land beleben und den erloschenen Eifer der unglücklichen Dörfler wieder erwecken können. Ich glaube zu sehen, wie sich das Volk vermehrt, die Felder fruchtbar werden, der Boden sich im neuen Kleide schmückt, wie Menge und Überfluß die Arbeit in Feste verwandeln und Freudenschreie und Segenssprüche aus der Mitte ländlicher Tänze rund um das liebenswürdige Paar, das sie alle wiederbelebt hat, aufsteigen. Das goldene Zeitalter ist und bleibt ein Wahn für den, dessen Herz und Geschmack verdorben sind. Es ist nicht einmal wahr, daß man es zurücksehnt, denn diese Sehnsucht ist immer nichtig. Was braucht man also, um es wiedererstehen zu lassen? Nur eines, das Unmögliche: es zu lieben.

Schon scheint es um Sophies Wohnung wieder aufzublühen. Ihr braucht nur zu vollenden, was ihre würdigen Eltern begonnen haben. Aber, mein lieber Emil, dies süße Leben darf dir nicht die mühevollen Pflichten verleiden, wenn sie dir jemals auferlegt werden. Erinnere dich, daß die Römer vom Pflug zum Konsulat überwechselten. Wenn der Fürst oder der Staat dich zum Dienst für das Vaterland rufen, verlaß alles, um auf dem Posten, den man dir anweist, das ehrenvolle Amt des Bürgers zu erfüllen. Ist dir dieses Amt lästig, so gibt es ein ehrenhaftes und sicheres Mittel, es loszuwerden: es mit solcher Redlichkeit zu verwalten, daß man es dir nicht lange überläßt. Du brauchst übrigens kaum zu fürchten, daß man dich mit solch einem Amt belästigt. Solange es Männer unseres Jahrhunderts gibt, wird man sich nicht an dich wegen eines Staatsamtes wenden.

Warum ist es mir nicht vergönnt, Emils Rückkehr zu Sophie und das Ende ihrer Liebe, oder vielmehr den Anfang ihrer Eheliebe zu schildern! Eine Liebe, die auf Hochachtung gegründet ist, die das ganze Leben überdauert, auf Tugenden, die nicht mit der Schönheit vergehen, auf den Einklang der Charaktere, der den Umgang angenehm macht und den Reiz der ersten Vereinigung bis ins Alter verlängert. Alle diese Einzelheiten könnten gefallen, ohne nützlich zu sein: bisher habe ich mir nur solche liebwerten Einzelzüge erlaubt, die mir nützlich erschienen. Soll ich am Ende meiner Aufgabe dieser Regel untreu werden? Nein! Ich fühle auch, daß meine Feder ermüdet. Sie ist zu schwach für so ausführliche Arbeiten, und ich würde sie ganz aufgeben, wenn sie nicht so weit gediehen wäre. Um sie nicht unvollendet zu lassen, ist es Zeit, sie abzuschließen.

Emils Hochzeit   Endlich sehe ich Emils schönsten und meinen seligsten Tag erscheinen. Ich sehe mein Werk gekrönt und beginne, seine Früchte zu genießen. Das würdige Paar vereinigt sich mit einem unauflösbaren Band. Ihr Mund und ihr Herz bestätigen die Schwüre, die nicht leer sein werden: sie sind Gatten. Bei ihrer Rückkehr aus dem Gotteshaus lassen sie sich führen. Sie wissen nicht, wo sie sind, wo sie gehen, was um sie vorgeht. Sie hören nichts, sie antworten verwirrt, ihre trunkenen Augen sehen nichts mehr. O Rausch! O menschliche Schwäche! Das Glücksgefühl erdrückt den Menschen; er ist nicht stark genug, es zu ertragen.

Emil und Sophie schließen die Ehe

Es gibt wenige Menschen, die am Hochzeitstag dem neuen Paar gegenüber den richtigen Ton gebrauchen. Die steife Zurückhaltung der einen und die lockeren Reden der anderen scheinen mir gleicherweise fehl am Platz. Mir wäre es lieber, man ließe diese jungen Leute allein, einer Erregung hingegeben, die nicht ohne Reiz ist, statt sie so grausam zu stören und durch einen falschen Anstand zu betrüben, oder um sie durch schlechte Witze in Verlegenheit zu bringen, die ihnen vielleicht sonst gefallen hätten, aber an einem solchen Tag bestimmt unangenehm sind.

Ich sehe, wie meine beiden jungen Leute in ihrer süßen Verwirrung kein Wort von dem hören, was man ihnen sagt. Mein Wunsch ist, daß sie jeden Tag ihres Lebens genießen. Sollten sie durch meine Schuld einen so kostbaren Tag verlieren? Nein, ich will, daß sie ihn genießen, daß sie ihn auskosten, daß er seine Lüste nur für sie hat. Ich entführe sie der neugierigen und zudringlichen Menge, ich führe sie abseits spazieren und rufe sie zu sich selbst zurück, indem ich mit ihnen über sie spreche. Nicht zu ihren Ohren, zu ihren Herzen möchte ich sprechen, und ich weiß sehr wohl, was allein sie heute beschäftigt.

„Meine Kinder", sage ich ihnen und nehme sie bei der Hand, „vor drei Jahren sah ich zuerst diese lebendige und reine Flamme, die heute euer Glück ausmacht. Sie ist ständig größer geworden. Ich sehe an euren Augen, daß sie den letzten Grad ihrer Glut erreicht hat. Von nun an kann sie nur mehr schwächer werden." Sehen Sie, meine Leser, wie Emil aufbraust, sich erregt, schwört, wie Sophie verächtlich ihre Hand der meinen entzieht, und wie sich ihre Augen gegenseitig zärtlich versichern, sich bis zum letzten Augenblick anzubeten? Ich lasse sie gewähren und fahre fort:

„Ich habe oft gedacht, daß man das Paradies auf Erden hätte, wenn man das Liebesglück in der Ehe fortsetzen könnte. Das hat es bisher noch nie gegeben. Sollte es aber doch nicht ganz unmöglich sein, so seid gerade ihr beide würdig, ein Beispiel zu geben, das euch niemand vorgelebt hat und das euch nur wenige Eheleute nachmachen werden können. Wollt ihr, meine Kinder, daß ich euch ein Mittel dafür sage, das ich für das einzig mögliche halte?"

Sie sehen einander lächelnd an und machen sich über meine Einfalt lustig. Emil bedankt sich rund heraus für mein Rezept und bedeutet mir, daß Sophie seiner Meinung nach ein besseres hat, und daß dieses für seine Bedürfnisse genüge. Sophie stimmt ihm bei und scheint genauso vertrauensvoll zu sein. Trotzdem glaube ich, durch ihre spöttische Miene ein wenig Neugier hindurchschimmern zu sehen. Ich sehe Emil an: seine Augen verschlingen die Reize seiner Gattin. Das ist das einzige, worauf er neugierig ist, und alle meine Reden kümmern ihn nicht. Nun muß ich lächeln und sage mir: Ich werde dich bald aufmerksam machen.

Der Unterschied zwischen diesen geheimen Regungen ist fast unmerklich und offenbart einen sehr charakteristischen Unterschied zwischen beiden Geschlechtern: Entgegen den bestehenden Vorurteilen sind nämlich die Männer weniger beständig als die Frauen und werden früher als sie der glücklichen Liebe überdrüssig. Die Frau spürt die Unbeständigkeit der Männer schon sehr früh und beunruhigt sich darüber*. Das macht sie auch eifersüchtiger. Wenn der Mann anfängt, lau zu werden, muß sie alle Aufmerksamkeiten anwenden, um ihn zu halten, die er früher angewendet hatte, um ihr zu gefallen. Sie weint und demütigt sich jetzt ihrerseits aber selten mit demselben Erfolg. Zuneigung und Aufmerksamkeiten gewinnen ein Herz, können es aber nicht halten. Ich komme nun wieder zu meinem Rezept gegen das Erkalten der Liebe in der Ehe zurück.

Mentors Ratschläge

„Es ist einfach und leicht", fahre ich fort. „Man muß weiterhin Liebhaber bleiben, auch wenn man Ehegatte ist." — „Das wird uns nicht schwerfallen", sagt Emil und lachte über das Geheimnis.

„Schwieriger, als du vielleicht denkst. Laß mir bitte Zeit, mich zu erklären.

„Knoten, die man fest zusammenziehen will, reißen. So geht es auch mit dem Eheband, wenn man es straffer ziehen will, als es nötig ist. Die Treue, die beiden Gatten auferlegt wird, ist das heiligste aller Rechte. Aber die Macht, die sie dem einen über den anderen verleiht, ist zu groß. Zwang und Liebe gehen schlecht zusammen und die Lust läßt sich nicht befehlen. Erröten Sie nicht, Sophie! und denken Sie nicht an Flucht. Ich möchte bei Gott Ihr Schamgefühl nicht verletzen! Aber es handelt sich um euer Liebesglück. Um einer so großen Sache willen gestatten Sie mir diese Worte zwischen einem Ehemann und einem Vater, die sie sonst nicht ertragen würden.

Es ist nicht so sehr der Besitz, der sättigt, als die Unterwerfung; und einem ausgehaltenen Mädchen ist man länger verbunden als einer Frau. Wie hat man nur aus den zärtlichsten Liebkosungen eine Pflicht machen können und aus den süßesten Liebesbezeigungen ein Recht? Das gegenseitige Verlangen begründet das Recht; die Natur kennt kein anderes. Das Gesetz kann dieses Recht einschränken, aber es kann es nicht ausweiten. Die Wollust ist in sich selbst so süß! Soll sie aus dem traurigen Zwang der Macht gewinnen, die sie aus ihren eigenen Reizen nicht schöpfen

---

* In Frankreich sind es die Frauen, die sich zuerst lösen. Das ist richtig, weil sie wenig Temperament haben und nur hofiert werden wollen. Tut das der Mann nicht mehr, so kümmert man sich nicht mehr um ihn. In den anderen Ländern ist es im Gegenteil der Mann, der sich zuerst löst. Auch das ist richtig, weil Frauen zwar treu, aber aufdringlich sind, und den Männern mit ihren Wünschen beschwerlich fallen und sich selbst überflüssig machen. Diese Gemeinwahrheiten mögen viele Ausnahmen haben, *dennoch* glaube ich jetzt, daß es allgemein gültige Wahrheiten sind[66].

könnte? Nein, meine Kinder, in der Ehe sind die Herzen gebunden, aber die Körper sind sich nicht unterworfen. Ihr seid euch Treue schuldig, aber keine Willfährigkeit. Jeder von euch beiden kann nur dem anderen gehören, aber nur so weit, als es ihm gefällt.

Wenn es also wahr ist, lieber Emil, daß du der Liebhaber deiner Frau sein willst, so muß sie immer deine und ihre Herrin sein. Sei ein glücklicher, aber ehrerbietiger Liebhaber. Laß dir alles von der Liebe geben und verlange nichts von der Pflicht. Betrachte die geringste Gunst niemals als ein Recht, sondern als ein Geschenk. Ich weiß, daß die Scham ausdrückliche Geständnisse flieht und besiegt sein will. Kann sich aber ein zartfühlender und wirklicher Liebhaber über das geheime Verlangen täuschen? Weiß er nicht, wann Herz und Auge gewähren, was der Mund zu versagen scheint? Bleibt beide Herr über eure Person und über eure Liebesbeweise und gewährt sie dem anderen nur aus freiem Willen. Erinnert euch immer daran, daß selbst in der Ehe die Lust nur dann Rechtens ist, wenn das Verlangen geteilt ist. Fürchtet nicht, meine Kinder, daß dies Gesetz euch trenne; im Gegenteil, es eifert euch an, euch zu gefallen, und bewahrt euch vor der Übersättigung. Wenn ihr euch einzig auf euch beschränkt, bringt euch Natur und Liebe nahe genug zusammen."

Diese und ähnliche Reden verdrießen Emil und er erhebt Einspruch. Sophie hält schamvoll ihren Fächer vors Gesicht und sagt nichts. Der Unzufriedenste scheint nicht der zu sein, der sich am lautesten beklagt. Ich bleibe unerbittlich: Ich bringe Emil zum Erröten über seinen Mangel an Zartgefühl; daß Sophie ihrerseits den Vertrag einhält, dafür bürge ich. Ich fordere sie zum Sprechen auf; man kann sich denken, daß sie mich nicht zu widerlegen wagt. Emil ist unruhig und befragt mit einem Blick seine junge Frau. Durch ihre Verwirrung sieht er in ihren Augen eine Sinneserregung, die ihn über den Einsatz seines Vertrauens beruhigt. Er wirft sich ihr zu Füßen, küßt bewegt ihre Hand und schwört, daß er außer der versprochenen Treue auf jedes andere Recht über sie verzichte. Sei du, sagt er ihr, liebe Gattin, Herrin über meine Freuden, so wie du es auch über mein Leben und mein Schicksal bist. Sollte deine Härte auch mein Leben kosten, ich überlasse dir meine teuersten Rechte. Nichts will ich deiner Willfährigkeit verdanken, alles will ich von deinem Herzen erhalten.

Beruhige dich, guter Emil: Sophie ist viel zu großherzig, um dich als Opfer deiner Großherzigkeit sterben zu lassen.

Am Abend beim Verlassen sage ich ihnen noch im ernstesten Ton, der mir möglich ist: Vergeßt nicht, daß ihr beide frei seid und daß es sich hier nicht um eheliche Pflichten handelt. Glaubt mir, keine falsche Willfährigkeit! Emil, willst du mitkommen? Sophie erlaubt es. Emil ist wütend und möchte mich am liebsten schlagen. Und Sie, Sophie, was sagen Sie? Soll ich ihn mitnehmen? Die Lügnerin sagt errötend ja. Eine reizende und süße Lüge, die mehr wert ist als die Wahrheit!

Am nächsten Tag .. Das Bild der Seligkeit schmeichelt den Menschen nicht mehr. Die Verderbnis des Lasters hat ihren Geschmack nicht weniger entartet als ihre Herzen. Sie fühlen nicht mehr, was rührend ist, und sehen nicht mehr, was lieblich ist. Um die Wollust zu malen, stellt ihr euch immer nur glückliche Liebende vor, die in Wonne baden: wie unvollkommen sind doch eure Bilder! Ihr habt nur die gröbere Hälfte gemalt; die süßesten Züge der Lust fehlen dort. Wer von euch hat jemals zwei junge Eheleute gesehen, die unter einem glücklichen Stern vereinigt das Brautbett verlassen und in ihren schmachtenden und keuschen Blicken die Trunkenheit süßer Freuden zeigen, die sie eben genossen haben, und zu gleicher Zeit die liebwerte Sicherheit der Unschuld und die nun so reizende Sicherheit, den Rest des Lebens miteinander zu verbringen? Das ist das Hinreißendste, was einem Menschenherzen gegeben werden kann. Das ist das wahre Bild der Lust. Ihr habt es hundertmal gesehen, ohne es zu erkennen. Eure verhärteten Herzen sind nicht dazu geschaffen, es zu lieben. Sophie, glücklich und zufrieden, verbringt den Tag im Arm ihrer zärtlichen Mutter. Es ist ein süßes Ausruhen, nachdem sie die Nacht in den Armen ihres Mannes zugebracht hat.

Am übernächsten Tag bemerke ich schon eine Veränderung. Emil möchte ein wenig unzufrieden erscheinen; aber hinter diesem Gehabe fühle ich einen so zärtlichen Eifer und vielleicht sogar Unterwürfigkeit, daß ich nichts Schlimmes voraussehe. Sophie dagegen ist heiterer als am Vortag. Ich sehe ihre Augen zufrieden glänzen. Sie ist reizend zu Emil; fast stichelt sie, aber er ärgert sich nicht mehr darüber.

Diese Veränderungen sind wenig merklich; aber sie entgehen mir nicht. Sie beunruhigen mich. Ich erfahre, daß er zu seinem Leidwesen und trotz seinen Bitten in der vergangenen Nacht allein habe schlafen müssen. Die herrschsüchtige Gattin hatte nichts Eiligeres zu tun, als ihre Rechte auszuprobieren. Es kommt zu Erklärungen: Emil beklagt sich bitter, Sophie spöttelt. Aber als sie sieht, daß er ernstlich böse werden will, da wirft sie ihm einen Blick voller Hingabe und Liebe zu, drückt mir die Hand und sagt mit einer Stimme, die zum Herzen dringt, ein einziges Wort: *Der Undankbare!* Emil ist so dumm, daß er es nicht begreift. Ich begreife, schicke Emil fort und nehme mir Sophie allein vor.

Mentor berät Sophie

Ich erkenne, sage ich ihr, den Grund dieser Laune. Man könnte nicht feinfühliger und dies zu ungelegener Zeit sein. Liebe Sophie, beruhigen Sie sich. Ich habe Ihnen einen Mann gegeben; fürchten Sie nicht, ihn als Mann zu behandeln. Sie haben die ersten Früchte seiner Jugend genossen. Er hat sie noch an niemanden verschwendet; er wird sie lange für Sie bewahren.

Emil und Sophie schließen die Ehe

„Ich muß Ihnen, mein liebes Kind, meine Ansichten aus dem Gespräch, das wir vorgestern hatten, erklären. Sie haben darin vielleicht nur ein Mittel zur Behutsamung Ihrer Freuden gesehen, um sie dauerhafter zu machen. Nein, meine liebe Sophie, es hatte einen anderen Zweck, der Männersorge würdiger ist. Emil wurde als ihr Gatte auch Ihr Herr. Sie müssen gehorchen, so hat es die Natur gewollt. Gleicht die Frau Sophie, so ist es jedoch gut, wenn der Mann von ihr gelenkt wird. Auch das ist das Gesetz der Natur. Um Sie zur Herrin über sein Herz zu machen, wie sein Geschlecht ihn zum Herrn über Ihre Person macht, habe ich Sie zum Schiedsrichter über seine Lüste gemacht. Das wird Sie schmerzliche Entbehrungen kosten. Aber Sie werden über ihn herrschen, wenn Sie sich selbst beherrschen können. Was schon geschehen ist, beweist mir, daß diese so schwierige Kunst Ihre Kräfte nicht übersteigt. Sie werden lange durch die Liebe herrschen, wenn Sie Ihre Gunst selten und kostbar, wenn Sie sie wertvoll zu machen verstehen. Wollen Sie Ihren Mann immer zu Ihren Füßen sehen, halten Sie ihn sich immer ein wenig vom Leib. Legen Sie in Ihre Strenge Bescheidenheit und keine Laune. Er wird Sie zurückhaltend, aber nicht eigensinnig sehen. Hüten Sie sich, daß Sie an Ihrer Liebe keinen Zweifel aufkommen lassen, wenn Sie seine Liebe zügeln. Er muß Sie für Ihre Hingabe lieben und für Ihre Verweigerung achten. Er muß die Keuschheit seiner Frau ehren, ohne über Ihre Kälte zu klagen zu haben.

So, mein Kind, wird er Ihnen vertrauen, wird er auf Ihren Rat hören, wird seine Geschäfte mit Ihnen besprechen und nichts entscheiden, ohne es mit Ihnen beraten zu haben. So können Sie ihn wieder zur Vernunft bringen, wenn er sich verirrt, und ihn durch sanfte Überredung wieder zu sich rufen. Sie machen sich liebenswert, um ihm zu helfen. So kann die Zuneigung der Tugend und die Liebe der Vernunft zu Diensten sein.

Glauben Sie trotz all diesem nicht, daß Ihnen diese Kunst immer helfen kann. Wie behutsam man auch sein mag, der Genuß verbraucht die Lust, die Liebe vor allem anderen. Aber wenn die Liebe lange gedauert hat, so füllt eine süße Gewohnheit die Leere aus, und der Reiz der Vertrautheit folgt den Ausbrüchen der Leidenschaft. Die Kinder bilden zwischen denen, die ihnen das Leben gaben, ein Band, das nicht weniger süß und oft stärker ist als die Liebe selber. Wenn Sie aufhören, die Geliebte Emils zu sein, bleiben Sie seine Frau und seine Freundin. Sie sind dann die Mutter seiner Kinder. Anstelle Ihrer früheren Zurückhaltung befleißigen Sie sich der größten Vertrautheit. Keine getrennten Betten, keine Verweigerung, keine Launen mehr. Werden Sie so sehr seine Hälfte, daß er ohne Sie nicht mehr auskommen kann und sich entwest fühlt, sobald er Sie verlassen hat. Lassen Sie die Reize des häuslichen Lebens, die Sie im Vaterhaus so gut zur Geltung gebracht haben, auch in Ihrem Hause herrschen. Jeder Mann, der zu Hause glücklich ist, liebt seine Frau. Denken Sie daran, daß Sie eine glückliche Frau sein werden, wenn Ihr Mann zu Hause glücklich ist.

Seien Sie jetzt nicht zu streng zu Ihrem Geliebten; er hat mehr Entgegenkommen verdient. Ihre Besorgnisse würden ihn beleidigen. Schonen Sie seine Gesundheit nicht so sehr auf Kosten seines Glücks und genießen Sie Ihres. Man darf es nicht zum Überdruß kommen lassen; man darf aber auch nicht das Verlangen abschlagen. Man darf nicht verweigern, um zu verweigern, sondern um dem, was man gewährt, größeren Wert zu geben."

Wieder vereint, sage ich vor ihr ihrem jungen Mann: Man muß das Joch tragen, das man sich auferlegt hat. Sorg dafür, daß es dir leicht gemacht werde. Opfer vor allem den Grazien und glaub nicht, daß man durch Schmollen liebenswerter wird.

34 Rousseau

Es ist nicht schwer, Frieden zu schließen, wo jeder leicht die Bedingungen errät. Der Vertrag wird mit einem Kuß geschlossen. Dann sage ich meinem Schüler: Lieber Emil, ein Mensch braucht sein Leben lang Rat und Führung. Bis jetzt habe ich meine Pflichten dir gegenüber nach besten Kräften zu erfüllen versucht. Hier endet meine Aufgabe und es beginnt die eines anderen. Heute lege ich meine Befugnisse, die du mir anvertraut hast, nieder: hier steht dein neuer Führer.

Nach und nach beruhigt sich der erste Rausch und läßt sie in Frieden die Reize ihres neuen Standes genießen. Glücklich Liebende und würdige Eheleute! Um ihre Tugenden zu ehren und ihr Glück auszumalen, würde man die Geschichte ihres Lebens schreiben müssen. Wie oft fühle ich mich, wenn ich mein Werk in ihnen betrachte, von einem Entzücken ergriffen, das mein Herz schlagen läßt! Wie oft vereinige ich ihre Hände in den meinen, segne die Vorsehung unter heißen Seufzern! Wie oft küsse ich die Hände, die sich so fest halten! Mit wie vielen Freudentränen fühlen sie sie benetzt! Sie sind gerührt, wenn sie meine Hingabe fühlen. Ihre ehrwürdigen Eltern erfreuen sich noch einmal ihrer Jugend in der Jugend ihrer Kinder. Sie fangen sozusagen in ihnen von neuem zu leben an, oder vielmehr: sie erkennen zum ersten Mal den Wert des Lebens. Sie verwünschen ihren ehemaligen Reichtum, der sie im gleichen Alter verhindert hatte, ein so reizendes Los zu genießen. Wenn es irgendwo ein Glück auf Erden gibt, so muß man es unter diesem Obdach suchen, unter dem wir leben.

Mentor auf Lebenszeit Nach einigen Monaten kommt Emil eines Morgens in mein Zimmer, umarmt mich und sagt: Wünschen Sie ihrem Kind Glück, mein teurer Lehrer. Er hofft bald die Ehre zu haben, Vater zu sein. Wie viele Sorgen wird dann unser Eifer haben und wie sehr werden wir Sie brauchen! Gott möge verhüten, daß ich Sie auch den Sohn erziehen lasse, nachdem Sie den Vater aufgezogen haben. Gott verhüte, daß eine so heilige und so süße Pflicht von einem anderen als von mir erfüllt wird, selbst wenn ich so gut für ihn wählen sollte, wie man für mich gewählt hat! Aber bleiben Sie der Lehrer der jungen Lehrer: Solange ich lebe, werde ich Sie nötig haben. Jetzt, wo meine Pflichten als Mann beginnen, habe ich Sie nötiger denn je. Sie haben die Ihren erfüllt. Leiten Sie mich, es Ihnen nachzutun. Ruhen Sie aus, es ist Zeit.

ENDE

Anmerkungen

[1] Es handelt sich um Madame de Chenonceaux, die Schwiegertochter von Madame Dupin, die nach einer kurzen und unglücklichen Ehe mit einem Jungen zurückblieb. Bei seinem mehrmonatigen Aufenthalt auf dem Schloß Chenonceaux im Jahre 1747 erbat sie sich pädagogische Ratschläge für ihren Sohn.

[2] Dieser Leitsatz, nach dem Rousseau nicht nur den *Emil*, sondern sein ganzes Werk ausrichtet, macht die Geschlossenheit seiner Philosophie und Pädagogik aus, aber auch seine Anfechtbarkeit, denn man kann unmöglich die gesamte Erziehung des Menschen von diesem einseitigen Standpunkt aus betreiben.

[3] Zitat aus Buffon, *Histoire naturelle*, IV, 190.

[4] Als 28jähriger war Rousseau 1740—1741 einige Monate lang der Erzieher der Kinder von M. de Mably, Groß-Profoß von Lyon.

[5] Es scheint sich nur um eine rhetorische Anspielung zu handeln.

[6] Man vergleiche, was ein moderner französischer Erzieher dazu gesagt hat: „Wenn die Kunst der Erziehung nur das Ziel hat, Genies zu erleuchten, dann kann man sie nur auslachen: denn die Genies springen auf den ersten Ruf hoch und schlagen sich durch das Dickicht. Aber wer überall hängenbleibt und wer sich über alles täuscht, wer zum Mutverlieren und wessen Geist zum Verzweifeln ist, dem muß geholfen werden." ALAIN, Über die Erziehung, Schöningh, S. 35.

[7] In diesen Abschnitten über die Entwicklung der Kindersprache ist Rousseau wohl sehr veraltet. Das Zäpfchen-r war eine Modeaussprache am französischen Hof. Seit dem 17. Jahrhundert hat sich diese Aussprache praktisch den ganzen Sprachraum der *langue d'oïl* erobert, während sich die *langue d'oc* bis heute erfolgreich dagegen gewehrt hat. Übrigens kam das Zäpfchen-r mit den Hugenotten nach Deutschland und hat sich auch hier den Raum des Niederdeutschen erobert, während sich das Hochdeutsch (z. B. das Bayrische) noch heute dagegen sträubt.

Ein kleiner, geläufiger Wortschatz, wie ihn Rousseau bei den Bauern preist, ist kein Zeichen für einen großen geistigen Horizont. Wer etwas zu sagen hat, muß es mühsam sagen, weil neue Ideen neue Wörter brauchen. Wer nichts zu sagen hat, kann es fließend ausdrücken!

Wenn man ein Kind nur die Wörter sagen läßt, die es versteht, so würde es niemals über eine primitive Bedürfnissprache hinauskommen. Um das zu verhüten, gibt jedes Volk seinen Kindern immer die ganze Sprache und nicht nur einen Ausschnitt.

Praktisch ist alles, was Rousseau in diesem 1. Buch sagt, überholt. Aber gibt es nicht heute noch Gegenden, wo die Gedanken Rousseaus einen Fortschritt gegenüber den bestehenden Gebräuchen darstellten? Irrtümer sind immer fruchtbar. Rousseaus Irrtümer zwingen uns, die Fragen, die er gestellt hat, immer wieder neu zu stellen und immer wieder neue Antworten zu suchen.

[8] Die Kindersterblichkeit war außerordentlich hoch. Buffon schreibt in seiner *Histoire naturelle, De l'homme*, t. III: „Ein Viertel des Menschengeschlechts stirbt, ehe es das Licht der Welt gesehen hat; ein Drittel, ehe es das Alter von 28 Monaten erreicht hat; die Hälfte vor dem Alter von 8 Jahren." Die *Encyclopédie* (1751—1772 erschienen) ist noch trostloser: „Mehr als ein Viertel aller Kinder stirbt im 1. Jahr; mehr als ein Drittel in 2 Jahren und mindestens die Hälfte in den ersten 3 Jahren."

[9] Der Satz stammt von Diderot und führte zum Bruch der Freundschaft zwischen den beiden. Rousseau lebte damals zurückgezogen in Montmorency und fühlte sich persönlich betroffen.

[10] Es handelt sich um Condillac (1715–1780), den berühmten Verfasser des *Traité des sensations*.

[11] *Nihil liberos suos docebant, quod discendum esset iacentibus.* Epist. 88. Derselbe Satz steht bei Montaigne II, 21. „Es ist wunderbar (fügt er noch I, 25 hinzu), wie Platon sich in seinen Gesetzen sorgt um die Fröhlichkeit und den Zeitvertreib der Jugend in seiner Stadt, und wie sehr er bei ihren Läufen, Spielen, Liedern, Sprüngen und Tänzen verweilt ... Für ihre Sportplätze versteht er sich auf tausend Vorschläge; bei den Wissenschaften unterhält er sich sehr wenig." usw.

[12] Die Geschichte wird von Plutarch in seinem „Leben Alexanders", XX und von Quintus Curtis II, 6 erzählt. Montaigne hat sie folgendermaßen zusammengefaßt: „Alexander war durch einen Brief Parmenides verständigt worden, daß sein Arzt Philippus von Darius bestochen worden sei, ihn zu vergiften. Er gab diesen Brief Philippus zu lesen und trank gleichzeitig mit einem Schluck die Arznei aus, die dieser ihm gereicht hatte."

[13] Rousseau hat aus dem Gedächtnis zitiert. Bei La Fontaine heißt es im Vers 5 *Monsieur du Corbeau*, und im Vers 8 *se rapporte* statt *répondait*, und im Vers 9 *Vous êtes le phénix* ...

[14] Rousseau zitiert folgende Fabeln: *La cigale et la fourmi*, I, 1; *La génisse, la chèvre et la brébis en société avec le lion*, I, 6; *Le lion et le moucheron*, II, 9; *Le loup et le chien*, I, 5.

Bei den *Contes* handelt es ich um galante Nachdichtungen, die La Fontaine nach Motiven alter Erzähler wie Margarite de Navarre, Bonaventure des Périers, Ariost, Machiavelli u. a., hauptsächlich aber nach Boccaccio in Verse gesetzt hat.

[15] Es handelt sich um den Sohn von Mme Dupin. In den Confession VII schreibt er darüber: „Madame Dupin hatte mich gebeten, für die Dauer von 8 bis 10 Tagen die Aufsicht über ihren Sohn zu übernehmen, der bei einem Wechsel seiner Erzieher so lange ohne Aufsicht geblieben wäre. Ich verbrachte diese 8 Tage in einer Qual, die allein das Vergnügen, Madame Dupin zu Gefallen zu sein, mir erträglich machte, denn der arme Chenonceaux hatte schon damals den Querkopf, der seine Familie fast entehrt hätte und der ihn auf der Insel Bourbon sterben ließ. Während ich bei ihm war, hinderte ich ihn, sich selbst oder anderen Böses anzutun, das war aber auch alles, und auch das kostete keine geringe Mühe."

[16] In dem „Brief an d'Alembert über die Schauspiele", S. 109, 1. Aufl.

[17] 1 Sam 26, 6–13.

[18] Homer, *Iliade*, X: Odysseus und Diomedes raubten die Rosse des Rhesus heimlich aus dessen Lager.

[19] 1602 versuchte der Herzog von Savoyen vergeblich, Genf in einem nächtlichen Handstreich zu nehmen.

[20] Vgl. S. 72.

[21] Vgl. S. 365.

[22] Ich habe die Ausdrücke „*jeu de volant*" (Federball), „*paume*" (ein Vorläufer des Tennis), „*Jeu de mail*" (eine Art Kricket), „*le ballon*" (eine Art Handball) nicht übersetzt, da sich die Spiele so außerordentlich verändert haben, daß man sie gar nicht mit unseren entsprechenden Spielen vergleichen kann. Hat das moderne Tennisspiel schon nichts mehr mit dem Tennis gemein, das man vor dem 1. Weltkrieg spielte, so erkennt man kaum die Urverwandtschaft mit dem *jeu de paume*, mit dem sich die Gesellschaft zu Rousseaus Zeiten unterhielt.

[23] Eine italienische Schauspieltruppe, die seit 1659 in Paris spielte und sich 1762 mit der *Opéra Comique* vereinigte.

[24] Anspielung auf Mozart, der 1763 als 7jähriger eigene Werke am französischen Hof spielte.

Anmerkungen

25 *solfier au naturel.* Rousseau fällt selbst auf, daß er unverhältnismäßig lange und technisch ausführlich über die Musik geschrieben hat. Er verrät dadurch, daß er selber Musiker war und Komponist, der mit seiner Spieloper *Le Devin du village* 1752 großen Erfolg hatte. Mit seiner *Lettre sur la musique fançaise*, 1735, erregte er durch seine Parteinahme für die italienische und mit seiner Ablehnung der französischen Musik einen Proteststurm gegen sich. Er schrieb außerdem noch ein *Dictionnaire de musique*, 1767, und den Artikel über die Musik in der *Encyclopédie*. Schließlich darf nicht vergessen werden, daß er seinen Lebensunterhalt kärglich als Kopist und Notenabschreiber verdiente. Wesentlich an dem Abschnitt ist, daß er als Schweizer das deutsche Buchstabensystem für die Noten kannte und sich niemals mit der starren französischen Solmisationsmethode, dem *solfégier*, das heute noch in den französischen Schulen geübt wird, befreundet hat. Mit seinem Vorschlag des transponierenden Tonsilbensingens hat er im wesentlichen die Tonika-Do-Methode vorweggenommen, die, obschon über ein halbes Jahrhundert alt, niemals in Frankreich Eingang gefunden hat, während sie in Deutschland weiter wertvolle Dienste leistet.

26 Es handelte sich um den Grafen von Gisers, dem Sohn des Maréchal de Belle-Isle.

27 Alexander und das Roß Bukephalos.

28 Siehe Seite 159.

29 Vgl. S. 176.

30 Siehe Seite 78 ff.

31 Man hat hier eine Anspielung an die berühmten Gelage des Baron von Holbach gesehen.

32 Rousseau hat aus Versehen „Zweite Periode" aus einem alten Manuskript stehenlassen. Nach seiner späteren Einteilung müßte es „dritte" heißen.

33 Gemeint ist die 2. Dijoner Abhandlung: *Le Discours sur l'origine et les fondements de l'inégalité parmi les hommes, 1754.*

34 Siehe Dionysos, Philippus, Tarquinius und Charles Eduard im Namenregister.

35 „*Les enfants proposent leurs essais, instruisables, non instruisants*" Montaigne, Essais, I, 56. „*Les belles âmes, ce sont les âmes universelles et prêtes à tout; sinon instruites, au moins instruisables.*" Essais, II, 17.

36 Im Manuskript hatte Rousseau geschrieben: *S'il y en a*, wenn es welche gibt. Um Angriffen vorzubeugen, hat es den Zusatz in der Buchausgabe in *s'ils en ont* abgeändert.

37 Siehe Seite 96 ff.

38 Typenfigur in der *Commedia dell'arte*. Er verkörpert den dummen, oft verliebten und stets geprellten Alten.

39 *Vitam impendere vero:* Das Leben dem Wahren opfern.

40 Es handelt sich um die freie Darstellung seiner Erlebnisse in Turin im Jahre 1728. Vergleiche auch die Schilderung im 2. Buch seiner „Bekenntnisse".

41 Zwei Geistliche, der Abbé Gaime und der Abbé Gâtier dienten als Vorbild für Rousseaus savoyischen Vikar.

42 Zum Verständnis dieses Satzes müßte man Rousseaus Satz (Bek. II) anführen: Der Abbé Gâtier „hatte ein Mädchen geschwängert ... Die Priester dürfen aber, wenn sie sich richtig verhalten, nur mit verheirateten Frauen ein Kind haben."

43 Xenokrates, der Gefährte Platons, der sich nicht verführen ließ. „Pavor": der Gott des Schreckens, nach Livius I, 27, 7. „Der Gott, der seinen Vater verstümmelte", wäre eigentlich Kronos, nicht Jupiter, wie Rousseau anzunehmen scheint.

44 Siehe Helvétius, *De l'Esprit*, II, 4.

[45] Die vier Beispiele sind der Genesis entnommen: 1 Mose 21, 31; 16, 14; 18, 1; 31, 46 ff.

[46] Siehe Helvétius, *De l'Esprit*, II, 1.

[47] Vgl. Seite 133.

[48] Duclos: „*Considérations sur les moeurs de ce siècle*", 1751.

[49] Siehe Namenregister unter *Merci*.

[50] Siehe Namenregister unter *Herodot*.

[51] Die *Académie des Inscriptions et Belles-Lettres* war 1663 von Colbert gegründet worden und befaßte sich mit historischen und archäologischen Arbeiten.

[52] Siehe Seite 300 ff.

[53] Siehe Seite 395 ff.

[54] Siehe Seite 133.

[55] Siehe Seite 482, „Das ist der Mann".

[56] Frz. *vertu* von lat. *virtutem*.

[57] Siehe den „Vertrag", Seite 350.

[58] Montesquieu, *Les Lettres persanes*, Brief 30. Beim Anblick der Perser fragen sich die Pariser erstaunt: „Wie kann man nur Perser sein?"

[59] Die beiden obengenannten Franzosen benützten ihre Reise, um mit Edelsteinen Geschäfte zu machen.

[60] Gemeint ist der Graf von Gisors. Siehe Anm. 26.

[61] Der Gesellschaftsvertrag ist für Rousseau eine stillschweigende Verpflichtung, wenn der großjährige Staatsbürger im Staatsverband bleibt und die staatsbürgerlichen Rechte und Pflichten für sich in Anspruch nimmt. In der Urfassung des *„Contrat social"* sollte eine „Vereidigung" den Vertrag bekräftigen.

[62] Das Wort *prince* (Prinz, Fürst) hat Rousseau wohl in Erinnerung an die Verfassung von Venedig so gewählt, denn er sagt in einer Anmerkung zu diesem Wort im *„Contrat social": „*In diesem Sinn gibt man in Venedig dem Kollegium den Namen *Durchlauchtigster Prinz*, selbst wenn der Doge nicht anwesend ist." Wir haben das Wort Prinz, bzw. Fürst beibehalten, wenn man sich nur vor Augen hält, daß *le prince* bei Rousseau sowohl Fürst wie oberste Körperschaft bedeuten kann und daher am besten mit „Regierungsführung" wiederzugeben wäre, da er immer an ein „Kollegium", an eine Gesamtschaft denkt.

[63] Hier eine Zusammenstellung der wichtigsten verfassungspolitischen Begriffe, wie sie Rousseau verwendet, und meine Übersetzungen. Um Unklarheiten vorzubeugen, habe ich an den wichtigsten Stellen den französischen Ausdruck in Klammern in den deutschen Text miteingesetzt.

corps politique — politischer Körper; *état* — Staat; *souverain* — Oberhaupt, Oberhoheit; *cité* — Stadtschaft; *pacte social* — Gesellschaftsvertrag; *supérieur* — der Obere; *particulier* — Einzel; *public* — Gesamt; *Acte déterminant* — Bestimmungsakt; *chef* — Oberhaupt; *acte de gouvernement* — Regierungsmaßnahme; *officiers* — Beamte; *magistrats* — Beamte, Behörden; *les volontés* — Willenshaltungen.

[64] Siehe unter Montesquieu.

[65] Diese Anmerkung steht in der Handschrift und wurde 1801 zum ersten Mal mitgedruckt.

[66] Siehe Anmerkung 65.

Jean-Jacques Rousseau,

der Philosoph und Pädagoge

In einer Zeit, in der von allen Seiten nach einer Reform der Schule aller Grade gerufen wird, ist es gut, sich ins Gedächtnis zu rufen, daß man keine wirklichen Reformen durchführen kann, wenn man sich nicht auf die Geschichte, die aus einem Volk das gemacht hat, was es jetzt ist, berufen kann. Historisch gewordene soziale Strukturen bestimmen maßgebend den Inhalt des Unterrichts und die Methoden, wie dieser Inhalt vermittelt werden soll. Die Methoden z. T. sind eine äußere Angelegenheit, sie hängen weitgehend vom Temperament des Lehrers ab. Man geht, manchmal mit viel Lärm, verschiedene Wege, aber man trifft sich in einem Ziel, das nicht die Methode absteckt, sondern das die Gesellschaft vorschreibt, obwohl es der Zeitgenosse nie genau erkennen oder formulieren kann.

Jedes Erziehungssystem besteht aus einem Konglomerat von Altem und Neuem, von Gutem und Schlechtem, weil jede Erziehung nur eine Erziehung sein kann und nicht die Erziehung, so wie der Mensch nur ein Mensch sein kann und nicht der Mensch. Die Gesellschaft hat also einen bestimmenden Einfluß auf die Erziehung, denn sie wünscht sich in die Ewigkeit fortgesetzt. Grob gesagt: Der Vater wünscht für seinen Sohn die Schule und die Ausbildung, die er selbst gehabt hat, oder die er sich wünscht gehabt zu haben. Keine Gesellschaft kann sich für ihre Kinder ein Erziehungssystem wünschen, das darauf abgestellt ist, sie umzustürzen oder aufzuheben. Man kann von keiner Gesellschaft erwarten, daß sie Revolutionäre erzieht. Wie stark dieses bremsende Element ist, kann man am besten aus der Geschichte der französischen Schule selbst ablesen, wo die Erziehungsgedanken der Revolution von 1789 erst in der zweiten Hälfte des 19. Jahrhunderts — und dann nur teilweise — erfüllt werden konnten. Durkheim sagt in seinem Buch *L'évolution pédagogique en France:* „Der Mensch, den die Erziehung in uns verwirklichen soll, ist kein abstrakter, idealer Mensch, keine menschliche Vollkommenheit, durch eine ewige Philosophie gesehen, sondern der Mensch, so wie ihn die Gesellschaft will, daß er sei, und sie will ihn so, wie es ihre innere Ökonomie verlangt."

Auch Rousseau wollte einen abstrakten Menschen erziehen. Er erschuf sich ein Wunschkind, das er außerhalb der Gesellschaft stellte; er nahm ihm sogar Vater und Mutter, weil er instinktiv fühlte, daß die Eltern das stärkste Element der Gesellschaft sind. Dieses in Wahrheit vom Leben losgelöste Kind kann dann zum Versuchsobjekt werden, das Rousseau aus ihm gemacht hat.

Hat damit der *Emil*, den wir in einer neuen Übersetzung vorlegen, an seiner Bedeutung verloren? Ich glaube nicht, denn Rousseau hat in Wahrheit weniger als Erziehungsreformer, denn als Sozialreformer gewirkt. Sicher war es Rousseau nicht bewußt, daß er auf die Verwandlung der Gesellschaft hingewirkt hat — man hat ihn einen der Vorläufer der französischen Revolution genannt. Mit seinem *Contrat social* hat er bestimmend die Reformideen der Revolution beeinflußt. Er ist also über den Umweg des Gesellschaftsreformators auch Reformator der Erziehung dieser neuen Gesellschaft geworden. Wollen wir aber die geschichtlichen Konstanten unseres Erziehungssystems noch deutlicher sehen, um in unseren Reformversuchen nicht Verwirrung zu stiften oder gar der Entwicklung zu schaden, so müssen wir heute mehr denn je Rousseau lesen und ihn in die große Linie einordnen, die das Wesen unserer europäischen und deutschen Erziehung bestimmt.

Ich verzichte bewußt auf eine Exegese der Rousseauschen Pädagogik, zu der ich mich gar nicht berufen fühle. Die Sekundärliteratur über Rousseau und über den *Emil* ist so groß, daß man ihr ein ganzes Leben widmen müßte. Ich begnüge mich, Gedanken vorzutragen, die mir während meiner langen Arbeit an dem Werk gekommen sind. Natürlich liegt auch hier eine Gefahr, da ein zu langer Umgang mit einem Autor die Objektivität beeinflussen kann.

Rousseau war ein Kind seiner Zeit, und seine Zeit war die Aufklärung. Zum ersten Mal stellt ein Philosoph, der, wie andere Philosophen vor ihm, über die Pädagogik meditiert, seine pädagogischen Überlegungen auf eine einheitliche und unabhängige philosophische Grundlage. Wenn wir mit Jacques Maritain[*] annehmen, daß die Pädagogik ein Teil der Philosophie ist und daß die Philosophie die Grundhaltung einer Gesellschaft bestimmt — der Rationalismus für Rousseau und seine Zeitgenossen, wie der Marxistische Materialismus für die kommunistische Gesellschaft z. B. — so können wir daraus zwei Schlüsse ziehen: Jede vergangene, gegenwärtige und zukünftige Pädagogik steht auf einer philosophischen Konzeption; eine neue Pädagogik ist nur möglich, wenn eine neue philosophische Konzeption bereits vorhanden ist und der pädagogischen Reform als Fundament dient.

Seit es die Philosophie gibt, gibt es zwei Richtungen, die dauernd um die Vorherrschaft gerungen haben: Die Essenz- und die Existenzphilosophie. Die Essenz- und Idealphilosophie Platons war für die Pädagogik des Abendlandes bis in die Neuzeit be-

---

[*] Jacques Maritain: Beiträge zu einer Philosophie der Erziehung, F. Schöningh, Paderborn, 1966.

Jean Jacques Rousseau, der Philosoph und Pädagoge   537

stimmend. Sie wollte den geistigen Menschen nach dem Ideal ausrichten, nach den ewigen Ideen, und überließ den körperlichen
Menschen der „Welt der Schatten"*.

Diese essentielle Philosophie galt variiert und abgewandelt
durch das ganze Mittelalter bis in die Renaissance, wo zum ersten
Mal der Individualismus Kritik an den hergebrachten Normen
übte: Kann und darf der Mensch seinen Glauben und seine
Lebensnormen aus sich selbst schöpfen? Die Reformation ver-
körperte das Neue, die neue geistige Haltung, aber sie zwang die
konservativen Gegenkräfte, sich selbst zu reformieren. Keine
Revolution und keine Reformation ist so stark und hat so viel
Zeit, sich von Grund auf zu erneuern. So war weder die Reformation des 16. Jahrhunderts imstande, sich die Schule zu schaffen, die sie brauchte, noch die französische Revolution, weil ihnen
die jeweiligen Gegenreformationen und Gegenrevolutionen keine
Zeit ließen, ihre Ideen zu verwirklichen.

Auch die essentielle Pädagogik verteidigt ihre Stellungen,
aber die Angriffe werden immer heftiger. Utopische Pädagogi-
ken wie die in ein Narrenkleid gehüllte Pädagogik von Rabelais
(1490—1553) und die Elfenbeinturm-Essays von Montaigne
(1553—1592) rechnen mit der Scholastik des Mittelalters ab, und
zwar so gründlich, daß man sie nicht mehr verteidigen, nur mehr
lehren kann.

Zum ersten Mal handelt es sich nicht mehr darum, einen Menschen zu einem vorgegebenen Ziel zu führen, sondern darum,
einen Menschen nach seinen Fähigkeiten zu erziehen, seine
Gaben zu erkennen und sie zur Entfaltung zu bringen. Diese
Pädagogik ist eine Pädagogik des Aufstandes gegen die herkömmlichen, „ewigen" Lehrmeinungen und Lehrdogmen.

Das Bindeglied zwischen den pädagogischen Utopien und der
ersten existentiellen Pädagogik, nämlich der von Rousseau, war
Comenius (1593—1670). Er stellte das Kind in den Mittelpunkt
seiner Erwägungen. Er ist zwar noch an die alte essentielle
Pädagogik gebunden, aber mit seiner Auflockerung des Unterrichts und der Erneuerung der didaktischen Methoden ragt er
weit über Locke (1632—1704) hinaus, der nur Adlige zu gentle-
men erziehen will. Natürlich hat sich dieses Ideal über den engen
Stand des Adels hinaus verbreitet, trotzdem bleibt es nur eine
Variante der traditionellen Erziehung, kein Anfang für eine neue
pädagogische Konzeption.

Rousseau muß das instinktiv gefühlt haben, denn er sagt
es ganz deutlich in seinem Vorwort: „Trotz den vielen Schriften,
die, wie man sagt, nur das öffentliche Wohl im Auge haben,
wurde das Notwendigste vergessen: die Kunst der Menschbil-
dung. Auch nach dem Buch von Locke war mein Thema ganz

---

* Ich folge hier eine kurze Strecke den Gedankengängen von
Bogdan Suchodolski, *La pédagogie et les grands courants philosophi-
ques*, Editions du Scarabée, 1960.

neu und wird höchstwahrscheinlich auch nach meinem Buch neu bleiben." (S. 1/2)

Natürlich zahlt Rousseau auch seinen Tribut an die Tradition. Natürlich ist auch er Gefangener der „öffentlichen Meinung", die er in seinem Buch so wütend bekämpft. Wie Locke erzieht er einen Adligen. Sein Zögling ist reich, so reich, daß sein Reichtum später ein Hindernis zwischen ihm und Sophie darstellt. Noch stärker ist aber Rousseau von der öffentlichen Meinung seines Jahrhunderts und der vorangegangenen Jahrhunderte in seinen Ansichten über die Erziehung der Mädchen abhängig. Er kann einfach in der Frau nicht den gleichberechtigten Partner des Mannes sehen. *„La femme est faite pour plaire et pour être subjugué"* (S. 386). Daraus leitet Rousseau alles Weitere ab: ihre Erziehung, ihre Stellung als Hausfrau und Mutter, ihre Stellung in der Gesellschaft. Trifft er auf eine Frau, die wie *Mlle de l'Enclos* aus eigener Kraft den allgemein anerkannten und geduldeten Zustand einer „Ersten Hausmagd" des Mannes überwunden hatte, so gießt er seinen Spott über sie aus, und sagt, daß er diesen „Mann" *(on dit qu'elle s'était faite homme)* weder zum Freund noch zur Mätresse hätte haben wollen (S. 420).

So ist es weiter nicht verwunderlich, daß Rousseau gerade in den Teilen wie in der Erziehung der Frau heute vollkommen veraltet ist. Darauf kommt es aber gar nicht mehr an. Wir lesen EMIL nicht mehr, um uns für unsere eigene Lehrtätigkeit Rat zu holen, sondern aus einem ganz anderen Grund. Wir lesen ihn, um von seinem revolutionären Gedanken angesteckt zu werden, um zu erkennen, daß die Verwirklichung einer existentiellen Pädagogik eine dauernde Revolution ist, oder, da wir heute keine Revolution mehr haben wollen, eine dauernde Evolution. Diese Evolution ist aber ohne diese revolutionäre Grundhaltung, so wie sie uns Rousseau vorgelebt hat, nicht möglich. Wenn Rousseau sagt: *Tout est bon qui sort des mains du créateur de la nature, tout dégénère dans les mains de l'homme* (S. 9), so lehnt er jede Autorität über das Kind ab. Ja, er entzieht das Kind bewußt allen Autoritäten, die bis dahin ihr Recht auf das Kind mit größter Macht verteidigt haben. Kirche und Aristokratie haben daher alles versucht, um dieses Buch zu vernichten, da sie diesen neuen Menschen, der sich aus sich selbst nach seinen persönlichen Fähigkeiten entwickelt, der keine andere Autorität über sich anerkennt als den eigenen kritischen Verstand, der sich bewußt der öffentlichen Meinung und der herrschenden Weltanschauung entzieht, der sich wie ein „Wilder" oder wie „Robinson" mitten unter den Menschen, mitten in der Gesellschaft und im Staat auf seine Insel zurückzieht, als Gefahr für ihren eigenen Bestand erkannt hatten. Alle Einrichtungen wurden damit in Frage gestellt, und sie in Frage stellen hieß, sie verneinen und ablehnen. Der direkte Weg mußte zur Revolution führen. Ich habe schon gesagt, daß diese Revolution natürlich in der restaurativen Gegenrevolution erstickt ist, aber es ist keiner Gegenrevolution möglich, zum *status quo ante* zurückzukehren. Nachdem Rousseau — wie Fénelon — die Erziehung als behutsam lenkendes Freilegen natürlicher Anlagen gesehen und das Kind in den Mittelpunkt seiner Pädagogik gestellt hatte, mußte dieser Weg bis an sein Ende gegangen werden.

So stehen nun künftig das Kind, seine Bedürfnisse, seine Gefühle, seine geistige und körperliche Entwicklung im Mittelpunkt der pädagogischen Betrachtung. Die gesamte nachrousseauische Pädagogik ist diesem Ziel gewidmet und verbessert, was Rousseau selbst vielleicht undeutlich oder gar nicht gesehen hatte. Aber vieles von dem, was wir unter Schule und Pädagogik verstehen, ist das Resultat revolutionärer Bemühungen seit 1848, d. h. seit der Revolution, die die Ideen und Träume von 1789 erst zum Blühen gebracht hatte. Diese Entwicklung ist natürlich nicht abgeschlossen. Sie muß sich immer wieder mit den Gegenkräften auseinandersetzen, die die Existenz des Menschen nicht als Ausgangspunkt des Lebens ansehen, sondern ihm eine essentielle Vorbestimmung aufdrängen wollen.

Ludwig Schmidts

Bemerkungen zur Übersetzung

Wiedergabe und Einteilung des Textes

Jede Zeit hat das Recht und oft auch die Pflicht, Werke, die zum geistigen Bestand der Nation gehören, immer wieder „handlich" zu machen, d. h. die veraltete Sprache der heutigen Sprache anzupassen. Das beste Beispiel bietet Luthers Bibel, die zuerst zögernd, dann aber immer rascher und immer durchgreifender den Erfordernissen und den veränderten Sprachgewohnheiten angepaßt wurde und wird. Schwierige philosophische Werke hat man auf diese Weise für die Allgemeinheit zu retten versucht. So hat Emil Kühn 1908 Kants Prolegomena „in sprachlicher Bearbeitung" herausgegeben. In seinem Vorwort sagt er, daß man „immer wieder vor der Notwendigkeit steht, sich die spröde Form mundgerecht zu machen, diese Goldbarren auszumünzen. Mit einem Wort: Jeder Leser muß Kant erst übersetzen, sonst wird er des Originals nicht Herr"*.

Rousseaus *Émile* ist ein solches Werk, das man sich ebenfalls „mundgerecht" machen muß. Es wäre durchaus denkbar, daß man das schon im Französischen tut oder tun könnte, wenn nicht eine übermäßige Scheu vor dem „Original" jede sprachliche Bearbeitung verhinderte. Bei einem Werk in Versen — nehmen wir als Beispiel die *Phèdre* von Racine — kann man das verstehen und unterschreiben. Verse kann man nicht ändern, ohne das Werk zu zerstören. Rousseau wird aber in Frankreich nicht in erster Linie als Stilistiker gewertet. Franzosen sehen im *Émile* vor allem das pädagogische Romanwerk und schätzen es gebührend. Ihrem feinen und untrüglichen Sprachgefühl entgeht aber nicht, daß Rousseau eben ein „Schweizer" ist, der wohl Französisch schreibt, aber dessen Französisch anders ist. Irgendwie und irgendwo schwebt da der Verdacht von einem „germanischen Französisch", das sich durch Wortwahl, durch Satzgefüge, durch den Klang vom gewohnten Pariser Französisch unterscheidet.

Dazu kommt, daß Rousseau selbst innerhalb der 614 Seiten durchaus unterschiedlich schreibt. Manchmal gelingen ihm Formulierungen von lapidarer Kürze, die höchstens vom Lateinischen übertroffen werden. Manchmal wird er bredt und reißt den Leser mit großen Satzbögen fort. Manchmal aber ist er einfach müde und verwirrt, so daß sich von selbst eine Straffung ergeben würde.

Vom Inhalt her ergeben sich auch wichtige Unterschiede: Wo er etwas zu sagen hat (und er hat viel zu sagen!), da ist sein Stil deutlich, klar und kurz. Wo er zu träumen beginnt (er nennt sich selbst öfters „den Träumer"), da wird er ungenau, langatmig und stilistisch schwach.

Nun handelt es sich bei uns nicht um eine Überarbeitung des Originals, denn das wäre ausschließlich eine Angelegenheit der Franzosen, sondern um eine Übersetzung, die von vornherein eine bessere Ausgangslage bietet.

Ich habe bei meiner Übersetzung die bedeutendsten deutschen Übersetzungen verglichen und war oft überrascht, wie verschieden die einzelnen Übersetzungen waren, obwohl alle Übersetzer sich bemüht hatten, eine Wort-für-Wort-Übersetzung zu geben. Auf gewissen Gebieten hat sich seit Rousseau der Wortschatz erweitert, wie z. B. in der Pädagogik selbst, die heute so sehr ins Licht der Öffentlichkeit gerückt ist. Die technischen Ausdrücke haben sich vervielfältigt und sind in die Alltagssprache eingedrungen. Dagegen ist die Sprache der Kirche, in

---

* Kants Prolegomena in sprachlicher Bearbeitung von Emil Kühn, Thienemann, Gotha, 1908.

der Rousseau ein Meister ist, heute aus der Gemeinsprache weithin verlorengegangen. Das pastorale Pathos, das so oft in den „Bekenntnissen des savoyischen Vikars" durchschimmert und das Rousseau als „Bürger von Genf" und innerlich treuen Sohn der calvinistischen Kirche ausweist, ist uns peinlich, und man schwächt es als Übersetzer, ob man will oder nicht, auf Formulierungen ab, die keinen Tiefgang haben, oder von denen man keinen Tiefgang wünscht.

Alle diese Schwierigkeiten lassen sich bewältigen, wenn man seine Positionen eindeutig festlegt. Aber es gibt Schwierigkeiten, die liegen in der Sprache selbst, und die können nicht ausgeräumt werden. In einem Roman z. B. wären sie so unbedeutend, daß man sie selbst als Übersetzer nicht gewahr würde. In einem pädagogischen und psychologischen Werk dagegen bilden sie wahre Steine des Anstoßes. Hierher gehört, daß *Mädchen, Fräulein, Weib* im Deutschen sächlich sind. *La fille, la jeune fille, la jeune personne, la demoiselle* bleiben weiblich, was sie sind. Das Mädchen wird zum *es* und erzeugt im deutschen Satz oft eine grammatische Zweideutigkeit, die nur durch Wiederholungen zu verdeutlichen war. Auf weitere Entfernung wird wohl manches *sie*, das sich auf *ein Mädchen* bezog, stehengeblieben sein.

Dieselbe Schwierigkeit bereitet das Wort *l'enfant: das* Kind. *L'enfant* auf Emil bezogen ergab natürlich ein eindeutiges *er*, während man im Deutschen von Emil als Kind mit *es* reden muß. Mitten im Absatz war man daher manchmal gezwungen, vom *er*, das sich auf Emil bezog, zum *es* überzugehen, weil Rousseau zwischendurch ein *enfant* eingeflochten hatte.

Eine Doppeldeutigkeit, die diesmal im Französischen liegt, bereitet uns das Wort *homme*. Die doppelte Bedeutung *Mensch* und *Mann* verführt uns oft unbewußt, auch dort *Mensch* zu setzen, wo Rousseau bestimmt nur an den *Mann* gedacht hat. Denn seine ganze Erziehung ist noch eine Erziehung des männlichen Kindes (!), so wie 200 Jahre vor ihm Montaigne auch nur eine Erziehung für Knaben denken und fassen konnte. Ich habe daher öfter als meine Vorgänger *homme* mit *Mann* als mit *Mensch* übersetzt.

Öfter als meine Vorgänger habe ich auch die Zukunft durch die Gegenwart ersetzt. Wo der Franzose für ein zukünftiges Geschehen nur die grammatikalische Zukunft setzen kann, ist im Deutschen die Zukunft nicht nur grammatikalisch falsch, sondern auch gegen den Sprachgeist. Der Gebrauch der Gegenwart mit einem Umstandswort der Zeit ist so deutsch („morgen gehe ich einkaufen"), daß eine grammatikalische Parallelübersetzung *(demain j'irai au marché:* morgen werde ich einkaufen gehen) auffallen würde.

Zeitgeschichtlich ist es auch zu verstehen, daß wir in den Ausdrücken, die den Putz und die Mode (!) betreffen, ganz vom Französischen abhängig waren und noch sind. So ein kleiner Satz wie: *Le vrai soin de la parure demande peu de toilette* (S. 404) kann im Deutschen in dieser Kürze überhaupt nicht wiedergegeben werden. Große übersetzt 1863: „Die wahre Sorgfalt für den Putz erfordert wenig Zeit am Toilettentisch." Esterhues übersetzte: „Die richtige Sorge um den Schmuck verlangt wenig Putztisch." Sckommodau bei Reclam übersetzt: „Wer seine Kleider richtig wählt, braucht wenig Aufmachung." Drei Übersetzungen und drei Wörter für das Wort *parure:* Putz, Schmuck, Kleidung. Ich selbst habe auch die Waffen gestreckt. Das Wort *„toilette"* kann man im Deutschen nicht ohne einen Kommentar wiedergeben. Meine Übersetzung: „Wahre Sorge um den Putz braucht wenig Aufmachung" ist wohl kurz, aber wer kann den Riesenumfang des Wortes *„toilette"* mit einem Wort im Deutschen wiedergeben?

Rousseau benutzt ein ganzes Vokabularium, das zum Wortschatz des galanten Zeitalters eines Ludwig XV. gehörte und das vom damaligen Europa einfach übernommen wurde, denn es gehörte zum Guten Ton

Bemerkungen zur Übersetzung

der Zeit, Französisch zu reden. Ausdrücke wie: *ces petits agréables, les étourdis, coquet, la coquetterie, la coquette, la parure, les petits airs, les plaisants, les bienséances, les agréments étranges, les arts d'agrément, les connaissances agréables, l'amant, la maîtresse,* usw. bereiten daher große Schwierigkeiten in einer modernen Übersetzung. Man kann sie nicht mehr einfach übernehmen. Übertragungen haben aber oft so verschiedene Gewichte, daß man unwillkürlich die Zeit spürt, die seit dem *Émile* verflossen ist. Die Sinnumfänge von Wörtern wie *parure, toilette, gourmandise, coquetterie, maîtresse, amant,* usw. wären nicht einmal mehr anzudeuten, wenn man sie als Fremdwörter übernehmen wollte, ganz zu schweigen von deutschen Ersatzwörtern, die den Originalsinn nicht einmal mehr andeuten und erraten lassen. So haben auch Wörter wie *la philosophie, le philosophe* und *philosophe* als Eigenschaftswort im Sprachgebrauch des 18. Jahrhunderts einen ganz anderen Wortsinn als im Deutschen. Sie können unabhängig vom deutschen Inhalt als Weltweisheitslehre einfach Gelehrsamkeit heißen, ja sogar im Mund Rousseaus abschätzig klingen, wenn er z. B. sagt: „*Dans ce siècle philosophe*" (S. 416) und das man etwa übersetzen könnte: In diesem Jahrhundert, das sich aufgeklärt gibt; in einem Jahrhundert, das vorgibt, aufgeklärt zu sein, usw. Die Eigenschaft, daß es *philosophe* ist, birgt für Frauen, die tugendhaft bleiben wollen, noch zusätzliche Gefahren in sich, denen man nur dadurch begegnen kann, daß man „sehr zurückgezogen lebt". Wie kann man das aber mit einem einzigen Wort im Deutschen ausdrücken?

Was also am Anfang einer jeden Übersetzung eines Textes früherer Jahrhunderte stehen müßte, ist das Bekenntnis, daß wir Wörtern, deren sich der Autor bediente, einen Sinnumfang und eine Bedeutung geben oder unterschieben, die sie gar nicht hatten, bzw., daß wir Gleichwörter oder sogar dieselben Wörter als Fremdwörter übernehmen, ohne den Sinnumfang und die Bedeutung, die sie im 16., 17. oder 18. Jahrhundert hatten, zu kennen. Die Aufgabe, den Stellenwert eines Wortes zu einem gegebenen Zeitpunkt zu ermitteln, fällt einer neuen Wissenschaft zu, der Lexikologie, die aber für unsere Übersetzung zu spät kommt. Wir können nur darauf hinweisen, daß diese „Schlüsselwörter" und diese „Zeugenwörter" d. h. Wörter, die in einer bestimmten Gesellschaft und zu einer bestimmten Zeit für diese Gesellschaft und für diese Zeit „gezeugt" haben, und daher die „Schlüssel" zu ihrer Aufklärung sind, noch gar nicht erforscht sind. Wir setzen Gesellschaft = Gesellschaft, Glaube = Glaube, Priester = Priester, Erziehung = Erziehung usw., d. h. Gleichungen, die gar keine Gleichungen sind. So hatte z. B. das Wort *art* (Kunst) bis ins 17. Jahrhundert noch die allgemeine Bedeutung einer Fähigkeit, etwas zu können, und erst 1640, mit der Unterscheidung der *beaux-arts* (Schönen Künste) spezialisiert sich der Begriff im heutigen Sinn. Aber die Ableitungen bleiben noch unsicher. 1719 nennt der Abbé Du Bos Michelangelo einen *artisan* und Chabert nennt 1785 Kuhhirten *artistes*. Du Bos nennt als Ziel des *art* das *plaisir* (Vergnügen), und nur allmählich macht sich die Anschauung breit, daß die *beaux-arts* auch eine Erziehungsrolle zu spielen hätten.

Dieses kurze Beispiel, das ich dem Buch von G. Matoré* entnommen habe, beweist, welche Gefahr wir laufen, heutige Wortsinnumfänge in die Sprache früherer Jahrhunderte hineinzutragen und wie sehr eine Gleichung *art* = Kunst, oder *père* = Vater falsch sein kann. Trotzdem können wir nicht jedes Wort mit einem Reiter versehen. Wir müssen nur die Warnung beachten und wissen, daß hier eine innere Schwierigkeit vorliegt, die keine Übersetzung jemals ausräumen kann.

Am auffälligsten an meiner Übersetzung ist vielleicht, daß ich noch stärker als meine Vorgänger Rousseaus lange Sätze in kürzere Sätze

---

* G. Matoré, *La méthode en lexicologie*, Didier, 1953, p. 100.

aufgelöst habe. Die Lektüre wird dadurch flüssiger. Man könnte allerdings auch einwenden, daß damit der Rhythmus des Buches geändert worden ist. Aber haben wir selbst uns nicht auch geändert? Wir sprechen nicht nur eine andere Sprache als die Menschen des 18. Jahrhunderts, wir haben auch ein anderes Tempo und einen anderen Rhythmus.

Dieser Rhythmus drängt uns dazu, alles gedrängter und geraffter auszudrücken, als es das 18. Jahrhundert getan hat. Dies ist mir besonders in den ersten drei Büchern gelungen. Langatmige französische Genetivketten ließen sich mit einem einzigen zusammengesetzten Hauptwort ausdrücken, ganze Nebensätze in einem ausdrucksstarken Beiwort vereinen. Was aber noch in den ersten drei Büchern leicht war, war im 4. und im 5. Buch fast unmöglich. Dadurch wurde die Übersetzung noch hinterlastiger als es schon das Original ist. Hier ein Vergleich: In der Ausgabe GARNIER beträgt der französische Text 614 Seiten. Das 1. Buch umfaßt (ohne Vorrede) 55 Seiten; das 2. Buch: 123 Seiten; das 3. Buch: 63 Seiten; das 4. Buch: 200 Seiten; das 5. Buch 170 Seiten. Das 4. Buch ist also mit seinen 200 Seiten fast so groß wie die drei ersten Bücher mit ihren 241 Seiten zusammen. Die „Bekenntnisse des Savoyischen Vikars" im 4. Buch umfassen allein schon 66 Seiten. Das 5. Buch läßt vollends die klare Linie vermissen, die in den ersten drei Büchern noch verfolgt werden kann. Es ändert sich der Inhalt, und das hat Rousseau genau gespürt, denn er überschreibt das gesamte Buch mit *Emil oder über die Erziehung*. Das 5. Buch bekommt aber einen Untertitel: *Sophie oder die Frau*.

Solange man in der Frau nicht in jeder Beziehung denselben Menschen anerkannte wie im Mann, solange mußte jeder Versuch einer Erziehung der Frau scheitern, so wie hundert Jahre vorher noch Fénelon mit seiner „Mädchenerziehung" gescheitert ist. Wenn Rousseau (S. 386) behauptet, „daß die Frau eigens geschaffen ist, um dem Mann zu gefallen", so kann er folgerichtig nur verlangen, „daß sie viel lernen muß, aber nur das, was sich für sie schickt" (S. 393). „Die ganze Erziehung der Frau muß daher auf die Männer Bezug nehmen" (S. 394).

Im Grunde löst sich für Rousseau das Problem der Mädchenerziehung in Lesen, Schreiben und Rechnen auf, das er nicht weiter betont, und in Hauswirtschaft und Nadelarbeit, die er mit dem Trieb, sich zu putzen, in Verbindung bringt. So ist der Teil, der eigentlich der Erziehung der Frau gewidmet sein müßte, eine Psychologie der Frau. Denn wer behauptet, „ihre Studien müssen sich auf das Praktische beziehen" und „die Erforschung der abstrakten und spekulativen Wahrheiten, die Prinzipien und Axiome der Wissenschaft, alles, was auf die Verallgemeinerung der Begriffe abzielt, ist nicht Sache der Frauen" (S. 420), kann sich ja gar keine Erziehung der Frauen vorstellen. So weicht Rousseau aus, setzt die Erziehung Emils fort, indem er eine Kurzfassung seines *Contrat social* (S. 504 ff) einfügt und die Geschichte der Liebe zwischen Emil und Sophie bis zu ihrer Heirat fortführt.

In meiner Übersetzung wird diese Hinterlastigkeit noch stärker betont, denn die ersten drei Bücher schrumpfen auf 200 Seiten zusammen, während das 4. und 5. Buch mit 320 Seiten fast so lang ist wie im Original.

Mein Ziel war, jeden Gedanken Rousseaus sinngetreu wiederzugeben, ihn so deutsch auszudrücken, wie es mir möglich war, und trotzdem alles wegzulassen, was sich der moderne Leser sowieso selbst denkt. Die drei ersten Bücher sind auf diese Weise viel schlanker, ja, man könnte fast sagen, moderner geworden. Die humanistischen Zitate empfinden wir heute als Ballast. Wir verbinden mit den Aussagen eines Cato, eines Plutarch, eines Ktesius keine lebendige Erinnerung. Ich hätte sie gerne ganz ausgelassen, da sie nur ein Schmuck einer vergangenen humanistischen Bildung waren, auf die wir nicht mehr pochen können. In unseren Augen ist der Schmuck verblaßt. Wir entschuldigen uns ja auch, wenn uns aus Versehen ein antikes Sprichwort unterläuft.

Jede neuere Übersetzung steht auf den Schultern ihrer Vorgänger. Ich habe mich daher nicht gescheut, nur um immer original zu sein, eine Wendung zu gebrauchen, die schlechter gewesen wäre als die, die schon einer meiner Vorgänger gebraucht hat. Manchmal hatte der älteste Übersetzer die beste Übersetzung, eben weil sich die späteren Übersetzer gescheut hatten, sie zu übernehmen. Ich habe daher alle Wendungen gegen meine eigenen abgewogen, und waren sie besser, kürzer, treffender, so habe ich sie übernommen und mich keineswegs als Dieb gefühlt. Daß ich bei diesem Vergleich auf viele Fehler gestoßen bin, ist fast selbstverständlich. Da man aber für die eigenen Fehler blind ist, so wird der nächste, der sich dieser ungeheuren Arbeit unterzieht, auch bei mir auf Fehler stoßen. Natürlich hoffe ich, daß mir nur wenige unterlaufen sind, aber ich freue mich schon heute darauf, wenn ein nächster Übersetzer auch von mir Wendungen übernimmt, weil sie ihm am treffendsten und am besten erscheinen.

Aus der alten Fassung von Josef Esterhues habe ich die Kapiteleinleitung und die Kapitelüberschriften übernommen. Sie machen die Riesenblöcke des Originals übersichtlicher, sie gliedern sie in leichter überschaubare Teile und erlauben einen leichteren Nachvollzug der Rousseauschen Gedankenschritte. Darüber hinaus habe ich durch Randanmerkungen den Inhalt eines jeden Abschnitts zu fixieren versucht. Damit lebt nicht nur eine schöne Tradition des 18. Jahrhunderts wieder auf, sondern die Marginalien stellen eine Kürzestfassung des Werkes dar, eine Erinnerungshilfe, wie man sie vielgelesenen Merkbüchern angedeihen läßt.

Die Anmerkungen zum Text konnten stark gekürzt werden, da durch das „sprechende Sach- und Namenregister" die meisten Anmerkungen überflüssig geworden waren. Diese ausführlichen Register sind eine Eigenart des französischen Buches. Die ausgezeichnete Ausgabe bei GARNIER unterscheidet sich darin kaum von den Ausgaben des 18. Jahrhunderts. Es haben sich sogar einzelne Anmerkungen über die Jahrhunderte hinweg erhalten: ein weiterer Beweis, daß man den *Émile* von Anfang an als pädagogisches Handbuch angesehen hat, in dem man immer wieder Rat und Hilfe suchte; eine Art pädagogisches Kompendium für das 19. Jahrhundert.

Das Ziel dieser Übersetzung ist: Durch Leichtigkeit und Flüssigkeit den EMIL wieder in den Blickpunkt der pädagogischen Betrachtungen zu rücken, ihn wieder zu einem Buch zu machen, das man um seiner selbst willen liest. Ist mir das gelungen, so war die jahrelange Arbeit nicht umsonst.

Jede Zeit muß die alten Meister aufs neue übersetzen und erarbeiten. Es gibt nicht viele Werke, die so bedeutend sind, daß man sie immer wieder übersetzt. Der Emil ist aber so ein Werk, und keine Mühe, die man an ihn wendet, ist vergebens.

L. S.

Bibliographie

— Auswahl —

QUELLEN

a) Gesamtausgaben der Werke Rousseaus

Émile ou de l'Éducation, La Haye, Néaulme (in Paris von Duchesne gedruckt), 1762, 4 vol. in-12 et in-8⁰.

1765. Gesamtausgabe in 6 Bänden in-4⁰, die zu Lebzeiten des Autors erschienen ist.

1782—1790 von Du Peyrou herausgegeben, „Genfer Ausgabe" genannt.

1790. Edition Poinçot.

1796—1801. Edition Bozérian.

1801. Edition Naigeon, Beaucarel et Fayolle.

1819—1820. Edition Petitain.

1823—1826. Edition Musset-Pathay.

1834. Oeuvres complètes, Edition Didier.

1856. Oevres complètes de J.-J. Rousseau avec des notes historiques, chez Firmin-Didot Frères.

1862. Oevres complètes de Rousseau par Lahure, Hachette.

Vollständige Bibliographie bei Théophile Dufour, Recherches bibliographiques sur les oeuvres imprimées de J.-J. Rousseau, Paris, Giraud-Badin, 1925, 2 vol.

b) Hauptwerke Rousseaus

Discours sur cette question: Le rétablissement des sciences et des arts a-t-il contribué à épurer les moeurs? (Hat der Wiederaufstieg der Wissenschaften und Künste zur Läuterung der Sitten beigetragen?), 1750.

Discours sur l'origine de l'inégalité parmi les hommes (Über den Ursprung der Ungleichheit unter den Menschen), 1755.

Schriften zur Kulturkritik (die zwei Diskurse von 1750 und 1755), deutsch und französisch, F. Meiner Verlag, ²1964.

Julie ou la nouvelle Héloïse. 1761.

Le Contrat social. 1762.

J.-J. Rousseau: Der Gesellschaftsvertrag oder die Grundsätze des Staatsrechtes. Übers. v. H. Denhardt, Stuttgart, Reclam, 1958

J.-J. Rousseau: Staat u. Gesellschaft, übers. u. komm. von K. Weigand, München, Goldmann 1959.

Émile ou de l'éducation. 1762.

J.-J. Rousseau, Émile ou de l'Éducation, Introduction, Bibliographie, Notes et Index analytique par François et Pierre Richard, Édition illustrée, Classiques Garnier, Paris 1961 (XLIX und 625 S.).

J.-J. Rousseau: Emile oder über die Erziehung, übers. von E. Sckomodau, Stuttgart, Reclam, 1963.

J.-J. Rousseau, Emil oder die Erziehung, übers. von J. Esterhues, Paderborn, Schöningh, ³1963.

J.-J. Rousseau, Über die Erziehung, ausgewählt und eingeleitet von Rosemarie Wothge, Berlin-Ost, 1958.

J.-J. Rousseau, Émile oder Über die Erziehung, Eine Auswahl, besorgt und eingeleitet v. H. Röhrs, Heidelberg, 1967.

J.-J. Rousseau, Emil oder über die Erziehung, übers. von K. Grosse, Leipzig, ⁴1863.

Considération sur le gouvernement de la Pologne. 1771.

Les Confessions, première rédaction, éd. Dufour, Annales, t. IV.

Les Confessions, les Rêveriers du Promeneur solitaire, éd. Grosclaude, Paris, 1947.

Bibliographie **547**

Les Rêveries du Promeneur solitaire, suivies des Cartes à jouer de Neuchâtel, éd. Raymond, Lille-Genève, 1948.
Die Bekenntnisse. Übersetzung von E. Hardt, Wiesbaden [3]1956.
Oeuvres et correspondance inédites, éd. Streckeisen-Moultou, Paris, 1861.
Correspondance générale, éd. Dufour et Plan, Paris, 1924—1934.
Correspondance avec Léonard Usteri, éd Usteri et Ritter, Zürich-Genf, 1910.
Fragments inédits, éd. Jansen, Paris-Berlin, 1882.
Pages inédites, éd. Dufour, Annales, t. I et II.
Institutions chimiques, Annales, t. XII et XIII.
Discours sur les richesses, éd. Bovet, Paris, 1853.
Le portefeuille de Madame Dupin, éd. G. de Villeneuve-Guivert, Paris, 1884.
Cartes à jouer de Neuchâtel, éd. Osmont, Annales, t. VIII.
Rousseau contre Helvétius, éd. Masson, Rev. Hist. Littér. de la France, 1911.
Rousseaus Preisschriften und Erziehungsplan, Bad Heilbronn, 1966.

II. DARSTELLUNGEN

Literatur über Rousseaus Leben und Werk

Baczko, Br.: Rousseau, Einsamkeit und Gemeinschaft (aus dem Polnischen) Wien, 1970.
Benrubi, J.: Les idées morales de J.-J. Rousseau, Paris, 1940.
Böhm, B.: Sokrates im 18. Jahrhundert, Leipzig, 1929.
Bourauel, Fr. W.: Der Rechts- und Staatsgedanke bei Rousseau, Köln, Diss., 1967.
Bouvier, Bernard: J.-J. Rousseau, Genf, 1912.
Brandt, R.: Rousseaus Philosophie der Gesellschaft, Stuttgart, 1973.
Bretonneau, Gisèle: Valeurs humaines de J.-J. Rousseau, Paris, 1961.
Brockerhoff, F.: J.-J. Rousseau, sein Leben und seine Werke, 3 Bände, Leipzig, 1863—1874.
Bruppacher, M.: Selbstverlust und Selbstverwirklichung. Die geistige Entwicklung des Menschen bei Rousseau, Bern, 1972.
Burgelin, Pierre: La philosophie de l'existence de J.-J. Rousseau, Paris, 1952.
Ders.: L'idée de place dans l'Emile, in Rev. Litt. Comp. 1961, p. 529.
Ders.: J.-J. Rousseau et la religion de Genève, Genf, 1962.
Caspers, E.: Goethe und Rousseau, Langensalza, 1922.
Cassirer, E.: Rousseau, Kant, Goethe, London, 1945.
Ders.: Das Problem J.-J. Rousseau, in: Archiv f. Gesch. und Philosophie, Bd. XLI.
Claparède, Edouard: Les idées pédagogiques de Rousseau et la conception fonctionnelle de l'enfance, Paris, 1912.
Cobban, A.: Rousseau and the modern state, London, 1934.
Coseriu, Eugenio: Die Geschichte der Sprachphilosophie von der Antike bis zur Gegenwart, Stuttgart, 1969.
Cuendet, W.: La philosophie religieuse de J.-J. Rousseau, Genf, 1916.
Dahmer, Ilse: Das Phänomen Rousseau, Weinheim 1962.

36 Rousseau

Bibliographie

Derathé, Robert: Le rationalisme de J.-J. Rousseau, Paris 1948.

Ders.: Les rapports de la Morale et de la Religion chez J.-J. Rousseau, Rev. philos., 1949.

Ders.: Rousseau et les idées politiques de son temps, Paris, 1950.

Durkheim, E.: Cours sur „Emile", Rev. Méta. et Morale, 1919.

Eigeldinger, Marc: J.-J. Rousseau et la réalité de l'imaginaire, Neuchâtel, 1962.

Erdmann, K. D.: Das Verhältnis von Staat und Religion nach der Sozialphilosophie Rousseaus, Berlin, 1935.

Études sur le contrat social de J.-J. Rousseau, Paris, 1964.

Faguet, E.: Rousseau, le penseur, Paris, 1912.

Fester, R.: Rousseau und die deutsche Geschichtsphilosophie, Stuttgart, 1890.

Fetscher, I.: Rousseaus politische Philosophie, Neuwied, 1960.

Friel, K.: Rousseau und die Erziehungsbestrebungen der Gegenwart, Langensalza, 1921.

Fusil, C. A.: L'Anti-Rousseau ou les égarments du coeur et de l'esprit, Paris, 1924.

Gad, C.: Rousseau, Stuttgart, Reclam 8254, 1975.

Gaiffe, F.: J.-J. Rousseau et les rêveries du Promeneur solitaire, Paris, 1936.

Geiger, L.: J.-J. Rousseau, 1907.

Groethuysen, Bernard: J.-J. Rousseau, Paris 1949.

Guéhenno, Jean: Jean-Jacques en marge des „Confessions", Paris, 1948.

Ders.: Jean-Jacques. Roman et vérité, Paris 1950.

Hall, J. C.: Rousseau. An introduction to his political philosophy, London, 1973.

Hämel, A.: Rousseau. Der Mensch und sein Werk, Leipzig, 1927.

Hatzfeld, H.: J.-J. Rousseau, 1922.

Hayman, F.: Weltbürgertum und Vaterlandsliebe in der Staatslehre von Rousseau und Fichte, Berlin, 1924.

Heidenheim, A.: J.-J. Rousseaus Persönlichkeit, Philosophie und Psychose, München, 1924.

Hendel, C. W.: J.-J. Rousseau Moralist, London 1934.

Hensel, P.: Rousseau, 1913.

Holmsten, G.: Rousseau in Selbstzeugnissen und Bilddokumenten. Rowohlt, 1972.

Höffding, H.: J.-J. Rousseau et sa philosophie, Paris, 1911.

Ders.: Rousseau, Stuttgart, 1923.

Hoffman, M.: Der Humanitätsbegriff Rousseaus, Bonn 1932.

Hubert, René: Rousseau et l'encyclopédie, Paris, 1928.

Istel, E.: Rousseau als Komponist seiner lyrischen Szene „Pygmalion", Neudr. Walluf, 1975.

Jansen, A.: J.-J. Rousseau als Musiker, Berlin, 1884.

Karstädt, O.: Rousseaus Pädagogik, 1911.

Kommerell, M.: Jean Pauls Verhältnis zu Rousseau, Marburg, 1924.

Launay, M.: Rousseau. Écrivain politique, Grenoble, 1971.

Lemaître, Jules: J.-J. Rousseau, Paris, o. J.

Mahrenholtz, R.: J.-J. Rousseau, Leben, Geistesentwicklung und Hauptwerke, 1889.

Maritain, J.: Trois réformateurs, Paris, 1925.

Masson, P.-M.: La formation religieuse de Rousseau, Paris, 1916.

Bibliographie **549**

Meinhold, P.: Rousseaus Geschichtsphilosophie, Neudr. Stuttgart, 1975.

Mensch, E.: Rousseau, der Philosoph des Naturrechts, Berlin, um 1908.

Möbius, P.: J.-J. Rousseau, Leipzig, 1903.

Moreau-Rendu, S.: L'Idée de bonté naturelle chez J.-J. Rousseau, Paris, 1929.

Mornet, Daniel: Rousseau. L'homme et l'oeuvre, Paris, 1950.

Mueller, Fr.: Entfremdung. Zur anthropologischen Begründung der Staatstheorie bei Rousseau, Hegel, Marx, Berlin, 1970.

Nourisson, J. F.: J.-J. Rousseau et le rousseauisme, Paris, 1903.

Pahlmann, Fr.: Mensch und Staat bei Rousseau, Nachdr. Vaduz, 1965.

Proal, L.: La psychologie de J.-J. Rousseau, Paris, 1903.

Rang, M.: Rousseaus Lehre vom Menschen, Göttingen, 1959.

Ravier, André: L'éducation de l'homme nouveau. Essai hist. et crit. sur le livre de l'Emile de J.-J. Rousseau, Lyon, 1941, 2 vol.

Ritzel, W.: J.-J. Rousseau, Stuttgart, ²1971.

Roddier, H.: J.-J. Rousseau en Angleterre au 18e siècle, Paris, 1950.

Röhrs, Hermann: J.-J. Rousseau, Vision und Wirklichkeit, Heidelberg, ²1966.

Roland-Holst, R.: J.-J. Rousseau. Ein Bild seines Lebens und seiner Werke, 1921.

Rousselot, Paul: Histoire de l'éducation des femmes en France, Paris 1883, 2 vol.

Sakmann, Paul: J.-J. Rousseau, Leipzig, 1923.

Sallwuerk, E. v.: Zum Gedächtnis J.-J. Rousseaus, Langensalza, 1912.

Schinz, A.: La pensée de J.-J. Rousseau, Paris, 1929.

Schinz, P.: Rousseau, a forerunner of Pragmatism, Chicago, 1909.

Schmidt, E.: Richardson, Rousseau und Goethe, Jena, 1875.

Seillière, Ernest: J.-J. Rousseau, Paris, 1921.

Seitz, E.: Werte, Wertarten und ihre Rangordnung in Rousseaus „Emil“, Gießen, Diss., 1928.

Shklar, J. N.: Men and citizens. A study of Rousseau's social Theory, Cambridge, 1969.

Snyders, G.: Die große Wende der Pädagogik, Paderborn, 1971.

Speerli, L.: Rousseau und Zürich, Erlenbach, 1975.

Spink, J.-S.: J.-J. Rousseau et Genève, Paris, 1934.

Spranger, Eduard: J.-J. Rousseaus Kulturideale, Jena, 1908.

Starobinski, Jean: J.-J. Rousseau. La transparence et l'obstacle, Paris, 1957.

Strobel, Anton: Die Pädagogik Schleiermachers und Rousseaus. Ein hist.-kritischer Vergleich, München, 1928.

Tiersot, I.: Les Maîtres de la Musique, J.-J. Rousseau, Paris 1912.

Viatte, A./Lüthy, H.: Rousseau 1712—1962, Zurück, 1962.

Volpe, Galvano della: Rousseau und Marx, Neuwied, 1974.

Vossler, Otto: Rousseaus Freiheitslehre, Göttingen, 1963.

Wittig, H.-G.: Wiedergeburt des radikalen Gesinnungswandel. Über den Zusammenhang von Theologie, Antrhopologie und Pädagogik bei Rousseau, Kant und Pestalozzi, Heidelberg, 1970.

Wolff, R.: Die Ästhetisierung aufklärerischer Tabukritik bei Montesquieu und Rousseau, Fink, 1972.

Ziegenfuß, W.: J.-J. Rousseau. Eine soziologische Studie, 1952.

ZEITTAFEL

Jahr	Leben und Werk	Geistes- und Bildungsgeschichte	Politische Geschichte
1712	28. 6. in Genf; Jean-Jacques Rousseau († 1778); seine Mutter stirbt am 7. 7.	Händel in London	–1786: Friedrich II.
1713		–1784: Diderot, Fénelon: Lettre à l'Académie francaise	Pragmatische Sanktion Karls VI. –1740: Fr. Wilhelm I. Friede von Utrecht
1714		Leibniz Monadologie –1787: Gluck	Ende des spanischen Erbfolgekrieges (seit 1700) –1901: Haus Hannover in England –1727: Georg I.
1715		–1769: Gellert, Fénelon gest. –1771: Helvétius	Ludwig XIV. gest. –1774: Ludwig XV.
1716		Leibniz gest. Schulpflicht in Preußen A. H. Francke (1663–1727): Rektor der Universität Halle	John Law (Finanzpolitik bis zum Krach 1720) Sieg Prinz Eugens über die Türken bei Peterwardein
1717	Isaac Rousseau und sein Sohn ziehen in den Genfer Vorort Saint-Gervais um.	–1783: d'Alembert –1768: Winckelmann	Quadrupelallianz Sieg Prinz Eugens über die Türken bei Belgrad
1718			Friede von Passarowitz

Zeittafel

1719			Verbot des Jesuitenordens in Rußland
1721		Montesquieu: *Lettres persanes* Berkeley: Traktat über die Grundlagen der menschlichen Erkenntnis Watteau gest. (geb. 1684)	Ende des Nordischen Krieges (seit 1700) Peter I., „Zar aller Reußen"
1722	–1724 in Pension beim Pastor Lambercier in Bossey		
1723		–1789: d'Holbach –1788: Gainsborough –1790: A. Smith Bach Thomaskantor in Leipzig	Fr. Wilhelm I. weist Ch. Wolff aus Halle aus
1724		–1790: J. B. Basedow –1804: I. Kant –1803: Klopstock –1788: J. I. Felbiger	
1725	Bei seinem Onkel Gabriel Bernard in Genf; beginnt seine Lehre		Ludwig XV. heiratet die Tochter des polnischen Königs St. Leszczinski Zar Peter gest. (geb. 1672; 1689) –1727: Katharina I. von Rußland
1726			–1745: Kardinal Fleury leitender Minister
1727		A. H. Francke gest. (geb. 1663)	–1760: Georg II.
1728	14. 3. flieht aus Genf 21. 3. stellt sich in Annecy bei Mme de Warens vor 12. 4. als Katechumen in Turin Juli–Dez. im Dienst von Mme de Vercellis	Thomasius gest. (geb. 1655) Mme de Lambert: *Avis d'une mère à son fils, à sa fille*	

Jahr	Leben und Werk	Geistes- und Bildungsgeschichte	Politische Geschichte
1729	Febr. bis Juni (?) im Dienst beim Grafen de Gouvon Sept.–Okt. einige Wochen im Seminar von Annecy	–1781: Lessing	
1730	Juli: Reise nach Freiburg/Schw. Aug.–April 1731, als Musiklehrer in Lausanne und Neuenburg	–1788: J. G. Hamann	Flucht Friedrichs
1731	Juni–Juli, 1. Aufenthalt in Paris als Hauslehrer Nach einem Aufenthalt in Lyon nach Chambéry	Defoe gest. (geb. 1659)	
1732	ab Juni als Musiklehrer in Chambéry (oder 1733) Reise nach Besançon	–1809: Haydn, –1799: Beaumarchais –1806: Fragonard L'abbé Pluche: *Le spectacle de la nature*	Fr. Wilhelm I. nimmt 15 000 protestantische Salzburger in Ostpreußen auf
1733		–1813: Wieland Bach, h-Moll-Messe	Polnischer Erbfolgekrieg Karls VI. gegen Frankreich (–1735)
1734		–1805: Rochow Bach: Weihnachtsoratorium J. A. Ernesti, Rektor der Thomasschule	
1735	(oder 1736) 1. Aufenthalt in Charmettes		Vorfriede von Wien Lothringen fällt an St. Leszczinski, den Schwiegervater Ludwigs XV. Prinz Eugen gest. –1739: Türkenkrieg Rußlands und Österreichs
1736		Prinzipia regulativa König Friedr. Wilh. I. v. Preußen	

Zeittafel

1757	11. Sep. Reise nach Montpellier	Universität Göttingen gegr. „Braunschweigisch-Lüneburgische Schulordnung"	Friede von Belgrad nach unglücklichem Krieg gegen die Türken
1758	Febr. (?), wieder in Chambéry		
1759			
1740	–1741, Hauslehrer in Lyon bei M. de Mably	–1815: M. Claudius –1801: F. Kindermann	Kaiser Karl VI. gest. –1786: Friedrich II. –1780: Maria Theresia –1748: österreichischer Erbfolgekrieg –1742: 1. Schlesischer Krieg Friedrich II. rehabilitiert Ch. Wolff (gest. 1754)
1741	oder 1742 im Herbst: Ankunft in Paris Bekanntschaft mit Diderot		–1743: russisch-schwedischer Krieg
1742		J. A. Ernesti: Prof. an der Universität Leipzig	–1745: Karl VII., Deutscher Kaiser Friede von Breslau
1743	Jan.: *Dissertation sur la musique moderne* 10. Juli: Reise nach Venedig	–1794: Condorcet	
1744	22. Aug., verläßt Venedig, um nach Paris zurückzukehren	–1811: Ch. G. Salzmann –1803: Herder	
1745	macht die Bekanntschaft von Thérèse Levasseur	–1818, E. Chr. Trapp van Swieten errichtet die 1. Klinik in Wien	–1764: ‚Herrschaft' der Marquise de Pompadour –1765: Kaiser Franz I. 2. Schlesischer Krieg
1746	/47 im Winter: Geburt des ersten Kindes von Rousseau	–1827: J. H. Pestalozzi –1818: J. H. Campe	

Jahr	Leben und Werk	Geistes- und Bildungsgeschichte	Politische Geschichte
1747		1. Realschule (Hecker u. Hähn)	
1748		Lamettrie: *L'Homme machine* Montesquieu: *L'esprit des Lois* Klopstock: Messias Hume: *Enquiry concerning human understanding* –1753: Basedow als Hauslehrer in Holstein	Friede von Aachen. Ende des österreichischen Erbfolgekrieges
1749	Herbst: „Illuminations de Vincennes‘ (intuitive Erfassung der Antwort auf die 1. Dijoner Preisfrage Freundschaft mit Grimm	–1832: Goethe	Abschaffung der Hexenprozesse in Deutschland
1750	9. Juli: *Discours sur les Sciences et les Arts* von der Akademie Dijon preisgekrönt.	–1832: J. M. Sailer Beginn der frz. *Encyclopédie* Bach gest. (geb. 1685)	
1751	Polemiken um den 1. Discours	Voltaire: *Le siècle de Louis XIV* –1772: Die *Encyclopédie* in 28 Bänden De Lamettrie gest. (geb. 1709) A. Smith: Prof in Glasgow –1792: J. M. R. Lenz	
1752	18. Okt.: Das Singspiel *Le Devin du village* in Fontainebleau vor dem König aufgeführt 18. Dez.: Aufführung des *Narcisse* im *Théâtre Français*	–1831: Fr. M. Klinger „Küster- und Schulmeisterseminar“ (Hecker) in Berlin. Promotion Basedows (1724–1790) in Kiel	
1753	Nov. *Lettre sur la musique française*	Bonneval: *Réflexion sur le premier âge de l'homme* Berkeley gest. (geb. 1685)	Kaunitz österreichischer Staatskanzler

Jahr			
1754	Juni–Okt. in Genf; kehrt zum calv. Glauben zurück und nimmt die Genfer Bürgerschaft wieder an	–1826: B. Overberg –1820: Niemeyer Landschulordnung für Minden und Ravensberg Bonnet: *Essai de psychologie*	Gründung der 1. russischen Universität in Moskau –1763: englisch-französischer Kolonialkrieg: Friede von Paris
1755	Aug. veröff. den *Discours sur les origines de l'inégalité*	Montesquieu gest. (geb. 1689) Dr. S. Johnson (Wörterbuch) J. A. Ernesti: *Initia doctrinae solidoris*, Saint-Simon gest.	Westminsterkonferenz –1763: 7jähriger Krieg –1762: Teilnahme Rußlands am 7jährigen Krieg
1756	9. April: bezieht die Ermitage von Montmorency der Mme d'Epinay	–1791: Mozart Voltaire: Essay über Sitten und Geist der Völker	–1784: Eroberung Ostindiens für England
1757	April–Mai: Streit und Versöhnung mit Diderot Liebe zu Sophie d'Houdetot Okt./Nov.: Streit und Bruch mit Grimm Artikel „Genf" in der Encycl. 15. Dez.: Umzug nach Mont-Louis	Fontenelle gest.	
1758	6. Mai: Abschiedsbrief von Mme d'Houdetot Sept./Okt.: Veröff. der *Lettre à d'Alembert sur les spectacles*	Mme d'Epinay: *Lettres à mon fils* Helvétius: *De l'sprit*, Felbiger wird Abt des Stiftes zu Sagan, –1827: F. M. Vierthaler	
1759		1839: Guts-Muths, G. Fr. Händel gest. –1805: Schiller Händel gest. (geb. 1685) –1824: Fr. A. Wolf	Niederlage Preußens bei Kunersdorf Verbot des Jesuitenordens in Portugal
1760	Juni: Krach um die nichtautorisierte Veröff. der *Lettre à Voltaire sur la Providence*	–1826: J. P. Hebel Desessarts: *Traité de l'Education corporelle des enfants en bas-âge*	–1820: Georg III. von England seit 1760: „Industrielle Revolution"

Jahr	Leben und Werk	Geistes- und Bildungsgeschichte	Politische Geschichte
1761	Jan.: die 1. Ex. der *Nouvelle Héloïse* kommen zum Verkauf		–1763: spanisch-englischer Krieg
1762	Jan.: Niederschrift der 4 Briefe an M. de Malesherbes Apr.: der *Contrat social* erscheint in Amsterdam und wird sofort in Frankreich verboten Ende Mai: Der *Émile* erscheint in Paris 9. Juni: das Pariser Gericht verurteilt den *Émile*. R. soll verhaftet werden und flieht in die Schweiz 14. Juni: Er kommt in Yverdon an Zu gleicher Zeit werden der *Émile* und der *Cont. soc.* in Genf verboten und eingezogen Juli: Aus dem Berner Land ausgestoßen, flieht R. nach Môtiers. Tod von Mme de Warens in Chambéry Verurteilung des *Émile* in den Niederlanden und in Bern Aug.: Hirtenbrief des Erzbischofs von Paris gegen den *Émile*	–1814: J. G. Fichte Hume: *History of England* –1794: André Chénier	Verbot des Jesuitenordens in Frankreich Peter II. von Rußland schließt Frieden mit Preußen; wird nach halbjähriger Regierungszeit ermordet –1796: Katharina II. von Rußland
1763	März: Brief an den Erzbischof von Paris 12. Mai: verzichtet er auf die Bürgerschaft von Genf Sept./Okt.: R. in den *Lettres écrites de la Campagne* angegriffen.	General-Landschulreglement für Preußen (J. I. Felbiger, (1724–1788) –1825: Jean Paul Friedrich Richter	Frankreich verliert seine nordamerikanischen Besitzungen England bekommt im Frieden von Paris Kanada und Louisiana Friede von Hubertusburg Genua verkauft Korsika an Frankreich

Jahr			
1764	Okt.: Veröff. der *Lettres écrites de la Montagne* in Amsterdam Dez.: Voltaire schreibt gegen R. das anonyme Pamphlet: *Le sentiment des citoyens*	Winckelmann: Geschichte und Kunst im Altertum	ab 1764: Gründung deutscher Kolonien an der Wolga Verbot des Jesuitenordens in Spanien
1765	Jan.–März: *Lettres de la Montagne* im Haag und in Paris verurteilt und verbrannt März: R. vor das Konsistorium von Môtiers vorgeladen. Juli: Ausflug auf die Insel St-Pierre im See von Bienne 6. Sept.: Die „Steinigung" von Môtiers 12. Sept.–25. Okt.: R. auf der Insel St-Pierre 29. Okt.: R. verläßt Bienne und fährt nach Straßburg mit der Absicht, nach Berlin zu fahren Nov./Dez.: Verbleibt zögernd in Straßburg und entscheidet sich für England Ende Dez.: In Paris unter der Schirmherrschaft des Prinzen von Conti	Basedow: Theor. System der gesunden Vernunft Generallandschulreglement für Schlesien und Glatz	–1790: Kaiser Joseph II.
1766	4. Jan.: Hume holt R. ab. R. als Gast Humes in England. Er arbeitet am 1. Teil der *Confessions* Juli: Beginn des Zerwürfnisses	Gottsched gest. (geb. 1700) –1817: Germaine de Staël	
1767	März: Georg III. gewährt R. eine Rente Mai: Überstürzter Aufbruch nach Frankreich	–1835: W. von Humboldt –1769: Lessing, Hamb. Dramaturgie –1768: Herder, Fragmente über die neuere deutsche Literatur	*l'Exposition de Paris*

Jahr	Leben und Werk	Geistes- und Bildungsgeschichte	Politische Geschichte
1767	Juni: Er findet Unterkunft auf einem Schloß des Prinzen Conti. Hier vollendet er den 1. Teil der *Confessions* Okt.–Nov.: Krank		
1768	R. fühlt sich von einem Komplott bedroht. Juni–Juli: In Lyon und Grenoble Aug.: Standesamtl. Trauung mit Thérèse	–1834: Fr. E. D. Schleiermacher Basedow: „Vorstellung an Menschenfreunde" Pestalozzi „Neuhof" –1848: Chateaubriand	–1774: russisch-türkischer Krieg Watts Dampfmaschine
1769	Jan.: Richtet sich in Monquin ein Nov.: Zieht nach Monquin Arbeitet weiter an den *Confessions*		
1770	April: *Confessions* bis zum Buch XI vollendet Zieht nach Lyon Sommer: Wieder in Paris, wo er als Notenkopist tätig ist Vollendet den 2. Teil der *Conf.* Beginnt mit der öffentlichen Lektüre der *Conf.*	–1831: G. W. Fr. Hegel Basedow: „Methodenbuch" d'Holbach: *Système de la nature* –1827: Beethoven Herder: Über den Ursprung der Sprache –1843: Hölderlin	–1774: Die ‚Herrschaft' der Gräfin –1821: Napoléon I., Dubarry, Minister von Schlabrendorff gest. Alle Reformversuche scheitern in Frankreich am Widerstand der privilegierten Stände James Cook entdeckt die Ostküste Australiens
1771	Mai: Die Lesung der *Conf.* von der Polizei verboten	–1858: R. Owen Klopstock: Oden –1801: Novalis	
1772	–1776: *Rousseau juge de Jean-Jacques, Dialogues, Rêveries du Promeneur solitaire*	v. Rochow: „Versuch eines Schulbuchs für Kinder der Landleute"	1. Teilung Polens

Zeittafel

1773	Jesuitenorden aufgehoben in Frankreich	Klopstock: Messias	
1774	1792: Ludwig XVI. (vermählt mit Marie Antoinette, einer Tochter Maria Theresias Turgot Finanzminister (–1776)	Goethe: Werther Basedow: „Elementarwerk" 1.–4. Bd. Philanthropinum in Dessau (Gründg.) Abt Felbinger in Wien: Allg. Schulordnung Pestalozzis „Armenschule" Mme d'Epinay: „Les Conversations d'Emilie"	
1775	–1783: nordamerikanischer Freiheitskrieg	Goethe als Minister nach Weimar J. I. Felbiger: Methodenbuch	24. Okt.: Der Unfall von Ménilmontant, den er in der 2. Promenade der Rêveries beschreibt
1776	–1781: Necker Finanzminister das 1. deutsche Nationaltheater in Hamburg mit Lessing als Dramaturgen –1848: J. Görres, Unabhängigkeitserklärung der 13 Ver. Staaten u. Erkl. der Menschenrechte	–1841: J. Fr. Herbart Hume gest. (geb. 1711) Herder: Gen. Superintendent in Weimar Campe übernimmt die Leitung des Philanthropinums v. Rochows „Kinderfreund" (1. dt. Schullesebuch)	
1777		Klinger: „Sturm und Drang" (Drama), –1853: V. E. Milde –1811: H. v. Kleist	Fortsetzung der Rêveries bis zur 7. Promenade Aug.: Gibt das Notenschreiben auf
1778	–1783: Bündnis mit den 13 Staaten von Nordamerika und Krieg gegen England –1779: Bayerischer Erbfolgekrieg	Voltaire gest (geb. 1694) Herder: Stimmen der Völker in Liedern, Chr. H. Wolke Nachfolger Basedows in Dessau	Jan.–Apr.: 8.–10. Promenade 20. Mai: Zieht nach Ermenonville, einem Besitz des Marquis de Girardin 2. Juli: Tod Rousseaus 4. Juli: Begräbnis

Jahr	Leben und Werk	Geistes- und Bildungsgeschichte	Politische Geschichte
1779		Oberlin gründet die 1. Kinderbewahranstalt in Waldersbach Trapp als 1. Prof. der Päd. nach Halle berufen v. Rochow: „Vom Nationalcharakter durch Volksschulen" „Schulverordnung für die bürgerliche Erziehung der Stadt- und Landschulen" (H. Braun in Bayern)	Einberufung der Generalstände nach Paris. Auftakt zur Revolution
1780		Lessing: Erziehung des Menschengeschlechts Pestalozzi: Die Abendstunde eines Einsiedlers	Maria Theresia gest.
1781		Pestalozzi: Lienhard und Gertrud Kant: Kritik der reinen Vernunft Schiller: Die Räuber Lessing gest.	
1782		–1852: Fr. Fröbel	
1786		1. Weltliches Lehrerinnenseminar in Wien (Joseph II.)	
1794	Überführung in den Panthéon von Paris		

Namenregister

(A = siehe Anmerkung; + A = siehe Seite und Anmerkung)

Abel — 412 A; (S. Geßner).

Abraham — Gott hat A. aus Steinen Kinder erweckt, Mt 3, 9, 331.

Achilles — Die Legende von seinem Eintauchen in den Styx, 20; — wie Homer sein Verdienst schmälert, 30; — der leichtfüßige A., 129; — wie er Ajax erschreckt, 266.

Addison (1672—1719). — Emil gibt Sophie den *Spectator*, 495.

Adrast (König von Argos). — Figur aus Fénelons *Telemach*; Anspielung auf Friedrich II. von Preußen, 516.

Agesilaos (397—260, König von Sparta) reitet auf einem Stock, 246.

Ajax — will lieber mit Jupiter kämpfen als mit Achilles, 266.

Albini (um 1600 gelebt, it. Maler) — Anrufung, 466.

d'Alembert (1717—1783) — Der Unterschied zw. persischen und ägyptischen Schädeln in Rousseaus Brief an d'A. „Über das Schauspiel" erwähnt, 114.

Alexander (356—323) — über den Arzt Philippus, 93 ff., 246; — A.s Lehrer Aristoteles erwähnt, 155; — A. als Vorbild, 249; — A. spricht durch Zeichen, 345.

Alkinoos — A.s Garten, den Homer in der Odyssee beschreibt, 461 + A; — der Vater fragt Sophie, was sie mit d. Tochter d. A. gemeinsam habe, 462.

Amatus Lusitanus (geb. 1511; port. Arzt) — beteuert, einem Homunkulus gesehen zu haben, 287 A.

Amyot (1513—1593) — Übersetzung des Plutarch zitiert, 268 + A.

Andromache — lächelt über die Angst des kleinen Astyanax, 40.

Äneas — nicht weniger großmütig als Ä., verteilt Emil Geschenke an die Besiegten, 481.

Äneide (Vergil, 71—19) — Der Zufall hingestreuter Lettern, 287.

Antonius (80—32) — Beispiel für Emil, 249; — seine Leichenrede auf Cäsar, 346.

Apelles (gr. Maler des 4. Jh.) — Vergleich mit A., 133; — über einen schlechten Maler, 404.

Apicius (berühmter Feinschmecker unter Augustus) — bereiste Afrika, um bes. dicke Heuschrecken zu essen, 374.

Archimedes (um 287—212) — für einen kleinen Feinschmecker, 135.

Aristides (gest. 467 v. Chr.) — verbannt sich selbst, 246; — seine Gerechtigkeit, 327.

Aristoteles (384—322) — als Lehrer des Alexander erwähnt, 155; — nach ihm gefragt, 180.

Astyanax — seine Angst vor Hektors Helm, 40.

Atalante (Jägerin der gr. Sage) — Sophie, eine neue A., 482.

Augustus (63 v. — 14 n. Chr) — Erzieher seiner Enkel, 23 A; — seine moralischen Leiden, 248 ff.; — das Benehmen von A.s Tochter, 387; — sein Gesetz gegen die Ehelosigkeit, 517.

Aurelius Victor (4. Jh. n. Chr.) — erwähnt in seinem Werk „De viris illustribus" die Kleopatra-Anekdote, 348.

Balboa, Vasco Nuñez de, (1475—1517) — Besitznahme Amerikas mit Emils Gärtchen, 78

Barrême (1630—1703) — dessen „Rechenbuch" so bekannt war, daß man einfach „Der Barrême" sagte, 448.

Bayle (1647—1716) — Seine Ansichten über den Fanatismus und den Atheismus, 333 A.

Bianchi (zeitg. it. Arzt) — als Gegner des Arztes Cocchi erwähnt, 34 A.

Boerhaave (1668—1738) — über Kinderkrankheiten, 43.

Boileau (1636—1711) als Lehrer Racines, 198; — möchte Cotin sein, 251.

Bossuet (1627—1704) als Theoretiker des Katholizismus, 321.

Brantôme (1535—1614) — erzählt eine Anekdote, 428 A.

Brutus (um 86—42) — beschworen, 295.

Bucentaurus (Paradeschiff) — Venedigs Doge über den B., 345 A.

Buffon (1707—1788) — Über das Wickeln von Kleinkindern, 16; — Kindererziehung bei den alten Peruanern, 36 A; — das Abschätzen von Entfernungen und Geisterglaube, 121 A; — nach B. gefragt, 180; — verschiedene Reifealter in Stadt und Land, 215 A.

Bunianen — eine hinduistische Sekte, 144 A.

Cajus (19 v. — 4 n. Chr.) kein römischer Bürger, sondern Römer), 12.

Camillus — beteuert, mit alchimistischen Künsten einen berühmten Homunkulus erzeugt zu haben, 287 A.

Cäsar (101—44) — sein unheilvolles Genie, 88; — als Historiker beurteilt, 244; — als Mensch, 246; — dem Cato nicht ebenbürtig, 302; — Antonius Rede bei C.s Tod, 346.

Catilina (um 109—62) — seine Taten berühren Rousseau heute noch, 302.

Cato (der Zensor, maior, 232—147) — soll Emil C. nachstreben? 250; — erzieht seinen Sohn von der Wiege an, 23 A.

Cato (minor, 95—46) — wird für einen Dummkopf und Träumer gehalten, 88; — Cäsar vorgezogen, 302.

Chardin (1643—1713) — über Kleidung, 114; — über den Glauben der Mohammedaner, 334 A.

Charles Eduard (der Enkel Jakobs II, 1746—1788) — als Erbe dreier Königreiche erwähnt, 193.

Charron (1541—1603) — Ansichten über die Religion, 313 A.

Chiron — berühmter Kentaur, dem die Erziehung Achilles anvertraut war, 129.

Cicero (106—43) ein Satz aus Tuscul. V, 9 zitiert, 15; — Zitate im Lateinunterricht, 92; — als Geschichtslektüre, 249; — in Gegensatz zu Demosthenes gestellt, 371; — sein Buch „De officiis" erwähnt, 447.

Circe (Kirke) — S. Odysseus, 484.

Clarke (engl. Theologe, 1675—1729) — „erleuchtet die Welt", 279.

Cocchi (zeitg. it. Arzt) — seine medizinische Abhandlung erwähnt, 34 A.

Commynes (1445—1509) — wurde von Duclos imitiert, 246 A.

Condillac (1715—1780) — Rousseaus Hochachtung und Prophezeiung, 88; — definiert den Instinkt, 300 A.

Coriolan (soll um 490 v. Chr. verbannt worden sein) — auf die Bitten seiner Mutter Veturia hob er die Belagerung Roms auf, 426.

Cotin (1604—1682). — Boileau möchte C. sein, 251.

de Crousaz (1663—1750) — als Pedant apostrophiert; empfiehlt Leibesübungen, 112.

Dalila — Symbol für die Herrschaft der Frauen, 389.

Darius I (521—486) — Anekdote: Herodot gibt die Lösung: Werdet ihr nicht zu Vögeln, um zum Himmel zu fliegen, werdet ihr nicht zu Mäusen, um euch unter der Erde zu verbergen, werdet ihr nicht zu Fröschen, um in die Teiche zu springen, so werdet ihr uns nicht entgehen und durch diese Pfeile umkommen", 345.

Daubenton (Naturalist und Mitarbeiter Buffons, 1716—1799) — Vergleich mit seiner Naturaliensammlung, 451.

Davila (it. Historiker, gest. 1631) — wegen seiner Darstellung getadelt, 244 A.

Defoe (um 1660—1731) — Robinson Crusoe als Erziehungsbeispiel, 180 ff.

Demosthenes (384—322) — Cicero gegenübergestellt, 371.

Descartes (1596—1650) — Ungewißheit und Zweifel, die Wahrheit zu finden; *Discours de la Méthode*, I, 4 und 10, 276; — seine Kosmologie, 284.

Diana — Warum man sie zur Feindin der Liebe gemacht hat, 343.

Diderot (1713—1784) — ein Satz aus dem Vorwort zum *Fils naturel* führt zum Bruch zwischen Rousseau und ihm, 86 A.

Diogenes (413—323) — widerlegt den Sophisten Zeno durch Zeichen, 345.

Dionysius (der Jüngere, um 396 bis nach 337) — als König von Korinth erwähnt, 193.

Duchapt — eine berühmte Modistin ihrer Zeit, 404.

Duclos (fr. Moralist, 1704—1772) — versucht Tacitus, Sueton und Commynes nachzuahmen, 246 A; — seine Anstandsregeln, 365.

Emil — als gedachter und abstrakter Schüler, 25; — warum er zuerst wenig und dann immer häufiger erscheint, 25; warum ihn JJ mittelmäßig wählt, 27; — im gemäßigten Klima, 27; — bei seiner Geburt, 27; warum er ihn Waise sein läßt, 27; — warum er ihn stark sein läßt, 28; — seine Gefühle für den Erzieher, 27, 253; — der Gärtner Robert zerstört seinen Garten, 79; — sein Bild mit 12 Jahren, 150 ff., 156; liest Robinson, 180; — liebt das Land, 189 A, 476, 479; warum er sich Frauen gegenüber nicht wohl fühlt, 189; — Einführung in die Ungleichheit der Stände, 202; — seine Gemütshaltung, 231; — empört über die Ungerechtigkeit, 249; — seine Bescheidenheit, 258; — liebt den Frieden, 258 ff.; — seine Sprache, 259; — er ist kein Redner, 260; — warum er so anders ist, 262; — warum er sich von anderen Schülern unterscheidet, 262; — sein unschuldiges

Namenregister 563

Herz, 341; als Jäger, 343; — stellt sich unter den Schutz seines Erziehers, 349; — JJ.s Methode, E. in die Gesellschaft einzuführen, 353; — kann durch die Gesellschaft nicht verführt werden. 356; — seine Folgsamkeit mit 20 Jahren, 358; — in der Gesellschaft, 361 ff.; — E. und die Frauen, 364 ff.; — was E. sein will, 366; — darf Sophie nicht gleich finden, 384; — aus Liebe eitel, 447; — Kap. „Emil lernt Sophie kennen", 449—495; — begegnet Sophie, 453 ff.; — E. mit 20 Jahren, 459; — zweite Begegnung, 460 ff.; — treibt sein Handwerk weiter, 537 ff.; — sein Reichtum als Ehehindernis, 464 ff.; — sein erster Kuß und die Folgen, 466; — Sophies Lehrer, 467 ff.; — unterhält sich mit ihr über die Religion, 468; — eifersüchtig, 471 ff.; — liebt die Pferde; warum er nicht mehr reitet, 477; — pflegt Bauern, 480 +A; — wohltätig, 480, 486; — trainiert das Laufen; sein Wettlauf mit Sophie, 481; — erhält als Tischler den Besuch von Sophie, 482; — warum er unpünktlich war, 485 ff.; — JJ kündet die Erprobung E.s an und ihre Gründe, 487 ff.; — sein Abschied und sein Versprechen, 494, 495; — Sophie schenkt ihm ihren *Telemach*, 495; — studiert die Regierungen auf seiner Reise, 501 ff.; — als Briefschreiber, 521; — sein Bekenntnis, das er Sophie vor seine Reise ablegt, 521; seine Hochzeit, 524; — er wird Vater; sein Abschied vom Erzieher, 530.

Empedokles (5. Jh. v. Chr.) — ein Wort von ihm, 376.

Epiktet (1. Jh.) — Anekdote, 227.

Eucharis (Nymphe, im 7. Buch des *Telemach* erwähnt; sie versucht Telemach von seinem Mentor zu trennen) — Sophie als Nebenbuhlerin der E., 442; — ihre Reize, 453; — ihr Kummer, 495.

Euripides (480—406/5) — sein Trauerspiel Menalippus zitiert, 268 + A.

Favorinus (gallischer Rhetor und Sophist, gest. um 135) — Besitz schafft Bedürfnisse *(Noct. attic.* IX, 8), 58.

Fénelon (1651—1715; S. auch *Telemach)* — sein Rat über die Langeweile und das Vergnügen bei den Frauen, 400; — Telemach gefällt Sophie; sie ist in den Titelhelden verliebt, 442; — sie findet Telemach in Emil, 455, 466; — Emil kennt den *Telemach* nicht, 453; — Emil erhält den *Telemach* von Sophie, 495; — Emil verfolgt den Weg Telemachs, 516.

Fleury (1640—1725) — der „gelehrte" F. empfiehlt Leibesübungen, 112.

Fontenelle (1657—1757) — Richter im „Streit der Alten und der Modernen", 371.

Formey (dt. Schriftsteller frz. Ursprungs; Pastor in Berlin; hat 1763 einen *Anti-Émile* veröffentlicht; 1711—1797) — böswillige Kritik an Rousseau, 10 A, 11 A, 169 A, 253 + A, 256 A.

Franz I. (frz. König, 1494; 1515—1547) — erwähnt, 428 A.

Galatea — Erinnerung an die Verse von Vergil, *ecl.* III, 64 et 72, 419.

Gellius (geb. um 130) — Aulius G. führt das Wort von Favorinus in seinen „Attischen Nächten", IX, 8 an, 58.

Gauren — die G. sind Anhänger Zoroasters; sie leben in Persien, Hindostan und im Kaukasus. Sie galten im 18. Jh. als Beispiel aufgeklärter und sittlich reiner Menschen, 144.

Geßner (1730—1788) — Sein Prosa-Epos: *Der Tod Abels* (1758) wurde schon 1760 ins Frz. übersetzt und sehr bewundert, 412 A.

Grotius (holl. Rechtsgelehrter, 1583 bis 1645 — Seine Abhandlung „Friedens- und Kriegsrecht" (1625) galt lange Zeit als Richtschnur für internationale Beziehungen). — worin sich G. von Hobbes unterscheidet, 504; — JJ widerlegt die Grundsätze seines Kriegsrechtes, 515.

Guicciardini (it. Historiker, gest. 1540) — wegen seiner Darstellung getadelt, 244 A.

Guillaume (Meister G.; Komödienfigur des 15. Jh.) — ironisch erwähnt, 202.

Hannibal (247—183) — gibt seinem Heer mit einem Scherzwort wieder Mut, 246.

Heinrich IV. (1553; 1589—1610) — über die Astrologen, 87.

Hektor — sein Verhalten gegenüber seinem Sohn Astyanax, 40.

Helena — von einem schlechten Maler gemalt, 404.

Helvétius (1715—1771; frz. Philosoph) — Rousseau zitiert H. und wendet sich gegen ihn, 303.

Herkules — der verliebte H. und Omphale, 389; — Anspielung, 475; — H. ist gerächt, 483.

Hermes — zeichnet sein Wissen in Stein auf, 179.

Hero — erinnert an die Legende, 477.

Herodot (um 484 bis um 425) — unterscheidet zwischen Schädelformen, 114; — Bericht von den Lydern, 146; — der

„gute" H. als Historiker, 244; — Inschrift in den Thermopylen zitiert, 371; — guter Moralist, 398; — erwähnt, 499.

Hobbes (1588—1679) — wie er die Bösen nennt, 44; — in welchem Sinn sein Prinzip wahr ist, 65; — worin er sich von Grotius unterscheidet, 504.

Homer — wie er den Wert des Achilles mindert, 30; — Maler der Kyklopen und der Lotosesser, 144; — beschreibt die Angst des Astyanax, 40; — die Rosse des Thesus erwähnt (*Ilias*, X), 125; — Reisen zu seiner Zeit, 453; — Emil kennt die Odyssee, 453, 461 + A; — der einzige Dichter, der uns in das Land versetzt, das er beschreibt, 498.

Horaz (65—8) — Zitat aus den *Epistolae*, I, 11, 27, 143; — Zitat aus *Carm.* II, 1, 7, 270; die „Goldene Mitte" (*Carm.* II, 10, 5) zitiert, 384; — *Oden* I, 6 zitiert, 433; — Zitat aus den *Sat.* II, 6, 1, 522.

Hyde, Lord — prüft seinen 10jährigen Sohn, 155.

Idomeneus — der „gute" I., 516.

Jesus — hat J. unrecht? 317 A; — denken die Juden an J., wenn sie vom Messias reden? 323; — die Kirchenväter erkennen J. im Bild des Gerechten von Plato, 327; — Marias Sohn verglichen mit dem Sohn des Sophroniskus, 327; — Ursprung seiner Moral; Charakter seines Todes; sein Tod verglichen mit dem Tode Sokrates, 328; — Gebete nach seiner Lehre, 410; — der Leib des Tempel Jesu, 427.

John, Lord — seine Reaktion bei der Lektüre des Briefes von Lucys Mutter, 520.

Juno — kleidet sich prächtiger als die Venus, 404.

Jupiter — die Geburt der Pallas, 37; — seine Ausschweifungen, 303; — Ajax möchte lieber mit J. kämpfen als mit Achilles, 266; — Anruf in Euripides Trauerspiel *Menalippus*, 268 + A;

Juvenal (um 47 bis um 130) — Zitat aus *Sat.* II, 53 f., 199.

Kalypso — Telemach und Mentor auf ihrer Insel, 453.

Kassandra — der Roman von La Calprenède, 243.

Kineas (gr. Rhetor und Gesandter des Königs Pyrrhos von Epirus, 3. Jh.) — fragt, ob die Eroberung der Welt erstrebenswert ist, 248.

Kleopatra — der Roman von La Calprenède, 243; — ihr Reiz, 348, 427.

Krösus (König von Lydien, 560—516) — sein Reichtum, 375.

Ktesias (gr. Arzt und Historiker des 5. Jh.) — hat ein Buch über die Geschichte Persiens und ein Buch über Indien geschrieben; erwähnt 499.

Laban — 1. Moses 31, 19, 265.

La Calprenède (1616—1663) — Urteil über seine Romane, 243.

La Condamine 1701—1774) — eine Reiseerinnerung, 280 A.

La Fontaine (1621—1695) — gefährlicher Moralist für die Kinder, 95, 100; — „Der Rabe und der Fuchs" kommentiert, 96 ff.; — andere Fabeln kritisiert, 100, 255; — begeht den Fehler, die Moral selbst zu ziehen, 256.

Lais (5. Jh.) — der Ausspruch des Philosophen Aristippus von Kyrene (435 bis 360) kritisiert, 378; — ihre Reize erwähnt, 427.

La Loubère (1642—1729) — sein Buch „*Du royaume de Siam*" (1691) unter dem Titel „Reise nach Siam" erwähnt, 37 A.

Lambercier — die Anekdote mit dem Pastor L., 123 ff.

La Motte (1672—1731) — seine Gedanken über den Fortschritt der Vernunft, 371.

de Langey — als Gesandter in Deutschland, 361.

Leander — erinnert an die Legende, 477.

Le Beau (1701—1778) — sein Buch „Reise nach Kanada" erwähnt, 37 A; — Beobachtungen an Wilden, 337 + A.

Lenclos (Ninon de, 1620—1705) — man sagt, sie habe die Tugenden eines Mannes gehabt, 420; — nach ihrer Art, Mann zu sein, 447.

Leonidas (König von Sparta, 490—480) — sein Tod für das Vaterland, 327.

Licinius Stolon — auf das Drängen seiner Frau, der Tochter des Patriziers Marcus Fabius Augustus, schlug L., 366 v. Chr., das Gesetz vor, wonach einer der beiden Konsuln immer ein Plebejer sein mußte; (behauptet Titus Livius), 426).

Livius (Titus, röm. Historiker, 59 v. — 17 n. Chr.) — paßt nicht für das Alter, in dem Emil jetzt ist, 245.

Locke (1632—1704) — von Rousseau unterschätzt, 5; — seine medizinischen Ansichten, 30; sein Rat, mit Kindern zu räsonieren, 68, 69; — seine Gedanken über die Freigebigkeit, 84; schlägt

Würfel für den Leseunterricht vor, 101; — „der weise Locke" empfiehlt Leibesübungen, 112; — verbietet erhitzten Kindern, kaltes Wasser zu trinken, 114; — Wahl des Handwerks für einen *gentleman*, 196; — läßt die geistige Entwicklung der körperlichen vorangehen, 264; — Gefahr dieser Reihenfolge, 265; — beim Gedanken der Substanz widerlegt, 291; — rät, Verliebte einander näher zu bringen, 385.

Lucas (Paul, 1614—1637) — auf seine Orientreisen hingewiesen, 497.

Lucius — kein römischer Bürger, sondern Römer, 12.

Lucy — duldet nicht, daß eine fremde Hand an ihrem Geschenk für Lord John mitarbeitet, 520.

Ludwig XIV. (1638; 1643—1715) — ein Edelmann vergleicht die beiden Jahrhunderte, 364.

Lukretia (gest. 510 v. Chr.) — die keusche L., 303; — sie wurde von Sextus Tarquinius vergewaltigt und tötete sich; um sie zu rächen, erhob sich Brutus und verjagte die Familie der Tarquinier im Jahr 510, 426.

Lulle (Raymond, geb. um 1234) — Nützlichkeit seiner Gelehrsamkeit, 497.

Lykurgus (soll im 9. Jh. v. Chr. gelebt haben) — der Gesetzgeber mit Plato verglichen, 13; — gesetzmäßige Enteignung aller, 509.

Machiavelli (1496—1527) — wegen seiner historischen Darstellung getadelt, 244 A.

Marcel (Tanzlehrer) — sein marktschreierisches Talent getadelt, 127 + A; — Anekdote vom Engländer, 363 + A, 364.

Maria — als Mutter Jesu erwähnt, 327.

Martial (um 40 — nach 100) — aus XI, 19 zitiert, 448.

M. de Mellarède — durch seinen Einfluß wurde das Interdikt gegen den Vikar wieder aufgehoben, 328.

Mentor (Minerva als Erzieher des Telemach in Fénelons *Telemach*). — Sophie spricht mit Mentor, d. h. mit JJ., 466.

Merci (bayerischer General) — Grabinschrift für den in der Schlacht von Nördlingen (1645) gefallenen General, 370.

Midas (gest. um 690) — die Legende erwähnt, 201.

Milton (1608—1674) — Anrufung des „göttlichen" M., 466.

Minerva — als Vergleich für ein Mädchen verwendet, das nicht mehr schreiben wollte, 399.

Mohammed (570—632) — als Prophet und Betrüger, 267; — die Araber sprechen nicht mehr seine Sprache, 321; — die Türken verlangen Ehrfurcht vor ihm, 323, 334 A.

Molière (1622—1673) — eine Figur aus der Komödie *Pourceaugnac*, 109.

Montaigne (1533—1592) — empfiehlt Leibesübungen, 112; — spricht von Leiden und vom Tod, *Essais* I, 19 et II, 21, 117; — fordert einen offenen Kopf, 208; — empfiehlt die Lektüre von Biographien, 245; — der skeptische M. sucht Bräuche, die der Gerechtigkeit widersprechen, *Essais*, I, 22, 304 — Frage an M. de Langey, *Essais* I, 25, 361; — die Tugend seines Vaters, 339.

Montesquieu (1689—1755) — aus den *Lettres persanes*, XXX, die Frage zitiert: „Kann man denn Perser sein?", 496; — Historiker des Rechts, 504; als Soziologe gelobt, 517.

Montmorency — siehe *Himmelskunde*

Moses — Pharaos Zauberer tun Wunder in seiner Gegenwart, 5, 13, 317 A; — 4 Beispiele aus der Genesis zitiert (I, 21; I, 24; I, 18; I, 31), 344; Gesetz über die Schändung, 5, XXII, 23—27, 389.

Mozart (1756—1791) — als Wunderknabe erwähnt, 137 A.

Naboth — hatte sich geweigert, Achab, dem König Israels, einen Weinberg zu verkaufen. Darauf ließ ihn Jesabal, Achabs Frau, unter falschen Anschuldigungen steinigen. *Buch der Könige*, I, 21, 504.

Newton (1643—1727) — seine Kleidervorschriften, 113; — seine Theorie der Erziehung, 284.

Nicolini — die tanzenden Kinder von N.s Pantomimengruppe, 137.

Nieuwentit (holl. Philosoph u. Mathematiker, gest. 1738) — hat Rousseau empört, 287.

Nimrod — ist der Sage nach der Gründer Babylons, 506.

Odyssee — Emil kennt die O., 453; — Beschreibung des Gartens des Königs von Korinth, 461 + A.

Odysseus — heute gibt es keinen O. mehr, 125; — erwähnt bei der Geburt der Leidenschaften, 211; — und die Sirenen, 350; — und Circe, 484.

Olympische Spiele — Pythagoras vergleicht die Welt mit ihnen, 241.

Omphale (sagenhafte Königin von Lydien) — Herkules muß bei ihr spinnen, 389.

O'Neil, Patrick — 113 Jahre alt und siebenmal verheiratet, 31 A.

Orpheus — der Vikar mit ihm verglichen, 310.

Osmanisches Herrscherhaus — jeder Angehörige des Hauses mußte ein Handwerk können, 201.

Ovid (43 v. — um 18 n. Chr.) — Zitat aus den *Trist.* I, 3, 52; — Zitat aus den *Amores*, III, IV, 428.

Pädaretes — bewirbt sich um einen Sitz im Rat der Dreihundert, 12.

Pallas — dem Haupte Jupiters entsprungen, 37.

Paracelsus (1493?–1541) — beschreibt die Art, wie man kleine Menschlein alchimistisch herstellen kann, 287 A.

Pascal (1623–1662) — wenn er unterschlagen hätte, 334 A.

Pausanias (gr. Schriftsteller des 2. Jh.) — auf das Reisehandbuch hingewiesen, 141 A.

Peter (Zar, 1672–1725) — war Zimmermann, 200.

Petronius (röm. Satiriker, gest. 66 n. Chr.) — Zitat aus dem *Sat.* 100, 182.

Philipp II. (von Makedonien, 382–336) — glaubte, jede Festung mit Gold stürmen zu können, 375.

Philippus, der Arzt — Anekdote von Alexanders Arzt Ph., 93 ff.; — erneute Erwähnung, 209.

Philippus (der Sohn des Perseus) nach der Schlacht von Pydna (168), lebte er als Schreiber in Rom, 193.

Philokles — Figur aus Fénelons *Telemach*, 516.

Philoktet — Figur aus Fénelons *Telemach*, 454.

Philopömen (um 252–183; gr. Feldherr u. Politiker) — hackt Holz, 246.

Phöbus — „Man nannte im Frz. den einen *phébus*, der mit seinem großspurigen Gerede in Widersinn und Dunkelheit verfällt" (Furetière: Dictionnaire), 436.

Plato (427–347) — „Der Staat" die schönste Abhandlung über die Erziehung, 13; — will die Kinder unterhalten, 89; — malt einen Gerechten, der Jesus ähnlich ist *(Staat,* II), 327; — das „Gastmahl" als Emils Lektüre erwähnt, 372; — verlangt von den Frauen die gleichen Leibesübungen, 391;

— zu Fuß reisen, heißt wie P. reisen, 451; — Philosophen wie P. sind heute ausgestorben, 500.

Plinius (der Ältere, 23–79) — erwähnt, 180; — man darf P. nicht lächerlich finden, 499.

Plutarch (um 46 bis um 120) — Anekdote über die Spartanerin, 12; — seine Bemerkung über Cato, 23 A; — Anekdote über Themistokles, 61 + A; — erwähnt, 141 A; — Anekdote vom Spartanerknaben, 143; — langes Zitat aus der P. zugeschriebenen Schrift „Über die Ernährung", 144 ff.; — sein Ziel, 245; — als Beispiel erwähnt, 246; — zitiert, 286 A; — „Der gerechte P." *(de superstitione*, XXVII), 269; — seine Bemerkung über die Siege in den Spielen, 296; — sein Bericht über die Stoiker, 320.

Polybius (um 200 bis um 120; gr. Historiker) — als schlechter Beschreiber erwähnt, 143; — keine Lektüre für einen jungen Mann, 244.

Pompeius (gest. 45 v. Chr.) — ein Feind Cäsars vergleicht sich mit P., 246.

Pradon (1632–1698) — Racine möchte P. sein, 251.

Prometheus (gr. Sagengestalt; täuscht Zeus und bringt den Menschen das Feuer) — Julius Camillus, ein zweiter P., 287.

Protesilas (sagenhafter König von Phylake) — Figur aus Fénelons *Telemach*, 516.

Proteus (Meergreis der gr. Sage) — die Tugend mit P. verglichen, 307.

pūl-i-sirat — die Brücke zum Eintritt ins Jenseits (persische Umschreibung eines mohammedanisch eschatologischen Begriffs), 334 A, 335 A.

Pyrrhus (König von Epirus, 319–272) — macht Kineas phantastische Vorschläge, 248.

Pythagoras (um 580–497) — aß kein Fleisch, 144; — vergleicht die Welt mit den Olympischen Spielen, 241; — kann die Philosophie des P. mehr als die Liebe? 424 A; — zu Fuß reisen, heißt wie P. reisen, 451; — Männer wie P. gibt es heute nicht mehr, 500.

Quintilian (um 35 bis um 96) — aus der *Institutio*, I, 1, 101.

Racine (1639–1699) — als Schüler von Boileau, 198; — möchte Pradon sein, 251.

Raffael (1483–1520) — Anrufung, 466.

Ramsey (schott. Schriftsteller in frz. Sprache, 1686–1743) — hatte nicht

Namenregister

den Mut, Einzelheiten darzustellen, 247.

Regulus (3. Jh. v. Chr.) — betrachtete sich als Karthager, 12; — ein Philosoph, der R. verleumdete, wäre abscheulich, 304.

Rhesus — Anspielung auf die Entführung der Rosse des R., 125.

Reuchlin (1455—1522) — seine Haltung bei der Verbrennung jüdischer Bücher, 322 A.

Robert, der Gärtner — sein Streit mit Emil und JJ., 79 ff.; — Erwähnung und Rückbeziehung, 79, 94, 186.

Robinson (Siehe Defoe) — die einzige Lektüre, die Emil erlaubt ist, 180 ff.; erwähnt als kenntnisreicher Mann, 197.

Rollin (1661—1741) — empfiehlt Leibesübungen; als „guter R." apostrophiert, 112.

Romulus (sagenhafter Gründer Roms) mußte an der Wölfin hängen, die ihn säugte, 212.

Saide — Inhaber eines Geschäftes mit orientalischen Luxuswaren, 182.

Saint-Pierre, Abbé de (1658—1743) — nennt die Erwachsenen große Kinder, 44; — seine Ansichten über den Ehebruch, 196; — sein Projekt eines ewigen Friedens, 515; — Schwäche seiner Politik, 518.

Sallust (röm. Politiker, 86—35) — keine Lektüre für einen jungen Mann, 244.

Salomo-Sprüche 31, 10, 384 A; — *Sprüche* 30,20, 423 A.

Samson — der „verliebte" S., 389.

Sardanapal (i. e. Assurbanipal, 669—627) seine Grabinschrift, 370.

Saul — das Lager S.s erwähnt, 125.

Sbrigani — der Intrigant in Molières *Monsieur de Pourceaugnac,* der dem edlen Limousiner den Aufenthalt in Paris unerträglich macht, 109.

Seneca (4 v. — 65 n. Chr.) — Motto aus *de ira* II, 13 dem Buch vorangestellt; — Urteil über die altröm. Jugend, 89; — aus *de tranquillitate animae,* I, 515.

Sokrates (470—399) — wer nach der Nützlichkeit fragt, fragt wie S., 173; — S. als Vorbild, 250; — die Philosophie, die S. verleumdet, ist abscheulich, 304; — S. ein Sophist? seine Tugend, 327; — sein Tod mit dem Tod Jesu verglichen, 327 ff.

Solis (sp. Historiker, gest. 1686) — wegen seiner Darstellung getadelt, 244 A.

Solon (um 640 bis um 559) — Aufhebung der Schulden ein unrechtmäßiger Akt, 509.

Sophie — Sophie bedeutet auf gr. „Weisheit", 354; — erstes Bild vom Erzieher entworfen, 354; — unauffindbar, 384; — Ähnlichkeiten und Unterschiede mit Emil, 385; — „S. als Persönlichkeit", 429—443; — ihre natürliche Koketterie, 429; — lernt die Arbeiten ihres Geschlechts, 430; — ihre Wohnung, 431; — hat Geist und Empfindsamkeit, 432; — ihre Launen, 433; — ihre geschäftliche Erfahrung; ihre Höflichkeit, 434; — ihre Haltung Männern u. Frauen gegenüber, 435; — Rede, die ihr der Vater hält, 436; — ihr Stolz, 438, 494; — ihr Temperament, 439; — möchte heiraten, 439 ff.; — liebt *Telemach,* 442; — erkennt ihn in Emil wieder, 528; — Kap. „Emil lernt S. kennen", 449—495; — gedrängtes Bildnis, 448; — begegnet Emil, 453; — geht mit ihm spazieren, 462; — S. will nichts von Ehe und Heirat hören, 464; Emils Schülerin, 466, 467; — unterhält sich mit ihm über Religion, 468; — hat Angst vor Pferden, 477; — Regelung der Besuche, 478 ff.; — ist ein Schleckermaul, 481; — trainiert Laufen, 482; — besucht Emil in der Werkstatt, 482; — verspricht Emil ihre Hand, 486; — beunruhigt sich um Emil, 484 ff.; — ihre Wohltätigkeit, 487; — ihre Betrübnis, als sie Emil verläßt, 494; — gibt Emil ihren *Telemach,* 495; — Kap. „Emil und S. schließen die Ehe", 521—530; — erhält die letzten Ratschläge des Erziehers, 528.

Sophroniskus — kann man S.s Sohn mit dem Sohne Marias vergleichen? 327.

Stoiker — über gegensätzliche Urteile, 320 A.

Strada (röm. Jesuit, gest. 1649) — wegen seiner historischen Darstellung getadelt, 244 A.

Styx (Fluß in der Unterwelt) — sein Wasser machte Achilles unverwundbar, 20, 21; — umsonst taucht man die Seele in den S., 488.

Sueton (um 70 bis um 140) — wie Augustus seinen Enkel unterrichtet, 23 A; — Duclos versucht, S. nachzuahmen, 246 + A.

Sylla (136—178) — lernt seinen Neffen Cato erst spät kennen, 88.

Tacitus (um 55 bis um 120) — nur für ältere Leute, 244; — von Duclos nachgeahmt, 246 A; — Zitat aus den *Annalen,* IV, 3, 419 A; — der Maler der Germanen, 498.

Tarquinius (534—510) — der „unglückliche" T., 193; — spricht durch Zeichen, 345.

Tasso (1544—1595) — Zitat aus dem „Befreiten Jerusalem", IV, 87, 418; — Zitat aus IV, 33, 455.

Tavernier (frz. Europa- und Asienreisender, 1605—1686) — ironisch erwähnt, 497.

Telemach — siehe Sachregister.

Terrasson, Abbé (Anhänger von La Motte) — seine Ansicht über den Fortschritt der Vernunft, 371.

Thales (um 640 bis um 545) — zu Fuß reisen, heißt wie T. reisen, 451.

Themistokles (ath. Feldherr und Staatsmann, um 525—459) — ein Wort von ihm, 61 + A.

Thermopylen — die Inschrift Herodots, 371.

Thespios — Herkules und die 50 Töchter des T., 389.

Thetis — taucht ihren Sohn in die Fluten des Styx, 20.

de Thou (1553—1617) — wegen seiner Darstellung getadelt, 244 A.

Thrasybul (ath. Feldherr und Staatsmann, geb. 388) — spricht durch Zeichen, 345.

Thukydides (ath. Geschichtsschreiber, 460 bis nach 400) — Modell für Historiker, 244.

Tibull (55—19) — als Lektüre Emils erwähnt, 372.

Trajan — als Vorbild, 249.

Turenne (frz. Marschall, 1611—1675) — Anekdote über ihn, 246, 247.

Valerius Maximus — der *puer infans* aus den *Factorum et dictorum memorabilium* I, 6, 53.

Varro (116—127) — definiert die Erziehung, 15.

Varus — uns seine verlorenen Legionen erwähnt, 248.

Venus — die „unzüchtige" V., 303; — weniger prunkvoll gekleidet als die Juno, 404.

Vergil (70—19) — V.s Verse als Stoff für den Lateinunterricht, 92; — Zitat aus der Äneide, I, 630, 255; — die Äneide als Lektüre erwähnt, 287, 372; — die Flucht der Galatea (*ecl.* III, 64 et 72), 419.

Vertot (frz. Historiker, 1655—1735) — wegen seiner Darstellung gelobt, 244 A.

Veturia — der verbannte Coriolanus belagerte mit den Volsken Rom. V., seine Mutter, sucht ihn im Lager auf, und auf ihren Rat hob er die Belagerung auf. (491 v. Chr.), 426.

Virginia — der Decemvir Appius Claudius begehrte V., die Tochter eines Centorionen. Um sie vor Schande zu bewahren, tötete sie ihr Vater und erhob das Volk gegen die Decemvires. Appius starb 449 im Gefängnis, 426.

Voltaire (frz. Aufklärer, 1694—1778) — ein Vers aus V.s *Mahomet*, 11 A.

Xenokrates (399—314) — seine Enthaltsamkeit, 303.

Xenophon (um 430 bis um 354) — würdigt die Erziehung der Perser, 26; — als Historiker und Verfasser der *Anabasis* beurteilt, 244; — sein Wort für die gefallenen Krieger zitiert, 371.

Zeno (um 333—264) — Diogenes widerlegt die Bemerkung des Z., Bewegung sei unmöglich, indem er vor ihm hin- und hergeht, 345.

Sachregister

(A = siehe Anmerkung; + A = siehe Seite und Anmerkung)

Abhängigkeit — von den Dingen, 63; — siehe *Erziehung*.
Abhärtung — Kap. „Wickeln, Nähren, Abhärten", 14—22; — A. des Kleinkindes, 20, 21; — A. durch harte Betten, 116; — A. und Verweichlichung, 342; — siehe *Erziehung*.
Ablenkung — die Jagd als A. von gefährlicheren Leidenschaften, 343; — siehe *Jagd*.
Abstillen — Zeitpunkt und Umstände,47, 48; — siehe *Ernährung*.
Abstrahieren — Emil kann noch nicht a., 208; — stufenweises Vordringen zu abstrakten Begriffen, 264 ff.
Akademie — die *Académie des Inscriptions* lächerlich gemacht, 371; — ihre Schwatzhaftigkeit, 371; — ihre Volksfremdheit, 505.
Aktivität — des Kindes, um den Geist zu bilden, 102; — „Wenn ich urteile bin ich aktiv", 281.
Akzent — 50 ff.; — siehe *Sprache*.
Almosen — A. geben, 85.
Alten (Griechen und Römer) — ihre Schneider, 199 A; — ihr Geschmack, 369 ff.; — ihre Grabinschriften, 370; — „Der Streit zwischen den Alten und den Modernen" im Urteil von Fontenelle, 371; — ihre Art zu reisen, 498.
Alter — das erste A. braucht keine Sprache, 91; — wie es die Zeit anwendet, 164; — Unterhaltungen im kritischen A., 233; — A. der Vernunft, 337; — A. der Eheschließung, 339; — wann man die Gesellschaft kennen lernen muß, 352; — Geschmackwechsel mit dem A., 378 ff.
Altersgrammatik — 49 ff.; — s. *Sprache*.
Amme — ist unser erster Lehrer, 15; — welche Gefahr sie bildet, 18; — wie man sie behandelt, 18 ff.; — Kap. „Die A., die erste Pflege", 31—37; — wie man sie wählen und beraten soll, 31 bis 35; — die A. als Vertraute im antiken Drama, 33; — die Ernährung der A., 33 ff.; — die Milch betreffend, 33 ff.; — sie auf dem Land lassen, 34; — sie ziehen die Kinder zu dick an, 35 ff.; — ihr befehlen und sie überwachen, 37; — warum sie den Wickel vorzieht, 37; — wie sie das Kind gewöhnen müßte, die Angst zu besiegen,

39; — ihre Art, das weinende Kind abzulenken, 47; — warum sie an dem Kinde hängt, 257.
Analyse — ihre Anwendung, 163.
Anarchie — 511; — siehe *Staat*.
Anfechtung — aus Willensschwäche, 348.
Angst — wie die Amme das Kind daran gewöhnen müßte, 39; — vor Masken, 40; — des Astyanax, 40; — vor dem Dunkel und den Feuerwaffen, 40; — vor der Nacht, 117, 121 ff.; — JJ's A. beim Pastor Lambercier, 123 ff.
Anlagen (individuelle) — 73; — s. *Kind*.
Anmut — das Erziehungsziel bei Frauen, 394; — A. und Ungezwungenheit, 396; — Schmuck kann A. nicht ersetzen, 404.
Anreize — zur Tätigkeit, 116 ff.
Anziehungskraft — von Newton entdeckt, 55.
Appetit — 58 ff.; — siehe *Ernährung*.
Arbeit (körperliche) — als Arzt des Menschen, 30; — Arbeiter und Müßiggänger, 181; — das Handwerk, 193 ff.; — körperliche und geistige A., 202; — eine körperliche Notwendigkeit, 476; — einen Tag in der Woche handwerken, 482 ff.
Arbeit — durch die Gesellschaft erzwungen, 193.
Aristokratie — 514; — siehe *Regierung* u. *Staat*.
Arme — brauchen keine Erziehung, 27; — von den Reichen mißhandelt, 225, 227.
Armillarsphäre — 162; — s. *Erdkunde*.
Arts d'agrément (gefällige Künste) — 405; darunter verstand man vor allem Zeichnen, Malen, Sticken, Häkeln.
Ärzte — 59; — siehe *Medizin*.
Atheismus — 333; siehe *Religion* und *Bayle*.
Athener — den Spartanern nicht ebenbürtig, 104; — ihre Grausamkeit, 334 A.
Aufmerksamkeit — wie man sie übt, 125 A; — wie man sie lehrt, 161; — anhaltende A., 164.
Aufklärung — Kap. „Die geschlechtliche A.", 216—222; — Zeit der A., 340, 342; — siehe *Erziehung*.
Augenmaß — 132.
Auswendiglernen — Emil wird niemals etwas auswendiglernen, 95 ff.; — Mädchen sollen nicht einmal Gebete a. lernen, 410.

570 Sachregister

Autorität — Rousseau legt seine Meinung freimütig dar, 6; — Kap.: „A., Zwang Freiheit", 70—72; — natürliche A., 70; — A. über die Umgebung, 75; — lästige A., 105; — die A. des Erziehers, 168; — die Vernunft darf keiner A. unterworfen werden, 170; — Scheinautorität, 236; — A. anstelle der Erfahrung, 242; — wo der Erzieher die A. am nötigsten braucht, 338; — Emil bittet den Erzieher, seine A. wieder auszuüben, 349; — A. haben, aber nicht gebrauchen, 351; — die Religion der Frau muß der A. unterworfen sein, 410; — die A. der Frau im Haus, 446 ff.; — die väterliche A. als Grundlage der Gemeinschaft, 506.

Baden — Kleinkinder sollen kalt gebadet werden, 35, 36, 114.
Bälle (Tanz-) — mit gesunden Augen gesehen . . . 422.
Ballspiel — *le ballon*, eine Art Hand- oder Faustball, übt die Geschicklichkeit, 136; — siehe Spiele.
Barbaren — die Wirkung ihrer Einfälle, 499.
Barfußgehen — 127.
Bauern — wie sie reden, 49 ff.; — warum sie schwerfällig sind, 102; — B. und Wilde, 103; — ihre Kinder fürchten die Bodennässe nicht, 114 + A; — wie man kranken B. helfen soll, 480 A; — Fürsorge für den verunglückten B., 486 ff.
Bedürfnisse — Befriedigung der natürlichen B., 9 ff.; — natürliche, eingebildete und B., die aus übersprudelnder Lebenskraft kommen, 64; — Beziehungen zum Geschmack, 141; — Kap. „Kräfte und B.", 156—159; — sie überholen die Kräfte, 156; — wie man sie voraussehen kann, 171; — der Frauen, 394.
Befehlen — Kap.: „Befehlen und Gehorchen", 62—68; — ein Kind darf nie befehlen, 62.
Begabungsunterschiede — Kap.: „Die B.", 87—89.
Begeisterung und Liebe — 425 ff.
Begierden — der Frauen, 387 ff.; — der Männer, 394.
Begriffe — Ideen sind B., 89; — Verwandlung von Sinneswahrnehmungen, 159; — geographische B., 163; — Alter der B., 203; — Kap.: „B., Ideen, Gott und Religion, 264—275; — Möglichkeiten des Begreifens, 266.
Begriffe (moralische) — Kap.: „Moralische B.", 238—257.

Begriffsbildung — 203 ff.
Behörden — Sinn des Wortes, 510; — die drei Willenshaltungen, 512.
Beispiel — Kap.: „Erziehungswerk des B.", 72—77; — B. im Unterricht, 207; — ohne B. erreicht man bei Kindern nie etwas, 474.
Belehrungen (geschl.) — 341 ff., 346 ff.; — moralische: Kap.: „Die moralischen B.", 77—87.
Benehmen — gesellschaftliches B., 362 bis 367; — der Frau, 389 ff.
Beobachtung — des Kindes, 5, 73, 184, 198; — des Sonnenauf- und -untergangs, 159 ff.; — B.sgabe wecken und lenken, 164; — anderer, 250 ff.; — physikalische, 203 ff.; — B.sgabe der Frau, 418.
Beredsamkeit — ihre Bedeutung in der Antike, 344; — durch Zeichen, 345; — des Antonius beim Tod Cäsars, 346.
Bergsteigen — B. und Klettern, 128; — siehe *Leibesübungen*.
Beschäftigungen — sorgfältige Wahl der B. mit zunehmender Intelligenz, 171 ff.
Bescheidenheit — ist großen Menschen eigentümlich, 251 ff.; — Emils B., 252.
Betrachtungen — Kap.: „Reisen, politische und soziale B.", 116.
Betten — ihre Beschaffenheit, 116; — Abhärtung durch harte B., 116.
Bevölkerung — Zahl, Verteilung, 516 ff.
Bewegung — sie lehrt uns, uns von der äußeren Welt zu unterscheiden und macht uns ihrer Ausdehnung bewußt, 40 ff.; — Bewegungsfreiheit der Kleinkinder, 45 ff.; — B. und Spiel, 88; — 2 Arten, 282; — der Tiere, 282; — warum sie für die Materie nicht wesentlich ist, 285 ff.
Bewegungsdrang — 63.
Beziehungen — B. zu andern, 183; — B. zum eigenen Nutzen, 184; — Kap.: „B. zu anderen", 190—194; — gesellschaftliche B., 190; — noch fehlen Emil die Kenntnisse für B. zu anderen, 209; — der Mensch muß die B. zur Welt lernen, 213; — B. wahrnehmen, 280 ff.; — der Geschlechter untereinander, 386 ff.
Bibel — Zweifel an der B., 324; — ihre Naivität, ihre sittsame Sprache, 347.
Bibliothek — 150; — siehe *Lektüre*.
Bilder — im Geist vorgestellt, 89; — vom Kind gezeichnet als Zimmerschmuck, 133.
Bildung der Frau — was ist der B. d. F. angemessen? 420 ff.; — s. *Erziehung*.
Bindungen — des Kindes, 219.
Bitten — Kindertränen sind B., 43.

Sachregister

Böse, das — fällt auf den zurück, der es tut, 293 ff.

Bösen, die — im Urteil von Hobbes, 44; — was sie uns hassen läßt, 250; — warum sie es werden, 293; — ihr Schicksal während und nach dem Leben, 295, 298; — sie sind von Natur aus nicht böse, 301; — unsere Gefühle für sie, 302; — können auch nicht kriminell sein, 309; — wie der Tod sie behandelt, 491.

Brechung — 204 ff.; — siehe *Physik* und *Stock.*

Briefwechsel — mit gebildeten Leuten, die Emil auf der Reise kennengelernt hat, 520.

Bücher — Kap.: „B, Robinson", 179—181; — B. sind eine Geißel für die Jugend, 100; — „Ich hasse die Bücher", 179; — Nach dem B. der Natur Gott dienen, 326; — siehe *Lektüre.*

Bündnisse, 151; — siehe *Staat.*

Bürger — römische Bürger (siehe *Cajus, Lucius, Regulus, Pädaretes),* 12; — der Sinn v. den Franzosen entstellt, 363 A; — Definition, 518; — der B. im Staat, 153, 154; — seine Pflichten, 523.

Bussole — 169; — siehe *Physik.*

Charakter — aus der Physiognomie ersichtlich, 293; — siehe *Physiognomie.*

Chemie — wie man ein Kind dafür interessiert, 177 ff.

Christentum — man achtet nicht auf die Angriffe des Judentums, 322; — sein politischer Einfluß, 333; — hat die Pflichten überspannt, 405.

Contract social — die Grundideen dieses Werkes, 507 ff.; — siehe *Gesellschaftsvertrag.*

Dankbarkeit — ein natürliches Gefühl; wie man es beständig erhält, 237.

Definition — anstelle der Begriffe, 89, 90 + A.

Deklamation — 51, 138; — siehe *Stimme.*

Demokratie — 478; — siehe *Regierung.*

Denken — der Mensch beginnt langsam zu denken, hört aber nicht mehr auf, 263; — ist eine Kunst, 446; — auch Frauen müssen la. lernen, 447; — Blaustrümpfe werden nicht geheiratet, 447.

Despotismus — 512; — siehe *Staat.*

Deuteronomium — über das Gesetz vom mißbrauchten Mädchen, 389.

Dienstboten — so wenig wie möglich haben, 375, 381.

Disput — Wert des D., 331.

Dogma — wenn man ein D. zu früh lehrt, 266; — wie müssen D. sein, 317;

— die Ansichten des Vikars über D., 327, 328; — D. der Intoleranz, 329 A; — Gedanken über D., 413 ff.; — D. bei der Erziehung junger Mädchen auslassen, 414.

Donner — 40; — siehe *Angst.*

Drachen — als Mittel der Orientierung, 155.

Duell — was der Autor davon hält, 258.

Dummheit — D. und Einfalt, 88.

Dunkelheit — in der D. gehen lernen, 120.

Ehe — erste u. heiligste Einrichtung der Natur, 276; — wann soll sie stattfinden? 339; — Ratschläge, 348; — wie man sie Männern anziehend macht, 405; — vorher müssen die Mädchen die Gesellschaft mit ihren Müttern besuchen, 421 ff.; — die Mädchen wünschen sich die E., um zügellos sein zu können, 422; — Wahl eines guten Ehemannes, 436; — Kap.: „Voraussetzungen einer glücklichen E.", 443—449; — kann nicht glücklich sein, wenn keine natürliche Übereinstimmung besteht, 444 ff.; — beeinflußt von den Umständen, 445; — Betrachtungen über die E., 472 ff.; — die Vielweiberei, 473; — Emils Ehekontrakt, 495; — Gesetz über die Ehelosigkeit (siehe *Augustus),* 517; — Kap.: „Emil und Sophie schließen die E.", 521 ff.; — wie man in der E. die Liebe erhalten kann, 525 ff.

Ehebruch — nach dem Urteil des Abbé de Saint-Pierre, 196; — steht am Anfang der jugendlichen Verirrungen, 356; — über seine Folgen, 389.

Ehre — der Frau im Betragen u. im Ruf, 394; — die E. der beiden Geschlechter beruht auf verschiedenen Grundsätzen, 458; — des Soldatenstandes, 502.

Eigenliebe — und Selbstliebe, 211, 214; — ihre Entstehung, 239; — ein nützliches, aber gefährliches Instrument, 251; — Tugend, wenn auf andere ausgedehnt, 261; — macht mehr Wüstlinge als die Liebe, 356; — Hilfe des Wunsches, 386.

Eifersucht — als Erziehungsmittel, 70; — das Kind fördern, ohne es auf andere eifersüchtig zu machen, 179; — was sie begünstigt, 231; — Emils E., 472, 474; — bei Tieren, 472; — Analyse, 474.

Eigenschaften — Sophies geistige E., 421 ff.

Eigensinn — Beispiel vom eigensinnigen Jungen, 106 ff.

Eigentum — wie man den Begriff erlernt, 77 ff., 503; — Eigentumsteufel vergiftet alles, 383; — an den Kredit gebunden, 504; — E.srecht mit dem Recht der Staatshoheit verglichen, 509.

Einbildungskraft — Erwachen der E., 57; — durch Gewohnheit getötet, 122; — ihre Rolle in den Gefühlen, 219.

Eindrücke — erste E., 39 ff.

Einfalt — Dummheit und E., 88.

Einflüsse — schädliche E., 219.

Einsamkeit — gefällt jungen Leuten nicht, 357.

Eintracht — in der Familie, 389.

Eintritt — verfrühter E. ins Leben, 220; — Kap.: „E. ins Leben", 230—236.

Eitelkeit — ihre demütigenden Folgen, 168 ff.; — kann nur durch die Erfahrung, wenn überhaupt, geheilt werden, 252 ff.; — der junge Mann muß davor bewahrt werden, wenn er die Gesellschaft betritt, 356.

Elektrizität — E. und Magnetismus, 165.

Empfindungen — bei den Tieren, 38; — wie sie im Kleinkind entstehen und sich entwickeln, 39; — ihre Lenkung, 40, 72, 119 ff., 208; — wie man Eindrucksbilder von Ideen unterscheidet, 89; — öffnen den Weg für die Vernunft, 111; — man kann sich an rauhe E. gewöhnen, 116; — ihre Fehler sind die der Urteilskraft, 203 ff.; — wie man Ideen vergleichen, 203; — ihre Gründe liegen außerhalb unser, 279; — wie sie sich unterscheiden, 289.

Empfindsamkeit — ihre Entstehung, 212; — Quellen der Leidenschaft, 219; — ihre Erziehung, 220 ff.; — bei jungen Leuten, 228 ff., 236; — Fühlen und Urteilen ist zweierlei, 279.

Empfindungsvermögen — wie man verhindern kann, daß es gefährlich und unmoralisch wird, 360.

Engländer — Barbaren, weil Fleischesser, 114 + A; — warum und wie sie reisen, 497, 498.

Ente — Beispiel mit der magnetischen E., 165 ff.; — Hinweis, 252.

Entfernung — wie man die Kinder E. schätzen lehrt, 132 ff.

Entfremdung — 249.

Enthaltsamkeit — in der Jugend, 235; — aus physischen und moralischen Gründen, 360.

Entwicklung — Kap.: „Beginn der geistigen E.", 37—43; — E. des Kompaß, 169; — warum die gleichmäßige E. gestört wird, 269.

Entwöhnen — Kap.: „E., Zahnen. feste Nahrung, Sprechen", 47—53.

Erdkunde — Kap.: „Sprachen, E., Geschichte, Fabeln", 91—100; — Kap.: „Erd- und Himmelskunde", 159—168.

Erfahrung — die E. führt aus dem Zustand der Unwissenheit heraus, 38; — der Schüler muß die E. lernen, 71; — die E. des Lehrers darf nicht an die Stelle der eigenen E. treten, 242; — Kap.: „E. als Lehrerin; mehr Taten als Worte", 257—261.

Ergriffenheit — Grade der E., 228.

Erkenntnisse — spekulative E. eignen sich nicht für Kinder, 166 ff.; — nicht Sache der Frauen, 420 ff.

Ermahnungen — Erziehung ohne E., 110; — keine E., 254.

Ernährung — des Kindes, 31 + A; — der Amme, 33; — Abstillen, 47 ff.; Brei und Fleischbrühe, 47; — getrocknete Früchte, 48; — piemotesisches Brot „Grissini", 48; — Getränke, 114; natürliche E., 140 ff.; — E. der ersten Menschen, 141; — Appetit, 141 ff.; — der Naturmensch liebt keinen Wein, 141; — französische Küche, 142; — Nahrungsmittel als Ansporn für gymnastische Übungen, 143; — Schleckerei der Kinder und ihre Behandlung, 143 ff.; 431; — Fleisch, 144 ff.; — englische Küche, 144; — Pythagoras gegen Fleischnahrung, 144 ff.; — die E. bei den Gauren und den Banianen, 144; — Verdauungsbeschwerden, 146 ff.; — wie stellt man die Reinheit des Weines fest, 177; — Gedanken über ein Festmahl, 187; — Gedanken über ein einfaches Essen, 188; — Apicius Naschhaftigkeit, 374; — was JJ. am liebsten äße, wenn er reich wäre, 372; — Beschreibung eines ländlichen Mahles, 381; — Sophies Naschhaftigkeit, 481.

Erzieher — Kap.: „Der Vater als E.", 22 ff.; — seine Fehler, 22; — Kap.: „E. und Zögling", 23—29; — Schwierigkeiten, einen guten E. zu finden, 23 ff.; — JJ, der es einmal war, möchte es nicht mehr werden, 24; — die dazu erforderlichen Eigenschaften, 25; — Jugend des E.s, 26; — Gefühle des Schülers für seinen E., 28, 253; — darf nicht aufgeregt sein, wenn sich sein Schüler verletzt, 53; — darf weder zu streng noch zu nachsichtig sein, 64; — muß seinen Schüler beobachten, 73; — muß für seine Mission würdig sein, 73 ff.; — seine Aufgabe auf dem Land besser ausführen, 74 ff; — muß karg in seinen Worten und Ratschlägen sein, 75; — muß die kindlichen Leidenschaften wie Krankheiten behandeln, 76; — muß kaltes Blut bewahren, 76; — lacht nicht über witzige Einfälle seines Schülers, 76; — muß theoretischen Unterricht vermeiden, 80, 174; — darf keine Versprechungen verlangen, 83; — lehrt die Tugend, indem er sie vorlebt, 84 ff.; — darf die Initiative nicht dem Schüler überlassen, 103; — darf die Vernunft in den Augen des Schülers nicht herabsetzen, 113; — muß ohne vorgefaßte Rezepte unterrichten, 104; — denkt so oft an seinen Vorteil als an den seines Schülers, 154; — darf nicht zu viel fragen, 154; — zeigt Sonnenauf- und -untergang, 159; — darf das Kind nicht sinnlos fragen lassen, 164; muß vermeiden, pedantisch zu sein, 175; — darf seinen Schüler nicht mit anderen vergleichen, 179; — muß gleichzeitig mit seinem Schüler das Handwerk erlernen, 200; — die drei Grundregeln, 224 ff.; — muß das Jugendfeuer zu seinem Besten ausnützen, 236; — muß so einfach und wahr wie Emil sein, 254; — wie muß er die Fehler behandeln? 253 ff.; — JJ rechtfertigt seine Methoden, 262; — Kap.: „Der E. als Vertrauter", 335—352; — muß von Gott inspiriert sein, 346; — wie muß er mit Emil über Frauen sprechen, 349; — die Bürde des E-vertrages, 350; —‹ JJ-s Methoden, 353; — darf seine eigenen Fehler nicht verbergen, wenn er Emil von den seinen heilen will, 360; — Liebesvermittler zwischen Emil und Sophie, 465; — hält dem jungen Mann eine Predigt über das Glück, 488 ff; — lädt Emil ein, Sophie zu verlassen, 492 ff.; — sucht mit Emil das Prinzip der Gesellschaft, 506; — hält den jungen Eheleuten eine Predigt, 525 ff.

Erziehung — Ursprung des Werkes über die E. und ihre Wichtigkeit, 5; — wie Rousseau die E. versteht, 516; — Kap.: „Grundgedanken, Arten der E.", 9—14; — die erste E. durch die Frauen, 9 A; — die drei Arten (Natur, Menschen, Dinge), 10, 62 ff.; — E. als Kunst kann nie ganz gelingen, 10; — ihr Ziel, 10, 12, 14 ff.; — die natürliche E., 10, 74, 180; — die öffentliche E., 13, 354; — E. durch die Gesellschaft, 14; — die praktische E., 14; — Emils Beruf ist, Mensch zu sein, 14; — Definition durch Varro und die Alten, 15; — E. beginnt mit der Geburt, 15, 37 ff.; — behütete E., 15; — E. des

Menschen an sich, 15; — Kinder Wind und Wetter aussetzen, 21 ff.; — Frauen dürfen nicht zu nachsichtig sein, 22; — Sorgfalt der Maßnahmen, 23 ff.; — theoretischer Charakter der E., 24 ff.; — E. der Person, 26, 72 ff.; — die Gebräuche der Ammen sind keine E., 27; — Beginn und erste E., 37 ff.; — die Gewöhnung als Helferin, 39 ff.; 152 + A, 212, 234, 476; — Gewöhnung an Schüsse, 40; — E. der Empfindungen, 40, 73, 119, 120, 207; — Rousseaus Leitsätze, 44; — E. auf dem Land, 50 ff., 75 ff.; — Abhängigkeit von den Dingen, 63; — von der Vernunft gestützt, 68; — Erziehungsmittel, 70; — die oberste Regel: Zeit verlieren, 72 ff., 101, 163, 235; — Kap.: „Die negative E. und das Beispiel", 72—77; — negative E., 72, 77, 100, 104 ff.; — E.sleitsätze, 73; — muß das Gegenteil vom Gewohnten tun, 73; — die natürliche E. und ihre Schwierigkeiten, 74; — E.stugenden, 75; — theoretische E. vermeiden, 80, 174; — E.sregeln, 86; — Dinge anstelle der Worte, 90; — falsche E., 90; — Emils E.sgang, 103; — E. ohne Ermahnungen, 110, 254; — exklusive E., 118; — E. des Getastes, 126, 131; — E. des Gesehs, 127, 132; — wie man Entfernungen und Größen schätzen lernt, 132 ff.; — E. der Stimme, 138; — musikalische E., 139; — wie man die natürlichen Phänomene lehrt, 159 ff.; — E. der Aufmerksamkeit, 161; — ihr Grundprinzip: Nützlichkeit, 173, 184; — Erklärungen im Unterricht? 174; — dieselbe E. für alle Stände und Berufe, 191; — Leibes- und Geistesübungen ausbalancieren, 202; — Sexual-E., 215 ff, 234, 338 ff.; — ihr Einfluß in der Zeit der Pubertät, 217; — E. der Empfindsamkeit, 220 ff.; — Kap.: „E. in der Reifezeit", 236—238, 455; — richtige E. erhält die Gesundheit, 251 A; — religiöse E., 267, 269, 414; — neue E.smittel, 336; — Unterschiede in der E., 336; — neue E.shaltung, 340; — E.sfehler und Folgen, 354, 358; — Kap.: „Die E. der Frau", 392—429; — die E. der Mädchen liegt in den Händen der Mütter, 392; — soll ein Mädchen unwissend aufwachsen? 393; — die E. der Frau muß Bezug auf den Mann haben, 394; — die E. der Frau muß naturgemäß sein, 394; — die E. der Mädchen bei den Griechen, 395; — welche Bildung ist dem Geist der Frauen angemessen? 420; — Fénelons

Ratschläge zur E. der Frauen, 400; — keine häusliche E. in den Städten möglich, 423; — Wirkungen der E., 475.

Essen — Gutes E., 142; — Maßhalten und einfaches E., 146 ff.; — Beispiel vom Festessen, 187.

„Euer Gnaden, ich muß leben" — Gedanken über das Wort und über die Antwort, 191.

Eunuchen — wenn E. nötig sind, wen soll man dazu verwenden? 199.

Evangelium — Majestät und Heiligkeit des E., 326.

Fabeln — Kap.: „Sprachen, Erdkunde, Geschichte, F.", 91—100; — ungeeignet für Kinder, 95; — „Der Rabe und der Fuchs" verweise kritisiert, 96 ff.; — andere Fabeln kritisiert, 99 ff.; — Kap.: „Moralische Begriffe, Geschichtsstudien, F.", 238—257; — wie sie der Jüngling begreift, 255; — die Zeit der F., 255; — die F. von den beiden Maultieren, 256; — sind nur für Erwachsene lehrreich, 256.

Fähigkeiten — F. und Wünsche; ihr Verhältnis zueinander, 56 ff.

Familie — ihr Einfluß auf die Zukunft des Kindes, 14; — die nötige Harmonie, 22; — Grundelement des Staates, 392; — was macht Familien glücklich, 405 ff.; — Familie oder Gesellschaft, 423.

Fanatismus — 310; — siehe *Religion*.

Fasten — die gleiche Wirkung wie Übermäßigkeit, 32.

Faulheit — wie man sie bekämpft, 117.

Federball — seine Übung und sein Wert, 136 ff.

Fehler — in der ersten Erziehung, 22 ff; — angeborene und anerzogene F., 45; — F. in der Mädchenerziehung, 424 ff.

Feind — jeder ist sich selbst der ärgste F., 359.

Feinschmeckerei — siehe *Ernährung, Geschmack* und *Sophie*.

Feste — ländliches F., 381.

Feuerwaffen — ihre pädagogische Nützlichkeit, 40; — Waffenhandwerk, 502; — siehe *Angst*.

Finsternis — Angst vor der F., 122 ff.; — siehe *Angst*.

Fleisch — siehe *Ernährung*.

Folgsamkeit — als Folge des gewohnten Zwanges, 401.

Fragen — wenn der Schüler F. stellt, 164; — die F., die gestellt werden soll, 173; — anstößige F. und wie man darauf antworten soll, 217 ff.; — vorwitzige F. sind Knaben und Mädchen zu verbieten, 408.

Franzosen — in Sprache und Haltung gekünstelt, 50; — die frz. Kleidung ist ungesund, 112; — die frz. Küche, 142; — Erziehung junger Französinnen, 352 ff., 434; — haben die Idee vom „Bürger" verfälscht, 363 A; — wer zehn F. gesehen hat, hat alle gesehen, 497.

Französisch — eine unzüchtige Sprache, 347; — siehe *Sprachen*.

Frauen — die erste Erziehung gehört den F., 9, 22; — ihre Pflichten, 18, 415; — warum sich Emil in ihrer Gesellschaft nicht wohlfühlt, 189; — Berufe die sie ausüben sollten, 199; — warum sie Männern untergeordnet sind, 210; — ihre gefährliche Unbescheidenheit in der Stadt, 233; — wie der Erzieher von ihnen sprechen muß, 349; — ihre Aufgaben, 358 ff.; — Besuch von Frauenhäusern, 361; — äußere Erscheinung, 361, 413 ff.; — als Mann erzogen, 364 ff.; — ihr Geschmack, 368 ff.; — käufliche F., 377; — von Paris, 379; — F. der Gesellschaft langweilen sich, 379 A; — ist die F. der gleiche Mensch wie ein Mann, 385; — worin unterscheidet sich die F. vom Mann, 386; — die Rolle des Instinkts, 367; — Kap.: „Mann und F.", 385—392; — von Natur dem Mann untertan, 386, 446; — die F. ist geschaffen, dem Mann zu gefallen, 386; — schamhafte F., 387; — ihre Macht, 387; — müssen treu sein, 389; — können F. Soldaten sein? 391; — F. in Platos „Staat", 391; — Kap.: „Die Erziehung der F.", 392—429; — aus der F. keinen Mann machen! 393; — Wert, den sie auf die öffentliche Meinung legen, 395; — als Richter der Männer, 396, 424 ff.; — dürfen nicht verweichlicht sein, 395; — und die Mode, 396 ff., 400; — man muß sie vor Müßiggang bewahren, 399; — müssen sanft sein, 401; — ihre Schönheit, 402 ff., 448; — müssen ihren Männern durch die *Arts d'agréments* gefallen, 405; — ihre Höflichkeit, 407, 417; — ihre Vernunft, 408, 415; — müssen die Religion ihres Mannes haben, 409; — müssen die Religion lieben, 410; — schöngeistige F., 413; — ungebildete F., 413; — Beobachtungsgabe, 416; — wie Mann und Frau eine Gesellschaft empfangen, 416; — den F. eine praktische Erziehung geben, 420; — braucht keine Physik zu

Sachregister

lernen, 421; — die Rolle der römischen F. im öffentlichen Leben, 426; — die edelste Freude, keusch zu sein, 426; — ihre Koketterie vermag im Ernstfall nichts über die Männer, 428; — ihr Urteil, verglichen mit dem der Männer, 433; — Klatschmäuler, 434; — die Rolle der röm. F. im häuslichen Leben, 446; — angenehm für Männer, wenn sie gebildet sind, 446; — Blaustrümpfe sind die Geißel ihrer Männer, 447; — die Logik und die Naturwissenschaften nur nebenbei treiben, 468.

Freigebigkeit — 84.

Freigeisterei — Anmaßung der Philosophie führt zur F., 333 ff.

Freiheit — dem Kind nötig, durch seine Schwäche beschränkt, 62; — Kap.: „Autorität, Zwang, F.", 70—72; — F. als Erziehungsmittel, 70, 153; — erzieherische F., 71; — F. und Umgebung, 72; — wie man die Idee der F. lehren muß, 78; — wie man sie erwirbt, 240; — ihr Prinzip, 293; — gefährlich, den Mädchen zu viel F. zu geben, 400; — politische F. verschieden nach der Größe des Staates, 512; — im Herzen des Menschen beschlossen, 523; — unabhängig, vom Glück und der öffentlichen Meinung, 522.

Freundschaft — Beginn der F., 214, 221; — F. ist das erste Gefühl eines jungen Mannes, 221; — Psychologie der F., 246 A; — F. unter Mädchen, 408.

Fröhlichkeit — manchmal vorgetäuscht, 231 ff.

Frömmigkeit — 84; siehe *Religion.*

Frühehe — 493; — siehe *Ehe.*

Frühreife — ihre Behandlung, 87 ff.

Fügsamkeit — 402; siehe *Frauen.*

Fürsorge — übertriebene F., 57.

Fürst — 512; — siehe *Staat.*

Fußmarsch — siehe *Erziehung* und *Reisen.*

Galanterie — ihre Rolle in der Gesellschaft, 388.

Gartenarbeit — praktisch und nützlich, 78 ff.; — Zwischenfall mit dem Gärtner Robert, 79 ff., 186.

Gastfreundschaft — was sie fordert, 452.

Gebärde — als Sprache der Kinder, 42.

Gebet — soll ein Mädchen kein anderes Vergnügen haben als Arbeit und G., 405; — Mädchen sollen nicht einmal G. auswendig lernen, 66, 410.

Gebräuche — sich auf den entgegengesetzten Standpunkt stellen, 73; — müssen zuerst erklärt werden, ehe man sie kritisiert, 183; — G. der Gesellschaft, 352.

Geburt — Woher kommen die Kinder?" 218; — wer hat uns geschaffen? 410; — Dialog über G. und Tod, 411 ff.

Gedächtnis — seine Rolle, 54; — Kap.: „G. und Urteilskraft", 89—91; — seine Beziehungen mit der Vernunft, 89; — G. der Wörter und Zeichen im Gegensatz zum G. der Ideen und Fakten, 94; — seine Beziehungen zur Phantasie und Gewohnheit, 122; — man muß verstehen, ehe man auswendig lernt, 208.

Gefahren — körperliche G., 55; — G. für den jungen Emil, 342 ff.

Gefährtin — Suche nach einer G. 353 ff.; — Mütter sollen aus ihren Töchtern G. machen, 422.

Gefallsucht — bei Frauen, 392, 394, 397.

Gefühl — G. und Gerechtigkeit, 77; — G. kommen aus dem Instinkt, 212; — durch die Phantasie beeinflußt, 291; — kann der Mensch seine G. beherrschen? 220; — Kap.: „Menschenkenntnis, humane G.", 222—230; — G. der Dankbarkeit, 237; — was junge Leute für ihresgleichen empfinden sollen, 236; — G., die Böse einflößen, 250, 302; — edle G. im Kampf mit den Leidenschaften, 290; — innere G., 300; — wie man natürliche G. von empfangenen Ideen unterscheidet, 305; — das innere G. als Schiedsrichter, 414.

Gehenlernen — 54 ff.

Geheimnisse — können Kinder G. und Dogmen begreifen?, 267.

Gehör — 137 ff.; — siehe *Sinne.*

Gehorsam — Kap.: „Befehlen und Gehorchen", 62—68; — erzwungener G., 69 ff.; — wohin erzwungener G. führt, 172; — G. als Gegenleistung, 237; — die Frau muß dem Mann g. sein, 401 ff.

Geist — jedes Kind muß seinem G. entsprechend geleitet werden, 73; — wie man Wahrheiten findet, 87; — das Kind darf nur mäßig angeregt werden, 88; — schwierig, im Kind feststellen, 88; — das Wort hat keinen Sinn für den, der nicht darüber nachgedacht hat, 264; — Frauen müssen den G. wie den Leib pflegen, 393; — Sophies G., 432; — maßvoll gebildeter G. bei Frauen ist den Männern angenehm, 447.

Geld — Kap.: „Gewerbe, Handel, Geldverkehr", 185—190; — Ursprung, Anwendung, Wirkungen, 185; — tötet die Liebe, 378.

Gemeinschaft (soziale) — hat den Menschen geschwächt, 61; — wie man sie mit der Natur vereinen kann, 62; — warum man sich von ihr fern halten soll, 85 A; — wie man einem Kind soziale Beziehungen zeigen muß, 181; — beruht im wesentlichen auf dem Verkehr und der konventionellen Gleichheit, 185; — verpflichtet jeden zur Arbeit zum Wohl aller, 193; — wächst aus der menschlichen Schwäche, 222; — wie man sie studiert, 240; — Vergleich mit dem Zustand der Wilden, 443; — Untersuchung ihres Prinzips, 506; — ihre Gefahren, 515.

Gemeinsinn (6. Sinn) — Pflege des 6. Sinnes (*sens commun*), 148.

Genie — seine *Kraft*, 87.

Genießen — das Ende der Jugend ist die Zeit, das Leben zu g., 459.

Geographie — schlecht unterrichtet, 92, 160; — Beobachtung des Sonnenauf- und -untergangs, 160 ff.; — Emil zeichnet eine Karte seiner Umgebung, 163; — ihre Beziehungen mit dem Glauben, 267 ff.

Geometrie — wie sie vom Kind begriffen wird, 89; — gute und schlechte Art, sie zu lehren, 134 ff.; — der Unterschied zwischen Zeichen und G., 135; — Kriterium in der Entwicklung der Intelligenz, 157; — mit Hilfe der G. lernt Emil den abstrakten Raum kennen, 208.

Gerechtigkeit — worauf unser G.gefühl gerichtet ist, 77; — Nichtbeachtung empört Emil, 79; — muß mit der Güte übereinstimmen, 238 ff., 295; — muß mit dem Mitleid übereinstimmen, 261; — das Glück, das es im anderen Leben vermittelt, 295; — göttlich, 299; — ihr Wesen ist bei allen Völkern gleich, 303; — Abgeklärtheit des Gerechten, 303; — ihre Belohnung im Tode, 491.

Gerech — 147 ff.; — siehe *Sinne*.

Germanen — ihre Enthaltsamkeit, 339, 425; — wie sie Tacitus dargestellt hat, 498.

Gesang — Art, ihn zu unterrichten, 139; — bei Mädchen, 405.

Geschäfte — wie ein junger Mann sie lernen soll, 254, 260.

Geschichte — Kap.: „Sprachen, Erdkunde, G., Fabeln", 91—100; — wie man G. lernen muß, 92 ff.; — die alte G. wird von den Heutigen schlecht genutzt, 147 A; — Kap.: „Moralische Begriffe, G.studium, Fabeln", 238—257; — die Rolle der G. und die Gefahren ihres Studiums, 242; — ihre Unzulänglichkeiten, 243 ff.; — alte G. kritisiert, 244, 499; — G. studieren, um sich selbst kennen zu lernen, 249; — Emil lehrt Sophie auch G., 467; — Rechtsg. von Montesquieu, 504, 517.

Geschicklichkeit — Spannkraft und G., 136.

Geschlechter — kein Unterschied in der Kindheit, 210; — ihre natürliche Anziehung, 213, 387; — Kap.: „Geschlechtliche Aufklärung", 216—222, 234; — Gleichheiten und Unterschiedlichkeiten, 386; — Ungleichheiten ihrer Pflichten, 389; — ihre soziale Solidarität, 409.

Geschmack — im Verhältnis zu den Bedürfnissen, 141; — der natürlichste ist auch der einfachste, 141; — die Feinschmeckerei, 142; — die Neugier, 158; — G. für Physik, 159; — für das Land, 189 A; — Kap.: „G., Lektüre, Sprachen, Vergnügen", 367—384; — Prinzipien des G., 367; — der gute G. hängt von den guten Sitten ab, 367 ff.; — G. der Frauen, 368; — in Paris, 369; — Gespräche und Lektüre zur G.bildung, 370; — G. der Alten, 370 ff.; — Theater und Poesie verbessern den G., 371; — Definition, 372; — wechselt mit dem Alter, 378 ff.; — G.bildung, 407.

Geschmeck — 141; — siehe *Sinne*.

Geseh — 128, 132; — siehe *Sinne*.

Gesellschaft — Erziehung durch die G., 13; — Mensch und G., 61; — erst spät lehren, was sie betrifft, 172; — gesellschaftliche Beziehungen, 181; — wie Emil dahin geführt wird, sie zu begreifen, 191; — jede G.sordnung ist Revolutionen unterworfen, 192 ff.; — nötige Vorsicht, 223; — Leute der G. müssen sich verstellen, 227 232; — macht den Beobachter traurig, 236; — ihre Widersprüche, 240; — ihre nähere Bekanntschaft verleidet sie einem, 254; — man darf sie nur mit der nötigen Vorbereitung besuchen, 256; — Kap.: „Emil und die G.", 357—368; — in welchem Alter soll man eingeführt werden, 352 ff.; — die G. lehrt zu verachten, was die Erziehung hochgehalten hat, 350; — Emil in der G., 361 ff.; — Benehmen in der heutigen G., 364, 417; — Quelle der Langweile für Frauen, 379, 380 A; — ländliche G. von JJ erwünscht, 380; — verstärkt den Zusammenhalt der Geschlechter 408; — fördert die Galanterie, 388; — begünstigt die Koketterie, 417; — der

Sachregister

Contrat social ist die Basis einer jeden bürgerlichen G., 507; — Mädchen müssen sie früh kennenlernen, 421 ff.

Gesellschaftsvertrag (contrat social) — Auszug aus dem Werk, 505–519, 510 A.

Gesetze — wären die G. so unbeugsam wie die Natur, so hingen die Menschen von ihnen ab wie von den Dingen, 63; — begünstigen immer den Reichen gegen den Schwachen, 240; — was ist in Wirklichkeit ein G., 509 ff.; welchen Vorteil der rechtschaffene Mensch aus dem G. zieht, 523.

Gesichtausdruck — 41, 232; — siehe *Physiognomie.*

Geste — die Sprache der G., 41.

Gesunder Menschenverstand (sens commun) — Definition, 148.

Gesundheitslehre — der einizige nützliche Teil der Medizin, 31; — durch die Erziehung gewährleistet, 251 A.

Getast — 119, 126 ff., 132; — siehe *Sinne.*

Gewalttätigkeit — Beispiel einer Gewaltkur, 234 ff.; — ihre Rolle in der Liebe, 386; — ihre Milderung seit dem Altertum, 387.

Gewerbe — Kap.: „G., Handel, Geldverkehr", 185–190.

Gewissen — kann nicht ohne die Vernunft entwickelt werden, 44; — erste Anzeichen, 239 + A; — folgt der Natur gegen alle Gesetze des Menschen, 275; — Leidenschaften betäuben das G., 297; — der wahre Führer des Menschen, 300; — Gewissensbisse, 302; das G. ist das angeborene Prinzip der Gerechtigkeit und der Tugend, 303 ff.; — von der Vernunft abhängig, 305 ff.

Gewohnheiten — ihr Ursprung, ihre Bedingungen, 10 ff.; — G. sind Unterwerfung, Bedrängnis und Zwang, 16; — einzige G., die ein Kind annehmen darf, 39; — Kinder gegen die Macht der G. verteidigen, 39 ff.; — sie nur benützen, um dem Kind Sicherheit zu geben, 40; — G. stärken die Eigenliebe, 46; — böse G. kann man nur mit Mühe ausrotten, 86; — töten die Einbildungskraft, 122; — ihre Anziehungskraft gefährlich, 152 + A, 234; — wie ein Kleinkind zu schlechten G. kommt, 212; — schlechte G. der Kindheit, 476.

Gift — welche Idee die Kinder davon haben, 93; — siehe *Alexander* und *Philippus, der Arzt.*

Glauben — ist oft eine Angelegenheit der geographischen Lage, 267 ff.; —

macht den Schmerz erträglich, 357; — siehe *Religion.*

Glaubensbekenntnis des savoyischen Vikars — erster Bezug darauf, 48; — Das G., 275–335.

Gliederung des Gedankengangs nach Pierre-Maurice Masson, *Edition critique de la Profession de foi,* Hachette, 1914:

A. Rahmenerzählung: der Schüler und der Vikar, 270.

B. Erster Hauptteil: D i e n a t ü r l i c h e R e l i g i o n

I. Ausgangspunkt der Wahrheitsfindung 275

Äußere Notlage 275

Der Zweifel 276

Die Methode der Wahrheitsfindung 278

II. Metaphysik 279

1. Die beiden Substanzen (Widerlegung des Materialismus) 279

a) Das Denken als aktives Prinzip 279

b) Materie und Bewegung 282

2. Die universale Ordnung und der Mensch (Theodizee) 286

a) Die Natur und ihre rationale Ordnung (Kosmologischer Gottesbeweis) 286

b) Die Stellung des Menschen im Universum (Das Böse und die Freiheit) 289

c) Die ausgleichende Gerechtigkeit 295

3. Die Gottesvorstellung 298

III. Moralität 300

1. Das Gewissen 300

2. Die Tugend und die Glückseligkeit 306

C. Zweiter Hauptteil: D i e O f f e n b a r u n g s r e l i g i o n 311

I. Kritik des Offenbarungsglaubens 311

1. Natürliche Religion und Offenbarungsreligion 312

2. Die Prüfung des Offenbarungsanspruchs 314

3. Vernunft und Glaube 318

4. Die großen europäischen Religionen und ihre Widersprüche 321

5. Das Evangelium 326

II. Die rechte Haltung innerhalb der Konfessionen 328

1. Toleranz und Einordnung in die Kirche 328

2. Persönliche Entscheidung 330

3. Warnung vor den Philosophen 322.

Glaubenssätze (Dogmen) — falsch verstandene G. der Grund aller Intoleranz, 267 ff.; — nicht alle G. sind gleich wichtig, 413 ff.; — siehe *Dogmen*.

Gleichheit — erstes Gesetz jeder Gesellschaft, 186; — wie Emil die Ungleichheit der Stände feststellt, 202, 239 ff.; — Unterschied zwischen ziviler und natürlicher G., 240; — Ungleichheit der Pflichten bei den Geschlechtern, 382; — ihre Rolle bei der Heirat, 444.

Glück — Kap.: „Wahres G. und Unglück", 55—62; — unmöglich außerhalb der Wesensnatur, 65 ff.; — was ist G.? 172; — G. und Unglück, 172, 222; — G. bei Frauen, 230; — gerecht zu sein, bereitet G., 295; — das G. muß man in sich selbst finden, 372; — was macht das G. eines ehrbaren Mädchens aus? 436; — erhofftes G. ist größer als erfülltes G., 460; — JJ belehrt Emil über das G., 488 ff.; — Fortsetzung von JJ's Rede, 492 ff.; — das G., Vater zu werden, 530.

Gott — seine Weisheit und Wohltätigkeit, 9; — seine Güte, 44, 299; — gab den Kindern ihren Tätigkeitsdrang, 44; — hat dem Menschen das Gewissen gegeben, 81 A; — hat für alle Bedürfnisse vorgesorgt, 141; — wird von der erwachenden Natur begrüßt, 160; — gab uns unsere Leidenschaften zu unserer Selbsterhaltung, 210 ff.; — Kap.: „Begriffe, Ideen, G., Religion", 264—275; — wie die Idee von Gott entstanden ist, 265; — warum erschrickt das Kind nicht vor der Allmacht G.? 266; — wie das Kind an ihn glaubt, 267; — man darf die G.idee nicht zu früh unterrichten, 268; — um an ihn zu glauben, muß man an die Vernunft glauben, 272; — Wille, den der Vikar fühlt, 288 ff.; — Diener seines Kultus zu sein, 280; — darf nicht verachtet werden, weil es auf der Erde Übel gibt, 293; — wie sich die G.idee entwickelt hat, 298; — wir begreifen G. Eigenschaften nicht, 299 ff.; — die Götter des Heidentums, 302; — Beziehungen zwischen G. und dem Menschen, 307; — G.dienst im Herz begründet, 328; — muß die Ratschläge des Erziehers inspirieren, 346; — wie er die Liebe und die Beziehungen der Geschlechter geregelt hat, 387.

Götzen — ihre Entstehung, 264.

Grabinschriften — bei den Alten und bei den Modernen, 370 ff.

Grammatik — kindliche G., 48 ff.

Greise — die Kinder lieben sie nicht, 26; — suchen Ruhe, 45; — ihr Festhalten am Leben, 59.

Griechen — Gute Erzieher, 396 ff.; — wie sich die G. kleideten, 396.

Größenverhältnisse — wie man sie erlernt, 133.

Grundregeln — die drei G., 224 ff.

Grundsätze — moralische G., 300 ff., 302 ff.

Gut und Böse (als Prinzip) — die Vernunft unterscheidet zwischen beiden, 44; — G. u. B. ist allen Menschen gemeinsam, 56; — G. u. B. im Alter der Vernunft, 415.

Güte — G. und Gerechtigkeit, 230 ff.; — des Menschen, 213, 300 ff.; — des savoyischen Vikars, 271—275.

Gymnastische Übungen — 112; — siehe *Leibesübungen*.

Haartracht — verschiedenartige H., 113; — die Haarnetze der Basken, 114.

Haltung — die H. in der Gesellschaft, 363; — die H. entlarvt den Menschen, 363.

Handarbeiten — ihre Nützlichkeit, 31; — die natürlichsten sind die fruchtbarsten, 194; — Wert der H., 193; — was Sophie am besten kann, 430.

Handel — Kap.: „Gewerbe, H., Geldverkehr", 185—190.

Handwerk — H. ist kein Hauptziel des Pädagogen, 15; — Wertigkeit des H., 182; — Emils Wahl, 188; — Kap.: „Das H.", 194—203; — Notwendigkeit, ein H. zu erlernen, 193 ff.; — verschiedene H. und ihre Wahl, 194; — Emils Vertrautheit mit den H.techniken, 198; — H. für Frauen und Männer, 198 ff.; — der Erzieher muß mitlernen, 200; — die Tischlerei, 200, 482; — ein fürstliches H., 201; — das H. des Soldaten, 502.

Handwerker — Stadt und H., 182; — H. sind unabhängig, 193; — königliche H., 201.

Harem — die Frauen werden für den H. erzogen, 406.

Hauptreligionen — 321 ff.; — siehe *Religion*.

Hauptstädte — gleichen einander, 516.

Haushaltskenntnisse — Frauen müssen über H. verfügen, 393; — Sophies H., 430 ff.

Heidentum — erzeugte abscheuliche Götter, 303.

Heilkunst — Kap.: „Die H.", 29—31; — siehe *Medizin*.

Heimatkunde — 163; — siehe *Geographie*.

Herrschsucht — angeborene und anerzogene H., 45.

Sachregister

579

Herzensregungen — die ersten H., 220, 228, 236.

Hilfsbereitschaft — Emils H., 480 ff.; — Emils H. für den verwundeten Bauern, 485 ff.

Himmelskunde — Kap.: „Erd- und H.-kunde", 159—168; — Emil beobachtet den Sonnenauf- und -untergang, 160 ff; — Emil verirrt sich im Wald von Montmorency, 175 ff.

Hingabe — erst die H. treibt uns zum Handeln, 179.

Historiker — H., die Urteile fällen, 244; — Kritik an den alten H., 244 ff.

Höflichkeit — H.formeln, 64; — die wahre H., 365; — H. der Männer verglichen mit der H. der Frauen, 308, 417; — Sophies H., 434.

Humane Gefühle — Kap.: „Menschenkenntnis, humane G.", 222—230.

Humanität — ist eine Pflicht, 55; — wie man sie bei der Jugend fördert, 221, 224; — Quellen und Äußerungen, 302 ff.

Hygiene — Notwendigkeit, Bedingungen, 31 ff.; — siehe *Medizin*.

Ideen — ihre Verschiedenheit von den Bildern, 89; — I.gedächtnis, 94 ff.; — ihre Verschiedenheit von den Empfindungen, 303; — Kap.: „Begriffe, I., Gott, Religion", 264—275; — I. der Substanz, 265; — vergleichende und numerische I., 280; — allgemeine und abstrakte I., Quelle von Irrtümern, 285; — erworbene I., zum Unterschied von natürlichen Gefühlen, 304 ff.

Impfung — Pockenimpfung, 118.

Initiative — I. der Schüler, 109 ff.

Instinkt — wie er Gefühl wird, 212 ff.; — Definition, 300 A; — mißtraut dem I., 359 ff.; — bei den Weibchen und bei den Frauen, 386.

Instrumente — Herstellung mechanischer I. und ihr Gebrauch, 169.

Intelligenz — Beweis und Maß der Entwicklung, 157; — göttliche I., 299.

Intolleranz — 329.

Interesse — unmittelbares I., wichtigstes Hilfsmittel für den Pädagogen, 101, 158, 252 A; — das I. des Erziehers kommt nach dem I. des Schülers, 154; — bei Jünglingen sich nicht mehr darauf berufen, 228; — läßt uns die Bösen hassen, 250; — durch den Altruismus aufgehoben, 302; — das Privat- und Einzel-I. im Staat, 510, 523.

Irrtümer — all unsere I. stammen aus falschen Urteilen, 205.

Jagd — als Ablenkung von gefährlicheren Leidenschaften, 343; — ein zerstörerischer Zeitvertreib der Reichen, 381.

Jean-Jacques — JJ und Emil, 105; — JJ lernt mit, 200; — JJ's Jugend, 270 ff.

Juden — haben körperliche Götter geschaffen, 265; — ihre Stellung zu den Christen, 322 + A.

Jugendalter — seine Kraft, 156; — erste Anzeichen, 210; — durch Erziehung beschleunigt oder verzögert, 217; — Einflüsse der Natur, 220 ff.; — Zeit, um die Menschlichkeit zu entwickeln, 221, 225; — sein Widerstand gegen den Schmerz, 223; — weniger durch Interesse geleitet als die Kindheit, 228; — J. und Schauspiele, 233; — muß den Menschen zum Schauspiel haben, 241; — wie es sich zu den Fabeln stellt, 255; — J. und die Wilden, 250; — wie man zur Jugend spricht, 346.

Junge Leute — die j. L. Roms, von Seneca beurteilt, 89; — lernen die Moral, 158, 239; — Sittenverfall macht grausam, 221; — Reiz und Wohltat einer verlängerten Jugend, 221; — ihre anscheinende Unempfindlichkeit, 228 ff., 236; — Gegenstände die man ihnen zeigen soll, 230 ff.; — welche Gefühle sie für ihresgleichen empfinden sollen, 239; — sie müssen die Welt kennenlernen, ohne zu strenge Beobachter zu werden, 241; — in der Gesellschaft, 256; — wie sie die Geschäfte lernen können und müssen, 257, 260; — ihre Sprache, 260; — verleitet, 351, 355; — wie sie maßvoll bleiben 353 ff.; — verführt von der öffentlichen Meinung und der Eitelkeit, 355 ff.; — ihre Zuchtlosigkeit beginnt mit dem Ehebruch, 356; — fühlen sich allein unwohl, 357; — Jugend unseres Jahrhunderts, 361 ff.

Jungfräulichkeit — Bedeutung ihrer Erhaltung, 214 ff.; — Vorschriften, 217.

Kariben — sind glücklicher als wir, 16.

Katechismus — dürfte nicht durch Fragen und auswendige Antworten gelernt werden, 267, 411; — das Unterrichtsgespräch der Erzieherin, 411 ff.; — der Moralk. muß ebenso kurz sein wie der K. der Religionslehre, 425.

Katholiken — haben Unrecht, die Autorität der Kirche beweisen zu wollen, 321 ff.; — die Theorie des Katholizismus von Bossuet, 321.

580 **Sachregister**

Katze — ihre Neugier und Vorsicht, 110; — siehe *Tiere*.

Kenntnisse — Vermittlung von K., 95; — Begrenzung der K., 158 ff.; — die Verkettung der K., 174; — weniger, aber dafür gründliche K., 208; — begrenzte K., gerades Urteil, 366.

Keuschheit — bei den Germanen, 339, 425; — ihre Beziehung mit der Sprache, 347; — verschiedene Folgen bei Mann und Frau, 389 ff.; — die kostbarste Tugend einer Frau, 426.

Kind — Gott beschützt sie, 10, 45; — muß sich an die Witterung gewöhnen, 21 ff.; — das weinende K., 22, 41, 46 ff., 53, 64; — wie es der Vater behandeln soll, 28; — seine Ernährung, 31 + A, 142 ff., 145, 431; — warum ein K. klein sein muß, 37; — die Rolle der Gewöhnung in der Erziehung, 39 ff.; 152 + A, 212, 234, 476; — wie man verhindert, daß es vor Masken Angst hat, 40; — böse, weil es schwach ist, 44; — an der Sprache zu erkennen, 46, 48 ff.; — wie man mit ihm sprechen muß, 48, 52, 68; — kindlicher Mut, 54, 117; — K. im Schnee, 65 ff.; — verwöhnt und verzogen, 66 ff.; — kindliche Schwäche, 66; — Kinder müssen Kinder sein, 69; — nach dem Alter behandeln, 70, 87; — Vergleich mit anderen K., 71; — die Kindheit im K. reifen lassen, 73; — wo soll das K. aufwachsen? 74; — Rechte des K., 77; — schlagende K., 77 A; — Kinderlügen, 83; — Kinderpflichten, 84; — Kinderversprechen, 84; — Kindergeschenke, 84; — Wunderk. und K.worte, 87 ff.; — lebhafte K., 88; — beschränkte K., 88; — unfähig zum Urteilen, 89; — lernt zu rasch, 90; — wie es die Geometrie aufnimmt, 90; — was es von den Giften denkt, 93; — wie es die Fabeln lernt, 95 ff., 255 ff.; — K. und Lehrer, 104; — darf nur von der Erfahrung belehrt werden, 104; — gehorcht, während es zu befehlen glaubt, 105; — das K. beobachtet den Lehrer, 105 ff.; — soll die Wahrheit sagen, 109 A; — hat vor der Hitze mehr Angst als vor der Kälte, 113; — K., die auf dem Land aufgewachsen sind, sind widerstandsfähiger, 114; — muß nach seinen Bedürfnissen schlafen; hart schlafen, 115 ff.; — an den Gedanken des Todes gewöhnen, 116, 228; — muß gegen Zufälle gewappnet sein, 127; — soll barfuß gehen, 127; — wie es die Entfernung schätzen lernt, 132; — wie es sein Zimmer aus-

schmückt, 133; — sein Bild mit 12 Jahren, 150 ff., 156; — arbeitende K., 156; — lernt die Moral, 158, 238; — entdeckt die Wahrheit, 161; — macht sich seine physikalischen Instrumente selber, 169; — darf nur lernen, was für sein Alter nützlich ist, 172; — lernt die Chemie, 177; — darf nicht mit anderen K. verglichen werden, 179; — wie lernt es die sozialen Beziehungen? 181; — seine Anhänglichkeit ist zuerst nur Gewohnheit, 212; — Beantwortung der Frage, woher die Kinder kommen, 218; — von der Eitelkeit geführt, 252; — warum es die Amme liebt, 257; — wie man es die Rhetorik lehren muß, 259; — wie es an Gott glaubt, 267 ff.; — das K. und der Katechismus, 267; — muß die Religion haben, 270, 331.

Kinderkrankheiten — wie man die Kinder gegen K. abhärtet, 20 ff.

Kinderlosigkeit — die Frauen wollen keine Kinder mehr, 18.

Kinderreichtum — Bestimmung und Beruf der Frau, 390 ff.

Kindheit — wird von den Erziehern verkannt, 5; — liebt nicht das Alter, 26; — das Ende der K., 53; — die K. soll glücklich sein, 55 ff.; — braucht Freiheit, 62; — die K. an sich, 67; — wir müssen sie im Kind achten, 69, 88; — reifen lassen, 73; — hat keine Vernunft, 75, 89, 103, 148; — genial und beschränkt zu gleicher Zeit, 87; — die K. in Ehren halten, 88; — die Lektüre, eine Geißel der K., 100; — schön wie der Frühling, 149; — kennt den Unterschied der Geschlechter nicht, 210; — kennt die Scham nicht, 217; — K. der Wilden, 337.

Kirche — ihre Macht von den Katholiken ungeschickt verteidigt, 321 ff.

Klagen — und Weinen der Kinder, 42.

Kleidung — die K. betreffend, 36; — Beispiel der alten Peruaner, 36 A; — Kap.: „Übung der Organe und Sinne, K., Schlaf", 111—149; — Größe der Alten, 112; — ihre Farben, ihr Luxus, 113; — veränderlich nach der Lebensweise, 133 ff.; — dicke und dünne K., 114; — Eleganz, 365; — die K., die JJ tragen würde, wenn er reich wäre, 377; — bei den alten Griechen, 396; — weiblicher Schmuck und Toilette, 402 ff.; — wie sich Sophie kleidet, 429.

Klima — die Vorteile des gemäßigten K., 27; — sein Einfluß auf die Pubertät, 215 + A.

Klöster (als Erziehungsanstalten) — wie

Sachregister

sie die schlechte Aussprache fördern, 50; — verhindern nicht, daß man sich an die Gesellschaft gewöhnt, 352; — moralische Gefahr, 355; — worin sie dem Elternhaus vorzuziehen sind, 395; — Schule der Koketterie, 422.

Knechtschaft — das größte aller Übel, 251.

Koketterie — ihre Verwandlungen, 395; — ihre Äußerungen in der Gesellschaft, 417 ff.; — der Galatea in den Bukoliken des Vergil, 419; — die Klöster als Schulen der K., 422; — die K. verliert ihre Kraft bei ernsten Dingen, 428; — die natürliche K. Sophies, 429; — die K. des verliebten Emil, 456.

Kollegien — in JJ's Augen sind die „Hohen Schulen" lächerlich, 13 + A; — sie vermitteln eine schlechte Aussprache, 50, 138; — moralische Gefahr, 354.

Koluren — die beiden Meridiane der Himmelssphäre, deren einer durch den Äquinoktialpunkt, der andere durch die Wendepunkte der Sonnenbahn gehen, 162; — siehe *Himmelskunde.*

Kompaß — wir bauen ein K., 169; — siehe *Physik.*

Könige — die ein Handwerk können, 201; — was sie waren, was sie sind, 345; — Definition, 510; — Bedingungen ihrer Macht, 514.

Kopfbedeckung — 113; — siehe *Haartracht.*

Körperpflege und Körperbildung — Unterschied zwischen einem Bauern und einem Wilden, 102; — Geist und Körper, 264; — K. bei den Mädchen, 395 ff.; — siehe *Hygiene* und *Medizin.*

Kraft — Kinder haben keine überschüssigen K., 45; — mit der K. wächst die Einsicht, 54; — worin sie besteht, 57; — Seelen- und Geistesk. 88; — Kap.: „Kräfte und Bedürfnisse", 156—159; — die K. überholen die Bedürfnisse, 156 ff.; — wie man sie beim Jüngling anwendet, 157; — Grundlage jeder Tugend, 489.

Krankheit — die K. und die Ärzte, 29; — die Leidenschaften der Kinder wie K. behandeln, 76.

Kredit — an das Eigentum gebunden, 504.

Kugel — eine K. zwischen zwei Fingern drehen, 207; — siehe *Empfindungen* und *Sinne.*

Künste — Zeichnen, 132 ff., 398; — natürliche und gewerbliche K., 181; — Einteilung nach ihrer Nützlichkeit, 182; — die Landwirtschaft ist die erste der Künste, 184, 193; — Künstler, 195; — gefällige Künste für Frauen, 405 ff. — siehe *Arts d'agrément.*

Kunstfertigkeiten — Kap.: „Die K.", 181 bis 185.

Lächerlichkeit — wie man sie vermeiden kann, 378 ff.

Lakeien — 375, 381; — siehe *Dienstboten.*

Land und Landleben — ausgezeichnet zum Niederkommen, 35; — Amme, 33 ff.; — wie man auf dem L. spricht, 49 ff.; — besser für den Pädagogen als die Stadt, 74, 77; — Vergleich mit einem ländlichen Reich, 189 A; — das Ideal JJ's, 380; — seine Feste, 381; — ländliche Wohnung, 452; — zieht den verliebten Emil an, 477, 479; — macht das Reich aus, 518 ff.

Landkarten — 159, 162; — siehe *Geographie.*

Langeweile — ihr Ursprung, 232; — die Wilden kennen sie nicht, 232; — durch seßhaftes Leben erzeugt, 375; — die Geißel der Reichen, 379; — L. der Frauen, 379; — Mädchen dürfen sich bei ihrer Beschäftigung nicht l., 400; — Toilettenmißbrauch entspringt der L., 404 ff.

Laster — ist dem Menschen nicht natürlich, 71; — Moralpredigten verführen zum L., 83; — kommt von den Leidenschaften, 220; — L. bestraft sich selbst, 250; — ein junger, gut erzogener Provinzler verachtet es, 355.

Latein — 370; — siehe *Sprachen.*

Laufen — wie JJ ein Kind zum Laufen bringt, 129; — von Emil und Sophie betrieben, 481 ff.; — siehe *Spiele* und *Leibesübungen.*

Launen — Kap.: „Tätigkeitsdrang, L.", 43—47; — kindliche L., 66 ff.; — 69, 106 ff; — wie man sie vermeidet, 106; — ihr Ursprung, 106; — weibliche L., 418; — Sophies L., 432; — L. unter Liebenden, 469.

Leben — gemeinsames L. des Erziehers mit seinem Zögling, 27; — das Gefühl, das wir dafür haben müssen, 28; — verhängnisvolle Rolle des Arztes, 29; — seine veränderliche Dauer, 55; — wir hängen am L., 59; — die Natur gibt das L., wir müssen es erhalten, 60; — L.sweise, 113; — hat auf der Kleidung einen Einfluß. 113 ff.; — lernen, wie man es bewahrt, 191; — seine Abschnitte und seine Kürze, 210; — verfrühter Eintritt ins L., 220; —

Kap.: „Eintritt ins L.", 230—236;
L.sbilder sind der Geschichte vorzuziehen, 244 ff.; — L. der Bösen, 295,
296; — Glaube an ein L. im Jenseits,
247 ff.; — seßhaftes L., 374; — man
muß das häusliche L. kennen, um es
zu lieben, 423; — öffentliches L., Rolle,
die die Frauen darin spielen, 425;
— Rolle, die die Frau im Familienl.
spielt, 445; — die Menschen verschwenden es, obwohl sie es zu kurz
finden, 449.

Lebenshast — wie die Menschen selbst
ihr Leben beschleunigen, 449.

Lebensstellung der Frau — ihre Abhängigkeit vom Mann, 394.

Lehrer — Vater als L., 10; — dreierlei
L., 10; — die Natur als L., 10 ff.; —
die Aufgaben des L., 15; — Kap.: „Der
Vater als Erzieher", 21—23; — wie sich
der L. zu verhalten hat, 75 ff.; —
L.autorität, 103 ff.; — Einteilung der
Lehrzeiten, 201; — der L. darf nicht
vollkommen sein wollen, 360; — soll
ein Mädchen einen L. oder eine L.in
haben? 406.

Lehrsucht — unsere pedantische L., 54,
75, 82 ff., 175.

Leibesübungen — ihre Nützlichkeit, 31,
73, 103, 105, 111, 112, 115, 137; —
Reiten, 118; — Schwimmen, 118; —
Laufen, 129; — Federball, 136 ff.; —
Kuchen als Belohnung, 142; — müssen
mit dem Geist harmonieren, 202; —
Jagd, 343, 381; — wie die Griechen die
Auswüchse korrigierten, 396; — man
darf den Leib nicht verächtlich
machen, 427.

Leiden — wie gewöhnt man ein Kind
daran? 54, 116; — was Montaigne
davon sagt, 117; — beim Jugendlichen,
223; — beim Anblick der hohen Gesellschaft, 230; — der Glaube macht sie
uns erträglich, 308; — körperliche und
seelische L., 488 ff.

Leidenschaften — man darf die L. nicht
zu früh wecken, 22 ff.; — die einzige
natürliche L. ist die Selbstliebe, 71,
211; — wilde und stürmische L., 70,
435; — erwachende L., 164, 210, 219;
— Werkzeug unserer Selbsterhaltung,
210; — die L., die den anderen befiehlt, 211; — wie sie sich nach dem
Guten oder dem Bösen ausrichten,
212 ff.; — wie sie sich in Laster verwandeln, 220; — begünstigt durch
Vorurteile, 249 A; — unsere L. bringen
uns gegen die der anderen auf, 250; —
geteilte L. verführen uns, 250; — ihr
rascher Fortschritt verlangt eine rasche

religiöse Einführung, 269; — im
Kampf gegen unsere edlen Empfindungen, 290; — Sophies Empfindsamkeit, 432; — Emils Liebe für Sophie ist
seine erste L., 455; — ihr Einfluß auf
die Sitten, 475; — erlaubte und ver-
botene L., 490; — die L. der Tugend
unterworfen, 489 ff.

Leitsätze — die vier L., 45.

Lektionen — Vortrag durch Experiment
zu ersetzen, 71; — Text-L. verboten,
95; — sie anziehend machen, 424 ff.

Lektüre — Geißel der Kindheit, 100; —
wie man lesen lernt, 100; — Bücher
sind eine traurige Ausstattung, 150; —
Wirkung der L., 179, 247, 376; —
Robinson das einzige Buch, dessen L.
gestattet ist, 180, 185, 197; — das
Buch der Natur ist allen offen, 326; —
Kap.: „Geschmackbildung, L., Sprache,
Vergnügen", 367—385; — Bücher genügen nicht, um den Geschmack zu
bilden, 369; — die Bücher der Alten
mit unseren verglichen, 370; — warum
die Mädchen die Nadelarbeit der L.
vorziehen, 397; — wann und wie den
Mädchen beibringen? 398 ff.; — Gefahr des Mißbrauchs der Bücher, 496.

Lernen — ohne Zwang l., 174.

Lesen — Kap.: „L., Schreiben", 100—
101; — wie man ein Kind zum L.
bringt, 100; — Lesemethoden, 101; —
L. vor dem 10. Lebensjahr, 101; — L.,
Schreiben und Rechnen genügt für
Mädchen, 398 ff.

Liebe — falsche und wahre Definition,
214; — die Nächstenl., 228; — die
Selbst- und die Eigenl., 71, 212; — L.
zum Schönen, 302, 422; — Diana als
Feindin der L., 343; — sproßende L.
unterstützen, 351; — wie die L. den
jungen Mann verändert, 355; — Vergleich mit der Eigenl., 356; — L. und
Geld, 377; — L. und Heftigkeit, 386;
L. und Gott, 388; — L. beim Mann,
388; — L. und ihr Verhältnis zur
Tugend und zur Schönheit, 426 ff.; —
Sophies L., 440 ff.; — wie die L. in
der Ehe bewahrt wird, 525 ff.; —
siehe *Eigenliebe*.

Liebe (geschlechtliche) — Kap.: „Geschlechtliche Aufklärung", 216—222; —
Gefahren der Sinnlichkeit, 351.

Liebkosungen — Kleinkinder darf man
nicht liebkosen, 46.

List — wie Knaben und Mädchen verschieden listig sind, 401 ff.

Literatur — die Quellen der reinen L.,
371 ff.

Sachregister

Logik — die L. ist den Frauen fremd, 468.

Luft — die Wirkung der L. auf die Kinder, 34 ff.; — die Luft als Körper, 169.

Lüge — was sie ermutigt, 81; — wie sie wirkt, 81 ff.

Luxus — wie er beginnt, 368; — untrennbar vom schlechten Geschmack, 368; — Sophies Gemach kennt keinen L., 431.

Macht — die Mächte hinter der M., 61; — Definition, 506.

Mädchen — Dirnen, 234 ff.; — verführt, 388; — lieben von Kindheit an den Schmuck, 394, 403; — für die öffentliche Meinung empfänglich, 394; — die M. von Sparta, 396; — warum sie die Nadelarbeit mehr lieben als Lesen und Schreiben, 398 ff.; — müssen rechnen lernen, 399; — ihre Gefühle der Mutter gegenüber, 400 ff.; — ihre Beschäftigung darf sie nicht langweilen, ihre Vergnügen nicht begeistern, 400; — dürfen nicht zu viel Freiheit haben, 400; — müssen folgsam sein, 401; — sind listiger als die Knaben, 401; — müssen die *arts agréables* lernen, 405 ff.; — sollen sie Lehrer oder Lehrerinnen haben? 406; — warum sie besser als die Knaben schwätzen können, 407; — ihre Höflichkeit, 408; — Freundschaft untereinander, 408; — welche Fragen man ihnen verbieten und welche man ihnen stellen muß, 408; — wie man ihnen die Religion beibringt, 409 ff.; — müssen vor ihrer Heirat mit ihrer Mutter die Gesellschaft kennenlernen, 421 ff.; — wünschen zu heiraten, um frei zu werden, 422 ff.; — wie muß man sie ihre Pflichten lehren? 415, 427 ff.; — man darf sie nicht mit Moralpauken langweilen, 424; — frömmelnden Ton vermeiden, 426 ff.

Magistrat — Sinn dieses Wortes, 510; — die drei Willenshaltungen, 512; — siehe *Behörden*.

Magnet und Magnetismus — Elektrizität und M., 165 ff.; — das Spiel mit der m. Ente, 165; — siehe *Physik*.

Mahlzeiten — siehe *Ernährung* und *Essen*.

Mail — *jeul de mail*; nach dem Schläger benannt. Entspricht ungefähr unserem Kricketspiel, 136; — siehe *Spiele*.

Maler — der malende Kammerdiener, 197 ff.

Mann — Kap.: „M. und Frau", 385—392; — der M. muß anders erzogen werden als die Frau, 392; — weibische Männer, 394; — die Frau ist der natürliche Richter des M., 424 ff.; — das Urteil des Mannes, verglichen mit dem der Frau, 434.

Masken — wie man verhindert, daß sich Kinder davor fürchten, 40.

Maschinen — Herstellung von M., 170.

Materialisten — kann man vom Materialismus sagen, daß er vernünftig ist? 285; — wie stellen sich die M. unsere Empfindungen vor? 292 A.

Materie — Definition, 279, 282; — ihr natürlicher Zustand, 283; — Überlegungen über ihre Bewegung, 285 ff.

Mathematik — Emil lehrt Sophie auch die M., 468.

Maximen — drei M. über das Mitleid, 224 ff.; — Philosophie in M. setzt Erfahrung voraus, 244.

Medizin — Kap.: „Die Heilkunst", 29—31; — ihre Unfähigkeit, ihre Gefährlichkeit, 29 ff., 59; — Hygiene, 31 ff.; — über die Ärzte, 59 ff.; — der weise Arzt beobachtet zuerst den Kranken, 73; — Emil pflegt die Bauern, 480 + A.

Meinung (öffentliche) — wie man sie beherrscht, 195; — ihre Rolle in den Leidenschaften, 214; — triumphiert besonders in religiösen Meinungen, 270; — ihre Vielfalt, ihre Gründe, 277 ff.; ihre Wahrscheinlichkeit, 288; — warum sie junge Leute verwirrt, 355 ff.; — was man von der Meinung anderer halten soll, 366; — jagt das Glück vor uns her, 383; — ist den Frauen und Mädchen nicht gleichgültig, 394; — hat nichts mit dem Glück und der Freiheit zu tun, 522.

Melancholie — die Freundin der Wollust, 232.

Mensch — von Natur aus gut, 9; — seine Zerstörungswut, 9, 294; — seine Schwäche bei der Geburt, 10; — der natürliche M., 12, 14; — in der Gesellschaft, 12; — der natürliche M. und der Handwerker, 14, 15; — der Arme braucht weniger Erziehung als der Reiche, 27; — im Urteil des Abbé de Saint-Pierre, 44; — Menschlichkeit, 55 ff.; — durch die Gesellschaft geschwächt, 61; — seine Eigenliebe, 71, 211 ff.; — die Nahrung des primitiven M., 141; — der vernünftige M., 148; — sein Glück, 172; — M. zu werden ist das Studium des Weisen, 183; — der M. allein, 190; — der M. ist das Hauptobjekt des Pädagogen, 192; — ist in allen Ständen der gleiche, 192, 227; — der M., der alles kann (Robinson),

197; — Vergleich des Mannes mit der Frau, 210, 385, 446; — was ihn gut macht, 213, 300 ff.; — Kap.: „M.kenntnis, humane Gefühle", 222—230; — der Gesellschafts-M., 232, 239; — Gefahren der M.-kenntnis, 241; — der M. ist das Schauspiel für den Zögling, 241; — Charakter des M. und ganzer Völker, 245; — Augustus als Beispiel, daß er auch nur ein M. war, 248; — warum ihn die Philosophen schlecht kennen, 250; — die großen M. sind bescheiden, 251 ff.; — der Weg zu sich selbst, 256; — braucht lange, bis er denkt, hört dann nicht mehr auf, 206; — der natürliche M. verglichen mit dem Wilden, 263; — durch seine Fähigkeiten auf sinnenhafte Dinge beschränkt, 264; — welcher Sekte zuführen? 270; — seine Beziehungen zu Gott, 271; — der M. ist keine Einheit, 290; — ist der König der Erde, 289; — was ihn unglücklich und böse macht, 294; — die Zügellosigkeit der Jugend hängt ihm immer nach, 361; — der verliebte M., 405, 525 ff.; — der höfliche M., 408; — was er von der Kürze des Lebens denkt, 449; — kann nur beim Reisen kennengelernt werden, 496; — hat immer das Gefühl und das Bedürfnis der Freiheit, 522.

Menschenverstand (gesunder) — 182, 183 ff.; — beiden Geschlechtern eigen, 484.

Messias — wen meinen Christen und Juden mit dem M., 323.

Metaphysik — noch nie hat die M. zur Entdeckung einer einzigen Wahrheit geführt, 285.

Methode — JJ's M., 25, 163; — Streit über die analytische und die synthetische M., 165; — Methoden und Beispiele, 190; — Rechtfertigung seiner M., 263.

Milch — siehe *Amme* und *Ernährung.*

Mildtätigkeit — wie man sie erweckt, 84; — ihre Schwierigkeiten und ihr negativer Charakter, 86.

Militärdienst — es gehört zur Ehre dieses Standes, die zugrunde zu richten, die sich ihm widmen, 502.

Missionare — ihre Tätigkeit, 323 ff.

Mitleid — wie man es entwickelt, 83; — wie es entsteht, 224; — seine Beweggründe und seine Maximen, 224 ff.; — größer für die Leiden des Körpers als die der Seele, 228; — seine Süße, 232; — wie man verhindert, daß es zur Schwäche ausartet, 261.

Mittel — Kap.: „Die Wirkung der M., 261—264.

Mockgesetze — (Wort nach dem egl. *mock-heroic, mock-epos* gebildet), 523.

Mode — weibliche M., 396 ff., 400; — Modemenschen müssen echten Frauen verächtlich erscheinen, 428.

Möglich und Unmöglich — als Erziehungsgesetze, 70.

Mohammed — die Araber sprechen nicht mehr die Sprache M,- 321; — Mohammedaner, 323.

Monarchie — 513 ff.; — siehe *Regierung.*

Montmorency — JJ und Emil verirren sich im Wald von M., 175.

Moral — M.lehre, 66 ff., 75; — tätige M.: der verwüstete Garten, 70; — womit man sie ersetzen kann, 76; — Kap.: „Moralische Belehrungen", 77—87; — das zerbrochene Fenster, 80; — kein Unrecht tun, 86; — darf nicht durch Fabeln gelehrt werden, 95; — kindliche M. und ihre Anwendungen, 99; — wie das Kind fortschreitend Begriffe lernt, 158, 238; — nicht zu früh, 172; — Kap.: „Moralische Begriffe, Geschichtsstudien, Fabeln", 238—257; — untrennbar von der Politik, 240; — darf nicht in Fabeln ausgedrückt werden, 256; — wie wir sie in unseren Handlungen achten, 301; — von Jesus, 328; — kann nicht im Theater gelernt werden, 371; — im heiteren Gespräch kann man M.lehren vermitteln, 409; — wie man seine Pflichten lieben lernt, 420, 427; — die M. wird in den Kollegien und Klöstern verdorben, 421; — die Mädchen mögen keine trockenen M.lehren, 424; — Sophie macht ihre größten Fortschritte in der M., 468; — ihre Hauptvorschrift, 491.

Mühe — mit M. lernen! 170.

Musik — wie man sie durch die Finger fühbar machen kann, 126; — Mozart erwähnt, 137 A; — wie man sie lernt, 138 ff.; — sollen Mädchen nicht singen und tanzen? 405; — Emil lehrt Sophie die M., 467.

Müßiggang — ein öffentlicher Diebstahl, 193; — wie man ihn bekämpfen kann, 233 ff.; — gefährlich für Frauen, 399.

Mut — wo er sich am besten zeigt, 30; — dem Kind Mut lehren, 54.

Mutter — Erinnerung an Mme Dupin, 5; — Stärkung des Erzieherwillens der Eltern, 6; — die M. ist die erste Erzieherin, 9 ff.; — muß ihr Kind selbst stillen, 18 ff.; — Emil hat keine M. mehr, 27; — M. dürfen den Ammen nicht das Stillen überlassen, 32; — von der Kon-

Sachregister

stitution der M. hängt die Konstitution des Kindes ab, 394; — wie die M. es dahin bringt, von ihrer Tochter geliebt zu werden, 400 ff.; — muß die Tochter in die Gesellschaft einführen, 422.

Mysterien — wie man den Kindern M. erklärt, 267; — siehe *Religion.*

Nachahmungstrieb — seine Leichtigkeit, seine Gefahren, 85 ff.; — man darf den N. nicht für echte Neigung halten, 197; — Nachahmung der Natur ist die Quelle des Geschmacks, 367.

Nachgiebigkeit — Mit N. macht man ein Kind unglücklich, 65; — JJ schämt sich seiner N., 168.

Nachsicht — man kann auch die N. übertreiben, 64 ff., 395.

Nacht — Bewegung in der N., 120; — nächtliche Spiele, 120, 124; — JJ's nächtliches Erlebnis, 123.

Nadelarbeit — N. und **Zeichnen** als natürliche Unterrichtsgegenstände für Mädchen, 397 ff.

Nähren — Kap.: „Wickeln, N., Abhärten", 14—22.

Nahrung — Kap.: „Entwöhnen, Zahnen, feste N., Sprechen", 47—53; — die schmackhafteste N. ist auch die gesündeste, 141 ff.; — vegetabile N., 144; — siehe *Ernährung.*

Namen — Dinge beim richtigen N. nennen, 217.

Naschsucht — der Gaumen darf nicht verwöhnt werden, 142; — siehe *Ernährung.*

Nationen — ihr spezifischer Charakter, 498 ff.

Natur — JJ's Erziehung verfolgt den Gang der N., 6; — was aus der Hand der N. kommt, ist gut, 9; — Fähigkeiten und Kräfte hängen von der N. ab, 10; — die natürliche Erziehung fängt schon beim Säugling an, 20 ff.; N. und Gesellschaft, 62; — die N.notwendigkeiten, 70; — wie sie straft, 81; — beim Erwachen grüßt die N. Gott, 160; — N.schauspiele und Empfindungen, 160; — Erforschung der N.gesetze, 171; — der Mensch ist glücklich, wenn er der N. gemäß lebt, 172; — im N.zustand kann man nicht bleiben, 191; — die N. prägt den unauslöschlichen Charakter, 192; — ihre Rolle bei der Geburt der Leidenschaften, 210 ff.; — ihre Lehren kommen spät und langsam, 214; — ihre Rolle in der Ausbildung des Jünglings, 220 ff.; — Undankbarkeit ist ihr unbekannt, 237; — Religion des Menschen, der der

N. gemäß lebt, 271; — ihre heiligste Einrichtung: die Ehe, 276; — ihr Buch ist allen geöffnet, 326; — ihre Nachahmung bildet den Geschmack, 368; — muß von Emil und seinem Lehrer studiert werden, 505.

Naturrecht — Untersuchung des N., 506.

Naturwissenschaften — die N. am Beispiel der Erd- und Himmelskunde, 159 ff.; — Emil lehrt Sophie die N., 468.

Neigungen — N. und Abn. vom Charakter abhängig, 11; — kann man die bösen N. in der Kindheit durch Strafen bessern? 56; — N. als Werkzeuge für die Selbsterhaltung, 211 ff.; — N. und Zun. hängen von einander ab, 236; — sind die N. zum Bösen unzähmbar? 348; — mit den N. gab der Schöpfer auch das Maß, sie zu regeln, 387.

Neugier — N. und Benehmen der Katze, 110; — Ursprung und Entwicklung, 158; — dem Wilden unbekannt, 232.

Nichtstun — als Erziehungsmaxime, 104.

Niederkunft — auf dem Land besser, 35; — nach den Ländern und Klimas verschieden leicht oder schwer, 391.

Notwendigkeit — als Erziehungsfaktor, 70, 208.

Notzucht — im Deuteronomium, 389.

Nützlichkeit — N. der Handarbeit, 31; — der Leibeserziehung, 31, 73, 102, 105, 111 ff., 115; — der Sprache; verneint für das erste Alter, 91; — Kap.: „Wozu nützt das?", 172—179; — Urprinzip der Erziehung, 173, 184; — der Künste, 182; — der Poesie, 372.

Oberhoheit — 509 ff.

Obrigkeit (Magistrat) — 510 ff.

Offenbarung — 311—328; — siehe *Religion* und *Sprache.*

Ordnung — innerhalb der bürgerlichen O. kann man seine Ursprünglichkeit nicht erhalten, 12; — in der natürlichen O. sind alle Menschen gleich, 14; — die bürgerliche O. bedeutet Sklaverei, 14; — O. der Welt, nach den Worten des sav. Vikars, 285 ff.; 308 ff.; — siehe *Verhältnisse.*

Organe — Kap.: „Die O. und Sinne, Kleidung, Schlaf", 111—149.

Paris — gefährlich für die Reichen, 202; — Schule des Geschmacks, 369 ff.; — JJ und Emil grüßen P. bei ihrem Fortgang, 384, 449; — schlechtes Beispiel, 424; in P. findet Emil nicht die Frau seines Herzens, 449; — die Franzosen leben nicht in P., 517; — P. saugt Frankreich aus, 518.

Pariser — lächerlich und eitel auf den öffentlichen Promenaden, 129 A; — sinnleere Vergnügungen der Pariserinnen, 379; — ihre Anmaßung, 496 ff.

Patriot — jeder P. wird Chauvinist, 12.

Paume (das *paume*-Spiel; der Vorläufer unseres Tennisspieles) — 136 ff.; — siehe *Spiele*.

Pedant — ein P. kramt sein Wissen aus und nennt das Erziehung, 175.

Persönlichkeit — die P. gefällt, nicht der Putz, 403; — Kap.: „Sophie als P.", 429—443.

Pferde — Sophie erschrickt vor den P., 477; — siehe *Leibesübungen* und *Emil*.

Pflege — falsche P., 22; — Kap.: „Die Amme, erste P.", 31—37.

Pflichten — der Frau, 18; — des Vaters, 23; — wie man sie vergißt, 272; — verschieden nach den Geschlechtern, 389; — wie man sie lieben lernt, 420, 425; — wie man sie Frauen lehrt,, 425, 427 ff.; — die P. der Menschlichkeit kommen zuerst, 486 ff.; — die P. des Gatten und Vaters, 493 ff.

Philosophen — Anmaßung der P., den Menschen formen zu wollen, 16; — warum sie die Menschen schlecht kennen, 250; — ihr unangenehmer Einfluß, 277.

Philosophie — P. in Maximen setzt Erfahrung voraus, 244; — Lektüre als Lehrgang der praktischen P., 247; — ihre Vorurteile, 250; — erklärt und löst nichts, 277; — das Gewissen befreit von den Irrtümern der P., 306; — ihre moralische Wirkung verglichen mit der der Religion, 332 + A, 334; — Emil lehrt Sophie P., 467.

Phlogistik — Definition, 282 A.

Physik — ihr Reiz, 159; — unterhaltend, 165, 168 ff.; — Kap.: „Physikalische Kenntnisse", 169; — Experimentiergeräte vom Kind selber herstellen lassen, 170; — Lehre von der Schwere, 171; — die Brechung, 204; — Emil hat nur physikalische Kenntnisse, 208; — Mädchen brauchen nicht darin unterrichtet zu werden, 421.

Physiognomie — physische Veränderungen, 210; — P. macht den Charakter sichtbar, 233.

Plethora — übermäßige Vollblütigkeit, 21.

Poesie — keine poetischen Reden bei Kindern, die Gefühl noch nicht kennen, 161; — ihre Nützlichkeit, 372.

Politik — untrennbar von der Moral, 239; — im Staatsvertrag, 488 ff.

Prophezeiungen — sind keine Autorität, 320.

Provinz — verachtet die Laster, 355; — bis zu welchem Punkt Paris die P. verdirbt, 424; — in der P. sieht man die wahren Sitten einer Nation, 517.

Pubertät — ihre Anzeichen, 210; — verschieden nach dem Klima und der geographischen Lage, 215 + A; — die praktischen und pädagogischen Folgen, 337 ff.

Pul-i-Şirat — die Höllenbrücke der Mohammedaner, 335 A.

Puppen — 397; — siehe *Spiele*.

Putz — Frauen bringen die Hälfte ihres Lebens am P.tisch zu, 392; — die P.-sucht, 395; — die Persönlichkeit gefällt, nicht der P., 403; — schöne Frauen brauchen keinen reichen P., 403 ff.

Räsonieren — Kap.: „R. mit Kindern", 68—70; — R. führt nicht zur Einsicht, 252.

Rangstufen (soziale) — R. bleiben bestehen, die Menschen wechseln, 14; — R. verderben den Charakter, 441.

Rechnen — R. und Buchführung muß ein Mädchen können, 430.

Recht — das politische R. muß erst geschaffen werden, 504; — von Montesquieu kommentiert, 504; — seine Prinzipien, 505; — Vergleich der Rechte, 509.

Reden — im rechten Augenblick r., 342.

Regierung — die R. von Venedig, 345 A; — Emil studiert ihre Natur auf seiner Reise, 510; — demokratische R., 508 ff; — aristokratische R., 514; — monarchische R., 514.

Reiche und Arme — warum JJ Emil wählt, 27; — jeder R. kann arm werden, 192; — in Paris in Gefahr, 202; — R. sind gegen A. hart, 225, 227; — wenn A. u. R. leiden, 227; — des R. Abhängigkeit, 251, 382 ff.; — wenn JJ reich wäre, 372; — die Mentalität des R., 372 ff., 464; — wer seinen Reichtum zu nutzen weiß, 373; — Langweile, eine Geißel der R. 379; — der R. will überall Herr sein, 383.

Reichtum — Wenn JJ reich wäre, 373 ff; — Emils R. ein Hindernis für sein Liebesverhältnis, 464; — Freiheit und R. kan man nicht zugleich bewahren, 522 ff.

Sachregister

Reifezeit — Kap.: „R.", 210—216; — Kap.: „Erziehung in der R.", 236—238.

Reinheit — körperliche R. (Virginität), 235 ff., 339.

Reisen — eine Reiseerinnerung, 280 A; — richtige Art zu r., 450 ff.; — zu fuß, 450 ff.; — R. zu Zeiten Homers, 453; — JJ und Emil entschließen sich zur R., 494; — Kap.: „R., politische und soziale Betrachtungen", 496—521; — was JJ vom R. denkt, 496; — R. als Studium, 496 ff.; — bei jeder Nation verschieden, 497 ff.; — bei den Alten, 498; — Gelehrte auf R., 500; — Nutzen des R., 501; — welchen Zweck Emil dabei verfolgt, 501; — R. als Teil der Erziehung, 501; — warum R. oft unfruchtbar für die Jugend sind, 516; — Gefahren, 519; — auf dem Land länger verweilen als in den Städten, 519.

Reiten — als Sport der Reichen, 118; — R. im Vergleich mit dem Schwimmen, 118 ff.

Religion — Kap.: „Begriffe, Ideen, Gott, R.", 264—275; — in welchem Alter soll man R. lehren, 267 ff.; — wie erklärt man Kindern die Mysterien, 267; — Beispiele später R.einführung, 269; — Erziehung zur R., 270; — Beziehungen zur öffentlichen Meinung, 270; — das Kind soll die R. seines Vaters haben, 270, 331; — man vergißt seine Pflichten, wenn man seine R. vergißt, 272; — natürliche R., 311 ff.; — Vergleich zwischen mehreren R., 314; — die beste ist auch die klarste, 318; — die verschiedenen Arten der Offenbarung, 321; — R. von Europa, 321; — die jüdische R., 322; — was der Vikar davon denkt, 325 ff.; — die Heiligkeit der Evangelien, 326 ff.; — R. und Moral, 322; — Fanatismus und Atheismus nach dem Urteil von Bayle, 333 + A; — mit der Philosophie vergleichen, 335; — ohne Glauben gewinnt der Eigennutz die Oberhand, 336; — R. geht über das Fassungsvermögen der Mädchen, 409 ff.; — religiöse Erziehung der Kinder, 409 ff.; — die R. der Frauen muß der Autorität unterworfen sein, 410; — R. ohne Fanatismus, 414; — Emil und Sophie unterhalten sich über R., 468.

Revolution — vorhergesagt, 192 + A, 225.

Rhetorik — 259 ff.; — siehe *Sprache*.

Robinson — Kap.: „Bücher und R.", 179 bis 81; — siehe *Defoe*.

Romane — orientalische R.; ihr Reiz und ihre Nützlichkeit, 225; — R. und Geschichte, 242.

Römer — berühmte R.; — womit sie ihre Jugend verbracht haben, 258; — ihre Achtung vor Verträgen, 344 ff.; — sie übten die Sprache der Zeichen, 345; — die Rolle der Frauen im öffentlichen Leben, 425.

Rückzug der Zehntausend (Anabasis des Xenophon) — erwähnt, 244, 371.

Ruf — der R. der Frauen, 394.

Sauberkeit — Sophies Ansichten darüber, 431 ff.

Scham — der Kindheit unbekannt, 253; — S. und S.gefühl, 217; — S.gefühl der Frau, 386, 419.

Schauspiel — wirken bremsend auf junge Leute, 234; — bilden mehr den Geschmack als die Sitten, 371; — die Theaterhelden, 489.

Scheibe — das Beispiel von der zerbrochenen S., 80.

Schein — Emil läßt sich nicht vom S. blenden, 182 ff.; — kein S., sondern Wirklichkeiten, 202; — wenn Mädchen sich zum S. zurückhalten, 423 ff.

Schicklichkeit — entwickelt sich beim Mädchen früher, 407; — S. und Keuschheit, 426.

Schicksal — Beziehungen mit der öffentlichen Meinung und der Freiheit, 522.

Schlaf — Kap.: „Übung der Organe und Sinne, Kleidung, S.", 111—149; — hart liegen, 116; — mit der Sonne aufstehen und schlafen gehen, 116; — sich daran gewöhnen, aufgeweckt zu werden, 116 ff.

Schläge — Ammen schlagen Kleinkinder, 42 ff.; — ein Kind darf keinen Erwachsenen schlagen, 77 A.

Schmeichelei — wenn Kinder mit S. zum Gehorsam gebracht werden sollen, 69.

Schmerz — soll man ein Kind vor dem S. schützen? 54; — beim Spielen vertragen Kinder oft S., 117; — der S. in der Erziehung der Wilden, 117.

Schmuck — schon kleine Mädchen lieben den S., 395; — S. und schlechter Geschmack, 396; — durch S. glänzt man, durch Persönlichkeit gefällt man, 403; — Sophie liebt den S., 429.

Schnee — Kinder im S., 65.

Schneider — bei den Alten, 194 A; — siehe *Handwerk*.

Schnürleib — verurteilt, 396.

Schönheit — welche Bewunderung sie einflößt, 372; — S. der Frau, 402, 448; — wie die S. sich zur Geltung bringt,

404 ff.; — Verhältnis zur Tugend und zur Liebe, 426 ff.; — Sophie ist nicht schön, 429.

Schreiben — Kap.: „Lesen, S.", 100—101; — kleine Mädchen lernen nicht gerne Lesen und S., 398 ff.

Schreien — die Sprache der Kinder, 41; — wenn ein Kind s., 44 ff.

Schriften (heilige) — Deuteronomium zitiert, 317 A; — was das Deuteronomium über gefallene Mädchen sagt, 389; — die Heiligkeit des Evangeliums, 326 ff.; — der Wahrheitscharakter des Evangeliums, 413.

Schriftsteller — unterrichten mehr durch ihre Unterhaltungen als durch ihre Bücher, 369.

Schuhe — Locke will, daß Kinder-S. wasserdurchlässig seien, 114; — Emil kann ruhig auch barfuß gehen, 127 ff.

Schülerfrage — ein Kind sollte immer fragen: Wozu nützt das? 173 ff.

Schwäche und Stärke — Was heißt: der Mensch ist schwach? 57 ff.; — warum das Kind schwach ist? 61; — die Natur hat die Frau schwach gemacht, 386 ff., 402.

Schwangerschaften — das Gesetz des Deuteronomiums, 389; — kann die Frau zwischen den S. ihre Lebensweise ändern? 391; — vorzeitige S., ihre Gefahren, 493.

Schwimmen — S. im Vergleich mit Reiten, 118.

Seele — die unvollkommene S. des Neugeborenen, 37; — Pflichten in der S. verankern, 81 A; — ihre Kraft, 88; — wann soll man ein Kind lehren, daß es eine S. hat? 267; — ihr Frieden, 274; — wie man sie sich vorstellt, 291 ff.; — weil unstofflich, überlebt sie den Leib, 296 ff.; — warum sie an den Leib gebunden ist, 308.

Sekte — welcher S. soll der natürliche Mensch angehören? 270.

Selbstbefriedigung — Gefahren der S., 360.

Selbsterhaltung — unsere Neigungen sind das Werkzeug zu unserer S., 212.

Selbstliebe — die natürlichste Eigenschaft des Menschen, 71, 212 ff.

Selbsttätigkeit — Kap.: „S. und Selbständigkeit", 101—111.

Selbsttun — siehe Kap.: „Erfahrung als Lehrerin, mehr Taten als Worte", 257—261.

Seligkeit — die ewige S., 268.

Singen — um die Stimme rein, usw. zu machen, 138 ff.; — Mädchen müssen s. und tanzen, 405 ff.

Sinne — wie man schielen verhindert 39; — S.eindrücke, 41; — Kap. „Übung der Organe und S., Kleidung Schlaf", 111—149; — sinnliche Erfassung der Umwelt, 110 ff.; — das Getast, 119, 126 ff., 132; — S.übungen und S.erziehung, 119; — das Gesehn. 128; — das Gehör, 137; — das Geschmeck, 141; — das Geriech, 147 ff.; — S.wahrnehmungen, 203; — S.täuschungen, 203 ff.; — der Verstand führt die S. irr, 205.

Sinnlichkeit — Vernunft und S., 335.

Sitten — wichtigste S.lehre für Kinder, 86; — S. der Völker, 236; — Sittsamkeit, 428; — unabhängig von Unwissenheit, 446; — durch Leidenschaften beeinflußt, 474; — in der Provinz, 516.

Skandal — jeder S. ist ein Schandfleck für ein Mädchen, 458.

Sklaverei — Diskussion über die S., 507.

Solidarität — soziale S. der Geschlechter, 409.

Solmisation — *solfier au naturel*, 139 ff.; — siehe Anm. 25.

Sonne — Beobachtung des S.auf- und -untergangs, 159 ff.; — die S.bahn, 161.

Sozial Laster — 81.

Sozialordnung — 14 ff.

Spanier — reisen vernünftig, 498.

Spannkraft — S. und Geschicklichkeit, 136.

Spartaner — ihre Erziehung, 104; — die Erziehung ihrer Mädchen, 396; — ihr Ehrgeiz, 428; — die Macht der Spartanerinnen über ihre Männer, 428.

Spectator — Emil gibt Sophie seinen S., 495; — siehe *Addison*.

Sphäre — die armillarische S. ist schlecht konstruiert, 162.

Spiele und Spielzeug — zweierlei Sz., 47; — ein Sz. beim Zahnen, 47; — S. im Freien und im Winter, 65; — echte S., 117; — S. in der Nacht, 121 ff.; — Laufen, 130 ff., 481 ff.; — verschiedene S., 136 ff.; — belehrende S., 165, 204 ff.; — Jahrmarktsspiele (die magnetische Ente), 165 ff.; — Olympische S., 241; — was der Autor von S. denkt, 376 ff.; — das S. mit Puppen, 397; — Übertreibungen, 400; — S. der Mädchen, 400; — auch erwachsene Mädchen müssen ihre S. haben, 422.

Spott — Anwendung und Gegengift, 357.

Sprache — S. und Gebärde der Kinder, 41 ff.; — an der S. den Charakter studieren, 46; — wie man mit Kindern sprechen muß und wie man sie spre-

Sachregister

chen lehrt, 48; — der natürliche Satzbau der Kinder, 48 ff.; — städtische und ländliche Aussprache, 49 ff.; — S.fehler, 49; — Kollegien und Klöster verderben die Aussprache, 50; — der Akzent, 50; — S.umfang, 51; — spätes S.lernen, 51; — nicht zu früh sprechen; nicht zu viele Wörter lernen, 52; — Moral- und Fachausdrücke vermeiden, 67; — wie man die Redekunst lehrt, 259; — die S. des jungen Mannes, 260; — die S. der Offenbarung, 321; — die S. der Zeichen, 345; — die Römer liebten die S., 345 ff.; — Französisch eine unkeusche S., 347; — wie man Frauen sprechen lehrt, 407; — frömmelnde S. für Mädchen gefährlich, 427 ff.

Sprachen — Kap.: „S., Erdkunde, Geschichte, Fabeln", 91—100; — Tote S., 91; — unnötig im ersten Alter, 91; — ist die franz. S. keusch? 347; — S. und Zeichen, 344 ff.; — Kap.: „Geschmacksbildung, Lektüre, S., Vergnügen", 367 bis 384; — Vergleiche, 370; — Latein, 370; — Pflege der Sprachen, 371.

Sprechen — Kap.: „Entwöhnen, Zahnen, feste Nahrung, S.", 47 ff.; — S.lernen, 48; — überhastetes S.lernen, 51; — wie man mit dem Jüngling spricht, 346.

Staat — die S. ändern sich, die Menschen nicht, 192 ff., 227; — die Familie ist die Grundlage, 392; — Definition, 507 ff.; — die Freiheit verschieden nach seiner Größe, 511; — „Vereinigtes Europa", 515; — geht durch die Entvölkerung zugrunde, 517; — wird von den großen Städten ausgesogen, 518.

Städte — die S. sind das Grab des Menschen, 35; — wie man in der S. redet, 49; — in päd. Hinsicht minderwertiger als das Land, 75 ff.; — den Niederkommenden und den Ammen abzuraten, 76; — ihre Handwerker, 182; — warum die Rassen darin degenerieren, 215; — die Jünglinge daraus entfernen, 234; — gefährlich für die Moral der Frauen, 234, 423; — sie erlauben keinen Privatunterricht mehr, 423; — die großen S. erschöpfen den Staat, 518; — unsere Reisenden werden nur kurz darin verweilen, 519; — Dienste, die man leisten kann, wenn man sich aus der S. zurückzieht, 523.

Stand — wie Emil die Ungleichheit der S. erfährt, 202; — Ungleichheit des S. in der Ehe, 444 ff.

Sterben — die Menschen haben das S. verlernt, 30; — sterben können, 58 ff.

Stillen — durch die Mutter, 18 ff.; — durch die Amme, 32; — wie man gute Milch erhält, 32 ff.; — Zeitpunkt; Art und Weise, 48 ff.

Stimme — Sprache der S., 41; — Vergleich von Kinders. auf dem Land und in der Stadt, 50; — Ausbildung der S., 51, 138; — S.schulung, 138 ff.; — siehe *Singen*.

Stock — Berechnung im Wasser, 204 ff.

Stoiker — eines ihrer Paradoxe, 320 A.

Stolz — glaubt alles durchdringen zu können, 278; — seine verheerenden Illusionen, 490.

Strafe — sind S. in der Jugend weniger fühlbar? 56; — warum man S. vermeiden soll, 71; — sie müssen wie eine Naturgewalt wirken, 81.

Streit — Beispiel von den streitenden Nachbarinnen, 76 ff.

Strenge und Nachsicht — man kann S. u. N. übertreiben, 64 ff.; — Zeit der S., 168; — S. u. N. bei Mädchen, 395.

Studien — Zeit der S., 157, 164; — der Mensch ist das Prinzip der Weisheit, 183; — der Mensch muß das Verhältnis zu seinesgleichen studieren, 213; — die S. der Frauen müssen auf das Praktische ausgerichtet sein, 420; — Mädchen dürfen keine müßigen S. treiben, 484.

Substanz — der S.begriff, 265; — Definition, 291.

Synthese oder Analyse — ihre Anwendung, 163.

Systematik — JJ verschreibt sich nicht der S., 262 ff.

Talent — große T. haben ihre Gefahren, 194; — natürliche T.; Schwierigkeit, sie zu erkennen, 197 ff.; — weibliche T., 405 ff.; — das T., eine Gesellschaft zu unterhalten, 466 ff.

Tanzen — was die Pariser Tanzmeister lehren, 127 + A.; — Mädchen müssen t. lernen, 405 ff.; — Emil lehrt Sophie t., 467 ff.

Taten — Kap.: „Die Erfahrung als Lehrerin: mehr T. als Worte", 257—261.

Tätigkeitsdrang — Kap.: „T. und Launen", 43—47; — T.trieb der Kinder, 44 ff.

Tatsachen — nur T. unterrichten, 159.

Taubheit — wie man mit T. durch Musik reden könnte, 126.

Tauschmittel — keine Gesellschaft kann ohne T. bestehen, 185 ff.

Telemach („Die Abenteuer des T." von Fénelon; erschienen 1699) — Sophie ist in den Helden des Epos verliebt, 442;

— Sophie hat nur den *Barrême* und den *Telemach* gelesen, 448; — Sophie glaubt in Emil T. zu sehen, 454, 466; — Sophie hat T. gefunden, 455; — Sophie gibt Emil ihren T. und er gibt ihr seinen „Spectator", 495; — Emil soll den T. lesen, 516; — siehe *Fénelon*.

Temperament — wie soll man das T. lenken, 236 ff.; — Sophies T., 439.

Theater — Emil geht ins T., um den Geschmack zu bilden, 371; — auch Mädchen können unter Umständen ins T. gehen, 422; — wie sich Helden auf dem T. gebärden, 489.

Tiere — müssen ihre Sinne ausbilden, 39; — Umgang mit T., 40; — Neugier und Bewegungsdrang der Katze, 110; — ihre Bewegungen, 283; — T. sind eifersüchtig, 472.

Tod — früher T. eines Kindes, 21; — was er an Leid und Trost hat, 58 ff.; — wie man ein Kind an den Gedanken gewöhnt, 117, 228; — was Montaigne darüber sagt, 117; — darf nicht als Übel angesehen werden, 294; — wie er den Gerechten und Ungerechten behandelt, 491; — von Sokrates und Jesus, 327.

Toilette — Frauen am T.tisch, 393; — ihr Mißbrauch, 404; — siehe *Kleidung*.

Toleranz — zivile und theologische T. sind untrennbar, 329 A; — siehe *Religion*.

Tonsilben — ihr Gebrauch, 139 ff.; — siehe *Musik* und *Stimme*.

Tornea — Stadt und Fluß in Lappland, 27.

Traité d'éducation — erwähnt, 233.

Tränen — Kindert. und ihre Behandlung, 22, 42, 46, 64; — was sie ausdrücken, 41 ff., 46; — weniger häufig, wenn das Kind zu sprechen beginnt, 53.

Treue — T. und Untreue in der Ehe, 389 ff.

Trinken — dürfen erhitzte Kinder kaltes Wasser t.? 114 ff.

Tröstung — wie man einen Jüngling tröstet, 254.

Tugend — wie man die T. predigt, fördert man das Laster, 84; — durch Beispiele lehren, 94 ff.; — muß in der Jugend gelehrt werden, 118; — ihre Beziehung zur Selbstliebe, 261; — Demütigungen, die man bei der Ausübung der T. ertragen muß, 297; — ist dem Menschen natürlich, 302; — Vergleich mit Proteus, 307; — Elemente und Bedingungen für ihre Herrschaft,

307; — Sokrates und die Tugend, 327; — bei den Frauen, 419; — T. ist unteilbar, 419; — ihre Beziehung zur Schönheit, 426 ff.; — begünstigt die Liebe, 426; — die T. durch die Vernunft näherbringen, 429 ff.; — Sophie liebt die T., 433 ff.; — Etymologie und Definition der T., 489 ff.

Übel — der Mensch ist an seinem Ü. schuld, 9, 296; — die Vernunft läßt sie uns erkennen, 44; — die geistigen und leiblichen Ü., 59 ff.; — kein Ü. tun, 86; — das größte Ü.: die Knechtschaft, 251; — der Tod ist kein Ü., 294 ff.

Überredung — Ü. und Überzeugung, 179.

Übersetzungen — zu vermeiden, 371.

Übung der Organe — Kap.: „Ü. d. O., Kleidung, Schlaf", 111—149.

Übungen — gymnastische Ü., 112 ff.; — siehe *Spiele* und *Leibesübungen*.

Umgang — der U. der Mädchen mehr zu beachten als der der Knaben, 415.

Umgebung — Die U. wirkt schon bei der Geburt, 11; — Autorität und U., 74; — Einfluß der U., 340; — Einfluß der U. auf den Charakter, 373.

Unberührtheit — körperliche U. bis zum 20. Lebensjahr, 339.

Undankbarkeit — ist nicht natürlich, 237.

Unduldsamkeit — 329 A; — siehe *Dogma*.

Unempfindlichkeit — 233.

Unendlichkeit — 226; — siehe *Gott*.

Unfälle — Kinder gegen U. schützen, 128.

Ungleichheit — 202, 240 ff., 390; — siehe *Gleichheit*.

Unglück — Kap.: „Wahres Glück und U.", 55—62; — der Sterblichen, 58 ff., 294, 490 ff.; — des Reichen, 227.

Universum — seine Bewegung, 283; — seine Harmonie, 286.

Unmäßigkeit — erregt die Leidenschaften, 28.

Unkenntnis — schadet den Sitten nicht, 447.

Unschuld — der Kinder, 215 ff.; — Unwissenheit verlängert die U., 215; — die wahre U. kennt keine Scham, 217.

Unselbständigkeit — wozu U. führt, 103.

Unterhaltungen — U. im kritischen Alter, 232 ff.

Unterricht — in Beispielen, 234; — U. eher in Handlungen als in Reden, 259.

Untertanen — Definition, 508.

Unwissenheit — die Kunst, unwissend zu sein, 111; — U. in gewissen Dingen, 216.

Sachregister

Urteilen — Kap.: „Vom Urteilen", 203—
209; — Emils Geradheit seiner U.,
366; — U. der Frauen, 425.
Urteilskraft — Kap.: „Das Gedächtnis
und die U.", 89—91; — Kinder haben keine U., 89; — U. und Körperkraft, 102; — ihre Urelemente, 148; —
man muß bei jungen Leuten die U.
ausbilden, 183; — ihre Beziehung zu
der Empfindung, 203 ff., 279; —
Grund für Irrtümer, 205; — vom Urteil kommen die Irrtümer der Sinne,
205; — wie man sie übt, 205 ff.; —
Gegensatz im Urteil bei Mann und
Frau, 434.

Vater — V. und Mütter können, was sie
ernsthaft wollen, 6; — die Stellung der
V. weniger sicher als die der Mütter,
9; — die Männer werden Väter, wenn
die Frauen wieder Mütter werden, 18;
— Kap.: „Die V. als Erzieher", 22—23;
— seine Pflichten, 23; — darf keines
seiner Kinder vorziehen, 28; — der V.
hat keine Wahl, 28; — Montaignes V.,
339; — Emil wird V., 530.
Vaterland — Was ist das V.? 514; —
man kann dem V. auch von außerhalb dienen, 523; — der Dienst am
V., 524.
Venedig — Warum die Venediger die
Tyrannei des Dogen dulden, 345 A.
Verbote — Erziehung ohne V., 110.
Verdauungsstörung — 146; — siehe *Er-
nährung.*
Verführung — die negative Erziehung
bewahrt vor der V., 72 ff.; — V. durch
Gleichaltrige, 356 ff.; — welche Sucht
treibt den Menschen, andere zu verführen? 377 ff.
Vergnügen — Seelenv., 306; — Kap.:
„Geschmacksbildung, Lektüre, Spra-
chen, V.", 367—384; — muß mit dem
Alter werden, 378; — des Volkes,
379; — exklusive V., 382; — lär-
mende V., 440.
Verhalten — wie verhält man sich bei
Tisch, 401 ff.
Verhältnis — wie findet man sich in der
Natur zurecht? 175; — wie benimmt
man sich bei Tisch, 187 ff.; — wie
man die Menschen kennen lernt,
239 ff.; — die natürlichen V. ändern
sich nicht, 426; — Sophies V. zur Gesellschaft, 435 ff.
Verleumdung — wie man sie bei jungen
Leuten vermeiden kann, 241; — bei
den Frauen, 434 ff.
Verlockungen der Welt — 230.

Vermögen — kann man sein V. so anlegen, daß man nicht abhängig wird?
502.
Vernunft — man muß das Gute und das
Böse erkennen lernen, 44; — kindliche
V., 68; — die V. ist das Meisterwerk
einer guten Erziehung, 68; — erst spät
kommt man in das Alter, wo die V.
die Selbstliebe leitet, 71; — die V.
darf in den Augen der Kinder nicht
verächtlich gemacht werden, 75, 103;
— schläft während der Kindheit, 89 ff.;
— sensitive V., ihre Instrumente, 111;
— kindliche und männliche V., 149; —
die Autorität darf nie an die Stelle der
V. treten, 160, 242; — nur verständliche Gründe dem Kinde geben, 174; —
die V. durch das Gefühl vervollkommnen, 203; — weil Emil sich selbst
unterrichtet, gebraucht er die V., 207;
— V. und Sinne, 335; — das Alter der
V. muß das Alter vernünftigen Denkens sein, 337; — es gibt keinen wirklichen Fortschritt der V., 371; — Natur
und V. stehen der Gewalt in der Liebe
entgegen, 387; — praktische V. bei
Frauen, 408; — wie man die V. bei
Frauen ausbildet, 415; — die Tugend
durch V. näher bringen, 429 ff.
Vernunftbeweise — bei Kindern keine V.
anwenden, 67, 73, 75; — ihre Beziehungen zum Gedächtnis, 89; — Kinder
können richtig urteilen, 90 + A; — der
vernünftige Mensch im Dialog mit
dem Inspirierten, 318; — dürfen nicht
zu trocken sein, 344; — die Logik darf
von Frauen nur gestreift werden, 468.
Versprechen — wie man sich bei Kin-
der-V. verhält, 81 ff.
Verstand — V. und Kenntnisse, 157; —
Reife des V., 172; — Ausbildung des
V., 208.
Verstellung — unsere Einrichtungen sind
an der V. der Frauen schuld, 474.
Versuche — das Beispiel mit dem gefälschten Wein, 177 ff.
Vertrag — Bürde des V., den JJ mit
Emil geschlossen hat, 350.
Vertrauen — des Schülers in den Lehrer,
253; — des Schülers gewinnen, 349 ff.
Verweichlichung — V. durch die Mütter,
20; — V. und Abhärtung, 343 ff.; —
mit der V. der Frauen beginnt die V.
der Männer, 395.
Verweis — lange V. wirken nicht, 110.
Vielweiberei — 473; — siehe *Ehe.*
Vikar — seine Vergangenheit, 271; —
seine Güte gegenüber dem vaterland-
losen JJ, 271 ff.; — sein Glaubensbekenntnis, 275—335; — seine Methode,

592   Sachregister

um die Wahrheit zu prüfen, 279; — verglichen mit Orpheus, 310; — was er von der Offenbarung denkt, 325 ff.; — sein ungewollter Skeptizismus, 328; — wie er seine Pflichten erfüllt, 328; — sein Ehrgeiz, 329.

Volk — Verdienst, Fehler, Bedeutung, 227 ff.; — sitthafte und sittlose V., 236; — warum die Venediger ihre Regierung mißachten, 345 A; — seine Vergnügungen, 379; — ein V. entsteht aus dem Gesellschaftsvertrag, 507 ff.; — Versuch einer Definition, 517 ff.

Voraussicht — Quelle unserer Leiden, 59; — V. der Bedürfnisse setzt eine gefestigte Intelligenz voraus, 172.

Vorbild — der Erzieher muß selbst erzogen sein, 73 ff.

Vorschriften — Kinder müssen ohne V. geleitet werden, 104 ff.

Vorsehung — bewiesene V., 286; — V. und menschliche Freiheit, 293; — gerechtfertigte V., 296.

Vorsicht — Kap.: „Nicht zuviel V.", 53.

Vorsorge — die V. ist die Quelle unserer Leiden, 59 ff.

Vorstellungen — Kinder haben nur V. und keine Ideen, 89; — V. und Gedächtnis, 94 ff.

Vorträge — den Kindern keine V. halten, 174 ff.

Vorurteile — unsere ganze Weisheit besteht aus V., 16; — V. schlagen ihre ersten Wurzeln, 45; — mit einem Handwerk besiegt man V., 193 ff.; — stolz sein, sie besiegt zu haben, heißt ihnen unterworfen sein, 201; — man verfällt keinem V., wenn man keiner Autorität verfällt, 207 ff.; — V. gedeihen auf Leidenschaften, 214; — ihre Gefahren, 219 ff.; — wenn sie verschwinden, 230; — begünstigen die Leidenschaften, 249 A; — V. der Philosophie, 250; — nationale V. und wie man sie vermeidet, 521.

Waffenhandwerk — können Frauen das W. ausüben? 391.

Wald von Montmorency — 175 ff.; — siehe *Himmelskunde.*

Wahrheit — wann man verlangen kann, daß ein Kind die W. sagt, 109 A; — wie das Kind sie entdeckt, 161; — Ideen aus Sinneswahrnehmungen werden W., 206; — wie man nach Descartes die W. erringen kann, 276; — W. nach dem Vikar, 278 ff.; — das Erforschen von abstrakten W. ist nicht Sache der Frauen, 420.

Wahrnehmung — Prüfung sinnlich wahrnehmbarer Eigenschaften, 111; — wahrnehmen heißt empfinden, 280 ff.

Warnung — vor Fehlern warnen, 254.

Waschen — des neugeborenen Kindes 35 ff.

Wassertrinken — darf ein erhitztes Kind kaltes Wasser trinken? 114.

Wein — Beispiel vom gefälschten W. 177; — siehe *Ernährung.*

Weinen — Klagen und W. als Sprache des Kindes, 42; — Weinkrampf, 42; — die ersten Tränen der Kinder sind Bitten, 43, 64; — nichtgewickelte Kinder w. weniger als gewickelte, 46 ff.; — wenn Kinder sprechen können, w. sie weniger, 53; — ein Kind darf mit W nichts ertrotzen wollen, 64.

Weisheit — Gottes, 9; — worin sie besteht, 57; — Ziel der W. ist das Studium des Menschen, 183; — ihre Rollen in den Leidenschaften, 220.

Welt — die Verlockungen der W., 230; — Weltläufigkeit, 352; — als Buch der Frau, 391; — W.kenntnis Sophies, 403 ff.

Werkzeuge — W. und Organe, 170, 185; — siehe *Instrumente.*

Wetteifer — W. ist kein Erziehungsmittel, 70.

Wickel — Kap.: „W., Nähren, Abhärten", 14—22; — Ursprung: Nachteile, 16 ff., 36 ff., 46; — warum die Ammen die Kinder wickeln, 37; — nichtgewickelte Kinder weinen weniger als gewickelte, 46 ff.

Widersprüche — W. im Menschen, 290.

Widerstand — Kinder müssen den W. der Dinge kennen lernen, 43.

Wiege — Kinder dürfen niemals gewiegt werden, 36 + A.

Wie kann man nur Perser sein? — 496; — siehe *Montesquieu.*

Wilde — Vergleich zwischen Bauern und Wilden, 102; — ihre Scharfsinnigkeit erklärt, 102; — hat keinen Rheumatismus, 114 A; — warum sie grausam sind, 144 + A; — Emil ist ein W., der in der Stadt leben muß, 205; — kennen keine Neugier und keine Langeweile, 232; — ihre Kindheit und ihre Jugend, 337; — Unterschied zwischen dem wilden und dem sozialen Zustand, 443; — begnügen sich mit sich selbst, 500.

Wille — meine Bewegungen hängen von meinem W. ab, 283; — göttlicher W., 287 ff.; — Anfechtung aus W.schwäche, 348; — des Magistrats, 512.

Sachregister

Wirkung — Kap.: „W. der Mittel", 261 bis 264.

Wissen — W.trieb, 148 ff., 158; — Wißbegier, 158; — W. und Vorstellungen, 173.

Wissenschaften — Rolle, die Analyse und Synthese in den W. spielen, 163.

Witz — wie ein Junge und ein Mädchen bekommen, was sie gerne haben möchten, 401; — der weibliche W., 402 ff.

Wohltaten — Gottes, 9; — müssen uneigennützig sein, 237; — durch die Praxis lehren, 257; — 260; — dem Menschen natürlich, 302; — Emils W., 480, 486; — Sophies W., 486 ff.

Wohltätigkeit — W. ist eine Ehre und gehört nicht zu den Pflichten eines Kindes, 85; — wie bildet man den Charakter zur W., 222; — Jünglinge sollen sich in W. üben, 257 ff.

Wohnung — wie und wo soll die Amme wohnen? 34 ff.; — die Einrichtung, 72; — Zimmerschmuck, 133; — Karten als Zimmerschmuck, 163; — ländliche W., 452.

Wollust — die Freundin der Melancholie, 232.

Wörter — Wortschatz der Kinder, 51 ff.; — nicht zu viel lernen, 52, 90; — wie man geistreiche Aussprüche findet, 87; — Schwierigkeit, ihnen immer denselben Sinn zu geben, 90 + A; — Wortgedächtnis, 94 ff.; — Gedanken über ein Wort und die Antwort dazu, 191.

Wörterbücher — so wenig wie möglich benützen, 271.

Wortschatz — W. der Bauern und der Städter, 52.

Wozu — Kap.: „Wozu nützt das?", 172—175.

Wunder — was man davon denken soll, 315 ff.; — Debatte darüber, 318.

Wunderkinder — 91.

Wünsche — unsere W. nach unseren Fähigkeiten einschränken, 55 ff.; — ein Kind wird unglücklich, wenn ihm alle W. erfüllt werden, 62 ff.; — wer W. hat, wird der Sklave seiner W., 488.

Zahnen — Z. bringt Fieber mit sich, 21; — Kap.: „Entwöhnen, Z., feste Nahrung, Sprachen", 47—52; — worauf das Kind beim Z. kauen soll, 52.

Zauberkünstler — die Geschichte von der magnetischen Ente, 165 ff.; — Hinweis auf diese Geschichte, 252.

Zeichen — Erinnerung an Z., 94 ff.; — kein Z. anstelle der Dinge setzen, 162; — Z. des Glücks, 231; — Z. waren bei den Alten beliebt, 344 ff.

Zeichnen — wie und warum Emil z. soll, 132 ff.; — wie Mädchen z. sollen, 398.

Zeit — Z. verlieren als Grundsatz der Pädagogik, 72 ff., 101, 235; — besser gar nichts tun, als die Z. schlecht anwenden, 88; — erziehen heißt, Z. verlieren können, um Z. zu gewinnen, 130; — die Z. ist lang in der Kindheit und kurz im Jugendalter, 164; — wann die Kinder den Wert der Z. erkennen, 172.

Zeitungen — ihre Nützlichkeit, 371.

Zerstörungswut — 80.

Ziel — das Z. der Erziehung, 10; — unsere Z. müssen allgemeiner gefaßt werden, 15.

Zimmerschmuck — 133.

Zögling — Kap.: „Erzieher, Z.", 23—29; — Wahl des Z., 26 ff.; — JJ's Z., 253.

Zölibat — Augustus Gesetz über das Z., 517; — siehe *Ehe.*

Zorn — wie man ihn bekämpfen soll, 43, 76, 80.

Zucht — Mädchen müssen früh daran gewöhnt werden, 399.

Zufall — das Leben Emils ist nicht dem Z. überlassen worden, 477.

Zürich — wie man in Z. Ratsherr wird, 202.

Zwang — Kap.: „Autorität, Z., Freiheit", 70—72; — Aufmerksamkeit darf sich nicht auf Z. stützen, 164; — Mädchen müssen früh an Z. gewöhnt werden, 399; — Folgsamkeit als Folge des gewohnten Z., 401.

Zweifel — die Z. des Vikars, 276 ff.

Inhaltsverzeichnis

Emil oder über die Erziehung

Vorwort 5

Erstes Buch 9
   Grundgedanken, Arten der Erziehung 9
   Wickeln, Nähren, Abhärten 14
   Der Vater als Erzieher 22
   Erzieher, Zögling 23
   Die Heilkunst 29
   Die Amme, die erste Pflege 31
   Beginn der geistigen Entwicklung 37
   Tätigkeitsdrang, Launen 43
   Entwöhnen, Zahnen, feste Nahrung, Sprechen . . . 47

Zweites Buch 53
   Nicht zu viel Vorsicht 53
   Wahres Glück und Unglück 55
   Befehlen und Gehorchen 62
   Mit Kindern räsonieren 68
   Autorität, Zwang, Freiheit 70
   Negative Erziehung, das Beispiel 72
   Moralische Belehrungen 77
   Begabungsunterschiede 87
   Gedächtnis, Urteilskraft 89
   Sprachen, Erdkunde, Geschichte, Fabeln 91
   Lesen, Schreiben 100
   Selbsttätigkeit, Selbständigkeit 101
   Übung der Organe und Sinne, Kleidung, Schlaf . . . 111
   Emil im Alter von 10 bis 12 Jahren 149

Drittes Buch 156
   Kräfte und Bedürfnisse 156
   Erd- und Himmelskunde 159
   Physikalische Kenntnisse 168
   Was nützt das? 172
   Bücher, Robinson 179
   Kunstfertigkeiten 181
   Gewerbe, Handel, Geldverkehr 185
   Beziehungen zu anderen 190
   Das Handwerk 194
   Vom Urteilen; Rückblick 203

Viertes Buch 210

Reifezeit 210
Geschlechtliche Aufklärung 216
Menschenkenntnis, humane Gefühle 222
Eintritt ins Leben 230
Erziehung in der Reifezeit 236
Moralische Begriffe, Geschichtsstudien, Fabeln 238
Erfahrung als Lehrerin; mehr Taten als Worte 257
Wirkung der Mittel 261
Begriffe, Ideen, Gott, Religion 264
Glaubensbekenntnis des savoyischen Vikars 275
Der Erzieher als Vertrauter 335
Emil und die Gesellschaft 352
Geschmacksbildung, Lektüre, Sprachen, Vergnügungen . . 367

Fünftes Buch 385

Sophie oder die Frau; Mann und Frau 385
Die Erziehung der Frau 392
Sophie als Persönlichkeit 429
Voraussetzungen einer glücklichen Ehe 443
Emil lernt Sophie kennen 449
Reisen, politische und soziale Betrachtungen 496
Emil und Sophie schließen die Ehe 521

Anmerkungen 531

Jean-Jacques Rousseau, der Philosoph und Pädagoge . . . 535

Bemerkungen zur Übersetzung, Wiedergabe und Einteilung des
Textes 541

Bibliographie — Auswahl 546

Zeittafel 550

Namenregister 561

Sachregister 569

Diese Ausgabe besorgte:

Prof. Dr. L. Schmidts, 63 Gießen, Nelkenweg 74